"全国安全生产月"法规标准系列丛书

生产安全事故调查处理法律法规及文件手册

本丛书编写委员会　组织编写

应急管理出版社

·北　京·

图书在版编目（CIP）数据

生产安全事故调查处理法律法规及文件手册/本丛书编写委员会组织编写． -- 北京：应急管理出版社，2022

（"全国安全生产月"法规标准系列丛书）

ISBN 978-7-5020-9309-9

Ⅰ. ①生… Ⅱ. ①本… Ⅲ. ①安全生产—安全法规—中国—手册 Ⅳ. ①D922.54-62

中国版本图书馆CIP数据核字（2022）第059655号

生产安全事故调查处理法律法规及文件手册

（"全国安全生产月"法规标准系列丛书）

组织编写	本丛书编写委员会
责任编辑	曲光宇
责任校对	张艳蕾
封面设计	卓义云天
出版发行	应急管理出版社（北京市朝阳区芍药居35号　100029）
电　　话	010-84657898（总编室）　010-84657880（读者服务部）
网　　址	www.cciph.com.cn
印　　刷	北京玥实印刷有限公司
经　　销	全国新华书店
开　　本	787mm×1092mm $^1/_{16}$　印张　36　字数　1214千字
版　　次	2022年5月第1版　2022年5月第1次印刷
社内编号	20220593　　　　　定价　138.00元

版权所有　违者必究

本书如有缺页、倒页、脱页等质量问题，本社负责调换，电话：010-84657880

本丛书编写委员会

主　任　闪淳昌
副主任　范维澄　薛　澜　张兴凯
　　　　　马怀德　陈湘生　徐志强
　　　　　康　荣　汤万金　刘　钊

本书编写组

陈少云　尹燕福　李　伟　倪慧荟
孙雨岐　王利群　胡　韬　丁　峰

前 言

生产安全事故调查处理是生产安全事故及时处理、发现问题的重要手段，是安全生产工作中重要的环节。生产安全事故调查处理法律法规是我国生产安全事故调查处理的法定依据和基本遵循，对规范生产安全事故调查处理、保障人民群众生命财产安全发挥着重要作用。

为方便查阅、学习掌握我国生产安全事故调查处理法律法规及文件，我们组织编辑了《生产安全事故法律法规及文件手册》，全书以多维度反映生产安全事故调查处理法制建设成果，收录现行有效的有关法律、行政法规、党内法规、相关司法解释以及重要文件，截至时间为 2022 年 3 月。全书分三部分：第一部分综合性有关法律法规及文件规定；第二部分行业领域有关法律法规及文件规定，具体分为矿山安全、危险物品安全及相关、海洋石油安全、道路交通安全及相关、铁路安全、航空安全、消防安全、建设工程安全、特种设备安全、电力安全、农业机械安全、城市燃气安全、旅游安全等领域，同时收录有关国家标准；第三部分选编有关调查报告。

衷心感谢应急管理知名专家闪淳昌同志对全书进行了审定。欢迎广大读者对本书编辑工作提出宝贵意见。

编 者

2022 年 4 月 12 日

总　目　录

第一部分　综合性有关规定 ·· 1
　一、有关法律法规和党内法规 ·· 3
　二、有关政策及文件 ··· 73
　三、有关司法解释及文件 ··· 99
第二部分　行业领域有关规定 ·· 121
　一、有关法律法规及文件 ··· 123
　　1. 矿山安全 ··· 123
　　2. 危险物品安全及相关 ·· 134
　　3. 海洋石油安全 ··· 156
　　4. 道路交通安全及相关 ·· 178
　　5. 铁路安全 ··· 245
　　6. 航空安全 ··· 267
　　7. 消防安全 ··· 284
　　8. 建设工程安全 ··· 289
　　9. 特种设备安全 ··· 296
　　10. 电力安全 ··· 318
　　11. 农业机械安全 ··· 327
　　12. 城镇燃气安全 ··· 336
　　13. 旅游安全 ··· 341
　二、有关国家标准 ·· 345
第三部分　有关调查报告（节选） ·· 395

1

目 录

第一部分 综合性有关规定

一、有关法律法规和党内法规 3
中华人民共和国安全生产法（2021年修正） 3
中华人民共和国行政处罚法（2021年修订） 14
中华人民共和国行政强制法（2011年公布） 21
中华人民共和国公务员法（2018年修订） 26
中华人民共和国公职人员政务处分法（2020年公布） 34
中华人民共和国刑法（摘录）（2020年修正） 40
生产安全事故报告和调查处理条例（2007年公布） 43
生产安全事故应急条例（2019年公布） 46
行政机关公务员处分条例（2007年公布） 49
中国共产党问责条例（2019年修订） 54
中国共产党纪律处分条例（2018年修订） 57
关于实行党政领导干部问责的暂行规定（2009年印发） 68
国务院关于特大安全事故行政责任追究的规定（2001年公布） 70

二、有关政策及文件 73
中共中央、国务院关于推进安全生产领域改革发展的意见（2016年印发） 73
中共中央办公厅、国务院办公厅关于应急管理部职能配置、内设机构和人员编制规定
（2018年印发） 77
中共中央办公厅、国务院办公厅关于地方党政领导干部安全生产责任制规定（2018年印发） 81
国务院办公厅关于省级政府安全生产工作考核办法（2016年印发） 83
生产安全事故统计调查制度（2020年印发） 84
重大生产安全事故调查处理挂牌督办工作程序（2015年印发） 86
生产安全事故调查处理中有关问题的规定（2013年印发） 86
非法违法较大生产安全事故查处跟踪督办暂行办法（2011年印发） 87
重大事故查处挂牌督办办法（2010年印发） 89
生产安全事故防范和整改措施落实情况评估办法（2021年印发） 89
监察机关参加生产安全事故调查处理的规定（2012年公布） 90
安全生产行政复议规定（2007年公布） 93
工伤认定办法（2010年公布） 96
非法用工单位伤亡人员一次性赔偿办法（2010年公布） 98

三、有关司法解释及文件 99
应急管理部、公安部、最高人民法院、最高人民检察院关于安全生产行政执法与刑事司法衔接
工作办法（2019年印发） 99
最高人民法院、最高人民检察院关于办理非法采矿、破坏性采矿刑事案件适用法律若干问题的
解释（2016年公布） 102
最高人民法院、最高人民检察院关于办理危害生产安全刑事案件适用法律若干问题的解释

（2015 年公布） ··· 103
最高人民法院、最高人民检察院、公安部、国家安全监管总局关于依法加强对涉嫌犯罪的非法
生产经营烟花爆竹行为刑事责任追究的通知（2012 年发布） ··· 105
最高人民法院关于进一步加强危害生产安全刑事案件审判工作的意见（2011 年印发） ··············· 106
最高人民法院、最高人民检察院等部门关于严格依法及时办理危害生产安全刑事案件的通知
（2008 年发布） ··· 109
最高人民检察院、公安部关于公安机关管辖的刑事案件立案追诉标准的规定（一）(摘录)
（2017 年修正） ··· 110
最高人民法院、最高人民检察院关于办理渎职刑事案件适用法律若干问题的解释（一）(摘录)
（2012 年公布） ··· 112
最高人民检察院关于渎职侵权犯罪案件立案标准的规定（摘录）(2005 年公布) ······················· 113
司法鉴定程序通则（2016 年修订） ·· 115
最高人民法院、最高人民检察院关于办理贪污贿赂刑事案件适用法律若干问题的解释
（2016 年公布） ··· 118

第二部分　行业领域有关规定

一、有关法律法规及文件 ·· 123
　1. 矿山安全 ··· 123
　　中华人民共和国矿山安全法（2009 年修正） ·· 123
　　中华人民共和国矿山安全法实施条例（1996 年发布） ·· 126
　　煤矿安全监察条例（2013 年修订） ·· 131
　2. 危险物品安全及相关 ··· 134
　　危险化学品安全管理条例（2013 年修订） ··· 134
　　烟花爆竹安全管理条例（2016 年修正） ·· 146
　　民用爆炸物品安全管理条例（2014 年修正） ·· 150
　3. 海洋石油安全 ·· 156
　　中华人民共和国石油天然气管道保护法（2010 年通过） ··· 156
　　海洋石油安全生产规定（2015 年修正） ·· 160
　　海洋石油安全管理细则（2015 年修正） ·· 164
　4. 道路交通安全及相关 ··· 178
　　中华人民共和国道路交通安全法（2021 年修正） ·· 178
　　中华人民共和国道路交通安全法实施条例（2017 年修订） ·· 188
　　道路交通事故处理程序规定（2018 年施行） ·· 197
　　交通运输部安全生产事故责任追究办法（试行）(2014 年公布) ·· 208
　　中华人民共和国海上交通安全法（2021 年修正） ·· 210
　　中华人民共和国内河交通安全管理条例（2019 年修订） ··· 221
　　中华人民共和国渔港水域交通安全管理条例（2019 年修订） ··· 228
　　渔业船舶水上安全事故报告和调查处理规定（2012 年公布） ··· 229
　　中华人民共和国海上交通事故调查处理条例（1990 年公布） ··· 233
　　内河交通事故调查处理规定（2012 年修正） ·· 236
　　水上交通事故统计办法（2021 修正） ··· 239
　　中华人民共和国海上船舶污染事故调查处理规定（2021 年修正） ····································· 241
　5. 铁路安全 ··· 245
　　中华人民共和国铁路法（2015 年修正） ·· 245

铁路安全管理条例（2013年公布） ·· 249
　　铁路交通事故调查处理规则（2007年公布） ·· 257
　　铁路交通事故应急救援和调查处理条例（2012年修正） ···························· 264
　6. 航空安全 ··· 267
　　中华人民共和国民用航空法（2018年修正） ··· 267
　　中华人民共和国搜寻援救民用航空器规定（1992年发布） ······················· 282
　7. 消防安全 ··· 284
　　火灾事故调查规定（2012年修订） ·· 284
　8. 建设工程安全 ·· 289
　　建设工程安全生产管理条例（2003年公布） ·· 289
　　房屋市政工程生产安全事故报告和查处工作规程（2013年印发） ············· 295
　9. 特种设备安全 ·· 296
　　中华人民共和国特种设备安全法（2013年公布） ·································· 296
　　特种设备安全监察条例（2009年修订） ·· 305
　　特种设备事故报告和调查处理规定（2022年公布） ······························· 315
　10. 电力安全 ··· 318
　　电力安全事故应急处置和调查处理条例（2011年公布） ························· 318
　　电力安全生产监督管理办法（2015年公布） ·· 324
　11. 农业机械安全 ··· 327
　　农业机械安全监督管理条例（2019年修订） ·· 327
　　农业机械事故处理办法（2022年修订） ·· 332
　12. 城镇燃气安全 ··· 336
　　城镇燃气管理条例（2016年修订） ·· 336
　13. 旅游安全 ··· 341
　　旅游安全管理办法（2016年公布） ·· 341
二、有关国家标准 ·· 345
　　GB/T 15499—1995　事故伤害损失工作日标准 ···································· 345
　　GB/T 6441—1986　企业职工伤亡事故分类 ··· 382
　　GB/T 6721—1986　企业职工伤亡事故经济损失统计标准 ······················ 391

第三部分　有关调查报告（节选）

1. 长深高速江苏无锡"9·28"特别重大道路交通事故调查报告（2019年） ············ 397
2. 福建省泉州市欣佳酒店"3·7"坍塌事故调查报告（2020年） ······················· 405
3. 江苏响水天嘉宜化工有限公司"3·21"特别重大爆炸事故调查报告（2019年） ····· 424
4. 陕西安康京昆高速"8·10"特别重大道路交通事故调查报告（2017年） ············ 449
5. 重庆市永川区金山沟煤业有限责任公司"10·31"特别重大瓦斯爆炸事故调查报告（2016年） ··· 460
6. 内蒙古自治区赤峰宝马矿业有限责任公司"12·3"特别重大瓦斯爆炸事故调查报告（2016年） ··· 478
7. 广东深圳光明新区渣土受纳场"12·20"特别重大滑坡事故调查报告（2015年） ····· 498
8. 天津港"8·12"瑞海公司危险品仓库特别重大火灾爆炸事故调查报告（2015年） ··· 518
9. 河南平顶山"5·25"特别重大火灾事故调查报告（2015年） ·························· 552
10. 山东省青岛市"11·22"中石化东黄输油管道泄漏爆炸特别重大事故调查报告（2013年） ··· 557

第一部分

综合性有关规定

一、有关法律法规和党内法规

中华人民共和国安全生产法

（2002年6月29日第九届全国人民代表大会常务委员会第二十八次会议通过，2002年6月29日中华人民共和国主席令第70号公布　根据2009年8月27日中华人民共和国主席令第18号《全国人民代表大会常务委员会关于修改部分法律的决定》第一次修正　根据2014年8月31日中华人民共和国主席令第13号《全国人民代表大会常务委员会关于修改〈中华人民共和国安全生产法〉的决定》第二次修正　根据2021年6月10日中华人民共和国主席令第88号《全国人民代表大会常务委员会关于修改〈中华人民共和国安全生产法〉的决定》修改）

第一章　总　则

第一条　为了加强安全生产工作，防止和减少生产安全事故，保障人民群众生命和财产安全，促进经济社会持续健康发展，制定本法。

第二条　在中华人民共和国领域内从事生产经营活动的单位（以下统称生产经营单位）的安全生产，适用本法；有关法律、行政法规对消防安全和道路交通安全、铁路交通安全、水上交通安全、民用航空安全以及核与辐射安全、特种设备安全另有规定的，适用其规定。

第三条　安全生产工作坚持中国共产党的领导。

安全生产工作应当以人为本，坚持人民至上、生命至上，把保护人民生命安全摆在首位，树牢安全发展理念，坚持安全第一、预防为主、综合治理的方针，从源头上防范化解重大安全风险。

安全生产工作实行管行业必须管安全、管业务必须管安全、管生产经营必须管安全，强化和落实生产经营单位主体责任与政府监管责任，建立生产经营单位负责、职工参与、政府监管、行业自律和社会监督的机制。

第四条　生产经营单位必须遵守本法和其他有关安全生产的法律、法规，加强安全生产管理，建立健全全员安全生产责任制和安全生产规章制度，加大对安全生产资金、物资、技术、人员的投入保障力度，改善安全生产条件，加强安全生产标准化、信息化建设，构建安全风险分级管控和隐患排查治理双重预防机制，健全风险防范化解机制，提高安全生产水平，确保安全生产。

平台经济等新兴行业、领域的生产经营单位应当根据本行业、领域的特点，建立健全并落实全员安全生产责任制，加强从业人员安全生产教育和培训，履行本法和其他法律、法规规定的有关安全生产义务。

第五条　生产经营单位的主要负责人是本单位安全生产第一责任人，对本单位的安全生产工作全面负责。其他负责人对职责范围内的安全生产工作负责。

第六条　生产经营单位的从业人员有依法获得安全生产保障的权利，并应当依法履行安全生产方面的义务。

第七条　工会依法对安全生产工作进行监督。

生产经营单位的工会依法组织职工参加本单位安全生产工作的民主管理和民主监督，维护职工在安全生产方面的合法权益。生产经营单位制定或者修改有关安全生产的规章制度，应当听取工会的意见。

第八条　国务院和县级以上地方各级人民政府应当根据国民经济和社会发展规划制定安全生产规划，并组织实施。安全生产规划应当与国土空间规划等相关规划相衔接。

各级人民政府应当加强安全生产基础设施建设和安全生产监管能力建设，所需经费列入本级预算。

县级以上地方各级人民政府应当组织有关部门建立完善安全风险评估与论证机制，按照安全风险管控要求，进行产业规划和空间布局，并对位置相邻、行业相近、业态相似的生产经营单位实施重大安全风险联防联控。

第九条　国务院和县级以上地方各级人民政府应当加强对安全生产工作的领导，建立健全安全生产工作协调机制，支持、督促各有关部门依法履行安全生产监督管理职责，及时协调、解决安全生产监督管理中存在的重大问题。

乡镇人民政府和街道办事处，以及开发区、工业园区、港区、风景区等应当明确负责安全生产监督管理的有关工作机构及其职责，加强安全生产监管力量建设，按照职责对本行政区域或者管理区域内生产经营单位安全生产状况进行监督检查，协助人民政府有关部门或者按照授权依法履行安全生产监督管理职责。

第十条 国务院应急管理部门依照本法，对全国安全生产工作实施综合监督管理；县级以上地方各级人民政府应急管理部门依照本法，对本行政区域内安全生产工作实施综合监督管理。

国务院交通运输、住房和城乡建设、水利、民航等有关部门依照本法和其他有关法律、行政法规的规定，在各自的职责范围内对有关行业、领域的安全生产工作实施监督管理；县级以上地方各级人民政府有关部门依照本法和其他有关法律、法规的规定，在各自的职责范围内对有关行业、领域的安全生产工作实施监督管理。对新兴行业、领域的安全生产监督管理职责不明确的，由县级以上地方各级人民政府按照业务相近的原则确定监督管理部门。

应急管理部门和对有关行业、领域的安全生产工作实施监督管理的部门，统称负有安全生产监督管理职责的部门。负有安全生产监督管理职责的部门应当相互配合、齐抓共管、信息共享、资源共用，依法加强安全生产监督管理工作。

第十一条 国务院有关部门应当按照保障安全生产的要求，依法及时制定有关的国家标准或者行业标准，并根据科技进步和经济发展适时修订。

生产经营单位必须执行依法制定的保障安全生产的国家标准或者行业标准。

第十二条 国务院有关部门按照职责分工负责安全生产强制性国家标准的项目提出、组织起草、征求意见、技术审查。国务院应急管理部门统筹提出安全生产强制性国家标准的立项计划。国务院标准化行政主管部门负责安全生产强制性国家标准的立项、编号、对外通报和授权批准发布工作。国务院标准化行政主管部门、有关部门依据法定职责对安全生产强制性国家标准的实施进行监督检查。

第十三条 各级人民政府及其有关部门应当采取多种形式，加强对有关安全生产的法律、法规和安全生产知识的宣传，增强全社会的安全生产意识。

第十四条 有关协会组织依照法律、行政法规和章程，为生产经营单位提供安全生产方面的信息、培训等服务，发挥自律作用，促进生产经营单位加强安全生产管理。

第十五条 依法设立的为安全生产提供技术、管理服务的机构，依照法律、行政法规和执业准则，接受生产经营单位的委托为其安全生产工作提供技术、管理服务。

生产经营单位委托前款规定的机构提供安全生产技术、管理服务的，保证安全生产的责任仍由本单位负责。

第十六条 国家实行生产安全事故责任追究制度，依照本法和有关法律、法规的规定，追究生产安全事故责任单位和责任人员的法律责任。

第十七条 县级以上各级人民政府应当组织负有安全生产监督管理职责的部门依法编制安全生产权力和责任清单，公开并接受社会监督。

第十八条 国家鼓励和支持安全生产科学技术研究和安全生产先进技术的推广应用，提高安全生产水平。

第十九条 国家对在改善安全生产条件、防止生产安全事故、参加抢险救护等方面取得显著成绩的单位和个人，给予奖励。

第二章　生产经营单位的安全生产保障

第二十条 生产经营单位应当具备本法和有关法律、行政法规和国家标准或者行业标准规定的安全生产条件；不具备安全生产条件的，不得从事生产经营活动。

第二十一条 生产经营单位的主要负责人对本单位安全生产工作负有下列职责：

（一）建立健全并落实本单位全员安全生产责任制，加强安全生产标准化建设；

（二）组织制定并实施本单位安全生产规章制度和操作规程；

（三）组织制定并实施本单位安全生产教育和培训计划；

（四）保证本单位安全生产投入的有效实施；

（五）组织建立并落实安全风险分级管控和隐患排查治理双重预防工作机制，督促、检查本单位的安全生产工作，及时消除生产安全事故隐患；

（六）组织制定并实施本单位的生产安全事故应急救援预案；

（七）及时、如实报告生产安全事故。

第二十二条 生产经营单位的全员安全生产责任制应当明确各岗位的责任人员、责任范围和考核标准等内容。

生产经营单位应当建立相应的机制，加强对全员安全生产责任制落实情况的监督考核，保证全员安全生产责任制的落实。

第二十三条 生产经营单位应当具备的安全生产条件所必需的资金投入，由生产经营单位的决策机构、主要负责人或者个人经营的投资人予以保证，并对由于安全生产所必需的资金投入不足导致的后果承担责任。

有关生产经营单位应当按照规定提取和使用安全生产费用，专门用于改善安全生产条件。安全生产费用在成本中据实列支。安全生产费用提取、使用和监督管理的具体办法由国务院财政部门会同国务院应急管理部门征求国务院有关部门意见后制定。

第二十四条 矿山、金属冶炼、建筑施工、运输单位和危险物品的生产、经营、储存、装卸单位，应当设置安全生产管理机构或者配备专职安全生产管理人员。

前款规定以外的其他生产经营单位，从业人员超过一百人的，应当设置安全生产管理机构或者配备专职安全生产管理人员；从业人员在一百人以下的，应当配备专职或者兼职的安全生产管理人员。

第二十五条 生产经营单位的安全生产管理机构以及安全生产管理人员履行下列职责：

（一）组织或者参与拟订本单位安全生产规章制度、操作规程和生产安全事故应急救援预案；

（二）组织或者参与本单位安全生产教育和培训，如实记录安全生产教育和培训情况；

（三）组织开展危险源辨识和评估，督促落实本单位重大危险源的安全管理措施；

（四）组织或者参与本单位应急救援演练；

（五）检查本单位的安全生产状况，及时排查生产安全事故隐患，提出改进安全生产管理的建议；

（六）制止和纠正违章指挥、强令冒险作业、违反操作规程的行为；

（七）督促落实本单位安全生产整改措施。

生产经营单位可以设置专职安全生产分管负责人，协助本单位主要负责人履行安全生产管理职责。

第二十六条 生产经营单位的安全生产管理机构以及安全生产管理人员应当恪尽职守，依法履行职责。

生产经营单位作出涉及安全生产的经营决策，应当听取安全生产管理机构以及安全生产管理人员的意见。

生产经营单位不得因安全生产管理人员依法履行职责而降低其工资、福利等待遇或者解除与其订立的劳动合同。

危险物品的生产、储存单位以及矿山、金属冶炼单位的安全生产管理人员的任免，应当告知主管的负有安全生产监督管理职责的部门。

第二十七条 生产经营单位的主要负责人和安全生产管理人员必须具备与本单位所从事的生产经营活动相应的安全生产知识和管理能力。

危险物品的生产、经营、储存、装卸单位以及矿山、金属冶炼、建筑施工、运输单位的主要负责人和安全生产管理人员，应当由主管的负有安全生产监督管理职责的部门对其安全生产知识和管理能力考核合格。考核不得收费。

危险物品的生产、储存、装卸单位以及矿山、金属冶炼单位应当有注册安全工程师从事安全生产管理工作。鼓励其他生产经营单位聘用注册安全工程师从事安全生产管理工作。注册安全工程师按专业分类管理，具体办法由国务院人力资源和社会保障部门、国务院应急管理部门会同国务院有关部门制定。

第二十八条 生产经营单位应当对从业人员进行安全生产教育和培训，保证从业人员具备必要的安全生产知识，熟悉有关的安全生产规章制度和安全操作规程，掌握本岗位的安全操作技能，了解事故应急处理措施，知悉自身在安全生产方面的权利和义务。未经安全生产教育和培训合格的从业人员，不得上岗作业。

生产经营单位使用被派遣劳动者的，应当将被派遣劳动者纳入本单位从业人员统一管理，对被派遣劳动者进行岗位安全操作规程和安全操作技能的教育和培训。劳务派遣单位应当对被派遣劳动者进行必要的安全生产教育和培训。

生产经营单位接收中等职业学校、高等学校学生实习的，应当对实习学生进行相应的安全生产教育和培训，提供必要的劳动防护用品。学校应当协助生产经营单位对实习学生进行安全生产教育和培训。

生产经营单位应当建立安全生产教育和培训档案，如实记录安全生产教育和培训的时间、内容、参加人员以及考核结果等情况。

第二十九条 生产经营单位采用新工艺、新技术、新材料或者使用新设备，必须了解、掌握其安全技术特性，采取有效的安全防护措施，并对从业人员进行专门的安全生产教育和培训。

第三十条 生产经营单位的特种作业人员必须按照国家有关规定经专门的安全作业培训，取得相应资格，方可上岗作业。

特种作业人员的范围由国务院应急管理部门会同国务院有关部门确定。

第三十一条 生产经营单位新建、改建、扩建工程项目（以下统称建设项目）的安全设施，必须与主体工程同时设计、同时施工、同时投入生产和使用。安全设施投资应当纳入建设项目概算。

第三十二条 矿山、金属冶炼建设项目和用于生产、储存、装卸危险物品的建设项目，应当按照国家有关规定进行安全评价。

第三十三条 建设项目安全设施的设计人、设计单位应当对安全设施设计负责。

矿山、金属冶炼建设项目和用于生产、储存、装卸危险物品的建设项目的安全设施设计应当按照国家有关规定报经有关部门审查，审查部门及其负责审查的人员对审查结果负责。

第三十四条 矿山、金属冶炼建设项目和用于生产、储存、装卸危险物品的建设项目的施工单位必须按照批准的安全设施设计施工，并对安全设施的工程质量负责。

矿山、金属冶炼建设项目和用于生产、储存、装卸危险物品的建设项目竣工投入生产或者使用前，应当由建设单位负责组织对安全设施进行验收；验收合格后，方可投入生产和使用。负有安全生产监督管理职责的部门应当加强对建设单位验收活动和验收结果的监督核查。

第三十五条 生产经营单位应当在有较大危险因素的生产经营场所和有关设施、设备上，设置明显的安全警示标志。

第三十六条 安全设备的设计、制造、安装、使用、检测、维修、改造和报废，应当符合国家标准或者行业标准。

生产经营单位必须对安全设备进行经常性维护、保养，并定期检测，保证正常运转。维护、保养、检测应当作好记录，并由有关人员签字。

生产经营单位不得关闭、破坏直接关系生产安全的监控、报警、防护、救生设备、设施，或者篡改、隐瞒、销毁其相关数据、信息。

餐饮等行业的生产经营单位使用燃气的，应当安装可燃气体报警装置，并保障其正常使用。

第三十七条 生产经营单位使用的危险物品的容器、运输工具，以及涉及人身安全、危险性较大的海洋石油开采特种设备和矿山井下特种设备，必须按照国家有关规定，由专业生产单位生产，并经具有专业资质的检测、检验机构检测、检验合格，取得安全使用证或者安全标志，方可投入使用。检测、检验机构对检测、检验结果负责。

第三十八条 国家对严重危及生产安全的工艺、设备实行淘汰制度，具体目录由国务院应急管理部门会同国务院有关部门制定并公布。法律、行政法规对目录的制定另有规定的，适用其规定。

省、自治区、直辖市人民政府可以根据本地区实际情况制定并公布具体目录，对前款规定以外的危及生产安全的工艺、设备予以淘汰。

生产经营单位不得使用应当淘汰的危及生产安全的工艺、设备。

第三十九条 生产、经营、运输、储存、使用危险物品或者处置废弃危险物品的，由有关主管部门依照有关法律、法规的规定和国家标准或者行业标准审批并实施监督管理。

生产经营单位生产、经营、运输、储存、使用危险物品或者处置废弃危险物品，必须执行有关法律、法规和国家标准或者行业标准，建立专门的安全管理制度，采取可靠的安全措施，接受有关主管部门依法实施的监督管理。

第四十条 生产经营单位对重大危险源应当登记建档，进行定期检测、评估、监控，并制定应急预案，告知从业人员和相关人员在紧急情况下应当采取的应急措施。

生产经营单位应当按照国家有关规定将本单位重大危险源及有关安全措施、应急措施报有关地方人民政府应急管理部门和有关部门备案。有关地方人民政府应急管理部门和有关部门应当通过相关信息系统实现信息共享。

第四十一条 生产经营单位应当建立安全风险分级管控制度，按照安全风险分级采取相应的管控措施。

生产经营单位应当建立健全并落实生产安全事故隐患排查治理制度，采取技术、管理措施，及时发现并消除事故隐患。事故隐患排查治理情况应当如实记录，并通过职工大会或者职工代表大会、信息公示栏等方式向从业人员通报。其中，重大事故隐患排查治理情况应当及时向负有安全生产监督管理职责的部门和职工大会或者职工代表大会报告。

县级以上地方各级人民政府负有安全生产监督管理职责的部门应当将重大事故隐患纳入相关信息系统，建立健全重大事故隐患治理督办制度，督促生产经营单位消除重大事故隐患。

第四十二条 生产、经营、储存、使用危险物品的车间、商店、仓库不得与员工宿舍在同一座建筑物内，并应当与员工宿舍保持安全距离。

生产经营场所和员工宿舍应当设有符合紧急疏散要求、标志明显、保持畅通的出口、疏散通道。禁止占用、锁闭、封堵生产经营场所或者员工宿舍的出口、疏散通道。

第四十三条　生产经营单位进行爆破、吊装、动火、临时用电以及国务院应急管理部门会同国务院有关部门规定的其他危险作业，应当安排专门人员进行现场安全管理，确保操作规程的遵守和安全措施的落实。

第四十四条　生产经营单位应当教育和督促从业人员严格执行本单位的安全生产规章制度和安全操作规程；并向从业人员如实告知作业场所和工作岗位存在的危险因素、防范措施以及事故应急措施。

生产经营单位应当关注从业人员的身体、心理状况和行为习惯，加强对从业人员的心理疏导、精神慰藉，严格落实岗位安全生产责任，防范从业人员行为异常导致事故发生。

第四十五条　生产经营单位必须为从业人员提供符合国家标准或者行业标准的劳动防护用品，并监督、教育从业人员按照使用规则佩戴、使用。

第四十六条　生产经营单位的安全生产管理人员应当根据本单位的生产经营特点，对安全生产状况进行经常性检查；对检查中发现的安全问题，应当立即处理；不能处理的，应当及时报告本单位有关负责人，有关负责人应当及时处理。检查及处理情况应当如实记录在案。

生产经营单位的安全生产管理人员在检查中发现重大事故隐患，依照前款规定向本单位有关负责人报告，有关负责人不及时处理的，安全生产管理人员可以向主管的负有安全生产监督管理职责的部门报告，接到报告的部门应当依法及时处理。

第四十七条　生产经营单位应当安排用于配备劳动防护用品、进行安全生产培训的经费。

第四十八条　两个以上生产经营单位在同一作业区域内进行生产经营活动，可能危及对方生产安全的，应当签订安全生产管理协议，明确各自的安全生产管理职责和应当采取的安全措施，并指定专职安全生产管理人员进行安全检查与协调。

第四十九条　生产经营单位不得将生产经营项目、场所、设备发包或者出租给不具备安全生产条件或者相应资质的单位或者个人。

生产经营项目、场所发包或者出租给其他单位的，生产经营单位应当与承包单位、承租单位签订专门的安全生产管理协议，或者在承包合同、租赁合同中约定各自的安全生产管理职责；生产经营单位对承包单位、承租单位的安全生产工作统一协调、管理，定期进行安全检查，发现安全问题的，应当及时督促整改。

矿山、金属冶炼建设项目和用于生产、储存、装卸危险物品的建设项目施工单位应当加强对施工项目的安全管理，不得倒卖、出租、出借、挂靠或者以其他形式非法转让施工资质，不得将其承包的全部建设工程转包给第三人或者将其承包的全部建设工程支解以后以分包的名义分别转包给第三人，不得将工程分包给不具备相应资质条件的单位。

第五十条　生产经营单位发生生产安全事故时，单位的主要负责人应当立即组织抢救，并不得在事故调查处理期间擅离职守。

第五十一条　生产经营单位必须依法参加工伤保险，为从业人员缴纳保险费。

国家鼓励生产经营单位投保安全生产责任保险；属于国家规定的高危行业、领域的生产经营单位，应当投保安全生产责任保险。具体范围和实施办法由国务院应急管理部门会同国务院财政部门、国务院保险监督管理机构和相关行业主管部门制定。

第三章　从业人员的安全生产权利义务

第五十二条　生产经营单位与从业人员订立的劳动合同，应当载明有关保障从业人员劳动安全、防止职业危害的事项，以及依法为从业人员办理工伤保险的事项。

生产经营单位不得以任何形式与从业人员订立协议，免除或者减轻其对从业人员因生产安全事故伤亡依法应承担的责任。

第五十三条　生产经营单位的从业人员有权了解其作业场所和工作岗位存在的危险因素、防范措施及事故应急措施，有权对本单位的安全生产工作提出建议。

第五十四条　从业人员有权对本单位安全生产工作中存在的问题提出批评、检举、控告；有权拒绝违章指挥和强令冒险作业。

生产经营单位不得因从业人员对本单位安全生产工作提出批评、检举、控告或者拒绝违章指挥、强令冒险作业而降低其工资、福利等待遇或者解除与其订立的劳动合同。

第五十五条　从业人员发现直接危及人身安全的紧急情况时，有权停止作业或者在采取可能的应急措施后撤离作业场所。

生产经营单位不得因从业人员在前款紧急情况下停止作业或者采取紧急撤离措施而降低其工资、福利等待遇或者解除与其订立的劳动合同。

第五十六条　生产经营单位发生生产安全事故后，应当及时采取措施救治有关人员。

因生产安全事故受到损害的从业人员，除依法享有工伤保险外，依照有关民事法律尚有获得赔偿的权利的，有权提出赔偿要求。

第五十七条 从业人员在作业过程中，应当严格落实岗位安全责任，遵守本单位的安全生产规章制度和操作规程，服从管理，正确佩戴和使用劳动防护用品。

第五十八条 从业人员应当接受安全生产教育和培训，掌握本职工作所需的安全生产知识，提高安全生产技能，增强事故预防和应急处理能力。

第五十九条 从业人员发现事故隐患或者其他不安全因素，应当立即向现场安全生产管理人员或者本单位负责人报告；接到报告的人员应当及时予以处理。

第六十条 工会有权对建设项目的安全设施与主体工程同时设计、同时施工、同时投入生产和使用进行监督，提出意见。

工会对生产经营单位违反安全生产法律、法规，侵犯从业人员合法权益的行为，有权要求纠正；发现生产经营单位违章指挥、强令冒险作业或者发现事故隐患时，有权提出解决的建议，生产经营单位应当及时研究答复；发现危及从业人员生命安全的情况时，有权向生产经营单位建议组织从业人员撤离危险场所，生产经营单位必须立即作出处理。

工会有权依法参加事故调查，向有关部门提出处理意见，并要求追究有关人员的责任。

第六十一条 生产经营单位使用被派遣劳动者的，被派遣劳动者享有本法规定的从业人员的权利，并应当履行本法规定的从业人员的义务。

第四章 安全生产的监督管理

第六十二条 县级以上地方各级人民政府应当根据本行政区域内的安全生产状况，组织有关部门按照职责分工，对本行政区域内容易发生重大生产安全事故的生产经营单位进行严格检查。

应急管理部门应当按照分类分级监督管理的要求，制定安全生产年度监督检查计划，并按照年度监督检查计划进行监督检查，发现事故隐患，应当及时处理。

第六十三条 负有安全生产监督管理职责的部门依照有关法律、法规的规定，对涉及安全生产的事项需要审查批准（包括批准、核准、许可、注册、认证、颁发证照等，下同）或者验收的，必须严格依照有关法律、法规和国家标准或者行业标准规定的安全生产条件和程序进行审查；不符合有关法律、法规和国家标准或者行业标准规定的安全生产条件的，不得批准或者验收通过。对未依法取得批准或者验收合格的单位擅自从事有关活动的，负责行政审批的部门发现或者接到举报后应当立即予以取缔，并依法予以处理。对已经依法取得批准的单位，负责行政审批的部门发现其不再具备安全生产条件的，应当撤销原批准。

第六十四条 负有安全生产监督管理职责的部门对涉及安全生产的事项进行审查、验收，不得收取费用；不得要求接受审查、验收的单位购买其指定品牌或者指定生产、销售单位的安全设备、器材或者其他产品。

第六十五条 应急管理部门和其他负有安全生产监督管理职责的部门依法开展安全生产行政执法工作，对生产经营单位执行有关安全生产的法律、法规和国家标准或者行业标准的情况进行监督检查，行使以下职权：

（一）进入生产经营单位进行检查，调阅有关资料，向有关单位和人员了解情况；

（二）对检查中发现的安全生产违法行为，当场予以纠正或者要求限期改正；对依法应当给予行政处罚的行为，依照本法和其他有关法律、行政法规的规定作出行政处罚决定；

（三）对检查中发现的事故隐患，应当责令立即排除；重大事故隐患排除前或者排除过程中无法保证安全的，应当责令从危险区域内撤出作业人员，责令暂时停产停业或者停止使用相关设施、设备；重大事故隐患排除后，经审查同意，方可恢复生产经营和使用；

（四）对有根据认为不符合保障安全生产的国家标准或者行业标准的设施、设备、器材以及违法生产、储存、使用、经营、运输的危险物品予以查封或者扣押，对违法生产、储存、使用、经营危险物品的作业场所予以查封，并依法作出处理决定。

监督检查不得影响被检查单位的正常生产经营活动。

第六十六条 生产经营单位对负有安全生产监督管理职责的部门的监督检查人员（以下统称安全生产监督检查人员）依法履行监督检查职责，应当予以配合，不得拒绝、阻挠。

第六十七条 安全生产监督检查人员应当忠于职守，坚持原则，秉公执法。

安全生产监督检查人员执行监督检查任务时，必须出示有效的行政执法证件；对涉及被检查单位的技术秘密和业务秘密，应当为其保密。

第六十八条 安全生产监督检查人员应当将检查

的时间、地点、内容、发现的问题及其处理情况,作出书面记录,并由检查人员和被检查单位的负责人签字;被检查单位的负责人拒绝签字的,检查人员应当将情况记录在案,并向负有安全生产监督管理职责的部门报告。

第六十九条 负有安全生产监督管理职责的部门在监督检查中,应当互相配合,实行联合检查;确需分别进行检查的,应当互通情况,发现存在的安全问题应由其他有关部门进行处理的,应当及时移送其他有关部门并形成记录备查,接受移送的部门应当及时进行处理。

第七十条 负有安全生产监督管理职责的部门依法对存在重大事故隐患的生产经营单位作出停产停业、停止施工、停止使用相关设施或者设备的决定,生产经营单位应当依法执行,及时消除事故隐患。生产经营单位拒不执行,有发生生产安全事故的现实危险的,在保证安全的前提下,经本部门主要负责人批准,负有安全生产监督管理职责的部门可以采取通知有关单位停止供电、停止供应民用爆炸物品等措施,强制生产经营单位履行决定。通知应当采用书面形式,有关单位应当予以配合。

负有安全生产监督管理职责的部门依照前款规定采取停止供电措施,除有危及生产安全的紧急情形外,应当提前二十四小时通知生产经营单位。生产经营单位依法履行行政决定、采取相应措施消除事故隐患的,负有安全生产监督管理职责的部门应当及时解除前款规定的措施。

第七十一条 监察机关依照监察法的规定,对负有安全生产监督管理职责的部门及其工作人员履行安全生产监督管理职责实施监察。

第七十二条 承担安全评价、认证、检测、检验职责的机构应当具备国家规定的资质条件,并对其作出的安全评价、认证、检测、检验结果的合法性、真实性负责。资质条件由国务院应急管理部门会同国务院有关部门制定。

承担安全评价、认证、检测、检验职责的机构应当建立并实施服务公开和报告公开制度,不得租借资质、挂靠、出具虚假报告。

第七十三条 负有安全生产监督管理职责的部门应当建立举报制度,公开举报电话、信箱或者电子邮件地址等网络举报平台,受理有关安全生产的举报;受理的举报事项经调查核实后,应当形成书面材料;需要落实整改措施的,报经有关负责人签字并督促落实。对不属于本部门职责,需要由其他有关部门进行调查处理的,转交其他有关部门处理。

涉及人员死亡的举报事项,应当由县级以上人民政府组织核查处理。

第七十四条 任何单位或者个人对事故隐患或者安全生产违法行为,均有权向负有安全生产监督管理职责的部门报告或者举报。

因安全生产违法行为造成重大事故隐患或者导致重大事故,致使国家利益或者社会公共利益受到侵害的,人民检察院可以根据民事诉讼法、行政诉讼法的相关规定提起公益诉讼。

第七十五条 居民委员会、村民委员会发现其所在区域内的生产经营单位存在事故隐患或者安全生产违法行为时,应当向当地人民政府或者有关部门报告。

第七十六条 县级以上各级人民政府及其有关部门对报告重大事故隐患或者举报安全生产违法行为的有功人员,给予奖励。具体奖励办法由国务院应急管理部门会同国务院财政部门制定。

第七十七条 新闻、出版、广播、电影、电视等单位有进行安全生产公益宣传教育的义务,有对违反安全生产法律、法规的行为进行舆论监督的权利。

第七十八条 负有安全生产监督管理职责的部门应当建立安全生产违法行为信息库,如实记录生产经营单位及其有关从业人员的安全生产违法行为信息;对违法行为情节严重的生产经营单位及其有关从业人员,应当及时向社会公告,并通报行业主管部门、投资主管部门、自然资源主管部门、生态环境主管部门、证券监督管理机构以及有关金融机构。有关部门和机构应当对存在失信行为的生产经营单位及其有关从业人员采取加大执法检查频次、暂停项目审批、上调有关保险费率、行业或者职业禁入等联合惩戒措施,并向社会公示。

负有安全生产监督管理职责的部门应当加强对生产经营单位行政处罚信息的及时归集、共享、应用和公开,对生产经营单位作出处罚决定后七个工作日内在监管部门公示系统予以公开曝光,强化对违法失信生产经营单位及其有关从业人员的社会监督,提高全社会安全生产诚信水平。

第五章 生产安全事故的应急救援与调查处理

第七十九条 国家加强生产安全事故应急能力建设,在重点行业、领域建立应急救援基地和应急救援队伍,并由国家安全生产应急救援机构统一协调指挥;鼓励生产经营单位和其他社会力量建立应急救援队伍,配备相应的应急救援装备和物资,提高应急救援的专业化水平。

国务院应急管理部门牵头建立全国统一的生产安全事故应急救援信息系统，国务院交通运输、住房和城乡建设、水利、民航等有关部门和县级以上地方人民政府建立健全相关行业、领域、地区的生产安全事故应急救援信息系统，实现互联互通、信息共享，通过推行网上安全信息采集、安全监管和监测预警，提升监管的精准化、智能化水平。

第八十条 县级以上地方各级人民政府应当组织有关部门制定本行政区域内生产安全事故应急救援预案，建立应急救援体系。

乡镇人民政府和街道办事处，以及开发区、工业园区、港区、风景区等应当制定相应的生产安全事故应急救援预案，协助人民政府有关部门或者按照授权依法履行生产安全事故应急救援工作职责。

第八十一条 生产经营单位应当制定本单位生产安全事故应急救援预案，与所在地县级以上地方人民政府组织制定的生产安全事故应急救援预案相衔接，并定期组织演练。

第八十二条 危险物品的生产、经营、储存单位以及矿山、金属冶炼、城市轨道交通运营、建筑施工单位应当建立应急救援组织；生产经营规模较小的，可以不建立应急救援组织，但应当指定兼职的应急救援人员。

危险物品的生产、经营、储存、运输单位以及矿山、金属冶炼、城市轨道交通运营、建筑施工单位应当配备必要的应急救援器材、设备和物资，并进行经常性维护、保养，保证正常运转。

第八十三条 生产经营单位发生生产安全事故后，事故现场有关人员应当立即报告本单位负责人。

单位负责人接到事故报告后，应当迅速采取有效措施，组织抢救，防止事故扩大，减少人员伤亡和财产损失，并按照国家有关规定立即如实报告当地负有安全生产监督管理职责的部门，不得隐瞒不报、谎报或者迟报，不得故意破坏事故现场、毁灭有关证据。

第八十四条 负有安全生产监督管理职责的部门接到事故报告后，应当立即按照国家有关规定上报事故情况。负有安全生产监督管理职责的部门和有关地方人民政府对事故情况不得隐瞒不报、谎报或者迟报。

第八十五条 有关地方人民政府和负有安全生产监督管理职责的部门的负责人接到生产安全事故报告后，应当按照生产安全事故应急救援预案的要求立即赶到事故现场，组织事故抢救。

参与事故抢救的部门和单位应当服从统一指挥，加强协同联动，采取有效的应急救援措施，并根据事故救援的需要采取警戒、疏散等措施，防止事故扩大和次生灾害的发生，减少人员伤亡和财产损失。

事故抢救过程中应当采取必要措施，避免或者减少对环境造成的危害。

任何单位和个人都应当支持、配合事故抢救，并提供一切便利条件。

第八十六条 事故调查处理应当按照科学严谨、依法依规、实事求是、注重实效的原则，及时、准确地查清事故原因，查明事故性质和责任，评估应急处置工作，总结事故教训，提出整改措施，并对事故责任单位和人员提出处理建议。事故调查报告应当依法及时向社会公布。事故调查和处理的具体办法由国务院制定。

事故发生单位应当及时全面落实整改措施，负有安全生产监督管理职责的部门应当加强监督检查。

负责事故调查处理的国务院有关部门和地方人民政府应当在批复事故调查报告后一年内，组织有关部门对事故整改和防范措施落实情况进行评估，并及时向社会公开评估结果；对不履行职责导致事故整改和防范措施没有落实的有关单位和人员，应当按照有关规定追究责任。

第八十七条 生产经营单位发生生产安全事故，经调查确定为责任事故的，除了应当查明事故单位的责任并依法予以追究外，还应当查明对安全生产的有关事项负有审查批准和监督职责的行政部门的责任，对有失职、渎职行为的，依照本法第九十条的规定追究法律责任。

第八十八条 任何单位和个人不得阻挠和干涉对事故的依法调查处理。

第八十九条 县级以上地方各级人民政府应急管理部门应当定期统计分析本行政区域内发生生产安全事故的情况，并定期向社会公布。

第六章 法律责任

第九十条 负有安全生产监督管理职责的部门的工作人员，有下列行为之一的，给予降级或者撤职的处分；构成犯罪的，依照刑法有关规定追究刑事责任：

（一）对不符合法定安全生产条件的涉及安全生产的事项予以批准或者验收通过的；

（二）发现未依法取得批准、验收的单位擅自从事有关活动或者接到举报后不予取缔或者不依法予以处理的；

（三）对已经依法取得批准的单位不履行监督管理职责，发现其不再具备安全生产条件而不撤销原批准或者发现安全生产违法行为不予查处的；

（四）在监督检查中发现重大事故隐患，不依法及时处理的。

负有安全生产监督管理职责的部门的工作人员有前款规定以外的滥用职权、玩忽职守、徇私舞弊行为的，依法给予处分；构成犯罪的，依照刑法有关规定追究刑事责任。

第九十一条　负有安全生产监督管理职责的部门，要求被审查、验收的单位购买其指定的安全设备、器材或者其他产品的，在对安全生产事项的审查、验收中收取费用的，由其上级机关责令改正，责令退还收取的费用；情节严重的，对直接负责的主管人员和其他直接责任人员依法给予处分。

第九十二条　承担安全评价、认证、检测、检验职责的机构出具失实报告的，责令停业整顿，并处三万元以上十万元以下的罚款；给他人造成损害的，依法承担赔偿责任。

承担安全评价、认证、检测、检验职责的机构租借资质、挂靠、出具虚假报告的，没收违法所得；违法所得在十万元以上的，并处违法所得二倍以上五倍以下的罚款；没有违法所得或者违法所得不足十万元的，单处或者并处十万元以上二十万元以下的罚款；对其直接负责的主管人员和其他直接责任人员处五万元以上十万元以下的罚款；给他人造成损害的，与生产经营单位承担连带赔偿责任；构成犯罪的，依照刑法有关规定追究刑事责任。

对有前款违法行为的机构及其直接责任人员，吊销其相应资质和资格，五年内不得从事安全评价、认证、检测、检验等工作，情节严重的，实行终身行业和职业禁入。

第九十三条　生产经营单位的决策机构、主要负责人或者个人经营的投资人不依照本法规定保证安全生产所必需的资金投入，致使生产经营单位不具备安全生产条件的，责令限期改正，提供必要的资金；逾期未改正的，责令生产经营单位停产停业整顿。

有前款违法行为，导致发生生产安全事故的，对生产经营单位的主要负责人给予撤职处分，对个人经营的投资人处二万元以上二十万元以下的罚款；构成犯罪的，依照刑法有关规定追究刑事责任。

第九十四条　生产经营单位的主要负责人未履行本法规定的安全生产管理职责的，责令限期改正，处二万元以上五万元以下的罚款；逾期未改正的，处五万元以上十万元以下的罚款，责令生产经营单位停产停业整顿。

生产经营单位的主要负责人有前款违法行为，导致发生生产安全事故的，给予撤职处分；构成犯罪的，依照刑法有关规定追究刑事责任。

生产经营单位的主要负责人依照前款规定受刑事处罚或者撤职处分的，自刑罚执行完毕或受处分之日起，五年内不得担任任何生产经营单位的主要负责人；对重大、特别重大生产安全事故负有责任的，终身不得担任本行业生产经营单位的主要负责人。

第九十五条　生产经营单位的主要负责人未履行本法规定的安全生产管理职责，导致发生生产安全事故的，由应急管理部门依照下列规定处以罚款：

（一）发生一般事故的，处上一年年收入百分之四十的罚款；

（二）发生较大事故的，处上一年年收入百分之六十的罚款；

（三）发生重大事故的，处上一年年收入百分之八十的罚款；

（四）发生特别重大事故的，处上一年年收入百分之一百的罚款。

第九十六条　生产经营单位的其他负责人和安全生产管理人员未履行本法规定的安全生产管理职责的，责令限期改正，处一万元以上三万元以下的罚款；导致发生生产安全事故的，暂停或者吊销其与安全生产有关的资格，并处上一年年收入百分之二十以上百分之五十以下的罚款；构成犯罪的，依照刑法有关规定追究刑事责任。

第九十七条　生产经营单位有下列行为之一的，责令限期改正，处十万元以下的罚款；逾期未改正的，责令停产停业整顿，并处十万元以上二十万元以下的罚款，对其直接负责的主管人员和其他直接责任人员处二万元以上五万元以下的罚款：

（一）未按照规定设置安全生产管理机构或者配备安全生产管理人员、注册安全工程师的；

（二）危险物品的生产、经营、储存、装卸单位以及矿山、金属冶炼、建筑施工、运输单位的主要负责人和安全生产管理人员未按照规定经考核合格的；

（三）未按照规定对从业人员、被派遣劳动者、实习学生进行安全生产教育和培训，或者未按照规定如实告知有关的安全生产事项的；

（四）未如实记录安全生产教育和培训情况的；

（五）未将事故隐患排查治理情况如实记录或者未向从业人员通报的；

（六）未按照规定制定生产安全事故应急救援预案或者未定期组织演练的；

（七）特种作业人员未按照规定经专门的安全作业培训并取得相应资格，上岗作业的。

第九十八条　生产经营单位有下列行为之一的,责令停止建设或者停产停业整顿,限期改正,并处十万元以上五十万元以下的罚款,对其直接负责的主管人员和其他直接责任人员处二万元以上五万元以下的罚款;逾期未改正的,处五十万元以上一百万元以下的罚款,对其直接负责的主管人员和其他直接责任人员处五万元以上十万元以下的罚款;构成犯罪的,依照刑法有关规定追究刑事责任:

(一)未按照规定对矿山、金属冶炼建设项目或者用于生产、储存、装卸危险物品的建设项目进行安全评价的;

(二)矿山、金属冶炼建设项目或者用于生产、储存、装卸危险物品的建设项目没有安全设施设计或者安全设施设计未按照规定报经有关部门审查同意的;

(三)矿山、金属冶炼建设项目或者用于生产、储存、装卸危险物品的建设项目的施工单位未按照批准的安全设施设计施工的;

(四)矿山、金属冶炼建设项目或者用于生产、储存、装卸危险物品的建设项目竣工投入生产或者使用前,安全设施未经验收合格的。

第九十九条　生产经营单位有下列行为之一的,责令限期改正,处五万元以下的罚款;逾期未改正的,处五万元以上二十万元以下的罚款,对其直接负责的主管人员和其他直接责任人员处一万元以上二万元以下的罚款;情节严重的,责令停产停业整顿;构成犯罪的,依照刑法有关规定追究刑事责任:

(一)未在有较大危险因素的生产经营场所和有关设施、设备上设置明显的安全警示标志的;

(二)安全设备的安装、使用、检测、改造和报废不符合国家标准或者行业标准的;

(三)未对安全设备进行经常性维护、保养和定期检测的;

(四)关闭、破坏直接关系生产安全的监控、报警、防护、救生设备、设施,或者篡改、隐瞒、销毁其相关数据、信息的;

(五)未为从业人员提供符合国家标准或者行业标准的劳动防护用品的;

(六)危险物品的容器、运输工具,以及涉及人身安全、危险性较大的海洋石油开采特种设备和矿山井下特种设备未经具有专业资质的机构检测、检验合格,取得安全使用证或者安全标志,投入使用的;

(七)使用应当淘汰的危及生产安全的工艺、设备的;

(八)餐饮等行业的生产经营单位使用燃气未安装可燃气体报警装置的。

第一百条　未经依法批准,擅自生产、经营、运输、储存、使用危险物品或者处置废弃危险物品的,依照有关危险物品安全管理的法律、行政法规的规定予以处罚;构成犯罪的,依照刑法有关规定追究刑事责任。

第一百零一条　生产经营单位有下列行为之一的,责令限期改正,处十万元以下的罚款;逾期未改正的,责令停产停业整顿,并处十万元以上二十万元以下的罚款,对其直接负责的主管人员和其他直接责任人员处二万元以上五万元以下的罚款;构成犯罪的,依照刑法有关规定追究刑事责任:

(一)生产、经营、运输、储存、使用危险物品或者处置废弃危险物品,未建立专门安全管理制度、未采取可靠的安全措施的;

(二)对重大危险源未登记建档,未进行定期检测、评估、监控,未制定应急预案,或者未告知应急措施的;

(三)进行爆破、吊装、动火、临时用电以及国务院应急管理部门会同国务院有关部门规定的其他危险作业,未安排专门人员进行现场安全管理的;

(四)未建立安全风险分级管控制度或者未按照安全风险分级采取相应管控措施的;

(五)未建立事故隐患排查治理制度,或者重大事故隐患排查治理情况未按照规定报告的。

第一百零二条　生产经营单位未采取措施消除事故隐患的,责令立即消除或者限期消除,处五万元以下的罚款;生产经营单位拒不执行的,责令停产停业整顿;对其直接负责的主管人员和其他直接责任人员处五万元以上十万元以下的罚款;构成犯罪的,依照刑法有关规定追究刑事责任。

第一百零三条　生产经营单位将生产经营项目、场所、设备发包或者出租给不具备安全生产条件或者相应资质的单位或者个人的,责令限期改正,没收违法所得;违法所得十万元以上的,并处违法所得二倍以上五倍以下的罚款;没有违法所得或者违法所得不足十万元的,单处或者并处十万元以上二十万元以下的罚款;对其直接负责的主管人员和其他直接责任人员处一万元以上二万元以下的罚款;导致发生生产安全事故给他人造成损害的,与承包方、承租方承担连带赔偿责任。

生产经营单位未与承包单位、承租单位签订专门的安全生产管理协议或者未在承包合同、租赁合同中明确各自的安全生产管理职责,或者未对承包单位、承租单位的安全生产统一协调、管理的,责令限期改正,处五万元以下的罚款,对其直接负责的主管人员和其他直接责任人员处一万元以下的罚款；逾期未改正的，责令停产停业整顿。

矿山、金属冶炼建设项目和用于生产、储存、装卸危险物品的建设项目的施工单位未按照规定对施工项目进行安全管理的，责令限期改正，处十万元以下的罚款，对其直接负责的主管人员和其他直接责任人员处二万元以下的罚款；逾期未改正的，责令停产停业整顿；以上施工单位倒卖、出租、出借、挂靠或者以其他形式非法转让施工资质的，责令停产停业整顿，吊销资质证书，没收违法所得；违法所得十万元以上的，并处违法所得二倍以上五倍以下的罚款；没有违法所得或者违法所得不足十万元的，单处或者并处十万元以上二十万元以下的罚款；对其直接负责的主管人员和其他直接责任人员处五万元以上十万元以下的罚款；构成犯罪的，依照刑法有关规定追究刑事责任。

第一百零四条　两个以上生产经营单位在同一作业区域内进行可能危及对方安全生产的生产经营活动，未签订安全生产管理协议或者未指定专职安全生产管理人员进行安全检查与协调，责令限期改正，处五万元以下的罚款，对其直接负责的主管人员和其他直接责任人员处一万元以下的罚款；逾期未改正的，责令停产停业。

第一百零五条　生产经营单位有下列行为之一的，责令限期改正，处五万元以下的罚款，对其直接负责的主管人员和其他直接责任人员处一万元以下的罚款；逾期未改正的，责令停产停业整顿；构成犯罪的，依照刑法有关规定追究刑事责任：

（一）生产、经营、储存、使用危险物品的车间、商店、仓库与员工宿舍在同一座建筑内，或者与员工宿舍的距离不符合安全要求的；

（二）生产经营场所和员工宿舍未设有符合紧急疏散需要、标志明显、保持畅通的出口、疏散通道，或者占用、锁闭、封堵生产经营场所或者员工宿舍出口、疏散通道的。

第一百零六条　生产经营单位与从业人员订立协议，免除或者减轻其对从业人员因生产安全事故伤亡依法应承担的责任的，该协议无效；对生产经营单位的主要负责人、个人经营的投资人处二万元以上十万元以下的罚款。

第一百零七条　生产经营单位的从业人员不落实岗位安全责任，不服从管理，违反安全生产规章制度或者操作规程的，由生产经营单位给予批评教育，依照有关规章制度给予处分；构成犯罪的，依照刑法有关规定追究刑事责任。

第一百零八条　违反本法规定，生产经营单位拒绝、阻碍负有安全生产监督管理职责的部门依法实施监督检查的，责令改正；拒不改正的，处二万元以上二十万元以下的罚款；对其直接负责的主管人员和其他直接责任人员处一万元以上二万元以下的罚款；构成犯罪的，依照刑法有关规定追究刑事责任。

第一百零九条　高危行业、领域的生产经营单位未按照国家规定投保安全生产责任保险的，责令限期改正，处五万元以上十万元以下的罚款；逾期未改正的，处十万元以上二十万元以下的罚款。

第一百一十条　生产经营单位的主要负责人在本单位发生生产安全事故时，不立即组织抢救或者在事故调查处理期间擅离职守或者逃匿的，给予降级、撤职的处分，并由应急管理部门处上一年年收入百分之六十至百分之一百的罚款；对逃匿的处十五日以下拘留；构成犯罪的，依照刑法有关规定追究刑事责任。

生产经营单位的主要负责人对生产安全事故隐瞒不报、谎报或者迟报的，依照前款规定处罚。

第一百一十一条　有关地方人民政府、负有安全生产监督管理职责的部门，对生产安全事故隐瞒不报、谎报或者迟报的，对直接负责的主管人员和其他直接责任人员依法给予处分；构成犯罪的，依照刑法有关规定追究刑事责任。

第一百一十二条　生产经营单位违反本法规定，被责令改正且受到罚款处罚，拒不改正的，负有安全生产监督管理职责的部门可以自作出责令改正之日的次日起，按照原处罚数额按日连续处罚。

第一百一十三条　生产经营单位存在下列情形之一的，负有安全生产监督管理职责的部门应当提请地方人民政府予以关闭，有关部门应当依法吊销其有关证照。生产经营单位主要负责人五年内不得担任任何生产经营单位的主要负责人；情节严重的，终身不得担任本行业生产经营单位的主要负责人：

（一）存在重大事故隐患，一百八十日内三次或者一年内四次受到本法规定的行政处罚的；

（二）经停产停业整顿，仍不具备法律、行政法规和国家标准或者行业标准规定的安全生产条件的；

（三）不具备法律、行政法规和国家标准或者行业标准规定的安全生产条件，导致发生重大、特别重大生产安全事故的；

（四）拒不执行负有安全生产监督管理职责的部门作出的停产停业整顿决定的。

第一百一十四条　发生生产安全事故，对负有责任的生产经营单位除要求其依法承担相应的赔偿等责任外，由应急管理部门依照下列规定处以罚款：

（一）发生一般事故的，处三十万元以上一百万元以下的罚款；

（二）发生较大事故的，处一百万元以上二百万元以下的罚款；

（三）发生重大事故的，处二百万元以上一千万元以下的罚款；

（四）发生特别重大事故的，处一千万元以上二千万元以下的罚款。

发生生产安全事故，情节特别严重、影响特别恶劣的，应急管理部门可以按照前款罚款数额的二倍以上五倍以下对负有责任的生产经营单位处以罚款。

第一百一十五条 本法规定的行政处罚，由应急管理部门和其他负有安全生产监督管理职责的部门按照职责分工决定。其中，根据本法第九十五条、第一百一十条、第一百一十四条的规定应当给予民航、铁路、电力行业的生产经营单位及其主要负责人行政处罚的，也可以由主管的负有安全生产监督管理职责的部门进行处罚。予以关闭的行政处罚由负有安全生产监督管理职责的部门报请县级以上人民政府按照国务院规定的权限决定；给予拘留的行政处罚由公安机关依照治安管理处罚的规定决定。

第一百一十六条 生产经营单位发生生产安全事故造成人员伤亡、他人财产损失的，应当依法承担赔偿责任；拒不承担或者其负责人逃匿的，由人民法院依法强制执行。

生产安全事故的责任人未依法承担赔偿责任，经人民法院依法采取执行措施后，仍不能对受害人给予足额赔偿的，应当继续履行赔偿义务；受害人发现责任人有其他财产的，可以随时请求人民法院执行。

第七章 附 则

第一百一十七条 本法下列用语的含义：

危险物品，是指易燃易爆物品、危险化学品、放射性物品等能够危及人身安全和财产安全的物品。

重大危险源，是指长期地或者临时地生产、搬运、使用或者储存危险物品，且危险物品的数量等于或者超过临界量的单元（包括场所和设施）。

第一百一十八条 本法规定的生产安全一般事故、较大事故、重大事故、特别重大事故的划分标准由国务院规定。

国务院应急管理部门和其他负有安全生产监督管理职责的部门应当根据各自的职责分工，制定相关行业、领域重大危险源的辨识标准和重大事故隐患的判定标准。

第一百一十九条 本法自 2002 年 11 月 1 日起施行。

中华人民共和国行政处罚法

（1996年3月17日第八届全国人民代表大会第四次会议通过 根据2009年8月27日第十一届全国人民代表大会常务委员会第十次会议《关于修改部分法律的决定》第一次修正 根据2017年9月1日第十二届全国人民代表大会常务委员会第二十九次会议《关于修改〈中华人民共和国法官法〉等八部法律的决定》第二次修正 2021年1月22日第十三届全国人民代表大会常务委员会第二十五次会议修订）

第一章 总 则

第一条 为了规范行政处罚的设定和实施，保障和监督行政机关有效实施行政管理，维护公共利益和社会秩序，保护公民、法人或者其他组织的合法权益，根据宪法，制定本法。

第二条 行政处罚是指行政机关依法对违反行政管理秩序的公民、法人或者其他组织，以减损权益或者增加义务的方式予以惩戒的行为。

第三条 行政处罚的设定和实施，适用本法。

第四条 公民、法人或者其他组织违反行政管理秩序的行为，应当给予行政处罚的，依照本法由法律、法规、规章规定，并由行政机关依照本法规定的程序实施。

第五条 行政处罚遵循公正、公开的原则。

设定和实施行政处罚必须以事实为依据，与违法行为的事实、性质、情节以及社会危害程度相当。

对违法行为给予行政处罚的规定必须公布；未经公布的，不得作为行政处罚的依据。

第六条 实施行政处罚，纠正违法行为，应当坚持处罚与教育相结合，教育公民、法人或者其他组织自觉守法。

第七条 公民、法人或者其他组织对行政机关所给予的行政处罚，享有陈述权、申辩权；对行政处罚不服，有权依法申请行政复议或者提起行政诉讼。

公民、法人或者其他组织因行政机关违法给予行政处罚受到损害的，有权依法提出赔偿要求。

第八条 公民、法人或者其他组织因违法行为受到行政处罚，其违法行为对他人造成损害的，应当依法承担民事责任。

违法行为构成犯罪，应当依法追究刑事责任的，不得以行政处罚代替刑事处罚。

第二章 行政处罚的种类和设定

第九条 行政处罚的种类：

（一）警告、通报批评；

（二）罚款、没收违法所得、没收非法财物；

（三）暂扣许可证件、降低资质等级、吊销许可证件；

（四）限制开展生产经营活动、责令停产停业、责令关闭、限制从业；

（五）行政拘留；

（六）法律、行政法规规定的其他行政处罚。

第十条 法律可以设定各种行政处罚。

限制人身自由的行政处罚，只能由法律设定。

第十一条 行政法规可以设定除限制人身自由以外的行政处罚。

法律对违法行为已经作出行政处罚规定，行政法规需要作出具体规定的，必须在法律规定的给予行政处罚的行为、种类和幅度的范围内规定。

法律对违法行为未作出行政处罚规定，行政法规为实施法律，可以补充设定行政处罚。拟补充设定行政处罚的，应当通过听证会、论证会等形式广泛听取意见，并向制定机关作出书面说明。行政法规报送备案时，应当说明补充设定行政处罚的情况。

第十二条 地方性法规可以设定除限制人身自由、吊销营业执照以外的行政处罚。

法律、行政法规对违法行为已经作出行政处罚规定，地方性法规需要作出具体规定的，必须在法律、行政法规规定的给予行政处罚的行为、种类和幅度的范围内规定。

法律、行政法规对违法行为未作出行政处罚规定，地方性法规为实施法律、行政法规，可以补充设定行政处罚。拟补充设定行政处罚的，应当通过听证会、论证会等形式广泛听取意见，并向制定机关作出书面说明。地方性法规报送备案时，应当说明补充设定行政处罚的情况。

第十三条 国务院部门规章可以在法律、行政法规规定的给予行政处罚的行为、种类和幅度的范围内作出具体规定。

尚未制定法律、行政法规的，国务院部门规章对违反行政管理秩序的行为，可以设定警告、通报批评或者一定数额罚款的行政处罚。罚款的限额由国务院规定。

第十四条 地方政府规章可以在法律、法规规定的给予行政处罚的行为、种类和幅度的范围内作出具体规定。

尚未制定法律、法规的，地方政府规章对违反行政管理秩序的行为，可以设定警告、通报批评或者一定数额罚款的行政处罚。罚款的限额由省、自治区、直辖市人民代表大会常务委员会规定。

第十五条 国务院部门和省、自治区、直辖市人民政府及其有关部门应当定期组织评估行政处罚的实施情况和必要性，对不适当的行政处罚事项及种类、罚款数额等，应当提出修改或者废止的建议。

第十六条 除法律、法规、规章外，其他规范性文件不得设定行政处罚。

第三章 行政处罚的实施机关

第十七条 行政处罚由具有行政处罚权的行政机关在法定职权范围内实施。

第十八条 国家在城市管理、市场监管、生态环境、文化市场、交通运输、应急管理、农业等领域推行建立综合行政执法制度，相对集中行政处罚权。

国务院或者省、自治区、直辖市人民政府可以决定一个行政机关行使有关行政机关的行政处罚权。

限制人身自由的行政处罚权只能由公安机关和法律规定的其他机关行使。

第十九条 法律、法规授权的具有管理公共事务职能的组织可以在法定授权范围内实施行政处罚。

第二十条 行政机关依照法律、法规、规章的规定，可以在其法定权限内书面委托符合本法第二十一条规定条件的组织实施行政处罚。行政机关不得委托其他组织或者个人实施行政处罚。

委托书应当载明委托的具体事项、权限、期限等内容。委托行政机关和受委托组织应当将委托书向社会公布。

委托行政机关对受委托组织实施行政处罚的行为应当负责监督，并对该行为的后果承担法律责任。

受委托组织在委托范围内，以委托行政机关名义实施行政处罚；不得再委托其他组织或者个人实施行政处罚。

第二十一条 受委托组织必须符合以下条件：

（一）依法成立并具有管理公共事务职能；

（二）有熟悉有关法律、法规、规章和业务并取得行政执法资格的工作人员；

（三）需要进行技术检查或者技术鉴定的，应当有条件组织进行相应的技术检查或者技术鉴定。

第四章 行政处罚的管辖和适用

第二十二条 行政处罚由违法行为发生地的行政机关管辖。法律、行政法规、部门规章另有规定的，从其规定。

第二十三条 行政处罚由县级以上地方人民政府具有行政处罚权的行政机关管辖。法律、行政法规另有规定的，从其规定。

第二十四条 省、自治区、直辖市根据当地实际情况，可以决定将基层管理迫切需要的县级人民政府部门的行政处罚权交由能够有效承接的乡镇人民政府、街道办事处行使，并定期组织评估。决定应当公布。

承接行政处罚权的乡镇人民政府、街道办事处应当加强执法能力建设，按照规定范围、依照法定程序实施行政处罚。

有关地方人民政府及其部门应当加强组织协调、业务指导、执法监督，建立健全行政处罚协调配合机制，完善评议、考核制度。

第二十五条 两个以上行政机关都有管辖权的，由最先立案的行政机关管辖。

对管辖发生争议的，应当协商解决，协商不成的，报请共同的上一级行政机关指定管辖；也可以直接由共同的上一级行政机关指定管辖。

第二十六条 行政机关因实施行政处罚的需要，可以向有关机关提出协助请求。协助事项属于被请求机关职权范围内的，应当依法予以协助。

第二十七条 违法行为涉嫌犯罪的，行政机关应当及时将案件移送司法机关，依法追究刑事责任。对依法不需要追究刑事责任或者免予刑事处罚，但应当给予行政处罚的，司法机关应当及时将案件移送有关行政机关。

行政处罚实施机关与司法机关之间应当加强协调配合，建立健全案件移送制度，加强证据材料移交、接收衔接，完善案件处理信息通报机制。

第二十八条 行政机关实施行政处罚时，应当责令当事人改正或者限期改正违法行为。

当事人有违法所得，除依法应当退赔的外，应当予以没收。违法所得是指实施违法行为所取得的款项。法律、行政法规、部门规章对违法所得的计算另有规定的，从其规定。

第二十九条 对当事人的同一个违法行为，不得给予两次以上罚款的行政处罚。同一个违法行为违反多个法律规范应当给予罚款处罚的，按照罚款数额高的规定处罚。

第三十条 不满十四周岁的未成年人有违法行为的，不予行政处罚，责令监护人加以管教；已满十四周岁不满十八周岁的未成年人有违法行为的，应当从轻或者减轻行政处罚。

第三十一条 精神病人、智力残疾人在不能辨认或者不能控制自己行为时有违法行为的，不予行政处罚，但应当责令其监护人严加看管和治疗。间歇性精神病人在精神正常时有违法行为的，应当给予行政处罚。尚未完全丧失辨认或者控制自己行为能力的精神病人、智力残疾人有违法行为的，可以从轻或者减轻行政处罚。

第三十二条 当事人有下列情形之一，应当从轻或者减轻行政处罚：

（一）主动消除或者减轻违法行为危害后果的；

（二）受他人胁迫或者诱骗实施违法行为的；

（三）主动供述行政机关尚未掌握的违法行为的；

（四）配合行政机关查处违法行为有立功表现的；

（五）法律、法规、规章规定其他应当从轻或者减轻行政处罚的。

第三十三条 违法行为轻微并及时改正，没有造成危害后果的，不予行政处罚。初次违法且危害后果轻微并及时改正的，可以不予行政处罚。

当事人有证据足以证明没有主观过错的，不予行政处罚。法律、行政法规另有规定的，从其规定。

对当事人的违法行为依法不予行政处罚的，行政机关应当对当事人进行教育。

第三十四条 行政机关可以依法制定行政处罚裁量基准，规范行使行政处罚裁量权。行政处罚裁量基准应当向社会公布。

第三十五条 违法行为构成犯罪，人民法院判处拘役或者有期徒刑时，行政机关已经给予当事人行政拘留的，应当依法折抵相应刑期。

违法行为构成犯罪，人民法院判处罚金时，行政机关已经给予当事人罚款的，应当折抵相应罚金；行政机关尚未给予当事人罚款的，不再给予罚款。

第三十六条 违法行为在二年内未被发现的，不再给予行政处罚；涉及公民生命健康安全、金融安全且有危害后果的，上述期限延长至五年。法律另有规定的除外。

前款规定的期限，从违法行为发生之日起计算；违法行为有连续或者继续状态的，从行为终了之日起计算。

第三十七条 实施行政处罚，适用违法行为发生时的法律、法规、规章的规定。但是，作出行政处罚决定时，法律、法规、规章已被修改或者废止，且新的规定处罚较轻或者不认为是违法的，适用新的规定。

第三十八条 行政处罚没有依据或者实施主体不具有行政主体资格的，行政处罚无效。

违反法定程序构成重大且明显违法的，行政处罚无效。

第五章 行政处罚的决定

第一节 一般规定

第三十九条 行政处罚的实施机关、立案依据、实施程序和救济渠道等信息应当公示。

第四十条 公民、法人或者其他组织违反行政管理秩序的行为，依法应当给予行政处罚的，行政机关必须查明事实；违法事实不清、证据不足的，不得给予行政处罚。

第四十一条 行政机关依照法律、行政法规规定利用电子技术监控设备收集、固定违法事实的，应当经过法制和技术审核，确保电子技术监控设备符合标准、设置合理、标志明显，设置地点应当向社会公布。

电子技术监控设备记录违法事实应当真实、清晰、完整、准确。行政机关应当审核记录内容是否符合要求；未经审核或者经审核不符合要求的，不得作为行政处罚的证据。

行政机关应当及时告知当事人违法事实，并采取信息化手段或者其他措施，为当事人查询、陈述和申辩提供便利。不得限制或者变相限制当事人享有的陈述权、申辩权。

第四十二条 行政处罚应当由具有行政执法资格的执法人员实施。执法人员不得少于两人，法律另有规定的除外。

执法人员应当文明执法，尊重和保护当事人合法权益。

第四十三条 执法人员与案件有直接利害关系或者有其他关系可能影响公正执法的，应当回避。

当事人认为执法人员与案件有直接利害关系或者有其他关系可能影响公正执法的，有权申请回避。

当事人提出回避申请的，行政机关应当依法审查，由行政机关负责人决定。决定作出之前，不停止调查。

第四十四条 行政机关在作出行政处罚决定之前，应当告知当事人拟作出的行政处罚内容及事实、理由、依据，并告知当事人依法享有的陈述、申辩、要求听证等权利。

第四十五条 当事人有权进行陈述和申辩。行政机关必须充分听取当事人的意见，对当事人提出的事实、理由和证据，应当进行复核；当事人提出的事实、理由或者证据成立的，行政机关应当采纳。

行政机关不得因当事人陈述、申辩而给予更重的处罚。

第四十六条 证据包括：

（一）书证；

（二）物证；

（三）视听资料；

（四）电子数据；

（五）证人证言；

（六）当事人的陈述；

（七）鉴定意见；

（八）勘验笔录、现场笔录。

证据必须经查证属实，方可作为认定案件事实的根据。

以非法手段取得的证据，不得作为认定案件事实的根据。

第四十七条 行政机关应当依法以文字、音像等形式，对行政处罚的启动、调查取证、审核、决定、送达、执行等进行全过程记录，归档保存。

第四十八条 具有一定社会影响的行政处罚决定应当依法公开。

公开的行政处罚决定被依法变更、撤销、确认违法或者确认无效的，行政机关应当在三日内撤回行政处罚决定信息并公开说明理由。

第四十九条 发生重大传染病疫情等突发事件，为了控制、减轻和消除突发事件引起的社会危害，行政机关对违反突发事件应对措施的行为，依法快速、从重处罚。

第五十条 行政机关及其工作人员对实施行政处罚过程中知悉的国家秘密、商业秘密或者个人隐私，应当依法予以保密。

第二节 简易程序

第五十一条 违法事实确凿并有法定依据，对公民处以二百元以下、对法人或者其他组织处以三千元以下罚款或者警告的行政处罚的，可以当场作出行政处罚决定。法律另有规定的，从其规定。

第五十二条 执法人员当场作出行政处罚决定的，应当向当事人出示执法证件，填写预定格式、编有号码的行政处罚决定书，并当场交付当事人。当事人拒绝签收的,应当在行政处罚决定书上注明。

前款规定的行政处罚决定书应当载明当事人的违法行为,行政处罚的种类和依据、罚款数额、时间、地点,申请行政复议、提起行政诉讼的途径和限以及行政机关名称,并由执法人员签名或者盖章。

执法人员当场作出的行政处罚决定,应当报所属行政机关备案。

第五十三条 对当场作出的行政处罚决定,当事人应当依照本法第六十七条至第六十九条的规定履行。

第三节 普通程序

第五十四条 除本法第五十一条规定的可以当场作出的行政处罚外,行政机关发现公民、法人或者其他组织有依法应当给予行政处罚的行为的,必须全面、客观、公正地调查,收集有关证据;必要时,依照法律、法规的规定,可以进行检查。

符合立案标准的,行政机关应当及时立案。

第五十五条 执法人员在调查或者进行检查时,应当主动向当事人或者有关人员出示执法证件。当事人或者有关人员有权要求执法人员出示执法证件。执法人员不出示执法证件的,当事人或者有关人员有权拒绝接受调查或者检查。

当事人或者有关人员应当如实回答询问,并协助调查或者检查,不得拒绝或者阻挠。询问或者检查应当制作笔录。

第五十六条 行政机关在收集证据时,可以采取抽样取证的方法;在证据可能灭失或者以后难以取得的情况下,经行政机关负责人批准,可以先行登记保存,并应当在七日内及时作出处理决定,在此期间,当事人或者有关人员不得销毁或者转移证据。

第五十七条 调查终结,行政机关负责人应当对调查结果进行审查,根据不同情况,分别作出如下决定:

(一)确有应受行政处罚的违法行为的,根据情节轻重及具体情况,作出行政处罚决定;

(二)违法行为轻微,依法可以不予行政处罚的,不予行政处罚;

(三)违法事实不能成立的,不予行政处罚;

(四)违法行为涉嫌犯罪的,移送司法机关。

对情节复杂或者重大违法行为给予行政处罚,行政机关负责人应当集体讨论决定。

第五十八条 有下列情形之一,在行政机关负责人作出行政处罚的决定之前,应当由从事行政处罚决定法制审核的人员进行法制审核;未经法制审核或者审核未通过的,不得作出决定:

(一)涉及重大公共利益的;

(二)直接关系当事人或者第三人重大权益,经过听证程序的;

(三)案件情况疑难复杂、涉及多个法律关系的;

(四)法律、法规规定应当进行法制审核的其他情形。

行政机关中初次从事行政处罚决定法制审核的人员,应当通过国家统一法律职业资格考试取得法律职业资格。

第五十九条 行政机关依照本法第五十七条的规定给予行政处罚,应当制作行政处罚决定书。行政处罚决定书应当载明下列事项:

(一)当事人的姓名或者名称、地址;

(二)违反法律、法规、规章的事实和证据;

(三)行政处罚的种类和依据;

(四)行政处罚的履行方式和期限;

(五)申请行政复议、提起行政诉讼的途径和期限;

(六)作出行政处罚决定的行政机关名称和作出决定的日期。

行政处罚决定书必须盖有作出行政处罚决定的行政机关的印章。

第六十条 行政机关应当自行政处罚案件立案之日起九十日内作出行政处罚决定。法律、法规、规章另有规定的,从其规定。

第六十一条 行政处罚决定书应当在宣告后当场交付当事人;当事人不在场的,行政机关应当在七日内依照《中华人民共和国民事诉讼法》的有关规定,将行政处罚决定书送达当事人。

当事人同意并签订确认书的,行政机关可以采用传真、电子邮件等方式,将行政处罚决定书等送达当事人。

第六十二条 行政机关及其执法人员在作出行政处罚决定之前,未依照本法第四十四条、第四十五条的规定向当事人告知拟作出的行政处罚内容及事实、理由、依据,或者拒绝听取当事人的陈述、申辩,不得作出行政处罚决定;当事人明确放弃陈述或者申辩权利的除外。

第四节 听证程序

第六十三条 行政机关拟作出下列行政处罚决定,应当告知当事人有要求听证的权利,当事人要求听证的,行政机关应当组织听证:

（一）较大数额罚款；
（二）没收较大数额违法所得、没收较大价值非法财物；
（三）降低资质等级、吊销许可证件；
（四）责令停产停业、责令关闭、限制从业；
（五）其他较重的行政处罚；
（六）法律、法规、规章规定的其他情形。
当事人不承担行政机关组织听证的费用。

第六十四条 听证应当依照以下程序组织：
（一）当事人要求听证的，应当在行政机关告知后五日内提出；
（二）行政机关应当在举行听证的七日前，通知当事人及有关人员听证的时间、地点；
（三）除涉及国家秘密、商业秘密或者个人隐私依法予以保密外，听证公开举行；
（四）听证由行政机关指定的非本案调查人员主持；当事人认为主持人与本案有直接利害关系的，有权申请回避；
（五）当事人可以亲自参加听证，也可以委托一至二人代理；
（六）当事人及其代理人无正当理由拒不出席听证或者未经许可中途退出听证的，视为放弃听证权利，行政机关终止听证；
（七）举行听证时，调查人员提出当事人违法的事实、证据和行政处罚建议，当事人进行申辩和质证；
（八）听证应当制作笔录。笔录应当交当事人或者其代理人核对无误后签字或者盖章。当事人或者其代理人拒绝签字或者盖章的，由听证主持人在笔录中注明。

第六十五条 听证结束后，行政机关应当根据听证笔录，依照本法第五十七条的规定，作出决定。

第六章 行政处罚的执行

第六十六条 行政处罚决定依法作出后，当事人应当在行政处罚决定书载明的期限内，予以履行。

当事人确有经济困难，需要延期或者分期缴纳罚款的，经当事人申请和行政机关批准，可以暂缓或者分期缴纳。

第六十七条 作出罚款决定的行政机关应当与收缴罚款的机构分离。

除依照本法第六十八条、第六十九条的规定当场收缴的罚款外，作出行政处罚决定的行政机关及其执法人员不得自行收缴罚款。

当事人应当自收到行政处罚决定书之日起十五日内，到指定的银行或者通过电子支付系统缴纳罚款。银行应当收受罚款，并将罚款直接上缴国库。

第六十八条 依照本法第五十一条的规定当场作出行政处罚决定，有下列情形之一，执法人员可以当场收缴罚款：
（一）依法给予一百元以下罚款的；
（二）不当场收缴事后难以执行的。

第六十九条 在边远、水上、交通不便地区，行政机关及其执法人员依照本法第五十一条、第五十七条的规定作出罚款决定后，当事人到指定的银行或者通过电子支付系统缴纳罚款确有困难，经当事人提出，行政机关及其执法人员可以当场收缴罚款。

第七十条 行政机关及其执法人员当场收缴罚款的，必须向当事人出具国务院财政部门或者省、自治区、直辖市人民政府财政部门统一制发的专用票据；不出具财政部门统一制发的专用票据的，当事人有权拒绝缴纳罚款。

第七十一条 执法人员当场收缴的罚款，应当自收缴罚款之日起二日内，交至行政机关；在水上当场收缴的罚款，应当自抵岸之日起二日内交至行政机关；行政机关应当在二日内将罚款缴付指定的银行。

第七十二条 当事人逾期不履行行政处罚决定的，作出行政处罚决定的行政机关可以采取下列措施：
（一）到期不缴纳罚款的，每日按罚款数额的百分之三加处罚款，加处罚款的数额不得超出罚款的数额；
（二）根据法律规定，将查封、扣押的财物拍卖、依法处理或者将冻结的存款、汇款划拨抵缴罚款；
（三）根据法律规定，采取其他行政强制执行方式；
（四）依照《中华人民共和国行政强制法》的规定申请人民法院强制执行。

行政机关批准延期、分期缴纳罚款的，申请人民法院强制执行的期限，自暂缓或者分期缴纳罚款期限结束之日起计算。

第七十三条 当事人对行政处罚决定不服，申请行政复议或者提起行政诉讼的，行政处罚不停止执行，法律另有规定的除外。

当事人对限制人身自由的行政处罚决定不服，申请行政复议或者提起行政诉讼的，可以向作出决定的机关提出暂缓执行申请。符合法律规定情形的，应当暂缓执行。

当事人申请行政复议或者提起行政诉讼的，加处罚款的数额在行政复议或者行政诉讼期间不予计算。

第七十四条 除依法应当予以销毁的物品外，依法没收的非法财物必须按照国家规定公开拍卖或者按照国家有关规定处理。

罚款、没收的违法所得或者没收非法财物拍卖的款项，必须全部上缴国库，任何行政机关或者个人不得以任何形式截留、私分或者变相私分。

罚款、没收的违法所得或者没收非法财物拍卖的款项，不得同作出行政处罚决定的行政机关及其工作人员的考核、考评直接或者变相挂钩。除依法应当退还、退赔的外，财政部门不得以任何形式向作出行政处罚决定的行政机关返还罚款、没收的违法所得或者没收非法财物拍卖的款项。

第七十五条 行政机关应当建立健全对行政处罚的监督制度。县级以上人民政府应当定期组织开展行政执法评议、考核，加强对行政处罚的监督检查，规范和保障行政处罚的实施。

行政机关实施行政处罚应当接受社会监督。公民、法人或者其他组织对行政机关实施行政处罚的行为，有权申诉或者检举；行政机关应当认真审查，发现有错误的，应当主动改正。

第七章 法律责任

第七十六条 行政机关实施行政处罚，有下列情形之一，由上级行政机关或者有关机关责令改正，对直接负责的主管人员和其他直接责任人员依法给予处分：

（一）没有法定的行政处罚依据的；
（二）擅自改变行政处罚种类、幅度的；
（三）违反法定的行政处罚程序的；
（四）违反本法第二十条关于委托处罚的规定的；
（五）执法人员未取得执法证件的。

行政机关对符合立案标准的案件不及时立案的，依照前款规定予以处理。

第七十七条 行政机关对当事人进行处罚不使用罚款、没收财物单据或者使用非法定部门制发的罚款、没收财物单据的，当事人有权拒绝，并有权予以检举，由上级行政机关或者有关机关对使用的非法单据予以收缴销毁，对直接负责的主管人员和其他直接责任人员依法给予处分。

第七十八条 行政机关违反本法第六十七条的规定自行收缴罚款的，财政部门违反本法第七十四条的规定向行政机关返还罚款、没收的违法所得或者拍卖款项的，由上级行政机关或者有关机关责令改正，对直接负责的主管人员和其他直接责任人员依法给予处分。

第七十九条 行政机关截留、私分或者变相私分罚款、没收的违法所得或者财物的，由财政部门或者有关机关予以追缴，对直接负责的主管人员和其他直接责任人员依法给予处分；情节严重构成犯罪的，依法追究刑事责任。

执法人员利用职务上的便利，索取或者收受他人财物、将收缴罚款据为己有，构成犯罪的，依法追究刑事责任；情节轻微不构成犯罪的，依法给予处分。

第八十条 行政机关使用或者损毁查封、扣押的财物，对当事人造成损失的，应当依法予以赔偿，对直接负责的主管人员和其他直接责任人员依法给予处分。

第八十一条 行政机关违法实施检查措施或者执行措施，给公民人身或者财产造成损害、给法人或者其他组织造成损失的，应当依法予以赔偿，对直接负责的主管人员和其他直接责任人员依法给予处分；情节严重构成犯罪的，依法追究刑事责任。

第八十二条 行政机关对应当依法移交司法机关追究刑事责任的案件不移交，以行政处罚代替刑事处罚，由上级行政机关或者有关机关责令改正，对直接负责的主管人员和其他直接责任人员依法给予处分；情节严重构成犯罪的，依法追究刑事责任。

第八十三条 行政机关对应当予以制止和处罚的违法行为不予制止、处罚，致使公民、法人或者其他组织的合法权益、公共利益和社会秩序遭受损害的，对直接负责的主管人员和其他直接责任人员依法给予处分；情节严重构成犯罪的，依法追究刑事责任。

第八章 附 则

第八十四条 外国人、无国籍人、外国组织在中华人民共和国领域内有违法行为，应当给予行政处罚的，适用本法，法律另有规定的除外。

第八十五条 本法中"二日""三日""五日""七日"的规定是指工作日，不含法定节假日。

第八十六条 本法自 2021 年 7 月 15 日起施行。

中华人民共和国行政强制法

（2011年6月30日第十一届全国人民代表大会常务委员会第二十一次会议通过）

第一章 总 则

第一条 为了规范行政强制的设定和实施，保障和监督行政机关依法履行职责，维护公共利益和社会秩序，保护公民、法人和其他组织的合法权益，根据宪法，制定本法。

第二条 本法所称行政强制，包括行政强制措施和行政强制执行。

行政强制措施，是指行政机关在行政管理过程中，为制止违法行为、防止证据损毁、避免危害发生、控制危险扩大等情形，依法对公民的人身自由实施暂时性限制，或者对公民、法人或者其他组织的财物实施暂时性控制的行为。

行政强制执行，是指行政机关或者行政机关申请人民法院，对不履行行政决定的公民、法人或者其他组织，依法强制履行义务的行为。

第三条 行政强制的设定和实施，适用本法。

发生或者即将发生自然灾害、事故灾难、公共卫生事件或者社会安全事件等突发事件，行政机关采取应急措施或者临时措施，依照有关法律、行政法规的规定执行。

行政机关采取金融业审慎监管措施、进出境货物强制性技术监控措施，依照有关法律、行政法规的规定执行。

第四条 行政强制的设定和实施，应当依照法定的权限、范围、条件和程序。

第五条 行政强制的设定和实施，应当适当。采用非强制手段可以达到行政管理目的的，不得设定和实施行政强制。

第六条 实施行政强制，应当坚持教育与强制相结合。

第七条 行政机关及其工作人员不得利用行政强制权为单位或者个人谋取利益。

第八条 公民、法人或者其他组织对行政机关实施行政强制，享有陈述权、申辩权；有权依法申请行政复议或者提起行政诉讼；因行政机关违法实施行政强制受到损害的，有权依法要求赔偿。

公民、法人或者其他组织因人民法院在强制执行中有违法行为或者扩大强制执行范围受到损害的，有权依法要求赔偿。

第二章 行政强制的种类和设定

第九条 行政强制措施的种类：

（一）限制公民人身自由；
（二）查封场所、设施或者财物；
（三）扣押财物；
（四）冻结存款、汇款；
（五）其他行政强制措施。

第十条 行政强制措施由法律设定。

尚未制定法律，且属于国务院行政管理职权事项的，行政法规可以设定除本法第九条第一项、第四项和应当由法律规定的行政强制措施以外的其他行政强制措施。

尚未制定法律、行政法规，且属于地方性事务的，地方性法规可以设定本法第九条第二项、第三项的行政强制措施。

法律、法规以外的其他规范性文件不得设定行政强制措施。

第十一条 法律对行政强制措施的对象、条件、种类作了规定的，行政法规、地方性法规不得作出扩大规定。

法律中未设定行政强制措施的，行政法规、地方性法规不得设定行政强制措施。但是，法律规定特定事项由行政法规规定具体管理措施的，行政法规可以设定除本法第九条第一项、第四项和应当由法律规定的行政强制措施以外的其他行政强制措施。

第十二条 行政强制执行的方式：

（一）加处罚款或者滞纳金；
（二）划拨存款、汇款；
（三）拍卖或者依法处理查封、扣押的场所、设施或者财物；
（四）排除妨碍、恢复原状；
（五）代履行；
（六）其他强制执行方式。

第十三条 行政强制执行由法律设定。

法律没有规定行政机关强制执行的，作出行政决定的行政机关应当申请人民法院强制执行。

第十四条 起草法律草案、法规草案，拟设定行政强制的，起草单位应当采取听证会、论证会等形式听取意见，并向制定机关说明设定该行政强制的必要性、可能产生的影响以及听取和采纳意见的情况。

第十五条 行政强制的设定机关应当定期对其设

定的行政强制进行评价，并对不适当的行政强制及时予以修改或者废止。

行政强制的实施机关可以对已设定的行政强制的实施情况及存在的必要性适时进行评价，并将意见报告该行政强制的设定机关。

公民、法人或者其他组织可以向行政强制的设定机关和实施机关就行政强制的设定和实施提出意见和建议。有关机关应当认真研究论证，并以适当方式予以反馈。

第三章 行政强制措施实施程序

第一节 一般规定

第十六条 行政机关履行行政管理职责，依照法律、法规的规定，实施行政强制措施。

违法行为情节显著轻微或者没有明显社会危害的，可以不采取行政强制措施。

第十七条 行政强制措施由法律、法规规定的行政机关在法定职权范围内实施。行政强制措施权不得委托。

依据《中华人民共和国行政处罚法》的规定行使相对集中行政处罚权的行政机关，可以实施法律、法规规定的与行政处罚权有关的行政强制措施。

行政强制措施应当由行政机关具备资格的行政执法人员实施，其他人员不得实施。

第十八条 行政机关实施行政强制措施应当遵守下列规定：

（一）实施前须向行政机关负责人报告并经批准；

（二）由两名以上行政执法人员实施；

（三）出示执法身份证件；

（四）通知当事人到场；

（五）当场告知当事人采取行政强制措施的理由、依据以及当事人依法享有的权利、救济途径；

（六）听取当事人的陈述和申辩；

（七）制作现场笔录；

（八）现场笔录由当事人和行政执法人员签名或者盖章，当事人拒绝的，在笔录中予以注明；

（九）当事人不到场的，邀请见证人到场，由见证人和行政执法人员在现场笔录上签名或者盖章；

（十）法律、法规规定的其他程序。

第十九条 情况紧急，需要当场实施行政强制措施的，行政执法人员应当在二十四小时内向行政机关负责人报告，并补办批准手续。行政机关负责人认为不应当采取行政强制措施的，应当立即解除。

第二十条 依照法律规定实施限制公民人身自由的行政强制措施，除应当履行本法第十八条规定的程序外，还应当遵守下列规定：

（一）当场告知或者实施行政强制措施后立即通知当事人家属实施行政强制措施的行政机关、地点和期限；

（二）在紧急情况下当场实施行政强制措施的，在返回行政机关后，立即向行政机关负责人报告并补办批准手续；

（三）法律规定的其他程序。

实施限制人身自由的行政强制措施不得超过法定期限。实施行政强制措施的目的已经达到或者条件已经消失，应当立即解除。

第二十一条 违法行为涉嫌犯罪应当移送司法机关的，行政机关应当将查封、扣押、冻结的财物一并移送，并书面告知当事人。

第二节 查封、扣押

第二十二条 查封、扣押应当由法律、法规规定的行政机关实施，其他任何行政机关或者组织不得实施。

第二十三条 查封、扣押限于涉案的场所、设施或者财物，不得查封、扣押与违法行为无关的场所、设施或者财物；不得查封、扣押公民个人及其所扶养家属的生活必需品。

当事人的场所、设施或者财物已被其他国家机关依法查封的，不得重复查封。

第二十四条 行政机关决定实施查封、扣押的，应当履行本法第十八条规定的程序，制作并当场交付查封、扣押决定书和清单。

查封、扣押决定书应当载明下列事项：

（一）当事人的姓名或者名称、地址；

（二）查封、扣押的理由、依据和期限；

（三）查封、扣押场所、设施或者财物的名称、数量等；

（四）申请行政复议或者提起行政诉讼的途径和期限；

（五）行政机关的名称、印章和日期。

查封、扣押清单一式二份，由当事人和行政机关分别保存。

第二十五条 查封、扣押的期限不得超过三十日；情况复杂的，经行政机关负责人批准，可以延长，但是延长期限不得超过三十日。法律、行政法规另有规定的除外。

延长查封、扣押的决定应当及时书面告知当事人，并说明理由。

对物品需要进行检测、检验、检疫或者技术鉴定的，查封、扣押的期间不包括检测、检验、检疫或者技术鉴定的期间。检测、检验、检疫或者技术鉴定的期间应当明确，并书面告知当事人。检测、检验、检疫或者技术鉴定的费用由行政机关承担。

第二十六条 对查封、扣押的场所、设施或者财物，行政机关应当妥善保管，不得使用或者损毁；造成损失的，应当承担赔偿责任。

对查封的场所、设施或者财物，行政机关可以委托第三人保管，第三人不得损毁或者擅自转移、处置。因第三人的原因造成的损失，行政机关先行赔付后，有权向第三人追偿。

因查封、扣押发生的保管费用由行政机关承担。

第二十七条 行政机关采取查封、扣押措施后，应当及时查清事实，在本法第二十五条规定的期限内作出处理决定。对违法事实清楚，依法应当没收的非法财物予以没收；法律、行政法规规定应当销毁的，依法销毁；应当解除查封、扣押的，作出解除查封、扣押的决定。

第二十八条 有下列情形之一的，行政机关应当及时作出解除查封、扣押决定：

（一）当事人没有违法行为；

（二）查封、扣押的场所、设施或者财物与违法行为无关；

（三）行政机关对违法行为已经作出处理决定，不再需要查封、扣押；

（四）查封、扣押期限已经届满；

（五）其他不再需要采取查封、扣押措施的情形。

解除查封、扣押应当立即退还财物；已将鲜活物品或者其他不易保管的财物拍卖或者变卖的，退还拍卖或者变卖所得款项。变卖价格明显低于市场价格，给当事人造成损失的，应当给予补偿。

第三节 冻 结

第二十九条 冻结存款、汇款应当由法律规定的行政机关实施，不得委托给其他行政机关或者组织；其他任何行政机关或者组织不得冻结存款、汇款。

冻结存款、汇款的数额应当与违法行为涉及的金额相当；已被其他国家机关依法冻结的，不得重复冻结。

第三十条 行政机关依照法律规定决定实施冻结存款、汇款的，应当履行本法第十八条第一项、第二项、第三项、第七项规定的程序，并向金融机构交付冻结通知书。

金融机构接到行政机关依法作出的冻结通知书后，应当立即予以冻结，不得拖延，不得在冻结前向当事人泄露信息。

法律规定以外的行政机关或者组织要求冻结当事人存款、汇款的，金融机构应当拒绝。

第三十一条 依照法律规定冻结存款、汇款的，作出决定的行政机关应当在三日内向当事人交付冻结决定书。冻结决定书应当载明下列事项：

（一）当事人的姓名或者名称、地址；

（二）冻结的理由、依据和期限；

（三）冻结的账号和数额；

（四）申请行政复议或者提起行政诉讼的途径和期限；

（五）行政机关的名称、印章和日期。

第三十二条 自冻结存款、汇款之日起三十日内，行政机关应当作出处理决定或者作出解除冻结决定；情况复杂的，经行政机关负责人批准，可以延长，但是延长期限不得超过三十日。法律另有规定的除外。

延长冻结的决定应当及时书面告知当事人，并说明理由。

第三十三条 有下列情形之一的，行政机关应当及时作出解除冻结决定：

（一）当事人没有违法行为；

（二）冻结的存款、汇款与违法行为无关；

（三）行政机关对违法行为已经作出处理决定，不再需要冻结；

（四）冻结期限已经届满；

（五）其他不再需要采取冻结措施的情形。

行政机关作出解除冻结决定的，应当及时通知金融机构和当事人。金融机构接到通知后，应当立即解除冻结。

行政机关逾期未作出处理决定或者解除冻结决定的，金融机构应当自冻结期满之日起解除冻结。

第四章 行政机关强制执行程序

第一节 一般规定

第三十四条 行政机关依法作出行政决定后，当事人在行政机关决定的期限内不履行义务的，具有行政强制执行权的行政机关依照本章规定强制执行。

第三十五条 行政机关作出强制执行决定前，应当事先催告当事人履行义务。催告应当以书面形式作出，并载明下列事项：

（一）履行义务的期限；
（二）履行义务的方式；
（三）涉及金钱给付的，应当有明确的金额和给付方式；
（四）当事人依法享有的陈述权和申辩权。

第三十六条 当事人收到催告书后有权进行陈述和申辩。行政机关应当充分听取当事人的意见，对当事人提出的事实、理由和证据，应当进行记录、复核。当事人提出的事实、理由或者证据成立的，行政机关应当采纳。

第三十七条 经催告，当事人逾期仍不履行行政决定，且无正当理由的，行政机关可以作出强制执行决定。

强制执行决定应当以书面形式作出，并载明下列事项：
（一）当事人的姓名或者名称、地址；
（二）强制执行的理由和依据；
（三）强制执行的方式和时间；
（四）申请行政复议或者提起行政诉讼的途径和期限；
（五）行政机关的名称、印章和日期。

在催告期间，对有证据证明有转移或者隐匿财物迹象的，行政机关可以作出立即强制执行决定。

第三十八条 催告书、行政强制执行决定书应当直接送达当事人。当事人拒绝接收或者无法直接送达当事人的，应当依照《中华人民共和国民事诉讼法》的有关规定送达。

第三十九条 有下列情形之一的，中止执行：
（一）当事人履行行政决定确有困难或者暂无履行能力的；
（二）第三人对执行标的主张权利，确有理由的；
（三）执行可能造成难以弥补的损失，且中止执行不损害公共利益的；
（四）行政机关认为需要中止执行的其他情形。

中止执行的情形消失后，行政机关应当恢复执行。对没有明显社会危害，当事人确无能力履行，中止执行满三年未恢复执行的，行政机关不再执行。

第四十条 有下列情形之一的，终结执行：
（一）公民死亡，无遗产可供执行，又无义务承受人的；
（二）法人或者其他组织终止，无财产可供执行，又无义务承受人的；
（三）执行标的灭失的；
（四）据以执行的行政决定被撤销的；
（五）行政机关认为需要终结执行的其他情形。

第四十一条 在执行中或者执行完毕后，据以执行的行政决定被撤销、变更，或者执行错误的，应当恢复原状或者退还财物；不能恢复原状或者退还财物的，依法给予赔偿。

第四十二条 实施行政强制执行，行政机关可以在不损害公共利益和他人合法权益的情况下，与当事人达成执行协议。执行协议可以约定分阶段履行；当事人采取补救措施的，可以减免加处的罚款或者滞纳金。

执行协议应当履行。当事人不履行执行协议的，行政机关应当恢复强制执行。

第四十三条 行政机关不得在夜间或者法定节假日实施行政强制执行。但是，情况紧急的除外。

行政机关不得对居民生活采取停止供水、供电、供热、供燃气等方式迫使当事人履行相关行政决定。

第四十四条 对违法的建筑物、构筑物、设施等需要强制拆除的，应当由行政机关予以公告，限期当事人自行拆除。当事人在法定期限内不申请行政复议或者提起行政诉讼，又不拆除的，行政机关可以依法强制拆除。

第二节　金钱给付义务的执行

第四十五条 行政机关依法作出金钱给付义务的行政决定，当事人逾期不履行的，行政机关可以依法加处罚款或者滞纳金。加处罚款或者滞纳金的标准应当告知当事人。

加处罚款或者滞纳金的数额不得超出金钱给付义务的数额。

第四十六条 行政机关依照本法第四十五条规定实施加处罚款或者滞纳金超过三十日，经催告当事人仍不履行的，具有行政强制执行权的行政机关可以强制执行。

行政机关实施强制执行前，需要采取查封、扣押、冻结措施的，依照本法第三章规定办理。

没有行政强制执行权的行政机关应当申请人民法院强制执行。但是，当事人在法定期限内不申请行政复议或者提起行政诉讼，经催告仍不履行的，在实施行政管理过程中已经采取查封、扣押措施的行政机关，可以将查封、扣押的财物依法拍卖抵缴罚款。

第四十七条 划拨存款、汇款应当由法律规定的行政机关决定，并书面通知金融机构。金融机构接到行政机关依法作出划拨存款、汇款的决定后，应当立即划拨。

法律规定以外的行政机关或者组织要求划拨当事

人存款、汇款的，金融机构应当拒绝。

第四十八条 依法拍卖财物，由行政机关委托拍卖机构依照《中华人民共和国拍卖法》的规定办理。

第四十九条 划拨的存款、汇款以及拍卖和依法处理所得的款项应当上缴国库或者划入财政专户。任何行政机关或者个人不得以任何形式截留、私分或者变相私分。

第三节　代　履　行

第五十条 行政机关依法作出要求当事人履行排除妨碍、恢复原状等义务的行政决定，当事人逾期不履行，经催告仍不履行，其后果已经或者将危害交通安全、造成环境污染或者破坏自然资源的，行政机关可以代履行，或者委托没有利害关系的第三人代履行。

第五十一条 代履行应当遵守下列规定：

（一）代履行前送达决定书，代履行决定书应当载明当事人的姓名或者名称、地址、代履行的理由和依据、方式和时间、标的、费用预算以及代履行人；

（二）代履行三日前，催告当事人履行，当事人履行的，停止代履行；

（三）代履行时，作出决定的行政机关应当派员到场监督；

（四）代履行完毕，行政机关到场监督的工作人员、代履行人和当事人或者见证人应当在执行文书上签名或者盖章。

代履行的费用按照成本合理确定，由当事人承担。但是，法律另有规定的除外。

代履行不得采用暴力、胁迫以及其他非法方式。

第五十二条 需要立即清除道路、河道、航道或者公共场所的遗洒物、障碍物或者污染物，当事人不能清除的，行政机关可以决定立即实施代履行；当事人不在场的，行政机关应当在事后立即通知当事人，并依法作出处理。

第五章　申请人民法院强制执行

第五十三条 当事人在法定期限内不申请行政复议或者提起行政诉讼，又不履行行政决定的，没有行政强制执行权的行政机关可以自期限届满之日起三个月内，依照本章规定申请人民法院强制执行。

第五十四条 行政机关申请人民法院强制执行前，应当催告当事人履行义务。催告书送达十日后当事人仍未履行义务的，行政机关可以向所在地有管辖权的人民法院申请强制执行；执行对象是不动产的，向不动产所在地有管辖权的人民法院申请强制执行。

第五十五条 行政机关向人民法院申请强制执行，应当提供下列材料：

（一）强制执行申请书；

（二）行政决定书及作出决定的事实、理由和依据；

（三）当事人的意见及行政机关催告情况；

（四）申请强制执行标的情况；

（五）法律、行政法规规定的其他材料。

强制执行申请书应当由行政机关负责人签名，加盖行政机关的印章，并注明日期。

第五十六条 人民法院接到行政机关强制执行的申请，应当在五日内受理。

行政机关对人民法院不予受理的裁定有异议的，可以在十五日内向上一级人民法院申请复议，上一级人民法院应当自收到复议申请之日起十五日内作出是否受理的裁定。

第五十七条 人民法院对行政机关强制执行的申请进行书面审查，对符合本法第五十五条规定，且行政决定具备法定执行效力的，除本法第五十八条规定的情形外，人民法院应当自受理之日起七日内作出执行裁定。

第五十八条 人民法院发现有下列情形之一的，在作出裁定前可以听取被执行人和行政机关的意见：

（一）明显缺乏事实根据的；

（二）明显缺乏法律、法规依据的；

（三）其他明显违法并损害被执行人合法权益的。

人民法院应当自受理之日起三十日内作出是否执行的裁定。裁定不予执行的，应当说明理由，并在五日内将不予执行的裁定送达行政机关。

行政机关对人民法院不予执行的裁定有异议的，可以自收到裁定之日起十五日内向上一级人民法院申请复议，上一级人民法院应当自收到复议申请之日起三十日内作出是否执行的裁定。

第五十九条 因情况紧急，为保障公共安全，行政机关可以申请人民法院立即执行。经人民法院院长批准，人民法院应当自作出执行裁定之日起五日内执行。

第六十条 行政机关申请人民法院强制执行，不缴纳申请费。强制执行的费用由被执行人承担。

人民法院以划拨、拍卖方式强制执行的，可以在划拨、拍卖后将强制执行的费用扣除。

依法拍卖财物，由人民法院委托拍卖机构依照《中华人民共和国拍卖法》的规定办理。

划拨的存款、汇款以及拍卖和依法处理所得的款项应当上缴国库或者划入财政专户，不得以任何形式截留、私分或者变相私分。

第六章 法律责任

第六十一条 行政机关实施行政强制，有下列情形之一的，由上级行政机关或者有关部门责令改正，对直接负责的主管人员和其他直接责任人员依法给予处分：

（一）没有法律、法规依据的；

（二）改变行政强制对象、条件、方式的；

（三）违反法定程序实施行政强制的；

（四）违反本法规定，在夜间或者法定节假日实施行政强制执行的；

（五）对居民生活采取停止供水、供电、供热、供燃气等方式迫使当事人履行相关行政决定的；

（六）有其他违法实施行政强制情形的。

第六十二条 违反本法规定，行政机关有下列情形之一的，由上级行政机关或者有关部门责令改正，对直接负责的主管人员和其他直接责任人员依法给予处分：

（一）扩大查封、扣押、冻结范围的；

（二）使用或者损毁查封、扣押场所、设施或者财物的；

（三）在查封、扣押法定期间不作出处理决定或者未依法及时解除查封、扣押的；

（四）在冻结存款、汇款法定期间不作出处理决定或者未依法及时解除冻结的。

第六十三条 行政机关将查封、扣押的财物或者划拨的存款、汇款以及拍卖和依法处理所得的款项，截留、私分或者变相私分的，由财政部门或者有关部门予以追缴；对直接负责的主管人员和其他直接责任人员依法给予记大过、降级、撤职或者开除的处分。

行政机关工作人员利用职务上的便利，将查封、扣押的场所、设施或者财物据为己有的，由上级行政机关或者有关部门责令改正，依法给予记大过、降级、撤职或者开除的处分。

第六十四条 行政机关及其工作人员利用行政强制权为单位或者个人谋取利益的，由上级行政机关或者有关部门责令改正，对直接负责的主管人员和其他直接责任人员依法给予处分。

第六十五条 违反本法规定，金融机构有下列行为之一的，由金融业监督管理机构责令改正，对直接负责的主管人员和其他直接责任人员依法给予处分：

（一）在冻结前向当事人泄露信息的；

（二）对应当立即冻结、划拨的存款、汇款不冻结或者不划拨，致使存款、汇款转移的；

（三）将不应当冻结、划拨的存款、汇款予以冻结或划拨的；

（四）未及时解除冻结存款、汇款的。

第六十六条 违反本法规定，金融机构将款项划入国库或者财政专户以外的其他账户的，由金融业监督管理机构责令改正，并处以违法划拨款项二倍的罚款；对直接负责的主管人员和其他直接责任人员依法给予处分。

违反本法规定，行政机关、人民法院指令金融机构将款项划入国库或者财政专户以外的其他账户的，对直接负责的主管人员和其他直接责任人员依法给予处分。

第六十七条 人民法院及其工作人员在强制执行中有违法行为或者扩大强制执行范围的，对直接负责的主管人员和其他直接责任人员依法给予处分。

第六十八条 违反本法规定，给公民、法人或者其他组织造成损失的，依法给予赔偿。

违反本法规定，构成犯罪的，依法追究刑事责任。

第七章 附 则

第六十九条 本法中十日以内期限的规定是指工作日，不含法定节假日。

第七十条 法律、行政法规授权的具有管理公共事务职能的组织在法定授权范围内，以自己的名义实施行政强制，适用本法有关行政机关的规定。

第七十一条 本法自 2012 年 1 月 1 日起施行。

中华人民共和国公务员法

（2005 年 4 月 27 日第十届全国人民代表大会常务委员会第十五次会议通过 根据 2017 年 9 月 1 日第十二届全国人民代表大会常务委员会第二十九次会议《关于修改〈中华人民共和国法官法〉等八部法律的决定》修正 2018 年 12 月 29 日第十三届全国人民代表大会常务委员会第七次会议修订）

第一章 总 则

第一条 为了规范公务员的管理，保障公务员的合法权益，加强对公务员的监督，促进公务员正确履职尽责，建设信念坚定、为民服务、勤政务实、敢于担当、清正廉洁的高素质专业化公务员队伍，根据宪法，制定本法。

第二条 本法所称公务员，是指依法履行公职、纳入国家行政编制、由国家财政负担工资福利的工作人员。

公务员是干部队伍的重要组成部分，是社会主义事业的中坚力量，是人民的公仆。

第三条 公务员的义务、权利和管理，适用本法。

法律对公务员中领导成员的产生、任免、监督以及监察官、法官、检察官等的义务、权利和管理另有规定的，从其规定。

第四条 公务员制度坚持中国共产党领导，坚持以马克思列宁主义、毛泽东思想、邓小平理论、"三个代表"重要思想、科学发展观、习近平新时代中国特色社会主义思想为指导，贯彻社会主义初级阶段的基本路线，贯彻新时代中国共产党的组织路线，坚持党管干部原则。

第五条 公务员的管理，坚持公开、平等、竞争、择优的原则，依照法定的权限、条件、标准和程序进行。

第六条 公务员的管理，坚持监督约束与激励保障并重的原则。

第七条 公务员的任用，坚持德才兼备、以德为先，坚持五湖四海、任人唯贤，坚持事业为上、公道正派，突出政治标准，注重工作实绩。

第八条 国家对公务员实行分类管理，提高管理效能和科学化水平。

第九条 公务员就职时应当依照法律规定公开进行宪法宣誓。

第十条 公务员依法履行职责的行为，受法律保护。

第十一条 公务员工资、福利、保险以及录用、奖励、培训、辞退等所需经费，列入财政预算，予以保障。

第十二条 中央公务员主管部门负责全国公务员的综合管理工作。县级以上地方各级公务员主管部门负责本辖区内公务员的综合管理工作。上级公务员主管部门指导下级公务员主管部门的公务员管理工作。各级公务员主管部门指导同级各机关的公务员管理工作。

第二章 公务员的条件、义务与权利

第十三条 公务员应当具备下列条件：

（一）具有中华人民共和国国籍；

（二）年满十八周岁；

（三）拥护中华人民共和国宪法，拥护中国共产党领导和社会主义制度；

（四）具有良好的政治素质和道德品行；

（五）具有正常履行职责的身体条件和心理素质；

（六）具有符合职位要求的文化程度和工作能力；

（七）法律规定的其他条件。

第十四条 公务员应当履行下列义务：

（一）忠于宪法，模范遵守、自觉维护宪法和法律，自觉接受中国共产党领导；

（二）忠于国家，维护国家的安全、荣誉和利益；

（三）忠于人民，全心全意为人民服务，接受人民监督；

（四）忠于职守，勤勉尽责，服从和执行上级依法作出的决定和命令，按照规定的权限和程序履行职责，努力提高工作质量和效率；

（五）保守国家秘密和工作秘密；

（六）带头践行社会主义核心价值观，坚守法治，遵守纪律，恪守职业道德，模范遵守社会公德、家庭美德；

（七）清正廉洁，公道正派；

（八）法律规定的其他义务。

第十五条 公务员享有下列权利：

（一）获得履行职责应当具有的工作条件；

（二）非因法定事由、非经法定程序，不被免职、降职、辞退或者处分；

（三）获得工资报酬，享受福利、保险待遇；

（四）参加培训；

（五）对机关工作和领导人员提出批评和建议；

（六）提出申诉和控告；

（七）申请辞职；

（八）法律规定的其他权利。

第三章 职务、职级与级别

第十六条 国家实行公务员职位分类制度。

公务员职位类别按照公务员职位的性质、特点和管理需要，划分为综合管理类、专业技术类和行政执法类等类别。根据本法，对于具有职位特殊性，需要单独管理的，可以增设其他职位类别。各职位类别的适用范围由国家另行规定。

第十七条 国家实行公务员职务与职级并行制度，根据公务员职位类别和职责设置公务员领导职务、职级序列。

第十八条 公务员领导职务根据宪法、有关法律和机构规格设置。

领导职务层次分为：国家级正职、国家级副职、省部级正职、省部级副职、厅局级正职、厅局级副职、县处级正职、县处级副职、乡科级正职、乡科级副职。

第十九条 公务员职级在厅局级以下设置。

综合管理类公务员职级序列分为：一级巡视员、二级巡视员、一级调研员、二级调研员、三级调研员、四级调研员、一级主任科员、二级主任科员、三级主任科员、四级主任科员、一级科员、二级科员。

综合管理类以外其他职位类别公务员的职级序列，根据本法由国家另行规定。

第二十条 各机关依照确定的职能、规格、编制限额、职数以及结构比例，设置本机关公务员的具体职位，并确定各职位的工作职责和任职资格条件。

第二十一条 公务员的领导职务、职级应当对应相应的级别。公务员领导职务、职级与级别的对应关系，由国家规定。

根据工作需要和领导职务与职级的对应关系，公务员担任的领导职务和职级可以互相转任、兼任；符合规定资格条件的，可以晋升领导职务或者职级。

公务员的级别根据所任领导职务、职级及其德才表现、工作实绩和资历确定。公务员在同一领导职务、职级上，可以按照国家规定晋升级别。

公务员的领导职务、职级与级别是确定公务员工资以及其他待遇的依据。

第二十二条 国家根据人民警察、消防救援人员以及海关、驻外外交机构等公务员的工作特点，设置与其领导职务、职级相对应的衔级。

第四章 录 用

第二十三条 录用担任一级主任科员以下及其他相当职级层次的公务员，采取公开考试、严格考察、平等竞争、择优录取的办法。

民族自治地方依照前款规定录用公务员时，依照法律和有关规定对少数民族报考者予以适当照顾。

第二十四条 中央机关及其直属机构公务员的录用，由中央公务员主管部门负责组织。地方各级机关公务员的录用，由省级公务员主管部门负责组织，必要时省级公务员主管部门可以授权设区的市级公务员主管部门组织。

第二十五条 报考公务员，除应当具备本法第十三条规定的条件以外，还应当具备省级以上公务员主管部门规定的拟任职位所要求的资格条件。

国家对行政机关中初次从事行政处罚决定审核、行政复议、行政裁决、法律顾问的公务员实行统一法律职业资格考试制度，由国务院司法行政部门商有关部门组织实施。

第二十六条 下列人员不得录用为公务员：

（一）因犯罪受过刑事处罚的；

（二）被开除中国共产党党籍的；

（三）被开除公职的；

（四）被依法列为失信联合惩戒对象的；

（五）有法律规定不得录用为公务员的其他情形的。

第二十七条 录用公务员，应当在规定的编制限额内，并有相应的职位空缺。

第二十八条 录用公务员，应当发布招考公告。招考公告应当载明招考的职位、名额、报考资格条件、报考需要提交的申请材料以及其他报考须知事项。

招录机关应当采取措施，便利公民报考。

第二十九条 招录机关根据报考资格条件对报考申请进行审查。报考者提交的申请材料应当真实、准确。

第三十条 公务员录用考试采取笔试和面试等方式进行，考试内容根据公务员应当具备的基本能力和不同职位类别、不同层级机关分别设置。

第三十一条 招录机关根据考试成绩确定考察人选，并进行报考资格复审、考察和体检。

体检的项目和标准根据职位要求确定。具体办法由中央公务员主管部门会同国务院卫生健康行政部门规定。

第三十二条 招录机关根据考试成绩、考察情况和体检结果，提出拟录用人员名单，并予以公示。公示期不少于五个工作日。

公示期满，中央一级招录机关应当将拟录用人员名单报中央公务员主管部门备案；地方各级招录机关应当将拟录用人员名单报省级或者设区的市级公务员主管部门审批。

第三十三条 录用特殊职位的公务员，经省级以上公务员主管部门批准，可以简化程序或者采用其他测评办法。

第三十四条 新录用的公务员试用期为一年。试用期满合格的，予以任职；不合格的，取消录用。

第五章 考 核

第三十五条 公务员的考核应当按照管理权限，全面考核公务员的德、能、勤、绩、廉，重点考核政治素质和工作实绩。考核指标根据不同职位类别、不同层级机关分别设置。

第三十六条 公务员的考核分为平时考核、专项考核和定期考核等方式。定期考核以平时考核、专项考核为基础。

第三十七条 非领导成员公务员的定期考核采取年度考核的方式。先由个人按照职位职责和有关要求进行总结，主管领导在听取群众意见后，提出考核等次建议，由本机关负责人或者授权的考核委员会确定考核等次。

领导成员的考核由主管机关按照有关规定办理。

第三十八条 定期考核的结果分为优秀、称职、基本称职和不称职四个等次。

定期考核的结果应当以书面形式通知公务员本人。

第三十九条 定期考核的结果作为调整公务员职位、职务、职级、级别、工资以及公务员奖励、培训、辞退的依据。

第六章 职务、职级任免

第四十条 公务员领导职务实行选任制、委任制和聘任制。公务员职级实行委任制和聘任制。

领导成员职务按照国家规定实行任期制。

第四十一条 选任制公务员在选举结果生效时即任当选职务；任期届满不再连任或者任期内辞职、被罢免、被撤职的，其所任职务即终止。

第四十二条 委任制公务员试用期满考核合格，职务、职级发生变化，以及其他情形需要任免职务、职级的，应当按照管理权限和规定的程序任免。

第四十三条 公务员任职应当在规定的编制限额和职数内进行，并有相应的职位空缺。

第四十四条 公务员因工作需要在机关外兼职，应当经有关机关批准，并不得领取兼职报酬。

第七章 职务、职级升降

第四十五条 公务员晋升领导职务，应当具备拟任职务所要求的政治素质、工作能力、文化程度和任职经历等方面的条件和资格。

公务员领导职务应当逐级晋升。特别优秀的或者工作特殊需要的，可以按照规定破格或者越级晋升。

第四十六条 公务员晋升领导职务，按照下列程序办理：

（一）动议；

（二）民主推荐；

（三）确定考察对象，组织考察；

（四）按照管理权限讨论决定；

（五）履行任职手续。

第四十七条 厅局级正职以下领导职务出现空缺且本机关没有合适人选的，可以通过适当方式面向社会选拔任职人选。

第四十八条 公务员晋升领导职务的，应当按照有关规定实行任职前公示制度和任职试用期制度。

第四十九条 公务员职级应当逐级晋升，根据个人德才表现、工作实绩和任职资历，参考民主推荐或者民主测评结果确定人选，经公示后，按照管理权限审批。

第五十条 公务员的职务、职级实行能上能下。对不适宜或者不胜任现任职务、职级的，应当进行调整。

公务员在年度考核中被确定为不称职的，按照规定程序降低一个职务或者职级层次任职。

第八章 奖 励

第五十一条 对工作表现突出，有显著成绩和贡献，或者有其他突出事迹的公务员或者公务员集体，给予奖励。奖励坚持定期奖励与及时奖励相结合，精神奖励与物质奖励相结合、以精神奖励为主的原则。

公务员集体的奖励适用于按照编制序列设置的机构或者为完成专项任务组成的工作集体。

第五十二条 公务员或者公务员集体有下列情形之一的，给予奖励：

（一）忠于职守，积极工作，勇于担当，工作实绩显著的；

（二）遵纪守法，廉洁奉公，作风正派，办事公道，模范作用突出的；

（三）在工作中有发明创造或者提出合理化建议，取得显著经济效益或者社会效益的；

（四）为增进民族团结，维护社会稳定做出突出贡献的；

（五）爱护公共财产，节约国家资财有突出成绩的；

（六）防止或者消除事故有功，使国家和人民群众利益免受或者减少损失的；

（七）在抢险、救灾等特定环境中做出突出贡献的；

（八）同违纪违法行为作斗争有功绩的；

（九）在对外交往中为国家争得荣誉和利益的；

（十）有其他突出功绩的。

第五十三条 奖励分为：嘉奖、记三等功、记二等功、记一等功、授予称号。

对受奖励的公务员或者公务员集体予以表彰，并对受奖励的个人给予一次性奖金或者其他待遇。

第五十四条 给予公务员或者公务员集体奖励，按照规定的权限和程序决定或者审批。

第五十五条 按照国家规定，可以向参与特定时期、特定领域重大工作的公务员颁发纪念证书或者纪念章。

第五十六条 公务员或者公务员集体有下列情形之一的，撤销奖励：

（一）弄虚作假，骗取奖励的；

（二）申报奖励时隐瞒严重错误或者严重违反规定程序的；

（三）有严重违纪违法等行为，影响称号声誉的；

（四）有法律、法规规定应当撤销奖励的其他情形的。

第九章 监督与惩戒

第五十七条 机关应当对公务员的思想政治、履行职责、作风表现、遵纪守法等情况进行监督，开展勤政廉政教育，建立日常管理监督制度。

对公务员监督发现问题的，应当区分不同情况，予以谈话提醒、批评教育、责令检查、诫勉、组织调整、处分。

对公务员涉嫌职务违法和职务犯罪的，应依法移送监察机关处理。

第五十八条 公务员应当自觉接受监督，按照规定请示报告工作、报告个人有关事项。

第五十九条 公务员应当遵纪守法，不得有下列行为：

（一）散布有损宪法权威、中国共产党和国家声誉的言论，组织或者参加旨在反对宪法、中国共产党领导和国家的集会、游行、示威等活动；

（二）组织或者参加非法组织，组织或者参加罢工；

（三）挑拨、破坏民族关系，参加民族分裂活动或者组织、利用宗教活动破坏民族团结和社会稳定；

（四）不担当，不作为，玩忽职守，贻误工作；

（五）拒绝执行上级依法作出的决定和命令；

（六）对批评、申诉、控告、检举进行压制或者打击报复；

（七）弄虚作假，误导、欺骗领导和公众；

（八）贪污贿赂，利用职务之便为自己或者他人谋取私利；

（九）违反财经纪律，浪费国家资财；

（十）滥用职权，侵害公民、法人或者其他组织的合法权益；

（十一）泄露国家秘密或者工作秘密；

（十二）在对外交往中损害国家荣誉和利益；

（十三）参与或者支持色情、吸毒、赌博、迷信等活动；

（十四）违反职业道德、社会公德和家庭美德；

（十五）违反有关规定参与禁止的网络传播行为或者网络活动；

（十六）违反有关规定从事或者参与营利性活动，在企业或者其他营利性组织中兼任职务；

（十七）旷工或者因公外出、请假期满无正当理由逾期不归；

（十八）违纪违法的其他行为。

第六十条 公务员执行公务时，认为上级的决定或者命令有错误的，可以向上级提出改正或者撤销该决定或者命令的意见；上级不改变该决定或者命令，或者要求立即执行的，公务员应当执行该决定或者命令，执行的后果由上级负责，公务员不承担责任；但是，公务员执行明显违法的决定或者命令的，应当依法承担相应的责任。

第六十一条 公务员因违纪违法应当承担纪律责任的，依照本法给予处分或者由监察机关依法给予政务处分；违纪违法行为情节轻微，经批评教育后改正的，可以免予处分。

对同一违纪违法行为，监察机关已经作出政务处分决定的，公务员所在机关不再给予处分。

第六十二条 处分分为：警告、记过、记大过、降级、撤职、开除。

第六十三条 对公务员的处分，应当事实清楚、证据确凿、定性准确、处理恰当、程序合法、手续完备。

公务员违纪违法的，应当由处分决定机关决定对公务员违纪违法的情况进行调查，并将调查认定的事实以及拟给予处分的依据告知公务员本人。公务员有权进行陈述和申辩；处分决定机关不得因公务员申辩而加重处分。

处分决定机关认为对公务员应当给予处分的，应当在规定的期限内，按照管理权限和规定的程序作出处分决定。处分决定应当以书面形式通知公务员本人。

第六十四条 公务员在受处分期间不得晋升职务、职级和级别，其中受记过、记大过、降级、撤职处分的，不得晋升工资档次。

受处分的期间为：警告，六个月；记过，十二个月；记大过，十八个月；降级、撤职，二十四个月。

受撤职处分的，按照规定降低级别。

第六十五条 公务员受开除以外的处分，在受处分期间有悔改表现，并且没有再发生违纪违法行为的，处分期满后自动解除。

解除处分后，晋升工资档次、级别和职务、职级不再受原处分的影响。但是，解除降级、撤职处分的，不视为恢复原级别、原职务、原职级。

第十章 培 训

第六十六条 机关根据公务员工作职责的要求和提高公务员素质的需要，对公务员进行分类分级培训。

国家建立专门的公务员培训机构。机关根据需要也可以委托其他培训机构承担公务员培训任务。

第六十七条 机关对新录用人员应当在试用期内进行初任培训；对晋升领导职务的公务员应当在任职前或者任职后一年内进行任职培训；对从事专项工作的公务员应当进行专门业务培训；对全体公务员应当进行提高政治素质和工作能力、更新知识的在职培训，其中对专业技术类公务员应当进行专业技术培训。

国家有计划地加强对优秀年轻公务员的培训。

第六十八条 公务员的培训实行登记管理。

公务员参加培训的时间由公务员主管部门按照本法第六十七条规定的培训要求予以确定。

公务员培训情况、学习成绩作为公务员考核的内容和任职、晋升的依据之一。

第十一章 交流与回避

第六十九条 国家实行公务员交流制度。

公务员可以在公务员和参照本法管理的工作人员队伍内部交流，也可以与国有企业和不参照本法管理的事业单位中从事公务的人员交流。

交流的方式包括调任、转任。

第七十条 国有企业、高等院校和科研院所以及其他不参照本法管理的事业单位中从事公务的人员，可以调入机关担任领导职务或者四级调研员以上及其他相当层次的职级。

调任人选应当具备本法第十三条规定的条件和拟任职位所要求的资格条件，并不得有本法第二十六条规定的情形。调任机关应当根据上述规定，对调任人选进行严格考察，并按照管理权限审批，必要时可以对调任人选进行考试。

第七十一条 公务员在不同职位之间转任应当具备拟任职位所要求的资格条件，在规定的编制限额和职数内进行。

对省部级正职以下的领导成员应当有计划、有重点地实行跨地区、跨部门转任。

对担任机关内设机构领导职务和其他工作性质特殊的公务员，应当有计划地在本机关内转任。

上级机关应当注重从基层机关公开遴选公务员。

第七十二条 根据工作需要，机关可以采取挂职方式选派公务员承担重大工程、重大项目、重点任务或者其他专项工作。

公务员在挂职期间，不改变与原机关的人事关系。

第七十三条 公务员应当服从机关的交流决定。

公务员本人申请交流的，按照管理权限审批。

第七十四条 公务员之间有夫妻关系、直系血亲关系、三代以内旁系血亲关系以及近姻亲关系的，不得在同一机关双方直接隶属于同一领导人员的职位或者有直接上下级领导关系的职位工作，也不得在其中一方担任领导职务的机关从事组织、人事、纪检、监察、审计和财务工作。

公务员不得在其配偶、子女及其配偶经营的企业、营利性组织的行业监管或者主管部门担任领导成员。

因地域或者工作性质特殊，需要变通执行任职回避的，由省级以上公务员主管部门规定。

第七十五条 公务员担任乡级机关、县级机关、设区的市级机关及其有关部门主要领导职务的，应当按照有关规定实行地域回避。

第七十六条 公务员执行公务时，有下列情形之一的，应当回避：

（一）涉及本人利害关系的；

（二）涉及与本人有本法第七十四条第一款所列亲属关系人员的利害关系的；

（三）其他可能影响公正执行公务的。

第七十七条 公务员有应当回避情形的，本人应当申请回避；利害关系人有权申请公务员回避。其他人员可以向机关提供公务员需要回避的情况。

机关根据公务员本人或者利害关系人的申请，经审查后作出是否回避的决定，也可以不经申请直接作出回避决定。

第七十八条 法律对公务员回避另有规定的，从其规定。

第十二章 工资、福利与保险

第七十九条 公务员实行国家统一规定的工资

制度。

公务员工资制度贯彻按劳分配的原则，体现工作职责、工作能力、工作实绩、资历等因素，保持不同领导职务、职级、级别之间的合理工资差距。

国家建立公务员工资的正常增长机制。

第八十条 公务员工资包括基本工资、津贴、补贴和奖金。

公务员按照国家规定享受地区附加津贴、艰苦边远地区津贴、岗位津贴等津贴。

公务员按照国家规定享受住房、医疗等补贴、补助。

公务员在定期考核中被确定为优秀、称职的，按照国家规定享受年终奖金。

公务员工资应当按时足额发放。

第八十一条 公务员的工资水平应当与国民经济发展相协调、与社会进步相适应。

国家实行工资调查制度，定期进行公务员和企业相当人员工资水平的调查比较，并将工资调查比较结果作为调整公务员工资水平的依据。

第八十二条 公务员按照国家规定享受福利待遇。国家根据经济社会发展水平提高公务员的福利待遇。

公务员执行国家规定的工时制度，按照国家规定享受休假。公务员在法定工作日之外加班的，应当给予相应的补休，不能补休的按照国家规定给予补助。

第八十三条 公务员依法参加社会保险，按照国家规定享受保险待遇。

公务员因公牺牲或者病故的，其亲属享受国家规定的抚恤和优待。

第八十四条 任何机关不得违反国家规定自行更改公务员工资、福利、保险政策，擅自提高或者降低公务员的工资、福利、保险待遇。任何机关不得扣减或者拖欠公务员的工资。

第十三章 辞职与辞退

第八十五条 公务员辞去公职，应当向任免机关提出书面申请。任免机关应当自接到申请之日起三十日内予以审批，其中对领导成员辞去公职的申请，应当自接到申请之日起九十日内予以审批。

第八十六条 公务员有下列情形之一的，不得辞去公职：

（一）未满国家规定的最低服务年限的；

（二）在涉及国家秘密等特殊职位任职或者离开上述职位不满国家规定的脱密期限的；

（三）重要公务尚未处理完毕，且须由本人继续处理的；

（四）正在接受审计、纪律审查、监察调查，或者涉嫌犯罪，司法程序尚未终结的；

（五）法律、行政法规规定的其他不得辞去公职的情形。

第八十七条 担任领导职务的公务员，因工作变动依照法律规定需要辞去现任职务的，应当履行辞职手续。

担任领导职务的公务员，因个人或者其他原因，可以自愿提出辞去领导职务。

领导成员因工作严重失误、失职造成重大损失或者恶劣社会影响的，或者对重大事故负有领导责任的，应当引咎辞去领导职务。

领导成员因其他原因不再适合担任现任领导职务的，或者应当引咎辞职本人不提出辞职的，应当责令其辞去领导职务。

第八十八条 公务员有下列情形之一的，予以辞退：

（一）在年度考核中，连续两年被确定为不称职的；

（二）不胜任现职工作，又不接受其他安排的；

（三）因所在机关调整、撤销、合并或者缩减编制员额需要调整工作，本人拒绝合理安排的；

（四）不履行公务员义务，不遵守法律和公务员纪律，经教育仍无转变，不适合继续在机关工作，又不宜给予开除处分的；

（五）旷工或者因公外出、请假期满无正当理由逾期不归连续超过十五天，或者一年内累计超过三十天的。

第八十九条 对有下列情形之一的公务员，不得辞退：

（一）因公致残，被确认丧失或者部分丧失工作能力的；

（二）患病或者负伤，在规定的医疗期内的；

（三）女性公务员在孕期、产假、哺乳期内的；

（四）法律、行政法规规定的其他不得辞退的情形。

第九十条 辞退公务员，按照管理权限决定。辞退决定应当以书面形式通知被辞退的公务员，并应当告知辞退依据和理由。

被辞退的公务员，可以领取辞退费或者根据国家有关规定享受失业保险。

第九十一条 公务员辞职或者被辞退，离职前应当办理公务交接手续，必要时按照规定接受审计。

第十四章 退 休

第九十二条 公务员达到国家规定的退休年龄或者完全丧失工作能力的，应当退休。

第九十三条 公务员符合下列条件之一的，本人自愿提出申请，经任免机关批准，可以提前退休：

（一）工作年限满三十年的；

（二）距国家规定的退休年龄不足五年，且工作年限满二十年的；

（三）符合国家规定的可以提前退休的其他情形的。

第九十四条 公务员退休后，享受国家规定的养老金和其他待遇，国家为其生活和健康提供必要的服务和帮助，鼓励发挥个人专长，参与社会发展。

第十五章 申诉与控告

第九十五条 公务员对涉及本人的下列人事处理不服的，可以自知道该人事处理之日起三十日内向原处理机关申请复核；对复核结果不服的，可以自接到复核决定之日起十五日内，按照规定向同级公务员主管部门或者作出该人事处理的机关的上一级机关提出申诉；也可以不经复核，自知道该人事处理之日起三十日内直接提出申诉：

（一）处分；

（二）辞退或者取消录用；

（三）降职；

（四）定期考核定为不称职；

（五）免职；

（六）申请辞职、提前退休未予批准；

（七）不按照规定确定或者扣减工资、福利、保险待遇；

（八）法律、法规规定可以申诉的其他情形。

对省级以下机关作出的申诉处理决定不服的，可以向作出处理决定的上一级机关提出再申诉。

受理公务员申诉的机关应当组成公务员申诉公正委员会，负责受理和审理公务员的申诉案件。

公务员对监察机关作出的涉及本人的处理决定不服向监察机关申请复审、复核的，按照有关规定办理。

第九十六条 原处理机关应当自接到复核申请书后的三十日内作出复核决定，并以书面形式告知申请人。受理公务员申诉的机关应当自受理之日起六十日内作出处理决定；案情复杂的，可以适当延长，但是延长时间不得超过三十日。

复核、申诉期间不停止人事处理的执行。

公务员不因申请复核、提出申诉而被加重处理。

第九十七条 公务员申诉的受理机关审查认定人事处理有错误的，原处理机关应当及时予以纠正。

第九十八条 公务员认为机关及其领导人员侵犯其合法权益的，可以依法向上级机关或者监察机关提出控告。受理控告的机关应当按照规定及时处理。

第九十九条 公务员提出申诉、控告，应当尊重事实，不得捏造事实，诬告、陷害他人。对捏造事实，诬告、陷害他人的，依法追究法律责任。

第十六章 职位聘任

第一百条 机关根据工作需要，经省级以上公务员主管部门批准，可以对专业性较强的职位和辅助性职位实行聘任制。

前款所列职位涉及国家秘密的，不实行聘任制。

第一百零一条 机关聘任公务员可以参照公务员考试录用的程序进行公开招聘，也可以从符合条件的人员中直接选聘。

机关聘任公务员应当在规定的编制限额和工资经费限额内进行。

第一百零二条 机关聘任公务员，应当按照平等自愿、协商一致的原则，签订书面的聘任合同，确定机关与所聘公务员双方的权利、义务。聘任合同经双方协商一致可以变更或者解除。

聘任合同的签订、变更或者解除，应当报同级公务员主管部门备案。

第一百零三条 聘任合同应当具备合同期限，职位及其职责要求，工资、福利、保险待遇，违约责任等条款。

聘任合同期限为一年至五年。聘任合同可以约定试用期，试用期为一个月至十二个月。

聘任制公务员实行协议工资制，具体办法由中央公务员主管部门规定。

第一百零四条 机关依据本法和聘任合同对所聘公务员进行管理。

第一百零五条 聘任制公务员与所在机关之间因履行聘任合同发生争议的，可以自争议发生之日起六十日内申请仲裁。

省级以上公务员主管部门根据需要设立人事争议仲裁委员会，受理仲裁申请。人事争议仲裁委员会由公务员主管部门的代表、聘用机关的代表、聘任制公务员的代表以及法律专家组成。

当事人对仲裁裁决不服的，可以自接到仲裁裁决书之日起十五日内向人民法院提起诉讼。仲裁裁决生效后，一方当事人不履行的，另一方当事人可以申请人民法院执行。

第十七章　法　律　责　任

第一百零六条　对有下列违反本法规定情形的，由县级以上领导机关或者公务员主管部门按照管理权限，区别不同情况，分别予以责令纠正或者宣布无效；对负有责任的领导人员和直接责任人员，根据情节轻重，给予批评教育、责令检查、诫勉、组织调整、处分；构成犯罪的，依法追究刑事责任：

（一）不按照编制限额、职数或者任职资格条件进行公务员录用、调任、转任、聘任和晋升的；

（二）不按照规定条件进行公务员奖惩、回避和办理退休的；

（三）不按照规定程序进行公务员录用、调任、转任、聘任、晋升以及考核、奖惩的；

（四）违反国家规定，更改公务员工资、福利、保险待遇标准的；

（五）在录用、公开遴选等工作中发生泄露试题、违反考场纪律以及其他严重影响公开、公正行为的；

（六）不按照规定受理和处理公务员申诉、控告的；

（七）违反本法规定的其他情形的。

第一百零七条　公务员辞去公职或者退休的，原系领导成员、县处级以上领导职务的公务员在离职三年内，其他公务员在离职两年内，不得到与原工作业务直接相关的企业或者其他营利性组织任职，不得从事与原工作业务直接相关的营利性活动。

公务员辞去公职或者退休后有违反前款规定行为的，由其原所在机关的同级公务员主管部门责令限期改正；逾期不改正的，由县级以上市场监管部门没收该人员从业期间的违法所得，责令接收单位将该人员予以清退，并根据情节轻重，对接收单位处以被处罚人员违法所得一倍以上五倍以下的罚款。

第一百零八条　公务员主管部门的工作人员，违反本法规定，滥用职权、玩忽职守、徇私舞弊，构成犯罪的，依法追究刑事责任；尚不构成犯罪的，给予处分或者由监察机关依法给予政务处分。

第一百零九条　在公务员录用、聘任等工作中，有隐瞒真实信息、弄虚作假、考试作弊、扰乱考试秩序等行为的，由公务员主管部门根据情节作出考试成绩无效、取消资格、限制报考等处理；情节严重的，依法追究法律责任。

第一百一十条　机关因错误的人事处理对公务员造成名誉损害的，应当赔礼道歉、恢复名誉、消除影响；造成经济损失的，应当依法给予赔偿。

第十八章　附　　则

第一百一十一条　本法所称领导成员，是指机关的领导人员，不包括机关内设机构担任领导职务的人员。

第一百一十二条　法律、法规授权的具有公共事务管理职能的事业单位中除工勤人员以外的工作人员，经批准参照本法进行管理。

第一百一十三条　本法自2019年6月1日起施行。

中华人民共和国公职人员政务处分法

（2020年6月20日第十三届全国人民代表大会常务委员会第十九次会议通过，中华人民共和国主席令第四十六号公布）

第一章　总　　则

第一条　为了规范政务处分，加强对所有行使公权力的公职人员的监督，促进公职人员依法履职、秉公用权、廉洁从政从业、坚持道德操守，根据《中华人民共和国监察法》，制定本法。

第二条　本法适用于监察机关对违法的公职人员给予政务处分的活动。

本法第二章、第三章适用于公职人员任免机关、单位对违法的公职人员给予处分。处分的程序、申诉等适用其他法律、行政法规、国务院部门规章和国家有关规定。

本法所称公职人员，是指《中华人民共和国监察法》第十五条规定的人员。

第三条　监察机关应当按照管理权限，加强对公职人员的监督，依法给予违法的公职人员政务处分。

公职人员任免机关、单位应当按照管理权限，加强对公职人员的教育、管理、监督，依法给予违法的公职人员处分。

监察机关发现公职人员任免机关、单位应当给予处分而未给予，或者给予的处分违法、不当的，应当及时提出监察建议。

第四条　给予公职人员政务处分，坚持党管干部原则，集体讨论决定；坚持法律面前一律平等，以事实为根据，以法律为准绳，给予的政务处分与违法行为的性质、情节、危害程度相当；坚持惩戒与教育相结合，宽严相济。

第五条 给予公职人员政务处分，应当事实清楚、证据确凿、定性准确、处理恰当、程序合法、手续完备。

第六条 公职人员依法履行职责受法律保护，非因法定事由、非经法定程序，不受政务处分。

第二章 政务处分的种类和适用

第七条 政务处分的种类为：

（一）警告；

（二）记过；

（三）记大过；

（四）降级；

（五）撤职；

（六）开除。

第八条 政务处分的期间为：

（一）警告，六个月；

（二）记过，十二个月；

（三）记大过，十八个月；

（四）降级、撤职，二十四个月。

政务处分决定自作出之日起生效，政务处分期自政务处分决定生效之日起计算。

第九条 公职人员二人以上共同违法，根据各自在违法行为中所起的作用和应当承担的法律责任，分别给予政务处分。

第十条 有关机关、单位、组织集体作出的决定违法或者实施违法行为的，对负有责任的领导人员和直接责任人员中的公职人员依法给予政务处分。

第十一条 公职人员有下列情形之一的，可以从轻或者减轻给予政务处分：

（一）主动交代本人应当受到政务处分的违法行为的；

（二）配合调查，如实说明本人违法事实的；

（三）检举他人违纪违法行为，经查证属实的；

（四）主动采取措施，有效避免、挽回损失或者消除不良影响的；

（五）在共同违法行为中起次要或者辅助作用的；

（六）主动上交或者退赔违法所得的；

（七）法律、法规规定的其他从轻或者减轻情节。

第十二条 公职人员违法行为情节轻微，且具有本法第十一条规定的情形之一的，可以对其进行谈话提醒、批评教育、责令检查或者予以诫勉，免予或者不予政务处分。

公职人员因不明真相被裹挟或者被胁迫参与违法活动，经批评教育后确有悔改表现的，可以减轻、免予或者不予政务处分。

第十三条 公职人员有下列情形之一的，应当从重给予政务处分：

（一）在政务处分期内再次故意违法，应当受到政务处分的；

（二）阻止他人检举、提供证据的；

（三）串供或者伪造、隐匿、毁灭证据的；

（四）包庇同案人员的；

（五）胁迫、唆使他人实施违法行为的；

（六）拒不上交或者退赔违法所得的；

（七）法律、法规规定的其他从重情节。

第十四条 公职人员犯罪，有下列情形之一的，予以开除：

（一）因故意犯罪被判处管制、拘役或者有期徒刑以上刑罚（含宣告缓刑）的；

（二）因过失犯罪被判处有期徒刑，刑期超过三年的；

（三）因犯罪被单处或者并处剥夺政治权利的。

因过失犯罪被判处管制、拘役或者三年以下有期徒刑的，一般应当予以开除；案件情况特殊，予以撤职更为适当的，可以不予开除，但是应当报请上一级机关批准。

公职人员因犯罪被单处罚金，或者犯罪情节轻微，人民检察院依法作出不起诉决定或者人民法院依法免予刑事处罚的，予以撤职；造成不良影响的，予以开除。

第十五条 公职人员有两个以上违法行为的，应当分别确定政务处分。应当给予两种以上政务处分的，执行其中最重的政务处分；应当给予撤职以下多个相同政务处分的，可以在一个政务处分期以上、多个政务处分期之和以下确定政务处分期，但是最长不得超过四十八个月。

第十六条 对公职人员的同一违法行为，监察机关和公职人员任免机关、单位不得重复给予政务处分和处分。

第十七条 公职人员有违法行为，有关机关依照规定给予组织处理的，监察机关可以同时给予政务处分。

第十八条 担任领导职务的公职人员有违法行为，被罢免、撤销、免去或者辞去领导职务的，监察机关可以同时给予政务处分。

第十九条 公务员以及参照《中华人民共和国

公务员法》管理的人员在政务处分期内，不得晋升职务、职级、衔级和级别；其中，被记过、记大过、降级、撤职的，不得晋升工资档次。被撤职的，按照规定降低职务、职级、衔级和级别，同时降低工资待遇。

第二十条　法律、法规授权或者受国家机关依法委托管理公共事务的组织中从事公务的人员，以及公办的教育、科研、文化、医疗卫生、体育等单位中从事管理的人员，在政务处分期内，不得晋升职务、岗位和职员等级、职称；其中，被记过、记大过、降级、撤职的，不得晋升薪酬待遇等级。被撤职的，降低职务、岗位或者职员等级，同时降低薪酬待遇。

第二十一条　国有企业管理人员在政务处分期内，不得晋升职务、岗位等级和职称；其中，被记过、记大过、降级、撤职的，不得晋升薪酬待遇等级。被撤职的，降低职务或者岗位等级，同时降低薪酬待遇。

第二十二条　基层群众性自治组织中从事管理的人员有违法行为的，监察机关可以予以警告、记过、记大过。

基层群众性自治组织中从事管理的人员受到政务处分的，应当由县级或者乡镇人民政府根据具体情况减发或者扣发补贴、奖金。

第二十三条　《中华人民共和国监察法》第十五条第六项规定的人员有违法行为的，监察机关可以予以警告、记过、记大过。情节严重的，由所在单位直接给予或者监察机关建议有关机关、单位给予降低薪酬待遇、调离岗位、解除人事关系或者劳动关系等处理。

《中华人民共和国监察法》第十五条第二项规定的人员，未担任公务员、参照《中华人民共和国公务员法》管理的人员、事业单位工作人员或者国有企业人员职务的，对其违法行为依照前款规定处理。

第二十四条　公职人员被开除，或者依照本法第二十三条规定，受到解除人事关系或者劳动关系处理的，不得录用为公务员以及参照《中华人民共和国公务员法》管理的人员。

第二十五条　公职人员违法取得的财物和用于违法行为的本人财物，除依法应当由其他机关没收、追缴或者责令退赔的，由监察机关没收、追缴或者责令退赔；应当退还原所有人或者原持有人的，依法予以退还；属于国家财产或者不应当退还以及无法退还的，上缴国库。

公职人员因违法行为获得的职务、职级、衔级、级别、岗位和职员等级、职称、待遇、资格、学历、学位、荣誉、奖励等其他利益，监察机关应当建议有关机关、单位、组织按规定予以纠正。

第二十六条　公职人员被开除的，自政务处分决定生效之日起，应当解除其与所在机关、单位的人事关系或者劳动关系。

公职人员受到开除以外的政务处分，在政务处分期内有悔改表现，并且没有再发生应当给予政务处分的违法行为的，政务处分期满后自动解除，晋升职务、职级、衔级、级别、岗位和职员等级、职称、薪酬待遇不再受原政务处分影响。但是，解除降级、撤职的，不恢复原职务、职级、衔级、级别、岗位和职员等级、职称、薪酬待遇。

第二十七条　已经退休的公职人员退休前或者退休后有违法行为的，不再给予政务处分，但是可以对其立案调查；依法应当予以降级、撤职、开除的，应当按照规定相应调整其享受的待遇，对其违法取得的财物和用于违法行为的本人财物依照本法第二十五条的规定处理。

已经离职或者死亡的公职人员在履职期间有违法行为的，依照前款规定处理。

第三章　违法行为及其适用的政务处分

第二十八条　有下列行为之一的，予以记过或者记大过；情节较重的，予以降级或者撤职；情节严重的，予以开除：

（一）散布有损宪法权威、中国共产党领导和国家声誉的言论的；

（二）参加旨在反对宪法、中国共产党领导和国家的集会、游行、示威等活动的；

（三）拒不执行或者变相不执行中国共产党和国家的路线方针政策、重大决策部署的；

（四）参加非法组织、非法活动的；

（五）挑拨、破坏民族关系，或者参加民族分裂活动的；

（六）利用宗教活动破坏民族团结和社会稳定的；

（七）在对外交往中损害国家荣誉和利益的。

有前款第二项、第四项、第五项和第六项行为之一的，对策划者、组织者和骨干分子，予以开除。

公开发表反对宪法确立的国家指导思想，反对中国共产党领导，反对社会主义制度，反对改革开放的文章、演说、宣言、声明等的，予以开除。

第二十九条　不按照规定请示、报告重大事项，情节较重的，予以警告、记过或者记大过；情节严重的，予以降级或者撤职。

违反个人有关事项报告规定，隐瞒不报，情节较重的，予以警告、记过或者记大过。

篡改、伪造本人档案资料的，予以记过或者记大过；情节严重的，予以降级或者撤职。

第三十条 有下列行为之一的，予以警告、记过或者记大过；情节严重的，予以降级或者撤职：

（一）违反民主集中制原则，个人或者少数人决定重大事项，或者拒不执行、擅自改变集体作出的重大决定的；

（二）拒不执行或者变相不执行、拖延执行上级依法作出的决定、命令的。

第三十一条 违反规定出境或者办理因私出境证件的，予以记过或者记大过；情节严重的，予以降级或者撤职。

违反规定取得外国国籍或者获取境外永久居留资格、长期居留许可的，予以撤职或者开除。

第三十二条 有下列行为之一的，予以警告、记过或者记大过；情节较重的，予以降级或者撤职；情节严重的，予以开除：

（一）在选拔任用、录用、聘用、考核、晋升、评选等干部人事工作中违反有关规定的；

（二）弄虚作假，骗取职务、职级、衔级、级别、岗位和职员等级、职称、待遇、资格、学历、学位、荣誉、奖励或者其他利益的；

（三）对依法行使批评、申诉、控告、检举等权利的行为进行压制或者打击报复的；

（四）诬告陷害，意图使他人受到名誉损害或者责任追究等不良影响的；

（五）以暴力、威胁、贿赂、欺骗等手段破坏选举的。

第三十三条 有下列行为之一的，予以警告、记过或者记大过；情节较重的，予以降级或者撤职；情节严重的，予以开除：

（一）贪污贿赂的；

（二）利用职权或者职务上的影响为本人或者他人谋取私利的；

（三）纵容、默许特定关系人利用本人职权或者职务上的影响谋取私利的。

拒不按照规定纠正特定关系人违规任职、兼职或者从事经营活动，且不服从职务调整的，予以撤职。

第三十四条 收受可能影响公正行使公权力的礼品、礼金、有价证券等财物的，予以警告、记过或者记大过；情节较重的，予以降级或者撤职；情节严重的，予以开除。

向公职人员及其特定关系人赠送可能影响公正行使公权力的礼品、礼金、有价证券等财物，或者接受、提供可能影响公正行使公权力的宴请、旅游、健身、娱乐等活动安排，情节较重的，予以警告、记过或者记大过；情节严重的，予以降级或者撤职。

第三十五条 有下列行为之一，情节较重的，予以警告、记过或者记大过；情节严重的，予以降级或者撤职：

（一）违反规定设定、发放薪酬或者津贴、补贴、奖金的；

（二）违反规定，在公务接待、公务交通、会议活动、办公用房以及其他工作生活保障等方面超标准、超范围的；

（三）违反规定公款消费的。

第三十六条 违反规定从事或者参与营利性活动，或者违反规定兼任职务、领取报酬的，予以警告、记过或者记大过；情节较重的，予以降级或者撤职；情节严重的，予以开除。

第三十七条 利用宗族或者黑恶势力等欺压群众，或者纵容、包庇黑恶势力活动的，予以撤职；情节严重的，予以开除。

第三十八条 有下列行为之一，情节较重的，予以警告、记过或者记大过；情节严重的，予以降级或者撤职：

（一）违反规定向管理服务对象收取、摊派财物的；

（二）在管理服务活动中故意刁难、吃拿卡要的；

（三）在管理服务活动中态度恶劣粗暴，造成不良后果或者影响的；

（四）不按照规定公开工作信息，侵犯管理服务对象知情权，造成不良后果或者影响的；

（五）其他侵犯管理服务对象利益的行为，造成不良后果或者影响的。

有前款第一项、第二项和第五项行为，情节特别严重的，予以开除。

第三十九条 有下列行为之一，造成不良后果或者影响的，予以警告、记过或者记大过；情节较重的，予以降级或者撤职；情节严重的，予以开除：

（一）滥用职权，危害国家利益、社会公共利益或者侵害公民、法人、其他组织合法权益的；

（二）不履行或者不正确履行职责，玩忽职守，贻误工作的；

（三）工作中有形式主义、官僚主义行为的；

（四）工作中有弄虚作假、误导、欺骗行为的；

（五）泄露国家秘密、工作秘密，或者泄露因履行职责掌握的商业秘密、个人隐私的。

第四十条　有下列行为之一的，予以警告、记过或者记大过；情节较重的，予以降级或者撤职；情节严重的，予以开除：

（一）违背社会公序良俗，在公共场所有不当行为，造成不良影响的；

（二）参与或者支持迷信活动，造成不良影响的；

（三）参与赌博的；

（四）拒不承担赡养、抚养、扶养义务的；

（五）实施家庭暴力，虐待、遗弃家庭成员；

（六）其他严重违反家庭美德、社会公德的行为。

吸食、注射毒品，组织赌博，组织、支持、参与卖淫、嫖娼、色情淫乱活动的，予以撤职或者开除。

第四十一条　公职人员有其他违法行为，影响公职人员形象，损害国家和人民利益的，可以根据情节轻重给予相应政务处分。

第四章　政务处分的程序

第四十二条　监察机关对涉嫌违法的公职人员进行调查，应当由二名以上工作人员进行。监察机关进行调查时，有权依法向有关单位和个人了解情况，收集、调取证据。有关单位和个人应当如实提供情况。

严禁以威胁、引诱、欺骗及其他非法方式收集证据。以非法方式收集的证据不得作为给予政务处分的依据。

第四十三条　作出政务处分决定前，监察机关应当将调查认定的违法事实及拟给予政务处分的依据告知被调查人，听取被调查人的陈述和申辩，并对其陈述的事实、理由和证据进行核实，记录在案。被调查人提出的事实、理由和证据成立的，应予采纳。不得因被调查人的申辩而加重政务处分。

第四十四条　调查终结后，监察机关应当根据下列不同情况，分别作出处理：

（一）确有应受政务处分的违法行为的，根据情节轻重，按照政务处分决定权限，履行规定的审批手续后，作出政务处分决定；

（二）违法事实不能成立的，撤销案件；

（三）符合免予、不予政务处分条件的，作出免予、不予政务处分决定；

（四）被调查人涉嫌其他违法或者犯罪行为的，依法移送主管机关处理。

第四十五条　决定给予政务处分的，应当制作政务处分决定书。

政务处分决定书应当载明下列事项：

（一）被处分人的姓名、工作单位和职务；

（二）违法事实和证据；

（三）政务处分的种类和依据；

（四）不服政务处分决定，申请复审、复核的途径和期限；

（五）作出政务处分决定的机关名称和日期。

政务处分决定书应当盖有作出决定的监察机关的印章。

第四十六条　政务处分决定书应当及时送达被处分人和被处分人所在机关、单位，并在一定范围内宣布。

作出政务处分决定后，监察机关应当根据被处分人的具体身份书面告知相关的机关、单位。

第四十七条　参与公职人员违法案件调查、处理的人员有下列情形之一的，应当自行回避，被调查人、检举人及其他有关人员也有权要求其回避：

（一）是被调查人或者检举人的近亲属的；

（二）担任过本案的证人的；

（三）本人或者其近亲属与调查的案件有利害关系的；

（四）可能影响案件公正调查、处理的其他情形。

第四十八条　监察机关负责人的回避，由上级监察机关决定；其他参与违法案件调查、处理人员的回避，由监察机关负责人决定。

监察机关或者上级监察机关发现参与违法案件调查、处理人员有应当回避情形的，可以直接决定该人员回避。

第四十九条　公职人员依法受到刑事责任追究的，监察机关应当根据司法机关的生效判决、裁定、决定及其认定的事实和情节，依照本法规定给予政务处分。

公职人员依法受到行政处罚，应当给予政务处分的，监察机关可以根据行政处罚决定认定的事实和情节，经立案调查核实后，依照本法给予政务处分。

监察机关根据本条第一款、第二款的规定作出政务处分后，司法机关、行政机关依法改变原生效判决、裁定、决定等，对原政务处分决定产生影响的，监察机关应当根据改变后的判决、裁定、决定等重新作出相应处理。

第五十条　监察机关对经各级人民代表大会、县级以上各级人民代表大会常务委员会选举或者决定任命的公职人员予以撤职、开除的，应当先依法罢免、撤销或者免去其职务，再依法作出政务处分决定。

监察机关对经中国人民政治协商会议各级委员会全体会议或者其常务委员会选举或者决定任命的公职人员予以撤职、开除的，应当先依章程免去其职务，再依法作出政务处分决定。

监察机关对各级人民代表大会代表、中国人民政治协商会议各级委员会委员给予政务处分的，应当向有关的人民代表大会常务委员会，乡、民族乡、镇的人民代表大会主席团或者中国人民政治协商会议委员会常务委员会通报。

第五十一条　下级监察机关根据上级监察机关的指定管辖决定进行调查的案件，调查终结后，对不属于本监察机关管辖范围内的监察对象，应当交有管理权限的监察机关依法作出政务处分决定。

第五十二条　公职人员涉嫌违法，已经被立案调查，不宜继续履行职责的，公职人员任免机关、单位可以决定暂停其履行职务。

公职人员在被立案调查期间，未经监察机关同意，不得出境、辞去公职；被调查公职人员所在机关、单位及上级机关、单位不得对其交流、晋升、奖励、处分或者办理退休手续。

第五十三条　监察机关在调查中发现公职人员受到不实检举、控告或者诬告陷害，造成不良影响的，应当按照规定及时澄清事实，恢复名誉，消除不良影响。

第五十四条　公职人员受到政务处分的，应当将政务处分决定书存入其本人档案。对于受到降级以上政务处分的，应当由人事部门按照管理权限在作出政务处分决定后一个月内办理职务、工资及其他有关待遇等的变更手续；特殊情况下，经批准可以适当延长办理期限，但是最长不得超过六个月。

第五章　复审、复核

第五十五条　公职人员对监察机关作出的涉及本人的政务处分决定不服的，可以依法向作出决定的监察机关申请复审；公职人员对复审决定仍不服的，可以向上一级监察机关申请复核。

监察机关发现本机关或者下级监察机关作出的政务处分决定确有错误的，应当及时予以纠正或者责令下级监察机关及时予以纠正。

第五十六条　复审、复核期间，不停止原政务处分决定的执行。

公职人员不因提出复审、复核而被加重政务处分。

第五十七条　有下列情形之一的，复审、复核机关应当撤销原政务处分决定，重新作出决定或者责令原作出决定的监察机关重新作出决定：

（一）政务处分所依据的违法事实不清或者证据不足的；

（二）违反法定程序，影响案件公正处理的；

（三）超越职权或者滥用职权作出政务处分决定的。

第五十八条　有下列情形之一的，复审、复核机关应当变更原政务处分决定，或者责令原作出决定的监察机关予以变更：

（一）适用法律、法规确有错误的；

（二）对违法行为的情节认定确有错误的；

（三）政务处分不当的。

第五十九条　复审、复核机关认为政务处分决定认定事实清楚，适用法律正确的，应当予以维持。

第六十条　公职人员的政务处分决定被变更，需要调整该公职人员的职务、职级、衔级、级别、岗位和职员等级或者薪酬待遇等的，应当按照规定予以调整。政务处分决定被撤销的，应当恢复该公职人员的级别、薪酬待遇，按照原职务、职级、衔级、岗位和职员等级安排相应的职务、职级、衔级、岗位和职员等级，并在原政务处分决定公布范围内为其恢复名誉。没收、追缴财物错误的，应当依法予以返还、赔偿。

公职人员因有本法第五十七条、第五十八条规定的情形被撤销政务处分或者减轻政务处分的，应当对其薪酬待遇受到的损失予以补偿。

第六章　法律责任

第六十一条　有关机关、单位无正当理由拒不采纳监察建议的，由其上级机关、主管部门责令改正，对该机关、单位给予通报批评，对负有责任的领导人员和直接责任人员依法给予处理。

第六十二条　有关机关、单位、组织或者人员有下列情形之一的，由其上级机关，主管部门，任免机关、单位或者监察机关责令改正，依法给予处理：

（一）拒不执行政务处分决定的；

（二）拒不配合或者阻碍调查的；

（三）对检举人、证人或者调查人员进行打击报复的；

（四）诬告陷害公职人员的；

（五）其他违反本法规定的情形。

第六十三条　监察机关及其工作人员有下列情形之一的，对负有责任的领导人员和直接责任人员依法给予处理：

（一）违反规定处置问题线索的；

（二）窃取、泄露调查工作信息，或者泄露检举事项、检举受理情况以及检举人信息的；

（三）对被调查人或者涉案人员逼供、诱供，或者侮辱、打骂、虐待、体罚或者变相体罚的；

（四）收受被调查人或者涉案人员的财物以及其他利益的；

（五）违反规定处置涉案财物的；

（六）违反规定采取调查措施的；

（七）利用职权或者职务上的影响干预调查工作、以案谋私的；

（八）违反规定发生办案安全事故，或者发生安全事故后隐瞒不报、报告失实、处置不当的；

（九）违反回避等程序规定，造成不良影响的；

（十）不依法受理和处理公职人员复审、复核的；

（十一）其他滥用职权、玩忽职守、徇私舞弊的行为。

第六十四条　违反本法规定，构成犯罪的，依法追究刑事责任。

第七章　附　　则

第六十五条　国务院及其相关主管部门根据本法的原则和精神，结合事业单位、国有企业等的实际情况，对事业单位、国有企业等的违法的公职人员处分事宜作出具体规定。

第六十六条　中央军事委员会可以根据本法制定相关具体规定。

第六十七条　本法施行前，已结案的案件如果需要复审、复核，适用当时的规定。尚未结案的案件，如果行为发生时的规定不认为是违法的，适用当时的规定；如果行为发生时的规定认为是违法的，依照当时的规定处理，但是如果本法不认为是违法或者根据本法处理较轻的，适用本法。

第六十八条　本法自2020年7月1日起施行。

中华人民共和国刑法（摘录）

（《中华人民共和国刑法》由1979年7月1日第五届全国人民代表大会第二次会议通过，1979年7月6日全国人民代表大会常务委员会委员长令第五号公布，自1980年1月1日起施行　《中华人民共和国刑法（修订）》由1997年3月14日第八届全国人民代表大会第五次会议修订，1997年3月14日中华人民共和国主席令第八十三号公布，自1997年10月1日起施行　《中华人民共和国刑法修正案》由1999年12月25日第九届全国人民代表大会常务委员会第十三次会议通过，1999年12月25日中华人民共和国主席令第二十七号公布，自公布之日起施行　《中华人民共和国刑法修正案（二）》由2001年8月31日第九届全国人民代表大会常务委员会第二十三次会议通过，2001年8月31日中华人民共和国主席令第五十六号公布，自公布之日起施行　《中华人民共和国刑法修正案（三）》由2001年12月29日第九届全国人民代表大会常务委员会第二十五次会议通过，2001年12月29日中华人民共和国主席令第六十四号公布，自公布之日起施行　《中华人民共和国刑法修正案（四）》由2002年12月28日第九届全国人民代表大会常务委员会第三十一次会议通过，自公布之日起施行　《中华人民共和国刑法修正案（五）》由2005年2月28日第十届全国人民代表大会常务委员会第十四次会议通过，自公布之日起施行　《中华人民共和国刑法修正案（六）》由2006年6月29日第十届全国人民代表大会常务委员会第二十二次会议通过，自公布之日起施行　《中华人民共和国刑法修正案（七）》由2009年2月28日第十一届全国人民代表大会常务委员会第七次会议通过，自公布之日起施行　《中华人民共和国刑法修正案（八）》由2011年2月25日第十一届全国人民代表大会常务委员会第十九次会议通过，自2011年5月1日起施行　《中华人民共和国刑法修正案（九）》由2015年8月29日第十二届全国人民代表大会常务委员会第十六次会议通过，自2015年11月1日起施行　《中华人民共和国刑法修正案（十）》由2017年11月4日第十二届全国人大常委会第三十次会议表决通过，自公布之日起施行　《中华人民共和国刑法修正案（十一）》由2020年12月26日第十三届全国人大常委会第二十四次会议通过，2020年12月26日中华人民共和国主席令第六十六号公布，自2021年3月1日起施行）

第一百三十一条　【重大飞行事故罪】航空人员违反规章制度，致使发生重大飞行事故，造成严重后果的，处三年以下有期徒刑或者拘役；造成飞机坠毁或者人员死亡的，处三年以上七年以下有期徒刑。

第一百三十二条　【铁路运营安全事故罪】铁路职工违反规章制度，致使发生铁路运营安全事故，造成严重后果的，处三年以下有期徒刑或者拘役；

造成特别严重后果的，处三年以上七年以下有期徒刑。

第一百三十三条 【交通肇事罪】违反交通运输管理法规，因而发生重大事故，致人重伤、死亡或者使公私财产遭受重大损失的，处三年以下有期徒刑或者拘役；交通运输肇事后逃逸或者有其他特别恶劣情节的，处三年以上七年以下有期徒刑；因逃逸致人死亡的，处七年以上有期徒刑。

第一百三十三条之一 【危险驾驶罪】在道路上驾驶机动车，有下列情形之一的，处拘役，并处罚金：

（一）追逐竞驶，情节恶劣的；

（二）醉酒驾驶机动车的；

（三）从事校车业务或者旅客运输，严重超过额定乘员载客，或者严重超过规定时速行驶的；

（四）违反危险化学品安全管理规定运输危险化学品，危及公共安全的。

机动车所有人、管理人对前款第三项、第四项行为负有直接责任的，依照前款的规定处罚。

有前两款行为，同时构成其他犯罪的，依照处罚较重的规定定罪处罚。

第一百三十三条之二 对行驶中的公共交通工具的驾驶人员使用暴力或者抢控驾驶操纵装置，干扰公共交通工具正常行驶，危及公共安全的，处一年以下有期徒刑、拘役或者管制，并处或者单处罚金。

前款规定的驾驶人员在行驶的公共交通工具上擅离职守，与他人互殴或者殴打他人，危及公共安全的，依照前款的规定处罚。

有前两款行为，同时构成其他犯罪的，依照处罚较重的规定定罪处罚。

第一百三十四条 【重大责任事故罪】在生产、作业中违反有关安全管理的规定，因而发生重大伤亡事故或者造成其他严重后果的，处三年以下有期徒刑或者拘役；情节特别恶劣的，处三年以上七年以下有期徒刑。

【强令违章冒险作业罪】强令他人违章冒险作业，或者明知存在重大事故隐患而不排除，仍冒险组织作业，因而发生重大伤亡事故或者造成其他严重后果的，处五年以下有期徒刑或者拘役；情节特别恶劣的，处五年以上有期徒刑。

第一百三十四条之一 在生产、作业中违反有关安全管理的规定，有下列情形之一，具有发生重大伤亡事故或者其他严重后果的现实危险的，处一年以下有期徒刑、拘役或者管制：

（一）关闭、破坏直接关系生产安全的监控、报警、防护、救生设备、设施，或者篡改、隐瞒、销毁其相关数据、信息的；

（二）因存在重大事故隐患被依法责令停产停业、停止施工、停止使用有关设备、设施、场所或者立即采取排除危险的整改措施，而拒不执行的；

（三）涉及安全生产的事项未经依法批准或者许可，擅自从事矿山开采、金属冶炼、建筑施工，以及危险物品生产、经营、储存等高度危险的生产作业活动的。

第一百三十五条 【重大劳动安全事故罪】安全生产设施或者安全生产条件不符合国家规定，因而发生重大伤亡事故或者造成其他严重后果的，对直接负责的主管人员和其他直接责任人员，处三年以下有期徒刑或者拘役；情节特别恶劣的，处三年以上七年以下有期徒刑。

第一百三十五条之一 【大型群众性活动重大安全事故罪】举办大型群众性活动违反安全管理规定，因而发生重大伤亡事故或者造成其他严重后果的，对直接负责的主管人员和其他直接责任人员，处三年以下有期徒刑或者拘役；情节特别恶劣的，处三年以上七年以下有期徒刑。

第一百三十六条 【危险物品肇事罪】违反爆炸性、易燃性、放射性、毒害性、腐蚀性物品的管理规定，在生产、储存、运输、使用中发生重大事故，造成严重后果的，处三年以下有期徒刑或者拘役；后果特别严重的，处三年以上七年以下有期徒刑。

第一百三十七条 【工程重大安全事故罪】建设单位、设计单位、施工单位、工程监理单位违反国家规定，降低工程质量标准，造成重大安全事故的，对直接责任人员，处五年以下有期徒刑或者拘役，并处罚金；后果特别严重的，处五年以上十年以下有期徒刑，并处罚金。

第一百三十八条 【教育设施重大安全事故罪】明知校舍或者教育教学设施有危险，而不采取措施或者不及时报告，致使发生重大伤亡事故的，对直接责任人员，处三年以下有期徒刑或者拘役；后果特别严重的，处三年以上七年以下有期徒刑。

第一百三十九条 【消防责任事故罪】违反消防管理法规，经消防监督机构通知采取改正措施而拒绝执行，造成严重后果的，对直接责任人员，处三年以下有期徒刑或者拘役；后果特别严重的，处三年以上七年以下有期徒刑。

第一百三十九条之一 【不报、谎报安全事故罪】在安全事故发生后，负有报告职责的人员不报或者谎报事故情况，贻误事故抢救，情节严重的，处三年以下有期徒刑或者拘役；情节特别严重的，处三年以上七年以下有期徒刑。

第二百二十九条 【提供虚假证明文件罪】承担资产评估、验资、验证、会计、审计、法律服务、保荐、安全评价、环境影响评价、环境监测等职责的中介组织的人员故意提供虚假证明文件，情节严重的，处五年以下有期徒刑或者拘役，并处罚金；有下列情形之一的，处五年以上十年以下有期徒刑，并处罚金：

（一）提供与证券发行相关的虚假的资产评估、会计、审计、法律服务、保荐等证明文件，情节特别严重的；

（二）提供与重大资产交易相关的虚假的资产评估、会计、审计等证明文件，情节特别严重的；

（三）在涉及公共安全的重大工程、项目中提供虚假的安全评价、环境影响评价等证明文件，致使公共财产、国家和人民利益遭受特别重大损失的。

有前款行为，同时索取他人财物或者非法收受他人财物构成犯罪的，依照处罚较重的规定定罪处罚。

第一款规定的人员，严重不负责任，出具的证明文件有重大失实，造成严重后果的，处三年以下有期徒刑或者拘役，并处或者单处罚金。

第二百七十七条 【妨害公务罪】以暴力、威胁方法阻碍国家机关工作人员依法执行职务的，处三年以下有期徒刑、拘役、管制或者罚金。

以暴力、威胁方法阻碍全国人民代表大会和地方各级人民代表大会代表依法执行代表职务的，依照前款的规定处罚。

在自然灾害和突发事件中，以暴力、威胁方法阻碍红十字会工作人员依法履行职责的，依照第一款的规定处罚。

故意阻碍国家安全机关、公安机关依法执行国家安全工作任务，未使用暴力、威胁方法，造成严重后果的，依照第一款的规定处罚。

暴力袭击正在依法执行职务的人民警察的，处三年以下有期徒刑、拘役或者管制；使用枪支、管制刀具，或者以驾驶机动车撞击等手段，严重危及其人身安全的，处三年以上七年以下有期徒刑。

第三百三十八条 【污染环境罪】违反国家规定，排放、倾倒或者处置有放射性的废物、含传染病病原体的废物、有毒物质或者其他有害物质，严重污染环境的，处三年以下有期徒刑或者拘役，并处或者单处罚金；情节严重的，处三年以上七年以下有期徒刑，并处罚金；有下列情形之一的，处七年以上有期徒刑，并处罚金：

（一）在饮用水水源保护区、自然保护地核心保护区等依法确定的重点保护区域排放、倾倒、处置有放射性的废物、含传染病病原体的废物、有毒物质，情节特别严重的；

（二）向国家确定的重要江河、湖泊水域排放、倾倒、处置有放射性的废物、含传染病病原体的废物、有毒物质，情节特别严重的；

（三）致使大量永久基本农田基本功能丧失或者遭受永久性破坏的；

（四）致使多人重伤、严重疾病，或者致人严重残疾、死亡的。

有前款行为，同时构成其他犯罪的，依照处罚较重的规定定罪处罚。

第三百三十九条 【非法处置进口的固体废物罪】违反国家规定，将境外的固体废物进境倾倒、堆放、处置的，处五年以下有期徒刑或者拘役，并处罚金；造成重大环境污染事故，致使公私财产遭受重大损失或者严重危害人体健康的，处五年以上十年以下有期徒刑，并处罚金；后果特别严重的，处十年以上有期徒刑，并处罚金。

【擅自进口固体废物罪】未经国务院有关主管部门许可，擅自进口固体废物用作原料，造成重大环境污染事故，致使公私财产遭受重大损失或者严重危害人体健康的，处五年以下有期徒刑或者拘役，并处罚金；后果特别严重的，处五年以上十年以下有期徒刑，并处罚金。

以原料利用为名，进口不能用作原料的固体废物、液态废物和气态废物的，依照本法第一百五十二条第二款、第三款的规定定罪处罚。

第三百九十七条 【滥用职权罪】【玩忽职守罪】国家机关工作人员滥用职权或者玩忽职守，致使公共财产、国家和人民利益遭受重大损失的，处三年以下有期徒刑或者拘役；情节特别严重的，处三年以上七年以下有期徒刑。本法另有规定的，依照规定。

国家机关工作人员徇私舞弊，犯前款罪的，处五年以下有期徒刑或者拘役；情节特别严重的，处五年以上十年以下有期徒刑。本法另有规定的，依照规定。

生产安全事故报告和调查处理条例

（2007年3月28日国务院第172次常务会议通过，2007年4月9日国务院令第493号公布，自2007年6月1日起施行）

第一章 总　则

第一条 为了规范生产安全事故的报告和调查处理，落实生产安全事故责任追究制度，防止和减少生产安全事故，根据《中华人民共和国安全生产法》和有关法律，制定本条例。

第二条 生产经营活动中发生的造成人身伤亡或者直接经济损失的生产安全事故的报告和调查处理，适用本条例；环境污染事故、核设施事故、国防科研生产事故的报告和调查处理不适用本条例。

第三条 根据生产安全事故（以下简称事故）造成的人员伤亡或者直接经济损失，事故一般分为以下等级：

（一）特别重大事故，是指造成30人以上死亡，或者100人以上重伤（包括急性工业中毒，下同），或者1亿元以上直接经济损失的事故；

（二）重大事故，是指造成10人以上30人以下死亡，或者50人以上100人以下重伤，或者5000万元以上1亿元以下直接经济损失的事故；

（三）较大事故，是指造成3人以上10人以下死亡，或者10人以上50人以下重伤，或者1000万元以上5000万元以下直接经济损失的事故；

（四）一般事故，是指造成3人以下死亡，或者10人以下重伤，或者1000万元以下直接经济损失的事故。

国务院安全生产监督管理部门可以会同国务院有关部门，制定事故等级划分的补充性规定。

本条第一款所称的"以上"包括本数，所称的"以下"不包括本数。

第四条 事故报告应当及时、准确、完整，任何单位和个人对事故不得迟报、漏报、谎报或者瞒报。

事故调查处理应当坚持实事求是、尊重科学的原则，及时、准确地查清事故经过、事故原因和事故损失，查明事故性质，认定事故责任，总结事故教训，提出整改措施，并对事故责任者依法追究责任。

第五条 县级以上人民政府应当依照本条例的规定，严格履行职责，及时、准确地完成事故调查处理工作。

事故发生地有关地方人民政府应当支持、配合上级人民政府或者有关部门的事故调查处理工作，并提供必要的便利条件。

参加事故调查处理的部门和单位应当互相配合，提高事故调查处理工作的效率。

第六条 工会依法参加事故调查处理，有权向有关部门提出处理意见。

第七条 任何单位和个人不得阻挠和干涉对事故的报告和依法调查处理。

第八条 对事故报告和调查处理中的违法行为，任何单位和个人有权向安全生产监督管理部门、监察机关或者其他有关部门举报，接到举报的部门应当依法及时处理。

第二章 事 故 报 告

第九条 事故发生后，事故现场有关人员应当立即向本单位负责人报告；单位负责人接到报告后，应当于1小时内向事故发生地县级以上人民政府安全生产监督管理部门和负有安全生产监督管理职责的有关部门报告。

情况紧急时，事故现场有关人员可以直接向事故发生地县级以上人民政府安全生产监督管理部门和负有安全生产监督管理职责的有关部门报告。

第十条 安全生产监督管理部门和负有安全生产监督管理职责的有关部门接到事故报告后，应当依照下列规定上报事故情况，并通知公安机关、劳动保障行政部门、工会和人民检察院：

（一）特别重大事故、重大事故逐级上报至国务院安全生产监督管理部门和负有安全生产监督管理职责的有关部门；

（二）较大事故逐级上报至省、自治区、直辖市人民政府安全生产监督管理部门和负有安全生产监督管理职责的有关部门；

（三）一般事故上报至设区的市级人民政府安全生产监督管理部门和负有安全生产监督管理职责的有关部门。

安全生产监督管理部门和负有安全生产监督管理职责的有关部门依照前款规定上报事故情况，应当同时报告本级人民政府。国务院安全生产监督管理部门和负有安全生产监督管理职责的有关部门以及省级人民政府接到发生特别重大事故、重大事故的报告后，应当立即报告国务院。

必要时，安全生产监督管理部门和负有安全生产监督管理职责的有关部门可以越级上报事故情况。

第十一条 安全生产监督管理部门和负有安全生产监督管理职责的有关部门逐级上报事故情况，每级上报的时间不得超过2小时。

第十二条 报告事故应当包括下列内容：
（一）事故发生单位概况；
（二）事故发生的时间、地点以及事故现场情况；
（三）事故的简要经过；
（四）事故已经造成或者可能造成的伤亡人数（包括下落不明的人数）和初步估计的直接经济损失；
（五）已经采取的措施；
（六）其他应当报告的情况。

第十三条 事故报告后出现新情况的，应当及时补报。

自事故发生之日起30日内，事故造成的伤亡人数发生变化的，应当及时补报。道路交通事故、火灾事故自发生之日起7日内，事故造成的伤亡人数发生变化的，应当及时补报。

第十四条 事故发生单位负责人接到事故报告后，应当立即启动事故相应应急预案，或者采取有效措施，组织抢救，防止事故扩大，减少人员伤亡和财产损失。

第十五条 事故发生地有关地方人民政府、安全生产监督管理部门和负有安全生产监督管理职责的有关部门接到事故报告后，其负责人应当立即赶赴事故现场，组织事故救援。

第十六条 事故发生后，有关单位和人员应当妥善保护事故现场以及相关证据，任何单位和个人不得破坏事故现场、毁灭相关证据。

因抢救人员、防止事故扩大以及疏通交通等原因，需要移动事故现场物件的，应当做出标志，绘制现场简图并做出书面记录，妥善保存现场重要痕迹、物证。

第十七条 事故发生地公安机关根据事故的情况，对涉嫌犯罪的，应当依法立案侦查，采取强制措施和侦查措施。犯罪嫌疑人逃匿的，公安机关应当迅速追捕归案。

第十八条 安全生产监督管理部门和负有安全生产监督管理职责的有关部门应当建立值班制度，并向社会公布值班电话，受理事故报告和举报。

第三章 事 故 调 查

第十九条 特别重大事故由国务院或者国务院授权有关部门组织事故调查组进行调查。

重大事故、较大事故、一般事故分别由事故发生地省级人民政府、设区的市级人民政府、县级人民政府负责调查。省级人民政府、设区的市级人民政府、县级人民政府可以直接组织事故调查组进行调查，也可以授权或者委托有关部门组织事故调查组进行调查。

未造成人员伤亡的一般事故，县级人民政府也可以委托事故发生单位组织事故调查组进行调查。

第二十条 上级人民政府认为必要时，可以调查由下级人民政府负责调查的事故。

自事故发生之日起30日内（道路交通事故、火灾事故自发生之日起7日内），因事故伤亡人数变化导致事故等级发生变化，依照本条例规定应当由上级人民政府负责调查的，上级人民政府可以另行组织事故调查组进行调查。

第二十一条 特别重大事故以下等级事故，事故发生地与事故发生单位不在同一个县级以上行政区域的，由事故发生地人民政府负责调查，事故发生单位所在地人民政府应当派人参加。

第二十二条 事故调查组的组成应当遵循精简、效能的原则。

根据事故的具体情况，事故调查组由有关人民政府、安全生产监督管理部门、负有安全生产监督管理职责的有关部门、监察机关、公安机关以及工会派人组成，并应当邀请人民检察院派人参加。

事故调查组可以聘请有关专家参与调查。

第二十三条 事故调查组成员应当具有事故调查所需要的知识和专长，并与所调查的事故没有直接利害关系。

第二十四条 事故调查组组长由负责事故调查的人民政府指定。事故调查组组长主持事故调查组的工作。

第二十五条 事故调查组履行下列职责：
（一）查明事故发生的经过、原因、人员伤亡情况及直接经济损失；
（二）认定事故的性质和事故责任；
（三）提出对事故责任者的处理建议；
（四）总结事故教训，提出防范和整改措施；
（五）提交事故调查报告。

第二十六条 事故调查组有权向有关单位和个人了解与事故有关的情况，并要求其提供相关文件、资料，有关单位和个人不得拒绝。

事故发生单位的负责人和有关人员在事故调查期间不得擅离职守，并应当随时接受事故调查组的询问，如实提供有关情况。

事故调查中发现涉嫌犯罪的，事故调查组应当及时将有关材料或者其复印件移交司法机关处理。

第二十七条 事故调查中需要进行技术鉴定的，事故调查组应当委托具有国家规定资质的单位进行技术鉴定。必要时，事故调查组可以直接组织专家进行技术鉴定。技术鉴定所需时间不计入事故调查期限。

第二十八条 事故调查组成员在事故调查工作中应当诚信公正、恪尽职守，遵守事故调查组的纪律，保守事故调查的秘密。

未经事故调查组组长允许，事故调查组成员不得擅自发布有关事故的信息。

第二十九条 事故调查组应当自事故发生之日起60日内提交事故调查报告；特殊情况下，经负责事故调查的人民政府批准，提交事故调查报告的期限可以适当延长，但延长的期限最长不超过60日。

第三十条 事故调查报告应当包括下列内容：

（一）事故发生单位概况；
（二）事故发生经过和事故救援情况；
（三）事故造成的人员伤亡和直接经济损失；
（四）事故发生的原因和事故性质；
（五）事故责任的认定以及对事故责任者的处理建议；
（六）事故防范和整改措施。

事故调查报告应当附具有关证据材料。事故调查组成员应当在事故调查报告上签名。

第三十一条 事故调查报告报送负责事故调查的人民政府后，事故调查工作即告结束。事故调查的有关资料应当归档保存。

第四章 事 故 处 理

第三十二条 重大事故、较大事故、一般事故，负责事故调查的人民政府应当自收到事故调查报告之日起15日内做出批复；特别重大事故，30日内做出批复，特殊情况下，批复时间可以适当延长，但延长的时间最长不超过30日。

有关机关应当按照人民政府的批复，依照法律、行政法规规定的权限和程序，对事故发生单位和有关人员进行行政处罚，对负有事故责任的国家工作人员进行处分。

事故发生单位应当按照负责事故调查的人民政府的批复，对本单位负有事故责任的人员进行处理。

负有事故责任的人员涉嫌犯罪的，依法追究刑事责任。

第三十三条 事故发生单位应当认真吸取事故教训，落实防范和整改措施，防止事故再次发生。防范和整改措施的落实情况应当接受工会和职工的监督。

安全生产监督管理部门和负有安全生产监督管理职责的有关部门应当对事故发生单位落实防范和整改措施的情况进行监督检查。

第三十四条 事故处理的情况由负责事故调查的人民政府或者其授权的有关部门、机构向社会公布，依法应当保密的除外。

第五章 法 律 责 任

第三十五条 事故发生单位主要负责人有下列行为之一的，处上一年年收入40%至80%的罚款；属于国家工作人员的，并依法给予处分；构成犯罪的，依法追究刑事责任：

（一）不立即组织事故抢救的；
（二）迟报或者漏报事故的；
（三）在事故调查处理期间擅离职守的。

第三十六条 事故发生单位及其有关人员有下列行为之一的，对事故发生单位处100万元以上500万元以下的罚款；对主要负责人、直接负责的主管人员和其他直接责任人员处上一年年收入60%至100%的罚款；属于国家工作人员的，并依法给予处分；构成违反治安管理行为的，由公安机关依法给予治安管理处罚；构成犯罪的，依法追究刑事责任：

（一）谎报或者瞒报事故的；
（二）伪造或者故意破坏事故现场的；
（三）转移、隐匿资金、财产，或者销毁有关证据、资料的；
（四）拒绝接受调查或者拒绝提供有关情况和资料的；
（五）在事故调查中作伪证或者指使他人作伪证的；
（六）事故发生后逃匿的。

第三十七条 事故发生单位对事故发生负有责任的，依照下列规定处以罚款：

（一）发生一般事故的，处10万元以上20万元以下的罚款；
（二）发生较大事故的，处20万元以上50万元以下的罚款；
（三）发生重大事故的，处50万元以上200万元以下的罚款；
（四）发生特别重大事故的，处200万元以上500万元以下的罚款。

第三十八条 事故发生单位主要负责人未依法履行安全生产管理职责，导致事故发生的，依照下列规定处以罚款；属于国家工作人员的，并依法给予处分；构成犯罪的，依法追究刑事责任：

（一）发生一般事故的，处上一年年收入30%的

罚款;

(二) 发生较大事故的,处上一年年收入40%的罚款;

(三) 发生重大事故的,处上一年年收入60%的罚款;

(四) 发生特别重大事故的,处上一年年收入80%的罚款。

第三十九条 有关地方人民政府、安全生产监督管理部门和负有安全生产监督管理职责的有关部门有下列行为之一的,对直接负责的主管人员和其他直接责任人员依法给予处分;构成犯罪的,依法追究刑事责任:

(一) 不立即组织事故抢救的;

(二) 迟报、漏报、谎报或者瞒报事故的;

(三) 阻碍、干涉事故调查工作的;

(四) 在事故调查中作伪证或者指使他人作伪证的。

第四十条 事故发生单位对事故发生负有责任的,由有关部门依法暂扣或者吊销其有关证照;对事故发生单位负有事故责任的有关人员,依法暂停或者撤销其与安全生产有关的执业资格、岗位证书;事故发生单位主要负责人受到刑事处罚或者撤职处分的,自刑罚执行完毕或者受处分之日起,5年内不得担任任何生产经营单位的主要负责人。

为发生事故的单位提供虚假证明的中介机构,由有关部门依法暂扣或者吊销其有关证照及其相关人员的执业资格;构成犯罪的,依法追究刑事责任。

第四十一条 参与事故调查的人员在事故调查中有下列行为之一的,依法给予处分;构成犯罪的,依法追究刑事责任:

(一) 对事故调查工作不负责任,致使事故调查工作有重大疏漏的;

(二) 包庇、袒护负有事故责任的人员或者借机打击报复的。

第四十二条 违反本条例规定,有关地方人民政府或者有关部门故意拖延或者拒绝落实经批复的对事故责任人的处理意见的,由监察机关对有关责任人员依法给予处分。

第四十三条 本条例规定的罚款的行政处罚,由安全生产监督管理部门决定。

法律、行政法规对行政处罚的种类、幅度和决定机关另有规定的,依照其规定。

第六章 附 则

第四十四条 没有造成人员伤亡,但是社会影响恶劣的事故,国务院或者有关地方人民政府认为需要调查处理的,依照本条例的有关规定执行。

国家机关、事业单位、人民团体发生的事故的报告和调查处理,参照本条例的规定执行。

第四十五条 特别重大事故以下等级事故的报告和调查处理,有关法律、行政法规或者国务院另有规定的,依照其规定。

第四十六条 本条例自2007年6月1日起施行。国务院1989年3月29日公布的《特别重大事故调查程序暂行规定》和1991年2月22日公布的《企业职工伤亡事故报告和处理规定》同时废止。

生产安全事故应急条例

(2018年12月5日国务院第33次常务会议通过,2019年2月17日国务院令第708号公布,自2019年4月1日起施行)

第一章 总 则

第一条 为了规范生产安全事故应急工作,保障人民群众生命和财产安全,根据《中华人民共和国安全生产法》和《中华人民共和国突发事件应对法》,制定本条例。

第二条 本条例适用于生产安全事故应急工作;法律、行政法规另有规定的,适用其规定。

第三条 国务院统一领导全国的生产安全事故应急工作,县级以上地方人民政府统一领导本行政区域内的生产安全事故应急工作。生产安全事故应急工作涉及两个以上行政区域的,由有关行政区域共同的上一级人民政府负责,或者由各有关行政区域的上一级人民政府共同负责。

县级以上人民政府应急管理部门和其他对有关行业、领域的安全生产工作实施监督管理的部门(以下统称负有安全生产监督管理职责的部门)在各自职责范围内,做好有关行业、领域的生产安全事故应急工作。

县级以上人民政府应急管理部门指导、协调本级人民政府其他负有安全生产监督管理职责的部门和下级人民政府的生产安全事故应急工作。

乡、镇人民政府以及街道办事处等地方人民政府派出机关应当协助上级人民政府有关部门依法履行生产安全事故应急工作职责。

第四条 生产经营单位应当加强生产安全事故应急工作，建立、健全生产安全事故应急工作责任制，其主要负责人对本单位的生产安全事故应急工作全面负责。

第二章 应急准备

第五条 县级以上人民政府及其负有安全生产监督管理职责的部门和乡、镇人民政府以及街道办事处等地方人民政府派出机关，应当针对可能发生的生产安全事故的特点和危害，进行风险辨识和评估，制定相应的生产安全事故应急救援预案，并依法向社会公布。

生产经营单位应当针对本单位可能发生的生产安全事故的特点和危害，进行风险辨识和评估，制定相应的生产安全事故应急救援预案，并向本单位从业人员公布。

第六条 生产安全事故应急救援预案应当符合有关法律、法规、规章和标准的规定，具有科学性、针对性和可操作性，明确规定应急组织体系、职责分工以及应急救援程序和措施。

有下列情形之一的，生产安全事故应急救援预案制定单位应当及时修订相关预案：

（一）制定预案所依据的法律、法规、规章、标准发生重大变化；

（二）应急指挥机构及其职责发生调整；

（三）安全生产面临的风险发生重大变化；

（四）重要应急资源发生重大变化；

（五）在预案演练或者应急救援中发现需要修订预案的重大问题；

（六）其他应当修订的情形。

第七条 县级以上人民政府负有安全生产监督管理职责的部门应当将其制定的生产安全事故应急救援预案报送本级人民政府备案；易燃易爆物品、危险化学品等危险物品的生产、经营、储存、运输单位，矿山、金属冶炼、城市轨道交通运营、建筑施工单位，以及宾馆、商场、娱乐场所、旅游景区等人员密集场所经营单位，应当将其制定的生产安全事故应急救援预案按照国家有关规定报送县级以上人民政府负有安全生产监督管理职责的部门备案，并依法向社会公布。

第八条 县级以上地方人民政府以及县级以上人民政府负有安全生产监督管理职责的部门，乡、镇人民政府以及街道办事处等地方人民政府派出机关，应当至少每2年组织1次生产安全事故应急救援预案演练。

易燃易爆物品、危险化学品等危险物品的生产、经营、储存、运输单位，矿山、金属冶炼、城市轨道交通运营、建筑施工单位，以及宾馆、商场、娱乐场所、旅游景区等人员密集场所经营单位，应当至少每半年组织1次生产安全事故应急救援预案演练，并将演练情况报送所在地县级以上地方人民政府负有安全生产监督管理职责的部门。

县级以上地方人民政府负有安全生产监督管理职责的部门应当对本行政区域内前款规定的重点生产经营单位的生产安全事故应急救援预案演练进行抽查；发现演练不符合要求的，应当责令限期改正。

第九条 县级以上人民政府应当加强对生产安全事故应急救援队伍建设的统一规划、组织和指导。

县级以上人民政府负有安全生产监督管理职责的部门根据生产安全事故应急工作的实际需要，在重点行业、领域单独建立或者依托有条件的生产经营单位、社会组织共同建立应急救援队伍。

国家鼓励和支持生产经营单位和其他社会力量建立提供社会化应急救援服务的应急救援队伍。

第十条 易燃易爆物品、危险化学品等危险物品的生产、经营、储存、运输单位，矿山、金属冶炼、城市轨道交通运营、建筑施工单位，以及宾馆、商场、娱乐场所、旅游景区等人员密集场所经营单位，应当建立应急救援队伍；其中，小型企业或者微型企业等规模较小的生产经营单位，可以不建立应急救援队伍，但应当指定兼职的应急救援人员，并且可以与邻近的应急救援队伍签订应急救援协议。

工业园区、开发区等产业聚集区域内的生产经营单位，可以联合建立应急救援队伍。

第十一条 应急救援队伍的应急救援人员应当具备必要的专业知识、技能、身体素质和心理素质。

应急救援队伍建立单位或者兼职应急救援人员所在单位应当按照国家有关规定对应急救援人员进行培训；应急救援人员经培训合格后，方可参加应急救援工作。

应急救援队伍应当配备必要的应急救援装备和物资，并定期组织训练。

第十二条 生产经营单位应当及时将本单位应急救援队伍建立情况按照国家有关规定报送县级以上人民政府负有安全生产监督管理职责的部门，并依法向社会公布。

县级以上人民政府负有安全生产监督管理职责的部门应当定期将本行业、本领域的应急救援队伍建立情况报送本级人民政府，并依法向社会公布。

第十三条 县级以上地方人民政府应当根据本行政区域内可能发生的生产安全事故的特点和危害，储备必要的应急救援装备和物资，并及时更新和补充。

易燃易爆物品、危险化学品等危险物品的生产、经营、储存、运输单位，矿山、金属冶炼、城市轨道交通运营、建筑施工单位，以及宾馆、商场、娱乐场所、旅游景区等人员密集场所经营单位，应当根据本单位可能发生的生产安全事故的特点和危害，配备必要的灭火、排水、通风以及危险物品稀释、掩埋、收集等应急救援器材、设备和物资，并进行经常性维护、保养，保证正常运转。

第十四条 下列单位应当建立应急值班制度，配备应急值班人员：

（一）县级以上人民政府及其负有安全生产监督管理职责的部门；

（二）危险物品的生产、经营、储存、运输单位以及矿山、金属冶炼、城市轨道交通运营、建筑施工单位；

（三）应急救援队伍。

规模较大、危险性较高的易燃易爆物品、危险化学品等危险物品的生产、经营、储存、运输单位应当成立应急处置技术组，实行24小时应急值班。

第十五条 生产经营单位应当对从业人员进行应急教育和培训，保证从业人员具备必要的应急知识，掌握风险防范技能和事故应急措施。

第十六条 国务院负有安全生产监督管理职责的部门应当按照国家有关规定建立生产安全事故应急救援信息系统，并采取有效措施，实现数据互联互通、信息共享。

生产经营单位可以通过生产安全事故应急救援信息系统办理生产安全事故应急救援预案备案手续，报送应急救援预案演练情况和应急救援队伍建设情况；但依法需要保密的除外。

第三章 应急救援

第十七条 发生生产安全事故后，生产经营单位应当立即启动生产安全事故应急救援预案，采取下列一项或者多项应急救援措施，并按照国家有关规定报告事故情况：

（一）迅速控制危险源，组织抢救遇险人员；

（二）根据事故危害程度，组织现场人员撤离或者采取可能的应急措施后撤离；

（三）及时通知可能受到事故影响的单位和人员；

（四）采取必要措施，防止事故危害扩大和次生、衍生灾害发生；

（五）根据需要请求邻近的应急救援队伍参加救援，并向参加救援的应急救援队伍提供相关技术资料、信息和处置方法；

（六）维护事故现场秩序，保护事故现场和相关证据；

（七）法律、法规规定的其他应急救援措施。

第十八条 有关地方人民政府及其部门接到生产安全事故报告后，应当按照国家有关规定上报事故情况，启动相应的生产安全事故应急救援预案，并按照应急救援预案的规定采取下列一项或者多项应急救援措施：

（一）组织抢救遇险人员，救治受伤人员，研判事故发展趋势以及可能造成的危害；

（二）通知可能受到事故影响的单位和人员，隔离事故现场，划定警戒区域，疏散受到威胁的人员，实施交通管制；

（三）采取必要措施，防止事故危害扩大和次生、衍生灾害发生，避免或者减少事故对环境造成的危害；

（四）依法发布调用和征用应急资源的决定；

（五）依法向应急救援队伍下达救援命令；

（六）维护事故现场秩序，组织安抚遇险人员和遇险遇难人员亲属；

（七）依法发布有关事故情况和应急救援工作的信息；

（八）法律、法规规定的其他应急救援措施。

有关地方人民政府不能有效控制生产安全事故的，应当及时向上级人民政府报告。上级人民政府应当及时采取措施，统一指挥应急救援。

第十九条 应急救援队伍接到有关人民政府及其部门的救援命令或者签有应急救援协议的生产经营单位的救援请求后，应当立即参加生产安全事故应急救援。

应急救援队伍根据救援命令参加生产安全事故应急救援所耗费用，由事故责任单位承担；事故责任单位无力承担的，由有关人民政府协调解决。

第二十条 发生生产安全事故后，有关人民政府认为有必要的，可以设立由本级人民政府及其有关部门负责人、应急救援专家、应急救援队伍负责人、事故发生单位负责人等人员组成的应急救援现场指挥部，并指定现场指挥部总指挥。

第二十一条 现场指挥部实行总指挥负责制，按照本级人民政府的授权组织制定并实施生产安全事故现场应急救援方案，协调、指挥有关单位和个人参加现场应急救援。

参加生产安全事故现场应急救援的单位和个人应当服从现场指挥部的统一指挥。

第二十二条 在生产安全事故应急救援过程中，发现可能直接危及应急救援人员生命安全的紧急情况时，现场指挥部或者统一指挥应急救援的人民政府应当立即采取相应措施消除隐患，降低或者化解风险，必要时可以暂时撤离应急救援人员。

第二十三条 生产安全事故发生地人民政府应当为应急救援人员提供必需的后勤保障，并组织通信、交通运输、医疗卫生、气象、水文、地质、电力、供水等单位协助应急救援。

第二十四条 现场指挥部或者统一指挥生产安全事故应急救援的人民政府及其有关部门应当完整、准确地记录应急救援的重要事项，妥善保存相关原始资料和证据。

第二十五条 生产安全事故的威胁和危害得到控制或者消除后，有关人民政府应当决定停止执行依照本条例和有关法律、法规采取的全部或者部分应急救援措施。

第二十六条 有关人民政府及其部门根据生产安全事故应急救援需要依法调用和征用的财产，在使用完毕或者应急救援结束后，应当及时归还。财产被调用、征用或者调用、征用后毁损、灭失的，有关人民政府及其部门应当按照国家有关规定给予补偿。

第二十七条 按照国家有关规定成立的生产安全事故调查组应当对应急救援工作进行评估，并在事故调查报告中作出评估结论。

第二十八条 县级以上地方人民政府应当按照国家有关规定，对在生产安全事故应急救援中伤亡的人员及时给予救治和抚恤；符合烈士评定条件的，按照国家有关规定评定为烈士。

第四章 法律责任

第二十九条 地方各级人民政府和街道办事处等地方人民政府派出机关以及县级以上人民政府有关部门违反本条例规定的，由其上级行政机关责令改正；情节严重的，对直接负责的主管人员和其他直接责任人员依法给予处分。

第三十条 生产经营单位未制定生产安全事故应急救援预案、未定期组织应急救援预案演练、未对从业人员进行应急教育和培训，生产经营单位的主要负责人在本单位发生生产安全事故时不立即组织抢救的，由县级以上人民政府负有安全生产监督管理职责的部门依照《中华人民共和国安全生产法》有关规定追究法律责任。

第三十一条 生产经营单位未对应急救援器材、设备和物资进行经常性维护、保养，导致发生严重生产安全事故或者生产安全事故危害扩大，或者在本单位发生生产安全事故后未立即采取相应的应急救援措施，造成严重后果的，由县级以上人民政府负有安全生产监督管理职责的部门依照《中华人民共和国突发事件应对法》有关规定追究法律责任。

第三十二条 生产经营单位未将生产安全事故应急救援预案报送备案、未建立应急值班制度或者配备应急值班人员的，由县级以上人民政府负有安全生产监督管理职责的部门责令限期改正；逾期未改正的，处3万元以上5万元以下的罚款，对直接负责的主管人员和其他直接责任人员处1万元以上2万元以下的罚款。

第三十三条 违反本条例规定，构成违反治安管理行为的，由公安机关依法给予处罚；构成犯罪的，依法追究刑事责任。

第五章 附 则

第三十四条 储存、使用易燃易爆物品、危险化学品等危险物品的科研机构、学校、医院等单位的安全事故应急工作，参照本条例有关规定执行。

第三十五条 本条例自2019年4月1日起施行。

行政机关公务员处分条例

（2007年4月4日国务院第173次常务会议通过 2007年4月22日中华人民共和国国务院令第495号公布 自2007年6月1日起施行）

第一章 总 则

第一条 为了严肃行政机关纪律，规范行政机关公务员的行为，保证行政机关及其公务员依法履行职责，根据《中华人民共和国公务员法》和《中华人民共和国行政监察法》，制定本条例。

第二条 行政机关公务员违反法律、法规、规章以及行政机关的决定和命令，应当承担纪律责任的，依照本条例给予处分。

法律、其他行政法规、国务院决定对行政机关公务员处分有规定的，依照该法律、行政法规、国务院决定的规定执行；法律、其他行政法规、国务院决定对行政机关公务员应当受到处分的违法违纪行为做了规定，但是未对处分幅度做规定的，适用本条例第三章与其最相类似的条款有关处分幅度的规定。

地方性法规、部门规章、地方政府规章可以补充规定本条例第三章未作规定的应当给予处分的违法违纪行为以及相应的处分幅度。除国务院监察机关、国务院人事部门外，国务院其他部门制定处分规章，应当与国务院监察机关、国务院人事部门联合制定。

除法律、法规、规章以及国务院决定外，行政机关不得以其他形式设定行政机关公务员处分事项。

第三条 行政机关公务员依法履行职务的行为受法律保护，非因法定事由，非经法定程序，不受处分。

第四条 给予行政机关公务员处分，应当坚持公正、公平和教育与惩戒相结合的原则。

给予行政机关公务员处分，应当与其违法违纪行为的性质、情节、危害程度相适应。

给予行政机关公务员处分，应当事实清楚、证据确凿、定性准确、处理恰当、程序合法、手续完备。

第五条 行政机关公务员违法违纪涉嫌犯罪的，应当移送司法机关依法追究刑事责任。

第二章 处分的种类和适用

第六条 行政机关公务员处分的种类为：
（一）警告；
（二）记过；
（三）记大过；
（四）降级；
（五）撤职；
（六）开除。

第七条 行政机关公务员受处分的期间为：
（一）警告，6个月；
（二）记过，12个月；
（三）记大过，18个月；
（四）降级、撤职，24个月。

第八条 行政机关公务员在受处分期间不得晋升职务和级别，其中，受记过、记大过、降级、撤职处分的，不得晋升工资档次；受撤职处分的，应当按照规定降低级别。

第九条 行政机关公务员受开除处分的，自处分决定生效之日起，解除其与单位的人事关系，不得再担任公务员职务。

行政机关公务员受开除以外的处分，在受处分期间有悔改表现，并且没有再发生违法违纪行为的，处分期满后，应当解除处分。解除处分后，晋升工资档次、级别和职务不再受原处分的影响。但是，解除降级、撤职处分的，不视为恢复原级别、原职务。

第十条 行政机关公务员同时有两种以上需要给予处分的行为的，应当分别确定其处分。应当给予的处分种类不同的，执行其中最重的处分；应当给予撤职以下多个相同种类处分的，执行该处分，并在一个处分期以上、多个处分期之和以下，决定处分期。

行政机关公务员在受处分期间受到新的处分的，其处分期为原处分期尚未执行的期限与新处分期限之和。

处分期最长不得超过48个月。

第十一条 行政机关公务员2人以上共同违法违纪，需要给予处分的，根据各自应当承担的纪律责任，分别给予处分。

第十二条 有下列情形之一的，应当从重处分：
（一）在2人以上的共同违法违纪行为中起主要作用的；
（二）隐匿、伪造、销毁证据的；
（三）串供或者阻止他人揭发检举、提供证据材料的；
（四）包庇同案人员的；
（五）法律、法规、规章规定的其他从重情节。

第十三条 有下列情形之一的，应当从轻处分：
（一）主动交代违法违纪行为的；
（二）主动采取措施，有效避免或者挽回损失的；
（三）检举他人重大违法违纪行为，情况属实的。

第十四条 行政机关公务员主动交代违法违纪行为，并主动采取措施有效避免或者挽回损失的，应当减轻处分。

行政机关公务员违纪行为情节轻微，经过批评教育后改正的，可以免予处分。

第十五条 行政机关公务员有本条例第十二条、第十三条规定情形之一的，应当在本条例第三章规定的处分幅度以内从重或者从轻给予处分。

行政机关公务员有本条例第十四条第一款规定情形的，应当在本条例第三章规定的处分幅度以外，减轻一个处分的档次给予处分。应当给予警告处分，又有减轻处分的情形的，免予处分。

第十六条 行政机关经人民法院、监察机关、行政复议机关或者上级行政机关依法认定有行政违法行为或者其他违法违纪行为，需要追究纪律责任的，对负有责任的领导人员和直接责任人员给予处分。

第十七条 违法违纪的行政机关公务员在行政机关对其作出处分决定前，已经依法被判处刑罚、罢免、免职或者已经辞去领导职务，依法应当给予处分的，由行政机关根据其违法违纪事实，给予处分。

行政机关公务员依法被判处刑罚的，给予开除处分。

第三章 违法违纪行为及其适用的处分

第十八条 有下列行为之一的,给予记大过处分;情节较重的,给予降级或者撤职处分;情节严重的,给予开除处分:

(一)散布有损国家声誉的言论,组织或者参加旨在反对国家的集会、游行、示威等活动的;

(二)组织或者参加非法组织,组织或者参加罢工的;

(三)违反国家的民族宗教政策,造成不良后果的;

(四)以暴力、威胁、贿赂、欺骗等手段,破坏选举的;

(五)在对外交往中损害国家荣誉和利益的;

(六)非法出境,或者违反规定滞留外不归的;

(七)未经批准获取境外永久居留资格,或者取得外国国籍的;

(八)其他违反政治纪律的行为。

有前款第(六)项规定行为的,给予开除处分;有前款第(一)项、第(二)项或者第(三)项规定的行为,属于不明真相被裹挟参加,经批评教育后确有悔改表现的,可以减轻或者免于处分。

第十九条 有下列行为之一的,给予警告、记过或者记大过处分;情节较重的,给予降级或者撤职处分;情节严重的,给予开除处分:

(一)负有领导责任的公务员违反议事规则,个人或者少数人决定重大事项,或者改变集体作出的重大决定的;

(二)拒绝执行上级依法作出的决定、命令的;

(三)拒不执行机关的交流决定的;

(四)拒不执行人民法院对行政案件的判决、裁定或者监察机关、审计机关、行政复议机关作出的决定的;

(五)违反规定应当回避而不回避,影响公正执行公务,造成不良后果的;

(六)离任、辞职或者被辞退时,拒不办理公务交接手续或者拒不接受审计的;

(七)旷工或者因公外出、请假期满无正当理由逾期不归,造成不良影响的;

(八)其他违反组织纪律的行为。

第二十条 有下列行为之一的,给予记过、记大过处分;情节较重的,给予降级或者撤职处分;情节严重的,给予开除处分:

(一)不依法履行职责,致使可以避免的爆炸、火灾、传染病传播流行、严重环境污染、严重人员伤亡等重大事故或者群体性事件发生的;

(二)发生重大事故、灾害、事件或者重大刑事案件、治安案件,不按规定报告、处理的;

(三)对救灾、抢险、防汛、防疫、优抚、扶贫、移民、救济、社会保险、征地补偿等专项款物疏于管理,致使款物被贪污、挪用,或者毁损、灭失的;

(四)其他玩忽职守、贻误工作的行为。

第二十一条 有下列行为之一的,给予警告或者记过处分;情节较重的,给予记大过或者降级处分;情节严重的,给予撤职处分:

(一)在行政许可工作中违反法定权限、条件和程序设定或者实施行政许可的;

(二)违法设定或者实施行政强制措施的;

(三)违法设定或者实施行政处罚的;

(四)违反法律、法规规定进行行政委托的;

(五)对需要政府、政府部门决定的招标投标、征收征用、城市房屋拆迁、拍卖等事项违反规定办理的。

第二十二条 弄虚作假,误导、欺骗领导和公众,造成不良后果的,给予警告、记过或者记大过处分;情节较重的,给予降级或者撤职处分;情节严重的,给予开除处分。

第二十三条 有贪污、索贿、受贿、行贿、介绍贿赂、挪用公款、利用职务之便为自己或者他人谋取私利、巨额财产来源不明等违反廉政纪律行为的,给予记过或者记大过处分;情节较重的,给予降级或者撤职处分;情节严重的,给予开除处分。

第二十四条 违反财经纪律,挥霍浪费国家资财的,给予警告处分;情节较重的,给予记过或者记大过处分;情节严重的,给予降级或者撤职处分。

第二十五条 有下列行为之一的,给予记过或者记大过处分;情节较重的,给予降级或者撤职处分;情节严重的,给予开除处分:

(一)以殴打、体罚、非法拘禁等方式侵犯公民人身权利的;

(二)压制批评,打击报复,扣压、销毁举报信件,或者向被举报人透露举报情况的;

(三)违反规定向公民、法人或者其他组织摊派或者收取财物的;

(四)妨碍执行公务或者违反规定干预执行公务的;

(五)其他滥用职权,侵害公民、法人或者其他组织合法权益的行为。

第二十六条 泄露国家秘密、工作秘密,或者泄露因履行职责掌握的商业秘密、个人隐私,造成不良后果的，给予警告、记过或者记大过处分；情节较重的，给予降级或者撤职处分；情节严重的，给予开除处分。

第二十七条 从事或者参与营利性活动，在企业或者其他营利性组织中兼任职务的，给予记过或者记大过处分；情节较重的，给予降级或者撤职处分；情节严重的，给予开除处分。

第二十八条 严重违反公务员职业道德，工作作风懈怠、工作态度恶劣，造成不良影响的，给予警告、记过或者记大过处分。

第二十九条 有下列行为之一的，给予警告、记过或者记大过处分；情节较重的，给予降级或者撤职处分；情节严重的，给予开除处分：

（一）拒不承担赡养、抚养、扶养义务的；
（二）虐待、遗弃家庭成员的；
（三）包养情人的；
（四）严重违反社会公德的行为。

有前款第（三）项行为的，给予撤职或者开除处分。

第三十条 参与迷信活动，造成不良影响的，给予警告、记过或者记大过处分；组织迷信活动的，给予降级或者撤职处分，情节严重的，给予开除处分。

第三十一条 吸食、注射毒品或者组织、支持、参与卖淫、嫖娼、色情淫乱活动的，给予撤职或者开除处分。

第三十二条 参与赌博的，给予警告或者记过处分；情节较重的，给予记大过或者降级处分；情节严重的，给予撤职或者开除处分。

为赌博活动提供场所或者其他便利条件的，给予警告、记过或者记大过处分；情节严重的，给予撤职或者开除处分。

在工作时间赌博的，给予记过、记大过或者降级处分；屡教不改的，给予撤职或者开除处分。

挪用公款赌博的，给予撤职或者开除处分。

利用赌博索贿、受贿或者行贿的，依照本条例第二十三条的规定给予处分。

第三十三条 违反规定超计划生育的，给予降级或者撤职处分；情节严重的，给予开除处分。

第四章 处分的权限

第三十四条 对行政机关公务员给予处分，由任免机关或者监察机关（以下统称处分决定机关）按照管理权限决定。

第三十五条 对经全国人民代表大会及其常务委员会决定任命的国务院组成人员给予处分，由国务院决定。其中，拟给予撤职、开除处分的，由国务院向全国人民代表大会提出罢免建议，或者向全国人民代表大会常务委员会提出免职建议。罢免或者免职前，国务院可以决定暂停其履行职务。

第三十六条 对经地方各级人民代表大会及其常务委员会选举或者决定任命的地方各级人民政府领导人员给予处分，由上一级人民政府决定。

拟给予经县级以上地方人民代表大会及其常务委员会选举或者决定任命的县级以上地方人民政府领导人员撤职、开除处分的，应当先由本级人民政府向同级人民代表大会提出罢免建议。其中，拟给予县级以上地方人民政府副职领导人员撤职、开除处分的，也可以向同级人民代表大会常务委员会提出撤销职务的建议。拟给予乡镇人民政府领导人员撤职、开除处分的，应当先由本级人民政府向同级人民代表大会提出罢免建议。罢免或者撤销职务前，上级人民政府可以决定暂停其履行职务；遇有特殊紧急情况，省级以上人民政府认为必要时，也可以对其作出撤职或者开除的处分，同时报告同级人民代表大会常务委员会，并通报下级人民代表大会常务委员会。

第三十七条 对地方各级人民政府工作部门正职领导人员给予处分，由本级人民政府决定。其中，拟给予撤职、开除处分的，由本级人民政府向同级人民代表大会常务委员会提出免职建议。免去职务前，本级人民政府或者上级人民政府可以决定暂停其履行职务。

第三十八条 行政机关公务员违法违纪，已经被立案调查，不宜继续履行职责的，任免机关可以决定暂停其履行职务。

被调查的公务员在违法违纪案件立案调查期间，不得交流、出境、辞去公职或者办理退休手续。

第五章 处分的程序

第三十九条 任免机关对涉嫌违法违纪的行政机关公务员的调查、处理，按照下列程序办理：

（一）经任免机关负责人同意，由任免机关有关部门对需要调查处理的事项进行初步调查；

（二）任免机关有关部门经初步调查认为该公务员涉嫌违法违纪，需要进一步查证的，报任免机关负责人批准后立案；

（三）任免机关有关部门负责对该公务员违法违纪事实做进一步调查，包括收集、查证有关证据材料，听取被调查的公务员所在单位的领导成员、有关工作人员以及所在单位监察机构的意见，向其他有关单位和人员了解情况，并形成书面调查材料，向任免机关负责人报告；

（四）任免机关有关部门将调查认定的事实及拟给予处分的依据告知被调查的公务员本人，听取其陈述和申辩，并对其所提出的事实、理由和证据进行复核，记录在案。被调查的公务员提出的事实、理由和证据成立的，应予采信；

（五）经任免机关领导成员集体讨论，作出对该公务员给予处分、免予处分或者撤销案件的决定；

（六）任免机关应当将处分决定以书面形式通知受处分的公务员本人，并在一定范围内宣布；

（七）任免机关有关部门应当将处分决定归入受处分的公务员本人档案，同时汇集有关材料形成该处分案件的工作档案。

受处分的行政机关公务员处分期满解除处分的程序，参照前款第（五）项、第（六）项和第（七）项的规定办理。

任免机关应当按照管理权限，及时将处分决定或者解除处分决定报公务员主管部门备案。

第四十条 监察机关对违法违纪的行政机关公务员的调查、处理，依照《中华人民共和国行政监察法》规定的程序办理。

第四十一条 对行政机关公务员违法违纪案件进行调查，应当由2名以上办案人员进行；接受调查的单位和个人应当如实提供情况。

严禁以暴力、威胁、引诱、欺骗等非法方式收集证据；非法收集的证据不得作为定案的依据。

第四十二条 参与行政机关公务员违法违纪案件调查、处理的人员有下列情形之一的，应当提出回避申请；被调查的公务员以及与案件有利害关系的公民、法人或者其他组织有权要求其回避：

（一）与被调查的公务员是近亲属关系的；

（二）与被调查的案件有利害关系的；

（三）与被调查的公务员有其他关系，可能影响案件公正处理的。

第四十三条 处分决定机关负责人的回避，由处分决定机关的上一级行政机关负责人决定；其他违法违纪案件调查、处理人员的回避，由处分决定机关负责人决定。

处分决定机关或者处分决定机关的上一级行政机关，发现违法违纪案件调查、处理人员有应当回避的情形，可以直接决定该人员回避。

第四十四条 给予行政机关公务员处分，应当自批准立案之日起6个月内作出决定；案情复杂或者遇有其他特殊情形的，办案期限可以延长，但是最长不得超过12个月。

第四十五条 处分决定应当包括下列内容：

（一）被处分人员的姓名、职务、级别、工作单位等基本情况；

（二）经查证的违法违纪事实；

（三）处分的种类和依据；

（四）不服处分决定的申诉途径和期限；

（五）处分决定机关的名称、印章和作出决定的日期。

解除处分决定除包括前款第（一）项、第（二）项和第（五）项规定的内容外，还应当包括原处分的种类和解除处分的依据，以及受处分的行政机关公务员在受处分期间的表现情况。

第四十六条 处分决定、解除处分决定自作出之日起生效。

第四十七条 行政机关公务员受到开除处分后，有新工作单位的，其本人档案转由新工作单位管理；没有新工作单位的，其本人档案转由其户籍所在地人事部门所属的人才服务机构管理。

第六章　不服处分的申诉

第四十八条 受到处分的行政机关公务员对处分决定不服的，依照《中华人民共和国公务员法》和《中华人民共和国行政监察法》的有关规定，可以申请复核或者申诉。

复核、申诉期间不停止处分的执行。

行政机关公务员不因提出复核、申诉而被加重处分。

第四十九条 有下列情形之一的，受理公务员复核、申诉的机关应当撤销处分决定，重新作出决定或者责令原处分决定机关重新作出决定：

（一）处分所依据的违法违纪事实证据不足的；

（二）违反法定程序，影响案件公正处理的；

（三）作出处分决定超越职权或者滥用职权的。

第五十条 有下列情形之一的，受理公务员复核、申诉的机关应当变更处分决定，或者责令原处分决定机关变更处分决定：

（一）适用法律、法规、规章或者国务院决定错误的；

（二）对违法违纪行为的情节认定有误的；

（三）处分不当的。

第五十一条 行政机关公务员的处分决定被变更，需要调整该公务员的职务、级别或者工资档次的，应当按照规定予以调整；行政机关公务员的处分决定被撤销的，应当恢复该公务员的级别、工资档次，按照原职务安排相应的职务，并在适当范围内为其恢复名誉。

被撤销处分或者被减轻处分的行政机关公务员工资福利受到损失的,应当予以补偿。

第七章 附 则

第五十二条 有违法违纪行为应当受到处分的行政机关公务员,在处分决定机关作出处分决定前已经退休的,不再给予处分;但是,依法应当给予降级、撤职、开除处分的,应当按照规定相应降低或者取消其享受的待遇。

第五十三条 行政机关公务员违法违纪取得的财物和用于违法违纪的财物,除依法应当由其他机关没收、追缴或者责令退赔的,由处分决定机关没收、追缴或者责令退赔。违法违纪取得的财物应当退还原所有人或者原持有人的,退还原所有人或者原持有人;属于国家财产以及不应当退还或者无法退还原所有人或原持有人的,上缴国库。

第五十四条 对法律、法规授权的具有公共事务管理职能的事业单位中经批准参照《中华人民共和国公务员法》管理的工作人员给予处分,参照本条例的有关规定办理。

第五十五条 本条例自 2007 年 6 月 1 日起施行。1988 年 9 月 13 日国务院发布的《国家行政机关工作人员贪污贿赂行政处分暂行规定》同时废止。

中国共产党问责条例

(2019 年 9 月 中共中央印发)

第一条 为了坚持党的领导,加强党的建设,全面从严治党,保证党的路线方针政策和党中央重大决策部署贯彻落实,规范和强化党的问责工作,根据《中国共产党章程》,制定本条例。

第二条 党的问责工作坚持以马克思列宁主义、毛泽东思想、邓小平理论、"三个代表"重要思想、科学发展观、习近平新时代中国特色社会主义思想为指导,增强"四个意识",坚定"四个自信",坚决维护习近平总书记党中央的核心、全党的核心地位,坚决维护党中央权威和集中统一领导,围绕统筹推进"五位一体"总体布局和协调推进"四个全面"战略布局,落实管党治党政治责任,督促各级党组织、党的领导干部负责守责尽责,践行忠诚干净担当。

第三条 党的问责工作应当坚持以下原则:

(一) 依规依纪、实事求是;

(二) 失责必问、问责必严;

(三) 权责一致、错责相当;

(四) 严管和厚爱结合、激励和约束并重;

(五) 惩前毖后、治病救人;

(六) 集体决定、分清责任。

第四条 党委(党组)应当履行全面从严治党主体责任,加强对本地区本部门本单位问责工作的领导,追究在党的建设、党的事业中失职失责党组织和党的领导干部的主体责任、监督责任、领导责任。

纪委应当履行监督专责,协助同级党委开展问责工作。纪委派驻(派出)机构按照职责权限开展问责工作。

党的工作机关应当依据职能履行监督职责,实施本机关本系统本领域的问责工作。

第五条 问责对象是党组织、党的领导干部,重点是党委(党组)、党的工作机关及其领导成员,纪委、纪委派驻(派出)机构及其领导成员。

第六条 问责应当分清责任。党组织领导班子在职责范围内负有全面领导责任,领导班子主要负责人和直接主管的班子成员在职责范围内承担主要领导责任,参与决策和工作的班子成员在职责范围内承担重要领导责任。

对党组织问责的,应当同时对该党组织中负有责任的领导班子成员进行问责。

党组织和党的领导干部应当坚持把自己摆进去、把职责摆进去、把工作摆进去,注重从自身找问题、查原因,勇于担当、敢于负责,不得向下级党组织和干部推卸责任。

第七条 党组织、党的领导干部违反党章和其他党内法规,不履行或者不正确履行职责,有下列情形之一,应当予以问责:

(一) 党的领导弱化,"四个意识"不强,"两个维护"不力,党的基本理论、基本路线、基本方略没有得到有效贯彻执行,在贯彻新发展理念,推进经济建设、政治建设、文化建设、社会建设、生态文明建设中,出现重大偏差和失误,给党的事业和人民利益造成严重损失,产生恶劣影响的;

(二) 党的政治建设抓得不实,在重大原则问题上未能同党中央保持一致,贯彻落实党的路线方针政策和执行党中央重大决策部署不力,不遵守重大事项请示报告制度,有令不行、有禁不止,阳奉阴违、欺上瞒下,团团伙伙、拉帮结派问题突出,党内政治生活不严肃不健康,党的政治建设工作责任制落实不到位,造成严重后果或者恶劣影响的;

（三）党的思想建设缺失，党性教育特别是理想信念宗旨教育流于形式，意识形态工作责任制落实不到位，造成严重后果或者恶劣影响的；

（四）党的组织建设薄弱，党建工作责任制不落实，严重违反民主集中制原则，不执行领导班子议事决策规则，民主生活会、"三会一课"等党的组织生活制度不执行，领导干部报告个人有关事项制度执行不力，党组织软弱涣散，违规选拔任用干部等问题突出，造成恶劣影响的；

（五）党的作风建设松懈，落实中央八项规定及其实施细则精神不力，"四风"问题得不到有效整治，形式主义、官僚主义问题突出，执行党中央决策部署表态多调门高、行动少落实差，脱离实际、脱离群众，拖沓敷衍、推诿扯皮，造成严重后果的；

（六）党的纪律建设抓得不严，维护党的政治纪律、组织纪律、廉洁纪律、群众纪律、工作纪律、生活纪律不力，导致违规违纪行为多发，造成恶劣影响的；

（七）推进党风廉政建设和反腐败斗争不坚决、不扎实，削减存量、遏制增量不力，特别是对不收敛、不收手，问题线索反映集中、群众反映强烈，政治问题和经济问题交织的腐败案件放任不管，造成恶劣影响的；

（八）全面从严治党主体责任、监督责任落实不到位，对公权力的监督制约不力，好人主义盛行，不负责不担当，党内监督乏力，该发现的问题没有发现，发现问题不报告不处置，领导巡视巡察工作不力，落实巡视巡察整改要求走过场、不到位，该问责不问责，造成严重后果的；

（九）履行管理、监督职责不力，职责范围内发生重特大生产安全事故、群体性事件、公共安全事件，或者发生其他严重事故、事件，造成重大损失或者恶劣影响的；

（十）在教育医疗、生态环境保护、食品药品安全、扶贫脱贫、社会保障等涉及人民群众最关心最直接最现实的利益问题上不作为、乱作为、慢作为、假作为，损害和侵占群众利益问题得不到整治，以言代法、以权压法、徇私枉法问题突出，群众身边腐败和作风问题严重，造成恶劣影响的；

（十一）其他应当问责的失职失责情形。

第八条 对党组织的问责，根据危害程度以及具体情况，可以采取以下方式：

（一）检查。责令作出书面检查并切实整改。

（二）通报。责令整改，并在一定范围内通报。

（三）改组。对失职失责，严重违犯党的纪律、本身又不能纠正的，应当予以改组。

对党的领导干部的问责，根据危害程度以及具体情况，可以采取以下方式：

（一）通报。进行严肃批评，责令作出书面检查、切实整改，并在一定范围内通报。

（二）诫勉。以谈话或者书面方式进行诫勉。

（三）组织调整或者组织处理。对失职失责、危害较重，不适宜担任现职的，应当根据情况采取停职检查、调整职务、责令辞职、免职、降职等措施。

（四）纪律处分。对失职失责、危害严重，应当给予纪律处分的，依照《中国共产党纪律处分条例》追究纪律责任。

上述问责方式，可以单独使用，也可以依据规定合并使用。问责方式有影响期的，按照有关规定执行。

第九条 发现有本条例第七条所列问责情形，需要进行问责调查的，有管理权限的党委（党组）、纪委、党的工作机关应当经主要负责人审批，及时启动问责调查程序。其中，纪委、党的工作机关对同级党委直接领导的党组织及其主要负责人启动问责调查，应当报同级党委主要负责人批准。

应当启动问责调查未及时启动的，上级党组织应当责令有管理权限的党组织启动。根据问题性质或者工作需要，上级党组织可以直接启动问责调查，也可以指定其他党组织启动。

对被立案审查的党组织、党的领导干部问责的，不再另行启动问责调查程序。

第十条 启动问责调查后，应当组成调查组，依规依纪依法开展调查，查明党组织、党的领导干部失职失责问题，综合考虑主客观因素，正确区分贯彻执行党中央或者上级决策部署过程中出现的执行不当、执行不力、不执行等不同情况，精准提出处理意见，做到事实清楚、证据确凿、依据充分、责任分明、程序合规、处理恰当，防止问责不力或者问责泛化、简单化。

第十一条 查明调查对象失职失责问题后，调查组应当撰写事实材料，与调查对象见面，听取其陈述和申辩，并记录在案；对合理意见，应当予以采纳。调查对象应当在事实材料上签署意见，对签署不同意见或者拒不签署意见的，调查组应当作出说明或者注明情况。

调查工作结束后，调查组应当集体讨论，形成调查报告，列明调查对象基本情况、调查依据、调查过程，问责事实，调查对象的态度、认识及其申辩，处理意见以及依据，由调查组组长以及有关人员签名后，履行审批手续。

第十二条 问责决定应当由有管理权限的党组织作出。

对同级党委直接领导的党组织，纪委和党的工作机关报经同级党委或者其主要负责人批准，可以采取检查、通报方式进行问责。采取改组方式问责的，按照党章和有关党内法规规定的权限、程序执行。

对同级党委管理的领导干部，纪委和党的工作机关报经同级党委或者其主要负责人批准，可以采取通报、诫勉方式进行问责；提出组织调整或者组织处理的建议。采取纪律处分方式问责的，按照党章和有关党内法规规定的权限、程序执行。

第十三条 问责决定作出后，应当及时向被问责党组织、被问责领导干部及其所在党组织宣布并督促执行。有关问责情况应当向纪委和组织部门通报，纪委应当将问责决定材料归入被问责领导干部廉政档案，组织部门应当将问责决定材料归入被问责领导干部的人事档案，并报上一级组织部门备案；涉及组织调整或者组织处理的，相应手续应当在1个月内办理完毕。

被问责领导干部应当向作出问责决定的党组织写出书面检讨，并在民主生活会、组织生活会或者党的其他会议上作出深刻检查。建立健全问责典型问题通报曝光制度，采取组织调整或者组织处理、纪律处分方式问责的，应当以适当方式公开。

第十四条 被问责党组织、被问责领导干部及其所在党组织应当深刻汲取教训，明确整改措施。作出问责决定的党组织应当加强督促检查，推动以案促改。

第十五条 需要对问责对象作出政务处分或者其他处理的，作出问责决定的党组织应当通报相关单位，相关单位应当及时处理并将结果通报或者报告作出问责决定的党组织。

第十六条 实行终身问责，对失职失责性质恶劣、后果严重的，不论其责任人是否调离转岗、提拔或者退休等，都应当严肃问责。

第十七条 有下列情形之一的，可以不予问责或者免予问责：

（一）在推进改革中因缺乏经验、先行先试出现的失误，尚无明确限制的探索性试验中的失误，为推动发展的无意过失；

（二）在集体决策中对错误决策提出明确反对意见或者保留意见的；

（三）在决策实施中已经履职尽责，但因不可抗力、难以预见等因素造成损失的。

对上级错误决定提出改正或者撤销意见未被采纳，而出现本条例第七条所列问责情形的，依照前款规定处理。上级错误决定明显违法违规的，应当承担相应的责任。

第十八条 有下列情形之一，可以从轻或者减轻问责：

（一）及时采取补救措施，有效挽回损失或者消除不良影响的；

（二）积极配合问责调查工作，主动承担责任的；

（三）党内法规规定的其他从轻、减轻情形。

第十九条 有下列情形之一，应当从重或者加重问责：

（一）对党中央、上级党组织三令五申的指示要求，不执行或者执行不力的；

（二）在接受问责调查和处理中，不如实报告情况，敷衍塞责、推卸责任，或者唆使、默许有关部门和人员弄虚作假，阻扰问责工作的；

（三）党内法规规定的其他从重、加重情形。

第二十条 问责对象对问责决定不服的，可以自收到问责决定之日起1个月内，向作出问责决定的党组织提出书面申诉。作出问责决定的党组织接到书面申诉后，应当在1个月内作出申诉处理决定，并以书面形式告知提出申诉的党组织、领导干部及其所在党组织。

申诉期间，不停止问责决定的执行。

第二十一条 问责决定作出后，发现问责事实认定不清楚、证据不确凿、依据不充分、责任不清晰、程序不合规、处理不恰当，或者存在其他不应当问责、不精准问责情况的，应当及时予以纠正。必要时，上级党组织可以直接纠正或者责令作出问责决定的党组织予以纠正。

党组织、党的领导干部滥用问责，或者在问责工作中严重不负责任，造成不良影响的，应当严肃追究责任。

第二十二条 正确对待被问责干部，对影响期满、表现好的干部，符合条件的，按照干部选拔任用有关规定正常使用。

第二十三条 本条例所涉及的审批权限均指最低审批权限，工作中根据需要可以按照更高层级的审批权限报批。

第二十四条 纪委派驻（派出）机构除执行本条例外，还应当执行党中央以及中央纪委相关规定。

第二十五条 中央军事委员会可以根据本条例制定相关规定。

第二十六条 本条例由中央纪律检查委员会负责解释。

第二十七条 本条例自2019年9月1日起施行。2016年7月8日中共中央印发的《中国共产党问责条例》同时废止。此前发布的有关问责的规定，凡与本条例不一致的，按照本条例执行。

中国共产党纪律处分条例

(2018年8月 中共中央印发)

第一编 总 则

第一章 指导思想、原则和适用范围

第一条 为了维护党章和其他党内法规，严肃党的纪律，纯洁党的组织，保障党员民主权利，教育党员遵纪守法，维护党的团结统一，保证党的路线、方针、政策、决议和国家法律法规的贯彻执行，根据《中国共产党章程》，制定本条例。

第二条 党的纪律建设必须坚持以马克思列宁主义、毛泽东思想、邓小平理论、"三个代表"重要思想、科学发展观、习近平新时代中国特色社会主义思想为指导，坚持和加强党的全面领导，坚决维护习近平总书记党中央的核心、全党的核心地位，坚决维护党中央权威和集中统一领导，落实新时代党的建设总要求和全面从严治党战略部署，全面加强党的纪律建设。

第三条 党章是最根本的党内法规，是管党治党的总规矩。党的纪律是党的各级组织和全体党员必须遵守的行为规则。党组织和党员必须牢固树立政治意识、大局意识、核心意识、看齐意识，自觉遵守党章，严格执行和维护党的纪律，自觉接受党的纪律约束，模范遵守国家法律法规。

第四条 党的纪律处分工作应当坚持以下原则：

（一）坚持党要管党、全面从严治党。加强对党的各级组织和全体党员的教育、管理和监督，把纪律挺在前面，注重抓早抓小、防微杜渐。

（二）党纪面前一律平等。对违犯党纪的党组织和党员必须严肃、公正执行纪律，党内不允许有任何不受纪律约束的党组织和党员。

（三）实事求是。对党组织和党员违犯党纪的行为，应当以事实为依据，以党章、其他党内法规和国家法律法规为准绳，准确认定违纪性质，区别不同情况，恰当予以处理。

（四）民主集中制。实施党纪处分，应当按照规定程序经党组织集体讨论决定，不允许任何个人或者少数人擅自决定和批准。上级党组织对违犯党纪的党组织和党员作出的处理决定，下级党组织必须执行。

（五）惩前毖后、治病救人。处理违犯党纪的党组织和党员，应当实行惩戒与教育相结合，做到宽严相济。

第五条 运用监督执纪"四种形态"，经常开展批评和自我批评、约谈函询，让"红红脸、出出汗"成为常态；党纪轻处分、组织调整成为违纪处理的大多数；党纪重处分、重大职务调整的成为少数；严重违纪涉嫌违法立案审查的成为极少数。

第六条 本条例适用于违犯党纪应当受到党纪责任追究的党组织和党员。

第二章 违纪与纪律处分

第七条 党组织和党员违反党章和其他党内法规，违反国家法律法规，违反党和国家政策，违反社会主义道德，危害党、国家和人民利益的行为，依照规定应当给予纪律处理或者处分的，都必须受到追究。

重点查处党的十八大以来不收敛、不收手，问题线索反映集中、群众反映强烈，政治问题和经济问题交织的腐败案件，违反中央八项规定精神的问题。

第八条 对党员的纪律处分种类：

（一）警告；

（二）严重警告；

（三）撤销党内职务；

（四）留党察看；

（五）开除党籍。

第九条 对于违犯党的纪律的党组织，上级党组织应当责令其作出检查或者进行通报批评。对于严重违犯党的纪律、本身又不能纠正的党组织，上一级党的委员会在查明核实后，根据情节严重的程度，可以予以：

（一）改组；

（二）解散。

第十条 党员受到警告处分一年内、受到严重警告处分一年半内，不得在党内提升职务和向党外组织推荐担任高于其原任职务的党外职务。

第十一条 撤销党内职务处分，是指撤销受处分党员由党内选举或者组织任命的党内职务。对于在党内担任两个以上职务的，党组织在作处分决定时，应当明确是撤销其一切职务还是一个或者几个职务。如果决定撤销其一个职务，必须撤销其担任的最高职务。如果决定撤销其两个以上职务，则必须从其担任的最高职务开始依次撤销。对于在党外组织担任职务的，应当建议党外组织依照规定作出相应处理。

对于应当受到撤销党内职务处分，但是本人没有

担任党内职务的,应当给予其严重警告处分。同时,在党外组织担任职务的,应当建议党外组织撤销其党外职务。

党员受到撤销党内职务处分,或者依照前款规定受到严重警告处分的,二年内不得在党内担任和向党外组织推荐担任与其原任职务相当或者高于其原任职务的职务。

第十二条　留党察看处分,分为留党察看一年、留党察看二年。对于受到留党察看处分一年的党员,期满后仍不符合恢复党员权利条件的,应当延长一年留党察看期限。留党察看期限最长不得超过二年。

党员受留党察看处分期间,没有表决权、选举权和被选举权。留党察看期间,确有悔改表现的,期满后恢复其党员权利;坚持不改或者又发现其他应当受到党纪处分的违纪行为的,应当开除党籍。

党员受到留党察看处分,其党内职务自然撤销。对于担任党外职务的,应当建议党外组织撤销其党外职务。受到留党察看处分的党员,恢复党员权利后二年内,不得在党内担任和向党外组织推荐担任与其原任职务相当或者高于其原任职务的职务。

第十三条　党员受到开除党籍处分,五年内不得重新入党,也不得推荐担任与其原任职务相当或者高于其原任职务的党外职务。另有规定不准重新入党的,依照规定。

第十四条　党的各级代表大会的代表受到留党察看以上(含留党察看)处分的,党组织应当终止其代表资格。

第十五条　对于受到改组处理的党组织领导机构成员,除应当受到撤销党内职务以上(含撤销党内职务)处分的外,均自然免职。

第十六条　对于受到解散处理的党组织中的党员,应当逐个审查。其中,符合党员条件的,应当重新登记,并参加新的组织过党的生活;不符合党员条件的,应当对其进行教育、限期改正,经教育仍无转变的,予以劝退或者除名;有违纪行为的,依照规定予以追究。

第三章　纪律处分运用规则

第十七条　有下列情形之一的,可以从轻或者减轻处分:

(一)主动交代本人应当受到党纪处分的问题的;

(二)在组织核实、立案审查过程中,能够配合核实审查工作,如实说明本人违纪违法事实的;

(三)检举同案人或者其他人应当受到党纪处分或者法律追究的问题,经查证属实的;

(四)主动挽回损失、消除不良影响或者有效阻止危害结果发生的;

(五)主动上交违纪所得的;

(六)有其他立功表现的。

第十八条　根据案件的特殊情况,由中央纪委决定或者经省(部)级纪委(不含副省级市纪委)决定并呈报中央纪委批准,对违纪党员也可以在本条例规定的处分幅度以外减轻处分。

第十九条　对于党员违犯党纪应当给予警告或者严重警告处分,但是具有本条例第十七条规定的情形之一或者本条例分则中另有规定的,可以给予批评教育、责令检查、诫勉或者组织处理,免予党纪处分。对违纪党员免予处分,应当作出书面结论。

第二十条　有下列情形之一的,应当从重或者加重处分:

(一)强迫、唆使他人违纪的;

(二)拒不上交或者退赔违纪所得的;

(三)违纪受处分后又因故意违纪应当受到党纪处分的;

(四)违纪受到党纪处分后,又被发现其受处分前的违纪行为应当受到党纪处分的;

(五)本条例另有规定的。

第二十一条　从轻处分,是指在本条例规定的违纪行为应当受到的处分幅度以内,给予较轻的处分。

从重处分,是指在本条例规定的违纪行为应当受到的处分幅度以内,给予较重的处分。

第二十二条　减轻处分,是指在本条例规定的违纪行为应当受到的处分幅度以外,减轻一档给予处分。

加重处分,是指在本条例规定的违纪行为应当受到的处分幅度以外,加重一档给予处分。

本条例规定的只有开除党籍处分一个档次的违纪行为,不适用第一款减轻处分的规定。

第二十三条　一人有本条例规定的两种以上(含两种)应当受到党纪处分的违纪行为,应当合并处理,按其数种违纪行为中应当受到的最高处分加重一档给予处分;其中一种违纪行为应当受到开除党籍处分的,应当给予开除党籍处分。

第二十四条　一个违纪行为同时触犯本条例两个以上(含两个)条款的,依照处分较重的条款定性处理。

一个条款规定的违纪构成要件全部包含在另一个条款规定的违纪构成要件中,特别规定与一般规定不一致的,适用特别规定。

第二十五条　二人以上（含二人）共同故意违纪的，对为首者，从重处分，本条例另有规定的除外；对其他成员，按照其在共同违纪中所起的作用和应负的责任，分别给予处分。

对于经济方面共同违纪的，按照个人所得数额及其所起作用，分别给予处分。对违纪集团的首要分子，按照集团违纪的总数额处分；对其他共同违纪的为首者，情节严重的，按照共同违纪的总数额处分。

教唆他人违纪的，应当按照其在共同违纪中所起的作用追究党纪责任。

第二十六条　党组织领导机构集体作出违犯党纪的决定或者实施其他违犯党纪的行为，对具有共同故意的成员，按共同违纪处理；对过失违纪的成员，按照各自在集体违纪中所起的作用和应负的责任分别给予处分。

第四章　对违法犯罪党员的纪律处分

第二十七条　党组织在纪律审查中发现党员有贪污贿赂、滥用职权、玩忽职守、权力寻租、利益输送、徇私舞弊、浪费国家资财等违反法律涉嫌犯罪行为的，应当给予撤销党内职务、留党察看或者开除党籍处分。

第二十八条　党组织在纪律审查中发现党员有刑法规定的行为，虽不构成犯罪但须追究党纪责任的，或者有其他违法行为，损害党、国家和人民利益的，应当视具体情节给予警告直至开除党籍处分。

第二十九条　党组织在纪律审查中发现党员严重违纪涉嫌违法犯罪的，原则上先作出党纪处分决定，并按照规定给予政务处分后，再移送有关国家机关依法处理。

第三十条　党员被依法留置、逮捕的，党组织应当按照管理权限中止其表决权、选举权和被选举权等党员权利。根据监察机关、司法机关处理结果，可以恢复其党员权利的，应当及时予以恢复。

第三十一条　党员犯罪情节轻微，人民检察院依法作出不起诉决定的，或者人民法院依法作出有罪判决并免予刑事处罚的，应当给予撤销党内职务、留党察看或者开除党籍处分。

党员犯罪，被单处罚金的，依照前款规定处理。

第三十二条　党员犯罪，有下列情形之一的，应当给予开除党籍处分：

（一）因故意犯罪被依法判处刑法规定的主刑（含宣告缓刑）的；

（二）被单处或者附加剥夺政治权利的；

（三）因过失犯罪，被依法判处三年以上（不含三年）有期徒刑的。

因过失犯罪被判处三年以下（含三年）有期徒刑或者被判处管制、拘役的，一般应当开除党籍。对于个别可以不开除党籍的，应当对照处分党员批准权限的规定，报请再上一级党组织批准。

第三十三条　党员依法受到刑事责任追究的，党组织应当根据司法机关的生效判决、裁定、决定及其认定的事实、性质和情节，依照本条例规定给予党纪处分，是公职人员的由监察机关给予相应政务处分。

党员依法受到政务处分、行政处罚，应当追究党纪责任的，党组织可以根据生效的政务处分、行政处罚决定认定的事实、性质和情节，经核实后依照规定给予党纪处分或者组织处理。

党员违反国家法律法规，违反企事业单位或者其他社会组织的规章制度受到其他纪律处分，应当追究党纪责任的，党组织在对有关方面认定的事实、性质和情节进行核实后，依照规定给予党纪处分或者组织处理。

党组织作出党纪处分或者组织处理决定后，司法机关、行政机关等依法改变原生效判决、裁定、决定等，对原党纪处分或者组织处理决定产生影响的，党组织应当根据改变后的生效判决、裁定、决定等重新作出相应处理。

第五章　其他规定

第三十四条　预备党员违犯党纪，情节较轻，可以保留预备党员资格，党组织应当对其批评教育或者延长预备期；情节较重的，应当取消其预备党员资格。

第三十五条　对违纪后下落不明的党员，应当区别情况作出处理：

（一）对有严重违纪行为，应当给予开除党籍处分的，党组织应当作出决定，开除其党籍；

（二）除前项规定的情况外，下落不明时间超过六个月的，党组织应当按照党章规定对其予以除名。

第三十六条　违纪党员在党组织作出处分决定前死亡，或者在死亡之后发现其曾有严重违纪行为，对于应当给予开除党籍处分的，开除其党籍；对于应当给予留党察看以下（含留党察看）处分的，作出违犯党纪的书面结论和相应处理。

第三十七条　违纪行为有关责任人员的区分：

（一）直接责任者，是指在其职责范围内，不履行或者不正确履行自己的职责，对造成的损失或者后果起决定性作用的党员或者党员领导干部。

（二）主要领导责任者，是指在其职责范围内，对直接主管的工作不履行或者不正确履行职责，对造成的损失或者后果负直接领导责任的党员领导干部。

（三）重要领导责任者，是指在其职责范围内，对应管的工作或者参与决定的工作不履行或者不正确履行职责，对造成的损失或者后果负次要领导责任的党员领导干部。

本条例所称领导责任者，包括主要领导责任者和重要领导责任者。

第三十八条 本条例所称主动交代，是指涉嫌违纪的党员在组织初核前向有关组织交代自己的问题，或者在初核和立案审查其问题期间交代组织未掌握的问题。

第三十九条 计算经济损失主要计算直接经济损失。直接经济损失，是指与违纪行为有直接因果关系而造成财产损失的实际价值。

第四十条 对于违纪行为所获得的经济利益，应当收缴或者责令退赔。

对于违纪行为所获得的职务、职称、学历、学位、奖励、资格等其他利益，应当由承办案件的纪检机关或者由其上级纪检机关建议有关组织、部门、单位按照规定予以纠正。

对于依照本条例第三十五条、第三十六条规定处理的党员，经调查确属其实施违纪行为获得的利益，依照本条规定处理。

第四十一条 党纪处分决定作出后，应当在一个月内向受处分党员所在党的基层组织中的全体党员及其本人宣布，是领导班子成员的还应当向所在党组织领导班子宣布，并按照干部管理权限和组织关系将处分决定材料归入受处分者档案；对于受到撤销党内职务以上（含撤销党内职务）处分的，还应当在一个月内办理职务、工资、工作及其他有关待遇等相应变更手续；涉及撤销或者调整其党外职务的，应当建议党外组织及时撤销或者调整其党外职务。特殊情况下，经作出或者批准作出处分决定的组织批准，可以适当延长办理期限。办理期限最长不得超过六个月。

第四十二条 执行党纪处分决定的机关或者受处分党员所在单位，应当在六个月内将处分决定的执行情况向作出或者批准处分决定的机关报告。

党员对所受党纪处分不服的，可以依照党章及有关规定提出申诉。

第四十三条 本条例总则适用于有党纪处分规定的其他党内法规，但是中共中央发布或者批准发布的其他党内法规有特别规定的除外。

第二编 分 则

第六章 对违反政治纪律行为的处分

第四十四条 在重大原则问题上不同党中央保持一致且有实际言论、行为或者造成不良后果的，给予警告或者严重警告处分；情节较重的，给予撤销党内职务或者留党察看处分；情节严重的，给予开除党籍处分。

第四十五条 通过网络、广播、电视、报刊、传单、书籍等，或者利用讲座、论坛、报告会、座谈会等方式，公开发表坚持资产阶级自由化立场、反对四项基本原则，反对党的改革开放决策的文章、演说、宣言、声明等的，给予开除党籍处分。

发布、播出、刊登、出版前款所列文章、演说、宣言、声明等或者为上述行为提供方便条件的，对直接责任者和领导责任者，给予严重警告或者撤销党内职务处分；情节严重的，给予留党察看或者开除党籍处分。

第四十六条 通过网络、广播、电视、报刊、传单、书籍等，或者利用讲座、论坛、报告会、座谈会等方式，有下列行为之一，情节较轻的，给予警告或者严重警告处分；情节较重的，给予撤销党内职务或者留党察看处分；情节严重的，给予开除党籍处分：

（一）公开发表违背四项基本原则，违背、歪曲党的改革开放决策，或者其他有严重政治问题的文章、演说、宣言、声明等的；

（二）妄议党中央大政方针，破坏党的集中统一的；

（三）丑化党和国家形象，或者诋毁、诬蔑党和国家领导人、英雄模范，或者歪曲党的历史、中华人民共和国历史、人民军队历史的。

发布、播出、刊登、出版前款所列内容或者为上述行为提供方便条件的，对直接责任者和领导责任者，给予严重警告或者撤销党内职务处分；情节严重的，给予留党察看或者开除党籍处分。

第四十七条 制作、贩卖、传播第四十五条、第四十六条所列内容之一的书刊、音像制品、电子读物、网络音视频资料等，情节较轻的，给予警告或者严重警告处分；情节较重的，给予撤销党内职务或者留党察看处分；情节严重的，给予开除党籍处分。

私自携带、寄递第四十五条、第四十六条所列内容之一的书刊、音像制品、电子读物等入出境，情节较重的，给予警告或者严重警告处分；情节严重的，给予撤销党内职务、留党察看或者开除党籍处分。

第四十八条 在党内组织秘密集团或者组织其他分裂党的活动的，给予开除党籍处分。

参加秘密集团或者参加其他分裂党的活动的，给予留党察看或者开除党籍处分。

第四十九条 在党搞团团伙伙、结党营私、拉帮结派、培植个人势力等非组织活动，或者通过搞利益交换、为自己营造声势等活动捞取政治资本的，给予严重警告或者撤销党内职务处分；导致本地区、本部门、本单位政治生态恶化的，给予留党察看或者开除党籍处分。

第五十条 党员领导干部在本人主政的地方或者分管的部门自行其是，搞山头主义，拒不执行党中央确定的大政方针，甚至背着党中央另搞一套的，给予撤销党内职务、留党察看或者开除党籍处分。

落实党中央决策部署不坚决，打折扣、搞变通，在政治上造成不良影响或者严重后果的，给予警告或者严重警告处分；情节严重的，给予撤销党内职务、留党察看或者开除党籍处分。

第五十一条 对党不忠诚不老实，表里不一，阳奉阴违，欺上瞒下，搞两面派、做两面人，情节较轻的，给予警告或者严重警告处分；情节较重的，给予撤销党内职务或者留党察看处分；情节严重的，给予开除党籍处分。

第五十二条 制造、散布、传播政治谣言，破坏党的团结统一的，给予警告或者严重警告处分；情节较重的，给予撤销党内职务或者留党察看处分；情节严重的，给予开除党籍处分。

政治品行恶劣，匿名诬告，有意陷害或者制造其他谣言，造成损害或者不良影响的，依照前款规定处理。

第五十三条 擅自对应当由党中央决定的重大政策问题作出决定、对外发表主张的，对直接责任者和领导责任者，给予严重警告或者撤销党内职务处分；情节严重的，给予留党察看或者开除党籍处分。

第五十四条 不按照有关规定向组织请示、报告重大事项，情节较重的，给予警告或者严重警告处分；情节严重的，给予撤销党内职务或者留党察看处分。

第五十五条 干扰巡视巡察工作或者不落实巡视巡察整改要求，情节较轻的，给予警告或者严重警告处分；情节较重的，给予撤销党内职务或者留党察看处分；情节严重的，给予开除党籍处分。

第五十六条 对抗组织审查，有下列行为之一的，给予警告或者严重警告处分；情节较重的，给予撤销党内职务或者留党察看处分；情节严重的，给予开除党籍处分：

（一）串供或者伪造、销毁、转移、隐匿证据的；

（二）阻止他人揭发检举、提供证据材料的；

（三）包庇同案人员的；

（四）向组织提供虚假情况，掩盖事实的；

（五）有其他对抗组织审查行为的。

第五十七条 组织、参加反对党的基本理论、基本路线、基本方略或者重大方针政策的集会、游行、示威等活动的，或者以组织讲座、论坛、报告会、座谈会等方式，反对党的基本理论、基本路线、基本方略或者重大方针政策，造成严重不良影响的，对策划者、组织者和骨干分子，给予开除党籍处分。

对其他参加人员或者以提供信息、资料、财物、场地等方式支持上述活动者，情节较轻的，给予警告或者严重警告处分；情节较重的，给予撤销党内职务或者留党察看处分；情节严重的，给予开除党籍处分。

对不明真相被裹挟参加，经批评教育后确有悔改表现的，可以免予处分或者不予处分。

未经组织批准参加其他集会、游行、示威等活动，情节较轻的，给予警告或者严重警告处分；情节较重的，给予撤销党内职务或者留党察看处分；情节严重的，给予开除党籍处分。

第五十八条 组织、参加旨在反对党的领导、反对社会主义制度或者敌视政府等组织的，对策划者、组织者和骨干分子，给予开除党籍处分。

对其他参加人员，情节较轻的，给予警告或者严重警告处分；情节较重的，给予撤销党内职务或者留党察看处分；情节严重的，给予开除党籍处分。

第五十九条 组织、参加会道门或者邪教组织的，对策划者、组织者和骨干分子，给予开除党籍处分。

对其他参加人员，情节较轻的，给予警告或者严重警告处分；情节较重的，给予撤销党内职务或者留党察看处分；情节严重的，给予开除党籍处分。

对不明真相的参加人员，经批评教育后确有悔改表现的，可以免予处分或者不予处分。

第六十条 从事、参与挑拨破坏民族关系制造事端或者参加民族分裂活动的，对策划者、组织者和骨干分子，给予开除党籍处分。

对其他参加人员，情节较轻的，给予警告或者严重警告处分；情节较重的，给予撤销党内职务或者留党察看处分；情节严重的，给予开除党籍处分。

对不明真相被裹挟参加，经批评教育后确有悔改表现的，可以免予处分或者不予处分。

有其他违反党和国家民族政策的行为，情节较轻的，给予警告或者严重警告处分；情节较重的，给予撤销党内职务或者留党察看处分；情节严重的，给予开除党籍处分。

第六十一条 组织、利用宗教活动反对党的路线、方针、政策和决议，破坏民族团结的，对策划者、组织者和骨干分子，给予开除党籍处分。

对其他参加人员，给予撤销党内职务或者留党察看处分；情节严重的，给予开除党籍处分。

对不明真相被裹挟参加，经批评教育后确有悔改表现的，可以免予处分或者不予处分。

有其他违反党和国家宗教政策的行为，情节较轻的，给予警告或者严重警告处分；情节较重的，给予撤销党内职务或者留党察看处分；情节严重的，给予开除党籍处分。

第六十二条 对信仰宗教的党员，应当加强思想教育，经党组织帮助教育仍没有转变的，应当劝其退党；劝而不退的，予以除名；参与利用宗教搞煽动活动的，给予开除党籍处分。

第六十三条 组织迷信活动的，给予撤销党内职务或者留党察看处分；情节严重的，给予开除党籍处分。

参加迷信活动，造成不良影响的，给予警告或者严重警告处分；情节较重的，给予撤销党内职务或者留党察看处分；情节严重的，给予开除党籍处分。

对不明真相的参加人员，经批评教育后确有悔改表现的，可以免予处分或者不予处分。

第六十四条 组织、利用宗族势力对抗党和政府，妨碍党和国家的方针政策以及决策部署的实施，或者破坏党的基层组织建设的，对策划者、组织者和骨干分子，给予开除党籍处分。

对其他参加人员，给予撤销党内职务或者留党察看处分；情节严重的，给予开除党籍处分。

对不明真相被裹挟参加，经批评教育后确有悔改表现的，可以免予处分或者不予处分。

第六十五条 在国（境）外、外国驻华使（领）馆申请政治避难，或者违纪后逃往国（境）外、外国驻华使（领）馆的，给予开除党籍处分。

在国（境）外公开发表反对党和政府的文章、演说、宣言、声明等的，依照前款规定处理。

故意为上述行为提供方便条件的，给予留党察看或者开除党籍处分。

第六十六条 在涉外活动中，其言行在政治上造成恶劣影响，损害党和国家尊严、利益的，给予撤销党内职务或者留党察看处分；情节严重的，给予开除党籍处分。

第六十七条 不履行全面从严治党主体责任、监督责任或者履行全面从严治党主体责任、监督责任不力，给党组织造成严重损害或者严重不良影响的，对直接责任者和领导责任者，给予警告或者严重警告处分；情节严重的，给予撤销党内职务或者留党察看处分。

第六十八条 党员领导干部对违反政治纪律和政治规矩等错误思想和行为不报告、不抵制、不斗争，放任不管，搞无原则一团和气，造成不良影响的，给予警告或者严重警告处分；情节严重的，给予撤销党内职务或者留党察看处分。

第六十九条 违反党的优良传统和工作惯例等党的规矩，在政治上造成不良影响的，给予警告或者严重警告处分；情节较重的，给予撤销党内职务或者留党察看处分；情节严重的，给予开除党籍处分。

第七章 对违反组织纪律行为的处分

第七十条 违反民主集中制原则，有下列行为之一的，给予警告或者严重警告处分；情节严重的，给予撤销党内职务或者留党察看处分：

（一）拒不执行或者擅自改变党组织作出的重大决定的；

（二）违反议事规则，个人或者少数人决定重大问题的；

（三）故意规避集体决策，决定重大事项、重要干部任免、重要项目安排和大额资金使用的；

（四）借集体决策名义集体违规的。

第七十一条 下级党组织拒不执行或者擅自改变上级党组织决定的，对直接责任者和领导责任者，给予警告或者严重警告处分；情节严重的，给予撤销党内职务或者留党察看处分。

第七十二条 拒不执行党组织的分配、调动、交流等决定的，给予警告、严重警告或者撤销党内职务处分。

在特殊时期或者紧急状况下，拒不执行党组织决定的，给予留党察看或者开除党籍处分。

第七十三条 有下列行为之一，情节较重的，给予警告或者严重警告处分：

（一）违反个人有关事项报告规定，隐瞒不报的；

（二）在组织进行谈话、函询时，不如实向组织说明问题的；

（三）不按要求报告或者不如实报告个人去向的；

（四）不如实填报个人档案资料的。

篡改、伪造个人档案资料的，给予严重警告处分；情节严重的，给予撤销党内职务或者留党察看处分。

隐瞒入党前严重错误的，一般应当予以除名；对入党后表现尚好的，给予严重警告、撤销党内职务或者留党察看处分。

第七十四条　党员领导干部违反有关规定组织、参加自发成立的老乡会、校友会、战友会等，情节严重的，给予警告、严重警告或者撤销党内职务处分。

第七十五条　有下列行为之一的，给予警告或者严重警告处分；情节较重的，给予撤销党内职务或者留党察看处分；情节严重的，给予开除党籍处分：

（一）在民主推荐、民主测评、组织考察和党内选举中搞拉票、助选等非组织活动的；

（二）在法律规定的投票、选举活动中违背组织原则搞非组织活动，组织、怂恿、诱使他人投票、表决的；

（三）在选举中进行其他违反党章、其他党内法规和有关章程活动的。

搞有组织的拉票贿选，或者用公款拉票贿选的，从重或者加重处分。

第七十六条　在干部选拔任用工作中，有任人唯亲、排斥异己、封官许愿、说情干预、跑官要官、突击提拔或者调整干部等违反干部选拔任用规定行为，对直接责任者和领导责任者，情节较轻的，给予警告或者严重警告处分；情节较重的，给予撤销党内职务或者留党察看处分；情节严重的，给予开除党籍处分。

用人失察失误造成严重后果的，对直接责任者和领导责任者，依照前款规定处理。

第七十七条　在干部、职工的录用、考核、职务晋升、职称评定和征兵、安置复转军人等工作中，隐瞒、歪曲事实真相，或者利用职权或者职务上的影响违反有关规定为本人或者其他人谋取利益的，给予警告或者严重警告处分；情节较重的，给予撤销党内职务或者留党察看处分；情节严重的，给予开除党籍处分。

弄虚作假，骗取职务、职级、职称、待遇、资格、学历、学位、荣誉或者其他利益的，依照前款规定处理。

第七十八条　侵犯党员的表决权、选举权和被选举权，情节较重的，给予警告或者严重警告处分；情节严重的，给予撤销党内职务处分。

以强迫、威胁、欺骗、拉拢等手段，妨害党员自主行使表决权、选举权和被选举权的，给予撤销党内职务、留党察看或者开除党籍处分。

第七十九条　有下列行为之一的，给予警告或者严重警告处分；情节较重的，给予撤销党内职务或者留党察看处分；情节严重的，给予开除党籍处分：

（一）对批评、检举、控告进行阻挠、压制，或者将批评、检举、控告材料私自扣压、销毁，或者故意将其泄露给他人的；

（二）对党员的申辩、辩护、作证等进行压制，造成不良后果的；

（三）压制党员申诉，造成不良后果的，或者不按照有关规定处理党员申诉的；

（四）有其他侵犯党员权利行为，造成不良后果的。

对批评人、检举人、控告人、证人及其他人员打击报复的，从重或者加重处分。

党组织有上述行为的，对直接责任者和领导责任者，依照第一款规定处理。

第八十条　违反党章和其他党内法规的规定，采取弄虚作假或者其他手段把不符合党员条件的人发展为党员，或者为非党员出具党员身份证明的，对直接责任者和领导责任者，给予警告或者严重警告处分；情节严重的，给予撤销党内职务处分。

违反有关规定程序发展党员的，对直接责任者和领导责任者，依照前款规定处理。

第八十一条　违反有关规定取得外国国籍或者获取国（境）外永久居留资格、长期居留许可的，给予撤销党内职务、留党察看或者开除党籍处分。

第八十二条　违反有关规定办理因私出国（境）证件、前往港澳通行证，或者未经批准出入国（边）境，情节较轻的，给予警告或者严重警告处分；情节较重的，给予撤销党内职务处分；情节严重的，给予留党察看处分。

第八十三条　驻外机构或者临时出国（境）团（组）中的党员擅自脱离组织，或者从事外事、机要、军事等工作的党员违反有关规定同国（境）外机构、人员联系和交往的，给予警告、严重警告或者撤销党内职务处分。

第八十四条　驻外机构或者临时出国（境）团（组）中的党员，脱离组织出走时间不满六个月又自动回归的，给予撤销党内职务或者留党察看处分；脱离组织出走时间超过六个月的，按照自行脱党处理，党内予以除名。

故意为他人脱离组织出走提供方便条件的，给予警告、严重警告或者撤销党内职务处分。

第八章　对违反廉洁纪律行为的处分

第八十五条　党员干部必须正确行使人民赋予的权力，清正廉洁，反对任何滥用职权、谋求私利的行为。

利用职权或者职务上的影响为他人谋取利益，本人的配偶、子女及其配偶等亲属和其他特定关系人收受对方财物，情节较重的，给予警告或者严重警告处分；情节严重的，给予撤销党内职务、留党察看或者开除党籍处分。

第八十六条　相互利用职权或者职务上的影响为对方及其配偶、子女及其配偶等亲属、身边工作人员和其他特定关系人谋取利益搞权权交易的，给予警告或者严重警告处分；情节较重的，给予撤销党内职务或者留党察看处分；情节严重的，给予开除党籍处分。

第八十七条　纵容、默许配偶、子女及其配偶等亲属、身边工作人员和其他特定关系人利用党员干部本人职权或者职务上的影响谋取私利，情节较轻的，给予警告或者严重警告处分；情节较重的，给予撤销党内职务或者留党察看处分；情节严重的，给予开除党籍处分。

党员干部的配偶、子女及其配偶等亲属和其他特定关系人不实际工作而获取薪酬或者虽实际工作但领取明显超出同职级标准薪酬，党员干部知情未予纠正的，依照前款规定处理。

第八十八条　收受可能影响公正执行公务的礼品、礼金、消费卡和有价证券、股权、其他金融产品等财物，情节较轻的，给予警告或者严重警告处分；情节较重的，给予撤销党内职务或者留党察看处分；情节严重的，给予开除党籍处分。

收受其他明显超出正常礼尚往来的财物的，依照前款规定处理。

第八十九条　向从事公务的人员及其配偶、子女及其配偶等亲属和其他特定关系人赠送明显超出正常礼尚往来的礼品、礼金、消费卡和有价证券、股权、其他金融产品等财物，情节较重的，给予警告或者严重警告处分；情节严重的，给予撤销党内职务或者留党察看处分。

第九十条　借用管理和服务对象的钱款、住房、车辆等，影响公正执行公务，情节较重的，给予警告或者严重警告处分；情节严重的，给予撤销党内职务、留党察看或者开除党籍处分。

通过民间借贷等金融活动获取大额回报，影响公正执行公务的，依照前款规定处理。

第九十一条　利用职权或者职务上的影响操办婚丧喜庆事宜，在社会上造成不良影响的，给予警告或者严重警告处分；情节严重的，给予撤销党内职务处分；借机敛财或者有其他侵犯国家、集体和人民利益行为的，从重或者加重处分，直至开除党籍。

第九十二条　接受、提供可能影响公正执行公务的宴请或者旅游、健身、娱乐等活动安排，情节较重的，给予警告或者严重警告处分；情节严重的，给予撤销党内职务或者留党察看处分。

第九十三条　违反有关规定取得、持有、实际使用运动健身卡、会所和俱乐部会员卡、高尔夫球卡等各种消费卡，或者违反有关规定出入私人会所，情节较重的，给予警告或者严重警告处分；情节严重的，给予撤销党内职务或者留党察看处分。

第九十四条　违反有关规定从事营利活动，有下列行为之一，情节较轻的，给予警告或者严重警告处分；情节较重的，给予撤销党内职务或者留党察看处分；情节严重的，给予开除党籍处分：

（一）经商办企业的；

（二）拥有非上市公司（企业）的股份或者证券的；

（三）买卖股票或者进行其他证券投资的；

（四）从事有偿中介活动的；

（五）在国（境）外注册公司或者投资入股的；

（六）有其他违反有关规定从事营利活动的。

利用参与企业重组改制、定向增发、兼并投资、土地使用权出让等决策、审批过程中掌握的信息买卖股票，利用职权或者职务上的影响通过购买信托产品、基金等方式非正常获利的，依照前款规定处理。

违反有关规定在经济组织、社会组织等单位中兼职，或者经批准兼职但获取薪酬、奖金、津贴等额外利益的，依照第一款规定处理。

第九十五条　利用职权或者职务上的影响，为配偶、子女及其配偶等亲属和其他特定关系人在审批监管、资源开发、金融信贷、大宗采购、土地使用权出让、房地产开发、工程招投标以及公共财政支出等方面谋取利益，情节较轻的，给予警告或者严重警告处分；情节较重的，给予撤销党内职务或者留党察看处分；情节严重的，给予开除党籍处分。

利用职权或者职务上的影响，为配偶、子女及其配偶等亲属和其他特定关系人吸收存款、推销金融产品等提供帮助谋取利益的，依照前款规定处理。

第九十六条　党员领导干部离职或者退（离）休后违反有关规定接受原任职务管辖的地区和业务范

围内的企业和中介机构的聘任，或者个人从事与原任职务管辖业务相关的营利活动，情节较轻的，给予警告或者严重警告处分；情节较重的，给予撤销党内职务处分；情节严重的，给予留党察看处分。

党员领导干部离职或者退（离）休后违反有关规定担任上市公司、基金管理公司独立董事、独立监事等职务，情节较轻的，给予警告或者严重警告处分；情节较重的，给予撤销党内职务处分；情节严重的，给予留党察看处分。

第九十七条　党员领导干部的配偶、子女及其配偶，违反有关规定在该党员领导干部管辖的地区和业务范围内从事可能影响其公正执行公务的经营活动，或者在该党员领导干部管辖的地区和业务范围内的外商独资企业、中外合资企业中担任由外方委派、聘任的高级职务或者违规任职、兼职取酬的，该党员领导干部应当按照规定予以纠正；拒不纠正的，其本人应当辞去现任职务或者由组织予以调整职务；不辞去现任职务或不服从组织调整职务的，给予撤销党内职务处分。

第九十八条　党和国家机关违反有关规定经商办企业的，对直接责任者和领导责任者，给予警告或者严重警告处分；情节严重的，给予撤销党内职务处分。

第九十九条　党员领导干部违反工作、生活保障制度，在交通、医疗、警卫等方面为本人、配偶、子女及其配偶等亲属和其他特定关系人谋求特殊待遇，情节较重的，给予警告或者严重警告处分；情节严重的，给予撤销党内职务或者留党察看处分。

第一百条　在分配、购买住房中侵犯国家、集体利益，情节较轻的，给予警告或者严重警告处分；情节较重的，给予撤销党内职务或者留党察看处分；情节严重的，给予开除党籍处分。

第一百零一条　利用职权或者职务上的影响，侵占非本人经管的公私财物，或者以象征性地支付钱款等方式侵占公私财物，或者无偿、象征性地支付报酬接受服务、使用劳务，情节较轻的，给予警告或者严重警告处分；情节较重的，给予撤销党内职务或者留党察看处分；情节严重的，给予开除党籍处分。

利用职权或者职务上的影响，将本人、配偶、子女及其配偶等亲属应当由个人支付的费用，由下属单位、其他单位或者他人支付、报销的，依照前款规定处理。

第一百零二条　利用职权或者职务上的影响，违反有关规定占用公物归个人使用，时间超过六个月，情节较重的，给予警告或者严重警告处分；情节严重的，给予撤销党内职务处分。

占用公物进行营利活动的，给予警告或者严重警告处分；情节较重的，给予撤销党内职务或者留党察看处分；情节严重的，给予开除党籍处分。

将公物借给他人进行营利活动的，依照前款规定处理。

第一百零三条　违反有关规定组织、参加用公款支付的宴请、高消费娱乐、健身活动，或者用公款购买赠送或者发放礼品、消费卡（券）等，对直接责任者和领导责任者，情节较轻的，给予警告或者严重警告处分；情节较重的，给予撤销党内职务或者留党察看处分；情节严重的，给予开除党籍处分。

第一百零四条　违反有关规定自定薪酬或者滥发津贴、补贴、奖金等，对直接责任者和领导责任者，情节较轻的，给予警告或者严重警告处分；情节较重的，给予撤销党内职务或者留党察看处分；情节严重的，给予开除党籍处分。

第一百零五条　有下列行为之一，对直接责任者和领导责任者，情节较轻的，给予警告或者严重警告处分；情节较重的，给予撤销党内职务或者留党察看处分；情节严重的，给予开除党籍处分：

（一）公款旅游或者以学习培训、考察调研、职工疗养等为名变相公款旅游的；

（二）改变公务行程，借机旅游的；

（三）参加所管理企业、下属单位组织的考察活动，借机旅游的。

以考察、学习、培训、研讨、招商、参展等名义变相用公款出国（境）旅游的，依照前款规定处理。

第一百零六条　违反公务接待管理规定，超标准、超范围接待或者借机大吃大喝，对直接责任者和领导责任者，情节较重的，给予警告或者严重警告处分；情节严重的，给予撤销党内职务处分。

第一百零七条　违反有关规定配备、购买、更换、装饰、使用公务交通工具或者有其他违反公务交通工具管理规定的行为，对直接责任者和领导责任者，情节较重的，给予警告或者严重警告处分；情节严重的，给予撤销党内职务或者留党察看处分。

第一百零八条　违反会议活动管理规定，有下列行为之一，对直接责任者和领导责任者，情节较重的，给予警告或者严重警告处分；情节严重的，给予撤销党内职务处分：

（一）到禁止召开会议的风景名胜区开会的；

（二）决定或者批准举办各类节会、庆典活动的。

擅自举办评比达标表彰活动或者借评比达标表彰活动收取费用的，依照前款规定处理。

第一百零九条　违反办公用房管理等规定，有下列行为之一，对直接责任者和领导责任者，情节较重的，给予警告或者严重警告处分；情节严重的，给予撤销党内职务处分：

（一）决定或者批准兴建、装修办公楼、培训中心等楼堂馆所的；

（二）超标准配备、使用办公用房的；

（三）用公款包租、占用客房或者其他场所供个人使用的。

第一百一十条　搞权色交易或者给予财物搞钱色交易的，给予警告或者严重警告处分；情节较重的，给予撤销党内职务或者留党察看处分；情节严重的，给予开除党籍处分。

第一百一十一条　有其他违反廉洁纪律规定行为的，应当视具体情节给予警告直至开除党籍处分。

第九章　对违反群众纪律行为的处分

第一百一十二条　有下列行为之一，对直接责任者和领导责任者，情节较轻的，给予警告或者严重警告处分；情节较重的，给予撤销党内职务或者留党察看处分；情节严重的，给予开除党籍处分：

（一）超标准、超范围向群众筹资筹劳、摊派费用，加重群众负担的；

（二）违反有关规定扣留、收缴群众款物或者处罚群众的；

（三）克扣群众财物，或者违反有关规定拖欠群众钱款的；

（四）在管理、服务活动中违反有关规定收取费用的；

（五）在办理涉及群众事务时刁难群众、吃拿卡要的；

（六）有其他侵害群众利益行为的。

在扶贫领域有上述行为的，从重或者加重处分。

第一百一十三条　干涉生产经营自主权，致使群众财产遭受较大损失的，对直接责任者和领导责任者，给予警告或者严重警告处分；情节严重的，给予撤销党内职务或者留党察看处分。

第一百一十四条　在社会保障、政策扶持、扶贫脱贫、救灾救济款物分配等事项中优亲厚友、明显有失公平的，给予警告或者严重警告处分；情节较重的，给予撤销党内职务或者留党察看处分；情节严重的，给予开除党籍处分。

第一百一十五条　利用宗族或者黑恶势力等欺压群众，或者纵容涉黑涉恶活动、为黑恶势力充当"保护伞"的，给予撤销党内职务或者留党察看处分；情节严重的，给予开除党籍处分。

第一百一十六条　有下列行为之一，对直接责任者和领导责任者，情节较重的，给予警告或者严重警告处分；情节严重的，给予撤销党内职务或者留党察看处分：

（一）对涉及群众生产、生活等切身利益的问题依照政策或者有关规定能解决而不及时解决，庸懒无为、效率低下，造成不良影响的；

（二）对符合政策的群众诉求消极应付、推诿扯皮，损害党群、干群关系的；

（三）对待群众态度恶劣、简单粗暴，造成不良影响的；

（四）弄虚作假，欺上瞒下，损害群众利益的；

（五）有其他不作为、乱作为等损害群众利益行为的。

第一百一十七条　盲目举债、铺摊子、上项目，搞劳民伤财的"形象工程"、"政绩工程"，致使国家、集体或者群众财产和利益遭受较大损失的，对直接责任者和领导责任者，给予警告或者严重警告处分；情节严重的，给予撤销党内职务、留党察看或者开除党籍处分。

第一百一十八条　遇到国家财产和群众生命财产受到严重威胁时，能救而不救，情节较重的，给予警告、严重警告或者撤销党内职务处分；情节严重的，给予留党察看或者开除党籍处分。

第一百一十九条　不按照规定公开党务、政务、厂务、村（居）务等，侵犯群众知情权，对直接责任者和领导责任者，情节较重的，给予警告或者严重警告处分；情节严重的，给予撤销党内职务或者留党察看处分。

第一百二十条　有其他违反群众纪律规定行为的，应当视具体情节给予警告直至开除党籍处分。

第十章　对违反工作纪律行为的处分

第一百二十一条　工作中不负责任或者疏于管理，贯彻执行、检查督促落实上级决策部署不力，给党、国家和人民利益以及公共财产造成较大损失的，对直接责任者和领导责任者，给予警告或者严重警告处分；造成重大损失的，给予撤销党内职务、留党察看或者开除党籍处分。

贯彻创新、协调、绿色、开放、共享的发展理念不力，对职责范围内的问题失察失责，造成较大损失或者重大损失的，从重或者加重处分。

第一百二十二条　有下列行为之一，造成严重不良影响，对直接责任者和领导责任者，情节较轻的，给予警告或者严重警告处分；情节较重的，给予撤销党内职务或者留党察看处分；情节严重的，给予开除党籍处分：

（一）贯彻党中央决策部署只表态不落实的；

（二）热衷于搞舆论造势、浮在表面的；

（三）单纯以会议贯彻会议、以文件落实文件，在实际工作中不见诸行动的；

（四）工作中有其他形式主义、官僚主义行为的。

第一百二十三条　党组织有下列行为之一，对直接责任者和领导责任者，情节较重的，给予警告或者严重警告处分；情节严重的，给予撤销党内职务或者留党察看处分：

（一）党员被依法判处刑罚后，不按照规定给予党纪处分，或者对违反国家法律法规的行为，应当给予党纪处分而不处分的；

（二）党纪处分决定或者申诉复查决定作出后，不按照规定落实决定中关于被处分人党籍、职务、职级、待遇等事项的；

（三）党员受到党纪处分后，不按照干部管理权限和组织关系对受处分党员开展日常教育、管理和监督工作的。

第一百二十四条　因工作不负责任致使所管理的人员叛逃的，对直接责任者和领导责任者，给予警告或者严重警告处分；情节严重的，给予撤销党内职务处分。

因工作不负责任致使所管理的人员出走，对直接责任者和领导责任者，情节较重的，给予警告或者严重警告处分；情节严重的，给予撤销党内职务处分。

第一百二十五条　在上级检查、视察工作或者向上级汇报、报告工作时对应当报告的事项不报告或者不如实报告，造成严重损害或者严重不良影响的，对直接责任者和领导责任者，给予警告或者严重警告处分；情节严重的，给予撤销党内职务或者留党察看处分。

在上级检查、视察工作或者向上级汇报、报告工作时纵容、唆使、暗示、强迫下级说假话、报假情的，从重或者加重处分。

第一百二十六条　党员领导干部违反有关规定干预和插手市场经济活动，有下列行为之一，造成不良影响的，给予警告或者严重警告处分；情节较重的，给予撤销党内职务或者留党察看处分；情节严重的，给予开除党籍处分：

（一）干预和插手建设工程项目承发包、土地使用权出让、政府采购、房地产开发与经营、矿产资源开发利用、中介机构服务等活动的；

（二）干预和插手国有企业重组改制、兼并、破产、产权交易、清产核资、资产评估、资产转让、重大项目投资以及其他重大经营活动等事项的；

（三）干预和插手批办各类行政许可和资金借贷等事项的；

（四）干预和插手经济纠纷的；

（五）干预和插手集体资金、资产和资源的使用、分配、承包、租赁等事项的。

第一百二十七条　党员领导干部违反有关规定干预和插手司法活动、执纪执法活动，向有关地方或者部门打听案情、打招呼、说情，或者以其他方式对司法活动、执纪执法活动施加影响，情节较轻的，给予严重警告处分；情节较重的，给予撤销党内职务或者留党察看处分；情节严重的，给予开除党籍处分。

党员领导干部违反有关规定干预和插手公共财政资金分配、项目立项评审、政府奖励表彰等活动，造成重大损失或者不良影响的，依照前款规定处理。

第一百二十八条　泄露、扩散或者打探、窃取党组织关于干部选拔任用、纪律审查、巡视巡察等尚未公开事项或者其他应当保密的内容的，给予警告或者严重警告处分；情节较重的，给予撤销党内职务或者留党察看处分；情节严重的，给予开除党籍处分。

私自留存涉及党组织关于干部选拔任用、纪律审查、巡视巡察等方面资料，情节较重的，给予警告或者严重警告处分；情节严重的，给予撤销党内职务处分。

第一百二十九条　在考试、录取工作中，有泄露试题、考场舞弊、涂改考卷、违规录取等违反有关规定行为的，给予警告或者严重警告处分；情节较重的，给予撤销党内职务或者留党察看处分；情节严重的，给予开除党籍处分。

第一百三十条　以不正当方式谋求本人或者其他人用公款出国（境），情节较轻的，给予警告处分；情节较重的，给予严重警告处分；情节严重的，给予撤销党内职务处分。

第一百三十一条　临时出国（境）团（组）或者人员中的党员，擅自延长在国（境）外期限，或者擅自变更路线的，对直接责任者和领导责任者，给予警告或者严重警告处分；情节严重的，给予撤销党内职务处分。

第一百三十二条　驻外机构或者临时出国（境）团（组）中的党员，触犯驻在国家、地区的法律、法令或者不尊重驻在国家、地区的宗教习俗，情节较重的，给予警告或者严重警告处分；情节严重的，给予撤销党内职务、留党察看或者开除党籍处分。

第一百三十三条 在党的纪律检查、组织、宣传、统一战线工作以及机关工作等其他工作中，不履行或者不正确履行职责，造成损失或者不良影响的，应当视具体情节给予警告直至开除党籍处分。

第十一章 对违反生活纪律行为的处分

第一百三十四条 生活奢靡、贪图享乐、追求低级趣味，造成不良影响的，给予警告或者严重警告处分；情节严重的，给予撤销党内职务处分。

第一百三十五条 与他人发生不正当性关系，造成不良影响的，给予警告或者严重警告处分；情节较重的，给予撤销党内职务或者留党察看处分；情节严重的，给予开除党籍处分。

利用职权、教养关系、从属关系或者其他相类似关系与他人发生性关系的，从重处分。

第一百三十六条 党员领导干部不重视家风建设，对配偶、子女及其配偶失管失教，造成不良影响或者严重后果的，给予警告或者严重警告处分；情节严重的，给予撤销党内职务处分。

第一百三十七条 违背社会公序良俗，在公共场所有不当行为，造成不良影响的，给予警告或者严重警告处分；情节较重的，给予撤销党内职务或者留党察看处分；情节严重的，给予开除党籍处分。

第一百三十八条 有其他严重违反社会公德、家庭美德行为的，应当视具体情节给予警告直至开除党籍处分。

第三编 附 则

第一百三十九条 各省、自治区、直辖市党委可以根据本条例，结合各自工作的实际情况，制定单项实施规定。

第一百四十条 中央军事委员会可以根据本条例，结合中国人民解放军和中国人民武装警察部队的实际情况，制定补充规定或者单项规定。

第一百四十一条 本条例由中央纪律检查委员会负责解释。

第一百四十二条 本条例自2018年10月1日起施行。

本条例施行前，已结案的案件如需进行复查复议，适用当时的规定或者政策。尚未结案的案件，如果行为发生时的规定或者政策不认为是违纪，而本条例认为是违纪的，依照当时的规定或者政策处理；如果行为发生时的规定或者政策认为是违纪的，依照当时的规定或者政策处理，但是如果本条例不认为是违纪或者处理较轻的，依照本条例规定处理。

关于实行党政领导干部问责的暂行规定

（2009年中共中央办公厅 国务院办公厅印发）

第一章 总 则

第一条 为加强对党政领导干部的管理和监督，增强党政领导干部的责任意识和大局意识，促进深入贯彻落实科学发展观，提高党的执政能力和执政水平，根据《中国共产党章程》《党政领导干部选拔任用工作条例》等党内法规和《中华人民共和国行政监察法》《中华人民共和国公务员法》等国家法律法规，制定本规定。

第二条 本规定适用于中共中央、国务院的工作部门及其内设机构的领导成员；县级以上地方各级党委、政府及其工作部门的领导成员，上列工作部门内设机构的领导成员。

第三条 对党政领导干部实行问责，坚持严格要求、实事求是，权责一致、惩教结合，依靠群众、依法有序的原则。

第四条 党政领导干部受到问责，同时需要追究纪律责任的，依照有关规定给予党纪政纪处分；涉嫌犯罪的，移送司法机关依法处理。

第二章 问责的情形、方式及适用

第五条 有下列情形之一的，对党政领导干部实行问责：

（一）决策严重失误，造成重大损失或者恶劣影响的；

（二）因工作失职，致使本地区、本部门、本系统或者本单位发生特别重大事故、事件、案件，或者在较短时间内连续发生重大事故、事件、案件，造成重大损失或者恶劣影响的；

（三）政府职能部门管理、监督不力，在其职责范围内发生特别重大事故、事件、案件，或者在较短时间内连续发生重大事故、事件、案件，造成重大损失或者恶劣影响的；

（四）在行政活动中滥用职权，强令、授意实施违法行政行为，或者不作为，引发群体性事件或者其他重大事件的；

（五）对群体性、突发性事件处置失当，导致事态恶化，造成恶劣影响的；

（六）违反干部选拔任用工作有关规定，导致用人失察、失误，造成恶劣影响的；

（七）其他给国家利益、人民生命财产、公共财产造成重大损失或者恶劣影响等失职行为的。

第六条 本地区、本部门、本系统或者本单位在贯彻落实党风廉政建设责任制方面出现问题，按照《关于实行党风廉政建设责任制的规定》，追究党政领导干部的责任。

第七条 对党政领导干部实行问责的方式分为：责令公开道歉、停职检查、引咎辞职、责令辞职、免职。

第八条 党政领导干部具有本规定第五条所列情形，并且具有下列情节之一的，应当从重问责：

（一）干扰、阻碍问责调查的；

（二）弄虚作假、隐瞒事实真相的；

（三）对检举人、控告人打击、报复、陷害的；

（四）党内法规和国家法律法规规定的其他从重情节。

第九条 党政领导干部具有本规定第五条所列情形，并且具有下列情节之一的，可以从轻问责：

（一）主动采取措施，有效避免损失或者挽回影响的；

（二）积极配合问责调查，并且主动承担责任的。

第十条 受到问责的党政领导干部，取消当年年度考核评优和评选各类先进的资格。

引咎辞职、责令辞职、免职的党政领导干部，一年内不得重新担任与其原任职务相当的领导职务。

对引咎辞职、责令辞职、免职的党政领导干部，可以根据工作需要以及本人一贯表现、特长等情况，由党委（党组）、政府按照干部管理权限酌情安排适当岗位或者相应工作任务。

引咎辞职、责令辞职、免职的党政领导干部，一年后如果重新担任与其原任职务相当的领导职务，除应当按照干部管理权限履行审批手续外，还应当征求上一级党委组织部门的意见。

第三章 实行问责的程序

第十一条 对党政领导干部实行问责，按照干部管理权限进行。纪检监察机关、组织人事部门按照管理权限履行本规定中的有关职责。

第十二条 对党政领导干部实行问责，依照下列程序进行：

（一）对因检举、控告、处理重大事故事件、查办案件、审计或者其他方式发现的党政领导干部应当问责的线索，纪检监察机关按照权限和程序进行调查后，对需要实行问责的，按照干部管理权限向问责决定机关提出问责建议；

（二）对在干部监督工作中发现的党政领导干部应当问责的线索，组织人事部门按照权限和程序进行调查后，对需要实行问责的，按照干部管理权限向问责决定机关提出问责建议；

（三）问责决定机关可以根据纪检监察机关或者组织人事部门提出的问责建议作出问责决定；

（四）问责决定机关作出问责决定后，由组织人事部门办理相关事宜，或者由问责决定机关责成有关部门办理相关事宜。

第十三条 纪检监察机关、组织人事部门提出问责建议，应当同时向问责决定机关提供有关事实材料和情况说明，以及需要提供的其他材料。

第十四条 作出问责决定前，应当听取被问责的党政领导干部的陈述和申辩，并且记录在案；对其合理意见，应予以采纳。

第十五条 对于事实清楚、不需要进行问责调查的，问责决定机关可以直接作出问责决定。

第十六条 问责决定机关按照干部管理权限对党政领导干部作出的问责决定，应当经领导班子集体讨论决定。

第十七条 对党政领导干部实行问责，应当制作《党政领导干部问责决定书》。《党政领导干部问责决定书》由负责调查的纪检监察机关或者组织人事部门代问责决定机关草拟。

《党政领导干部问责决定书》应当写明问责事实、问责依据、问责方式、批准机关、生效时间、当事人的申诉期限及受理机关等。作出责令公开道歉决定的，还应当写明公开道歉的方式、范围等。

第十八条 《党政领导干部问责决定书》应当送达被问责的党政领导干部本人及其所在单位。

问责决定机关作出问责决定后，应当派专人与被问责的党政领导干部谈话，做好其思想工作，督促其做好工作交接等后续工作。

第十九条 组织人事部门应当及时将被问责的党政领导干部的有关问责材料归入其个人档案，并且将执行情况报告问责决定机关，回复问责建议机关。

党政领导干部问责情况应当报上一级组织人事部门备案。

第二十条 问责决定一般应当向社会公开。

第二十一条 对经各级人民代表大会及其常务委员会选举或者决定任命的人员实行问责，按照有关法律规定的程序办理。

第二十二条 被问责的党政领导干部对问责决定不服的，可以自接到《党政领导干部问责决定书》之日起15日内，向问责决定机关提出书面申诉。问责决定机关接到书面申诉后，应当在30日内作出申诉处理决定。申诉处理决定应当以书面形式告知申诉人及其所在单位。

第二十三条 被问责的党政领导干部申诉期间，不停止问责决定的执行。

第四章 附 则

第二十四条 对乡（镇、街道）党政领导成员实行问责，适用本规定。

对县级以上党委、政府直属事业单位以及国有企业、国有金融企业领导人员实行问责，参照本规定执行。

第二十五条 本规定由中央纪委、中央组织部负责解释。

第二十六条 本规定自发布之日起施行。

国务院关于特大安全事故行政责任追究的规定

（2001年4月21日国务院令第302号公布，自公布之日起施行）

第一条 为了有效地防范特大安全事故的发生，严肃追究特大安全事故的行政责任，保障人民群众生命、财产安全，制定本规定。

第二条 地方人民政府主要领导人和政府有关部门正职负责人对下列特大安全事故的防范、发生，依照法律、行政法规和本规定的规定有失职、渎职情形或者负有领导责任的，依照本规定给予行政处分；构成玩忽职守罪或者其他罪的，依法追究刑事责任：

（一）特大火灾事故；

（二）特大交通安全事故；

（三）特大建筑质量安全事故；

（四）民用爆炸物品和化学危险品特大安全事故；

（五）煤矿和其他矿山特大安全事故；

（六）锅炉、压力容器、压力管道和特种设备特大安全事故；

（七）其他特大安全事故。

地方人民政府和政府有关部门对特大安全事故的防范、发生直接负责的主管人员和其他直接责任人员，比照本规定给予行政处分；构成玩忽职守罪或者其他罪的，依法追究刑事责任。

特大安全事故肇事单位和个人的刑事处罚、行政处罚和民事责任，依照有关法律、法规和规章的规定执行。

第三条 特大安全事故的具体标准，按照国家有关规定执行。

第四条 地方各级人民政府及政府有关部门应当依照有关法律、法规和规章的规定，采取行政措施，对本地区实施安全监督管理，保障本地区人民群众生命、财产安全，对本地区或者职责范围内防范特大安全事故的发生、特大安全事故发生后的迅速和妥善处理负责。

第五条 地方各级人民政府应当每个季度至少召开一次防范特大安全事故工作会议，由政府主要领导人或者政府主要领导人委托政府分管领导人召集有关部门正职负责人参加，分析、布置、督促、检查本地区防范特大安全事故的工作。会议应当作出决定并形成纪要，会议确定的各项防范措施必须严格实施。

第六条 市（地、州）、县（市、区）人民政府应当组织有关部门按照职责分工对本地区容易发生特大安全事故的单位、设施和场所安全事故的防范明确责任、采取措施，并组织有关部门对上述单位、设施和场所进行严格检查。

第七条 市（地、州）、县（市、区）人民政府必须制定本地区特大安全事故应急处理预案。本地区特大安全事故应急处理预案经政府主要领导人签署后，报上一级人民政府备案。

第八条 市（地、州）、县（市、区）人民政府应当组织有关部门对本规定第二条所列各类特大安全事故的隐患进行查处；发现特大安全事故隐患的，责令立即排除；特大安全事故隐患排除前或者排除过程中，无法保证安全的，责令暂时停产、停业或者停止使用。法律、行政法规对查处机关另有规定的，依照其规定。

第九条 市（地、州）、县（市、区）人民政府及其有关部门对本地区存在的特大安全事故隐患，超出其管辖或者职责范围的，应当立即向有管辖权或者负有职责的上级人民政府或者政府有关部门报告；情况紧急的，可以立即采取包括责令暂时停产、停业在内的紧急措施，同时报告；有关上级人民政府或者政府有关部门接到报告后，应当立即组织查处。

第十条 中小学校对学生进行劳动技能教育以及组织学生参加公益劳动等社会实践活动，必须确保学生安全。严禁以任何形式、名义组织学生从事接触易燃、易爆、有毒、有害等危险品的劳动或者其他危险性劳动。严禁将学校场地出租作为从事易燃、易爆、有毒、有害等危险品的生产、经营场所。

中小学校违反前款规定的，按照学校隶属关系，对县（市、区）、乡（镇）人民政府主要领导人和县（市、区）人民政府教育行政部门正职负责人，根据情节轻重，给予记过、降级直至撤职的行政处分；构成玩忽职守罪或者其他罪的，依法追究刑事责任。

中小学校违反本条第一款规定的，对校长给予撤职的行政处分，对直接组织者给予开除公职的行政处分；构成非法制造爆炸物罪或者其他罪的，依法追究刑事责任。

第十一条 依法对涉及安全生产事项负责行政审批（包括批准、核准、许可、注册、认证、颁发证照、竣工验收等，下同）的政府部门或者机构，必须严格依照法律、法规和规章规定的安全条件和程序进行审查；不符合法律、法规和规章规定的安全条件的，不得批准；不符合法律、法规和规章规定的安全条件，弄虚作假，骗取批准或者勾结串通行政审批工作人员取得批准的，负责行政审批的政府部门或者机构除必须立即撤销原批准外，应当对弄虚作假骗取批准或者勾结串通行政审批工作人员的当事人依法给予行政处罚；构成行贿罪或者其他罪的，依法追究刑事责任。

负责行政审批的政府部门或者机构违反前款规定，对不符合法律、法规和规章规定的安全条件予以批准的，对部门或者机构的正职负责人，根据情节轻重，给予降级、撤职直至开除公职的行政处分；与当事人勾结串通的，应当开除公职；构成受贿罪、玩忽职守罪或者其他罪的，依法追究刑事责任。

第十二条 对依照本规定第十一条第一款的规定取得批准的单位和个人，负责行政审批的政府部门或者机构必须对其实施严格监督检查；发现其不再具备安全条件的，必须立即撤销原批准。

负责行政审批的政府部门或者机构违反前款规定，不对取得批准的单位和个人实施严格监督检查，或者发现其不再具备安全条件而不立即撤销原批准的，对部门或者机构的正职负责人，根据情节轻重，给予降级或者撤职的行政处分；构成受贿罪、玩忽职守罪或者其他罪的，依法追究刑事责任。

第十三条 对未依法取得批准，擅自从事有关活动的，负责行政审批的政府部门或者机构发现或者接到举报后，应当立即予以查封、取缔，并依法给予行政处罚；属于经营单位的，由工商行政管理部门依法相应吊销营业执照。

负责行政审批的政府部门或者机构违反前款规定，对发现或者举报的未依法取得批准而擅自从事有关活动的，不予查封、取缔、不依法给予行政处罚，工商行政管理部门不予吊销营业执照的，对部门或者机构的正职负责人，根据情节轻重，给予降级或者撤职的行政处分；构成受贿罪、玩忽职守罪或者其他罪的，依法追究刑事责任。

第十四条 市（地、州）、县（市、区）人民政府依照本规定应当履行职责而未履行，或者未按照规定的职责和程序履行，本地区发生特大安全事故的，对政府主要领导人，根据情节轻重，给予降级或者撤职的行政处分；构成玩忽职守罪的，依法追究刑事责任。

负责行政审批的政府部门或者机构、负责安全监督管理的政府有关部门，未依照本规定履行职责，发生特大安全事故的，对部门或者机构的正职负责人，根据情节轻重，给予撤职或者开除公职的行政处分；构成玩忽职守罪或者其他罪的，依法追究刑事责任。

第十五条 发生特大安全事故，社会影响特别恶劣或者性质特别严重的，由国务院对负有领导责任的省长、自治区主席、直辖市市长和国务院有关部门正职负责人给予行政处分。

第十六条 特大安全事故发生后，有关县（市、区）、市（地、州）和省、自治区、直辖市人民政府及政府有关部门应当按照国家规定的程序和时限立即上报，不得隐瞒不报、谎报或者拖延报告，并应当配合、协助事故调查，不得以任何方

特大安全事故发生后，有关地方人民政府及政府有关部门违反前款规定的，对政府主要领导人和政府部门正职负责人给予降级的行政处分。

第十七条 特大安全事故发生后，有关地方人民政府应当迅速组织救助，有关部门应当服从指挥、调度，参加或者配合救助，将事故损失降到最低限度。

第十八条 特大安全事故发生后，省、自治区、直辖市人民政府应当按照国家有关规定迅速、如实发布事故消息。

第十九条 特大安全事故发生后，按照国家有关

规定组织调查组对事故进行调查。事故调查工作应当自事故发生之日起 60 日内完成，并由调查组提出调查报告；遇有特殊情况的，经调查组提出并报国家安全生产监督管理机构批准后，可以适当延长时间。调查报告应当包括依照本规定对有关责任人员追究行政责任或者其他法律责任的意见。

省、自治区、直辖市人民政府应当自调查报告提交之日起 30 日内，对有关责任人员作出处理决定；必要时，国务院可以对特大安全事故的有关责任人员作出处理决定。

第二十条 地方人民政府或者政府部门阻挠、干涉对特大安全事故有关责任人员追究行政责任的，对该地方人民政府主要领导人或者政府部门正职负责人，根据情节轻重，给予降级或者撤职的行政处分。

第二十一条 任何单位和个人均有权向有关地方人民政府或者政府部门报告特大安全事故隐患，有权向上级人民政府或者政府部门举报地方人民政府或者政府部门不履行安全监督管理职责或者不按照规定履行职责的情况。接到报告或者举报的有关人民政府或者政府部门，应当立即组织对事故隐患进行查处，或者对举报的不履行、不按照规定履行安全监督管理职责的情况进行调查处理。

第二十二条 监察机关依照行政监察法的规定，对地方各级人民政府和政府部门及其工作人员履行安全监督管理职责实施监察。

第二十三条 对特大安全事故以外的其他安全事故的防范、发生追究行政责任的办法，由省、自治区、直辖市人民政府参照本规定制定。

第二十四条 本规定自公布之日起施行。

二、有关政策及文件

中共中央、国务院
关于推进安全生产领域改革发展的意见

（2016年12月18日中共中央、国务院印发）

安全生产是关系人民群众生命财产安全的大事，是经济社会协调健康发展的标志，是党和政府对人民利益高度负责的要求。党中央、国务院历来高度重视安全生产工作，党的十八大以来作出一系列重大决策部署，推动全国安全生产工作取得积极进展。同时也要看到，当前我国正处在工业化、城镇化持续推进过程中，生产经营规模不断扩大，传统和新型生产经营方式并存，各类事故隐患和安全风险交织叠加，安全生产基础薄弱、监管体制机制和法律制度不完善、企业主体责任落实不力等问题依然突出，生产安全事故易发多发，尤其是重特大安全事故频发势头尚未得到有效遏制，一些事故发生呈现由高危行业领域向其他行业领域蔓延趋势，直接危及生产安全和公共安全。为进一步加强安全生产工作，现就推进安全生产领域改革发展提出如下意见。

一、总体要求

（一）指导思想。全面贯彻党的十八大和十八届三中、四中、五中、六中全会精神，以邓小平理论、"三个代表"重要思想、科学发展观为指导，深入贯彻习近平总书记系列重要讲话精神和治国理政新理念新思想新战略，进一步增强"四个意识"，紧紧围绕统筹推进"五位一体"总体布局和协调推进"四个全面"战略布局，牢固树立新发展理念，坚持安全发展，坚守发展决不能以牺牲安全为代价这条不可逾越的红线，以防范遏制重特大生产安全事故为重点，坚持安全第一、预防为主、综合治理的方针，加强领导、改革创新、协调联动、齐抓共管，着力强化企业安全生产主体责任，着力堵塞监督管理漏洞，着力解决不遵守法律法规的问题，依靠严密的责任体系、严格的法治措施、有效的体制机制、有力的基础保障和完善的系统治理，切实增强安全防范治理能力，大力提升我国安全生产整体水平，确保人民群众安康幸福、共享改革发展和社会文明进步成果。

（二）基本原则。

——坚持安全发展。贯彻以人民为中心的发展思想，始终把人的生命安全放在首位，正确处理安全与发展的关系，大力实施安全发展战略，为经济社会发展提供强有力的安全保障。

——坚持改革创新。不断推进安全生产理论创新、制度创新、体制机制创新、科技创新和文化创新，增强企业内生动力，激发全社会创新活力，破解安全生产难题，推动安全生产与经济社会协调发展。

——坚持依法监管。大力弘扬社会主义法治精神，运用法治思维和法治方式，深化安全生产监管执法体制改革，完善安全生产法律法规和标准体系，严格规范公正文明执法，增强监管执法效能，提高安全生产法治化水平。

——坚持源头防范。严格安全生产市场准入，经济社会发展要以安全为前提，把安全生产贯穿城乡规划布局、设计、建设、管理和企业生产经营活动全过程。构建风险分级管控和隐患排查治理双重预防工作机制，严防风险演变、隐患升级导致生产安全事故发生。

——坚持系统治理。严密层级治理和行业治理、政府治理、社会治理相结合的安全生产治理体系，组织动员各方面力量实施社会共治。综合运用法律、行政、经济、市场等手段，落实人防、技防、物防措施，提升全社会安全生产治理能力。

（三）目标任务。到2020年，安全生产监管体制机制基本成熟，法律制度基本完善，全国生产安全事故总量明显减少，职业病危害防治取得积极进展，重特大生产安全事故频发势头得到有效遏制，安全生产整体水平与全面建成小康社会目标相适应。到2030年，实现安全生产治理体系和治理能力现代化，全民安全文明素质全面提升，安全生产保障能力显著增强，为实现中华民族伟大复兴的中国梦奠定稳固可靠的安全生产基础。

二、健全落实安全生产责任制

（四）明确地方党委和政府领导责任。坚持党政同责、一岗双责、齐抓共管、失职追责，完善安全生产责任体系。地方各级党委和政府要始终把安全生产摆在重要位置，加强组织领导。党政主要负责人是本地区安全生产第一责任人，班子其他成员对分管范围内的安全生产工作负领导责任。地方各级安全生产委员会主任由政府主要负责人担任，成员由同级党委和政府及相关部门负责人组成。

地方各级党委要认真贯彻执行党的安全生产方针，在统揽本地区经济社会发展全局中同步推进安全生产工作，定期研究决定安全生产重大问题。加强安全生产监管机构领导班子、干部队伍建设。严格安全生产履职绩效考核和失职责任追究。强化安全生产宣传教育和舆论引导。发挥人大对安全生产工作的监督促进作用、政协对安全生产工作的民主监督作用。推动组织、宣传、政法、机构编制等单位支持保障安全生产工作。动员社会各界积极参与、支持、监督安全生产工作。

地方各级政府要把安全生产纳入经济社会发展总体规划，制定实施安全生产专项规划，健全安全投入保障制度。及时研究部署安全生产工作，严格落实属地监管责任。充分发挥安全生产委员会作用，实施安全生产责任目标管理。建立安全生产巡查制度，督促各部门和下级政府履职尽责。加强安全生产监管执法能力建设，推进安全科技创新，提升信息化管理水平。严格安全准入标准，指导管控安全风险，督促整治重大隐患，强化源头治理。加强应急管理，完善安全生产应急救援体系。依法依规开展事故调查处理，督促落实问题整改。

（五）明确部门监管责任。按照管行业必须管安全、管业务必须管安全、管生产经营必须管安全和谁主管谁负责的原则，厘清安全生产综合监管与行业监管的关系，明确各有关部门安全生产和职业健康工作职责，并落实到部门工作职责规定中。安全生产监督管理部门负责安全生产法规标准和政策规划制定修订、执法监督、事故调查处理、应急救援管理、统计分析、宣传教育培训等综合性工作，承担职责范围内行业领域安全生产和职业健康监管执法职责。负有安全生产监督管理职责的有关部门依法依规履行相关行业领域安全生产和职业健康监管职责，强化监管执法，严厉查处违法违规行为。其他行业领域主管部门负有安全生产管理责任，要将安全生产工作作为行业领域管理的重要内容，从行业规划、产业政策、法规标准、行政许可等方面加强行业安全生产工作，指导督促企事业单位加强安全管理。党委和政府其他有关部门要在职责范围内为安全生产工作提供支持保障，共同推进安全发展。

（六）严格落实企业主体责任。企业对本单位安全生产和职业健康工作负全面责任，要严格履行安全生产法定责任，建立健全自我约束、持续改进的内生机制。企业实行全员安全生产责任制度，法定代表人和实际控制人同为安全生产第一责任人，主要技术负责人负有安全生产技术决策和指挥权，强化部门安全生产职责，落实一岗双责。完善落实混合所有制企业以及跨地区、多层级和境外中资企业投资主体的安全生产责任。建立企业全过程安全生产和职业健康管理制度，做到安全责任、管理、投入、培训和应急救援"五到位"。国有企业要发挥安全生产工作示范带头作用，自觉接受属地监管。

（七）健全责任考核机制。建立与全面建成小康社会相适应和体现安全发展水平的考核评价体系。完善考核制度，统筹整合、科学设定安全生产考核指标，加大安全生产在社会治安综合治理、精神文明建设等考核中的权重。各级政府要对同级安全生产委员会成员单位和下级政府实施严格的安全生产工作责任考核，实行过程考核与结果考核相结合。各地区各单位要建立安全生产绩效与履职评定、职务晋升、奖励惩处挂钩制度，严格落实安全生产"一票否决"制度。

（八）严格责任追究制度。实行党政领导干部任期安全生产责任制，日常工作依责尽职、发生事故依责追究。依法依规制定各有关部门安全生产权力和责任清单，尽职照单免责、失职照单问责。建立企业生产经营全过程安全责任追溯制度。严肃查处安全生产领域项目审批、行政许可、监管执法中的失职渎职和权钱交易等腐败行为。严格事故直报制度，对瞒报、谎报、漏报、迟报事故的单位和个人依法依规追责。对被追究刑事责任的生产经营者依法实施相应的职业禁入，对事故发生负有重大责任的社会服务机构和人员依法严肃追究法律责任，并依法实施相应的行业禁入。

三、改革安全监管监察体制

（九）完善监督管理体制。加强各级安全生产委员会组织领导，充分发挥其统筹协调作用，切实解决突出矛盾和问题。各级安全生产监督管理部门承担本级安全生产委员会日常工作，负责指导协调、监督检查、巡查考核本级政府有关部门和下级政府安全生产工作，履行综合监管职责。负有安全生产监督管理职责的部门，依照有关法律法规和部门职责，健全安全生产监管体制，严格落实监管职责。相关部门按照各自职责建立完善安全生产工作机制，形成齐抓共管格局。坚持管安全生产必须管职业健康，建立安全生产和职业健康一体化监管执法体制。

（十）改革重点行业领域安全监管监察体制。依托国家煤矿安全监察体制，加强非煤矿山安全生产监管监察，优化安全监察机构布局，将国家煤矿安全监察机构负责的安全生产行政许可事项移交给地方政府承担。着重加强危险化学品安全监管体制改革和力量建设，明确和落实危险化学品建设项目立项、规划、设计、施工及生产、储存、使用、销售、运输、废弃处置等环节的法定安全监管责任，建立有力的协调联动机制，消除监管空白。完善海洋石油安全生产监督管理体制机制，实行政企分开。理顺民航、铁路、电力等行业跨区域监管体制，明确行业监管、区域监管与地方监管职责。

（十一）进一步完善地方监管执法体制。地方各级党委和政府要将安全生产监督管理部门作为政府工作部门和行政执法机构，加强安全生产执法队伍建设，强化行政执法职能。统筹加强安全监管力量，重点充实市、县两级安全生产监管执法人员，强化乡镇（街道）安全生产监管力量建设。完善各类开发区、工业园区、港区、风景区等功能区安全生产监管体制，明确负责安全生产监督管理的机构，以及港区安全生产地方监管和部门监管责任。

（十二）健全应急救援管理体制。按照政事分开原则，推进安全生产应急救援管理体制改革，强化行政管理职能，提高组织协调能力和现场救援时效。健全省、市、县三级安全生产应急救援管理工作机制，建设联动互通的应急救援指挥平台。依托公安消防、大型企业、工业园区等应急救援力量，加强矿山和危险化学品等应急救援基地和队伍建设，实行区域化应急救援资源共享。

四、大力推进依法治理

（十三）健全法律法规体系。建立健全安全生产法律法规立改废释工作协调机制。加强涉及安全生产相关法规一致性审查，增强安全生产法制建设的系统性、可操作性。制定安全生产中长期立法规划，加快制定修订安全生产配套法规。加强安全生产和职业健康法律法规衔接融合。研究修改刑法有关条款，将生产经营过程中极易导致重大生产安全事故的违法行为列入刑法调整范围。制定完善高危行业领域安全规程。设区的市根据立法法的立法精神，加强安全生产地方性法规建设，解决区域性安全生产突出问题。

（十四）完善标准体系。加快安全生产标准制定修订和整合，建立以强制性国家标准为主体的安全生产标准体系。鼓励依法成立的社会团体和企业制定更加严格规范的安全生产标准，结合国情积极借鉴实施国际先进标准。国务院安全生产监督管理部门负责生产经营单位职业危害预防治理国家标准制定发布工作；统筹提出安全生产强制性国家标准立项计划，有关部门按照职责分工组织起草、审查、实施和监督执行，国务院标准化行政主管部门负责及时立项、编号、对外通报、批准并发布。

（十五）严格安全准入制度。严格高危行业领域安全准入条件。按照强化监管与便民服务相结合原则，科学设置安全生产行政许可事项和办理程序，优化工作流程，简化办事环节，实施网上公开办理，接受社会监督。对与人民群众生命财产安全直接相关的行政许可事项，依法严格管理。对取消、下放、移交的行政许可事项，要加强事中事后安全监管。

（十六）规范监管执法行为。完善安全生产监管执法制度，明确每个生产经营单位安全生产监督和管理主体，制定实施执法计划，完善执法程序规定，依法严格查处各类违法违规行为。建立行政执法和刑事司法衔接制度，负有安全生产监督管理职责的部门要加强与公安、检察院、法院等协调配合，完善安全生产违法线索通报、案件移送与协查机制。对违法行为当事人拒不执行安全生产行政执法决定的，负有安全生产监督管理职责的部门应依法申请司法机关强制执行。完善司法机关参与事故调查机制，严肃查处违法犯罪行为。研究建立安全生产民事和行政公益诉讼制度。

（十七）完善执法监督机制。各级人大常委会要定期检查安全生产法律法规实施情况，开展专题询问。各级政协要围绕安全生产突出问题开展民主监督和协商调研。建立执法行为审议制度和重大行政执法决策机制，评估执法效果，防止滥用职权。健全领导干部非法干预安全生产监管执法的记录、通报和责任追究制度。完善安全生产执法纠错和执法信息公开制度，加强社会监督和舆论监督，保证执法严明、有错必纠。

（十八）健全监管执法保障体系。制定安全生产监管监察能力建设规划，明确监管执法装备及现场执法和应急救援用车配备标准，加强监管执法技术支撑体系建设，保障监管执法需要。建立完善负有安全生产监督管理职责的部门监管执法经费保障机制，将监管执法经费纳入同级财政全额保障范围。加强监管执法制度化、标准化、信息化建设，确保规范高效监管执法。建立安全生产监管执法人员依法履行法定职责制度，激励保证监管执法人员忠于职守、履职尽责。严格监管执法人员资格管理，制定安全生产监管执法人员录用标准，提高专业监管执法人员比例。建立健全安全生产监管执法人员凡进必考、入职培训、持证上岗和定期轮训制度。统一安全生产执法标志标识和制式服装。

（十九）完善事故调查处理机制。坚持问责与整改并重，充分发挥事故查处对加强和改进安全生产工作的促进作用。完善生产安全事故调查组组长负责制。健全典型事故提级调查、跨地区协同调查和工作督导机制。建立事故调查分析技术支撑体系，所有事故调查报告要设立技术和管理问题专篇，详细分析原因并全文发布，做好解读，回应公众关切。对事故调查发现有漏洞、缺陷的有关法律法规和标准制度，及时启动制定修订工作。建立事故暴露问题整改督办制度，事故结案后一年内，负责事故调查的地方政府和国务院有关部门要组织开展评估，及时向社会公开，对履职不力、整改措施不落实的，依法依规严肃追究有关单位和人员责任。

五、建立安全预防控制体系

（二十）加强安全风险管控。地方各级政府要建立完善安全风险评估与论证机制，科学合理确定企业选址和基础设施建设、居民生活区空间布局。高危项目审批必须把安全生产作为前置条件，城乡规划布局、设计、建设、管理等各项工作必须以安全为前提，实行重大安全风险"一票否决"。加强新材料、新工艺、新业态安全风险评估和管控。紧密结合供给侧结构性改革，推动高危产业转型升级。位置相邻、行业相近、业态相似的地区和行业要建立完善重大安全风险联防联控机制。构建国家、省、市、县四级重大危险源信息管理体系，对重点行业、重点区域、重点企业实行风险预警控制，有效防范重特大生产安全事故。

（二十一）强化企业预防措施。企业要定期开展风险评估和危害辨识。针对高危工艺、设备、物品、场所和岗位，建立分级管控制度，制定落实安全操作规程。树立隐患就是事故的观念，建立健全隐患排查治理制度，重大隐患治理情况向负有安全生产监督管理职责的部门和企业职代会"双报告"制度，实行自查自改自报闭环管理。严格执行安全生产和职业健康"三同时"制度。大力推进企业安全生产标准化建设，实现安全管理、操作行为、设备设施和作业环境的标准化。开展经常性的应急演练和人员避险自救培训，着力提升现场应急处置能力。

（二十二）建立隐患治理监督机制。制定生产安全事故隐患分级和排查治理标准。负有安全生产监督管理职责的部门要建立与企业隐患排查治理系统联网的信息平台，完善线上线下配套监管制度。强化隐患排查治理监督执法，对重大隐患整改不到位的企业依法采取停产停业、停止施工、停止供电和查封扣押等强制措施，按规定给予上限经济处罚，对构成犯罪的要移交司法机关依法追究刑事责任。严格重大隐患挂牌督办制度，对整改和督办不力的纳入政府核查问责范围，实行约谈告诫、公开曝光，情节严重的依法依规追究相关人员责任。

（二十三）强化城市运行安全保障。定期排查区域内安全风险点、危险源，落实管控措施，构建系统性、现代化的城市安全保障体系，推进安全发展示范城市建设。提高基础设施安全配置标准，重点加强对城市高层建筑、大型综合体、隧道桥梁、管线管廊、轨道交通、燃气、电力设施及电梯、游乐设施等的检测维护。完善大型群众性活动安全管理制度，加强人员密集场所安全监管。加强公安、民政、国土资源、住房城乡建设、交通运输、水利、农业、安全监管、气象、地震等相关部门的协调联动，严防自然灾害引发事故。

（二十四）加强重点领域工程治理。深入推进对煤矿瓦斯、水害等重大灾害以及矿山采空区、尾矿库的工程治理。加快实施人口密集区域的危险化学品和化工企业生产、仓储场所安全搬迁工程。深化油气开采、输送、炼化、码头接卸等领域安全整治。实施高速公路、乡村公路和急弯陡坡、临水临崖危险路段公路安全生命防护工程建设。加强高速铁路、跨海大桥、海底隧道、铁路浮桥、航运枢纽、港口等防灾监测、安全检测及防护系统建设。完善长途客运车辆、旅游客车、危险物品运输车辆和船舶生产制造标准，提高安全性能，强制安装智能视频监控报警、防碰撞和整车整船安全运行监管技术装备，对已运行的要加快安全技术装备改造升级。

（二十五）建立完善职业病防治体系。将职业病防治纳入各级政府民生工程及安全生产工作考核体系，制定职业病防治中长期规划，实施职业健康促进计划。加快职业病危害严重企业技术改造、转型升级和淘汰退出，加强高危粉尘、高毒物品等职业病危害源头治理。健全职业健康监管支撑保障体系，加强职业健康技术服务机构、职业病诊断鉴定机构和职业健康体检机构建设，强化职业病危害基础研究、预防控制、诊断鉴定、综合治疗能力。完善相关规定，扩大职业病患者救治范围，将职业病失能人员纳入社会保障范围，对符合条件的职业病患者落实医疗与生活救助措施。加强企业职业健康监管执法，督促落实职业病危害告知、日常监测、定期报告、防护保障和职业健康体检等制度措施，落实职业病防治主体责任。

六、加强安全基础保障能力建设

（二十六）完善安全投入长效机制。加强中央和地方财政安全生产预防及应急相关资金使用管理，加大安全生产与职业健康投入，强化审计监督。加强安全生产经济政策研究，完善安全生产专用设备企业所得税优惠目录。落实企业安全生产费用提取管理使用制度，建立企业增加安全投入的激励约束机制。健全投融资服务体系，引导企业集聚发展灾害防治、预测预警、检测监控、个体防护、应急处置、安全文化等技术、装备和服务产业。

（二十七）建立安全科技支撑体系。优化整合国家科技计划，统筹支持安全生产和职业健康领域科研项目，加强研发基地和博士后科研工作站建设。开展事故预防理论研究和关键技术装备研发，加快成果转化和推广应用。推动工业机器人、智能装备在危险工序和环节广泛应用。提升现代信息技术与安全生产融合度，统一标准规范，加快安全生产信息化建设，构建安全生产与职业健康信息化全国"一张网"。加强安全生产理论和政策研究，运用大数据技术开展安全生产规律性、关联性特征分析，提高安全生产决策科学化水平。

（二十八）健全社会化服务体系。将安全生产专业技术服务纳入现代服务业发展规划，培育多元化服务主体。建立政府购买安全生产服务制度。支持发展安全生产专业化行业组织，强化自治自律。完善注册安全工程师制度。改革完善安全生产和职业健康技术服务机构资质管理办法。支持相关机构开展安全生产和职业健康一体化评价等技术服务，严格实施评价公开制度，进一步激活和规范专业技术服务市场。鼓励中小微企业订单式、协作式购买运用安全生产管理和技术服务。建立安全生产和职业健康技术服务机构公示制度和由第三方实施的信用评定制度，严肃查处租借资质、违法挂靠、弄虚作假、垄断收费等各类违法违规行为。

（二十九）发挥市场机制推动作用。取消安全生产风险抵押金制度，建立健全安全生产责任保险制度，在矿山、危险化学品、烟花爆竹、交通运输、建筑施工、民用爆炸物品、金属冶炼、渔业生产等高危行业领域强制实施，切实发挥保险机构参与风险评估管控和事故预防功能。完善工伤保险制度，加快制定工伤预防费用的提取比例、使用和管理具体办法。积极推进安全生产诚信体系建设，完善企业安全生产不良记录"黑名单"制度，建立失信惩戒和守信激励机制。

（三十）健全安全宣传教育体系。将安全生产监督管理纳入各级党政领导干部培训内容。把安全知识普及纳入国民教育，建立完善中小学安全教育和高危行业职业安全教育体系。把安全生产纳入农民工技能培训内容。严格落实企业安全教育培训制度，切实做到先培训、后上岗。推进安全文化建设，加强警示教育，强化全民安全意识和法治意识。发挥工会、共青团、妇联等群团组织作用，依法维护职工群众的知情权、参与权与监督权。加强安全生产公益宣传和舆论监督。建立安全生产"12350"专线与社会公共管理平台统一接报、分类处置的举报投诉机制。鼓励开展安全生产志愿服务和慈善事业。加强安全生产国际交流合作，学习借鉴国外安全生产与职业健康先进经验。

各地区各部门要加强组织领导，严格实行领导干部安全生产工作责任制，根据本意见提出的任务和要求，结合实际认真研究制定实施办法，抓紧出台推进安全生产领域改革发展的具体政策措施，明确责任分工和时间进度要求，确保各项改革举措和工作要求落实到位。贯彻落实情况要及时向党中央、国务院报告，同时抄送国务院安全生产委员会办公室。中央全面深化改革领导小组办公室将适时牵头组织开展专项监督检查。

中共中央办公厅、国务院办公厅关于应急管理部职能配置、内设机构和人员编制规定

（2018年7月30日中共中央办公厅、国务院办公厅以厅字〔2018〕60号印发）

第一条 根据党的十九届三中全会审议通过的《中共中央关于深化党和国家机构改革的决定》《深化党和国家机构改革方案》和第十三届全国人民代表大会第一次会议批准的《国务院机构改革方案》，制

定本规定。

第二条 应急管理部是国务院组成部门，为正部级。

第三条 应急管理部贯彻落实党中央关于应急工作的方针政策和决策部署，在履行职责过程中坚持和加强党对应急工作的集中统一领导。

主要职责是：

（一）负责应急管理工作，指导各地区各部门应对安全生产类、自然灾害类等突发事件和综合防灾减灾救灾工作。负责安全生产综合监督管理和工矿商贸行业安全生产监督管理工作。

（二）拟订应急管理、安全生产等方针政策，组织编制国家应急体系建设、安全生产和综合防灾减灾规划，起草相关法律法规草案，组织制定部门规章、规程和标准并监督实施。

（三）指导应急预案体系建设，建立完善事故灾难和自然灾害分级应对制度，组织编制国家总体应急预案和安全生产类、自然灾害类专项预案，综合协调应急预案衔接工作，组织开展预案演练，推动应急避难设施建设。

（四）牵头建立统一的应急管理信息系统，负责信息传输渠道的规划和布局，建立监测预警和灾情报告制度，健全自然灾害信息资源获取和共享机制，依法统一发布灾情。

（五）组织指导协调安全生产类、自然灾害类等突发事件应急救援，承担国家应对特别重大灾害指挥部工作，综合研判突发事件发展态势并提出应对建议，协助党中央、国务院指定的负责同志组织特别重大灾害应急处置工作。

（六）统一协调指挥各类应急专业队伍，建立应急协调联动机制，推进指挥平台对接，衔接解放军和武警部队参与应急救援工作。

（七）统筹应急救援力量建设，负责消防、森林和草原火灾扑救、抗洪抢险、地震和地质灾害救援、生产安全事故救援等专业应急救援力量建设，管理国家综合性应急救援队伍，指导地方及社会应急救援力量建设。

（八）负责消防工作，指导地方消防监督、火灾预防、火灾扑救等工作。

（九）指导协调森林和草原火灾、水旱灾害、地震和地质灾害等防治工作，负责自然灾害综合监测预警工作，指导开展自然灾害综合风险评估工作。

（十）组织协调灾害救助工作，组织指导灾情核查、损失评估、救灾捐赠工作，管理、分配中央救灾款物并监督使用。

（十一）依法行使国家安全生产综合监督管理职权，指导协调、监督检查国务院有关部门和各省（自治区、直辖市）政府安全生产工作，组织开展安全生产巡查、考核工作。

（十二）按照分级、属地原则，依法监督检查工矿商贸生产经营单位贯彻执行安全生产法律法规情况及其安全生产条件和有关设备（特种设备除外）、材料、劳动防护用品的安全生产管理工作。负责监督管理工矿商贸行业中央企业安全生产工作。依法组织并指导监督实施安全生产准入制度。负责危险化学品安全监督管理综合工作和烟花爆竹安全生产监督管理工作。

（十三）依法组织指导生产安全事故调查处理，监督事故查处和责任追究落实情况。组织开展自然灾害类突发事件的调查评估工作。

（十四）开展应急管理方面的国际交流与合作，组织参与安全生产类、自然灾害类等突发事件的国际救援工作。

（十五）制定应急物资储备和应急救援装备规划并组织实施，会同国家粮食和物资储备局等部门建立健全应急物资信息平台和调拨制度，在救灾时统一调度。

（十六）负责应急管理、安全生产宣传教育和培训工作，组织指导应急管理、安全生产的科学技术研究、推广应用和信息化建设工作。

（十七）管理中国地震局、国家煤矿安全监察局。

（十八）完成党中央、国务院交办的其他任务。

（十九）职能转变。应急管理部应加强、优化、统筹国家应急能力建设，构建统一领导、权责一致、权威高效的国家应急能力体系，推动形成统一指挥、专常兼备、反应灵敏、上下联动、平战结合的中国特色应急管理体制。一是坚持以防为主、防抗救结合，坚持常态减灾和非常态救灾相统一，努力实现从注重灾后救助向注重灾前预防转变，从应对单一灾种向综合减灾转变，从减少灾害损失向减轻灾害风险转变，提高国家应急管理水平和防灾减灾救灾能力，防范化解重特大安全风险。二是坚持以人为本，把确保人民群众生命安全放在首位，确保受灾群众基本生活，加强应急预案演练，增强全民防灾减灾意识，提升公众知识普及和自救互救技能，切实减少人员伤亡和财产损失。三是树立安全发展理念，坚持生命至上、安全第一，完善安全生产责任，坚决遏制重特大安全事故。

（二十）有关职责分工

1. 与自然资源部、水利部、国家林业和草原局等部门在自然灾害防救方面的职责分工。

（1）应急管理部负责组织编制国家总体应急预案和安全生产类、自然灾害类专项预案，综合协调应急预案衔接工作，组织开展预案演练。按照分级负责的原则，指导自然灾害类应急救援；组织协调重大灾害应急救援工作，并按权限作出决定；承担国家应对特别重大灾害指挥部工作，协助党中央、国务院指定的负责同志组织特别重大灾害应急处置工作。组织编制综合防灾减灾规划，指导协调相关部门森林和草原火灾、水旱灾害、地震和地质灾害等防治工作；会同自然资源部、水利部、中国气象局、国家林业和草原局等有关部门建立统一的应急管理信息平台，建立监测预警和灾情报告制度，健全自然灾害信息资源获取和共享机制，依法统一发布灾情。开展多灾种和灾害链综合监测预警，指导开展自然灾害综合风险评估。负责森林和草原火情监测预警工作，发布森林和草原火险、火灾信息。

（2）自然资源部负责落实综合防灾减灾规划相关要求，组织编制地质灾害防治规划和防护标准并指导实施；组织指导协调和监督地质灾害调查评价及隐患的普查、详查、排查；指导开展群测群防、专业监测和预报预警等工作，指导开展地质灾害工程治理工作；承担地质灾害应急救援的技术支撑工作。

（3）水利部负责落实综合防灾减灾规划相关要求，组织编制洪水干旱灾害防治规划和防护标准并指导实施；承担水情旱情监测预警工作；组织编制重要江河湖泊和重要水工程的防御洪水抗御旱灾调度和应急水量调度方案，按程序报批并组织实施；承担防御洪水应急抢险的技术支撑工作；承担台风防御期间重要水工程调度工作。

（4）各流域防汛抗旱指挥机构负责落实国家应急指挥机构以及水利部防汛抗旱的有关要求，执行国家应急指挥机构指令。

（5）国家林业和草原局负责落实综合防灾减灾规划相关要求，组织编制森林和草原火灾防治规划和防护标准并指导实施；指导开展防火巡护、火源管理、防火设施建设等工作；组织指导国有林场林区和草原开展防火宣传教育、监测预警、督促检查等工作。

（6）必要时，自然资源部、水利部、国家林业和草原局等部门可以提请应急管理部，以国家应急指挥机构名义部署相关防治工作。

2.与国家粮食和物资储备局在中央救灾物资储备方面的职责分工。

（1）应急管理部负责提出中央救灾物资的储备需求和动用决策，组织编制中央救灾物资储备规划、品种目录和标准，会同国家粮食和物资储备局等部门确定年度购置计划，根据需要下达动用指令。

（2）国家粮食和物资储备局根据中央救灾物资储备规划、品种目录和标准、年度购置计划，负责中央救灾物资的收储、轮换和日常管理，根据应急管理部的动用指令按程序组织调出。

第四条 应急管理部设下列内设机构

（一）办公厅（党委办公室）。负责机关日常运转，承担信息、安全、保密、信访、政务公开、重要文稿起草等工作。

（二）应急指挥中心。承担应急值守、政务值班等工作，拟订事故灾难和自然灾害分级应对制度，发布预警和灾情信息，衔接解放军和武警部队参与应急救援工作。

（三）人事司（党委组织部）。负责机关和直属单位干部人事、机构编制、劳动工资等工作，指导应急管理系统思想政治建设和干部队伍建设工作。

（四）教育训练司（党委宣传部）。负责应急管理系统干部教育培训工作，指导应急救援队伍教育训练，负责所属院校、培训基地建设和管理工作，组织指导应急管理社会动员工作。

（五）风险监测和综合减灾司。建立重大安全生产风险监测预警和评估论证机制，承担自然灾害综合监测预警工作，组织开展自然灾害综合风险与减灾能力调查评估。

（六）救援协调和预案管理局。统筹应急预案体系建设，组织编制国家总体应急预案和安全生产类、自然灾害类专项预案并负责各类应急预案衔接协调，承担预案演练的组织实施和指导监督工作，承担国家应对特别重大灾害指挥部的现场协调保障工作，指导地方及社会应急救援力量建设。

（七）火灾防治管理司。组织拟订消防法规和技术标准并监督实施，指导城镇、农村、森林、草原消防工作规划编制并推进落实，指导消防监督、火灾预防、火灾扑救工作，拟订国家综合性应急救援队伍管理保障办法并组织实施。

（八）防汛抗旱司。组织协调水旱灾害应急救援工作，协调指导重要江河湖泊和重要水工程实施防御洪水抗御旱灾调度和应急水量调度工作，组织协调台风防御工作。

（九）地震和地质灾害救援司。组织协调地震应急救援工作，指导协调地质灾害防治相关工作，组织重大地质灾害应急救援。

（十）危险化学品安全监督管理司。负责化工

（含石油化工）、医药、危险化学品和烟花爆竹安全生产监督管理工作，依法监督检查相关行业生产经营单位贯彻落实安全生产法律法规和标准情况，承担危险化学品安全监督管理综合工作，组织指导危险化学品目录编制和国内危险化学品登记，指导非药品类易制毒化学品生产经营监督管理工作。

（十一）安全生产基础司（海洋石油安全生产监督管理办公室）。负责非煤矿山（含地质勘探）、石油（炼化、成品油管道除外）、冶金、有色、建材、机械、轻工、纺织、烟草、商贸等工矿商贸行业安全生产基础工作，拟订相关行业安全生产规程、标准，指导监督相关行业企业安全生产标准化、安全预防控制体系建设等工作，承担海洋石油安全生产综合监督管理工作。

（十二）安全生产执法局。承担非煤矿山（含地质勘探）、石油（炼化、成品油管道除外）、冶金、有色、建材机械、轻工、纺织、烟草、商贸等工矿商贸行业安全生产执法工作，依法监督检查相关行业生产经营单位贯彻落实安全生产法律法规和标准情况，负责安全生产执法综合性工作，指导执法计划编制、执法队伍建设和执法规范化建设工作。

（十三）安全生产综合协调司。依法依规指导协调和监督有专门安全生产主管部门的行业和领域安全生产监督管理工作，组织协调全国性安全生产检查以及专项督查、专项整治等工作，组织实施安全生产巡查、考核工作。

（十四）救灾和物资保障司。承担灾情核查、损失评估、救灾捐赠等灾害救助工作，拟订应急物资储备规划和需求计划，组织建立应急物资共用共享和协调机制，组织协调重要应急物资的储备、调拨和紧急配送，承担中央救灾款物的管理、分配和监督使用工作，会同有关方面组织协调紧急转移安置受灾群众、因灾毁损房屋恢复重建补助和受灾群众生活救助。

（十五）政策法规司。组织起草相关法律法规草案和规章，承担重大政策研究工作，承担规范性文件的合法性审查和行政复议、行政应诉等工作。

（十六）国际合作和救援司。开展应急管理方面的国际合作与交流，履行相关国际条约和合作协议，组织参与国际应急救援。

（十七）规划财务司。编制国家应急体系建设、安全生产和综合防灾减灾规划并组织实施，研究提出相关经济政策建议，推动应急重点工程和避难设施建设，负责部门预决算、财务、装备和资产管理、内部审计工作。

（十八）调查评估和统计司。依法承担生产安全事故调查处理工作，监督事故查处和责任追究情况，组织开展自然灾害类突发事件的调查评估工作，负责应急管理统计分析工作。

（十九）新闻宣传司。承担应急管理和安全生产新闻宣传、灾情应对、文化建设等工作，开展公众知识普及工作。

（二十）科技和信息化司。承担应急管理、安全生产的科技和信息化建设工作，规划信息传输渠道，健全自然灾害信息资源获取和共享机制，拟订有关科技规划、计划并组织实施。

政治部。协助开展党的建设、思想政治建设和干部队伍建设工作。政治部日常工作由人事司、教育训练司等承担。

机关党委。负责机关和在京直属单位的党群工作。

离退休干部局。负责机关离退休干部工作，指导应急管理系统离退休干部工作。

第五条 应急管理部机关行政编制546名（含两委人员编制2名、援派机动编制2名、离退休干部工作人员编制46名）。设部长1名，副部长4名，政治部主任（副部级）1名，司局级领导职数96名（含总工程师3名、安全生产监察专员8名、应急指挥专员7名、机关党委专职副书记1名、离退休干部局领导职数4名）。

第六条 应急管理部负责管理消防救援队伍、森林消防队伍两支国家综合性应急救援队伍，承担相关火灾防范、火灾扑救、抢险救援等工作，设立消防救援局、森林消防局，分别作为消防救援队伍、森林消防队伍的领导指挥机关。具体机构设置、职责和编制等事项另行规定。

第七条 应急管理部所属事业单位的设置、职责和编制事项另行规定。

第八条 本规定由中央机构编制委员会办公室负责解释，其调整由中央机构编制委员会办公室按规定程序办理。

第九条 本规定自2018年7月30日起施行。

中共中央办公厅、国务院办公厅关于地方党政领导干部安全生产责任制规定

(2018年4月8日中共中央办公厅、国务院办公厅印发)

第一章 总 则

第一条 为了加强地方各级党委和政府对安全生产工作的领导，健全落实安全生产责任制，树立安全发展理念，根据《中华人民共和国安全生产法》《中华人民共和国公务员法》等法律规定和《中共中央、国务院关于推进安全生产领域改革发展的意见》《中国共产党地方委员会工作条例》《中国共产党问责条例》等中央有关规定，制定本规定。

第二条 本规定适用于县级以上地方各级党委和政府领导班子成员（以下统称地方党政领导干部）。

县级以上地方各级党委工作机关、政府工作部门及相关机构领导干部，乡镇（街道）党政领导干部，各类开发区管理机构党政领导干部，参照本规定执行。

第三条 实行地方党政领导干部安全生产责任制，必须以习近平新时代中国特色社会主义思想为指导，切实增强政治意识、大局意识、核心意识、看齐意识，牢固树立发展决不能以牺牲安全为代价的红线意识，按照高质量发展要求，坚持安全发展、依法治理，综合运用巡查督查、考核考察、激励惩戒等措施，加强组织领导，强化属地管理，完善体制机制，有效防范安全生产风险，坚决遏制重特大生产安全事故，促使地方各级党政领导干部切实承担起"促一方发展、保一方平安"的政治责任，为统筹推进"五位一体"总体布局和协调推进"四个全面"战略布局营造良好稳定的安全生产环境。

第四条 实行地方党政领导干部安全生产责任制，应当坚持党政同责、一岗双责、齐抓共管、失职追责，坚持管行业必须管安全、管业务必须管安全、管生产经营必须管安全。

地方各级党委和政府主要负责人是本地区安全生产第一责任人，班子其他成员对分管范围内的安全生产工作负领导责任。

第二章 职 责

第五条 地方各级党委主要负责人安全生产职责主要包括：

（一）认真贯彻执行党中央以及上级党委关于安全生产的决策部署和指示精神，安全生产方针政策、法律法规；

（二）把安全生产纳入党委议事日程和向全会报告工作的内容，及时组织研究解决安全生产重大问题；

（三）把安全生产纳入党委常委会及其成员职责清单，督促落实安全生产"一岗双责"制度；

（四）加强安全生产监管部门领导班子建设、干部队伍建设和机构建设，支持人大、政协监督安全生产工作，统筹协调各方面重视支持安全生产工作；

（五）推动将安全生产纳入经济社会发展全局，纳入国民经济和社会发展考核评价体系，作为衡量经济发展、社会治安综合治理、精神文明建设成效的重要指标和领导干部政绩考核的重要内容；

（六）大力弘扬生命至上、安全第一的思想，强化安全生产宣传教育和舆论引导，将安全生产方针政策和法律法规纳入党委理论学习中心组学习内容和干部培训内容。

第六条 县级以上地方各级政府主要负责人安全生产职责主要包括：

（一）认真贯彻落实党中央、国务院以及上级党委和政府、本级党委关于安全生产的决策部署和指示精神，安全生产方针政策、法律法规；

（二）把安全生产纳入政府重点工作和政府工作报告的重要内容，组织制定安全生产规划并纳入国民经济和社会发展规划，及时组织研究解决安全生产突出问题；

（三）组织制定政府领导干部年度安全生产重点工作责任清单并定期检查考核，在政府有关工作部门"三定"规定中明确安全生产职责；

（四）组织设立安全生产专项资金并列入本级财政预算、与财政收入保持同步增长，加强安全生产基础建设和监管能力建设，保障监管执法必需的人员、经费和车辆等装备；

（五）严格安全准入标准，推动构建安全风险分级管控和隐患排查治理预防工作机制，按照分级属地管理原则明确本地区各类生产经营单位的安全生产监管部门，依法领导和组织生产安全事故应急救援、调查处理及信息公开工作；

（六）领导本地区安全生产委员会工作，统筹协

调安全生产工作，推动构建安全生产责任体系，组织开展安全生产巡查、考核等工作，推动加强高素质专业化安全监管执法队伍建设。

第七条 地方各级党委常委会其他成员按照职责分工，协调纪检监察机关和组织、宣传、政法、机构编制等单位支持保障安全生产工作，动员社会各界力量积极参与、支持、监督安全生产工作，抓好分管行业（领域）、部门（单位）的安全生产工作。

第八条 县级以上地方各级政府原则上由担任本级党委常委的政府领导干部分管安全生产工作，其安全生产职责主要包括：

（一）组织制定贯彻落实党中央、国务院以及上级及本级党委和政府关于安全生产决策部署，安全生产方针政策、法律法规的具体措施；

（二）协助党委主要负责人落实党委对安全生产的领导职责，督促落实本级党委关于安全生产的决策部署；

（三）协助政府主要负责人统筹推进本地区安全生产工作，负责领导安全生产委员会日常工作，组织实施安全生产监督检查、巡查、考核等工作，协调解决重点难点问题；

（四）组织实施安全风险分级管控和隐患排查治理预防工作机制建设，指导安全生产专项整治和联合执法行动，组织查处各类违法违规行为；

（五）加强安全生产应急救援体系建设，依法组织或者参与生产安全事故抢险救援和调查处理，组织开展生产安全事故责任追究和整改措施落实情况评估；

（六）统筹推进安全生产社会化服务体系建设、信息化建设、诚信体系建设和教育培训、科技支撑等工作。

第九条 县级以上地方各级政府其他领导干部安全生产职责主要包括：

（一）组织分管行业（领域）、部门（单位）贯彻执行党中央、国务院以及上级及本级党委和政府关于安全生产的决策部署，安全生产方针政策、法律法规；

（二）组织分管行业（领域）、部门（单位）健全和落实安全生产责任制，将安全生产工作与业务工作同时安排部署、同时组织实施、同时监督检查；

（三）指导分管行业（领域）、部门（单位）把安全生产工作纳入相关发展规划和年度工作计划，从行业规划、科技创新、产业政策、法规标准、行政许可、资产管理等方面加强和支持安全生产工作；

（四）统筹推进分管行业（领域）、部门（单位）安全生产工作，每年定期组织分析安全生产形势，及时研究解决安全生产问题，支持有关部门依法履行安全生产工作职责；

（五）组织开展分管行业（领域）、部门（单位）安全生产专项整治、目标管理、应急管理、查处违法违规生产经营行为等工作，推动构建安全风险分级管控和隐患排查治理预防工作机制。

第三章 考核考察

第十条 把地方党政领导干部落实安全生产责任情况纳入党委和政府督查督办重要内容，一并进行督促检查。

第十一条 建立完善地方各级党委和政府安全生产巡查工作制度，加强对下级党委和政府的安全生产巡查，推动安全生产责任措施落实。将巡查结果作为对被巡查地区党委和政府领导班子和有关领导干部考核、奖惩和使用的重要参考。

第十二条 建立完善地方各级党委和政府安全生产责任考核制度，对下级党委和政府安全生产工作情况进行全面评价，将考核结果与有关地方党政领导干部履职评定挂钩。

第十三条 在对地方各级党委和政府领导班子及其成员的年度考核、目标责任考核、绩效考核以及其他考核中，应当考核其落实安全生产责任情况，并将其作为确定考核结果的重要参考。

地方各级党委和政府领导班子及其成员在年度考核中，应当按照"一岗双责"要求，将履行安全生产工作责任情况列入述职内容。

第十四条 党委组织部门在考察地方党政领导干部拟任人选时，应当考察其履行安全生产工作职责情况。

有关部门在推荐、评选地方党政领导干部作为奖励人选时，应当考察其履行安全生产工作职责情况。

第十五条 实行安全生产责任考核情况公开制度。定期采取适当方式公布或者通报地方党政领导干部安全生产工作考核结果。

第四章 表彰奖励

第十六条 对在加强安全生产工作、承担安全生产专项重要工作、参加抢险救护等方面作出显著成绩和重要贡献的地方党政领导干部，上级党委和政府应当按照有关规定给予表彰奖励。

第十七条 对在安全生产工作考核中成绩优秀的地方党政领导干部，上级党委和政府按照有关规定给予记功或者嘉奖。

第五章 责任追究

第十八条 地方党政领导干部在落实安全生产工作责任中存在下列情形之一的,应当按照有关规定进行问责:

(一)履行本规定第二章所规定职责不到位的;

(二)阻挠、干涉安全生产监管执法或者生产安全事故调查处理工作的;

(三)对迟报、漏报、谎报或者瞒报生产安全事故负有领导责任的;

(四)对发生生产安全事故负有领导责任的;

(五)有其他应当问责情形的。

第十九条 对存在本规定第十八条情形的责任人员,应当根据情况采取通报、诫勉、停职检查、调整职务、责令辞职、降职、免职或者处分等方式问责;涉嫌职务违法犯罪的,由监察机关依法调查处置。

第二十条 严格落实安全生产"一票否决"制度,对因发生生产安全事故被追究领导责任的地方党政领导干部,在相关规定时限内,取消考核评优和评选各类先进资格,不得晋升职务、级别或者重用任职。

第二十一条 对工作不力导致生产安全事故人员伤亡和经济损失扩大,或者造成严重社会影响负有主要领导责任的地方党政领导干部,应当从重追究责任。

第二十二条 对主动采取补救措施,减少生产安全事故损失或者挽回社会不良影响的地方党政领导干部,可以从轻、减轻追究责任。

第二十三条 对职责范围内发生生产安全事故,经查实已经全面履行了本规定第二章所规定职责、法律法规规定有关职责,并全面落实了党委和政府有关工作部署的,不予追究地方有关党政领导干部的领导责任。

第二十四条 地方党政领导干部对发生生产安全事故负有领导责任且失职失责性质恶劣、后果严重的,不论是否已调离转岗、提拔或者退休,都应当严格追究其责任。

第二十五条 实施安全生产责任追究,应当依法依规、实事求是、客观公正,根据岗位职责、履职情况、履职条件等因素合理确定相应责任。

第二十六条 存在本规定第十八条情形应当问责的,由纪检监察机关、组织人事部门和安全生产监管部门按照权限和职责分别负责。

第六章 附　则

第二十七条 各省、自治区、直辖市党委和政府应当根据本规定制定实施细则。

第二十八条 本规定由应急管理部商中共中央组织部解释。

第二十九条 本规定自2018年4月8日起施行。

国务院办公厅关于省级政府安全生产工作考核办法

(2016年8月12日国务院办公厅以国办发〔2016〕64号印发)

第一条 为严格落实安全生产责任,有效防范和遏制生产安全事故,促进安全生产形势根本好转,按照"党政同责、一岗双责、失职追责"的要求,根据《中华人民共和国安全生产法》《中华人民共和国职业病防治法》等法律法规和有关规定,制定本办法。

第二条 本办法适用于对各省、自治区、直辖市人民政府和新疆生产建设兵团(以下统称各省级政府)安全生产工作的年度考核。

第三条 考核工作在国务院领导下,由国务院安全生产委员会(以下简称国务院安委会)负责组织,国务院安委会办公室负责实施。

第四条 考核工作坚持客观公正、科学合理、公开透明、注重实效的原则,突出工作重点,注重工作过程,强化责任落实。

第五条 考核内容包括以下方面:

(一)健全责任体系。坚持管行业必须管安全、管业务必须管安全、管生产经营必须管安全,明确和落实党委政府领导责任、部门监管责任、企业主体责任,强化属地管理,严格工作考核,切实做到"党政同责、一岗双责、失职追责"。

(二)推进依法治理。坚持有法必依、执法必严、违法必究,严格执行安全生产法律法规,完善地方安全生产法规规章和标准体系,加强安全生产监管执法能力建设,依法依规查处各类生产安全事故。

(三)完善体制机制。健全安全生产监管执法机构,强化基层监管执法力量,落实监管执法经费、装备,创新监管机制,提高执法效能,健全安全生产应急救援管理体系。

(四)加强安全预防。建立和落实安全风险分级管控与隐患排查治理双重预防性工作机制,深入推进企业安全生产标准化建设,积极实施安全保障能力提升工程。

（五）强化基础建设。加大安全投入，提高安全科技和信息化水平，加强安全宣传教育培训，发挥市场机制推动作用，筑牢安全生产和职业卫生基础。

（六）防范遏制事故。加强重点行业领域事故防控，生产安全事故起数、死亡人数进一步减少，重特大事故得到有效遏制。

第六条 考核实行百分制评分，逐项扣分，单项分值扣完为止。

第七条 在健全安全生产体制机制法制、组织事故抢险救援等方面取得显著成绩的，经国务院安委会办公室认定，给予适当加分。

第八条 考核结果分为4个等级（以上包括本数，以下不包括本数）：

得分90分以上为优秀；

得分80分以上90分以下为良好；

得分60分以上80分以下为合格；

得分60分以下为不合格。

第九条 按照属地管理原则，强化重特大事故防控情况考核，严格实行"一票否决"制度，发生特别重大事故的按不合格评定。

第十条 建立信息化考评系统，动态报送、审查考核任务完成情况。各省级政府每年1月底前报送上一年度安全生产工作自评报告。国务院安委会办公室组织现场核查抽查。

第十一条 考核结果经国务院安委会审定、报国务院同意后，由国务院安委会向各省级政府通报，对考核结果为优秀的省级政府予以表彰。同时将考核结果抄送中央组织部、中央综治办、中央文明办，并向社会公开。

第十二条 对考核结果为不合格的省级政府，责令其在考核结果通报后一个月内，制定整改措施，向国务院安委会书面报告。国务院安委会办公室负责督促落实。

第十三条 对在考核工作中弄虚作假、瞒报谎报的单位，视情节轻重给予责令整改、通报批评、降低考核等次等惩处，造成不良影响的依法依规追究有关人员责任。

第十四条 国务院安委会办公室依据本办法和年度安全生产工作目标任务，拟定年度安全生产工作考核细则，经国务院安委会审定后实施。

第十五条 各省级政府应结合实际，制定和实施安全生产工作考核办法。

第十六条 本办法由国务院安委会办公室负责解释，自印发之日起施行。

生产安全事故统计调查制度

（2020年11月25日应急管理部以应急〔2020〕93号印发）

一、总说明

（一）调查目的

为规范生产安全事故统计工作，及时、全面掌握全国生产安全事故情况，深入分析全国安全生产形势，科学预测全国安全生产发展趋势，为安全生产监管工作提供可靠的信息支持和科学的决策依据，根据《中华人民共和国安全生产法》《中华人民共和国统计法》《生产安全事故报告和调查处理条例》和《部门统计调查项目管理办法》有关规定，制定本制度。

（二）调查对象和统计范围

从事生产经营活动的单位，在生产经营活动中发生的造成人身伤亡或者直接经济损失的生产安全事故（以下简称事故），依据本制度进行统计。有关法律、行政法规对有关行业领域事故统计另有规定的，适用其规定。

（三）调查内容

主要包括事故发生单位的基本情况、事故造成的死亡人数（包括下落不明人数，下同）、受伤人数（包括急性工业中毒人数，下同）、直接经济损失、事故具体情况等。

（四）调查方法

本制度综合采用全面调查、重点调查、多部门会商等多种调查方法。

（五）组织实施

本制度由应急管理部统一组织，分级实施，由县级以上应急管理部门（"以上"包含本级，不含应急管理部，下同）通过"生产安全事故统计信息直报系统"（以下简称"直报系统"）负责数据的审核和上报。

（六）统计分类规定

事故分为"依法登记注册单位事故"和"其他事故"两类进行统计。

1. 依法登记取得营业执照的生产经营单位发生的事故，纳入"依法登记注册单位事故"统计。

2. 从事运输、捕捞等生产经营活动，不需办理营业执照的，以行业准入许可为准，按照"依法登记注册单位事故"进行统计。

3. 不属于以上情形的事故，纳入"其他事故"统计。

（七）统计一般原则

1. 与生产经营有关的预备性或者收尾性活动中发生的事故纳入统计。

2. 生产经营活动中发生的事故，不论生产经营单位是否负有责任，均纳入统计。

3. 跨地区进行生产经营活动单位发生的事故，由事故发生地应急管理部门负责统计。

4. 两个以上单位交叉作业时发生的事故，纳入主要责任单位统计。

5. 甲单位人员参加乙单位生产经营活动发生的事故，纳入乙单位统计。

6. 乙单位租赁甲单位场地从事生产经营活动发生的事故，若乙单位为独立核算单位，纳入乙单位统计；否则纳入甲单位统计。

7. 建筑业事故的"事故发生单位"应填写施工单位名称。其中，分承包工程单位在施工过程中发生的事故，凡分承包工程单位为独立核算单位的，纳入分承包工程单位统计；非独立核算单位的，纳入总承包工程单位统计；凡未签订分包合同或分承包工程单位的建设活动与分包合同不一致的，不论是否为独立核算单位，均纳入总承包工程单位统计。同时，应在A1表中填写建设单位名称及其所属行业。

8. 由建筑施工单位（包括不具有施工资质、营业执照，但属于有组织的经营建设活动）承包的城镇、农村新建、改建、修缮及拆除房屋过程中发生的事故纳入统计。

9. 从事煤矿、金属非金属矿山以及石油天然气开采外包工程施工与技术服务活动发生的事故，纳入发包单位统计。

10. 因设备、产品不合格或安装不合格等因素造成使用单位发生事故，不论其责任在哪一方，均纳入使用单位统计。

11. 没有造成人员伤亡且直接经济损失小于100万元（不含）的事故，暂不纳入统计。

12. 生产经营单位人员参加社会抢险救灾时发生的事故，纳入事故发生单位统计。

13. 非正式雇佣人员（临时雇佣人员、劳务派遣人员、实习生、志愿者等）、其他公务人员、外来救护人员以及生产经营单位以外的居民、行人等因事故受到伤害的，纳入统计。解放军、武警官兵、公安干警、国家综合性消防救援队伍因参加事故抢险救援时发生的人身伤亡，不计入统计调查制度规定的事故等级统计范围，仅作为事故伤亡总人数另行统计。

14. 雇佣人员在单位所属宿舍、浴室、更衣室、厕所、食堂、临时休息室等场所因非不可抗力受到伤害的事故纳入统计。

15. 各类景区、商场、宾馆、歌舞厅、网吧等人员密集场所，因自身管理不善或安全防护措施不健全造成人员伤亡（或直接经济损失）的事故纳入统计。

16. 生产经营单位存放在地面或井下（包括违反民用爆炸物品安全管理规定）用于生产经营建设所购买的炸药、雷管等爆炸物品意外爆炸造成人员伤亡（或直接经济损失）的事故纳入统计。

17. 服刑人员在劳动生产过程中发生的事故纳入统计。

18. 国家机关、事业单位、人民团体在执行公务过程中发生的事故纳入统计。

19. 公立或私立医院、学校等机构发生的事故纳入统计。

20. 急性工业中毒按照《生产安全事故报告和调查处理条例》有关规定，作为受伤事故的一种类型进行统计，其人数统计为重伤人数。

21. 因特殊原因无法及时掌握的部分事故信息，应持续跟踪并予以完善。

（八）报送时间

县级以上应急管理部门接到事故报告后，应在24小时内通过"直报系统"填报A1表甲区域内事故统计信息。经查实的瞒报事故，应在接到事故信息后24小时内，在"直报系统"中进行填报并纳入事故统计。

事故发生7日内，应及时补充完善A1、A2表相关信息，并纳入事故统计。对于首次填报日期超过事故发生日期7日的，需将超期原因等相关情况在"直报系统"中注明。

事故发生30日内（火灾、道路运输事故发生7日内）伤亡人员发生变化的，应及时补充完善伤亡人员情况，并纳入事故统计。

事故调查结束后30日内，应根据事故调查报告及时完善校正有关事故信息。同时，由负责调查的人民政府的应急管理部门在"直报系统"上传事故调查报告。

县级以上应急管理部门应在每月8日将截取至7日24时"直报系统"内的上月事故统计数据作为月度数据，即月度B1、B2表，经审核确认后，在"直报系统"内上报。

县级以上应急管理部门应在每年1月8日将截取至1月7日24时"直报系统"内的上年事故统计数据作为年度数据，即年度B1、B2表，经审核确认后，在"直报系统"内上报。

（九）质量控制

本制度针对统计业务流程的各环节进行质量管理和控制。

地市级以上应急管理部门应认真做好事故统计工作的监督指导，结合地区实际对辖区内事故统计工作进行监督检查。

各级应急管理部门、负有安全生产监督管理责任的部门要加强对统计信息及统计数据的管理，严格遵守《中华人民共和国统计法》，按照"谁报送、谁负责"的原则，真实、准确、完整、及时填报事故统计信息。对于不报、瞒报、迟报或伪造、篡改数据的要依法追究其责任。

各级应急管理部门应强化对统计数据的应用，加强对辖区内统计数据的分析、研判，充分发挥统计数据服务、支撑及指导作用。

（十）数据公布与信息共享

本制度年度综合数据经审核确定后，通过《中国应急管理年鉴》公布。月度、年度综合数据可与其他部门及本系统内共享使用，按照协定方式共享，在最终审定数据10个工作日后可以在应急管理大数据应用平台共享，共享责任单位为调查评估和统计司，共享责任人为调查评估和统计司主管统计工作负责人。

（十一）使用名录库情况

本制度使用国家基本单位名录库。

重大生产安全事故调查处理挂牌督办工作程序

（2015年7月14日国家安全监管总局办公厅以安监总厅统计〔2015〕66号印发）

为规范重大生产安全事故（以下简称重大事故）调查处理挂牌督办工作，制定本程序。

1. 重大事故发生后，相关业务司局和应急指挥中心根据总局领导指示派员赴现场，督促指导地方政府做好应急处置和事故调查工作。

2. 相关业务司局负责起草挂牌督办通知书。挂牌督办通知书经总局领导审定同意、以国务院安委会文件向省级人民政府下达，同时抄送国务院安委会有关成员单位，分送办公厅、统计司、人事司（宣教办）和应急指挥中心。

3. 相关业务司局要掌握事故调查处理进展情况，督促省级安委会在重大事故调查报告批复前及时与国务院安委会办公室沟通。

4. 相关业务司局会同统计司和应急指挥中心对挂牌督办的重大事故调查报告审查后，商国务院安委会有关单位提出意见和建议，报请总局领导同意后，提交国务院安委会办公室主任办公会议审议。经国务院安委会办公室主任办公会议审核同意后，以国务院安委会办公室文件办理回复意见，同时抄送国务院安委会有关成员单位，分送办公厅、统计司、人事司（宣教办）和应急指挥中心。

5. 审核意见的复函印发后，相关业务司局负责继续跟踪、督促落实审核意见及其整改措施。

6. 统计司负责统计汇总挂牌督办调查处理情况，定期分析、通报挂牌督办情况。

人事司（宣教办）会同相关业务司局在中央主流媒体和中央政府网站、中国安全生产报、安全监管总局政府网站上公布挂牌督办信息。

7. 典型较大生产安全事故的挂牌督办工作，参照以上程序执行。

生产安全事故调查处理中有关问题的规定

（2013年11月20日国家安全生产监督管理总局以安监总政法〔2013〕115号印发）

第一条 为进一步规范安全生产监督管理部门组织的生产安全事故的调查处理，认真查处每一起事故并严厉及时追责，吸取事故教训，有效遏制重特大事故发生，根据《生产安全事故报告和调查处理条例》（国务院令第493号，以下简称《条例》）等法律、行政法规，制定本规定。

第二条 《条例》第二条所称生产经营活动，是指在工作时间和工作场所，为实现某种生产、建设或者经营目的而进行的活动，包括与工作有关的预备性或者收尾性活动。

第三条 根据《条例》第三条的规定，按照死亡人数、重伤人数（含急性工业中毒，下同）、直接经济损失三者中最高级别确定事故等级。

因事故造成的失踪人员，自事故发生之日起30日后（交通事故、火灾事故自事故发生之日起7日后），按照死亡人员进行统计，并重新确定事故等级。

事故造成的直接经济损失，由事故发生单位依照《企业职工伤亡事故经济损失统计标准》（GB 6721）提出意见，经事故发生单位上级主管部门同意后，报组织事故调查的安全生产监督管理部门确定；事故发生单位无上级主管部门的，直接报组织事故调查的安全生产监督管理部门确定。

第四条 事故调查工作应当按照"四不放过"和依法依规、实事求是、科学严谨、注重实效的原则认真开展。

第五条 事故调查组应当在查明事故原因，认定事故性质的基础上，分清事故责任，依法依规依纪对相关责任单位和责任人员提出严肃的处理意见，杜绝失之于软、失之于宽、失之于慢的现象。

第六条 对挂牌督办、跟踪督办的事故，组织事故调查的安全生产监督管理部门应当及时向督办机关请示汇报。负责督办的部门应当加强督促检查，并对事故查处进行具体指导，严格审核把关。

第七条 对于中央企业发生的事故，事故发生地的上级安全生产监督管理部门认为必要时，可以提请本级人民政府决定提级调查。

事故发生地与事故发生单位不在同一个县级以上行政区域，事故发生地安全生产监督管理部门认为开展事故调查确有困难的，可以报告本级人民政府提请上一级人民政府决定提级调查。

第八条 事故调查组组长一般由安全生产监督管理部门的人员担任。事故调查组成员应当按照《条例》规定，在事故调查组组长统一领导下开展调查工作。

第九条 事故调查组应当制定事故调查方案，经事故调查组组长批准后执行。事故调查方案应当包括调查工作的原则、目标、任务和事故调查组专门小组的分工、应当查明的问题和线索，调查步骤、方法、完成相关调查的期限、措施、要求等内容。

第十条 事故调查组应当按照下列期限，向负责事故调查的人民政府提交事故调查报告：

（一）特别重大事故依照《条例》的有关规定执行；

（二）重大事故自事故发生之日起一般不得超过60日；

（三）较大事故、一般事故自事故发生之日起一般不得超过30日。

特殊情况下，经负责事故调查的人民政府批准，可以延长提交事故调查报告的期限，但最长不得超过30日。

下列时间不计入事故调查期限，但应当在报送事故调查报告时向负责事故调查的人民政府说明：

（一）瞒报、谎报、迟报事故的调查核实所需的时间；

（二）因事故救援无法进行现场勘察的时间；

（三）挂牌督办、跟踪督办的事故的审核备案时间；

（四）特殊疑难问题技术鉴定所需的时间。

第十一条 事故调查报告应当由事故调查组成员签名。事故调查组成员对事故的原因、性质和事故责任者的处理建议不能取得一致意见时，事故调查组组长有权提出结论性意见；仍有不同意见的，应当进一步协调；经协调仍不能统一意见的，应当报请本级人民政府裁决。

事故调查报告应当对落实事故防范和整改措施、责任追究等工作提出明确要求。

第十二条 负责事故调查的人民政府应当按照《条例》第三十二条规定的期限对事故调查报告作出批复，并抄送事故调查组成员所在单位和其他有关单位。

第十三条 经过批复的事故调查报告的正文部分由组织事故调查的安全生产监督管理部门按照国家有关规定及时在政府网站或者通过其他方式全文公开，但依法需要保密的内容除外。

第十四条 有关部门和事故发生单位应当自接到事故调查报告及其批复的3个月内，将有关责任人员和单位的处理情况、事故防范和整改措施的落实情况书面报（抄）送组织事故调查的安全生产监督管理部门及其他有关部门。

第十五条 本规定自印发之日起施行。煤矿、海上石油事故的调查处理，依照本规定执行；国家安全生产监督管理总局另有规定的，从其规定。

非法违法较大生产安全事故查处跟踪督办暂行办法

（2011年4月19日国务院安全生产委员会办公室以安委办〔2011〕12号印发）

第一条 为依法依规严厉打击非法违法生产经营建设导致较大生产安全事故（以下简称非法违法较大事故）的行为，严格事故责任追究，根据《安全生产法》《生产安全事故报告和调查处理条例》等法律、行政法规和《国务院关于进一步加强企业安全生产工作的通知》《国务院办公厅关于继续深化"安全生产年"活动的通知》的规定，制定本办法。

第二条 省（区、市）人民政府安委会对包括非法违法较大事故在内的各类较大事故查处实行挂牌督办，省（区、市）人民政府安委会办公室具体承担挂牌督办事项。

国务院安委会办公室对本办法规定的非法违法较大事故查处实行跟踪督办。

第三条 工矿商贸生产经营单位发生下列非法违法较大事故，应当按照国家有关规定及时报告；省（区、市）人民政府安委会应当对其实行重点挂牌督办，并在10日内将事故简要情况及挂牌督办情况报国务院安委会办公室：

（一）无证、证照不全或者未取得有关安全生产的其他许可，以及超出行政许可范围从事生产经营建设导致的较大事故；

（二）依照国家和地方政府规定应当关闭而未按照标准关闭继续生产经营，或者关闭后又擅自生产经营建设导致的较大事故；

（三）证照过期、停产整顿、整合技改未经验收擅自组织生产，或者违反建设项目安全设施"三同时"规定导致的较大事故；

（四）拒不执行安全监管监察指令或者抗拒安全执法导致的较大事故；

（五）国务院安委会办公室认为需要跟踪督办的其他非法违法较大事故。

第四条 省（区、市）人民政府安委会对较大事故查处实行挂牌督办，应当参照《重大事故查处挂牌督办办法》（安委〔2010〕6号）有关规定，向有关人民政府或者部门（机构）下达挂牌督办通知书，并在省（区、市）主流媒体、省（区、市）人民政府网站或者省（区、市）安全生产监督管理部门网站上公布挂牌督办信息，接受社会监督。

第五条 有关人民政府或者部门（机构）接到挂牌督办通知后，应当依据《生产安全事故报告和调查处理条例》等有关规定，组织、督促有关部门按照"四不放过"（事故原因未查清不放过、责任人员未处理不放过、整改措施未落实不放过、有关人员未受到教育不放过）、"依法依规、实事求是、注重实效"的原则和督办通知的要求做好非法违法较大事故的查处工作。

第六条 国务院安委会办公室对本办法第三条规定的非法违法较大事故查处实行跟踪督办，应当向省（区、市）人民政府安委会下达跟踪督办通知书，并在国家安全生产监督管理总局网站上公布跟踪督办信息。

第七条 跟踪督办通知书包括下列内容：

（一）事故名称、性质；

（二）跟踪督办事项；

（三）跟踪督办责任人；

（四）跟踪督办的解除方式。

前款第（二）项所称的跟踪督办事项，依据《安全生产法》《国务院关于预防煤矿生产安全事故的特别规定》《国务院关于进一步加强企业安全生产工作的通知》《国务院办公厅关于继续深化"安全生产年"活动的通知》等有关规定，结合事故情况确定。重点督办对非法单位是否依法取缔关闭、违法单位是否依法责令停产整顿、事故防范和整改措施是否依法落实、事故发生单位是否依法受到行政处罚、事故相关责任人是否依法依规受到追究等。

第八条 在非法违法较大事故查处跟踪督办期间，省（区、市）人民政府安委会办公室应当加强与国务院安委会办公室的沟通，及时汇报有关情况。

国务院安委会办公室应当加强对跟踪督办事项的指导、协调和监督，及时掌握非法违法较大事故查处的进展情况。必要时，国务院安委会办公室向有关省（区、市）派出工作组进行现场督办，并对非法违法较大事故查处中存在的违法违规等问题责令予以纠正。

第九条 本办法第三条规定的非法违法较大事故调查报告形成初稿后，有关人民政府安委会或者部门（机构）应当及时向省（区、市）人民政府安委会办公室作出书面报告。

省（区、市）人民政府安委会办公室应当对事故调查报告初稿进行审核，并报国务院安委会办公室备案。事故调查报告初稿经审核同意和备案后，由有关人民政府或者部门(机构)依照规定作出批复决定。

第十条 较大事故查处结案后，省（区、市）人民政府安委会办公室应当将事故挂牌督办情况和事故查处情况在省（区、市）主流媒体、省（区、市）人民政府网站或者省（区、市）安全生产监督管理部门网站上予以公告，接受社会监督。

第十一条 本办法第三条规定的非法违法较大事故批复结案后，省（区、市）人民政府安委会办公室应当在15日内将事故调查报告及其批复报国务院安委会办公室。

第十二条 非法违法较大事故批复和跟踪督办通知书中有关整改措施和责任追究等事项全部落实后，国务院安委会办公室解除跟踪督办，并在国家安全生产监督管理总局网站上予以公告，接受社会监督。

第十三条 本办法自印发之日起执行。

重大事故查处挂牌督办办法

（2010年9月2日国务院安全生产委员会以安委〔2010〕6号印发）

第一条 为严肃查处重大生产安全事故（以下简称重大事故），保障人民群众生命和财产安全，依据《国务院关于进一步加强企业安全生产工作的通知》的规定，制定本办法。

第二条 国务院安委会对重大事故调查处理实行挂牌督办，国务院安委会办公室具体承担挂牌督办事项。

各省级人民政府负责落实挂牌督办事项，省级人民政府安委会办公室具体承担本行政区域内重大事故挂牌督办事项的综合工作。

第三条 国务院安委会对重大事故查处挂牌督办，按照以下程序办理：

（一）国务院安委会办公室提出挂牌督办建议，报国务院安委会领导同志审定同意后，以国务院安委会名义向省级人民政府下达挂牌督办通知书；

（二）在中央主流媒体和中央政府网站、中国安全生产报、安全监管总局政府网站上公布挂牌督办信息。

第四条 挂牌督办通知书包括下列内容：

（一）事故名称；

（二）督办事项；

（三）办理期限；

（四）督办解除方式、程序。

第五条 省级人民政府接到挂牌督办通知后，应当依据有关规定，组织和督促有关职能部门按照督办通知要求办理下列事项：

（一）做好事故善后工作；

（二）查清事故原因，认定事故性质；

（三）分清事故责任，提出对责任人的处理意见；

（四）依法实施经济处罚；

（五）形成事故调查报告；

（六）监督落实事故防范和整改措施。

第六条 省级人民政府应当自接到挂牌督办通知之日起60日内完成督办事项。

第七条 在重大事故查处督办期间，省级人民政府安委会办公室应当加强与国务院安委会办公室的沟通，及时汇报有关情况。

国务院安委会办公室负责对督办事项的指导、协调和督促。

第八条 重大事故调查报告形成初稿后，省级人民政府安委会应当及时向国务院安委会办公室作出书面报告，经审核同意后，由省级人民政府作出批复决定。

第九条 重大事故查处结案后，省级人民政府安委会和国务院安委会办公室应将重大事故挂牌督办情况和事故查处结案情况，在中央主流媒体和中央政府网站、中国安全生产报、安全监管总局政府网站上予以公告，接受社会监督。

第十条 承担挂牌督办事项的省级人民政府有关职能部门对督办事项无故拖延、敷衍塞责，或者在解除挂牌督办过程中弄虚作假的，依法追究相关人员责任。

第十一条 对依据有关法律、行政法规规定由国务院有关部门或者机构组织调查处理的重大事故的挂牌督办，依照本办法的相关规定执行。

第十二条 对于重大事故以下的事故的挂牌督办，由各省级人民政府安委会参照本办法的规定另行制定。

第十三条 本办法自印发之日起施行。

生产安全事故防范和整改措施落实情况评估办法

（2021年3月3日国务院安委会办公室以安委办〔2021〕4号印发）

第一条 为认真贯彻落实党中央、国务院决策部署，充分发挥事故调查处理对加强和改进安全生产工作的促进作用，督促生产安全事故防范和整改措施有效落实，从根本上消除事故隐患、从根本上解决问题，防范生产安全事故发生，保障人民群众生命安全，根据《中华人民共和国安全生产法》《中共中央国务院关于推进安全生产领域改革发展的意见》等有关规定，制定本办法。

第二条 生产安全事故调查报告提出的防范和整改措施落实情况的评估工作适用本办法。法律、行政法规另有规定的，从其规定。

第三条 事故结案后10个月至1年内，负责事故调查的地方政府和国务院有关部门要组织开展评估，具体工作可以由相应安全生产委员会或安全生产委员会办公室组织实施。

第四条 评估工作组原则上由参加事故调查的部门组成，可以邀请相应纪检监察机关按照职责同步开展工作。根据工作需要，可以聘请相关专业技术服务机构或专家参加。

评估工作跨行政区域的，相关地方应当积极配合并提供有关情况和资料。

第五条 评估工作组依据生产安全事故调查报告，逐项对照防范和整改措施建议，重点评估以下内容：

（一）事故发生单位、相关企业和有关政府、部门落实事故防范和整改措施采取的具体举措以及工作成效；树牢安全发展理念，健全安全生产责任制，吸取事故教训，举一反三加强安全生产工作情况；

（二）对事故责任单位和责任人员行政处罚建议等落实情况。

纪检监察机关参加评估工作的，对有关部门处理意见和有关公职人员责任追究落实情况进行评估。

第六条 现场评估工作方式：

（一）资料审查。对照事故调查报告和结案通知要求，对事故涉及的地方政府和有关部门提交的事故防范和整改措施落实情况报告进行核查；

（二）座谈问询。了解事故涉及的有关地方政府、相关部门和单位整改工作开展情况；

（三）查阅文件。对事故整改涉及的有关会议纪要、文件资料、相关文书、财务凭证、人事档案等进行核实；

（四）走访核查。赴责任人员单位或羁押场所核查有关情况，赴相关地区和单位、涉事企业、同类企业实地检查整改落实情况。

第七条 评估工作组对现场检查中发现的安全隐患和违法违规问题，应当及时反馈地方政府和有关部门，并提出整改落实建议。

第八条 现场评估工作结束后，评估工作组要形成评估报告。评估报告主要内容应当包括评估工作过程、总体评估意见、事故防范和整改措施落实情况、评估发现的主要问题和相关工作建议等，并附问题清单、工作建议清单以及经验做法清单。评估报告起草过程中，应当充分听取参加评估工作组的有关部门意见。

第九条 评估工作组按程序向组织开展事故防范和整改措施落实情况评估工作的地方政府或国务院有关部门提交评估报告。

第十条 组织评估工作的地方政府应当依据评估报告，向有关地区和部门反馈评估情况，并将评估报告报送上一级安全生产委员会办公室备案。评估工作由国务院有关部门组织开展的，评估报告要抄报国务院安委会办公室。

特别重大事故的评估报告，由国务院安委会办公室报送国务院安全生产委员会，并向相关省级安全生产委员会反馈。

第十一条 组织评估工作的地方政府或国务院有关部门对发现问题的处理：

（一）发现事故防范和整改措施未落实、落实不到位或存在其他问题的，应当向相关地方政府和部门交办整改工作任务并持续跟踪、督促整改；

（二）对重大问题悬而不决、重大风险隐患久拖不改，涉嫌失职渎职的，依法依规移交地方党委政府和纪检监察机关严肃追责问责；

（三）发现对有关公职人员处理意见不落实以及追究刑事责任工作明显滞后的，向地方党委和相应纪检监察机关、人民法院和人民检察院通报情况，商请督促落实。

第十二条 评估报告应当通过媒体或以政府信息公开方式及时向社会全文公开发布，接受社会监督。

第十三条 各省级安全生产委员会以及法律法规规定的省级以上事故调查牵头部门可以根据本办法制定相应细化规定。

第十四条 本办法自印发之日起施行。

监察机关参加生产安全事故调查处理的规定

（经2011年8月18日监察部第8次部长办公会议、2012年7月18日中央纪委第77次书记办公会议审议通过。2012年11月15日公布，2013年1月1日起施行）

第一章 总 则

第一条 为了规范监察机关参加生产安全事故调查处理工作，落实生产安全事故责任追究制度，防止和减少生产安全事故，根据《中华人民共和国行政监察法》《中华人民共和国安全生产法》《生产安全事故报告和调查处理条例》及其他有关法律、行政法规，制定本规定。

第二条 监察机关参加本级人民政府统一组织或者本级人民政府授权有关部门组织，上级监察机关委托、指定，以及本级监察机关领导人员批准的生产安全事故调查处理工作，适用本规定。

第三条 监察机关参加生产安全事故调查处理，应当坚持科学严谨、依法依规、实事求是、注重实效的原则。

对生产安全事故违法违纪行为的调查处理，应当做到事实清楚、证据确凿、定性准确、处理恰当、程序合法、手续完备。

第四条 根据生产安全事故造成的人员伤亡或者直接经济损失情况，监察机关按照下列规定实行分级调查；必要时，上级监察机关可以直接办理所辖各级监察机关管辖范围内的生产安全事故的调查处理：

（一）造成30人以上死亡，或者100人以上重伤（包括急性工业中毒，下同），或者1亿元以上直接经济损失的特别重大事故，由国务院监察机关参加调查；

（二）造成10人以上30人以下死亡，或者50人以上100人以下重伤，或者5000万元以上1亿元以下直接经济损失的重大事故，由省级人民政府监察机关参加调查；

（三）造成3人以上10人以下死亡，或者10人以上50人以下重伤，或者1000万元以上5000万元以下直接经济损失的较大事故，由设区的市级人民政府监察机关参加调查；

（四）造成3人以下死亡，或者10人以下重伤，或者1000万元以下直接经济损失的一般事故，由县级人民政府监察机关参加调查。

没有造成人员伤亡或者直接经济损失，但是社会影响恶劣的事故，国务院或者有关地方人民政府认为需要调查处理的，监察机关依照本规定执行。

第五条 重大及以下等级事故，事故发生地与事故发生单位不在同一个县级以上行政区域的，原则上由事故发生地的县级以上监察机关为主参加调查；必要时，由对事故发生单位有管辖权的监察机关为主参加调查，有关监察机关协助调查。发生争议的，由其共同的上级监察机关决定。

调查结束后，有关监察机关按照管理权限分别处理各自管辖范围内的事项。在作出处理决定之前，应当通报、协商各自的处理意见。协商不一致的，由其共同的上级监察机关决定。

第六条 监察机关参加生产安全事故调查处理，依法履行下列职责：

（一）参与事故的原因、性质等方面的调查认定；

（二）组织开展对事故涉及的监察对象违法违纪行为的调查，依法作出监察决定或者提出监察建议；

（三）受理对事故涉及的监察对象违法违纪行为的控告、检举；

（四）对监察对象在事故调查处理工作中履行职责、遵纪守法情况进行监督；

（五）向有关监察对象提出监察建议，督促总结事故教训，健全生产安全规章制度。

第二章　立案与调查

第七条 监察机关参加生产安全事故调查，以本级人民政府、上级监察机关或者本级监察机关批准参加调查的决定、批复作为立案依据，不再另行履行立案报批手续。立案时间为作出决定、批复之日。

经认定属于自然灾害或者刑事案件的，按照有关规定处理。

第八条 监察机关参加生产安全事故调查，应当制定调查方案，经监察机关参加调查组的负责人批准后执行。

调查方案包括应当查明的问题和线索；调查人员的组成和分工；调查步骤、方法等内容。

第九条 监察机关应当依法、全面、客观地收集相关证据。调查取证时，调查人员不得少于2人。

第十条 监察机关可以进行现场勘查、检查，并应当制作笔录或者勘查、检查报告，由参加勘查、检查的人员和见证人签名或者盖章；必要时可以拍照、录像。

第十一条 监察机关进行调查询问应当个别进行，并现场制作谈话笔录。

第十二条 监察机关根据调查工作需要，可以提请有关行政部门、机构予以协助；对涉及的专门性问题，可以提请有关专门机构或者人员作出鉴定结论。

第十三条 监察机关应当将调查认定的违法违纪事实形成书面材料，与被调查人见面，并听取其陈述和申辩。

监察机关应当要求被调查人在调查事实见面材料上签署意见并签名。被调查人提出异议的，监察机关应当作出书面说明。

第十四条 事故调查结束后，监察机关参加事故调查的部门应当制作调查报告。调查报告的主要内容包括：立案依据；事故的基本事实；事故的原因及性质；有关单位和人员的责任及处理建议等。

第十五条 监察机关参加生产安全事故调查的时限，按照《生产安全事故报告和调查处理条例》的有关规定执行。

第十六条 监察机关参加生产安全事故调查的人员有下列情形之一，应当自行回避；被调查人、控告人、检举人以及与事故发生单位有利害关系的公民、法人或者其他组织有权申请其回避：

（一）是被调查人或者控告人、检举人的近亲属的；

（二）本人或者近亲属与事故发生单位有利害关系的；

（三）与被调查人或者控告人、检举人有其他关系，可能影响事故公正调查处理的。

监察机关负责人的回避，由上一级监察机关负责人决定；其他调查人员的回避，由所在监察机关负责人决定。监察机关发现参加调查的人员有应当回避的情形，可以直接决定该人员回避。

第十七条　监察机关参加生产安全事故调查的人员应当遵守事故调查组的纪律，保守秘密，不得擅自发布与事故有关的信息。

第十八条　监察机关在参加生产安全事故调查处理中，对监察对象涉嫌贪污、受贿等违反行政纪律的问题，可以根据实际情况并案或者另行立案调查处理。另行立案调查的，按照监察机关有关规定办理。

第十九条　发现调查组成员涉嫌违法违纪的，监察机关参加事故调查的部门应当报本监察机关，经本监察机关负责人批准，由有关部门按照管理权限调查处理。

第三章　事　故　处　理

第二十条　监察机关对事故责任人员处理意见的审核，按照以下规定办理：

（一）由国务院统一组织或者国务院授权有关部门组织，国务院监察机关参加调查的特别重大事故，国务院监察机关参加调查的部门应当将案件移送审理部门进行审理；审理部门进行审理后，提交国务院监察机关研究决定或者提出意见。

（二）由地方人民政府组织或者授权、委托有关部门组织调查的生产安全事故，监察机关参加调查的部门应当将案件移送审理部门进行审理；由本监察机关提出对责任人员的处理意见，经地方人民政府同意后，报上一级监察机关备案。

（三）根据上级监察机关的相关决定或者批复参加调查的，监察机关参加调查的部门应当将案件移送审理部门进行审理；由本监察机关提出对责任人员的处理意见，并报作出相关决定或者批复的上级监察机关审定。

由上级监察机关参加调查的事故处理意见，已经上级监察机关审理的，下级监察机关在落实处理意见过程中可以不再审理。

第二十一条　移送审理的事故类案件，应当具备以下材料：

（一）立案依据；

（二）调查报告；

（三）参加调查部门的意见及其主管领导的批示；

（四）全部证据材料；

（五）被调查人事实见面材料和本人的意见及参加调查部门对其意见的说明；

（六）事故技术鉴定报告；

（七）其他应当移送审理的材料。

第二十二条　对重大复杂、社会关注度高、定性处理难度大的案件，监察机关参加事故调查的部门在基本事实查清、基本责任明确后，经本监察机关领导批准，审理部门可以提前介入审理。

第二十三条　监察机关依法提出的处理意见，应当提请事故调查组纳入事故调查报告。

第二十四条　监察机关在接到本级人民政府对事故调查组调查报告的批复后，应当依照法律、法规规定的权限和程序，对负有责任的监察对象直接作出处分决定或者逐级通知下级监察机关作出处分决定。下级监察机关落实处理意见的情况，应当在作出处分决定60日内逐级报上级监察机关备案。

第二十五条　监察机关对监察对象作出处分决定后，应当抄送本级人民政府人事部门或者有关部门执行。

第二十六条　监察机关在事故调查处理中应当加强与司法机关的协作配合。被调查人涉嫌犯罪的，应当移送司法机关依法处理。

第二十七条　事故责任人中的监察对象受到刑事追究的，监察机关应当根据司法机关的生效判决、裁定和决定及其认定的事实、性质和情节，按照管理权限依法给予处分或者作出其他处理。

第二十八条　监察机关应当会同有关部门对落实处理意见和执行处分决定的情况进行监督检查。

拒不执行或者故意违反规定不正确执行、故意拖延或者擅自变更处理意见、处分决定的，对负有责任的领导人员和直接责任人员依法给予处分。

第二十九条　受到处分的监察对象对处分决定不服的，可以依照《中华人民共和国行政监察法》《中华人民共和国公务员法》和《行政机关公务员处分条例》的有关规定提出申诉。

第四章　附　　则

第三十条　监察机关参加本级人民政府统一组织或者本级人民政府授权有关部门组织，上级监察机关委托、指定，以及本级监察机关领导批准的生产安全事故以外的其他事故灾难和公共卫生事件、社会安全事件的调查处理，原则上参照本规定进行。国家法律法规另有规定的，从其规定。

第三十一条　本规定由监察部负责解释。

第三十二条　本规定自 2013 年 1 月 1 日起施行。《监察机关参加特别重大事故调查处理的暂行规定》（监发〔1991〕3 号）和《监察部关于对特大、重大责任事故责任人员行政处分分级审批的通知》（监发〔1997〕3 号）同时废止。

安全生产行政复议规定

（2007 年 9 月 25 日国家安全生产监督管理总局局长办公会议审议通过，2007 年 10 月 8 日国家安全生产监督管理总局令第 14 号公布，自 2007 年 11 月 1 日起施行）

第一章　总　　则

第一条　为了规范安全生产行政复议工作，解决行政争议，根据《中华人民共和国行政复议法》和《中华人民共和国行政复议法实施条例》，制定本规定。

第二条　公民、法人或者其他组织认为安全生产监督管理部门、煤矿安全监察机构（以下统称安全监管监察部门）的具体行政行为侵犯其合法权益，向安全生产行政复议机关申请行政复议，安全生产行政复议机关受理行政复议申请，作出行政复议决定，适用本规定。

第三条　依法履行行政复议职责的安全监管监察部门是安全生产行政复议机关。安全生产行政复议机关负责法制工作的机构是本机关的行政复议机构（以下简称安全生产行政复议机构）。

安全生产行政复议机关应当领导、支持本机关行政复议机构依法办理行政复议事项，并依照有关规定充实、配备专职行政复议人员，保证行政复议机构的办案能力与工作任务相适应。

第四条　国家安全生产监督管理总局办理行政复议案件按照下列程序，统一受理，分工负责：

（一）政策法规司按照本规定规定的期限，对行政复议申请进行初步审查，做出受理或者不予受理的决定。对决定受理的，将案卷材料转送相关业务司局分口承办；

（二）相关业务司局收到案卷材料后，应当在 30 日内了解核实有关情况，提出处理意见；

（三）政策法规司根据处理意见，在 20 日内拟定行政复议决定书，提交本局负责人集体讨论或者主管负责人审定；

（四）本局负责人集体讨论通过或者主管负责人同意后，政策法规司制作行政复议决定书，并送达申请人、被申请人和第三人。

国家煤矿安全监察局和省级及省级以下安全监管监察部门办理行政复议案件参照上述程序执行。

第二章　行政复议范围与管辖

第五条　公民、法人或者其他组织对安全监管监察部门作出的下列具体行政行为不服，可以申请行政复议：

（一）行政处罚决定；

（二）行政强制措施；

（三）行政许可的变更、中止、撤销、撤回等决定；

（四）认为符合法定条件，申请安全监管监察部门办理许可证、资格证等行政许可手续，安全监管监察部门没有依法办理的；

（五）认为安全监管监察部门违法收费或者违法要求履行义务的；

（六）认为安全监管监察部门其他具体行政行为侵犯其合法权益的。

第六条　公民、法人或者其他组织认为安全监管监察部门的具体行政行为所依据的规定不合法，在对具体行政行为申请行政复议时，可以依据行政复议法第七条的规定一并提出审查申请。

第七条　安全监管监察部门作出的下列行政行为，不属于安全生产行政复议范围：

（一）生产安全事故调查报告；

（二）不具有强制力的行政指导行为和信访答复行为；

（三）生产安全事故隐患认定；

（四）公告信息发布；

（五）法律、行政法规规定的非具体行政行为。

第八条　对县级以上地方人民政府安全生产监督管理部门作出的具体行政行为不服的，可以向上一级安全生产监督管理部门申请行政复议，也可以向同级人民政府申请行政复议。已向同级人民政府提出行政复议申请，且同级人民政府已经受理的，上一级安全生产监督管理部门不再受理。

对国家安全生产监督管理总局作出的具体行政行为不服的，向国家安全生产监督管理总局申请行政复议。

第九条 对煤矿安全监察分局作出的具体行政行为不服的，向该分局所隶属的省级煤矿安全监察局申请行政复议。

对省级煤矿安全监察机构作出的具体行政行为不服的，向国家安全生产监督管理总局申请行政复议。

对国家煤矿安全监察局作出的具体行政行为不服的，向国家煤矿安全监察局申请行政复议。

第十条 安全监管监察部门设立的派出机构、内设机构或者其他组织，未经法律、行政法规授权，对外以自己名义作出具体行政行为的，该安全监管监察部门为被申请人。

第十一条 对安全监管监察部门依法委托的机构，以委托的安全监管监察部门名义作出的具体行政行为不服的，依照本规定第八条和第九条的规定申请行政复议。

第十二条 对安全监管监察部门与有关部门共同作出的具体行政行为不服的，可以向其共同的上一级行政机关申请行政复议。共同作出具体行政行为的安全监管监察部门与有关部门为共同被申请人。

对国家安全生产监督管理总局与国务院其他部门共同作出的具体行政行为不服的，可以向国家安全生产监督管理总局或者共同作出具体行政行为的其他任何一个部门提起行政复议申请，由作出具体行政行为的部门共同作出行政复议决定。

第十三条 下级安全监管监察部门依照法律、行政法规、规章规定，经上级安全监管监察部门批准作出具体行政行为的，批准机关为被申请人。

第三章 行政复议的申请与受理

第十四条 安全监管监察部门作出具体行政行为，依法应当向有关公民、法人或者其他组织送达法律文书而未送达的，视为该公民、法人或者其他组织不知道该具体行政行为。

安全监管监察部门作出的具体行政行为对公民、法人或者其他组织的权利、义务可能产生不利影响的，应当告知其申请行政复议的权利、行政复议机关和行政复议申请期限。

第十五条 行政复议可以书面申请，也可以当场口头申请。书面申请可以采取当面递交、邮寄或者传真等方式提出，并在行政复议申请书中载明《行政复议法实施条例》第十九条规定的事项。

当场口头申请的，安全生产行政复议机构应当按照第一款规定的事项，当场制作行政复议申请笔录交申请人核对或者向申请人宣读，并由申请人签字确认。

第十六条 安全生产行政复议机构应当自收到行政复议申请之日起3日内对复议申请是否符合下列条件进行初步审查：

（一）有明确的申请人和被申请人；
（二）申请人与具体行政行为有利害关系；
（三）有具体的行政复议请求和事实依据；
（四）在法定申请期限内提出；
（五）属于本规定第五条规定的行政复议范围；
（六）属于收到行政复议申请的行政复议机关的职责范围；
（七）其他行政复议机关尚未受理同一行政复议申请，人民法院尚未受理同一主体就同一事实提起的行政诉讼。

第十七条 行政复议申请错列被申请人的，安全生产行政复议机构应当告知申请人变更被申请人。

第十八条 行政复议申请材料不齐全或者表述不清楚的，安全生产行政复议机构可以自收到该行政复议申请之日起5日内书面通知申请人补正。补正通知应当载明需要补正的事项和合理的补正期限。无正当理由逾期不补正的，视为申请人放弃行政复议申请。补正申请材料所用时间不计入行政复议审理期限。

第十九条 经初步审查后，安全生产行政复议机构应当自收到行政复议申请之日起5日内按下列规定作出处理：

（一）符合本规定第十六条规定的，予以受理，并制发行政复议受理决定书；
（二）不符合本规定第十六条规定的，决定不予受理，并制发行政复议申请不予受理决定书；
（三）不属于本机关职责范围的，应当告知申请人向有权受理的行政复议机关提出。

第二十条 行政复议期间，安全生产行政复议机构认为申请人以外的公民、法人或者其他组织与被审查的具体行政行为有利害关系的，可以通知其作为第三人参加行政复议。

行政复议期间，申请人以外的公民、法人或者其他组织与被审查的具体行政行为有利害关系的，可以向安全生产行政复议机构申请作为第三人参加行政复议。

第四章 行政复议的审理和决定

第二十一条 安全生产行政复议机构审理行政复议案件，应当由2名以上行政复议人员参加。

第二十二条 安全生产行政复议机构应当自行政

复议申请受理之日起 7 日内,将行政复议申请书副本或者行政复议申请笔录复印件发送被申请人。

被申请人应当自收到申请书副本或者行政复议申请笔录复印件之日起 10 日内,按照复议机构要求的份数提出书面答复,并提交当初作出具体行政行为的证据、依据和其他有关材料。

被申请人书面答复应当载明下列事项,并加盖单位公章:

(一)作出具体行政行为的基本过程和情况;

(二)作出具体行政行为的事实依据和有关证据材料;

(三)作出具体行政行为所依据的法律、行政法规、规章和规范性文件的文号、具体条款和内容;

(四)对申请人复议请求的意见和理由;

(五)答复的年月日。

第二十三条 有下列情形之一的,被申请人经安全生产行政复议机构允许可以补充相关证据:

(一)在作出具体行政行为时已经收集证据,但因不可抗力等正当理由不能提供的;

(二)申请人或者第三人在行政复议过程中,提出了其在安全监管监察部门实施具体行政行为过程中没有提出的申辩理由或者证据的。

第二十四条 有下列情形之一的,申请人应当提供证明材料:

(一)认为被申请人不履行法定职责的,提供曾经要求被申请人履行法定职责而被申请人未履行的证明材料,但被申请人依法应当主动履行的除外;

(二)申请行政复议时一并提出行政赔偿请求的,提供受具体行政行为侵害而造成损害的证明材料;

(三)申请人自己主张的事实;

(四)法律、行政法规规定由申请人提供证据材料的其他情形。

第二十五条 申请人、被申请人、第三人应当对其提交的证据材料分类编号,对证据材料的来源、证明对象和内容作简要说明,并在证据材料上签字或者盖章,注明提交日期。

证据材料是复印件的,应当经复议机构核对无误,并注明原件存放的单位和处所。

第二十六条 行政复议原则上采取书面审理的方式,但重大、复杂的案件,申请人提出要求或者安全生产行政复议机构认为必要时,可以采取听证的方式审理。

听证应当保障当事人平等的陈述、质证和辩论的权利。

第二十七条 安全生产行政复议机构采取听证的方式审理复议案件,应当制作听证笔录并载明下列事项:

(一)案由,听证的时间、地点;

(二)申请人、被申请人、第三人及其代理人的基本情况;

(三)听证主持人、听证员、书记员的姓名、职务等;

(四)申请人、被申请人、第三人争议的焦点问题,有关事实、证据和依据;

(五)其他应当记载的事项。

申请人、被申请人、第三人应当核对听证笔录并签字或者盖章。

第二十八条 安全生产行政复议机构认为必要时,可以实地调查核实证据。调查核实时,行政复议人员不得少于 2 人,并应当向当事人或者有关人员出示证件。

需要现场勘验的,现场勘验所用时间不计入行政复议审理期限。

第二十九条 安全生产行政复议期间涉及专门事项需要鉴定的,当事人可以自行委托鉴定机构进行鉴定,也可以申请行政复议机构委托鉴定机构进行鉴定。鉴定费用由当事人承担。鉴定所用时间不计入行政复议审理期限。

第三十条 申请人在行政复议决定作出前自愿撤回行政复议申请的,经行政复议机构同意,可以撤回。

申请人撤回行政复议申请的,不得以同一事实和理由再次提出行政复议申请。但是,申请人能够证明撤回行政复议申请违背其真实意思表示的除外。

第三十一条 行政复议申请由两个以上申请人共同提出,在行政复议决定作出前,部分申请人撤回行政复议申请的,安全生产行政复议机关应当就其他申请人未撤回的行政复议申请作出行政复议决定。

第三十二条 被申请人在复议期间改变原具体行政行为的,应当书面告知复议机构。

被申请人改变原具体行政行为,申请人撤回复议申请的,行政复议终止;申请人不撤回复议申请的,安全生产行政复议机关经审查认为原具体行政行为违法的,应当作出确认其违法的复议决定;认为原具体行政行为合法的,应当作出维持的复议决定。

第三十三条 公民、法人或者其他组织对安全监管监察部门行使法律、行政法规规定的自由裁量权作出的具体行政行为不服申请行政复议,申请人与被申请人在行政复议决定作出前自愿达成和解的,应当向安全生产行政复议机构提交书面和解协议；和解内容不损害社会公共利益和他人合法权益的，安全生产行政复议机构应当准许。

第三十四条 有下列情形之一的，安全生产行政复议机构可以按照自愿、合法的原则进行调解：

（一）公民、法人或者其他组织对安全监管监察部门行使法律、行政法规规定的自由裁量权作出的具体行政行为不服申请行政复议的；

（二）当事人之间的行政赔偿或者行政补偿的纠纷。

当事人经调解达成协议的，安全生产行政复议机关应当制作行政复议调解书。调解书应当载明行政复议请求、事实、理由和调解结果，并加盖安全生产行政复议机关印章。行政复议调解书经双方当事人签字，即具有法律效力。

调解未达成协议或者调解书生效前一方反悔的，安全生产行政复议机关应当及时作出行政复议决定。

第三十五条 安全生产行政复议机构应当对被申请人作出的具体行政行为进行审查，提出意见，经安全生产行政复议机关集体讨论通过或者负责人同意后，依法作出行政复议决定。

第三十六条 被申请人被责令重新作出具体行政行为的，应当在法律、行政法规、规章规定的期限内重新作出具体行政行为；法律、行政法规、规章未规定期限的，重新作出具体行政行为的期限为60日。

被申请人不得以同一事实和理由作出与原具体行政行为相同或者基本相同的具体行政行为。但因违反法定程序被责令重新作出具体行政行为的除外。

第三十七条 申请人在申请行政复议时一并提出行政赔偿请求，安全生产行政复议机关对符合国家赔偿法有关规定应当给予赔偿的，在决定撤销、变更具体行政行为或者确认具体行政行为违法时，应当同时决定被申请人依法给予赔偿。

申请人在申请行政复议时没有提出行政赔偿请求的，安全生产行政复议机关在依法决定撤销或者变更原具体行政行为确定的罚款以及对设备、设施、器材的扣押、查封等强制措施时，应当同时责令被申请人返还罚款，解除对设备、设施、器材的扣押、查封等强制措施。

第三十八条 安全生产行政复议机关在申请人的行政复议请求范围内，不得作出对申请人更为不利的行政复议决定。

第五章 附　　则

第三十九条 安全生产行政复议机关及其工作人员和被申请人在安全生产行政复议工作中违反本规定的，依照行政复议法及其实施条例的规定，追究法律责任。

第四十条 行政复议期间的计算和行政复议文书的送达，依照民事诉讼法关于期间、送达的规定执行。

本规定关于行政复议期间有关"3日""5日""7日"的规定是指工作日，不含节假日。

第四十一条 安全生产行政复议案件审理完毕，案件承办人应当将案件材料在10日内立卷、归档。

下一级安全生产行政复议机关应当在作出行政复议决定之日起15日内将行政复议决定书报上一级安全生产行政复议机构备案。

第四十二条 安全监管行政复议机关办理行政复议案件，使用国家安全生产监督管理总局统一制定的文书式样。

煤矿安全监察行政复议机关办理行政复议案件，使用国家煤矿安全监察局统一制定的文书式样。

第四十三条 本规定自2007年11月1日起施行。原国家经济贸易委员会2003年2月18日公布的《安全生产行政复议暂行办法》和原国家安全生产监督管理局（国家煤矿安全监察局）2003年6月20日公布的《煤矿安全监察行政复议规定》同时废止。

工 伤 认 定 办 法

（2010年12月31日人力资源和社会保障部令第8号公布，自2011年1月1日起施行）

第一条 为规范工伤认定程序，依法进行工伤认定，维护当事人的合法权益，根据《工伤保险条例》的有关规定，制定本办法。

第二条 社会保险行政部门进行工伤认定按照本办法执行。

第三条 工伤认定应当客观公正、简捷方便，认定程序应当向社会公开。

第四条 职工发生事故伤害或者按照职业病防治法规定被诊断、鉴定为职业病，所在单位应当自事故伤害发生之日或者被诊断、鉴定为职业病之日起30日内，向统筹地区社会保险行政部门提出工伤认定申请。遇有特殊情况，经报社会保险行政部门同意，申请时限可以适当延长。

按照前款规定应当向省级社会保险行政部门提出

工伤认定申请的，根据属地原则应当向用人单位所在地设区的市级社会保险行政部门提出。

第五条　用人单位未在规定的时限内提出工伤认定申请的，受伤害职工或者其近亲属、工会组织在事故伤害发生之日或者被诊断、鉴定为职业病之日起1年内，可以直接按照本办法第四条规定提出工伤认定申请。

第六条　提出工伤认定申请应当填写《工伤认定申请表》，并提交下列材料：

（一）劳动、聘用合同文本复印件或者与用人单位存在劳动关系（包括事实劳动关系）、人事关系的其他证明材料；

（二）医疗机构出具的受伤后诊断证明书或者职业病诊断证明书（或者职业病诊断鉴定书）。

第七条　工伤认定申请人提交的申请材料符合要求，属于社会保险行政部门管辖范围且在受理时限内的，社会保险行政部门应当受理。

第八条　社会保险行政部门收到工伤认定申请后，应当在15日内对申请人提交的材料进行审核，材料完整的，作出受理或者不予受理的决定；材料不完整的，应当以书面形式一次性告知申请人需要补正的全部材料。社会保险行政部门收到申请人提交的全部补正材料后，应当在15日内作出受理或者不予受理的决定。

社会保险行政部门决定受理的，应当出具《工伤认定申请受理决定书》；决定不予受理的，应当出具《工伤认定申请不予受理决定书》。

第九条　社会保险行政部门受理工伤认定申请后，可以根据需要对申请人提供的证据进行调查核实。

第十条　社会保险行政部门进行调查核实，应当由两名以上工作人员共同进行，并出示执行公务的证件。

第十一条　社会保险行政部门工作人员在工伤认定中，可以进行以下调查核实工作：

（一）根据工作需要，进入有关单位和事故现场；

（二）依法查阅与工伤认定有关的资料，询问有关人员并作出调查笔录；

（三）记录、录音、录像和复制与工伤认定有关的资料。调查核实工作的证据收集参照行政诉讼证据收集的有关规定执行。

第十二条　社会保险行政部门工作人员进行调查核实时，有关单位和个人应当予以协助。用人单位、工会组织、医疗机构以及有关部门应当负责安排相关人员配合工作，据实提供情况和证明材料。

第十三条　社会保险行政部门在进行工伤认定时，对申请人提供的符合国家有关规定的职业病诊断证明书或者职业病诊断鉴定书，不再进行调查核实。职业病诊断证明书或者职业病诊断鉴定书不符合国家规定的要求和格式的，社会保险行政部门可以要求出具证据部门重新提供。

第十四条　社会保险行政部门受理工伤认定申请后，可以根据工作需要，委托其他统筹地区的社会保险行政部门或者相关部门进行调查核实。

第十五条　社会保险行政部门工作人员进行调查核实时，应当履行下列义务：

（一）保守有关单位商业秘密以及个人隐私；

（二）为提供情况的有关人员保密。

第十六条　社会保险行政部门工作人员与工伤认定申请人有利害关系的，应当回避。

第十七条　职工或者其近亲属认为是工伤，用人单位不认为是工伤的，由该用人单位承担举证责任。用人单位拒不举证的，社会保险行政部门可以根据受伤害职工提供的证据或者调查取得的证据，依法作出工伤认定决定。

第十八条　社会保险行政部门应当自受理工伤认定申请之日起60日内作出工伤认定决定，出具《认定工伤决定书》或者《不予认定工伤决定书》。

第十九条　《认定工伤决定书》应当载明下列事项：

（一）用人单位全称；

（二）职工的姓名、性别、年龄、职业、身份证号码；

（三）受伤害部位、事故时间和诊断时间或职业病名称、受伤害经过和核实情况、医疗救治的基本情况和诊断结论；

（四）认定工伤或者视同工伤的依据；

（五）不服认定决定申请行政复议或者提起行政诉讼的部门和时限；

（六）作出认定工伤或者视同工伤决定的时间。

《不予认定工伤决定书》应当载明下列事项：

（一）用人单位全称；

（二）职工的姓名、性别、年龄、职业、身份证号码；

（三）不予认定工伤或者不视同工伤的依据；

（四）不服认定决定申请行政复议或者提起行政诉讼的部门和时限；

（五）作出不予认定工伤或者不视同工伤决定的时间。

《认定工伤决定书》和《不予认定工伤决定书》

应当加盖社会保险行政部门工伤认定专用印章。

第二十条 社会保险行政部门受理工伤认定申请后，作出工伤认定决定需要以司法机关或者有关行政主管部门的结论为依据的，在司法机关或者有关行政主管部门尚未作出结论期间，作出工伤认定决定的时限中止，并书面通知申请人。

第二十一条 社会保险行政部门对于事实清楚、权利义务明确的工伤认定申请，应当自受理工伤认定申请之日起15日内作出工伤认定决定。

第二十二条 社会保险行政部门应当自工伤认定决定作出之日起20日内，将《认定工伤决定书》或者《不予认定工伤决定书》送达受伤害职工（或者其近亲属）和用人单位，并抄送社会保险经办机构。

《认定工伤决定书》和《不予认定工伤决定书》的送达参照民事法律有关送达的规定执行。

第二十三条 职工或者其近亲属、用人单位对不予受理决定不服或者对工伤认定决定不服的，可以依法申请行政复议或者提起行政诉讼。

第二十四条 工伤认定结束后，社会保险行政部门应当将工伤认定的有关资料保存50年。

第二十五条 用人单位拒不协助社会保险行政部门对事故伤害进行调查核实的，由社会保险行政部门责令改正，处2000元以上2万元以下的罚款。

第二十六条 本办法中的《工伤认定申请表》《工伤认定申请受理决定书》《工伤认定申请不予受理决定书》《认定工伤决定书》《不予认定工伤决定书》的样式由国务院社会保险行政部门统一制定。

第二十七条 本办法自2011年1月1日起施行。劳动和社会保障部2003年9月23日颁布的《工伤认定办法》同时废止。

非法用工单位伤亡人员一次性赔偿办法

（2010年12月31日人力资源和社会保障部令第9号公布，自2011年1月1日起施行）

第一条 根据《工伤保险条例》第六十六条第一款的授权，制定本办法。

第二条 本办法所称非法用工单位伤亡人员，是指无营业执照或者未经依法登记、备案的单位以及被依法吊销营业执照或者撤销登记、备案的单位受到事故伤害或者患职业病的职工，或用人单位使用童工造成的伤残、死亡童工。

前款所列单位必须按照本办法的规定向伤残职工或者死亡职工的近亲属、伤残童工或者死亡童工的近亲属给予一次性赔偿。

第三条 一次性赔偿包括受到事故伤害或者患职业病的职工或童工在治疗期间的费用和一次性赔偿金。一次性赔偿金数额应当在受到事故伤害或者患职业病的职工或童工死亡或者经劳动能力鉴定后确定。

劳动能力鉴定按照属地原则由单位所在地区的市级劳动能力鉴定委员会办理。劳动能力鉴定费用由伤亡职工或童工所在单位支付。

第四条 职工或童工受到事故伤害或者患职业病，在劳动能力鉴定之前进行治疗期间的生活费按照统筹地区上年度职工月平均工资标准确定，医疗费、护理费、住院期间的伙食补助费以及所需的交通费等费用按照《工伤保险条例》规定的标准和范围确定，并全部由伤残职工或童工所在单位支付。

第五条 一次性赔偿金按照以下标准支付：

一级伤残的为赔偿基数的16倍，二级伤残的为赔偿基数的14倍，三级伤残的为赔偿基数的12倍，四级伤残的为赔偿基数的10倍，五级伤残的为赔偿基数的8倍，六级伤残的为赔偿基数的6倍，七级伤残的为赔偿基数的4倍，八级伤残的为赔偿基数的3倍，九级伤残的为赔偿基数的2倍，十级伤残的为赔偿基数的1倍。

前款所称赔偿基数，是指单位所在工伤保险统筹地区上年度职工年平均工资。

第六条 受到事故伤害或者患职业病造成死亡的，按照上一年度全国城镇居民人均可支配收入的20倍支付一次性赔偿金，并按照上一年度全国城镇居民人均可支配收入的10倍一次性支付丧葬补助等其他赔偿金。

第七条 单位拒不支付一次性赔偿的，伤残职工或者死亡职工的近亲属、伤残童工或者死亡童工的近亲属可以向人力资源和社会保障行政部门举报。经查证属实的，人力资源和社会保障行政部门应当责令该单位限期改正。

第八条 伤残职工或者死亡职工的近亲属、伤残童工或者死亡童工的近亲属就赔偿数额与单位发生争议的，按照劳动争议处理的有关规定处理。

第九条 本办法自2011年1月1日起施行。劳动和社会保障部2003年9月23日颁布的《非法用工单位伤亡人员一次性赔偿办法》同时废止。

三、有关司法解释及文件

应急管理部、公安部、最高人民法院、最高人民检察院关于安全生产行政执法与刑事司法衔接工作办法

（2019年4月16日应急管理部、公安部、最高人民法院、最高人民检察院以应急〔2019〕54号印发，自印发之日起施行）

第一章 总 则

第一条 为了建立健全安全生产行政执法与刑事司法衔接工作机制，依法惩治安全生产违法犯罪行为，保障人民群众生命财产安全和社会稳定，依据《中华人民共和国刑法》《中华人民共和国刑事诉讼法》《中华人民共和国安全生产法》《中华人民共和国消防法》和《行政执法机关移送涉嫌犯罪案件的规定》《生产安全事故报告和调查处理条例》《最高人民法院最高人民检察院关于办理危害生产安全刑事案件适用法律若干问题的解释》等法律、行政法规、司法解释及有关规定，制定本办法。

第二条 本办法适用于应急管理部门、公安机关、人民法院、人民检察院办理的涉嫌安全生产犯罪案件。

应急管理部门查处违法行为时发现的涉嫌其他犯罪案件，参照本办法办理。

本办法所称应急管理部门，包括煤矿安全监察机构、消防机构。

属于《中华人民共和国监察法》规定的公职人员在行使公权力过程中发生的依法由监察机关负责调查的涉嫌安全生产犯罪案件，不适用本办法，应当依法及时移送监察机关处理。

第三条 涉嫌安全生产犯罪案件主要包括下列案件：

（一）重大责任事故案件；

（二）强令违章冒险作业案件；

（三）重大劳动安全事故案件；

（四）危险物品肇事案件；

（五）消防责任事故、失火案件；

（六）不报、谎报安全事故案件；

（七）非法采矿，非法制造、买卖、储存爆炸物，非法经营，伪造、变造、买卖国家机关公文、证件、印章等涉嫌安全生产的其他犯罪案件。

第四条 人民检察院对应急管理部门移送涉嫌安全生产犯罪案件和公安机关有关立案活动，依法实施法律监督。

第五条 各级应急管理部门、公安机关、人民检察院、人民法院应当加强协作，统一法律适用，不断完善案件移送、案情通报、信息共享等工作机制。

第六条 应急管理部门在行政执法过程中发现行使公权力的公职人员涉嫌安全生产犯罪的问题线索，或者应急管理部门、公安机关、人民检察院在查处有关违法犯罪行为过程中发现行使公权力的公职人员涉嫌贪污贿赂、失职渎职等职务违法或者职务犯罪的问题线索，应当依法及时移送监察机关处理。

第二章 日常执法中的案件移送与法律监督

第七条 应急管理部门在查处违法行为过程中发现涉嫌安全生产犯罪案件的，应当立即指定2名以上行政执法人员组成专案组专门负责，核实情况后提出移送涉嫌犯罪案件的书面报告。应急管理部门正职负责人或者主持工作的负责人应当自接到报告之日起3日内作出批准移送或者不批准移送的决定。批准移送的，应当在24小时内向同级公安机关移送；不批准移送的，应当将不予批准的理由记录在案。

第八条 应急管理部门向公安机关移送涉嫌安全生产犯罪案件，应当附下列材料，并将案件移送书抄送同级人民检察院。

（一）案件移送书，载明移送案件的应急管理部门名称、违法行为涉嫌犯罪罪名、案件主办人及联系电话等。案件移送书应当附移送材料清单，并加盖应急管理部门公章；

（二）案件调查报告，载明案件来源、查获情况、嫌疑人基本情况、涉嫌犯罪的事实、证据和法律依据、处理建议等；

（三）涉案物品清单，载明涉案物品的名称、数量、特征、存放地等事项，并附采取行政强制措施、现场笔录等表明涉案物品来源的相关材料；

（四）附有鉴定机构和鉴定人资质证明或者其他证明文件的检验报告或者鉴定意见；

（五）现场照片、询问笔录、电子数据、视听资料、认定意见、责令整改通知书等其他与案件有关的证据材料。

对有关违法行为已经作出行政处罚决定的，还应当附行政处罚决定书。

第九条　公安机关对应急管理部门移送的涉嫌安全生产犯罪案件，应当出具接受案件的回执或者在案件移送书的回执上签字。

第十条　公安机关审查发现移送的涉嫌安全生产犯罪案件材料不全的，应当在接受案件的24小时内书面告知应急管理部门在3日内补正。

公安机关审查发现涉嫌安全生产犯罪案件移送材料不全、证据不充分的，可以就证明有犯罪事实的相关证据要求等提出补充调查意见，由移送案件的应急管理部门补充调查。根据实际情况，公安机关可以依法自行调查。

第十一条　公安机关对移送的涉嫌安全生产犯罪案件，应当自接受案件之日起3日内作出立案或者不予立案的决定；涉嫌犯罪线索需要查证的，应当自接受案件之日起7日内作出决定；重大疑难复杂案件，经县级以上公安机关负责人批准，可以自受案之日起30日内作出决定。依法不予立案的，应当说明理由，相应退回案件材料。

对属于公安机关管辖但不属于本公安机关管辖的案件，应当在接受案件后24小时内移送有管辖权的公安机关，并书面通知移送案件的应急管理部门，抄送同级人民检察院。对不属于公安机关管辖的案件，应当在24小时内退回移送案件的应急管理部门。

第十二条　公安机关作出立案、不予立案决定的，应当自作出决定之日起3日内书面通知应急管理部门，并抄送同级人民检察院。

对移送的涉嫌安全生产犯罪案件，公安机关立案后决定撤销案件的，应当将撤销案件决定书送达移送案件的应急管理部门，并退回案卷材料。对依法应当追究行政法律责任的，可以同时提出书面建议。有关撤销案件决定书应当抄送同级人民检察院。

第十三条　应急管理部门应当自接到公安机关立案通知书之日起3日内将涉案物品以及与案件有关的其他材料移交公安机关，并办理交接手续。

对保管条件、保管场所有特殊要求的涉案物品，可以在公安机关采取必要措施固定留取证据后，由应急管理部门代为保管。应急管理部门应当妥善保管涉案物品，并配合公安机关、人民检察院、人民法院在办案过程中对涉案物品的调取、使用及鉴定等工作。

第十四条　应急管理部门接到公安机关不予立案的通知书后，认为依法应当由公安机关决定立案的，可以自接到不予立案通知书之日起3日内提请作出不予立案决定的公安机关复议，也可以建议人民检察院进行立案监督。

公安机关应自收到提请复议的文件之日起3日内作出复议决定，并书面通知应急管理部门。应急管理部门对公安机关的复议决定仍有异议的，应当自收到复议决定之日起3日内建议人民检察院进行立案监督。

应急管理部门对公安机关逾期未作出是否立案决定以及立案后撤销案件决定有异议的，可以建议人民检察院进行立案监督。

第十五条　应急管理部门建议人民检察院进行立案监督的，应当提供立案监督建议书、相关案件材料，并附公安机关不予立案通知、复议维持不予立案通知或者立案后撤销案件决定及有关说明理由材料。

第十六条　人民检察院应当对应急管理部门立案监督建议进行审查，认为需要公安机关说明不予立案、立案后撤销案件的理由的，应当要求公安机关在7日内说明理由。公安机关应当书面说明理由，回复人民检察院。

人民检察院经审查认为公安机关不予立案或者立案后撤销案件理由充分，符合法律规定情形的，应当作出支持不予立案、撤销案件的检察意见。认为有关理由不能成立的，应当通知公安机关立案。

公安机关收到立案通知书后，应当在15日内立案，并将立案决定书送达人民检察院。

第十七条　人民检察院发现应急管理部门不移送涉嫌安全生产犯罪案件的，可以派员查询、调阅有关案件材料，认为应当移送的，应当提出检察意见。应急管理部门应当自收到检察意见后3日内将案件移送公安机关，并将案件移送书抄送人民检察院。

第十八条　人民检察院对符合逮捕、起诉条件的犯罪嫌疑人，应当依法批准逮捕、提起公诉。

人民检察院对决定不起诉的案件，应当自作出决定之日起3日内，将不起诉决定书送达公安机关和应急管理部门。对依法应当追究行政法律责任的，可以同时提出检察意见，并要求应急管理部门及时通报处理情况。

第三章　事故调查中的案件移送与法律监督

第十九条　事故发生地有管辖权的公安机关根据事故的情况，对涉嫌安全生产犯罪的，应当依法立案侦查。

第二十条　事故调查中发现涉嫌安全生产犯罪的,事故调查组或者负责火灾调查的消防机构应当及时将有关材料或者其复印件移交有管辖权的公安机关依法处理。

事故调查过程中,事故调查组或者负责火灾调查的消防机构可以召开专题会议,向有管辖权的公安机关通报事故调查进展情况。

有管辖权的公安机关对涉嫌安全生产犯罪案件立案侦查的,应当在3日内将立案决定书抄送同级应急管理部门、人民检察院和组织事故调查的应急管理部门。

第二十一条　对有重大社会影响的涉嫌安全生产犯罪案件,上级公安机关采取挂牌督办、派员参与等方法加强指导和督促,必要时,可以按照有关规定直接组织办理。

第二十二条　组织事故调查的应急管理部门及同级公安机关、人民检察院对涉嫌安全生产犯罪案件的事实、性质认定、证据采信、法律适用以及责任追究有意见分歧的,应当加强协调沟通。必要时,可以就法律适用等方面问题听取人民法院意见。

第二十三条　对发生一人以上死亡的情形,经依法组织调查,作出不属于生产安全事故或者生产安全责任事故的书面调查结论的,应急管理部门应当将该调查结论及时抄送同级监察机关、公安机关、人民检察院。

第四章　证据的收集与使用

第二十四条　在查处违法行为的过程中,有关应急管理部门应当全面收集、妥善保存证据材料。对容易灭失的痕迹、物证,应当采取措施提取、固定;对查获的涉案物品,如实填写涉案物品清单,并按照国家有关规定予以处理;对需要进行检验、鉴定的涉案物品,由法定检验、鉴定机构进行检验、鉴定,并出具检验报告或者鉴定意见。

在事故调查的过程中,有关部门根据有关法律法规的规定或者事故调查组的安排,按照前款规定收集、保存相关的证据材料。

第二十五条　在查处违法行为或者事故调查的过程中依法收集制作的物证、书证、视听资料、电子数据、检验报告、鉴定意见、勘验笔录、检查笔录等证据材料以及经依法批复的事故调查报告,在刑事诉讼中可以作为证据使用。

事故调查组依照有关规定提交的事故调查报告应当由其成员签名。没有签名的,应当予以补正或者作出合理解释。

第二十六条　当事人及其辩护人、诉讼代理人对检验报告、鉴定意见、勘验笔录、检查笔录等提出异议,申请重新检验、鉴定、勘验或者检查的,应当说明理由。人民法院经审理认为有必要的,应当同意。人民法院同意重新鉴定申请的,应当及时委托鉴定,并将鉴定意见告知人民检察院、当事人及其辩护人、诉讼代理人;也可以由公安机关自行或者委托相关机构重新进行检验、鉴定、勘验、检查等。

第五章　协作机制

第二十七条　各级应急管理部门、公安机关、人民检察院、人民法院应当建立安全生产行政执法与刑事司法衔接长效工作机制。明确本单位的牵头机构和联系人,加强日常工作沟通与协作。定期召开联席会议,协调解决重要问题,并以会议纪要等方式明确议定事项。

各省、自治区、直辖市应急管理部门、公安机关、人民检察院、人民法院应当每年定期联合通报辖区内有关涉嫌安全生产犯罪案件移送、立案、批捕、起诉、裁判结果等方面信息。

第二十八条　应急管理部门对重大疑难复杂案件,可以就刑事案件立案追诉标准、证据的固定和保全等问题咨询公安机关、人民检察院;公安机关、人民检察院可以就案件办理中的专业性问题咨询应急管理部门。受咨询的机关应当及时答复;书面咨询的,应当在7日内书面答复。

第二十九条　人民法院应当在有关案件的判决、裁定生效后,按照规定及时将判决书、裁定书在互联网公布。适用职业禁止措施的,应当在判决、裁定生效后10日内将判决书、裁定书送达罪犯居住地的县级应急管理部门和公安机关,同时抄送罪犯居住地的县级人民检察院。具有国家工作人员身份的,应当将判决书、裁定书送达罪犯原所在单位。

第三十条　人民检察院、人民法院发现有关生产经营单位在安全生产保障方面存在问题或者有关部门在履行安全生产监督管理职责方面存在违法、不当情形的,可以发出检察建议、司法建议。有关生产经营单位或者有关部门应当按规定及时处理,并将处理情况书面反馈提出建议的人民检察院、人民法院。

第三十一条　各级应急管理部门、公安机关、人民检察院应当运用信息化手段,逐步实现涉嫌安全生产犯罪案件的网上移送、网上受理和网上监督。

第六章　附　　则

第三十二条　各省、自治区、直辖市的应急管理部门、公安机关、人民检察院、人民法院可以根据本地区实际情况制定实施办法。

第三十三条　本办法自印发之日起施行。

最高人民法院、最高人民检察院关于办理非法采矿、破坏性采矿刑事案件适用法律若干问题的解释

（2016年9月26日由最高人民法院审判委员会第1694次会议、2016年11月4日由最高人民检察院第十二届检察委员会第57次会议通过，2016年11月28日公布，自2016年12月1日起施行）

为依法惩处非法采矿、破坏性采矿犯罪活动，根据《中华人民共和国刑法》《中华人民共和国刑事诉讼法》的有关规定，现就办理此类刑事案件适用法律的若干问题解释如下：

第一条 违反《中华人民共和国矿产资源法》《中华人民共和国水法》等法律、行政法规有关矿产资源开发、利用、保护和管理的规定的，应当认定为刑法第三百四十三条规定的"违反矿产资源法的规定"。

第二条 具有下列情形之一的，应当认定为刑法第三百四十三条第一款规定的"未取得采矿许可证"：

（一）无许可证的；

（二）许可证被注销、吊销、撤销的；

（三）超越许可证规定的矿区范围或者开采范围的；

（四）超出许可证规定的矿种的（共生、伴生矿种除外）；

（五）其他未取得许可证的情形。

第三条 实施非法采矿行为，具有下列情形之一的，应当认定为刑法第三百四十三条第一款规定的"情节严重"：

（一）开采的矿产品价值或者造成矿产资源破坏的价值在十万元至三十万元以上的；

（二）在国家规划矿区、对国民经济具有重要价值的矿区采矿，开采国家规定实行保护性开采的特定矿种，或者在禁采区、禁采期内采矿，开采的矿产品价值或者造成矿产资源破坏的价值在五万元至十五万元以上的；

（三）二年内曾因非法采矿受过两次以上行政处罚，又实施非法采矿行为的；

（四）造成生态环境严重损害的；

（五）其他情节严重的情形。

实施非法采矿行为，具有下列情形之一的，应当认定为刑法第三百四十三条第一款规定的"情节特别严重"：

（一）数额达到前款第一项、第二项规定标准五倍以上的；

（二）造成生态环境特别严重损害的；

（三）其他情节特别严重的情形。

第四条 在河道管理范围内采砂，具有下列情形之一，符合刑法第三百四十三条第一款和本解释第二条、第三条规定的，以非法采矿罪定罪处罚：

（一）依据相关规定应当办理河道采砂许可证，未取得河道采砂许可证的；

（二）依据相关规定应当办理河道采砂许可证和采矿许可证，既未取得河道采砂许可证，又未取得采矿许可证的。

实施前款规定行为，虽不具有本解释第三条第一款规定的情形，但严重影响河势稳定，危害防洪安全的，应当认定为刑法第三百四十三条第一款规定的"情节严重"。

第五条 未取得海砂开采海域使用权证，且未取得采矿许可证，采挖海砂，符合刑法第三百四十三条第一款和本解释第二条、第三条规定的，以非法采矿罪定罪处罚。

实施前款规定行为，虽不具有本解释第三条第一款规定的情形，但造成海岸线严重破坏的，应当认定为刑法第三百四十三条第一款规定的"情节严重"。

第六条 造成矿产资源破坏的价值在五十万元至一百万元以上，或者造成国家规划矿区、对国民经济具有重要价值的矿区和国家规定实行保护性开采的特定矿种资源破坏的价值在二十五万元至五十万元以上的，应当认定为刑法第三百四十三条第二款规定的"造成矿产资源严重破坏"。

第七条 明知是犯罪所得的矿产品及其产生的收益，而予以窝藏、转移、收购、代为销售或者以其他方法掩饰、隐瞒的，依照刑法第三百一十二条的规定，以掩饰、隐瞒犯罪所得、犯罪所得收益罪定罪处罚。

实施前款规定的犯罪行为，事前通谋的，以共同犯罪论处。

第八条 多次非法采矿、破坏性采矿构成犯罪，依法应当追诉的，或者二年内多次非法采矿、破坏性采矿未经处理的，价值数额累计计算。

第九条 单位犯刑法第三百四十三条规定之罪的，依照本解释规定的相应自然人犯罪的定罪量刑标

准，对直接负责的主管人员和其他直接责任人员定罪处罚，并对单位判处罚金。

第十条 实施非法采矿犯罪，不属于"情节特别严重"，或者实施破坏性采矿犯罪，行为人系初犯，全部退赃退赔，积极修复环境，并确有悔改表现的，可以认定为犯罪情节轻微，不起诉或者免予刑事处罚。

第十一条 对受雇佣为非法采矿、破坏性采矿犯罪提供劳务的人员，除参与利润分成或者领取高额固定工资的以外，一般不以犯罪论处，但曾因非法采矿、破坏性采矿受过处罚的除外。

第十二条 对非法采矿、破坏性采矿犯罪的违法所得及其收益，应当依法追缴或者责令退赔。

对用于非法采矿、破坏性采矿犯罪的专门工具和供犯罪所用的本人财物，应当依法没收。

第十三条 非法开采的矿产品价值，根据销赃数额认定；无销赃数额，销赃数额难以查证，或者根据销赃数额认定明显不合理的，根据矿产品价格和数量认定。

矿产品价值难以确定的，依据下列机构出具的报告，结合其他证据作出认定：

（一）价格认证机构出具的报告；

（二）省级以上人民政府国土资源、水行政、海洋等主管部门出具的报告；

（三）国务院水行政主管部门在国家确定的重要江河、湖泊设立的流域管理机构出具的报告。

第十四条 对案件所涉的有关专门性问题难以确定的，依据下列机构出具的鉴定意见或者报告，结合其他证据作出认定：

（一）司法鉴定机构就生态环境损害出具的鉴定意见；

（二）省级以上人民政府国土资源主管部门就造成矿产资源破坏的价值、是否属于破坏性开采方法出具的报告；

（三）省级以上人民政府水行政主管部门或者国务院水行政主管部门在国家确定的重要江河、湖泊设立的流域管理机构就是否危害防洪安全出具的报告；

（四）省级以上人民政府海洋主管部门就是否造成海岸线严重破坏出具的报告。

第十五条 各省、自治区、直辖市高级人民法院、人民检察院，可以根据本地区实际情况，在本解释第三条、第六条规定的数额幅度内，确定本地区执行的具体数额标准，报最高人民法院、最高人民检察院备案。

第十六条 本解释自 2016 年 12 月 1 日起施行。本解释施行后，《最高人民法院关于审理非法采矿、破坏性采矿刑事案件具体应用法律若干问题的解释》（法释〔2003〕9 号）同时废止。

最高人民法院、最高人民检察院关于办理危害生产安全刑事案件适用法律若干问题的解释

（2015 年 11 月 9 日最高人民法院审判委员会第 1665 次会议、2015 年 12 月 9 日最高人民检察院第十二届检察委员会第 44 次会议通过，自 2015 年 12 月 16 日起施行）

为依法惩治危害生产安全犯罪，根据刑法有关规定，现就办理此类刑事案件适用法律的若干问题解释如下：

第一条 刑法第一百三十四条第一款规定的犯罪主体，包括对生产、作业负有组织、指挥或者管理职责的负责人、管理人员、实际控制人、投资人等人员，以及直接从事生产、作业的人员。

第二条 刑法第一百三十四条第二款规定的犯罪主体，包括对生产、作业负有组织、指挥或者管理职责的负责人、管理人员、实际控制人、投资人等人员。

第三条 刑法第一百三十五条规定的"直接负责的主管人员和其他直接责任人员"，是指对安全生产设施或者安全生产条件不符合国家规定负有直接责任的生产经营单位负责人、管理人员、实际控制人、投资人，以及其他对安全生产设施或者安全生产条件负有管理、维护职责的人员。

第四条 刑法第一百三十九条之一规定的"负有报告职责的人员"，是指负有组织、指挥或者管理职责的负责人、管理人员、实际控制人、投资人，以及其他负有报告职责的人员。

第五条 明知存在事故隐患、继续作业存在危险，仍然违反有关安全管理的规定，实施下列行为之一的，应当认定为刑法第一百三十四条第二款规定的"强令他人违章冒险作业"：

（一）利用组织、指挥、管理职权，强制他人违章作业的；

（二）采取威逼、胁迫、恐吓等手段，强制他人

违章作业的；

（三）故意掩盖事故隐患，组织他人违章作业的；

（四）其他强令他人违章作业的行为。

第六条 实施刑法第一百三十二条、第一百三十四条第一款、第一百三十五条、第一百三十五条之一、第一百三十六条、第一百三十九条规定的行为，因而发生安全事故，具有下列情形之一的，应当认定为"造成严重后果"或者"发生重大伤亡事故或者造成其他严重后果"，对相关责任人员，处三年以下有期徒刑或者拘役：

（一）造成死亡一人以上，或者重伤三人以上的；

（二）造成直接经济损失一百万元以上的；

（三）其他造成严重后果或者重大安全事故的情形。

实施刑法第一百三十四条第二款规定的行为，因而发生安全事故，具有本条第一款规定情形的，应当认定为"发生重大伤亡事故或者造成其他严重后果"，对相关责任人员，处五年以下有期徒刑或者拘役。

实施刑法第一百三十七条规定的行为，因而发生安全事故，具有本条第一款规定情形的，应当认定为"造成重大安全事故"，对直接责任人员，处五年以下有期徒刑或者拘役，并处罚金。

实施刑法第一百三十八条规定的行为，因而发生安全事故，具有本条第一款第一项规定情形的，应当认定为"发生重大伤亡事故"，对直接责任人员，处三年以下有期徒刑或者拘役。

第七条 实施刑法第一百三十二条、第一百三十四条第一款、第一百三十五条、第一百三十五条之一、第一百三十六条、第一百三十九条规定的行为，因而发生安全事故，具有下列情形之一的，对相关责任人员，处三年以上七年以下有期徒刑：

（一）造成死亡三人以上或者重伤十人以上，负事故主要责任的；

（二）造成直接经济损失五百万元以上，负事故主要责任的；

（三）其他造成特别严重后果、情节特别恶劣或者后果特别严重的情形。

实施刑法第一百三十四条第二款规定的行为，因而发生安全事故，具有本条第一款规定情形的，对相关责任人员，处五年以上有期徒刑。

实施刑法第一百三十七条规定的行为，因而发生安全事故，具有本条第一款规定情形的，对直接责任人员，处五年以上十年以下有期徒刑，并处罚金。

实施刑法第一百三十八条规定的行为，因而发生安全事故，具有下列情形之一的，对直接责任人员，处三年以上七年以下有期徒刑：

（一）造成死亡三人以上或者重伤十人以上，负事故主要责任的；

（二）具有本解释第六条第一款第一项规定情形，同时造成直接经济损失五百万元以上并负事故主要责任的，或者同时造成恶劣社会影响的。

第八条 在安全事故发生后，负有报告职责的人员不报或者谎报事故情况，贻误事故抢救，具有下列情形之一的，应当认定为刑法第一百三十九条之一规定的"情节严重"：

（一）导致事故后果扩大，增加死亡一人以上，或者增加重伤三人以上，或者增加直接经济损失一百万元以上的；

（二）实施下列行为之一，致使不能及时有效开展事故抢救的：

1. 决定不报、迟报、谎报事故情况或者指使、串通有关人员不报、迟报、谎报事故情况的；

2. 在事故抢救期间擅离职守或者逃匿的；

3. 伪造、破坏事故现场，或者转移、藏匿、毁灭遇难人员尸体，或者转移、藏匿受伤人员的；

4. 毁灭、伪造、隐匿与事故有关的图纸、记录、计算机数据等资料以及其他证据的；

（三）其他情节严重的情形。

具有下列情形之一的，应当认定为刑法第一百三十九条之一规定的"情节特别严重"：

（一）导致事故后果扩大，增加死亡三人以上，或者增加重伤十人以上，或者增加直接经济损失五百万元以上的；

（二）采用暴力、胁迫、命令等方式阻止他人报告事故情况，导致事故后果扩大的；

（三）其他情节特别严重的情形。

第九条 在安全事故发生后，与负有报告职责的人员串通，不报或者谎报事故情况，贻误事故抢救，情节严重的，依照刑法第一百三十九条之一的规定，以共犯论处。

第十条 在安全事故发生后，直接负责的主管人员和其他直接责任人员故意阻挠开展抢救，导致人员死亡或者重伤，或者为了逃避法律追究，对被害人进行隐藏、遗弃，致使被害人因无法得到救助而死亡或者重度残疾的，分别依照刑法第二百三十二条、第二百三十四条的规定，以故意杀人罪或者故意伤害罪定罪处罚。

第十一条 生产不符合保障人身、财产安全的国家标准、行业标准的安全设备，或者明知安全设备不符合保障人身、财产安全的国家标准、行业标准而进行销售，致使发生安全事故，造成严重后果的，依照刑法第一百四十六条的规定，以生产、销售不符合安全标准的产品罪定罪处罚。

第十二条 实施刑法第一百三十二条、第一百三十四条至第一百三十九条之一规定的犯罪行为，具有下列情形之一的，从重处罚：

（一）未依法取得安全许可证件或者安全许可证件过期、被暂扣、吊销、注销后从事生产经营活动的；

（二）关闭、破坏必要的安全监控和报警设备的；

（三）已经发现事故隐患，经有关部门或者个人提出后，仍不采取措施的；

（四）一年内曾因危害生产安全违法犯罪活动受过行政处罚或者刑事处罚的；

（五）采取弄虚作假、行贿等手段，故意逃避、阻挠负有安全监督管理职责的部门实施监督检查的；

（六）安全事故发生后转移财产意图逃避承担责任的；

（七）其他从重处罚的情形。

实施前款第五项规定的行为，同时构成刑法第三百八十九条规定的犯罪的，依照数罪并罚的规定处罚。

第十三条 实施刑法第一百三十二条、第一百三十四条至第一百三十九条之一规定的犯罪行为，在安全事故发生后积极组织、参与事故抢救，或者积极配合调查、主动赔偿损失的，可以酌情从轻处罚。

第十四条 国家工作人员违反规定投资入股生产经营，构成本解释规定的有关犯罪的，或者国家工作人员的贪污、受贿犯罪行为与安全事故发生存在关联性的，从重处罚；同时构成贪污、受贿犯罪和危害生产安全犯罪的，依照数罪并罚的规定处罚。

第十五条 国家机关工作人员在履行安全监督管理职责时滥用职权、玩忽职守，致使公共财产、国家和人民利益遭受重大损失的，或者徇私舞弊，对发现的刑事案件依法应当移交司法机关追究刑事责任而不移交，情节严重的，分别依照刑法第三百九十七条、第四百零二条的规定，以滥用职权罪、玩忽职守罪或者徇私舞弊不移交刑事案件罪定罪处罚。

公司、企业、事业单位的工作人员在依法或者受委托行使安全监督管理职责时滥用职权或者玩忽职守，构成犯罪的，应当依照《全国人民代表大会常务委员会关于〈中华人民共和国刑法〉第九章渎职罪主体适用问题的解释》的规定，适用渎职罪的规定追究刑事责任。

第十六条 对于实施危害生产安全犯罪适用缓刑的犯罪分子，可以根据犯罪情况，禁止其在缓刑考验期限内从事与安全生产相关联的特定活动；对于被判处刑罚的犯罪分子，可以根据犯罪情况和预防再犯罪的需要，禁止其自刑罚执行完毕之日或者假释之日起三年至五年内从事与安全生产相关的职业。

第十七条 本解释自2015年12月16日起施行。本解释施行后，《最高人民法院、最高人民检察院关于办理危害矿山生产安全刑事案件具体应用法律若干问题的解释》（法释〔2007〕5号）同时废止。最高人民法院、最高人民检察院此前发布的司法解释和规范性文件与本解释不一致的，以本解释为准。

最高人民法院、最高人民检察院、公安部、国家安全监管总局关于依法加强对涉嫌犯罪的非法生产经营烟花爆竹行为刑事责任追究的通知

（2012年9月6日最高人民法院、最高人民检察院、公安部、国家安全监管总局以安监总管三〔2012〕116号发布）

各省、自治区、直辖市高级人民法院、人民检察院、公安厅（局）、安全生产监督管理局，新疆维吾尔自治区高级人民法院生产建设兵团分院，新疆生产建设兵团人民检察院、公安局、安全生产监督管理局：

近年来，一些地区非法生产、经营烟花爆竹问题十分突出，由此引发的事故时有发生，给人民群众生命财产安全造成严重危害。为依法严惩非法生产、经营烟花爆竹违法犯罪行为，现就依法加强对涉嫌犯罪的非法生产、经营烟花爆竹行为刑事责任追究有关要求通知如下：

一、非法生产、经营烟花爆竹及相关行为涉及非法制造、买卖、运输、邮寄、储存黑火药、烟火药，构成非法制造、买卖、运输、邮寄、储存爆炸物罪的，应当依照刑法第一百二十五条的规定定罪处罚；非法生产、经营烟花爆竹及相关行为涉及生产、销售

伪劣产品或不符合安全标准产品,构成生产、销售伪劣产品罪或生产、销售不符合安全标准产品罪的,应当依照刑法第一百四十条、第一百四十六条的规定定罪处罚;非法生产、经营烟花爆竹及相关行为构成非法经营罪的,应当依照刑法第二百二十五条的规定定罪处罚。上述非法生产经营烟花爆竹行为的定罪量刑和立案追诉标准,分别按照《最高人民法院关于审理非法制造、买卖、运输枪支、弹药、爆炸物等刑事案件具体应用法律若干问题的解释》(法释〔2009〕18号)、《最高人民法院最高人民检察院关于办理生产、销售伪劣商品刑事案件具体应用法律若干问题的解释》(法释〔2001〕10号)、《最高人民检察院、公安部关于公安机关管辖的刑事案件立案追诉标准的规定(一)》(公通字〔2008〕36号)、《最高人民检察院、公安部关于公安机关管辖的刑事案件立案追诉标准的规定(二)》(公通字〔2010〕23号)等有关规定执行。

二、各相关行政执法部门在查处非法生产、经营烟花爆竹行为过程中,发现涉嫌犯罪,依法需要追究刑事责任的,应当依照《行政执法机关移送涉嫌犯罪案件的规定》(国务院令第310号)向公安机关移送,并配合公安机关做好立案侦查工作。公安机关应当依法对相关行政执法部门移送的涉嫌犯罪案件进行审查,认为有犯罪事实,需要追究刑事责任的,应当依法立案,并书面通知移送案件的部门;认为不需要追究刑事责任的,应当说明理由,并书面通知移送案件的部门。公安机关在治安管理工作中,发现非法生产、经营烟花爆竹行为涉嫌犯罪的,应当依法立案侦查。

三、检察机关对于公安机关提请批准逮捕、移送审查起诉的上述涉嫌犯罪的案件,对符合逮捕和提起公诉法定条件的,要依法予以批捕、起诉;要加强对移送、立案件的监督,对应当移送而不移送、应当立案而不立案的,要及时监督。人民法院对于起诉到法院的上述涉嫌犯罪的案件,要按照宽严相济的政策,依法从快审判,对同时构成多项犯罪或屡次违法犯罪的,要从重处罚;上级人民法院要加强对下级人民法院审判工作的指导,保障依法及时审判。要坚持"以事实为根据,以法律为准绳"的原则,严把案件的事实关、证据关、程序关和适用法律关,切实做到事实清楚,证据确凿,定性准确,量刑适当。人民法院、人民检察院、公安机关、安全生产监督管理部门要积极沟通、相互配合,充分发挥联动机制功能,加大对相关犯罪案件查处、审判情况的宣传,充分发挥刑事审判和处罚的震慑作用,教育群众自觉抵制、检举揭发相关违法犯罪活动。

最 高 人 民 法 院
最 高 人 民 检 察 院
公　　安　　部
国家安全监管总局
2012年9月6日

最高人民法院关于进一步加强危害生产安全刑事案件审判工作的意见

(2011年12月30日最高人民法院以法发〔2011〕20号印发)

为依法惩治危害生产安全犯罪,促进全国安全生产形势持续稳定好转,保护人民群众生命财产安全,现就进一步加强危害生产安全刑事案件审判工作,制定如下意见。

一、高度重视危害生产安全刑事案件审判工作

1. 充分发挥刑事审判职能作用,依法惩治危害生产安全犯罪,是人民法院为大局服务、为人民司法的必然要求。安全生产关系到人民群众生命财产安全,事关改革、发展和稳定的大局。当前,全国安全生产状况呈现总体稳定、持续好转的发展态势,但形势依然严峻,企业安全生产基础依然薄弱;非法、违法生产,忽视生产安全的现象仍然十分突出;重特大生产安全责任事故时有发生,个别地方和行业重特大责任事故上升。一些重特大生产安全责任事故举国关注,相关案件处理不好,不仅起不到应有的警示作用,不利于生产安全责任事故的防范,也损害党和国家形象,影响社会和谐稳定。各级人民法院要从政治和全局的高度,充分认识审理好危害生产安全刑事案件的重要意义,切实增强工作责任感,严格依法、积极稳妥地审理相关案件,进一步发挥刑事审判工作在创造良好安全生产环境、促进经济平稳较快发展方面的积极作用。

2. 采取有力措施解决存在的问题,切实加强危害生产安全刑事案件审判工作。近年来,各级人民法院依法审理危害生产安全刑事案件,一批严重危害生产安全的犯罪分子及相关职务犯罪分子受到法律制裁，对全国安全生产形势持续稳定好转发挥了积极促进作用。2010年，监察部、国家安全生产监督管理总局会同最高人民法院等部门对部分省市重特大生产安全事故责任追究落实情况开展了专项检查。从检查的情况来看，审判工作总体情况是好的，但仍有个别案件在法律适用或者宽严相济刑事政策具体把握上存在问题，需要切实加强指导。各级人民法院要高度重视，确保相关案件审判工作取得良好的法律效果和社会效果。

二、危害生产安全刑事案件审判工作的原则

3. 严格依法，从严惩处。对严重危害生产安全犯罪，尤其是相关职务犯罪，必须始终坚持严格依法、从严惩处。对于人民群众广泛关注、社会反映强烈的案件要及时审结，回应人民群众关切，维护社会和谐稳定。

4. 区分责任，均衡量刑。危害生产安全犯罪，往往涉案人员较多，犯罪主体复杂，既包括直接从事生产、作业的人员，也包括对生产、作业负有组织、指挥或者管理职责的负责人、管理人员、实际控制人、投资人等，有的还涉及国家机关工作人员渎职犯罪。对相关责任人的处理，要根据事故原因、危害后果、主体职责、过错大小等因素，综合考虑全案，正确划分责任，做到罪责刑相适应。

5. 主体平等，确保公正。审理危害生产安全刑事案件，对于所有责任主体，都必须严格落实法律面前人人平等的刑法原则，确保刑罚适用公正，确保裁判效果良好。

三、正确确定责任

6. 审理危害生产安全刑事案件，政府或相关职能部门依法对事故原因、损失大小、责任划分作出的调查认定，经庭审质证后，结合其他证据，可作为责任认定的依据。

7. 认定相关人员是否违反有关安全管理规定，应当根据相关法律、行政法规，参照地方性法规、规章及国家标准、行业标准，必要时可参考公认的惯例和生产经营单位制定的安全生产规章制度、操作规程。

8. 多个原因行为导致生产安全事故发生的，在区分直接原因与间接原因的同时，应当根据原因行为在引发事故中所具作用的大小，分清主要原因与次要原因，确认主要责任和次要责任，合理确定罪责。

一般情况下，对生产、作业负有组织、指挥或者管理职责的负责人、管理人员、实际控制人、投资人，违反有关安全生产管理规定，对重大生产安全事故的发生起决定性、关键性作用的，应当承担主要责任。

对于直接从事生产、作业的人员违反安全管理规定，发生重大生产安全事故的，要综合考虑行为人的从业资格、从业时间、接受安全生产教育培训情况、现场条件、是否受到他人强令作业、生产经营单位执行安全生产规章制度的情况等因素认定责任，不能将直接责任简单等同于主要责任。

对于负有安全生产管理、监督职责的工作人员，应根据其岗位职责、履职依据、履职时间等，综合考察工作职责、监管条件、履职能力、履职情况等，合理确定罪责。

四、准确适用法律

9. 严格把握危害生产安全犯罪与以其他危险方法危害公共安全罪的界限，不应将生产经营中违章违规的故意不加区别地视为对危害后果发生的故意。

10. 以行贿方式逃避安全生产监督管理，或者非法、违法生产、作业，导致发生重大生产安全事故，构成数罪的，依照数罪并罚的规定处罚。

违反安全生产管理规定，非法采矿、破坏性采矿或排放、倾倒、处置有害物质严重污染环境，造成重大伤亡事故或者其他严重后果，同时构成危害生产安全犯罪和破坏环境资源保护犯罪的，依照数罪并罚的规定处罚。

11. 安全事故发生后，负有报告职责的国家工作人员不报或者谎报事故情况，贻误事故抢救，情节严重，构成不报、谎报安全事故罪，同时构成职务犯罪或其他危害生产安全犯罪的，依照数罪并罚的规定处罚。

12. 非矿山生产安全事故中，认定"直接负责的主管人员和其他直接责任人员""负有报告职责的人员"的主体资格，认定构成"重大伤亡事故或者其他严重后果""情节特别恶劣"，不报、谎报事故情况，贻误事故抢救，"情节严重""情节特别严重"等，可参照最高人民法院、最高人民检察院《关于办理危害矿山生产安全刑事案件具体应用法律若干问题的解释》的相关规定。

五、准确把握宽严相济刑事政策

13. 审理危害生产安全刑事案件，应综合考虑生产安全事故所造成的伤亡人数、经济损失、环境污染、社会影响、事故原因与被告人职责的关联程度、被告人主观过错大小、事故发生后被告人的施救表现、履行赔偿责任情况等，正确适用刑罚，确保裁判法律效果和社会效果相统一。

14. 造成《关于办理危害矿山生产安全刑事案件具体应用法律若干问题的解释》第四条规定的"重

大伤亡事故或者其他严重后果",同时具有下列情形之一的,也可以认定为刑法第一百三十四条、第一百三十五条规定的"情节特别恶劣":

(一)非法、违法生产的;

(二)无基本劳动安全设施或未向生产、作业人员提供必要的劳动防护用品,生产、作业人员劳动安全无保障的;

(三)曾因安全生产设施或者安全生产条件不符合国家规定,被监督管理部门处罚或责令改正,一年内再次违规生产致使发生重大生产安全事故的;

(四)关闭、故意破坏必要安全警示设备的;

(五)已发现事故隐患,未采取有效措施,导致发生重大事故的;

(六)事故发生后不积极抢救人员,或者毁灭、伪造、隐藏影响事故调查的证据,或者转移财产逃避责任的;

(七)其他特别恶劣的情节。

15. 相关犯罪中,具有以下情形之一的,依法从重处罚:

(一)国家工作人员违反规定投资入股生产经营企业,构成危害生产安全犯罪的;

(二)贪污贿赂行为与事故发生存在关联性的;

(三)国家工作人员的职务犯罪与事故存在直接因果关系的;

(四)以行贿方式逃避安全生产监督管理,或者非法、违法生产、作业的;

(五)生产安全事故发生后,负有报告职责的国家工作人员不报或者谎报事故情况,贻误事故抢救,尚未构成不报、谎报安全事故罪的;

(六)事故发生后,采取转移、藏匿、毁灭遇难人员尸体,或者毁灭、伪造、隐藏影响事故调查的证据,或者转移财产,逃避责任的;

(七)曾因安全生产设施或者安全生产条件不符合国家规定,被监督管理部门处罚或责令改正,一年内再次违规生产致使发生重大生产安全事故的。

16. 对于事故发生后,积极施救,努力挽回事故损失,有效避免损失扩大;积极配合调查,赔偿受害人损失的,可依法从宽处罚。

六、依法正确适用缓刑和减刑、假释

17. 对于危害后果较轻,在责任事故中不负主要责任,符合法律有关缓刑适用条件的,可以依法适用缓刑,但应注意根据案件具体情况,区别对待,严格控制,避免适用不当造成的负面影响。

18. 对于具有下列情形的被告人,原则上不适用缓刑:

(一)具有本意见第14条、第15条所规定的情形的;

(二)数罪并罚的。

19. 宣告缓刑,可以根据犯罪情况,同时禁止犯罪分子在缓刑考验期限内从事与安全生产有关的特定活动。

20. 办理与危害生产安全犯罪相关的减刑、假释案件,要严格执行刑法、刑事诉讼法和有关司法解释规定。是否决定减刑、假释,既要看罪犯服刑期间的悔改表现,还要充分考虑原判认定的犯罪事实、性质、情节、社会危害程度等情况。

七、加强组织领导,注意协调配合

21. 对于重大、敏感案件,合议庭成员要充分做好庭审前期准备工作,全面、客观掌握案情,确保案件开庭审理稳妥顺利、依法公正。

22. 审理危害生产安全刑事案件,涉及专业技术问题的,应有相关权威部门出具的咨询意见或者司法鉴定意见;可以依法邀请具有相关专业知识的人民陪审员参加合议庭。

23. 对于审判工作中发现的安全生产事故背后的渎职、贪污贿赂等违法犯罪线索,应当依法移送有关部门处理。对于情节轻微,免予刑事处罚的被告人,人民法院可建议有关部门依法给予行政处罚或纪律处分。

24. 被告人具有国家工作人员身份的,案件审结后,人民法院应当及时将生效的裁判文书送达行政监察机关和其他相关部门。

25. 对于造成重大伤亡后果的案件,要充分运用财产保全等法定措施,切实维护被害人依法获得赔偿的权利。对于被告人没有赔偿能力的案件,应当依靠地方党委和政府做好善后安抚工作。

26. 积极参与安全生产综合治理工作。对于审判中发现的安全生产管理方面的突出问题,应当发出司法建议,促使有关部门强化安全生产意识和制度建设,完善事故预防机制,杜绝同类事故发生。

27. 重视做好宣传工作。对于社会关注的典型案件,要重视做好审判情况的宣传报道,规范裁判信息发布,及时回应社会的关切,充分发挥重大、典型案件的教育警示作用。

28. 各级人民法院要在依法履行审判职责的同时,及时总结审判经验,深入开展调查研究,推动审判工作水平不断提高。上级法院要以辖区内发生的重大生产安全责任事故案件为重点,加强对下级法院危害生产安全刑事案件审判工作的监督和指导,适时检查此类案件的审判情况,提出有针对性的指导意见。

最高人民法院、最高人民检察院等部门关于严格依法及时办理危害生产安全刑事案件的通知

（最高人民法院、最高人民检察院、公安部、监察部、国家安全监管总局 2008 年 6 月 6 日以高检会〔2008〕5 号发布）

各省、自治区、直辖市高级人民法院、人民检察院、公安厅（局）、监察厅（局）、安全生产监督管理局，新疆维吾尔自治区高级人民法院生产建设兵团分院、新疆生产建设兵团人民检察院、公安局、监察局、安全生产监督管理局，各省级煤矿安全监察机构：

为充分发挥刑事诉讼活动对预防重大生产安全责任事故的重要作用，维护法律权威，保障人民群众生命财产安全，促进社会和谐稳定，推动经济社会又好又快发展，根据中华人民共和国《刑法》《刑事诉讼法》《安全生产法》《关于办理危害矿山生产安全刑事案件具体应用法律若干问题的解释》和国务院《生产安全事故报告和调查处理条例》等法律法规的规定，现就严格依法及时办理危害生产安全刑事案件的有关事项通知如下：

一、进一步提高对办理危害生产安全刑事案件重要性的认识。各级人民法院、人民检察院、公安机关、监察机关、安全生产监督管理部门和煤矿安全监察机构要从维护法律权威，促进在全社会实现公平正义的高度，充分认识及时、严肃、认真办理危害生产安全刑事案件的重要性和紧迫性，采取更加有效的措施，加大工作力度，提高办案质量和效率，促进生产安全形势持续稳定好转，实现办案的法律效果与社会效果的有机统一。

二、安全生产监督管理部门、煤矿安全监察机构和负有安全生产监督管理职责的有关部门接到事故报告后，应当按规定及时通知公安机关、监察机关、工会和人民检察院。

有关单位和人员要严格履行保护现场和重要痕迹、物证的义务。因抢救人员、防止事故扩大以及疏通交通等原因，需要移动事故现场物件的，应当做出标志，绘制现场简图并做出书面记录，妥善保存现场重要痕迹、物证。任何单位和个人不得破坏事故现场、毁灭相关证据。

相关单位、部门要在事故调查组的统一组织协调下开展调查取证、现场勘验、技术鉴定等工作，查明事故发生的经过、原因、人员伤亡情况及直接经济损失，认定事故的性质和事故责任，在法定期限内完成事故调查处理工作，并将处理意见抄送有关单位、部门。

事故调查过程中，发现涉嫌犯罪的，事故调查组应当及时将有关材料或者复印件移交公安机关、检察机关。

三、公安机关、人民检察院根据事故的性质和造成的危害后果，对涉嫌构成犯罪的，应当按照案件管辖规定，及时立案侦查，采取强制措施和侦查措施。犯罪嫌疑人逃匿的，公安机关应当迅速开展追捕工作。要全面收集证明犯罪嫌疑人有罪无罪以及犯罪情节轻重的证据材料。对容易灭失的痕迹、物证应当首先采取措施提取、固定。

需要有关部门进行鉴定的，公安机关、检察机关应当及时建议事故调查组组织鉴定，也可以自行组织鉴定。事故调查组组织鉴定、或者委托有关部门鉴定、或者公安机关、检察机关自行组织鉴定的，鉴定报告原则上应当自委托或者决定之日起 20 日内作出。不涉及机械、电气、瓦斯、化学、有毒有害物（气）体、锅炉压力容器、起重机械、地质勘察、工程设计与施工质量、火灾以及非法开采、破坏矿产资源量认定等专业技术问题的，不需要进行鉴定，相关事实和证据符合法定条件的，可以逮捕、公诉和审判。

四、人民法院、人民检察院、公安机关在办理危害生产安全刑事案件中应当分工负责，互相配合、互相制约。公安机关对已经被刑事拘留的犯罪嫌疑人，在提请批准逮捕前可以先行通知检察机关，听取检察机关对收集、固定证据和开展技术鉴定工作的意见、建议。检察机关应当加强与公安机关的联系配合，认真做好审查批准逮捕工作。公安机关办理的危害生产安全案件中被采取强制措施的犯罪嫌疑人，如系人民检察院办理的渎职等职务犯罪案件的证人或者同案犯，人民检察院需要对其进行询问或者讯问的，可商公安机关予以配合，公安机关应当予以配合。公安机关办理危害生产安全刑事案件涉及渎职等职务犯罪案件的，如果涉嫌主罪属于公安机关管辖的，由公安机关为主侦查，人民检察院予以配合；如果涉嫌主罪属于人民检察院管辖的，由人民检察院为主侦查，公安机关予以配合。

人民法院、人民检察院和公安机关要坚持以事实为根据，以法律为准绳，贯彻宽严相济的刑事政策，依法从快侦查、审查批准逮捕、审查起诉和审判，尽可能提高办案效率。证明案件事实、性质、危害后果以及犯罪嫌疑人刑事责任的证据具备的，应当提起公诉和审判。不能以变更监视居住、取保候审为名压案不办。

五、加强业务指导和案件督办。上级公安机关、人民检察院对危害生产安全的重特大刑事案件可以直接组织办理，获取主要证据后，指定下级公安机关、人民检察院侦查终结，也可以采取挂牌督办、派员参办等方法，专人负责，全程跟踪。上级公安机关、人民检察院要支持下级机关依法办案，帮助他们排除干扰和阻力，研究解决办案过程中遇到的重大疑难问题。对发案地人民法院、人民检察院、公安机关办理确有困难的案件，上级人民法院、人民检察院、公安机关可以指定管辖、异地交办。

六、人民法院、人民检察院、公安机关、监察机关、安全生产监督管理部门、煤矿安全监察机构，对生产安全责任事故刑事案件的事实、性质认定、证据采信、法律适用以及责任追究有意见分歧的，应当加强协调沟通。协调后意见仍然不一致的，各自向上级机关（部门）报告，由上级机关（部门）协调解决。

公安机关、人民检察院对危害生产安全刑事案件的犯罪嫌疑人采取拘留、逮捕等强制措施的，人民法院作出判决的，应当及时通报事故调查组或者相关职能部门。在案件办理过程中，由于事实、证据或者案件性质发生变化，需要改变原处理决定的，也应当及时通报事故调查组或者相关职能部门。

七、严肃查办谎报瞒报事故行为。对有关单位和个人故意干扰、阻碍办案；或者毁灭、伪造证据、转移藏匿物证书证，或者拒不提供证据资料等违纪违法行为，监察机关要追究直接责任人和有关领导的责任；违反治安管理的，由公安机关进行治安管理处罚；构成犯罪的，依法追究刑事责任。对国家机关工作人员徇私枉法、帮助犯罪分子逃避处罚以及滥用职权、玩忽职守的，检察机关、监察机关要严肃查处；构成犯罪的，依法追究刑事责任。

八、提高工作透明度，主动接受社会监督。生产安全领域刑事案件的调查、判决情况要及时向社会公布，以取信于民。

九、本通知所提出的各项要求适用于《生产安全事故报告和调查处理条例》规定的生产经营活动中发生的造成人身伤亡或者直接经济损失的生产安全事故的报告、调查处理和侦查、公诉、审判工作。环境污染事故、核设施事故、国防科研生产事故的报告、调查处理以及侦查、公诉、审判工作不适用本通知。

最 高 人 民 法 院
最 高 人 民 检 察 院
公　　安　　部
监　　察　　部
国 家 安 全 监 管 总 局
二〇〇八年六月六日

最高人民检察院、公安部关于公安机关管辖的刑事案件立案追诉标准的规定（一）（摘录）

（2008年6月25日最高人民检察院、公安部以公通字〔2008〕36号公布并施行，2017年4月27日以公通字〔2017〕12号修正）

一、危害公共安全案

第八条【重大责任事故案（刑法第一百三十四条第一款）】在生产、作业中违反有关安全管理的规定，涉嫌下列情形之一的，应予立案追诉：

（一）造成死亡一人以上，或者重伤三人以上；

（二）造成直接经济损失五十万元以上的；

（三）发生矿山生产安全事故，造成直接经济损失一百万元以上的；

（四）其他造成严重后果的情形。

第九条【强令违章冒险作业案（刑法第一百三十四条第二款）】强令他人违章冒险作业，涉嫌下列情形之一的，应予立案追诉：

（一）造成死亡一人以上，或者重伤三人以上；

（二）造成直接经济损失五十万元以上的；

（三）发生矿山生产安全事故，造成直接经济损失一百万元以上的；

（四）其他造成严重后果的情形。

第十条【重大劳动安全事故案（刑法第一百三十五条）】安全生产设施或者安全生产条件不符合国家规定，涉嫌下列情形之一的，应予立案追诉：

（一）造成死亡一人以上，或者重伤三人以上；

（二）造成直接经济损失五十万元以上的；

（三）发生矿山生产安全事故，造成直接经济损失一百万元以上的；

（四）其他造成严重后果的情形。

第十一条 【大型群众性活动重大安全事故案（刑法第一百三十五条之一）】举办大型群众性活动违反安全管理规定，涉嫌下列情形之一的，应予立案追诉：

（一）造成死亡一人以上，或者重伤三人以上；

（二）造成直接经济损失五十万元以上的；

（三）其他造成严重后果的情形。

第十二条 【危险物品肇事案（刑法第一百三十六条）】违反爆炸性、易燃性、放射性、毒害性、腐蚀性物品的管理规定，在生产、储存、运输、使用中发生重大事故，涉嫌下列情形之一的，应予立案追诉：

（一）造成死亡一人以上，或者重伤三人以上；

（二）造成直接经济损失五十万元以上的；

（三）其他造成严重后果的情形。

第十三条 【工程重大安全事故案（刑法第一百三十七条）】建设单位、设计单位、施工单位、工程监理单位违反国家规定，降低工程质量标准，涉嫌下列情形之一的，应予立案追诉：

（一）造成死亡一人以上，或者重伤三人以上；

（二）造成直接经济损失五十万元以上的；

（三）其他造成严重后果的情形。

第十四条 【教育设施重大安全事故案（刑法第一百三十八条）】明知校舍或者教育教学设施有危险，而不采取措施或者不及时报告，涉嫌下列情形之一的，应予立案追诉：

（一）造成死亡一人以上、重伤三人以上或者轻伤十人以上的；

（二）其他致使发生重大伤亡事故的情形。

第十五条 【消防责任事故案（刑法第一百三十九条）】违反消防管理法规，经消防监督机构通知采取改正措施而拒绝执行，涉嫌下列情形之一的，应予立案追诉：

（一）造成死亡一人以上，或者重伤三人以上；

（二）造成直接经济损失五十万元以上的；

（三）造成森林火灾；

（四）其他造成严重后果的情形。

第十五条之一 【不报、谎报安全事故案（刑法第一百三十九条之一）】在安全事故发生后，负有报告职责的人员不报或者谎报事故情况，贻误事故抢救，涉嫌下列情形之一的，应予立案追诉：

（一）导致事故后果扩大，增加死亡1人以上，或者增加重伤3人以上，或者增加直接经济损失100万元以上的；

（二）实施下列行为之一，致使不能及时有效开展事故抢救的：

1. 决定不报、迟报、谎报事故情况或者指使、串通有关人员不报、迟报、谎报事故情况的；

2. 在事故抢救期间擅离职守或者逃匿的；

3. 伪造、破坏事故现场，或者转移、藏匿、毁灭遇难人员尸体，或者转移、藏匿受伤人员的；

4. 毁灭、伪造、隐匿与事故有关的图纸、记录、计算机数据等资料以及其他证据的；

（三）其他不报、谎报安全事故情节严重的情形。

本条规定的"负有报告职责的人员"，是指负有组织、指挥或者管理职责的负责人、管理人员、实际控制人、投资人，以及其他负有报告职责的人员。

第六十八条 【非法采矿案（刑法第三百四十三条第一款）】违反矿产资源法的规定，未取得采矿许可证擅自采矿，或者擅自进入国家规划矿区、对国民经济具有重要价值的矿区和他人矿区范围采矿，或者擅自开采国家规定实行保护性开采的特定矿种，涉嫌下列情形之一的，应予立案追诉：

（一）开采的矿产品价值或者造成矿产资源破坏的价值在10万元至30万元以上的；

（二）在国家规划矿区、对国民经济具有重要价值的矿区采矿，开采国家规定实行保护性开采的特定矿种，或者在禁采区、禁采期内采矿，开采的矿产品价值或者造成矿产资源破坏的价值在5万元至15万元以上的；

（三）二年内曾因非法采矿受过两次以上行政处罚，又实施非法采矿行为的；

（四）造成生态环境严重损害的；

（五）其他情节严重的情形。

在河道管理范围内采砂，依据相关规定应当办理河道采砂许可证而未取得河道采砂许可证，或者应当办理河道采砂许可证和采矿许可证，既未取得河道采砂许可证又未取得采矿许可证，具有本条第一款规定的情形之一，或者严重影响河势稳定危害防洪安全的，应予立案追诉。

采挖海砂，未取得海砂开采海域使用权证且未取得采矿许可证，具有本条第一款规定的情形之一，或者造成海岸线严重破坏的，应予立案追诉。

具有下列情形之一的，属于本条规定的"未取得采矿许可证"：

（一）无许可证的；

（二）许可证被注销、吊销、撤销的；
（三）超越许可证规定的矿区范围或者开采范围的；
（四）超出许可证规定的矿种的（共生、伴生矿种除外）；
（五）其他未取得许可证的情形。

多次非法采矿构成犯罪，依法应当追诉的，或者2年内多次非法采矿未经处理的，价值数额累计计算。

非法开采的矿产品价值，根据销赃数额认定；无销赃数额，销赃数额难以查证，或者根据销赃数额认定明显不合理的，根据矿产品价格和数量认定。

矿产品价值难以确定的，依据价格认证机构、省级以上人民政府国土资源、水行政、海洋等主管部门，或者国务院水行政主管部门在国家确定的重要江河、湖泊设立的流域管理机构出具的报告，结合其他证据作出认定。

第六十九条 【破坏性采矿案（刑法第三百四十三条第二款）】违反矿产资源法的规定，采取破坏性的开采方法开采矿产资源，造成矿产资源严重破坏的，价值在三十万至五十万元以上的，应予立案追诉。

本条规定的"采取破坏性的开采方法开采矿产资源"，是指行为人违反地质矿产主管部门审查批准的矿产资源开发利用方案开采矿产资源，并造成矿产资源严重破坏的行为。

破坏性的开采方法以及造成矿产资源严重破坏的价值数额，由省级以上地质矿产主管部门出具鉴定结论，经查证属实后予以认定。

最高人民法院、最高人民检察院关于办理渎职刑事案件适用法律若干问题的解释（一）（摘录）

（2012年7月9日最高人民法院审判委员会第1552次会议、2012年9月12日最高人民检察院第十一届检察委员会第79次会议通过）

为依法惩治渎职犯罪，根据刑法有关规定，现就办理渎职刑事案件适用法律的若干问题解释如下：

第一条 国家机关工作人员滥用职权或者玩忽职守，具有下列情形之一的，应当认定为刑法第三百九十七条规定的"致使公共财产、国家和人民利益遭受重大损失"：

（一）造成死亡1人以上，或者重伤3人以上，或者轻伤9人以上，或者重伤2人、轻伤3人以上，或者重伤1人、轻伤6人以上的；
（二）造成经济损失30万元以上的；
（三）造成恶劣社会影响的；
（四）其他致使公共财产、国家和人民利益遭受重大损失的情形。

具有下列情形之一的，应当认定为刑法第三百九十七条规定的"情节特别严重"：

（一）造成伤亡达到前款第（一）项规定人数3倍以上的；
（二）造成经济损失150万元以上的；
（三）造成前款规定的损失后果，不报、迟报、谎报或者授意、指使、强令他人不报、迟报、谎报事故情况，致使损失后果持续、扩大或者抢救工作延误的；
（四）造成特别恶劣社会影响的；
（五）其他特别严重的情节。

第二条 国家机关工作人员实施滥用职权或者玩忽职守犯罪行为，触犯刑法分则第九章第三百九十八条至第四百一十九条规定的，依照该规定定罪处罚。

国家机关工作人员滥用职权或者玩忽职守，因不具备徇私舞弊等情形，不符合刑法分则第九章第三百九十八条至第四百一十九条的规定，但依法构成第三百九十七条规定的犯罪的，以滥用职权罪或者玩忽职守罪定罪处罚。

第三条 国家机关工作人员实施渎职犯罪并收受贿赂，同时构成受贿罪的，除刑法另有规定外，以渎职犯罪和受贿罪数罪并罚。

第四条 国家机关工作人员实施渎职行为，放纵他人犯罪或者帮助他人逃避刑事处罚，构成犯罪的，依照渎职罪的规定定罪处罚。

国家机关工作人员与他人共谋，利用其职务行为帮助他人实施其他犯罪行为，同时构成渎职犯罪和共谋实施的其他犯罪共犯的，依照处罚较重的规定定罪处罚。

国家机关工作人员与他人共谋，既利用其职务行为帮助他人实施其他犯罪，又以非职务行为与他人共同实施该其他犯罪行为，同时构成渎职犯罪和其他犯罪的共犯的，依照数罪并罚的规定定罪处罚。

第五条 国家机关负责人员违法决定，或者指使、授意、强令其他国家机关工作人员违法履行职务或者不履行职务，构成刑法分则第九章规定的渎职犯罪的,应当依法追究刑事责任。

以"集体研究"形式实施的渎职犯罪,应当依照刑法分则第九章的规定追究国家机关负有责任的人员的刑事责任。对于具体执行人员,应当在综合认定其行为性质、是否提出反对意见、危害结果大小等情节的基础上决定是否追究刑事责任和应当判处的刑罚。

第六条 以危害结果为条件的渎职犯罪的追诉期限,从危害结果发生之日起计算;有数个危害结果的,从最后一个危害结果发生之日起计算。

第七条 依法或者受委托行使国家行政管理职权的公司、企业、事业单位的工作人员,在行使行政管理职权时滥用职权或者玩忽职守,构成犯罪的,应当依照《全国人民代表大会常务委员会关于〈中华人民共和国刑法〉第九章渎职罪主体适用问题的解释》的规定,适用渎职罪的规定追究刑事责任。

第八条 本解释规定的"经济损失",是指渎职犯罪或者与渎职犯罪相关联的犯罪立案时已经实际造成的财产损失,包括为挽回渎职犯罪所造成损失而支付的各种开支、费用等。立案后至提起公诉前持续发生的经济损失,应一并计入渎职犯罪造成的经济损失。

债务人经法定程序被宣告破产,债务人潜逃、去向不明,或者因行为人的责任超过诉讼时效等,致使债权已经无法实现的,无法实现的债权部分应当认定为渎职犯罪的经济损失。

渎职犯罪或者与渎职犯罪相关联的犯罪立案后,犯罪分子及其亲友自行挽回的经济损失,司法机关或者犯罪分子所在单位及其上级主管部门挽回的经济损失,或者因客观原因减少的经济损失,不予扣减,但可以作为酌定从轻处罚的情节。

第九条 负有监督管理职责的国家机关工作人员滥用职权或者玩忽职守,致使不符合安全标准的食品、有毒有害食品、假药、劣药等流入社会,对人民群众生命、健康造成严重危害后果的,依照渎职罪的规定从严惩处。

第十条 最高人民法院、最高人民检察院此前发布的司法解释与本解释不一致的,以本解释为准。

最高人民检察院关于渎职侵权犯罪案件立案标准的规定(摘录)

(2005年12月29日最高人民检察院第十届检察委员会第四十九次会议通过)

根据《中华人民共和国刑法》《中华人民共和国刑事诉讼法》和国家其他法律的有关规定,对国家机关工作人员渎职和利用职权实施的侵犯公民人身权利、民主权利犯罪案件的立案标准规定如下:

一、渎职犯罪案件

(一)滥用职权案(第三百九十七条)

滥用职权罪是指国家机关工作人员中华人民共和国最高人民检察院发布

超越职权,违法决定、处理其无权决定、处理的事项,或者违反规定处理公务,致使公共财产、国家和人民利益遭受重大损失的行为。

涉嫌下列情形之一的,应予立案:

1. 造成死亡1人以上,或者重伤2人以上,或者重伤1人、轻伤3人以上,或者轻伤5人以上的;

2. 导致10人以上严重中毒的;

3. 造成个人财产直接经济损失10万元以上,或者直接经济损失不满10万元,但间接经济损失50万元以上的;

4. 造成公共财产或者法人、其他组织财产直接经济损失20万元以上,或者直接经济损失不满20万元,但间接经济损失100万元以上的;

5. 虽未达到3、4两项数额标准,但3、4两项合计直接经济损失20万元以上,或者合计直接经济损失不满20万元,但合计间接经济损失100万元以上的;

6. 造成公司、企业等单位停业、停产6个月以上,或者破产的;

7. 弄虚作假,不报、缓报、谎报或者授意、指使、强令他人不报、缓报、谎报情况,导致重特大事故危害结果继续、扩大,或者致使抢救、调查、处理工作延误的;

8. 严重损害国家声誉,或者造成恶劣社会影响的;

9. 其他致使公共财产、国家和人民利益遭受重大损失的情形。

国家机关工作人员滥用职权,符合刑法第九章所规定的特殊渎职罪构成要件的,按照该特殊规定追究刑事责任;主体不符合刑法第九章所规定的特殊渎职罪的主体要件,但滥用职权涉嫌前款第1项至第9项规定情形之一的,按照刑法第397条的规定以滥用职权罪追究刑事责任。

(二)玩忽职守案(第三百九十七条)

玩忽职守罪是指国家机关工作人员严重不负责

任,不履行或者不认真履行职责,致使公共财产、国家和人民利益遭受重大损失的行为。

涉嫌下列情形之一的,应予立案:

1. 造成死亡1人以上,或者重伤3人以上,或者重伤2人、轻伤4人以上,或者重伤1人、轻伤7人以上,或者轻伤10人以上的;

2. 导致20人以上严重中毒的;

3. 造成个人财产直接经济损失15万元以上,或者直接经济损失不满15万元,但间接经济损失75万元以上的;

4. 造成公共财产或者法人、其他组织财产直接经济损失30万元以上,或者直接经济损失不满30万元,但间接经济损失150万元以上的;

5. 虽未达到3、4两项数额标准,但3、4两项合计直接经济损失30万元以上,或者合计直接经济损失不满30万元,但合计间接经济损失150万元以上的;

6. 造成公司、企业等单位停业、停产1年以上,或者破产的;

7. 海关、外汇管理部门的工作人员严重不负责任,造成100万美元以上外汇被骗购或者逃汇1000万美元以上的;

8. 严重损害国家声誉,或者造成恶劣社会影响的;

9. 其他致使公共财产、国家和人民利益遭受重大损失的情形。

国家机关工作人员玩忽职守,符合刑法第九章所规定的特殊渎职罪构成要件的,按照该特殊规定追究刑事责任;主体不符合刑法第九章所规定的特殊渎职罪的主体要件,但玩忽职守涉嫌前款第1项至第9项规定情形之一的,按照刑法第397条的规定以玩忽职守罪追究刑事责任。

(五)徇私枉法案(第三百九十九条第一款)

徇私枉法罪是指司法工作人员徇私枉法、徇情枉法,对明知是无罪的人而使他受追诉、对明知是有罪的人而故意包庇不使他受追诉,或者在刑事审判活动中故意违背事实和法律作枉法裁判的行为。

涉嫌下列情形之一的,应予立案:

1. 对明知是没有犯罪事实或者其他依法不应当追究刑事责任的人,采取伪造、隐匿、毁灭证据或者其他隐瞒事实、违反法律的手段,以追究刑事责任为目的立案、侦查、起诉、审判的;

2. 对明知是有犯罪事实需要追究刑事责任的人,采取伪造、隐匿、毁灭证据或者其他隐瞒事实、违反法律的手段,故意包庇使其不受立案、侦查、起诉、审判的;

3. 采取伪造、隐匿、毁灭证据或者其他隐瞒事实、违反法律的手段,故意使罪重的人受较轻的追诉,或者使罪轻的人受较重的追诉的;

4. 在立案后,采取伪造、隐匿、毁灭证据或者其他隐瞒事实、违反法律的手段,应当采取强制措施而不采取强制措施,或者虽然采取强制措施,但中断侦查或者超过法定期限不采取任何措施,实际放任不管,以及违法撤销、变更强制措施,致使犯罪嫌疑人、被告人实际脱离司法机关侦控的;

5. 在刑事审判活动中故意违背事实和法律,作出枉法判决、裁定,即有罪判无罪、无罪判有罪,或者重罪轻判、轻罪重判的;

6. 其他徇私枉法应予追究刑事责任的情形。

(六)民事、行政枉法裁判案(第三百九十九条第二款)

民事、行政枉法裁判罪是指司法工作人员在民事、行政审判活动中,故意违背事实和法律作枉法裁判,情节严重的行为。

涉嫌下列情形之一的,应予立案:

1. 枉法裁判,致使当事人或者其近亲属自杀、自残造成重伤、死亡,或者精神失常的;

2. 枉法裁判,造成个人财产直接经济损失10万元以上,或者直接经济损失不满10万元,但间接经济损失50万元以上的;

3. 枉法裁判,造成法人或者其他组织财产直接经济损失20万元以上,或者直接经济损失不满20万元,但间接经济损失100万元以上的;

4. 伪造、变造有关材料、证据,制造假案枉法裁判的;

5. 串通当事人制造伪证,毁灭证据或者篡改庭审笔录而枉法裁判的;

6. 徇私情、私利,明知是伪造、变造的证据予以采信,或者故意对应当采信的证据不予采信,或者故意违反法定程序,或者故意错误适用法律而枉法裁判的;

7. 其他情节严重的情形。

司法鉴定程序通则

(2016年3月2日司法部令第132号修订发布，自2016年5月1日起施行)

第一章 总 则

第一条 为了规范司法鉴定机构和司法鉴定人的司法鉴定活动，保障司法鉴定质量，保障诉讼活动的顺利进行，根据《全国人民代表大会常务委员会关于司法鉴定管理问题的决定》和有关法律、法规的规定，制定本通则。

第二条 司法鉴定是指在诉讼活动中鉴定人运用科学技术或者专门知识对诉讼涉及的专门性问题进行鉴别和判断并提供鉴定意见的活动。司法鉴定程序是指司法鉴定机构和司法鉴定人进行司法鉴定活动的方式、步骤以及相关规则的总称。

第三条 本通则适用于司法鉴定机构和司法鉴定人从事各类司法鉴定业务的活动。

第四条 司法鉴定机构和司法鉴定人进行司法鉴定活动，应当遵守法律、法规、规章，遵守职业道德和执业纪律，尊重科学，遵守技术操作规范。

第五条 司法鉴定实行鉴定人负责制度。司法鉴定人应当依法独立、客观、公正地进行鉴定，并对自己作出的鉴定意见负责。司法鉴定人不得违反规定会见诉讼当事人及其委托的人。

第六条 司法鉴定机构和司法鉴定人应当保守在执业活动中知悉的国家秘密、商业秘密，不得泄露个人隐私。

第七条 司法鉴定人在执业活动中应当依照有关诉讼法律和本通则规定实行回避。

第八条 司法鉴定收费执行国家有关规定。

第九条 司法鉴定机构和司法鉴定人进行司法鉴定活动应当依法接受监督。对于有违反有关法律、法规、规章规定行为的，由司法行政机关依法给予相应的行政处罚；对于有违反司法鉴定行业规范行为的，由司法鉴定协会给予相应的行业处分。

第十条 司法鉴定机构应当加强对司法鉴定人执业活动的管理和监督。司法鉴定人违反本通则规定的，司法鉴定机构应当予以纠正。

第二章 司法鉴定的委托与受理

第十一条 司法鉴定机构应当统一受理办案机关的司法鉴定委托。

第十二条 委托人委托鉴定的，应当向司法鉴定机构提供真实、完整、充分的鉴定材料，并对鉴定材料的真实性、合法性负责。司法鉴定机构应当核对并记录鉴定材料的名称、种类、数量、性状、保存状况、收到时间等。

诉讼当事人对鉴定材料有异议的，应当向委托人提出。

本通则所称鉴定材料包括生物检材和非生物检材、比对样本材料以及其他与鉴定事项有关的鉴定资料。

第十三条 司法鉴定机构应当自收到委托之日起七个工作日内作出是否受理的决定。对于复杂、疑难或者特殊鉴定事项的委托，司法鉴定机构可以与委托人协商决定受理的时间。

第十四条 司法鉴定机构应当对委托鉴定事项、鉴定材料等进行审查。对属于本机构司法鉴定业务范围，鉴定用途合法，提供的鉴定材料能够满足鉴定需要的，应当受理。

对于鉴定材料不完整、不充分，不能满足鉴定需要的，司法鉴定机构可以要求委托人补充；经补充后能够满足鉴定需要的，应当受理。

第十五条 具有下列情形之一的鉴定委托，司法鉴定机构不得受理：

（一）委托鉴定事项超出本机构司法鉴定业务范围的；

（二）发现鉴定材料不真实、不完整、不充分或者取得方式不合法的；

（三）鉴定用途不合法或者违背社会公德的；

（四）鉴定要求不符合司法鉴定执业规则或者相关鉴定技术规范的；

（五）鉴定要求超出本机构技术条件或者鉴定能力的；

（六）委托人就同一鉴定事项同时委托其他司法鉴定机构进行鉴定的；

（七）其他不符合法律、法规、规章规定的情形。

第十六条 司法鉴定机构决定受理鉴定委托的，应当与委托人签订司法鉴定委托书。司法鉴定委托书应当载明委托人名称、司法鉴定机构名称、委托鉴定事项、是否属于重新鉴定、鉴定用途、与鉴定有关的基本案情、鉴定材料的提供和退还、鉴定风险，以及双方商定的鉴定时限、鉴定费用及收取方式、双方权利义务等其他需要载明的事项。

第十七条 司法鉴定机构决定不予受理鉴定委托的，应当向委托人说明理由，退还鉴定材料。

第三章 司法鉴定的实施

第十八条 司法鉴定机构受理鉴定委托后，应当指定本机构具有该鉴定事项执业资格的司法鉴定人进行鉴定。

委托人有特殊要求的，经双方协商一致，也可以从本机构中选择符合条件的司法鉴定人进行鉴定。

委托人不得要求或者暗示司法鉴定机构、司法鉴定人按其意图或者特定目的提供鉴定意见。

第十九条 司法鉴定机构对同一鉴定事项，应当指定或者选择二名司法鉴定人进行鉴定；对复杂、疑难或者特殊鉴定事项，可以指定或者选择多名司法鉴定人进行鉴定。

第二十条 司法鉴定人本人或者其近亲属与诉讼当事人、鉴定事项涉及的案件有利害关系，可能影响其独立、客观、公正进行鉴定的，应当回避。

司法鉴定人曾经参加过同一鉴定事项鉴定的，或者曾经作为专家提供过咨询意见的，或者曾被聘请为有专门知识的人参与过同一鉴定事项法庭质证的，应当回避。

第二十一条 司法鉴定人自行提出回避的，由其所属的司法鉴定机构决定；委托人要求司法鉴定人回避的，应当向该司法鉴定人所属的司法鉴定机构提出，由司法鉴定机构决定。

委托人对司法鉴定机构作出的司法鉴定人是否回避的决定有异议的，可以撤销鉴定委托。

第二十二条 司法鉴定机构应当建立鉴定材料管理制度，严格监控鉴定材料的接收、保管、使用和退还。

司法鉴定机构和司法鉴定人在鉴定过程中应当严格依照技术规范保管和使用鉴定材料，因严重不负责任造成鉴定材料损毁、遗失的，应当依法承担责任。

第二十三条 司法鉴定人进行鉴定，应当依下列顺序遵守和采用该专业领域的技术标准、技术规范和技术方法：

（一）国家标准；

（二）行业标准和技术规范；

（三）该专业领域多数专家认可的技术方法。

第二十四条 司法鉴定人有权了解进行鉴定所需要的案件材料，可以查阅、复制相关资料，必要时可以询问诉讼当事人、证人。

经委托人同意，司法鉴定机构可以派员到现场提取鉴定材料。现场提取鉴定材料应当由不少于二名司法鉴定机构的工作人员进行，其中至少一名应为该鉴定事项的司法鉴定人。现场提取鉴定材料时，应当有委托人指派或者委托的人员在场见证并在提取记录上签名。

第二十五条 鉴定过程中，需要对无民事行为能力人或者限制民事行为能力人进行身体检查的，应当通知其监护人或者近亲属到场见证；必要时，可以通知委托人到场见证。

对被鉴定人进行法医精神病鉴定的，应当通知委托人或者被鉴定人的近亲属或者监护人到场见证。

对需要进行尸体解剖的，应当通知委托人或者死者的近亲属或者监护人到场见证。

到场见证人员应当在鉴定记录上签名。见证人员未到场的，司法鉴定人不得开展相关鉴定活动，延误时间不计入鉴定时限。

第二十六条 鉴定过程中，需要对被鉴定人身体进行法医临床检查的，应当采取必要措施保护其隐私。

第二十七条 司法鉴定人应当对鉴定过程进行实时记录并签名。记录可以采取笔记、录音、录像、拍照等方式。记录应当载明主要的鉴定方法和过程，检查、检验、检测结果，以及仪器设备使用情况等。记录的内容应当真实、客观、准确、完整、清晰，记录的文本资料、音像资料等应当存入鉴定档案。

第二十八条 司法鉴定机构应当自司法鉴定委托书生效之日起三十个工作日内完成鉴定。

鉴定事项涉及复杂、疑难、特殊技术问题或者鉴定过程需要较长时间的，经本机构负责人批准，完成鉴定的时限可以延长，延长时限一般不得超过三十个工作日。鉴定时限延长的，应当及时告知委托人。

司法鉴定机构与委托人对鉴定时限另有约定的，从其约定。

在鉴定过程中补充或者重新提取鉴定材料所需的时间，不计入鉴定时限。

第二十九条 司法鉴定机构在鉴定过程中，有下列情形之一的，可以终止鉴定：

（一）发现有本通则第十五条第二项至第七项规定情形的；

（二）鉴定材料发生耗损，委托人不能补充提供的；

（三）委托人拒不履行司法鉴定委托书规定的义务、被鉴定人拒不配合或者鉴定活动受到严重干扰，致使鉴定无法继续进行的；

（四）委托人主动撤销鉴定委托，或者委托人、诉讼当事人拒绝支付鉴定费用的；

（五）因不可抗力致使鉴定无法继续进行的；

（六）其他需要终止鉴定的情形。

终止鉴定的，司法鉴定机构应当书面通知委托人，说明理由并退还鉴定材料。

第三十条 有下列情形之一的，司法鉴定机构可以根据委托人的要求进行补充鉴定：

（一）原委托鉴定事项有遗漏的；

（二）委托人就原委托鉴定事项提供新的鉴定材料的；

（三）其他需要补充鉴定的情形。

补充鉴定是原委托鉴定的组成部分，应当由原司法鉴定人进行。

第三十一条 有下列情形之一的，司法鉴定机构可以接受办案机关委托进行重新鉴定：

（一）原司法鉴定人不具有从事委托鉴定事项执业资格的；

（二）原司法鉴定机构超出登记的业务范围组织鉴定的；

（三）原司法鉴定人应当回避没有回避的；

（四）办案机关认为需要重新鉴定的；

（五）法律规定的其他情形。

第三十二条 重新鉴定应当委托原司法鉴定机构以外的其他司法鉴定机构进行；因特殊原因，委托人也可以委托原司法鉴定机构进行，但原司法鉴定机构应当指定原司法鉴定人以外的其他符合条件的司法鉴定人进行。

接受重新鉴定委托的司法鉴定机构的资质条件应当不低于原司法鉴定机构，进行重新鉴定的司法鉴定人中应当至少有一名具有相关专业高级专业技术职称。

第三十三条 鉴定过程中，涉及复杂、疑难、特殊技术问题的，可以向本机构以外的相关专业领域的专家进行咨询，但最终的鉴定意见应当由本机构的司法鉴定人出具。

专家提供咨询意见应当签名，并存入鉴定档案。

第三十四条 对于涉及重大案件或者特别复杂、疑难、特殊技术问题或者多个鉴定类别的鉴定事项，办案机关可以委托司法鉴定行业协会组织协调多个司法鉴定机构进行鉴定。

第三十五条 司法鉴定人完成鉴定后，司法鉴定机构应当指定具有相应资质的人员对鉴定程序和鉴定意见进行复核；对于涉及复杂、疑难、特殊技术问题或者重新鉴定的鉴定事项，可以组织三名以上的专家进行复核。

复核人员完成复核后，应当提出复核意见并签名，存入鉴定档案。

第四章 司法鉴定意见书的出具

第三十六条 司法鉴定机构和司法鉴定人应当按照统一规定的文本格式制作司法鉴定意见书。

第三十七条 司法鉴定意见书应当由司法鉴定人签名。多人参加的鉴定，对鉴定意见有不同意见的，应当注明。

第三十八条 司法鉴定意见书应当加盖司法鉴定机构的司法鉴定专用章。

第三十九条 司法鉴定意见书应当一式四份，三份交委托人收执，一份由司法鉴定机构存档。司法鉴定机构应当按照有关规定或者与委托人约定的方式，向委托人发送司法鉴定意见书。

第四十条 委托人对鉴定过程、鉴定意见提出询问的，司法鉴定机构和司法鉴定人应当给予解释或者说明。

第四十一条 司法鉴定意见书出具后，发现有下列情形之一的，司法鉴定机构可以进行补正：

（一）图像、谱图、表格不清晰的；

（二）签名、盖章或者编号不符合制作要求的；

（三）文字表达有瑕疵或者错别字，但不影响司法鉴定意见的。

补正应当在原司法鉴定意见书上进行，由至少一名司法鉴定人在补正处签名。必要时，可以出具补正书。

对司法鉴定意见书进行补正，不得改变司法鉴定意见的原意。

第四十二条 司法鉴定机构应当按照规定将司法鉴定意见书以及有关资料整理立卷、归档保管。

第五章 司法鉴定人出庭作证

第四十三条 经人民法院依法通知，司法鉴定人应当出庭作证，回答与鉴定事项有关的问题。

第四十四条 司法鉴定机构接到出庭通知后，应当及时与人民法院确认司法鉴定人出庭的时间、地点、人数、费用、要求等。

第四十五条 司法鉴定机构应当支持司法鉴定人出庭作证，为司法鉴定人依法出庭提供必要条件。

第四十六条 司法鉴定人出庭作证，应当举止文明，遵守法庭纪律。

第六章 附 则

第四十七条 本通则是司法鉴定机构和司法鉴定人进行司法鉴定活动应当遵守和采用的一般程序规

则，不同专业领域对鉴定程序有特殊要求的，可以依据本通则制定鉴定程序细则。

第四十八条 本通则所称办案机关，是指办理诉讼案件的侦查机关、审查起诉机关和审判机关。

第四十九条 在诉讼活动之外，司法鉴定机构和司法鉴定人依法开展相关鉴定业务的，参照本通则规定执行。

第五十条 本通则自2016年5月1日起施行。司法部2007年8月7日发布的《司法鉴定程序通则》（司法部第107号令）同时废止。

最高人民法院、最高人民检察院关于办理贪污贿赂刑事案件适用法律若干问题的解释

（2016年3月28日最高人民法院审判委员会第1680次会议、2016年3月25日最高人民检察院第十二届检察委员会第50次会议通过，自2016年4月18日起施行）

为依法惩治贪污贿赂犯罪活动，根据刑法有关规定，现就办理贪污贿赂刑事案件适用法律的若干问题解释如下：

第一条 贪污或者受贿数额在三万元以上不满二十万元的，应当认定为刑法第三百八十三条第一款规定的"数额较大"，依法判处三年以下有期徒刑或者拘役，并处罚金。

贪污数额在一万元以上不满三万元，具有下列情形之一的，应当认定为刑法第三百八十三条第一款规定的"其他较重情节"，依法判处三年以下有期徒刑或者拘役，并处罚金：

（一）贪污救灾、抢险、防汛、优抚、扶贫、移民、救济、防疫、社会捐助等特定款物的；

（二）曾因贪污、受贿、挪用公款受过党纪、行政处分的；

（三）曾因故意犯罪受过刑事追究的；

（四）赃款赃物用于非法活动的；

（五）拒不交待赃款赃物去向或者拒不配合追缴工作，致使无法追缴的；

（六）造成恶劣影响或者其他严重后果的。

受贿数额在一万元以上不满三万元，具有前款第二项至第六项规定的情形之一，或者具有下列情形之一的，应当认定为刑法第三百八十三条第一款规定的"其他较重情节"，依法判处三年以下有期徒刑或者拘役，并处罚金：

（一）多次索贿的；

（二）为他人谋取不正当利益，致使公共财产、国家和人民利益遭受损失的；

（三）为他人谋取职务提拔、调整的。

第二条 贪污或者受贿数额在二十万元以上不满三百万元的，应当认定为刑法第三百八十三条第一款规定的"数额巨大"，依法判处三年以上十年以下有期徒刑，并处罚金或者没收财产。

贪污数额在十万元以上不满二十万元，具有本解释第一条第二款规定的情形之一的，应当认定为刑法第三百八十三条第一款规定的"其他严重情节"，依法判处三年以上十年以下有期徒刑，并处罚金或者没收财产。

受贿数额在十万元以上不满二十万元，具有本解释第一条第三款规定的情形之一的，应当认定为刑法第三百八十三条第一款规定的"其他严重情节"，依法判处三年以上十年以下有期徒刑，并处罚金或者没收财产。

第三条 贪污或者受贿数额在三百万元以上的，应当认定为刑法第三百八十三条第一款规定的"数额特别巨大"，依法判处十年以上有期徒刑、无期徒刑或者死刑，并处罚金或者没收财产。

贪污数额在一百五十万元以上不满三百万元，具有本解释第一条第二款规定的情形之一的，应当认定为刑法第三百八十三条第一款规定的"其他特别严重情节"，依法判处十年以上有期徒刑、无期徒刑或者死刑，并处罚金或者没收财产。

受贿数额在一百五十万元以上不满三百万元，具有本解释第一条第三款规定的情形之一的，应当认定为刑法第三百八十三条第一款规定的"其他特别严重情节"，依法判处十年以上有期徒刑、无期徒刑或者死刑，并处罚金或者没收财产。

第四条 贪污、受贿数额特别巨大，犯罪情节特别严重、社会影响特别恶劣、给国家和人民利益造成特别重大损失的，可以判处死刑。

符合前款规定的情形，但具有自首、立功，如实供述自己罪行、真诚悔罪、积极退赃，或者避免、减少损害结果的发生等情节，不是必须立即执行的，可以判处死刑缓期二年执行。

符合第一款规定情形的，根据犯罪情节等情况可以判处死刑缓期二年执行，同时裁判决定在其死刑缓

期执行二年期满依法减为无期徒刑后，终身监禁，不得减刑、假释。

第五条 挪用公款归个人使用，进行非法活动，数额在三万元以上的，应当依照刑法第三百八十四条的规定以挪用公款罪追究刑事责任；数额在三百万元以上的，应当认定为刑法第三百八十四条第一款规定的"数额巨大"。具有下列情形之一的，应当认定为刑法第三百八十四条第一款规定的"情节严重"：

（一）挪用公款数额在一百万元以上的；

（二）挪用救灾、抢险、防汛、优抚、扶贫、移民、救济特定款物，数额在五十万元以上不满一百万元的；

（三）挪用公款不退还，数额在五十万元以上不满一百万元的；

（四）其他严重的情节。

第六条 挪用公款归个人使用，进行营利活动或者超过三个月未还，数额在五万元以上的，应当认定为刑法第三百八十四条第一款规定的"数额较大"；数额在五百万元以上的，应当认定为刑法第三百八十四条第一款规定的"数额巨大"。具有下列情形之一的，应当认定为刑法第三百八十四条第一款规定的"情节严重"：

（一）挪用公款数额在二百万元以上的；

（二）挪用救灾、抢险、防汛、优抚、扶贫、移民、救济特定款物，数额在一百万元以上不满二百万元的；

（三）挪用公款不退还，数额在一百万元以上不满二百万元的；

（四）其他严重的情节。

第七条 为谋取不正当利益，向国家工作人员行贿，数额在三万元以上的，应当依照刑法第三百九十条的规定以行贿罪追究刑事责任。

行贿数额在一万元以上不满三万元，具有下列情形之一的，应当依照刑法第三百九十条的规定以行贿罪追究刑事责任：

（一）向三人以上行贿的；

（二）将违法所得用于行贿的；

（三）通过行贿谋取职务提拔、调整的；

（四）向负有食品、药品、安全生产、环境保护等监督管理职责的国家工作人员行贿，实施非法活动的；

（五）向司法工作人员行贿，影响司法公正的；

（六）造成经济损失数额在五十万元以上不满一百万元的。

第八条 犯行贿罪，具有下列情形之一的，应当认定为刑法第三百九十条第一款规定的"情节严重"：

（一）行贿数额在一百万元以上不满五百万元的；

（二）行贿数额在五十万元以上不满一百万元，并具有本解释第七条第二款第一项至第五项规定的情形之一的；

（三）其他严重的情节。

为谋取不正当利益，向国家工作人员行贿，造成经济损失数额在一百万元以上不满五百万元的，应当认定为刑法第三百九十条第一款规定的"使国家利益遭受重大损失"。

第九条 犯行贿罪，具有下列情形之一的，应当认定为刑法第三百九十条第一款规定的"情节特别严重"：

（一）行贿数额在五百万元以上的；

（二）行贿数额在二百五十万元以上不满五百万元，并具有本解释第七条第二款第一项至第五项规定的情形之一的；

（三）其他特别严重的情节。

为谋取不正当利益，向国家工作人员行贿，造成经济损失数额在五百万元以上的，应当认定为刑法第三百九十条第一款规定的"使国家利益遭受特别重大损失"。

第十条 刑法第三百八十八条之一规定的利用影响力受贿罪的定罪量刑适用标准，参照本解释关于受贿罪的规定执行。

刑法第三百九十条之一规定的对有影响力的人行贿罪的定罪量刑适用标准，参照本解释关于行贿罪的规定执行。

单位对有影响力的人行贿数额在二十万元以上的，应当依照刑法第三百九十条之一的规定以对有影响力的人行贿罪追究刑事责任。

第十一条 刑法第一百六十三条规定的非国家工作人员受贿罪、第二百七十一条规定的职务侵占罪中的"数额较大""数额巨大"的数额起点，按照本解释关于受贿罪、贪污罪相对应的数额标准规定的二倍、五倍执行。

刑法第二百七十二条规定的挪用资金罪中的"数额较大""数额巨大"以及"进行非法活动"情形的数额起点，按照本解释关于挪用公款罪"数额较大""情节严重"以及"进行非法活动"的数额标准规定的二倍执行。

刑法第一百六十四条第一款规定的对非国家工作人员行贿罪中的"数额较大""数额巨大"的数额起

点,按照本解释第七条、第八条第一款关于行贿罪的数额标准规定的二倍执行。

第十二条 贿赂犯罪中的"财物",包括货币、物品和财产性利益。财产性利益包括可以折算为货币的物质利益如房屋装修、债务免除等,以及需要支付货币的其他利益如会员服务、旅游等。后者的犯罪数额,以实际支付或者应当支付的数额计算。

第十三条 具有下列情形之一的,应当认定为"为他人谋取利益",构成犯罪的,应当依照刑法关于受贿犯罪的规定定罪处罚:

(一)实际或者承诺为他人谋取利益的;

(二)明知他人有具体请托事项的;

(三)履职时未被请托,但事后基于该履职事由收受他人财物的。

国家工作人员索取、收受具有上下级关系的下属或者具有行政管理关系的被管理人员的财物价值三万元以上,可能影响职权行使的,视为承诺为他人谋取利益。

第十四条 根据行贿犯罪的事实、情节,可能被判处三年有期徒刑以下刑罚的,可以认定为刑法第三百九十条第二款规定的"犯罪较轻"。

根据犯罪的事实、情节,已经或者可能被判处十年有期徒刑以上刑罚的,或者案件在本省、自治区、直辖市或者全国范围内有较大影响的,可以认定为刑法第三百九十条第二款规定的"重大案件"。

具有下列情形之一的,可以认定为刑法第三百九十条第二款规定的"对侦破重大案件起关键作用":

(一)主动交待办案机关未掌握的重大案件线索的;

(二)主动交待的犯罪线索不属于重大案件的线索,但该线索对于重大案件侦破有重要作用的;

(三)主动交待行贿事实,对于重大案件的证据收集有重要作用的;

(四)主动交待行贿事实,对于重大案件的追逃、追赃有重要作用的。

第十五条 对多次受贿未经处理的,累计计算受贿数额。

国家工作人员利用职务上的便利为请托人谋取利益前后多次收受请托人财物,受请托之前收受的财物数额在一万元以上的,应当一并计入受贿数额。

第十六条 国家工作人员出于贪污、受贿的故意,非法占有公共财物、收受他人财物之后,将赃款赃物用于单位公务支出或者社会捐赠的,不影响贪污罪、受贿罪的认定,但量刑时可以酌情考虑。

特定关系人索取、收受他人财物,国家工作人员知道后未退还或者上交的,应当认定国家工作人员具有受贿故意。

第十七条 国家工作人员利用职务上的便利,收受他人财物,为他人谋取利益,同时构成受贿罪和刑法分则第三章第三节、第九章规定的渎职犯罪的,除刑法另有规定外,以受贿罪和渎职犯罪数罪并罚。

第十八条 贪污贿赂犯罪分子违法所得的一切财物,应当依照刑法第六十四条的规定予以追缴或者责令退赔,对被害人的合法财产应当及时返还。对尚未追缴到案或者尚未足额退赔的违法所得,应当继续追缴或者责令退赔。

第十九条 对贪污罪、受贿罪判处三年以下有期徒刑或者拘役的,应当并处十万元以上五十万元以下的罚金;判处三年以上十年以下有期徒刑的,应当并处二十万元以上犯罪数额二倍以下的罚金或者没收财产;判处十年以上有期徒刑或者无期徒刑的,应当并处五十万元以上犯罪数额二倍以下的罚金或者没收财产。

对刑法规定并处罚金的其他贪污贿赂犯罪,应当在十万元以上犯罪数额二倍以下判处罚金。

第二十条 本解释自2016年4月18日起施行。最高人民法院、最高人民检察院此前发布的司法解释与本解释不一致的,以本解释为准。

第二部分

行业领域有关规定

一、有关法律法规及文件

1. 矿山安全

中华人民共和国矿山安全法

（1992年11月7日第七届全国人民代表大会常务委员会第二十八次会议通过，1992年11月7日中华人民共和国主席令第65号公布　根据2009年8月27日中华人民共和国主席令第18号《全国人民代表大会常务委员会关于修改部分法律的决定》修正）

第一章　总　则

第一条　为了保障矿山生产安全，防止矿山事故，保护矿山职工人身安全，促进采矿业的发展，制定本法。

第二条　在中华人民共和国领域和中华人民共和国管辖的其他海域从事矿产资源开采活动，必须遵守本法。

第三条　矿山企业必须具有保障安全生产的设施，建立、健全安全管理制度，采取有效措施改善职工劳动条件，加强矿山安全管理工作，保证安全生产。

第四条　国务院劳动行政主管部门对全国矿山安全工作实施统一监督。

县级以上地方各级人民政府劳动行政主管部门对本行政区域内的矿山安全工作实施统一监督。

县级以上人民政府管理矿山企业的主管部门对矿山安全工作进行管理。

第五条　国家鼓励矿山安全科学技术研究，推广先进技术，改进安全设施，提高矿山安全生产水平。

第六条　对坚持矿山安全生产，防止矿山事故，参加矿山抢险救护，进行矿山安全科学技术研究方面取得显著成绩的单位和个人，给予奖励。

第二章　矿山建设的安全保障

第七条　矿山建设工程的安全设施必须和主体工程同时设计、同时施工、同时投入生产和使用。

第八条　矿山建设工程的设计文件，必须符合矿山安全规程和行业技术规范，并按照国家规定经管理矿山企业的主管部门批准；不符合矿山安全规程和行业技术规范的，不得批准。

矿山建设工程安全设施的设计必须有劳动行政主管部门参加审查。

矿山安全规程和行业技术规范，由国务院管理矿山企业的主管部门制定。

第九条　矿山设计下列项目必须符合矿山安全规程和行业技术规范：

（一）矿井的通风系统和供风量、风质、风速；

（二）露天矿的边坡角和台阶的宽度、高度；

（三）供电系统；

（四）提升、运输系统；

（五）防水、排水系统和防火、灭火系统；

（六）防瓦斯系统和防尘系统；

（七）有关矿山安全的其他项目。

第十条　每个矿井必须有两个以上能行人的安全出口，出口之间的直线水平距离必须符合矿山安全规程和行业技术规范。

第十一条　矿山必须有与外界相通的、符合安全要求的运输和通信设施。

第十二条　矿山建设工程必须按照管理矿山企业的主管部门批准的设计文件施工。

矿山建设工程安全设施竣工后，由管理矿山企业的主管部门验收，并须有劳动行政主管部门参加；不符合矿山安全规程和行业技术规范的，不得验收，不得投入生产。

第三章　矿山开采的安全保障

第十三条　矿山开采必须具备保障安全生产的条件，执行开采不同矿种的矿山安全规程和行业技术规范。

第十四条　矿山设计规定保留的矿柱、岩柱，在规定的期限内，应当予以保护，不得开采或者毁坏。

第十五条　矿山使用的有特殊安全要求的设备、

器材、防护用品和安全检测仪器，必须符合国家安全标准或者行业安全标准；不符合国家安全标准或者行业安全标准的，不得使用。

第十六条 矿山企业必须对机电设备及其防护装置、安全检测仪器，定期检查、维修，保证使用安全。

第十七条 矿山企业必须对作业场所中的有毒有害物质和井下空气含氧量进行检测，保证符合安全要求。

第十八条 矿山企业必须对下列危害安全的事故隐患采取预防措施：

（一）冒顶、片帮、边坡滑落和地表塌陷；

（二）瓦斯爆炸、煤尘爆炸；

（三）冲击地压、瓦斯突出、井喷；

（四）地面和井下的火灾、水害；

（五）爆破器材和爆破作业发生的危害；

（六）粉尘、有毒有害气体、放射性物质和其他有害物质引起的危害；

（七）其他危害。

第十九条 矿山企业对使用机械、电气设备，排土场、矸石山、尾矿库和矿山闭坑后可能引起的危害，应当采取预防措施。

第四章 矿山企业的安全管理

第二十条 矿山企业必须建立、健全安全生产责任制。

矿长对本企业的安全生产工作负责。

第二十一条 矿长应当定期向职工代表大会或者职工大会报告安全生产工作，发挥职工代表大会的监督作用。

第二十二条 矿山企业职工必须遵守有关矿山安全的法律、法规和企业规章制度。

矿山企业职工有权对危害安全的行为，提出批评、检举和控告。

第二十三条 矿山企业工会依法维护职工生产安全的合法权益，组织职工对矿山安全工作进行监督。

第二十四条 矿山企业违反有关安全的法律、法规，工会有权要求企业行政方面或者有关部门认真处理。

矿山企业召开讨论有关安全生产的会议，应当有工会代表参加，工会有权提出意见和建议。

第二十五条 矿山企业工会发现企业行政方面违章指挥、强令工人冒险作业或者生产过程中发现明显重大事故隐患和职业危害，有权提出解决的建议；发现危及职工生命安全的情况时，有权向矿山企业行政方面建议组织职工撤离危险现场，矿山企业行政方面必须及时作出处理决定。

第二十六条 矿山企业必须对职工进行安全教育、培训；未经安全教育、培训的，不得上岗作业。

矿山企业安全生产的特种作业人员必须接受专门培训，经考核合格取得操作资格证书的，方可上岗作业。

第二十七条 矿长必须经过考核，具备安全专业知识，具有领导安全生产和处理矿山事故的能力。

矿山企业安全工作人员必须具备必要的安全专业知识和矿山安全工作经验。

第二十八条 矿山企业必须向职工发放保障安全生产所需的劳动防护用品。

第二十九条 矿山企业不得录用未成年人从事矿山井下劳动。

矿山企业对女职工按照国家规定实行特殊劳动保护，不得分配女职工从事矿山井下劳动。

第三十条 矿山企业必须制定矿山事故防范措施，并组织落实。

第三十一条 矿山企业应当建立由专职或者兼职人员组成的救护和医疗急救组织，配备必要的装备、器材和药物。

第三十二条 矿山企业必须从矿产品销售额中按照国家规定提取安全技术措施专项费用。安全技术措施专项费用必须全部用于改善矿山安全生产条件，不得挪作他用。

第五章 矿山安全的监督和管理

第三十三条 县级以上各级人民政府劳动行政主管部门对矿山安全工作行使下列监督职责：

（一）检查矿山企业和管理矿山企业的主管部门贯彻执行矿山安全法律、法规的情况；

（二）参加矿山建设工程安全设施的设计审查和竣工验收；

（三）检查矿山劳动条件和安全状况；

（四）检查矿山企业职工安全教育、培训工作；

（五）监督矿山企业提取和使用安全技术措施专项费用的情况；

（六）参加并监督矿山事故的调查和处理；

（七）法律、行政法规规定的其他监督职责。

第三十四条 县级以上人民政府管理矿山企业的主管部门对矿山安全工作行使下列管理职责：

（一）检查矿山企业贯彻执行矿山安全法律、法规的情况；

（二）审查批准矿山建设工程安全设施的设计；

（三）负责矿山建设工程安全设施的竣工验收；

（四）组织矿长和矿山企业安全工作人员的培训工作；

（五）调查和处理重大矿山事故；

（六）法律、行政法规规定的其他管理职责。

第三十五条　劳动行政主管部门的矿山安全监督人员有权进入矿山企业，在现场检查安全状况；发现有危及职工安全的紧急险情时，应当要求矿山企业立即处理。

第六章　矿山事故处理

第三十六条　发生矿山事故，矿山企业必须立即组织抢救，防止事故扩大，减少人员伤亡和财产损失，对伤亡事故必须立即如实报告劳动行政主管部门和管理矿山企业的主管部门。

第三十七条　发生一般矿山事故，由矿山企业负责调查和处理。

发生重大矿山事故，由政府及其有关部门、工会和矿山企业按照行政法规的规定进行调查和处理。

第三十八条　矿山企业对矿山事故中伤亡的职工按照国家规定给予抚恤或者补偿。

第三十九条　矿山事故发生后，应当尽快消除现场危险，查明事故原因，提出防范措施。现场危险消除后，方可恢复生产。

第七章　法律责任

第四十条　违反本法规定，有下列行为之一的，由劳动行政主管部门责令改正，可以并处罚款；情节严重的，提请县级以上人民政府决定责令停产整顿；对主管人员和直接责任人员由其所在单位或者上级主管机关给予行政处分：

（一）未对职工进行安全教育、培训，分配职工上岗作业的；

（二）使用不符合国家安全标准或者行业安全标准的设备、器材、防护用品、安全检测仪器的；

（三）未按照规定提取或者使用安全技术措施专项费用的；

（四）拒绝矿山安全监督人员现场检查或者在被检查时隐瞒事故隐患、不如实反映情况的；

（五）未按照规定及时、如实报告矿山事故的。

第四十一条　矿长不具备安全专业知识的，安全生产的特种作业人员未取得操作资格证书上岗作业的，由劳动行政主管部门责令限期改正；逾期不改正的，提请县级以上人民政府决定责令停产，调整配备合格人员后，方可恢复生产。

第四十二条　矿山建设工程安全设施的设计未经允准擅自施工的，由管理矿山企业的主管部门责令停止施工；拒不执行的，由管理矿山企业的主管部门提请县级以上人民政府决定由有关主管部门吊销其采矿许可证和营业执照。

第四十三条　矿山建设工程的安全设施未经验收或者验收不合格擅自投入生产的，由劳动行政主管部门会同管理矿山企业的主管部门责令停止生产，并由劳动行政主管部门处以罚款；拒不停止生产的，由劳动行政主管部门提请县级以上人民政府决定由有关主管部门吊销其采矿许可证和营业执照。

第四十四条　已经投入生产的矿山企业，不具备安全生产条件而强行开采的，由劳动行政主管部门会同管理矿山企业的主管部门责令限期改进；逾期仍不具备安全生产条件的，由劳动行政主管部门提请县级以上人民政府决定责令停产整顿或者由有关主管部门吊销其采矿许可证和营业执照。

第四十五条　当事人对行政处罚决定不服的，可以在接到处罚决定通知之日起十五日内向作出处罚决定的机关的上一级机关申请复议；当事人也可以在接到处罚决定通知之日起十五日内直接向人民法院起诉。

复议机关应当在接到复议申请之日起六十日内作出复议决定。当事人对复议决定不服的，可以在接到复议决定之日起十五日内向人民法院起诉。复议机关逾期不作出复议决定的，当事人可以在复议期满之日起十五日内向人民法院起诉。

当事人逾期不申请复议也不向人民法院起诉、又不履行处罚决定的，作出处罚决定的机关可以申请人民法院强制执行。

第四十六条　矿山企业主管人员违章指挥、强令工人冒险作业，因而发生重大伤亡事故的，依照刑法有关规定追究刑事责任。

第四十七条　矿山企业主管人员对矿山事故隐患不采取措施，因而发生重大伤亡事故的，依照刑法有关规定追究刑事责任。

第四十八条　矿山安全监督人员和安全管理人员滥用职权，玩忽职守、徇私舞弊，构成犯罪的，依法追究刑事责任；不构成犯罪的，给予行政处分。

第八章　附　则

第四十九条　国务院劳动行政主管部门根据本法制定实施条例，报国务院批准施行。

省、自治区、直辖市人民代表大会常务委员会可以根据本法和本地区的实际情况，制定实施办法。

第五十条　本法自一九九三年五月一日起施行。

中华人民共和国矿山安全法实施条例

(1995年10月11日国务院批准，1996年10月30日劳动部令第4号发布)

第一章 总 则

第一条 根据《中华人民共和国矿山安全法》(以下简称《矿山安全法》)，制定本条例。

第二条 《矿山安全法》及本条例中下列用语的含义：

矿山，是指在依法批准的矿区范围内从事矿产资源开采活动的场所及其附属设施。

矿产资源开采活动，是指在依法批准的矿区范围内从事矿产资源勘探和矿山建设、生产、闭坑及有关活动。

第三条 国家采取政策和措施，支持发展矿山安全教育，鼓励矿山安全开采技术、安全管理方法、安全设备与仪器的研究和推广，促进矿山安全科学技术进步。

第四条 各级人民政府、政府有关部门或者企业事业单位对有下列情形之一的单位和个人，按照国家有关规定给予奖励：

（一）在矿山安全管理和监督工作中，忠于职守，作出显著成绩的；

（二）防止矿山事故或者抢险救护有功的；

（三）在推广矿山安全技术、改进矿山安全设施方面，作出显著成绩的；

（四）在矿山安全生产方面提出合理化建议，效果显著的；

（五）在改善矿山劳动条件或者预防矿山事故方面有发明创造和科研成果，效果显著的。

第二章 矿山建设的安全保障

第五条 矿山设计使用的地质勘探报告书，应当包括下列技术资料：

（一）较大的断层、破碎带、滑坡、泥石流的性质和规模；

（二）含水层（包括溶洞）和隔水层的岩性、层厚、产状，含水层之间、地面水和地下水之间的水力联系，地下水的潜水位、水质、水量和流向，地面水流系统和有关水利工程的疏水能力以及当地历年降水量和最高洪水位；

（三）矿山设计范围内原有小窑、老窑的分布范围、开采深度和积水情况；

（四）沼气、二氧化碳赋存情况，矿物自然发火和矿尘爆炸的可能性；

（五）对人体有害的矿物组分、含量和变化规律，勘探区至少一年的天然放射性本底数据；

（六）地温异常和热水矿区的岩石热导率、地温梯度、热水来源、水温、水压和水量，以及圈定的热害区范围；

（七）工业、生活用水的水源和水质；

（八）钻孔封孔资料；

（九）矿山设计需要的其他资料。

第六条 编制矿山建设项目的可行性研究报告和总体设计，应当对矿山开采的安全条件进行论证。

矿山建设项目的初步设计，应当编制安全专篇。安全专篇的编写要求，由国务院劳动行政主管部门规定。

第七条 根据《矿山安全法》第八条的规定，矿山建设单位在向管理矿山企业的主管部门报送审批矿山建设工程安全设施设计文件时，应当同时报送劳动行政主管部门审查；没有劳动行政主管部门的审查意见，管理矿山企业的主管部门不得批准。

经批准的矿山建设工程安全设施设计需要修改时，应当征求原参加审查的劳动行政主管部门的意见。

第八条 矿山建设工程应当按照经批准的设计文件施工，保证施工质量；工程竣工后，应当按照国家有关规定申请验收。

建设单位应当在验收前60日向管理矿山企业的主管部门、劳动行政主管部门报送矿山建设工程安全设施施工、竣工情况的综合报告。

第九条 管理矿山企业的主管部门、劳动行政主管部门应当自收到建设单位报送的矿山建设工程安全设施施工、竣工情况的综合报告之日起30日内，对矿山建设工程的安全设施进行检查；不符合矿山安全规程、行业技术规范的，不得验收，不得投入生产或者使用。

第十条 矿山应当有保障安全生产、预防事故和职业危害的安全设施，并符合下列基本要求：

（一）每个矿井至少有两个独立的能行人的直达地面的安全出口。矿井的每个生产水平（中段）和各个采区（盘区）至少有两个能行人的安全出口，并与直达地面的出口相通。

（二）每个矿井有抽立的采用机械通风的通风系统，保证井下作业场所有足够的风量；但是，小型非沼气矿井在保证井下作业场所所需风量的前提下，可以采用自然通风。

（三）井巷断面能满足行人、运输、通风和安全设施、设备的安装、维修及施工需要。

（四）井巷支护和采场顶板管理能保证作业场所的安全。

（五）相邻矿井之间、矿井与露天矿之间、矿井与老窑之间留有足够的安全隔离矿柱。矿山井巷布置留有足够的保障井上和井下安全的矿柱或者岩柱。

（六）露天矿山的阶段高度、平台宽度和边坡角能满足安全作业和边坡稳定的需要。船采沙矿的采池边界与地面建筑物、设备之间有足够的安全距离。

（七）有地面和井下的防水、排水系统，有防止地表水泄入井下和露天采场的措施。

（八）溜矿井有防止和处理堵塞的安全措施。

（九）有自然发火可能性的矿井，主要运输巷道布置在岩层或者不易自然发火的矿层内，并采用预防性灌浆或者其他有效的预防自然发火的措施。

（十）矿山地面消防设施符合国家有关消防的规定。矿井有防灭火设施和器材。

（十一）地面及井下供配电系统符合国家有关规定。

（十二）矿山提升运输设备、装置及设施符合下列要求：

1. 钢丝绳、连接装置、提升容器以及保险链有足够的安全系数；

2. 提升容器与井壁、罐道梁之间及两个提升容器之间有足够的间隙；

3. 提升绞车和提升容器有可靠的安全保护装置；

4. 电机车、架线、轨道的选型能满足安全要求；

5. 运送人员的机械设备有可靠的安全保护装置；

6. 提升运输设备有灵敏可靠的信号装置。

（十三）每个矿井有防尘供水系统。地面和井下所有产生粉尘的作业地点有综合防尘措施。

（十四）有瓦斯、矿尘爆炸可能性的矿井，采用防爆电器设备，并采取防尘和隔爆措施。

（十五）开采放射性矿物的矿井，符合下列要求：

1. 矿井进风量和风质能满足降氡的需要，避免串联通风和污风循环；

2. 主要进风道开在矿脉之外，穿矿脉或者岩体裂隙发育的进风巷道有防止氡析出的措施；

3. 采用后退式回采；

4. 能防止井下污水散流，并采取封闭的排放污水系统。

（十六）矿山储存爆破材料的场所符合国家有关规定。

（十七）排土场、矸石山有防止发生泥石流和其他危害的安全措施，尾矿库有防止溃坝等事故的安全设施。

（十八）有防止山体滑坡和因采矿活动引起地表塌陷造成危害的预防措施。

（十九）每个矿井配置足够数量的通风检测仪表和有毒有害气体与井下环境检测仪器。开采有瓦斯突出的矿井，装备监测系统或者检测仪器。

（二十）有与外界相通的、符合安全要求的运输设施和通信设施。

（二十一）有更衣室、浴室等设施。

第三章　矿山开采的安全保障

第十一条　采掘作业应当编制作业规程，规定保证作业人员安全的技术措施和组织措施，并在情况变化时及时予以修改和补充。

第十二条　矿山开采应当有下列图纸资料：

（一）地质图（包括水文地质图和工程地质图）；

（二）矿山总布置图和矿井井上、井下对照图；

（三）矿井、巷道、采场布置图；

（四）矿山生产和安全保障的主要系统图。

第十三条　矿山企业应当在采矿许可证批准的范围开采，禁止越层、越界开采。

第十四条　矿山使用的下列设备、器材、防护用品和安全检测仪器，应当符合国家安全标准或者行业安全标准；不符合国家安全标准或者行业安全标准的，不得使用：

（一）采掘、支护、装载、运输、提升、通风、排水、瓦斯抽放、压缩空气和起重设备；

（二）电动机、变压器、配电柜、电器开关、电控装置；

（三）爆破器材、通信器材、矿灯、电缆、钢丝绳、支护材料、防火材料；

（四）各种安全卫生检测仪器仪表；

（五）自救器、安全帽、防尘防毒口罩或者面罩、防护服、防护鞋等防护用品和救护设备；

（六）经有关主管部门认定的其他有特殊安全要求的设备和器材。

第十五条　矿山企业应当对机电设备及其防护装置、安全检测仪器定期检查、维修，并建立技术档案，保证使用安全。

非负责设备运行的人员，不得操作设备。非值班电气人员，不得进行电气作业。操作电气设备的人员，应当有可靠的绝缘保护。检修电气设备时，不得带电作业。

第十六条 矿山作业场所空气中的有毒有害物质的浓度，不得超过国家标准或者行业标准；矿山企业应当按照国家规定的方法，按照下列要求定期检测：

（一）粉尘作业点，每月至少检测两次；

（二）三硝基甲苯作业点，每月至少检测一次；

（三）放射性物质作业点，每月至少检测三次；

（四）其他有毒有害物质作业点，井下每月至少检测一次，地面每季度至少检测一次；

（五）采用个体采样方法检测呼吸性粉尘的，每季度至少检测一次。

第十七条 井下采掘作业，必须按照作业规程的规定管理顶帮。采掘作业通过地质破碎带或者其他顶帮破碎地点时，应当加强支护。

露天采剥作业，应当按照设计规定，控制采剥工作面的阶段高度、宽度、边坡角和最终边坡角。采剥作业和排土作业，不得对深部或者邻近井巷造成危害。

第十八条 煤矿和其他有瓦斯爆炸可能性的矿井，应当严格执行瓦斯检查制度，任何人不得携带烟草和点火用具下井。

第十九条 在下列条件下从事矿山开采，应当编制专门设计文件，并报管理矿山企业的主管部门批准：

（一）有瓦斯突出的；

（二）有冲击地压的；

（三）在需要保护的建筑物、构筑物和铁路下面开采的；

（四）在水体下面开采的；

（五）在地温异常或者有热水涌出的地区开采的。

第二十条 有自然发火可能性的矿井，应当采取下列措施：

（一）及时清出采场浮矿和其他可燃物质，回采结束后及时封闭采空区；

（二）采取防火灌浆或者其他有效的预防自然发火的措施；

（三）定期检查井巷和采区封闭情况，测定可能自然发火地点的温度和风量；定期检测火区内的温度、气压和空气成分。

第二十一条 井下采掘作业遇下列情形之一时，应当探水前进：

（一）接近承压含水层或者含水的断层、流砂层、砾石层、溶洞、陷落柱时；

（二）接近与地表水体相通的地质破碎带或者接近连通承压层的未封钻孔时；

（三）接近积水的老窑、旧巷或者灌过泥浆的采空区时；

（四）发现有出水征兆时；

（五）掘开隔离矿柱或者岩柱放水时。

第二十二条 井下风量、风质、风速和作业环境的气候，必须符合矿山安全规程的规定。

采掘工作面进风风流中，按照体积计算，氧气不得低于20%，二氧化碳不得超过0.5%。

井下作业地点的空气温度不得超过28℃；超过时，应当采取降温或者其他防护措施。

第二十三条 开采放射性矿物的矿井，必须采取下列措施，减少氡气析出量：

（一）及时封闭采空区和已经报废或者暂时不用的井巷；

（二）用留矿法作业的采场采用下行通风；

（三）严格管理井下污水。

第二十四条 矿山的爆破作业和爆破材料的制造、储存、运输、试验及销毁，必须严格执行国家有关规定。

第二十五条 矿山企业对地面、井下产生粉尘的作业，应当采取综合防尘措施，控制粉尘危害。

井下风动凿岩，禁止干打眼。

第二十六条 矿山企业应当建立、健全对地面陷落区、排土场、矸石山、尾矿库的检查和维护制度；对可能发生的危害，应当采取预防措施。

第二十七条 矿山企业应当按照国家有关规定关闭矿山，对关闭矿山后可能引起的危害采取预防措施。关闭矿山报告应当包括下列内容：

（一）采掘范围及采空区处理情况；

（二）对矿井采取的封闭措施；

（三）对其他不安全因素的处理办法。

第四章 矿山企业的安全管理

第二十八条 矿山企业应当建立、健全下列安全生产责任制：

（一）行政领导岗位安全生产责任制；

（二）职能机构安全生产责任制；

（三）岗位人员的安全生产责任制。

第二十九条 矿长（含矿务局局长、矿山公司经理，下同）对本企业的安全生产工作负有下列责任：

（一）认真贯彻执行《矿山安全法》和本条例以及其他法律、法规中有关矿山安全生产的规定；

（二）制定本企业安全生产管理制度；

（三）根据需要配备合格的安全工作人员，对每个作业场所进行跟班检查；

（四）采取有效措施，改善职工劳动条件，保证安全生产所需要的材料、设备、仪器和劳动防护用品的及时供应；

（五）依照本条例的规定，对职工进行安全教育、培训；

（六）制定矿山灾害的预防和应急计划；

（七）及时采取措施，处理矿山存在的事故隐患；

（八）及时、如实向劳动行政主管部门和管理矿山企业的主管部门报告矿山事故。

第三十条　矿山企业应当根据需要，设置安全机构或者配备专职安全工作人员。专职安全工作人员应当经过培训，具备必要的安全专业知识和矿山安全工作经验，能胜任现场安全检查工作。

第三十一条　矿长应当定期向职工代表大会或者职工大会报告下列事项，接受民主监督：

（一）企业安全生产重大决策；

（二）企业安全技术措施计划及其执行情况；

（三）职工安全教育、培训计划及其执行情况；

（四）职工提出的改善劳动条件的建议和要求的处理情况；

（五）重大事故处理情况；

（六）有关安全生产的其他重要事项。

第三十二条　矿山企业职工享有下列权利：

（一）有权获得作业场所安全与职业危害方面的信息；

（二）有权向有关部门和工会组织反映矿山安全状况和存在的问题；

（三）对任何危害职工安全健康的决定和行为，有权提出批评、检举和控告。

第三十三条　矿山企业职工应当履行下列义务：

（一）遵守有关矿山安全的法律、法规和企业规章制度；

（二）维护矿山企业的生产设备、设施；

（三）接受安全教育和培训；

（四）及时报告危险情况，参加抢险救护。

第三十四条　矿山企业工会有权督促企业行政方面加强职工的安全教育、培训工作，开展安全宣传活动，提高职工的安全生产意识和技术素质。

第三十五条　矿山企业应当按照下列规定对职工进行安全教育、培训：

（一）新进矿山的井下作业职工，接受安全教育、培训的时间不得少于72小时，考试合格后，必须在有安全工作经验的职工带领下工作满4个月，然后经再次考核合格，方可独立工作；

（二）新进露天矿的职工，接受安全教育、培训的时间不得少于40小时，经考试合格后，方可上岗作业；

（三）对调换工种和采用新工艺作业的人员，必须重新培训，经考试合格后，方可上岗作业；

（四）所有生产作业人员，每年接受在职安全教育、培训的时间不少于20小时。

职工安全教育、培训期间，矿山企业应当支付工资。

职工安全教育、培训情况和考核结果，应当记录存档。

第三十六条　矿山企业对职工的安全教育、培训，应当包括下列内容：

（一）《矿山安全法》及本条例赋予矿山职工的权利与义务；

（二）矿山安全规程及矿山企业有关安全管理的规章制度；

（三）与职工本职工作有关的安全知识；

（四）各种事故征兆的识别、发生紧急危险情况时的应急措施和撤退路线；

（五）自救装备的使用和有关急救方面的知识；

（六）有关主管部门规定的其他内容。

第三十七条　瓦斯检查工、爆破工、通风工、信号工、拥罐工、电工、金属焊接（切割）工、矿井泵工、瓦斯抽放工、主扇风机操作工、主提升机操作工、绞车操作工、输送机操作工、尾矿工、安全检查工和矿内机动车司机等特种作业人员应当接受专门技术培训，经考核合格取得操作资格证书后，方可上岗作业。特种作业人员的考核、发证工作按照国家有关规定执行。

第三十八条　对矿长安全资格的考核，应当包括下列内容：

（一）《矿山安全法》和有关法律、法规及矿山安全规程；

（二）矿山安全知识；

（三）安全生产管理能力；

（四）矿山事故处理能力；

（五）安全生产业绩。

第三十九条　矿山企业向职工发放的劳动防护用品应当是经过鉴定和检验合格的产品。劳动防护用品的发放标准由国务院劳动行政主管部门制定。

第四十条　矿山企业应当每年编制矿山灾害预防和应急计划；在每季度末，应当根据实际情况对计划及时进行修改，制定相应的措施。

矿山企业应当使每个职工熟悉矿山灾害预防和应急计划，并且每年至少组织一次矿山救灾演习。

矿山企业应当根据国家有关规定，按照不同作业场所的要求，设置矿山安全标志。

第四十一条 矿山企业应当建立由专职的或者兼职的人员组成的矿山救护和医疗急救组织。不具备单独建立专业救护和医疗急救组织的小型矿山企业，除应当建立兼职的救护和医疗急救组织外，还应当与邻近的有专业的救护和医疗急救组织的矿山企业签订救护和急救协议，或者与邻近的矿山企业联合建立专业救护和医疗急救组织。

矿山救护和医疗急救组织应当有固定场所、训练器械和训练场地。

矿山救护和医疗急救组织的规模和装备标准，由国务院管理矿山企业的有关主管部门规定。

第四十二条 矿山企业必须按照国家规定的安全条件进行生产，并安排一部分资金，用于下列改善矿山安全生产条件的项目：

（一）预防矿山事故的安全技术措施；

（二）预防职业危害的劳动卫生技术措施；

（三）职工的安全培训；

（四）改善矿山安全生产条件的其他技术措施。

前款所需资金，由矿山企业按矿山维简费的20%的比例据实列支；没有矿山维简费的矿山企业，按固定资产折旧费的20%的比例据实列支。

第五章 矿山安全的监督和管理

第四十三条 县级以上各级人民政府劳动行政主管部门，应当根据矿山安全监督工作的实际需要，配备矿山安全监督人员。

矿山安全监督人员必须熟悉矿山安全技术知识，具有矿山安全工作经验，能胜任矿山安全检查工作。

矿山安全监督证件和专用标志由国务院劳动行政主管部门统一制作。

第四十四条 矿山安全监督人员在执行职务时，有权进入现场检查，参加有关会议，无偿调阅有关资料，向有关单位和人员了解情况。

矿山安全监督人员进入现场检查，发现有危及职工安全健康的情况时，有权要求矿山企业立即改正或者限期解决；情况紧急时，有权要求矿山企业立即停止作业，从危险区内撤出作业人员。

劳动行政主管部门可以委托检测机构对矿山作业场所和危险性较大的在用设备、仪器、器材进行抽检。

劳动行政主管部门对检查中发现的违反《矿山安全法》和本条例以及其他法律、法规有关矿山安全的规定的情况，应当依法提出处理意见。

第四十五条 矿山安全监督人员执行公务时，应当出示矿山安全监督证件，秉公执法，并遵守有关规定。

第六章 矿山事故处理

第四十六条 矿山发生事故后，事故现场有关人员应当立即报告矿长或者有关主管人员；矿长或者有关主管人员接到事故报告后，必须立即采取有效措施，组织抢救，防止事故扩大，尽力减少人员伤亡和财产损失。

第四十七条 矿山发生重伤、死亡事故后，矿山企业应当在24小时内如实向劳动行政主管部门和管理矿山企业的主管部门报告。

第四十八条 劳动行政主管部门和管理矿山企业的主管部门接到死亡事故或者一次重伤3人以上的事故报告后，应当立即报告本级人民政府，并报各自的上一级主管部门。

第四十九条 发生伤亡事故，矿山企业和有关单位应当保护事故现场；因抢救事故，需要移动现场部分物品时，必须做出标志，绘制事故现场图，并详细记录；在消除现场危险，采取防范措施后，方可恢复生产。

第五十条 矿山事故发生后，有关部门应当按照国家有关规定，进行事故调查处理。

第五十一条 矿山事故调查处理工作应当自事故发生之日起90日内结束；遇有特殊情况，可以适当延长，但是不得超过180日。矿山事故处理结案后，应当公布处理结果。

第七章 法律责任

第五十二条 依照《矿山安全法》第四十条规定处以罚款的，分别按照下列规定执行：

（一）未对职工进行安全教育、培训，分配职工上岗作业的，处4万元以下的罚款；

（二）使用不符合国家安全标准或者行业安全标准的设备、器材、防护用品和安全检测仪器的，处5万元以下的罚款；

（三）未按照规定提取或者使用安全技术措施专项费用的，处5万元以下的罚款；

（四）拒绝矿山安全监督人员现场检查或者在被检查时隐瞒事故隐患，不如实反映情况的，处2万元以下的罚款；

（五）未按照规定及时、如实报告矿山事故的，处3万元以下的罚款。

第五十三条 依照《矿山安全法》第四十三条规定处以罚款的，罚款幅度为 5 万元以上 10 万元以下。

第五十四条 违反本条例第十五条、第十六条、第十七条、第十八条、第十九条、第二十条、第二十一条、第二十二条、第二十三条、第二十五条规定的，由劳动行政主管部门责令改正，可以处 2 万元以下的罚款。

第五十五条 当事人收到罚款通知书后，应当在 15 日内到指定的金融机构缴纳罚款；逾期不缴纳的，自逾期之日起每日加收 3‰的滞纳金。

第五十六条 矿山企业主管人员有下列行为之一，造成矿山事故的，按照规定给予纪律处分；构成犯罪的，由司法机关依法追究刑事责任：

（一）违章指挥、强令工人违章、冒险作业的；

（二）对工人屡次违章作业熟视无睹，不加制止的；

（三）对重大事故预兆或者已发现的隐患不及时采取措施的；

（四）不执行劳动行政主管部门的监督指令或者不采纳有关部门提出的整顿意见，造成严重后果的。

第八章 附 则

第五十七条 国务院管理矿山企业的主管部门根据《矿山安全法》和本条例修订或者制定的矿山安全规程和行业技术规范，报国务院劳动行政主管部门备案。

第五十八条 石油天然气开采的安全规定，由国务院劳动行政主管部门会同石油工业主管部门制定，报国务院批准后施行。

第五十九条 本条例自发布之日起施行。

煤矿安全监察条例

（2000 年 11 月 7 日国务院令第 296 号公布 根据 2013 年 7 月 18 日国务院令第 638 号《国务院关于废止和修改部分行政法规的决定》修订）

第一章 总 则

第一条 为了保障煤矿安全，规范煤矿安全监察工作，保护煤矿职工人身安全和身体健康，根据煤炭法、矿山安全法、第九届全国人民代表大会第一次会议通过的国务院机构改革方案和国务院关于煤矿安全监察体制的决定，制定本条例。

第二条 国家对煤矿安全实行监察制度。国务院决定设立的煤矿安全监察机构按照国务院规定的职责，依照本条例的规定对煤矿实施安全监察。

第三条 煤矿安全监察机构依法行使职权，不受任何组织和个人的非法干涉。

煤矿及其有关人员必须接受并配合煤矿安全监察机构依法实施的安全监察，不得拒绝、阻挠。

第四条 地方各级人民政府应当加强煤矿安全管理工作，支持和协助煤矿安全监察机构依法对煤矿实施安全监察。

煤矿安全监察机构应当及时向有关地方人民政府通报煤矿安全监察的有关情况，并可以提出加强和改善煤矿安全管理的建议。

第五条 煤矿安全监察应当以预防为主，及时发现和消除事故隐患，有效纠正影响煤矿安全的违法行为，实行安全监察与促进安全管理相结合、教育与惩处相结合。

第六条 煤矿安全监察应当依靠煤矿职工和工会组织。

煤矿职工对事故隐患或者影响煤矿安全的违法行为有权向煤矿安全监察机构报告或者举报。煤矿安全监察机构对报告或者举报有功人员给予奖励。

第七条 煤矿安全监察机构及其煤矿安全监察人员应当依法履行安全监察职责。任何单位和个人对煤矿安全监察机构及其煤矿安全监察人员的违法违纪行为，有权向上级煤矿安全监察机构或者有关机关检举和控告。

第二章 煤矿安全监察机构及其职责

第八条 本条例所称煤矿安全监察机构，是指国家煤矿安全监察机构和在省、自治区、直辖市设立的煤矿安全监察机构（以下简称地区煤矿安全监察机构）及其在大中型矿区设立的煤矿安全监察办事处。

第九条 地区煤矿安全监察机构及其煤矿安全监察办事处负责对划定区域内的煤矿实施安全监察；煤矿安全监察办事处在国家煤矿安全监察机构规定的权限范围内，可以对违法行为实施行政处罚。

第十条 煤矿安全监察机构设煤矿安全监察员。煤矿安全监察员应当公道、正派，熟悉煤矿安全法律、法规和规章，具有相应的专业知识和相关的工作经验，并经考试录用。

煤矿安全监察员的具体管理办法由国家煤矿安全监察机构商国务院有关部门制定。

第十一条 地区煤矿安全监察机构、煤矿安全监察办事处应当对煤矿实施经常性安全检查；对事故多发地区的煤矿，应当实施重点安全检查。国家煤矿安全监察机构根据煤矿安全工作的实际情况，组织对全国煤矿的全面安全检查或者重点安全抽查。

第十二条 地区煤矿安全监察机构、煤矿安全监察办事处应当对每个煤矿建立煤矿安全监察档案。煤矿安全监察人员对每次安全检查的内容、发现的问题及其处理情况，应当做详细记录，并由参加检查的煤矿安全监察人员签名后归档。

第十三条 地区煤矿安全监察机构、煤矿安全监察办事处应当每15日分别向国家煤矿安全监察机构、地区煤矿安全监察机构报告一次煤矿安全监察情况；有重大煤矿安全问题的，应当及时采取措施并随时报告。

国家煤矿安全监察机构应当定期公布煤矿安全监察情况。

第十四条 煤矿安全监察人员履行安全监察职责，有权随时进入煤矿作业场所进行检查，调阅有关资料，参加煤矿安全生产会议，向有关单位或者人员了解情况。

第十五条 煤矿安全监察人员在检查中发现影响煤矿安全的违法行为，有权当场予以纠正或者要求限期改正；对依法应当给予行政处罚的行为，由煤矿安全监察机构依照行政处罚法和本条例规定的程序作出决定。

第十六条 煤矿安全监察人员进行现场检查时，发现存在事故隐患的，有权要求煤矿立即消除或者限期解决；发现威胁职工生命安全的紧急情况时，有权要求立即停止作业，下达立即从危险区内撤出作业人员的命令，并立即将紧急情况和处理措施报告煤矿安全监察机构。

第十七条 煤矿安全监察机构在实施安全监察过程中，发现煤矿存在的安全问题涉及有关地方人民政府或其有关部门的，应当向有关地方人民政府或其有关部门提出建议，并向上级人民政府或其有关部门报告。

第十八条 煤矿发生伤亡事故的，由煤矿安全监察机构负责组织调查处理。

煤矿安全监察机构组织调查处理事故，应当依照国家规定的事故调查程序和处理办法进行。

第十九条 煤矿安全监察机构及其煤矿安全监察人员不得接受煤矿的任何馈赠、报酬、福利待遇，不得在煤矿报销任何费用，不得参加煤矿安排、组织或者支付费用的宴请、娱乐、旅游、出访等活动，不得借煤矿安全监察工作在煤矿为自己、亲友或者他人谋取利益。

第三章　煤矿安全监察内容

第二十条 煤矿安全监察机构对煤矿执行煤炭法、矿山安全法和其他有关煤矿安全的法律、法规以及国家安全标准、行业安全标准、煤矿安全规程和行业技术规范的情况实施监察。

第二十一条 煤矿建设工程设计必须符合煤矿安全规程和行业技术规范的要求。煤矿建设工程安全设施设计必须经煤矿安全监察机构审查同意；未经审查同意的，不得施工。

煤矿安全监察机构审查煤矿建设工程安全设施设计，应当自收到申请审查的设计资料之日起30日内审查完毕，签署同意或者不同意的意见，并书面答复。

第二十二条 煤矿建设工程竣工后或者投产前，应当经煤矿安全监察机构对其安全设施和条件进行验收；未经验收或者验收不合格的，不得投入生产。

煤矿安全监察机构对煤矿建设工程安全设施和条件进行验收，应当自收到申请验收文件之日起30日内验收完毕，签署合格或者不合格的意见，并书面答复。

第二十三条 煤矿安全监察机构应当监督煤矿制定事故预防和应急计划，并检查煤矿制定的发现和消除事故隐患的措施及其落实情况。

第二十四条 煤矿安全监察机构发现煤矿矿井通风、防火、防水、防瓦斯、防毒、防尘等安全设施和条件不符合国家安全标准、行业安全标准、煤矿安全规程和行业技术规范要求的，应当责令立即停止作业或者责令限期达到要求。

第二十五条 煤矿安全监察机构发现煤矿进行独眼井开采的，应当责令关闭。

第二十六条 煤矿安全监察机构发现煤矿作业场所有下列情形之一的，应当责令立即停止作业，限期改正；有关煤矿或其作业场所经复查合格的，方可恢复作业：

（一）未使用专用防爆电器设备的；

（二）未使用专用放炮器的；

（三）未使用人员专用升降容器的；

（四）使用明火明电照明的。

第二十七条 煤矿安全监察机构对煤矿安全技术措施专项费用的提取和使用情况进行监督，对未依法提取或者使用的，应当责令限期改正。

第二十八条 煤矿安全监察机构发现煤矿矿井使用的设备、器材、仪器、仪表、防护用品不符合国家安全标准或者行业安全标准的,应当责令立即停止使用。

第二十九条 煤矿安全监察机构发现煤矿有下列情形之一的,应当责令限期改正:

(一)未依法建立安全生产责任制的;

(二)未设置安全生产机构或者配备安全生产人员的;

(三)矿长不具备安全专业知识的;

(四)特种作业人员未取得资格证书上岗作业的;

(五)分配职工上岗作业前,未进行安全教育、培训的;

(六)未向职工发放保障安全生产所需的劳动防护用品的。

第三十条 煤矿安全监察人员发现煤矿作业场所的瓦斯、粉尘或者其他有毒有害气体的浓度超过国家安全标准或者行业安全标准的,煤矿擅自开采保安煤柱的,或者采用危及相邻煤矿生产安全的决水、爆破、贯通巷道等危险方法进行采矿作业的,应当责令立即停止作业,并将有关情况报告煤矿安全监察机构。

第三十一条 煤矿安全监察人员发现煤矿矿长或者其他主管人员违章指挥工人或者强令工人违章、冒险作业,或者发现工人违章作业的,应当立即纠正或者责令立即停止作业。

第三十二条 煤矿安全监察机构及其煤矿安全监察人员履行安全监察职责,向煤矿有关人员了解情况时,有关人员应当如实反映情况,不得提供虚假情况,不得隐瞒本煤矿存在的事故隐患以及其他安全问题。

第三十三条 煤矿安全监察机构依照本条例的规定责令煤矿限期解决事故隐患、限期改正影响煤矿安全的违法行为或者限期使安全设施和条件达到要求的,应当在限期届满时及时对煤矿的执行情况进行复查并签署复查意见;经有关煤矿申请,也可以在限期内进行复查并签署复查意见。

煤矿安全监察机构及其煤矿安全监察人员依照本条例的规定责令煤矿立即停止作业,责令立即停止使用不符合国家安全标准或者行业安全标准的设备、器材、仪器、仪表、防护用品,或者责令关闭矿井的,应当对煤矿的执行情况随时进行检查。

第三十四条 煤矿安全监察机构及其煤矿安全监察人员履行安全监察职责,应当出示安全监察证件。发出安全监察指令,应当采用书面通知形式;紧急情况下需要采取紧急处置措施,来不及书面通知的,应当随后补充书面通知。

第四章 罚 则

第三十五条 煤矿建设工程安全设施设计未经煤矿安全监察机构审查同意,擅自施工的,由煤矿安全监察机构责令停止施工;拒不执行的,由煤矿安全监察机构移送地质矿产主管部门依法吊销采矿许可证。

第三十六条 煤矿建设工程安全设施和条件未经验收或者验收不合格,擅自投入生产的,由煤矿安全监察机构责令停止生产,处5万元以上10万元以下的罚款;拒不停止生产的,由煤矿安全监察机构移送地质矿产主管部门依法吊销采矿许可证。

第三十七条 煤矿矿井通风、防火、防水、防瓦斯、防毒、防尘等安全设施和条件不符合国家安全标准、行业安全标准、煤矿安全规程和行业技术规范的要求,经煤矿安全监察机构责令限期达到要求,逾期仍达不到要求的,由煤矿安全监察机构责令停产整顿;经停产整顿仍不具备安全生产条件的,由煤矿安全监察机构决定吊销安全生产许可证,并移送地质矿产主管部门依法吊销采矿许可证。

第三十八条 煤矿作业场所未使用专用防爆电器设备、专用放炮器、人员专用升降容器或者使用明火明电照明,经煤矿安全监察机构责令限期改正,逾期不改正的,由煤矿安全监察机构责令停产整顿,可以处3万元以下的罚款。

第三十九条 未依法提取或者使用煤矿安全技术措施专项费用,或者使用不符合国家安全标准或者行业安全标准的设备、器材、仪器、仪表、防护用品,经煤矿安全监察机构责令限期改正或者责令立即停止使用,逾期不改正或者不立即停止使用的,由煤矿安全监察机构处5万元以下的罚款;情节严重的,由煤矿安全监察机构责令停产整顿;对直接负责的主管人员和其他直接责任人员,依法给予纪律处分。

第四十条 煤矿矿长不具备安全专业知识,或者特种作业人员未取得操作资格证书上岗作业,经煤矿安全监察机构责令限期改正,逾期不改正的,责令停产整顿;调整配备合格人员并经复查合格后,方可恢复生产。

第四十一条 分配职工上岗作业前未进行安全教育、培训,经煤矿安全监察机构责令限期改正,逾期不改正的,由煤矿安全监察机构处4万元以下的罚款;情节严重的,由煤矿安全监察机构责令停产整顿;对直接负责的主管人员和其他直接责任人员,依法给予纪律处分。

第四十二条 煤矿作业场所的瓦斯、粉尘或者其他有毒有害气体的浓度超过国家安全标准或者行业安全标准，经煤矿安全监察人员责令立即停止作业，拒不停止作业的，由煤矿安全监察机构责令停产整顿，可以处10万元以下的罚款。

第四十三条 擅自开采保安煤柱，或者采用危及相邻煤矿生产安全的决水、爆破、贯通巷道等危险方法进行采矿作业，经煤矿安全监察人员责令立即停止作业，拒不停止作业的，由煤矿安全监察机构决定吊销安全生产许可证，并移送地质矿产主管部门依法吊销采矿许可证；构成犯罪的，依法追究刑事责任；造成损失的，依法承担赔偿责任。

第四十四条 煤矿矿长或者其他主管人员有下列行为之一的，由煤矿安全监察机构给予警告；造成严重后果，构成犯罪的，依法追究刑事责任：

（一）违章指挥工人或者强令工人违章、冒险作业的；

（二）对工人屡次违章作业熟视无睹，不加制止的；

（三）对重大事故预兆或者已发现的事故隐患不及时采取措施的；

（四）拒不执行煤矿安全监察机构及其煤矿安全监察人员的安全监察指令的。

第四十五条 煤矿有关人员拒绝、阻碍煤矿安全监察机构及其煤矿安全监察人员现场检查，或者提供虚假情况，或者隐瞒存在的事故隐患以及其他安全问题的，由煤矿安全监察机构给予警告，可以并处5万元以上10万元以下的罚款；情节严重的，由煤矿安全监察机构责令停产整顿；对直接负责的主管人员和其他直接责任人员，依法给予撤职直至开除的纪律处分。

第四十六条 煤矿发生事故，有下列情形之一的，由煤矿安全监察机构给予警告，可以并处3万元以上15万元以下的罚款；情节严重的，由煤矿安全监察机构责令停产整顿；对直接负责的主管人员和其他直接责任人员，依法给予降级直至开除的纪律处分；构成犯罪的，依法追究刑事责任：

（一）不按照规定及时、如实报告煤矿事故的；

（二）伪造、故意破坏煤矿事故现场的；

（三）阻碍、干涉煤矿事故调查工作，拒绝接受调查取证、提供有关情况和资料的。

第四十七条 依照本条例规定被吊销采矿许可证的，由工商行政管理部门依法相应吊销营业执照。

第四十八条 煤矿安全监察人员滥用职权、玩忽职守、徇私舞弊，应当发现而没有发现煤矿事故隐患或者影响煤矿安全的违法行为，或者发现事故隐患或者影响煤矿安全的违法行为不及时处理或者报告，或者有违反本条例第十九条规定行为之一，构成犯罪的，依法追究刑事责任；尚不构成犯罪的，依法给予行政处分。

第五章 附　　则

第四十九条 未设立地区煤矿安全监察机构的省、自治区、直辖市，省、自治区、直辖市人民政府可以指定有关部门依照本条例的规定对本行政区域内的煤矿实施安全监察。

第五十条 本条例自2000年12月1日起施行。

2. 危险物品安全及相关

危险化学品安全管理条例

（2002年1月26日国务院令第344号公布　2011年2月16日国务院第144次常务会议第一次修订　根据2013年12月7日国务院令第645号发布的《国务院关于修改部分行政法规的决定》第二次修订）

第一章 总　　则

第一条 为了加强危险化学品的安全管理，预防和减少危险化学品事故，保障人民群众生命财产安全，保护环境，制定本条例。

第二条 危险化学品生产、储存、使用、经营和运输的安全管理，适用本条例。

废弃危险化学品的处置，依照有关环境保护的法律、行政法规和国家有关规定执行。

第三条 本条例所称危险化学品，是指具有毒害、腐蚀、爆炸、燃烧、助燃等性质，对人体、设施、环境具有危害的剧毒化学品和其他化学品。

危险化学品目录，由国务院安全生产监督管理部门会同国务院工业和信息化、公安、环境保护、卫生、质量监督检验检疫、交通运输、铁路、民用航空、农业主管部门，根据化学品危险特性的鉴别和分类标准确定、公布，并适时调整。

第四条 危险化学品安全管理，应当坚持安全第

一、预防为主、综合治理的方针，强化和落实企业的主体责任。

生产、储存、使用、经营、运输危险化学品的单位（以下统称危险化学品单位）的主要负责人对本单位的危险化学品安全管理工作全面负责。

危险化学品单位应当具备法律、行政法规规定和国家标准、行业标准要求的安全条件，建立、健全安全管理规章制度和岗位安全责任制度，对从业人员进行安全教育、法制教育和岗位技术培训。从业人员应当接受教育和培训，考核合格后上岗作业；对有资格要求的岗位，应当配备依法取得相应资格的人员。

第五条 任何单位和个人不得生产、经营、使用国家禁止生产、经营、使用的危险化学品。

国家对危险化学品的使用有限制性规定的，任何单位和个人不得违反限制性规定使用危险化学品。

第六条 对危险化学品的生产、储存、使用、经营、运输实施安全监督管理的有关部门（以下统称负有危险化学品安全监督管理职责的部门），依照下列规定履行职责：

（一）安全生产监督管理部门负责危险化学品安全监督管理综合工作，组织确定、公布、调整危险化学品目录，对新建、改建、扩建生产、储存危险化学品（包括使用长输管道输送危险化学品，下同）的建设项目进行安全条件审查，核发危险化学品安全生产许可证、危险化学品安全使用许可证和危险化学品经营许可证，并负责危险化学品登记工作。

（二）公安机关负责危险化学品的公共安全管理，核发剧毒化学品购买许可证、剧毒化学品道路运输通行证，并负责危险化学品运输车辆的道路交通安全管理。

（三）质量监督检验检疫部门负责核发危险化学品及其包装物、容器（不包括储存危险化学品的固定式大型储罐，下同）生产企业的工业产品生产许可证，并依法对其产品质量实施监督，负责对进出口危险化学品及其包装实施检验。

（四）环境保护主管部门负责废弃危险化学品处置的监督管理，组织危险化学品的环境危害性鉴定和环境风险程度评估，确定实施重点环境管理的危险化学品，负责危险化学品环境管理登记和新化学物质环境管理登记；依照职责分工调查相关危险化学品环境污染事故和生态破坏事件，负责危险化学品事故现场的应急环境监测。

（五）交通运输主管部门负责危险化学品道路运输、水路运输的许可以及运输工具的安全管理，对危险化学品水路运输安全实施监督，负责危险化学品道路运输企业、水路运输企业驾驶人员、船员、装卸管理人员、押运人员、申报人员、集装箱装箱现场检查员的资格认定。铁路监管部门负责危险化学品铁路运输及其运输工具的安全管理。民用航空主管部门负责危险化学品航空运输以及航空运输企业及其运输工具的安全管理。

（六）卫生主管部门负责危险化学品毒性鉴定的管理，负责组织、协调危险化学品事故受伤人员的医疗卫生救援工作。

（七）工商行政管理部门依据有关部门的许可证件，核发危险化学品生产、储存、经营、运输企业营业执照，查处危险化学品经营企业违法采购危险化学品的行为。

（八）邮政管理部门负责依法查处寄递危险化学品的行为。

第七条 负有危险化学品安全监督管理职责的部门依法进行监督检查，可以采取下列措施：

（一）进入危险化学品作业场所实施现场检查，向有关单位和人员了解情况，查阅、复制有关文件、资料；

（二）发现危险化学品事故隐患，责令立即消除或者限期消除；

（三）对不符合法律、行政法规、规章规定或者国家标准、行业标准要求的设施、设备、装置、器材、运输工具，责令立即停止使用；

（四）经本部门主要负责人批准，查封违法生产、储存、使用、经营危险化学品的场所，扣押违法生产、储存、使用、经营、运输的危险化学品以及用于违法生产、使用、运输危险化学品的原材料、设备、运输工具；

（五）发现影响危险化学品安全的违法行为，当场予以纠正或责令限期改正。负有危险化学品安全监督管理职责的部门依法进行监督检查，监督检查人员不得少于2人，并应当出示执法证件；有关单位和个人对依法进行的监督检查应当予以配合，不得拒绝、阻碍。

第八条 县级以上人民政府应当建立危险化学品安全监督管理工作协调机制，支持、督促负有危险化学品安全监督管理职责的部门依法履行职责，协调、解决危险化学品安全监督管理工作中的重大问题。

负有危险化学品安全监督管理职责的部门应当相互配合、密切协作，依法加强对危险化学品的安全监督管理。

第九条 任何单位和个人对违反本条例规定的行

为，有权向负有危险化学品安全监督管理职责的部门举报。负有危险化学品安全监督管理职责的部门接到举报，应当及时依法处理；对不属于本部门职责的，应当及时移送有关部门处理。

第十条 国家鼓励危险化学品生产企业和使用危险化学品从事生产的企业采用有利于提高安全保障水平的先进技术、工艺、设备以及自动控制系统，鼓励对危险化学品实行专门储存、统一配送、集中销售。

第二章 生产、储存安全

第十一条 国家对危险化学品的生产、储存实行统筹规划、合理布局。国务院工业和信息化主管部门以及国务院其他有关部门依据各自职责，负责危险化学品生产、储存的行业规划和布局。

地方人民政府组织编制城乡规划，应当根据本地区的实际情况，按照确保安全的原则，规划适当区域专门用于危险化学品的生产、储存。

第十二条 新建、改建、扩建生产、储存危险化学品的建设项目（以下简称建设项目），应当由安全生产监督管理部门进行安全条件审查。

建设单位应当对建设项目进行安全条件论证，委托具备国家规定的资质条件的机构对建设项目进行安全评价，并将安全条件论证和安全评价的情况报告报建设项目所在地设区的市级以上人民政府安全生产监督管理部门；安全生产监督管理部门应当自收到报告之日起45日内作出审查决定，并书面通知建设单位。具体办法由国务院安全生产监督管理部门制定。

新建、改建、扩建储存、装卸危险化学品的港口建设项目，由港口行政管理部门按照国务院交通运输主管部门的规定进行安全条件审查。

第十三条 生产、储存危险化学品的单位，应当对其铺设的危险化学品管道设置明显标志，并对危险化学品管道定期检查、检测。

进行可能危及危险化学品管道安全的施工作业，施工单位应当在开工的7日前书面通知管道所属单位，并与管道所属单位共同制定应急预案，采取相应的安全防护措施。管道所属单位应当指派专门人员到现场进行管道安全保护指导。

第十四条 危险化学品生产企业进行生产前，应当依照《安全生产许可证条例》的规定，取得危险化学品安全生产许可证。

生产列入国家实行生产许可证制度的工业产品目录的危险化学品的企业，应当依照《中华人民共和国工业产品生产许可证管理条例》的规定，取得工业产品生产许可证。

负责颁发危险化学品安全生产许可证、工业产品生产许可证的部门，应当将其颁发许可证的情况及时向同级工业和信息化主管部门、环境保护主管部门和公安机关通报。

第十五条 危险化学品生产企业应当提供与其生产的危险化学品相符的化学品安全技术说明书，并在危险化学品包装（包括外包件）上粘贴或者拴挂与包装内危险化学品相符的化学品安全标签。化学品安全技术说明书和化学品安全标签所载明的内容应当符合国家标准的要求。

危险化学品生产企业发现其生产的危险化学品有新的危险特性的，应当立即公告，并及时修订其化学品安全技术说明书和化学品安全标签。

第十六条 生产实施重点环境管理的危险化学品的企业，应当按照国务院环境保护主管部门的规定，将该危险化学品向环境中释放等相关信息向环境保护主管部门报告。环境保护主管部门可以根据情况采取相应的环境风险控制措施。

第十七条 危险化学品的包装应当符合法律、行政法规、规章的规定以及国家标准、行业标准的要求。

危险化学品包装物、容器的材质以及危险化学品包装的型式、规格、方法和单件质量（重量），应当与所包装的危险化学品的性质和用途相适应。

第十八条 生产列入国家实行生产许可证制度的工业产品目录的危险化学品包装物、容器的企业，应当依照《中华人民共和国工业产品生产许可证管理条例》的规定，取得工业产品生产许可证；其生产的危险化学品包装物、容器经国务院质量监督检验检疫部门认定的检验机构检验合格，方可出厂销售。

运输危险化学品的船舶及其配载的容器，应当按照国家船舶检验规范进行生产，并经海事管理机构认定的船舶检验机构检验合格，方可投入使用。

对重复使用的危险化学品包装物、容器，使用单位在重复使用前应当进行检查；发现存在安全隐患的，应当维修或者更换。使用单位应当对检查情况作出记录，记录的保存期限不得少于2年。

第十九条 危险化学品生产装置或者储存数量构成重大危险源的危险化学品储存设施（运输工具加油站、加气站除外），与下列场所、设施、区域的距离应当符合国家有关规定：

（一）居住区以及商业中心、公园等人员密集场所；

（二）学校、医院、影剧院、体育场（馆）等公共设施；

（三）饮用水源、水厂以及水源保护区；

（四）车站、码头（依法经许可从事危险化学品装卸作业的除外）、机场以及通信干线、通信枢纽、铁路线路、道路交通干线、水路交通干线、地铁风亭以及地铁站出入口；

（五）基本农田保护区、基本草原、畜禽遗传资源保护区、畜禽规模化养殖场（养殖小区）、渔业水域以及种子、种畜禽、水产苗种生产基地；

（六）河流、湖泊、风景名胜区、自然保护区；

（七）军事禁区、军事管理区；

（八）法律、行政法规规定的其他场所、设施、区域。已建的危险化学品生产装置或者储存数量构成重大危险源的危险化学品储存设施不符合前款规定的，由所在地设区的市级人民政府安全生产监督管理部门会同有关部门监督其所属单位在规定期限内进行整改；需要转产、停产、搬迁、关闭的，由本级人民政府决定并组织实施。储存数量构成重大危险源的危险化学品储存设施的选址，应当避开地震活动断层和容易发生洪灾、地质灾害的区域。

本条例所称重大危险源，是指生产、储存、使用或者搬运危险化学品，且危险化学品的数量等于或者超过临界量的单元（包括场所和设施）。

第二十条　生产、储存危险化学品的单位，应当根据其生产、储存的危险化学品的种类和危险特性，在作业场所设置相应的监测、监控、通风、防晒、调温、防火、灭火、防爆、泄压、防毒、中和、防潮、防雷、防静电、防腐、防泄漏以及防护围堤或者隔离操作等安全设施、设备，并按照国家标准、行业标准或者国家有关规定对安全设施、设备进行经常性维护、保养，保证安全设施、设备的正常使用。

生产、储存危险化学品的单位，应当在其作业场所和安全设施、设备上设置明显的安全警示标志。

第二十一条　生产、储存危险化学品的单位，应当在其作业场所设置通信、报警装置，并保证处于适用状态。

第二十二条　生产、储存危险化学品的企业，应当委托具备国家规定的资质条件的机构，对本企业的安全生产条件每3年进行一次安全评价，提出安全评价报告。安全评价报告的内容应当包括对安全生产条件存在的问题进行整改的方案。

生产、储存危险化学品的企业，应当将安全评价报告以及整改方案的落实情况报所在地县级人民政府安全生产监督管理部门备案。在港区内储存危险化学品的企业，应当将安全评价报告以及整改方案的落实情况报港口行政管理部门备案。

第二十三条　生产、储存剧毒化学品或者国务院公安部门规定的可用于制造爆炸物品的危险化学品（以下简称易制爆危险化学品）的单位，应当如实记录其生产、储存的剧毒化学品、易制爆危险化学品的数量、流向，并采取必要的安全防范措施，防止剧毒化学品、易制爆危险化学品丢失或者被盗；发现剧毒化学品、易制爆危险化学品丢失或者被盗的，应当立即向当地公安机关报告。

生产、储存剧毒化学品、易制爆危险化学品的单位，应当设置治安保卫机构，配备专职治安保卫人员。

第二十四条　危险化学品应当储存在专用仓库、专用场地或者专用储存室（以下统称专用仓库）内，并由专人负责管理；剧毒化学品以及储存数量构成重大危险源的其他危险化学品，应当在专用仓库内单独存放，并实行双人收发、双人保管制度。

危险化学品的储存方式、方法以及储存数量应当符合国家标准或者国家有关规定。

第二十五条　储存危险化学品的单位应当建立危险化学品出入库核查、登记制度。

对剧毒化学品以及储存数量构成重大危险源的其他危险化学品，储存单位应当将其储存数量、储存地点以及管理人员的情况，报所在地县级人民政府安全生产监督管理部门（在港区内储存的，报港口行政管理部门）和公安机关备案。

第二十六条　危险化学品专用仓库应当符合国家标准、行业标准的要求，并设置明显的标志。储存剧毒化学品、易制爆危险化学品的专用仓库，应当按照国家有关规定设置相应的技术防范设施。

储存危险化学品的单位应当对其危险化学品专用仓库的安全设施、设备定期进行检测、检验。

第二十七条　生产、储存危险化学品的单位转产、停产、停业或者解散的，应当采取有效措施，及时、妥善处置其危险化学品生产装置、储存设施以及库存的危险化学品，不得丢弃危险化学品；处置方案应当报所在地县级人民政府安全生产监督管理部门、工业和信息化主管部门、环境保护主管部门和公安机关备案。安全生产监督管理部门应当会同环境保护主管部门和公安机关对处置情况进行监督检查，发现未依照规定处置的，应当责令其立即处置。

第三章　使用安全

第二十八条　使用危险化学品的单位，其使用条件（包括工艺）应当符合法律、行政法规的规定和国家标准、行业标准的要求，并根据所使用的危险化学品的种类、危险特性以及使用量和使用方式，建立、健全使用危险化学品的安全管理规章制度和安全操作规程，保证危险化学品的安全使用。

第二十九条 使用危险化学品从事生产并且使用量达到规定数量的化工企业（属于危险化学品生产企业的除外，下同），应当依照本条例的规定取得危险化学品安全使用许可证。

前款规定的危险化学品使用量的数量标准，由国务院安全生产监督管理部门会同国务院公安部门、农业主管部门确定并公布。

第三十条 申请危险化学品安全使用许可证的化工企业，除应当符合本条例第二十八条的规定外，还应当具备下列条件：

（一）有与所使用的危险化学品相适应的专业技术人员；

（二）有安全管理机构和专职安全管理人员；

（三）有符合国家规定的危险化学品事故应急预案和必要的应急救援器材、设备；

（四）依法进行了安全评价。

第三十一条 申请危险化学品安全使用许可证的化工企业，应当向所在地设区的市级人民政府安全生产监督管理部门提出申请，并提交其符合本条例第三十条规定条件的证明材料。设区的市级人民政府安全生产监督管理部门应当依法进行审查，自收到证明材料之日起45日内作出批准或者不予批准的决定。予以批准的，颁发危险化学品安全使用许可证；不予批准的，书面通知申请人并说明理由。

安全生产监督管理部门应当将其颁发危险化学品安全使用许可证的情况及时向同级环境保护主管部门和公安机关通报。

第三十二条 本条例第十六条关于生产实施重点环境管理的危险化学品的企业的规定，适用于使用实施重点环境管理的危险化学品从事生产的企业；第二十条、第二十一条、第二十三条第一款、第二十七条关于生产、储存危险化学品的单位的规定，适用于使用危险化学品的单位；第二十二条关于生产、储存危险化学品的企业的规定，适用于使用危险化学品从事生产的企业。

第四章 经 营 安 全

第三十三条 国家对危险化学品经营（包括仓储经营，下同）实行许可制度。未经许可，任何单位和个人不得经营危险化学品。

依法设立的危险化学品生产企业在其厂区范围内销售本企业生产的危险化学品，不需要取得危险化学品经营许可。

依照《中华人民共和国港口法》的规定取得港口经营许可证的港口经营人，在港区内从事危险化学品仓储经营，不需要取得危险化学品经营许可。

第三十四条 从事危险化学品经营的企业应当具备下列条件：

（一）有符合国家标准、行业标准的经营场所，储存危险化学品的，还应当有符合国家标准、行业标准的储存设施；

（二）从业人员经过专业技术培训并经考核合格；

（三）有健全的安全管理规章制度；

（四）有专职安全管理人员；

（五）有符合国家规定的危险化学品事故应急预案和必要的应急救援器材、设备；

（六）法律、法规规定的其他条件。

第三十五条 从事剧毒化学品、易制爆危险化学品经营的企业，应当向所在地设区的市级人民政府安全生产监督管理部门提出申请，从事其他危险化学品经营的企业，应当向所在地县级人民政府安全生产监督管理部门提出申请（有储存设施的，应当向所在地设区的市级人民政府安全生产监督管理部门提出申请）。申请人应当提交其符合本条例第三十四条规定条件的证明材料。设区的市级人民政府安全生产监督管理部门或者县级人民政府安全生产监督管理部门应当依法进行审查，并对申请人的经营场所、储存设施进行现场核查，自收到证明材料之日起30日内作出批准或者不予批准的决定。予以批准的，颁发危险化学品经营许可证；不予批准的，书面通知申请人并说明理由。

设区的市级人民政府安全生产监督管理部门和县级人民政府安全生产监督管理部门应当将其颁发危险化学品经营许可证的情况及时向同级环境保护主管部门和公安机关通报。

申请人持危险化学品经营许可证向工商行政管理部门办理登记手续后，方可从事危险化学品经营活动。法律、行政法规或者国务院规定经营危险化学品还需要经其他有关部门许可的，申请人向工商行政管理部门办理登记手续时还应当持相应的许可证件。

第三十六条 危险化学品经营企业储存危险化学品的，应当遵守本条例第二章关于储存危险化学品的规定。危险化学品商店内只能存放民用小包装的危险化学品。

第三十七条 危险化学品经营企业不得向未经许可从事危险化学品生产、经营活动的企业采购危险化学品，不得经营没有化学品安全技术说明书或者化学品安全标签的危险化学品。

第三十八条 依法取得危险化学品安全生产许可证、危险化学品安全使用许可证、危险化学品经营许可证的企业，凭相应的许可证件购买剧毒化学品、易制爆危险化学品。民用爆炸物品生产企业凭民用爆炸物品生产许可证购买易制爆危险化学品。

前款规定以外的单位购买剧毒化学品的，应当向所在地县级人民政府公安机关申请取得剧毒化学品购买许可证；购买易制爆危险化学品的，应当持本单位出具的合法用途说明。

个人不得购买剧毒化学品（属于剧毒化学品的农药除外）和易制爆危险化学品。

第三十九条 申请取得剧毒化学品购买许可证，申请人应当向所在地县级人民政府公安机关提交下列材料：

（一）营业执照或者法人证书（登记证书）的复印件；

（二）拟购买的剧毒化学品品种、数量的说明；

（三）购买剧毒化学品用途的说明；

（四）经办人的身份证明。县级人民政府公安机关应当自收到前款规定的材料之日起3日内，作出批准或者不予批准的决定。予以批准的，颁发剧毒化学品购买许可证；不予批准的，书面通知申请人并说明理由。

剧毒化学品购买许可证管理办法由国务院公安部门制定。

第四十条 危险化学品生产企业、经营企业销售剧毒化学品、易制爆危险化学品，应当查验本条例第三十八条第一款、第二款规定的相关许可证件或者证明文件，不得向不具有相关许可证件或者证明文件的单位销售剧毒化学品、易制爆危险化学品。对持剧毒化学品购买许可证购买剧毒化学品的，应当按照许可证载明的品种、数量销售。

禁止向个人销售剧毒化学品（属于剧毒化学品的农药除外）和易制爆危险化学品。

第四十一条 危险化学品生产企业、经营企业销售剧毒化学品、易制爆危险化学品，应当如实记录购买单位的名称、地址、经办人的姓名、身份证号码以及所购买的剧毒化学品、易制爆危险化学品的品种、数量、用途。销售记录以及经办人的身份证明复印件、相关许可证件复印件或者证明文件的保存期限不得少于1年。

剧毒化学品、易制爆危险化学品的销售企业、购买单位应当在销售、购买后5日内，将所销售、购买的剧毒化学品、易制爆危险化学品的品种、数量以及流向信息报所在地县级人民政府公安机关备案，并输入计算机系统。

第四十二条 使用剧毒化学品、易制爆危险化学品的单位不得出借、转让其购买的剧毒化学品、易制爆危险化学品；因转产、停产、搬迁、关闭等确需转让的，应当向具有本条例第三十八条第一款、第二款规定的相关许可证件或者证明文件的单位转让，并在转让后将有关情况及时向所在地县级人民政府公安机关报告。

第五章 运　输　安　全

第四十三条 从事危险化学品道路运输、水路运输的，应当分别依照有关道路运输、水路运输的法律、行政法规的规定，取得危险货物道路运输许可、危险货物水路运输许可，并向工商行政管理部门办理登记手续。

危险化学品道路运输企业、水路运输企业应当配备专职安全管理人员。

第四十四条 危险化学品道路运输企业、水路运输企业的驾驶人员、船员、装卸管理人员、押运人员、申报人员、集装箱装箱现场检查员应当经交通运输主管部门考核合格，取得从业资格。具体办法由国务院交通运输主管部门制定。

危险化学品的装卸作业应当遵守安全作业标准、规程和制度，并在装卸管理人员的现场指挥或者监控下进行。水路运输危险化学品的集装箱装箱作业应当在集装箱装箱现场检查员的指挥或者监控下进行，并符合积载、隔离的规范和要求；装箱作业完毕后，集装箱装箱现场检查员应当签署装箱证明书。

第四十五条 运输危险化学品，应当根据危险化学品的危险特性采取相应的安全防护措施，并配备必要的防护用品和应急救援器材。

用于运输危险化学品的槽罐以及其他容器应当封口严密，能够防止危险化学品在运输过程中因温度、湿度或者压力的变化发生渗漏、洒漏；槽罐以及其他容器的溢流和泄压装置应当设置准确、起闭灵活。

运输危险化学品的驾驶人员、船员、装卸管理人员、押运人员、申报人员、集装箱装箱现场检查员，应当了解所运输的危险化学品的危险特性及其包装物、容器的使用要求和出现危险情况时的应急处置方法。

第四十六条 通过道路运输危险化学品的，托运人应当委托依法取得危险货物道路运输许可的企业承运。

第四十七条 通过道路运输危险化学品的,应当按照运输车辆的核定载质量装载危险化学品,不得超载。

危险化学品运输车辆应当符合国家标准要求的安全技术条件,并按照国家有关规定定期进行安全技术检验。

危险化学品运输车辆应当悬挂或者喷涂符合国家标准要求的警示标志。

第四十八条 通过道路运输危险化学品的,应当配备押运人员,并保证所运输的危险化学品处于押运人员的监控之下。

运输危险化学品途中因住宿或者发生影响正常运输的情况,需要较长时间停车的,驾驶人员、押运人员应当采取相应的安全防范措施;运输剧毒化学品或者易制爆危险化学品的,还应当向当地公安机关报告。

第四十九条 未经公安机关批准,运输危险化学品的车辆不得进入危险化学品运输车辆限制通行的区域。危险化学品运输车辆限制通行的区域由县级人民政府公安机关划定,并设置明显的标志。

第五十条 通过道路运输剧毒化学品的,托运人应当向运输始发地或者目的地县级人民政府公安机关申请剧毒化学品道路运输通行证。

申请剧毒化学品道路运输通行证,托运人应当向县级人民政府公安机关提交下列材料:

(一)拟运输的剧毒化学品品种、数量的说明;

(二)运输始发地、目的地、运输时间和运输路线的说明;

(三)承运人取得危险货物道路运输许可、运输车辆取得营运证以及驾驶人员、押运人员取得上岗资格的证明文件;

(四)本条例第三十八条第一款、第二款规定的购买剧毒化学品的相关许可证件,或者海关出具的进出口证明文件。

县级人民政府公安机关应当自收到前款规定的材料之日起 7 日内,作出批准或者不予批准的决定。予以批准的,颁发剧毒化学品道路运输通行证;不予批准的,书面通知申请人并说明理由。

剧毒化学品道路运输通行证管理办法由国务院公安部门制定。

第五十一条 剧毒化学品、易制爆危险化学品在道路运输途中丢失、被盗、被抢或者出现流散、泄漏等情况的,驾驶人员、押运人员应当立即采取相应的警示措施和安全措施,并向当地公安机关报告。公安机关接到报告后,应当根据实际情况立即向安全生产监督管理部门、环境保护主管部门、卫生主管部门通报。有关部门应当采取必要的应急处置措施。

第五十二条 通过水路运输危险化学品的,应当遵守法律、行政法规以及国务院交通运输主管部门关于危险货物水路运输安全的规定。

第五十三条 海事管理机构应当根据危险化学品的种类和危险特性,确定船舶运输危险化学品的相关安全运输条件。

拟交付船舶运输的化学品的相关安全运输条件不明确的,货物所有人或者代理人应当委托相关技术机构进行评估,明确相关安全运输条件并经海事管理机构确认后,方可交付船舶运输。

第五十四条 禁止通过内河封闭水域运输剧毒化学品以及国家规定禁止通过内河运输的其他危险化学品。

前款规定以外的内河水域,禁止运输国家规定禁止通过内河运输的剧毒化学品以及其他危险化学品。

禁止通过内河运输的剧毒化学品以及其他危险化学品的范围,由国务院交通运输主管部门会同国务院环境保护主管部门、工业和信息化主管部门、安全生产监督管理部门,根据危险化学品的危险特性、危险化学品对人体和水环境的危害程度以及消除危害后果的难易程度等因素规定并公布。

第五十五条 国务院交通运输主管部门应当根据危险化学品的危险特性,对通过内河运输本条例第五十四条规定以外的危险化学品(以下简称通过内河运输危险化学品)实行分类管理,对各类危险化学品的运输方式、包装规范和安全防护措施等分别作出规定并监督实施。

第五十六条 通过内河运输危险化学品,应当由依法取得危险货物水路运输许可的水路运输企业承运,其他单位和个人不得承运。托运人应当委托依法取得危险货物水路运输许可的水路运输企业承运,不得委托其他单位和个人承运。

第五十七条 通过内河运输危险化学品,应当使用依法取得危险货物适装证书的运输船舶。水路运输企业应当针对所运输的危险化学品的危险特性,制定运输船舶危险化学品事故应急救援预案,并为运输船舶配备充足、有效的应急救援器材和设备。

通过内河运输危险化学品的船舶,其所有人或者经营人应当取得船舶污染损害责任保险证书或者财务担保证明。船舶污染损害责任保险证书或者财务担保证明的副本应当随船携带。

第五十八条 通过内河运输危险化学品,危险化学品包装物的材质、型式、强度以及包装方法应当符合水路运输危险化学品包装规范的要求。国务院交通运输主管部门对单船运输的危险化学品数量有限制性规定的，承运人应当按照规定安排运输数量。

第五十九条 用于危险化学品运输作业的内河码头、泊位应当符合国家有关安全规范，与饮用水取水口保持国家规定的距离。有关管理单位应当制定码头、泊位危险化学品事故应急预案，并为码头、泊位配备充足、有效的应急救援器材和设备。

用于危险化学品运输作业的内河码头、泊位，经交通运输主管部门按照国家有关规定验收合格后方可投入使用。

第六十条 船舶载运危险化学品进出内河港口，应当将危险化学品的名称、危险特性、包装以及进出港时间等事项，事先报告海事管理机构。海事管理机构接到报告后，应当在国务院交通运输主管部门规定的时间内作出是否同意的决定，通知报告人，同时通报港口行政管理部门。定船舶、定航线、定货种的船舶可以定期报告。

在内河港口内进行危险化学品的装卸、过驳作业，应当将危险化学品的名称、危险特性、包装和作业的时间、地点等事项报告港口行政管理部门。港口行政管理部门接到报告后，应当在国务院交通运输主管部门规定的时间内作出是否同意的决定，通知报告人，同时通报海事管理机构。

载运危险化学品的船舶在内河航行，通过过船建筑物的，应当提前向交通运输主管部门申报，并接受交通运输主管部门的管理。

第六十一条 载运危险化学品的船舶在内河航行、装卸或者停泊，应当悬挂专用的警示标志，按照规定显示专用信号。

载运危险化学品的船舶在内河航行，按照国务院交通运输主管部门的规定需要引航的，应当申请引航。

第六十二条 载运危险化学品的船舶在内河航行，应当遵守法律、行政法规和国家其他有关饮用水水源保护的规定。内河航道发展规划应当与依法经批准的饮用水水源保护区划定方案相协调。

第六十三条 托运危险化学品的，托运人应当向承运人说明所托运的危险化学品的种类、数量、危险特性以及发生危险情况的应急处置措施，并按照国家有关规定对所托运的危险化学品妥善包装，在外包装上设置相应的标志。

运输危险化学品需要添加抑制剂或者稳定剂的，托运人应当添加，并将有关情况告知承运人。

第六十四条 托运人不得在托运的普通货物中夹带危险化学品，不得将危险化学品匿报或者谎报为普通货物托运。

任何单位和个人不得交寄危险化学品或者在邮件、快件内夹带危险化学品，不得将危险化学品匿报或者谎报为普通物品交寄。邮政企业、快递企业不得收寄危险化学品。

对涉嫌违反本条第一款、第二款规定的，交通运输主管部门、邮政管理部门可以依法开拆查验。

第六十五条 通过铁路、航空运输危险化学品的安全管理，依照有关铁路、航空运输的法律、行政法规、规章的规定执行。

第六章 危险化学品登记与事故应急救援

第六十六条 国家实行危险化学品登记制度，为危险化学品安全管理以及危险化学品事故预防和应急救援提供技术、信息支持。

第六十七条 危险化学品生产企业、进口企业，应当向国务院安全生产监督管理部门负责危险化学品登记的机构（以下简称危险化学品登记机构）办理危险化学品登记。危险化学品登记包括下列内容：

（一）分类和标签信息；
（二）物理、化学性质；
（三）主要用途；
（四）危险特性；
（五）储存、使用、运输的安全要求；
（六）出现危险情况的应急处置措施。

对同一企业生产、进口的同一品种的危险化学品，不进行重复登记。危险化学品生产企业、进口企业发现其生产、进口的危险化学品有新的危险特性的，应当及时向危险化学品登记机构办理登记内容变更手续。危险化学品登记的具体办法由国务院安全生产监督管理部门制定。

第六十八条 危险化学品登记机构应当定期向工业和信息化、环境保护、公安、卫生、交通运输、铁路、质量监督检验检疫等部门提供危险化学品登记的有关信息和资料。

第六十九条 县级以上地方人民政府安全生产监督管理部门应当会同工业和信息化、环境保护、公安、卫生、交通运输、铁路、质量监督检验检疫等部门，根据本地区实际情况，制定危险化学品事故应急预案，报本级人民政府批准。

第七十条 危险化学品单位应当制定本单位危险化学品事故应急预案，配备应急救援人员和必要的应急救援器材、设备，并定期组织应急救援演练。危险化学品单位应当将其危险化学品事故应急预案报所在地设区的市级人民政府安全生产监督管理部门备案。

第七十一条 发生危险化学品事故，事故单位主要负责人应当立即按照本单位危险化学品应急预案组织救援，并向当地安全生产监督管理部门和环境保护、公安、卫生主管部门报告；道路运输、水路运输过程中发生危险化学品事故的，驾驶人员、船员或者押运人员还应当向事故发生地交通运输主管部门报告。

第七十二条 发生危险化学品事故，有关地方人民政府应当立即组织安全生产监督管理、环境保护、公安、卫生、交通运输等有关部门，按照本地区危险化学品事故应急预案组织实施救援，不得拖延、推诿。

有关地方人民政府及其有关部门应当按照下列规定，采取必要的应急处置措施，减少事故损失，防止事故蔓延、扩大：

（一）立即组织营救和救治受害人员，疏散、撤离或者采取其他措施保护危害区域内的其他人员；

（二）迅速控制危害源，测定危险化学品的性质、事故的危害区域及危害程度；

（三）针对事故对人体、动植物、土壤、水源、大气造成的现实危害和可能产生的危害，迅速采取封闭、隔离、洗消等措施；

（四）对危险化学品事故造成的环境污染和生态破坏状况进行监测、评估，并采取相应的环境污染治理和生态修复措施。

第七十三条 有关危险化学品单位应当为危险化学品事故应急救援提供技术指导和必要的协助。

第七十四条 危险化学品事故造成环境污染的，由设区的市级以上人民政府环境保护主管部门统一发布有关信息。

第七章 法律责任

第七十五条 生产、经营、使用国家禁止生产、经营、使用的危险化学品的，由安全生产监督管理部门责令停止生产、经营、使用活动，处20万元以上50万元以下的罚款，有违法所得的，没收违法所得；构成犯罪的，依法追究刑事责任。有前款规定行为的，安全生产监督管理部门还应当责令其对所生产、经营、使用的危险化学品进行无害化处理。

违反国家关于危险化学品使用的限制性规定使用危险化学品的，依照本条第一款的规定处理。

第七十六条 未经安全条件审查，新建、改建、扩建生产、储存危险化学品的建设项目的，由安全生产监督管理部门责令停止建设，限期改正；逾期不改正的，处50万元以上100万元以下的罚款；构成犯罪的，依法追究刑事责任。

未经安全条件审查，新建、改建、扩建储存、装卸危险化学品的港口建设项目的，由港口行政管理部门依照前款规定予以处罚。

第七十七条 未依法取得危险化学品安全生产许可证从事危险化学品生产，或者未依法取得工业产品生产许可证从事危险化学品及其包装物、容器生产的，分别依照《安全生产许可证条例》《中华人民共和国工业产品生产许可证管理条例》的规定处罚。

违反本条例规定，化工企业未取得危险化学品安全使用许可证，使用危险化学品从事生产的，由安全生产监督管理部门责令限期改正，处10万元以上20万元以下的罚款；逾期不改正的，责令停产整顿。

违反本条例规定，未取得危险化学品经营许可证从事危险化学品经营的，由安全生产监督管理部门责令停止经营活动，没收违法经营的危险化学品以及违法所得，并处10万元以上20万元以下的罚款；构成犯罪的，依法追究刑事责任。

第七十八条 有下列情形之一的，由安全生产监督管理部门责令改正，可以处5万元以下的罚款；拒不改正的，处5万元以上10万元以下的罚款；情节严重的，责令停产停业整顿：

（一）生产、储存危险化学品的单位未对其铺设的危险化学品管道设置明显的标志，或者未对危险化学品管道定期检查、检测的；

（二）进行可能危及危险化学品管道安全的施工作业，施工单位未按照规定书面通知管道所属单位，或者未与管道所属单位共同制定应急预案、采取相应的安全防护措施，或者管道所属单位未指派专门人员到现场进行管道安全保护指导的；

（三）危险化学品生产企业未提供化学品安全技术说明书，或者未在包装（包括外包件）上粘贴、拴挂化学品安全标签的；

（四）危险化学品生产企业提供的化学品安全技术说明书与其生产的危险化学品不相符，或者在包装（包括外包件）粘贴、拴挂的化学品安全标签与包装内危险化学品不相符，或者化学品安全技术说明书、化学品安全标签所载明的内容不符合国家标准要求的；

（五）危险化学品生产企业发现其生产的危险化学品有新的危险特性不立即公告，或者不及时修订其化学品安全技术说明书和化学品安全标签的；

（六）危险化学品经营企业经营没有化学品安全技术说明书和化学品安全标签的危险化学品的；

（七）危险化学品包装物、容器的材质以及包装的型式、规格、方法和单件质量（重量）与所包装的危险化学品的性质和用途不相适应的；

（八）生产、储存危险化学品的单位未在作业场所和安全设施、设备上设置明显的安全警示标志，或者未在作业场所设置通信、报警装置的；

（九）危险化学品专用仓库未设专人负责管理，或者对储存的剧毒化学品以及储存数量构成重大危险源的其他危险化学品未实行双人收发、双人保管制度的；

（十）储存危险化学品的单位未建立危险化学品出入库核查、登记制度的；

（十一）危险化学品专用仓库未设置明显标志的；

（十二）危险化学品生产企业、进口企业不办理危险化学品登记，或者发现其生产、进口的危险化学品有新的危险特性不办理危险化学品登记内容变更手续的。

从事危险化学品仓储经营的港口经营人有前款规定情形的，由港口行政管理部门依照前款规定予以处罚。储存剧毒化学品、易制爆危险化学品的专用仓库未按照国家有关规定设置相应的技术防范设施的，由公安机关依照前款规定予以处罚。

生产、储存剧毒化学品、易制爆危险化学品的单位未设置治安保卫机构、配备专职治安保卫人员的，依照《企业事业单位内部治安保卫条例》的规定处罚。

第七十九条 危险化学品包装物、容器生产企业销售未经检验或者经检验不合格的危险化学品包装物、容器的，由质量监督检验检疫部门责令改正，处10万元以上20万元以下的罚款，有违法所得的，没收违法所得；拒不改正的，责令停产停业整顿；构成犯罪的，依法追究刑事责任。将未经检验合格的运输危险化学品的船舶及其配载的容器投入使用的，由海事管理机构依照前款规定予以处罚。

第八十条 生产、储存、使用危险化学品的单位有下列情形之一的，由安全生产监督管理部门责令改正，处5万元以上10万元以下的罚款；拒不改正的，责令停产停业整顿直至由原发证机关吊销其相关许可证件，并由工商行政管理部门责令其办理经营范围变更登记或者吊销其营业执照；有关责任人员构成犯罪的，依法追究刑事责任：

（一）对重复使用的危险化学品包装物、容器，在重复使用前不进行检查的；

（二）未根据其生产、储存的危险化学品的种类和危险特性，在作业场所设置相关安全设施、设备，或者未按照国家标准、行业标准或者国家有关规定对安全设施、设备进行经常性维护、保养的；

（三）未依照本条例规定对其安全生产条件定期进行安全评价的；

（四）未将危险化学品储存在专用仓库内，或者未将剧毒化学品以及储存数量构成重大危险源的其他危险化学品在专用仓库内单独存放的；

（五）危险化学品的储存方式、方法或者储存数量不符合国家标准或者国家有关规定的；

（六）危险化学品专用仓库不符合国家标准、行业标准的要求的；

（七）未对危险化学品专用仓库的安全设施、设备定期进行检测、检验的。

从事危险化学品仓储经营的港口经营人有前款规定情形的，由港口行政管理部门依照前款规定予以处罚。

第八十一条 有下列情形之一的，由公安机关责令改正，可以处1万元以下的罚款；拒不改正的，处1万元以上5万元以下的罚款：

（一）生产、储存、使用剧毒化学品、易制爆危险化学品的单位不如实记录生产、储存、使用的剧毒化学品、易制爆危险化学品的数量、流向的；

（二）生产、储存、使用剧毒化学品、易制爆危险化学品的单位发现剧毒化学品、易制爆危险化学品丢失或者被盗，不立即向公安机关报告的；

（三）储存剧毒化学品的单位未将剧毒化学品的储存数量、储存地点以及管理人员的情况报所在地县级人民政府公安机关备案的；

（四）危险化学品生产企业、经营企业不如实记录剧毒化学品、易制爆危险化学品购买单位的名称、地址、经办人的姓名、身份证号码以及所购买的剧毒化学品、易制爆危险化学品的品种、数量、用途，或者保存销售记录和相关材料的时间少于1年的；

（五）剧毒化学品、易制爆危险化学品的销售企业、购买单位未在规定的时限内将所销售、购买的剧毒化学品、易制爆危险化学品的品种、数量以及流向信息报所在地县级人民政府公安机关备案的；

（六）使用剧毒化学品、易制爆危险化学品的单位依照本条例规定转让其购买的剧毒化学品、易制爆危险化学品，未将有关情况向所在地县级人民政府公安机关报告的。

生产、储存危险化学品的企业或者使用危险化学品从事生产的企业未按照本条例规定将安全评价报告以及整改方案的落实情况报安全生产监督管理部门或者港口行政管理部门备案，或者储存危险化学品的单位未将其剧毒化学品以及储存数量构成重大危险源的其他危险化学品的储存数量、储存地点以及管理人员的情况报安全生产监督管理部门或者港口行政管理部门备案的，分别由安全生产监督管理部门或者港口行政管理部门依照前款规定予以处罚。

生产实施重点环境管理的危险化学品的企业或者使用实施重点环境管理的危险化学品从事生产的企业未按照规定将相关信息向环境保护主管部门报告的，由环境保护主管部门依照本条第一款的规定予以处罚。

第八十二条　生产、储存、使用危险化学品的单位转产、停产、停业或者解散，未采取有效措施及时、妥善处置其危险化学品生产装置、储存设施以及库存的危险化学品，或者丢弃危险化学品的，由安全生产监督管理部门责令改正，处5万元以上10万元以下的罚款；构成犯罪的，依法追究刑事责任。

生产、储存、使用危险化学品的单位转产、停产、停业或者解散，未依照本条例规定将其危险化学品生产装置、储存设施以及库存危险化学品的处置方案报有关部门备案的，分别由有关部门责令改正，可以处1万元以下的罚款；拒不改正的，处1万元以上5万元以下的罚款。

第八十三条　危险化学品经营企业向未经许可违法从事危险化学品生产、经营活动的企业采购危险化学品的，由工商行政管理部门责令改正，处10万元以上20万元以下的罚款；拒不改正的，责令停业整顿直至由原发证机关吊销其危险化学品经营许可证，并由工商行政管理部门责令其办理经营范围变更登记或者吊销其营业执照。

第八十四条　危险化学品生产企业、经营企业有下列情形之一的，由安全生产监督管理部门责令改正，没收违法所得，并处10万元以上20万元以下的罚款；拒不改正的，责令停产停业整顿直至吊销其危险化学品安全生产许可证、危险化学品经营许可证，并由工商行政管理部门责令其办理经营范围变更登记或者吊销其营业执照：

（一）向不具有本条例第三十八条第一款、第二款规定的相关许可证件或者证明文件的单位销售剧毒化学品、易制爆危险化学品的；

（二）不按照剧毒化学品购买许可证载明的品种、数量销售剧毒化学品的；

（三）向个人销售剧毒化学品（属于剧毒化学品的农药除外）、易制爆危险化学品的。

不具有本条例第三十八条第一款、第二款规定的相关许可证件或者证明文件的单位购买剧毒化学品、易制爆危险化学品，或者个人购买剧毒化学品（属于剧毒化学品的农药除外）、易制爆危险化学品的，由公安机关没收所购买的剧毒化学品、易制爆危险化学品，可以并处5000元以下的罚款。

使用剧毒化学品、易制爆危险化学品的单位出借或者向不具有本条例第三十八条第一款、第二款规定的相关许可证件的单位转让其购买的剧毒化学品、易制爆危险化学品，或者个人转让其购买的剧毒化学品（属于剧毒化学品的农药除外）、易制爆危险化学品的，由公安机关责令改正，处10万元以上20万元以下的罚款；拒不改正的，责令停产停业整顿。

第八十五条　未依法取得危险货物道路运输许可、危险货物水路运输许可，从事危险化学品道路运输、水路运输的，分别依照有关道路运输、水路运输的法律、行政法规的规定处罚。

第八十六条　有下列情形之一的，由交通运输主管部门责令改正，处5万元以上10万元以下的罚款；拒不改正的，责令停产停业整顿；构成犯罪的，依法追究刑事责任：

（一）危险化学品道路运输企业、水路运输企业的驾驶人员、船员、装卸管理人员、押运人员、申报人员、集装箱装箱现场检查员未取得从业资格上岗作业的；

（二）运输危险化学品，未根据危险化学品的危险特性采取相应的安全防护措施，或者未配备必要的防护用品和应急救援器材的；

（三）使用未依法取得危险货物适装证书的船舶，通过内河运输危险化学品的；

（四）通过内河运输危险化学品的承运人违反国务院交通运输主管部门对单船运输的危险化学品数量的限制性规定运输危险化学品的；

（五）用于危险化学品运输作业的内河码头、泊位不符合国家有关安全规范，或者未与饮用水取水口保持国家规定的安全距离，或者未经交通运输主管部门验收合格投入使用的；

（六）托运人不向承运人说明所托运的危险化学品的种类、数量、危险特性以及发生危险情况的应急处置措施，或者未按照国家有关规定对所托运的危险化学品妥善包装并在外包装上设置相应标志的；

（七）运输危险化学品需要添加抑制剂或者稳定剂，托运人未添加或者未将有关情况告知承运人的。

第八十七条　有下列情形之一的，由交通运输主管部门责令改正，处10万元以上20万元以下的罚款，有违法所得的，没收违法所得；拒不改正的，责令停产停业整顿；构成犯罪的，依法追究刑事责任：

（一）委托未依法取得危险货物道路运输许可、危险货物水路运输许可的企业承运危险化学品的；

（二）通过内河封闭水域运输剧毒化学品以及国家规定禁止通过内河运输的其他危险化学品的；

（三）通过内河运输国家规定禁止通过内河运输的剧毒化学品以及其他危险化学品的；

（四）在托运的普通货物中夹带危险化学品，或者将危险化学品谎报或者匿报为普通货物托运的。

在邮件、快件内夹带危险化学品，或者将危险化学品谎报为普通物品交寄的，依法给予治安管理处罚；构成犯罪的，依法追究刑事责任。

邮政企业、快递企业收寄危险化学品的，依照《中华人民共和国邮政法》的规定处罚。

第八十八条　有下列情形之一的，由公安机关责令改正，处5万元以上10万元以下的罚款；构成违反治安管理行为的，依法给予治安管理处罚；构成犯罪的，依法追究刑事责任：

（一）超过运输车辆的核定载质量装载危险化学品的；

（二）使用安全技术条件不符合国家标准要求的车辆运输危险化学品的；

（三）运输危险化学品的车辆未经公安机关批准进入危险化学品运输车辆限制通行的区域的；

（四）未取得剧毒化学品道路运输通行证，通过道路运输剧毒化学品的。

第八十九条　有下列情形之一的，由公安机关责令改正，处1万元以上5万元以下的罚款；构成违反治安管理行为的，依法给予治安管理处罚：

（一）危险化学品运输车辆未悬挂或者喷涂警示标志，或者悬挂或者喷涂的警示标志不符合国家标准要求的；

（二）通过道路运输危险化学品，不配备押运人员的；

（三）运输剧毒化学品或者易制爆危险化学品途中需要较长时间停车，驾驶人员、押运人员不向当地公安机关报告的；

（四）剧毒化学品、易制爆危险化学品在道路运输途中丢失、被盗、被抢或者发生流散、泄漏等情况，驾驶人员、押运人员不采取必要的警示措施和安全措施，或者不向当地公安机关报告的。

第九十条　对发生交通事故负有全部责任或者主要责任的危险化学品道路运输企业，由公安机关责令消除安全隐患，未消除安全隐患的危险化学品运输车辆，禁止上道路行驶。

第九十一条　有下列情形之一的，由交通运输主管部门责令改正，可以处1万元以下的罚款；拒不改正的，处1万元以上5万元以下的罚款：

（一）危险化学品道路运输企业、水路运输企业未配备专职安全管理人员的；

（二）用于危险化学品运输作业的内河码头、泊位的管理单位未制定码头、泊位危险化学品事故应急救援预案，或者未为码头、泊位配备充足、有效的应急救援器材和设备的。

第九十二条　有下列情形之一的，依照《中华人民共和国内河交通安全管理条例》的规定处罚：

（一）通过内河运输危险化学品的水路运输企业未制定运输船舶危险化学品事故应急救援预案，或者未为运输船舶配备充足、有效的应急救援器材和设备的；

（二）通过内河运输危险化学品的船舶的所有人或者经营人未取得船舶污染损害责任保险证书或者财务担保证明的；

（三）船舶载运危险化学品进出内河港口，未将有关事项事先报告海事管理机构并经其同意的；

（四）载运危险化学品的船舶在内河航行、装卸或者停泊，未悬挂专用的警示标志，或者未按照规定显示专用信号，或者未按照规定申请引航的。

未向港口行政管理部门报告并经其同意，在港口内进行危险化学品的装卸、过驳作业的，依照《中华人民共和国港口法》的规定处罚。

第九十三条　伪造、变造或者出租、出借、转让危险化学品安全生产许可证、工业产品生产许可证，或者使用伪造、变造的危险化学品安全生产许可证、工业产品生产许可证的，分别依照《安全生产许可证条例》《中华人民共和国工业产品生产许可证管理条例》的规定处罚。

伪造、变造或者出租、出借、转让本条例规定的其他许可证，或者使用伪造、变造的本条例规定的其他许可证的，分别由相关许可证的颁发管理机关处10万元以上20万元以下的罚款，有违法所得的，没收违法所得；构成违反治安管理行为的，依法给予治安管理处罚；构成犯罪的，依法追究刑事责任。

第九十四条　危险化学品单位发生危险化学品事故，其主要负责人不立即组织救援或者不立即向有关部门报告的，依照《生产安全事故报告和调查处理条例》的规定处罚。

危险化学品单位发生危险化学品事故，造成他人人身伤害或者财产损失的，依法承担赔偿责任。

第九十五条 发生危险化学品事故，有关地方人民政府及其有关部门不立即组织实施救援，或者不采取必要的应急处置措施减少事故损失，防止事故蔓延、扩大的，对直接负责的主管人员和其他直接责任人员依法给予处分；构成犯罪的，依法追究刑事责任。

第九十六条 负有危险化学品安全监督管理职责的部门的工作人员，在危险化学品安全监督管理工作中滥用职权、玩忽职守、徇私舞弊，构成犯罪的，依法追究刑事责任；尚不构成犯罪的，依法给予处分。

第八章 附 则

第九十七条 监控化学品、属于危险化学品的药品和农药的安全管理，依照本条例的规定执行；法律、行政法规另有规定的，依照其规定。民用爆炸物品、烟花爆竹、放射性物品、核能物质以及用于国防科研生产的危险化学品的安全管理，不适用本条例。

法律、行政法规对燃气的安全管理另有规定的，依照其规定。

危险化学品容器属于特种设备的，其安全管理依照有关特种设备安全的法律、行政法规的规定执行。

第九十八条 危险化学品的进出口管理，依照有关对外贸易的法律、行政法规、规章的规定执行；进口的危险化学品的储存、使用、经营、运输的安全管理，依照本条例的规定执行。

危险化学品环境管理登记和新化学物质环境管理登记，依照有关环境保护的法律、行政法规、规章的规定执行。危险化学品环境管理登记，按照国家有关规定收取费用。

第九十九条 公众发现、捡拾的无主危险化学品，由公安机关接收。公安机关接收或者有关部门依法没收的危险化学品，需要进行无害化处理的，交由环境保护主管部门组织其认定的专业单位进行处理，或者交由有关危险化学品生产企业进行处理。处理所需费用由国家财政负担。

第一百条 化学品的危险特性尚未确定的，由国务院安全生产监督管理部门、国务院环境保护主管部门、国务院卫生主管部门分别负责组织对该化学品的物理危险性、环境危害性、毒理特性进行鉴定。根据鉴定结果，需要调整危险化学品目录的，依照本条例第三条第二款的规定办理。

第一百零一条 本条例施行前已经使用危险化学品从事生产的化工企业，依照本条例规定需要取得危险化学品安全使用许可证的，应当在国务院安全生产监督管理部门规定的期限内，申请取得危险化学品安全使用许可证。

第一百零二条 本条例自2011年12月1日起施行。

烟花爆竹安全管理条例

（2006年1月21日国务院令第455号公布 根据2016年2月6日《国务院关于修改部分行政法规的决定》修订正）

第一章 总 则

第一条 为了加强烟花爆竹安全管理，预防爆炸事故发生，保障公共安全和人身、财产的安全，制定本条例。

第二条 烟花爆竹的生产、经营、运输和燃放，适用本条例。

本条例所称烟花爆竹，是指烟花爆竹制品和用于生产烟花爆竹的民用黑火药、烟火药、引火线等物品。

第三条 国家对烟花爆竹的生产、经营、运输和举办焰火晚会以及其他大型焰火燃放活动，实行许可证制度。

未经许可，任何单位或者个人不得生产、经营、运输烟花爆竹，不得举办焰火晚会以及其他大型焰火燃放活动。

第四条 安全生产监督管理部门负责烟花爆竹的安全生产监督管理；公安部门负责烟花爆竹的公共安全管理；质量监督检验部门负责烟花爆竹的质量监督和进出口检验。

第五条 公安部门、安全生产监督管理部门、质量监督检验部门、工商行政管理部门应当按照职责分工，组织查处非法生产、经营、储存、运输、邮寄烟花爆竹以及非法燃放烟花爆竹的行为。

第六条 烟花爆竹生产、经营、运输企业和焰火晚会以及其他大型焰火燃放活动主办单位的主要负责人，对本单位的烟花爆竹安全工作负责。

烟花爆竹生产、经营、运输企业和焰火晚会以及其他大型焰火燃放活动主办单位应当建立健全安全责任制，制定各项安全管理制度和操作规程，并对从业人员定期进行安全教育、法制教育和岗位技术培训。

中华全国供销合作总社应当加强对本系统企业烟花爆竹经营活动的管理。

第七条 国家鼓励烟花爆竹生产企业采用提高安

全程度和提升行业整体水平的新工艺、新配方和新技术。

第二章 生 产 安 全

第八条 生产烟花爆竹的企业，应当具备下列条件：

（一）符合当地产业结构规划；
（二）基本建设项目经过批准；
（三）选址符合城乡规划，并与周边建筑、设施保持必要的安全距离；
（四）厂房和仓库的设计、结构和材料以及防火、防爆、防雷、防静电等安全设备、设施符合国家有关标准和规范；
（五）生产设备、工艺符合安全标准；
（六）产品品种、规格、质量符合国家标准；
（七）有健全的安全生产责任制；
（八）有安全生产管理机构和专职安全生产管理人员；
（九）依法进行了安全评价；
（十）有事故应急救援预案、应急救援组织和人员，并配备必要的应急救援器材、设备；
（十一）法律、法规规定的其他条件。

第九条 生产烟花爆竹的企业，应当在投入生产前向所在地设区的市人民政府安全生产监督管理部门提出安全审查申请，并提交能够证明符合本条例第八条规定条件的有关材料。设区的市人民政府安全生产监督管理部门应当自收到材料之日起 20 日内提出安全审查初步意见，报省、自治区、直辖市人民政府安全生产监督管理部门审查。省、自治区、直辖市人民政府安全生产监督管理部门应当自受理申请之日起 45 日内进行安全审查，对符合条件的，核发《烟花爆竹安全生产许可证》；对不符合条件的，应当说明理由。

第十条 生产烟花爆竹的企业为扩大生产能力进行基本建设或者技术改造的，应当依照本条例的规定申请办理安全生产许可证。

生产烟花爆竹的企业，持《烟花爆竹安全生产许可证》到工商行政管理部门办理登记手续后，方可从事烟花爆竹生产活动。

第十一条 生产烟花爆竹的企业，应当按照安全生产许可证核定的产品种类进行生产，生产工序和生产作业应当执行有关国家标准和行业标准。

第十二条 生产烟花爆竹的企业，应当对生产作业人员进行安全生产知识教育，对从事药物混合、造粒、筛选、装药、筑药、压药、切引、搬运等危险工序的作业人员进行专业技术培训。从事危险工序的作业人员经设区的市人民政府安全生产监督管理部门考核合格，方可上岗作业。

第十三条 生产烟花爆竹使用的原料，应当符合国家标准的规定。生产烟花爆竹使用的原料，国家标准有用量限制的，不得超过规定的用量。不得使用国家标准规定禁止使用或者禁忌配伍的物质生产烟花爆竹。

第十四条 生产烟花爆竹的企业，应当按照国家标准的规定，在烟花爆竹产品上标注燃放说明，并在烟花爆竹包装物上印制易燃易爆危险物品警示标志。

第十五条 生产烟花爆竹的企业，应当对黑火药、烟火药、引火线的保管采取必要的安全技术措施，建立购买、领用、销售登记制度，防止黑火药、烟火药、引火线丢失。黑火药、烟火药、引火线丢失的，企业应当立即向当地安全生产监督管理部门和公安部门报告。

第三章 经 营 安 全

第十六条 烟花爆竹的经营分为批发和零售。

从事烟花爆竹批发的企业和零售经营者的经营布点，应当经安全生产监督管理部门审批。

禁止在城市市区布设烟花爆竹批发场所；城市市区的烟花爆竹零售网点，应当按照严格控制的原则合理布设。

第十七条 从事烟花爆竹批发的企业，应当具备下列条件：

（一）具有企业法人条件；
（二）经营场所与周边建筑、设施保持必要的安全距离；
（三）有符合国家标准的经营场所和储存仓库；
（四）有保管员、仓库守护员；
（五）依法进行了安全评价；
（六）有事故应急救援预案、应急救援组织和人员，并配备必要的应急救援器材、设备；
（七）法律、法规规定的其他条件。

第十八条 烟花爆竹零售经营者，应当具备下列条件：

（一）主要负责人经过安全知识教育；
（二）实行专店或者专柜销售，设专人负责安全管理；
（三）经营场所配备必要的消防器材，张贴明显的安全警示标志；
（四）法律、法规规定的其他条件。

第十九条 申请从事烟花爆竹批发的企业，应当向所在地设区的市人民政府安全生产监督管理部门提出申请，并提供能够证明符合本条例第十七条规定条件的有关材料。受理申请的安全生产监督管理部门应当自受理申请之日起 30 日内对提交的有关材料和经营场所进行审查，对符合条件的，核发《烟花爆竹经营（批发）许可证》；对不符合条件的，应当说明理由。

申请从事烟花爆竹零售的经营者，应当向所在地县级人民政府安全生产监督管理部门提出申请，并提供能够证明符合本条例第十八条规定条件的有关材料。受理申请的安全生产监督管理部门应当自受理申请之日起 20 日内对提交的有关材料和经营场所进行审查，对符合条件的，核发《烟花爆竹经营（零售）许可证》；对不符合条件的，应当说明理由。

《烟花爆竹经营（零售）许可证》，应当载明经营负责人、经营场所地址、经营期限、烟花爆竹种类和限制存放量。

第二十条 从事烟花爆竹批发的企业，应当向生产烟花爆竹的企业采购烟花爆竹，向从事烟花爆竹零售的经营者供应烟花爆竹。从事烟花爆竹零售的经营者，应当向从事烟花爆竹批发的企业采购烟花爆竹。

从事烟花爆竹批发的企业、零售经营者不得采购和销售非法生产、经营的烟花爆竹。

从事烟花爆竹批发的企业，不得向从事烟花爆竹零售的经营者供应按照国家标准规定应由专业燃放人员燃放的烟花爆竹。从事烟花爆竹零售的经营者，不得销售按照国家标准规定应由专业燃放人员燃放的烟花爆竹。

第二十一条 生产、经营黑火药、烟火药、引火线的企业，不得向未取得烟花爆竹安全生产许可的任何单位或者个人销售黑火药、烟火药和引火线。

第四章 运输安全

第二十二条 经由道路运输烟花爆竹的，应当经公安部门许可。

经由铁路、水路、航空运输烟花爆竹的，依照铁路、水路、航空运输安全管理的有关法律、法规、规章的规定执行。

第二十三条 经由道路运输烟花爆竹的，托运人应当向运达地县级人民政府公安部门提出申请，并提交下列有关材料：

（一）承运人从事危险货物运输的资质证明；

（二）驾驶员、押运员从事危险货物运输的资格证明；

（三）危险货物运输车辆的道路运输证明；

（四）托运人从事烟花爆竹生产、经营的资质证明；

（五）烟花爆竹的购销合同及运输烟花爆竹的种类、规格、数量；

（六）烟花爆竹的产品质量和包装合格证明；

（七）运输车辆牌号、运输时间、起始地点、行驶路线、经停地点。

第二十四条 受理申请的公安部门应当自受理申请之日起 3 日内对提交的有关材料进行审查，对符合条件的，核发《烟花爆竹道路运输许可证》；对不符合条件的，应当说明理由。

《烟花爆竹道路运输许可证》应当载明托运人、承运人、一次性运输有效期限、起始地点、行驶路线、经停地点、烟花爆竹的种类、规格和数量。

第二十五条 经由道路运输烟花爆竹的，除应当遵守《中华人民共和国道路交通安全法》外，还应当遵守下列规定：

（一）随车携带《烟花爆竹道路运输许可证》；

（二）不得违反运输许可事项；

（三）运输车辆悬挂或者安装符合国家标准的易燃易爆危险物品警示标志；

（四）烟花爆竹的装载符合国家有关标准和规范；

（五）装载烟花爆竹的车厢不得载人；

（六）运输车辆限速行驶，途中经停必须有专人看守；

（七）出现危险情况立即采取必要的措施，并报告当地公安部门。

第二十六条 烟花爆竹运达目的地后，收货人应当在 3 日内将《烟花爆竹道路运输许可证》交回发证机关核销。

第二十七条 禁止携带烟花爆竹搭乘公共交通工具。

禁止邮寄烟花爆竹，禁止在托运的行李、包裹、邮件中夹带烟花爆竹。

第五章 燃放安全

第二十八条 燃放烟花爆竹，应当遵守有关法律、法规和规章的规定。县级以上地方人民政府可以根据本行政区域的实际情况，确定限制或者禁止燃放烟花爆竹的时间、地点和种类。

第二十九条 各级人民政府和政府有关部门应当开展社会宣传活动，教育公民遵守有关法律、法规和规章，安全燃放烟花爆竹。

广播、电视、报刊等新闻媒体，应当做好安全燃放烟花爆竹的宣传、教育工作。未成年人的监护人应当对未成年人进行安全燃放烟花爆竹的教育。

第三十条 禁止在下列地点燃放烟花爆竹：

（一）文物保护单位；

（二）车站、码头、飞机场等交通枢纽以及铁路线路安全保护区内；

（三）易燃易爆物品生产、储存单位；

（四）输变电设施安全保护区内；

（五）医疗机构、幼儿园、中小学校、敬老院；

（六）山林、草原等重点防火区；

（七）县级以上地方人民政府规定的禁止燃放烟花爆竹的其他地点。

第三十一条 燃放烟花爆竹，应当按照燃放说明燃放，不得以危害公共安全和人身、财产安全的方式燃放烟花爆竹。

第三十二条 举办焰火晚会以及其他大型焰火燃放活动，应当按照举办的时间、地点、环境、活动性质、规模以及燃放烟花爆竹的种类、规格和数量，确定危险等级，实行分级管理。分级管理的具体办法，由国务院公安部门规定。

第三十三条 申请举办焰火晚会以及其他大型焰火燃放活动，主办单位应当按照分级管理的规定，向有关人民政府公安部门提出申请，并提交下列有关材料：

（一）举办焰火晚会以及其他大型焰火燃放活动的时间、地点、环境、活动性质、规模；

（二）燃放烟花爆竹的种类、规格、数量；

（三）燃放作业方案；

（四）燃放作业单位、作业人员符合行业标准规定条件的证明。

受理申请的公安部门应当自受理申请之日起20日内对提交的有关材料进行审查，对符合条件的，核发《焰火燃放许可证》；对不符合条件的，应当说明理由。

第三十四条 焰火晚会以及其他大型焰火燃放活动燃放作业单位和作业人员，应当按照焰火燃放安全规程和经许可的燃放作业方案进行燃放作业。

第三十五条 公安部门应当加强对危险等级较高的焰火晚会以及其他大型焰火燃放活动的监督检查。

第六章 法 律 责 任

第三十六条 对未经许可生产、经营烟花爆竹制品，或者向未取得烟花爆竹安全生产许可的单位或者个人销售黑火药、烟火药、引火线的，由安全生产监督管理部门责令停止非法生产、经营活动，处2万元以上10万元以下的罚款，并没收非法生产、经营的物品及违法所得。对未经许可经由道路运输烟花爆竹的，由公安部门责令停止非法运输活动，处1万元以上5万元以下的罚款，并没收非法运输的物品及违法所得。

非法生产、经营、运输烟花爆竹，构成违反治安管理行为的，依法给予治安管理处罚；构成犯罪的，依法追究刑事责任。

第三十七条 生产烟花爆竹的企业有下列行为之一的，由安全生产监督管理部门责令限期改正，处1万元以上5万元以下的罚款，逾期不改正的，责令停产停业整顿，情节严重的，吊销安全生产许可证：

（一）未按照安全生产许可证核定的产品种类进行生产的；

（二）生产工序或者生产作业不符合有关国家标准、行业标准的；

（三）雇佣未经设区的市人民政府安全生产监督管理部门考核合格的人员从事危险工序作业的；

（四）生产烟花爆竹使用的原料不符合国家标准规定的，或者使用的原料超过国家标准规定的用量限制的；

（五）使用按照国家标准规定禁止使用或者禁忌配伍的物质生产烟花爆竹的；

（六）未按国家标准的规定在烟花爆竹产品上标注燃放说明，或者未在烟花爆竹的包装物上印制易燃易爆危险物品警示标志的。

第三十八条 从事烟花爆竹批发的企业向从事烟花爆竹零售的经营者供应非法生产、经营的烟花爆竹，或者供应按照国家标准规定应由专业燃放人员燃放的烟花爆竹的，由安全生产监督管理部门责令停止违法行为，处2万元以上10万元以下的罚款，并没收非法经营的物品及违法所得；情节严重的，吊销烟花爆竹经营许可证。

从事烟花爆竹零售的经营者销售非法生产、经营的烟花爆竹，或者销售按照国家标准规定应由专业燃放人员燃放的烟花爆竹的，由安全生产监督管理部门责令停止违法行为，处1000元以上5000元以下的罚款，并没收非法经营的物品及违法所得；情节严重的，吊销烟花爆竹经营许可证。

第三十九条 生产、经营、使用黑火药、烟火药、引火线的企业，丢失黑火药、烟火药、引火线未及时向当地安全生产监督管理部门和公安部门报告的，由公安部门对企业主要负责人处5000元以上2万元以下的罚款，对丢失的物品予以追缴。

第四十条 经由道路运输烟花爆竹，有下列行为之一的，由公安部门责令改正，处 200 元以上 2000 元以下的罚款：

（一）违反运输许可事项的；

（二）未随车携带《烟花爆竹道路运输许可证》的；

（三）运输车辆没有悬挂或者安装符合国家标准的易燃易爆危险物品警示标志的；

（四）烟花爆竹的装载不符合国家有关标准和规范的；

（五）装载烟花爆竹的车厢载人的；

（六）超过危险物品运输车辆规定时速行驶的；

（七）运输车辆途中经停没有专人看守的；

（八）运达目的地后，未按规定时间将《烟花爆竹道路运输许可证》交回发证机关核销的。

第四十一条 对携带烟花爆竹搭乘公共交通工具，或者邮寄烟花爆竹以及在托运的行李、包裹、邮件中夹带烟花爆竹的，由公安部门没收非法携带、邮寄、夹带的烟花爆竹，可以并处 200 元以上 1000 元以下的罚款。

第四十二条 对未经许可举办焰火晚会以及其他大型焰火燃放活动，或者焰火晚会以及其他大型焰火燃放活动燃放作业单位和作业人员违反焰火燃放安全规程、燃放作业方案进行燃放作业的，由公安部门责令停止燃放，对责任单位处 1 万元以上 5 万元以下的罚款。

在禁止燃放烟花爆竹的时间、地点燃放烟花爆竹，或者以危害公共安全和人身、财产安全的方式燃放烟花爆竹的，由公安部门责令停止燃放，处 100 元以上 500 元以下的罚款；构成违反治安管理行为的，依法给予治安管理处罚。

第四十三条 对没收的非法烟花爆竹以及生产、经营企业弃置的废旧烟花爆竹，应当就地封存，并由公安部门组织销毁、处置。

第四十四条 安全生产监督管理部门、公安部门、质量监督检验部门、工商行政管理部门的工作人员，在烟花爆竹安全监管工作中滥用职权、玩忽职守、徇私舞弊，构成犯罪的，依法追究刑事责任；尚不构成犯罪的，依法给予行政处分。

第七章 附 则

第四十五条 《烟花爆竹安全生产许可证》《烟花爆竹经营（批发）许可证》《烟花爆竹经营（零售）许可证》，由国务院安全生产监督管理部门规定式样；《烟花爆竹道路运输许可证》《焰火燃放许可证》，由国务院公安部门规定式样。

第四十六条 本条例自公布之日起施行。

民用爆炸物品安全管理条例

（2006 年 5 月 10 日国务院令第 466 号公布 根据 2014 年 7 月 29 日国务院令第 653 号《国务院关于修改部分行政法规的决定》第一次修正）

第一章 总 则

第一条 为了加强对民用爆炸物品的安全管理，预防爆炸事故发生，保障公民生命、财产安全和公共安全，制定本条例。

第二条 民用爆炸物品的生产、销售、购买、进出口、运输、爆破作业和储存以及硝酸铵的销售、购买，适用本条例。本条例所称民用爆炸物品，是指用于非军事目的、列入民用爆炸物品品名表的各类火药、炸药及其制品和雷管、导火索等点火、起爆器材。民用爆炸物品品名表，由国务院民用爆炸物品行业主管部门会同国务院公安部门制订、公布。

第三条 国家对民用爆炸物品的生产、销售、购买、运输和爆破作业实行许可证制度。未经许可，任何单位或者个人不得生产、销售、购买、运输民用爆炸物品，不得从事爆破作业。严禁转让、出借、转借、抵押、赠送、私藏或者非法持有民用爆炸物品。

第四条 民用爆炸物品行业主管部门负责民用爆炸物品生产、销售的安全监督管理。公安机关负责民用爆炸物品公共安全管理和民用爆炸物品购买、运输、爆破作业的安全监督管理，监控民用爆炸物品流向。安全生产监督、铁路、交通、民用航空主管部门依照法律、行政法规的规定，负责做好民用爆炸物品的有关安全监督管理工作。民用爆炸物品行业主管部门、公安机关、工商行政管理部门按照职责分工，负责组织查处非法生产、销售、购买、储存、运输、邮寄、使用民用爆炸物品的行为。

第五条 民用爆炸物品生产、销售、购买、运输和爆破作业单位（以下称民用爆炸物品从业单位）的主要负责人是本单位民用爆炸物品安全管理责任人，对本单位的民用爆炸物品安全管理工作全面负责。民用爆炸物品从业单位是治安保卫工作的重点单位，应当依法设置治安保卫机构或者配备治安保卫人员，设置技术防范设施，防止民用爆炸物品丢失、被盗、被抢。民用爆炸物品从业单位应当建立安全管理制度、岗位安全责任制度，制订安全防范措施和事故应急预案，设置安全管理机构或者配备专职安全管理人员。

第六条 无民事行为能力人、限制民事行为能力人或者曾因犯罪受过刑事处罚的人，不得从事民用爆炸物品的生产、销售、购买、运输和爆破作业。民用爆炸物品从业单位应当加强对本单位从业人员的安全教育、法制教育和岗位技术培训，从业人员经考核合格的，方可上岗作业；对有资格要求的岗位，应当配备具有相应资格的人员。

第七条 国家建立民用爆炸物品信息管理系统，对民用爆炸物品实行标识管理，监控民用爆炸物品流向。民用爆炸物品生产企业、销售企业和爆破作业单位应当建立民用爆炸物品登记制度，如实将本单位生产、销售、购买、运输、储存、使用民用爆炸物品的品种、数量和流向信息输入计算机系统。

第八条 任何单位或者个人都有权举报违反民用爆炸物品安全管理规定的行为；接到举报的主管部门、公安机关应当立即查处，并为举报人员保密，对举报有功人员给予奖励。

第九条 国家鼓励民用爆炸物品从业单位采用提高民用爆炸物品安全性能的新技术，鼓励发展民用爆炸物品生产、配送、爆破作业一体化的经营模式。

第二章 生 产

第十条 设立民用爆炸物品生产企业，应当遵循统筹规划、合理布局的原则。

第十一条 申请从事民用爆炸物品生产的企业，应当具备下列条件：

（一）符合国家产业结构规划和产业技术标准；

（二）厂房和专用仓库的设计、结构、建筑材料、安全距离以及防火、防爆、防雷、防静电等安全设备、设施符合国家有关标准和规范；

（三）生产设备、工艺符合有关安全生产的技术标准和规程；

（四）有具备相应资格的专业技术人员、安全生产管理人员和生产岗位人员；

（五）有健全的安全管理制度、岗位安全责任制度；

（六）法律、行政法规规定的其他条件。

第十二条 申请从事民用爆炸物品生产的企业，应当向国务院民用爆炸物品行业主管部门提交申请书、可行性研究报告以及能够证明其符合本条例第十一条规定条件的有关材料。

国务院民用爆炸物品行业主管部门应当自受理申请之日起 45 日内进行审查，对符合条件的，核发《民用爆炸物品生产许可证》；对不符合条件的，不予核发《民用爆炸物品生产许可证》，书面向申请人说明理由。

民用爆炸物品生产企业为调整生产能力及品种进行改建、扩建的，应当依照前款规定申请办理《民用爆炸物品生产许可证》。民用爆炸物品生产企业持《民用爆炸物品生产许可证》到工商行政管理部门办理工商登记，并在办理工商登记后 3 日内，向所在地县级人民政府公安机关备案。

第十三条 取得《民用爆炸物品生产许可证》的企业应当在基本建设完成后，向省、自治区、直辖市人民政府民用爆炸物品行业主管部门申请安全生产许可。

省、自治区、直辖市人民政府民用爆炸物品行业主管部门应当依照《安全生产许可证条例》的规定对其进行查验，对符合条件的，核发《民用爆炸物品安全生产许可证》。

民用爆炸物品生产企业取得《民用爆炸物品安全生产许可证》后，方可生产民用爆炸物品。

第十四条 民用爆炸物品生产企业应当严格按照《民用爆炸物品生产许可证》核定的品种和产量进行生产，生产作业应当严格执行安全技术规程的规定。

第十五条 民用爆炸物品生产企业应当对民用爆炸物品做出警示标识、登记标识，对雷管编码打号。

民用爆炸物品警示标识、登记标识和雷管编码规则，由国务院公安部门会同国务院民用爆炸物品行业主管部门规定。

第十六条 民用爆炸物品生产企业应当建立健全产品检验制度，保证民用爆炸物品的质量符合相关标准。民用爆炸物品的包装，应当符合法律、行政法规的规定以及相关标准。

第十七条 试验或者试制民用爆炸物品，必须在专门场地或者专门的试验室进行。严禁在生产车间或者仓库内试验或者试制民用爆炸物品。

第三章 销售和购买

第十八条 申请从事民用爆炸物品销售的企业，应当具备下列条件：

（一）符合对民用爆炸物品销售企业规划的要求；

（二）销售场所和专用仓库符合国家有关标准和规范；

（三）有具备相应资格的安全管理人员、仓库管理人员；

（四）有健全的安全管理制度、岗位安全责任制度；

（五）法律、行政法规规定的其他条件。

第十九条　申请从事民用爆炸物品销售的企业，应当向所在地省、自治区、直辖市人民政府民用爆炸物品行业主管部门提交申请书、可行性研究报告以及能够证明其符合本条例第十八条规定条件的有关材料。

省、自治区、直辖市人民政府民用爆炸物品行业主管部门应当自受理申请之日起30日内进行审查，并对申请单位的销售场所和专用仓库等经营设施进行查验，对符合条件的，核发《民用爆炸物品销售许可证》；对不符合条件的，不予核发《民用爆炸物品销售许可证》，书面向申请人说明理由。

民用爆炸物品销售企业持《民用爆炸物品销售许可证》到工商行政管理部门办理工商登记后，方可销售民用爆炸物品。民用爆炸物品销售企业应当在办理工商登记后3日内，向所在地县级人民政府公安机关备案。

第二十条　民用爆炸物品生产企业凭《民用爆炸物品生产许可证》，可以销售本企业生产的民用爆炸物品。民用爆炸物品生产企业销售本企业生产的民用爆炸物品，不得超出核定的品种、产量。

第二十一条　民用爆炸物品使用单位申请购买民用爆炸物品的，应当向所在地县级人民政府公安机关提出购买申请，并提交下列有关材料：

（一）工商营业执照或者事业单位法人证书；

（二）《爆破作业单位许可证》或者其他合法使用的证明；

（三）购买单位的名称、地址、银行账户；

（四）购买的品种、数量和用途说明。受理申请的公安机关应当自受理申请之日起5日内对提交的有关材料进行审查，对符合条件的，核发《民用爆炸物品购买许可证》；对不符合条件的，不予核发《民用爆炸物品购买许可证》，书面向申请人说明理由。

《民用爆炸物品购买许可证》应当载明许可购买的品种、数量、购买单位以及许可的有效期限。

第二十二条　民用爆炸物品生产企业凭《民用爆炸物品生产许可证》购买属于民用爆炸物品的原料，民用爆炸物品销售企业凭《民用爆炸物品销售许可证》向民用爆炸物品生产企业购买民用爆炸物品，民用爆炸物品使用单位凭《民用爆炸物品购买许可证》购买民用爆炸物品，还应当提供经办人的身份证明。

销售民用爆炸物品的企业，应当查验前款规定的许可证和经办人的身份证明；对持《民用爆炸物品购买许可证》购买的，应当按照许可的品种、数量销售。

第二十三条　销售、购买民用爆炸物品，应当通过银行账户进行交易，不得使用现金或者实物进行交易。销售民用爆炸物品的企业，应当将购买单位的许可证、银行账户转账凭证、经办人的身份证明复印件保存2年备查。

第二十四条　销售民用爆炸物品的企业，应当自民用爆炸物品买卖成交之日起3日内，将销售的品种、数量和购买单位向所在地省、自治区、直辖市人民政府民用爆炸物品行业主管部门和所在地县级人民政府公安机关备案。

购买民用爆炸物品的单位，应当自民用爆炸物品买卖成交之日起3日内，将购买的品种、数量向所在地县级人民政府公安机关备案。

第二十五条　进出口民用爆炸物品，应当经国务院民用爆炸物品行业主管部门审批。进出口民用爆炸物品审批办法，由国务院民用爆炸物品行业主管部门会同国务院公安部门、海关总署规定。

进出口单位应当将进出口的民用爆炸物品的品种、数量向收货地或者出境口岸所在地县级人民政府公安机关备案。

第四章　运　输

第二十六条　运输民用爆炸物品，收货单位应当向运达地县级人民政府公安机关提出申请，并提交包括下列内容的材料：

（一）民用爆炸物品生产企业、销售企业、使用单位以及进出口单位分别提供的《民用爆炸物品生产许可证》《民用爆炸物品销售许可证》《民用爆炸物品购买许可证》或者进出口批准证明；

（二）运输民用爆炸物品的品种、数量、包装材料和包装方式；

（三）运输民用爆炸物品的特性、出现险情的应急处置方法；

（四）运输时间、起始地点、运输路线、经停地点。受理申请的公安机关应当自受理申请之日起3日内对提交的有关材料进行审查，对符合条件的，核发《民用爆炸物品运输许可证》；对不符合条件的，不予核发《民用爆炸物品运输许可证》，书面向申请人说明理由。

《民用爆炸物品运输许可证》应当载明收货单位、销售企业、承运人、一次性运输有效期限、起始地点、运输路线、经停地点，民用爆炸物品的品种、数量。

第二十七条 运输民用爆炸物品的,应当凭《民用爆炸物品运输许可证》,按照许可的品种、数量运输。

第二十八条 经由道路运输民用爆炸物品的,应当遵守下列规定:

(一)携带《民用爆炸物品运输许可证》;

(二)民用爆炸物品的装载符合国家有关标准和规范,车厢内不得载人;

(三)运输车辆安全技术状况应当符合国家有关安全技术标准的要求,并按照规定悬挂或者安装符合国家标准的易燃易爆危险物品警示标志;

(四)运输民用爆炸物品的车辆应当保持安全车速;

(五)按照规定的路线行驶,途中经停应当有专人看守,并远离建筑设施和人口稠密的地方,不得在许可以外的地点经停;

(六)按照安全操作规程装卸民用爆炸物品,并在装卸现场设置警戒,禁止无关人员进入;

(七)出现危险情况立即采取必要的应急处置措施,并报告当地公安机关。

第二十九条 民用爆炸物品运达目的地,收货单位应当进行验收后在《民用爆炸物品运输许可证》上签注,并在3日内将《民用爆炸物品运输许可证》交回发证机关核销。

第三十条 禁止携带民用爆炸物品搭乘公共交通工具或者进入公共场所。禁止邮寄民用爆炸物品,禁止在托运的货物、行李、包裹、邮件中夹带民用爆炸物品。

第五章 爆破作业

第三十一条 申请从事爆破作业的单位,应当具备下列条件:

(一)爆破作业属于合法的生产活动;

(二)有符合国家有关标准和规范的民用爆炸物品专用仓库;

(三)有具备相应资格的安全管理人员、仓库管理人员和具备国家规定执业资格的爆破作业人员;

(四)有健全的安全管理制度、岗位安全责任制度;

(五)有符合国家标准、行业标准的爆破作业专用设备;

(六)法律、行政法规规定的其他条件。

第三十二条 申请从事爆破作业的单位,应当按照国务院公安部门的规定,向有关人民政府公安机关提出申请,并提供能够证明其符合本条例第三十一条规定条件的有关材料。

受理申请的公安机关应当自受理申请之日起20日内进行审查,对符合条件的,核发《爆破作业单位许可证》;对不符合条件的,不予核发《爆破作业单位许可证》,书面向申请人说明理由。

营业性爆破作业单位持《爆破作业单位许可证》到工商行政管理部门办理工商登记后,方可从事营业性爆破作业活动。

爆破作业单位应当在办理工商登记后3日内,向所在地县级人民政府公安机关备案。

第三十三条 爆破作业单位应当对本单位的爆破作业人员、安全管理人员、仓库管理人员进行专业技术培训。

爆破作业人员应当经设区的市级人民政府公安机关考核合格,取得《爆破作业人员许可证》后,方可从事爆破作业。

第三十四条 爆破作业单位应当按照其资质等级承接爆破作业项目,爆破作业人员应当按照其资格等级从事爆破作业。爆破作业的分级管理办法由国务院公安部门规定。

第三十五条 在城市、风景名胜区和重要工程设施附近实施爆破作业的,应当向爆破作业所在地设区的市级人民政府公安机关提出申请,提交《爆破作业单位许可证》和具有相应资质的安全评估企业出具的爆破设计、施工方案评估报告。

受理申请的公安机关应当自受理申请之日起20日内对提交的有关材料进行审查,对符合条件的,作出批准的决定;对不符合条件的,作出不予批准的决定,并书面向申请人说明理由。实施前款规定的爆破作业,应当由具有相应资质的安全监理企业进行监理,由爆破作业所在地县级人民政府公安机关负责组织实施安全警戒。

第三十六条 爆破作业单位跨省、自治区、直辖市行政区域从事爆破作业的,应当事先将爆破作业项目的有关情况向爆破作业所在地县级人民政府公安机关报告。

第三十七条 爆破作业单位应当如实记载领取、发放民用爆炸物品的品种、数量、编号以及领取、发放人员姓名。

领取民用爆炸物品的数量不得超过当班用量,作业后剩余的民用爆炸物品必须当班清退回库。爆破作业单位应当将领取、发放民用爆炸物品的原始记录保存2年备查。

第三十八条 实施爆破作业,应当遵守国家有关标准和规范，在安全距离以外设置警示标志并安排警戒人员，防止无关人员进入；爆破作业结束后应当及时检查、排除未引爆的民用爆炸物品。

第三十九条　爆破作业单位不再使用民用爆炸物品时，应当将剩余的民用爆炸物品登记造册，报所在地县级人民政府公安机关组织监督销毁。发现、拣拾无主民用爆炸物品的，应当立即报告当地公安机关。

第六章　储　　存

第四十条　民用爆炸物品应当储存在专用仓库内，并按照国家规定设置技术防范设施。

第四十一条　储存民用爆炸物品应当遵守下列规定：

（一）建立出入库检查、登记制度，收存和发放民用爆炸物品必须进行登记，做到账目清楚，账物相符；

（二）储存的民用爆炸物品数量不得超过储存设计容量，对性质相抵触的民用爆炸物品必须分库储存，严禁在库房内存放其他物品；

（三）专用仓库应当指定专人管理、看护，严禁无关人员进入仓库区内，严禁在仓库区内吸烟和用火，严禁把其他容易引起燃烧、爆炸的物品带入库区内，严禁在库房内住宿和进行其他活动；

（四）民用爆炸物品丢失、被盗、被抢，应当立即报告当地公安机关。

第四十二条　在爆破作业现场临时存放民用爆炸物品的，应当具备临时存放民用爆炸物品的条件，并设专人管理、看护，不得在不具备安全存放条件的场所存放民用爆炸物品。

第四十三条　民用爆炸物品变质和过期失效的，应当及时清理出库，并予以销毁。销毁前应当登记造册，提出销毁实施方案，报省、自治区、直辖市人民政府民用爆炸物品行业主管部门、所在地县级人民政府公安机关组织监督销毁。

第七章　法律责任

第四十四条　非法制造、买卖、运输、储存民用爆炸物品，构成犯罪的，依法追究刑事责任；尚不构成犯罪，有违反治安管理行为的，依法给予治安管理处罚。违反本条例规定，在生产、储存、运输、使用民用爆炸物品中发生重大事故，造成严重后果或者后果特别严重，构成犯罪的，依法追究刑事责任。

违反本条例规定，未经许可生产、销售民用爆炸物品的，由民用爆炸物品行业主管部门责令停止非法生产、销售活动，处10万元以上50万元以下的罚款，并没收非法生产、销售的民用爆炸物品及其违法所得。

违反本条例规定，未经许可购买、运输民用爆炸物品或者从事爆破作业的，由公安机关责令停止非法购买、运输、爆破作业活动，处5万元以上20万元以下的罚款，并没收非法购买、运输以及从事爆破作业使用的民用爆炸物品及其违法所得。民用爆炸物品行业主管部门、公安机关对没收的非法民用爆炸物品，应当组织销毁。

第四十五条　违反本条例规定，生产、销售民用爆炸物品的企业有下列行为之一的，由民用爆炸物品行业主管部门责令限期改正，处10万元以上50万元以下的罚款；逾期不改正的，责令停产停业整顿；情节严重的，吊销《民用爆炸物品生产许可证》或者《民用爆炸物品销售许可证》：

（一）超出生产许可的品种、产量进行生产、销售的；

（二）违反安全技术规程生产作业的；

（三）民用爆炸物品的质量不符合相关标准的；

（四）民用爆炸物品的包装不符合法律、行政法规的规定以及相关标准的；

（五）超出购买许可的品种、数量销售民用爆炸物品的；

（六）向没有《民用爆炸物品生产许可证》《民用爆炸物品销售许可证》《民用爆炸物品购买许可证》的单位销售民用爆炸物品的；

（七）民用爆炸物品生产企业销售本企业生产的民用爆炸物品未按照规定向民用爆炸物品行业主管部门备案的；

（八）未经审批进出口民用爆炸物品的。

第四十六条　违反本条例规定，有下列情形之一的，由公安机关责令限期改正，处5万元以上20万元以下的罚款；逾期不改正的，责令停产停业整顿：

（一）未按照规定对民用爆炸物品做出警示标识、登记标识或者未对雷管编码打号的；

（二）超出购买许可的品种、数量购买民用爆炸物品的；

（三）使用现金或者实物进行民用爆炸物品交易的；

（四）未按照规定保存购买单位的许可证、银行账户转账凭证、经办人的身份证明复印件的；

（五）销售、购买、进出口民用爆炸物品，未按照规定向公安机关备案的；

（六）未按照规定建立民用爆炸物品登记制度，

如实将本单位生产、销售、购买、运输、储存、使用民用爆炸物品的品种、数量和流向信息输入计算机系统的；

（七）未按照规定将《民用爆炸物品运输许可证》交回发证机关核销的。

第四十七条　违反本条例规定，经由道路运输民用爆炸物品，有下列情形之一的，由公安机关责令改正，处 5 万元以上 20 万元以下的罚款：

（一）违反运输许可事项的；

（二）未携带《民用爆炸物品运输许可证》的；

（三）违反有关标准和规范混装民用爆炸物品的；

（四）运输车辆未按照规定悬挂或者安装符合国家标准的易燃易爆危险物品警示标志的；

（五）未按照规定的路线行驶，途中经停没有专人看守或者在许可以外的地点经停的；

（六）装载民用爆炸物品的车厢载人的；

（七）出现危险情况未立即采取必要的应急处置措施、报告当地公安机关的。

第四十八条　违反本条例规定，从事爆破作业的单位有下列情形之一的，由公安机关责令停止违法行为或者限期改正，处 10 万元以上 50 万元以下的罚款；逾期不改正的，责令停产停业整顿；情节严重的，吊销《爆破作业单位许可证》：

（一）爆破作业单位未按照其资质等级从事爆破作业的；

（二）营业性爆破作业单位跨省、自治区、直辖市行政区域实施爆破作业，未按照规定事先向爆破作业所在地的县级人民政府公安机关报告的；

（三）爆破作业单位未按照规定建立民用爆炸物品领取登记制度、保存领取登记记录的；

（四）违反国家有关标准和规范实施爆破作业的。爆破作业人员违反国家有关标准和规范的规定实施爆破作业的，由公安机关责令限期改正，情节严重的，吊销《爆破作业人员许可证》。

第四十九条　违反本条例规定，有下列情形之一的，由民用爆炸物品行业主管部门、公安机关按照职责责令限期改正，可以并处 5 万元以上 20 万元以下的罚款；逾期不改正的，责令停产停业整顿；情节严重的，吊销许可证：

（一）未按照规定在专用仓库设置技术防范设施的；

（二）未按照规定建立出入库检查、登记制度或者收存和发放民用爆炸物品，致使账物不符的；

（三）超量储存、在非专用仓库储存或者违反储存标准和规范储存民用爆炸物品的；

（四）有本条例规定的其他违反民用爆炸物品储存管理规定行为的。

第五十条　违反本条例规定，民用爆炸物品从业单位有下列情形之一的，由公安机关处 2 万元以上 10 万元以下的罚款；情节严重的，吊销其许可证；有违反治安管理行为的，依法给予治安管理处罚：

（一）违反安全管理制度，致使民用爆炸物品丢失、被盗、被抢的；

（二）民用爆炸物品丢失、被盗、被抢，未按规定向当地公安机关报告或者故意隐瞒不报的；

（三）转让、出借、转借、抵押、赠送民用爆炸物品的。

第五十一条　违反本条例规定，携带民用爆炸物品搭乘公共交通工具或者进入公共场所，邮寄或者在托运的货物、行李、包裹、邮件中夹带民用爆炸物品，构成犯罪的，依法追究刑事责任；尚不构成犯罪的，由公安机关依法给予治安管理处罚，没收非法的民用爆炸物品，处 1000 元以上 1 万元以下的罚款。

第五十二条　民用爆炸物品从业单位的主要负责人未履行本条例规定的安全管理责任，导致发生重大伤亡事故或者造成其他严重后果，构成犯罪的，依法追究刑事责任；尚不构成犯罪的，对主要负责人给予撤职处分，对个人经营的投资人处 2 万元以上 20 万元以下的罚款。

第五十三条　民用爆炸物品行业主管部门、公安机关、工商行政管理部门的工作人员，在民用爆炸物品安全监督管理工作中滥用职权、玩忽职守或者徇私舞弊，构成犯罪的，依法追究刑事责任；尚不构成犯罪的，依法给予行政处分。

第八章　附　　则

第五十四条　《民用爆炸物品生产许可证》《民用爆炸物品销售许可证》，由国务院民用爆炸物品行业主管部门规定式样；《民用爆炸物品购买许可证》《民用爆炸物品运输许可证》《爆破作业单位许可证》《爆破作业人员许可证》，由国务院公安部门规定式样。

第五十五条　本条例自 2006 年 9 月 1 日起施行。1984 年 1 月 6 日国务院发布的《中华人民共和国民用爆炸物品管理条例》同时废止。

3. 海洋石油安全

中华人民共和国石油天然气管道保护法

（2010年6月25日第十一届全国人民代表大会常务委员会第十五次会议通过）

第一章 总 则

第一条 为了保护石油、天然气管道，保障石油、天然气输送安全，维护国家能源安全和公共安全，制定本法。

第二条 中华人民共和国境内输送石油、天然气的管道的保护，适用本法。

城镇燃气管道和炼油、化工等企业厂区内管道的保护，不适用本法。

第三条 本法所称石油包括原油和成品油，所称天然气包括天然气、煤层气和煤制气。

本法所称管道包括管道及管道附属设施。

第四条 国务院能源主管部门依照本法规定主管全国管道保护工作，负责组织编制并实施全国管道发展规划，统筹协调全国管道发展规划与其他专项规划的衔接，协调跨省、自治区、直辖市管道保护的重大问题。国务院其他有关部门依照有关法律、行政法规的规定，在各自职责范围内负责管道保护的相关工作。

第五条 省、自治区、直辖市人民政府能源主管部门和设区的市级、县级人民政府指定的部门，依照本法规定主管本行政区域的管道保护工作，协调处理本行政区域管道保护的重大问题，指导、监督有关单位履行管道保护义务，依法查处危害管道安全的违法行为。县级以上地方人民政府其他有关部门依照有关法律、行政法规的规定，在各自职责范围内负责管道保护的相关工作。

省、自治区、直辖市人民政府能源主管部门和设区的市级、县级人民政府指定的部门，统称县级以上地方人民政府主管管道保护工作的部门。

第六条 县级以上地方人民政府应当加强对本行政区域管道保护工作的领导，督促、检查有关部门依法履行管道保护职责，组织排除管道的重大外部安全隐患。

第七条 管道企业应当遵守本法和有关规划、建设、安全生产、质量监督、环境保护等法律、行政法规，执行国家技术规范的强制性要求，建立、健全本企业有关管道保护的规章制度和操作规程并组织实施，宣传管道安全与保护知识，履行管道保护义务，接受人民政府及其有关部门依法实施的监督，保障管道安全运行。

第八条 任何单位和个人不得实施危害管道安全的行为。

对危害管道安全的行为，任何单位和个人有权向县级以上地方人民政府主管管道保护工作的部门或者其他有关部门举报。接到举报的部门应当在职责范围内及时处理。

第九条 国家鼓励和促进管道保护新技术的研究开发和推广应用。

第二章 管道规划与建设

第十条 管道的规划、建设应当符合管道保护的要求，遵循安全、环保、节约用地和经济合理的原则。

第十一条 国务院能源主管部门根据国民经济和社会发展的需要组织编制全国管道发展规划。组织编制全国管道发展规划应当征求国务院有关部门以及有关省、自治区、直辖市人民政府的意见。

全国管道发展规划应当符合国家能源规划，并与土地利用总体规划、城乡规划以及矿产资源、环境保护、水利、铁路、公路、航道、港口、电信等规划相协调。

第十二条 管道企业应当根据全国管道发展规划编制管道建设规划，并将管道建设规划确定的管道建设选线方案报送拟建管道所在地县级以上地方人民政府城乡规划主管部门审核；经审核符合城乡规划的，应当依法纳入当地城乡规划。

纳入城乡规划的管道建设用地，不得擅自改变用途。

第十三条 管道建设的选线应当避开地震活动断层和容易发生洪灾、地质灾害的区域，与建筑物、构筑物、铁路、公路、航道、港口、市政设施、军事设施、电缆、光缆等保持本法和有关法律、行政法规以及国家技术规范的强制性要求规定的保护距离。

新建管道通过的区域受地理条件限制，不能满足前款规定的管道保护要求的，管道企业应当提出防护方案，经管道保护方面的专家评审论证，并经管道所在地县级以上地方人民政府主管管道保护工作的部门批准后，方可建设。

管道建设项目应当依法进行环境影响评价。

第十四条 管道建设使用土地，依照《中华人民共和国土地管理法》等法律、行政法规的规定执行。

依法建设的管道通过集体所有的土地或者他人取得使用权的国有土地，影响土地使用的，管道企业应当按照管道建设时土地的用途给予补偿。

第十五条 依照法律和国务院的规定，取得行政许可或者已报送备案并符合开工条件的管道项目的建设，任何单位和个人不得阻碍。

第十六条 管道建设应当遵守法律、行政法规有关建设工程质量管理的规定。

管道企业应当依照有关法律、行政法规的规定，选择具备相应资质的勘察、设计、施工、工程监理单位进行管道建设。

管道的安全保护设施应当与管道主体工程同时设计、同时施工、同时投入使用。

管道建设使用的管道产品及其附件的质量，应当符合国家技术规范的强制性要求。

第十七条 穿跨越水利工程、防洪设施、河道、航道、铁路、公路、港口、电力设施、通信设施、市政设施的管道的建设，应当遵守本法和有关法律、行政法规，执行国家技术规范的强制性要求。

第十八条 管道企业应当按照国家技术规范的强制性要求在管道沿线设置管道标志。管道标志毁损或者安全警示不清的，管道企业应当及时修复或者更新。

第十九条 管道建成后应当按照国家有关规定进行竣工验收。竣工验收应当审查管道是否符合本法规定的管道保护要求，经验收合格方可正式交付使用。

第二十条 管道企业应当自管道竣工验收合格之日起六十日内，将竣工测量图报管道所在地县级以上地方人民政府主管管道保护工作的部门备案；县级以上地方人民政府主管管道保护工作的部门应当将管道企业报送的管道竣工测量图分送本级人民政府规划、建设、国土资源、铁路、交通、水利、公安、安全生产监督管理等部门和有关军事机关。

第二十一条 地方各级人民政府编制、调整土地利用总体规划和城乡规划，需要管道改建、搬迁或者增加防护设施的，应当与管道企业协商确定补偿方案。

第三章　管道运行中的保护

第二十二条 管道企业应当建立、健全管道巡护制度，配备专门人员对管道线路进行日常巡护。管道巡护人员发现危害管道安全的情形或者隐患，应当按照规定及时处理和报告。

第二十三条 管道企业应当定期对管道进行检测、维修，确保其处于良好状态；对管道安全风险较大的区段和场所应当进行重点监测，采取有效措施防止管道事故的发生。

对不符合安全使用条件的管道，管道企业应当及时更新、改造或者停止使用。

第二十四条 管道企业应当配备管道保护所必需的人员和技术装备，研究开发和使用先进适用的管道保护技术，保证管道保护所必需的经费投入，并对在管道保护中做出突出贡献的单位和个人给予奖励。

第二十五条 管道企业发现管道存在安全隐患，应当及时排除。对管道存在的外部安全隐患，管道企业自身排除确有困难的，应当向县级以上地方人民政府主管管道保护工作的部门报告。接到报告的主管道保护工作的部门应当及时协调排除或者报请人民政府及时组织排除安全隐患。

第二十六条 管道企业依法取得使用权的土地，任何单位和个人不得侵占。

为合理利用土地，在保障管道安全的条件下，管道企业可以与有关单位、个人约定，同意有关单位、个人种植浅根农作物。但是，因管道巡护、检测、维修造成的农作物损失，除另有约定外，管道企业不予赔偿。

第二十七条 管道企业对管道进行巡护、检测、维修等作业，管道沿线的有关单位、个人应当给予必要的便利。

因管道巡护、检测、维修等作业给土地使用权人或者其他单位、个人造成损失的，管道企业应当依法给予赔偿。

第二十八条 禁止下列危害管道安全的行为：

（一）擅自开启、关闭管道阀门；

（二）采用移动、切割、打孔、砸撬、拆卸等手段损坏管道；

（三）移动、毁损、涂改管道标志；

（四）在埋地管道上方巡查便道上行驶重型车辆；

（五）在地面管道线路、架空管道线路和管桥上行走或者放置重物。

第二十九条 禁止在本法第五十八条第一项所列管道附属设施的上方架设电力线路、通信线路或者在储气库构造区域范围内进行工程挖掘、工程钻探、采矿。

第三十条 在管道线路中心线两侧各五米地域范围内，禁止下列危害管道安全的行为：

（一）种植乔木、灌木、藤类、芦苇、竹子或者其他根系深达管道埋设部位可能损坏管道防腐层的深根植物；

（二）取土、采石、用火、堆放重物、排放腐蚀性物质、使用机械工具进行挖掘施工；

（三）挖塘、修渠、修晒场、修建水产养殖场、建温室、建家畜棚圈、建房以及修建其他建筑物、构筑物。

第三十一条 在管道线路中心线两侧和本法第五十八条第一项所列管道附属设施周边修建下列建筑物、构筑物的，建筑物、构筑物与管道线路和管道附属设施的距离应当符合国家技术规范的强制性要求：

（一）居民小区、学校、医院、娱乐场所、车站、商场等人口密集的建筑物；

（二）变电站、加油站、加气站、储油罐、储气罐等易燃易爆物品的生产、经营、存储场所。

前款规定的国家技术规范的强制性要求，应当按照保障管道及建筑物、构筑物安全和节约用地的原则确定。

第三十二条 在穿越河流的管道线路中心线两侧各五百米地域范围内，禁止抛锚、拖锚、挖砂、挖泥、采石、水下爆破。但是，在保障管道安全的条件下，为防洪和航道通畅而进行的养护疏浚作业除外。

第三十三条 在管道专用隧道中心线两侧各一千米地域范围内，除本条第二款规定的情形外，禁止采石、采矿、爆破。

在前款规定的地域范围内，因修建铁路、公路、水利工程等公共工程，确需实施采石、爆破作业的，应当经管道所在地县级人民政府主管管道保护工作的部门批准，并采取必要的安全防护措施，方可实施。

第三十四条 未经管道企业同意，其他单位不得使用管道专用伴行道路、管道水工防护设施、管道专用隧道等管道附属设施。

第三十五条 进行下列施工作业，施工单位应当向管道所在地县级人民政府主管管道保护工作的部门提出申请：

（一）穿跨越管道的施工作业；

（二）在管道线路中心线两侧各五米至五十米和本法第五十八条第一项所列管道附属设施周边一百米地域范围内，新建、改建、扩建铁路、公路、河渠，架设电力线路、埋设地下电缆、光缆，设置安全接地体、避雷接地体；

（三）在管道线路中心线两侧各二百米和本法第五十八条第一项所列管道附属设施周边五百米地域范围内，进行爆破、地震法勘探或者工程挖掘、工程钻探、采矿。

县级人民政府主管管道保护工作的部门接到申请后，应当组织施工单位与管道企业协商确定施工作业方案，并签订安全防护协议；协商不成的，主管管道保护工作的部门应当组织进行安全评审，作出是否批准作业的决定。

第三十六条 申请进行本法第三十三条第二款、第三十五条规定的施工作业，应当符合下列条件：

（一）具有符合管道安全和公共安全要求的施工作业方案；

（二）已制定事故应急预案；

（三）施工作业人员具备管道保护知识；

（四）具有保障安全施工作业的设备、设施。

第三十七条 进行本法第三十三条第二款、第三十五条规定的施工作业，应当在开工七日前书面通知管道企业。管道企业应当指派专门人员到现场进行管道保护安全指导。

第三十八条 管道企业在紧急情况下进行管道抢修作业，可以先行使用他人土地或者设施，但应当及时告知土地或者设施的所有权人或者使用权人。给土地或者设施的所有权人或者使用权人造成损失的，管道企业应当依法给予赔偿。

第三十九条 管道企业应当制定本企业管道事故应急预案，并报管道所在地县级人民政府主管管道保护工作的部门备案；配备抢险救援人员和设备，并定期进行管道事故应急救援演练。

发生管道事故，管道企业应当立即启动本企业管道事故应急预案，按照规定及时通报可能受到事故危害的单位和居民，采取有效措施消除或者减轻事故危害，并依照有关事故调查处理的法律、行政法规的规定，向事故发生地县级人民政府主管管道保护工作的部门、安全生产监督管理部门和其他有关部门报告。

接到报告的主管管道保护工作的部门应当按照规定及时上报事故情况，并根据管道事故的实际情况组织采取事故处置措施或者报请人民政府及时启动本行政区域管道事故应急预案，组织进行事故应急处置与救援。

第四十条 管道泄漏的石油和因管道抢修排放的石油造成环境污染的，管道企业应当及时治理。因第三人的行为致使管道泄漏造成环境污染的，管道企业有权向第三人追偿治理费用。

环境污染损害的赔偿责任，适用《中华人民共和国侵权责任法》和防治环境污染的法律的有关规定。

第四十一条 管道泄漏的石油和因管道抢修排放的石油，由管道企业回收、处理，任何单位和个人不得侵占、盗窃、哄抢。

第四十二条 管道停止运行、封存、报废的，管道企业应当采取必要的安全防护措施，并报县级以上地方人民政府主管管道保护工作的部门备案。

第四十三条 管道重点保护部位，需要由中国人民武装警察部队负责守卫的，依照《中华人民共和国人民武装警察法》和国务院、中央军事委员会的有关规定执行。

第四章 管道建设工程与其他建设工程相遇关系的处理

第四十四条 管道建设工程与其他建设工程的相遇关系，依照法律的规定处理；法律没有规定的，由建设工程双方按下列原则协商处理，并为对方提供必要的便利：

（一）后开工的建设工程服从先开工或者已建成的建设工程；

（二）同时开工的建设工程，后批准的建设工程服从先批准的建设工程。

依照前款规定，后开工或者后批准的建设工程，应当符合先开工、已建成或者先批准的建设工程的安全防护要求；需要先开工、已建成或者先批准的建设工程改建、搬迁或者增加防护设施的，后开工或者后批准的建设工程一方应当承担由此增加的费用。

管道建设工程与其他建设工程相遇的，建设工程双方应当协商确定施工作业方案并签订安全防护协议，指派专门人员现场监督、指导对方施工。

第四十五条 经依法批准的管道建设工程，需要通过正在建设的其他建设工程的，其他工程建设单位应当按照管道建设工程的需要，预留管道通道或者预建管道通过设施，管道企业应当承担由此增加的费用。

经依法批准的其他建设工程，需要通过正在建设的管道建设工程的，管道建设单位应当按照其他建设工程的需要，预留通道或者预建相关设施，其他工程建设单位应当承担由此增加的费用。

第四十六条 管道建设工程通过矿产资源开采区域的，管道企业应当与矿产资源开采企业协商确定管道的安全防护方案，需要矿产资源开采企业按照管道安全防护要求预建防护设施或者采取其他防护措施的，管道企业应当承担由此增加的费用。

矿产资源开采企业未按照约定预建防护设施或者采取其他防护措施，造成地面塌陷、裂缝、沉降等地质灾害，致使管道需要改建、搬迁或者采取其他防护措施的，矿产资源开采企业应当承担由此增加的费用。

第四十七条 铁路、公路等建设工程修建防洪、分流等水工防护设施，可能影响管道保护的，应当事先通知管道企业并注意保护下游已建成的管道水工防护设施。

建设工程修建防洪、分流等水工防护设施，使下游已建成的管道水工防护设施的功能受到影响，需要新建、改建、扩建管道水工防护设施的，工程建设单位应当承担由此增加的费用。

第四十八条 县级以上地方人民政府水行政主管部门制定防洪、泄洪方案应当兼顾管道的保护。

需要在管道通过的区域泄洪的，县级以上地方人民政府水行政主管部门应当在泄洪方案确定后，及时将泄洪量和泄洪时间通知本级人民政府主管管道保护工作的部门和管道企业或者向社会公告。主管管道保护工作的部门和管道企业应当对管道采取防洪保护措施。

第四十九条 管道与航道相遇，确需在航道中修建管道防护设施的，应当进行通航标准技术论证，并经航道主管部门批准。管道防护设施完工后，应经航道主管部门验收。

进行前款规定的施工作业，应当在批准的施工区域内设置航标，航标的设置和维护费用由管道企业承担。

第五章 法 律 责 任

第五十条 管道企业有下列行为之一的，由县级以上地方人民政府主管管道保护工作的部门责令限期改正；逾期不改正的，处二万元以上十万元以下的罚款；对直接负责的主管人员和其他直接责任人员给予处分：

（一）未依照本法规定对管道进行巡护、检测和维修的；

（二）对不符合安全使用条件的管道未及时更新、改造或者停止使用的；

（三）未依照本法规定设置、修复或者更新有关管道标志的；

（四）未依照本法规定将管道竣工测量图报人民政府主管管道保护工作的部门备案的；

（五）未制定本企业管道事故应急预案，或者未将本企业管道事故应急预案报人民政府主管管道保护工作的部门备案的；

（六）发生管道事故，未采取有效措施消除或者减轻事故危害的；

（七）未对停止运行、封存、报废的管道采取必要的安全防护措施的。

管道企业违反本法规定的行为同时违反建设工程质量管理、安全生产、消防等其他法律的，依照其他法律的规定处罚。

管道企业给他人合法权益造成损害的，依法承担民事责任。

第五十一条 采用移动、切割、打孔、砸撬、拆卸等手段损坏管道或者盗窃、哄抢管道输送、泄漏、排放的石油、天然气，尚不构成犯罪，依法给予治安管理处罚。

第五十二条 违反本法第二十九条、第三十条、第三十二条或者第三十三条第一款的规定，实施危害管道安全行为的，由县级以上地方人民政府主管管道保护工作的部门责令停止违法行为；情节较重的，对单位处一万元以上十万元以下的罚款，对个人处二百元以上二千元以下的罚款；对违法修建的建筑物、构筑物或者其他设施限期拆除；逾期未拆除的，由县级以上地方人民政府主管管道保护工作的部门组织拆除，所需费用由违法行为人承担。

第五十三条 未经依法批准，进行本法第三十三条第二款或者第三十五条规定的施工作业的，由县级以上地方人民政府主管管道保护工作的部门责令停止违法行为；情节较重的，处一万元以上五万元以下的罚款；对违法修建的危害管道安全的建筑物、构筑物或者其他设施限期拆除；逾期未拆除的，由县级以上地方人民政府主管管道保护工作的部门组织拆除，所需费用由违法行为人承担。

第五十四条 违反本法规定，有下列行为之一的，由县级以上地方人民政府主管管道保护工作的部门责令改正；情节严重的，处二百元以上一千元以下的罚款：

（一）擅自开启、关闭管道阀门的；

（二）移动、毁损、涂改管道标志的；

（三）在埋地管道上方巡查便道上行驶重型车辆的；

（四）在地面管道线路、架空管道线路和管桥上行走或者放置重物的；

（五）阻碍依法进行的管道建设的。

第五十五条 违反本法规定，实施危害管道安全的行为，给管道企业造成损害的，依法承担民事责任。

第五十六条 县级以上地方人民政府及其主管管道保护工作的部门或者其他有关部门，违反本法规定，对应当组织排除的管道外部安全隐患不及时组织排除，发现危害管道安全的行为或者接到对危害管道安全行为的举报后不依法予以查处，或者有其他不依照本法规定履行职责的行为的，由其上级机关责令改正，对直接负责的主管人员和其他直接责任人员依法给予处分。

第五十七条 违反本法规定，构成犯罪的，依法追究刑事责任。

第六章 附 则

第五十八条 本法所称管道附属设施包括：

（一）管道的加压站、加热站、计量站、集油站、集气站、输油站、输气站、配气站、处理场、清管站、阀室、阀井、放空设施、油库、储气库、装卸栈桥、装卸场；

（二）管道的水工防护设施、防风设施、防雷设施、抗震设施、通信设施、安全监控设施、电力设施、管堤、管桥以及管道专用涵洞、隧道等穿跨越设施；

（三）管道的阴极保护站、阴极保护测试桩、阳极地床、杂散电流排流站等防腐设施；

（四）管道穿越铁路、公路的检漏装置；

（五）管道的其他附属设施。

第五十九条 本法施行前在管道保护距离内已建成的人口密集场所和易燃易爆物品的生产、经营、存储场所，应当由所在地人民政府根据当地的实际情况，有计划、分步骤地进行搬迁、清理或者采取必要的防护措施。需要已建成的管道改建、搬迁或者采取必要的防护措施的，应当与管道企业协商确定补偿方案。

第六十条 国务院可以根据海上石油、天然气管道的具体情况，制定海上石油、天然气管道保护的特别规定。

第六十一条 本法自 2010 年 10 月 1 日起施行。

海洋石油安全生产规定

（2006 年 2 月 7 日国家安全监管总局令第 4 号公布　根据 2013 年 8 月 29 日国家安全监管总局令第 63 号第一次修正　根据 2015 年 5 月 26 日国家安全监管总局令第 78 号第二次修正）

第一章 总 则

第一条 为了加强海洋石油安全生产工作，防止和减少海洋石油生产安全事故和职业危害，保障从业人员生命和财产安全，根据《安全生产法》及有关法律、行政法规，制定本规定。

第二条 在中华人民共和国的内水、领海、毗连区、专属经济区、大陆架以及中华人民共和国管辖的其他海域内的海洋石油开采活动的安全生产，适用本规定。

第三条 海洋石油作业者和承包者是海洋石油安全生产的责任主体。

本规定所称作业者是指负责实施海洋石油开采活动的企业，或者按照石油合同的约定负责实施海洋石油开采活动的实体。

本规定所称承包者是指向作业者提供服务的企业或者实体。

第四条 国家安全生产监督管理总局（以下简称安全监管总局）对海洋石油安全生产实施综合监督管理。

安全监管总局设立海洋石油作业安全办公室（以下简称海油安办）作为实施海洋石油安全生产综合监督管理的执行机构。海油安办根据需要设立分部，各分部依照有关规定实施具体的安全监督管理。

第二章 安全生产保障

第五条 作业者和承包者应当遵守有关安全生产的法律、行政法规、部门规章、国家标准和行业标准，具备安全生产条件。

第六条 作业者应当加强对承包者的安全监督和管理，并在承包合同中约定各自的安全生产管理职责。

第七条 作业者和承包者的主要负责人对本单位的安全生产工作全面负责。

作业者和从事物探、钻井、测井、录井、试油、井下作业等活动的承包者及海洋石油生产设施的主要负责人、安全管理人员应当按照安全监管总局的规定，经过安全资格培训，具备相应的安全生产知识和管理能力，经考核合格取得安全资格证书。

第八条 作业者和承包者应当对从业人员进行安全生产教育和培训，保证从业人员具备必要的安全生产知识，熟悉有关的安全生产规章制度和安全操作规程，掌握本岗位的安全操作技能。

第九条 出海作业人员应当接受海洋石油作业安全救生培训，经考核合格后方可出海作业。

临时出海人员应接受必要的安全教育。

第十条 特种作业人员应当按照安全监管总局有关规定经专门的安全技术培训，考核合格取得特种作业操作资格证书后方可上岗作业。

第十一条 海洋石油建设项目在可行性研究阶段或者总体开发方案编制阶段应当进行安全预评价。

在设计阶段，海洋石油生产设施的重要设计文件及安全专篇，应当经海洋石油生产设施发证检验机构（以下简称发证检验机构）审查同意。发证检验机构应当在审查同意的设计文件、图纸上加盖印章。

第十二条 海洋石油生产设施应当由具有相应资质或者能力的专业单位施工，施工单位应当按照审查同意的设计方案或者图纸施工。

第十三条 海洋石油生产设施试生产前，应当经发证检验机构检验合格，取得最终检验证书或者临时检验证书，并制订试生产的安全措施，于试生产前45日报海油安办有关分部备案。

海油安办有关分部应对海洋石油生产设施的状况及安全措施的落实情况进行检查。

第十四条 海洋石油生产设施试生产正常后，应当由作业者或者承包者负责组织对其安全设施进行竣工验收，并形成书面报告备查。

经验收合格并办理安全生产许可证后，方可正式投入生产使用。

第十五条 作业者和承包者应当向作业人员如实告知作业现场和工作岗位存在的危险因素和职业危害因素，以及相应的防范措施和应急措施。

第十六条 作业者和承包者应当为作业人员提供符合国家标准或者行业标准的劳动防护用品，并监督、教育作业人员按照使用规则佩戴、使用。

第十七条 作业者和承包者应当制定海洋石油作业设施、生产设施及其专业设备的安全检查、维护保养制度，建立安全检查、维护保养档案，并指定专人负责。

第十八条 作业者和承包者应当加强防火防爆管理，按照有关规定划分和标明安全区与危险区；在危险区作业时，应当对作业程序和安全措施进行审查。

第十九条 作业者和承包者应当加强对易燃、易爆、有毒、腐蚀性等危险物品的管理，按国家有关规定进行装卸、运输、储存、使用和处置。

第二十条 海洋石油的专业设备应当由专业设备检验机构检验合格，方可投入使用。专业设备检验机构对检验结果负责。

第二十一条 海洋石油作业设施首次投入使用前或者变更作业区块前，应当制订作业计划和安全措施。

作业计划和安全措施应当在开始作业前15日报海油安办有关分部备案。

外国海洋石油作业设施进入中华人民共和国管辖

海域前按照上述要求执行。

第二十二条 作业者和承包者应当建立守护船值班制度，在海洋石油生产设施和移动式钻井船（平台）周围应备有守护船值班。无人值守的生产设施和陆岸结构物除外。

第二十三条 作业者或者承包者在编制钻井、采油和井下作业等作业计划时，应当根据地质条件与海域环境确定安全可靠的井控程序和防硫化氢措施。

打开油（气）层前，作业者或者承包者应当确认井控和防硫化氢措施的落实情况。

第二十四条 作业者和承包者应当保存安全生产的相关资料，主要包括作业人员名册、工作日志、培训记录、事故和险情记录、安全设备维修记录、海况和气象情况等。

第二十五条 在海洋石油生产设施的设计、建造、安装以及生产的全过程中，实施发证检验制度。

海洋石油生产设施的发证检验包括建造检验、生产过程中的定期检验和临时检验。

第二十六条 发证检验工作由作业者委托具有资质的发证检验机构进行。

第二十七条 发证检验机构应当依照有关法律、行政法规、部门规章和国家标准、行业标准或作业者选定的技术标准实施审查、检验，并对审查、检验结果负责。

作业者选定的技术标准不得低于国家标准和行业标准。

海油安办对发证检验机构实施的设计审查程序、检验程序进行监督。

第三章 安全生产监督管理

第二十八条 海油安办及其各分部对海洋石油安全生产履行以下监督管理职责：

（一）组织起草海洋石油安全生产法规、规章、标准；

（二）监督检查作业者和承包者安全生产条件、设备设施安全和劳动防护用品使用情况；

（三）监督检查作业者和承包者安全生产教育培训情况；负责作业者，从事物探、钻井、测井、录井、试油、井下作业等的承包者和海洋石油生产设施的主要负责人、安全管理人员和特种作业人员的安全培训考核工作；

（四）监督核查海洋石油建设项目生产设施安全竣工验收工作，负责安全生产许可证的发放工作。

（五）负责海洋石油生产设施发证检验、专业设备检测检验、安全评价和安全咨询等社会中介服务机构的资质审查；

（六）组织生产安全事故的调查处理；协调事故和险情的应急救援工作。

第二十九条 监督检查人员必须熟悉海洋石油安全法律法规和安全技术知识，能胜任海洋石油安全检查工作，经考核合格，取得相应的执法资格。

第三十条 海油安办及其各分部依法对作业者和承包者执行有关安全生产的法律、行政法规和国家标准或者行业标准的情况进行监督检查，行使以下职权：

（一）对作业者和承包者进行安全检查，调阅有关资料，向有关单位和人员了解情况；

（二）对检查中发现的安全生产违法行为，当场予以纠正或者要求限期改正；

（三）对检查中发现的事故隐患，应当责令立即排除；重大事故隐患排除前或者排除过程中无法保证安全的，应当责令从危险区域内撤出作业人员，责令暂时停产停业或者停止使用；重大事故隐患排除后，经审查同意，方可恢复生产和使用；

（四）对有根据认为不符合保障安全生产的国家标准或者行业标准的设施、设备、器材予以查封或者扣押，并应当在15日内依法作出处理决定。

第三十一条 监督检查人员进行监督检查时，应履行以下义务：

（一）忠于职守，坚持原则，秉公执法；

（二）执行监督检查任务时，必须出示有效的监督执法证件，使用统一的行政执法文书；

（三）遵守作业者和承包者的有关现场管理规定，不得影响正常生产活动；

（四）保守作业者和承包者的有关技术秘密和商业秘密。

第三十二条 监督检查人员在进行安全监督检查期间，作业者或者承包者应当免费提供必要的交通工具、防护用品等工作条件。

第三十三条 承担海洋石油生产设施发证检验、专业设备检测检验、安全评价和安全咨询的中介机构应当具备国家规定的资质。

第四章 应急预案与事故处理

第三十四条 作业者应当建立应急救援组织，配备专职或者兼职救援人员，或者与专业救援组织签订救援协议，并在实施作业前编制应急预案。

承包者在实施作业前应编制应急预案。

应急预案应当报海油安办有关分部和其他有关政府部门备案。

第三十五条 应急预案应当包括以下主要内容：

作业者和承包者的基本情况、危险特性、可利用的应急救援设备；应急组织机构、职责划分、通讯联络；应急预案启动、应急响应、信息处理、应急状态中止、后续恢复等处置程序；应急演习与训练。

第三十六条　应急预案应充分考虑作业内容、作业海区的环境条件、作业设施的类型、自救能力和可以获得的外部支援等因素，应能够预防和处置各类突发性事故和可能引发事故的险情，并随实际情况的变化及时修改或者补充。

事故和险情包括以下情况：井喷失控、火灾与爆炸、平台遇险、飞机或者直升机失事、船舶海损、油（气）生产设施与管线破损/泄漏、有毒有害物质泄漏、放射性物质遗散、潜水作业事故；人员重伤、死亡、失踪及暴发性传染病、中毒；溢油事故、自然灾害以及其他紧急情况等。

第三十七条　当发生事故或者出现可能引发事故的险情时，作业者和承包者应当按应急预案的规定实施应急措施，防止事态扩大，减少人员伤亡和财产损失。

当发生应急预案中未规定的事件时，现场工作人员应当及时向主要负责人报告。主要负责人应当及时采取相应的措施。

第三十八条　事故和险情发生后，当事人、现场人员、作业者和承包者负责人、各分部和海油安办根据有关规定逐级上报。

第三十九条　海油安办及其有关分部、有关部门接到重大事故报告后，应当立即赶到事故现场，组织事故抢救、事故调查。

第四十条　无人员伤亡事故、轻伤、重伤事故由作业者和承包者负责人或其指定的人员组织生产、技术、安全等有关人员及工会代表参加的事故调查组进行调查。

其他事故的调查处理，按有关规定执行。

第四十一条　作业者应当建立事故统计和分析制度，定期对事故进行统计和分析。事故统计年报应当报海油安办有关分部、政府有关部门。

承包者在提供服务期间发生的事故由作业者负责统计。

第五章　罚　　则

第四十二条　监督检查人员在海洋石油安全生产监督检查中滥用职权、玩忽职守、徇私舞弊的，依照有关规定给予行政处分；构成犯罪的，依法追究刑事责任。

第四十三条　作业者和承包者有下列行为之一的，给予警告，并处 3 万元以下的罚款：

（一）未按规定执行发证检验或者用非法手段获取检验证书的；

（二）未按规定配备守护船，或者使用不满足有关规定要求的船舶做守护船，或者守护船未按规定履行登记手续的；

（三）未按照本规定第三十四条的规定履行备案手续的；

（四）未按有关规定制订井控措施和防硫化氢措施，或者井控措施和防硫化氢措施不落实的。

第四十四条　本规定所列行政处罚，由海油安办及其各分部实施。

《安全生产法》等法律、行政法规对安全生产违法行为的行政处罚另有规定的，依照其规定。

第六章　附　　则

第四十五条　本规定下列用语的定义：

（一）石油，是指蕴藏在地下的、正在采出的和已经采出的原油和天然气。

（二）石油合同，是指中国石油企业与外国企业为合作开采中华人民共和国海洋石油资源，依法订立的石油勘探、开发和生产的合同。

（三）海洋石油开采活动，是指在本规定第二条所述海域内从事的石油勘探、开发、生产、储运、油田废弃及其有关的活动。

（四）海洋石油作业设施，是指用于海洋石油作业的海上移动式钻井船（平台）、物探船、铺管船、起重船、固井船、酸化压裂船等设施。

（五）海洋石油生产设施，是指以开采海洋石油为目的的海上固定平台、单点系泊、浮式生产储油装置、海底管线、海上输油码头、滩海陆岸、人工岛和陆岸终端等海上和陆岸结构物。

（六）专业设备，是指海洋石油开采过程中使用的危险性较大或者对安全生产有较大影响的设备，包括海上结构、采油设备、海上锅炉和压力容器、钻井和修井设备、起重和升降设备、火灾和可燃气体探测、报警及控制系统、安全阀、救生设备、消防器材、钢丝绳等系物及被系物、电气仪表等。

第四十六条　内陆湖泊的石油开采的安全生产监督管理，参照本规定相应条款执行。

第四十七条　本规定自 2006 年 5 月 1 日起施行，原石油工业部 1986 年颁布的《海洋石油作业安全管理规定》同时废止。

海洋石油安全管理细则

（2009年9月7日国家安全生产监督管理总局令第25号公布　根据2013年08月29日国家安全生产监督管理总局令第63号《关于修改〈生产经营单位安全培训规定〉等11件规章的决定》第一次修正　根据2015年5月26日国家安全生产监督管理总局令第78号《关于废止和修改非煤矿矿山领域九部规章的决定》第二次修正）

第一章　总　则

第一条　为了加强海洋石油安全管理工作，保障从业人员生命和财产安全，防止和减少海洋石油生产安全事故，根据安全生产法等法律、法规和标准，制定本细则。

第二条　在中华人民共和国的内水、领海、毗连区、专属经济区、大陆架，以及中华人民共和国管辖的其他海域内从事海洋石油（含天然气，下同）开采活动的安全生产及其监督管理，适用本细则。

第三条　海洋石油作业者和承包者是海洋石油安全生产的责任主体，对其安全生产工作负责。

第四条　国家安全生产监督管理总局海洋石油作业安全办公室（以下简称海油安办）对全国海洋石油安全生产工作实施监督管理；海油安办驻中国海洋石油总公司、中国石油化工集团公司、中国石油天然气集团公司分部（以下统称海油安办有关分部）分别负责中国海洋石油总公司、中国石油化工集团公司、中国石油天然气集团公司的海洋石油安全生产的监督管理。

第二章　设施的备案管理

第一节　生产设施的备案管理

第五条　海洋石油生产设施应当进行试生产。作业者或者承包者应当在试生产前45日报生产设施所在地的海油安办有关分部备案，并提交生产设施试生产备案申请书、海底长输油（气）管线投用备案申请书和下列资料：

（一）发证检验机构对生产设施的最终检验证书（或者临时检验证书）和检验报告；

（二）试生产安全保障措施；

（三）建设阶段资料登记表；

（四）安全设施设计审查合格、设计修改及审查合格的有关文件；

（五）施工单位资质证明；

（六）施工期间发生的生产安全事故及其他重大工程质量事故情况；

（七）生产设施有关证书和文件登记表；

（八）生产设施主要技术说明、总体布置图和工艺流程图；

（九）生产设施运营的主要负责人和安全生产管理人员安全资格证书；

（十）生产设施所属设备的取证分类表及有关证书、证件；

（十一）生产设施运营安全手册；

（十二）生产设施运营安全应急预案。

生产设施是浮式生产储油装置的，除提交第一款规定的资料外，还应当提交快速解脱装置、系缆张力和距离测量装置的检验证书、出厂合格证书、安装后的试验报告。

生产设施是海底长输油（气）管线的，除提交第一款规定的资料外，还应当提交海底长输油（气）管线投用备案有关证书和文件登记表及有关证书、文件。

第六条　海油安办有关分部对作业者或者承包者提交的生产设施资料，应当进行严格审查。必要时，应当进行现场检查。

需要进行现场检查的，海油安办有关分部应当提前10日与作业者或承包者商定现场检查的具体事宜。作业者或承包者应当配合海油安办有关分部进行现场检查，并提供以下资料：

（一）人员安全培训证书登记表；

（二）消防和救生设备实际布置图和应变部署表；

（三）安全管理文件，主要包括：安全生产责任制、安全操作规程、工作许可制度、安全检查制度、船舶系泊装卸制度、直升机管理制度、危险物品管理制度、无人驻守平台遥控检测程序和油（气）外输管理制度等；

（四）对于滩海陆岸，还应准备通海路及沿通海路安装的设施设备合格文件、发证检验机构检验证书和安装后的试验报告。

经审查和现场检查符合规定的，海油安办有关分部向作业者或者承包者颁发生产设施试生产备案通知书；备案资料、设施现场安全状况等不符合规定的，及时书面通知作业者或者承包者进行整改。

第七条 作业者或者承包者应当严格按照备案文件中所列试生产安全保障措施组织试生产，生产设施试生产期限不得超过 12 个月。试生产正常后，作业者或者承包者应当组织安全竣工验收。

经竣工验收合格并办理安全生产许可证后，方可正式投入生产使用。

第八条 生产设施有下列情形之一的，作业者或者承包者应当及时向海油安办有关分部报告：

（一）更换或者拆卸井上和井下安全阀、火灾及可燃和有毒有害气体探测与报警系统、消防和救生设备等主要安全设施的；

（二）变动应急预案有关内容的；

（三）中断采油（气）作业 10 日以上或者终止采油（气）作业的；

（四）改变海底长输油（气）管线原设计用途的；

（五）超过海底长输油（气）管线设计允许最大输送量或者输送压力的；

（六）海底长输油（气）管线发生严重的损伤、断裂、爆破等事故的；

（七）海底长输油（气）管线输送的油（气）发生泄漏导致重大污染事故的；

（八）位置失稳、水平或者垂直移动、悬空、沉陷、漂浮等超出海底长输油（气）管线设计允许偏差值的；

（九）介质堵塞造成海底长输油（气）管线停产的；

（十）海底长输油（气）管线需进行大修和改造的；

（十一）海底长输油（气）管线安全保护系统（如紧急放空装置、定点截断装置等）长时间失效的；

（十二）其他对安全生产有重大影响的。

第二节　作业设施的备案管理

第九条 海洋石油作业设施从事物探、钻（修）井、铺管、起重和生活支持等活动应当向海油安办有关分部备案。作业者或者承包者应当在作业前 15 日向海油安办有关分部提交作业设施备案申请书和下列资料：

（一）作业设施备案申请有关证书登记表；

（二）作业设施所属设备的取证分类表及有关证书；

（三）操船手册；

（四）作业合同；

（五）作业设施运营安全手册；

（六）作业设施安全应急预案。

用作钻（修）井的作业设施，除提交第一款规定的资料外，还应当提交下列资料：

（一）钻（修）井专用设备、防喷器组、防喷器控制系统、阻流管汇及其控制盘、压井管汇、固井设备、测试设备的发证检验机构证书、出厂及修理后的合格证和安装后的试验报告；

（二）设施主要负责人和安全管理人员的安全资格证书；

（三）有自航能力的作业设施的船长、轮机长的适任证书。

对于自升式移动平台，除提交第一款规定的资料外，还应当提交稳性计算书、升降设备的发证检验机构的检验证书、出厂及修理后的合格证和安装后的试验报告等资料。

对于物探船，除提交第一款规定的资料外，还应当提交下列资料：

（一）震源系统、震源系统的主要压力容器和装置、震源的拖曳钢缆和绞车、电缆绞车等设备的出厂合格证、发证检验机构的检验证书和安装后的试验报告；

（二）震源危险品（包括炸药、雷管、易燃易爆气体等）的实际储存数量、储存条件、进出库管理办法和看管、使用制度等资料。

对于铺管船，除提交第一款规定的资料外，还应当提交下列资料：

（一）张紧器及其控制系统、管线收放绞车的出厂合格证、发证检验机构检验证书和安装后的试验报告；

（二）船长（或者船舶负责人）、起重机械司机、起重指挥人员及起重工的资格证书。

对于起重船和生活支持船，除提交第一款规定的资料外，还应当提交船长（或者船舶负责人）、起重机械司机、起重指挥人员及起重工的资格证书等资料。

第十条 海油安办有关分部对作业者或者承包者提交的作业设施资料，应当进行严格审查。必要时，进行现场检查。

需要进行现场检查的，海油安办有关分部应当提前 10 日与作业者或承包者商定现场检查的具体事宜。作业者或承包者应当配合海油安办有关分部进行现场检查，并提供以下资料：

（一）人员安全培训证书登记表；

（二）防火控制图、消防、救生设备实际布置图和应变部署表；

（三）安全管理文件，主要包括：安全管理机构的设置、安全生产责任制、安全操作规程、安全检查制度、工作许可制度等；

（四）安全活动、应急演习记录。

经审查和现场检查符合规定的，海油安办有关分部向作业者或者承包者颁发海洋石油作业设施备案通知书；备案资料、设施现场安全状况等不符合规定的，及时书面通知作业者或者承包者进行整改。

第十一条 通常情况下，海洋石油作业设施从事物探、钻（修）井、铺管、起重和生活支持等活动期限不超过1年。确需延期时，作业者或者承包者应当于期满前15日向海油安办有关分部提出延期申请，延期时间不得超过3个月。

第十二条 作业设施有下列情形之一的，作业者或者承包者应当及时向海油安办有关分部报告：

（一）改动井控系统的；

（二）更换或者拆卸火灾及可燃和有毒有害气体探测与报警系统、消防和救生设备等主要安全设施的；

（三）变更作业合同、作业者或者作业海区的；

（四）改变应急预案有关内容的；

（五）中断作业10日以上或者终止作业的；

（六）其他对作业安全生产有重大影响的。

第三节 延长测试设施的备案管理

第十三条 海上油田（井）进行延长测试前，作业者或者承包者应当提前15日向海油安办有关分部提交延长测试设施的书面报告和下列资料：

（一）延长测试设施备案有关证书和文件登记表；

（二）延长测试的工艺流程图、总体布置图及技术说明；

（三）增加的作业设施、生产设施主要负责人和安全管理人员安全资格证书；

（四）延长测试作业应急预案；

（五）油轮或者浮式生产储油装置的系泊点、锚、锚链、快速解脱装置、系缆张力和距离测量装置的证书和资料；

（六）延长测试专用设备或者系统的出厂合格证、发证检验机构的检验证书、安装后的试验报告。

前款所称延长测试专用设备或者系统，包括油气加热器、油气分离器、原油外输泵、天然气火炬分液包及凝析油泵、蒸汽锅炉、换热器、废油回收设备、井口装置、污油处理装置、机械采油装置、井上和井下防喷装置、防硫化氢的井口装置、检测设施及防护器具、惰气系统、柴油置换系统、火灾及可燃和有毒有害气体探测与报警系统等。

第十四条 海油安办有关分部对作业者或者承包者提交的延长测试设施资料，应当进行严格审查。必要时，可进行现场检查。

需要进行现场检查的，海油安办有关分部应当提前10日与作业者或承包者商定现场检查的具体事宜。作业者或承包者应当配合海油安办有关分部进行现场检查，并提供以下资料：

（一）原钻井装置增加的延长测试作业人员、油轮或浮式储油装置人员的安全培训证书登记表；

（二）原钻井装置新加装设备后，其消防和救生设备、火灾及可燃和有毒有害气体探测报警系统布置图、危险区域划分图和应变部署表；

（三）安全管理文件，主要包括：安全管理机构的设置、安全生产责任制、安全操作规程、安全检查制度、工作许可制度、船舶系泊装卸和油（气）外输管理制度等。

经审查和现场检查符合规定的，向作业者或者承包者颁发海上油田（井）延长测试设施通知书；有关资料、设施现场安全状况等不符合规定的，及时书面通知作业者或者承包者进行整改。

第十五条 通常情况下，海上油田（井）延长测试作业期限不超过1年。确需延期时，作业者或者承包者应当提前15日向海油安办有关分部提出延期申请，延期时间不得超过6个月。

第十六条 海上油田（井）延长测试设施有下列情形之一的，作业者或者承包者应当及时向海油安办有关分部报告：

（一）改动组成延长测试设施的主要结构、设备和井控系统的；

（二）更换火灾及可燃和有毒有害气体探测与报警系统、消防和救生设备等主要安全设施的；

（三）改变应急预案有关内容的；

（四）其他对生产作业安全有重大影响的。

第三章 生产作业的安全管理

第一节 基 本 要 求

第十七条 在海洋石油生产作业中，作业者和承包者应当确保海洋石油生产、作业设施（以下简称设施）安全条件符合法律、法规、规章和相关国家标准、行业标准的要求，并建立完善的安全管理体系。设施主要负责人对设施的安全管理全面负责。

第十八条 按照设施不同区域的危险性，划分三个等级的危险区：

（一）0类危险区，是指在正常操作条件下，连续出现达到引燃或者爆炸浓度的可燃性气体或者蒸气的区域；

（二）1类危险区，是指在正常操作条件下，断续地或者周期性地出现达到引燃或者爆炸浓度的可燃性气体或者蒸气的区域；

（三）2类危险区，是指在正常操作条件下，不可能出现达到引燃或爆炸浓度的可燃性气体或者蒸气；但在不正常操作条件下，有可能出现达到引燃或者爆炸浓度的可燃性气体或者蒸气的区域。

设施的作业者或者承包者应当将危险区等级准确地标注在设施操作手册的附图上。对于通往危险区的通道口、门或者舱口，应当在其外部标注清晰可见的中英文"危险区域""禁止烟火"和"禁带火种"等标志。

第十九条 设施的作业者或者承包者应当建立动火、电工作业、受限空间作业、高空作业和舷（岛）外作业等审批制度。

从事前款规定的作业前，作业单位应当提出书面申请，说明作业的性质、地点、期限及采取的安全措施等，经设施负责人批准签发作业通知单后，方可进行作业。作业通知单应当包含作业内容、有关检测报告、作业要求、安全程序、个体防护用品、安全设备和作业通知单有效期限等内容。

作业单位接到作业通知单后，应当按通知单的要求采取有关措施，并制定详细的检查和作业程序。

作业期间，如果施工条件发生重大变化的，应当暂停施工并立即报告设施负责人，得到准予施工的指令后方可继续施工。

作业完成后，作业负责人应当在作业通知单上填写完成时间、工作质量和安全情况，并交付设施负责人保存。作业通知单的保存期限至少1年。

第二十条 设施上所有通往救生艇（筏）、直升机平台的应急撤离通道和通往消防设备的通道应当设置明显标志，并保持畅通。

第二十一条 设施上的各种设备应当符合下列规定：

（一）符合国家有关法律、法规、规章、标准的安全要求，有出厂合格证书或者检验合格证书；

（二）对裸露且危及人身安全的运转部分要安装防护罩或者其他安全保护装置；

（三）建立设备运转记录、设备缺陷和故障记录报告制度；

（四）制定设备安全操作规程和定期维护、保养、检验制度，制定设备的定人定岗管理制度；

（五）增加、拆除重要设备设施，或者改变其性能前，进行风险分析。属于改建、扩建项目的，按照有关规定向政府有关部门办理审批手续。

第二十二条 设施配备的救生艇、救助艇、救生筏、救生圈、救生衣、保温救生服及属具等救生设备，应当符合《国际海上人命安全公约》的规定，并经海油安办认可的发证检验机构检验合格。

海上石油设施配备救生设备的数量应当满足下列要求：

（一）配备的刚性全封闭机动耐火救生艇能够容纳自升式和固定式设施上的总人数，或者浮式设施上总人数的200%。无人驻守设施可以不配备刚性全封闭机动耐火救生艇。在设施建造、安装或者停产检修期间，通过风险分析，可以用救生筏代替救生艇；

（二）气胀式救生筏能够容纳设施上的总人数，其放置点应满足距水面高度的要求。无人驻守设施可以按定员12人考虑；

（三）至少配备并合理分布8个救生圈，其中2个带自亮浮灯，4个带自亮浮灯和自发烟雾信号。每个带自亮浮灯和自发烟雾信号的救生圈配备1根可浮救生索，可浮救生索的长度为从救生圈的存放位置至最低天文潮位水面高度的1.5倍，并至少长30米。

（四）救生衣按总人数的210%配备，其中：住室内配备100%，救生艇站配备100%，平台甲板工作区内配备10%，并可以配备一定数量的救生背心。在寒冷海区，每位工作人员配备一套保温救生服。对于无人驻守平台，在工作人员登平台时，根据作业海域水温情况，每人携带1件救生衣或者保温救生服。

滩海陆岸石油设施配备救生设备的数量应当满足下列要求：

（一）至少配备4个救生圈，每只救生圈上都拴有至少30米长的可浮救生索，其中2个带自亮浮灯，2个带自发烟雾信号和自亮浮灯；

（二）每人至少配备1件救生衣，在工作场所配备一定数量的工作救生衣或者救生背心。在寒冷海区，每位人员配备1件保温救生服。

所有救生设备都应当标注该设施的名称，按规定合理存放，并在设施的总布置图上标明存放位置。特殊施工作业情况下，配备的救生设备达不到要求时，应当制定相应的安全措施并报海油安办有关分部审查同意。

第二十三条 设施上的消防设备应当符合下列规定：

（一）根据国家有关规定，针对设施可能发生的火灾性质和危险程度，分别装设水消防系统、泡沫灭火系统、气体灭火系统和干粉灭火系统等固定灭火设备和装置，并经发证检验机构认可。无人驻守的简易平台，可以不设置水消防等灭火设备和装置；

（二）设置自动和手动火灾、可燃和有毒有害气体探测报警系统，总控制室内设总的报警和控制系统；

（三）配备4套消防员装备，包括隔热防护服、消防靴和手套、头盔、正压式空气呼吸器、消防斧以及可以连续使用3个小时的手提式安全灯。根据平台性质和工作人数，经发证检验机构同意，可以适当减少配备数量；

（四）滩海陆岸石油设施现场管理单位至少配备2套消防员装备，包括消防头盔、防护服、消防靴、安全灯、消防斧等，至少配备3套带气瓶的正压式空气呼吸器和可移动式消防泵1台；

（五）所有的消防设备都存放在易于取用的位置，并定期检查，始终保持完好状态。检查应当有检查记录标签。

第二十四条 在设施的危险区内进行测试、测井、修井等作业的设备应当采用防爆型，室内有非防爆电气的活动房应当采用正压防爆型。

第二十五条 起重作业应当符合下列规定：

（一）操作人员持有特种作业人员资格证书，熟悉起重设备的操作规程，并按规程操作；

（二）起重设备明确标识安全起重负荷，若为活动吊臂，标识吊臂在不同角度时的安全起重负荷；

（三）按规定对起重设备进行维护保养，保证刹车、限位、起重负荷指示、报警等装置齐全、准确、灵活、可靠；

（四）起重机及吊物附件按规定定期检验，并记录在起重设备检验簿上。

设施的载人吊篮作业，除符合第一款规定的要求外，还应当符合下列规定：

（一）限定乘员人数；

（二）乘员按规定穿救生背心或者救生衣；

（三）只允许用于起吊人员及随身物品；

（四）指定专人维护和检查，定期组织检验机构对其进行检验；

（五）当风速超过15米/秒或者影响吊篮安全起放时，立即停止使用；

（六）起吊人员时，尽量将载人吊篮移至水面上方再升降，并尽可能减少回转角度。

第二十六条 高处及舷（岛）外作业应当符合下列规定：

（一）高处及舷（岛）外作业人员佩戴安全帽和安全带，舷（岛）外作业人员穿救生衣，并采取其他必要的安全措施；

（二）风速超过15米/秒等恶劣天气时，立即停止作业。

第二十七条 危险物品管理应当符合下列规定：

（一）设施上任何危险物品（包括爆炸品、压缩气体和液化气体、易燃液体、易燃固体、自燃物品和遇湿易燃物品、氧化剂和有机过氧化物、有毒品和腐蚀品等）必须存放在远离危险区和生活区的指定地点和容器内，并将存放地点标注在设施操作手册的附图上；个人不得私自存放危险物品；

（二）设有专人负责危险物品的管理，并建立和保存危险物品入库、消耗和使用的记录；

（三）在通往危险物品存放地点的通道口、舱口处，设有醒目的中英文"危险物品"标识。

第二十八条 直升机起降管理应当符合下列规定：

（一）指定直升机起降联络负责人，负责指挥和配合直升机起降工作；

（二）配备与直升机起降有关的应急设备和工具，并注明中英文"直升机应急工具"字样；

（三）设施与机场的往返距离所需油量超过直升机自身储存油量的，按有关规定配备安全有效的直升机加油用储油罐、燃油质量检验设备和加油设备；

（四）直升机与设施建立联络后，经设施主要负责人准许，方可起飞或者降落（紧急情况除外）；

（五）直升机机长或者机组人员提出降落要求的，起降联络负责人立即向直升机提供风速、风向、能见度、海况等数据和资料；

（六）无线电报务员一直保持监听来自直升机的无线电信号，直至其降落为止；

（七）机组人员开启舱门后，起降联络负责人方可指挥乘机人员上下直升机、装卸物品或者进行加油作业。

直升机起飞或者降落前，起降联络负责人应当组织做好下列准备工作：

（一）清除直升机甲板的障碍物和易燃物；

（二）检查直升机甲板安全设施是否处于完好状态，包括灯光、防滑网、消防设备和应急工具等；

（三）停止靠近直升机甲板的吊装作业和甲板15米范围内的明火作业；

（四）禁止无关人员靠近直升机甲板；

（五）守护船在设施附近起锚待命，消防人员做好准备；

（六）排放天然气、射孔或者试油作业时，若未采取可靠的安全措施，禁止直升机靠近设施。

第二十九条 劳动防护应当符合下列规定：

（一）设施上所有工作人员配备符合相关安全标

准的劳动防护用品；

（二）设施上的工作场所按照国家有关规定和设计要求配备劳动防护设备，并定期进行检测；

（三）按照国家有关职业病防治的规定，定期对从事有毒有害作业的人员进行职业健康体检，对职业病患者进行康复治疗。

第三十条 医务室应当符合下列规定：

（一）在有人驻守的设施上，配备具有基础医疗抢救条件的医务室。作业人员超过15人的，配备专职医务人员；低于15人的，可以配备兼职医务人员；

（二）按照国家有关规定配备常用药品、急救药品和氧气、医疗器械、病床等；

（三）按照国家有关规定，制定有关疫情病情的报告、处理和卫生检验制度；

（四）按照国家有关规定，制定应急抢救程序。

第三十一条 滩海陆岸应急避难房应当符合下列规定：

（一）能够容纳全部生产作业人员；

（二）结构强度比滩海陆岸井台高一个安全等级；

（三）地面高出挡浪墙1米；

（四）采用基础稳定、结构可靠的固定式钢筋混凝土结构，或者采用可移动式钢结构；

（五）配备可以供避难人员5日所需的救生食品和饮用水；

（六）配备急救箱，至少装有2套救生衣、防水手电及配套电池、简单的医疗包扎用品和常用药品；

（七）配备应急通讯装置。

第三十二条 滩海陆岸值班车应当符合下列规定：

（一）接受滩海陆岸石油设施作业负责人的指挥，不得擅自进入或者离开；

（二）配备的通信工具保证随时与滩海陆岸石油设施和陆岸基地通话；

（三）能够容纳所服务的滩海陆岸石油设施的全部人员，并配备100%的救生衣；

（四）具有在应急救助和人员撤离等复杂情况下作业的能力；

（五）参加滩海陆岸石油设施上的营救演习。

第二节 守护船管理

第三十三条 承担设施守护任务的船舶（以下简称守护船）在开始承担守护作业前，其所属单位应当向海油安办有关分部提交守护船登记表和守护船有关证书登记表，办理守护船登记手续。经海油安办有关分部审查合格后，予以登记，并签发守护船登记证明。守护船登记后，其原申报条件发生变化或者终止承担守护任务的，应当向原负责守护船登记的海油安办有关分部报告。

第三十四条 守护船应当在距离所守护设施5海里之内的海区执行守护任务，不得擅自离开。在守护船的守护能力范围内，多座被守护设施可以共用一条守护船。

第三十五条 守护船应当服从被守护设施负责人的指挥，能够接纳所守护设施全部人员，并配备可以供守护设施全部人员1日所需的救生食品和饮用水。

第三十六条 守护船应当符合下列规定：

（一）船舶证书齐全、有效；

（二）具备守护海区的适航能力；

（三）在船舶的两舷设有营救区，并尽可能远离推进器，营救区应当有醒目标志。营救区长度不小于载货甲板长度的1/3，宽度不小于3米；

（四）甲板上设有露天空间，便于直升机绞车提升、平台吊篮下放等营救操作；

（五）营救区及甲板露天空间处于守护船船长视野之内，便于指挥操作和营救。

第三十七条 守护船应当配备能够满足应急救助和撤离人员需要的下列设备和器具：

（一）1副吊装担架和1副铲式担架；

（二）2副救助用长柄钩；

（三）至少1套抛绳器；

（四）4只带自亮浮灯、逆向反光带和绳子的救生圈，绳子长度不少于30米；

（五）用于简易包扎和急救的医疗用品；

（六）营救区舷侧的落水人员攀登用网；

（七）1艘符合《国际海上人命安全公约》要求的救助艇；

（八）至少2只探照灯，可以提供营救作业区及周围海区照明；

（九）至少配备两种通信工具，保证守护船与被守护设施和陆岸基地随时通话。

第三十八条 守护船船员应当符合下列条件：

（一）具有船员服务簿和适任证书等有效证件；

（二）至少有3名船员从事落水人员营救工作；

（三）至少有2名船员可以操纵救助艇；

（四）至少有2名船员经过医疗急救培训，能够承担急救处置、包扎和人工呼吸等工作；

（五）定期参加营救演习。

第三十九条 守护船的登记证明有效期为3年，有效期满前15日内应当重新办理登记手续。

第三节 租用直升机管理

第四十条 作业者或者承包者应当对提供直升机的公司进行安全条件审查和监督。

第四十一条 直升机公司应当符合下列条件：

（一）直升机持有中国民用航空局颁发的飞机适航证，并具备有效的飞机登记证和无线电台执照；

（二）具有符合安全飞行条件的直升机，并达到该机型最低设备放行清单的标准；

（三）具有符合安全飞行条件的驾驶员、机务维护人员和技术检查人员；

（四）对直升机驾驶员进行夜航和救生训练，保证完成规定的训练小时数；

（五）需要应急救援时，备有可以调用的直升机；

（六）完善和落实飞行安全的各种规章制度，杜绝超气象条件和不按规定的航线和高度飞行。

第四十二条 直升机应当配备下列应急救助设备：

（一）直升机应急浮筒；

（二）携带可以供机上所有人员使用的海上救生衣（在水温低于10℃的海域应当配备保温救生服）、救生筏及救生包，并备有可以供直升机使用的救生绞车；

（三）直升机两侧有能够投弃的舱门或者具备足够的紧急逃生舱口。

第四十三条 在额定载荷条件下，直升机应当具有航行于飞行基地与海上石油设施之间的适航能力和夜航能力。

第四十四条 飞行作业前，直升机所属公司应当制定安全应急程序，并与作业者或者承包者编制的应急预案相协调。

第四十五条 直升机在飞行作业中必须配有2名驾驶员，并指定其中1人为责任机长；由中外籍驾驶员合作驾驶的直升机，2名驾驶员应当有相应的语言技能水平，能够直接交流对话。

第四十六条 作业者或者承包者及直升机所属公司必须确保飞行基地（或者备用机场）和海上石油设施上的直升机起降设备处于安全和适用状态。

第四十七条 作业者或者承包者及直升机所属公司，应当通过协商制订飞行条件与应急飞行、乘机安全、载物安全和飞行故障、飞行事故报告等制度。

第四节 电气管理

第四十八条 设施应当制定电气设备检修前后的安全检查、日常运行检查、安全技术检查、定期安全检查等制度，建立健全电气设备的维修操作、电焊操作和手持电动工具操作等安全规程，并严格执行。

第四十九条 电气管理应当符合下列规定：

（一）按照国家规定配备和使用电工安全用具，并按规定定期检查和校验；

（二）遇停电、送电、倒闸、带电作业和临时用电等情况，按照有关作业许可制度进行审批。临时用电作业结束后，立即拆除增加的电气设备和线路；

（三）按照国家标准规定的颜色和图形，对电气设备和线路作出明显、准确的标识；

（四）电气设备作业期间，至少有1名电气作业经验丰富的监护人进行实时监护；

（五）电气设备按照铭牌上规定的额定参数（电压、电流、功率、频率等）运行，安装必要的过载、短路和漏电保护装置并定期校验。金属外壳（安全电压除外）有可靠的接地装置；

（六）在触电危险性较大的场所，手提灯、便携式电气设备、电动工具等设备工具按照国家标准的规定使用安全电压。确实无法使用安全电压的，经设施负责人批准，并采用有效的防触电措施；

（七）安装在不同等级危险区域的电气设备符合该等级的防爆类型。防爆电气设备上的部件不得任意拆除，必须保持电气设备的防爆性能；

（八）定期对电气设备和线路的绝缘电阻、耐压强度、泄漏电流等绝缘性能进行测定。长期停用的电气设备，在重新使用前应当进行检查，确认具备安全运行条件后方可使用；

（九）在带电体与人体、带电体与地面、带电体与带电体、带电体与其他设备之间，按照有关规范和标准的要求保持良好的绝缘性能和足够的安全距离；

（十）对生产和作业设施采取有效的防静电和防雷措施。

第五十条 设施必须配备必要的应急电源。应急电源应当符合下列规定：

（一）能够满足通信、信号、照明、基本生存条件（包括生活区、救生艇、撤离通道、直升机甲板等）和其他动力（包括消防系统、井控系统、火灾及可燃和有毒有害气体检测报警系统、应急关断系统等）的电源要求；

（二）在主电源失电后，应急电源能够在45秒内自动安全启动供电；

（三）应急电源远离危险区和主电源。

第五节 井控管理

第五十一条 作业者或者承包者应当制定油

（气）井井控安全措施和防井喷应急预案。

第五十二条 钻井作业应当符合下列规定：

（一）钻井装置在新井位就位前，作业者和承包者应收集和分析相应的地质资料。如有浅层气存在，安装分流系统等；

（二）钻井作业期间，在钻台上备有与钻杆相匹配的内防喷装置；

（三）下套管时，防喷器尺寸与所下套管尺寸相匹配，并备有与所下套管丝扣相匹配的循环接头；

（四）防喷器所用的橡胶密封件应当按厂商的技术要求进行维护和储存，不得将失效和技术条件不符的密封件安装到防喷器中；

（五）水龙头下部安装方钻杆上旋塞，方钻杆下部安装下旋塞，并配备开关旋塞的扳手。顶部驱动装置下部安装手动和自动内防喷器（考克）并配备开关防喷器的扳手；

（六）防喷器组由环形防喷器和闸板防喷器组成，闸板防喷器的闸板关闭尺寸与所使用钻杆或者管柱的尺寸相符。防喷器的额定工作压力，不得低于钻井设计压力，用于探井的不得低于70兆帕；

（七）防喷器及相应设备的安装、维护和试验，满足井控要求；

（八）经常对防喷系统进行安全检查。检查时，优先使用防喷系统安全检查表。

第五十三条 防喷器组控制系统的安装应符合下列规定：

（一）1套液压控制系统的储能器液体压力保持21兆帕，储能器压力液体积为关闭全部防喷器并打开液动闸阀所需液体体积的1.5倍以上；

（二）除钻台安装1台控制盘（台）外，另1台辅助控制盘（台）安装在远离钻台、便于操作的位置；

（三）防喷器组配备与其额定工作压力相一致的防喷管汇、节流管汇和压井管汇；

（四）压井管汇和节流管汇的防喷管线上，分别安装2个控制阀。其中一个为手动，处于常开位置；另一个必须是远程控制；

（五）安装自动灌井液系统。

第五十四条 水下防喷器组应当符合下列规定：

（一）若有浅层气或者地质情况不清时，导管上安装分流系统；

（二）在表层套管和中间（技术）套管上安装1个或者2个环形防喷器、2个双闸板防喷器，其中1副闸板为全封剪切闸板防喷器；

（三）安装1组水下储能器，便于就近迅速提供液压能，以尽快开关各防喷器及其闸门。同时，采用互为备用的双控制盒系统，当一个控制盒系统正在使用时，另一个控制盒系统保持良好的工作状态作为备用；

（四）如需修理或者更换防喷器组，必须保证井眼安全，尽量在下完套管固井后或者未钻穿水泥塞前进行。必要时，打1个水泥塞或者下桥塞后再进行修理或者更换；

（五）使用复合式钻柱的，装有可变闸板，以适应不同的钻具尺寸。

第五十五条 水上防喷器组应当符合下列基本规定：

（一）若有浅层气或者地质情况不清时，隔水（导）管上安装分流系统；

（二）表层套管上安装1个环形防喷器，1个双闸板防喷器；大于13″3/8表层套管上可以只安装1个环形防喷器；

（三）中间（技术）套管上安装1个环形、1个双闸板（或者2个单闸板）和1个剪切全封闭闸板防喷器；

（四）使用复合式钻柱的，装有可变闸板，以适应不同的钻具尺寸。

第五十六条 水上防喷器组的开关活动，应当符合下列规定：

（一）闸板防喷器定期进行开关活动；

（二）全封闸板防喷器每次起钻后进行开关活动。若每日多次起钻，只开关活动一次即可；

（三）每起下钻一次，2个防喷器控制盘（台）交换动作一次。如果控制盘（台）失去动作功能，在恢复功能后，才能进行钻井作业；

（四）节流管汇的阀门、方钻杆旋塞和钻杆内防喷装置，每周开关活动一次。

水下防喷器的开关活动，除了闸板防喷器1日进行开关活动一次外，其他开关活动次数与水上防喷器组开关活动次数相同。

第五十七条 防喷器系统的试压，应当符合下列规定：

（一）所有的防喷器及管汇在进行高压试验之前，进行2.1兆帕的低压试验；

（二）防喷器安装前或者更换主要配件后，进行整体压力试验；

（三）按照井控车间（基地）组装、现场安装、钻开油气层前及更换井控装置部件的次序进行防喷器试压。试压的间隔不超过14日；

（四）对于水上防喷器组，防喷器组在井控车间

（基地）组装后，按额定工作压力进行试验。现场安装后，试验压力在不超过套管抗内压强度80%的前提下，环形防喷器的试验压力为额定工作压力的70%，闸板防喷器和相应控制设备的试验压力为额定工作压力；

（五）对于水下防喷器组，水下防喷器和所有有关井控设备的试验压力为其额定工作压力的70%。防喷器组在现场安装完成后，控制设备和防喷器闸板按照水上防喷器组试压的规定进行。

第五十八条 防喷器系统的检查与维护，应当符合下列规定：

（一）整套防喷器系统、隔水（导）管和配套设备，按照制造厂商推荐的程序进行检查和维护；

（二）在海况及气候条件允许的情况下，防喷器系统和隔水（导）管至少每日外观检查一次，水下设备的检查可以通过水下电视等工具完成。

第五十九条 井液池液面和气体检测装置应当具备声光报警功能，其报警仪安装在钻台和综合录井室内；应当配备井液性能试验仪器。井液量应当符合下列规定：

（一）开钻前，计算井液材料最小需要量，落实紧急情况补充井液的储备计划；

（二）记录并保存井液材料（包括加重材料）的每日储存量。若储存量达不到所规定的最小数量时，停止钻井作业；

（三）作业时，当返出井液密度比进口井液密度小0.02 g/cm³时，将环形空间井液循环到地面，并对井液性能进行气体或者液体侵入的检查和处理；

（四）起钻时，向井内灌注井液。当井内静止液面下降或者每起出3至5柱钻具之后应当灌满井液；

（五）从井内起出钻杆测试工具前，井液应当进行循环或者反循环。

第六十条 完井、试油和修井作业应当符合下列规定：

（一）配备与作业相适应的防喷器及其控制系统；

（二）按计划储备井液材料，其性能符合作业要求；

（三）井控要求参照钻井作业有关规定执行；

（四）滩海陆岸井控装置至少配备1套控制系统。

第六十一条 气井、自喷井、自溢井应当安装井下封隔器；在海床面30米以下，应当安装井下安全阀，并符合下列规定：

（一）定期进行水上控制的井下安全阀现场试验，试验间隔不得超过6个月。新安装或者重新安装的也应当进行试验；

（二）海床完井的单井、卫星井或者多井基盘上，每口井安装水下控制的井下安全阀；

（三）地面安全阀保持良好的工作状态；

（四）配备适用的井口测压防喷盒。

紧急关闭系统应当保持良好的工作状态。作业者应当妥善保存各种水下安全装置的安装和调试记录等资料。

第六十二条 进行电缆射孔、生产测井、钢丝作业时，在工具下井前，应当对防喷管汇进行压力试验。

第六十三条 钻开油气层前100米时，应当通过钻井循环通道和节流管汇做一次低泵冲泵压试验。

第六十四条 放喷管线应当使用专用管线。

在寒冷季节，应当对井控装备、防喷管汇、节流管汇、压力管汇和仪表等进行防冻保温。

第六节 硫化氢防护管理

第六十五条 钻遇未知含硫化氢地层时，应当提前采取防范措施；钻遇已知含硫化氢地层时，应当实施检测和控制。

硫化氢探测、报警系统应当符合下列规定：

（一）钻井装置上安装硫化氢报警系统。当空气中硫化氢的浓度超过15毫克/米³（10 ppm）时，系统即能以声光报警方式工作；固定式探头至少应当安装在喇叭口、钻台、振动筛、井液池、生活区、发电及配电房进风口等位置；

（二）至少配备探测范围0~30毫克/米³（0~20 ppm）和0~150毫克/米³（0~100 ppm）的便携式硫化氢探测器各1套；

（三）探测器件的灵敏度达到7.5毫克/米³（5 ppm）；

（四）储备足够数量的硫化氢检测样品，以便随时检测探头。

人员保护器具应当符合下列规定：

（一）通常情况下，钻井装置上配备15~20套正压式空气呼吸器。其中，生活区6~9套，钻台上5~6套，井液池附近（泥浆舱）2套，录井房2~3套。钻进已知含硫化氢地层前，或者临时钻遇含硫化氢地层时，钻井装置上配备供全员使用的正压式空气呼吸器，并配备足够的备用气瓶；

（二）钻井装置上配备1台呼吸器空气压缩机；

（三）医务室配备处理硫化氢中毒的医疗用品、心肺复苏器和氧气瓶。

标志信号应当符合下列规定：

（一）在人员易于看见的位置，安装风向标、风速仪；

（二）当空气中含硫化氢浓度小于 15 毫克/米^3（10 ppm）时，挂标有硫化氢字样的绿牌；

（三）当空气中含硫化氢浓度处于 15~30 毫克/米^3（10~20 ppm）时，挂标有硫化氢字样的黄牌；

（四）当空气中含硫化氢浓度大于 30 毫克/米^3（20 ppm）时，挂标有硫化氢字样的红牌。

第六十六条 在可能含有硫化氢地层进行钻井作业时，应当采取下列硫化氢防护措施：

（一）在可能含有硫化氢地区的钻井设计中，标明含硫化氢地层及其深度，估算硫化氢的可能含量，以提醒有关作业人员注意，并制定必要的安全和应急措施；

（二）当空气中硫化氢浓度达到 15 毫克/米^3（10 ppm）时，及时通知所有平台人员注意，加密观察和测量硫化氢浓度的次数，检查并准备好正压式空气呼吸器；

（三）当空气中硫化氢浓度达到 30 毫克/米^3（20 ppm）时，在岗人员迅速取用正压式空气呼吸器，其他人员到达安全区。通知守护船在平台上风向海域起锚待命；

（四）当空气中硫化氢浓度达到 150 毫克/米^3（100 ppm）时，组织所有人员撤离平台；

（五）使用适合于钻遇含硫化氢地层的井液，钻井液的 pH 值保持在 10 以上。净化剂、添加剂和防腐剂等有适当的储备。钻井液中脱出的硫化氢气体集中排放，有条件情况下，可以点火燃烧；

（六）钻遇含硫化氢地层，起钻时使用钻杆刮泥器。若将湿钻杆放在甲板上，必要时，作业人员佩戴正压式空气呼吸器。钻进中发现空气中含硫化氢浓度达到 30 毫克/米^3（20 ppm）时，立即暂时停止钻进，并循环井液；

（七）在含硫化氢地层取芯，当取芯筒起出地面之前 10~20 个立柱，以及从岩芯筒取出岩芯时，操作人员戴好正压式空气呼吸器。运送含硫化氢岩芯时，采取相应包装措施密封岩芯，并标明岩芯含硫化氢字样。在井液录井中若发现有硫化氢显示时，及时向钻井监督报告；

（八）在预计含硫化氢地层进行中途测试时，测试时间尽量安排在白天，测试器具附近尽量减少操作人员。严禁采用常规的中途测试工具对深部含硫化氢的地层进行测试；

（九）钻穿含硫化氢地层后，增加工作区的监测频率，加强硫化氢监测；

（十）对于在含硫化氢地层进行试油，试油前召开安全会议，落实人员防护器具和人员急救程序及应急措施。在试油设备附近，人员减少到最低限度。

第六十七条 在可能含有硫化氢地层进行钻进作业时，其钻井设备、器具应当符合下列规定：

（一）钻井设备具备抗硫应力开裂的性能；

（二）管材具有在硫化氢环境中使用的性能，并按照国家有关标准的要求使用；

（三）对所使用作业设备、管材、生产流程及附件等，定期进行安全检查和检测检验。

第六十八条 完井和修井作业的硫化氢防护，参照钻井作业的有关要求执行。

第六十九条 在可能含有硫化氢地层进行生产作业时，应当采取下列硫化氢防护措施：

（一）生产设施上配备 6 套正压式空气呼吸器。在已知存在含硫油气生产设施上，全员配备正压式空气呼吸器，并配备一定数量的备用气瓶及 1 台呼吸器空气压缩机；

（二）生产设施上配备 2 至 3 套便携式硫化氢探测仪、1 套便携式比色指示管探测仪和 1 套便携式二氧化硫探测仪。在已知存在硫化氢的生产装置上，安装硫化氢报警装置；

（三）当空气中硫化氢达到 15 毫克/米^3（10 ppm）或者二氧化硫达到 5.4 毫克/米^3（2 ppm）时，作业人员佩戴正压式空气呼吸器；

（四）装置上配有用于处理硫化氢中毒的医疗用品、心肺复苏器和氧气瓶；

（五）在油气井投产前，采取有效措施，加强对硫化氢、二氧化硫和二氧化碳的防护；

（六）用于油气生产的设备、设施和管道等具有抗硫化氢腐蚀的性能。

第七节 系物管理

第七十条 作业者和承包者应当加强系泊和起重作业过程中系物器具和被系物器具的安全管理。

第七十一条 作业者和承包者应当制定系物器具和被系物器具的安全管理责任制，明确各岗位和各工种责任制；应当制定系物器具和被系物器具的使用管理规定，对系物器具和被系物器具进行经常性维护、保养，保证正常使用。维护、保养应当做好记录，并由有关人员签字。

第七十二条 系物器具应当按照有关规定由海油安办认可的检验机构对其定期进行检验，并作出标记。作业者和承包者为满足特殊需要，自行加工制造系物器具和被系物器具的，系物器具和被系物器具必须经海油安办认可的检验机构检验合格后，方可投入使用。

第七十三条 箱件的使用，除了符合本细则第七十一条和第七十二条规定要求外，还应当满足下列要求：

（一）箱外有明显的尺寸、自重和额定安全载重标记；

（二）定期对其主要受力部位进行检验。

第七十四条 吊网的使用，除了符合第七十一条和第七十二条规定外，还应当符合下列要求：

（一）标有安全工作负荷标记；

（二）非金属网不得超过其使用范围和环境。

第七十五条 乘人吊篮必须专用，并标有额定载重和限乘人数的标志；应当按产品说明书的规定定期进行技术检验。

第七十六条 系物器具和被系器具有下列情形之一的，应当停止使用：

（一）已达到报废标准而未报废，或者已经报废的；

（二）未标明检验日期的；

（三）超过规定检验期限的。

第八节 危险物品管理

第七十七条 作业者、承包者应当建立放射性、爆炸性物品（以下简称危险物品）的领取和归还制度。危险物品的领取和归还应当遵守下列规定：

（一）领取人持有领取单领取相应的危险物品。领取单详细记载危险物品的种类和数量；

（二）领取和归还危险物品时，使用专用的工具。放射性源盛装在罐内，爆炸性物品存放在箱内；

（三）出入库的放射性源罐，配有浮标或者其他示位器具；

（四）危险物品出入库有记录，领取人和库管员在出入库单上签字；

（五）未用完的危险物品，及时归还。

第七十八条 危险物品的运输，应当符合下列规定：

（一）符合国家有关法律、法规、规章、标准的要求，并有专人押运；

（二）有可靠的安全措施和应急措施；

（三）符合有关运输手续，有明显的危险物品运输标识。

第七十九条 危险物品的使用，应当符合下列规定：

（一）作业前，按照有关规定申请使用许可证。取得使用许可证后，方可使用危险物品。使用有详细记录。使用后，及时将未使用完的危险物品回收入库；

（二）作业时，制定安全可靠的作业规程。有关作业人员熟悉并遵守作业规程；

（三）现场设有明显、清晰的危险标识，以防止非作业人员进入作业区；

（四）现场至少配备1台便携式放射性强度测量仪；

（五）按照国家有关标准的要求，对放射源与载源设备的性能进行检验。

第八十条 危险物品的存放，应当符合下列规定：

（一）存放场所远离生活区、人员密集区及危险区，并标有明显的"危险品"标识；

（二）采取有效的防火安全措施；

（三）不得将爆炸性物品中的炸药与雷管或者放射性物品存放在同一储存室内。

第八十一条 对失效的或者外壳泄漏试验不合格（超过185 Bq）的放射源，应当采取安全的方式妥善处置。

第八十二条 作业人员使用放射性物品的，应当采取下列防护措施：

（一）配有个人辐照剂量检测用具，并建立辐照剂量档案；

（二）每年至少进行一次体检，体检结果存档；

（三）发现作业人员受到放射性伤害的，立即调离其工作岗位，并按照有关规定进行治疗和康复；

（三）作业人员调动工作的，其辐照剂量档案和体检档案随工作岗位一起调动。

第九节 弃井管理

第八十三条 作业者或者承包者在进行弃井作业或者清除井口遗留物30日前，应当向海油安办有关分部报送下列材料：

（一）弃井作业或者清除井口遗留物安全风险评价报告；

（二）弃井或者清除井口遗留物施工方案、作业程序、时间安排、井液性能等。

海油安办有关分部应当对作业者或者承包者报送的材料进行审核；材料内容不符合技术要求的，通知作业者或者承包者进行完善。

第八十四条 弃井作业或者清除井口遗留物施工作业期间，海油安办有关分部认为必要时，进行现场监督。

施工作业完成后15日内，作业者或者承包者应当向海油安办有关分部提交下列资料：

（一）弃井或者清除井口遗留物作业完工图；

（二）弃井作业最终报告表。

第八十五条 对于永久性弃井的，应当符合下列要求：

（一）在裸露井眼井段，对油、气、水等渗透层进行全封，在其上部打至少 50 米水泥塞，以封隔油、气、水等渗透层，防止互窜或者流出海底。裸眼井段无油、气、水时，在最后一层套管的套管鞋以下和以上各打至少 30 米水泥塞；

（二）已下尾管的，在尾管顶部上下 30 米的井段各打至少 30 米水泥塞；

（三）已在套管或者尾管内进行了射孔试油作业的，对射孔层进行全封，在其上部打至少 50 米水泥塞；

（四）已切割的每层套管内，保证切割处上下各有至少 20 米的水泥塞；

（五）表层套管内水泥塞长度至少有 45 米，且水泥塞顶面位于海底泥面下 4 米至 30 米之间。

对于临时弃井的，应当符合下列要求：

（一）在最深层套管柱的底部至少打 50 米水泥塞；

（二）在海底泥面以下 4 米的套管柱内至少打 30 米水泥塞。

第八十六条 永久弃井时，所有套管、井口装置或者桩应当按照国家有关规定实施清除作业。对保留在海底的水下井口装置或者井口帽，应当按照国家有关规定向海油安办有关分部进行报告。

第四章 安 全 培 训

第八十七条 作业者和承包者的主要负责人和安全生产管理人员应当具备相应的安全生产知识和管理能力，经海油安办考核合格。

第八十八条 作业者和承包者应当组织对海上石油作业人员进行安全生产培训。未经培训并取得培训合格证书的作业人员，不得上岗作业。

作业者和承包者应当建立海上石油作业人员的培训档案，加强对出海作业人员（包括在境外培训的人员）的培训证书的审查。未取得培训合格证书的，一律不得出海作业。

第八十九条 出海人员必须接受"海上石油作业安全救生"的专门培训，并取得具有资质的培训机构颁发的培训合格证书。

安全培训的内容和时间应当符合下列要求：

（一）短期出海人员接受"海上石油作业安全救生"综合内容的培训，培训时间不少于 24 课时。每 3 年进行一次再培训；

（二）临时出海人员接受"海上石油作业安全救生"电化教学的培训，培训时间不少于 4 课时。每 1 年进行一次再培训；

（三）不在设施上留宿的临时出海人员可以只接受作业者或者承包者现场安全教育；

（四）没有直升机平台或者已明确不使用直升机倒班的海上设施人员，可以免除"直升机遇险水下逃生"内容的培训；

（五）没有配备救生艇筏的海上设施作业人员，可以免除"救生艇筏操纵"的培训。

第九十条 海上油气生产设施兼职消防队员应当接受"油气消防"的培训，培训时间不少于 24 课时。每 4 年应当进行一次再培训。

第九十一条 从事钻井、完井、修井、测试作业的监督、经理、高级队长、领班，以及司钻、副司钻和井架工、安全监督等人员应当接受"井控技术"的培训，培训时间不少于 56 课时，并取得培训合格证书。每 4 年应当进行一次再培训。

第九十二条 稳性压载人员（含钻井平台、浮式生产储油装置的稳性压载、平台升降的技术人员）应当接受"稳性与压载技术"的培训，培训时间不少于 36 课时，并取得培训合格证书。每 4 年应当进行一次再培训。

第九十三条 在作业过程中已经出现或者可能出现硫化氢的场所从事钻井、完井、修井、测试、采油及储运作业的人员，应当进行"防硫化氢技术"的专门培训，培训时间不少于 16 课时，并取得培训合格证书。每 4 年应当进行一次再培训。

第九十四条 无线电技术操作人员应当按政府有关主管部门的要求进行培训，取得相应的资格证书。

第九十五条 属于特种作业人员范围的特种作业人员应当按照有关法律法规的要求进行专门培训，取得特种作业操作资格证书。

第九十六条 外方人员在国外合法注册和政府认可的培训机构取得的证书和证件，经中方作业者或者承包者确认后在中国继续有效。

第五章 应 急 管 理

第九十七条 作业者和承包者应当按照有关法律、法规、规章和标准的要求，结合生产实际编制应急预案，并报海油安办有关分部备案。

作业者和承包者应当根据海洋石油作业的变化，及时对应急预案进行修改、补充和完善。

第九十八条 根据海洋石油作业的特点,作业者和承包者编制的应急预案应当包括下列内容:

(一)作业者和承包者的基本情况、危险特性、可以利用的应急救援设备;

(二)应急组织机构、职责划分、通讯联系;

(三)应急预案启动、应急响应、信息处理、应急状态中止、后续恢复等处置程序;

(四)应急演习与训练。

第九十九条 应急预案的应急范围包括井喷失控、火灾与爆炸、平台遇险、直升机失事、船舶海损、油(气)生产设施与管线破损和泄漏、有毒有害物品泄漏、放射性物品遗散、潜水作业事故;人员重伤、死亡、失踪及暴发性传染病、中毒;溢油事故、自然灾害以及其他紧急情况。

第一百条 除作业者和承包者编制的公司一级应急预案外,针对每个生产和作业设施应当结合工作实际,编制应急预案。应急预案包括主件和附件两个部分内容。

主件部分应当包括下列主要内容:

(一)生产或者作业设施名称、作业海区、编写者和编写日期;

(二)生产或者作业设施的应急组织机构、指挥系统、医疗机构及各级应急岗位人员职责;

(三)处置各类突发性事故或者险情的措施和联络报告程序;

(四)生产或者作业设施上所具有的通讯设备类型、能力以及应急通信频率;

(五)应急组织、上级主管部门和有关部门的负责人通讯录,包括通信地址、电话和传真等;

(六)与有关部门联络的应急工作联系程序图或者网络图;

(七)应急训练内容、频次和要求;

(八)其他需要明确的内容。

附件部分应当包括下列主要内容:

(一)生产或者作业设施的主要基础数据;

(二)生产或者作业设施所处自然环境的描述,包括:作业海区的气象资料,可能出现的灾害性天气(如台风等);作业海区的海洋水文资料,水深、水温、海流的速度和方向、浪高等;生产或者作业设施与陆岸基地、附近港口码头及海区其他设施的位置简图;

(三)各种应急搜救设备及材料,包括应急设备及应急材料的名称、类型、数量、性能和存放地点等情况;

(四)生产或者作业设施配备的气象海况测定装置的规格和型号;

(五)其他有关资料。

第一百零一条 作业者和承包者应当组织生产和作业设施的相关人员定期开展应急预案的演练,演练期限不超过下列时间间隔的要求:

(一)消防演习:每倒班期一次。

(二)弃平台演习:每倒班期一次。

(三)井控演习:每倒班期一次。

(四)人员落水救助演习:每季度一次。

(五)硫化氢演习:钻遇含硫化氢地层前和对含硫化氢油气井进行试油或者修井作业前,必须组织一次防硫化氢演习;对含硫化氢油气井进行正常钻井、试油或者修井作业,每隔7日组织一次演习;含硫化氢油气井正常生产时,每倒班期组织一次演习。不含硫化氢的,每半年组织一次。

各类应急演练的记录文件应当至少保存1年。

第一百零二条 事故发生后,作业现场有关人员应当及时向所属作业者和承包者报告;接到报告后,应当立即启动相应的应急预案,组织开展救援活动,防止事故扩大,减少人员伤亡和财产损失。

第一百零三条 针对海洋石油作业过程中发生事故的特点,在实施应急救援过程中,作业者和承包者应当做好下列工作:

(一)立即组织现场疏散,保护作业人员安全;

(二)立即调集作业现场的应急力量进行救援,同时向有关方面发出求助信息,动员有关力量,保证应急队伍、设备、器材、物资及必要的后勤支持;

(三)制订现场救援方案并组织实施;

(四)确定警戒及防控区域,实行区域管制;

(五)采取相应的保护措施,防止事故扩大和引发次生灾害;

(六)迅速组织医疗救援力量,抢救受伤人员;

(七)尽力防止出现石油大面积泄漏和扩散。

第六章 事故报告和调查处理

第一百零四条 在海上石油天然气勘探、开发、生产、储运及油田废弃等作业中,发生下列生产安全事故,作业现场有关人员应当立即向所属作业者和承包者报告;作业者和承包者接到报告后,应当立即按规定向海油安办有关分部的地区监督处、当地政府和海事部门报告:

(一)井喷失控;

(二)火灾与爆炸;

(三)平台遇险(包括平台失控漂移、拖航遇险、被碰撞或者翻沉);

（四）飞机事故；

（五）船舶海损（包括碰撞、搁浅、触礁、翻沉、断损）；

（六）油（气）生产设施与管线破损（包括单点系泊、电气管线、海底油气管线等的破损、泄漏、断裂）；

（七）有毒有害物品和气体泄漏或者遗散；

（八）急性中毒；

（九）潜水作业事故；

（十）大型溢油事故（溢油量大于 100 吨）；

（十一）其他造成人员伤亡或者直接经济损失的事故。

第一百零五条 海油安办有关分部的地区监督处接到事故报告后，应当立即上报海油安办有关分部。海油安办有关分部接到较大事故及以上的事故报告后，应当在 1 小时内上报国家安全生产监督管理总局。

飞机事故、船舶海损、大型溢油除报告海油安办外，还应当按规定报告有关政府主管部门。

第一百零六条 海洋石油的生产安全事故按照下列规定进行调查：

（一）没有人员伤亡的一般事故，海油安办有关分部可以委托作业者和承包者组织生产、技术、安全等有关人员及工会成员组成事故调查组进行调查；

（二）造成人员伤亡的一般事故，由海油安办有关分部牵头组织有关部门及工会成立事故调查组进行调查，并邀请人民检察院派人参加；

（三）造成较大事故，由海油安办牵头组织有关部门成立事故调查组进行调查，并邀请人民检察院派人参加；

（四）重大事故，由国家安全生产监督管理总局牵头组织有关部门成立事故调查组进行调查，并邀请人民检察院派人参加；

（五）特别重大事故，按照国务院有关规定执行。

飞机失事、船舶海损、放射性物品遗散和大型溢油等海洋石油生产安全事故依法由民航、海事、环保等有关部门组织调查处理。

第一百零七条 海洋石油的生产安全事故调查报告按照下列规定批复：

（一）一般事故的调查报告，在征得海油安办同意后，由海油安办有关分部批复；

（二）较大、重大事故的调查报告由国家安全生产监督管理总局批复；

（三）特别重大事故调查报告的批复按照国务院有关规定执行。

第一百零八条 作业者和承包者应当按照事故调查报告的批复，对负有责任的人员进行处理。

事故发生单位应当认真吸取事故教训，落实防范和整改措施，防止事故再次发生。

第七章 监督管理

第一百零九条 海油安办及其有关分部应当按照法律、行政法规、规章和标准的规定，依法对海洋石油生产经营单位的安全生产实施监督检查。

第一百一十条 海油安办有关分部应当建立生产设施、作业设施的备案档案管理制度，并于每年 1 月 31 日前将上一年度的备案情况报海油安办。备案档案应当至少保存 3 年。

第一百一十一条 海油安办有关分部应当对安全培训机构、作业者和承包者安全教育培训情况进行监督检查。

第一百一十二条 海油安办及其有关分部应当按照生产安全事故的批复，依照有关法律、行政法规和规章的规定，对事故发生单位和有关人员进行行政处罚；对负有事故责任的国家工作人员，按照干部管理权限交由有关单位和行政监察机关追究。

第八章 罚 则

第一百一十三条 作业者和承包者有下列行为之一的，给予警告，可以并处 3 万元以下的罚款：

（一）生产设施、作业设施未按规定备案的；

（二）未配备守护船，或者未按规定登记的；

（三）海洋石油专业设备未按期进行检验的；

（四）拒绝、阻碍海油安办及有关分部依法监督检查的。

第一百一十四条 作业者和承包者有下列行为之一的，依法责令停产整顿，给予相应的行政处罚：

（一）未履行新建、改建、扩建项目"三同时"程序的；

（二）对存在的重大事故隐患，不按期进行整改的。

第一百一十五条 海油安办及有关分部监督检查人员在海洋石油监督检查中滥用职权、玩忽职守、徇私舞弊的，依照有关规定给予行政处分。

第九章 附 则

第一百一十六条 本细则中下列用语的含义：

（一）海洋石油作业设施，是指用于海洋石油作业的海上移动式钻井船（平台）、物探船、铺管船、起重船、固井船、酸化压裂船等设施；

（二）海洋石油生产设施，是指以开采海洋石油为目的的海上固定平台、单点系泊、浮式生产储油装置（FPSO）、海底管线、海上输油码头、滩海陆岸、人工岛和陆岸终端等海上和陆岸结构物；

（三）滩海陆岸石油设施，是指最高天文潮位以下滩海区域内，采用筑路或者栈桥等方式与陆岸相连接，从事石油作业活动中修筑的滩海通井路、滩海井台及有关石油设施；

（四）专业设备，是指海洋石油开采过程中使用的危险性较大或者对安全生产有较大影响的设备，包括海上结构、采油设备、海上锅炉和压力容器、钻井和修井设备、起重和升降设备、火灾和可燃气体探测、报警及控制系统、安全阀、救生设备、消防器材、钢丝绳等系物及被系物、电气仪表等；

（五）海底长输油（气）管线，是指从一个海上油（气）田外输油（气）的计量点至陆岸终端计量点或者至海上输油（气）终端计量点的长输管线，包括管段、立管、附件、控制系统、仪表及支撑件等互相连接的系统和中间泵站等；

（六）延长测试作业，是指在油层参数或者早期地质油藏资料不能满足工程需要的情况下，为获取这些数据资料，在原钻井装置或者井口平台上实施，并有油轮或者浮式生产装置作为储油装置的测试作业；

（七）延长测试设施，是指延长测试作业时，在原钻井装置或井口平台上临时安装的配套工艺设备、以及油轮或浮式生产储油装置（FPSO）等设施的总称。

（八）长期出海人员，是指每次在海上作业15日以上（含15日），或者年累计在海上作业30日以上（含30日），负责海上石油设施管理、操作、维修等作业的人员；

（九）短期出海人员，是指每次在海上作业5~15日以下（含5日），或者年累计出海时间在10~30日（含10日）的海上石油作业人员；

（十）临时出海人员，是指每次出海在5日以下的人员，或者年累计10日以下；

（十一）海上油气生产设施兼职消防队员，是指海上油（气）生产设施上，直接从事消防设备操作、现场灭火指挥的关键人员；

（十二）"海上石油作业安全救生"培训，是指"海上求生""海上平台消防""救生艇筏操纵""海上急救""直升机遇险水下逃生"5项内容的培训；

（十三）弃井作业，是指为了防止海洋污染、保证油井和海上运输安全而对油井采取的防止溢出和碰撞的一系列措施，包括永久性弃井作业和临时弃井作业。永久性弃井，是指对废弃的井进行封堵井眼及回收井口装置的作业；临时弃井，是指对正在钻井、因故中止作业或者已完成作业的井需保留井口而进行的封堵井眼、戴井口帽及设置井口信号标志的作业。

第一百一十七条 本细则所规定的有关文书格式，由海油安办统一式样。

第一百一十八条 从事内陆湖泊的石油开采活动，参照本细则有关规定执行。

第一百一十九条 本细则自2009年12月1日起施行。

4. 道路交通安全及相关

中华人民共和国道路交通安全法

（2003年10月28日第十届全国人民代表大会常务委员会第五次会议通过　根据2007年12月29日第十届全国人民代表大会常务委员会第三十一次会议《关于修改〈中华人民共和国道路交通安全法〉的决定》第一次修正　根据2011年4月22日第十一届全国人民代表大会常务委员会第二十次会议《关于修改〈中华人民共和国道路交通安全法〉的决定》第二次修正　根据2021年4月29日第十三届全国人民代表大会常务委员会第二十八次会议《关于修改〈中华人民共和国道路交通安全法〉等八部法律的决定》修正）

第一章　总　　则

第一条　为了维护道路交通秩序，预防和减少交通事故，保护人身安全，保护公民、法人和其他组织的财产安全及其他合法权益，提高通行效率，制定本法。

第二条　中华人民共和国境内的车辆驾驶人、行人、乘车人以及与道路交通活动有关的单位和个人，都应当遵守本法。

第三条　道路交通安全工作，应当遵循依法管理、方便群众的原则，保障道路交通有序、安全、畅通。

第四条　各级人民政府应当保障道路交通安全管

理工作与经济建设和社会发展相适应。

县级以上地方各级人民政府应当适应道路交通发展的需要，依据道路交通安全法律、法规和国家有关政策，制定道路交通安全管理规划，并组织实施。

第五条 国务院公安部门负责全国道路交通安全管理工作。县级以上地方各级人民政府公安机关交通管理部门负责本行政区域内的道路交通安全管理工作。

县级以上各级人民政府交通、建设管理部门依据各自职责，负责有关的道路交通工作。

第六条 各级人民政府应当经常进行道路交通安全教育，提高公民的道路交通安全意识。

公安机关交通管理部门及其交通警察执行职务时，应当加强道路交通安全法律、法规的宣传，并模范遵守道路交通安全法律、法规。

机关、部队、企业事业单位、社会团体以及其他组织，应当对本单位的人员进行道路交通安全教育。

教育行政部门、学校应当将道路交通安全教育纳入法制教育的内容。

新闻、出版、广播、电视等有关单位，有进行道路交通安全教育的义务。

第七条 对道路交通安全管理工作，应当加强科学研究，推广、使用先进的管理方法、技术、设备。

第二章 车辆和驾驶人

第一节 机动车、非机动车

第八条 国家对机动车实行登记制度。机动车经公安机关交通管理部门登记后，方可上道路行驶。尚未登记的机动车，需要临时上道路行驶的，应当取得临时通行牌证。

第九条 申请机动车登记，应当提交以下证明、凭证：

（一）机动车所有人的身份证明；

（二）机动车来历证明；

（三）机动车整车出厂合格证明或者进口机动车进口凭证；

（四）车辆购置税的完税证明或者免税凭证；

（五）法律、行政法规规定应当在机动车登记时提交的其他证明、凭证。

公安机关交通管理部门应当自受理申请之日起五个工作日内完成机动车登记审查工作，对符合前款规定条件的，应当发放机动车登记证书、号牌和行驶证；对不符合前款规定条件的，应当向申请人说明不予登记的理由。

公安机关交通管理部门以外的任何单位或者个人不得发放机动车号牌或者要求机动车悬挂其他号牌，本法另有规定的除外。

机动车登记证书、号牌、行驶证的式样由国务院公安部门规定并监制。

第十条 准予登记的机动车应当符合机动车国家安全技术标准。申请机动车登记时，应当接受对该机动车的安全技术检验。但是，经国家机动车产品主管部门依据机动车国家安全技术标准认定的企业生产的机动车型，该车型的新车在出厂时经检验符合机动车国家安全技术标准，获得检验合格证的，免予安全技术检验。

第十一条 驾驶机动车上道路行驶，应当悬挂机动车号牌，放置检验合格标志、保险标志，并随车携带机动车行驶证。

机动车号牌应当按照规定悬挂并保持清晰、完整，不得故意遮挡、污损。

任何单位和个人不得收缴、扣留机动车号牌。

第十二条 有下列情形之一的，应当办理相应的登记：

（一）机动车所有权发生转移的；

（二）机动车登记内容变更的；

（三）机动车用作抵押的；

（四）机动车报废的。

第十三条 对登记后上道路行驶的机动车，应当依照法律、行政法规的规定，根据车辆用途、载客载货数量、使用年限等不同情况，定期进行安全技术检验。对提供机动车行驶证和机动车第三者责任强制保险单的，机动车安全技术检验机构应当予以检验，任何单位不得附加其他条件。对符合机动车国家安全技术标准的，公安机关交通管理部门应当发给检验合格标志。

对机动车的安全技术检验实行社会化。具体办法由国务院规定。

机动车安全技术检验实行社会化的地方，任何单位不得要求机动车到指定的场所进行检验。

公安机关交通管理部门、机动车安全技术检验机构不得要求机动车到指定的场所进行维修、保养。

机动车安全技术检验机构对机动车检验收取费用，应当严格执行国务院价格主管部门核定的收费标准。

第十四条 国家实行机动车强制报废制度，根据机动车的安全技术状况和不同用途，规定不同的报废标准。

应当报废的机动车必须及时办理注销登记。

达到报废标准的机动车不得上道路行驶。报废的大型客、货车及其他营运车辆应当在公安机关交通管理部门的监督下解体。

第十五条 警车、消防车、救护车、工程救险车应当按照规定喷涂标志图案,安装警报器、标志灯具。其他机动车不得喷涂、安装、使用上述车辆专用的或者与其相类似的标志图案、警报器或者标志灯具。

警车、消防车、救护车、工程救险车应当严格按照规定的用途和条件使用。

公路监督检查的专用车辆,应当依照公路法的规定,设置统一的标志和示警灯。

第十六条 任何单位或者个人不得有下列行为:

(一)拼装机动车或者擅自改变机动车已登记的结构、构造或者特征;

(二)改变机动车型号、发动机号、车架号或者车辆识别代号;

(三)伪造、变造或者使用伪造、变造的机动车登记证书、号牌、行驶证、检验合格标志、保险标志;

(四)使用其他机动车的登记证书、号牌、行驶证、检验合格标志、保险标志。

第十七条 国家实行机动车第三者责任强制保险制度,设立道路交通事故社会救助基金。具体办法由国务院规定。

第十八条 依法应当登记的非机动车,经公安机关交通管理部门登记后,方可上道路行驶。

依法应当登记的非机动车的种类,由省、自治区、直辖市人民政府根据当地实际情况规定。

非机动车的外形尺寸、质量、制动器、车铃和夜间反光装置,应当符合非机动车安全技术标准。

第二节 机动车驾驶人

第十九条 驾驶机动车,应当依法取得机动车驾驶证。

申请机动车驾驶证,应当符合国务院公安部门规定的驾驶许可条件;经考试合格后,由公安机关交通管理部门发给相应类别的机动车驾驶证。

持有境外机动车驾驶证的人,符合国务院公安部门规定的驾驶许可条件,经公安机关交通管理部门考核合格的,可以发给中国的机动车驾驶证。

驾驶人应当按照驾驶证载明的准驾车型驾驶机动车;驾驶机动车时,应当随身携带机动车驾驶证。

公安机关交通管理部门以外的任何单位或者个人,不得收缴、扣留机动车驾驶证。

第二十条 机动车的驾驶培训实行社会化,由交通运输主管部门对驾驶学校、驾驶培训班实行备案管理,并对驾驶培训活动加强监督,其中专门的拖拉机驾驶培训学校、驾驶培训班由农业(农业机械)主管部门实行监督管理。

驾驶培训学校、驾驶培训班应当严格按照国家有关规定,对学员进行道路交通安全法律、法规、驾驶技能的培训,确保培训质量。

任何国家机关以及驾驶培训和考试主管部门不得举办或者参与举办驾驶培训学校、驾驶培训班。

第二十一条 驾驶人驾驶机动车上道路行驶前,应当对机动车的安全技术性能进行认真检查;不得驾驶安全设施不全或者机件不符合技术标准等具有安全隐患的机动车。

第二十二条 机动车驾驶人应当遵守道路交通安全法律、法规的规定,按照操作规范安全驾驶、文明驾驶。

饮酒、服用国家管制的精神药品或者麻醉药品,或者患有妨碍安全驾驶机动车的疾病,或者过度疲劳影响安全驾驶的,不得驾驶机动车。

任何人不得强迫、指使、纵容驾驶人违反道路交通安全法律、法规和机动车安全驾驶要求驾驶机动车。

第二十三条 公安机关交通管理部门依照法律、行政法规的规定,定期对机动车驾驶证实施审验。

第二十四条 公安机关交通管理部门对机动车驾驶人违反道路交通安全法律、法规的行为,除依法给予行政处罚外,实行累积记分制度。公安机关交通管理部门对累积记分达到规定分值的机动车驾驶人,扣留机动车驾驶证,对其进行道路交通安全法律、法规教育,重新考试;考试合格的,发还其机动车驾驶证。

对遵守道路交通安全法律、法规,在一年内无累积记分的机动车驾驶人,可以延长机动车驾驶证的审验期。具体办法由国务院公安部门规定。

第三章 道路通行条件

第二十五条 全国实行统一的道路交通信号。

交通信号包括交通信号灯、交通标志、交通标线和交通警察的指挥。

交通信号灯、交通标志、交通标线的设置应当符合道路交通安全、畅通的要求和国家标准,并保持清晰、醒目、准确、完好。

根据通行需要,应当及时增设、调换、更新道路交通信号。增设、调换、更新限制性的道路交通信号,应当提前向社会公告,广泛进行宣传。

第二十六条 交通信号灯由红灯、绿灯、黄灯组成。红灯表示禁止通行，绿灯表示准许通行，黄灯表示警示。

第二十七条 铁路与道路平面交叉的道口，应当设置警示灯、警示标志或者安全防护设施。无人看守的铁路道口，应当在距道口一定距离处设置警示标志。

第二十八条 任何单位和个人不得擅自设置、移动、占用、损毁交通信号灯、交通标志、交通标线。

道路两侧及隔离带上种植的树木或者其他植物，设置的广告牌、管线等，应当与交通设施保持必要的距离，不得遮挡路灯、交通信号灯、交通标志，不得妨碍安全视距，不得影响通行。

第二十九条 道路、停车场和道路配套设施的规划、设计、建设，应当符合道路交通安全、畅通的要求，并根据交通需求及时调整。

公安机关交通管理部门发现已经投入使用的道路存在交通事故频发路段，或者停车场、道路配套设施存在交通安全严重隐患的，应当及时向当地人民政府报告，并提出防范交通事故、消除隐患的建议，当地人民政府应当及时作出处理决定。

第三十条 道路出现坍塌、坑漕、水毁、隆起等损毁或者交通信号灯、交通标志、交通标线等交通设施损毁、灭失的，道路、交通设施的养护部门或者管理部门应当设置警示标志并及时修复。

公安机关交通管理部门发现前款情形，危及交通安全，尚未设置警示标志的，应当及时采取安全措施，疏导交通，并通知道路、交通设施的养护部门或者管理部门。

第三十一条 未经许可，任何单位和个人不得占用道路从事非交通活动。

第三十二条 因工程建设需要占用、挖掘道路，或者跨越、穿越道路架设、增设管线设施，应当事先征得道路主管部门的同意；影响交通安全的，还应当征得公安机关交通管理部门的同意。

施工作业单位应当在经批准的路段和时间内施工作业，并在距离施工作业地点来车方向安全距离处设置明显的安全警示标志，采取防护措施；施工作业完毕，应当迅速清除道路上的障碍物，消除安全隐患，经道路主管部门和公安机关交通管理部门验收合格，符合通行要求后，方可恢复通行。

对未中断交通的施工作业道路，公安机关交通管理部门应当加强交通安全监督检查，维护道路交通秩序。

第三十三条 新建、改建、扩建的公共建筑、商业街区、居住区、大（中）型建筑等，应当配建、增建停车场；停车泊位不足的，应当及时改建或者扩建；投入使用的停车场不得擅自停止使用或者改作他用。

在城市道路范围内，在不影响行人、车辆通行的情况下，政府有关部门可以施划停车泊位。

第三十四条 学校、幼儿园、医院、养老院门前的道路没有行人过街设施的，应当施划人行横道线，设置提示标志。

城市主要道路的人行道，应当按照规划设置盲道。盲道的设置应当符合国家标准。

第四章 道路通行规定

第一节 一般规定

第三十五条 机动车、非机动车实行右侧通行。

第三十六条 根据道路条件和通行需要，道路划分为机动车道、非机动车道和人行道的，机动车、非机动车、行人实行分道通行。没有划分机动车道、非机动车道和人行道的，机动车在道路中间通行，非机动车和行人在道路两侧通行。

第三十七条 道路划设专用车道的，在专用车道内，只准许规定的车辆通行，其他车辆不得进入专用车道内行驶。

第三十八条 车辆、行人应当按照交通信号通行；遇有交通警察现场指挥时，应当按照交通警察的指挥通行；在没有交通信号的道路上，应当在确保安全、畅通的原则下通行。

第三十九条 公安机关交通管理部门根据道路和交通流量的具体情况，可以对机动车、非机动车、行人采取疏导、限制通行、禁止通行等措施。遇有大型群众性活动、大范围施工等情况，需要采取限制交通的措施，或者作出与公众的道路交通活动直接有关的决定，应当提前向社会公告。

第四十条 遇有自然灾害、恶劣气象条件或者重大交通事故等严重影响交通安全的情形，采取其他措施难以保证交通安全时，公安机关交通管理部门可以实行交通管制。

第四十一条 有关道路通行的其他具体规定，由国务院规定。

第二节 机动车通行规定

第四十二条 机动车上道路行驶，不得超过限速标志标明的最高时速。在没有限速标志的路段，应当保持安全车速。

夜间行驶或者在容易发生危险的路段行驶，以及遇有沙尘、冰雹、雨、雪、雾、结冰等气象条件时，应当降低行驶速度。

　　第四十三条　同车道行驶的机动车，后车应当与前车保持足以采取紧急制动措施的安全距离。有下列情形之一的，不得超车：

　　（一）前车正在左转弯、掉头、超车的；

　　（二）与对面来车有会车可能的；

　　（三）前车为执行紧急任务的警车、消防车、救护车、工程救险车的；

　　（四）行经铁路道口、交叉路口、窄桥、弯道、陡坡、隧道、人行横道、市区交通流量大的路段等没有超车条件的。

　　第四十四条　机动车通过交叉路口，应当按照交通信号灯、交通标志、交通标线或者交通警察的指挥通过；通过没有交通信号灯、交通标志、交通标线或者交通警察指挥的交叉路口时，应当减速慢行，并让行人和优先通行的车辆先行。

　　第四十五条　机动车遇有前方车辆停车排队等候或者缓慢行驶时，不得借道超车或者占用对面车道，不得穿插等候的车辆。

　　在车道减少的路段、路口，或者在没有交通信号灯、交通标志、交通标线或者交通警察指挥的交叉路口遇到停车排队等候或者缓慢行驶时，机动车应当依次交替通行。

　　第四十六条　机动车通过铁路道口时，应当按照交通信号或者管理人员的指挥通行；没有交通信号或者管理人员的，应当减速或者停车，在确认安全后通过。

　　第四十七条　机动车行经人行横道时，应当减速行驶；遇行人正在通过人行横道，应当停车让行。

　　机动车行经没有交通信号的道路时，遇行人横过道路，应当避让。

　　第四十八条　机动车载物应当符合核定的载质量，严禁超载；载物的长、宽、高不得违反装载要求，不得遗洒、飘散载运物。

　　机动车运载超限的不可解体的物品，影响交通安全的，应当按照公安机关交通管理部门指定的时间、路线、速度行驶，悬挂明显标志。在公路上运载超限的不可解体的物品，并应当依照公路法的规定执行。

　　机动车载运爆炸物品、易燃易爆化学物品以及剧毒、放射性等危险物品，应当经公安机关批准后，按指定的时间、路线、速度行驶，悬挂警示标志并采取必要的安全措施。

　　第四十九条　机动车载人不得超过核定的人数，客运机动车不得违反规定载货。

　　第五十条　禁止货运机动车载客。

货运机动车需要附载作业人员的，应当设置保护作业人员的安全措施。

　　第五十一条　机动车行驶时，驾驶人、乘坐人员应当按规定使用安全带，摩托车驾驶人及乘坐人员应当按规定戴安全头盔。

　　第五十二条　机动车在道路上发生故障，需要停车排除故障时，驾驶人应当立即开启危险报警闪光灯，将机动车移至不妨碍交通的地方停放；难以移动的，应当持续开启危险报警闪光灯，并在来车方向设置警告标志等措施扩大示警距离，必要时迅速报警。

　　第五十三条　警车、消防车、救护车、工程救险车执行紧急任务时，可以使用警报器、标志灯具；在确保安全的前提下，不受行驶路线、行驶方向、行驶速度和信号灯的限制，其他车辆和行人应当让行。

　　警车、消防车、救护车、工程救险车非执行紧急任务时，不得使用警报器、标志灯具，不享有前款规定的道路优先通行权。

　　第五十四条　道路养护车辆、工程作业车进行作业时，在不影响过往车辆通行的前提下，其行驶路线和方向不受交通标志、标线限制，过往车辆和人员应当注意避让。

　　洒水车、清扫车等机动车应当按照安全作业标准作业；在不影响其他车辆通行的情况下，可以不受车辆分道行驶的限制，但是不得逆向行驶。

　　第五十五条　高速公路、大中城市中心城区内的道路，禁止拖拉机通行。其他禁止拖拉机通行的道路，由省、自治区、直辖市人民政府根据当地实际情况规定。

　　在允许拖拉机通行的道路上，拖拉机可以从事货运，但是不得用于载人。

　　第五十六条　机动车应当在规定地点停放。禁止在人行道上停放机动车；但是，依照本法第三十三条规定施划的停车泊位除外。

　　在道路上临时停车的，不得妨碍其他车辆和行人通行。

第三节　非机动车通行规定

　　第五十七条　驾驶非机动车在道路上行驶应当遵守有关交通安全的规定。非机动车应当在非机动车道内行驶；在没有非机动车道的道路上，应当靠车行道的右侧行驶。

　　第五十八条　残疾人机动轮椅车、电动自行车在非机动车道内行驶时，最高时速不得超过十五公里。

　　第五十九条　非机动车应当在规定地点停放。未设停放地点的，非机动车停放不得妨碍其他车辆和行人通行。

第六十条 驾驭畜力车,应当使用驯服的牲畜;驾驭畜力车横过道路时,驾驭人应当下车牵引牲畜;驾驭人离开车辆时,应当拴系牲畜。

第四节 行人和乘车人通行规定

第六十一条 行人应当在人行道内行走,没有人行道的靠路边走。

第六十二条 行人通过路口或者横过道路,应当走人行横道或者过街设施;通过有交通信号灯的人行横道,应当按照交通信号灯指示通行;通过没有交通信号灯、人行横道的路口,或者在没有过街设施的路段横过道路,应当在确认安全后通过。

第六十三条 行人不得跨越、倚坐道路隔离设施,不得扒车、强行拦车或者实施妨碍道路交通安全的其他行为。

第六十四条 学龄前儿童以及不能辨认或者不能控制自己行为的精神疾病患者、智力障碍者在道路上通行,应当由其监护人、监护人委托的人或者对其负有管理、保护职责的人带领。

盲人在道路上通行,应当使用盲杖或者采取其他导盲手段,车辆应当避让盲人。

第六十五条 行人通过铁路道口时,应当按照交通信号或者管理人员的指挥通行;没有交通信号和管理人员的,应当在确认无火车驶临后,迅速通过。

第六十六条 乘车人不得携带易燃易爆等危险物品,不得向车外抛洒物品,不得有影响驾驶人安全驾驶的行为。

第五节 高速公路的特别规定

第六十七条 行人、非机动车、拖拉机、轮式专用机械车、铰接式客车、全挂拖斗车以及其他设计最高时速低于七十公里的机动车,不得进入高速公路。高速公路限速标志标明的最高时速不得超过一百二十公里。

第六十八条 机动车在高速公路上发生故障时,应当依照本法第五十二条的有关规定办理;但是,警告标志应当设置在故障车来车方向一百五十米以外,车上人员应当迅速转移到右侧路肩上或者应急车道内,并且迅速报警。

机动车在高速公路上发生故障或者交通事故,无法正常行驶的,应当由救援车、清障车拖曳、牵引。

第六十九条 任何单位、个人不得在高速公路上拦截检查行驶的车辆,公安机关的人民警察依法执行紧急公务除外。

第五章 交通事故处理

第七十条 在道路上发生交通事故,车辆驾驶人应当立即停车,保护现场;造成人身伤亡的,车辆驾驶人应当立即抢救受伤人员,并迅速报告执勤的交通警察或者公安机关交通管理部门。因抢救受伤人员变动现场的,应当标明位置。乘车人、过往车辆驾驶人、过往行人应当予以协助。

在道路上发生交通事故,未造成人身伤亡,当事人对事实及成因无争议的,可以即行撤离现场,恢复交通,自行协商处理损害赔偿事宜;不即行撤离现场的,应当迅速报告执勤的交通警察或者公安机关交通管理部门。

在道路上发生交通事故,仅造成轻微财产损失,并且基本事实清楚的,当事人应当先撤离现场再进行协商处理。

第七十一条 车辆发生交通事故后逃逸的,事故现场目击人员和其他知情人员应当向公安机关交通管理部门或者交通警察举报。举报属实的,公安机关交通管理部门应当给予奖励。

第七十二条 公安机关交通管理部门接到交通事故报警后,应当立即派交通警察赶赴现场,先组织抢救受伤人员,并采取措施,尽快恢复交通。

交通警察应当对交通事故现场进行勘验、检查,收集证据;因收集证据的需要,可以扣留事故车辆,但是应当妥善保管,以备核查。

对当事人的生理、精神状况等专业性较强的检验,公安机关交通管理部门应当委托专门机构进行鉴定。鉴定结论应当由鉴定人签名。

第七十三条 公安机关交通管理部门应当根据交通事故现场勘验、检查、调查情况和有关的检验、鉴定结论,及时制作交通事故认定书,作为处理交通事故的证据。交通事故认定书应当载明交通事故的基本事实、成因和当事人的责任,并送达当事人。

第七十四条 对交通事故损害赔偿的争议,当事人可以请求公安机关交通管理部门调解,也可以直接向人民法院提起民事诉讼。

经公安机关交通管理部门调解,当事人未达成协议或者调解书生效后不履行的,当事人可以向人民法院提起民事诉讼。

第七十五条 医疗机构对交通事故中的受伤人员应当及时抢救,不得因抢救费用未及时支付而拖延救治。肇事车辆参加机动车第三者责任强制保险的,由保险公司在责任限额范围内支付抢救费用;抢救费用超过责任限额的,未参加机动车第三者责任强制保险或者肇事后逃逸的，由道路交通事故社会救助基金先行垫付部分或者全部抢救费用，道路交通事故社会救助基金管理机构有权向交通事故责任人追偿。

第七十六条 机动车发生交通事故造成人身伤亡、财产损失的，由保险公司在机动车第三者责任强制保险责任限额范围内予以赔偿；不足的部分，按照下列规定承担赔偿责任：

（一）机动车之间发生交通事故的，由有过错的一方承担赔偿责任；双方都有过错的，按照各自过错的比例分担责任。

（二）机动车与非机动车驾驶人、行人之间发生交通事故，非机动车驾驶人、行人没有过错的，由机动车一方承担赔偿责任；有证据证明非机动车驾驶人、行人有过错的，根据过错程度适当减轻机动车一方的赔偿责任；机动车一方没有过错的，承担不超过百分之十的赔偿责任。

交通事故的损失是由非机动车驾驶人、行人故意碰撞机动车造成的，机动车一方不承担赔偿责任。

第七十七条 车辆在道路以外通行时发生的事故，公安机关交通管理部门接到报案的，参照本法有关规定办理。

第六章 执法监督

第七十八条 公安机关交通管理部门应当加强对交通警察的管理，提高交通警察的素质和管理道路交通的水平。

公安机关交通管理部门应当对交通警察进行法制和交通安全管理业务培训、考核。交通警察经考核不合格的，不得上岗执行职务。

第七十九条 公安机关交通管理部门及其交通警察实施道路交通安全管理，应当依据法定的职权和程序，简化办事手续，做到公正、严格、文明、高效。

第八十条 交通警察执行职务时，应当按照规定着装，佩戴人民警察标志，持有人民警察证件，保持警容严整，举止端庄，指挥规范。

第八十一条 依照本法发放牌证等收取工本费，应当严格执行国务院价格主管部门核定的收费标准，并全部上缴国库。

第八十二条 公安机关交通管理部门依法实施罚款的行政处罚，应当依照有关法律、行政法规的规定，实施罚款决定与罚款收缴分离；收缴的罚款以及依法没收的违法所得，应当全部上缴国库。

第八十三条 交通警察调查处理道路交通安全违法行为和交通事故，有下列情形之一的，应当回避：

（一）是本案的当事人或者当事人的近亲属；

（二）本人或者其近亲属与本案有利害关系；

（三）与本案当事人有其他关系，可能影响案件的公正处理。

第八十四条 公安机关交通管理部门及其交通警察的行政执法活动，应当接受行政监察机关依法实施的监督。

公安机关督察部门应当对公安机关交通管理部门及其交通警察执行法律、法规和遵守纪律的情况依法进行监督。

上级公安机关交通管理部门应当对下级公安机关交通管理部门的执法活动进行监督。

第八十五条 公安机关交通管理部门及其交通警察执行职务，应当自觉接受社会和公民的监督。

任何单位和个人都有权对公安机关交通管理部门及其交通警察不严格执法以及违法违纪行为进行检举、控告。收到检举、控告的机关，应当依据职责及时查处。

第八十六条 任何单位不得给公安机关交通管理部门下达或者变相下达罚款指标；公安机关交通管理部门不得以罚款数额作为考核交通警察的标准。

公安机关交通管理部门及其交通警察对超越法律、法规规定的指令，有权拒绝执行，并同时向上级机关报告。

第七章 法律责任

第八十七条 公安机关交通管理部门及其交通警察对道路交通安全违法行为，应当及时纠正。

公安机关交通管理部门及其交通警察应当依据事实和本法的有关规定对道路交通安全违法行为予以处罚。对于情节轻微，未影响道路通行的，指出违法行为，给予口头警告后放行。

第八十八条 对道路交通安全违法行为的处罚种类包括：警告、罚款、暂扣或者吊销机动车驾驶证、拘留。

第八十九条 行人、乘车人、非机动车驾驶人违反道路交通安全法律、法规关于道路通行规定的，处警告或者五元以上五十元以下罚款；非机动车驾驶人拒绝接受罚款处罚的，可以扣留其非机动车。

第九十条 机动车驾驶人违反道路交通安全法律、法规关于道路通行规定的，处警告或者二十元以上二百元以下罚款。本法另有规定的，依照规定处罚。

第九十一条 饮酒后驾驶机动车的，处暂扣六个月机动车驾驶证，并处一千元以上二千元以下罚款。因饮酒后驾驶机动车被处罚，再次饮酒后驾驶机动的，处十日以下拘留，并处一千元以上二千元以下罚款，吊销机动车驾驶证。

醉酒驾驶机动车的，由公安机关交通管理部门约束至酒醒，吊销机动车驾驶证，依法追究刑事责任；五年内不得重新取得机动车驾驶证。

饮酒后驾驶营运机动车的，处十五日拘留，并处五千元罚款，吊销机动车驾驶证，五年内不得重新取得机动车驾驶证。

醉酒驾驶营运机动车的，由公安机关交通管理部门约束至酒醒，吊销机动车驾驶证，依法追究刑事责任；十年内不得重新取得机动车驾驶证，重新取得机动车驾驶证后，不得驾驶营运机动车。

饮酒后或者醉酒驾驶机动车发生重大交通事故，构成犯罪的，依法追究刑事责任，并由公安机关交通管理部门吊销机动车驾驶证，终生不得重新取得机动车驾驶证。

第九十二条 公路客运车辆载客超过额定乘员的，处二百元以上五百元以下罚款；超过额定乘员百分之二十或者违反规定载货的，处五百元以上二千元以下罚款。

货运机动车超过核定载质量的，处二百元以上五百元以下罚款；超过核定载质量百分之三十或者违反规定载客的，处五百元以上二千元以下罚款。

有前两款行为的，由公安机关交通管理部门扣留机动车至违法状态消除。

运输单位的车辆有本条第一款、第二款规定的情形，经处罚不改的，对直接负责的主管人员处二千元以上五千元以下罚款。

第九十三条 对违反道路交通安全法律、法规关于机动车停放、临时停车规定的，可以指出违法行为，并予以口头警告，令其立即驶离。

机动车驾驶人不在现场或者虽在现场但拒绝立即驶离，妨碍其他车辆、行人通行的，处二十元以上二百元以下罚款，并可以将该机动车拖移至不妨碍交通的地点或者公安机关交通管理部门指定的地点停放。公安机关交通管理部门拖车不得向当事人收取费用，并应当及时告知当事人停放地点。

因采取不正确的方法拖车造成机动车损坏的，应当依法承担补偿责任。

第九十四条 机动车安全技术检验机构实施机动车安全技术检验超过国务院价格主管部门核定的收费标准收取费用的，退还多收取的费用，并由价格主管部门依照《中华人民共和国价格法》的有关规定给予处罚。

机动车安全技术检验机构不按照机动车国家安全技术标准进行检验，出具虚假检验结果的，由公安机关交通管理部门处所收检验费用五倍以上十倍以下罚款，并依法撤销其检验资格；构成犯罪的，依法追究刑事责任。

第九十五条 上道路行驶的机动车未悬挂机动车号牌，未放置检验合格标志、保险标志，或者未随车携带行驶证、驾驶证的，公安机关交通管理部门应当扣留机动车，通知当事人提供相应的牌证、标志或者补办相应手续，并可以依照本法第九十条的规定予以处罚。当事人提供相应的牌证、标志或者补办相应手续的，应当及时退还机动车。

故意遮挡、污损或者不按规定安装机动车号牌的，依照本法第九十条的规定予以处罚。

第九十六条 伪造、变造或者使用伪造、变造的机动车登记证书、号牌、行驶证、驾驶证的，由公安机关交通管理部门予以收缴，扣留该机动车，处十五日以下拘留，并处二千元以上五千元以下罚款；构成犯罪的，依法追究刑事责任。

伪造、变造或者使用伪造、变造的检验合格标志、保险标志的，由公安机关交通管理部门予以收缴，扣留该机动车，处十日以下拘留，并处一千元以上三千元以下罚款；构成犯罪的，依法追究刑事责任。

使用其他车辆的机动车登记证书、号牌、行驶证、检验合格标志、保险标志的，由公安机关交通管理部门予以收缴，扣留该机动车，处二千元以上五千元以下罚款。

当事人提供相应的合法证明或者补办相应手续的，应当及时退还机动车。

第九十七条 非法安装警报器、标志灯具的，由公安机关交通管理部门强制拆除，予以收缴，并处二百元以上二千元以下罚款。

第九十八条 机动车所有人、管理人未按照国家规定投保机动车第三者责任强制保险的，由公安机关交通管理部门扣留车辆至依照规定投保后，并处依照规定投保最低责任限额应缴纳的保险费的二倍罚款。

依照前款缴纳的罚款全部纳入道路交通事故社会救助基金。具体办法由国务院规定。

第九十九条 有下列行为之一的，由公安机关交通管理部门处二百元以上二千元以下罚款：

（一）未取得机动车驾驶证、机动车驾驶证被吊销或者机动车驾驶证被暂扣期间驾驶机动车的；

（二）将机动车交由未取得机动车驾驶证或者机动车驾驶证被吊销、暂扣的人驾驶的；

（三）造成交通事故后逃逸，尚不构成犯罪的；

（四）机动车行驶超过规定时速百分之五十的；

（五）强迫机动车驾驶人违反道路交通安全法律、法规和机动车安全驾驶要求驾驶机动车，造成交通事故，尚不构成犯罪的；

（六）违反交通管制的规定强行通行，不听劝阻的；

（七）故意损毁、移动、涂改交通设施，造成危害后果，尚不构成犯罪的；

（八）非法拦截、扣留机动车辆，不听劝阻，造成交通严重阻塞或者较大财产损失的。

行为人有前款第二项、第四项情形之一的，可以并处吊销机动车驾驶证；有第一项、第三项、第五项至第八项情形之一的，可以并处十五日以下拘留。

第一百条　驾驶拼装的机动车或者已达到报废标准的机动车上道路行驶的，公安机关交通管理部门应当予以收缴，强制报废。

对驾驶前款所列机动车上道路行驶的驾驶人，处二百元以上二千元以下罚款，并吊销机动车驾驶证。

出售已达到报废标准的机动车的，没收违法所得，处销售金额等额的罚款，对该机动车依照本条第一款的规定处理。

第一百零一条　违反道路交通安全法律、法规的规定，发生重大交通事故，构成犯罪的，依法追究刑事责任，并由公安机关交通管理部门吊销机动车驾驶证。

造成交通事故后逃逸的，由公安机关交通管理部门吊销机动车驾驶证，且终生不得重新取得机动车驾驶证。

第一百零二条　对六个月内发生二次以上特大交通事故负有主要责任或者全部责任的专业运输单位，由公安机关交通管理部门责令消除安全隐患，未消除安全隐患的机动车，禁止上道路行驶。

第一百零三条　国家机动车产品主管部门未按照机动车国家安全技术标准严格审查，许可不合格机动车型投入生产的，对负有责任的主管人员和其他直接责任人员给予降级或者撤职的行政处分。

机动车生产企业经国家机动车产品主管部门许可生产的机动车型，不执行机动车国家安全技术标准或者不严格进行机动车成品质量检验，致使质量不合格的机动车出厂销售的，由质量技术监督部门依照《中华人民共和国产品质量法》的有关规定给予处罚。

擅自生产、销售未经国家机动车产品主管部门许可生产的机动车型的，没收非法生产、销售的机动车成品及配件，可以并处非法产品价值三倍以上五倍以下罚款；有营业执照的，由工商行政管理部门吊销营业执照，没有营业执照的，予以查封。

生产、销售拼装的机动车或者生产、销售擅自改装的机动车的，依照本条第三款的规定处罚。

有本条第二款、第三款、第四款所列违法行为，生产或者销售不符合机动车国家安全技术标准的机动车，构成犯罪的，依法追究刑事责任。

第一百零四条　未经批准，擅自挖掘道路、占用道路施工或者从事其他影响道路交通安全活动的，由道路主管部门责令停止违法行为，并恢复原状，可以依法给予罚款；致使通行的人员、车辆及其他财产遭受损失的，依法承担赔偿责任。

有前款行为，影响道路交通安全活动的，公安机关交通管理部门可以责令停止违法行为，迅速恢复交通。

第一百零五条　道路施工作业或者道路出现损毁，未及时设置警示标志、未采取防护措施，或者应当设置交通信号灯、交通标志、交通标线而没有设置或者应当及时变更交通信号灯、交通标志、交通标线而没有及时变更，致使通行的人员、车辆及其他财产遭受损失的，负有相关职责的单位应当依法承担赔偿责任。

第一百零六条　在道路两侧及隔离带上种植树木、其他植物或者设置广告牌、管线等，遮挡路灯、交通信号灯、交通标志，妨碍安全视距的，由公安机关交通管理部门责令行为人排除妨碍；拒不执行的，处二百元以上二千元以下罚款，并强制排除妨碍，所需费用由行为人负担。

第一百零七条　对道路交通违法行为人予以警告、二百元以下罚款，交通警察可以当场作出行政处罚决定，并出具行政处罚决定书。

行政处罚决定书应当载明当事人的违法事实、行政处罚的依据、处罚内容、时间、地点以及处罚机关名称，并由执法人员签名或者盖章。

第一百零八条　当事人应当自收到罚款的行政处罚决定书之日起十五日内，到指定的银行缴纳罚款。

对行人、乘车人和非机动车驾驶人的罚款，当事人无异议的，可以当场予以收缴罚款。

罚款应当开具省、自治区、直辖市财政部门统一制发的罚款收据；不出具财政部门统一制发的罚款收据的，当事人有权拒绝缴纳罚款。

第一百零九条　当事人逾期不履行行政处罚决定的，作出行政处罚决定的行政机关可以采取下列措施：

（一）到期不缴纳罚款的，每日按罚款数额的百分之三加处罚款；

（二）申请人民法院强制执行。

第一百一十条　执行职务的交通警察认为应当对道路交通违法行为人给予暂扣或者吊销机动车驾驶证处罚的，可以先予扣留机动车驾驶证，并在二十四小时内将案件移交公安机关交通管理部门处理。

道路交通违法行为人应当在十五日内到公安机关交通管理部门接受处理。无正当理由逾期未接受处理的，吊销机动车驾驶证。

公安机关交通管理部门暂扣或者吊销机动车驾驶证的，应当出具行政处罚决定书。

第一百一十一条　对违反本法规定予以拘留的行政处罚，由县、市公安局、公安分局或者相当于县一级的公安机关裁决。

第一百一十二条　公安机关交通管理部门扣留机动车、非机动车，应当当场出具凭证，并告知当事人在规定期限内到公安机关交通管理部门接受处理。

公安机关交通管理部门对被扣留的车辆应当妥善保管，不得使用。

逾期不来接受处理，并且经公告三个月仍不来接受处理的，对扣留的车辆依法处理。

第一百一十三条　暂扣机动车驾驶证的期限从处罚决定生效之日起计算；处罚决定生效前先予扣留机动车驾驶证的，扣留一日折抵暂扣期限一日。

吊销机动车驾驶证后重新申请领取机动车驾驶证的期限，按照机动车驾驶证管理规定办理。

第一百一十四条　公安机关交通管理部门根据交通技术监控记录资料，可以对违法的机动车所有人或者管理人依法予以处罚。对能够确定驾驶人的，可以依照本法的规定依法予以处罚。

第一百一十五条　交通警察有下列行为之一的，依法给予行政处分：

（一）为不符合法定条件的机动车发放机动车登记证书、号牌、行驶证、检验合格标志的；

（二）批准不符合法定条件的机动车安装、使用警车、消防车、救护车、工程救险车的警报器、标志灯具，喷涂标志图案的；

（三）为不符合驾驶许可条件、未经考试或者考试不合格人员发放机动车驾驶证的；

（四）不执行罚款决定与罚款收缴分离制度或者不按规定将依法收取的费用、收缴的罚款及没收的违法所得全部上缴国库的；

（五）举办或者参与举办驾驶学校或者驾驶培训班、机动车修理厂或者收费停车场等经营活动的；

（六）利用职务上的便利收受他人财物或者谋取其他利益的；

（七）违法扣留车辆、机动车行驶证、驾驶证、车辆号牌的；

（八）使用依法扣留的车辆的；

（九）当场收取罚款不开具罚款收据或者不如实填写罚款额的；

（十）徇私舞弊，不公正处理交通事故的；

（十一）故意刁难，拖延办理机动车牌证的；

（十二）非执行紧急任务时使用警报器、标志灯具的；

（十三）违反规定拦截、检查正常行驶的车辆的；

（十四）非执行紧急公务时拦截搭乘机动车的；

（十五）不履行法定职责的。

公安机关交通管理部门有前款所列行为之一的，对直接负责的主管人员和其他直接责任人员给予相应的行政处分。

第一百一十六条　依照本法第一百一十五条的规定，给予交通警察行政处分的，在作出行政处分决定前，可以停止其执行职务；必要时，可以予以禁闭。

依照本法第一百一十五条的规定，交通警察受到降级或者撤职行政处分的，可以予以辞退。

交通警察受到开除处分或者被辞退的，应当取消警衔；受到撤职以下行政处分的交通警察，应当降低警衔。

第一百一十七条　交通警察利用职权非法占有公共财物，索取、收受贿赂，或者滥用职权、玩忽职守，构成犯罪的，依法追究刑事责任。

第一百一十八条　公安机关交通管理部门及其交通警察有本法第一百一十五条所列行为之一，给当事人造成损失的，应当依法承担赔偿责任。

第八章　附　　则

第一百一十九条　本法中下列用语的含义：

（一）"道路"，是指公路、城市道路和虽在单位管辖范围但允许社会机动车通行的地方，包括广场、公共停车场等用于公众通行的场所。

（二）"车辆"，是指机动车和非机动车。

（三）"机动车"，是指以动力装置驱动或者牵引，上道路行驶的供人员乘用或者用于运送物品以及进行工程专项作业的轮式车辆。

（四）"非机动车"，是指以人力或者畜力驱动，上道路行驶的交通工具，以及虽有动力装置驱动但设计最高时速、空车质量、外形尺寸符合有关国家标准的残疾人机动轮椅车、电动自行车等交通工具。

（五）"交通事故"，是指车辆在道路上因过错或者意外造成的人身伤亡或者财产损失的事件。

第一百二十条 中国人民解放军和中国人民武装警察部队在编机动车牌证、在编机动车检验以及机动车驾驶人考核工作，由中国人民解放军、中国人民武装警察部队有关部门负责。

第一百二十一条 对上道路行驶的拖拉机，由农业（农业机械）主管部门行使本法第八条、第九条、第十三条、第十九条、第二十三条规定的公安机关交通管理部门的管理职权。

农业（农业机械）主管部门依照前款规定行使职权，应当遵守本法有关规定，并接受公安机关交通管理部门的监督；对违反规定的，依照本法有关规定追究法律责任。

本法施行前由农业（农业机械）主管部门发放的机动车牌证，在本法施行后继续有效。

第一百二十二条 国家对入境的境外机动车的道路交通安全实施统一管理。

第一百二十三条 省、自治区、直辖市人民代表大会常务委员会可以根据本地区的实际情况，在本法规定的罚款幅度内，规定具体的执行标准。

第一百二十四条 本法自2004年5月1日起施行。

中华人民共和国道路交通安全法实施条例

（2004年4月30日国务院令第405号公布 根据2017年10月7日国务院令第687号《国务院关于修改部分行政法规的决定》修订）

第一章 总　则

第一条 根据《中华人民共和国道路交通安全法》（以下简称道路交通安全法）的规定，制定本条例。

第二条 中华人民共和国境内的车辆驾驶人、行人、乘车人以及与道路交通活动有关的单位和个人，应当遵守道路交通安全法和本条例。

第三条 县级以上地方各级人民政府应当建立、健全道路交通安全工作协调机制，组织有关部门对城市建设项目进行交通影响评价，制定道路交通安全管理规划，确定管理目标，制定实施方案。

第二章 车辆和驾驶人

第一节 机动车

第四条 机动车的登记，分为注册登记、变更登记、转移登记、抵押登记和注销登记。

第五条 初次申领机动车号牌、行驶证的，应当向机动车所有人住所地的公安机关交通管理部门申请注册登记。申请机动车注册登记，应当交验机动车，并提交以下证明、凭证：

（一）机动车所有人的身份证明；

（二）购车发票等机动车来历证明；

（三）机动车整车出厂合格证明或者进口机动车进口凭证；

（四）车辆购置税完税证明或者免税凭证；

（五）机动车第三者责任强制保险凭证；

（六）法律、行政法规规定应当在机动车注册登记时提交的其他证明、凭证。

不属于国务院机动车产品主管部门规定免予安全技术检验的车型的，还应当提供机动车安全技术检验合格证明。

第六条 已注册登记的机动车有下列情形之一的，机动车所有人应当向登记该机动车的公安机关交通管理部门申请变更登记：

（一）改变机动车车身颜色的；

（二）更换发动机的；

（三）更换车身或者车架的；

（四）因质量有问题，制造厂更换整车的；

（五）营运机动车改为非营运机动车或者非营运机动车改为营运机动车的；

（六）机动车所有人的住所迁出或者迁入公安机关交通管理部门管辖区域的。

申请机动车变更登记，应当提交下列证明、凭证，属于前款第（一）项、第（二）项、第（三）项、第（四）项、第（五）项情形之一的，还应当交验机动车；属于前款第（二）项、第（三）项情形之一的，还应当同时提交机动车安全技术检验合格证明：

（一）机动车所有人的身份证明；

（二）机动车登记证书；

（三）机动车行驶证。

机动车所有人的住所在公安机关交通管理部门管辖区域内迁移、机动车所有人的姓名（单位名称）或者联系方式变更的，应当向登记该机动车的公安机关交通管理部门备案。

第七条 已注册登记的机动车所有权发生转移的，应当及时办理转移登记。

申请机动车转移登记，当事人应当向登记该机动车的公安机关交通管理部门交验机动车，并提交以下证明、凭证：

（一）当事人的身份证明；

（二）机动车所有权转移的证明、凭证；

（三）机动车登记证书；

（四）机动车行驶证。

第八条 机动车所有人将机动车作为抵押物抵押的，机动车所有人应当向登记该机动车的公安机关交通管理部门申请抵押登记。

第九条 已注册登记的机动车达到国家规定的强制报废标准的，公安机关交通管理部门应当在报废期满的2个月前通知机动车所有人办理注销登记。机动车所有人应当在报废期满前将机动车交售给机动车回收企业，由机动车回收企业将报废的机动车登记证书、号牌、行驶证交公安机关交通管理部门注销。机动车所有人逾期不办理注销登记的，公安机关交通管理部门应当公告该机动车登记证书、号牌、行驶证作废。

因机动车灭失申请注销登记的，机动车所有人应当向公安机关交通管理部门提交本人身份证明，交回机动车登记证书。

第十条 办理机动车登记的申请人提交的证明、凭证齐全、有效的，公安机关交通管理部门应当当场办理登记手续。

人民法院、人民检察院以及行政执法部门依法查封、扣押的机动车，公安机关交通管理部门不予办理机动车登记。

第十一条 机动车登记证书、号牌、行驶证丢失或者损毁，机动车所有人申请补发的，应当向公安机关交通管理部门提交本人身份证明和申请材料。公安机关交通管理部门经与机动车登记档案核实后，在收到申请之日起15日内补发。

第十二条 税务部门、保险机构可以在公安机关交通管理部门的办公场所集中办理与机动车有关的税费缴纳、保险合同订立等事项。

第十三条 机动车号牌应当悬挂在车前、车后指定位置，保持清晰、完整。重型、中型载货汽车及其挂车、拖拉机及其挂车的车身或者车厢后部应当喷涂放大的牌号，字样应当端正并保持清晰。

机动车检验合格标志、保险标志应当粘贴在机动车前窗右上角。

机动车喷涂、粘贴标识或者车身广告的，不得影响安全驾驶。

第十四条 用于公路营运的载客汽车、重型载货汽车、半挂牵引车应当安装、使用符合国家标准的行驶记录仪。交通警察可以对机动车行驶速度、连续驾驶时间以及其他行驶状态信息进行检查。安装行驶记录仪可以分步实施，实施步骤由国务院机动车产品主管部门会同有关部门规定。

第十五条 机动车安全技术检验由机动车安全技术检验机构实施。机动车安全技术检验机构应当按照国家机动车安全技术检验标准对机动车进行检验，对检验结果承担法律责任。

质量技术监督部门负责对机动车安全技术检验机构实行资格管理和计量认证管理，对机动车安全技术检验设备进行检定，对执行国家机动车安全技术检验标准的情况进行监督。

机动车安全技术检验项目由国务院公安部门会同国务院质量技术监督部门规定。

第十六条 机动车应当从注册登记之日起，按照下列期限进行安全技术检验：

（一）营运载客汽车5年以内每年检验1次；超过5年的，每6个月检验1次；

（二）载货汽车和大型、中型非营运载客汽车10年以内每年检验1次；超过10年的，每6个月检验1次；

（三）小型、微型非营运载客汽车6年以内每2年检验1次；超过6年的，每年检验1次；超过15年的，每6个月检验1次；

（四）摩托车4年以内每2年检验1次；超过4年的，每年检验1次；

（五）拖拉机和其他机动车每年检验1次。

营运机动车在规定检验期限内经安全技术检验合格的，不再重复进行安全技术检验。

第十七条 已注册登记的机动车进行安全技术检验时，机动车行驶证记载的登记内容与该机动车的有关情况不符，或者未按照规定提供机动车第三者责任强制保险凭证的，不予通过检验。

第十八条 警车、消防车、救护车、工程救险车标志图案的喷涂以及警报器、标志灯具的安装、使用规定，由国务院公安部门制定。

第二节 机动车驾驶人

第十九条 符合国务院公安部门规定的驾驶许可条件的人，可以向公安机关交通管理部门申请机动车驾驶证。

机动车驾驶证由国务院公安部门规定式样并监制。

第二十条 学习机动车驾驶，应当先学习道路交通安全法律、法规和相关知识，考试合格后，再学习机动车驾驶技能。

在道路上学习驾驶，应当按照公安机关交通管理部门指定的路线、时间进行。在道路上学习机动车驾驶技能应当使用教练车，在教练员随车指导下进行，与教学无关的人员不得乘坐教练车。学员在学习驾驶中有道路交通安全违法行为或者造成交通事故的，由教练员承担责任。

第二十一条　公安机关交通管理部门应当对申请机动车驾驶证的人进行考试，对考试合格的，在5日内核发机动车驾驶证；对考试不合格的，书面说明理由。

第二十二条　机动车驾驶证的有效期为6年，本条例另有规定的除外。

机动车驾驶人初次申领机动车驾驶证后的12个月为实习期。在实习期内驾驶机动车的，应当在车身后部粘贴或者悬挂统一式样的实习标志。

机动车驾驶人在实习期内不得驾驶公共汽车、营运客车或者执行任务的警车、消防车、救护车、工程救险车以及载有爆炸物品、易燃易爆化学物品、剧毒或者放射性等危险物品的机动车；驾驶的机动车不得牵引挂车。

第二十三条　公安机关交通管理部门对机动车驾驶人的道路交通安全违法行为除给予行政处罚外，实行道路交通安全违法行为累积记分（以下简称记分）制度，记分周期为12个月。对在一个记分周期内记分达到12分的，由公安机关交通管理部门扣留其机动车驾驶证，该机动车驾驶人应当按照规定参加道路交通安全法律、法规的学习并接受考试。考试合格的，记分予以清除，发还机动车驾驶证；考试不合格的，继续参加学习和考试。

应当给予记分的道路交通安全违法行为及其分值，由国务院公安部门根据道路交通安全违法行为的危害程度规定。

公安机关交通管理部门应当提供记分查询方式供机动车驾驶人查询。

第二十四条　机动车驾驶人在一个记分周期内记分未达到12分，所处罚款已经缴纳的，记分予以清除；记分虽未达到12分，但尚有罚款未缴纳的，记分转入下一记分周期。

机动车驾驶人在一个记分周期内记分2次以上达到12分的，除按照第二十三条的规定扣留驾驶证、参加学习、接受考试外，还应当接受驾驶技能考试。考试合格的，记分予以清除，发还机动车驾驶证；考试不合格的，继续参加学习和考试。

接受驾驶技能考试的，按照本人机动车驾驶证载明的最高准驾车型考试。

第二十五条　机动车驾驶人记分达到12分，拒不参加公安机关交通管理部门通知的学习，也不接受考试的，由公安机关交通管理部门公告其机动车驾驶证停止使用。

第二十六条　机动车驾驶人在机动车驾驶证的6年有效期内，每个记分周期均未达到12分的，换发10年有效期的机动车驾驶证；在机动车驾驶证的10年有效期内，每个记分周期均未达到12分的，换发长期有效的机动车驾驶证。

换发机动车驾驶证时，公安机关交通管理部门应当对机动车驾驶证进行审验。

第二十七条　机动车驾驶证丢失、损毁，机动车驾驶人申请补发的，应当向公安机关交通管理部门提交本人身份证明和申请材料。公安机关交通管理部门经与机动车驾驶证档案核实后，在收到申请之日起3日内补发。

第二十八条　机动车驾驶人在机动车驾驶证丢失、损毁、超过有效期或者被依法扣留、暂扣期间以及记分达到12分的，不得驾驶机动车。

第三章　道路通行条件

第二十九条　交通信号灯分为：机动车信号灯、非机动车信号灯、人行横道信号灯、车道信号灯、方向指示信号灯、闪光警告信号灯、道路与铁路平面交叉道口信号灯。

第三十条　交通标志分为：指示标志、警告标志、禁令标志、指路标志、旅游区标志、道路施工安全标志和辅助标志。

道路交通标线分为：指示标线、警告标线、禁止标线。

第三十一条　交通警察的指挥分为：手势信号和使用器具的交通指挥信号。

第三十二条　道路交叉路口和行人横过道路较为集中的路段应当设置人行横道、过街天桥或者过街地下通道。

在盲人通行较为集中的路段，人行横道信号灯应当设置声响提示装置。

第三十三条　城市人民政府有关部门可以在不影响行人、车辆通行的情况下，在城市道路上施划停车泊位，并规定停车泊位的使用时间。

第三十四条　开辟或者调整公共汽车、长途汽车的行驶路线或者车站，应当符合交通规划和安全、畅通的要求。

第三十五条　道路养护施工单位在道路上进行养

护、维修时，应当按照规定设置规范的安全警示标志和安全防护设施。道路养护施工作业车辆、机械应当安装示警灯，喷涂明显的标志图案，作业时应当开启示警灯和危险报警闪光灯。对未中断交通的施工作业道路，公安机关交通管理部门应当加强交通安全监督检查。发生交通阻塞时，及时做好分流、疏导，维护交通秩序。

道路施工需要车辆绕行的，施工单位应当在绕行处设置标志；不能绕行的，应当修建临时通道，保证车辆和行人通行。需要封闭道路中断交通的，除紧急情况外，应当提前5日向社会公告。

第三十六条 道路或者交通设施养护部门、管理部门应当在急弯、陡坡、临崖、临水等危险路段，按照国家标准设置警告标志和安全防护设施。

第三十七条 道路交通标志、标线不规范，机动车驾驶人容易发生辨认错误的，交通标志、标线的主管部门应当及时予以改善。

道路照明设施应当符合道路建设技术规范，保持照明功能完好。

第四章 道路通行规定

第一节 一般规定

第三十八条 机动车信号灯和非机动车信号灯表示：

（一）绿灯亮时，准许车辆通行，但转弯的车辆不得妨碍被放行的直行车辆、行人通行；

（二）黄灯亮时，已越过停止线的车辆可以继续通行；

（三）红灯亮时，禁止车辆通行。

在未设置非机动车信号灯和人行横道信号灯的路口，非机动车和行人应当按照机动车信号灯的表示通行。

红灯亮时，右转弯的车辆在不妨碍被放行的车辆、行人通行的情况下，可以通行。

第三十九条 人行横道信号灯表示：

（一）绿灯亮时，准许行人通过人行横道；

（二）红灯亮时，禁止行人进入人行横道，但是已经进入人行横道的，可以继续通过或者在道路中心线处停留等候。

第四十条 车道信号灯表示：

（一）绿色箭头灯亮时，准许本车道车辆按指示方向通行；

（二）红色叉形灯或者箭头灯亮时，禁止本车道车辆通行。

第四十一条 方向指示信号灯的箭头方向向左、向上、向右分别表示左转、直行、右转。

第四十二条 闪光警告信号灯为持续闪烁的黄灯，提示车辆、行人通行时注意瞭望，确认安全后通过。

第四十三条 道路与铁路平面交叉道口有两个红灯交替闪烁或者一个红灯亮时，表示禁止车辆、行人通行；红灯熄灭时，表示允许车辆、行人通行。

第二节 机动车通行规定

第四十四条 在道路同方向划有2条以上机动车道的，左侧为快速车道，右侧为慢速车道。在快速车道行驶的机动车应当按照快速车道规定的速度行驶，未达到快速车道规定的行驶速度的，应当在慢速车道行驶。摩托车应当在最右侧车道行驶。有交通标志标明行驶速度的，按照标明的行驶速度行驶。慢速车道内的机动车超越前车时，可以借用快速车道行驶。

在道路同方向划有2条以上机动车道的，变更车道的机动车不得影响相关车道内行驶的机动车的正常行驶。

第四十五条 机动车在道路上行驶不得超过限速标志、标线标明的速度。在没有限速标志、标线的道路上，机动车不得超过下列最高行驶速度：

（一）没有道路中心线的道路，城市道路为每小时30公里，公路为每小时40公里；

（二）同方向只有1条机动车道的道路，城市道路为每小时50公里，公路为每小时70公里。

第四十六条 机动车行驶中遇有下列情形之一的，最高行驶速度不得超过每小时30公里，其中拖拉机、电瓶车、轮式专用机械车不得超过每小时15公里：

（一）进出非机动车道，通过铁路道口、急弯路、窄路、窄桥时；

（二）掉头、转弯、下陡坡时；

（三）遇雾、雨、雪、沙尘、冰雹，能见度在50米以内时；

（四）在冰雪、泥泞的道路上行驶时；

（五）牵引发生故障的机动车时。

第四十七条 机动车超车时，应当提前开启左转向灯、变换使用远、近光灯或者鸣喇叭。在没有道路中心线或者同方向只有1条机动车道的道路上，前车遇后车发出超车信号时，在条件许可的情况下，应当降低速度、靠右让路。后车应当在确认有充足的安全距离后，从前车的左侧超越，在与被超车辆拉开必要的安全距离后，开启右转向灯，驶回原车道。

第四十八条 在没有中心隔离设施或者没有中心线的道路上，机动车遇相对方向来车时应当遵守下列规定：

（一）减速靠右行驶，并与其他车辆、行人保持必要的安全距离；

（二）在有障碍的路段，无障碍的一方先行；但有障碍的一方已驶入障碍路段而无障碍的一方未驶入时，有障碍的一方先行；

（三）在狭窄的坡路，上坡的一方先行；但下坡的一方已行至中途而上坡的一方未上坡时，下坡的一方先行；

（四）在狭窄的山路，不靠山体的一方先行；

（五）夜间会车应当在距相对方向来车150米以外改用近光灯，在窄路、窄桥与非机动车会车时应当使用近光灯。

第四十九条 机动车在有禁止掉头或者禁止左转弯标志、标线的地点以及在铁路道口、人行横道、桥梁、急弯、陡坡、隧道或者容易发生危险的路段，不得掉头。

机动车在没有禁止掉头或者没有禁止左转弯标志、标线的地点可以掉头，但不得妨碍正常行驶的其他车辆和行人的通行。

第五十条 机动车倒车时，应当察明车后情况，确认安全后倒车。不得在铁路道口、交叉路口、单行路、桥梁、急弯、陡坡或者隧道中倒车。

第五十一条 机动车通过有交通信号灯控制的交叉路口，应当按照下列规定通行：

（一）在划有导向车道的路口，按所需行进方向驶入导向车道；

（二）准备进入环形路口的让已在路口内的机动车先行；

（三）向左转弯时，靠路口中心点左侧转弯。转弯时开启转向灯，夜间行驶开启近光灯；

（四）遇放行信号时，依次通过；

（五）遇停止信号时，依次停在停止线以外。没有停止线的，停在路口以外；

（六）向右转弯遇有同车道前车正在等候放行信号时，依次停车等候；

（七）在没有方向指示信号灯的交叉路口，转弯的机动车让直行的车辆、行人先行。相对方向行驶的右转弯机动车让左转弯车辆先行。

第五十二条 机动车通过没有交通信号灯控制也没有交通警察指挥的交叉路口，除应当遵守第五十一条第（二）项、第（三）项的规定外，还应当遵守下列规定：

（一）有交通标志、标线控制的，让优先通行的一方先行；

（二）没有交通标志、标线控制的，在进入路口前停车瞭望，让右方道路的来车先行；

（三）转弯的机动车让直行的车辆先行；

（四）相对方向行驶的右转弯的机动车让左转弯的车辆先行。

第五十三条 机动车遇有前方交叉路口交通阻塞时，应当依次停在路口以外等候，不得进入路口。

机动车在遇有前方机动车停车排队等候或者缓慢行驶时，应当依次排队，不得从前方车辆两侧穿插或者超越行驶，不得在人行横道、网状线区域内停车等候。

机动车在车道减少的路口、路段，遇前方机动车停车排队等候或者缓慢行驶的，应当每车道一辆依次交替驶入车道减少后的路口、路段。

第五十四条 机动车载物不得超过机动车行驶证上核定的载质量，装载长度、宽度不得超出车厢，并应当遵守下列规定：

（一）重型、中型载货汽车，半挂车载物，高度从地面起不得超过4米，载运集装箱的车辆不得超过4.2米；

（二）其他载货的机动车载物，高度从地面起不得超过2.5米；

（三）摩托车载物，高度从地面起不得超过1.5米，长度不得超出车身0.2米。两轮摩托车载物宽度左右各不得超出车把0.15米；三轮摩托车载物宽度不得超过车身。

载客汽车除车身外部的行李架和内置的行李箱外，不得载货。载客汽车行李架载货，从车顶起高度不得超过0.5米，从地面起高度不得超过4米。

第五十五条 机动车载人应当遵守下列规定：

（一）公路客运汽车不得超过核定的载客人数，但按照规定免票的儿童除外，在载客人数已满的情况下，按照规定免票的儿童不得超过核定载客人数的10%；

（二）载货汽车车厢不得载客。在城市道路上，货运机动车在留有安全位置的情况下，车厢内可以附载临时作业人员1人至5人；载物高度超过车厢栏板时，货物上不得载人；

（三）摩托车后座不得乘坐未满12周岁的未成年人，轻便摩托车不得载人。

第五十六条 机动车牵引挂车应当符合下列规定：

（一）载货汽车、半挂牵引车、拖拉机只允许牵引 1 辆挂车。挂车的灯光信号、制动、连接、安全防护等装置应当符合国家标准；

（二）小型载客汽车只允许牵引旅居挂车或者总质量 700 千克以下的挂车。挂车不得载人；

（三）载货汽车所牵引挂车的载质量不得超过载货汽车本身的载质量。

大型、中型载客汽车，低速载货汽车，三轮汽车以及其他机动车不得牵引挂车。

第五十七条　机动车应当按照下列规定使用转向灯：

（一）向左转弯、向左变更车道、准备超车、驶离停车地点或者掉头时，应当提前开启左转向灯；

（二）向右转弯、向右变更车道、超车完毕驶回原车道、靠路边停车时，应当提前开启右转向灯。

第五十八条　机动车在夜间没有路灯、照明不良或者遇有雾、雨、雪、沙尘、冰雹等低能见度情况下行驶时，应当开启前照灯、示廓灯和后位灯，但同方向行驶的后车与前车近距离行驶时，不得使用远光灯。机动车雾天行驶应当开启雾灯和危险报警闪光灯。

第五十九条　机动车在夜间通过急弯、坡路、拱桥、人行横道或者没有交通信号灯控制的路口时，应当交替使用远近光灯示意。

机动车驶近急弯、坡道顶端等影响安全视距的路段以及超车或者遇有紧急情况时，应当减速慢行，并鸣喇叭示意。

第六十条　机动车在道路上发生故障或者发生交通事故，妨碍交通又难以移动的，应当按照规定开启危险报警闪光灯并在车后 50 米至 100 米处设置警告标志，夜间还应当同时开启示廓灯和后位灯。

第六十一条　牵引故障机动车应当遵守下列规定：

（一）被牵引的机动车除驾驶人外不得载人，不得拖带挂车；

（二）被牵引的机动车宽度不得大于牵引机动车的宽度；

（三）使用软连接牵引装置时，牵引车与被牵引车之间的距离应当大于 4 米小于 10 米；

（四）对制动失效的被牵引车，应当使用硬连接牵引装置牵引；

（五）牵引车和被牵引车均应当开启危险报警闪光灯。

汽车吊车和轮式专用机械车不得牵引车辆。摩托车不得牵引车辆或者被其他车辆牵引。

转向或者照明、信号装置失效的故障机动车，应当使用专用清障车拖曳。

第六十二条　驾驶机动车不得有下列行为：

（一）在车门、车厢没有关好时行车；

（二）在机动车驾驶室的前后窗范围内悬挂、放置妨碍驾驶人视线的物品；

（三）拨打接听手持电话、观看电视等妨碍安全驾驶的行为；

（四）下陡坡时熄火或者空挡滑行；

（五）向道路上抛撒物品；

（六）驾驶摩托车手离车把或者在车把上悬挂物品；

（七）连续驾驶机动车超过 4 小时未停车休息或者停车休息时间少于 20 分钟；

（八）在禁止鸣喇叭的区域或者路段鸣喇叭。

第六十三条　机动车在道路上临时停车，应当遵守下列规定：

（一）在设有禁停标志、标线的路段，在机动车道与非机动车道、人行道之间设有隔离设施的路段以及人行横道、施工地段，不得停车；

（二）交叉路口、铁路道口、急弯路、宽度不足 4 米的窄路、桥梁、陡坡、隧道以及距离上述地点 50 米以内的路段，不得停车；

（三）公共汽车站、急救站、加油站、消防栓或者消防队（站）门前以及距离上述地点 30 米以内的路段，除使用上述设施的以外，不得停车；

（四）车辆停稳前不得开车门和上下人员，开关车门不得妨碍其他车辆和行人通行；

（五）路边停车应当紧靠道路右侧，机动车驾驶人不得离车，上下人员或者装卸物品后，立即驶离；

（六）城市公共汽车不得在站点以外的路段停车上下乘客。

第六十四条　机动车行经漫水路或者漫水桥时，应当停车察明水情，确认安全后，低速通过。

第六十五条　机动车载运超限物品行经铁路道口的，应当按照当地铁路部门指定的铁路道口、时间通过。

机动车行经渡口，应当服从渡口管理人员指挥，按照指定地点依次待渡。机动车上下渡船时，应当低速慢行。

第六十六条　警车、消防车、救护车、工程救险车在执行紧急任务遇交通受阻时，可以断续使用警报器，并遵守下列规定：

（一）不得在禁止使用警报器的区域或者路段使用警报器；

（二）夜间在市区不得使用警报器；

（三）列队行驶时，前车已经使用警报器的，后车不再使用警报器。

第六十七条 在单位院内、居民居住区内，机动车应当低速行驶，避让行人；有限速标志的，按照限速标志行驶。

第三节 非机动车通行规定

第六十八条 非机动车通过有交通信号灯控制的交叉路口，应当按照下列规定通行：

（一）转弯的非机动车让直行的车辆、行人优先通行；

（二）遇有前方路口交通阻塞时，不得进入路口；

（三）向左转弯时，靠路口中心点的右侧转弯；

（四）遇有停止信号时，应当依次停在路口停止线以外。没有停止线的，停在路口以外；

（五）向右转弯遇有同方向前车正在等候放行信号时，在本车道内能够转弯的，可以通行；不能转弯的，依次等候。

第六十九条 非机动车通过没有交通信号灯控制也没有交通警察指挥的交叉路口，除应当遵守第六十八条第（一）项、第（二）项和第（三）项的规定外，还应当遵守下列规定：

（一）有交通标志、标线控制的，让优先通行的一方先行；

（二）没有交通标志、标线控制的，在路口外慢行或者停车瞭望，让右方道路的来车先行；

（三）相对方向行驶的右转弯的非机动车让左转弯的车辆先行。

第七十条 驾驶自行车、电动自行车、三轮车在路段上横过机动车道，应当下车推行，有人行横道或者人行过街设施的，应当从人行横道或者人行过街设施通过；没有人行横道、没有人行过街设施或者不便使用人行过街设施的，在确认安全后直行通过。

因非机动车道被占用无法在本车道内行驶的非机动车，可以在受阻的路段借用相邻的机动车道行驶，并在驶过被占用路段后迅速驶回非机动车道。机动车遇此情况应当减速让行。

第七十一条 非机动车载物，应当遵守下列规定：

（一）自行车、电动自行车、残疾人机动轮椅车载物，高度从地面起不得超过1.5米，宽度左右各不得超出车把0.15米，长度前端不得超出车轮，后端不得超出车身0.3米；

（二）三轮车、人力车载物，高度从地面起不得超过2米，宽度左右各不得超出车身0.2米，长度不得超出车身1米；

（三）畜力车载物，高度从地面起不得超过2.5米，宽度左右各不得超出车身0.2米，长度前端不得超出车辕，后端不得超出车身1米。

自行车载人的规定，由省、自治区、直辖市人民政府根据当地实际情况制定。

第七十二条 在道路上驾驶自行车、三轮车、电动自行车、残疾人机动轮椅车应当遵守下列规定：

（一）驾驶自行车、三轮车必须年满12周岁；

（二）驾驶电动自行车和残疾人机动轮椅车必须年满16周岁；

（三）不得醉酒驾驶；

（四）转弯前应当减速慢行，伸手示意，不得突然猛拐，超越前车时不得妨碍被超越的车辆行驶；

（五）不得牵引、攀扶车辆或者被其他车辆牵引，不得双手离把或者手中持物；

（六）不得扶身并行、互相追逐或者曲折竞驶；

（七）不得在道路上骑独轮自行车或者2人以上骑行的自行车；

（八）非下肢残疾的人不得驾驶残疾人机动轮椅车；

（九）自行车、三轮车不得加装动力装置；

（十）不得在道路上学习驾驶非机动车。

第七十三条 在道路上驾驭畜力车应当年满16周岁，并遵守下列规定：

（一）不得醉酒驾驭；

（二）不得并行，驾驭人不得离开车辆；

（三）行经繁华路段、交叉路口、铁路道口、人行横道、急弯路、宽度不足4米的窄路或者窄桥、陡坡、隧道或者容易发生危险的路段，不得超车。驾驭两轮畜力车应当下车牵引牲畜；

（四）不得使用未经驯服的牲畜驾车，随车幼畜须拴系；

（五）停放车辆应当拉紧车闸，拴系牲畜。

第四节 行人和乘车人通行规定

第七十四条 行人不得有下列行为：

（一）在道路上使用滑板、旱冰鞋等滑行工具；

（二）在车行道内坐卧、停留、嬉闹；

（三）追车、抛物击车等妨碍道路交通安全的行为。

第七十五条 行人横过机动车道，应当从人行过街设施通过；没有人行过街设施的，应当从人行横道通过；没有人行横道的，应当观察来往车辆的情况，确认安全后直行通过，不得在车辆临近时突然加速横穿或者中途倒退、折返。

第七十六条 行人列队在道路上通行，每横列不得超过2人，但在已经实行交通管制的路段不受限制。

第七十七条 乘坐机动车应当遵守下列规定：

（一）不得在机动车道上拦乘机动车；

（二）在机动车道上不得从机动车左侧上下车；

（三）开关车门不得妨碍其他车辆和行人通行；

（四）机动车行驶中，不得干扰驾驶，不得将身体任何部分伸出车外，不得跳车；

（五）乘坐两轮摩托车应当正向骑坐。

第五节 高速公路的特别规定

第七十八条 高速公路应当标明车道的行驶速度，最高车速不得超过每小时120公里，最低车速不得低于每小时60公里。

在高速公路上行驶的小型载客汽车最高车速不得超过每小时120公里，其他机动车不得超过每小时100公里，摩托车不得超过每小时80公里。

同方向有2条车道的，左侧车道的最低车速为每小时100公里；同方向有3条以上车道的，最左侧车道的最低车速为每小时110公里，中间车道的最低车速为每小时90公里。道路限速标志标明的车速与上述车道行驶车速的规定不一致的，按照道路限速标志标明的车速行驶。

第七十九条 机动车从匝道驶入高速公路，应当开启左转向灯，在不妨碍已在高速公路内的机动车正常行驶的情况下驶入车道。

机动车驶离高速公路时，应当开启右转向灯，驶入减速车道，降低车速后驶离。

第八十条 机动车在高速公路上行驶，车速超过每小时100公里时，应当与同车道前车保持100米以上的距离，车速低于每小时100公里时，与同车道前车距离可以适当缩短，但最小距离不得少于50米。

第八十一条 机动车在高速公路上行驶，遇有雾、雨、雪、沙尘、冰雹等低能见度气象条件时，应当遵守下列规定：

（一）能见度小于200米时，开启雾灯、近光灯、示廓灯和前后位灯，车速不得超过每小时60公里，与同车道前车保持100米以上的距离；

（二）能见度小于100米时，开启雾灯、近光灯、示廓灯、前后位灯和危险报警闪光灯，车速不得超过每小时40公里，与同车道前车保持50米以上的距离；

（三）能见度小于50米时，开启雾灯、近光灯、示廓灯、前后位灯和危险报警闪光灯，车速不得超过每小时20公里，并从最近的出口尽快驶离高速公路。

遇有前款规定情形时，高速公路管理部门应当通过显示屏等方式发布速度限制、保持车距等提示信息。

第八十二条 机动车在高速公路上行驶，不得有下列行为：

（一）倒车、逆行、穿越中央分隔带掉头或者在车道内停车；

（二）在匝道、加速车道或者减速车道上超车；

（三）骑、轧车行道分界线或者在路肩上行驶；

（四）非紧急情况时在应急车道行驶或者停车；

（五）试车或者学习驾驶机动车。

第八十三条 在高速公路上行驶的载货汽车车厢不得载人。两轮摩托车在高速公路行驶时不得载人。

第八十四条 机动车通过施工作业路段时，应当注意警示标志，减速行驶。

第八十五条 城市快速路的道路交通安全管理，参照本节的规定执行。

高速公路、城市快速路的道路交通安全管理工作，省、自治区、直辖市人民政府公安机关交通管理部门可以指定设区的市人民政府公安机关交通管理部门或者相当于同级的公安机关交通管理部门承担。

第五章 交通事故处理

第八十六条 机动车与机动车、机动车与非机动车在道路上发生未造成人身伤亡的交通事故，当事人对事实及成因无争议的，在记录交通事故的时间、地点、对方当事人的姓名和联系方式、机动车牌号、驾驶证号、保险凭证号、碰撞部位，并共同签名后，撤离现场，自行协商损害赔偿事宜。当事人对交通事故事实及成因有争议的，应当迅速报警。

第八十七条 非机动车与非机动车或者行人在道路上发生交通事故，未造成人身伤亡，且基本事实及成因清楚的，当事人应当先撤离现场，再自行协商处理损害赔偿事宜。当事人对交通事故事实及成因有争议的，应当迅速报警。

第八十八条 机动车发生交通事故，造成道路、供电、通信等设施损毁的，驾驶人应当报警等候处理，不得驶离。机动车可以移动的，应当将机动车移至不妨碍交通的地点。公安机关交通管理部门应当将事故有关情况通知有关部门。

第八十九条 公安机关交通管理部门或者交通警察接到交通事故报警，应当及时赶赴现场，对未造成人身伤亡，事实清楚，并且机动车可以移动的，应当在记录事故情况后责令当事人撤离现场，恢复交通。

对拒不撤离现场的，予以强制撤离。

对属于前款规定情况的道路交通事故，交通警察可以适用简易程序处理，并当场出具事故认定书。当事人共同请求调解的，交通警察可以当场对损害赔偿争议进行调解。

对道路交通事故造成人员伤亡和财产损失需要勘验、检查现场的，公安机关交通管理部门应当按照勘查现场工作规范进行。现场勘查完毕，应当组织清理现场，恢复交通。

第九十条 投保机动车第三者责任强制保险的机动车发生交通事故，因抢救受伤人员需要保险公司支付抢救费用的，由公安机关交通管理部门通知保险公司。

抢救受伤人员需要道路交通事故救助基金垫付费用的，由公安机关交通管理部门通知道路交通事故社会救助基金管理机构。

第九十一条 公安机关交通管理部门应当根据交通事故当事人的行为对发生交通事故所起的作用以及过错的严重程度，确定当事人的责任。

第九十二条 发生交通事故后当事人逃逸的，逃逸的当事人承担全部责任。但是，有证据证明对方当事人也有过错的，可以减轻责任。

当事人故意破坏、伪造现场、毁灭证据的，承担全部责任。

第九十三条 公安机关交通管理部门对经过勘验、检查现场的交通事故应当在勘查现场之日起10日内制作交通事故认定书。对需要进行检验、鉴定的，应当在检验、鉴定结果确定之日起5日内制作交通事故认定书。

第九十四条 当事人对交通事故损害赔偿有争议，各方当事人一致请求公安机关交通管理部门调解的，应当在收到交通事故认定书之日起10日内提出书面调解申请。

对交通事故致死的，调解从办理丧葬事宜结束之日起开始；对交通事故致伤的，调解从治疗终结或者定残之日起开始；对交通事故造成财产损失的，调解从确定损失之日起开始。

第九十五条 公安机关交通管理部门调解交通事故损害赔偿争议的期限为10日。调解达成协议的，公安机关交通管理部门应当制作调解书送交各方当事人，调解书经各方当事人共同签字后生效；调解未达成协议的，公安机关交通管理部门应当制作调解终结书送交各方当事人。

交通事故损害赔偿项目和标准依照有关法律的规定执行。

第九十六条 对交通事故损害赔偿的争议，当事人向人民法院提起民事诉讼的，公安机关交通管理部门不再受理调解申请。

公安机关交通管理部门调解期间，当事人向人民法院提起民事诉讼的，调解终止。

第九十七条 车辆在道路以外发生交通事故，公安机关交通管理部门接到报案的，参照道路交通安全法和本条例的规定处理。

车辆、行人与火车发生的交通事故以及在渡口发生的交通事故，依照国家有关规定处理。

第六章 执法监督

第九十八条 公安机关交通管理部门应当公开办事制度、办事程序，建立警风警纪监督员制度，自觉接受社会和群众的监督。

第九十九条 公安机关交通管理部门及其交通警察办理机动车登记，发放号牌，对驾驶人考试、发证，处理道路交通安全违法行为，处理道路交通事故，应当严格遵守有关规定，不得越权执法，不得延迟履行职责，不得擅自改变处罚的种类和幅度。

第一百条 公安机关交通管理部门应当公布举报电话，受理群众举报投诉，并及时调查核实，反馈查处结果。

第一百零一条 公安机关交通管理部门应当建立执法质量考核评议、执法责任制和执法过错追究制度，防止和纠正道路交通安全执法中的错误或者不当行为。

第七章 法律责任

第一百零二条 违反本条例规定的行为，依照道路交通安全法和本条例的规定处罚。

第一百零三条 以欺骗、贿赂等不正当手段取得机动车登记或者驾驶许可的，收缴机动车登记证书、号牌、行驶证或者机动车驾驶证，撤销机动车登记或者机动车驾驶许可；申请人在3年内不得申请机动车登记或者机动车驾驶许可。

第一百零四条 机动车驾驶人有下列行为之一，又无其他机动车驾驶人即时替代驾驶的，公安机关交通管理部门除依法给予处罚外，可以将其驾驶的机动车移至不妨碍交通的地点或者有关部门指定的地点停放：

（一）不能出示本人有效驾驶证的；

（二）驾驶的机动车与驾驶证载明的准驾车型不符的；

（三）饮酒、服用国家管制的精神药品或者麻醉药品、患有妨碍安全驾驶的疾病，或者过度疲劳仍继续驾驶的；

（四）学习驾驶人员没有教练人员随车指导单独驾驶的。

第一百零五条 机动车驾驶人有饮酒、醉酒、服用国家管制的精神药品或者麻醉药品嫌疑的，应当接受测试、检验。

第一百零六条 公路客运载客汽车超过核定乘员、载货汽车超过核定载质量的，公安机关交通管理部门依法扣留机动车后，驾驶人应当将超载的乘车人转运、将超载的货物卸载，费用由超载机动车的驾驶人或者所有人承担。

第一百零七条 依照道路交通安全法第九十二条、第九十五条、第九十六条、第九十八条的规定被扣留的机动车，驾驶人或者所有人、管理人30日内没有提供被扣留机动车的合法证明，没有补办相应手续，或者不前来接受处理，经公安机关交通管理部门通知并且经公告3个月仍不前来接受处理的，由公安机关交通管理部门将该机动车送交有资格的拍卖机构拍卖，所得价款上缴国库；非法拼装的机动车予以拆除；达到报废标准的机动车予以报废；机动车涉及其他违法犯罪行为的，移交有关部门处理。

第一百零八条 交通警察按照简易程序当场作出行政处罚的，应当告知当事人道路交通安全违法行为的事实、处罚的理由和依据，并将行政处罚决定书当场交付被处罚人。

第一百零九条 对道路交通安全违法行为人处以罚款或者暂扣驾驶证处罚的，由违法行为发生地的县级以上人民政府公安机关交通管理部门或者相当于同级的公安机关交通管理部门作出决定；对处以吊销机动车驾驶证处罚的，由设区的市人民政府公安机关交通管理部门或者相当于同级的公安机关交通管理部门作出决定。

公安机关交通管理部门对非本辖区机动车的道路交通安全违法行为没有当场处罚的，可以由机动车登记地的公安机关交通管理部门处罚。

第一百一十条 当事人对公安机关交通管理部门及其交通警察的处罚有权进行陈述和申辩，交通警察应当充分听取当事人的陈述和申辩，不得因当事人陈述、申辩而加重其处罚。

第八章 附 则

第一百一十一条 本条例所称上道路行驶的拖拉机，是指手扶拖拉机等最高设计行驶速度不超过每小时20公里的轮式拖拉机和最高设计行驶速度不超过每小时40公里、牵引挂车方可从事道路运输的轮式拖拉机。

第一百一十二条 农业（农业机械）主管部门应当定期向公安机关交通管理部门提供拖拉机登记、安全技术检验以及拖拉机驾驶证发放的资料、数据。公安机关交通管理部门对拖拉机驾驶人作出暂扣、吊销驾驶证处罚或者记分处理的，应当定期将处罚决定书和记分情况通报有关的农业（农业机械）主管部门。吊销驾驶证的，还应当将驾驶证送交有关的农业（农业机械）主管部门。

第一百一十三条 境外机动车入境行驶，应当向入境地的公安机关交通管理部门申请临时通行号牌、行驶证。临时通行号牌、行驶证应当根据行驶需要，载明有效日期和允许行驶的区域。

入境的境外机动车申请临时通行号牌、行驶证以及境外人员申请机动车驾驶许可的条件、考试办法由国务院公安部门规定。

第一百一十四条 机动车驾驶许可考试的收费标准，由国务院价格主管部门规定。

第一百一十五条 本条例自2004年5月1日起施行。1960年2月11日国务院批准、交通部发布的《机动车管理办法》，1988年3月9日国务院发布的《中华人民共和国道路交通管理条例》，1991年9月22日国务院发布的《道路交通事故处理办法》，同时废止。

道路交通事故处理程序规定

（2017年7月22日公安部令第146号发布，自2018年5月1日起施行）

第一章 总 则

第一条 为了规范道路交通事故处理程序，保障公安机关交通管理部门依法履行职责，保护道路交通事故当事人的合法权益，根据《中华人民共和国道路交通安全法》及其实施条例等有关法律、行政法规，制定本规定。

第二条 处理道路交通事故，应当遵循合法、公正、公开、便民、效率的原则，尊重和保障人权，保护公民的人格尊严。

第三条 道路交通事故分为财产损失事故、伤人事故和死亡事故。

财产损失事故是指造成财产损失，尚未造成人员伤亡的道路交通事故。

伤人事故是指造成人员受伤，尚未造成人员死亡的道路交通事故。

死亡事故是指造成人员死亡的道路交通事故。

第四条 道路交通事故的调查处理应当由公安机关交通管理部门负责。

财产损失事故可以由当事人自行协商处理，但法律法规及本规定另有规定的除外。

第五条 交通警察经过培训并考试合格，可以处理适用简易程序的道路交通事故。

处理伤人事故，应当由具有道路交通事故处理初级以上资格的交通警察主办。

处理死亡事故，应当由具有道路交通事故处理中级以上资格的交通警察主办。

第六条 公安机关交通管理部门处理道路交通事故应当使用全国统一的交通管理信息系统。

鼓励应用先进的科技装备和先进技术处理道路交通事故。

第七条 交通警察处理道路交通事故，应当按照规定使用执法记录设备。

第八条 公安机关交通管理部门应当建立与司法机关、保险机构等有关部门间的数据信息共享机制，提高道路交通事故处理工作信息化水平。

第二章 管　辖

第九条 道路交通事故由事故发生地的县级公安机关交通管理部门管辖。未设立县级公安机关交通管理部门的，由设区的市公安机关交通管理部门管辖。

第十条 道路交通事故发生在两个以上管辖区域的，由事故起始点所在地公安机关交通管理部门管辖。

对管辖权有争议的，由共同的上一级公安机关交通管理部门指定管辖。指定管辖前，最先发现或者最先接到报警的公安机关交通管理部门应当先行处理。

第十一条 上级公安机关交通管理部门在必要的时候，可以处理下级公安机关交通管理部门管辖的道路交通事故，或者指定下级公安机关交通管理部门限时将案件移送其他下级公安机关交通管理部门处理。

案件管辖权发生转移的，处理时限从案件接收之日起计算。

第十二条 中国人民解放军、中国人民武装警察部队人员、车辆发生道路交通事故的，按照本规定处理。依法应当吊销、注销中国人民解放军、中国人民武装警察部队核发的机动车驾驶证以及对现役军人实施行政拘留或者追究刑事责任的，移送中国人民解放军、中国人民武装警察部队有关部门处理。

上道路行驶的拖拉机发生道路交通事故的，按照本规定处理。公安机关交通管理部门对拖拉机驾驶人依法暂扣、吊销、注销驾驶证或者记分处理的，应当将决定书和记分情况通报有关的农业（农业机械）主管部门。吊销、注销驾驶证的，还应当将驾驶证送交有关的农业（农业机械）主管部门。

第三章 报警和受案

第十三条 发生死亡事故、伤人事故的，或者发生财产损失事故且有下列情形之一的，当事人应当保护现场并立即报警：

（一）驾驶人无有效机动车驾驶证或者驾驶的机动车与驾驶证载明的准驾车型不符的；

（二）驾驶人有饮酒、服用国家管制的精神药品或者麻醉药品嫌疑的；

（三）驾驶人有从事校车业务或者旅客运输，严重超过额定乘员载客，或者严重超过规定时速行驶嫌疑的；

（四）机动车无号牌或者使用伪造、变造的号牌的；

（五）当事人不能自行移动车辆的；

（六）一方当事人离开现场的；

（七）有证据证明事故是由一方故意造成的。

驾驶人必须在确保安全的原则下，立即组织车上人员疏散到路外安全地点，避免发生次生事故。驾驶人已因道路交通事故死亡或者受伤无法行动的，车上其他人员应当自行组织疏散。

第十四条 发生财产损失事故且有下列情形之一，车辆可以移动的，当事人应当组织车上人员疏散到路外安全地点，在确保安全的原则下，采取现场拍照或者标划事故车辆现场位置等方式固定证据，将车辆移至不妨碍交通的地点后报警：

（一）机动车无检验合格标志或者无保险标志的；

（二）碰撞建筑物、公共设施或者其他设施的。

第十五条 载运爆炸性、易燃性、毒害性、放射性、腐蚀性、传染病病原体等危险物品车辆发生事故的，当事人应当立即报警，危险物品车辆驾驶人、押运人应当按照危险物品安全管理法律、法规、规章以及有关操作规程的规定，采取相应的应急处置措施。

第十六条 公安机关及其交通管理部门接到报警的，应当受理，制作受案登记表并记录下列内容：

（一）报警方式、时间，报警人姓名、联系方式，电话报警的，还应当记录报警电话；

（二）发生或者发现道路交通事故的时间、地点；

（三）人员伤亡情况；

（四）车辆类型、车辆号牌号码，是否载有危险物品以及危险物品的种类、是否发生泄漏等；

（五）涉嫌交通肇事逃逸的，还应当询问并记录肇事车辆的车型、颜色、特征及其逃逸方向、逃逸驾驶人的体貌特征等有关情况。

报警人不报姓名的，应当记录在案。报警人不愿意公开姓名的，应当为其保密。

第十七条　接到道路交通事故报警后，需要派员到现场处置，或者接到出警指令的，公安机关交通管理部门应当立即派交通警察赶赴现场。

第十八条　发生道路交通事故后当事人未报警，在事故现场撤除后，当事人又报警请求公安机关交通管理部门处理的，公安机关交通管理部门应当按照本规定第十六条规定的记录内容予以记录，并在三日内作出是否接受案件的决定。

经核查道路交通事故事实存在的，公安机关交通管理部门应当受理，制作受案登记表；经核查无法证明道路交通事故事实存在，或者不属于公安机关交通管理部门管辖的，应当书面告知当事人，并说明理由。

第四章　自行协商

第十九条　机动车与机动车、机动车与非机动车发生财产损失事故，当事人应当在确保安全的原则下，采取现场拍照或者标划事故车辆现场位置等方式固定证据后，立即撤离现场，将车辆移至不妨碍交通的地点，再协商处理损害赔偿事宜，但有本规定第十三条第一款情形的除外。

非机动车与非机动车或者行人发生财产损失事故，当事人应当先撤离现场，再协商处理损害赔偿事宜。

对应当自行撤离现场而未撤离的，交通警察应当责令当事人撤离现场；造成交通堵塞的，对驾驶人处以200元罚款。

第二十条　发生可以自行协商处理的财产损失事故，当事人可以通过互联网在线自行协商处理；当事人对事实及成因有争议的，可以通过互联网共同申请公安机关交通管理部门在线确定当事人的责任。

当事人报警的，交通警察、警务辅助人员可以指导当事人自行协商处理。当事人要求交通警察到场处理的，应当指派交通警察到现场调查处理。

第二十一条　当事人自行协商达成协议的，制作道路交通事故自行协商协议书，并共同签名。道路交通事故自行协商协议书应当载明事故发生的时间、地点、天气、当事人姓名、驾驶证号或者身份证号、联系方式、机动车种类和号牌号码、保险公司、保险凭证号、事故形态、碰撞部位、当事人的责任等内容。

第二十二条　当事人自行协商达成协议的，可以按照下列方式履行道路交通事故损害赔偿：

（一）当事人自行赔偿；

（二）到投保的保险公司或者道路交通事故保险理赔服务场所办理损害赔偿事宜。

当事人自行协商达成协议后未履行的，可以申请人民调解委员会调解或者向人民法院提起民事诉讼。

第五章　简易程序

第二十三条　公安机关交通管理部门可以适用简易程序处理以下道路交通事故，但有交通肇事、危险驾驶犯罪嫌疑的除外：

（一）财产损失事故；

（二）受伤当事人伤势轻微，各方当事人一致同意适用简易程序处理的伤人事故。

适用简易程序的，可以由一名交通警察处理。

第二十四条　交通警察适用简易程序处理道路交通事故时，应当在固定现场证据后，责令当事人撤离现场，恢复交通。拒不撤离现场的，予以强制撤离。当事人无法及时移动车辆影响通行和交通安全的，交通警察应当将车辆移至不妨碍交通的地点。具有本规定第十三条第一款第一项、第二项情形之一的，按照《中华人民共和国道路交通安全法实施条例》第一百零四条规定处理。

撤离现场后，交通警察应当根据现场固定的证据和当事人、证人陈述等，认定并记录道路交通事故发生的时间、地点、天气、当事人姓名、驾驶证号或者身份证号、联系方式、机动车种类和号牌号码、保险公司、保险凭证号、道路交通事故形态、碰撞部位等，并根据本规定第六十条确定当事人的责任，当场制作道路交通事故认定书。不具备当场制作条件的，交通警察应当在三日内制作道路交通事故认定书。

道路交通事故认定书应当由当事人签名，并现场送达当事人。当事人拒绝签名或者接收的，交通警察应当在道路交通事故认定书上注明情况。

第二十五条　当事人共同请求调解的，交通警察应当当场进行调解，并在道路交通事故认定书上记录调解结果，由当事人签名，送达当事人。

第二十六条　有下列情形之一的，不适用调解，

交通警察可以在道路交通事故认定书上载明有关情况后,将道路交通事故认定书送达当事人:

(一)当事人对道路交通事故认定有异议的;

(二)当事人拒绝在道路交通事故认定书上签名的;

(三)当事人不同意调解的。

第六章 调 查

第一节 一 般 规 定

第二十七条 除简易程序外,公安机关交通管理部门对道路交通事故进行调查时,交通警察不得少于二人。

交通警察调查时应当向被调查人员出示《人民警察证》,告知被调查人依法享有的权利和义务,向当事人发送联系卡。联系卡载明交通警察姓名、办公地址、联系方式、监督电话等内容。

第二十八条 交通警察调查道路交通事故时,应当合法、及时、客观、全面地收集证据。

第二十九条 对发生一次死亡三人以上道路交通事故的,公安机关交通管理部门应当开展深度调查;对造成其他严重后果或者存在严重安全问题的道路交通事故,可以开展深度调查。具体程序另行规定。

第二节 现场处置和调查

第三十条 交通警察到达事故现场后,应当立即进行下列工作:

(一)按照事故现场安全防护有关标准和规范的要求划定警戒区域,在安全距离位置放置发光或者反光锥筒和警告标志,确定专人负责现场交通指挥和疏导。因道路交通事故导致交通中断或者现场处置、勘查需要采取封闭道路等交通管制措施的,还应当视情在事故现场来车方向提前组织分流,放置绕行提示标志;

(二)组织抢救受伤人员;

(三)指挥救护、勘查等车辆停放在安全和便于抢救、勘查的位置,开启警灯,夜间还应当开启危险报警闪光灯和示廓灯;

(四)查找道路交通事故当事人和证人,控制肇事嫌疑人;

(五)其他需要立即开展的工作。

第三十一条 道路交通事故造成人员死亡的,应当经急救、医疗人员或者法医确认,并由具备资质的医疗机构出具死亡证明。尸体应当存放在殡葬服务单位或者医疗机构等有停尸条件的场所。

第三十二条 交通警察应当对事故现场开展下列调查工作:

(一)勘查事故现场,查明事故车辆、当事人、道路及其空间关系和事故发生时的天气情况;

(二)固定、提取或者保全现场证据材料;

(三)询问当事人、证人并制作询问笔录;现场不具备制作询问笔录条件的,可以通过录音、录像记录询问过程;

(四)其他调查工作。

第三十三条 交通警察勘查道路交通事故现场,应当按照有关法规和标准的规定,拍摄现场照片,绘制现场图,及时提取、采集与案件有关的痕迹、物证等,制作现场勘查笔录。现场勘查过程中发现当事人涉嫌利用交通工具实施其他犯罪的,应当妥善保护犯罪现场和证据,控制犯罪嫌疑人,并立即报告公安机关主管部门。

发生一次死亡三人以上事故的,应当进行现场摄像,必要时可以聘请具有专门知识的人参加现场勘验、检查。

现场图、现场勘查笔录应当由参加勘查的交通警察、当事人和见证人签名。当事人、见证人拒绝签名或者无法签名以及无见证人的,应当记录在案。

第三十四条 痕迹、物证等证据可能因时间、地点、气象等原因导致改变、毁损、灭失的,交通警察应当及时固定、提取或者保全。

对涉嫌饮酒或者服用国家管制的精神药品、麻醉药品驾驶车辆的人员,公安机关交通管理部门应当按照《道路交通安全违法行为处理程序规定》及时抽血或者提取尿样等检材,送交有检验鉴定资质的机构进行检验。

车辆驾驶人员当场死亡的,应当及时抽血检验。不具备抽血条件的,应当由医疗机构或者鉴定机构出具证明。

第三十五条 交通警察应当核查当事人的身份证件、机动车驾驶证、机动车行驶证、检验合格标志、保险标志等。

对交通肇事嫌疑人可以依法传唤。对在现场发现的交通肇事嫌疑人,经出示《人民警察证》,可以口头传唤,并在询问笔录中注明嫌疑人到案经过、到案时间和离开时间。

第三十六条 勘查事故现场完毕后,交通警察应当清点并登记现场遗留物品,迅速组织清理现场,尽快恢复交通。

现场遗留物品能够当场发还的,应当当场发还并做记录;当场无法确定所有人的,应当登记,并妥善保管，待所有人确定后，及时发还。

第三十七条 因调查需要，公安机关交通管理部门可以向有关单位、个人调取汽车行驶记录仪、卫星定位装置、技术监控设备的记录资料以及其他与事故有关的证据材料。

第三十八条 因调查需要，公安机关交通管理部门可以组织道路交通事故当事人、证人对肇事嫌疑人、嫌疑车辆等进行辨认。

辨认应当在交通警察的主持下进行。主持辨认的交通警察不得少于二人。多名辨认人对同一辨认对象进行辨认时，应当由辨认人个别进行。

辨认时，应当将辨认对象混杂在特征相类似的其他对象中，不得给辨认人任何暗示。辨认肇事嫌疑人时，被辨认的人数不得少于七人；对肇事嫌疑人照片进行辨认的，不得少于十人的照片。辨认嫌疑车辆时，同类车辆不得少于五辆；对肇事嫌疑车辆照片进行辨认时，不得少于十辆的照片。

对尸体等特定辨认对象进行辨认，或者辨认人能够准确描述肇事嫌疑人、嫌疑车辆独有特征的，不受数量的限制。

对肇事嫌疑人的辨认，辨认人不愿意公开进行时，可以在不暴露辨认人的情况下进行，并应当为其保守秘密。

对辨认经过和结果，应当制作辨认笔录，由交通警察、辨认人、见证人签名。必要时，应当对辨认过程进行录音或者录像。

第三十九条 因收集证据的需要，公安机关交通管理部门可以扣留事故车辆，并开具行政强制措施凭证。扣留的车辆应当妥善保管。

公安机关交通管理部门不得扣留事故车辆所载货物。对所载货物在核实重量、体积及货物损失后，通知机动车驾驶人或者货物所有人自行处理。无法通知当事人或者当事人不自行处理的，按照《公安机关办理行政案件程序规定》的有关规定办理。

严禁公安机关交通管理部门指定停车场停放扣留的事故车辆。

第四十条 当事人涉嫌犯罪的，因收集证据的需要，公安机关交通管理部门可以依据《中华人民共和国刑事诉讼法》《公安机关办理刑事案件程序规定》，扣押机动车驾驶证等与事故有关的物品、证件，并按照规定出具扣押法律文书。扣押的物品应当妥善保管。

对扣押的机动车驾驶证等物品、证件，作为证据使用的，应当随案移送，并制作随案移送清单一式两份，一份留存，一份交人民检察院。对于实物不宜移送的，应当将其清单、照片或者其他证明文件随案移送。待人民法院作出生效判决后，按照人民法院的通知，依法作出处理。

第四十一条 经过调查，不属于公安机关交通管理部门管辖的，应当将案件移送有关部门并书面通知当事人，或者告知当事人处理途径。

公安机关交通管理部门在调查过程中，发现当事人涉嫌交通肇事、危险驾驶犯罪的，应当按照《中华人民共和国刑事诉讼法》《公安机关办理刑事案件程序规定》立案侦查。发现当事人有其他违法犯罪嫌疑的，应当及时移送有关部门，移送不影响事故的调查和处理。

第四十二条 投保机动车交通事故责任强制保险的车辆发生道路交通事故，因抢救受伤人员需要保险公司支付抢救费用的，公安机关交通管理部门应当书面通知保险公司。

抢救受伤人员需要道路交通事故社会救助基金垫付费用的，公安机关交通管理部门应当书面通知道路交通事故社会救助基金管理机构。

道路交通事故造成人员死亡需要救助基金垫付丧葬费用的，公安机关交通管理部门应当在送达尸体处理通知书的同时，告知受害人亲属向道路交通事故社会救助基金管理机构提出书面垫付申请。

第三节　交通肇事逃逸查缉

第四十三条 公安机关交通管理部门应当根据管辖区域和道路情况，制定交通肇事逃逸案件查缉预案，并组织专门力量办理交通肇事逃逸案件。

发生交通肇事逃逸案件后，公安机关交通管理部门应当立即启动查缉预案，布置警力堵截，并通过全国机动车缉查布控系统查缉。

第四十四条 案发地公安机关交通管理部门可以通过发协查通报、向社会公告等方式要求协查、举报交通肇事逃逸车辆或者侦破线索。发出协查通报或者向社会公告时，应当提供交通肇事逃逸案件基本事实、交通肇事逃逸车辆情况、特征及逃逸方向等有关情况。

中国人民解放军和中国人民武装警察部队车辆涉嫌交通肇事逃逸的，公安机关交通管理部门应当通报中国人民解放军、中国人民武装警察部队有关部门。

第四十五条 接到协查通报的公安机关交通管理部门，应当立即布置堵截或者排查。发现交通肇事逃逸车辆或者嫌疑车辆的，应当予以扣留，依法传唤交通肇事逃逸人或者与协查通报相符的嫌疑人，并及时将有关情况通知案发地公安机关交通管理部门。案发地公安机关交通管理部门应当立即派交通警察前往办理移交。

第四十六条 公安机关交通管理部门查获交通肇事逃逸车辆或者交通肇事逃逸嫌疑人后，应当按原范围撤销协查通报，并通过全国机动车缉查布控系统撤销布控。

第四十七条 公安机关交通管理部门侦办交通肇事逃逸案件期间，交通肇事逃逸案件的受害人及其家属向公安机关交通管理部门询问案件侦办情况的，除依法不应当公开的内容外，公安机关交通管理部门应当告知并做好记录。

第四十八条 道路交通事故社会救助基金管理机构已经为受害人垫付抢救费用或者丧葬费用的，公安机关交通管理部门应当在交通肇事逃逸案件侦破后及时书面告知道路交通事故社会救助基金管理机构交通肇事逃逸驾驶人的有关情况。

第四节 检验、鉴定

第四十九条 需要进行检验、鉴定的，公安机关交通管理部门应当按照有关规定，自事故现场调查结束之日起三日内委托具备资质的鉴定机构进行检验、鉴定。

尸体检验应当在死亡之日起三日内委托。对交通肇事逃逸车辆的检验、鉴定自查获肇事嫌疑车辆之日起三日内委托。

对现场调查结束之日三日后需要检验、鉴定的，应当报经上一级公安机关交通管理部门批准。

对精神疾病的鉴定，由具有精神病鉴定资质的鉴定机构进行。

第五十条 检验、鉴定费用由公安机关交通管理部门承担，但法律法规另有规定或者当事人自行委托伤残评定、财产损失评估的除外。

第五十一条 公安机关交通管理部门应当与鉴定机构确定检验、鉴定完成的期限，确定的期限不得超过三十日。超过三十日的，应当报经上一级公安机关交通管理部门批准，但最长不得超过六十日。

第五十二条 尸体检验不得在公众场合进行。为了确定死因需要解剖尸体的，应当征得死者家属同意。死者家属不同意解剖尸体的，经县级以上公安机关或者上一级公安机关交通管理部门负责人批准，可以解剖尸体，并且通知死者家属到场，由其在解剖尸体通知书上签名。

死者家属无正当理由拒不到场或者拒绝签名的，交通警察应当在解剖尸体通知书上注明。对身份不明的尸体，无法通知死者家属的，应当记录在案。

第五十三条 尸体检验报告确定后，应当书面通知死者家属在十日内办理丧葬事宜。无正当理由逾期不办理的应记录在案，并经县级以上公安机关或者上一级公安机关交通管理部门负责人批准，由公安机关或者上一级公安机关交通管理部门处理尸体，逾期存放的费用由死者家属承担。

对于没有家属、家属不明或者因自然灾害等不可抗力导致无法通知或者通知后家属拒绝领回的，经县级以上公安机关或者上一级公安机关交通管理部门负责人批准，可以及时处理。

对身份不明的尸体，由法医提取人身识别检材，并对尸体拍照、采集相关信息后，由公安机关交通管理部门填写身份不明尸体信息登记表，并在设区的市级以上报纸刊登认尸启事。登报后三十日仍无人认领的，经县级以上公安机关或者上一级公安机关交通管理部门负责人批准，可以及时处理。

因宗教习俗等原因对尸体处理期限有特殊需要的，经县级以上公安机关或者上一级公安机关交通管理部门负责人批准，可以紧急处理。

第五十四条 鉴定机构应当在规定的期限内完成检验、鉴定，并出具书面检验报告、鉴定意见，由鉴定人签名，鉴定意见还应当加盖机构印章。检验报告、鉴定意见应当载明以下事项：

（一）委托人；

（二）委托日期和事项；

（三）提交的相关材料；

（四）检验、鉴定的时间；

（五）依据和结论性意见，通过分析得出结论性意见的，应当有分析证明过程。

检验报告、鉴定意见应当附有鉴定机构、鉴定人的资质证明或者其他证明文件。

第五十五条 公安机关交通管理部门应当对检验报告、鉴定意见进行审核，并在收到检验报告、鉴定意见之日起五日内，将检验报告、鉴定意见复印件送达当事人，但有下列情形之一的除外：

（一）检验、鉴定程序违法或者违反相关专业技术要求，可能影响检验报告、鉴定意见公正、客观的；

（二）鉴定机构、鉴定人不具备鉴定资质和条件的；

（三）检验报告、鉴定意见明显依据不足的；

（四）故意作虚假鉴定的；

（五）鉴定人应当回避而没有回避的；

（六）检材虚假或者检材被损坏、不具备鉴定条件的；

（七）其他可能影响检验报告、鉴定意见公正、客观的情形。

检验报告、鉴定意见有前款规定情形之一的，经县级以上公安机关交通管理部门负责人批准，应当在收到检验报告、鉴定意见之日起三日内重新委托检验、鉴定。

第五十六条 当事人对检验报告、鉴定意见有异议，申请重新检验、鉴定的，应当自公安机关交通管理部门送达之日起三日内提出书面申请，经县级以上公安机关交通管理部门负责人批准，原办案单位应当重新委托检验、鉴定。检验报告、鉴定意见不具有本规定第五十五条第一款情形的，经县级以上公安机关交通管理部门负责人批准，由原办案单位作出不准予重新检验、鉴定的决定，并在作出决定之日起三日内书面通知申请人。

同一交通事故的同一检验、鉴定事项，重新检验、鉴定以一次为限。

第五十七条 重新检验、鉴定应当另行委托鉴定机构。

第五十八条 自检验报告、鉴定意见确定之日起五日内，公安机关交通管理部门应当通知当事人领取扣留的事故车辆。

因扣留车辆发生的费用由作出决定的公安机关交通管理部门承担，但公安机关交通管理部门通知当事人领取，当事人逾期未领取产生的停车费用由当事人自行承担。

经通知当事人三十日后不领取的车辆，经公告三个月仍不领取的，对扣留的车辆依法处理。

第七章 认定与复核

第一节 道路交通事故认定

第五十九条 道路交通事故认定应当做到事实清楚、证据确实充分、适用法律正确、责任划分公正、程序合法。

第六十条 公安机关交通管理部门应当根据当事人的行为对发生道路交通事故所起的作用以及过错的严重程度，确定当事人的责任。

（一）因一方当事人的过错导致道路交通事故的，承担全部责任；

（二）因两方或者两方以上当事人的过错发生道路交通事故的，根据其行为对事故发生的作用以及过错的严重程度，分别承担主要责任、同等责任和次要责任；

（三）各方均无导致道路交通事故的过错，属于交通意外事故的，各方均无责任。

一方当事人故意造成道路交通事故的，他方无责任。

第六十一条 当事人有下列情形之一的，承担全部责任：

（一）发生道路交通事故后逃逸的；

（二）故意破坏、伪造现场、毁灭证据的。

为逃避法律责任追究，当事人弃车逃逸以及潜逃藏匿的，如有证据证明其他当事人也有过错，可以适当减轻责任，但同时有证据证明逃逸当事人有第一款第二项情形的，不予减轻。

第六十二条 公安机关交通管理部门应当自现场调查之日起十日内制作道路交通事故认定书。交通肇事逃逸案件在查获交通肇事车辆和驾驶人后十日内制作道路交通事故认定书。对需要进行检验、鉴定的，应当在检验报告、鉴定意见确定之日起五日内制作道路交通事故认定书。

有条件的地方公安机关交通管理部门可以试行在互联网公布道路交通事故认定书，但对涉及的国家秘密、商业秘密或者个人隐私，应当保密。

第六十三条 发生死亡事故以及复杂、疑难的伤人事故后，公安机关交通管理部门应当在制作道路交通事故认定书或者道路交通事故证明前，召集各方当事人到场，公开调查取得的证据。

证人要求保密或者涉及国家秘密、商业秘密以及个人隐私的，按照有关法律法规的规定执行。

当事人不到场的，公安机关交通管理部门应当予以记录。

第六十四条 道路交通事故认定书应当载明以下内容：

（一）道路交通事故当事人、车辆、道路和交通环境等基本情况；

（二）道路交通事故发生经过；

（三）道路交通事故证据及事故形成原因分析；

（四）当事人导致道路交通事故的过错及责任或者意外原因；

（五）作出道路交通事故认定的公安机关交通管理部门名称和日期。

道路交通事故认定书应当由交通警察签名或者盖章，加盖公安机关交通管理部门道路交通事故处理专用章。

第六十五条 道路交通事故认定书应当在制作后三日内分别送达当事人，并告知申请复核、调解和提起民事诉讼的权利、期限。

当事人收到道路交通事故认定书后，可以查阅、复制、摘录公安机关交通管理部门处理道路交通事故的证据材料，但证人要求保密或者涉及国家秘密、商业秘密以及个人隐私的，按照有关法律法规的规定执行。公安机关交通管理部门对当事人复制的证据材料应当加盖公安机关交通管理部门事故处理专用章。

第六十六条 交通肇事逃逸案件尚未侦破，受害一方当事人要求出具道路交通事故认定书的，公安机关交通管理部门应当在接到当事人书面申请后十日内，根据本规定第六十一条确定各方当事人责任，制作道路交通事故认定书，并送达受害方当事人。道路交通事故认定书应当载明事故发生的时间、地点、受害人情况及调查得到的事实，以及受害方当事人的责任。

交通肇事逃逸案件侦破后，已经按照前款规定制作道路交通事故认定书的，应当按本规定第六十一条重新确定责任，制作道路交通事故认定书，分别送达当事人。重新制作的道路交通事故认定书除应当载明本规定第六十四条规定的内容外，还应当注明撤销原道路交通事故认定书。

第六十七条 道路交通事故基本事实无法查清、成因无法判定的，公安机关交通管理部门应当出具道路交通事故证明，载明道路交通事故发生的时间、地点、当事人情况及调查得到的事实，分别送达当事人，并告知申请复核、调解和提起民事诉讼的权利、期限。

第六十八条 由于事故当事人、关键证人处于抢救状态或者因其他客观原因导致无法及时取证，现有证据不足以认定案件基本事实的，经上一级公安机关交通管理部门批准，道路交通事故认定的时限可中止计算，并书面告知各方当事人或者其代理人，但中止的时间最长不得超过六十日。

当中止认定的原因消失，或者中止期满受伤人员仍然无法接受调查的，公安机关交通管理部门应当在五日内，根据已经调查取得的证据制作道路交通事故认定书或者出具道路交通事故证明。

第六十九条 伤人事故符合下列条件，各方当事人一致书面申请快速处理的，经县级以上公安机关交通管理部门负责人批准，可以根据已经取得的证据，自当事人申请之日起五日内制作道路交通事故认定书：

（一）当事人不涉嫌交通肇事、危险驾驶犯罪的；

（二）道路交通事故基本事实及成因清楚，当事人无异议的。

第七十条 对尚未查明身份的当事人，公安机关交通管理部门应当在道路交通事故认定书或者道路交通事故证明中予以注明，待身份信息查明以后，制作书面补充说明送达各方当事人。

第二节 复 核

第七十一条 当事人对道路交通事故认定或者出具道路交通事故证明有异议的，可以自道路交通事故认定书或者道路交通事故证明送达之日起三日内提出书面复核申请。当事人逾期提交复核申请的，不予受理，并书面通知申请人。

复核申请应当载明复核请求及其理由和主要证据。同一事故的复核以一次为限。

第七十二条 复核申请人通过作出道路交通事故认定的公安机关交通管理部门提出复核申请的，作出道路交通事故认定的公安机关交通管理部门应当自收到复核申请之日起二日内将复核申请连同道路交通事故有关材料移送上一级公安机关交通管理部门。

复核申请人直接向上一级公安机关交通管理部门提出复核申请的，上一级公安机关交通管理部门应当通知作出道路交通事故认定的公安机关交通管理部门自收到通知之日起五日内提交案卷材料。

第七十三条 除当事人逾期提交复核申请的情形外，上一级公安机关交通管理部门收到复核申请之日即为受理之日。

第七十四条 上一级公安机关交通管理部门自受理复核申请之日起三十日内，对下列内容进行审查，并作出复核结论：

（一）道路交通事故认定的事实是否清楚、证据是否确实充分、适用法律是否正确、责任划分是否公正；

（二）道路交通事故调查及认定程序是否合法；

（三）出具道路交通事故证明是否符合规定。

复核原则上采取书面审查的形式，但当事人提出要求或者公安机关交通管理部门认为有必要时，可以召集各方当事人到场，听取各方意见。

办理复核案件的交通警察不得少于二人。

第七十五条 复核审查期间，申请人提出撤销复核申请的，公安机关交通管理部门应当终止复核，并书面通知各方当事人。

受理复核申请后，任何一方当事人就该事故向人民法院提起诉讼并经人民法院受理的，公安机关交通管理部门应当将受理当事人复核申请的有关情况告知相关人民法院。

受理复核申请后，人民检察院对交通肇事犯罪嫌疑人作出批准逮捕决定的，公安机关交通管理部门应当将受理当事人复核申请的有关情况告知相关人民检察院。

第七十六条　上一级公安机关交通管理部门认为原道路交通事故认定事实清楚、证据确实充分、适用法律正确、责任划分公正、程序合法的，应当作出维持原道路交通事故认定的复核结论。

上一级公安机关交通管理部门认为调查及认定程序存在瑕疵，但不影响道路交通事故认定的，在责令原办案单位补正或者作出合理解释后，可以作出维持原道路交通事故认定的复核结论。

上一级公安机关交通管理部门认为原道路交通事故认定有下列情形之一的，应当作出责令原办案单位重新调查、认定的复核结论：

（一）事实不清的；

（二）主要证据不足的；

（三）适用法律错误的；

（四）责任划分不公正的；

（五）调查及认定违反法定程序可能影响道路交通事故认定的。

第七十七条　上一级公安机关交通管理部门审查原道路交通事故证明后，按下列规定处理：

（一）认为事故成因确属无法查清，应当作出维持原道路交通事故证明的复核结论；

（二）认为事故成因仍需进一步调查的，应当作出责令原办案单位重新调查、认定的复核结论。

第七十八条　上一级公安机关交通管理部门应当在作出复核结论后三日内将复核结论送达各方当事人。公安机关交通管理部门认为必要的，应当召集各方当事人，当场宣布复核结论。

第七十九条　上一级公安机关交通管理部门作出责令重新调查、认定的复核结论后，原办案单位应当在十日内依照本规定重新调查，重新作出道路交通事故认定，撤销原道路交通事故认定书或者原道路交通事故证明。

重新调查需要检验、鉴定的，原办案单位应当在检验报告、鉴定意见确定之日起五日内，重新作出道路交通事故认定。

重新作出道路交通事故认定的，原办案单位应当送达各方当事人，并报上一级公安机关交通管理部门备案。

第八十条　上一级公安机关交通管理部门可以设立道路交通事故复核委员会，由办理复核案件的交通警察会同相关行业代表、社会专家学者等人员共同组成，负责案件复核，并以上一级公安机关交通管理部门的名义作出复核结论。

第八章　处罚执行

第八十一条　公安机关交通管理部门应当按照《道路交通安全违法行为处理程序规定》，对当事人的道路交通安全违法行为依法作出处罚。

第八十二条　对发生道路交通事故构成犯罪，依法应当吊销驾驶人机动车驾驶证的，应当在人民法院作出有罪判决后，由设区的市公安机关交通管理部门依法吊销机动车驾驶证。同时具有逃逸情形的，公安机关交通管理部门应当同时依法作出终生不得重新取得机动车驾驶证的决定。

第八十三条　专业运输单位六个月内两次发生一次死亡三人以上事故，且单位或者车辆驾驶人对事故承担全部责任或者主要责任的，专业运输单位所在地的公安机关交通管理部门应当报经设区的市公安机关交通管理部门批准后，作出责令限期消除安全隐患的决定，禁止未消除安全隐患的机动车上道路行驶，并通报道路交通事故发生地及运输单位所在地的人民政府有关行政管理部门。

第九章　损害赔偿调解

第八十四条　当事人可以采取以下方式解决道路交通事故损害赔偿争议：

（一）申请人民调解委员会调解；

（二）申请公安机关交通管理部门调解；

（三）向人民法院提起民事诉讼。

第八十五条　当事人申请人民调解委员会调解，达成调解协议后，双方当事人认为有必要的，可以根据《中华人民共和国人民调解法》共同向人民法院申请司法确认。

当事人申请人民调解委员会调解，调解未达成协议的，当事人可以直接向人民法院提起民事诉讼，或者自人民调解委员会作出终止调解之日起三日内，一致书面申请公安机关交通管理部门进行调解。

第八十六条　当事人申请公安机关交通管理部门调解的，应当在收到道路交通事故认定书、道路交通事故证明或者上一级公安机关交通管理部门维持原道路交通事故认定的复核结论之日起十日内一致书面申请。

当事人申请公安机关交通管理部门调解，调解未达成协议的，当事人可以依法向人民法院提起民事诉讼，或者申请人民调解委员会进行调解。

第八十七条　公安机关交通管理部门应当按照合法、公正、自愿、及时的原则进行道路交通事故损害赔偿调解。

道路交通事故损害赔偿调解应当公开进行，但当事人申请不予公开的除外。

第八十八条 公安机关交通管理部门应当与当事人约定调解的时间、地点，并于调解时间三日前通知当事人。口头通知的，应当记入调解记录。

调解参加人因故不能按期参加调解的，应当在预定调解时间一日前通知承办的交通警察，请求变更调解时间。

第八十九条 参加损害赔偿调解的人员包括：

（一）道路交通事故当事人及其代理人；

（二）道路交通事故车辆所有人或者管理人；

（三）承保机动车保险的保险公司人员；

（四）公安机关交通管理部门认为有必要参加的其他人员。

委托代理人应当出具由委托人签名或者盖章的授权委托书。授权委托书应当载明委托事项和权限。

参加损害赔偿调解的人员每方不得超过三人。

第九十条 公安机关交通管理部门受理调解申请后，应当按照下列规定日期开始调解：

（一）造成人员死亡的，从规定的办理丧葬事宜时间结束之日起；

（二）造成人员受伤的，从治疗终结之日起；

（三）因伤致残的，从定残之日起；

（四）造成财产损失的，从确定损失之日起。

公安机关交通管理部门受理调解申请时已超过前款规定的时间，调解自受理调解申请之日起开始。

公安机关交通管理部门应当自调解开始之日起十日内制作道路交通事故损害赔偿调解书或者道路交通事故损害赔偿调解终结书。

第九十一条 交通警察调解道路交通事故损害赔偿，按照下列程序实施：

（一）告知各方当事人权利、义务；

（二）听取各方当事人的请求及理由；

（三）根据道路交通事故认定书认定的事实以及《中华人民共和国道路交通安全法》第七十六条的规定，确定当事人承担的损害赔偿责任；

（四）计算损害赔偿的数额，确定各方当事人承担的比例，人身损害赔偿的标准按照《中华人民共和国侵权责任法》《最高人民法院关于审理人身损害赔偿案件适用法律若干问题的解释》《最高人民法院关于审理道路交通事故损害赔偿案件适用法律若干问题的解释》等有关规定执行，财产损失的修复费用、折价赔偿费用按照实际价值或者评估机构的评估结论计算；

（五）确定赔偿履行方式及期限。

第九十二条 因确定损害赔偿的数额，需要进行伤残评定、财产损失评估的，由各方当事人协商确定有资质的机构进行，但财产损失数额巨大涉嫌刑事犯罪的，由公安机关交通管理部门委托。

当事人委托伤残评定、财产损失评估的费用，由当事人承担。

第九十三条 经调解达成协议的，公安机关交通管理部门应当当场制作道路交通事故损害赔偿调解书，由各方当事人签字，分别送达各方当事人。

调解书应当载明以下内容：

（一）调解依据；

（二）道路交通事故认定书认定的基本事实和损失情况；

（三）损害赔偿的项目和数额；

（四）各方的损害赔偿责任及比例；

（五）赔偿履行方式和期限；

（六）调解日期。

经调解各方当事人未达成协议的，公安机关交通管理部门应当终止调解，制作道路交通事故损害赔偿调解终结书，送达各方当事人。

第九十四条 有下列情形之一的，公安机关交通管理部门应当终止调解，并记录在案：

（一）调解期间有一方当事人向人民法院提起民事诉讼的；

（二）一方当事人无正当理由不参加调解的；

（三）一方当事人调解过程中退出调解的。

第九十五条 有条件的地方公安机关交通管理部门可以联合有关部门，设置道路交通事故保险理赔服务场所。

第十章 涉外道路交通事故处理

第九十六条 外国人在中华人民共和国境内发生道路交通事故的，除按本规定执行外，还应当按照办理涉外案件的有关法律、法规、规章的规定执行。

公安机关交通管理部门处理外国人发生的道路交通事故，应当告知当事人我国法律、法规、规章规定的当事人在处理道路交通事故中的权利和义务。

第九十七条 外国人发生道路交通事故有下列情形之一的，不准其出境：

（一）涉嫌犯罪的；

（二）有未了结的道路交通事故损害赔偿案件，人民法院决定不准出境的；

（三）法律、行政法规规定不准出境的其他情形。

第九十八条 外国人发生道路交通事故并承担全

部责任或者主要责任的,公安机关交通管理部门应当告知道路交通事故损害赔偿权利人可以向人民法院提出采取诉前保全措施的请求。

第九十九条 公安机关交通管理部门在处理道路交通事故过程中,使用中华人民共和国通用的语言文字。对不通晓我国语言文字的,应当为其提供翻译;当事人通晓我国语言文字而不需要他人翻译的,应当出具书面声明。

经公安机关交通管理部门批准,外国人可以自行聘请翻译,翻译费由当事人承担。

第一百条 享有外交特权与豁免的人员发生道路交通事故时,应当主动出示有效身份证件,交通警察认为应当给予暂扣或者吊销机动车驾驶证处罚的,可以扣留其机动车驾驶证。需要对享有外交特权与豁免的人员进行调查的,可以约谈,谈话时仅限于与道路交通事故有关的内容。需要检验、鉴定车辆的,公安机关交通管理部门应当征得其同意,并在检验、鉴定后立即发还。

公安机关交通管理部门应当根据收集的证据,制作道路交通事故认定书送达当事人,当事人拒绝接收的,送达至其所在机构;没有所在机构或者所在机构不明确的,由当事人所属国家的驻华使领馆转交送达。

享有外交特权与豁免的人员应当配合公安机关交通管理部门的调查和检验、鉴定。对于经核查确实享有外交特权与豁免但不同意接受调查或者检验、鉴定的,公安机关交通管理部门应当将有关情况记录在案,损害赔偿事宜通过外交途径解决。

第一百零一条 公安机关交通管理部门处理享有外交特权与豁免的外国人发生人员死亡事故的,应当将其身份、证件及事故经过、损害后果等基本情况记录在案,并将有关情况迅速通报省级人民政府外事部门和该外国人所属国家的驻华使馆或者领馆。

第一百零二条 外国驻华领事机构、国际组织、国际组织驻华代表机构享有特权与豁免的人员发生道路交通事故的,公安机关交通管理部门参照本规定第一百条、第一百零一条规定办理,但《中华人民共和国领事特权与豁免条例》、中国已参加的国际公约以及我国与有关国家或者国际组织缔结的协议有不同规定的除外。

第十一章 执法监督

第一百零三条 公安机关警务督察部门可以依法对公安机关交通管理部门及其交通警察处理道路交通事故工作进行现场督察,查处违纪违法行为。

上级公安机关交通管理部门对下级公安机关交通管理部门处理道路交通事故工作进行监督,发现错误应当及时纠正,造成严重后果的,依纪依法追究有关人员的责任。

第一百零四条 公安机关交通管理部门及其交通警察处理道路交通事故,应当公开办事制度、办事程序,建立警风警纪监督员制度,并自觉接受社会和群众的监督。

任何单位和个人都有权对公安机关交通管理部门及其交通警察不依法严格公正处理道路交通事故、利用职务上的便利收受他人财物或者谋取其他利益、徇私舞弊、滥用职权、玩忽职守以及其他违纪违法行为进行检举、控告。收到检举、控告的机关,应当依据职责及时查处。

第一百零五条 在调查处理道路交通事故时,交通警察或者公安机关检验、鉴定人员有下列情形之一的,应当回避:

(一)是本案的当事人或者是当事人的近亲属的;

(二)本人或者其近亲属与本案有利害关系的;

(三)与本案当事人有其他关系,可能影响案件公正处理的。

交通警察或者公安机关检验、鉴定人员需要回避的,由本级公安机关交通管理部门负责人或者检验、鉴定人员所属的公安机关决定。公安机关交通管理部门负责人需要回避的,由公安机关或者上一级公安机关交通管理部门负责人决定。

对当事人提出的回避申请,公安机关交通管理部门应当在二日内作出决定,并通知申请人。

第一百零六条 人民法院、人民检察院审理、审查道路交通事故案件,需要公安机关交通管理部门提供有关证据的,公安机关交通管理部门应当在接到调卷公函之日起三日内,或者按照其时限要求,将道路交通事故案件调查材料正本移送人民法院或者人民检察院。

第一百零七条 公安机关交通管理部门对查获交通肇事逃逸车辆及人员提供有效线索或者协助的人员、单位,应当给予表彰和奖励。

公安机关交通管理部门及其交通警察接到协查通报不配合协查并造成严重后果的,由公安机关或者上级公安机关交通管理部门追究有关人员和单位主管领导的责任。

第十二章 附 则

第一百零八条 道路交通事故处理资格等级管理

规定由公安部另行制定，资格证书式样全国统一。

第一百零九条 公安机关交通管理部门应当在邻省、市（地）、县交界的国、省、县道上，以及辖区内交通流量集中的路段，设置标有管辖地公安机关交通管理部门名称及道路交通事故报警电话号码的提示牌。

第一百一十条 车辆在道路以外通行时发生的事故，公安机关交通管理部门接到报案的，参照本规定处理。涉嫌犯罪的，及时移送有关部门。

第一百一十一条 执行本规定所需要的法律文书式样，由公安部制定。公安部没有制定式样，执法工作中需要的其他法律文书，省级公安机关可以制定式样。

当事人自行协商处理损害赔偿事宜的，可以自行制作协议书，但应当符合本规定第二十一条关于协议书内容的规定。

第一百一十二条 本规定中下列用语的含义是：

（一）"交通肇事逃逸"，是指发生道路交通事故后，当事人为逃避法律责任，驾驶或者遗弃车辆逃离道路交通事故现场以及潜逃藏匿的行为。

（二）"深度调查"，是指以有效防范道路交通事故为目的，对道路交通事故发生的深层次原因以及道路交通安全相关因素开展延伸调查，分析查找安全隐患及管理漏洞，并提出从源头解决问题的意见和建议的活动。

（三）"检验报告、鉴定意见确定"，是指检验报告、鉴定意见复印件送达当事人之日起三日内，当事人未申请重新检验、鉴定的，以及公安机关交通管理部门批准重新检验、鉴定，鉴定机构出具检验报告、鉴定意见的。

（四）"外国人"，是指不具有中国国籍的人。

（五）本规定所称的"一日""二日""三日""五日""十日"，是指工作日，不包括节假日。

（六）本规定所称的"以上""以下"均包括本数在内。

（七）"县级以上公安机关交通管理部门"，是指县级以上人民政府公安机关交通管理部门或者相当于同级的公安机关交通管理部门。

（八）"设区的市公安机关交通管理部门"，是指设区的市人民政府公安机关交通管理部门或者相当于同级的公安机关交通管理部门。

（九）"设区的市公安机关"，是指设区的市人民政府公安机关或者相当于同级的公安机关。

第一百一十三条 本规定没有规定的道路交通事故案件办理程序，依照《公安机关办理行政案件程序规定》《公安机关办理刑事案件程序规定》的有关规定执行。

第一百一十四条 本规定自2018年5月1日起施行。2008年8月17日发布的《道路交通事故处理程序规定》（公安部令第104号）同时废止。

交通运输部安全生产事故责任追究办法(试行)

（2014年5月31日交通运输部以交安监发〔2014〕115号印发，自2014年7月1日起施行）

第一条 为了进一步落实交通运输安全生产责任，促进交通运输业科学发展安全发展，依据《中华人民共和国安全生产法》等法律法规，结合交通运输安全生产实际，制定本办法。

第二条 交通运输部对部属单位及人员和部属单位对所属单位及人员的安全生产事故责任追究，适用本办法。

第三条 交通运输部安全监督管理部门会同部纪检监察、组织人事部门组织实施本办法。部属单位依照职责和干部管理权限，负责本系统或者本单位安全生产事故责任追究工作。

第四条 部属单位应当按职责分工开展安全生产管理和安全监管工作，做到职责明晰、责任落实。

第五条 安全生产事故责任的认定，应当以事故调查为基础作出。

第六条 安全生产事故责任的认定和追究坚持依法依规、实事求是、客观公正的原则，做到程序合法、处理适当、及时公开。

第七条 责任追究实行回避制。实施责任追究时，与安全生产事故有利害关系或者其他特殊关系，可能影响公正处理的单位或者人员应当回避。

第八条 部属单位出现下列情形之一，导致发生安全生产事故或者导致事故损失扩大的，应当追究责任：

（一）未贯彻执行有关安全生产法律、法规、规章和安全生产决策部署的；

（二）未按规定组织开展安全生产风险辨识、隐患排查或者隐患整改不到位的；

（三）未落实安全生产管理或者安全监管责任，监督检查纠正违法违规行为的；

（四）谎报、瞒报、漏报、迟报安全生产事故的；

（五）未建立应急预案，或者未按应急预案规定开展突发事件预警预防，或者应急处置不力，导致损失扩大的。

第九条 出现下列情形之一，导致发生安全生产事故或者导致事故损失扩大的，应当追究部属单位负有领导责任人员的责任：

（一）未贯彻执行有关安全生产法律、法规、规章和安全生产决策部署的；

（二）主持作出的决定违反安全生产相关要求，或者对不符合安全生产要求的事项予以审批、许可的；

（三）对发现的安全生产风险、隐患或者管理问题未采取有效防范措施或者监督整改的；

（四）事故应急处置不力，导致损失扩大的；

（五）法律法规规定的未履行安全生产领导责任的其他情形。

第十条 出现下列情形之一，导致发生安全生产事故的，应当追究部属单位相关责任人员的责任：

（一）违规从事生产作业的；

（二）未履行岗位职责开展安全生产监督执法的；

（三）未履行或者未正确履行行政审批或者行政许可事项审核把关职责的；

（四）未予以查处或者隐瞒、包庇、袒护、纵容发现的违法违规事项的；

（五）与当事人串通骗取安全生产许可或者安全生产评价证书的；

（六）法律法规规定的未履行安全监管职责的其他情形。

第十一条 部属单位及人员的责任追究按照分级管理、逐级负责的原则组织实施。

部管干部的责任追究由部组织实施，非部管干部的责任追究按照干部管理权限由所属单位组织实施。

部对部属单位及非部管干部提出责任追究意见的，相关单位应当按照部提出的意见实施责任追究。

纪检监察相关法律法规对责任追究权限另有规定的从其规定。

第十二条 对部属单位的责任追究包括以下方式：

（一）安全生产约谈；

（二）挂牌督办；

（三）责令作出书面检查；

（四）通报批评。

第十三条 对有关责任人员的责任追究包括以下方式：

（一）通报批评；

（二）离岗培训；

（三）停职检查；

（四）调离岗位；

（五）法律、法规及党内法规等规定的处分及相应的组织处理。

第十四条 本办法所列责任追究方式可以单独或者合并使用。

第十五条 所在单位需要承担责任的，应当按照有关规定追究有关单位的责任，不得以对人员的责任追究替代对单位的责任追究。

第十六条 下列安全生产事故，不予以追究部属单位及人员的责任：

（一）因不可抗力导致的；

（二）有证据表明部属单位及人员已尽到安全生产管理或者安全监管责任的。

第十七条 部属单位及人员履行安全生产管理或者安全监管职责时，认为上级的决定或者命令有错误，要求改正或者撤销该决定或者命令，上级仍坚持该决定或者命令，或者要求立即执行，导致发生安全生产事故的，应由作出该决定或者命令的上级承担责任。

第十八条 部属单位及人员存在下列情形之一的，应当从轻处理：

（一）积极配合事故调查或者提供重要线索的；

（二）事故发生后积极组织协调或者参与应急处置，有效降低事故损失的。

第十九条 部属单位及人员存在下列情形之一的，应当从重处理：

（一）干扰、妨碍事故调查处理的；

（二）教唆、帮助他人伪造、隐匿、毁灭证据的；

（三）12个月内重复发生同类重特大安全生产事故的；

（四）在安全生产管理或者安全监管过程中存在严重失职、渎职行为的；

（五）未吸取事故教训，补充、完善相应安全生产管理或者安全监管制度的。

第二十条 安全生产事故责任追究按下列程序办理：

（一）根据事故调查结果，认定相关单位和人员未履行或者未正确履行安全生产管理或者安全监管责任的问题，提出责任追究建议；

（二）安全监督管理部门、纪检监察部门、组织人事部门集体研究，提出责任追究初步意见；

（三）将调查认定的问题及拟给予的责任追究初步意见告知拟被责任追究的单位和人员，听取其陈述和申辩，对其提出的事实、理由和证据进行复核，并记录在案；

（四）拟被责任追究单位和人员提出的事实、理由和证据成立的，应予采信，并重新研究，提出责任追究的意见；

（五）按责任追究事项及职责分工，报本级党委（组）或者行政部门，做出责任追究决定；

（六）按照责任追究决定，相关部门实施责任追究。

第二十一条 作出责任追究决定的单位应当将责任追究决定以书面形式通知被追究责任的单位和人员，并依照相关法律法规向社会公开。

第二十二条 受到责任追究的单位和人员，可依照有关规定提出申诉。

第二十三条 责任追究决定应当包含以下内容：

（一）安全生产事故情况；

（二）未履行或者未正确履行职责的事实；

（三）认定的未履行或者未正确履行安全生产管理或者安全监管的责任；

（四）责任追究的决定；

（五）不服从责任追究决定的申诉途径、方式和期限；

（六）作出决定的机关和日期。

第二十四条 交通运输部、部属单位人员在实施安全生产事故责任追究工作中，利用职权谋取不当利益的，按有关法律法规由相应的纪检监察部门追究其责任，构成犯罪的移交司法机关处理。

第二十五条 责任追究部门应当汇集有关材料形成安全生产责任追究工作档案。

第二十六条 部属单位应当于每年1月15日前向上级部门报告本单位安全生产事故责任追究实施情况。报告的主要内容包括：本单位实施安全生产责任追究的总体情况、责任追究情况分析、强化责任制的措施、一般以上安全生产事故责任追究案例。

第二十七条 部属单位可依本办法制定本单位安全生产事故责任追究实施办法。

第二十八条 本办法所称的安全生产管理或者安全监管责任，是指相关法律、法规、规章、"三定"规定、管理文件等赋予的相关单位、人员在安全生产管理或者安全监管方面的职责。

第二十九条 本办法自2014年7月1日起施行。

中华人民共和国海上交通安全法

（1983年9月2日第六届全国人民代表大会常务委员会第二次会议通过 根据2016年11月7日第十二届全国人民代表大会常务委员会第二十四次会议《关于修改〈中华人民共和国对外贸易法〉等十二部法律的决定》修正 2021年4月29日第十三届全国人民代表大会常务委员会第二十八次会议修订）

第一章 总 则

第一条 为了加强海上交通管理，维护海上交通秩序，保障生命财产安全，维护国家权益，制定本法。

第二条 在中华人民共和国管辖海域内从事航行、停泊、作业以及其他与海上交通安全相关的活动，适用本法。

第三条 国家依法保障交通用海。

海上交通安全工作坚持安全第一、预防为主、便利通行、依法管理的原则，保障海上交通安全、有序、畅通。

第四条 国务院交通运输主管部门主管全国海上交通安全工作。

国家海事管理机构统一负责海上交通安全监督管理工作，其他各级海事管理机构按照职责具体负责辖区内的海上交通安全监督管理工作。

第五条 各级人民政府及有关部门应当支持海上交通安全工作，加强海上交通安全的宣传教育，提高全社会的海上交通安全意识。

第六条 国家依法保障船员的劳动安全和职业健康，维护船员的合法权益。

第七条 从事船舶、海上设施航行、停泊、作业以及其他与海上交通相关活动的单位、个人，应当遵守有关海上交通安全的法律、行政法规、规章以及强制性标准和技术规范；依法享有获得航海保障和海上救助的权利，承担维护海上交通安全和保护海洋生态环境的义务。

第八条 国家鼓励和支持先进科学技术在海上交通安全工作中的应用，促进海上交通安全现代化建设，提高海上交通安全科学技术水平。

第二章 船舶、海上设施和船员

第九条 中国籍船舶、在中华人民共和国管辖海域设置的海上设施、船运集装箱，以及国家海事管理机构确定的关系海上交通安全的重要船用设备、部件和材料，应当符合有关法律、行政法规、规章以及强制性标准和技术规范的要求，经船舶检验机构检验合格，取得相应证书、文书。证书、文书的清单由国家海事管理机构制定并公布。

设立船舶检验机构应当经国家海事管理机构许可。船舶检验机构设立条件、程序及其管理等依照有关船舶检验的法律、行政法规的规定执行。

持有相关证书、文书的单位应当按照规定的用途使用船舶、海上设施、船运集装箱以及重要船用设备、部件和材料，并应当依法定期进行安全技术检验。

第十条 船舶依照有关船舶登记的法律、行政法规的规定向海事管理机构申请船舶国籍登记、取得国籍证书后，方可悬挂中华人民共和国国旗航行、停泊、作业。

中国籍船舶灭失或者报废的，船舶所有人应当在国务院交通运输主管部门规定的期限内申请办理注销国籍登记；船舶所有人逾期不申请注销国籍登记的，海事管理机构可以发布关于拟强制注销船舶国籍登记的公告。船舶所有人自公告发布之日起六十日内未提出异议的，海事管理机构可以注销该船舶的国籍登记。

第十一条 中国籍船舶所有人、经营人或者管理人应当建立并运行安全营运和防治船舶污染管理体系。

海事管理机构经对前款规定的管理体系审核合格的，发给符合证明和相应的船舶安全管理证书。

第十二条 中国籍国际航行船舶的所有人、经营人或者管理人应当依照国务院交通运输主管部门的规定建立船舶保安制度，制定船舶保安计划，并按照船舶保安计划配备船舶保安设备，定期开展演练。

第十三条 中国籍船员和海上设施上的工作人员应当接受海上交通安全以及相应岗位的专业教育、培训。

中国籍船员应当依照有关船员管理的法律、行政法规的规定向海事管理机构申请取得船员适任证书，并取得健康证明。

外国籍船员在中国籍船舶上工作的，按照有关船员管理的法律、行政法规的规定执行。

船员在船舶上工作，应当符合船员适任证书载明的船舶、航区、职务的范围。

第十四条 中国籍船舶的所有人、经营人或者管理人应当为其国际航行船舶向海事管理机构申请取得海事劳工证书。船舶取得海事劳工证书应当符合下列条件：

（一）所有人、经营人或者管理人依法招用船员，与其签订劳动合同或者就业协议，并为船舶配备符合要求的船员；

（二）所有人、经营人或者管理人已保障船员在船舶上的工作环境、职业健康保障和安全防护、工作和休息时间、工资报酬、生活条件、医疗条件、社会保险等符合国家有关规定；

（三）所有人、经营人或者管理人已建立符合要求的船员投诉和处理机制；

（四）所有人、经营人或者管理人已就船员遣返费用以及在船就业期间发生伤害、疾病或者死亡依法应当支付的费用提供相应的财务担保或者投保相应的保险。

海事管理机构商人力资源社会保障行政部门，按照各自职责对申请人及其船舶是否符合前款规定条件进行审核。经审核符合规定条件的，海事管理机构应当自受理申请之日起十个工作日内颁发海事劳工证书；不符合规定条件的，海事管理机构应当告知申请人并说明理由。

海事劳工证书颁发及监督检查的具体办法由国务院交通运输主管部门会同国务院人力资源社会保障行政部门制定并公布。

第十五条 海事管理机构依照有关船员管理的法律、行政法规的规定，对单位从事海船船员培训业务进行管理。

第十六条 国务院交通运输主管部门和其他有关部门、有关县级以上地方人民政府应当建立健全船员境外突发事件预警和应急处置机制，制定船员境外突发事件应急预案。

船员境外突发事件应急处置由船员派出单位所在地的省、自治区、直辖市人民政府负责，船员户籍所在地的省、自治区、直辖市人民政府予以配合。

中华人民共和国驻外国使馆、领馆和相关海事管理机构应当协助处置船员境外突发事件。

第十七条 本章第九条至第十二条、第十四条规定适用的船舶范围由有关法律、行政法规具体规定，或者由国务院交通运输主管部门拟定并报国务院批准后公布。

第三章　海上交通条件和航行保障

第十八条 国务院交通运输主管部门统筹规划和管理海上交通资源，促进海上交通资源的合理开发和有效利用。

海上交通资源规划应当符合国土空间规划。

第十九条 海事管理机构根据海域的自然状况、海上交通状况以及海上交通安全管理的需要，划定、调整并及时公布船舶定线区、船舶报告区、交通管制区、禁航区、安全作业区和港外锚地等海上交通功能区域。

海事管理机构划定或者调整船舶定线区、港外锚地以及对其他海洋功能区域或者用海活动造成影响的安全作业区，应当征求渔业渔政、生态环境、自然资源等有关部门的意见。为了军事需要划定、调整禁航区的，由负责划定、调整禁航区的军事机关作出决定，海事管理机构予以公布。

第二十条 建设海洋工程、海岸工程影响海上交通安全的，应当根据情况配备防止船舶碰撞的设施、设备并设置专用航标。

第二十一条 国家建立完善船舶定位、导航、授时、通信和远程监测等海上交通支持服务系统，为船舶、海上设施提供信息服务。

第二十二条 任何单位、个人不得损坏海上交通支持服务系统或者妨碍其工作效能。建设建筑物、构筑物，使用设施设备可能影响海上交通支持服务系统正常使用的，建设单位、所有人或者使用人应当与相关海上交通支持服务系统的管理单位协商，作出妥善安排。

第二十三条 国务院交通运输主管部门应当采取必要的措施，保障海上交通安全无线电通信设施的合理布局和有效覆盖，规划本系统（行业）海上无线电台（站）的建设布局和台址，核发船舶制式无线电台执照及电台识别码。

国务院交通运输主管部门组织本系统（行业）的海上无线电监测系统建设并对其无线电信号实施监测，会同国家无线电管理机构维护海上无线电波秩序。

第二十四条 船舶在中华人民共和国管辖海域内通信需要使用岸基无线电台（站）转接的，应当通过依法设置的境内海岸无线电台（站）或者卫星关口站进行转接。

承担无线电通信任务的船员和岸基无线电台（站）的工作人员应当遵守海上无线电通信规则，保持海上交通安全通信频道的值守和畅通，不得使用海上交通安全通信频率交流与海上交通安全无关的内容。

任何单位、个人不得违反国家有关规定使用无线电台识别码，影响海上搜救的身份识别。

第二十五条 天文、气象、海洋等有关单位应当及时预报、播发和提供航海天文、世界时、海洋气象、海浪、海流、潮汐、冰情等信息。

第二十六条 国务院交通运输主管部门统一布局、建设和管理公用航标。海洋工程、海岸工程的建设单位、所有人或者经营人需要设置、撤除专用航标，移动专用航标位置或者改变航标灯光、功率等的，应当报经海事管理机构同意。需要设置临时航标的，应当符合海事管理机构确定的航标设置点。

自然资源主管部门依法保障航标设施和装置的用地、用海、用岛，并依法为其办理有关手续。

航标的建设、维护、保养应当符合有关强制性标准和技术规范的要求。航标维护单位和专用航标的所有人应当对航标进行巡查和维护保养，保证航标处于良好适用状态。航标发生位移、损坏、灭失的，航标维护单位或者专用航标的所有人应当及时予以恢复。

第二十七条 任何单位、个人发现下列情形之一的，应当立即向海事管理机构报告；涉及航道管理机构职责或者专用航标的，海事管理机构应当及时通报航道管理机构或者专用航标的所有人：

（一）助航标志或者导航设施位移、损坏、灭失；

（二）有妨碍海上交通安全的沉没物、漂浮物、搁浅物或者其他碍航物；

（三）其他妨碍海上交通安全的异常情况。

第二十八条 海事管理机构应当依据海上交通安全管理的需要，就具有紧迫性、危险性的情况发布航行警告，就其他影响海上交通安全的情况发布航行通告。

海事管理机构应当将航行警告、航行通告，以及船舶定线区的划定、调整情况通报海军航海保证部门，并及时提供有关资料。

第二十九条 海事管理机构应当及时向船舶、海上设施播发海上交通安全信息。

船舶、海上设施在定线区、交通管制区或者通航船舶密集的区域航行、停泊、作业时，海事管理机构应当根据其请求提供相应的安全信息服务。

第三十条 下列船舶在国务院交通运输主管部门划定的引航区内航行、停泊或者移泊的，应当向引航机构申请引航：

（一）外国籍船舶，但国务院交通运输主管部门经报国务院批准后规定可以免除的除外；

（二）核动力船舶、载运放射性物质的船舶、超大型油轮；

（三）可能危及港口安全的散装液化气船、散装危险化学品船；

（四）长、宽、高接近相应航道通航条件限值的船舶。

前款第三项、第四项船舶的具体标准，由有关海事管理机构根据港口实际情况制定并公布。

船舶自愿申请引航的，引航机构应当提供引航服务。

第三十一条 引航机构应当及时派遣具有相应能力、经验的引航员为船舶提供引航服务。

引航员应当根据引航机构的指派，在规定的水域登离被引领船舶，安全谨慎地执行船舶引航任务。被引领船舶应当配备符合规定的登离装置，并保障引航员在登离船舶及在船上引航期间的安全。

引航员引领船舶时，不解除船长指挥和管理船舶的责任。

第三十二条 国务院交通运输主管部门根据船舶、海上设施和港口面临的保安威胁情形，确定并及时发布保安等级。船舶、海上设施和港口应当根据保安等级采取相应的保安措施。

第四章 航行、停泊、作业

第三十三条 船舶航行、停泊、作业，应当持有有效的船舶国籍证书及其他法定证书、文书，配备依照有关规定出版的航海图书资料，悬挂相关国家、地区或者组织的旗帜，标明船名、船舶识别号、船籍港、载重线标志。

船舶应当满足最低安全配员要求，配备持有合格有效证书的船员。

海上设施停泊、作业，应当持有法定证书、文书，并按规定配备掌握避碰、信号、通信、消防、救生等专业技能的人员。

第三十四条 船长应当在船舶开航前检查并在开航时确认船员适任、船舶适航、货物适载，并了解气象和海况信息以及海事管理机构发布的航行通告、航行警告及其他警示信息，落实相应的应急措施，不得冒险开航。

船舶所有人、经营人或者管理人不得指使、强令船员违章冒险操作、作业。

第三十五条 船舶应当在其船舶检验证书载明的航区内航行、停泊、作业。

船舶航行、停泊、作业时，应当遵守相关航行规则，按照有关规定显示信号、悬挂标志，保持足够的富余水深。

第三十六条 船舶在航行中应当按照有关规定开启船舶的自动识别、航行数据记录、远程识别和跟踪、通信等与航行安全、保安、防治污染相关的装置，并持续进行显示和记录。

任何单位、个人不得拆封、拆解、初始化、再设置航行数据记录装置或者读取其记录的信息，但法律、行政法规另有规定的除外。

第三十七条 船舶应当配备航海日志、轮机日志、无线电记录簿等航行记录，按照有关规定全面、真实、及时记录涉及海上交通安全的船舶操作以及船舶航行、停泊、作业中的重要事件，并妥善保管相关记录簿。

第三十八条 船长负责管理和指挥船舶。在保障海上生命安全、船舶保安和防治船舶污染方面，船长有权独立作出决定。

船长应当采取必要的措施，保护船舶、在船人员、船舶航行文件、货物以及其他财产的安全。船长在其职权范围内发布的命令，船员、乘客及其他在船人员应当执行。

第三十九条 为了保障船舶和在船人员的安全，船长有权在职责范围内对涉嫌在船上进行违法犯罪活动的人员采取禁闭或者其他必要的限制措施，并防止其隐匿、毁灭、伪造证据。

船长采取前款措施，应当制作案情报告书，由其和两名以上在船人员签字。中国籍船舶抵达我国港口后，应当及时将相关人员移送有关主管部门。

第四十条 发现在船人员患有或者疑似患有严重威胁他人健康的传染病的，船长应当立即启动相应的应急预案，在职责范围内对相关人员采取必要的隔离措施，并及时报告有关主管部门。

第四十一条 船长在航行中死亡或者因故不能履行职责的，应当由驾驶员中职务最高的人代理船长职务；船舶在下一个港口开航前，其所有人、经营人或者管理人应当指派新船长接任。

第四十二条 船员应当按照有关航行、值班的规章制度和操作规程以及船长的指令操纵、管理船舶，保持安全值班，不得擅离职守。船员履行在船值班职责前和值班期间，不得摄入可能影响安全值班的食品、药品或者其他物品。

第四十三条 船舶进出港口、锚地或者通过桥区水域、海峡、狭水道、重要渔业水域、通航船舶密集的区域、船舶定线区、交通管制区，应当加强瞭望、保持安全航速，并遵守前述区域的特殊航行规则。

前款所称重要渔业水域由国务院渔业渔政主管部门征求国务院交通运输主管部门意见后划定并公布。

船舶穿越航道不得妨碍航道内船舶的正常航行，不得抢越他船船艏。超过桥梁通航尺度的船舶禁止进入桥区水域。

第四十四条 船舶不得违反规定进入或者穿越禁航区。

船舶进出船舶报告区，应当向海事管理机构报告船位和动态信息。

在安全作业区、港外锚地范围内，禁止从事养殖、种植、捕捞以及其他影响海上交通安全的作业或者活动。

第四十五条　船舶载运或者拖带超长、超高、超宽、半潜的船舶、海上设施或者其他物体航行，应当采取拖拽部位加强、护航等特殊的安全保障措施，在开航前向海事管理机构报告航行计划，并按有关规定显示信号、悬挂标志；拖带移动式平台、浮船坞等大型海上设施的，还应当依法交验船舶检验机构出具的拖航检验证书。

第四十六条　国际航行船舶进出口岸，应当依法向海事管理机构申请许可并接受海事管理机构及其他口岸查验机构的监督检查。海事管理机构应当自受理申请之日起五个工作日内作出许可或者不予许可的决定。

外国籍船舶临时进入非对外开放水域，应当依照国务院关于船舶进出口岸的规定取得许可。

国内航行船舶进出港口、港外装卸站，应当向海事管理机构报告船舶的航次计划、适航状态、船员配备和客货载运等情况。

第四十七条　船舶应当在符合安全条件的码头、泊位、装卸站、锚地、安全作业区停泊。船舶停泊不得危及其他船舶、海上设施的安全。

船舶进出港口、港外装卸站，应当符合靠泊条件和关于潮汐、气象、海况等航行条件的要求。

超长、超高、超宽的船舶或者操纵能力受到限制的船舶进出港口、港外装卸站可能影响海上交通安全的，海事管理机构应当对船舶进出港安全条件进行核查，并可以要求船舶采取加配拖轮、乘潮进港等相应的安全措施。

第四十八条　在中华人民共和国管辖海域内进行施工作业，应当经海事管理机构许可，并核定相应安全作业区。取得海上施工作业许可，应当符合下列条件：

（一）施工作业的单位、人员、船舶、设施符合安全航行、停泊、作业的要求；

（二）有施工作业方案；

（三）有符合海上交通安全和防治船舶污染海洋环境要求的保障措施、应急预案和责任制度。

从事施工作业的船舶应当在核定的安全作业区内作业，并落实海上交通安全管理措施。其他无关船舶、海上设施不得进入安全作业区。

在港口水域内进行采掘、爆破等可能危及港口安全的作业，适用港口管理的法律规定。

第四十九条　从事体育、娱乐、演练、试航、科学观测等水上水下活动，应当遵守海上交通安全管理规定；可能影响海上交通安全的，应当提前十个工作日将活动涉及的海域范围报告海事管理机构。

第五十条　海上施工作业或者水上水下活动结束后，有关单位、个人应当及时消除可能妨碍海上交通安全的隐患。

第五十一条　碍航物的所有人、经营人或者管理人应当按照有关强制性标准和技术规范的要求及时设置警示标志，向海事管理机构报告碍航物的名称、形状、尺寸、位置和深度，并在海事管理机构限定的期限内打捞清除。碍航物的所有人放弃所有权的，不免除其打捞清除义务。

不能确定碍航物的所有人、经营人或者管理人的，海事管理机构应当组织设置标志、打捞或者采取相应措施，发生的费用纳入部门预算。

第五十二条　有下列情形之一，对海上交通安全有较大影响的，海事管理机构应当根据具体情况采取停航、限速或者划定交通管制区等相应交通管制措施并向社会公告：

（一）天气、海况恶劣；

（二）发生影响航行的海上险情或者海上交通事故；

（三）进行军事训练、演习或者其他相关活动；

（四）开展大型水上水下活动；

（五）特定海域通航密度接近饱和；

（六）其他对海上交通安全有较大影响的情形。

第五十三条　国务院交通运输主管部门为维护海上交通安全、保护海洋环境，可以会同有关主管部门采取必要措施，防止和制止外国籍船舶在领海的非无害通过。

第五十四条　下列外国籍船舶进出中华人民共和国领海，应当向海事管理机构报告：

（一）潜水器；

（二）核动力船舶；

（三）载运放射性物质或者其他有毒有害物质的船舶；

（四）法律、行政法规或者国务院规定的可能危及中华人民共和国海上交通安全的其他船舶。

前款规定的船舶通过中华人民共和国领海，应当持有有关证书，采取符合中华人民共和国法律、行政法规和规章规定的特别预防措施，并接受海事管理机构的指令和监督。

第五十五条　除依照本法规定获得进入口岸许可外，外国籍船舶不得进入中华人民共和国内水；但是，因人员病急、机件故障、遇难、避风等紧急情况未及获得许可的可以进入。

外国籍船舶因前款规定的紧急情况进入中华人民共和国内水的，应当在进入的同时向海事管理机构紧急报告，接受海事管理机构的指令和监督。海事管理机构应当及时通报管辖海域的海警机构、就近的出入境边防检查机关和当地公安机关、海关等其他主管部门。

第五十六条　中华人民共和国军用船舶执行军事任务、公务船舶执行公务，遇有紧急情况，在保证海上交通安全的前提下，可以不受航行、停泊、作业有关规则的限制。

第五章　海上客货运输安全

第五十七条　除进行抢险或者生命救助外，客船应当按照船舶检验证书核定的载客定额载运乘客，货船载运货物应当符合船舶检验证书核定的载重线和载货种类，不得载运乘客。

第五十八条　客船载运乘客不得同时载运危险货物。

乘客不得随身携带或者在行李中夹带法律、行政法规或者国务院交通运输主管部门规定的危险物品。

第五十九条　客船应当在显著位置向乘客明示安全须知，设置安全标志和警示，并向乘客介绍救生用具的使用方法以及在紧急情况下应当采取的应急措施。乘客应当遵守安全乘船要求。

第六十条　海上渡口所在地的县级以上地方人民政府应当建立健全渡口安全管理责任制，制定海上渡口的安全管理办法，监督、指导海上渡口经营者落实安全主体责任，维护渡运秩序，保障渡运安全。

海上渡口的渡运线路由渡口所在地的县级以上地方人民政府交通运输主管部门会同海事管理机构划定。渡船应当按照划定的线路安全渡运。

遇有恶劣天气、海况，县级以上地方人民政府或者其指定的部门应当发布停止渡运的公告。

第六十一条　船舶载运货物，应当按照有关法律、行政法规、规章以及强制性标准和技术规范的要求安全装卸、积载、隔离、系固和管理。

第六十二条　船舶载运危险货物，应当持有有效的危险货物适装证书，并根据危险货物的特性和应急措施的要求，编制危险货物应急处置预案，配备相应的消防、应急设备和器材。

第六十三条　托运人托运危险货物，应当将其正式名称、危险性质以及应当采取的防护措施通知承运人，并按照有关法律、行政法规、规章以及强制性标准和技术规范的要求妥善包装，设置明显的危险品标志和标签。

托运人不得在托运的普通货物中夹带危险货物或者将危险货物谎报为普通货物托运。

托运人托运的货物为国际海上危险货物运输规则和国家危险货物品名表上未列明但具有危险特性的货物的，托运人还应当提交有关专业机构出具的表明该货物危险特性以及应当采取的防护措施等情况的文件。

货物危险特性的判断标准由国家海事管理机构制定并公布。

第六十四条　船舶载运危险货物进出港口，应当符合下列条件，经海事管理机构许可，并向海事管理机构报告进出港口和停留的时间等事项：

（一）所载运的危险货物符合海上安全运输要求；

（二）船舶的装载符合所持有的证书、文书的要求；

（三）拟靠泊或者进行危险货物装卸作业的港口、码头、泊位具备有关法律、行政法规规定的危险货物作业经营资质。

海事管理机构应当自收到申请之时起二十四小时内作出许可或者不予许可的决定。

定船舶、定航线并且定货种的船舶可以申请办理一定期限内多次进出港口许可，期限不超过三十日。海事管理机构应当自收到申请之日起五个工作日内作出许可或者不予许可的决定。

海事管理机构予以许可的，应当通报港口行政管理部门。

第六十五条　船舶、海上设施从事危险货物运输或者装卸、过驳作业，应当编制作业方案，遵守有关强制性标准和安全作业操作规程，采取必要的预防措施，防止发生安全事故。

在港口水域外从事散装液体危险货物过驳作业的，还应当符合下列条件，经海事管理机构许可并核定安全作业区：

（一）拟进行过驳作业的船舶或者海上设施符合海上交通安全与防治船舶污染海洋环境的要求；

（二）拟过驳的货物符合安全过驳要求；

（三）参加过驳作业的人员具备法律、行政法规规定的过驳作业能力；

（四）拟作业水域及其底质、周边环境适宜开展过驳作业；

（五）过驳作业对海洋资源以及附近的军事目标、重要民用目标不构成威胁；

（六）有符合安全要求的过驳作业方案、安全保障措施和应急预案。

对单航次作业的船舶，海事管理机构应当自收到申请之时起二十四小时内作出许可或者不予许可的决定；对在特定水域多航次作业的船舶，海事管理机构应当自收到申请之日起五个工作日内作出许可或者不予许可的决定。

第六章　海上搜寻救助

第六十六条　海上遇险人员依法享有获得生命救助的权利。生命救助优先于环境和财产救助。

第六十七条　海上搜救工作应当坚持政府领导、统一指挥、属地为主、专群结合、就近快速的原则。

第六十八条　国家建立海上搜救协调机制，统筹全国海上搜救应急反应工作，研究解决海上搜救工作中的重大问题，组织协调重大海上搜救应急行动。协调机制由国务院有关部门、单位和有关军事机关组成。

中国海上搜救中心和有关地方人民政府设立的海上搜救中心或者指定的机构（以下统称海上搜救中心）负责海上搜救的组织、协调、指挥工作。

第六十九条　沿海县级以上地方人民政府应当安排必要的海上搜救资金，保障搜救工作的正常开展。

第七十条　海上搜救中心各成员单位应当在海上搜救中心统一组织、协调、指挥下，根据各自职责，承担海上搜救应急、抢险救灾、支持保障、善后处理等工作。

第七十一条　国家设立专业海上搜救队伍，加强海上搜救力量建设。专业海上搜救队伍应当配备专业搜救装备，建立定期演练和日常培训制度，提升搜救水平。

国家鼓励社会力量建立海上搜救队伍，参与海上搜救行动。

第七十二条　船舶、海上设施、航空器及人员在海上遇险的，应当立即报告海上搜救中心，不得瞒报、谎报海上险情。

船舶、海上设施、航空器及人员误发遇险报警信号的，除立即向海上搜救中心报告外，还应当采取必要措施消除影响。

其他任何单位、个人发现或者获悉海上险情的，应当立即报告海上搜救中心。

第七十三条　发生碰撞事故的船舶、海上设施，应当互通名称、国籍和登记港，在不严重危及自身安全的情况下尽力救助对方人员，不得擅自离开事故现场水域或者逃逸。

第七十四条　遇险的船舶、海上设施及其所有人、经营人或者管理人应当采取有效措施防止、减少生命财产损失和海洋环境污染。

船舶遇险时，乘客应当服从船长指挥，配合采取相关应急措施。乘客有权获知必要的险情信息。

船长决定弃船时，应当组织乘客、船员依次离船，并尽力抢救法定航行资料。船长应当最后离船。

第七十五条　船舶、海上设施、航空器收到求救信号或者发现有人遭遇生命危险的，在不严重危及自身安全的情况下，应当尽力救助遇险人员。

第七十六条　海上搜救中心接到险情报告后，应当立即进行核实，及时组织、协调、指挥政府有关部门、专业搜救队伍、社会有关单位等各方力量参加搜救，并指定现场指挥。参加搜救的船舶、海上设施、航空器及人员应当服从现场指挥，及时报告搜救动态和搜救结果。

搜救行动的中止、恢复、终止决定由海上搜救中心作出。未经海上搜救中心同意，参加搜救的船舶、海上设施、航空器及人员不得擅自退出搜救行动。

军队参加海上搜救，依照有关法律、行政法规的规定执行。

第七十七条　遇险船舶、海上设施、航空器或者遇险人员应当服从海上搜救中心和现场指挥的指令，及时接受救助。

遇险船舶、海上设施、航空器不配合救助的，现场指挥根据险情危急情况，可以采取相应救助措施。

第七十八条　海上事故或者险情发生后，有关地方人民政府应当及时组织医疗机构为遇险人员提供紧急医疗救助，为获救人员提供必要的生活保障，并组织有关方面采取善后措施。

第七十九条　在中华人民共和国缔结或者参加的国际条约规定由我国承担搜救义务的海域内开展搜救，依照本章规定执行。

中国籍船舶在中华人民共和国管辖海域以及海上搜救责任区域以外的其他海域发生险情的，中国海上搜救中心接到信息后，应当依据中华人民共和国缔结或者参加的国际条约的规定开展国际协作。

第七章　海上交通事故调查处理

第八十条　船舶、海上设施发生海上交通事故，应当及时向海事管理机构报告，并接受调查。

第八十一条　海上交通事故根据造成的损害后果分为特别重大事故、重大事故、较大事故和一般事故。事故等级划分的人身伤亡标准依照有关安全生产的法律、行政法规的规定确定；事故等级划分的直接经济损失标准，由国务院交通运输主管部门会同国务院有关部门根据海上交通事故中的特殊情况确定，报国务院批准后公布施行。

第八十二条　特别重大海上交通事故由国务院或者国务院授权的部门组织事故调查组进行调查，海事管理机构应当参与或者配合开展调查工作。

其他海上交通事故由海事管理机构组织事故调查组进行调查，有关部门予以配合。国务院认为有必要的，可以直接组织或者授权有关部门组织事故调查组进行调查。

海事管理机构进行事故调查，事故涉及执行军事运输任务的，应当会同有关军事机关进行调查；涉及渔业船舶的，渔业渔政主管部门、海警机构应当参与调查。

第八十三条　调查海上交通事故，应当全面、客观、公正、及时，依法查明事故事实和原因，认定事故责任。

第八十四条　海事管理机构可以根据事故调查处理需要拆封、拆解当事船舶的航行数据记录装置或者读取其记录的信息，要求船舶驶向指定地点或者禁止其离港，扣留船舶或者海上设施的证书、文书、物品、资料等并妥善保管。有关人员应当配合事故调查。

第八十五条　海上交通事故调查组应当自事故发生之日起九十日内提交海上交通事故调查报告；特殊情况下，经负责组织事故调查组的部门负责人批准，提交事故调查报告的期限可以适当延长，但延长期限最长不得超过九十日。事故技术鉴定所需时间不计入事故调查期限。

海事管理机构应当自收到海上交通事故调查报告之日起十五个工作日内作出事故责任认定书，作为处理海上交通事故的证据。

事故损失较小、事实清楚、责任明确的，可以依照国务院交通运输主管部门的规定适用简易调查程序。

海上交通事故调查报告、事故责任认定书应当依照有关法律、行政法规的规定向社会公开。

第八十六条　中国籍船舶在中华人民共和国管辖海域外发生海上交通事故的，应当及时向海事管理机构报告事故情况并接受调查。

外国籍船舶在中华人民共和国管辖海域外发生事故，造成中国公民重伤或者死亡的，海事管理机构根据中华人民共和国缔结或者参加的国际条约的规定参与调查。

第八十七条　船舶、海上设施在海上遭遇恶劣天气、海况以及意外事故，造成或者可能造成损害，需要说明并记录时间、海域以及所采取的应对措施等具体情况的，可以向海事管理机构申请办理海事声明签注。海事管理机构应当依照规定提供签注服务。

第八章　监督管理

第八十八条　海事管理机构对在中华人民共和国管辖海域内从事航行、停泊、作业以及其他与海上交通安全相关的活动，依法实施监督检查。

海事管理机构依照中华人民共和国法律、行政法规以及中华人民共和国缔结或者参加的国际条约对外国籍船舶实施港口国、沿岸国监督检查。

海事管理机构工作人员执行公务时，应当按照规定着装，佩戴职衔标志，出示执法证件，并自觉接受监督。

海事管理机构依法履行监督检查职责，有关单位、个人应当予以配合，不得拒绝、阻碍依法实施的监督检查。

第八十九条　海事管理机构实施监督检查可以采取登船检查、查验证书、现场检查、询问有关人员、电子监控等方式。

载运危险货物的船舶涉嫌存在瞒报、谎报危险货物等情况的，海事管理机构可以采取开箱查验等方式进行检查。海事管理机构应当将开箱查验情况通报有关部门。港口经营人和有关单位、个人应当予以协助。

第九十条　海事管理机构对船舶、海上设施实施监督检查时，应当避免、减少对其正常作业的影响。

除法律、行政法规另有规定或者不立即实施监督检查可能造成严重后果外，不得拦截正在航行中的船舶进行检查。

第九十一条　船舶、海上设施对港口安全具有威胁的，海事管理机构应当责令立即或者限期改正、限制操作，责令驶往指定地点、禁止进港或者将其驱逐出港。

船舶、海上设施处于不适航或者不适拖状态，船员、海上设施上的相关人员未持有有效的法定证书、文书，或者存在其他严重危害海上交通安全、污染海洋环境的隐患的，海事管理机构应当根据情况禁止有关船舶、海上设施进出港，暂扣有关证书、文书或者责令其停航、改航、驶往指定地点或者停止作业。船舶超载的，海事管理机构可以依法对船舶进行强制减载。因强制减载发生的费用由违法船舶所有人、经营人或者管理人承担。

船舶、海上设施发生海上交通事故、污染事故，未结清国家规定的税费、滞纳金且未提供担保或者未履行其他法定义务的，海事管理机构应当责令改正，并可以禁止其离港。

第九十二条　外国籍船舶可能威胁中华人民共和

国内水、领海安全的,海事管理机构有权责令其离开。

外国籍船舶违反中华人民共和国海上交通安全或者防治船舶污染的法律、行政法规的,海事管理机构可以依法行使紧追权。

第九十三条 任何单位、个人有权向海事管理机构举报妨碍海上交通安全的行为。海事管理机构接到举报后,应当及时进行核实、处理。

第九十四条 海事管理机构在监督检查中,发现船舶、海上设施有违反其他法律、行政法规行为的,应当依法及时通报或者移送有关主管部门处理。

第九章 法律责任

第九十五条 船舶、海上设施未持有有效的证书、文书的,由海事管理机构责令改正,对违法船舶或者海上设施的所有人、经营人或者管理人处三万元以上三十万元以下的罚款,对船长和有关责任人员处三千元以上三万元以下的罚款;情节严重的,暂扣船长、责任船员的船员适任证书十八个月至三十个月,直至吊销船员适任证书;对船舶持有的伪造、变造证书、文书,予以没收;对存在严重安全隐患的船舶,可以依法予以没收。

第九十六条 船舶或者海上设施有下列情形之一的,由海事管理机构责令改正,对违法船舶或者海上设施的所有人、经营人或者管理人处二万元以上二十万元以下的罚款,对船长和有关责任人员处二千元以上二万元以下的罚款;情节严重的,吊销违法船舶所有人、经营人或者管理人的有关证书、文书,暂扣船长、责任船员的船员适任证书十二个月至二十四个月,直至吊销船员适任证书:

(一)船舶、海上设施的实际状况与持有的证书、文书不符;

(二)船舶未依法悬挂国旗,或者违法悬挂其他国家、地区或者组织的旗帜;

(三)船舶未按规定标明船名、船舶识别号、船籍港、载重线标志;

(四)船舶、海上设施的配员不符合最低安全配员要求。

第九十七条 在船舶上工作未持有船员适任证书、船员健康证明或者所持船员适任证书、健康证明不符合要求的,由海事管理机构对船舶的所有人、经营人或者管理人处一万元以上十万元以下的罚款,对责任船员处三千元以上三万元以下的罚款;情节严重的,对船舶的所有人、经营人或者管理人处三万元以上三十万元以下的罚款,暂扣责任船员的船员适任证书六个月至十二个月,直至吊销船员适任证书。

第九十八条 以欺骗、贿赂等不正当手段为中国籍船舶取得相关证书、文书的,由海事管理机构撤销有关许可,没收相关证书、文书,对船舶所有人、经营人或者管理人处四万元以上四十万元以下的罚款。

以欺骗、贿赂等不正当手段取得船员适任证书的,由海事管理机构撤销有关许可,没收船员适任证书,对责任人员处五千元以上五万元以下的罚款。

第九十九条 船员未保持安全值班,违反规定摄入可能影响安全值班的食品、药品或者其他物品,或者有其他违反海上船舶值班规则的行为的,由海事管理机构对船长、责任船员处一千元以上一万元以下的罚款,或者暂扣船员适任证书三个月至十二个月;情节严重的,吊销船长、责任船员的船员适任证书。

第一百条 有下列情形之一的,由海事管理机构责令改正;情节严重的,处三万元以上十万元以下的罚款:

(一)建设海洋工程、海岸工程未按规定配备相应的防止船舶碰撞的设施、设备并设置专用航标;

(二)损坏海上交通支持服务系统或者妨碍其工作效能;

(三)未经海事管理机构同意设置、撤除专用航标,移动专用航标位置或者改变航标灯光、功率等其他状况,或者设置临时航标不符合海事管理机构确定的航标设置点;

(四)在安全作业区、港外锚地范围内从事养殖、种植、捕捞以及其他影响海上交通安全的作业或者活动。

第一百零一条 有下列情形之一的,由海事管理机构责令改正,对有关责任人员处三万元以下的罚款;情节严重的,处三万元以上十万元以下的罚款,并暂扣责任船员的船员适任证书一个月至三个月:

(一)承担无线电通信任务的船员和岸基无线电台(站)的工作人员未保持海上交通安全通信频道的值守和畅通,或者使用海上交通安全通信频率交流与海上交通安全无关的内容;

(二)违反国家有关规定使用无线电台识别码,影响海上搜救的身份识别;

(三)其他违反海上无线电通信规则的行为。

第一百零二条 船舶未依照本法规定申请引航的,由海事管理机构对违法船舶的所有人、经营人或者管理人处五万元以上五十万元以下的罚款,对船长处一千元以上一万元以下的罚款;情节严重的,暂扣有关船舶证书三个月至十二个月,暂扣船长的船员适任证书一个月至三个月。

引航机构派遣引航员存在过失，造成船舶损失的，由海事管理机构对引航机构处三万元以上三十万元以下的罚款。

未经引航机构指派擅自提供引航服务的，由海事管理机构对引领船舶的人员处三千元以上三万元以下的罚款。

第一百零三条 船舶在海上航行、停泊、作业，有下列情形之一的，由海事管理机构责令改正，对违法船舶的所有人、经营人或者管理人处二万元以上二十万元以下的罚款，对船长、责任船员处二千元以上二万元以下的罚款，暂扣船员适任证书三个月至十二个月；情节严重的，吊销船长、责任船员的船员适任证书：

（一）船舶进出港口、锚地或者通过桥区水域、海峡、狭水道、重要渔业水域、通航船舶密集的区域、船舶定线区、交通管制区时，未加强瞭望、保持安全航速并遵守前述区域的特殊航行规则；

（二）未按照有关规定显示信号、悬挂标志或者保持足够的富余水深；

（三）不符合安全开航条件冒险开航，违章冒险操作、作业，或者未按照船舶检验证书载明的航区航行、停泊、作业；

（四）未按照有关规定开启船舶的自动识别、航行数据记录、远程识别和跟踪、通信等与航行安全、保安、防治污染相关的装置，并持续进行显示和记录；

（五）擅自拆封、拆解、初始化、再设置航行数据记录装置或者读取其记录的信息；

（六）船舶穿越航道妨碍航道内船舶的正常航行，抢越他船船艏或者超过桥梁通航尺度进入桥区水域；

（七）船舶违反规定进入或者穿越禁航区；

（八）船舶载运或者拖带超长、超高、超宽、半潜的船舶、海上设施或者其他物体航行，未采取特殊的安全保障措施，未在开航前向海事管理机构报告航行计划，未按规定显示信号、悬挂标志，或者拖带移动式平台、浮船坞等大型海上设施未依法交验船舶检验机构出具的拖航检验证书；

（九）船舶在不符合安全条件的码头、泊位、装卸站、锚地、安全作业区停泊，或者停泊危及其他船舶、海上设施的安全；

（十）船舶违反规定超过检验证书核定的载客定额、载重线、载货种类载运乘客、货物，或者客船载运乘客同时载运危险货物；

（十一）客船未向乘客明示安全须知、设置安全标志和警示；

（十二）未按照有关法律、行政法规、规章以及强制性标准和技术规范的要求安全装卸、积载、隔离、系固和管理货物；

（十三）其他违反海上航行、停泊、作业规则的行为。

第一百零四条 国际航行船舶未经许可进出口岸的，由海事管理机构对违法船舶的所有人、经营人或者管理人处三千元以上三万元以下的罚款，对船长、责任船员或者其他责任人员，处二千元以上二万元以下的罚款；情节严重的，吊销船长、责任船员的船员适任证书。

国内航行船舶进出港口、港外装卸站未依法向海事管理机构报告的，由海事管理机构对违法船舶的所有人、经营人或者管理人处三千元以上三万元以下的罚款，对船长、责任船员或者其他责任人员处五百元以上五千元以下的罚款。

第一百零五条 船舶、海上设施未经许可从事海上施工作业，或者未按许可要求、超出核定的安全作业区进行作业的，由海事管理机构责令改正，对违法船舶、海上设施的所有人、经营人或者管理人处三万元以上三十万元以下的罚款，对船长、责任船员处三千元以上三万元以下的罚款，或者暂扣船员适任证书六个月至十二个月；情节严重的，吊销船长、责任船员的船员适任证书。

从事可能影响海上交通安全的水上水下活动，未按规定提前报告海事管理机构的，由海事管理机构对违法船舶、海上设施的所有人、经营人或者管理人处一万元以上三万元以下的罚款，对船长、责任船员处二千元以上二万元以下的罚款。

第一百零六条 碍航物的所有人、经营人或者管理人有下列情形之一的，由海事管理机构责令改正，处二万元以上二十万元以下的罚款；逾期未改正的，海事管理机构有权依法实施代履行，代履行的费用由碍航物的所有人、经营人或者管理人承担：

（一）未按照有关强制性标准和技术规范的要求及时设置警示标志；

（二）未向海事管理机构报告碍航物的名称、形状、尺寸、位置和深度；

（三）未在海事管理机构限定的期限内打捞清除碍航物。

第一百零七条 外国籍船舶进出中华人民共和国内水、领海违反本法规定的，由海事管理机构对违法船舶的所有人、经营人或者管理人处五万元以上五十万元以下的罚款，对船长处一万元以上三万元以下的罚款。

第一百零八条 载运危险货物的船舶有下列情形之一的，海事管理机构应当责令改正，对违法船舶的所有人、经营人或者管理人处五万元以上五十万元以下的罚款，对船长、责任船员或者其他责任人员，处五千元以上五万元以下的罚款；情节严重的，责令停止作业或者航行，暂扣船长、责任船员的船员适任证书六个月至十二个月，直至吊销船员适任证书：

（一）未经许可进出港口或者从事散装液体危险货物过驳作业；

（二）未按规定编制相应的应急处置预案，配备相应的消防、应急设备和器材；

（三）违反有关强制性标准和安全作业操作规程的要求从事危险货物装卸、过驳作业。

第一百零九条 托运人托运危险货物，有下列情形之一的，由海事管理机构责令改正，处五万元以上三十万元以下的罚款：

（一）未将托运的危险货物的正式名称、危险性质以及应当采取的防护措施通知承运人；

（二）未按照有关法律、行政法规、规章以及强制性标准和技术规范的要求对危险货物妥善包装，设置明显的危险品标志和标签；

（三）在托运的普通货物中夹带危险货物或者将危险货物谎报为普通货物托运；

（四）未依法提交有关专业机构出具的表明该货物危险特性以及应当采取的防护措施等情况的文件。

第一百一十条 船舶、海上设施遇险或者发生海上交通事故后未履行报告义务，或者存在瞒报、谎报情形的，由海事管理机构对违法船舶、海上设施的所有人、经营人或者管理人处三千元以上三万元以下的罚款，对船长、责任船员处二千元以上二万元以下的罚款，暂扣船员适任证书六个月至二十四个月；情节严重的，对违法船舶、海上设施的所有人、经营人或者管理人处一万元以上十万元以下的罚款，吊销船长、责任船员的船员适任证书。

第一百一十一条 船舶发生海上交通事故后逃逸的，由海事管理机构对违法船舶的所有人、经营人或者管理人处十万元以上五十万元以下的罚款，对船长、责任船员处五千元以上五万元以下的罚款并吊销船员适任证书，受处罚者终身不得重新申请。

第一百一十二条 船舶、海上设施不依法履行海上救助义务，不服从海上搜救中心指挥的，由海事管理机构对船舶、海上设施的所有人、经营人或者管理人处三万元以上三十万元以下的罚款，暂扣船长、责任船员的船员适任证书六个月至十二个月，直至吊销船员适任证书。

第一百一十三条 有关单位、个人拒绝、阻碍海事管理机构监督检查，或者在接受监督检查时弄虚作假的，由海事管理机构处二千元以上二万元以下的罚款，暂扣船长、责任船员的船员适任证书六个月至二十四个月，直至吊销船员适任证书。

第一百一十四条 交通运输主管部门、海事管理机构及其他有关部门的工作人员违反本法规定，滥用职权、玩忽职守、徇私舞弊的，依法给予处分。

第一百一十五条 因海上交通事故引发民事纠纷的，当事人可以依法申请仲裁或者向人民法院提起诉讼。

第一百一十六条 违反本法规定，构成违反治安管理行为的，依法给予治安管理处罚；造成人身、财产损害的，依法承担民事责任；构成犯罪的，依法追究刑事责任。

第十章 附 则

第一百一十七条 本法下列用语的含义是：

船舶，是指各类排水或者非排水的船、艇、筏、水上飞行器、潜水器、移动式平台以及其他移动式装置。

海上设施，是指水上水下各种固定或者浮动建筑、装置和固定平台，但是不包括码头、防波堤等港口设施。

内水，是指中华人民共和国领海基线向陆地一侧至海岸线的海域。

施工作业，是指勘探、采掘、爆破、构筑、维修、拆除水上水下构筑物或者设施，航道建设、疏浚（航道养护疏浚除外）作业，打捞沉船沉物。

海上交通事故，是指船舶、海上设施在航行、停泊、作业过程中发生的，由于碰撞、搁浅、触礁、触碰、火灾、风灾、浪损、沉没等原因造成人员伤亡或者财产损失的事故。

海上险情，是指对海上生命安全、水域环境构成威胁，需立即采取措施规避、控制、减轻和消除的各种情形。

危险货物，是指国际海上危险货物运输规则和国家危险货物品名表上列明的，易燃、易爆、有毒、有腐蚀性、有放射性、有污染危害性等，在船舶载运过程中可能造成人身伤害、财产损失或者环境污染而需要采取特别防护措施的货物。

海上渡口，是指海上岛屿之间、海上岛屿与大陆之间，以及隔海相望的大陆与大陆之间，专用于渡船渡运人员、行李、车辆的交通基础设施。

第一百一十八条 公务船舶检验、船员配备的具体办法由国务院交通运输主管部门会同有关主管部门另行制定。

体育运动船舶的登记、检验办法由国务院体育主管部门另行制定。训练、比赛期间的体育运动船舶的海上交通安全监督管理由体育主管部门负责。

渔业船员、渔业无线电、渔业航标的监督管理，渔业船舶的登记管理，渔港水域内的海上交通安全管理，渔业船舶（含外国籍渔业船舶）之间交通事故的调查处理，由县级以上人民政府渔业渔政主管部门负责。法律、行政法规或者国务院对渔业船舶之间交通事故的调查处理另有规定的，从其规定。

除前款规定外，渔业船舶的海上交通安全管理由海事管理机构负责。渔业船舶的检验及其监督管理，由海事管理机构依照有关法律、行政法规的规定执行。

浮式储油装置等海上石油、天然气生产设施的检验适用有关法律、行政法规的规定。

第一百一十九条 海上军事管辖区和军用船舶、海上设施的内部海上交通安全管理，军用航标的设立和管理，以及为军事目的进行作业或者水上水下活动的管理，由中央军事委员会另行制定管理办法。

划定、调整海上交通功能区或者领海内特定水域，划定海上渡口的渡运线路，许可海上施工作业，可能对军用船舶的战备、训练、执勤等行动造成影响的，海事管理机构应当事先征求有关军事机关的意见。

执行军事运输任务有特殊需要的，有关军事机关应当及时向海事管理机构通报相关信息。海事管理机构应当给予必要的便利。

海上交通安全管理涉及国防交通、军事设施保护的，依照有关法律的规定执行。

第一百二十条 外国籍公务船舶在中华人民共和国领海航行、停泊、作业，违反中华人民共和国法律、行政法规的，依照有关法律、行政法规的规定处理。

在中华人民共和国管辖海域内的外国籍军用船舶的管理，适用有关法律的规定。

第一百二十一条 中华人民共和国缔结或者参加的国际条约同本法有不同规定的，适用国际条约的规定，但中华人民共和国声明保留的条款除外。

第一百二十二条 本法自 2021 年 9 月 1 日起施行。

中华人民共和国内河交通安全管理条例

（2002 年 6 月 28 日国务院令第 355 号公布　根据 2011 年 1 月 8 日《国务院关于废止和修改部分行政法规的决定》第一次修订　根据 2017 年 3 月 1 日《国务院关于修改和废止部分行政法规的决定》第二次修订　根据 2019 年 3 月 2 日《国务院关于修改部分行政法规的决定》第三次修订）

第一章　总　则

第一条 为了加强内河交通安全管理，维护内河交通秩序，保障人民群众生命、财产安全，制定本条例。

第二条 在中华人民共和国内河通航水域从事航行、停泊和作业以及与内河交通安全有关的活动，必须遵守本条例。

第三条 内河交通安全管理遵循安全第一、预防为主、方便群众、依法管理的原则，保障内河交通安全、有序、畅通。

第四条 国务院交通主管部门主管全国内河交通安全管理工作。国家海事管理机构在国务院交通主管部门的领导下，负责全国内河交通安全监督管理工作。

国务院交通主管部门在中央管理水域设立的海事管理机构和省、自治区、直辖市人民政府在中央管理水域以外的其他水域设立的海事管理机构（以下统称海事管理机构）依据各自的职责权限，对所辖内河通航水域实施水上交通安全监督管理。

第五条 县级以上地方各级人民政府应当加强本行政区域内的内河交通安全管理工作，建立、健全内河交通安全管理责任制。

乡（镇）人民政府对本行政区域内的内河交通安全管理履行下列职责：

（一）建立、健全行政村和船主的船舶安全责任制；

（二）落实渡口船舶、船员、旅客定额的安全管理责任制；

（三）落实船舶水上交通安全管理的专门人员；

（四）督促船舶所有人、经营人和船员遵守有关内河交通安全的法律、法规和规章。

第二章　船舶、浮动设施和船员

第六条 船舶具备下列条件，方可航行：

（一）经海事管理机构认可的船舶检验机构依法检验并持有合格的船舶检验证书；

（二）经海事管理机构依法登记并持有船舶登记

证书；

（三）配备符合国务院交通主管部门规定的船员；

（四）配备必要的航行资料。

第七条 浮动设施具备下列条件，方可从事有关活动：

（一）经海事管理机构认可的船舶检验机构依法检验并持有合格的检验证书；

（二）经海事管理机构依法登记并持有登记证书；

（三）配备符合国务院交通主管部门规定的掌握水上交通安全技能的船员。

第八条 船舶、浮动设施应当保持适于安全航行、停泊或者从事有关活动的状态。

船舶、浮动设施的配载和系固应当符合国家安全技术规范。

第九条 船员经水上交通安全专业培训，其中客船和载运危险货物船舶的船员还应当经相应的特殊培训，并经海事管理机构考试合格，取得相应的适任证书或者其他适任证件，方可担任船员职务。严禁未取得适任证书或者其他适任证件的船员上岗。

船员应当遵守职业道德，提高业务素质，严格依法履行职责。

第十条 船舶、浮动设施的所有人或者经营人，应当加强对船舶、浮动设施的安全管理，建立、健全相应的交通安全管理制度，并对船舶、浮动设施的交通安全负责；不得聘用无适任证书或者其他适任证件的人员担任船员；不得指使、强令船员违章操作。

第十一条 船舶、浮动设施的所有人或者经营人，应当根据船舶、浮动设施的技术性能、船员状况、水域和水文气象条件，合理调度船舶或者使用浮动设施。

第十二条 按照国家规定必须取得船舶污染损害责任、沉船打捞责任的保险文书或者财务保证书的船舶，其所有人或者经营人必须取得相应的保险文书或者财务担保证明，并随船携带其副本。

第十三条 禁止伪造、变造、买卖、租借、冒用船舶检验证书、船舶登记证书、船员适任证书或者其他适任证件。

第三章 航行、停泊和作业

第十四条 船舶在内河航行，应当悬挂国旗，标明船名、船籍港、载重线。

按照国家规定应当报废的船舶、浮动设施，不得航行或者作业。

第十五条 船舶在内河航行，应当保持瞭望，注意观察，并采用安全航速航行。船舶安全航速应当根据能见度、通航密度、船舶操纵性能和风、浪、水流、航路状况以及周围环境等主要因素决定。使用雷达的船舶，还应当考虑雷达设备的特性、效率和局限性。

船舶在限制航速的区域和汛期高水位期间，应当按照海事管理机构规定的航速航行。

第十六条 船舶在内河航行时，上行船舶应当沿缓流或者航路一侧航行，下行船舶应当沿主流或者航路中间航行；在潮流河段、湖泊、水库、平流区域，应当尽可能沿本船右舷一侧航路航行。

第十七条 船舶在内河航行时，应当谨慎驾驶，保障安全；对来船动态不明、声号不统一或者遇有紧迫情况时，应当减速、停车或者倒车，防止碰撞。

船舶相遇，各方应当注意避让。按照船舶航行规则应当让路的船舶，必须主动避让被让路船舶；被让路船舶应当注意让路船舶的行动，并适时采取措施，协助避让。

船舶避让时，各方避让意图经统一后，任何一方不得擅自改变避让行动。

船舶航行、避让和信号显示的具体规则，由国务院交通主管部门制定。

第十八条 船舶进出内河港口，应当向海事管理机构报告船舶的航次计划、适航状态、船员配备和载货载客等情况。

第十九条 下列船舶在内河航行，应当向引航机构申请引航：

（一）外国籍船舶；

（二）1000总吨以上的海上机动船舶，但船长驾驶同一类型的海上机动船舶在同一内河通航水域航行与上一航次间隔2个月以内的除外；

（三）通航条件受限制的船舶；

（四）国务院交通主管部门规定应当申请引航的客船、载运危险货物的船舶。

第二十条 船舶进出港口和通过交通管制区、通航密集区或者航行条件受限制的区域，应当遵守海事管理机构发布的有关通航规定。

任何船舶不得擅自进入或者穿越海事管理机构公布的禁航区。

第二十一条 从事货物或者旅客运输的船舶，必须符合船舶强度、稳性、吃水、消防和救生等安全技术要求和国务院交通主管部门规定的载货或者载客条件。

任何船舶不得超载运输货物或者旅客。

第二十二条　船舶在内河通航水域载运或者拖带超重、超长、超高、超宽、半潜的物体，必须在装船或者拖带前 24 小时报海事管理机构核定拟航行的航路、时间，并采取必要的安全措施，保障船舶载运或者拖带安全。船舶需要护航的，应当向海事管理机构申请护航。

第二十三条　遇有下列情形之一时，海事管理机构可以根据情况采取限时航行、单航、封航等临时性限制、疏导交通的措施，并予公告：

（一）恶劣天气；
（二）大范围水上施工作业；
（三）影响航行的水上交通事故；
（四）水上大型群众性活动或者体育比赛；
（五）对航行安全影响较大的其他情形。

第二十四条　船舶应当在码头、泊位或者依法公布的锚地、停泊区、作业区停泊；遇有紧急情况，需要在其他水域停泊的，应当向海事管理机构报告。

船舶停泊，应当按照规定显示信号，不得妨碍或者危及其他船舶航行、停泊或者作业的安全。

船舶停泊，应当留有足以保证船舶安全的船员值班。

第二十五条　在内河通航水域或者岸线上进行下列可能影响通航安全的作业或者活动的，应当在进行作业或者活动前报海事管理机构批准：

（一）勘探、采掘、爆破；
（二）构筑、设置、维修、拆除水上水下构筑物或者设施；
（三）架设桥梁、索道；
（四）铺设、检修、拆除水上水下电缆或者管道；
（五）设置系船浮筒、浮趸、缆桩等设施；
（六）航道建设，航道、码头前沿水域疏浚；
（七）举行大型群众性活动、体育比赛。

进行前款所列作业或者活动，需要进行可行性研究的，在进行可行性研究时应当征求海事管理机构的意见；依照法律、行政法规的规定，需经其他有关部门审批的，还应当依法办理有关审批手续。

第二十六条　海事管理机构审批本条例第二十五条规定的作业或者活动，应当自收到申请之日起 30 日内作出批准或者不批准的决定，并书面通知申请人。

遇有紧急情况，需要对航道进行修复或者对航道、码头前沿水域进行疏浚的，作业人可以边申请边施工。

第二十七条　航道内不得养殖、种植植物、水生物和设置永久性固定设施。

划定航道，涉及水产养殖区的，航道主管部门应当征求渔业行政主管部门的意见；设置水产养殖区，涉及航道的，渔业行政主管部门应当征求航道主管部门和海事管理机构的意见。

第二十八条　在内河通航水域进行下列可能影响通航安全的作业，应当在进行作业前向海事管理机构备案：

（一）气象观测、测量、地质调查；
（二）航道日常养护；
（三）大面积清除水面垃圾；
（四）可能影响内河通航水域交通安全的其他行为。

第二十九条　进行本条例第二十五条、第二十八条规定的作业或者活动时，应当在作业或者活动区域设置标志和显示信号，并按照海事管理机构的规定，采取相应的安全措施，保障通航安全。

前款作业或者活动完成后，不得遗留任何妨碍航行的物体。

第四章　危险货物监管

第三十条　从事危险货物装卸的码头、泊位，必须符合国家有关安全规范要求，并征求海事管理机构的意见，经验收合格后，方可投入使用。

禁止在内河运输法律、行政法规以及国务院交通主管部门规定禁止运输的危险货物。

第三十一条　载运危险货物的船舶，必须持有经海事管理机构认可的船舶检验机构依法检验并颁发的危险货物适装证书，并按照国家有关危险货物运输的规定和安全技术规范进行配载和运输。

第三十二条　船舶装卸、过驳危险货物或者载运危险货物进出港口，应当将危险货物的名称、特性、包装、装卸或者过驳的时间、地点以及进出港时间等事项，事先报告海事管理机构和港口管理机构，经其同意后，方可进行装卸、过驳作业或者进出港口；但是，定船、定线、定货的船舶可以定期报告。

第三十三条　载运危险货物的船舶，在航行、装卸或者停泊时，应当按照规定显示信号；其他船舶应当避让。

第三十四条　从事危险货物装卸的码头、泊位和载运危险货物的船舶，必须编制危险货物事故应急预案，并配备相应的应急救援设备和器材。

第五章　渡　口　管　理

第三十五条　设置或者撤销渡口，应当经渡口所在地的县级人民政府审批；县级人民政府审批前，应当征求当地海事管理机构的意见。

第三十六条 渡口的设置应当具备下列条件：

（一）选址应当在水流平缓、水深足够、坡岸稳定、视野开阔、适宜船舶停靠的地点，并远离危险物品生产、堆放场所；

（二）具备货物装卸、旅客上下的安全设施；

（三）配备必要的救生设备和专门管理人员。

第三十七条 渡口经营者应当在渡口设置明显的标志，维护渡运秩序，保障渡运安全。

渡口所在地县级人民政府应当建立、健全渡口安全管理责任制，指定有关部门负责对渡口和渡运安全实施监督检查。

第三十八条 渡口工作人员应当经培训、考试合格，并取得渡口所在地县级人民政府指定的部门颁发的合格证书。

渡口船舶应当持有合格的船舶检验证书和船舶登记证书。

第三十九条 渡口载客船舶应当有符合国家规定的识别标志，并在明显位置标明载客定额、安全注意事项。

渡口船舶应当按照渡口所在地的县级人民政府核定的路线渡运，并不得超载；渡运时，应当注意避让过往船舶，不得抢航或者强行横越。

遇有洪水或者大风、大雾、大雪等恶劣天气，渡口应当停止渡运。

第六章 通航保障

第四十条 内河通航水域的航道、航标和其他标志的规划、建设、设置、维护，应当符合国家规定的通航安全要求。

第四十一条 内河航道发生变迁，水深、宽度发生变化，或者航标发生位移、损坏、灭失，影响通航安全的，航道、航标主管部门必须及时采取措施，使航道、航标保持正常状态。

第四十二条 内河通航水域内可能影响航行安全的沉没物、漂流物、搁浅物，其所有人和经营人，必须按照国家有关规定设置标志，向海事管理机构报告，并在海事管理机构限定的时间内打捞清除；没有所有人或者经营人的，由海事管理机构打捞清除或者采取其他相应措施，保障通航安全。

第四十三条 在内河通航水域中拖放竹、木等物体，应当在拖放前24小时报经海事管理机构同意，按照核定的时间、路线拖放，并采取必要的安全措施，保障拖放安全。

第四十四条 任何单位和个人发现下列情况，应当迅速向海事管理机构报告：

（一）航道变迁，航道水深、宽度发生变化；

（二）妨碍通航安全的物体；

（三）航标发生位移、损坏、灭失；

（四）妨碍通航安全的其他情况。

海事管理机构接到报告后，应当根据情况发布航行通告或者航行警告，并通知航道、航标主管部门。

第四十五条 海事管理机构划定或者调整禁航区、交通管制区、港区外锚地、停泊区和安全作业区，以及对进行本条例第二十五条、第二十八条规定的作业或者活动，需要发布航行通告、航行警告的，应当及时发布。

第七章 救 助

第四十六条 船舶、浮动设施遇险，应当采取一切有效措施进行自救。

船舶、浮动设施发生碰撞等事故，任何一方应当在不危及自身安全的情况下，积极救助遇险的他方，不得逃逸。

船舶、浮动设施遇险，必须迅速将遇险的时间、地点、遇险状况、遇险原因、救助要求，向遇险地海事管理机构以及船舶、浮动设施所有人、经营人报告。

第四十七条 船员、浮动设施上的工作人员或者其他人员发现其他船舶、浮动设施遇险，或者收到求救信号后，必须尽力救助遇险人员，并将有关情况及时向遇险地海事管理机构报告。

第四十八条 海事管理机构收到船舶、浮动设施遇险求救信号或者报告后，必须立即组织力量救助遇险人员，同时向遇险地县级以上地方人民政府和上级海事管理机构报告。

遇险地县级以上地方人民政府收到海事管理机构的报告后，应当对救助工作进行领导和协调，动员各方力量积极参与救助。

第四十九条 船舶、浮动设施遇险时，有关部门和人员必须积极协助海事管理机构做好救助工作。

遇险现场和附近的船舶、人员，必须服从海事管理机构的统一调度和指挥。

第八章 事故调查处理

第五十条 船舶、浮动设施发生交通事故，其所有人或者经营人必须立即向交通事故发生地海事管理机构报告，并做好现场保护工作。

第五十一条 海事管理机构接到内河交通事故报告后，必须立即派员前往现场，进行调查和取证。

海事管理机构进行内河交通事故调查和取证，应当全面、客观、公正。

第五十二条　接受海事管理机构调查、取证的有关人员，应当如实提供有关情况和证据，不得谎报或者隐匿、毁灭证据。

第五十三条　海事管理机构应当在内河交通事故调查、取证结束后30日内，依据调查事实和证据作出调查结论，并书面告知内河交通事故当事人。

第五十四条　海事管理机构在调查处理内河交通事故过程中，应当采取有效措施，保证航路畅通，防止发生其他事故。

第五十五条　地方人民政府应当依照国家有关规定积极做好内河交通事故的善后工作。

第五十六条　特大内河交通事故的报告、调查和处理，按照国务院有关规定执行。

第九章　监督检查

第五十七条　在旅游、交通运输繁忙的湖泊、水库，在气候恶劣的季节，在法定或者传统节日、重大集会、集市、农忙、学生放学放假等交通高峰期间，县级以上地方各级人民政府应当加强对维护内河交通安全的组织、协调工作。

第五十八条　海事管理机构必须建立、健全内河交通安全监督检查制度，并组织落实。

第五十九条　海事管理机构必须依法履行职责，加强对船舶、浮动设施、船员和通航安全环境的监督检查。发现内河交通安全隐患时，应当责令有关单位和个人立即消除或者限期消除；有关单位和个人不立即消除或者逾期不消除的，海事管理机构必须采取责令其临时停航、停止作业，禁止进港、离港等强制性措施。

第六十条　对内河交通密集区域、多发事故水域以及货物装卸、乘客上下比较集中的港口，对客渡船、滚装客船、高速客轮、旅游船和载运危险货物的船舶，海事管理机构必须加强安全巡查。

第六十一条　海事管理机构依照本条例实施监督检查时，可以根据情况对违反本条例有关规定的船舶，采取责令临时停航、驶向指定地点、禁止进港、离港、强制卸载、拆除动力装置、暂扣船舶等保障通航安全的措施。

第六十二条　海事管理机构的工作人员依法在内河通航水域对船舶、浮动设施进行内河交通安全监督检查，任何单位和个人不得拒绝或者阻挠。

有关单位或者个人应当接受海事管理机构依法实施的安全监督检查，并为其提供方便。

海事管理机构的工作人员依照本条例实施监督检查时，应当出示执法证件，表明身份。

第十章　法律责任

第六十三条　违反本条例的规定，应当报废的船舶、浮动设施在内河航行或者作业的，由海事管理机构责令停航或者停止作业，并对船舶、浮动设施予以没收。

第六十四条　违反本条例的规定，船舶、浮动设施未持有合格的检验证书、登记证书或者船舶未持有必要的航行资料，擅自航行或者作业的，由海事管理机构责令停止航行或者作业；拒不停止的，暂扣船舶、浮动设施；情节严重的，予以没收。

第六十五条　违反本条例的规定，船舶未按照国务院交通主管部门的规定配备船员擅自航行，或者浮动设施未按照国务院交通主管部门的规定配备掌握水上交通安全技能的船员擅自作业的，由海事管理机构责令限期改正，对船舶、浮动设施所有人或者经营人处1万元以上10万元以下的罚款；逾期不改正的，责令停航或者停止作业。

第六十六条　违反本条例的规定，未经考试合格并取得适任证书或者其他适任证件的人员擅自从事船舶航行的，由海事管理机构责令其立即离岗，对直接责任人员处2000元以上2万元以下的罚款，并对聘用单位处1万元以上10万元以下的罚款。

第六十七条　违反本条例的规定，按照国家规定必须取得船舶污染损害责任、沉船打捞责任的保险文书或者财务保证书的船舶的所有人或者经营人，未取得船舶污染损害责任、沉船打捞责任保险文书或者财务担保证明的，由海事管理机构责令限期改正；逾期不改正的，责令停航，并处1万元以上10万元以下的罚款。

第六十八条　违反本条例的规定，船舶在内河航行时，有下列情形之一的，由海事管理机构责令改正，处5000元以上5万元以下的罚款；情节严重的，禁止船舶进出港口或者责令停航，并可以对责任船员给予暂扣适任证书或者其他适任证件3个月至6个月的处罚：

（一）未按照规定悬挂国旗、标明船名、船籍港、载重线的；

（二）未按照规定向海事管理机构报告船舶的航次计划、适航状态、船员配备和载货载客等情况的；

（三）未按照规定申请引航的；

（四）擅自进出内河港口，强行通过交通管制区、通航密集区、航行条件受限制区域或者禁航区的；

（五）载运或者拖带超重、超长、超高、超宽、半潜的物体，未申请或者未按照核定的航路、时间航行的。

第六十九条 违反本条例的规定，船舶未在码头、泊位或者依法公布的锚地、停泊区、作业区停泊的，由海事管理机构责令改正；拒不改正的，予以强行拖离，因拖离发生的费用由船舶所有人或者经营人承担。

第七十条 违反本条例的规定，在内河通航水域或者岸线上进行有关作业或者活动未经批准或者备案，或者未设置标志、显示信号的，由海事管理机构责令改正，处5000元以上5万元以下的罚款。

第七十一条 违反本条例的规定，从事危险货物作业，有下列情形之一的，由海事管理机构责令停止作业或者航行，对负有责任的主管人员或者其他直接责任人员处2万元以上10万元以下的罚款；属于船员的，并给予暂扣适任证书或者其他适任证件6个月以上直至吊销适任证书或者其他适任证件的处罚：

（一）从事危险货物运输的船舶，未编制危险货物事故应急预案或者未配备相应的应急救援设备和器材的；

（二）船舶装卸、过驳危险货物或者载运危险货物进出港口未经海事管理机构、港口管理机构同意的。

未持有危险货物适装证书擅自载运危险货物或者未按照安全技术规范进行配载和运输的，依照《危险化学品安全管理条例》的规定处罚。

第七十二条 违反本条例的规定，未经批准擅自设置或者撤销渡口的，由渡口所在地县级人民政府指定的部门责令限期改正；逾期不改正的，予以强制拆除或者恢复，因强制拆除或者恢复发生的费用分别由设置人、撤销人承担。

第七十三条 违反本条例的规定，渡口船舶未标明识别标志、载客定额、安全注意事项的，由渡口所在地县级人民政府指定的部门责令改正，处2000元以上1万元以下的罚款；逾期不改正的，责令停航。

第七十四条 违反本条例的规定，在内河通航水域的航道内养殖、种植植物、水生物或者设置永久性固定设施的，由海事管理机构责令限期改正；逾期不改正的，予以强制清除，因清除发生的费用由其所有人或者经营人承担。

第七十五条 违反本条例的规定，内河通航水域中的沉没物、漂流物、搁浅物的所有人或者经营人，未按照国家有关规定设置标志或者未在规定的时间内打捞清除的，由海事管理机构责令限期改正；逾期不改正的，海事管理机构强制设置标志或者组织打捞清除；需要立即组织打捞清除的，海事管理机构应当及时组织打捞清除。海事管理机构因设置标志或者打捞清除发生的费用，由沉没物、漂流物、搁浅物的所有人或者经营人承担。

第七十六条 违反本条例的规定，船舶、浮动设施遇险后未履行报告义务或者不积极施救的，由海事管理机构给予警告，并可以对责任船员给予暂扣适任证书或者其他适任证件3个月至6个月直至吊销适任证书或者其他适任证件的处罚。

第七十七条 违反本条例的规定，船舶、浮动设施发生内河交通事故的，除依法承担相应的法律责任外，由海事管理机构根据调查结论，对责任船员给予暂扣适任证书或者其他适任证件6个月以上直至吊销适任证书或者其他适任证件的处罚。

第七十八条 违反本条例的规定，遇险现场和附近的船舶、船员不服从海事管理机构的统一调度和指挥的，由海事管理机构给予警告，并可以对责任船员给予暂扣适任证书或者其他适任证件3个月至6个月直至吊销适任证书或者其他适任证件的处罚。

第七十九条 违反本条例的规定，伪造、变造、买卖、转借、冒用船舶检验证书、船舶登记证书、船员适任证书或者其他适任证件的，由海事管理机构没收有关的证书或者证件；有违法所得的，没收违法所得，并处违法所得2倍以上5倍以下的罚款；没有违法所得或者违法所得不足2万元的，处1万元以上5万元以下的罚款；触犯刑律的，依照刑法关于伪造、变造、买卖国家机关公文、证件罪或者其他罪的规定，依法追究刑事责任。

第八十条 违反本条例的规定，船舶、浮动设施的所有人或者经营人指使、强令船员违章操作的，由海事管理机构给予警告，处1万元以上5万元以下的罚款，并可以责令停航或者停止作业；造成重大伤亡事故或者严重后果的，依照刑法关于重大责任事故罪或者其他罪的规定，依法追究刑事责任。

第八十一条 违反本条例的规定，船舶在内河航行、停泊或者作业，不遵守航行、避让和信号显示规则的，由海事管理机构责令改正，处1000元以上1万元以下的罚款；情节严重的，对责任船员给予暂扣适任证书或者其他适任证件3个月至6个月直至吊销适任证书或者其他适任证件的处罚；造成重大内河交通事故的，依照刑法关于交通肇事罪或者其他罪的规定，依法追究刑事责任。

第八十二条 违反本条例的规定，船舶不具备安全技术条件从事货物、旅客运输，或者超载运输货物、旅客的，由海事管理机构责令改正，处2万元以上10万元以下的罚款，可以对责任船员给予暂扣适任证书或者其他适任证件6个月以上直至吊销适任证书或者其他适任证件的处罚，并对超载运输的船舶强制卸载，因卸载而发生的卸货费、存货费、旅客安置费和船舶监管费由船舶所有人或者经营人承担；发生重大伤亡事故或者造成其他严重后果的，依照刑法关于重大劳动安全事故罪或者其他罪的规定，依法追究刑事责任。

第八十三条　违反本条例的规定，船舶、浮动设施发生内河交通事故后逃逸的，由海事管理机构对责任船员给予吊销适任证书或者其他适任证件的处罚；证书或者证件吊销后，5年内不得重新从业；触犯刑律的，依照刑法关于交通肇事罪或者其他罪的规定，依法追究刑事责任。

第八十四条　违反本条例的规定，阻碍、妨碍内河交通事故调查取证，或者谎报、隐匿、毁灭证据的，由海事管理机构给予警告，并对直接责任人员处1000元以上1万元以下的罚款；属于船员的，并给予暂扣适任证书或者其他适任证件12个月以上直至吊销适任证书或者其他适任证件的处罚；以暴力、威胁方法阻碍内河交通事故调查取证的，依照刑法关于妨害公务罪的规定，依法追究刑事责任。

第八十五条　违反本条例的规定，海事管理机构不依据法定的安全条件进行审批、许可的，对负有责任的主管人员和其他直接责任人员根据不同情节，给予降级或者撤职的行政处分；造成重大内河交通事故或者致使公共财产、国家和人民利益遭受重大损失的，依照刑法关于滥用职权罪、玩忽职守罪或者其他罪的规定，依法追究刑事责任。

第八十六条　违反本条例的规定，海事管理机构对审批、许可的安全事项不实施监督检查的，对负有责任的主管人员和其他直接责任人员根据不同情节，给予记大过、降级或者撤职的行政处分；造成重大内河交通事故或者致使公共财产、国家和人民利益遭受重大损失的，依照刑法关于滥用职权罪、玩忽职守罪或者其他罪的规定，依法追究刑事责任。

第八十七条　违反本条例的规定，海事管理机构发现船舶、浮动设施不再具备安全航行、停泊、作业条件而不及时撤销批准或者许可并予以处理的，对负有责任的主管人员和其他直接责任人员根据不同情节，给予记大过、降级或者撤职的行政处分；造成重大内河交通事故或者致使公共财产、国家和人民利益遭受重大损失的，依照刑法关于滥用职权罪、玩忽职守罪或者其他罪的规定，依法追究刑事责任。

第八十八条　违反本条例的规定，海事管理机构对未经审批、许可擅自从事旅客、危险货物运输的船舶不实施监督检查，或者发现内河交通安全隐患不及时依法处理，或者对违法行为不依法予以处罚的，对负有责任的主管人员和其他直接责任人员根据不同情节，给予降级或者撤职的行政处分；造成重大内河交通事故或者致使公共财产、国家和人民利益遭受重大损失的，依照刑法关于滥用职权罪、玩忽职守罪或者其他罪的规定，依法追究刑事责任。

第八十九条　违反本条例的规定，渡口所在地县级人民政府指定的部门，有下列情形之一的，根据不同情节，对负有责任的主管人员和其他直接责任人员，给予降级或者撤职的行政处分；造成重大内河交通事故或者致使公共财产、国家和人民利益遭受重大损失的，依照刑法关于滥用职权罪、玩忽职守罪或者其他罪的规定，依法追究刑事责任：

（一）对县级人民政府批准的渡口不依法实施监督检查的；

（二）对未经县级人民政府批准擅自设立的渡口不予以查处的；

（三）对渡船超载、人与大牲畜混载、人与爆炸品、压缩气体和液化气体、易燃液体、易燃固体、自燃物品和遇湿易燃物品、氧化剂和有机过氧化物、有毒品和腐蚀品等危险品混载以及其他危及安全的行为不及时纠正并依法处理的。

第九十条　违反本条例的规定，触犯《中华人民共和国治安管理处罚法》，构成违反治安管理行为的，由公安机关给予治安管理处罚。

第十一章　附　　则

第九十一条　本条例下列用语的含义：

（一）内河通航水域，是指由海事管理机构认定的可供船舶航行的江、河、湖泊、水库、运河等水域。

（二）船舶，是指各类排水或者非排水的船、艇、筏、水上飞行器、潜水器、移动式平台以及其他水上移动装置。

（三）浮动设施，是指采用缆绳或者锚链等非刚性固定方式系固并漂浮或者潜于水中的建筑、装置。

（四）交通事故，是指船舶、浮动设施在内河通航水域发生的碰撞、触碰、触礁、浪损、搁浅、火灾、爆炸、沉没等引起人身伤亡和财产损失的事件。

第九十二条　军事船舶在内河通航水域航行，应当遵守内河航行、避让和信号显示规则。军事船舶的检验、登记和船员的考试、发证等管理办法，按照国家有关规定执行。

第九十三条 渔船的登记以及进出渔港报告，渔船船员的考试、发证，渔船之间交通事故的调查处理，以及渔港水域内渔船的交通安全管理办法，由国务院渔业行政主管部门依据本条例另行规定。

渔业船舶的检验及相关监督管理，由国务院交通运输主管部门按照相关渔业船舶检验的行政法规执行。

第九十四条 城市园林水域水上交通安全管理的具体办法，由省、自治区、直辖市人民政府制定；但是，有关船舶检验、登记和船员管理，依照国家有关规定执行。

第九十五条 本条例自2002年8月1日起施行。1986年12月16日国务院发布的《中华人民共和国内河交通安全管理条例》同时废止。

中华人民共和国渔港水域交通安全管理条例

（1989年7月3日国务院令第38号发布 根据2011年1月8日《国务院关于废止和修改部分行政法规的决定》第一次修订 根据2017年10月7日《国务院关于修改部分行政法规的决定》第二次修订 根据2019年3月2日《国务院关于修改部分行政法规的决定》第三次修订）

第一条 根据《中华人民共和国海上交通安全法》第四十八条的规定，制定本条例。

第二条 本条例适用于在中华人民共和国沿海以渔业为主的渔港和渔港水域（以下简称"渔港"和"渔港水域"）航行、停泊、作业的船舶、设施和人员以及船舶、设施的所有者、经营者。

第三条 中华人民共和国渔政渔港监督管理机关是对渔港水域交通安全实施监督管理的主管机关，并负责沿海水域渔业船舶之间交通事故的调查处理。

第四条 本条例下列用语的含义是：

渔港是指主要为渔业生产服务和供渔业船舶停泊、避风、装卸渔获物和补充渔需物资的人工港口或者自然港湾。

渔港水域是指渔港的港池、锚地、避风湾和航道。

渔业船舶是指从事渔业生产的船舶以及属于水产系统为渔业生产服务的船舶，包括捕捞船、养殖船、水产运销船、冷藏加工船、油船、供应船、渔业指导船、科研调查船、教学实习船、渔港工程船、拖轮、交通船、驳船、渔政船和渔监船。

第五条 对渔港认定有不同意见的，依照港口隶属关系由县级以上人民政府确定。

第六条 船舶进出渔港必须遵守渔港管理章程以及国际海上避碰规则，并依照规定向渔政渔港监督管理机关报告，接受安全检查。

渔港内的船舶必须服从渔政渔港监督管理机关对水域交通安全秩序的管理。

第七条 船舶在渔港内停泊、避风和装卸物资，不得损坏渔港的设施装备；造成损坏的应当向渔政渔港监督管理机关报告，并承担赔偿责任。

第八条 船舶在渔港内装卸易燃、易爆、有毒等危险货物，必须遵守国家关于危险货物管理的规定，并事先向渔政渔港监督管理机关提出申请，经批准后在指定的安全地点装卸。

第九条 在渔港内新建、改建、扩建各种设施，或者进行其他水上、水下施工作业，除依照国家规定履行审批手续外，应当报请渔政渔港监督管理机关批准。渔政渔港监督管理机关批准后，应当事先发布航行通告。

第十条 在渔港内的航道、港池、锚地和停泊区，禁止从事有碍海上交通安全的捕捞、养殖等生产活动。

第十一条 国家公务船舶在执行公务时进出渔港，经通报渔政渔港监督管理机关，可免于检查。渔政渔港监督管理机关应当对执行海上巡视任务的国家公务船舶的靠岸、停泊和补给提供方便。

第十二条 渔业船舶在向渔政渔港监督管理机关申请船舶登记，并取得渔业船舶国籍证书或者渔业船舶登记证书后，方可悬挂中华人民共和国国旗航行。

第十三条 渔业船舶必须经船舶检验部门检验合格，取得船舶技术证书，方可从事渔业生产。

第十四条 渔业船舶的船长、轮机长、驾驶员、轮机员、电机员、无线电报务员、话务员，必须经渔政渔港监督管理机关考核合格，取得职务证书，其他人员应当经过相应的专业训练。

第十五条 地方各级人民政府应当加强本行政区域内渔业船舶船员的技术培训工作。国营、集体所有的渔业船舶，其船员的技术培训由渔业船舶所属单位负责；个人所有的渔业船舶，其船员的技术培训由当地人民政府渔业行政主管部门负责。

第十六条 渔业船舶之间发生交通事故，应当向就近的渔政渔港监督管理机关报告，并在进入第一个港口 48 小时之内向渔政渔港监督管理机关递交事故报告书和有关材料，接受调查处理。

第十七条 渔政渔港监督管理机关对渔港水域内的交通事故和其他沿海水域渔业船舶之间的交通事故，应当及时查明原因，判明责任，作出处理决定。

第十八条 渔港内的船舶、设施有下列情形之一的，渔政渔港监督管理机关有权禁止其离港，或者令其停航、改航、停止作业：

（一）违反中华人民共和国法律、法规或者规章的；

（二）处于不适航或者不适拖状态的；

（三）发生交通事故，手续未清的；

（四）未向渔政渔港监督管理机关或者有关部门交付应当承担的费用，也未提供担保的；

（五）渔政渔港监督管理机关认为有其他妨害或者可能妨害海上交通安全的。

第十九条 渔港内的船舶、设施发生事故，对海上交通安全造成或者可能造成危害，渔政渔港监督管理机关有权对其采取强制性处置措施。

第二十条 船舶进出渔港依照规定应当向渔政渔港监督管理机关报告而未报告的，或者在渔港内不服从渔政渔港监督管理机关对水域交通安全秩序管理的，由渔政渔港监督管理机关责令改正，可以并处警告、罚款；情节严重的，扣留或者吊销船长职务证书（扣留职务证书时间最长不超过 6 个月，下同）。

第二十一条 违反本条例规定，有下列行为之一的，由渔政渔港监督管理机关责令停止违法行为，可以并处警告、罚款；造成损失的，应当承担赔偿责任；对直接责任人员由其所在单位或者上级主管机关给予行政处分：

（一）未经渔政渔港监督管理机关批准或者未按照批准文件的规定，在渔港内装卸易燃、易爆、有毒等危险货物的；

（二）未经渔政渔港监督管理机关批准，在渔港内新建、改建、扩建各种设施或者进行其他水上、水下施工作业的；

（三）在渔港内的航道、港池、锚地和停泊区从事有碍海上交通安全的捕捞、养殖等生产活动的。

第二十二条 违反本条例规定，未持有船舶证书或者未配齐船员的，由渔政渔港监督管理机关责令改正，可以并处罚款。

第二十三条 违反本条例规定，不执行渔政渔港监督管理机关作出的离港、停航、改航、停止作业的决定，或者在执行中违反上述决定的，由渔政渔港监督管理机关责令改正，可以并处警告、罚款；情节严重的，扣留或者吊销船长职务证书。

第二十四条 当事人对渔政渔港监督管理机关作出的行政处罚决定不服的，可以在接到处罚通知之日起 15 日内向人民法院起诉；期满不起诉又不履行的，由渔政渔港监督管理机关申请人民法院强制执行。

第二十五条 因渔港水域内发生的交通事故或者其他沿海水域发生的渔业船舶之间的交通事故引起的民事纠纷，可以由渔政渔港监督管理机关调解处理；调解不成或者不愿意调解的，当事人可以向人民法院起诉。

第二十六条 拒绝、阻碍渔政渔港监督管理工作人员依法执行公务，应当给予治安管理处罚的，由公安机关依照《中华人民共和国治安管理处罚法》有关规定处罚；构成犯罪的，由司法机关依法追究刑事责任。

第二十七条 渔政渔港监督管理工作人员，在渔港和渔港水域交通安全监督管理工作中，玩忽职守、滥用职权、徇私舞弊的，由其所在单位或者上级主管机关给予行政处分；构成犯罪的，由司法机关依法追究刑事责任。

第二十八条 本条例实施细则由农业农村部制定。

第二十九条 本条例自 1989 年 8 月 1 日起施行。

渔业船舶水上安全事故报告和调查处理规定

（2012 年 12 月 25 日，农业部令 2012 年第 9 号公布，自 2013 年 2 月 1 日起施行）

第一章 总 则

第一条 为加强渔业船舶水上安全管理，规范渔业船舶水上安全事故的报告和调查处理工作，落实渔业船舶水上安全事故责任追究制度，根据《中华人民共和国安全生产法》《中华人民共和国海上交通安全法》《生产安全事故报告和调查处理条例》《中华人民共和国渔港水域交通安全管理条例》《中华人民共和国海上交通事故调查处理条例》和《中华人民共和国内河交通安全管理条例》等法律法规，制定本规定。

第二条 下列水上安全事故的报告和调查处理，

适用本规定：

（一）船舶、设施在中华人民共和国渔港水域内发生的水上安全事故；

（二）在中华人民共和国渔港水域外从事渔业活动的渔业船舶以及渔业船舶之间发生的水上安全事故。

渔业船舶与非渔业船舶之间在渔港水域外发生的水上安全事故，按照有关规定调查处理。

第三条　本规定所称水上安全事故，包括水上生产安全事故和自然灾害事故。

水上生产安全事故是指因碰撞、风损、触损、火灾、自沉、机械损伤、触电、急性工业中毒、溺水或其他情况造成渔业船舶损坏、沉没或人员伤亡、失踪的事故。

自然灾害事故是指台风或大风、龙卷风、风暴潮、雷暴、海啸、海冰或其他灾害造成渔业船舶损坏、沉没或人员伤亡、失踪的事故。

第四条　渔业船舶水上安全事故分为以下等级：

（一）特别重大事故，指造成三十人以上死亡、失踪，或一百人以上重伤（包括急性工业中毒，下同），或一亿元以上直接经济损失的事故；

（二）重大事故，指造成十人以上三十人以下死亡、失踪，或五十人以上一百人以下重伤，或五千万元以上一亿元以下直接经济损失的事故；

（三）较大事故，指造成三人以上十人以下死亡、失踪，或十人以上五十人以下重伤，或一千万元以上五千万元以下直接经济损失的事故；

（四）一般事故，指造成三人以下死亡、失踪，或十人以下重伤，或一千万元以下直接经济损失的事故。

第五条　县级以上人民政府渔业行政主管部门及其所属的渔政渔港监督管理机构（以下统称为渔船事故调查机关）负责渔业船舶水上安全事故的报告。

除特别重大事故外，碰撞、风损、触损、火灾、自沉等水上安全事故，由渔船事故调查机关组织事故调查组按本规定调查处理；机械损伤、触电、急性工业中毒、溺水和其他水上安全事故，经有调查权限的人民政府授权或委托，有关渔船事故调查机关按本规定调查处理。

第六条　渔业船舶水上安全事故报告应当及时、准确、完整，任何单位或个人不得迟报、漏报、谎报或者瞒报。

渔业船舶水上安全事故调查处理应当实事求是、公平公正，在查清事故原因、查明事故性质、认定事故责任的基础上，总结事故教训，提出整改措施，并依法追究事故责任者的责任。

第七条　任何单位和个人不得阻挠、干涉渔业船舶水上安全事故的报告和调查处理工作。

第二章　事　故　报　告

第八条　各级渔船事故调查机关应当建立二十四小时应急值班制度，并向社会公布值班电话，受理事故报告。

第九条　发生渔业船舶水上安全事故后，当事人或其他知晓事故发生的人员应当立即向就近渔港或船籍港的渔船事故调查机关报告。

第十条　渔船事故调查机关接到渔业船舶水上安全事故报告后，应当立即核实情况，采取应急处置措施，并按下列规定及时上报事故情况：

（一）特别重大事故、重大事故逐级上报至农业部及相关海区渔政局，由农业部上报国务院，每级上报时间不得超过一小时；

（二）较大事故逐级上报至农业部及相关海区渔政局，每级上报时间不得超过两小时；

（三）一般事故上报至省级渔船事故调查机关，每级上报时间不得超过两小时。

必要时渔船事故调查机关可以越级上报。

渔船事故调查机关在上报事故的同时，应当报告本级人民政府并通报安全生产监督管理等有关部门。

远洋渔业船舶发生水上安全事故，由船舶所属、代理或承租企业向其所在地省级渔船事故调查机关报告，并由省级渔船事故调查机关向农业部报告。中央企业所属远洋渔业船舶发生水上安全事故，由中央企业直接报告农业部。

第十一条　渔船事故调查机关接到非本地管辖渔业船舶水上安全事故报告的，应当在一小时内通报该船船籍港渔船事故调查机关，由其逐级上报。

第十二条　渔船事故调查机关上报事故时，应当包括下列内容：

（一）接报时间；

（二）当事船舶概况及救生、通讯设备配备情况；

（三）事故发生时间、地点；

（四）事故原因及简要经过；

（五）已经造成或可能造成的人员伤亡（包括失踪人数）情况和初步估计的直接经济损失；

（六）已经采取的措施；

（七）需要上级部门协调的事项；

（八）其他应当报告的情况。

情况紧急或短时间内难以掌握事故详细情况的，

渔船事故调查机关应当首先报告事故主要情况或已掌握的情况，其他情况待核实后及时补报。重大、特别重大事故应当首先通过电话简要报告，并尽快提交书面报告。事故应急处置结束后，应当及时上报全面情况。

第十三条 渔业船舶在渔港水域外发生水上安全事故，应当在进入第一个港口或事故发生后四十八小时内向船籍港渔船事故调查机关提交水上安全事故报告书和必要的文书资料。

船舶、设施在渔港水域内发生水上安全事故，应当在事故发生后二十四小时内向所在渔港渔船事故调查机关提交水上安全事故报告书和必要的文书资料。

第十四条 水上安全事故报告书应当包括以下内容：

（一）船舶、设施概况和主要性能数据；

（二）船舶、设施所有人或经营人名称、地址、联系方式，船长及驾驶值班人员、轮机长及轮机值班人员姓名、地址、联系方式；

（三）事故发生的时间、地点；

（四）事故发生时的气象、水域情况；

（五）事故发生详细经过（碰撞事故应附相对运动示意图）；

（六）受损情况（附船舶、设施受损部位简图），提交报告时难以查清的，应当及时检验后补报；

（七）已采取的措施和效果；

（八）船舶、设施沉没的，说明沉没位置；

（九）其他与事故有关的情况。

第三章 事故调查

第十五条 各级渔船事故调查机关按照以下权限组织调查：

（一）农业部负责调查中央企业所属远洋渔业船舶水上安全事故和由国务院授权调查的特别重大事故，以及应当由农业部调查的渔业船舶与外籍船舶发生的水上安全事故；

（二）省级渔船事故调查机关负责调查重大事故和辖区内企业所属、代理或承租的远洋渔业船舶水上安全较大、一般事故；

（三）市级渔船事故调查机关负责调查较大事故；

（四）县级渔船事故调查机关负责调查一般事故。

上级渔船事故调查机关认为有必要时，可以对下级渔船事故调查机关调查权限内的事故进行调查。

第十六条 船舶、设施在渔港水域内发生的水上安全事故，由渔港所在地渔船事故调查机关调查。

渔业船舶在渔港水域外发生的水上安全事故，由船籍港所在地渔船事故调查机关调查。船籍港所在地渔船事故调查机关可以委托事故渔船到达渔港的渔船事故调查机关调查。不同船籍港渔业船舶间发生的事故由共同上一级渔船事故调查机关或其指定的渔船事故调查机关调查。

第十七条 根据调查需要，渔船事故调查机关有权开展以下工作：

（一）调查、询问有关人员；

（二）要求被调查人员提供书面材料和证明；

（三）要求当事人提供航海日志、轮机日志、报务日志、海图、船舶资料、航行设备仪器的性能以及其他必要的文书资料；

（四）检查船舶、船员等有关证书，核实事故发生前船舶的适航状况；

（五）核实事故造成的人员伤亡和财产损失情况；

（六）勘查事故现场，搜集有关物证；

（七）使用录音、照相、录像等设备及法律允许的其他手段开展调查。

第十八条 渔船事故调查机关开展调查，应当由两名以上调查人员共同参加，并向被调查人员出示证件。

调查人员应当遵守相关法律法规和工作纪律，全面、客观、公正开展调查。

未经授权，调查人员不得发布事故有关信息。

第十九条 事故当事人和有关人员应当配合调查，如实陈述事故的有关情节，并提供真实的文书资料。

第二十条 渔船事故调查机关因调查需要，可以责令当事船舶驶抵指定地点接受调查。除危及自身安全的情况外，当事船舶未经渔船事故调查机关同意，不得驶离指定地点。

第二十一条 渔船事故调查机关应当自接到事故报告之日起六十日内制作完成水上安全事故调查报告。

特殊情况下，经上一级渔船事故调查机关批准，可以延长事故调查报告完成期限，但延长期限不得超过六十日。

检验或鉴定所需时间不计入事故调查期限。

第二十二条 水上安全事故调查报告应当包括以下内容：

（一）船舶、设施概况和主要性能数据；

（二）船舶、设施所有人或经营人名称、地址和联系方式；

（三）事故发生时间、地点、经过、气象、水域、损失等情况；
（四）事故发生原因、类型和性质；
（五）救助及善后处理情况；
（六）事故责任的认定；
（七）要求当事人采取的整改措施；
（八）处理意见或建议。

第二十三条 渔船事故调查机关经调查，认定渔业船舶水上安全事故为自然灾害事故的，应当报上一级渔船事故调查机关批准。

在能够预见自然灾害发生或能够避免自然灾害不良后果的情况下，未采取应对措施或应对措施不当，造成人员伤亡或直接经济损失的，应当认定为渔业船舶水上生产安全事故。

第二十四条 渔船事故调查机关应当自调查报告制作完成之日起十日内向当事人送达调查结案报告，并报上一级渔船事故调查机关。属于非本船籍港渔业船舶事故的，应当抄送当事船舶船籍港渔船事故调查机关。属于渔港水域内非渔业船舶事故的，应当抄送同级相关部门。

第二十五条 在入渔国注册并悬挂该国国旗的远洋渔业船舶发生的水上安全事故，在入渔国相关部门调查处理后，远洋渔业船舶所属、代理或承租企业应当将调查结果经所在地省级渔船事故调查机关上报农业部。

第二十六条 渔船事故调查机关应当按照有关规定归档保存水上安全事故报告书和水上安全事故调查报告等调查材料。

第四章 事故处理

第二十七条 对渔业船舶水上安全事故负有责任的人员和船舶、设施所有人、经营人，由渔船事故调查机关依据有关法律法规和《中华人民共和国渔业港航监督行政处罚规定》给予行政处罚，并可建议有关部门和单位给予处分。

对渔业船舶水上安全事故负有责任的人员不属于渔船事故调查机关管辖范围的，渔船事故调查机关可以将有关情况通报有关主管机关。

第二十八条 根据渔业船舶水上安全事故发生的原因，渔船事故调查机关可以责令有关船舶、设施的所有人、经营人限期加强对所属船舶、设施的安全管理。对拒不加强安全管理或在期限内达不到安全要求的，渔船事故调查机关有权禁止有关船舶、设施离港，或责令其停航、改航、停止作业，并可依法采取其他必要的强制处置措施。

第二十九条 渔业船舶水上安全事故当事人和有关人员涉嫌犯罪的，渔船事故调查机关应当依法移送司法机关追究刑事责任。

第五章 调 解

第三十条 因渔业船舶水上安全事故引起的民事纠纷，当事人各方可以在事故发生之日起三十日内，向负责事故调查的渔船事故调查机关共同书面申请调解。

已向仲裁机构申请仲裁或向人民法院提起诉讼，当事人申请调解的，不予受理。

第三十一条 渔船事故调查机关开展调解，应当遵循公平自愿的原则。

第三十二条 经调解达成协议的，当事人各方应当共同签署《调解协议书》，并由渔船事故调查机关签章确认。

第三十三条 《调解协议书》应当包括以下内容：
（一）当事人姓名或名称及住所；
（二）法定代表人或代理人姓名及职务；
（三）纠纷主要事实；
（四）事故简况；
（五）当事人责任；
（六）协议内容；
（七）调解协议履行的期限。

第三十四条 已向渔船事故调查机关申请调解的民事纠纷，当事人中途不愿调解的，应当递交终止调解的书面申请，并通知其他当事人。

第三十五条 自受理调解申请之日起三个月内，当事人各方未达成调解协议的，渔船事故调查机关应当终止调解，并告知当事人可以向仲裁机构申请仲裁或向人民法院提起诉讼。

第六章 附 则

第三十六条 本规定所称设施，是指水上水下各种固定或浮动建筑、装置和固定平台。

第三十七条 本规定第三条第二款中下列事故类型的含义：
（一）碰撞，指船舶与船舶或船舶与排筏、水上浮动装置发生碰撞造成船舶损坏、沉没或人员伤亡、失踪，以及船舶航行产生的浪涌致使他船损坏、沉没或人员伤亡、失踪；
（二）风损，指准许航行作业区为沿海航区（Ⅲ类）、近海航区（Ⅱ类）、远海航区（Ⅰ类）的渔业船舶分别遭遇八级、十级和十二级以下风力造成损坏、沉没或人员伤亡、失踪；

（三）触损，指船舶触碰岸壁、码头、航标、桥墩、钻井平台等水上固定物和沉船、木桩、渔栅、潜堤等水下障碍物，以及船舶触碰礁石或搁置在礁石、浅滩上，造成船舶损坏、沉没或人员伤亡、失踪；

（四）火灾，指船舶因非自然因素失火或爆炸，造成船舶损坏、沉没或人员伤亡、失踪；

（五）自沉，指船舶因超载、装载不当、船体漏水等原因或不明原因，造成船舶沉没，人员伤亡、失踪；

（六）机械损伤，指影响适航性能的船舶机件或重要属具的损坏、灭失，以及操作和使用机械或网具等生产设备造成人员伤亡、失踪；

（七）触电，指船上人员不慎接触电流导致伤亡；

（八）急性工业中毒，指船上人员身体因接触生产中所使用或产生的有毒物质，使人体在短时间内发生病变，导致人员立即中断工作；

（九）溺水，指船上人员不慎落入水中导致伤亡、失踪；

（十）其他，指以上类型以外的导致渔业船舶水上生产安全事故的情况。

第三十八条 本规定第三条第三款中下列事故类型的含义：

（一）台风或大风，指在准许航行作业区为沿海航区（Ⅲ类）、近海航区（Ⅱ类）、远海航区（Ⅰ类）的渔业船舶分别遭遇八级、十级和十二级以上风力袭击，或在港口、锚地遭遇超过港口规定避风等级的风力袭击，或遭遇Ⅱ级警报标准以上海浪袭击，造成渔业船舶损坏、沉没或人员伤亡、失踪。

（二）龙卷风，指渔业船舶遭遇龙卷风袭击，造成渔业船舶损坏、沉没或人员伤亡、失踪。

（三）风暴潮，指渔业船舶在港口、锚地遭遇Ⅱ级警报标准以上风暴潮袭击，造成渔业船舶损坏、沉没或人员伤亡、失踪。

（四）雷暴，指渔业船舶遭遇雷电袭击，引起火灾、爆炸，造成渔业船舶损坏、沉没或人员伤亡、失踪。

（五）海啸，指渔业船舶遭遇Ⅱ级警报标准以上海啸袭击，造成渔业船舶损坏、沉没或人员伤亡、失踪。

（六）海冰，指渔业船舶在海（水）上遭遇预警标准以上海冰、冰山、凌汛袭击，造成渔业船舶损坏、沉没或人员伤亡、失踪。

（七）其他，指渔业船舶遭遇由气象机构或海洋气象机构证明或有关主管机关认定的其他自然灾害袭击，造成渔业船舶损坏、沉没或人员伤亡、失踪。

第三十九条 渔业船舶水上安全事故报告和调查处理文书表格格式，由农业部统一制定。

第四十条 本规定所称的"以上"包括本数，"以下"不包括本数。

第四十一条 本规定自2013年2月1日起施行，1991年3月5日农业部发布、1997年12月25日修订的《中华人民共和国渔业海上交通事故调查处理规则》同时废止。

中华人民共和国海上交通事故调查处理条例

（1990年1月11日国务院批准，1990年3月3日交通部令第14号公布，自公布之日起施行）

第一章 总 则

第一条 为了加强海上交通安全管理，及时调查处理海上交通事故，根据《中华人民共和国海上交通安全法》的有关规定，制定本条例。

第二条 中华人民共和国港务监督机构是本条例的实施机关。

第三条 本条例适用于船舶、设施在中华人民共和国沿海水域内发生的海上交通事故。

以渔业为主的渔港水域内发生的海上交通事故和沿海水域内渔业船舶之间、军用船舶之间发生的海上交通事故的调查处理，国家法律、行政法规另有专门规定的，从其规定。

第四条 本条例所称海上交通事故是指船舶、设施发生的下列事故：

（一）碰撞、触碰或浪损；

（二）触礁或搁浅；

（三）火灾或爆炸；

（四）沉没；

（五）在航行中发生影响适航性能的机件或重要属具的损坏或灭失；

（六）其他引起财产损失和人身伤亡的海上交通事故。

第二章 报 告

第五条 船舶、设施发生海上交通事故，必须立即用甚高频电话、无线电报或其他有效手段向就近港口的港务监督报告。报告的内容应当包括：船舶或设施的名称、呼号、国籍、起迄港，船舶或设施的所有人或经营人名称，事故发生的时间、地点、海况以及船舶、设施的损害程度、救助要求等。

第六条 船舶、设施发生海上交通事故，除应按第五条规定立即提出扼要报告外，还必须按下列规定向港务监督提交《海上交通事故报告书》和必要的文书资料：

（一）船舶、设施在港区水域内发生海上交通事故，必须在事故发生后二十四小时内向当地港务监督提交。

（二）船舶、设施在港区水域以外的沿海水域发生海上交通事故，船舶必须在到达中华人民共和国的第一个港口后四十八小时内向港务监督提交；设施必须在事故发生后四十八小时内用电报向就近港口的港务监督报告《海上交通事故报告书》要求的内容。

（三）引航员在引领船舶的过程中发生海上交通事故，应当在返港后二十四小时内向当地港务监督提交《海上交通事故报告书》。

前款（一）（二）项因特殊情况不能按规定时间提交《海上交通事故报告书》的，在征得港务监督同意后可予以适当延迟。

第七条 《海上交通事故报告书》应当如实写明下列情况：

（一）船舶、设施概况和主要性能数据；

（二）船舶、设施所有人或经营人的名称、地址；

（三）事故发生的时间和地点；

（四）事故发生时的气象和海况；

（五）事故发生的详细经过（碰撞事故应附相对运动示意图）；

（六）损害情况（附船舶、设施受损部位简图。难以在规定时间内查清的，应于检验后补报）；

（七）船舶、设施沉没的，其沉没概位；

（八）与事故有关的其他情况。

第八条 海上交通事故报告必须真实，不得隐瞒或捏造。

第九条 因海上交通事故致使船舶、设施发生损害，船长、设施负责人应申请中国当地或船舶第一到达港地的检验部门进行检验或鉴定，并应将检验报告副本送交港务监督备案。

前款检验、鉴定事项，港务监督可委托有关单位或部门进行，其费用由船舶、设施所有人或经营人承担。

船舶、设施发生火灾、爆炸等事故，船长、设施负责人必须申请公安消防监督机关鉴定，并将鉴定书副本送交港务监督备案。

第三章 调 查

第十条 在港区水域内发生的海上交通事故，由港区地的港务监督进行调查。

在港区水域外发生的海上交通事故，由就近港口的港务监督或船舶到达的中华人民共和国的第一个港口的港务监督进行调查。必要时，由中华人民共和国港务监督局指定的港务监督进行调查。

港务监督认为必要时，可以通知有关机关和社会组织参加事故调查。

第十一条 港务监督在接到事故报告后，应及时进行调查。调查应客观、全面，不受事故当事人提供材料的限制。根据调查工作的需要，港务监督有权：

（一）询问有关人员；

（二）要求被调查人员提供书面材料和证明；

（三）要求有关当事人提供航海日志、轮机日志、车钟记录、报务日志、航向记录、海图、船舶资料、航行设备仪器的性能以及其他必要的原始文书资料；

（四）检查船舶、设施及有关设备的证书、人员证书和核实事故发生前船舶的适航状态、设施的技术状态；

（五）检查船舶、设施及其货物的损害情况和人员伤亡情况；

（六）勘查事故现场，搜集有关物证。

港务监督在调查中，可以使用录音、照相、录像等设备，并可采取法律允许的其他调查手段。

第十二条 被调查人必须接受调查，如实陈述事故的有关情节，并提供真实的文书资料。

港务监督人员在执行调查任务时，应当向被调查人员出示证件。

第十三条 港务监督因调查海上交通事故的需要，可以令当事船舶驶抵指定地点接受调查。当事船舶在不危及自身安全的情况下，未经港务监督同意，不得离开指定地点。

第十四条 港务监督的海上交通事故调查材料，公安机关、国家安全机关、监察机关、检察机关、审判机关和海事仲裁委员会及法律规定的其他机关和人员因办案需要可以查阅、摘录或复制，审判机关确因开庭需要可以借用。

第四章 处 理

第十五条 港务监督应当根据对海上交通事故的调查，作出《海上交通事故调查报告书》，查明事故发生的原因，判明当事人的责任；构成重大事故的，通报当地检察机关。

第十六条 《海上交通事故调查报告书》应包括以下内容：

（一）船舶、设施的概况和主要数据；

（二）船舶、设施所有人或经营人的名称和地址；

（三）事故发生的时间、地点、过程、气象海况、损害情况等；

（四）事故发生的原因及依据；

（五）当事人各方的责任及依据；

（六）其他有关情况。

第十七条 对海上交通事故的发生负有责任的人员，港务监督可以根据其责任的性质和程度依法给予下列处罚：

（一）对中国籍船员、引航员或设施上的工作人员，可以给予警告、罚款或扣留、吊销职务证书；

（二）对外国籍船员或设施上的工作人员，可以给予警告、罚款或将其过失通报其所属国家的主管机关。

第十八条 对海上交通事故的发生负有责任的人员及船舶、设施的所有人或经营人，需要追究其行政责任的，由港务监督提交其主管机关或行政监察机关处理；构成犯罪的，由司法机关依法追究刑事责任。

第十九条 根据海上交通事故发生的原因，港务监督可责令有关船舶、设施的所有人、经营人限期加强对所属船舶、设施的安全管理。对拒不加强安全管理或在期限内达不到安全要求的，港务监督有权责令其停航、改航、停止作业，并可采取其他必要的强制性处置措施。

第五章 调 解

第二十条 对船舶、设施发生海上交通事故引进的民事侵权赔偿纠纷，当事人可以申请港务监督调解。

调解必须遵循自愿、公平的原则，不得强迫。

第二十一条 前条民事纠纷，凡已向海事法院起诉或申请海事仲裁机构仲裁的，当事人不得再申请港务监督调解。

第二十二条 调解由当事人各方在事故发生之日起三十日内向负责该事故调查的港务监督提交书面申请。港务监督要求提供担保的，当事人应附经济赔偿担保证明文件。

第二十三条 经调解达成协议的，港务监督应制作调解书。调解书应当写明当事人的姓名或名称、住所、法定代表人或代理人的姓名及职务、纠纷的主要事实、当事人的责任、协议的内容、调解费的承担、调解协议履行的期限。调解书由当事人各方共同签字，并经港务监督盖印确认。调解书应交当事方各持一份，港务监督留存一份。

第二十四条 调解达成协议的，当事人各方应当自动履行。达成协议后当事人反悔的或逾期不履行协议的，视为调解不成。

第二十五条 凡向港务监督申请调解的民事纠纷，当事人中途不愿调解的，应当向港务监督递交撤销调解的书面申请，并通知对方当事人。

第二十六条 港务监督自收到调解申请书之日起三个月内未能使当事人各方达成调解协议的，可以宣布调解不成。

第二十七条 不愿意调解或调解不成的，当事人可以向海事法院起诉或申请海事仲裁机构仲裁。

第二十八条 凡申请港务监督调解的，应向港务监督缴纳调解费。调解的收费标准，由交通部会同国家物价局、财政部制定。

经调解达成协议的，调解费用按当事人过失比例或约定的数额分摊；调解不成的，由当事人各方平均分摊。

第六章 罚 则

第二十九条 违反本条例规定，有下列行为之一的，港务监督可视情节对有关当事人（自然人）处以警告或者二百元以下罚款；对船舶所有人、经营人处以警告或者五千元以下罚款：

（一）未按规定的时间向港务监督报告事故或提交《海上交通事故报告书》或本条例第三十二条要求的判决书、裁决书、调解书的副本的；

（二）未按港务监督要求驶往指定地点，或在未出现危及船舶安全的情况下未经港务监督同意擅自驶离指定地点的；

（三）事故报告或《海上交通事故报告书》的内容不符合规定要求或不真实，影响调查工作进行或给有关部门造成损失的；

（四）违反第九条规定，影响事故调查的；

（五）拒绝接受调查或无理阻挠、干扰港务监督进行调查的；

（六）在受调查时故意隐瞒事实或提供虚假证明的。

前款第（五）（六）项行为构成犯罪的，由司法机关依法追究刑事责任。

第三十条 对违反本条例规定，玩忽职守、滥用职权、营私舞弊、索贿受贿的港务监督人员，由行政监察机关或其所在单位给予行政处分；构成犯罪的，由司法机关依法追究刑事责任。

第三十一条 当事人对港务监督依据本条例给予的处罚不服的，可以依法向人民法院提起行政诉讼。

第七章 特别规定

第三十二条 中国籍船舶在中华人民共和国沿海水域以外发生的海上交通事故，其所有人或经营人应当向船籍港的港务监督报告，并于事故发生之日起六十日内提交《海上交通事故报告书》。如果事故在国外诉讼、仲裁或调解，船舶所有人或经营人应在诉讼、仲裁或调解结束后六十日内将判决书、裁决书或调解书的副本或影印件报船籍港的港务监督备案。

第三十三条 派往外国籍船舶任职的持有中华人民共和国船员职务证书的中国籍船员对海上交通事故的发生负有责任的，其派出单位应当在事故发生之日起六十日内向签发该职务证书的港务监督提交《海上交通事故报告书》。

本条第一款和第三十二条的海上交通事故的调查处理，按本条例的有关规定办理。

第八章 附则

第三十四条 对违反海上交通安全管理法规进行违章操作，虽未造成直接的交通事故，但构成重大潜在事故隐患的，港务监督可以依据本条例进行调查和处罚。

第三十五条 因海上交通事故产生的海洋环境污染，按照我国海洋环境保护的有关法律、法规处理。

第三十六条 本条例由交通部负责解释。

第三十七条 本条例自发布之日起施行。

内河交通事故调查处理规定

（2006年12月4日交通部令第12号公布　根据2012年3月14日交通运输部《关于修改〈内河交通事故调查处理规定〉的决定》修正）

第一章 总则

第一条 为加强内河交通安全管理，规范内河交通事故调查处理行为，根据《中华人民共和国内河交通安全管理条例》，制定本规定。

第二条 本规定适用于船舶、浮动设施在中华人民共和国内河通航水域内发生的交通事故的调查处理。但是渔船之间、军事船舶之间发生的交通事故以及渔船、军事船舶单方交通事故的调查处理不适用本规定。

第三条 本规定所称内河交通事故是指船舶、浮动设施在内河通航水域内航行、停泊、作业过程中发生的下列事件：

（一）碰撞、触碰或者浪损；

（二）触礁或者搁浅；

（三）火灾或者爆炸；

（四）沉没（包括自沉）；

（五）影响适航性能的机件或者重要属具的损坏或者灭失；

（六）其他引起财产损失或者人身伤亡的交通事件。

第四条 内河交通事故的调查处理由各级海事管理机构负责实施。

第五条 内河交通事故按照人员伤亡和直接经济损失情况，分为小事故、一般事故、大事故、重大事故和特大事故。小事故、一般事故、大事故、重大事故的具体标准按照交通部颁布的《水上交通事故统计办法》的有关规定执行。

第六条 内河交通事故的调查处理，应当遵守相关法律、行政法规的规定。特大事故的具体标准和调查处理按照国务院有关规定执行。

第二章 报告

第七条 船舶、浮动设施发生内河交通事故，必须立即采取一切有效手段向事故发生地的海事管理机构报告。报告的主要内容包括：船舶、浮动设施的名称，事故发生的时间和地点，事故发生时水域的水文、气象、通航环境情况，船舶、浮动设施的损害情况，船员、旅客的伤亡情况，水域环境的污染情况以及事故简要经过等内容。

海事管理机构接到事故报告后，应当做好记录。接到事故报告的海事管理机构不是事故发生地的，应当及时通知事故发生地的海事管理机构，并告知当事人。

第八条 船舶、浮动设施发生内河交通事故，除应当按第七条规定进行报告外，还必须在事故发生后24小时内向事故发生地的海事管理机构提交《内河交通事故报告书》和必要的证书、文书资料。

引航员在引领船舶的过程中发生内河交通事故的，引航员也必须按前款规定提交有关材料。

特殊情况下，不能按上述规定的时间提交材料的，经海事管理机构同意，可以适当延迟。

第九条 《内河交通事故报告书》应当包括下列

内容：

（一）船舶、浮动设施概况（包括其名称、主要技术数据、证书、船员及所载旅客、货物等）；

（二）船舶、浮动设施所属公司情况（包括其所有人、经营人或者管理人的名称、地址、联系电话等）；

（三）事故发生的时间和地点；

（四）事故发生时水域的水文、气象、通航环境情况；

（五）船舶、浮动设施的损害情况；

（六）船员、旅客的伤亡情况；

（七）水域环境的污染情况；

（八）事故发生的详细经过（碰撞事故应当附相对运动示意图）；

（九）船舶、浮动设施沉没的，其沉没概位；

（十）与事故有关的其他情况。

第十条 《内河交通事故报告书》内容必须真实，不得隐瞒事实或者提供虚假情况。

第三章 管　　辖

第十一条 内河交通事故由事故发生地的海事管理机构负责调查处理。

船舶、浮动设施发生事故后驶往事故发生地以外水域的，该水域海事管理机构应当协助事故发生地海事管理机构进行调查处理。

不影响船舶适航性能的小事故，经事故发生地的海事管理机构同意，可由船舶第一到达地的海事管理机构进行调查处理。

第十二条 内河交通事故管辖权限不明的，由最先接到事故报告的海事管理机构负责调查处理，并在管辖权限确定后向有管辖权的海事管理机构移送，同时通知当事人。

第十三条 对内河交通事故管辖权有争议的，由各方共同的上级海事管理机构指定管辖。

第十四条 一次死亡和失踪 10 人及以上的内河交通事故由中华人民共和国海事局负责组织调查处理。其他内河交通事故的调查权限由各直属海事管理机构或者省级地方海事管理机构确定，报中华人民共和国海事局备案。

根据调查的需要，上级海事管理机构可以直接调查处理由下级海事管理机构管辖的事故。

第四章 调　　查

第十五条 船舶、浮动设施发生内河交通事故，有关船舶、浮动设施、单位和人员必须严格保护事故现场。除因抢险等紧急原因外，未经海事管理机构调查人员的现场勘查，任何人不得移动现场物件。

第十六条 海事管理机构接到内河交通事故报告后，应当立即派员前往现场调查、取证，并对事故进行审查，认为确属内河交通事故的，应当立案。

对于经审查尚不能确定是否属于内河交通事故的，海事管理机构应当先予立案调查。经调查确认不属于内河交通事故的，应当予以撤销。

第十七条 调查人员执行调查任务时，应当出示证明其身份的行政执法证件。

执行调查任务的人员不得少于两人。

第十八条 海事管理机构进行调查和取证，应当全面、客观、公正。

当事人有权依法申请与本次交通事故有利害关系或者有其他关系、可能影响事故调查处理客观、公正的调查人员回避。

第十九条 发生内河交通事故的船舶、浮动设施及相关单位和人员应当接受和配合海事管理机构的调查、取证。有关人员应当如实陈述事故的有关情况和提供有关证据，不得谎报情况或者隐匿、毁灭证据。

其他知道事故情况的人也应当主动向海事管理机构提供有关情况和证据。

调查和取证工作需要其他海事管理机构协助、配合的，有关海事管理机构应当予以协助、配合。

第二十条 根据事故调查的需要，海事管理机构可以责令事故所涉及的船舶到指定地点接受调查。当事船舶在不危及自身安全的情况下，未经海事管理机构批准，不得驶离指定地点。

海事管理机构应当尽量避免对船舶造成不适当延误。船舶到指定地点接受调查的期限自船舶到达指定地点后起算，不得超过 72 小时；因特殊情况，期限届满不能结束调查的，经上一级海事管理机构批准可以适当延期，但延期不得超过 72 小时。

第二十一条 根据调查工作的需要，海事管理机构可以行使下列权力：

（一）勘查事故现场，搜集有关证据；

（二）询问当事人及其他有关人员并要求其提供书面材料和证明；

（三）要求当事人提供各种原始文书、航行资料、技术资料或者其影印件；

（四）检查船舶、浮动设施及有关设备、人员的证书，核实事故发生前船舶的适航状况、浮动设施及有关设备的技术状态、船舶的配员情况以及船员的适任状况等；

（五）对事故当事船舶、浮动设施、有关设备以及人员的各类证书、文书、日志、记录簿等相关违法证据可以依法先行登记保存；

（六）核查事故所导致的财产损失和人身伤亡情况。

海事管理机构在进行调查取证时，可以采用录音、录像、照相等法律、法规允许的调查手段。

第二十二条 调查人员勘查事故现场，应当制作现场勘查笔录。

勘查笔录制作完毕，应当由当事人在勘查笔录上签名。

当事人不在现场或者无能力签名的，应当由见证人签名。

无见证人或者当事人、见证人拒绝签名的，调查人员应当在勘查笔录上注明。

第二十三条 调查人员进行询问调查时，应当如实记录询问人的问话和被询问人的陈述。询问笔录上所列项目，应当按规定填写齐全。

询问笔录制作完毕，应当由被询问人核对或者向其宣读，如记录有差错或者遗漏，应当允许被询问人更正或者补充。

询问笔录经被询问人核对无误后，应当由其签名，拒绝签名的，调查人员应当在询问笔录上注明。

调查人员、翻译人员应当在询问笔录上签名。

第二十四条 调查人员进行询问调查，有权禁止他人旁听。

第二十五条 海事管理机构根据调查工作需要，可依法对事故当事船舶、浮动设施及有关设备进行检验、鉴定或者对有关人员进行测试，并取得书面检验、鉴定或者测试报告作为调查取得的证据。

对事故当事船舶、浮动设施及有关设备进行过检验或者鉴定的人员，不得在本次事故中作为检验、鉴定人员予以聘用。

第二十六条 有关单位、人员对事故所导致的财产损失应当如实向海事管理机构备案登记。

海事管理机构认为损失结果可能失实的，可以聘请有关专业机构进行认定。

第二十七条 海事管理机构应当在立案之日起3个月内完成事故调查、取证；期限届满不能完成的，经上一级海事管理机构批准可以延长3个月。事故调查必须经过沉船、沉物打捞、探摸，或者需要等待有关当事人员核实情况的，应当从有关工作完成之日起3个月内完成事故调查、取证。

第二十八条 事故调查、取证结束，应当通知当事人，并及时返还或者启封所扣留、封存的各类证书、文书、日志、记录簿等。

第二十九条 事故调查、取证结束后，海事管理机构应当制作《内河交通事故调查报告》。

《内河交通事故调查报告》应当包括下列内容：

（一）船舶、浮动设施概况（包括其名称、主要技术数据、证书、船员及所载旅客、货物等）；

（二）船舶、浮动设施所属公司情况（包括其所有人、经营人或者管理人的名称、地址等）；

（三）事故发生的时间和地点；

（四）事故发生时水域的水文、气象、通航环境情况；

（五）事故搜救情况；

（六）事故损失情况；

（七）事故经过；

（八）事故原因分析；

（九）事故当事人责任认定；

（十）安全管理建议；

（十一）其他有关情况。

经海事管理机构认定的案情简单、事实清楚、因果关系明确的小事故，海事管理机构可以简化调查程序。简化调查程序的具体规定由中华人民共和国海事局另行制定。

第三十条 为使有关各方吸取事故教训，避免类似事故的再次发生，海事管理机构应当依照规定的程序将查明的事故情况和原因向社会公开。

第三十一条 任何与事故有关的新证据被提出或者发现时，海事管理机构应当予以充分评估。该证据可能对事故原因和结论产生实质性影响的，应当对事故进行重新调查。

上级海事管理机构有权对原因不清、责任不明的已结案事故要求原调查的海事管理机构重新调查。重新调查适用本章规定的有关程序。

第三十二条 任何单位和个人不得干涉、阻挠海事管理机构依法对内河交通事故进行调查。

第五章 处 理

第三十三条 海事管理机构应当在内河交通事故调查、取证结束后30日内作出《事故调查结论》，并书面告知当事船舶、浮动设施的所有人或者经营人。

第三十四条 《事故调查结论》应当包括以下内容：

（一）事故概况（包括事故简要经过、损失情况等）；

（二）事故原因（事实与分析）；

（三）事故当事人责任认定；

（四）安全管理建议；

（五）其他有关情况。

第三十五条 对内河交通事故发生负有责任的单位和人员，有关主管机关应当依据有关法律、法规和规章给予行政处罚。涉嫌构成犯罪的，移送司法机关处理。

行政处罚涉及外国籍船员的，应当将其违法行为通报外国有关主管机关。

第三十六条 根据内河交通事故发生的原因，海事管理机构可责令有关船舶、浮动设施的所有人、经营人或者管理人对其所属船舶、浮动设施加强安全管理。有关船舶、浮动设施的所有人、经营人或者管理人应当积极配合，认真落实。对拒不加强管理或者在期限内达不到安全要求的，海事管理机构有权采取责令其停航、停止作业等强制措施。

第三十七条 海事管理机构工作人员违反本规定，玩忽职守、滥用职权、徇私舞弊的，由其所在单位依法给予行政处分；构成犯罪的，由司法机关依法追究刑事责任。

第六章 附 则

第三十八条 因内河交通事故造成水域环境污染事故的，对水域环境污染事故的调查、处理按照我国有关环境保护的法律、法规和有关规定执行。

第三十九条 本规定自 2007 年 1 月 1 日起施行。交通部 1993 年 3 月 24 日发布的《中华人民共和国内河交通事故调查处理规则》（交通部令 1993 年第 1 号）同时废止。

水上交通事故统计办法

（2014 年 9 月 30 日交通运输部公布，根据 2021 年 9 月 1 日《交通运输部关于修改〈水上交通事故统计办法〉的决定》修正）

第一条 为保障水上交通事故统计资料准确、及时，提高水上交通安全管理水平，依据《中华人民共和国统计法》《中华人民共和国海上交通安全法》《中华人民共和国水污染防治法》《防治船舶污染海洋环境管理条例》和《中华人民共和国内河交通安全管理条例》等法律法规，制定本办法。

第二条 中华人民共和国管辖水域内发生的水上交通事故及中国籍船舶在中华人民共和国管辖水域以外发生的水上交通事故的统计和上报，适用本办法。

本办法所称水上交通事故，是指船舶在航行、停泊、作业过程中发生的造成人员伤亡、财产损失、水域环境污染损害的事件。

第三条 交通运输部主管全国水上交通事故的统计管理工作。

县级以上地方人民政府交通运输主管部门主管本行政区域内登记注册的水路运输经营者所属船舶发生的水上交通事故的统计工作。

交通运输部在中央管理水域设立的直属海事管理机构和省、自治区、直辖市人民政府在中央管理水域以外的其他水域设立的承担水上交通安全管理职责的机构（以下统称海事管理机构）依照职责分工负责辖区内发生的水上交通事故的统计工作。直属海事管理机构负责中国籍船舶在中华人民共和国管辖水域以外发生的水上交通事故的统计工作。

第四条 县级以上地方人民政府交通运输主管部门、海事管理机构及航运企业、船舶应当遵守统计法律、行政法规和本办法，健全和落实水上交通事故统计工作责任制度，如实提供水上交通事故统计资料，准确、及时地完成水上交通事故统计工作。

第五条 水上交通事故按照下列分类进行统计：

（一）碰撞事故；

（二）搁浅事故；

（三）触礁事故；

（四）触碰事故；

（五）浪损事故；

（六）火灾、爆炸事故；

（七）风灾事故；

（八）自沉事故；

（九）操作性污染事故；

（十）其他引起人员伤亡、直接经济损失或者水域环境污染的水上交通事故。

第六条 本办法第五条第（一）项至第（八）项规定的事故以及第（十）项规定的其他引起人员伤亡、直接经济损失的事故，按照人员伤亡、直接经济损失分为以下等级：

（一）特别重大事故，指造成 30 人以上死亡（含失踪）的，或者 100 人以上重伤的，或者 1 亿元以上直接经济损失的事故；

（二）重大事故，指造成 10 人以上 30 人以下死亡（含失踪）的，或者 50 人以上 100 人以下重伤的，或者 5000 万元以上 1 亿元以下直接经济损失的事故；

（三）较大事故，指造成3人以上10人以下死亡（含失踪）的，或者10人以上50人以下重伤的，或者1000万元以上5000万元以下直接经济损失的事故；

（四）一般事故，指造成1人以上3人以下死亡（含失踪）的，或者1人以上10人以下重伤的，或者1000万元以下直接经济损失的事故。

前款规定的事故发生在海上的，其等级划分的直接经济损失标准按照国务院批准的相关规定执行。

第七条 本办法第五条中引起水域环境污染的事故，按照船舶溢油数量、直接经济损失分为以下等级：

（一）特别重大事故，指船舶溢油1000吨以上致水域环境污染的，或者在海上造成2亿元以上、在内河造成1亿元以上直接经济损失的事故；

（二）重大事故，指船舶溢油500吨以上1000吨以下致水域环境污染的，或者在海上造成1亿元以上2亿元以下、在内河造成5000万元以上1亿元以下直接经济损失的事故；

（三）较大事故，指船舶溢油100吨以上500吨以下致水域环境污染的，或者在海上造成5000万元以上1亿元以下、在内河造成1000万元以上5000万元以下直接经济损失的事故；

（四）一般事故，指船舶溢油100吨以下致水域环境污染的，或者在海上造成5000万元以下、在内河造成1000万元以下直接经济损失的事故。

第八条 统计水上交通事故，应当符合以下基本计算方法：

（一）重伤人数参照国家有关人体伤害鉴定标准确定；

（二）死亡（含失踪）人数按事故发生后7日内的死亡（含失踪）人数进行统计；

（三）船舶溢油数量按实际流入水体的数量进行统计；

（四）除原油、成品油以外的其他污染危害性物质泄漏按直接经济损失划分事故等级；

（五）船舶沉没或者全损按发生沉没或者全损的船舶价值进行统计；

（六）直接经济损失按水上交通事故对船舶和其他财产造成的直接损失进行统计，包括船舶救助费、打捞费、清污费、污染造成的财产损失、货损、修理费、检（查勘）验费等；船舶全损时，直接经济损失还应包括船舶价值；

（七）一件事故造成的人员死亡（含失踪）、重伤、水域环境污染和直接经济损失如同时符合2个以上等级划分标准的，按最高事故等级进行统计。

第九条 两艘以上船舶之间发生撞击造成损害的，按碰撞事故统计，计算方法如下：

（一）事故件数统计为一件；

（二）伤亡人数、沉船艘数、船舶溢油数量、直接经济损失按发生伤亡、沉船、溢油及受损失的船舶方进行统计；

（三）事故等级按照所有当事船舶的人员伤亡、船舶溢油数量或者直接经济损失确定。

船舶发生碰撞事故，一方当事船舶逃逸，事故等级暂按另一方船舶的人员伤亡、船舶溢油数量或者直接经济损失确定。查获逃逸船舶，事故等级及统计要素有变化的，事故统计数据应当予以更正。

第十条 船舶搁置在浅滩上，造成停航或者损害的，按搁浅事故统计。

船舶发生事故后为减少损失主动抢滩的，事故种类按照搁浅前的事故种类、损失按最终造成的损失进行统计。

第十一条 船舶触碰礁石，或者搁置在礁石上，造成损害的，按触礁事故统计。触礁事故等级的计算方法参照搁浅事故等级的计算方法。

第十二条 船舶触碰岸壁、码头、航标、桥墩、浮动设施、钻井平台等水上水下建筑物或者沉船、沉物、木桩、鱼栅等碍航物并造成损害，按触碰事故统计。船舶本身和岸壁、码头、航标、桥墩、钻井平台、浮动设施、鱼栅等水上水下建筑物的人员伤亡和损失，均应当列入触碰事故的伤亡和直接经济损失。

第十三条 船舶因其他船舶兴波冲击造成损害，按浪损事故统计，其事故等级的计算方法参照船舶碰撞事故等级的计算方法。

第十四条 船舶因自然或者人为因素致使船舶失火或者爆炸造成损害，按火灾、爆炸事故统计。

第十五条 船舶遭受较强风暴袭击造成损失，按风灾事故统计，一艘船舶计为一件事故。

第十六条 船舶因超载、积载或者装载不当、操作不当、船体进水等原因或者不明原因造成船舶沉没、倾覆、全损，按自沉事故统计，但其他事故造成的船舶沉没除外。

第十七条 船舶因发生碰撞、搁浅、触礁、触碰、浪损、火灾、爆炸、风灾及自沉事故造成水域环境污染的，按照造成水域环境污染的事故种类统计。

船舶造成的前款规定情形之外的水域环境污染，按照操作性污染事故统计。

第十八条 影响适航性能的机件或者重要属具的损坏或者灭失，以及在船人员工伤、意外落水等事故，按照"其他引起人员伤亡、直接经济损失、水域环境污染的水上交通事故"统计。

第十九条 船舶因外来原因使舱内进水、失去浮力，导致货舱或者驳船的甲板、机动船最高一层连续甲板浸没二分之一以上，按沉没统计。

船舶因外来原因造成严重损害，推定为船舶全损的，按沉船统计。

十米以下的船舶发生沉没或者推定全损，不计入沉船或者全损艘数和吨位。

第二十条 船舶附属艇、筏发生的水上交通事故按其所属船舶事故统计。

第二十一条 船舶因发生交通事故需要在国外进行修理的，实际修船费用按照中国人民银行公布的同期人民币与外汇比价折合人民币计算。

第二十二条 水上交通事故应当按月度、年度进行统计，并按下列时间报送：

（一）月度统计期为每月1日至月末，于次月5日前上报；

（二）年度统计期为每年1月1日至12月31日，于次年1月15日前上报。

第二十三条 在统计期内发生但尚未调查处理完毕的水上交通事故，统计时难以确定船舶溢油数量、直接经济损失的，先按初步核定值统计，待水上交通事故调查处理完毕后再按确定的数据予以更正。

第二十四条 省、自治区、直辖市人民政府交通运输主管部门、海事管理机构应当按照统计报表制度对水上交通事故进行分类统计，统计报表逐级上报至交通运输部海事局。

第二十五条 船舶在中国管辖水域内发生水上交通事故，应当按有关规定及时向事故发生地海事管理机构报告。同时，中国籍船舶的所有人、经营人或者管理人应当向登记注册地人民政府交通运输主管部门报告。

中国籍船舶在中国管辖水域以外发生水上交通事故，中国籍船舶所有人、经营人或者管理人应当在事故发生后24小时内向船籍港海事管理机构报告。

第二十六条 相关单位应当使用计算机信息系统等现代化手段进行水上交通事故信息采集、统计和上报工作。

第二十七条 水上交通事故统计资料，应当按照信息公开的相关规定予以公布。

交通运输主管部门、海事管理机构的工作人员违反本办法，虚报、瞒报、伪造、拒报、屡次迟报水上交通事故统计资料，根据情节轻重，依法给予行政处分。

第二十八条 船舶在船厂修造期间发生的事故不作为水上交通事故统计。

在船人员自杀或者他杀事件，突发疾病导致人员伤亡事件，不作为水上交通事故。

第二十九条 一般事故等级中没有造成人员伤亡且直接经济损失小于100万元的小事故（停航7日以上的搁浅事故除外），不纳入本办法统计，按照交通运输部海事局的相关规定统计。

本办法中所称的"以上"包含本数，"以下"不含本数。

第三十条 本办法自2015年1月1日起施行。2002年8月26日交通部第5号令发布的《水上交通事故统计办法》同时废止。

中华人民共和国
海上船舶污染事故调查处理规定

（2011年11月14日交通运输部发布 根据2013年12月24日《交通运输部关于修改〈中华人民共和国海上船舶污染事故调查处理规定〉的决定》第一次修正 根据2021年9月3日《交通运输部关于修改〈中华人民共和国海上船舶污染事故调查处理规定〉的决定》第二次修正）

第一章 总 则

第一条 为了规范船舶污染事故调查处理工作，依据《中华人民共和国海洋环境保护法》《中华人民共和国防治船舶污染海洋环境管理条例》等规定，制定本规定。

第二条 本规定适用于造成中华人民共和国管辖海域污染的船舶污染事故的调查处理。

第三条 国务院交通运输主管部门主管船舶污染事故调查处理工作。

国家海事管理机构负责指导、管理和实施船舶污染事故调查处理工作。

各级海事管理机构依照各自职责负责具体开展船舶污染事故调查处理工作。

第四条　船舶污染事故调查处理应当遵循及时、客观、公平、公正的原则，查明事故原因，认定事故责任。

第二章　事　故　报　告

第五条　发现船舶及其有关水上交通事故、作业活动造成或者可能造成海洋环境污染的单位和个人，应当立即将有关情况向就近的海事管理机构报告。海事管理机构接到报告后，应当按照应急预案的要求进行报告和通报。

第六条　发生污染事故的船舶、有关作业单位，应当在采取应急措施的同时及时、妥善地保存相关事故信息，立即向就近的海事管理机构报告以下事项：

（一）船舶的名称、国籍、呼号、识别号或者编号；

（二）船舶所有人、经营人或者管理人、污染损害赔偿责任保险人的名称、地址和联系方式；

（三）相关水文和气象情况；

（四）污染物的种类、基本特性、数量、装载位置等情况；

（五）事故原因或者事故原因的初步判断；

（六）事故污染情况；

（七）已经采取或者准备采取的污染控制、清除措施以及救助要求；

（八）签订了船舶污染清除协议的，还应当报告船舶污染清除单位的名称和联系方式；

（九）船舶、有关作业单位认为需要报告的其它事项。

船舶、有关作业单位向海事管理机构报告后，经核实发现报告内容与事实情况不符的，应当立即对报告内容予以更正。

第七条　发生污染事故的船舶、有关作业单位，应当在事故发生后24小时内向就近的海事管理机构提交《船舶污染事故报告书》。因特殊情况不能在规定时间内提交《船舶污染事故报告书》的，经海事管理机构同意后可予适当延迟，但最长不得超过48小时。

《船舶污染事故报告书》至少应当包括以下内容：

（一）船舶及船舶所有人、经营人或者管理人的有关情况；

（二）污染事故概况；

（三）应急处置情况；

（四）污染损害赔偿责任保险情况；

（五）其它与事故有关的事项。

第八条　中国籍船舶在中华人民共和国管辖海域外发生的船舶污染事故，其所有人或经营人应当立即向船籍港所在地直属海事管理机构报告，并在48小时内提交《船舶污染事故报告书》；船舶应当在到达国内第一港口之前提前24小时向船籍港直属海事管理机构报告，并接受调查处理。

第九条　船舶污染事故报告后出现的新情况及污染事故的处置进展情况，船舶、有关单位应当及时补充报告。

第三章　事　故　调　查

第十条　船舶污染事故调查处理依照下列规定组织实施：

（一）特别重大船舶污染事故由国务院或者国务院授权国务院交通运输主管部门等部门组织事故调查处理；

（二）重大船舶污染事故由国家海事管理机构组织事故调查处理；

（三）较大船舶污染事故由事故发生地直属海事管理机构负责调查处理；

（四）一般船舶污染事故由事故发生地海事管理机构负责事故调查处理。

船舶污染事故发生地不明的，由事故发现地海事管理机构负责调查处理。事故发生地或者事故发现地跨管辖区域或者相关海事管理机构对管辖权有争议的，由共同的上级海事管理机构确定调查处理机构。

在中华人民共和国管辖海域外发生的船舶污染事故，造成中华人民共和国管辖海域污染的，调查处理机构由国家海事管理机构指定。

中国籍船舶在中华人民共和国管辖海域外发生重大及以上船舶污染事故造成或者可能造成严重影响的，国家海事管理机构可派员开展事故调查。

船舶污染事故给渔业造成损害的，应当吸收渔业主管部门参与调查处理；给军事港口水域造成损害的，应当吸收军队有关主管部门参与调查处理。

第十一条　船舶因发生海上交通事故造成海洋环境污染的，海事管理机构对船舶污染事故的调查应当与船舶交通事故的调查同时进行。

第十二条　海事管理机构接到船舶污染事故报告后，应当及时进行核查取证，开展现场调查工作。

经核实不属于船舶污染事故的，及时通报相关部门处理。

第十三条　船舶污染事故调查应当由至少两名船舶污染事故调查人员实施。

船舶污染事故调查人员应当经过国家海事管理机构组织的培训，具有相应的船舶污染事故调查处理能力。

第十四条 发生下列情况时，船舶污染事故调查处理机构可以组织开展国际、国内船舶污染事故协查：

（一）污染事故肇事船舶逃逸的；

（二）污染事故嫌疑船舶已经开航离港的；

（三）辖区发生污染事故但暂时无法确认污染来源，经分析可能是过往船舶所为的；

（四）其它需要组织协查的情况。

国际间的船舶污染事故协查，由国家海事管理机构统一组织协调。

第十五条 船舶污染事故调查处理机构调查船舶污染事故，应当勘验事故现场，检查相关船舶，询问相关人员，收集证据，查明事故原因。

第十六条 下列材料可以作为船舶污染事故调查的证据：

（一）书证、物证、视听资料；

（二）证人证言；

（三）当事人陈述；

（四）鉴定结论；

（五）勘验笔录、调查笔录、现场笔录；

（六）其他可以证明事实的证据。

第十七条 船舶污染事故的当事人和其他有关人员应当配合调查，如实反映情况和提供资料，不得伪造、隐匿、毁灭证据或者以其他方式妨碍调查取证。

船舶污染事故的当事人和其他有关人员提供的书证、物证、视听资料应当是原件原物，提供抄录件、复印件、照片等非原件原物的，应当签字确认；拒绝确认的，事故调查人员应当注明有关情况。

第十八条 船舶污染事故调查处理机构根据调查处理工作的需要可以行使以下职权：

（一）责令船舶污染事故当事人提供相关技术鉴定或者检验、检测报告；

（二）暂扣相应的证书、文书、资料；

（三）禁止船舶驶离港口或者责令停航、改航、驶往指定地点、停止作业、暂扣船舶。

第四章 事 故 处 理

第十九条 船舶污染事故调查处理机构应当根据船舶污染事故现场勘验、检查、调查情况和有关的技术鉴定、检验、检测报告，完成船舶污染事故调查。

第二十条 船舶污染事故调查处理机构应当自事故调查结束之日起20个工作日内制作《船舶污染事故认定书》，并送达当事人。

《船舶污染事故认定书》应当载明事故基本情况、事故原因和事故责任。

海事管理机构在接到船舶污染事故报告或者发现船舶污染事故之日起6个月内无法查明污染源或者无法找到造成污染船舶的，经船舶污染事故调查处理机构负责人批准可以终止事故调查，并在《船舶污染事故认定书》中注明终止调查的原因。

第二十一条 船舶污染事故当事人对事故认定不服的，可以在收到《船舶污染事故认定书》之日起15日内，向船舶污染事故调查处理机构或者其上级机构申请一次重新认定。

第二十二条 造成海洋环境污染的船舶应当在开航前缴清海事管理机构为减轻污染损害而采取的清除、打捞、拖航、引航过驳等应急处置措施的相关费用或者提供相应的财务担保。

财务担保应当是现金担保、由境内银行或者境内保险机构提供的信用担保。

第二十三条 重大以上船舶污染事故的调查处理报告应当向国务院交通运输主管部门备案。其中重大以上船舶海上溢油事故的调查处理情况，国务院交通运输主管部门应当向国家海上溢油应急处置部际联席会议通报。

第二十四条 海上船舶污染事故调查处理的信息发布应当及时、准确。

海上船舶污染事故调查处理信息，由负责组织调查处理工作的机构审核后按照新闻发布的相关规定发布。参与事故调查处理的单位或者个人不得擅自发布相关信息。

第二十五条 船舶污染事故引起的污染损害赔偿争议，当事人可以向海事管理机构申请调解，海事管理机构也可以主动调解。

当事人一方拒绝调解的，海事管理机构不得调解。

征得所有当事人同意后，调解可以邀请其他利害关系人参加。

第二十六条 调解人员应当按照有关法律、法规的规定，对船舶污染损害赔偿争议进行调解。调解成功的，由各方当事人共同签署《船舶污染事故民事纠纷调解协议书》。

《船舶污染事故民事纠纷调解协议书》由当事人各执一份，调查处理机构留存一份。

第二十七条 在调解过程中，当事人向人民法院提起诉讼或者申请仲裁的，应当及时通知海事管理机构，调解自动终止。

当事人中途退出调解的，应当向海事管理机构提交退出调解的书面申请，海事管理机构应当终止调解，并及时通知其他当事人。

海事管理机构调解不成，或者在3个月内未达成调解协议的，应当终止调解。

第五章 法律责任

第二十八条 船舶、有关作业单位违反本规定的，海事管理机构应当责令改正；拒不改正的，海事管理机构可以责令停止作业、强制卸载，禁止船舶进出港口、靠泊、过境停留，或者责令停航、改航、离境、驶向指定地点。

第二十九条 违反本规定，船舶污染事故的当事人和其他有关人员有下列行为之一的，由海事管理机构处以1万元以上5万元以下的罚款：

（一）未如实向组织事故调查处理的机关或者海事管理机构反映情况的；

（二）伪造、隐匿、毁灭证据或者以其他方式妨碍调查取证的。

第三十条 发生船舶污染事故，船舶、有关作业单位迟报、漏报事故的，对船舶、有关作业单位，由海事管理机构处5万元以上25万元以下的罚款；对直接负责的主管人员和其他直接责任人员，由海事管理机构处1万元以上5万元以下的罚款。直接负责的主管人员和其他直接责任人员属于船员的，并处给予暂扣适任证书或者其他有关证件3个月至6个月的处罚。

本条所称迟报、漏报包括下列情形：

（一）发生船舶污染事故后，未立即向就近的海事管理机构报告的，因不可抗力无法报告的除外；

（二）船舶污染事故报告的内容与事实情况不符，未及时对报告内容予以更正的；

（三）未在规定时限内向海事管理机构提交《船舶污染事故报告书》的；

（四）提交的《船舶污染事故报告书》内容不完整。

第三十一条 发生船舶污染事故，船舶、有关作业单位瞒报、谎报事故的，对船舶、有关作业单位，由海事管理机构处25万元以上50万元以下的罚款；对直接负责的主管人员和其他直接责任人员，由海事管理机构处5万元以上10万元以下的罚款。直接负责的主管人员和其他直接责任人员属于船员的，并处给予吊销适任证书或者其他有关证件的处罚。

本条所称瞒报、谎报包括下列情形：

（一）发生船舶污染事故后，故意不向海事管理机构报告的；

（二）发现船舶污染事故报告的内容与事实情况不符，故意不对报告内容予以更正的；

（三）发生船舶污染事故后，编造虚假信息或者伪造、变造证据，不如实向海事管理机构报告的；

（四）提交《船舶污染事故报告书》弄虚作假的。

第三十二条 在事故调查结束后，海事管理机构对造成船舶污染事故的责任船舶、有关作业单位，依照《中华人民共和国海洋环境保护法》第九十条的规定进行处罚。

直接经济损失是指与船舶污染事故有直接因果关系而造成的财产毁损、减少的实际价值。包括：

（一）为防止或者减轻船舶污染损害采取预防措施所发生的费用，以及预防措施造成的进一步灭失或者损害；

（二）船舶污染事故造成该船舶之外的财产损害；

（三）对受污染的环境已采取或将要采取合理恢复措施的费用。

第三十三条 船舶污染事故造成珊瑚礁、红树林等海洋生态系统及海洋水产资源、海洋保护区破坏的，海事管理机构应当责令相关责任船舶、作业单位限期改正和采取补救措施，并处1万元以上10万元以下的罚款；有违法所得的，没收其违法所得。

第六章 附　则

第三十四条 国务院交通运输主管部门所辖港区水域内军事船舶和港区水域外渔业船舶、军事船舶污染事故的调查处理，国家法律、行政法规另有规定的，从其规定。

第三十五条 《船舶污染事故报告书》《船舶污染事故认定书》《船舶污染事故民事纠纷调解协议书》及《船舶污染事故民事纠纷调解终止通知书》的格式由国家海事管理机构规定。

第三十六条 本规定自2012年2月1日起施行。

5. 铁路安全

中华人民共和国铁路法

（1990年9月7日第七届全国人民代表大会常务委员会第十五次会议通过 根据2009年8月27日第十一届全国人民代表大会常务委员会第十次会议《关于修改部分法律的决定》第一次修正 根据2015年4月24日第十二届全国人民代表大会常务委员会第十四次会议《关于修改〈中华人民共和国义务教育法〉等五部法律的决定》第二次修正）

第一章 总 则

第一条 为了保障铁路运输和铁路建设的顺利进行，适应社会主义现代化建设和人民生活的需要，制定本法。

第二条 本法所称铁路，包括国家铁路、地方铁路、专用铁路和铁路专用线。国家铁路是指由国务院铁路主管部门管理的铁路。地方铁路是指由地方人民政府管理的铁路。

专用铁路是指由企业或者其他单位管理，专为本企业或者本单位内部提供运输服务的铁路。

铁路专用线是指由企业或者其他单位管理的与国家铁路或者其他铁路线路接轨的岔线。

第三条 国务院铁路主管部门主管全国铁路工作，对国家铁路实行高度集中、统一指挥的运输管理体制，对地方铁路、专用铁路和铁路专用线进行指导、协调、监督和帮助。

国家铁路运输企业行使法律、行政法规授予的行政管理职能。

第四条 国家重点发展国家铁路，大力扶持地方铁路的发展。

第五条 铁路运输企业必须坚持社会主义经营方向和为人民服务的宗旨，改善经营管理，切实改进路风，提高运输服务质量。

第六条 公民有爱护铁路设施的义务。禁止任何人破坏铁路设施，扰乱铁路运输的正常秩序。

第七条 铁路沿线各级地方人民政府应当协助铁路运输企业保证铁路运输安全畅通，车站、列车秩序良好，铁路设施完好和铁路建设顺利进行。

第八条 国家铁路的技术管理规程，由国务院铁路主管部门制定，地方铁路、专用铁路的技术管理办法，参照国家铁路的技术管理规程制定。

第九条 国家鼓励铁路科学技术研究，提高铁路科学技术水平。对在铁路科学技术研究中有显著成绩的单位和个人给予奖励。

第二章 铁路运输营业

第十条 铁路运输企业应当保证旅客和货物运输的安全，做到列车正点到达。

第十一条 铁路运输合同是明确铁路运输企业与旅客、托运人之间权利义务关系的协议。

旅客车票、行李票、包裹票和货物运单是合同或者合同的组成部分。

第十二条 铁路运输企业应当保证旅客按车票载明的日期、车次乘车，并到达目的站。因铁路运输企业的责任造成旅客不能按车票载明的日期、车次乘车的，铁路运输企业应当按照旅客的要求，退还全部票款或者安排改乘到达相同目的站的其他列车。

第十三条 铁路运输企业应当采取有效措施做好旅客运输服务工作，做到文明礼貌、热情周到，保持车站和车厢内的清洁卫生，提供饮用开水，做好列车上的饮食供应工作。

铁路运输企业应当采取措施，防止对铁路沿线环境的污染。

第十四条 旅客乘车应当持有效车票。对无票乘车或者持失效车票乘车的，应当补收票款，并按照规定加收票款；拒不交付的，铁路运输企业可以责令下车。

第十五条 国家铁路和地方铁路根据发展生产、搞活流通的原则，安排货物运输计划。对抢险救灾物资和国家规定需要优先运输的其他物资，应予优先运输。

地方铁路运输的物资需要经由国家铁路运输的，其运输计划应当纳入国家铁路的运输计划。

第十六条 铁路运输企业应当按照合同约定的期限或者国务院铁路主管部门规定的期限，将货物、包裹、行李运到目的站；逾期运到的，铁路运输企业应当支付违约金。

铁路运输企业逾期三十日仍未将货物、包裹、行李交付收货人或者旅客的，托运人、收货人或者旅客有权按货物、包裹、行李灭失向铁路运输企业要求赔偿。

第十七条 铁路运输企业应当对承运的货物、包裹、行李自接受承运时起到交付时止发生的灭失、短少、变质、污染或者损坏，承担赔偿责任：

（一）托运人或者旅客根据自愿申请办理保价运输的，按照实际损失赔偿，但最高不超过保价额。

（二）未按保价运输承运的，按照实际损失赔偿，但最高不超过国务院铁路主管部门规定的赔偿限额；如果损失是由于铁路运输企业的故意或者重大过失造成的，不适用赔偿限额的规定，按照实际损失赔偿。

托运人或者旅客根据自愿可以向保险公司办理货物运输保险，保险公司按照保险合同的约定承担赔偿责任。

托运人或者旅客根据自愿，可以办理保价运输，也可以办理货物运输保险；还可以既不办理保价运输，也不办理货物运输保险。不得以任何方式强迫办理保价运输或者货物运输保险。

第十八条　由于下列原因造成的货物、包裹、行李损失的，铁路运输企业不承担赔偿责任：

（一）不可抗力。

（二）货物或者包裹、行李中的物品本身的自然属性，或者合理损耗。

（三）托运人、收货人或者旅客的过错。

第十九条　托运人应当如实填报托运单，铁路运输企业有权对填报的货物和包裹的品名、重量、数量进行检查。经检查，申报与实际不符的，检查费用由托运人承担；申报与实际相符的，检查费用由铁路运输企业承担，因检查对货物和包裹中的物品造成的损坏由铁路运输企业赔偿。

托运人因申报不实而少交的运费和其他费用应当补交，铁路运输企业按照国务院铁路主管部门的规定加收运费和其他费用。

第二十条　托运货物需要包装的，托运人应当按照国家包装标准或者行业包装标准包装；没有国家包装标准或者行业包装标准的，应当妥善包装，使货物在运输途中不因包装原因而受损坏。

铁路运输企业对承运的容易腐烂变质的货物和活动物，应当按照国务院铁路主管部门的规定和合同的约定，采取有效的保护措施。

第二十一条　货物、包裹、行李到站后，收货人或者旅客应当按照国务院铁路主管部门规定的期限及时领取，并支付托运人未付或者少付的运费和其他费用；逾期领取的，收货人或者旅客应当按照规定交付保管费。

第二十二条　自铁路运输企业发出领取货物通知之日起满三十日仍无人领取的货物，或者收货人书面通知铁路运输企业拒绝领取的货物，铁路运输企业应当通知托运人，托运人自接到通知之日起满三十日未作答复的，由铁路运输企业变卖；所得价款在扣除保管等费用后尚有余款的，应当退还托运人，无法退还、自变卖之日起一百八十日内托运人又未领回的，上缴国库。

自铁路运输企业发出领取通知之日起满九十日仍无人领取的包裹或者到站后满九十日仍无人领取的行李，铁路运输企业应当公告，公告满九十日仍无人领取的，可以变卖；所得价款在扣除保管等费用后尚有余款的，托运人、收货人或者旅客可以自变卖之日起一百八十日内领回，逾期不领回的，上缴国库。

对危险物品和规定限制运输的物品，应当移交公安机关或者有关部门处理，不得自行变卖。

对不宜长期保存的物品，可以按照国务院铁路主管部门的规定缩短处理期限。

第二十三条　因旅客、托运人或者收货人的责任给铁路运输企业造成财产损失的，由旅客、托运人或者收货人承担赔偿责任。

第二十四条　国家鼓励专用铁路兼办公共旅客、货物运输营业；提倡铁路专用线与有关单位按照协议共用。

专用铁路兼办公共旅客、货物运输营业的，应当报经省、自治区、直辖市人民政府批准。

专用铁路兼办公共旅客、货物运输营业的，适用本法关于铁路运输企业的规定。

第二十五条　铁路的旅客票价率和货物、行李的运价率实行政府指导价或者政府定价，竞争性领域实行市场调节价。政府指导价、政府定价的定价权限和具体适用范围以中央政府和地方政府的定价目录为依据。铁路旅客、货物运输杂费的收费项目和收费标准，以及铁路包裹运价率由铁路运输企业自主制定。

第二十六条　铁路的旅客票价，货物、包裹、行李的运价，旅客和货物运输杂费的收费项目和收费标准，必须公告；未公告的不得实施。

第二十七条　国家铁路、地方铁路和专用铁路印制使用的旅客、货物运输票证，禁止伪造和变造。

禁止倒卖旅客车票和其他铁路运输票证。

第二十八条　托运、承运货物、包裹、行李，必须遵守国家关于禁止或者限制运输物品的规定。

第二十九条　铁路运输企业与公路、航空或者水上运输企业相互间实行国内旅客、货物联运，依照国家有关规定办理；国家没有规定的，依照有关各方的协议办理。

第三十条　国家铁路、地方铁路参加国际联运，必须经国务院批准。

第三十一条 铁路军事运输依照国家有关规定办理。

第三十二条 发生铁路运输合同争议的，铁路运输企业和托运人、收货人或者旅客可以通过调解解决；不愿意调解解决或者调解不成的，可以依据合同中的仲裁条款或者事后达成的书面仲裁协议，向国家规定的仲裁机构申请仲裁。

当事人一方在规定的期限内不履行仲裁机构的仲裁决定的，另一方可以申请人民法院强制执行。

当事人没有在合同中订立仲裁条款，事后又没有达成书面仲裁协议的，可以向人民法院起诉。

第三章 铁路建设

第三十三条 铁路发展规划应当依据国民经济和社会发展以及国防建设的需要制定，并与其他方式的交通运输发展规划相协调。

第三十四条 地方铁路、专用铁路、铁路专用线的建设计划必须符合全国铁路发展规划，并征得国务院铁路主管部门或者国务院铁路主管部门授权的机构的同意。

第三十五条 在城市规划区范围内，铁路的线路、车站、枢纽以及其他有关设施的规划，应当纳入所在城市的总体规划。

铁路建设用地规划，应当纳入土地利用总体规划。为远期扩建、新建铁路需要的土地，由县级以上人民政府在土地利用总体规划中安排。

第三十六条 铁路建设用地，依照有关法律、行政法规的规定办理。

有关地方人民政府应当支持铁路建设，协助铁路运输企业做好铁路建设征收土地工作和拆迁安置工作。

第三十七条 已经取得使用权的铁路建设用地，应当依照批准的用途使用，不得擅自改作他用；其他单位或者个人不得侵占。

侵占铁路建设用地的，由县级以上地方人民政府土地管理部门责令停止侵占、赔偿损失。

第三十八条 铁路的标准轨距为1435毫米。新建国家铁路必须采用标准轨距。窄轨铁路的轨距为762毫米或者1000毫米。

新建和改建铁路的其他技术要求应当符合国家标准或者行业标准。

第三十九条 铁路建成后，必须依照国家基本建设程序的规定，经验收合格，方能交付正式运行。

第四十条 铁路与道路交叉处，应当优先考虑设置立体交叉；未设立体交叉的，可以根据国家有关规定设置平交道口或者人行过道。在城市规划区内设置平交道口或者人行过道，由铁路运输企业或者建有专用铁路、铁路专用线的企业或者其他单位和城市规划主管部门共同决定。

拆除已经设置的平交道口或者人行过道，由铁路运输企业或者建有专用铁路、铁路专用线的企业或者其他单位和当地人民政府商定。

第四十一条 修建跨越河流的铁路桥梁，应当符合国家规定的防洪、通航和水流的要求。

第四章 铁路安全与保护

第四十二条 铁路运输企业必须加强对铁路的管理和保护，定期检查、维修铁路运输设施，保证铁路运输设施完好，保障旅客和货物运输安全。

第四十三条 铁路公安机关和地方公安机关分工负责共同维护铁路治安秩序。车站和列车内的治安秩序，由铁路公安机关负责维护；铁路沿线的治安秩序，由地方公安机关和铁路公安机关共同维护，以地方公安机关为主。

第四十四条 电力主管部门应当保证铁路牵引用电以及铁路运营用电中重要负荷的电力供应。铁路运营用电中重要负荷的供应范围由国务院铁路主管部门和国务院电力主管部门商定。

第四十五条 铁路线路两侧地界以外的山坡地由当地人民政府作为水土保持的重点进行整治。铁路隧道顶上的山坡地由铁路运输企业协助当地人民政府进行整治。铁路地界以内的山坡地由铁路运输企业进行整治。

第四十六条 在铁路线路和铁路桥梁、涵洞两侧一定距离内，修建山塘、水库、堤坝，开挖河道、干渠，采石挖砂，打井取水，影响铁路路基稳定或者危害铁路桥梁、涵洞安全的，由县级以上地方人民政府责令停止建设或者采挖、打井等活动，限期恢复原状或者责令采取必要的安全防护措施。

在铁路线路上架设电力、通信线路，埋置电缆、管道设施，穿凿通过铁路路基的地下坑道，必须经铁路运输企业同意，并采取安全防护措施。

在铁路弯道内侧、平交道口和人行过道附近，不得修建妨碍行车瞭望的建筑物和种植妨碍行车瞭望的树木。修建妨碍行车瞭望的建筑物的，由县级以上地方人民政府责令限期拆除。种植妨碍行车瞭望的树木的，由县级以上地方人民政府责令有关单位或者个人限期迁移或者修剪、砍伐。

违反前三款的规定，给铁路运输企业造成损失的单位或者个人，应当赔偿损失。

第四十七条 禁止擅自在铁路线路上铺设平交道口和人行过道。

平交道口和人行过道必须按照规定设置必要的标志和防护设施。

行人和车辆通过铁路平交道口和人行过道时，必须遵守有关通行的规定。

第四十八条 运输危险品必须按照国务院铁路主管部门的规定办理，禁止以非危险品品名托运危险品。

禁止旅客携带危险品进站上车。铁路公安人员和国务院铁路主管部门规定的铁路职工，有权对旅客携带的物品进行运输安全检查。实施运输安全检查的铁路职工应当佩戴执勤标志。

危险品的品名由国务院铁路主管部门规定并公布。

第四十九条 对损毁、移动铁路信号装置及其他行车设施或者在铁路线路上放置障碍物的，铁路职工有权制止，可以扭送公安机关处理。

第五十条 禁止偷乘货车、攀附行进中的列车或者击打列车。对偷乘货车、攀附行进中的列车或者击打列车的，铁路职工有权制止。

第五十一条 禁止在铁路线路上行走、坐卧。对在铁路线路上行走、坐卧的，铁路职工有权制止。

第五十二条 禁止在铁路线路两侧二十米以内或者铁路防护林地内放牧。对在铁路线路两侧二十米以内或者铁路防护林地内放牧的，铁路职工有权制止。

第五十三条 对聚众拦截列车或者聚众冲击铁路行车调度机构的，铁路职工有权制止；不听制止的，公安人员现场负责人有权命令解散；拒不解散的，公安人员现场负责人有权依照国家有关规定决定采取必要手段强行驱散，并对拒不服从的人员强行带离现场或者予以拘留。

第五十四条 对哄抢铁路运输物资的，铁路职工有权制止，可以扭送公安机关处理；现场公安人员可以予以拘留。

第五十五条 在列车内，寻衅滋事，扰乱公共秩序，危害旅客人身、财产安全的，铁路职工有权制止，铁路公安人员可以予以拘留。

第五十六条 在车站和旅客列车内，发生法律规定需要检疫的传染病时，由铁路卫生检疫机构进行检疫；根据铁路卫生检疫机构的请求，地方卫生检疫机构应予协助。

货物运输的检疫，依照国家规定办理。

第五十七条 发生铁路交通事故，铁路运输企业应当依照国务院和国务院有关主管部门关于事故调查处理的规定办理，并及时恢复正常行车，任何单位和个人不得阻碍铁路线路开通和列车运行。

第五十八条 因铁路行车事故及其他铁路运营事故造成人身伤亡的，铁路运输企业应当承担赔偿责任；如果人身伤亡是因不可抗力或者由于受害人自身的原因造成的，铁路运输企业不承担赔偿责任。

违章通过平交道口或者人行过道，或者在铁路线路上行走、坐卧造成的人身伤亡，属于受害人自身的原因造成的人身伤亡。

第五十九条 国家铁路的重要桥梁和隧道，由中国人民武装警察部队负责守卫。

第五章 法律责任

第六十条 违反本法规定，携带危险品进站上车或者以非危险品品名托运危险品，导致发生重大事故的，依照刑法有关规定追究刑事责任。企业事业单位、国家机关、社会团体犯本款罪的，处以罚金，对其主管人员和直接责任人员依法追究刑事责任。

携带炸药、雷管或者非法携带枪支子弹、管制刀具进站上车的，依照刑法有关规定追究刑事责任。

第六十一条 故意损毁、移动铁路行车信号装置或者在铁路线路上放置足以使列车倾覆的障碍物的，依照刑法有关规定追究刑事责任。

第六十二条 盗窃铁路线路上行车设施的零件、部件或者铁路线路上的器材，危及行车安全的，依照刑法有关规定追究刑事责任。

第六十三条 聚众拦截列车、冲击铁路行车调度机构不听制止的，对首要分子和骨干分子依照刑法有关规定追究刑事责任。

第六十四条 聚众哄抢铁路运输物资的，对首要分子和骨干分子依照刑法有关规定追究刑事责任。

铁路职工与其他人员勾结犯前款罪的，从重处罚。

第六十五条 在列车内，抢劫旅客财物，伤害旅客的，依照刑法有关规定从重处罚。

在列车内，寻衅滋事，侮辱妇女，情节恶劣的，依照刑法有关规定追究刑事责任；敲诈勒索旅客财物的，依照刑法有关规定追究刑事责任。

第六十六条 倒卖旅客车票，构成犯罪的，依照刑法有关规定追究刑事责任。铁路职工倒卖旅客车票或者与其他人员勾结倒卖旅客车票的，依照刑法有关规定追究刑事责任。

第六十七条 违反本法规定，尚不够刑事处罚，应当给予治安管理处罚的，依照治安管理处罚法的规定处罚。

第六十八条 擅自在铁路线路上铺设平交道口、人行过道的，由铁路公安机关或者地方公安机关责令限期拆除，可以并处罚款。

第六十九条 铁路运输企业违反本法规定，多收运费、票款或者旅客、货物运输杂费的，必须将多收的费用退还付款人，无法退还的上缴国库。将多收的费用据为己有或者侵吞私分的，依照刑法有关规定追究刑事责任。

第七十条 铁路职工利用职务之便走私的，或者与其他人员勾结走私的，依照刑法有关规定追究刑事责任。

第七十一条 铁路职工玩忽职守、违反规章制度造成铁路运营事故的，滥用职权、利用办理运输业务之便谋取私利的，给予行政处分；情节严重、构成犯罪的，依照刑法有关规定追究刑事责任。

第六章 附 则

第七十二条 本法所称国家铁路运输企业是指铁路局和铁路分局。

第七十三条 国务院根据本法制定实施条例。

第七十四条 本法自1991年5月1日起施行。

铁路安全管理条例

（2013年7月24日国务院第18次常务会议通过，2013年8月17日国务院令第639号公布，自2014年1月1日起施行）

第一章 总 则

第一条 为了加强铁路安全管理，保障铁路运输安全和畅通，保护人身安全和财产安全，制定本条例。

第二条 铁路安全管理坚持安全第一、预防为主、综合治理的方针。

第三条 国务院铁路行业监督管理部门负责全国铁路安全监督管理工作，国务院铁路行业监督管理部门设立的铁路监督管理机构负责辖区内的铁路安全监督管理工作。国务院铁路行业监督管理部门和铁路监督管理机构统称铁路监管部门。

国务院有关部门依照法律和国务院规定的职责，负责铁路安全管理的有关工作。

第四条 铁路沿线地方各级人民政府和县级以上地方人民政府有关部门应当按照各自职责，加强保障铁路安全的教育，落实护路联防责任制，防范和制止危害铁路安全的行为，协调和处理保障铁路安全的有关事项，做好保障铁路安全的有关工作。

第五条 从事铁路建设、运输、设备制造维修的单位应当加强安全管理，建立健全安全生产管理制度，落实企业安全生产主体责任，设置安全管理机构或者配备安全管理人员，执行保障生产安全和产品质量安全的国家标准、行业标准，加强对从业人员的安全教育培训，保证安全生产所必需的资金投入。

铁路建设、运输、设备制造维修单位的工作人员应当严格执行规章制度，实行标准化作业，保证铁路安全。

第六条 铁路监管部门、铁路运输企业等单位应当按照国家有关规定制定突发事件应急预案，并组织应急演练。

第七条 禁止扰乱铁路建设、运输秩序。禁止损坏或者非法占用铁路设施设备、铁路标志和铁路用地。

任何单位或者个人发现损坏或者非法占用铁路设施设备、铁路标志、铁路用地以及其他影响铁路安全的行为，有权报告铁路运输企业，或者向铁路监管部门、公安机关或者其他有关部门举报。接到报告的铁路运输企业、接到举报的部门应当根据各自职责及时处理。

对维护铁路安全作出突出贡献的单位或者个人，按照国家有关规定给予表彰奖励。

第二章 铁路建设质量安全

第八条 铁路建设工程的勘察、设计、施工、监理以及建设物资、设备的采购，应当依法进行招标。

第九条 从事铁路建设工程勘察、设计、施工、监理活动的单位应当依法取得相应资质，并在其资质等级许可的范围内从事铁路工程建设活动。

第十条 铁路建设单位应当选择具备相应资质等级的勘察、设计、施工、监理单位进行工程建设，并对建设工程的质量安全进行监督检查，制作检查记录留存备查。

第十一条 铁路建设工程的勘察、设计、施工、监理应当遵守法律、行政法规关于建设工程质量和安全管理的规定，执行国家标准、行业标准和技术规范。

铁路建设工程的勘察、设计、施工单位依法对勘察、设计、施工的质量负责，监理单位依法对施工质量承担监理责任。

高速铁路和地质构造复杂的铁路建设工程实行工程地质勘察监理制度。

第十二条 铁路建设工程的安全设施应当与主体工程同时设计、同时施工、同时投入使用。安全设施投资应当纳入建设项目概算。

第十三条 铁路建设工程使用的材料、构件、设备等产品，应当符合有关产品质量的强制性国家标准、行业标准。

第十四条 铁路建设工程的建设工期，应当根据工程地质条件、技术复杂程度等因素，按照国家标准、行业标准和技术规范合理确定、调整。

任何单位和个人不得违反前款规定要求铁路建设、设计、施工单位压缩建设工期。

第十五条 铁路建设工程竣工，应当按照国家有关规定组织验收，并由铁路运输企业进行运营安全评估。经验收、评估合格，符合运营安全要求的，方可投入运营。

第十六条 在铁路线路及其邻近区域进行铁路建设工程施工，应当执行铁路营业线施工安全管理规定。铁路建设单位应当会同相关铁路运输企业和工程设计、施工单位制定安全施工方案，按照方案进行施工。施工完毕应当及时清理现场，不得影响铁路运营安全。

第十七条 新建、改建设计开行时速120公里以上列车的铁路或者设计运输量达到国务院铁路行业监督管理部门规定的较大运输量标准的铁路，需要与道路交叉的，应当设置立体交叉设施。

新建、改建高速公路、一级公路或者城市道路中的快速路，需要与铁路交叉的，应当设置立体交叉设施，并优先选择下穿铁路的方案。

已建成的属于前两款规定情形的铁路、道路为平面交叉的，应当逐步改造为立体交叉。

新建、改建高速铁路需要与普通铁路、道路、渡槽、管线等设施交叉的，应当优先选择高速铁路上跨方案。

第十八条 设置铁路与道路立体交叉设施及其附属安全设施所需费用的承担，按照下列原则确定：

（一）新建、改建铁路与既有道路交叉的，由铁路方承担建设费用；道路方要求超过既有道路建设标准建设所增加的费用，由道路方承担；

（二）新建、改建道路与既有铁路交叉的，由道路方承担建设费用；铁路方要求超过既有铁路线路建设标准建设所增加的费用，由铁路方承担；

（三）同步建设的铁路和道路需要设置立体交叉设施以及既有铁路道口改造为立体交叉的，由铁路方和道路方按照公平合理的原则分担建设费用。

第十九条 铁路与道路立体交叉设施及其附属安全设施竣工验收合格后，应当按照国家有关规定移交有关单位管理、维护。

第二十条 专用铁路、铁路专用线需要与公用铁路网接轨的，应当符合国家有关铁路建设、运输的安全管理规定。

第三章 铁路专用设备质量安全

第二十一条 设计、制造、维修或者进口新型铁路机车车辆，应当符合国家标准、行业标准，并分别向国务院铁路行业监督管理部门申请领取型号合格证、制造许可证、维修许可证或者进口许可证，具体办法由国务院铁路行业监督管理部门制定。

铁路机车车辆的制造、维修、使用单位应当遵守有关产品质量的法律、行政法规以及国家其他有关规定，确保投入使用的机车车辆符合安全运营要求。

第二十二条 生产铁路道岔及其转辙设备、铁路信号控制软件和控制设备、铁路通信设备、铁路牵引供电设备的企业，应当符合下列条件并经国务院铁路行业监督管理部门依法审查批准：

（一）有按照国家标准、行业标准检测、检验合格的专业生产设备；

（二）有相应的专业技术人员；

（三）有完善的产品质量保证体系和安全管理制度；

（四）法律、行政法规规定的其他条件。

第二十三条 铁路机车车辆以外的直接影响铁路运输安全的铁路专用设备，依法应当进行产品认证的，经认证合格方可出厂、销售、进口、使用。

第二十四条 用于危险化学品和放射性物品运输的铁路罐车、专用车辆以及其他容器的生产和检测、检验，依照有关法律、行政法规的规定执行。

第二十五条 用于铁路运输的安全检测、监控、防护设施设备，集装箱和集装化用具等运输器具，专用装卸机械、索具、篷布、装载加固材料或者装置，以及运输包装、货物装载加固等，应当符合国家标准、行业标准和技术规范。

第二十六条 铁路机车车辆以及其他铁路专用设备存在缺陷，即由于设计、制造、标识等原因导致同一批次、型号或者类别的铁路专用设备普遍存在不符合保障人身、财产安全的国家标准、行业标准的情形或者其他危及人身、财产安全的不合理危险的，应当立即停止生产、销售、进口、使用；设备制造者应当召回缺陷产品，采取措施消除缺陷。具体办法由国务院铁路行业监督管理部门制定。

第四章　铁路线路安全

第二十七条　铁路线路两侧应当设立铁路线路安全保护区。铁路线路安全保护区的范围，从铁路线路路堤坡脚、路堑坡顶或者铁路桥梁（含铁路、道路两用桥，下同）外侧起向外的距离分别为：

（一）城市市区高速铁路为 10 米，其他铁路为 8 米；

（二）城市郊区居民居住区高速铁路为 12 米，其他铁路为 10 米；

（三）村镇居民居住区高速铁路为 15 米，其他铁路为 12 米；

（四）其他地区高速铁路为 20 米，其他铁路为 15 米。

前款规定距离不能满足铁路运输安全保护需要的，由铁路建设单位或者铁路运输企业提出方案，铁路监督管理机构或者县级以上地方人民政府依照本条第三款规定程序划定。

在铁路用地范围内划定铁路线路安全保护区的，由铁路监督管理机构组织铁路建设单位或者铁路运输企业划定并公告。在铁路用地范围外划定铁路线路安全保护区的，由县级以上地方人民政府根据保障铁路运输安全和节约用地的原则，组织有关铁路监督管理机构、县级以上地方人民政府国土资源等部门划定并公告。

铁路线路安全保护区与公路建筑控制区、河道管理范围、水利工程管理和保护范围、航道保护范围或者石油、电力以及其他重要设施保护区重叠的，由县级以上地方人民政府组织有关部门依照法律、行政法规的规定协商划定并公告。

新建、改建铁路的铁路线路安全保护区范围，应当自铁路建设工程初步设计批准之日起 30 日内，由县级以上地方人民政府依照本条例的规定划定并公告。铁路建设单位或者铁路运输企业应当根据工程竣工资料进行勘界，绘制铁路线路安全保护区平面图，并根据平面图设立标桩。

第二十八条　设计开行时速 120 公里以上列车的铁路应当实行全封闭管理。铁路建设单位或者铁路运输企业应当按照国务院铁路行业监督管理部门的规定在铁路用地范围内设置封闭设施和警示标志。

第二十九条　禁止在铁路线路安全保护区内烧荒、放养牲畜、种植影响铁路线路安全和行车瞭望的树木等植物。

禁止向铁路线路安全保护区排污、倾倒垃圾以及其他危害铁路安全的物质。

第三十条　在铁路线路安全保护区内建造建筑物、构筑物等设施，取土、挖砂、挖沟、采空作业或者堆放、悬挂物品，应当征得铁路运输企业同意并签订安全协议，遵守保证铁路安全的国家标准、行业标准和施工安全规范，采取措施防止影响铁路运输安全。铁路运输企业应当派员对施工现场实行安全监督。

第三十一条　铁路线路安全保护区内既有的建筑物、构筑物危及铁路运输安全的，应当采取必要的安全防护措施；采取安全防护措施后仍不能保证安全的，依照有关法律的规定拆除。

拆除铁路线路安全保护区内的建筑物、构筑物，清理铁路线路安全保护区内的植物，或者对他人在铁路线路安全保护区内已依法取得的采矿权等合法权利予以限制，给他人造成损失的，应当依法给予补偿或者采取必要的补救措施。但是，拆除非法建设的建筑物、构筑物的除外。

第三十二条　在铁路线路安全保护区及其邻近区域建造或者设置的建筑物、构筑物、设备等，不得进入国家规定的铁路建筑限界。

第三十三条　在铁路线路两侧建造、设立生产、加工、储存或者销售易燃、易爆或者放射性物品等危险物品的场所、仓库，应当符合国家标准、行业标准规定的安全防护距离。

第三十四条　在铁路线路两侧从事采矿、采石或者爆破作业，应当遵守有关采矿和民用爆破的法律法规，符合国家标准、行业标准和铁路安全保护要求。

在铁路线路路堤坡脚、路堑坡顶、铁路桥梁外侧起向外各 1000 米范围内，以及在铁路隧道上方中心线两侧各 1000 米范围内，确需从事露天采矿、采石或者爆破作业的，应当与铁路运输企业协商一致，依照有关法律法规的规定报县级以上地方人民政府有关部门批准，采取安全防护措施后方可进行。

第三十五条　高速铁路线路路堤坡脚、路堑坡顶或者铁路桥梁外侧起向外各 200 米范围内禁止抽取地下水。

在前款规定范围外，高速铁路线路经过的区域属于地面沉降区域，抽取地下水危及高速铁路安全的，应当设置地下水禁止开采区或者限制开采区，具体范围由铁路监督管理机构会同县级以上地方人民政府水行政主管部门提出方案，报省、自治区、直辖市人民政府批准并公告。

第三十六条　在电气化铁路附近从事排放粉尘、烟尘及腐蚀性气体的生产活动，超过国家规定的排放标准，危及铁路运输安全的，由县级以上地方人民政府有关部门依法责令整改，消除安全隐患。

第三十七条 任何单位和个人不得擅自在铁路桥梁跨越处河道上下游各 1000 米范围内围垦造田、拦河筑坝、架设浮桥或者修建其他影响铁路桥梁安全的设施。

因特殊原因确需在前款规定的范围内进行围垦造田、拦河筑坝、架设浮桥等活动的，应当进行安全论证，负责审批的机关在批准前应当征求有关铁路运输企业的意见。

第三十八条 禁止在铁路桥梁跨越处河道上下游的下列范围内采砂、淘金：

（一）跨河桥长 500 米以上的铁路桥梁，河道上游 500 米，下游 3000 米；

（二）跨河桥长 100 米以上不足 500 米的铁路桥梁，河道上游 500 米，下游 2000 米；

（三）跨河桥长不足 100 米的铁路桥梁，河道上游 500 米，下游 1000 米。

有关部门依法在铁路桥梁跨越处河道上下游划定的禁采范围大于前款规定的禁采范围的，按照划定的禁采范围执行。

县级以上地方人民政府水行政主管部门、国土资源主管部门应当按照各自职责划定禁采区域、设置禁采标志，制止非法采砂、淘金行为。

第三十九条 在铁路桥梁跨越处河道上下游各 500 米范围内进行疏浚作业，应当进行安全技术评价，有关河道、航道管理部门应当征求铁路运输企业的意见，确认安全或者采取安全技术措施后，方可批准进行疏浚作业。但是，依法进行河道、航道日常养护、疏浚作业的除外。

第四十条 铁路、道路两用桥由所在地铁路运输企业和道路管理部门或者道路经营企业定期检查、共同维护，保证桥梁处于安全的技术状态。

铁路、道路两用桥的墩、梁等共用部分的检测、维修由铁路运输企业和道路管理部门或者道路经营企业共同负责，所需费用按照公平合理的原则分担。

第四十一条 铁路的重要桥梁和隧道按照国家有关规定由中国人民武装警察部队负责守卫。

第四十二条 船舶通过铁路桥梁应当符合桥梁的通航净空高度并遵守航行规则。

桥区航标中的桥梁航标、桥柱标、桥梁水尺标由铁路运输企业负责设置、维护，水面航标由铁路运输企业负责设置，航道管理部门负责维护。

第四十三条 下穿铁路桥梁、涵洞的道路应当按照国家标准设置车辆通过限高、限宽标志和限高防护架。城市道路的限高、限宽标志由当地人民政府指定的部门设置并维护，公路的限高、限宽标志由公路管理部门设置并维护。限高防护架在铁路桥梁、涵洞、道路建设时设置，由铁路运输企业负责维护。

机动车通过下穿铁路桥梁、涵洞的道路，应当遵守限高、限宽规定。

下穿铁路涵洞的管理单位负责涵洞的日常管理、维护，防止淤塞、积水。

第四十四条 铁路线路安全保护区内的道路和铁路线路路堑上的道路、跨越铁路线路的道路桥梁，应当按照国家有关规定设置防止车辆以及其他物体进入、坠入铁路线路的安全防护设施和警示标志，并由道路管理部门或者道路经营企业维护、管理。

第四十五条 架设、铺设铁路信号和通信线路、杆塔应当符合国家标准、行业标准和铁路安全防护要求。铁路运输企业、为铁路运输提供服务的电信企业应当加强对铁路信号和通信线路、杆塔的维护和管理。

第四十六条 设置或者拓宽铁路道口、铁路人行过道，应当征得铁路运输企业的同意。

第四十七条 铁路与道路交叉的无人看守道口应当按照国家标准设置警示标志；有人看守道口应当设置移动栏杆、列车接近报警装置、警示灯、警示标志、铁路道口路段标线等安全防护设施。

道口移动栏杆、列车接近报警装置、警示灯等安全防护设施由铁路运输企业设置、维护；警示标志、铁路道口路段标线由铁路道口所在地的道路管理部门设置、维护。

第四十八条 机动车或者非机动车在铁路道口内发生故障或者装载物掉落的，应当立即将故障车辆或者掉落的装载物移至铁路道口停止线以外或者铁路线路最外侧钢轨 5 米以外的安全地点。无法立即移至安全地点的，应当立即报告铁路道口看守人员；在无人看守道口，应当立即在道口两端采取措施拦停列车，并就近通知铁路车站或者公安机关。

第四十九条 履带车辆等可能损坏铁路设施设备的车辆、物体通过铁路道口，应当提前通知铁路道口管理单位，在其协助、指导下通过，并采取相应的安全防护措施。

第五十条 在下列地点，铁路运输企业应当按照国家标准、行业标准设置易于识别的警示、保护标志：

（一）铁路桥梁、隧道的两端；

（二）铁路信号、通信光（电）缆的埋设、铺设地点；

（三）电气化铁路接触网、自动闭塞供电线路和电力贯通线路等电力设施附近易发生危险的地点。

第五十一条 禁止毁坏铁路线路、站台等设施设备和铁路路基、护坡、排水沟、防护林木、护坡草坪、铁路线路封闭网及其他铁路防护设施。

第五十二条 禁止实施下列危及铁路通信、信号设施安全的行为：

（一）在埋有地下光（电）缆设施的地面上方进行钻探，堆放重物、垃圾，焚烧物品，倾倒腐蚀性物质；

（二）在地下光（电）缆两侧各1米的范围内建造、搭建建筑物、构筑物等设施；

（三）在地下光（电）缆两侧各1米的范围内挖砂、取土；

（四）在过河光（电）缆两侧各100米的范围内挖砂、抛锚或者进行其他危及光（电）缆安全的作业。

第五十三条 禁止实施下列危害电气化铁路设施的行为：

（一）向电气化铁路接触网抛掷物品；

（二）在铁路电力线路导线两侧各500米的范围内升放风筝、气球等低空飘浮物体；

（三）攀登铁路电力线路杆塔或者在杆塔上架设、安装其他设施设备；

（四）在铁路电力线路杆塔、拉线周围20米范围内取土、打桩、钻探或者倾倒有害化学物品；

（五）触碰电气化铁路接触网。

第五十四条 县级以上各级人民政府及其有关部门、铁路运输企业应当依照地质灾害防治法律法规的规定，加强铁路沿线地质灾害的预防、治理和应急处理等工作。

第五十五条 铁路运输企业应当对铁路线路、铁路防护设施和警示标志进行经常性巡查和维护；对巡查中发现的安全问题应当立即处理，不能立即处理的应当及时报告铁路监督管理机构。巡查和处理情况应当记录留存。

第五章 铁路运营安全

第五十六条 铁路运输企业应当依照法律、行政法规和国务院铁路行业监督管理部门的规定，制定铁路运输安全管理制度，完善相关作业程序，保障铁路旅客和货物运输安全。

第五十七条 铁路机车车辆的驾驶人员应当参加国务院铁路行业监督管理部门组织的考试，考试合格方可上岗。具体办法由国务院铁路行业监督管理部门制定。

第五十八条 铁路运输企业应当加强铁路专业技术岗位和主要行车工种岗位从业人员的业务培训和安全培训，提高从业人员的业务技能和安全意识。

第五十九条 铁路运输企业应当加强运输过程中的安全防护，使用的运输工具、装载加固设备以及其他专用设施设备应当符合国家标准、行业标准和安全要求。

第六十条 铁路运输企业应当建立健全铁路设施设备的检查防护制度，加强对铁路设施设备的日常维护检修，确保铁路设施设备性能完好和安全运行。

铁路运输企业的从业人员应当按照操作规程使用、管理铁路设施设备。

第六十一条 在法定假日和传统节日等铁路运输高峰期或者恶劣气象条件下，铁路运输企业应当采取必要的安全应急管理措施，加强铁路运输安全检查，确保运输安全。

第六十二条 铁路运输企业应当在列车、车站等场所公告旅客、列车工作人员以及其他进站人员遵守的安全管理规定。

第六十三条 公安机关应当按照职责分工，维护车站、列车等铁路场所和铁路沿线的治安秩序。

第六十四条 铁路运输企业应当按照国务院铁路行业监督管理部门的规定实施火车票实名购买、查验制度。

实施火车票实名购买、查验制度的，旅客应当凭有效身份证件购票乘车；对车票所记载身份信息与所持身份证件或者真实身份不符的持票人，铁路运输企业有权拒绝其进站乘车。

铁路运输企业应当采取有效措施为旅客实名购票、乘车提供便利，并加强对旅客身份信息的保护。铁路运输企业工作人员不得窃取、泄露旅客身份信息。

第六十五条 铁路运输企业应当依照法律、行政法规和国务院铁路行业监督管理部门的规定，对旅客及其随身携带、托运的行李物品进行安全检查。

从事安全检查的工作人员应当佩戴安全检查标志，依法履行安全检查职责，并有权拒绝不接受安全检查的旅客进站乘车和托运行李物品。

第六十六条 旅客应当接受并配合铁路运输企业在车站、列车实施的安全检查，不得违法携带、夹带管制器具，不得违法携带、托运烟花爆竹、枪支弹药等危险物品或者其他违禁物品。

禁止或者限制携带的物品种类及其数量由国务院铁路行业监督管理部门会同公安机关规定，并在车站、列车等场所公布。

第六十七条 铁路运输托运人托运货物、行李、包裹，不得有下列行为：

（一）匿报、谎报货物品名、性质、重量；

（二）在普通货物中夹带危险货物，或者在危险货物中夹带禁止配装的货物；

（三）装车、装箱超过规定重量。

第六十八条　铁路运输企业应当对承运的货物进行安全检查，并不得有下列行为：

（一）在非危险货物办理站办理危险货物承运手续；

（二）承运未接受安全检查的货物；

（三）承运不符合安全规定、可能危害铁路运输安全的货物。

第六十九条　运输危险货物应当依照法律法规和国家其他有关规定使用专用的设施设备，托运人应当配备必要的押运人员和应急处理器材、设备以及防护用品，并使危险货物始终处于押运人员的监管之下；危险货物发生被盗、丢失、泄漏等情况，应当按照国家有关规定及时报告。

第七十条　办理危险货物运输业务的工作人员和装卸人员、押运人员，应当掌握危险货物的性质、危害特性、包装容器的使用特性和发生意外的应急措施。

第七十一条　铁路运输企业和托运人应当按照操作规程包装、装卸、运输危险货物，防止危险货物泄漏、爆炸。

第七十二条　铁路运输企业和托运人应当依照法律法规和国家其他有关规定包装、装载、押运特殊药品，防止特殊药品在运输过程中被盗、被劫或者发生丢失。

第七十三条　铁路管理信息系统及其设施的建设和使用，应当符合法律法规和国家其他有关规定的安全技术要求。

铁路运输企业应当建立网络与信息安全应急保障体系，并配备相应的专业技术人员负责网络和信息系统的安全管理工作。

第七十四条　禁止使用无线电台（站）以及其他仪器、装置干扰铁路运营指挥调度无线电频率的正常使用。

铁路运营指挥调度无线电频率受到干扰的，铁路运输企业应当立即采取排查措施并报告无线电管理机构、铁路监管部门；无线电管理机构、铁路监管部门应当依法排除干扰。

第七十五条　电力企业应当依法保障铁路运输所需电力的持续供应，并保证供电质量。

铁路运输企业应当加强用电安全管理，合理配置供电电源和应急自备电源。

遇有特殊情况影响铁路电力供应的，电力企业和铁路运输企业应当按照各自职责及时组织抢修，尽快恢复正常供电。

第七十六条　铁路运输企业应当加强铁路运营食品安全管理，遵守有关食品安全管理的法律法规和国家其他有关规定，保证食品安全。

第七十七条　禁止实施下列危害铁路安全的行为：

（一）非法拦截列车、阻断铁路运输；

（二）扰乱铁路运输指挥调度机构以及车站、列车的正常秩序；

（三）在铁路线路上放置、遗弃障碍物；

（四）击打列车；

（五）擅自移动铁路线路上的机车车辆，或者擅自开启列车车门、违规操纵列车紧急制动设备；

（六）拆盗、损毁或者擅自移动铁路设施设备、机车车辆配件、标桩、防护设施和安全标志；

（七）在铁路线路上行走、坐卧或者在未设道口、人行过道的铁路线路上通过；

（八）擅自进入铁路线路封闭区域或者在未设置行人通道的铁路桥梁、隧道通行；

（九）擅自开启、关闭列车的货车阀、盖或者破坏施封状态；

（十）擅自开启列车中的集装箱箱门，破坏箱体、阀、盖或者施封状态；

（十一）擅自松动、拆解、移动列车中的货物装载加固材料、装置和设备；

（十二）钻车、扒车、跳车；

（十三）从列车上抛扔杂物；

（十四）在动车组列车上吸烟或者在其他列车的禁烟区域吸烟；

（十五）强行登乘或者以拒绝下车等方式强占列车；

（十六）冲击、堵塞、占用进出站通道或者候车区、站台。

第六章　监督检查

第七十八条　铁路监管部门应当对从事铁路建设、运输、设备制造维修的企业执行本条例的情况实施监督检查，依法查处违反本条例规定的行为，依法组织或者参与铁路安全事故的调查处理。

铁路监管部门应当建立企业违法行为记录和公告制度，对违反本条例被依法追究法律责任的从事铁路建设、运输、设备制造维修的企业予以公布。

第七十九条　铁路监管部门应当加强对铁路运输高峰期和恶劣气象条件下运输安全的监督管理，加强对铁路运输的关键环节、重要设施设备的安全状况以及铁路运输突发事件应急预案的建立和落实情况的监督检查。

第八十条 铁路监管部门和县级以上人民政府安全生产监督管理部门应当建立信息通报制度和运输安全生产协调机制。发现重大安全隐患，铁路运输企业难以自行排除的，应当及时向铁路监管部门和有关地方人民政府报告。地方人民政府获悉铁路沿线有危及铁路运输安全的重要情况，应当及时通报有关的铁路运输企业和铁路监管部门。

第八十一条 铁路监管部门发现安全隐患，应当责令有关单位立即排除。重大安全隐患排除前或者排除过程中无法保证安全的，应当责令从危险区域内撤出人员、设备，停止作业；重大安全隐患排除后方可恢复作业。

第八十二条 实施铁路安全监督检查的人员执行监督检查任务时，应当佩戴标志或者出示证件。任何单位和个人不得阻碍、干扰安全监督检查人员依法履行安全检查职责。

第七章 法律责任

第八十三条 铁路建设单位和铁路建设的勘察、设计、施工、监理单位违反本条例关于铁路建设质量安全管理的规定的，由铁路监管部门依照有关工程建设、招标投标管理的法律、行政法规的规定处罚。

第八十四条 铁路建设单位未对高速铁路和地质构造复杂的铁路建设工程实行工程地质勘察监理，或者在铁路线路及其邻近区域进行铁路建设工程施工不执行铁路营业线施工安全管理规定，影响铁路运营安全的，由铁路监管部门责令改正，处10万元以上50万元以下的罚款。

第八十五条 依法应当进行产品认证的铁路专用设备未经认证合格，擅自出厂、销售、进口、使用的，依照《中华人民共和国认证认可条例》的规定处罚。

第八十六条 铁路机车车辆以及其他专用设备制造者未按规定召回缺陷产品，采取措施消除缺陷的，由国务院铁路行业监督管理部门责令改正；拒不改正的，处缺陷产品货值金额1%以上10%以下的罚款；情节严重的，由国务院铁路行业监督管理部门吊销相应的许可证件。

第八十七条 有下列情形之一的，由铁路监督管理机构责令改正，处2万元以上10万元以下的罚款：

（一）用于铁路运输的安全检测、监控、防护设施设备，集装箱和集装化用具等运输器具、专用装卸机械、索具、篷布、装载加固材料或者装置、运输包装、货物装载加固等，不符合国家标准、行业标准和技术规范；

（二）不按照国家有关规定和标准设置、维护铁路封闭设施、安全防护设施；

（三）架设、铺设铁路信号和通信线路、杆塔不符合国家标准、行业标准和铁路安全防护要求，或者未对铁路信号和通信线路、杆塔进行维护和管理；

（四）运输危险货物不依照法律法规和国家其他有关规定使用专用的设施设备。

第八十八条 在铁路线路安全保护区内烧荒、放养牲畜、种植影响铁路线路安全和行车瞭望的树木等植物，或者向铁路线路安全保护区排污、倾倒垃圾以及其他危害铁路安全的物质的，由铁路监督管理机构责令改正，对单位可以处5万元以下的罚款，对个人可以处2000元以下的罚款。

第八十九条 未经铁路运输企业同意或者未签订安全协议，在铁路线路安全保护区内建造建筑物、构筑物等设施，取土、挖砂、挖沟、采空作业或者堆放、悬挂物品，或者违反保证铁路安全的国家标准、行业标准和施工安全规范，影响铁路运输安全的，由铁路监督管理机构责令改正，可以处10万元以下的罚款。

铁路运输企业未派员对铁路线路安全保护区内施工现场进行安全监督的，由铁路监督管理机构责令改正，可以处3万元以下的罚款。

第九十条 在铁路线路安全保护区及其邻近区域建造或者设置的建筑物、构筑物、设备等进入国家规定的铁路建筑限界，或者在铁路线路两侧建造、设立生产、加工、储存或者销售易燃、易爆或者放射性物品等危险物品的场所、仓库不符合国家标准、行业标准规定的安全防护距离的，由铁路监督管理机构责令改正，对单位处5万元以上20万元以下的罚款，对个人处1万元以上5万元以下的罚款。

第九十一条 有下列行为之一的，分别由铁路沿线所在地县级以上地方人民政府水行政主管部门、国土资源主管部门或者无线电管理机构等依照有关水资源管理、矿产资源管理、无线电管理等法律、行政法规的规定处罚：

（一）未经批准在铁路线路两侧各1000米范围内从事露天采矿、采石或者爆破作业；

（二）在地下水禁止开采区或者限制开采区抽取地下水；

（三）在铁路桥梁跨越处河道上下游各1000米范围内围垦造田、拦河筑坝、架设浮桥或者修建其他影响铁路桥梁安全的设施；

（四）在铁路桥梁跨越处河道上下游禁止采砂、淘金的范围内采砂、淘金；

（五）干扰铁路运营指挥调度无线电频率正常使用。

第九十二条 铁路运输企业、道路管理部门或者道路经营企业未履行铁路、道路两用桥检查、维护职责的，由铁路监督管理机构或者上级道路管理部门责令改正；拒不改正的，由铁路监督管理机构或者上级道路管理部门指定其他单位进行养护和维修，养护和维修费用由拒不履行义务的铁路运输企业、道路管理部门或者道路经营企业承担。

第九十三条 机动车通过下穿铁路桥梁、涵洞的道路未遵守限高、限宽规定的，由公安机关依照道路交通安全管理法律、行政法规的规定处罚。

第九十四条 违反本条例第四十八条、第四十九条关于铁路道口安全管理的规定的，由铁路监督管理机构责令改正，处 1000 元以上 5000 元以下的罚款。

第九十五条 违反本条例第五十一条、第五十二条、第五十三条、第七十七条规定的，由公安机关责令改正，对单位处 1 万元以上 5 万元以下的罚款，对个人处 500 元以上 2000 元以下的罚款。

第九十六条 铁路运输托运人托运货物、行李、包裹时匿报、谎报货物品名、性质、重量，或者装车、装箱超过规定重量的，由铁路监督管理机构责令改正，可以处 2000 元以下的罚款；情节较重的，处 2000 元以上 2 万元以下的罚款；将危险化学品谎报或者匿报为普通货物托运的，处 10 万元以上 20 万元以下的罚款。

铁路运输托运人在普通货物中夹带危险货物，或者在危险货物中夹带禁止配装的货物的，由铁路监督管理机构责令改正，处 3 万元以上 20 万元以下的罚款。

第九十七条 铁路运输托运人运输危险货物未配备必要的应急处理器材、设备、防护用品，或者未按照操作规程包装、装卸、运输危险货物的，由铁路监督管理机构责令改正，处 1 万元以上 5 万元以下的罚款。

第九十八条 铁路运输托运人运输危险货物不按照规定配备必要的押运人员，或者发生危险货物被盗、丢失、泄漏等情况不按照规定及时报告的，由公安机关责令改正，处 1 万元以上 5 万元以下的罚款。

第九十九条 旅客违法携带、夹带管制器具或者违法携带、托运烟花爆竹、枪支弹药等危险物品或者其他违禁物品的，由公安机关依法给予治安管理处罚。

第一百条 铁路运输企业有下列情形之一的，由铁路监管部门责令改正，处 2 万元以上 10 万元以下的罚款：

（一）在非危险货物办理站办理危险货物承运手续；

（二）承运未接受安全检查的货物；

（三）承运不符合安全规定、可能危害铁路运输安全的货物；

（四）未按照操作规程包装、装卸、运输危险货物。

第一百零一条 铁路监管部门及其工作人员应当严格按照本条例规定的处罚种类和幅度，根据违法行为的性质和具体情节行使行政处罚权，具体办法由国务院铁路行业监督管理部门制定。

第一百零二条 铁路运输企业工作人员窃取、泄露旅客身份信息的，由公安机关依法处罚。

第一百零三条 从事铁路建设、运输、设备制造维修的单位违反本条例规定，对直接负责的主管人员和其他直接责任人员依法给予处分。

第一百零四条 铁路监管部门及其工作人员不依照本条例规定履行职责的，对负有责任的领导人员和直接责任人员依法给予处分。

第一百零五条 违反本条例规定，给铁路运输企业或者其他单位、个人财产造成损失的，依法承担民事责任。

违反本条例规定，构成违反治安管理行为的，由公安机关依法给予治安管理处罚；构成犯罪的，依法追究刑事责任。

第八章 附 则

第一百零六条 专用铁路、铁路专用线的安全管理参照本条例的规定执行。

第一百零七条 本条例所称高速铁路，是指设计开行时速 250 公里以上（含预留），并且初期运营时速 200 公里以上的客运列车专线铁路。

第一百零八条 本条例自 2014 年 1 月 1 日起施行。2004 年 12 月 27 日国务院公布的《铁路运输安全保护条例》同时废止。

铁路交通事故调查处理规则

（2007年8月28日铁道部令第30号公布，自2007年9月1日起施行）

第一章 总 则

第一条 为及时准确调查处理铁路交通事故，严肃追究事故责任，防止和减少铁路交通事故的发生，根据《铁路交通事故应急救援和调查处理条例》（国务院令第501号，以下简称《条例》），制定本规则。

第二条 铁路机车车辆在运行过程中发生冲突、脱轨、火灾、爆炸等影响铁路正常行车的事故，包括影响铁路正常行车的相关作业过程中发生的事故；或者铁路机车车辆在运行过程中与行人、机动车、非机动车、牲畜及其他障碍物相撞的事故，均为铁路交通事故（以下简称事故）。

第三条 国家铁路、合资铁路、地方铁路以及专用铁路、铁路专用线等发生事故的调查处理，适用本规则。

第四条 铁道部、铁路安全监督管理办公室（以下简称安全监管办）要加强铁路运输安全监督管理，建立健全铁路交通事故调查处理工作制度，发生事故后应当按照法定的权限和程序，及时组织、参与事故的调查处理。

铁道部、安全监管办的安全监察部门负责铁路交通事故调查处理的日常工作。

铁道部、安全监管办派驻各地的安全监察机构，依据本规则的规定，分别承担铁道部、安全监管办指定的事故调查处理工作。

第五条 铁路运输企业及其他相关单位、个人应及时报告事故情况，如实提供相关证据，积极配合事故调查工作。

第六条 事故调查处理应坚持以事实为依据，以法律、法规、规章为准绳，认真调查分析，查明原因，认定损失，定性定责，追究责任，总结教训，提出整改措施。

第二章 事 故 等 级

第七条 依据《条例》规定，事故分为特别重大事故、重大事故、较大事故和一般事故四个等级。

第八条 有下列情形之一的，为特别重大事故：

（一）造成30人以上死亡。

（二）造成100人以上重伤（包括急性工业中毒，下同）。

（三）造成1亿元以上直接经济损失。

（四）繁忙干线客运列车脱轨18辆以上并中断铁路行车48小时以上。

（五）繁忙干线货运列车脱轨60辆以上并中断铁路行车48小时以上。

第九条 有下列情形之一的，为重大事故：

（一）造成10人以上30人以下死亡。

（二）造成50人以上100人以下重伤。

（三）造成5000万元以上1亿元以下直接经济损失。

（四）客运列车脱轨18辆以上。

（五）货运列车脱轨60辆以上。

（六）客运列车脱轨2辆以上18辆以下，并中断繁忙干线铁路行车24小时以上或者中断其他线路铁路行车48小时以上。

（七）货运列车脱轨6辆以上60辆以下，并中断繁忙干线铁路行车24小时以上或者中断其他线路铁路行车48小时以上。

第十条 有下列情形之一的，为较大事故：

（一）造成3人以上10人以下死亡。

（二）造成10人以上50人以下重伤。

（三）造成1000万元以上5000万元以下直接经济损失。

（四）客运列车脱轨2辆以上18辆以下。

（五）货运列车脱轨6辆以上60辆以下。

（六）中断繁忙干线铁路行车6小时以上。

（七）中断其他线路铁路行车10小时以上。

第十一条 一般事故分为：一般A类事故、一般B类事故、一般C类事故、一般D类事故。

第十二条 有下列情形之一，未构成较大以上事故的，为一般A类事故：

A1. 造成2人死亡。

A2. 造成5人以上10人以下重伤。

A3. 造成500万元以上1000万元以下直接经济损失。

A4. 列车及调车作业中发生冲突、脱轨、火灾、爆炸、相撞，造成下列后果之一的：

A4.1 繁忙干线双线之一线或单线行车中断3小时以上6小时以下，双线行车中断2小时以上6小时以下。

A4.2 其他线路双线之一线或单线行车中断6小时以上10小时以下，双线行车中断3小时以上10小时以下。

A4.3 客运列车耽误本列 4 小时以上。

A4.4 客运列车脱轨 1 辆。

A4.5 客运列车中途摘车 2 辆以上。

A4.6 客车报废 1 辆或大破 2 辆以上。

A4.7 机车大破 1 台以上。

A4.8 动车组中破 1 辆以上。

A4.9 货运列车脱轨 4 辆以上 6 辆以下。

第十三条 有下列情形之一，未构成一般 A 类以上事故的，为一般 B 类事故：

B1. 造成 1 人死亡。

B2. 造成 5 人以下重伤。

B3. 造成 100 万元以上 500 万元以下直接经济损失。

B4. 列车及调车作业中发生冲突、脱轨、火灾、爆炸、相撞，造成下列后果之一的：

B4.1 繁忙干线行车中断 1 小时以上。

B4.2 其他线路行车中断 2 小时以上。

B4.3 客运列车耽误本列 1 小时以上。

B4.4 客运列车中途摘车 1 辆。

B4.5 客车大破 1 辆。

B4.6 机车中破 1 台。

B4.7 货运列车脱轨 2 辆以上 4 辆以下。

第十四条 有下列情形之一，未构成一般 B 类以上事故的，为一般 C 类事故：

C1. 列车冲突。

C2. 货运列车脱轨。

C3. 列车火灾。

C4. 列车爆炸。

C5. 列车相撞。

C6. 向占用区间发出列车。

C7. 向占用线接入列车。

C8. 未准备好进路接、发列车。

C9. 未办或错办闭塞发出列车。

C10. 列车冒进信号或越过警冲标。

C11. 机车车辆溜入区间或站内。

C12. 列车中机车车辆断轴，车轮崩裂、制动梁、下拉杆、交叉杆等部件脱落。

C13. 列车运行中碰撞轻型车辆、小车、施工机械、机具、防护栅栏等设备设施或路料、坍体、落石。

C14. 接触网接触线断线、倒杆或塌网。

C15. 关闭折角塞门发出列车或运行中关闭折角塞门。

C16. 列车运行中刮坏行车设备设施。

C17. 列车运行中设备设施、装载货物（包括行包、邮件）、装载加固材料（或装置）超限（含按超限货物办理超过电报批准尺寸的）或坠落。

C18. 装载超限货物的车辆按装载普通货物的车辆编入列车。

C19. 电力机车、动车组带电进入停电区。

C20. 错误向停电区段的接触网供电。

C21. 电气化区段攀爬车顶耽误列车。

C22. 客运列车分离。

C23. 发生冲突、脱轨的机车车辆未按规定检查鉴定编入列车。

C24. 无调度命令施工，超范围施工，超范围维修作业。

C25. 漏发、错发、漏传、错传调度命令导致列车超速运行。

第十五条 有下列情形之一，未构成一般 C 类以上事故的，为一般 D 类事故：

D1. 调车冲突。

D2. 调车脱轨。

D3. 挤道岔。

D4. 调车相撞。

D5. 错办或未及时办理信号致使列车停车。

D6. 错办行车凭证发车或耽误列车。

D7. 调车作业碰轧脱轨器、防护信号，或未撤防护信号动车。

D8. 货运列车分离。

D9. 施工、检修、清扫设备耽误列车。

D10. 作业人员违反劳动纪律、作业纪律耽误列车。

D11. 滥用紧急制动阀耽误列车。

D12. 擅自发车、开车、停车、错办通过或在区间乘降所错误通过。

D13. 列车拉铁鞋开车。

D14. 漏发、错发、漏传、错传调度命令耽误列车。

D15. 错误操纵、使用行车设备耽误列车。

D16. 使用轻型车辆、小车及施工机械耽误列车。

D17. 应安装列尾装置而未安装发出列车。

D18. 行包、邮件装卸作业耽误列车。

D19. 电力机车、动车组错误进入无接触网线路。

D20. 列车上工作人员往外抛掷物体造成人员伤害或设备损坏。

D21. 行车设备故障耽误本列客运列车 1 小时以上，或耽误本列货运列车 2 小时以上；固定设备故障延时影响正常行车 2 小时以上（仅指正线）。

第十六条 铁道部可对影响行车安全的其他情形，列入一般事故。

第十七条 因事故死亡、重伤人数 7 日内发生变化，导致事故等级变化的，相应改变事故等级。

第三章 事故报告

第十八条 事故发生后，事故现场的铁路运输企业工作人员或者其他人员应当立即向邻近铁路车站、列车调度员、公安机关或者相关单位负责人报告。有关单位和人员接到报告后，应立即将事故情况向企业负责人和事故发生地安全监管办安全监察值班人员报告，安全监管办安全监察值班人员按规定向安全监管办负责人报告。

第十九条 铁路运输企业列车调度员要认真填写《铁路交通事故（设备故障）概况表》(安监1)，分别向事故发生地安全监管办安全监察值班人员、铁道部列车调度员报告。

事故发生地安全监管办安全监察值班人员接到"安监报1"或现场事故报告后，要立即填写《铁路交通事故基本情况表》(安监报3)，并向铁道部安全监察司值班人员报告。报告后要进一步了解事故情况，及时补报"安监报3"。

第二十条 涉及其他安全监管办辖区的事故，发生地安全监管办安全监察值班人员应及时将"安监报3"传送至相关安全监管办的安全监察部门。

第二十一条 铁道部列车调度员接到事故报告后，应及时收取或填写"安监报1"，并立即向值班处长和安全监察司值班人员报告；值班处长、安全监察司值班人员按规定分别向本部门负责人、铁道部办公厅部长办公室报告，由部门负责人向部领导报告。事故涉及其他部门时，由办公厅部长办公室通知相关部门负责人。

第二十二条 发生特别重大事故、重大事故，由铁道部办公厅负责向国务院办公厅报告，并通报国家安全生产监督管理总局等有关部门。

发生特别重大事故、重大事故、较大事故或者有人员伤亡的一般事故，安全监管办应向事故发生地县级以上地方人民政府及其安全生产监督管理部门通报。

第二十三条 事故报告的主要内容：

（一）事故发生的时间、地点、区间（线名、公里、米）、线路条件、事故相关单位和人员。

（二）发生事故的列车种类、车次、机车型号、部位、牵引辆数、吨数、计长及运行速度。

（三）旅客人数、伤亡人数、性别、年龄以及救助情况，是否涉及境外人员伤亡。

（四）货物品名、装载情况、易燃、易爆等危险货物情况。

（五）机车车辆脱轨辆数、线路设备损坏程度等情况。

（六）对铁路行车的影响情况。

（七）事故原因的初步判断，事故发生后采取的措施及事故控制情况。

（八）应当立即报告的其他情况。

第二十四条 事故报告后，人员伤亡、脱轨辆数、设备损坏等情况发生变化时，应及时补报。

第二十五条 事故现场通话按"117"立接制应急通话级别办理。

第二十六条 铁道部、安全监管办、铁路运输企业应向社会公布事故报告值班电话，受理事故报告和举报。

第四章 事故调查

第二十七条 特别重大事故按《条例》规定由国务院或国务院授权的部门组织事故调查组进行调查。

第二十八条 重大事故由铁道部组织事故调查组进行调查。调查组组长由铁道部负责人或指定人员担任，安全监察司、运输局、公安局等部门和铁道部派出机构、相关安全监管办等部门（单位）派员参加。

第二十九条 较大事故和一般事故由事故发生地安全监管办组织事故调查组进行调查。调查组组长由安全监管办负责人或指定人员担任，安全监管办安全监察部门、有关业务处室、公安机关等部门派员参加。

铁道部认为必要时，可以参与或直接组织对较大事故和一般事故进行调查。

第三十条 根据事故的具体情况，事故调查组还可由工会、监察机关有关人员以及有关地方人民政府、公安机关、安全生产监督管理部门等单位派人组成，并应当邀请人民检察院派人参加。事故调查组认为必要时，可以聘请有关专家参与事故调查。

第三十一条 发生一般B类以上、重大以下事故（不含相撞的事故），涉及其他安全监管办辖区时，事故发生地安全监管办应当在事故发生后12小时内发出电报通知相关安全监管办。相关安全监管办接到电报后，应当立即派员参加事故调查组。

第三十二条 自事故发生之日起7日内，因事故伤亡人数变化导致事故等级发生变化，依照《条例》规定由上级机关调查的，原事故调查组应当及时报告上级机关。

第三十三条 事故调查组履行下列职责：

（一）查明事故发生的经过、原因、人员伤亡情况及直接经济损失。

（二）认定事故的性质和事故责任。

（三）提出对事故责任者的处理建议。

（四）总结事故教训，提出防范和整改措施建议。

（五）提交事故调查报告。

第三十四条　事故调查组在事故发生后应当及时通知相关单位和人员；一般B类以上、重大以下的事故（不含相撞的事故）发生后，应当在12小时内通知相关单位，接受调查。

第三十五条　事故调查组到达现场前，组织事故调查组的机关可指定临时调查组组长，组成临时调查组，勘察现场，掌握人员伤亡、机车车辆脱轨、设备损坏等情况，保存痕迹和物证，查找事故线索及原因，做好调查记录，及时向事故调查组报告。

第三十六条　事故调查组到达后，发生事故的有关单位必须主动汇报事故现场真实情况，并为事故调查提供便利条件。事故发生单位的负责人和有关人员在事故调查期间应当随时接受事故调查组的询问，如实提供有关资料和物证。

事故调查组有权向有关单位和个人了解与事故有关的情况，并要求其提供相关文件、资料，有关单位和个人不得拒绝。

第三十七条　事故调查组根据需要，可组建若干专业小组，进行调查取证。

（一）搜集事故现场物证、痕迹，测量并按专业绘制事故现场示意图，标注现场设备、设施、遗留物的名称、尺寸、位置、特征等。

需要搬动伤亡者、移动现场物体的，应做出标记，妥善保存现场的重要痕迹、物证；暂时无法移动的，应予守护，并设明显标志。

（二）询问事故当事人及相关人员，收取口述、笔述、笔录、证照、档案，并复制、拍照。不能书写书面材料的，由事故调查组指定人员代笔记录并经本人签认。无见证人或者当事人、相关人员拒绝签字的，应当记录在案。

（三）对事故现场全貌、方位、有关建筑物、相关设备设施、配件、机动车、遗留物、致害物、痕迹、尸体、伤害部位等进行拍照、摄像。及时转储、收存安全监控、监测、录音、录像等设备的记录。

（四）收取伤亡人员伤害程度诊断报告、病理分析、病程救治记录、死亡证明、既往病历和健康档案资料等。

（五）对有涂改、灭失可能或以后难以取得的相关证据进行登记封存。

（六）查阅有关规章制度、技术文件、操作规程、调度命令、作业记录、台账、会议记录、安全教育培训记录、上岗证书、资质证书、承（发）包合同、营业执照、安全技术交底资料等，必要时将原件或复印件附在调查记录内。

（七）对有关设备、设施、配件、机动车、器具、起因物、致害物、痕迹、现场遗留物等进行技术分析、检测和试验，组织笔迹鉴定，必要时组织法医进行尸表检验或尸体解剖，并写出专题报告。

（八）脱轨事故发生后，在全面调查的基础上，必要时应对事故地点前后一定长度范围内的线路设备进行检查测量，并调阅近期内该段线路质量检测情况；对事故地点前方（列车运行相反方向）一定长度的线路范围内，有无机车车辆配件脱落、刮碰行车设备的痕迹等进行检查，对脱轨列车中有关的机车车辆进行检查测量，并调阅脱轨机车车辆近期内运行情况监测记录。

第三十八条　事故调查中需要对相关的铁路设备、设施进行技术鉴定或者对财产损失状况以及中断铁路行车造成的直接经济损失进行评估的，事故调查组应当委托具有国家规定资质的机构进行技术鉴定或者评估。技术鉴定或评估所需时间不计入事故调查期限。

第三十九条　各专业小组应按调查组组长的要求，及时提交专业小组调查报告。调查组组长应组织审议专业小组调查报告，并研究形成《铁路交通事故调查报告》，由调查组所有成员签认。调查组成员意见不一致时，应在事故报告中分别进行表述，报组织调查的机关审议、裁定。

第四十条　事故调查中发现涉嫌犯罪的，事故调查组应当及时将有关证据、材料移交司法机关。

第四十一条　《铁路交通事故调查报告》应包括下列内容：

（一）事故概况。

（二）事故造成的人员伤亡和直接经济损失。

（三）事故发生的原因和事故性质。

（四）事故责任的认定以及对事故责任者的处理建议。

（五）事故防范和整改措施建议。

（六）与事故有关的证明材料。

第四十二条　事故调查组应在下列期限内向组织事故调查组的机关提交《铁路交通事故调查报告》：

（一）特别重大事故的调查期限为60日。

（二）重大事故的调查期限为30日。

（三）较大事故的调查期限为20日。

（四）一般事故的调查期限为10日。

事故调查期限自事故发生之日起计算。

第四十三条 事故调查组形成《铁路交通事故调查报告》，报组织事故调查的机关同意后，事故调查组的工作即告结束。铁道部、安全监管办的安全监察部门应在事故调查组工作结束后15日之内，根据事故报告，制作《铁路交通事故认定书》，经批准后，送达相关单位。

一般B类以上、重大以下事故（相撞事故为较大事故）的档案材料，应报铁道部备案（3份）。

第四十四条 铁道部发现安全监管办对事故认定不准确时，应予以纠正。必要时，可另行组织调查。

第四十五条 事故调查组成员在事故调查工作中应诚信公正、恪尽职守，遵守事故调查组的纪律，保守事故调查的秘密。未经事故调查组组长允许，调查组成员不得擅自发布有关事故的调查信息。

第四十六条 调查事故应配备必要的调查设备和装备，保证调查工作顺利进行。调查设备和装备包括通信设备、摄影摄像设备、录音设备、绘图制图设备、便携电脑以及其他必要的装备。

第四十七条 《铁路交通事故认定书》是事故赔偿、事故处理以及事故责任追究的依据。

《铁路交通事故认定书》应按照铁道部规定的统一格式制作，内容包括：

（一）事故发生的原因和事故性质。
（二）事故造成的人员伤亡和直接经济损失。
（三）事故责任的认定。
（四）对有关责任单位及人员的处理决定或建议。

第四十八条 事故责任单位接到《铁路交通事故认定书》后，于7日内，填写《铁路交通事故处理报告表》(安监报2)，按规定报送《铁路交通事故认定书》制作机关，并存档。

第五章 事故责任判定和损失认定

第一节 事故责任判定

第四十九条 事故分为责任事故和非责任事故。
事故责任分为全部责任、主要责任、重要责任、次要责任和同等责任。

第五十条 铁路运输企业或相关单位发布的文电，违反法律法规、铁道部规章或铁路相关技术标准和作业标准等，直接导致事故发生的，定发文电单位责任。

第五十一条 因设备管理不善造成的事故，定设备管理单位责任。

第五十二条 因产品质量不良造成事故，属设计、制造、采购、检修等单位责任的，定相关单位责任；应采用经行政许可或强制认证的产品而采用其他产品的，追究采用单位责任；采购不合格或不达标产品的，追究采购单位责任。

第五十三条 自然灾害原因导致的事故，因防范措施不到位，定责任事故。确属不可抗力原因导致的事故，定非责任事故。

第五十四条 营业线施工中发生责任事故，属工程建设、设计、监理、施工等原因造成的，定上述相关单位责任；同时追究设备管理单位责任。

已经竣工验收的设备，因质量问题发生责任事故，确属工程建设、设计、施工、监理等单位责任的，定上述相关单位责任；属设备管理不善的，定设备管理单位责任。

第五十五条 涉嫌人为破坏造成的事故，在公安机关确认前，定发生单位责任事故；经公安机关确认属人为破坏原因造成的，定发生单位非责任事故。

第五十六条 机车车辆断轴造成事故，由于探测、监测工作人员违章违纪或设备不良、管理不善等原因造成漏报、误报或预报后未及时拦停列车的，定相关单位责任。由于货物超载、偏载造成车辆断轴事故，定装车站或作业站责任。

第五十七条 因列车折角塞门关闭造成事故，无法判明责任的定发生地铁路运输企业责任事故。

第五十八条 错误办理行车凭证发车或耽误列车事故的责任划分：司机起动列车，定车务、机务单位责任；司机发现未动车，定车务单位责任；通过列车司机未及时发现，定车务、机务单位责任；司机发现及时停车，定车务单位责任。

第五十九条 应停车的客运列车错办通过，定车站责任；在区间乘降所错误通过，定机务单位责任。

第六十条 因断钩导致列车分离事故，断口为新痕时定机务单位责任（司机未违反操作规程的除外），断口旧痕时定机车车辆配属或定检单位责任；机车车辆车钩出现超标的砂眼、夹渣或气孔等铸造缺陷定制造单位责任。

未断钩造成的列车分离事故根据具体情况进行分析定责。

第六十一条 因货物装载加固不良造成事故，定货物承运单位责任；属托运人自装货物的，定托运人责任，货物承运单位监督检查失职的，追究货物承运单位同等责任。因调车作业超速连挂和"禁溜车"溜放等造成货物装载加固状态破坏而引发的事故，定违章作业站责任；因押运人员在运输途中随意搬动货物和降低货物装载加固质量而引发的事故，定押运人员所在单位责任，货物承运单位管理失职的，追究同等责任；货检人员未认真履行职责的，追究货检人员所在单位同等责任。因卸车质量不良造成事故，定卸车单位责任，同时追究负责检查的单位责任。

第六十二条　自轮运转设备编入列车因质量不良发生事故时，定设备配属单位责任；过轨检查失职的，定检查单位责任；违规挂运的，定编入或同意放行的单位责任。

第六十三条　因临时租（借）用其他单位的设备设施、人员，发生事故，定使用单位责任。

产权单位委托其他单位维修设备设施，因维修质量不良造成事故，定维修单位责任；产权单位管理不善的，追究其同等责任。

第六十四条　凡经铁道部批准或铁路运输企业批准并报铁道部核备后的技术革新项目、科研项目在运营线上试验时，在限定的试验期限内确因试验项目本身原因发生事故，不定责任事故；但由于违反操作规程以及其他人为因素造成的事故，定责任事故。

第六十五条　事故发生后，因发生单位未如实提供情况，导致不能查明事故原因和判定责任的，定发生单位责任。

第六十六条　事故涉及两个以上单位管理的相关设备，设备质量均未超过临修或技术限度时，按事故因果关系进行推断，确定责任单位。

第六十七条　事故调查组未及时通知有关单位接受事故调查，不得定有关单位责任。有关单位接到通知后，应派员而未派员接受事故调查的，事故调查组可以直接定责。

第六十八条　铁路作业人员在从事与行车相关的作业过程中，不论作业人员是否在其本职岗位，由于违反操作规程、作业纪律，或铁路运输生产设备设施、劳动条件、作业环境不良，或安全管理不善等造成伤亡，定责任事故。具体情形按以下规定办理。

（一）乘务人员及其他作业人员在企业内候班室、外地公寓、客车宿营车等处候班、间休期间，因违章违纪、设备设施不良等造成伤亡，定有关单位责任。

（二）作业人员在疏导道口、引导或帮助旅客上下车、维持站车秩序过程中被列车撞轧而伤亡的，定作业人员所在单位责任。

（三）事故发生过程中，作业人员在避险或进行事故抢险时因违章作业再次发生伤亡，应按同一件事故定责；事故过程已终止，在事故救援、抢修、复旧及处理中又发生事故导致伤亡的，按另一件事故定责。

（四）铁路运输企业所属临管铁路发生的责任伤亡事故，定该企业责任事故。

（五）作业人员在工作或间歇时间擅自动用铁路运输设备设施、工具等导致伤亡的，定该作业人员所在单位责任事故，同时追究设备设施配属（或管理）单位的责任。

（六）作业人员因患有职业禁忌症而导致行为失控，造成伤亡的，定该作业人员所在单位责任。

（七）两个及以上铁路运输企业在交叉作业中发生伤亡，定主要责任单位事故；若各方责任均等，定伤亡人员所在单位责任，同时追究其他相关单位责任。若各方责任均等且均有人员伤亡，分别定责任事故。

第六十九条　作业人员发生伤亡，经二级以上医院、急救中心诊断或经法医检验、解剖，证明系因脑溢血、心肌梗塞、猝死等突发性疾病所致，并按事故处理权限得到事故调查组确认的，不定责任事故。医院等级不够的，须经法医进行尸表检验或尸体解剖鉴定。法医尸检或解剖鉴定报告结论不确定的，定责任事故。

第七十条　作业人员伤亡事故原因不清，或公安机关已立案但尚无明确结论的，定责任事故。暂时不能确定事故性质、责任的，按待定办理。若跨年度仍不能确定或处理时间超过法定期限的，定伤亡人员所在单位责任。在年度统计截止前，该事故已查清并作出与原处理决定相反结论的，可向原处理部门申请更正。

第七十一条　铁路机车车辆与行人、机动车、非机动车、牲畜及其他障碍物相撞造成事故，按以下规定判定责任。

（一）事故当事人违章通过平交道口或者人行过道，或者在铁路线路上行走、坐卧造成人身伤亡，定事故当事人责任。

（二）事故当事人逃逸或者有证据证明当事人故意破坏、伪造现场、毁坏证据，定事故当事人责任。

（三）事故当事人违反国家法律法规，有明显过失的，按过错的严重程度，分别承担责任。

第七十二条　铁道部、安全监管办有关部门及其人员未能依法履行职责，发生下列情形之一的，应当追究其行政责任。涉嫌犯罪的，移送司法机关处理。

（一）违反国家公布的技术标准或铁道部颁布的规章、技术管理规程和作业标准，擅自公布部门技术标准，导致事故发生的，追究相关部门及其人员的责任。

（二）在实施行政许可、强制认证、技术审查或鉴定，以及产品设备验收等监督管理职责的过程中，违反法定权限、法定程序和有关规定，或对相关产品设备等监督检查不力,造成不合格、不达标产品设备等投入运用,导致事故发生的,追究相关部门及其人员的责任。

第二节 事故损失认定

第七十三条 事故相关单位要如实统计、申报事故直接经济损失,制作明细表,经事故调查组确认后,在《铁路交通事故认定书》中认定。

第七十四条 下列费用列入事故直接经济损失:

(一)铁路机车车辆、线路、桥隧、通信、信号、供电、信息、安全、给水等设备设施的损失费用。报废设备按报废设备账面净值计算,或按照市场重置价计算;破损设备设施按修复费用计算。

(二)铁路运输企业承运的行包、货物的损失费用。

(三)事故中死亡和受伤人员的处理、处置、医治等费用(不含人身保险赔偿费用)。

(四)被撞机动车、非机动车、牲畜等财产物资,造成的报废或修复费用。

(五)行车中断的损失费用。

(六)事故应急处置和救援费用。

(七)其他与事故直接有关的费用。

第七十五条 有作业人员伤亡的,直接经济损失统计范围、计算方法等按《企业职工伤亡事故经济损失统计标准》(GB 6721—1986)执行。

第七十六条 负有事故全部责任的,承担事故直接经济损失费用的100%;负有主要责任的,承担损失费用的50%以上;负有重要责任的,承担损失费用的30%以上、50%以下;负有次要责任的,承担损失费用的30%以下。

有同等责任、涉及多家责任单位承担损失费用时,由事故调查组根据责任程度依次确定损失承担比例。

负同等责任的单位,承担相同比例的损失费用。

第六章 事故统计、分析

第七十七条 铁道部、安全监管办、铁路运输企业及基层单位应按照本规则规定,建立事故统计分析制度,健全统计分析资料,并按规定及时报送。

各级安全监察部门负责事故统计分析报告的日常工作,并负责监督指导有关部门(单位)做好事故统计分析报告工作。

第七十八条 事故的统计报告应当坚持及时、准确、真实、完整的原则。

第七十九条 事故的统计应按照事故类别、等级、性质、原因、部门、责任等项目分别进行统计。

第八十条 每日事故的统计时间,由上一日18时至当日18时止。但填报事故发生时间时,应以实际时间为准,即以零点改变日期。

第八十一条 责任事故件数统计在负全部责任、主要责任的单位,非责任事故和待定责事故件数统计在发生单位,相撞事故统计在发生单位。

负同等责任或追究同等责任的,在总数中不重复统计件数。

第八十二条 一起事故同时符合两个以上事故等级的,以最高事故等级进行统计。

第八十三条 发生人员伤亡的事故应按以下规定统计:

(一)人员在事故中失踪,至事故结案时仍未找到的,按死亡统计。

(二)事故受伤人员因正常手术治疗而加重伤害程度的,按手术后的伤害程度统计。

(三)事故受伤人员经救治无效,在7日内死亡,按死亡统计;经医疗事故鉴定委员会确认为医疗事故的,或7日后死亡的,按原伤害程度统计。

(四)事故受伤人员在7日内由轻伤发展成重伤的,按重伤统计。

(五)未经医疗事故鉴定委员会确认为医疗事故的伤亡,按责任事故统计。

(六)相撞事故发生后,经调查确认为自杀、他杀的,不在伤亡人数中统计。

第八十四条 铁路各级安全监察部门应建立《铁路交通事故登记簿》(安监统1)、《铁路交通事故统计簿》(安监统2)、《铁路运输企业安全天数登记簿》(安监统3)、《铁路作业人员伤亡登记簿》(安监统4)和《铁路交通事故分析会记录簿》。

铁路运输企业专业部门、各基层站段应分别填记《铁路交通事故登记簿》(安监统1),并建立《铁路交通事故分析会记录簿》。

以上台账长期保存。

第八十五条 有关部门、单位按以下规定填写、传送、管理各种事故表报。

(一)各级安全监察部门须建立《铁路交通事故(设备故障)概况表》(安监报1)和《铁路交通事故基本情况表》(安监报3)的管理制度,规范统计、分析、总结、报送及保管工作。要及时补充填记"安监报3"各项内容,事故结案后,必须准确填写。

铁路运输企业调度部门应当及时、如实填写《铁路交通事故(设备故障)概况表》(安监报1),建立登记簿,进行统计分析,并制定管理制度。

铁路运输企业的专业部门应当建立"安监报1"登记簿，认真统计分析。

（二）安全监管办须建立《铁路交通事故处理报告表》（安监报2）管理制度。基层单位按要求做好填记上报。"安监报2"保管3年。

（三）安全监管办于月、半年、年度后次月5日前填写《铁路交通事故报告表》（安监报4），报铁道部。"安监报4"长期保存。

（四）安全监管办于月、半年、年度后次月5日前填写《铁路交通事故路外伤亡统计分析表》（安监报5），报铁道部。"安监报5"长期保存。

（五）有从业人员伤亡的事故，事故发生单位填写《铁路作业人员伤亡概况表》（安监报6-1），上报安全监管办；一般B类以上事故，安全监管办填写《铁路作业人员伤亡概况表》（安监报6-1），上报铁道部。

安全监管办于次月5日前（次年1月10日前），填写《铁路作业人员伤亡统计报表》（安监报6-2），报铁道部。

第八十六条 铁道部所属铁路运输企业每月27日前将本月安全分析总结报铁道部安全监察司。企业内部各业务部门须按月、半年、年度，对本系统事故进行分析总结，向上级主管部门报告，并抄送安全监管办安全监察部门。

合资铁路、地方铁路、专用铁路须按月、半年、年度，对本单位事故进行分析，并报安全监管办。

第七章 罚 则

第八十七条 铁路运输企业及其职工违反法律、行政法规的规定，造成事故的，由铁道部或者安全监管办依法追究行政责任。构成犯罪的，依法追究刑事责任。

第八十八条 铁路运输企业及其职工迟报、漏报、瞒报、谎报事故的，对单位，由铁道部或安全监管办处10万元以上50万元以下的罚款；对个人，由铁道部或安全监管办处4000元以上2万元以下的罚款；属于国家工作人员的，依法给予处分；构成犯罪的，依法追究刑事责任。

第八十九条 安全监管办迟报、漏报、瞒报、谎报事故的，由铁道部对直接负责的主管人员和其他直接责任人员依法给予处分；构成犯罪的，依法追究刑事责任。

第九十条 干扰、阻碍事故调查处理的，对单位，由铁道部或安全监管办处4万元以上20万元以下的罚款；对个人，由铁道部或安全监管办处2000元以上1万元以下的罚款；情节严重的，对单位，由铁道部或安全监管办处20万元以上100万元以下的罚款；对个人，由铁道部或安全监管办处1万元以上5万元以下的罚款；属于国家工作人员的，依法给予处分；构成违反治安管理行为的，由公安机关依法给予治安管理处罚；构成犯罪的，依法追究刑事责任。

第九十一条 在事故调查中，调查人员索贿受贿、借机打击报复或不负责任，致使调查工作有重大疏漏的，由组成事故调查组的机关给予处分，构成犯罪的，依法追究刑事责任。

第八章 附 则

第九十二条 本规则中所称的"以上"包括本数，所称的"以下"不包括本数。

第九十三条 本规则附件与本规则具有同等效力。本规则所规定的文书格式由铁道部统一制定。

第九十四条 本规则由铁道部负责解释。

第九十五条 本规则自2007年9月1日起施行。《铁路行车事故处理规则》（铁道部令第3号）、《铁路企业伤亡事故处理规则》（铁道部令第7号）、铁道部《关于重新修订〈铁路路外伤亡事故报告、处理、统计办法〉的通知》（铁安监字〔79〕2056号）同时废止。前发有关文电与本规则相抵触的一律以本规则为准。

铁路交通事故应急救援和调查处理条例

（2007年6月27日国务院第182次常务会议通过，2007年7月11日国务院令第501号公布 根据2012年11月9日国务院令第628号《国务院关于修改和废止部分行政法规的决定》修正）

第一章 总 则

第一条 为了加强铁路交通事故的应急救援工作，规范铁路交通事故调查处理，减少人员伤亡和财产损失，保障铁路运输安全和畅通，根据《中华人民共和国铁路法》和其他有关法律的规定，制定本条例。

第二条 铁路机车车辆在运行过程中与行人、机动车、非机动车、牲畜及其他障碍物相撞，或者铁路机车车辆发生冲突、脱轨、火灾、爆炸等影响铁路正常行车的铁路交通事故（以下简称事故）的应急救援和调查处理，适用本条例。

第三条　国务院铁路主管部门应当加强铁路运输安全监督管理，建立健全事故应急救援和调查处理的各项制度，按照国家规定的权限和程序，负责组织、指挥、协调事故的应急救援和调查处理工作。

第四条　铁路管理机构应当加强日常的铁路运输安全监督检查，指导、督促铁路运输企业落实事故应急救援的各项规定，按照规定的权限和程序，组织、参与、协调本辖区内事故的应急救援和调查处理工作。

第五条　国务院其他有关部门和有关地方人民政府应当按照各自的职责和分工，组织、参与事故的应急救援和调查处理工作。

第六条　铁路运输企业和其他有关单位、个人应当遵守铁路运输安全管理的各项规定，防止和避免事故的发生。

事故发生后，铁路运输企业和其他有关单位应当及时、准确地报告事故情况，积极开展应急救援工作，减少人员伤亡和财产损失，尽快恢复铁路正常行车。

第七条　任何单位和个人不得干扰、阻碍事故应急救援、铁路线路开通、列车运行和事故调查处理。

第二章　事　故　等　级

第八条　根据事故造成的人员伤亡、直接经济损失、列车脱轨辆数、中断铁路行车时间等情形，事故等级分为特别重大事故、重大事故、较大事故和一般事故。

第九条　有下列情形之一的，为特别重大事故：

（一）造成30人以上死亡，或者100人以上重伤（包括急性工业中毒，下同），或者1亿元以上直接经济损失的；

（二）繁忙干线客运列车脱轨18辆以上并中断铁路行车48小时以上的；

（三）繁忙干线货运列车脱轨60辆以上并中断铁路行车48小时以上的。

第十条　有下列情形之一的，为重大事故：

（一）造成10人以上30人以下死亡，或者50人以上100人以下重伤，或者5000万元以上1亿元以下直接经济损失的；

（二）客运列车脱轨18辆以上的；

（三）货运列车脱轨60辆以上的；

（四）客运列车脱轨2辆以上18辆以下，并中断繁忙干线铁路行车24小时以上或者中断其他线路铁路行车48小时以上的；

（五）货运列车脱轨6辆以上60辆以下，并中断繁忙干线铁路行车24小时以上或者中断其他线路铁路行车48小时以上的。

第十一条　有下列情形之一的，为较大事故：

（一）造成3人以上10人以下死亡，或者10人以上50人以下重伤，或者1000万元以上5000万元以下直接经济损失的；

（二）客运列车脱轨2辆以上18辆以下的；

（三）货运列车脱轨6辆以上60辆以下的；

（四）中断繁忙干线铁路行车6小时以上的；

（五）中断其他线路铁路行车10小时以上的。

第十二条　造成3人以下死亡，或者10人以下重伤，或者1000万元以下直接经济损失的，为一般事故。

除前款规定外，国务院铁路主管部门可以对一般事故的其他情形作出补充规定。

第十三条　本章所称的"以上"包括本数，所称的"以下"不包括本数。

第三章　事　故　报　告

第十四条　事故发生后，事故现场的铁路运输企业工作人员或者其他人员应当立即报告邻近铁路车站、列车调度员或者公安机关。有关单位和人员接到报告后，应当立即将事故情况报告事故发生地铁路管理机构。

第十五条　铁路管理机构接到事故报告，应当尽快核实有关情况，并立即报告国务院铁路主管部门；对特别重大事故、重大事故，国务院铁路主管部门应当立即报告国务院并通报国家安全生产监督管理等有关部门。

发生特别重大事故、重大事故、较大事故或者有人员伤亡的一般事故，铁路管理机构还应当通报事故发生地县级以上地方人民政府及其安全生产监督管理部门。

第十六条　事故报告应当包括下列内容：

（一）事故发生的时间、地点、区间（线名、公里、米）、事故相关单位和人员；

（二）发生事故的列车种类、车次、部位、计长、机车型号、牵引辆数、吨数；

（三）承运旅客人数或者货物品名、装载情况；

（四）人员伤亡情况，机车车辆、线路设施、道路车辆的损坏情况，对铁路行车的影响情况；

（五）事故原因的初步判断；

（六）事故发生后采取的措施及事故控制情况；

265

（七）具体救援请求。

事故报告后出现新情况的，应当及时补报。

第十七条　国务院铁路主管部门、铁路管理机构和铁路运输企业应当向社会公布事故报告值班电话，受理事故报告和举报。

第四章　事故应急救援

第十八条　事故发生后，列车司机或者运转车长应当立即停车，采取紧急处置措施；对无法处置的，应当立即报告邻近铁路车站、列车调度员进行处置。

为保障铁路旅客安全或者因特殊运输需要不宜停车的，可以不停车；但是，列车司机或者运转车长应当立即将事故情况报告邻近铁路车站、列车调度员，接到报告的邻近铁路车站、列车调度员应当立即进行处置。

第十九条　事故造成中断铁路行车的，铁路运输企业应当立即组织抢修，尽快恢复铁路正常行车；必要时，铁路运输调度指挥部门应当调整运输径路，减少事故影响。

第二十条　事故发生后，国务院铁路主管部门、铁路管理机构、事故发生地县级以上地方人民政府或者铁路运输企业应当根据事故等级启动相应的应急预案；必要时，成立现场应急救援机构。

第二十一条　现场应急救援机构根据事故应急救援工作的实际需要，可以借用有关单位和个人的设施、设备和其他物资。借用单位使用完毕应当及时归还，并支付适当费用；造成损失的，应当赔偿。

有关单位和个人应当积极支持、配合救援工作。

第二十二条　事故造成重大人员伤亡或者需要紧急转移、安置铁路旅客和沿线居民的，事故发生地县级以上地方人民政府应当及时组织开展救治和转移、安置工作。

第二十三条　国务院铁路主管部门、铁路管理机构或者事故发生地县级以上地方人民政府根据事故救援的实际需要，可以请求当地驻军、武装警察部队参与事故救援。

第二十四条　有关单位和个人应当妥善保护事故现场以及相关证据，并在事故调查组成立后将相关证据移交事故调查组。因事故救援、尽快恢复铁路正常行车需要改变事故现场的，应当做出标记、绘制现场示意图、制作现场视听资料，并做出书面记录。

任何单位和个人不得破坏事故现场，不得伪造、隐匿或者毁灭相关证据。

第二十五条　事故中死亡人员的尸体经法定机构鉴定后，应当及时通知死者家属认领；无法查找死者家属的，按照国家有关规定处理。

第五章　事故调查处理

第二十六条　特别重大事故由国务院或者国务院授权的部门组织事故调查组进行调查。

重大事故由国务院铁路主管部门组织事故调查组进行调查。

较大事故和一般事故由事故发生地铁路管理机构组织事故调查组进行调查；国务院铁路主管部门认为必要时，可以组织事故调查组对较大事故和一般事故进行调查。

根据事故的具体情况，事故调查组由有关人民政府、公安机关、安全生产监督管理部门、监察机关等单位派人组成，并应当邀请人民检察院派人参加。事故调查组认为必要时，可以聘请有关专家参与事故调查。

第二十七条　事故调查组应当按照国家有关规定开展事故调查，并在下列调查期限内向组织事故调查组的机关或者铁路管理机构提交事故调查报告：

（一）特别重大事故的调查期限为60日；

（二）重大事故的调查期限为30日；

（三）较大事故的调查期限为20日；

（四）一般事故的调查期限为10日。

事故调查期限自事故发生之日起计算。

第二十八条　事故调查处理，需要委托有关机构进行技术鉴定或者对铁路设备、设施及其他财产损失状况以及中断铁路行车造成的直接经济损失进行评估的，事故调查组应当委托具有国家规定资质的机构进行技术鉴定或者评估。技术鉴定或者评估所需时间不计入事故调查期限。

第二十九条　事故调查报告形成后，报经组织事故调查组的机关或者铁路管理机构同意，事故调查组工作即告结束。组织事故调查组的机关或者铁路管理机构应当自事故调查组工作结束之日起15日内，根据事故调查报告，制作事故认定书。

事故认定书是事故赔偿、事故处理以及事故责任追究的依据。

第三十条　事故责任单位和有关人员应当认真吸取事故教训，落实防范和整改措施，防止事故再次发生。

国务院铁路主管部门、铁路管理机构以及其他有关行政机关应当对事故责任单位和有关人员落实防范和整改措施的情况进行监督检查。

第三十一条　事故的处理情况，除依法应当保密的外，应当由组织事故调查组的机关或者铁路管理机构向社会公布。

第六章 事故赔偿

第三十二条 事故造成人身伤亡的，铁路运输企业应当承担赔偿责任；但是人身伤亡是不可抗力或者受害人自身原因造成的，铁路运输企业不承担赔偿责任。

违章通过平交道口或者人行过道，或者在铁路线路上行走、坐卧造成的人身伤亡，属于受害人自身的原因造成的人身伤亡。

第三十三条 事故造成铁路运输企业承运的货物、包裹、行李损失的，铁路运输企业应当依照《中华人民共和国铁路法》的规定承担赔偿责任。

第三十四条 除本条例第三十三条、第三十四条的规定外，事故造成其他人身伤亡或者财产损失的，依照国家有关法律、行政法规的规定赔偿。

第三十五条 事故当事人对事故损害赔偿有争议的，可以通过协商解决，或者请求组织事故调查组的机关或铁路管理机构组织调解，也可以直接向人民法院提起民事诉讼。

第七章 法律责任

第三十六条 铁路运输企业及其职工违反法律、行政法规的规定，造成事故的，由国务院铁路主管部门或者铁路管理机构依法追究行政责任。

第三十七条 违反本条例的规定，铁路运输企业及其职工不立即组织救援，或者迟报、漏报、瞒报、谎报事故的，对单位，由国务院铁路主管部门或者铁路管理机构处10万元以上50万元以下的罚款；对个人，由国务院铁路主管部门或者铁路管理机构处4000元以上2万元以下的罚款；属于国家工作人员的，依法给予处分；构成犯罪的，依法追究刑事责任。

第三十八条 违反本条例的规定，国务院铁路主管部门、铁路管理机构以及其他行政机关未立即启动应急预案，或者迟报、漏报、瞒报、谎报事故的，对直接负责的主管人员和其他直接责任人员依法给予处分；构成犯罪的，依法追究刑事责任。

第三十九条 违反本条例的规定，干扰、阻碍事故救援、铁路线路开通、列车运行和事故调查处理的，对单位，由国务院铁路主管部门或者铁路管理机构处4万元以上20万元以下的罚款；对个人，由国务院铁路主管部门或者铁路管理机构处2000元以上1万元以下的罚款；情节严重的，对单位，由国务院铁路主管部门或者铁路管理机构处20万元以上100万元以下的罚款；对个人，由国务院铁路主管部门或者铁路管理机构处1万元以上5万元以下的罚款；属于国家工作人员的，依法给予处分；构成违反治安管理行为的，由公安机关依法给予治安管理处罚；构成犯罪的，依法追究刑事责任。

第八章 附则

第四十条 本条例于2007年9月1日起施行。1979年7月16日国务院批准发布的《火车与其他车辆碰撞和铁路路外人员伤亡事故处理暂行规定》和1994年8月13日国务院批准发布的《铁路旅客运输损害赔偿规定》同时废止。

6. 航空安全

中华人民共和国民用航空法

（1995年10月30日第八届全国人民代表大会常务委员会第十六次会议通过 根据2009年8月27日第十一届全国人民代表大会常务委员会第十次会议《关于修改部分法律的决定》第一次修正 根据2015年4月24日第十二届全国人民代表大会常务委员会第十四次会议《关于修改〈中华人民共和国计量法〉等五部法律的决定》第二次修正 根据2016年11月7日第十二届全国人民代表大会常务委员会第二十四次会议《关于修改〈中华人民共和国对外贸易法〉等十二部法律的决定》第三次修正 根据2017年11月4日第十二届全国人民代表大会常务委员会第三十次会议《关于修改〈中华人民共和国会计法〉等十一部法律的决定》第四次修正 根据2018年12月29日第十三届全国人民代表大会常务委员会第七次会议《关于修改〈中华人民共和国劳动法〉等七部法律的决定》第五次修正）

第一章 总则

第一条 为了维护国家的领空主权和民用航空权利，保障民用航空活动安全和有秩序地进行，保护民用航空活动当事人各方的合法权益，促进民用航空事业的发展，制定本法。

第二条　中华人民共和国的领陆和领水之上的空域为中华人民共和国领空。中华人民共和国对领空享有完全的、排他的主权。

第三条　国务院民用航空主管部门对全国民用航空活动实施统一监督管理；根据法律和国务院的决定，在本部门的权限内，发布有关民用航空活动的规定、决定。

国务院民用航空主管部门设立的地区民用航空管理机构依照国务院民用航空主管部门的授权，监督管理各该地区的民用航空活动。

第四条　国家扶持民用航空事业的发展，鼓励和支持发展民用航空的科学研究和教育事业，提高民用航空科学技术水平。

国家扶持民用航空器制造业的发展，为民用航空活动提供安全、先进、经济、适用的民用航空器。

第二章　民用航空器国籍

第五条　本法所称民用航空器，是指除用于执行军事、海关、警察飞行任务外的航空器。

第六条　经中华人民共和国国务院民用航空主管部门依法进行国籍登记的民用航空器，具有中华人民共和国国籍，由国务院民用航空主管部门发给国籍登记证书。

国务院民用航空主管部门设立中华人民共和国民用航空器国籍登记簿，统一记载民用航空器的国籍登记事项。

第七条　下列民用航空器应当进行中华人民共和国国籍登记：

（一）中华人民共和国国家机构的民用航空器；

（二）依照中华人民共和国法律设立的企业法人的民用航空器；企业法人的注册资本中有外商出资的，其机构设置、人员组成和中方投资人的出资比例，应当符合行政法规的规定；

（三）国务院民用航空主管部门准予登记的其他民用航空器。

自境外租赁的民用航空器，承租人符合前款规定，该民用航空器的机组人员由承租人配备的，可以申请登记中华人民共和国国籍，但是必须先予注销该民用航空器原国籍登记。

第八条　依法取得中华人民共和国国籍的民用航空器，应当标明规定的国籍标志和登记标志。

第九条　民用航空器不得具有双重国籍。未注销外国国籍的民用航空器不得在中华人民共和国申请国籍登记。

第三章　民用航空器权利

第一节　一般规定

第十条　本章规定的对民用航空器的权利，包括对民用航空器构架、发动机、螺旋桨、无线电设备和其他一切为了在民用航空器上使用的，无论安装于其上或者暂时拆离的物品的权利。

第十一条　民用航空器权利人应当就下列权利分别向国务院民用航空主管部门办理权利登记：

（一）民用航空器所有权；

（二）通过购买行为取得并占有民用航空器的权利；

（三）根据租赁期限为六个月以上的租赁合同占有民用航空器的权利；

（四）民用航空器抵押权。

第十二条　国务院民用航空主管部门设立民用航空器权利登记簿。同一民用航空器的权利登记事项应当记载于同一权利登记簿中。

民用航空器权利登记事项，可以供公众查询、复制或者摘录。

第十三条　除民用航空器经依法强制拍卖外，在已经登记的民用航空器权利得到补偿或者民用航空器权利人同意之前，民用航空器的国籍登记或者权利登记不得转移至国外。

第二节　民用航空器所有权和抵押权

第十四条　民用航空器所有权的取得、转让和消灭，应当向国务院民用航空主管部门登记；未经登记的，不得对抗第三人。

民用航空器所有权的转让，应当签订书面合同。

第十五条　国家所有的民用航空器，由国家授予法人经营管理或者使用的，本法有关民用航空器所有人的规定适用于该法人。

第十六条　设定民用航空器抵押权，由抵押权人和抵押人共同向国务院民用航空主管部门办理抵押权登记；未经登记的，不得对抗第三人。

第十七条　民用航空器抵押权设定后，未经抵押权人同意，抵押人不得将被抵押民用航空器转让他人。

第三节　民用航空器优先权

第十八条　民用航空器优先权，是指债权人依照本法第十九条规定，向民用航空器所有人、承租人提出赔偿请求，对产生该赔偿请求的民用航空器具有优先受偿的权利。

第十九条 下列各项债权具有民用航空器优先权：

（一）援救该民用航空器的报酬；

（二）保管维护该民用航空器的必需费用。

前款规定的各项债权，后发生的先受偿。

第二十条 本法第十九条规定的民用航空器优先权，其债权人应当自援救或者保管维护工作终了之日起三个月内，就其债权向国务院民用航空主管部门登记。

第二十一条 为了债权人的共同利益，在执行人民法院判决以及拍卖过程中产生的费用，应当从民用航空器拍卖所得价款中先行拨付。

第二十二条 民用航空器优先权先于民用航空器抵押权受偿。

第二十三条 本法第十九条规定的债权转移的，其民用航空器优先权随之转移。

第二十四条 民用航空器优先权应当通过人民法院扣押产生优先权的民用航空器行使。

第二十五条 民用航空器优先权自援救或者保管维护工作终了之日起满三个月时终止；但是，债权人就其债权已经依照本法第二十条规定登记，并具有下列情形之一的除外：

（一）债权人、债务人已经就此项债权的金额达成协议；

（二）有关此项债权的诉讼已经开始。

民用航空器优先权不因民用航空器所有权的转让而消灭；但是，民用航空器经依法强制拍卖的除外。

第四节 民用航空器租赁

第二十六条 民用航空器租赁合同，包括融资租赁合同和其他租赁合同，应当以书面形式订立。

第二十七条 民用航空器的融资租赁，是指出租人按照承租人对供货方和民用航空器的选择，购得民用航空器，出租给承租人使用，由承租人定期交纳租金。

第二十八条 融资租赁期间，出租人依法享有民用航空器所有权，承租人依法享有民用航空器的占有、使用、收益权。

第二十九条 融资租赁期间，出租人不得干扰承租人依法占有、使用民用航空器；承租人应当适当地保管民用航空器，使之处于原交付时的状态，但是合理损耗和经出租人同意的对民用航空器的改变除外。

第三十条 融资租赁期满，承租人应当将符合本法第二十九条规定状态的民用航空器退还出租人；但是，承租人依照合同行使购买民用航空器的权利或者为继续租赁而占有民用航空器的除外。

第三十一条 民用航空器融资租赁中的供货方，不就同一损害同时对出租人和承租人承担责任。

第三十二条 融资租赁期间，经出租人同意，在不损害第三人利益的情况下，承租人可以转让其对民用航空器的占有权或者租赁合同约定的其他权利。

第三十三条 民用航空器的融资租赁和租赁期限为六个月以上的其他租赁，承租人应当就其对民用航空器的占有权向国务院民用航空主管部门办理登记；未经登记的，不得对抗第三人。

第四章 民用航空器适航管理

第三十四条 设计民用航空器及其发动机、螺旋桨和民用航空器上设备，应当向国务院民用航空主管部门申请领取型号合格证书。经审查合格的，发给型号合格证书。

第三十五条 生产、维修民用航空器及其发动机、螺旋桨和民用航空器上设备，应当向国务院民用航空主管部门申请领取生产许可证书、维修许可证书。经审查合格的，发给相应的证书。

第三十六条 外国制造人生产的任何型号的民用航空器及其发动机、螺旋桨和民用航空器上设备，首次进口中国的，该外国制造人应当向国务院民用航空主管部门申请领取型号认可证书。经审查合格的，发给型号认可证书。

已取得外国颁发的型号合格证书的民用航空器及其发动机、螺旋桨和民用航空器上设备，首次在中国境内生产的，该型号合格证书的持有人应当向国务院民用航空主管部门申请领取型号认可证书。经审查合格的，发给型号认可证书。

第三十七条 具有中华人民共和国国籍的民用航空器，应当持有国务院民用航空主管部门颁发的适航证书，方可飞行。

出口民用航空器及其发动机、螺旋桨和民用航空器上设备，制造人应当向国务院民用航空主管部门申请领取出口适航证书。经审查合格的，发给出口适航证书。

租用的外国民用航空器，应当经国务院民用航空主管部门对其原国籍登记国发给的适航证书审查认可或者另发适航证书,方可飞行。

民用航空器适航管理规定,由国务院制定。

第三十八条 民用航空器的所有人或者承租人应当按照适航证书规定的使用范围使用民用航空器,做好民用航空器的维修保养工作,保证民用航空器处于适航状态。

第五章 航 空 人 员

第一节 一般规定

第三十九条 本法所称航空人员,是指下列从事民用航空活动的空勤人员和地面人员:

(一)空勤人员,包括驾驶员、飞行机械人员、乘务员;

(二)地面人员,包括民用航空器维修人员、空中交通管制员、飞行签派员、航空电台通信员。

第四十条 航空人员应当接受专门训练,经考核合格,取得国务院民用航空主管部门颁发的执照,方可担任其执照载明的工作。

空勤人员和空中交通管制员在取得执照前,还应当接受国务院民用航空主管部门认可的体格检查单位的检查,并取得国务院民用航空主管部门颁发的体格检查合格证书。

第四十一条 空勤人员在执行飞行任务时,应当随身携带执照和体格检查合格证书,并接受国务院民用航空主管部门的查验。

第四十二条 航空人员应当接受国务院民用航空主管部门定期或者不定期的检查和考核;经检查、考核合格的,方可继续担任其执照载明的工作。

空勤人员还应当参加定期的紧急程序训练。

空勤人员间断飞行的时间超过国务院民用航空主管部门规定时限的,应当经过检查和考核;乘务员以外的空勤人员还应当经过带飞。经检查、考核、带飞合格的,方可继续担任其执照载明的工作。

第二节 机 组

第四十三条 民用航空器机组由机长和其他空勤人员组成。机长应当由具有独立驾驶该型号民用航空器的技术和经验的驾驶员担任。

机组的组成和人员数额,应当符合国务院民用航空主管部门的规定。

第四十四条 民用航空器的操作由机长负责,机长应当严格履行职责,保护民用航空器及其所载人员和财产的安全。

机长在其职权范围内发布的命令,民用航空器所载人员都应当执行。

第四十五条 飞行前,机长应当对民用航空器实施必要的检查;未经检查,不得起飞。

机长发现民用航空器、机场、气象条件等不符合规定,不能保证飞行安全的,有权拒绝起飞。

第四十六条 飞行中,对于任何破坏民用航空器、扰乱民用航空器内秩序、危害民用航空器所载人员或者财产安全以及其他危及飞行安全的行为,在保证安全的前提下,机长有权采取必要的适当措施。

飞行中,遇到特殊情况时,为保证民用航空器及其所载人员的安全,机长有权对民用航空器作出处置。

第四十七条 机长发现机组人员不适宜执行飞行任务的,为保证飞行安全,有权提出调整。

第四十八条 民用航空器遇险时,机长有权采取一切必要措施,并指挥机组人员和航空器上其他人员采取抢救措施。在必须撤离遇险民用航空器的紧急情况下,机长必须采取措施,首先组织旅客安全离开民用航空器;未经机长允许,机组人员不得擅自离开民用航空器;机长应当最后离开民用航空器。

第四十九条 民用航空器发生事故,机长应当直接或者通过空中交通管制单位,如实将事故情况及时报告国务院民用航空主管部门。

第五十条 机长收到船舶或者其他航空器的遇险信号,或者发现遇险的船舶、航空器及其人员,应当将遇险情况及时报告就近的空中交通管制单位并给予可能的合理的援助。

第五十一条 飞行中,机长因故不能履行职务的,由仅次于机长职务的驾驶员代理机长;在下一个经停地起飞前,民用航空器所有人或者承租人应当指派新机长接任。

第五十二条 只有一名驾驶员,不需配备其他空勤人员的民用航空器,本节对机长的规定,适用于该驾驶员。

第六章 民 用 机 场

第五十三条 本法所称民用机场,是指专供民用航空器起飞、降落、滑行、停放以及进行其他活动使用的划定区域,包括附属的建筑物、装置和设施。

本法所称民用机场不包括临时机场。

军民合用机场由国务院、中央军事委员会另行制定管理办法。

第五十四条 民用机场的建设和使用应当统筹安排、合理布局,提高机场的使用效率。

全国民用机场的布局和建设规划，由国务院民用航空主管部门会同国务院其他有关部门制定，并按照国家规定的程序，经批准后组织实施。

省、自治区、直辖市人民政府应当根据全国民用机场的布局和建设规划，制定本行政区域内的民用机场建设规划，并按照国家规定的程序报经批准后，将其纳入本级国民经济和社会发展规划。

第五十五条　民用机场建设规划应当与城市建设规划相协调。

第五十六条　新建、改建和扩建民用机场，应当符合依法制定的民用机场布局和建设规划，符合民用机场标准，并按照国家规定报经有关主管机关批准并实施。

不符合依法制定的民用机场布局和建设规划的民用机场建设项目，不得批准。

第五十七条　新建、扩建民用机场，应当由民用机场所在地县级以上地方人民政府发布公告。

前款规定的公告应当在当地主要报纸上刊登，并在拟新建、扩建机场周围地区张贴。

第五十八条　禁止在依法划定的民用机场范围内和按照国家规定划定的机场净空保护区域内从事下列活动：

（一）修建可能在空中排放大量烟雾、粉尘、火焰、废气而影响飞行安全的建筑物或者设施；

（二）修建靶场、强烈爆炸物仓库等影响飞行安全的建筑物或者设施；

（三）修建不符合机场净空要求的建筑物或者设施；

（四）设置影响机场目视助航设施使用的灯光、标志或者物体；

（五）种植影响飞行安全或者影响机场助航设施使用的植物；

（六）饲养、放飞影响飞行安全的鸟类动物和其他物体；

（七）修建影响机场电磁环境的建筑物或者设施。

禁止在依法划定的民用机场范围内放养牲畜。

第五十九条　民用机场新建、扩建的公告发布前，在依法划定的民用机场范围内和按照国家规定划定的机场净空保护区域内存在的可能影响飞行安全的建筑物、构筑物、树木、灯光和其他障碍物体，应当在规定的期限内清除；对由此造成的损失，应当给予补偿或者依法采取其他补救措施。

第六十条　民用机场新建、扩建的公告发布后，任何单位和个人违反本法和有关行政法规的规定，在依法划定的民用机场范围内和按照国家规定划定的机场净空保护区域内修建、种植或者设置影响飞行安全的建筑物、构筑物、树木、灯光和其他障碍物体的，由机场所在地县级以上地方人民政府责令清除；由此造成的损失，由修建、种植或者设置该障碍物体的人承担。

第六十一条　在民用机场及其按照国家规定划定的净空保护区域以外，对可能影响飞行安全的高大建筑物或者设施，应当按照国家有关规定设置飞行障碍灯和标志，并使其保持正常状态。

第六十二条　国务院民用航空主管部门规定的对公众开放的民用机场应当取得机场使用许可证，方可开放使用。其他民用机场应当按照国务院民用航空主管部门的规定进行备案。

申请取得机场使用许可证，应当具备下列条件，并按照国家规定经验收合格：

（一）具备与其运营业务相适应的飞行区、航站区、工作区以及服务设施和人员；

（二）具备能够保障飞行安全的空中交通管制、通信导航、气象等设施和人员；

（三）具备符合国家规定的安全保卫条件；

（四）具备处理特殊情况的应急计划以及相应的设施和人员；

（五）具备国务院民用航空主管部门规定的其他条件。

国际机场还应当具备国际通航条件，设立海关和其他口岸检查机关。

第六十三条　民用机场使用许可证由机场管理机构向国务院民用航空主管部门申请，经国务院民用航空主管部门审查批准后颁发。

第六十四条　设立国际机场，由国务院民用航空主管部门报请国务院审查批准。

国际机场的开放使用，由国务院民用航空主管部门对外公告；国际机场资料由国务院民用航空主管部门统一对外提供。

第六十五条　民用机场应当按照国务院民用航空主管部门的规定，采取措施，保证机场内人员和财产的安全。

第六十六条　供运输旅客或者货物的民用航空器使用的民用机场，应当按照国务院民用航空主管部门规定的标准，设置必要设施，为旅客和货物托运人、收货人提供良好服务。

第六十七条　民用机场管理机构应当依照环境保护法律、行政法规的规定，做好机场环境保护工作。

第六十八条 民用航空器使用民用机场及其助航设施的,应当缴纳使用费、服务费;使用费、服务费的收费标准,由国务院民用航空主管部门制定。

第六十九条 民用机场废弃或者改作他用,民用机场管理机构应当依照国家规定办理报批手续。

第七章 空中航行

第一节 空域管理

第七十条 国家对空域实行统一管理。

第七十一条 划分空域,应当兼顾民用航空和国防安全的需要以及公众的利益,使空域得到合理、充分、有效的利用。

第七十二条 空域管理的具体办法,由国务院、中央军事委员会制定。

第二节 飞行管理

第七十三条 在一个划定的管制空域内,由一个空中交通管制单位负责该空域内的航空器的空中交通管制。

第七十四条 民用航空器在管制空域内进行飞行活动,应当取得空中交通管制单位的许可。

第七十五条 民用航空器应当按照空中交通管制单位指定的航路和飞行高度飞行;因故确需偏离指定的航路或者改变飞行高度飞行的,应当取得空中交通管制单位的许可。

第七十六条 在中华人民共和国境内飞行的航空器,必须遵守统一的飞行规则。

进行目视飞行的民用航空器,应当遵守目视飞行规则,并与其他航空器、地面障碍物体保持安全距离。

进行仪表飞行的民用航空器,应当遵守仪表飞行规则。

飞行规则由国务院、中央军事委员会制定。

第七十七条 民用航空器机组人员的飞行时间、执勤时间不得超过国务院民用航空主管部门规定的时限。

民用航空器机组人员受到酒类饮料、麻醉剂或者其他药物的影响,损及工作能力的,不得执行飞行任务。

第七十八条 民用航空器除按照国家规定经特别批准外,不得飞入禁区;除遵守规定的限制条件外,不得飞入限制区。

前款规定的禁区和限制区,依照国家规定划定。

第七十九条 民用航空器不得飞越城市上空;但是,有下列情形之一的除外:

(一)起飞、降落或者指定的航路所必需的;

(二)飞行高度足以使该航空器在发生紧急情况时离开城市上空,而不致危及地面上的人员、财产安全的;

(三)按照国家规定的程序获得批准的。

第八十条 飞行中,民用航空器不得投掷物品;但是,有下列情形之一的除外:

(一)飞行安全所必需的;

(二)执行救助任务或者符合社会公共利益的其他飞行任务所必需的。

第八十一条 民用航空器未经批准不得飞出中华人民共和国领空。

对未经批准正在飞离中华人民共和国领空的民用航空器,有关部门有权根据具体情况采取必要措施,予以制止。

第三节 飞行保障

第八十二条 空中交通管制单位应当为飞行中的民用航空器提供空中交通服务,包括空中交通管制服务、飞行情报服务和告警服务。

提供空中交通管制服务,旨在防止民用航空器同航空器、民用航空器同障碍物体相撞,维持并加速空中交通的有秩序的活动。

提供飞行情报服务,旨在提供有助于安全和有效地实施飞行的情报和建议。

提供告警服务,旨在当民用航空器需要搜寻援救时,通知有关部门,并根据要求协助该有关部门进行搜寻援救。

第八十三条 空中交通管制单位发现民用航空器偏离指定航路、迷失航向时,应当迅速采取一切必要措施,使其回归航路。

第八十四条 航路上应当设置必要的导航、通信、气象和地面监视设备。

第八十五条 航路上影响飞行安全的自然障碍物体,应当在航图上标明;航路上影响飞行安全的人工障碍物体,应当设置飞行障碍灯和标志,并使其保持正常状态。

第八十六条 在距离航路边界三十公里以内的地带,禁止修建靶场和其他可能影响飞行安全的设施;但是,平射轻武器靶场除外。

在前款规定地带以外修建固定的或者临时性对空发射场,应当按国家规定获得批准;对空发射场的发射方向,不得与航路交叉。

第八十七条 任何可能影响飞行安全的活动,应当依法获得批准，并采取确保飞行安全的必要措施，方可进行。

第八十八条 国务院民用航空主管部门应当依法对民用航空无线电台和分配给民用航空系统使用的专用频率实施管理。

任何单位或者个人使用的无线电台和其他仪器、装置，不得妨碍民用航空无线电专用频率的正常使用。对民用航空无线电专用频率造成有害干扰的，有关单位或者个人应当迅速排除干扰；未排除干扰前，应当停止使用该无线电台或者其他仪器、装置。

第八十九条 邮电通信企业应当对民用航空电信传递优先提供服务。

国家气象机构应当对民用航空气象机构提供必要的气象资料。

第四节 飞行必备文件

第九十条 从事飞行的民用航空器，应当携带下列文件：

（一）民用航空器国籍登记证书；
（二）民用航空器适航证书；
（三）机组人员相应的执照；
（四）民用航空器航行记录簿；
（五）装有无线电设备的民用航空器，其无线电台执照；
（六）载有旅客的民用航空器，其所载旅客姓名及其出发地点和目的地点的清单；
（七）载有货物的民用航空器，其所载货物的舱单和明细的申报单；
（八）根据飞行任务应当携带的其他文件。

民用航空器未按规定携带前款所列文件的，国务院民用航空主管部门或者其授权的地区民用航空管理机构可以禁止该民用航空器起飞。

第八章 公共航空运输企业

第九十一条 公共航空运输企业，是指以营利为目的，使用民用航空器运送旅客、行李、邮件或者货物的企业法人。

第九十二条 企业从事公共航空运输，应当向国务院民用航空主管部门申请领取经营许可证。

第九十三条 取得公共航空运输经营许可，应当具备下列条件：

（一）有符合国家规定的适应保证飞行安全要求的民用航空器；
（二）有必需的依法取得执照的航空人员；
（三）有不少于国务院规定的最低限额的注册资本；
（四）法律、行政法规规定的其他条件。

第九十四条 公共航空运输企业的组织形式、组织机构适用公司法的规定。

本法施行前设立的公共航空运输企业，其组织形式、组织机构不完全符合公司法规定的，可以继续沿用原有的规定，适用前款规定的日期由国务院规定。

第九十五条 公共航空运输企业应当以保证飞行安全和航班正常，提供良好服务为准则，采取有效措施，提高运输服务质量。

公共航空运输企业应当教育和要求本企业职工严格履行职责，以文明礼貌、热情周到的服务态度，认真做好旅客和货物运输的各项服务工作。

旅客运输航班延误的，应当在机场内及时通告有关情况。

第九十六条 公共航空运输企业申请经营定期航班运输（以下简称航班运输）的航线，暂停、终止经营航线，应当报经国务院民用航空主管部门批准。

公共航空运输企业经营航班运输，应当公布班期时刻。

第九十七条 公共航空运输企业的营业收费项目，由国务院民用航空主管部门确定。

国内航空运输的运价管理办法，由国务院民用航空主管部门会同国务院物价主管部门制定，报国务院批准后执行。

国际航空运输运价的制定按照中华人民共和国政府与外国政府签订的协定、协议的规定执行；没有协定、协议的，参照国际航空运输市场价格确定。

第九十八条 公共航空运输企业从事不定期运输，应当经国务院民用航空主管部门批准，并不得影响航班运输的正常经营。

第九十九条 公共航空运输企业应当依照国务院制定的公共航空运输安全保卫规定，制定安全保卫方案，并报国务院民用航空主管部门备案。

第一百条 公共航空运输企业不得运输法律、行政法规规定的禁运物品。

公共航空运输企业未经国务院民用航空主管部门批准，不得运输作战军火、作战物资。

禁止旅客随身携带法律、行政法规规定的禁运物品乘坐民用航空器。

第一百零一条 公共航空运输企业运输危险品，应当遵守国家有关规定。

禁止以非危险品品名托运危险品。

禁止旅客随身携带危险品乘坐民用航空器。除因执行公务并按照国家规定经过批准外,禁止旅客携带枪支、管制刀具乘坐民用航空器。禁止违反国务院民用航空主管部门的规定将危险品作为行李托运。

危险品品名由国务院民用航空主管部门规定并公布。

第一百零二条 公共航空运输企业不得运输拒绝接受安全检查的旅客,不得违反国家规定运输未经安全检查的行李。

公共航空运输企业必须按照国务院民用航空主管部门的规定,对承运的货物进行安全检查或者采取其他保证安全的措施。

第一百零三条 公共航空运输企业从事国际航空运输的民用航空器及其所载人员、行李、货物应当接受边防、海关等主管部门的检查;但是,检查时应当避免不必要的延误。

第一百零四条 公共航空运输企业应当依照有关法律、行政法规的规定优先运输邮件。

第一百零五条 公共航空运输企业应当投保地面第三人责任险。

第九章 公共航空运输

第一节 一般规定

第一百零六条 本章适用于公共航空运输企业使用民用航空器经营的旅客、行李或者货物的运输,包括公共航空运输企业使用民用航空器办理的免费运输。

本章不适用于使用民用航空器办理的邮件运输。

对多式联运方式的运输,本章规定适用于其中的航空运输部分。

第一百零七条 本法所称国内航空运输,是指根据当事人订立的航空运输合同,运输的出发地点、约定的经停地点和目的地点均在中华人民共和国境内的运输。

本法所称国际航空运输,是指根据当事人订立的航空运输合同,无论运输有无间断或者有无转运,运输的出发地点、目的地点或者约定的经停地点之一不在中华人民共和国境内的运输。

第一百零八条 航空运输合同各方认为几个连续的航空运输承运人办理的运输是一项单一业务活动的,无论其形式是以一个合同订立或者数个合同订立,应当视为一项不可分割的运输。

第二节 运输凭证

第一百零九条 承运人运送旅客,应当出具客票。旅客乘坐民用航空器,应当交验有效客票。

第一百一十条 客票应当包括的内容由国务院民用航空主管部门规定,至少应当包括以下内容:

(一)出发地点和目的地点;

(二)出发地点和目的地点均在中华人民共和国境内,而在境外有一个或者数个约定的经停地点的,至少注明一个经停地点;

(三)旅客航程的最终目的地点、出发地点或者约定的经停地点之一不在中华人民共和国境内,依照所适用的国际航空运输公约的规定,应当在客票上声明此项运输适用该公约的,客票上应当载有该项声明。

第一百一十一条 客票是航空旅客运输合同订立和运输合同条件的初步证据。

旅客未能出示客票、客票不符合规定或者客票遗失,不影响运输合同的存在或者有效。

在国内航空运输中,承运人同意旅客不经其出票而乘坐民用航空器的,承运人无权援用本法第一百二十八条有关赔偿责任限制的规定。

在国际航空运输中,承运人同意旅客不经其出票而乘坐民用航空器的,或者客票上未依照本法第一百一十条第(三)项的规定声明的,承运人无权援用本法第一百二十九条有关赔偿责任限制的规定。

第一百一十二条 承运人载运托运行李时,行李票可以包含在客票之内或者与客票相结合。除本法第一百一十条的规定外,行李票还应当包括下列内容:

(一)托运行李的件数和重量;

(二)需要声明托运行李在目的地点交付时的利益的,注明声明金额。

行李票是行李托运和运输合同条件的初步证据。

旅客未能出示行李票、行李票不符合规定或者行李票遗失,不影响运输合同的存在或者有效。

在国内航空运输中,承运人载运托运行李而不出具行李票的,承运人无权援用本法第一百二十八条有关赔偿责任限制的规定。

在国际航空运输中,承运人载运托运行李而不出具行李票的,或者行李票上未依照本法第一百一十条第(三)项的规定声明的,承运人无权援用本法第一百二十九条有关赔偿责任限制的规定。

第一百一十三条 承运人有权要求托运人填写航空货运单,托运人有权要求承运人接受该航空货运单。托运人未能出示航空货运单、航空货运单不符合规定或者航空货运单遗失,不影响运输合同的存在或者有效。

第一百一十四条 托运人应当填写航空货运单正

本一式三份，连同货物交给承运人。

航空货运单第一份注明"交承运人"，由托运人签字、盖章；第二份注明"交收货人"，由托运人和承运人签字、盖章；第三份由承运人在接受货物后签字、盖章，交给托运人。

承运人根据托运人的请求填写航空货运单的，在没有相反证据的情况下，应当视为代托运人填写。

第一百一十五条 航空货运单应当包括的内容由国务院民用航空主管部门规定，至少应当包括以下内容：

（一）出发地点和目的地点；

（二）出发地点和目的地点均在中华人民共和国境内，而在境外有一个或者数个约定的经停地点的，至少注明一个经停地点；

（三）货物运输的最终目的地点、出发地点或者约定的经停地点之一不在中华人民共和国境内，依照所适用的国际航空运输公约的规定，应当在货运单上声明此项运输适用该公约的，货运单上应当载有该项声明。

第一百一十六条 在国内航空运输中，承运人同意未经填具航空货运单而载运货物的，承运人无权援用本法第一百二十八条有关赔偿责任限制的规定。

在国际航空运输中，承运人同意未经填具航空货运单而载运货物的，或者航空货运单上未依照本法第一百一十五条第（三）项的规定声明的，承运人无权援用本法第一百二十九条有关赔偿责任限制的规定。

第一百一十七条 托运人应当对航空货运单上所填关于货物的说明和声明的正确性负责。

因航空货运单上所填的说明和声明不符合规定、不正确或者不完全，给承运人或者承运人对之负责的其他人造成损失的，托运人应当承担赔偿责任。

第一百一十八条 航空货运单是航空货物运输合同订立和运输条件以及承运人接受货物的初步证据。

航空货运单上关于货物的重量、尺寸、包装和包装件数的说明具有初步证据的效力。除经过承运人和托运人当面查对并在航空货运单上注明经过查对或者书写关于货物的外表情况的说明外，航空货运单上关于货物的数量、体积和情况的说明不能构成不利于承运人的证据。

第一百一十九条 托运人在履行航空货物运输合同规定的义务的条件下，有权在出发地机场或者目的地机场将货物提回，或者在途中经停时中止运输，或者在目的地点或者途中要求将货物交给非航空货运单上指定的收货人，或者要求将货物运回出发地机场；但是，托运人不得因行使此种权利而使承运人或者其他托运人遭受损失，并应当偿付由此产生的费用。

托运人的指示不能执行的，承运人应当立即通知托运人。

承运人按照托运人的指示处理货物，没有要求托运人出示其所收执的航空货运单，给该航空货运单的合法持有人造成损失的，承运人应当承担责任，但是不妨碍承运人向托运人追偿。

收货人的权利依照本法第一百二十条规定开始时，托运人的权利即告终止；但是，收货人拒绝接受航空货运单或者货物，或者承运人无法同收货人联系的，托运人恢复其对货物的处置权。

第一百二十条 除本法第一百一十九条所列情形外，收货人于货物到达目的地点，并在缴付应付款项和履行航空货运单上所列运输条件后，有权要求承运人移交航空货运单并交付货物。

除另有约定外，承运人应当在货物到达后立即通知收货人。

承运人承认货物已经遗失，或者货物在应当到达之日起七日后仍未到达的，收货人有权向承运人行使航空货物运输合同所赋予的权利。

第一百二十一条 托运人和收货人在履行航空货物运输合同规定的义务的条件下，无论为本人或者他人的利益，可以以本人的名义分别行使本法第一百一十九条和第一百二十条所赋予的权利。

第一百二十二条 本法第一百一十九条、第一百二十条和第一百二十一条的规定，不影响托运人同收货人之间的相互关系，也不影响从托运人或者收货人获得权利的第三人之间的关系。

任何与本法第一百一十九条、第一百二十条和第一百二十一条规定不同的合同条款，应当在航空货运单上载明。

第一百二十三条 托运人应当提供必需的资料和文件，以便在货物交付收货人前完成法律、行政法规规定的有关手续；因没有此种资料、文件，或者此种资料、文件不充足或者不符合规定造成的损失，除由于承运人或者其受雇人、代理人的过错造成的外，托运人应当对承运人承担责任。

除法律、行政法规另有规定外，承运人没有对前款规定的资料或者文件进行检查的义务。

第三节 承运人的责任

第一百二十四条 因发生在民用航空器上或者在旅客上、下民用航空器过程中的事件，造成旅客人身伤亡的,承运人应当承担责任;但是,旅客的人身伤亡完全是由于旅客本人的健康状况造成的,承运人不承担责任。

第一百二十五条 因发生在民用航空器上或者在旅客上、下民用航空器过程中的事件,造成旅客随身携带物品毁灭、遗失或者损坏的,承运人应当承担责任。因发生在航空运输期间的事件,造成旅客的托运行李毁灭、遗失或者损坏的,承运人应当承担责任。

旅客随身携带物品或者托运行李的毁灭、遗失或者损坏完全是由于行李本身的自然属性、质量或者缺陷造成的,承运人不承担责任。

本章所称行李,包括托运行李和旅客随身携带的物品。

因发生在航空运输期间的事件,造成货物毁灭、遗失或者损坏的,承运人应当承担责任;但是,承运人证明货物的毁灭、遗失或者损坏完全是由于下列原因之一造成的,不承担责任:

(一)货物本身的自然属性、质量或者缺陷;

(二)承运人或者其受雇人、代理人以外的人包装货物,货物包装不良;

(三)战争或者武装冲突;

(四)政府有关部门实施的与货物入境、出境或者过境有关的行为。

本条所称航空运输期间,是指在机场内、民用航空器上或者机场外降落的任何地点,托运行李、货物处于承运人掌管之下的全部期间。

航空运输期间,不包括机场外的任何陆路运输、海上运输、内河运输过程;但是,此种陆路运输、海上运输、内河运输是为了履行航空运输合同而装载、交付或者转运,在没有相反证据的情况下,所发生的损失视为在航空运输期间发生的损失。

第一百二十六条 旅客、行李或者货物在航空运输中因延误造成的损失,承运人应当承担责任;但是,承运人证明本人或者其受雇人、代理人为了避免损失的发生,已经采取一切必要措施或者不可能采取此种措施的,不承担责任。

第一百二十七条 在旅客、行李运输中,经承运人证明,损失是由索赔人的过错造成或者促成的,应当根据造成或者促成此种损失的过错的程度,相应免除或者减轻承运人的责任。旅客以外的其他人就旅客死亡或者受伤提出赔偿请求时,经承运人证明,死亡或者受伤是旅客本人的过错造成或者促成的,同样应当根据造成或者促成此种损失的过错的程度,相应免除或者减轻承运人的责任。

在货物运输中,经承运人证明,损失是由索赔人或者代行权利人的过错造成或者促成的,应当根据造成或者促成此种损失的过错的程度,相应免除或者减轻承运人的责任。

第一百二十八条 国内航空运输承运人的赔偿责任限额由国务院民用航空主管部门制定,报国务院批准后公布执行。

旅客或者托运人在交运托运行李或者货物时,特别声明在目的地点交付时的利益,并在必要时支付附加费的,除承运人证明旅客或者托运人声明的金额高于托运行李或者货物在目的地点交付时的实际利益外,承运人应当在声明金额范围内承担责任;本法第一百二十九条的其他规定,除赔偿责任限额外,适用于国内航空运输。

第一百二十九条 国际航空运输承运人的赔偿责任限额按照下列规定执行:

(一)对每名旅客的赔偿责任限额为16600计算单位;但是,旅客可以同承运人书面约定高于本项规定的赔偿责任限额。

(二)对托运行李或者货物的赔偿责任限额,每公斤为17计算单位。旅客或者托运人在交运托运行李或者货物时,特别声明在目的地点交付时的利益,并在必要时支付附加费的,除承运人证明旅客或者托运人声明的金额高于托运行李或者货物在目的地点交付时的实际利益外,承运人应当在声明金额范围内承担责任。

托运行李或者货物的一部分或者托运行李、货物中的任何物件毁灭、遗失、损坏或者延误的,用以确定承运人赔偿责任限额的重量,仅为该一包件或者数包件的总重量;但是,因托运行李或者货物的一部分或者托运行李、货物中的任何物件的毁灭、遗失、损坏或者延误,影响同一份行李票或者同一份航空货运单所列其他包件的价值的,确定承运人的赔偿责任限额时,此种包件的总重量也应当考虑在内。

(三)对每名旅客随身携带的物品的赔偿责任限额为332计算单位。

第一百三十条 任何旨在免除本法规定的承运人责任或者降低本法规定的赔偿责任限额的条款,均属无效;但是,此种条款的无效,不影响整个航空运输合同的效力。

第一百三十一条 有关航空运输中发生的损失的诉讼,不论其根据如何,只能依照本法规定的条件和赔偿责任限额提出,但是不妨碍谁有权提起诉讼以及他们各自的权利。

第一百三十二条 经证明,航空运输中的损失是由于承运人或者其受雇人、代理人的故意或者明知可能造成损失而轻率地作为或者不作为造成的，承运人无权援用本法第一百二十八条、第一百二十九条有关赔偿责任限制的规定；证明承运人的受雇人、代理人有此种作为或者不作为的，还应当证明该受雇人、代理人是在受雇、代理范围内行事的。

第一百三十三条　就航空运输中的损失向承运人的受雇人、代理人提起诉讼时，该受雇人、代理人证明他是在受雇、代理范围内行事的，有权援用本法第一百二十八条、第一百二十九条有关赔偿责任限制的规定。

在前款规定情形下，承运人及其受雇人、代理人的赔偿总额不得超过法定的赔偿责任限额。

经证明，航空运输中的损失是由于承运人的受雇人、代理人的故意或者明知可能造成损失而轻率地作为或者不作为造成的，不适用本条第一款和第二款的规定。

第一百三十四条　旅客或者收货人收受托运行李或者货物而未提出异议，为托运行李或者货物已经完好交付并与运输凭证相符的初步证据。

托运行李或者货物发生损失的，旅客或者收货人应当在发现损失后向承运人提出异议。托运行李发生损失的，至迟应当自收到托运行李之日起七日内提出；货物发生损失的，至迟应当自收到货物之日起十四日内提出。托运行李或者货物发生延误的，至迟应当自托运行李或者货物交付旅客或者收货人处置之日起二十一日内提出。

任何异议均应当在前款规定的期间内写在运输凭证上或者另以书面提出。

除承运人有欺诈行为外，旅客或者收货人未在本条第二款规定的期间内提出异议的，不能向承运人提出索赔诉讼。

第一百三十五条　航空运输的诉讼时效期间为二年，自民用航空器到达目的地点、应当到达目的地点或者运输终止之日起计算。

第一百三十六条　由几个航空承运人办理的连续运输，接受旅客、行李或者货物的每一个承运人应当受本法规定的约束，并就其根据合同办理的运输区段作为运输合同的订约一方。

对前款规定的连续运输，除合同明文约定第一承运人应当对全程运输承担责任外，旅客或者其继承人只能对发生事故或者延误的运输区段的承运人提起诉讼。

托运行李或者货物的毁灭、遗失、损坏或者延误，旅客或者托运人有权对第一承运人提起诉讼，旅客或者收货人有权对最后承运人提起诉讼，旅客、托运人和收货人均可以对发生毁灭、遗失、损坏或者延误的运输区段的承运人提起诉讼。上述承运人应当对旅客、托运人或者收货人承担连带责任。

第四节　实际承运人履行航空运输的特别规定

第一百三十七条　本节所称缔约承运人，是指以本人名义与旅客或者托运人，或者与旅客或者托运人的代理人，订立本章调整的航空运输合同的人。

本节所称实际承运人，是指根据缔约承运人的授权，履行前款全部或者部分运输的人，不是指本章规定的连续承运人；在没有相反证明时，此种授权被认为是存在的。

第一百三十八条　除本节另有规定外，缔约承运人和实际承运人都应当受本章规定的约束。缔约承运人应当对合同约定的全部运输负责。实际承运人应当对其履行的运输负责。

第一百三十九条　实际承运人的作为和不作为，实际承运人的受雇人、代理人在受雇、代理范围内的作为和不作为，关系到实际承运人履行的运输的，应当视为缔约承运人的作为和不作为。

缔约承运人的作为和不作为，缔约承运人的受雇人、代理人在受雇、代理范围内的作为和不作为，关系到实际承运人履行的运输的，应当视为实际承运人的作为和不作为；但是，实际承运人承担的责任不因此种作为或者不作为而超过法定的赔偿责任限额。

任何有关缔约承运人承担本章未规定的义务或者放弃本章赋予的权利的特别协议，或者任何有关依照本法第一百二十八条、第一百二十九条规定所作的在目的地点交付时利益的特别声明，除经实际承运人同意外，均不得影响实际承运人。

第一百四十条　依照本章规定提出的索赔或者发出的指示，无论是向缔约承运人还是向实际承运人提出或者发出的，具有同等效力；但是，本法第一百一十九条规定的指示，只在向缔约承运人发出时，方有效。

第一百四十一条　实际承运人的受雇人、代理人或者缔约承运人的受雇人、代理人，证明他是在受雇、代理范围内行事的，就实际承运人履行的运输而言，有权援用本法第一百二十八条、第一百二十九条有关赔偿责任限制的规定，但是依照本法规定不得援用赔偿责任限制规定的除外。

第一百四十二条　对于实际承运人履行的运输，实际承运人、缔约承运人以及他们的在受雇、代理范围内行事的受雇人、代理人的赔偿总额不得超过依照本法得以从缔约承运人或者实际承运人获得赔偿的最高数额；但是，其中任何人都不承担超过对他适用的赔偿责任限额。

第一百四十三条　对实际承运人履行的运输提起的诉讼，可以分别对实际承运人或者缔约承运人提起，也可以同时对实际承运人和缔约承运人提起；被提起诉讼的承运人有权要求另一承运人参加应诉。

第一百四十四条　除本法第一百四十三条规定外，本节规定不影响实际承运人和缔约承运人之间的权利、义务。

第十章　通用航空

第一百四十五条　通用航空，是指使用民用航空器从事公共航空运输以外的民用航空活动，包括从事工业、农业、林业、渔业和建筑业的作业飞行以及医疗卫生、抢险救灾、气象探测、海洋监测、科学实验、教育训练、文化体育等方面的飞行活动。

第一百四十六条　从事通用航空活动，应当具备下列条件：

（一）有与所从事的通用航空活动相适应，符合保证飞行安全要求的民用航空器；

（二）有必需的依法取得执照的航空人员；

（三）符合法律、行政法规规定的其他条件。

从事经营性通用航空，限于企业法人。

第一百四十七条　从事非经营性通用航空的，应当向国务院民用航空主管部门办理登记。

从事经营性通用航空的，应当向国务院民用航空主管部门申请领取通用航空经营许可证。

第一百四十八条　通用航空企业从事经营性通用航空活动，应当与用户订立书面合同，但是紧急情况下的救护或者救灾飞行除外。

第一百四十九条　组织实施作业飞行时，应当采取有效措施，保证飞行安全，保护环境和生态平衡，防止对环境、居民、作物或者牲畜等造成损害。

第一百五十条　从事通用航空活动的，应当投保地面第三人责任险。

第十一章　搜寻援救和事故调查

第一百五十一条　民用航空器遇到紧急情况时，应当发送信号，并向空中交通管制单位报告，提出援救请求；空中交通管制单位应当立即通知搜寻援救协调中心。民用航空器在海上遇到紧急情况时，还应当向船舶和国家海上搜寻援救组织发送信号。

第一百五十二条　发现民用航空器遇到紧急情况或者收听到民用航空器遇到紧急情况的信号的单位或者个人，应当立即通知有关的搜寻援救协调中心、海上搜寻援救组织或者当地人民政府。

第一百五十三条　收到通知的搜寻援救协调中心、地方人民政府和海上搜寻援救组织，应当立即组织搜寻援救。

收到通知的搜寻援救协调中心，应当设法将已经采取的搜寻援救措施通知遇到紧急情况的民用航空器。

搜寻援救民用航空器的具体办法，由国务院规定。

第一百五十四条　执行搜寻援救任务的单位或者个人，应当尽力抢救民用航空器所载人员，按照规定对民用航空器采取抢救措施并保护现场，保存证据。

第一百五十五条　民用航空器事故的当事人以及有关人员在接受调查时，应当如实提供现场情况和与事故有关的情节。

第一百五十六条　民用航空器事故调查的组织和程序，由国务院规定。

第十二章　对地面第三人损害的赔偿责任

第一百五十七条　因飞行中的民用航空器或者从飞行中的民用航空器上落下的人或者物，造成地面（包括水面，下同）上的人身伤亡或者财产损害的，受害人有权获得赔偿；但是，所受损害并非造成损害的事故的直接后果，或者所受损害仅是民用航空器依照国家有关的空中交通规则在空中通过造成的，受害人无权要求赔偿。

前款所称飞行中，是指自民用航空器为实际起飞而使用动力时起至着陆冲程终了时止；就轻于空气的民用航空器而言，飞行中是指自其离开地面时起至其重新着地时止。

第一百五十八条　本法第一百五十七条规定的赔偿责任，由民用航空器的经营人承担。

前款所称经营人，是指损害发生时使用民用航空器的人。民用航空器的使用权已经直接或者间接地授予他人，本人保留对该民用航空器的航行控制权的，本人仍被视为经营人。

经营人的受雇人、代理人在受雇、代理过程中使用民用航空器，无论是否在其受雇、代理范围内行事，均视为经营人使用民用航空器。

民用航空器登记的所有人应当被视为经营人，并承担经营人的责任；除非在判定其责任的诉讼中，所有人证明经营人是他人，并在法律程序许可的范围内采取适当措施使该人成为诉讼当事人之一。

第一百五十九条　未经对民用航空器有航行控制权的人同意而使用民用航空器，对地面第三人造成损害的，有航行控制权的人除证明本人已经适当注意防止此种使用外，应当与该非法使用人承担连带责任。

第一百六十条　损害是武装冲突或者骚乱的直接后果，依照本章规定应当承担责任的人不承担责任。

依照本章规定应当承担责任的人对民用航空器的使用权业经国家机关依法剥夺的，不承担责任。

第一百六十一条　依照本章规定应当承担责任的人证明损害是完全由于受害人或者其受雇人、代理人的过错造成的，免除其赔偿责任；应当承担责任的人证明损害是部分由于受害人或者其受雇人、代理人的过错造成的，相应减轻其赔偿责任。但是，损害是由于受害人的受雇人、代理人的过错造成时，受害人证明其受雇人、代理人的行为超出其所授权的范围的，不免除或者不减轻应当承担责任的人的赔偿责任。

一人对另一人的死亡或者伤害提起诉讼，请求赔偿时，损害是该另一人或者其受雇人、代理人的过错造成的，适用前款规定。

第一百六十二条　两个以上的民用航空器在飞行中相撞或者相扰，造成本法第一百五十七条规定的应当赔偿的损害，或者两个以上的民用航空器共同造成此种损害的，各有关民用航空器均应当被认为已经造成此种损害，各有关民用航空器的经营人均应当承担责任。

第一百六十三条　本法第一百五十八条第四款和第一百五十九条规定的人，享有依照本章规定经营人所能援用的抗辩权。

第一百六十四条　除本章有明确规定外，经营人、所有人和本法第一百五十九条规定的应当承担责任的人，以及他们的受雇人、代理人，对于飞行中的民用航空器或者从飞行中的民用航空器上落下的人或者物造成的地面上的损害不承担责任，但是故意造成此种损害的人除外。

第一百六十五条　本章不妨碍依照本章规定应当对损害承担责任的人向他人追偿的权利。

第一百六十六条　民用航空器的经营人应当投保地面第三人责任险或者取得相应的责任担保。

第一百六十七条　保险人和担保人除享有与经营人相同的抗辩权，以及对伪造证件进行抗辩的权利外，对依照本章规定提出的赔偿请求只能进行下列抗辩：

（一）损害发生在保险或者担保终止有效后；然而保险或者担保在飞行中期满的，该项保险或者担保在飞行计划中所载下一次降落前继续有效，但是不得超过二十四小时；

（二）损害发生在保险或者担保所指定的地区范围外，除非飞行超出该范围是由于不可抗力、援助他人所必需，或者驾驶、航行或者领航上的差错造成的。

前款关于保险或者担保继续有效的规定，只在对受害人有利时适用。

第一百六十八条　仅在下列情形下，受害人可以直接对保险人或者担保人提起诉讼，但是不妨碍受害人根据有关保险合同或者担保合同的法律规定提起直接诉讼的权利：

（一）根据本法第一百六十七条第（一）项、第（二）项规定，保险或者担保继续有效的；

（二）经营人破产的。

除本法第一百六十七条第一款规定的抗辩权，保险人或者担保人对受害人依照本章规定提起的直接诉讼不得以保险或者担保的无效或者追溯力终止为由进行抗辩。

第一百六十九条　依照本法第一百六十六条规定提供的保险或者担保，应当被专门指定优先支付本章规定的赔偿。

第一百七十条　保险人应当支付给经营人的款项，在本章规定的第三人的赔偿请求未满足前，不受经营人的债权人的扣留和处理。

第一百七十一条　地面第三人损害赔偿的诉讼时效期间为二年，自损害发生之日起计算；但是，在任何情况下，时效期间不得超过自损害发生之日起三年。

第一百七十二条　本章规定不适用于下列损害：

（一）对飞行中的民用航空器或者对该航空器上的人或者物造成的损害；

（二）为受害人同经营人或者同发生损害时对民用航空器有使用权的人订立的合同所约束，或者为适用两方之间的劳动合同的法律有关职工赔偿的规定所约束的损害；

（三）核损害。

第十三章　对外国民用航空器的特别规定

第一百七十三条　外国人经营的外国民用航空器，在中华人民共和国境内从事民用航空活动，适用本章规定；本章没有规定的，适用本法其他有关规定。

第一百七十四条　外国民用航空器根据其国籍登记国政府与中华人民共和国政府签订的协定、协议的规定，或者经中华人民共和国国务院民用航空主管部门批准或者接受，方可飞入、飞出中华人民共和国领空和在中华人民共和国境内飞行、降落。

对不符合前款规定，擅自飞入、飞出中华人民共和国领空的外国民用航空器，中华人民共和国有关机关有权采取必要措施，令其在指定的机场降落；对虽然符合前款规定，但是有合理的根据认为需要对其进行检查的，有关机关有权令其在指定的机场降落。

第一百七十五条 外国民用航空器飞入中华人民共和国领空，其经营人应当提供有关证明书，证明其已经投保地面第三人责任险或者已经取得相应的责任担保；其经营人未提供有关证明书的，中华人民共和国国务院民用航空主管部门有权拒绝其飞入中华人民共和国领空。

第一百七十六条 外国民用航空器的经营人经其本国政府指定，并取得中华人民共和国国务院民用航空主管部门颁发的经营许可证，方可经营中华人民共和国政府与该外国政府签订的协定、协议规定的国际航班运输；外国民用航空器的经营人经其本国政府批准，并获得中华人民共和国国务院民用航空主管部门批准，方可经营中华人民共和国境内一地和境外一地之间的不定期航空运输。

前款规定的外国民用航空器经营人，应当依照中华人民共和国法律、行政法规的规定，制定相应的安全保卫方案，报中华人民共和国国务院民用航空主管部门备案。

第一百七十七条 外国民用航空器的经营人，不得经营中华人民共和国境内两点之间的航空运输。

第一百七十八条 外国民用航空器，应当按照中华人民共和国国务院民用航空主管部门批准的班期时刻或者飞行计划飞行；变更班期时刻或者飞行计划的，其经营人应当获得中华人民共和国国务院民用航空主管部门的批准；因故变更或者取消飞行的，其经营人应当及时报告中华人民共和国国务院民用航空主管部门。

第一百七十九条 外国民用航空器应当在中华人民共和国国务院民用航空主管部门指定的设关机场起飞或者降落。

第一百八十条 中华人民共和国国务院民用航空主管部门和其他主管机关，有权在外国民用航空器降落或者飞出时查验本法第九十条规定的文件。

外国民用航空器及其所载人员、行李、货物，应当接受中华人民共和国有关主管机关依法实施的入境出境、海关、检疫等检查。

实施前两款规定的查验、检查，应当避免不必要的延误。

第一百八十一条 外国民用航空器国籍登记国发给或者核准的民用航空器适航证书、机组人员合格证书和执照，中华人民共和国政府承认其有效；但是，发给或者核准此项证书或者执照的要求，应当等于或者高于国际民用航空组织制定的最低标准。

第一百八十二条 外国民用航空器在中华人民共和国搜寻援救区内遇险，其所有人或者国籍登记国参加搜寻援救工作，应当经中华人民共和国国务院民用航空主管部门批准或者按照两国政府协议进行。

第一百八十三条 外国民用航空器在中华人民共和国境内发生事故，其国籍登记国和其他有关国家可以指派观察员参加事故调查。事故调查报告和调查结果，由中华人民共和国国务院民用航空主管部门告知该外国民用航空器的国籍登记国和其他有关国家。

第十四章 涉外关系的法律适用

第一百八十四条 中华人民共和国缔结或者参加的国际条约同本法有不同规定的，适用国际条约的规定；但是，中华人民共和国声明保留的条款除外。

中华人民共和国法律和中华人民共和国缔结或者参加的国际条约没有规定的，可以适用国际惯例。

第一百八十五条 民用航空器所有权的取得、转让和消灭，适用民用航空器国籍登记国法律。

第一百八十六条 民用航空器抵押权适用民用航空器国籍登记国法律。

第一百八十七条 民用航空器优先权适用受理案件的法院所在地法律。

第一百八十八条 民用航空运输合同当事人可以选择合同适用的法律，但是法律另有规定的除外；合同当事人没有选择的，适用与合同有最密切联系的国家的法律。

第一百八十九条 民用航空器对地面第三人的损害赔偿，适用侵权行为地法律。

民用航空器在公海上空对水面第三人的损害赔偿，适用受理案件的法院所在地法律。

第一百九十条 依照本章规定适用外国法律或者国际惯例，不得违背中华人民共和国的社会公共利益。

第十五章 法律责任

第一百九十一条 以暴力、胁迫或者其他方法劫持航空器的，依照刑法有关规定追究刑事责任。

第一百九十二条 对飞行中的民用航空器上的人员使用暴力，危及飞行安全的，依照刑法有关规定追究刑事责任。

第一百九十三条 违反本法规定，隐匿携带炸药、雷管或者其他危险品乘坐民用航空器，或者以非危险品品名托运危险品的，依照刑法有关规定追究刑事责任。

企业事业单位犯前款罪的，判处罚金，并对直接负责的主管人员和其他直接责任人员依照前款规定追究刑事责任。

隐匿携带枪支子弹、管制刀具乘坐民用航空器的，依照刑法有关规定追究刑事责任。

第一百九十四条 公共航空运输企业违反本法第一百零一条的规定运输危险品的，由国务院民用航空主管部门没收违法所得，可以并处违法所得一倍以下的罚款。

公共航空运输企业有前款行为，导致发生重大事故，没收违法所得，判处罚金；并对直接负责的主管人员和其他直接责任人员依照刑法有关规定追究刑事责任。

第一百九十五条 故意在使用中的民用航空器上放置危险品或者唆使他人放置危险品，足以毁坏该民用航空器，危及飞行安全的，依照刑法有关规定追究刑事责任。

第一百九十六条 故意传递虚假情报，扰乱正常飞行秩序，使公私财产遭受重大损失的，依照刑法有关规定追究刑事责任。

第一百九十七条 盗窃或者故意损毁、移动使用中的航行设施，危及飞行安全，足以使民用航空器发生坠落、毁坏危险的，依照刑法有关规定追究刑事责任。

第一百九十八条 聚众扰乱民用机场秩序的，依照刑法有关规定追究刑事责任。

第一百九十九条 航空人员玩忽职守，或者违反规章制度，导致发生重大飞行事故，造成严重后果的，依照刑法有关规定追究刑事责任。

第二百条 违反本法规定，尚不够刑事处罚，应当给予治安管理处罚的，依照治安管理处罚法的规定处罚。

第二百零一条 违反本法第三十七条的规定，民用航空器无适航证书而飞行，或者租用的外国民用航空器未经国务院民用航空主管部门对其原国籍登记国发给的适航证书审查认可或者另发适航证书而飞行的，由国务院民用航空主管部门责令停止飞行，没收违法所得，可以并处违法所得一倍以上五倍以下的罚款；没有违法所得的，处以十万元以上一百万元以下的罚款。

适航证书失效或者超过适航证书规定范围飞行的，依照前款规定处罚。

第二百零二条 违反本法第三十四条、第三十六条第二款的规定，将未取得型号合格证书、型号认可证书的民用航空器及其发动机、螺旋桨或者民用航空器上的设备投入生产的，由国务院民用航空主管部门责令停止生产，没收违法所得，可以并处违法所得一倍以下的罚款；没有违法所得的，处以五万元以上五十万元以下的罚款。

第二百零三条 违反本法第三十五条的规定，未取得生产许可证书、维修许可证书而从事生产、维修活动的，违反本法第九十二条、第一百四十七条第二款的规定，未取得公共航空运输经营许可证或者通用航空经营许可证而从事公共航空运输或者从事经营性通用航空的，国务院民用航空主管部门可以责令停止生产、维修或者经营活动。

第二百零四条 已取得本法第三十五条规定的生产许可证书、维修许可证书的企业，因生产、维修的质量问题造成严重事故的，国务院民用航空主管部门可以吊销其生产许可证书或者维修许可证书。

第二百零五条 违反本法第四十条的规定，未取得航空人员执照、体格检查合格证书而从事相应的民用航空活动的，由国务院民用航空主管部门责令停止民用航空活动，在国务院民用航空主管部门规定的限期内不得申领有关执照和证书，对其所在单位处以二十万元以下的罚款。

第二百零六条 有下列违法情形之一的，由国务院民用航空主管部门对民用航空器的机长给予警告或者吊扣执照一个月至六个月的处罚，情节较重的，可以给予吊销执照的处罚：

（一）机长违反本法第四十五条第一款的规定，未对民用航空器实施检查而起飞的；

（二）民用航空器违反本法第七十五条的规定，未按照空中交通管制单位指定的航路和飞行高度飞行，或者违反本法第七十九条的规定飞越城市上空的。

第二百零七条 违反本法第七十四条的规定，民用航空器未经空中交通管制单位许可进行飞行活动的，由国务院民用航空主管部门责令停止飞行，对该民用航空器所有人或者承租人处以一万元以上十万元以下的罚款；对该民用航空器的机长给予警告或者吊扣执照一个月至六个月的处罚，情节较重的，可以给予吊销执照的处罚。

第二百零八条 民用航空器的机长或者机组其他人员有下列行为之一的，由国务院民用航空主管部门给予警告或吊扣执照一个月至六个月的处罚；有第

（二）项或者第（三）项所列行为的，可以给予吊销执照的处罚：

（一）在执行飞行任务时，不按照本法第四十一条的规定携带执照和体格检查合格证书的；

（二）民用航空器遇险时，违反本法第四十八条的规定离开民用航空器的；

（三）违反本法第七十七条第二款的规定执行飞行任务的。

第二百零九条 违反本法第八十条的规定，民用航空器在飞行中投掷物品的，由国务院民用航空主管部门给予警告，可以对直接责任人员处以二千元以上二万元以下的罚款。

第二百一十条 违反本法第六十二条的规定，未取得机场使用许可证开放使用民用机场的，由国务院民用航空主管部门责令停止开放使用；没收违法所得，可以并处违法所得一倍以下的罚款。

第二百一十一条 公共航空运输企业、通用航空企业违反本法规定，情节较重的，除依照本法规定处罚外，国务院民用航空主管部门可以吊销其经营许可证。

第二百一十二条 国务院民用航空主管部门和地区民用航空管理机构的工作人员，玩忽职守、滥用职权、徇私舞弊，构成犯罪的，依法追究刑事责任；尚不构成犯罪的，依法给予行政处分。

第十六章 附 则

第二百一十三条 本法所称计算单位，是指国际货币基金组织规定的特别提款权；其人民币数额为法院判决之日、仲裁机构裁决之日或者当事人协议之日，按照国家外汇主管机关规定的国际货币基金组织的特别提款权对人民币的换算办法计算得出的人民币数额。

第二百一十四条 国务院、中央军事委员会对无人驾驶航空器的管理另有规定的，从其规定。

第二百一十五条 本法自1996年3月1日起施行。

中华人民共和国搜寻援救民用航空器规定

（1992年12月8日国务院批准，1992年12月28日中国民用航空总局令第29号发布，自发布之日起施行）

第一章 总 则

第一条 为了及时有效地搜寻援救遇到紧急情况的民用航空器，避免或者减少人员伤亡和财产损失，制定本规定。

第二条 本规定适用于中华人民共和国领域内以及中华人民共和国缔结或者参加的国际条约规定由中国承担搜寻援救工作的公海区域内搜寻援救民用航空器的活动。

第三条 海上搜寻援救民用航空器，除适用本规定外，并应当遵守国务院有关海上搜寻援救的规定。

第四条 搜寻援救民用航空器按照下列规定分工负责：

（一）中国民用航空局（以下简称民航局）负责统一指导全国范围的搜寻援救民用航空器的工作；

（二）省、自治区、直辖市人民政府负责本行政区域内陆地搜寻援救民用航空器的工作，民用航空地区管理局（以下简称地区管理局）予以协助；

（三）国家海上搜寻援救组织负责海上搜寻援救民用航空器工作，有关部门予以配合。

第五条 民航局搜寻援救协调中心和地区管理局搜寻援救协调中心承担陆上搜寻援救民用航空器的协调工作。

第六条 中华人民共和国领域内以及中华人民共和国缔结或者参加的国际条约规定由中国承担搜寻援救工作的公海区域内为中华人民共和国民用航空搜寻援救区，该区域内划分若干地区民用航空搜寻援救区，具体地区划分范围由民航局公布。

第七条 使用航空器执行搜寻援救任务，以民用航空力量为主，民用航空搜寻援救力量不足的，由军队派出航空器给予支援。

第八条 为执行搜寻援救民用航空器的紧急任务，有关地方、部门、单位和人员必须积极行动，互相配合，努力完成任务；对执行搜寻援救任务成绩突出的单位和个人，由其上级机关给予奖励。

第二章 搜寻援救的准备

第九条 各地区管理局应当拟定在陆上使用航空器搜寻援救民用航空器的方案，经民航局批准后，报有关省、自治区、直辖市人民政府备案。

第十条 沿海省、自治区、直辖市海上搜寻援救组织，应当拟定在海上使用船舶、航空器搜寻援救民用航空器的方案，经国家海上搜寻援救组织批准后，报省、自治区、直辖市人民政府和民航局备案，同时抄送有关地区管理局。

第十一条 搜寻援救民用航空器方案应当包括下列内容：

（一）使用航空器、船舶执行搜寻援救任务的单位，航空器、船舶的类型，以及日常准备工作的规定；

（二）航空器使用的机场和船舶使用的港口，担任搜寻援救的区域和有关保障工作方面的规定；

（三）执行海上搜寻援救任务的船舶、航空器协同配合方面的规定；

（四）民用航空搜寻援救力量不足的，商请当地驻军派出航空器、舰艇支援的规定。

第十二条 地区管理局和沿海省、自治区、直辖市海上搜寻援救组织应当按照批准的方案定期组织演习。

第十三条 搜寻援救民用航空器的通信联络，应当符合下列规定：

（一）民用航空空中交通管制单位和担任搜寻援救任务的航空器，应当配备121.5兆赫航空紧急频率的通信设备，并逐步配备243兆赫航空紧急频率的通信设备；

（二）担任海上搜寻援救任务的航空器，应当配备2182千赫海上遇险频率的通信设备；

（三）担任搜寻援救任务的部分航空器，应当配备能够向遇险民用航空器所发出的航空器紧急示位信标归航设备，以及在156.8兆赫（调频）频率上同搜寻援救船舶联络的通信设备。

第十四条 地区管理局搜寻援救协调中心应当同有关省、自治区、直辖市海上搜寻援救组织建立直接的通信联络。

第十五条 向遇险待救人员空投救生物品，由执行搜寻援救任务的单位按照下列规定负责准备：

（一）药物和急救物品为红色；

（二）食品和水为蓝色；

（三）防护服装和毯子为黄色；

（四）其他物品为黑色；

（五）一个容器或者包装内，装有上述多种物品时为混合色。

每一个容器或者包装内，应当装有用汉语、英语和另选一种语言的救生物品使用说明。

第三章　搜寻援救的实施

第十六条 发现或者收听到民用航空器遇到紧急情况的单位或者个人，应当立即通知有关地区管理局搜寻援救协调中心；发现失事的民用航空器，其位置在陆地的，并应当同时通知当地政府；其位置在海上的，并应当同时通知当地海上搜寻援救组织。

第十七条 地区管理局搜寻援救协调中心收到民用航空器紧急情况的信息后，必须立即做出判断，分别按照本规定第十九条、第二十条、第二十一条的规定，采取搜寻援救措施，并及时向民航局搜寻援救协调中心以及有关单位报告或者通报。

第十八条 本规定所指民用航空器的紧急情况分为以下三个阶段：

（一）情况不明阶段是指民用航空器的安全出现下列令人疑虑的情况：

1. 空中交通管制部门在规定的时间内同民用航空器没有取得联络；

2. 民用航空器在规定的时间内没有降落，并且没有其他信息。

（二）告警阶段是指民用航空器的安全出现下列令人担忧的情况：

1. 对情况不明阶段的民用航空器，仍然不能同其沟通联络；

2. 民用航空器的飞行能力受到损害，但是尚未达到迫降的程度；

3. 与已经允许降落的民用航空器失去通信联络，并且该民用航空器在预计降落时间后五分钟内没有降落。

（三）遇险险段是指确信民用航空器遇到下列紧急和严重危险，需要立即进行援救的情况：

1. 根据油量计算，告警阶段的民用航空器难以继续飞行；

2. 民用航空器的飞行能力受到严重损害，达到迫降程度；

3. 民用航空器已经迫降或者坠毁。

第十九条 对情况不明阶段的民用航空器，地区管理局搜寻援救协调中心应当：

（一）根据具体情况，确定搜寻的区域；

（二）通知开放有关的航空电台、导航台、定向台和雷达等设施，搜寻掌握该民用航空器的空中位置；

（三）尽速同该民用航空器沟通联络，进行有针对性的处置。

第二十条 对告警阶段的民用航空器，地区管理局搜寻援救协调中心应当：

（一）立即向有关单位发出告警通知；

（二）要求担任搜寻援救任务的航空器、船舶立即进入待命执行任务状态；

（三）督促检查各种电子设施，对情况不明的民用航空器继续进行联络和搜寻；

（四）根据该民用航空器飞行能力受损情况和机长的意见，组织引导其在就近机场降落；

（五）会同接受降落的机场，迅速查明预计降落时间后五分钟内还没有降落的民用航空器的情况并进行处理。

第二十一条 对遇险阶段的民用航空器，地区管理局搜寻援救协调中心应当：

（一）立即向有关单位发出民用航空器遇险的通知；

（二）对燃油已尽，位置仍然不明的民用航空器，分析其可能遇险的区域，并通知搜寻援救单位派人或者派航空器、船舶，立即进行搜寻援救；

（三）对飞行能力受到严重损害、达到迫降程度的民用航空器，通知搜寻援救单位派航空器进行护航，或者根据预定迫降地点，派人或者派航空器、船舶前往援救；

（四）对已经迫降或者失事的民用航空器，其位置在陆地的，立即报告省、自治区、直辖市人民政府；其位置在海上的，立即通报沿海有关省、自治区、直辖市的海上搜寻援救组织。

第二十二条 省、自治区、直辖市人民政府或者沿海省、自治区、直辖市海上搜寻援救组织收到关于民用航空器迫降或者失事的报告或者通报后，应当立即组织有关方面和当地驻军进行搜寻援救，并指派现场负责人。

第二十三条 现场负责人的主要职责是：

（一）组织抢救幸存人员；

（二）对民用航空器采取措施防火、灭火；

（三）保护好民用航空器失事现场；为抢救人员或者灭火必须变动现场时，应当进行拍照或者录像；

（四）保护好失事的民用航空器及机上人员的财物。

第二十四条 指派的现场负责人未到达现场的，由第一个到达现场的援救单位的有关人员担任现场临时负责人，行使本规定第二十三条规定的职责，并负责向到达后的现场负责人移交工作。

第二十五条 对处于紧急情况下的民用航空器，地区管理局搜寻援救协调中心应当设法将已经采取的援救措施通报该民用航空器机组。

第二十六条 执行搜寻援救任务的航空器与船舶、遇险待救人员、搜寻援救工作组之间，应当使用无线电进行联络。条件不具备或者无线电联络失效的，应当依照本规定附录规定的国际通用的《搜寻援救的信号》进行联络。

第二十七条 民用航空器的紧急情况已经不存在或者可以结束搜寻援救工作的，地区管理局搜寻援救协调中心应当按照规定程序及时向有关单位发出解除紧急情况的通知。

第四章 罚 则

第二十八条 对违反本规定，有下列行为之一的人员，由其所在单位或者上级机关给予行政处分；构成犯罪的，依法追究刑事责任：

（一）不积极行动配合完成搜寻援救任务，造成重大损失的；

（二）不积极履行职责或者不服从指挥，致使损失加重的；

（三）玩忽职守，对民用航空器紧急情况判断、处置不当，贻误时机，造成损失的。

第五章 附 则

第二十九条 航空器执行搜寻援救任务所需经费，国家可以给予一定补贴。具体补贴办法由有关部门会同财政部门协商解决。

第三十条 本规定由民航局负责解释。

第三十一条 本规定自发布之日起施行。

7. 消防安全

火灾事故调查规定

（2009年4月30日中华人民共和国公安部令第108号发布，根据2012年7月17日《公安部关于修改〈火灾事故调查规定〉的决定》（中华人民共和国公安部令第121号）修订）

第一章 总 则

第一条 为了规范火灾事故调查，保障公安机关消防机构依法履行职责，保护火灾当事人的合法权益，根据《中华人民共和国消防法》，制定本规定。

第二条 公安机关消防机构调查火灾事故，适用本规定。

第三条 火灾事故调查的任务是调查火灾原因，统计火灾损失，依法对火灾事故作出处理，总结火灾教训。

第四条 火灾事故调查应当坚持及时、客观、公正、合法的原则。

任何单位和个人不得妨碍和非法干预火灾事故调查。

第二章 管 辖

第五条 火灾事故调查由县级以上人民政府公安机关主管，并由本级公安机关消防机构实施；尚未设立公安机关消防机构的，由县级人民政府公安机关实施。

公安派出所应当协助公安机关火灾事故调查部门维护火灾现场秩序，保护现场，控制火灾肇事嫌疑人。

铁路、港航、民航公安机关和国有林区的森林公安机关消防机构负责调查其消防监督范围内发生的火灾。

第六条 火灾事故调查由火灾发生地公安机关消防机构按照下列分工进行：

（一）一次火灾死亡十人以上的，重伤二十人以上或者死亡、重伤二十人以上的，受灾五十户以上的，由省、自治区人民政府公安机关消防机构负责组织调查；

（二）一次火灾死亡一人以上的，重伤十人以上的，受灾三十户以上的，由设区的市或者相当于同级的人民政府公安机关消防机构负责组织调查；

（三）一次火灾重伤十人以下或者受灾三十户以下的，由县级人民政府公安机关消防机构负责调查。

直辖市人民政府公安机关消防机构负责组织调查一次火灾死亡三人以上的，重伤二十人以上或者死亡、重伤二十人以上的，受灾五十户以上的火灾事故，直辖市的区、县级人民政府公安机关消防机构负责调查其他火灾事故。

仅有财产损失的火灾事故调查，由省级人民政府公安机关结合本地实际作出管辖规定，报公安部备案。

第七条 跨行政区域的火灾，由最先起火地的公安机关消防机构按照本规定第六条的分工负责调查，相关行政区域的公安机关消防机构予以协助。

对管辖权发生争议的，报请共同的上一级公安机关消防机构指定管辖。县级人民政府公安机关负责实施的火灾事故调查管辖权发生争议的，由共同的上一级主管公安机关指定。

第八条 上级公安机关消防机构应当对下级公安机关消防机构火灾事故调查工作进行监督和指导。

上级公安机关消防机构认为必要时，可以调查下级公安机关消防机构管辖的火灾。

第九条 公安机关消防机构接到火灾报警，应当及时派员赶赴现场，并指派火灾事故调查人员开展火灾事故调查工作。

第十条 具有下列情形之一的，公安机关消防机构应当立即报告主管公安机关通知具有管辖权的公安机关刑侦部门，公安机关刑侦部门接到通知后应当立即派员赶赴现场参加调查；涉嫌放火罪的，公安机关刑侦部门应当依法立案侦查，公安机关消防机构予以协助：

（一）有人员死亡的火灾；

（二）国家机关、广播电台、电视台、学校、医院、养老院、托儿所、幼儿园、文物保护单位、邮政和通信、交通枢纽等部门和单位发生的社会影响大的火灾；

（三）具有放火嫌疑的火灾。

第十一条 军事设施发生火灾需要公安机关消防机构协助调查的，由省级人民政府公安机关消防机构或者公安部消防局调派火灾事故调查专家协助。

第三章 简 易 程 序

第十二条 同时具有下列情形的火灾，可以适用简易调查程序：

（一）没有人员伤亡的；

（二）直接财产损失轻微的；

（三）当事人对火灾事故事实没有异议的；

（四）没有放火嫌疑的。

前款第二项的具体标准由省级人民政府公安机关确定，报公安部备案。

第十三条 适用简易调查程序的，可以由一名火灾事故调查人员调查，并按照下列程序实施：

（一）表明执法身份，说明调查依据；

（二）调查走访当事人、证人，了解火灾发生过程、火灾烧损的主要物品及建筑物受损等与火灾有关的情况；

（三）查看火灾现场并进行照相或者录像；

（四）告知当事人调查的火灾事故事实，听取当事人的意见，当事人提出的事实、理由或者证据成立的，应当采纳；

（五）当场制作火灾事故简易调查认定书，由火灾事故调查人员、当事人签字或者捺指印后交付当事人。

火灾事故调查人员应当在二日内将火灾事故简易调查认定书报所属公安机关消防机构备案。

第四章 一般程序

第一节 一般规定

第十四条 除依照本规定适用简易调查程序的外,公安机关消防机构对火灾进行调查时,火灾事故调查人员不得少于两人。必要时,可以聘请专家或者专业人员协助调查。

第十五条 公安部和省级人民政府公安机关应当成立火灾事故调查专家组,协助调查复杂、疑难的火灾。专家组的专家协助调查火灾的,应当出具专家意见。

第十六条 火灾发生地的县级公安机关消防机构应当根据火灾现场情况,排除现场险情,保障现场调查人员的安全,并初步划定现场封闭范围,设置警戒标志,禁止无关人员进入现场,控制火灾肇事嫌疑人。

公安机关消防机构应当根据火灾事故调查需要,及时调整现场封闭范围,并在现场勘验结束后及时解除现场封闭。

第十七条 封闭火灾现场的,公安机关消防机构应当在火灾现场对封闭的范围、时间和要求等予以公告。

第十八条 公安机关消防机构应当自接到火灾报警之日起三十日内作出火灾事故认定;情况复杂、疑难的,经上一级公安机关消防机构批准,可以延长三十日。

火灾事故调查中需要进行检验、鉴定的,检验、鉴定时间不计入调查期限。

第二节 现场调查

第十九条 火灾事故调查人员应当根据调查需要,对发现、扑救火灾人员,熟悉起火场所、部位和生产工艺人员,火灾肇事嫌疑人和被侵害人等知情人员进行询问。对火灾肇事嫌疑人可以依法传唤。必要时,可以要求被询问人到火灾现场进行指认。

询问应当制作笔录,由火灾事故调查人员和被询问人签名或者捺指印。被询问人拒绝签名和捺指印的,应当在笔录中注明。

第二十条 勘验火灾现场应当遵循火灾现场勘验规则,采取现场照相或者录像、录音,制作现场勘验笔录和绘制现场图等方法记录现场情况。

对有人员死亡的火灾现场进行勘验的,火灾事故调查人员应当对尸体表面进行观察并记录,对尸体在火灾现场的位置进行调查。

现场勘验笔录应当由火灾事故调查人员、证人或者当事人签名。证人、当事人拒绝签名或者无法签名的,应当在现场勘验笔录上注明。现场图应当由制图人、审核人签字。

第二十一条 现场提取痕迹、物品,应当按照下列程序实施:

(一)量取痕迹、物品的位置、尺寸,并进行照相或者录像;

(二)填写火灾痕迹、物品提取清单,由提取人、证人或者当事人签名;证人、当事人拒绝签名或者无法签名的,应当在清单上注明;

(三)封装痕迹、物品,粘贴标签,标明火灾名称和封装痕迹、物品的名称、编号及其提取时间,由封装人、证人或者当事人签名;证人、当事人拒绝签名或者无法签名的,应当在标签上注明。

提取的痕迹、物品,应当妥善保管。

第二十二条 根据调查需要,经负责火灾事故调查的公安机关消防机构负责人批准,可以进行现场实验。现场实验应当照相或者录像,制作现场实验报告,并由实验人员签字。现场实验报告应当载明下列事项:

(一)实验的目的;

(二)实验时间、环境和地点;

(三)实验使用的仪器或者物品;

(四)实验过程;

(五)实验结果;

(六)其他与现场实验有关的事项。

第三节 检验、鉴定

第二十三条 现场提取的痕迹、物品需要进行专门性技术鉴定的,公安机关消防机构应当委托依法设立的鉴定机构进行,并与鉴定机构约定鉴定期限和鉴定检材的保管期限。

公安机关消防机构可以根据需要委托依法设立的价格鉴证机构对火灾直接财产损失进行鉴定。

第二十四条 有人员死亡的火灾,为了确定死因,公安机关消防机构应当立即通知本级公安机关刑事科学技术部门进行尸体检验。公安机关刑事科学技术部门应当出具尸体检验鉴定文书,确定死亡原因。

第二十五条 卫生行政主管部门许可的医疗机构具有执业资格的医生出具的诊断证明,可以作为公安机关消防机构认定人身伤害程度的依据。但是,具有下列情形之一的,应当由法医进行伤情鉴定:

(一)受伤程度较重,可能构成重伤的;

(二)火灾受伤人员要求作鉴定的;

(三)当事人对伤害程度有争议的;

（四）其他应当进行鉴定的情形。

第二十六条 对受损单位和个人提供的由价格鉴证机构出具的鉴定意见，公安机关消防机构应当审查下列事项：

（一）鉴证机构、鉴证人是否具有资质、资格；

（二）鉴证机构、鉴证人是否盖章签名；

（三）鉴定意见依据是否充分；

（四）鉴定是否存在其他影响鉴定意见正确性的情形。

对符合规定的，可以作为证据使用；对不符合规定的，不予采信。

第四节 火灾损失统计

第二十七条 受损单位和个人应当于火灾扑灭之日起七日内向火灾发生地的县级公安机关消防机构如实申报火灾直接财产损失，并附有效证明材料。

第二十八条 公安机关消防机构应当根据受损单位和个人的申报、依法设立的价格鉴证机构出具的火灾直接财产损失鉴定意见以及调查核实情况，按照有关规定，对火灾直接经济损失和人员伤亡进行如实统计。

第五节 火灾事故认定

第二十九条 公安机关消防机构应当根据现场勘验、调查询问和有关检验、鉴定意见等调查情况，及时作出起火原因的认定。

第三十条 对起火原因已经查清的，应当认定起火时间、起火部位、起火点和起火原因；对起火原因无法查清的，应当认定起火时间、起火点或者起火部位以及有证据能够排除和不能排除的起火原因。

第三十一条 公安机关消防机构在作出火灾事故认定前，应当召集当事人到场，说明拟认定的起火原因，听取当事人意见；当事人不到场的，应当记录在案。

第三十二条 公安机关消防机构应当制作火灾事故认定书，自作出之日起七日内送达当事人，并告知当事人申请复核的权利。无法送达的，可以在作出火灾事故认定之日起七日内公告送达。公告期为二十日，公告期满即视为送达。

第三十三条 对较大以上的火灾事故或者特殊的火灾事故，公安机关消防机构应当开展消防技术调查，形成消防技术调查报告，逐级上报至省级人民政府公安机关消防机构，重大以上的火灾事故调查报告报公安部消防局备案。调查报告应当包括下列内容：

（一）起火场所概况；

（二）起火经过和火灾扑救情况；

（三）火灾造成的人员伤亡、直接经济损失统计情况；

（四）起火原因和灾害成因分析；

（五）防范措施。

火灾事故等级的确定标准按照公安部的有关规定执行。

第三十四条 公安机关消防机构作出火灾事故认定后，当事人可以申请查阅、复制、摘录火灾事故认定书、现场勘验笔录和检验、鉴定意见，公安机关消防机构应当自接到申请之日起七日内提供，但涉及国家秘密、商业秘密、个人隐私或者移交公安机关其他部门处理的依法不予提供，并说明理由。

第六节 复 核

第三十五条 当事人对火灾事故认定有异议的，可以自火灾事故认定书送达之日起十五日内，向上一级公安机关消防机构提出书面复核申请；对省级人民政府公安机关消防机构作出的火灾事故认定有异议的，向省级人民政府公安机关提出书面复核申请。

复核申请应当载明申请人的基本情况，被申请人的名称，复核请求，申请复核的主要事实、理由和证据，申请人的签名或者盖章，申请复核的日期。

第三十六条 复核机构应当自收到复核申请之日起七日内作出是否受理的决定并书面通知申请人。有下列情形之一的，不予受理：

（一）非火灾当事人提出复核申请的；

（二）超过复核申请期限的；

（三）复核机构维持原火灾事故认定或者直接作出火灾事故复核认定的；

（四）适用简易调查程序作出火灾事故认定的。

公安机关消防机构受理复核申请的，应当书面通知其他当事人，同时通知原认定机构。

第三十七条 原认定机构应当自接到通知之日起十日内，向复核机构作出书面说明，并提交火灾事故调查案卷。

第三十八条 复核机构应当对复核申请和原火灾事故认定进行书面审查，必要时，可以向有关人员进行调查；火灾现场尚存且未被破坏的，可以进行复核勘验。

复核审查期间，复核申请人撤回复核申请的，公安机关消防机构应当终止复核。

第三十九条 复核机构应当自受理复核申请之日起三十日内，作出复核决定，并按照本规定第三十二条规定的时限送达申请人、其他当事人和原认定机构。对需要向有关人员进行调查或者火灾现场复核勘验的,经复核机构负责人批准,复核期限可以延长三十日。

原火灾事故认定主要事实清楚、证据确实充分、程序合法,起火原因认定正确的,复核机构应当维持原火灾事故认定。

原火灾事故认定具有下列情形之一的,复核机构应当直接作出火灾事故复核认定或者责令原认定机构重新作出火灾事故认定,并撤销原认定机构作出的火灾事故认定:

(一)主要事实不清,或者证据不确实充分的;
(二)违反法定程序,影响结果公正的;
(三)认定行为存在明显不当,或者起火原因认定错误的;
(四)超越或者滥用职权的。

第四十条 原认定机构接到重新作出火灾事故认定的复核决定后,应当重新调查,在十五日内重新作出火灾事故认定。

复核机构直接作出火灾事故认定和原认定机构重新作出火灾事故认定前,应当向申请人、其他当事人说明重新认定情况;原认定机构重新作出的火灾事故认定书,应当按照本规定第三十二条规定的时限送达当事人,并报复核机构备案。

复核以一次为限。当事人对原认定机构重新作出的火灾事故认定,可以按照本规定第三十五条的规定申请复核。

第五章 火灾事故调查的处理

第四十一条 公安机关消防机构在火灾事故调查过程中,应当根据下列情况分别作出处理:

(一)涉嫌失火罪、消防责任事故罪的,按照《公安机关办理刑事案件程序规定》立案侦查;涉嫌其他犯罪的,及时移送有关主管部门办理;
(二)涉嫌消防安全违法行为的,按照《公安机关办理行政案件程序规定》调查处理;涉嫌其他违法行为的,及时移送有关主管部门调查处理;
(三)依照有关规定应当给予处分的,移交有关主管部门处理。

对经过调查不属于火灾事故的,公安机关消防机构应当告知当事人处理途径并记录在案。

第四十二条 公安机关消防机构向有关主管部门移送案件的,应当在本级公安机关消防机构负责人批准后的二十四小时内移送,并根据案件需要附下列材料:

(一)案件移送通知书;
(二)案件调查情况;
(三)涉案物品清单;
(四)询问笔录,现场勘验笔录,检验、鉴定意见以及照相、录像、录音等资料;
(五)其他相关材料。

构成放火罪需要移送公安机关刑侦部门处理的,火灾现场应当一并移交。

第四十三条 公安机关其他部门应当自接受公安机关消防机构移送的涉嫌犯罪案件之日起十日内,进行审查并作出决定。依法决定立案的,应当书面通知移送案件的公安机关消防机构;依法不予立案的,应当说明理由,并书面通知移送案件的公安机关消防机构,退回案卷材料。

第四十四条 公安机关消防机构及其工作人员有下列行为之一的,依照有关规定给予责任人员处分;构成犯罪的,依法追究刑事责任:

(一)指使他人错误认定或者故意错误认定起火原因的;
(二)瞒报火灾、火灾直接经济损失、人员伤亡情况的;
(三)利用职务上的便利,索取或者非法收受他人财物的;
(四)其他滥用职权、玩忽职守、徇私舞弊的行为。

第六章 附 则

第四十五条 本规定中下列用语的含义:

(一)"当事人",是指与火灾发生、蔓延和损失有直接利害关系的单位和个人。
(二)"户",用于统计居民、村民住宅火灾,按照公安机关登记的家庭户统计。
(三)本规定中十五日以内(含本数)期限的规定是指工作日,不含法定节假日。
(四)本规定所称的"以上"含本数、本级,"以下"不含本数。

第四十六条 火灾事故调查中有关回避、证据、调查取证、鉴定等要求,本规定没有规定的,按照《公安机关办理行政案件程序规定》执行。

第四十七条 执行本规定所需要的法律文书式样,由公安部制定。

第四十八条 本规定自2009年5月1日起施行。1999年3月15日发布施行的《火灾事故调查规定》(公安部令第37号)和2008年3月18日发布施行的《火灾事故调查规定修正案》(公安部令第100号)同时废止。

8. 建设工程安全

建设工程安全生产管理条例

(2003年11月12日国务院第28次常务会议通过，2003年11月24日国务院令第393号公布，自2004年2月1日起施行)

第一章 总 则

第一条 为了加强建设工程安全生产监督管理，保障人民群众生命和财产安全，根据《中华人民共和国建筑法》《中华人民共和国安全生产法》，制定本条例。

第二条 在中华人民共和国境内从事建设工程的新建、扩建、改建和拆除等有关活动及实施对建设工程安全生产的监督管理，必须遵守本条例。

本条例所称建设工程，是指土木工程、建筑工程、线路管道和设备安装工程及装修工程。

第三条 建设工程安全生产管理，坚持安全第一、预防为主的方针。

第四条 建设单位、勘察单位、设计单位、施工单位、工程监理单位及其他与建设工程安全生产有关的单位，必须遵守安全生产法律、法规的规定，保证建设工程安全生产，依法承担建设工程安全生产责任。

第五条 国家鼓励建设工程安全生产的科学技术研究和先进技术的推广应用，推进建设工程安全生产的科学管理。

第二章 建设单位的安全责任

第六条 建设单位应当向施工单位提供施工现场及毗邻区域内供水、排水、供电、供气、供热、通信、广播电视等地下管线资料，气象和水文观测资料，相邻建筑物和构筑物、地下工程的有关资料，并保证资料的真实、准确、完整。

建设单位因建设工程需要，向有关部门或者单位查询前款规定的资料时，有关部门或者单位应当及时提供。

第七条 建设单位不得对勘察、设计、施工、工程监理等单位提出不符合建设工程安全生产法律、法规和强制性标准规定的要求，不得压缩合同约定的工期。

第八条 建设单位在编制工程概算时，应当确定建设工程安全作业环境及安全施工措施所需费用。

第九条 建设单位不得明示或者暗示施工单位购买、租赁、使用不符合安全施工要求的安全防护用具、机械设备、施工机具及配件、消防设施和器材。

第十条 建设单位在申请领取施工许可证时，应当提供建设工程有关安全施工措施的资料。

依法批准开工报告的建设工程，建设单位应当自开工报告批准之日起15日内，将保证安全施工的措施报送建设工程所在地的县级以上地方人民政府建设行政主管部门或者其他有关部门备案。

第十一条 建设单位应当将拆除工程发包给具有相应资质等级的施工单位。

建设单位应当在拆除工程施工15日前，将下列资料报送建设工程所在地的县级以上地方人民政府建设行政主管部门或者其他有关部门备案：

（一）施工单位资质等级证明；

（二）拟拆除建筑物、构筑物及可能危及毗邻建筑的说明；

（三）拆除施工组织方案；

（四）堆放、清除废弃物的措施。

实施爆破作业的，应当遵守国家有关民用爆炸物品管理的规定。

第三章 勘察、设计、工程监理及其他有关单位的安全责任

第十二条 勘察单位应当按照法律、法规和工程建设强制性标准进行勘察，提供的勘察文件应当真实、准确，满足建设工程安全生产的需要。

勘察单位在勘察作业时，应当严格执行操作规程，采取措施保证各类管线、设施和周边建筑物、构筑物的安全。

第十三条 设计单位应当按照法律、法规和工程建设强制性标准进行设计，防止因设计不合理导致生产安全事故的发生。

设计单位应当考虑施工安全操作和防护的需要，对涉及施工安全的重点部位和环节在设计文件中注明，并对防范生产安全事故提出指导意见。

采用新结构、新材料、新工艺的建设工程和特殊结构的建设工程，设计单位应当在设计中提出保障施工作业人员安全和预防生产安全事故的措施建议。

设计单位和注册建筑师等注册执业人员应当对其

设计负责。

第十四条 工程监理单位应当审查施工组织设计中的安全技术措施或者专项施工方案是否符合工程建设强制性标准。

工程监理单位在实施监理过程中，发现存在安全事故隐患的，应当要求施工单位整改；情况严重的，应当要求施工单位暂时停止施工，并及时报告建设单位。施工单位拒不整改或者不停止施工的，工程监理单位应当及时向有关主管部门报告。

工程监理单位和监理工程师应当按照法律、法规和工程建设强制性标准实施监理，并对建设工程安全生产承担监理责任。

第十五条 为建设工程提供机械设备和配件的单位，应当按照安全施工的要求配备齐全有效的保险、限位等安全设施和装置。

第十六条 出租的机械设备和施工机具及配件，应当具有生产（制造）许可证、产品合格证。

出租单位应当对出租的机械设备和施工机具及配件的安全性能进行检测，在签订租赁协议时，应当出具检测合格证明。

禁止出租检测不合格的机械设备和施工机具及配件。

第十七条 在施工现场安装、拆卸施工起重机械和整体提升脚手架、模板等自升式架设设施，必须由具有相应资质的单位承担。

安装、拆卸施工起重机械和整体提升脚手架、模板等自升式架设设施，应当编制拆装方案、制定安全施工措施，并由专业技术人员现场监督。

施工起重机械和整体提升脚手架、模板等自升式架设设施安装完毕后，安装单位应当自检，出具自检合格证明，并向施工单位进行安全使用说明，办理验收手续并签字。

第十八条 施工起重机械和整体提升脚手架、模板等自升式架设设施的使用达到国家规定的检验检测期限的，必须经具有专业资质的检验检测机构检测。经检测不合格的，不得继续使用。

第十九条 检验检测机构对检测合格的施工起重机械和整体提升脚手架、模板等自升式架设设施，应当出具安全合格证明文件，并对检测结果负责。

第四章 施工单位的安全责任

第二十条 施工单位从事建设工程的新建、扩建、改建和拆除等活动，应当具备国家规定的注册资本、专业技术人员、技术装备和安全生产等条件，依法取得相应等级的资质证书，并在其资质等级许可的范围内承揽工程。

第二十一条 施工单位主要负责人依法对本单位的安全生产工作全面负责。施工单位应当建立健全安全生产责任制度和安全生产教育培训制度，制定安全生产规章制度和操作规程，保证本单位安全生产条件所需资金的投入，对所承担的建设工程进行定期和专项安全检查，并做好安全检查记录。

施工单位的项目负责人应当由取得相应执业资格的人员担任，对建设工程项目的安全施工负责，落实安全生产责任制度、安全生产规章制度和操作规程，确保安全生产费用的有效使用，并根据工程的特点组织制定安全施工措施，消除安全事故隐患，及时、如实报告生产安全事故。

第二十二条 施工单位对列入建设工程概算的安全作业环境及安全施工措施所需费用，应当用于施工安全防护用具及设施的采购和更新、安全施工措施的落实、安全生产条件的改善，不得挪作他用。

第二十三条 施工单位应当设立安全生产管理机构，配备专职安全生产管理人员。

专职安全生产管理人员负责对安全生产进行现场监督检查。发现安全事故隐患，应当及时向项目负责人和安全生产管理机构报告；对违章指挥、违章操作的，应当立即制止。

专职安全生产管理人员的配备办法由国务院建设行政主管部门会同国务院其他有关部门制定。

第二十四条 建设工程实行施工总承包的，由总承包单位对施工现场的安全生产负总责。

总承包单位应当自行完成建设工程主体结构的施工。

总承包单位依法将建设工程分包给其他单位的，分包合同中应当明确各自的安全生产方面的权利、义务。总承包单位和分包单位对分包工程的安全生产承担连带责任。

分包单位应当服从总承包单位的安全生产管理，分包单位不服从管理导致生产安全事故的，由分包单位承担主要责任。

第二十五条 垂直运输机械作业人员、安装拆卸工、爆破作业人员、起重信号工、登高架设作业人员等特种作业人员，必须按照国家有关规定经过专门的安全作业培训，并取得特种作业操作资格证书后，方可上岗作业。

第二十六条 施工单位应当在施工组织设计中编制安全技术措施和施工现场临时用电方案，对下列达到一定规模的危险性较大的分部分项工程编制专项施工方案，并附具安全验算结果，经施工单位技术负人、总监理工程师签字后实施，由专职安全生产管理人员进行现场监督：

（一）基坑支护与降水工程；

（二）土方开挖工程；

（三）模板工程；

（四）起重吊装工程；

（五）脚手架工程；

（六）拆除、爆破工程；

（七）国务院建设行政主管部门或者其他有关部门规定的其他危险性较大的工程。

对前款所列工程中涉及深基坑、地下暗挖工程、高大模板工程的专项施工方案，施工单位还应当组织专家进行论证、审查。

本条第一款规定的达到一定规模的危险性较大工程的标准，由国务院建设行政主管部门会同国务院其他有关部门制定。

第二十七条 建设工程施工前，施工单位负责项目管理的技术人员应当对有关安全施工的技术要求向施工作业班组、作业人员作出详细说明，并由双方签字确认。

第二十八条 施工单位应当在施工现场入口处、施工起重机械、临时用电设施、脚手架、出入通道口、楼梯口、电梯井口、孔洞口、桥梁口、隧道口、基坑边沿、爆破物及有害危险气体和液体存放处等危险部位，设置明显的安全警示标志。安全警示标志必须符合国家标准。

施工单位应当根据不同施工阶段和周围环境及季节、气候的变化，在施工现场采取相应的安全施工措施。施工现场暂时停止施工的，施工单位应当做好现场防护，所需费用由责任方承担，或者按照合同约定执行。

第二十九条 施工单位应当将施工现场的办公、生活区与作业区分开设置，并保持安全距离；办公、生活区的选址应当符合安全性要求。职工的膳食、饮水、休息场所等应当符合卫生标准。施工单位不得在尚未竣工的建筑物内设置员工集体宿舍。

施工现场临时搭建的建筑物应当符合安全使用要求。施工现场使用的装配式活动房屋应当具有产品合格证。

第三十条 施工单位对因建设工程施工可能造成损害的毗邻建筑物、构筑物和地下管线等，应当采取专项防护措施。

施工单位应当遵守有关环境保护法律、法规的规定，在施工现场采取措施，防止或者减少粉尘、废气、废水、固体废物、噪声、振动和施工照明对人和环境的危害和污染。

在城市市区内的建设工程，施工单位应当对施工现场实行封闭围挡。

第三十一条 施工单位应当在施工现场建立消防安全责任制度，确定消防安全责任人，制定用火、用电、使用易燃易爆材料等各项消防安全管理制度和操作规程，设置消防通道、消防水源，配备消防设施和灭火器材，并在施工现场入口处设置明显标志。

第三十二条 施工单位应当向作业人员提供安全防护用具和安全防护服装，并书面告知危险岗位的操作规程和违章操作的危害。

作业人员有权对施工现场的作业条件、作业程序和作业方式中存在的安全问题提出批评、检举和控告，有权拒绝违章指挥和强令冒险作业。

在施工中发生危及人身安全的紧急情况时，作业人员有权立即停止作业或者在采取必要的应急措施后撤离危险区域。

第三十三条 作业人员应当遵守安全施工的强制性标准、规章制度和操作规程，正确使用安全防护用具、机械设备等。

第三十四条 施工单位采购、租赁的安全防护用具、机械设备、施工机具及配件，应当具有生产（制造）许可证、产品合格证，并在进入施工现场前进行查验。

施工现场的安全防护用具、机械设备、施工机具及配件必须由专人管理，定期进行检查、维修和保养，建立相应的资料档案，并按照国家有关规定及时报废。

第三十五条 施工单位在使用施工起重机械和整体提升脚手架、模板等自升式架设设施前，应当组织有关单位进行验收，也可以委托具有相应资质的检验检测机构进行验收；使用承租的机械设备和施工机具及配件的，由施工总承包单位、分包单位、出租单位和安装单位共同进行验收。验收合格的方可使用。

《特种设备安全监察条例》规定的施工起重机械，在验收前应当经有相应资质的检验检测机构监督检验合格。

施工单位应当自施工起重机械和整体提升脚手架、模板等自升式架设设施验收合格之日起30日内，向建设行政主管部门或者其他有关部门登记。登记标志应当置于或者附着于该设备的显著位置。

第三十六条 施工单位的主要负责人、项目负责人、专职安全生产管理人员应当经建设行政主管部门或者其他有关部门考核合格后方可任职。

施工单位应当对管理人员和作业人员每年至少进行一次安全生产教育培训，其教育培训情况记入个人工作档案。安全生产教育培训考核不合格的人员，不得上岗。

第三十七条　作业人员进入新的岗位或者新的施工现场前，应当接受安全生产教育培训。未经教育培训或者教育培训考核不合格的人员，不得上岗作业。

施工单位在采用新技术、新工艺、新设备、新材料时，应当对作业人员进行相应的安全生产教育培训。

第三十八条　施工单位应当为施工现场从事危险作业的人员办理意外伤害保险。

意外伤害保险费由施工单位支付。实行施工总承包的，由总承包单位支付意外伤害保险费。意外伤害保险期限自建设工程开工之日起至竣工验收合格止。

第五章　监　督　管　理

第三十九条　国务院负责安全生产监督管理的部门依照《中华人民共和国安全生产法》的规定，对全国建设工程安全生产工作实施综合监督管理。

县级以上地方人民政府负责安全生产监督管理的部门依照《中华人民共和国安全生产法》的规定，对本行政区域内建设工程安全生产工作实施综合监督管理。

第四十条　国务院建设行政主管部门对全国的建设工程安全生产实施监督管理。国务院铁路、交通、水利等有关部门按照国务院规定的职责分工，负责有关专业建设工程安全生产的监督管理。

县级以上地方人民政府建设行政主管部门对本行政区域内的建设工程安全生产实施监督管理。县级以上地方人民政府交通、水利等有关部门在各自的职责范围内，负责本行政区域内的专业建设工程安全生产的监督管理。

第四十一条　建设行政主管部门和其他有关部门应当将本条例第十条、第十一条规定的有关资料的主要内容抄送同级负责安全生产监督管理的部门。

第四十二条　建设行政主管部门在审核发放施工许可证时，应当对建设工程是否有安全施工措施进行审查，对没有安全施工措施的，不得颁发施工许可证。

建设行政主管部门或者其他有关部门对建设工程是否有安全施工措施进行审查时，不得收取费用。

第四十三条　县级以上人民政府负有建设工程安全生产监督管理职责的部门在各自的职责范围内履行安全监督检查职责时，有权采取下列措施：

（一）要求被检查单位提供有关建设工程安全生产的文件和资料；

（二）进入被检查单位施工现场进行检查；

（三）纠正施工中违反安全生产要求的行为；

（四）对检查中发现的安全事故隐患，责令立即排除；重大安全事故隐患排除前或者排除过程中无法保证安全的，责令从危险区域内撤出作业人员或者暂时停止施工。

第四十四条　建设行政主管部门或者其他有关部门可以将施工现场的监督检查委托给建设工程安全监督机构具体实施。

第四十五条　国家对严重危及施工安全的工艺、设备、材料实行淘汰制度。具体目录由国务院建设行政主管部门会同国务院其他有关部门制定并公布。

第四十六条　县级以上人民政府建设行政主管部门和其他有关部门应当及时受理对建设工程生产安全事故及安全事故隐患的检举、控告和投诉。

第六章　生产安全事故的
应急救援和调查处理

第四十七条　县级以上地方人民政府建设行政主管部门应当根据本级人民政府的要求，制定本行政区域内建设工程特大生产安全事故应急救援预案。

第四十八条　施工单位应当制定本单位生产安全事故应急救援预案，建立应急救援组织或者配备应急救援人员，配备必要的应急救援器材、设备，并定期组织演练。

第四十九条　施工单位应当根据建设工程施工的特点、范围，对施工现场易发生重大事故的部位、环节进行监控，制定施工现场生产安全事故应急救援预案。实行施工总承包的，由总承包单位统一组织编制建设工程生产安全事故应急救援预案，工程总承包单位和分包单位按照应急救援预案，各自建立应急救援组织或者配备应急救援人员，配备救援器材、设备，并定期组织演练。

第五十条　施工单位发生生产安全事故，应当按照国家有关伤亡事故报告和调查处理的规定，及时如实地向负责安全生产监督管理的部门、建设行政主管部门或者其他有关部门报告；特种设备发生事故的，还应当同时向特种设备安全监督管理部门报告。接到报告的部门应当按照国家有关规定，如实上报。

实行施工总承包的建设工程，由总承包单位负责上报事故。

第五十一条　发生生产安全事故后，施工单位应当采取措施防止事故扩大，保护事故现场。需要移动现场物品时，应当做出标记和书面记录，妥善保管有关证物。

第五十二条 建设工程生产安全事故的调查、对事故责任单位和责任人的处罚与处理，按照有关法律、法规的规定执行。

第七章 法律责任

第五十三条 违反本条例的规定，县级以上人民政府建设行政主管部门或者其他有关行政管理部门的工作人员，有下列行为之一的，给予降级或者撤职的行政处分；构成犯罪的，依照刑法有关规定追究刑事责任：

（一）对不具备安全生产条件的施工单位颁发资质证书的；

（二）对没有安全施工措施的建设工程颁发施工许可证的；

（三）发现违法行为不予查处的；

（四）不依法履行监督管理职责的其他行为。

第五十四条 违反本条例的规定，建设单位未提供建设工程安全生产作业环境及安全施工措施所需费用的，责令限期改正；逾期未改正的，责令该建设工程停止施工。

建设单位未将保证安全施工的措施或者拆除工程的有关资料报送有关部门备案的，责令限期改正，给予警告。

第五十五条 违反本条例的规定，建设单位有下列行为之一的，责令限期改正，处20万元以上50万元以下的罚款；造成重大安全事故，构成犯罪的，对直接责任人员，依照刑法有关规定追究刑事责任；造成损失的，依法承担赔偿责任：

（一）对勘察、设计、施工、工程监理等单位提出不符合安全生产法律、法规和强制性标准规定的要求的；

（二）要求施工单位压缩合同约定的工期的；

（三）将拆除工程发包给不具有相应资质等级的施工单位的。

第五十六条 违反本条例的规定，勘察单位、设计单位有下列行为之一的，责令限期改正，处10万元以上30万元以下的罚款；情节严重的，责令停业整顿，降低资质等级，直至吊销资质证书；造成重大安全事故，构成犯罪的，对直接责任人员，依照刑法有关规定追究刑事责任；造成损失的，依法承担赔偿责任：

（一）未按照法律、法规和工程建设强制性标准进行勘察、设计的；

（二）采用新结构、新材料、新工艺的建设工程和特殊结构的建设工程，设计单位未在设计中提出保障施工作业人员安全和预防生产安全事故的措施建议的。

第五十七条 违反本条例的规定，工程监理单位有下列行为之一的，责令限期改正；逾期未改正的，责令停业整顿，并处10万元以上30万元以下的罚款；情节严重的，降低资质等级，直至吊销资质证书；造成重大安全事故，构成犯罪的，对直接责任人员，依照刑法有关规定追究刑事责任；造成损失的，依法承担赔偿责任：

（一）未对施工组织设计中的安全技术措施或者专项施工方案进行审查的；

（二）发现安全事故隐患未及时要求施工单位整改或者暂时停止施工的；

（三）施工单位拒不整改或者不停止施工，未及时向有关主管部门报告的；

（四）未依照法律、法规和工程建设强制性标准实施监理的。

第五十八条 注册执业人员未执行法律、法规和工程建设强制性标准的，责令停止执业3个月以上1年以下；情节严重的，吊销执业资格证书，5年内不予注册；造成重大安全事故的，终身不予注册；构成犯罪的，依照刑法有关规定追究刑事责任。

第五十九条 违反本条例的规定，为建设工程提供机械设备和配件的单位，未按照安全施工的要求配备齐全有效的保险、限位等安全设施和装置的，责令限期改正，处合同价款1倍以上3倍以下的罚款；造成损失的，依法承担赔偿责任。

第六十条 违反本条例的规定，出租单位出租未经安全性能检测或者经检测不合格的机械设备和施工机具及配件的，责令停业整顿，并处5万元以上10万元以下的罚款；造成损失的，依法承担赔偿责任。

第六十一条 违反本条例的规定，施工起重机械和整体提升脚手架、模板等自升式架设设施安装、拆卸单位有下列行为之一的，责令限期改正，处5万元以上10万元以下的罚款；情节严重的，责令停业整顿，降低资质等级，直至吊销资质证书；造成损失的，依法承担赔偿责任：

（一）未编制拆装方案、制定安全施工措施的；

（二）未由专业技术人员现场监督的；

（三）未出具自检合格证明或者出具虚假证明的；

（四）未向施工单位进行安全使用说明，办理移交手续的。

施工起重机械和整体提升脚手架、模板等自升式架设设施安装、拆卸单位有前款规定的第（一）项、第（三）项行为，经有关部门或者单位职工提出后，对事故隐患仍不采取措施，因而发生重大伤亡事故或者造成其他严重后果，构成犯罪的，对直接责任人员，依照刑法有关规定追究刑事责任。

第六十二条 违反本条例的规定，施工单位有下列行为之一的，责令限期改正；逾期未改正的，责令停业整顿，依照《中华人民共和国安全生产法》的有关规定处以罚款；造成重大安全事故，构成犯罪的，对直接责任人员，依照刑法有关规定追究刑事责任：

（一）未设立安全生产管理机构、配备专职安全生产管理人员或者分部分项工程施工时无专职安全生产管理人员现场监督的；

（二）施工单位的主要负责人、项目负责人、专职安全生产管理人员、作业人员或者特种作业人员，未经安全教育培训或者经考核不合格即从事相关工作的；

（三）未在施工现场的危险部位设置明显的安全警示标志，或者未按照国家有关规定在施工现场设置消防通道、消防水源、配备消防设施和灭火器材的；

（四）未向作业人员提供安全防护用具和安全防护服装的；

（五）未按照规定在施工起重机械和整体提升脚手架、模板等自升式架设设施验收合格后登记的；

（六）使用国家明令淘汰、禁止使用的危及施工安全的工艺、设备、材料的。

第六十三条 违反本条例的规定，施工单位挪用列入建设工程概算的安全生产作业环境及安全施工措施所需费用的，责令限期改正，处挪用费用20%以上50%以下的罚款；造成损失的，依法承担赔偿责任。

第六十四条 违反本条例的规定，施工单位有下列行为之一的，责令限期改正；逾期未改正的，责令停业整顿，并处5万元以上10万元以下的罚款；造成重大安全事故，构成犯罪的，对直接责任人员，依照刑法有关规定追究刑事责任：

（一）施工前未对有关安全施工的技术要求作出详细说明的；

（二）未根据不同施工阶段和周围环境及季节、气候的变化，在施工现场采取相应的安全施工措施，或者在城市市区内的建设工程的施工现场未实行封闭围挡的；

（三）在尚未竣工的建筑物内设置员工集体宿舍的；

（四）施工现场临时搭建的建筑物不符合安全使用要求的；

（五）未对因建设工程施工可能造成损害的毗邻建筑物、构筑物和地下管线等采取专项防护措施的。

施工单位有前款规定第（四）项、第（五）项行为，造成损失的，依法承担赔偿责任。

第六十五条 违反本条例的规定，施工单位有下列行为之一的，责令限期改正；逾期未改正的，责令停业整顿，并处10万元以上30万元以下的罚款；情节严重的，降低资质等级，直至吊销资质证书；造成重大安全事故，构成犯罪的，对直接责任人员，依照刑法有关规定追究刑事责任；造成损失的，依法承担赔偿责任：

（一）安全防护用具、机械设备、施工机具及配件在进入施工现场前未经查验或者查验不合格即投入使用的；

（二）使用未经验收或者验收不合格的施工起重机械和整体提升脚手架、模板等自升式架设设施的；

（三）委托不具有相应资质的单位承担施工现场安装、拆卸施工起重机械和整体提升脚手架、模板等自升式架设设施的；

（四）在施工组织设计中未编制安全技术措施、施工现场临时用电方案或者专项施工方案的。

第六十六条 违反本条例的规定，施工单位的主要负责人、项目负责人未履行安全生产管理职责的，责令限期改正；逾期未改正的，责令施工单位停业整顿；造成重大安全事故、重大伤亡事故或者其他严重后果，构成犯罪的，依照刑法有关规定追究刑事责任。

作业人员不服管理、违反规章制度和操作规程冒险作业造成重大伤亡事故或者其他严重后果，构成犯罪的，依照刑法有关规定追究刑事责任。

施工单位的主要负责人、项目负责人有前款违法行为，尚不够刑事处罚的，处2万元以上20万元以下的罚款或者按照管理权限给予撤职处分；自刑罚执行完毕或者受处分之日起，5年内不得担任任何施工单位的主要负责人、项目负责人。

第六十七条 施工单位取得资质证书后，降低安全生产条件的，责令限期改正；经整改仍未达到与其资质等级相适应的安全生产条件的，责令停业整顿，降低其资质等级直至吊销资质证书。

第六十八条 本条例规定的行政处罚，由建设行政主管部门或者其他有关部门依照法定职权决定。

违反消防安全管理规定的行为，由公安消防机构依法处罚。

有关法律、行政法规对建设工程安全生产违法行为的行政处罚决定机关另有规定的，从其规定。

第八章 附 则

第六十九条 抢险救灾和农民自建低层住宅的安全生产管理，不适用本条例。

第七十条 军事建设工程的安全生产管理，按照中央军事委员会的有关规定执行。

第七十一条 本条例自 2004 年 2 月 1 日起施行。

房屋市政工程生产安全事故报告和查处工作规程

（2013 年 1 月 14 日住房和城乡建设部印发，自印发之日起施行）

第一条 为规范房屋市政工程生产安全事故报告和查处工作，落实事故责任追究制度，防止和减少事故发生，根据《建设工程安全生产管理条例》《生产安全事故报告和调查处理条例》等有关规定，制定本规程。

第二条 房屋市政工程生产安全事故，是指在房屋建筑和市政基础设施工程施工过程中发生的造成人身伤亡或者重大直接经济损失的生产安全事故。

第三条 根据造成的人员伤亡或者直接经济损失，房屋市政工程生产安全事故分为以下等级：

（一）特别重大事故，是指造成 30 人以上死亡，或者 100 人以上重伤，或者 1 亿元以上直接经济损失的事故；

（二）重大事故，是指造成 10 人以上 30 人以下死亡，或者 50 人以上 100 人以下重伤，或者 5000 万元以上 1 亿元以下直接经济损失的事故；

（三）较大事故，是指造成 3 人以上 10 人以下死亡，或者 10 人以上 50 人以下重伤，或者 1000 万元以上 5000 万元以下直接经济损失的事故；

（四）一般事故，是指造成 3 人以下死亡，或者 10 人以下重伤，或者 100 万元以上 1000 万元以下直接经济损失的事故。

本等级划分所称的"以上"包括本数，所称的"以下"不包括本数。

第四条 房屋市政工程生产安全事故的报告，应当及时、准确、完整，任何单位和个人对事故不得迟报、漏报、谎报或者瞒报。

房屋市政工程生产安全事故的查处，应当坚持实事求是、尊重科学的原则，及时、准确地查明事故原因，总结事故教训，并对事故责任者依法追究责任。

第五条 事故发生地住房城乡建设主管部门接到施工单位负责人或者事故现场有关人员的事故报告后，应当逐级上报事故情况。

特别重大、重大、较大事故逐级上报至国务院住房城乡建设主管部门，一般事故逐级上报至省级住房城乡建设主管部门。

必要时，住房城乡建设主管部门可以越级上报事故情况。

第六条 国务院住房城乡建设主管部门应当在特别重大和重大事故发生后 4 小时内，向国务院上报事故情况。

省级住房城乡建设主管部门应当在特别重大、重大事故或者可能演化为特别重大、重大的事故发生后 3 小时内，向国务院住房城乡建设主管部门上报事故情况。

第七条 较大事故、一般事故发生后，住房城乡建设主管部门每级上报事故情况的时间不得超过 2 小时。

第八条 事故报告主要应当包括以下内容：

（一）事故的发生时间、地点和工程项目名称；

（二）事故已经造成或者可能造成的伤亡人数（包括下落不明人数）；

（三）事故工程项目的建设单位及项目负责人、施工单位及其法定代表人和项目经理、监理单位及其法定代表人和项目总监；

（四）事故的简要经过和初步原因；

（五）其他应当报告的情况。

第九条 省级住房城乡建设主管部门应当通过传真向国务院住房城乡建设主管部门书面上报特别重大、重大、较大事故情况。

特殊情形下确实不能按时书面上报的，可先电话报告，了解核实情况后及时书面上报。

第十条 事故报告后出现新情况，以及事故发生之日起 30 日内伤亡人数发生变化的，住房城乡建设主管部门应当及时补报。

第十一条 住房城乡建设主管部门应当及时通报事故基本情况以及事故工程项目的建设单位及项目负责人、施工单位及其法定代表人和项目经理、监理单位及其法定代表人和项目总监。

国务院住房城乡建设主管部门对特别重大、重大、较大事故进行全国通报。

第十二条 住房城乡建设主管部门应当按照有关人民政府的要求,依法组织或者参与事故调查工作。

第十三条 住房城乡建设主管部门应当积极参加事故调查工作,应当选派具有事故调查所需要的知识和专长,并与所调查的事故没有直接利害关系的人员参加事故调查工作。

参加事故调查工作的人员应当诚信公正、恪尽职守,遵守事故调查组的纪律。

第十四条 住房城乡建设主管部门应当按照有关人民政府对事故调查报告的批复,依照法律法规,对事故责任企业实施吊销资质证书或者降低资质等级、吊销或者暂扣安全生产许可证、责令停业整顿、罚款等处罚,对事故责任人员实施吊销执业资格注册证书或者责令停止执业、吊销或者暂扣安全生产考核合格证书、罚款等处罚。

第十五条 对事故责任企业或者人员的处罚权限在上级住房城乡建设主管部门的,当地住房城乡建设主管部门应当在收到有关人民政府对事故调查报告的批复后15日内,逐级将事故调查报告(附具有关证据材料)、有关人民政府批复文件、本部门处罚建议等材料报送至有处罚权限的住房城乡建设主管部门。

接收到材料的住房城乡建设主管部门应当按照有关人民政府对事故调查报告的批复,依照法律法规,对事故责任企业或者人员实施处罚,并向报送材料的住房城乡建设主管部门反馈处罚情况。

第十六条 对事故责任企业或者人员的处罚权限在其他省级住房城乡建设主管部门的,事故发生地省级住房城乡建设主管部门应当将事故调查报告(附具有关证据材料)、有关人民政府批复文件、本部门处罚建议等材料转送至有处罚权限的其他省级住房城乡建设主管部门,同时抄报国务院住房城乡建设主管部门。

接收到材料的其他省级住房城乡建设主管部门应当按照有关人民政府对事故调查报告的批复,依照法律法规,对事故责任企业或者人员实施处罚,并向转送材料的事故发生地省级住房城乡建设主管部门反馈处罚情况,同时抄报国务院住房城乡建设主管部门。

第十七条 住房城乡建设主管部门应当按照规定,对下级住房城乡建设主管部门的房屋市政工程生产安全事故查处工作进行督办。

国务院住房城乡建设主管部门对重大、较大事故查处工作进行督办,省级住房城乡建设主管部门对一般事故查处工作进行督办。

第十八条 住房城乡建设主管部门应当对发生事故的企业和工程项目吸取事故教训、落实防范和整改措施的情况进行监督检查。

第十九条 住房城乡建设主管部门应当及时向社会公布事故责任企业和人员的处罚情况,接受社会监督。

第二十条 对于经调查认定为非生产安全事故的,住房城乡建设主管部门应当在事故性质认定后10日内,向上级住房城乡建设主管部门报送有关材料。

第二十一条 省级住房城乡建设主管部门应当按照规定,通过"全国房屋市政工程生产安全事故信息报送及统计分析系统"及时、全面、准确地报送事故简要信息、事故调查信息和事故处罚信息。

第二十二条 住房城乡建设主管部门应当定期总结分析事故报告和查处工作,并将有关情况报送上级住房城乡建设主管部门。

国务院住房城乡建设主管部门定期对事故报告和查处工作进行通报。

第二十三条 省级住房城乡建设主管部门可结合本地区实际,依照本规程制定具体实施细则。

第二十四条 本规程自印发之日起施行。

9. 特种设备安全

中华人民共和国特种设备安全法

(2013年6月29日第十二届全国人民代表大会常务委员会第三次会议通过,2013年6月29日中华人民共和国主席令第4号公布,自2014年1月1日起施行)

第一章 总 则

第一条 为了加强特种设备安全工作,预防特种设备事故,保障人身和财产安全,促进经济社会发展，制定本法。

第二条　特种设备的生产（包括设计、制造、安装、改造、修理）、经营、使用、检验、检测和特种设备安全的监督管理，适用本法。

本法所称特种设备，是指对人身和财产安全有较大危险性的锅炉、压力容器（含气瓶）、压力管道、电梯、起重机械、客运索道、大型游乐设施、场（厂）内专用机动车辆，以及法律、行政法规规定适用本法的其他特种设备。

国家对特种设备实行目录管理。特种设备目录由国务院负责特种设备安全监督管理的部门制定，报国务院批准后执行。

第三条　特种设备安全工作应当坚持安全第一、预防为主、节能环保、综合治理的原则。

第四条　国家对特种设备的生产、经营、使用，实施分类的、全过程的安全监督管理。

第五条　国务院负责特种设备安全监督管理的部门对全国特种设备安全实施监督管理。县级以上地方各级人民政府负责特种设备安全监督管理的部门对本行政区域内特种设备安全实施监督管理。

第六条　国务院和地方各级人民政府应当加强对特种设备安全工作的领导，督促各有关部门依法履行监督管理职责。

县级以上地方各级人民政府应当建立协调机制，及时协调、解决特种设备安全监督管理中存在的问题。

第七条　特种设备生产、经营、使用单位应当遵守本法和其他有关法律、法规，建立、健全特种设备安全和节能责任制度，加强特种设备安全和节能管理，确保特种设备生产、经营、使用安全，符合节能要求。

第八条　特种设备生产、经营、使用、检验、检测应当遵守有关特种设备安全技术规范及相关标准。

特种设备安全技术规范由国务院负责特种设备安全监督管理的部门制定。

第九条　特种设备行业协会应当加强行业自律，推进行业诚信体系建设，提高特种设备安全管理水平。

第十条　国家支持有关特种设备安全的科学技术研究，鼓励先进技术和先进管理方法的推广应用，对做出突出贡献的单位和个人给予奖励。

第十一条　负责特种设备安全监督管理的部门应当加强特种设备安全宣传教育，普及特种设备安全知识，增强社会公众的特种设备安全意识。

第十二条　任何单位和个人有权向负责特种设备安全监督管理的部门和有关部门举报涉及特种设备安全的违法行为，接到举报的部门应当及时处理。

第二章　生产、经营、使用

第一节　一般规定

第十三条　特种设备生产、经营、使用单位及其主要负责人对其生产、经营、使用的特种设备安全负责。

特种设备生产、经营、使用单位应当按照国家有关规定配备特种设备安全管理人员、检测人员和作业人员，并对其进行必要的安全教育和技能培训。

第十四条　特种设备安全管理人员、检测人员和作业人员应当按照国家有关规定取得相应资格，方可从事相关工作。特种设备安全管理人员、检测人员和作业人员应当严格执行安全技术规范和管理制度，保证特种设备安全。

第十五条　特种设备生产、经营、使用单位对其生产、经营、使用的特种设备应当进行自行检测和维护保养，对国家规定实行检验的特种设备应当及时申报并接受检验。

第十六条　特种设备采用新材料、新技术、新工艺，与安全技术规范的要求不一致，或者安全技术规范未作要求、可能对安全性能有重大影响的，应当向国务院负责特种设备安全监督管理的部门申报，由国务院负责特种设备安全监督管理的部门及时委托安全技术咨询机构或者相关专业机构进行技术评审，评审结果经国务院负责特种设备安全监督管理的部门批准，方可投入生产、使用。

国务院负责特种设备安全监督管理的部门应当将允许使用的新材料、新技术、新工艺的有关技术要求，及时纳入安全技术规范。

第十七条　国家鼓励投保特种设备安全责任保险。

第二节　生产

第十八条　国家按照分类监督管理的原则对特种设备生产实行许可制度。特种设备生产单位应当具备下列条件，并经负责特种设备安全监督管理的部门许可，方可从事生产活动：

（一）有与生产相适应的专业技术人员；

（二）有与生产相适应的设备、设施和工作场所；

（三）有健全的质量保证、安全管理和岗位责任等制度。

第十九条 特种设备生产单位应当保证特种设备生产符合安全技术规范及相关标准的要求,对其生产的特种设备的安全性能负责。不得生产不符合安全性能要求和能效指标以及国家明令淘汰的特种设备。

第二十条 锅炉、气瓶、氧舱、客运索道、大型游乐设施的设计文件,应当经负责特种设备安全监督管理的部门核准的检验机构鉴定,方可用于制造。

特种设备产品、部件或者试制的特种设备新产品、新部件以及特种设备采用的新材料,按照安全技术规范的要求需要通过型式试验进行安全性验证的,应当经负责特种设备安全监督管理的部门核准的检验机构进行型式试验。

第二十一条 特种设备出厂时,应当随附安全技术规范要求的设计文件、产品质量合格证明、安装及使用维护保养说明、监督检验证明等相关技术资料和文件,并在特种设备显著位置设置产品铭牌、安全警示标志及其说明。

第二十二条 电梯的安装、改造、修理,必须由电梯制造单位或者其委托的依照本法取得相应许可的单位进行。电梯制造单位委托其他单位进行电梯安装、改造、修理的,应对其安装、改造、修理进行安全指导和监控,并按照安全技术规范的要求进行校验和调试。电梯制造单位对电梯安全性能负责。

第二十三条 特种设备安装、改造、修理的施工单位应当在施工前将拟进行的特种设备安装、改造、修理情况书面告知直辖市或者设区的市级人民政府负责特种设备安全监督管理的部门。

第二十四条 特种设备安装、改造、修理竣工后,安装、改造、修理的施工单位应当在验收后三十日内将相关技术资料和文件移交特种设备使用单位。特种设备使用单位应当将其存入该特种设备的安全技术档案。

第二十五条 锅炉、压力容器、压力管道元件等特种设备的制造过程和锅炉、压力容器、压力管道、电梯、起重机械、客运索道、大型游乐设施的安装、改造、重大修理过程,应当经特种设备检验机构按照安全技术规范的要求进行监督检验;未经监督检验或者监督检验不合格的,不得出厂或者交付使用。

第二十六条 国家建立缺陷特种设备召回制度。因生产原因造成特种设备存在危及安全的同一性缺陷的,特种设备生产单位应当立即停止生产,主动召回。

国务院负责特种设备安全监督管理的部门发现特种设备存在应当召回而未召回的情形时,应当责令特种设备生产单位召回。

第三节 经 营

第二十七条 特种设备销售单位销售的特种设备,应当符合安全技术规范及相关标准的要求,其设计文件、产品质量合格证明、安装及使用维护保养说明、监督检验证明等相关技术资料和文件应当齐全。

特种设备销售单位应当建立特种设备检查验收和销售记录制度。

禁止销售未取得许可生产的特种设备,未经检验和检验不合格的特种设备,或者国家明令淘汰和已经报废的特种设备。

第二十八条 特种设备出租单位不得出租未取得许可生产的特种设备或者国家明令淘汰和已经报废的特种设备,以及未按照安全技术规范的要求进行维护保养和未经检验或者检验不合格的特种设备。

第二十九条 特种设备在出租期间的使用管理和维护保养义务由特种设备出租单位承担,法律另有规定或者当事人另有约定的除外。

第三十条 进口的特种设备应当符合我国安全技术规范的要求,并经检验合格;需要取得我国特种设备生产许可的,应当取得许可。

进口特种设备随附的技术资料和文件应当符合本法第二十一条的规定,其安装及使用维护保养说明、产品铭牌、安全警示标志及其说明应当采用中文。

特种设备的进出口检验,应当遵守有关进出口商品检验的法律、行政法规。

第三十一条 进口特种设备,应当向进口地负责特种设备安全监督管理的部门履行提前告知义务。

第四节 使 用

第三十二条 特种设备使用单位应当使用取得许可生产并经检验合格的特种设备。

禁止使用国家明令淘汰和已经报废的特种设备。

第三十三条 特种设备使用单位应当在特种设备投入使用前或者投入使用后三十日内,向负责特种设备安全监督管理的部门办理使用登记,取得使用登记证书。登记标志应当置于该特种设备的显著位置。

第三十四条 特种设备使用单位应当建立岗位责任、隐患治理、应急救援等安全管理制度,制定操作规程,保证特种设备安全运行。

第三十五条 特种设备使用单位应当建立特种设备安全技术档案。安全技术档案应当包括以下内容:

(一)特种设备的设计文件、产品质量合格证明、安装及使用维护保养说明、监督检验证明等相关技术资料和文件;

（二）特种设备的定期检验和定期自行检查记录；

（三）特种设备的日常使用状况记录；

（四）特种设备及其附属仪器仪表的维护保养记录；

（五）特种设备的运行故障和事故记录。

第三十六条 电梯、客运索道、大型游乐设施等为公众提供服务的特种设备的运营使用单位，应当对特种设备的使用安全负责，设置特种设备安全管理机构或者配备专职的特种设备安全管理人员；其他特种设备使用单位，应当根据情况设置特种设备安全管理机构或者配备专职、兼职的特种设备安全管理人员。

第三十七条 特种设备的使用应当具有规定的安全距离、安全防护措施。

与特种设备安全相关的建筑物、附属设施，应当符合有关法律、行政法规的规定。

第三十八条 特种设备属于共有的，共有人可以委托物业服务单位或者其他管理人管理特种设备，受托人履行本法规定的特种设备使用单位的义务，承担相应责任。共有人未委托的，由共有人或者实际管理人履行管理义务，承担相应责任。

第三十九条 特种设备使用单位应当对其使用的特种设备进行经常性维护保养和定期自行检查，并作出记录。

特种设备使用单位应当对其使用的特种设备的安全附件、安全保护装置进行定期校验、检修，并作出记录。

第四十条 特种设备使用单位应当按照安全技术规范的要求，在检验合格有效期届满前一个月向特种设备检验机构提出定期检验要求。

特种设备检验机构接到定期检验要求后，应当按照安全技术规范的要求及时进行安全性能检验。特种设备使用单位应当将定期检验标志置于该特种设备的显著位置。

未经定期检验或者检验不合格的特种设备，不得继续使用。

第四十一条 特种设备安全管理人员应当对特种设备使用状况进行经常性检查，发现问题应当立即处理；情况紧急时，可以决定停止使用特种设备并及时报告本单位有关负责人。

特种设备作业人员在作业过程中发现事故隐患或者其他不安全因素，应当立即向特种设备安全管理人员和单位有关负责人报告；特种设备运行不正常时，特种设备作业人员应当按照操作规程采取有效措施保证安全。

第四十二条 特种设备出现故障或者发生异常情况，特种设备使用单位应当对其进行全面检查，消除事故隐患，方可继续使用。

第四十三条 客运索道、大型游乐设施在每日投入使用前，其运营使用单位应当进行试运行和例行安全检查，并对安全附件和安全保护装置进行检查确认。

电梯、客运索道、大型游乐设施的运营使用单位应当将电梯、客运索道、大型游乐设施的安全使用说明、安全注意事项和警示标志置于易为乘客注意的显著位置。

公众乘坐或者操作电梯、客运索道、大型游乐设施，应当遵守安全使用说明和安全注意事项的要求，服从有关工作人员的管理和指挥；遇有运行不正常时，应当按照安全指引，有序撤离。

第四十四条 锅炉使用单位应当按照安全技术规范的要求进行锅炉水（介）质处理，并接受特种设备检验机构的定期检验。

从事锅炉清洗，应当按照安全技术规范的要求进行，并接受特种设备检验机构的监督检验。

第四十五条 电梯的维护保养应当由电梯制造单位或者依照本法取得许可的安装、改造、修理单位进行。

电梯的维护保养单位应当在维护保养中严格执行安全技术规范的要求，保证其维护保养的电梯的安全性能，并负责落实现场安全防护措施，保证施工安全。

电梯的维护保养单位应当对其维护保养的电梯的安全性能负责；接到故障通知后，应当立即赶赴现场，并采取必要的应急救援措施。

第四十六条 电梯投入使用后，电梯制造单位应当对其制造的电梯的安全运行情况进行跟踪调查和了解，对电梯的维护保养单位或者使用单位在维护保养和安全运行方面存在的问题，提出改进建议，并提供必要的技术帮助；发现电梯存在严重事故隐患时，应当及时告知电梯使用单位，并向负责特种设备安全监督管理的部门报告。电梯制造单位对调查和了解的情况，应当作出记录。

第四十七条 特种设备进行改造、修理，按照规定需要变更使用登记的，应当办理变更登记，方可继续使用。

第四十八条 特种设备存在严重事故隐患，无改造、修理价值，或者达到安全技术规范规定的其他报废条件的，特种设备使用单位应当依法履行报废义务，采取必要措施消除该特种设备的使用功能，并向原登记的负责特种设备安全监督管理的部门办理使用登记证书注销手续。

前款规定报废条件以外的特种设备，达到设计使用年限可以继续使用的，应当按照安全技术规范的要求通过检验或者安全评估，并办理使用登记证书变更，方可继续使用。允许继续使用的，应当采取加强检验、检测和维护保养等措施，确保使用安全。

第四十九条 移动式压力容器、气瓶充装单位，应当具备下列条件，并经负责特种设备安全监督管理的部门许可，方可从事充装活动：

（一）有与充装和管理相适应的管理人员和技术人员；

（二）有与充装和管理相适应的充装设备、检测手段、场地厂房、器具、安全设施；

（三）有健全的充装管理制度、责任制度、处理措施。

充装单位应当建立充装前后的检查、记录制度，禁止对不符合安全技术规范要求的移动式压力容器和气瓶进行充装。

气瓶充装单位应当向气体使用者提供符合安全技术规范要求的气瓶，对气体使用者进行气瓶安全使用指导，并按照安全技术规范的要求办理气瓶使用登记，及时申报定期检验。

第三章 检验、检测

第五十条 从事本法规定的监督检验、定期检验的特种设备检验机构，以及为特种设备生产、经营、使用提供检测服务的特种设备检测机构，应当具备下列条件，并经负责特种设备安全监督管理的部门核准，方可从事检验、检测工作：

（一）有与检验、检测工作相适应的检验、检测人员；

（二）有与检验、检测工作相适应的检验、检测仪器和设备；

（三）有健全的检验、检测管理制度和责任制度。

第五十一条 特种设备检验、检测机构的检验、检测人员应当经考核，取得检验、检测人员资格，方可从事检验、检测工作。

特种设备检验、检测机构的检验、检测人员不得同时在两个以上检验、检测机构中执业；变更执业机构的，应当依法办理变更手续。

第五十二条 特种设备检验、检测工作应当遵守法律、行政法规的规定，并按照安全技术规范的要求进行。

特种设备检验、检测机构及其检验、检测人员应当依法为特种设备生产、经营、使用单位提供安全、可靠、便捷、诚信的检验、检测服务。

第五十三条 特种设备检验、检测机构及其检验、检测人员应当客观、公正、及时地出具检验、检测报告，并对检验、检测结果和鉴定结论负责。

特种设备检验、检测机构及其检验、检测人员在检验、检测中发现特种设备存在严重事故隐患时，应当及时告知相关单位，并立即向负责特种设备安全监督管理的部门报告。

负责特种设备安全监督管理的部门应当组织对特种设备检验、检测机构的检验、检测结果和鉴定结论进行监督抽查，但应当防止重复抽查。监督抽查结果应当向社会公布。

第五十四条 特种设备生产、经营、使用单位应当按照安全技术规范的要求向特种设备检验、检测机构及其检验、检测人员提供特种设备相关资料和必要的检验、检测条件，并对资料的真实性负责。

第五十五条 特种设备检验、检测机构及其检验、检测人员对检验、检测过程中知悉的商业秘密，负有保密义务。

特种设备检验、检测机构及其检验、检测人员不得从事有关特种设备的生产、经营活动，不得推荐或者监制、监销特种设备。

第五十六条 特种设备检验机构及其检验人员利用检验工作故意刁难特种设备生产、经营、使用单位的，特种设备生产、经营、使用单位有权向负责特种设备安全监督管理的部门投诉，接到投诉的部门应当及时进行调查处理。

第四章 监督管理

第五十七条 负责特种设备安全监督管理的部门依照本法规定，对特种设备生产、经营、使用单位和检验、检测机构实施监督检查。

负责特种设备安全监督管理的部门应当对学校、幼儿园以及医院、车站、客运码头、商场、体育场馆、展览馆、公园等公众聚集场所的特种设备，实施重点安全监督检查。

第五十八条 负责特种设备安全监督管理的部门实施本法规定的许可工作，应当依照本法和其他有关法律、行政法规规定的条件和程序以及安全技术规范的要求进行审查；不符合规定的，不得许可。

第五十九条 负责特种设备安全监督管理的部门在办理本法规定的许可时，其受理、审查、许可的程序必须公开，并应当自受理申请之日起三十日内，作出许可或者不予许可的决定；不予许可的，应当书面向申请人说明理由。

第六十条 负责特种设备安全监督管理的部门对依法办理使用登记的特种设备应当建立完整的监督管理档案和信息查询系统；对达到报废条件的特种设备，应当及时督促特种设备使用单位依法履行报废义务。

第六十一条 负责特种设备安全监督管理的部门在依法履行监督检查职责时，可以行使下列职权：

（一）进入现场进行检查，向特种设备生产、经营、使用单位和检验、检测机构的主要负责人和其他有关人员调查、了解有关情况；

（二）根据举报或者取得的涉嫌违法证据，查阅、复制特种设备生产、经营、使用单位和检验、检测机构的有关合同、发票、账簿以及其他有关资料；

（三）对有证据表明不符合安全技术规范要求或者存在严重事故隐患的特种设备实施查封、扣押；

（四）对流入市场的达到报废条件或者已经报废的特种设备实施查封、扣押；

（五）对违反本法规定的行为作出行政处罚决定。

第六十二条 负责特种设备安全监督管理的部门在依法履行职责过程中，发现违反本法规定和安全技术规范要求的行为或者特种设备存在事故隐患时，应当以书面形式发出特种设备安全监察指令，责令有关单位及时采取措施予以改正或消除事故隐患。紧急情况下要求有关单位采取紧急处置措施的，应当随后补发特种设备安全监察指令。

第六十三条 负责特种设备安全监督管理的部门在依法履行职责过程中，发现重大违法行为或者特种设备存在严重事故隐患时，应当责令有关单位立即停止违法行为、采取措施消除事故隐患，并及时向上级负责特种设备安全监督管理的部门报告。接到报告的负责特种设备安全监督管理的部门应当采取必要措施，及时予以处理。

对违法行为、严重事故隐患的处理需要当地人民政府和有关部门的支持、配合时，负责特种设备安全监督管理的部门应当报告当地人民政府，并通知其他有关部门。当地人民政府和其他有关部门应当采取必要措施，及时予以处理。

第六十四条 地方各级人民政府负责特种设备安全监督管理的部门不得要求已经依照本法规定在其他地方取得许可的特种设备生产单位重复取得许可，不得要求对已经依照本法规定在其他地方检验合格的特种设备重复进行检验。

第六十五条 负责特种设备安全监督管理的部门的安全监察人员应当熟悉相关法律、法规，具有相应的专业知识和工作经验，取得特种设备安全行政执法证件。

特种设备安全监察人员应当忠于职守、坚持原则、秉公执法。

负责特种设备安全监督管理的部门实施安全监督检查时，应当有二名以上特种设备安全监察人员参加，并出示有效的特种设备安全行政执法证件。

第六十六条 负责特种设备安全监督管理的部门对特种设备生产、经营、使用单位和检验、检测机构实施监督检查，应当对每次监督检查的内容、发现的问题及处理情况作出记录，并由参加监督检查的特种设备安全监察人员和被检查单位的有关负责人签字后归档。被检查单位的有关负责人拒绝签字的，特种设备安全监察人员应当将情况记录在案。

第六十七条 负责特种设备安全监督管理的部门及其工作人员不得推荐或者监制、监销特种设备；对履行职责过程中知悉的商业秘密负有保密义务。

第六十八条 国务院负责特种设备安全监督管理的部门和省、自治区、直辖市人民政府负责特种设备安全监督管理的部门应当定期向社会公布特种设备安全总体状况。

第五章 事故应急救援与调查处理

第六十九条 国务院负责特种设备安全监督管理的部门应当依法组织制定特种设备重特大事故应急预案，报国务院批准后纳入国家突发事件应急预案体系。

县级以上地方各级人民政府及其负责特种设备安全监督管理的部门应当依法组织制定本行政区域内特种设备事故应急预案，建立或者纳入相应的应急处置与救援体系。

特种设备使用单位应当制定特种设备事故应急专项预案，并定期进行应急演练。

第七十条 特种设备发生事故后，事故发生单位应当按照应急预案采取措施，组织抢救，防止事故扩大，减少人员伤亡和财产损失，保护事故现场和有关证据，并及时向事故发生地县以上人民政府负责特种设备安全监督管理的部门和有关部门报告。

县级以上人民政府负责特种设备安全监督管理的部门接到事故报告，应当尽快核实情况，立即向本级人民政府报告，并按照规定逐级上报。必要时，负责特种设备安全监督管理的部门可以越级上报事故情况。对特别重大事故、重大事故，国务院负责特种设备安全监督管理的部门应当立即报告国务院并通报国务院安全生产监督管理部门等有关部门。

与事故相关的单位和人员不得迟报、谎报或者瞒报事故情况，不得隐匿、毁灭有关证据或者故意破坏事故现场。

第七十一条 事故发生地人民政府接到事故报告，应当依法启动应急预案，采取应急处置措施，组织应急救援。

第七十二条 特种设备发生特别重大事故，由国务院或者国务院授权有关部门组织事故调查组进行调查。

发生重大事故，由国务院负责特种设备安全监督管理的部门会同有关部门组织事故调查组进行调查。

发生较大事故，由省、自治区、直辖市人民政府负责特种设备安全监督管理的部门会同有关部门组织事故调查组进行调查。

发生一般事故，由设区的市级人民政府负责特种设备安全监督管理的部门会同有关部门组织事故调查组进行调查。

事故调查组应当依法、独立、公正开展调查，提出事故调查报告。

第七十三条 组织事故调查的部门应当将事故调查报告报本级人民政府，并报上一级人民政府负责特种设备安全监督管理的部门备案。有关部门和单位应当依照法律、行政法规的规定，追究事故责任单位和人员的责任。

事故责任单位应当依法落实整改措施，预防同类事故发生。事故造成损害的，事故责任单位应当依法承担赔偿责任。

第六章 法律责任

第七十四条 违反本法规定，未经许可从事特种设备生产活动的，责令停止生产，没收违法制造的特种设备，处十万元以上五十万元以下罚款；有违法所得的，没收违法所得；已经实施安装、改造、修理的，责令恢复原状或者责令限期由取得许可的单位重新安装、改造、修理。

第七十五条 违反本法规定，特种设备的设计文件未经鉴定，擅自用于制造的，责令改正，没收违法制造的特种设备，处五万元以上五十万元以下罚款。

第七十六条 违反本法规定，未进行型式试验的，责令限期改正；逾期未改正的，处三万元以上三十万元以下罚款。

第七十七条 违反本法规定，特种设备出厂时，未按照安全技术规范的要求随附相关技术资料和文件的，责令限期改正；逾期未改正的，责令停止制造、销售，处二万元以上二十万元以下罚款；有违法所得的，没收违法所得。

第七十八条 违反本法规定，特种设备安装、改造、修理的施工单位在施工前未书面告知负责特种设备安全监督管理的部门即行施工的，或者在验收后三十日内未将相关技术资料和文件移交特种设备使用单位的，责令限期改正；逾期未改正的，处一万元以上十万元以下罚款。

第七十九条 违反本法规定，特种设备的制造、安装、改造、重大修理以及锅炉清洗过程，未经监督检验的，责令限期改正；逾期未改正的，处五万元以上二十万元以下罚款；有违法所得的，没收违法所得；情节严重的，吊销生产许可证。

第八十条 违反本法规定，电梯制造单位有下列情形之一的，责令限期改正；逾期未改正的，处一万元以上十万元以下罚款：

（一）未按照安全技术规范的要求对电梯进行校验、调试的；

（二）对电梯的安全运行情况进行跟踪调查和了解时，发现存在严重事故隐患，未及时告知电梯使用单位并向负责特种设备安全监督管理的部门报告的。

第八十一条 违反本法规定，特种设备生产单位有下列行为之一的，责令限期改正；逾期未改正的，责令停止生产，处五万元以上五十万元以下罚款；情节严重的，吊销生产许可证：

（一）不再具备生产条件、生产许可证已经过期或者超出许可范围生产的；

（二）明知特种设备存在同一性缺陷，未立即停止生产并召回的。

违反本法规定，特种设备生产单位生产、销售、交付国家明令淘汰的特种设备的，责令停止生产、销售，没收违法生产、交付的特种设备，处三万元以上三十万元以下罚款；有违法所得的，没收违法所得。

特种设备生产单位涂改、倒卖、出租、出借生产许可证的，责令停止生产，处五万元以上五十万元以下罚款；情节严重的，吊销生产许可证。

第八十二条 违反本法规定，特种设备经营单位有下列行为之一的，责令停止经营，没收违法经营的特种设备，处三万元以上三十万元以下罚款；有违法所得的，没收违法所得：

（一）销售、出租未取得许可生产，未经检验或者检验不合格的特种设备的；

（二）销售、出租国家明令淘汰、已经报废的特种设备，或者未按照安全技术规范的要求进行维护保养的特种设备的。

违反本法规定，特种设备销售单位未建立检查验收和销售记录制度，或者进口特种设备未履行提前告知义务的，责令改正，处一万元以上十万元以下罚款。

特种设备生产单位销售、交付未经检验或者检验不合格的特种设备的，依照本条第一款规定处罚；情节严重的，吊销生产许可证。

第八十三条　违反本法规定，特种设备使用单位有下列行为之一的，责令限期改正；逾期未改正的，责令停止使用有关特种设备，处一万元以上十万元以下罚款：

（一）使用特种设备未按照规定办理使用登记的；

（二）未建立特种设备安全技术档案或者安全技术档案不符合规定要求，或者未依法设置使用登记标志、定期检验标志的；

（三）未对其使用的特种设备进行经常性维护保养和定期自行检查，或者未对其使用的特种设备的安全附件、安全保护装置进行定期校验、检修，并作出记录的；

（四）未按照安全技术规范的要求及时申报并接受检验的；

（五）未按照安全技术规范的要求进行锅炉水（介）质处理的；

（六）未制定特种设备事故应急专项预案的。

第八十四条　违反本法规定，特种设备使用单位有下列行为之一的，责令停止使用有关特种设备，处三万元以上三十万元以下罚款：

（一）使用未取得许可生产，未经检验或者检验不合格的特种设备，或者国家明令淘汰、已经报废的特种设备的；

（二）特种设备出现故障或者发生异常情况，未对其进行全面检查、消除事故隐患，继续使用的；

（三）特种设备存在严重事故隐患，无改造、修理价值，或者达到安全技术规范规定的其他报废条件，未依法履行报废义务，并办理使用登记证书注销手续的。

第八十五条　违反本法规定，移动式压力容器、气瓶充装单位有下列行为之一的，责令改正，处二万元以上二十万元以下罚款；情节严重的，吊销充装许可证：

（一）未按照规定实施充装前后的检查、记录制度的；

（二）对不符合安全技术规范要求的移动式压力容器和气瓶进行充装的。

违反本法规定，未经许可，擅自从事移动式压力容器或者气瓶充装活动的，予以取缔，没收违法充装的气瓶，处十万元以上五十万元以下罚款；有违法所得的，没收违法所得。

第八十六条　违反本法规定，特种设备生产、经营、使用单位有下列情形之一的，责令限期改正；逾期未改正的，责令停止使用有关特种设备或者停产停业整顿，处一万元以上五万元以下罚款：

（一）未配备具有相应资格的特种设备安全管理人员、检测人员和作业人员的；

（二）使用未取得相应资格的人员从事特种设备安全管理、检测和作业的；

（三）未对特种设备安全管理人员、检测人员和作业人员进行安全教育和技能培训的。

第八十七条　违反本法规定，电梯、客运索道、大型游乐设施的运营使用单位有下列情形之一的，责令限期改正；逾期未改正的，责令停止使用有关设备或者停产停业整顿，处二万元以上十万元以下罚款：

（一）未设置特种设备安全管理机构或者配备专职的特种设备安全管理人员的；

（二）客运索道、大型游乐设施每日投入使用前，未进行试运行和例行安全检查，未对安全附件和安全保护装置进行检查确认的；

（三）未将电梯、客运索道、大型游乐设施的安全使用说明、安全注意事项和警示标志置于易于为乘客注意的显著位置的。

第八十八条　违反本法规定，未经许可，擅自从事电梯维护保养的，责令停止违法行为，处一万元以上十万元以下罚款；有违法所得的，没收违法所得。

电梯的维护保养单位未按照本法规定以及安全技术规范的要求，进行电梯维护保养的，依照前款规定处罚。

第八十九条　发生特种设备事故，有下列情形之一的，对单位处五万元以上二十万元以下罚款；对主要负责人处一万元以上五万元以下罚款；主要负责人属于国家工作人员的，并依法给予处分：

（一）发生特种设备事故时，不立即组织抢救或者在事故调查处理期间擅离职守或者逃匿的；

（二）对特种设备事故迟报、谎报或者瞒报的。

第九十条　发生事故，对负有责任的单位除要求其依法承担相应的赔偿等责任外，依照下列规定处以罚款：

（一）发生一般事故，处十万元以上二十万元以下罚款；

（二）发生较大事故，处二十万元以上五十万元以下罚款；

（三）发生重大事故，处五十万元以上二百万元以下罚款。

第九十一条　对事故发生负有责任的单位的主要负责人未依法履行职责或者负有领导责任的，依照下列规定处以罚款；属于国家工作人员的，并依法给予处分：

（一）发生一般事故，处上一年年收入百分之三十的罚款；

（二）发生较大事故，处上一年年收入百分之四十的罚款；

（三）发生重大事故，处上一年年收入百分之六十的罚款。

第九十二条　违反本法规定，特种设备安全管理人员、检测人员和作业人员不履行岗位职责，违反操作规程和有关安全规章制度，造成事故的，吊销相关人员的资格。

第九十三条　违反本法规定，特种设备检验、检测机构及其检验、检测人员有下列行为之一的，责令改正，对机构处五万元以上二十万元以下罚款，对直接负责的主管人员和其他直接责任人员处五千元以上五万元以下罚款；情节严重的，吊销机构资质和有关人员的资格：

（一）未经核准或者超出核准范围、使用未取得相应资格的人员从事检验、检测的；

（二）未按照安全技术规范的要求进行检验、检测的；

（三）出具虚假的检验、检测结果和鉴定结论或者检验、检测结果和鉴定结论严重失实的；

（四）发现特种设备存在严重事故隐患，未及时告知相关单位，并立即向负责特种设备安全监督管理的部门报告的；

（五）泄露检验、检测过程中知悉的商业秘密的；

（六）从事有关特种设备的生产、经营活动的；

（七）推荐或者监制、监销特种设备的；

（八）利用检验工作故意刁难相关单位的。

违反本法规定，特种设备检验、检测机构的检验、检测人员同时在两个以上检验、检测机构中执业的，处五千元以上五万元以下罚款；情节严重的，吊销其资格。

第九十四条　违反本法规定，负责特种设备安全监督管理的部门及其工作人员有下列行为之一的，由上级机关责令改正；对直接负责的主管人员和其他直接责任人员，依法给予处分：

（一）未依照法律、行政法规规定的条件、程序实施许可的；

（二）发现未经许可擅自从事特种设备的生产、使用或者检验、检测活动不予取缔或者不依法予以处理的；

（三）发现特种设备生产单位不再具备本法规定的条件而不吊销其许可证，或者发现特种设备生产、经营、使用违法行为不予查处的；

（四）发现特种设备检验、检测机构不再具备本法规定的条件而不撤销其核准，或者对其出具虚假的检验、检测结果和鉴定结论或者检验、检测结果和鉴定结论严重失实的行为不予查处的；

（五）发现违反本法规定和安全技术规范要求的行为或者特种设备存在事故隐患，不立即处理的；

（六）发现重大违法行为或者特种设备存在严重事故隐患，未及时向上级负责特种设备安全监督管理的部门报告，或者接到报告的负责特种设备安全监督管理的部门不立即处理的；

（七）要求已经依照本法规定在其他地方取得许可的特种设备生产单位重复取得许可，或者要求对已经依照本法规定在其他地方检验合格的特种设备重复进行检验的；

（八）推荐或者监制、监销特种设备的；

（九）泄露履行职责过程中知悉的商业秘密的；

（十）接到特种设备事故报告未立即向本级人民政府报告，并按照规定上报的；

（十一）迟报、漏报、谎报或者瞒报事故的；

（十二）妨碍事故救援或者事故调查处理的；

（十三）其他滥用职权、玩忽职守、徇私舞弊的行为。

第九十五条　违反本法规定，特种设备生产、经营、使用单位或者检验、检测机构拒不接受负责特种设备安全监督管理的部门依法实施的监督检查的，责令限期改正；逾期未改正的，责令停产停业整顿，处二万元以上二十万元以下罚款。

特种设备生产、经营、使用单位擅自动用、调换、转移、损毁被查封、扣押的特种设备或者其主要部件的，责令改正，处五万元以上二十万元以下罚款；情节严重的，吊销生产许可证，注销特种设备使用登记证书。

第九十六条　违反本法规定，被依法吊销许可证的，自吊销许可证之日起三年内，负责特种设备安全监督管理的部门不予受理其新的许可申请。

第九十七条　违反本法规定，造成人身、财产损害的，依法承担民事责任。

违反本法规定，应当承担民事赔偿责任和缴纳罚款、罚金，其财产不足以同时支付时，先承担民事赔偿责任。

第九十八条 违反本法规定，构成违反治安管理行为的，依法给予治安管理处罚；构成犯罪的，依法追究刑事责任。

第七章 附 则

第九十九条 特种设备行政许可、检验的收费，依照法律、行政法规的规定执行。

第一百条 军事装备、核设施、航空航天器使用的特种设备安全的监督管理不适用本法。

铁路机车、海上设施和船舶、矿山井下使用的特种设备以及民用机场专用设备安全的监督管理，房屋建筑工地、市政工程工地用起重机械和场（厂）内专用机动车辆的安装、使用的监督管理，由有关部门依照本法和其他有关法律的规定实施。

第一百零一条 本法自2014年1月1日起施行。

特种设备安全监察条例

（2003年3月11日国务院令第373号公布 根据2009年1月24日《国务院关于修改〈特种设备安全监察条例〉的决定》修订）

第一章 总 则

第一条 为了加强特种设备的安全监察，防止和减少事故，保障人民群众生命和财产安全，促进经济发展，制定本条例。

第二条 本条例所称特种设备是指涉及生命安全、危险性较大的锅炉、压力容器（含气瓶，下同）、压力管道、电梯、起重机械、客运索道、大型游乐设施和场（厂）内专用机动车辆。

前款特种设备的目录由国务院负责特种设备安全监督管理的部门（以下简称国务院特种设备安全监督管理部门）制订，报国务院批准后执行。

第三条 特种设备的生产（含设计、制造、安装、改造、维修，下同）、使用、检验检测及其监督检查，应当遵守本条例，但本条例另有规定的除外。

军事装备、核设施、航空航天器、铁路机车、海上设施和船舶以及矿山井下使用的特种设备、民用机场专用设备的安全监察不适用本条例。

房屋建筑工地和市政工程工地用起重机械、场（厂）内专用机动车辆的安装、使用的监督管理，由建设行政主管部门依照有关法律、法规的规定执行。

第四条 国务院特种设备安全监督管理部门负责全国特种设备的安全监察工作，县以上地方负责特种设备安全监督管理的部门对本行政区域内特种设备实施安全监察（以下统称特种设备安全监督管理部门）。

第五条 特种设备生产、使用单位应当建立健全特种设备安全、节能管理制度和岗位安全、节能责任制度。

特种设备生产、使用单位的主要负责人应当对本单位特种设备的安全和节能全面负责。

特种设备生产、使用单位和特种设备检验检测机构，应当接受特种设备安全监督管理部门依法进行的特种设备安全监察。

第六条 特种设备检验检测机构，应当依照本条例规定，进行检验检测工作，对其检验检测结果、鉴定结论承担法律责任。

第七条 县级以上地方人民政府应当督促、支持特种设备安全监督管理部门依法履行安全监察职责，对特种设备安全监察中存在的重大问题及时以协调、解决。

第八条 国家鼓励推行科学的管理方法，采用先进技术，提高特种设备安全性能和管理水平，增强特种设备生产、使用单位防范事故的能力，对取得显著成绩的单位和个人，给予奖励。

国家鼓励特种设备节能技术的研究、开发、示范和推广，促进特种设备节能技术创新和应用。

特种设备生产、使用单位和特种设备检验检测机构，应当保证必要的安全和节能投入。

国家鼓励实行特种设备责任保险制度，提高事故赔付能力。

第九条 任何单位和个人对违反本条例规定的行为，有权向特种设备安全监督管理部门和行政监察等有关部门举报。

特种设备安全监督管理部门应当建立特种设备安全监察举报制度，公布举报电话、信箱或者电子邮件地址，受理对特种设备生产、使用和检验检测违法行为的举报，并及时予以处理。

特种设备安全监督管理部门和行政监察等有关部门应当为举报人保密，并按照国家有关规定给予奖励。

第二章 特种设备的生产

第十条 特种设备生产单位，应当依照本条例规定以及国务院特种设备安全监督管理部门制订并公布的安全技术规范（以下简称安全技术规范）的要求，进行生产活动。

特种设备生产单位对其生产的特种设备的安全性能和能效指标负责，不得生产不符合安全性能要求和能效指标的特种设备，不得生产国家产业政策明令淘汰的特种设备。

第十一条 压力容器的设计单位应当经国务院特种设备安全监督管理部门许可，方可从事压力容器的设计活动。

压力容器的设计单位应当具备下列条件：

（一）有与压力容器设计相适应的设计人员、设计审核人员；

（二）有与压力容器设计相适应的场所和设备；

（三）有与压力容器设计相适应的健全的管理制度和责任制度。

第十二条 锅炉、压力容器中的气瓶（以下简称气瓶）、氧舱和客运索道、大型游乐设施以及高耗能特种设备的设计文件，应当经国务院特种设备安全监督管理部门核准的检验检测机构鉴定，方可用于制造。

第十三条 按照安全技术规范的要求，应当进行型式试验的特种设备产品、部件或者试制特种设备新产品、新部件、新材料，必须进行型式试验和能效测试。

第十四条 锅炉、压力容器、电梯、起重机械、客运索道、大型游乐设施及其安全附件、安全保护装置的制造、安装、改造单位，以及压力管道用管子、管件、阀门、法兰、补偿器、安全保护装置等（以下简称压力管道元件）的制造单位和场（厂）内专用机动车辆的制造、改造单位，应当经国务院特种设备安全监督管理部门许可，方可从事相应的活动。

前款特种设备的制造、安装、改造单位应当具备下列条件：

（一）有与特种设备制造、安装、改造相适应的专业技术人员和技术工人；

（二）有与特种设备制造、安装、改造相适应的生产条件和检测手段；

（三）有健全的质量管理制度和责任制度。

第十五条 特种设备出厂时，应当附有安全技术规范要求的设计文件、产品质量合格证明、安装及使用维修说明、监督检验证明等文件。

第十六条 锅炉、压力容器、电梯、起重机械、客运索道、大型游乐设施、场（厂）内专用机动车辆的维修单位，应当有与特种设备维修相适应的专业技术人员和技术工人以及必要的检测手段，并经省、自治区、直辖市特种设备安全监督管理部门许可，方可从事相应的维修活动。

第十七条 锅炉、压力容器、起重机械、客运索道、大型游乐设施的安装、改造、维修以及场（厂）内专用机动车辆的改造、维修，必须由依照本条例取得许可的单位进行。

电梯的安装、改造、维修，必须由电梯制造单位或者其通过合同委托、同意的依照本条例取得许可的单位进行。电梯制造单位对电梯质量以及安全运行涉及的质量问题负责。

特种设备安装、改造、维修的施工单位应当在施工前将拟进行的特种设备安装、改造、维修情况书面告知直辖市或者设区的市的特种设备安全监督管理部门，告知后即可施工。

第十八条 电梯井道的土建工程必须符合建筑工程质量要求。电梯安装施工过程中，电梯安装单位应当遵守施工现场的安全生产要求，落实现场安全防护措施。电梯安装施工过程中，施工现场的安全生产监督，由有关部门依照有关法律、行政法规的规定执行。

电梯安装施工过程中，电梯安装单位应当服从建筑施工总承包单位对施工现场的安全生产管理，并订立合同，明确各自的安全责任。

第十九条 电梯的制造、安装、改造和维修活动，必须严格遵守安全技术规范的要求。电梯制造单位委托或者同意其他单位进行电梯安装、改造、维修活动的，应当对其安装、改造、维修活动进行安全指导和监控。电梯的安装、改造、维修活动结束后，电梯制造单位应当按照安全技术规范的要求对电梯进行校验和调试，并对校验和调试的结果负责。

第二十条 锅炉、压力容器、电梯、起重机械、客运索道、大型游乐设施的安装、改造、维修以及场（厂）内专用机动车辆的改造、维修竣工后，安装、改造、维修的施工单位应当在验收后 30 日内将有关技术资料移交使用单位，高耗能特种设备还应当按照安全技术规范的要求提交能效测试报告。使用单位应当将其存入该特种设备的安全技术档案。

第二十一条 锅炉、压力容器、压力管道元件、起重机械、大型游乐设施的制造过程和锅炉、压力容器、电梯、起重机械、客运索道、大型游乐设施的安装、改造、重大维修过程，必须经国务院特种设备安全监督管理部门核准的检验检测机构按照安全技术规范的要求进行监督检验；未经监督检验合格的不得出厂或者交付使用。

第二十二条 移动式压力容器、气瓶充装单位应当经省、自治区、直辖市的特种设备安全监督管理部门许可，方可从事充装活动。

充装单位应当具备下列条件：

（一）有与充装和管理相适应的管理人员和技术人员；

（二）有与充装和管理相适应的充装设备、检测手段、场地厂房、器具、安全设施；

（三）有健全的充装管理制度、责任制度、紧急处理措施。

气瓶充装单位应当向气体使用者提供符合安全技术规范要求的气瓶，对使用者进行气瓶安全使用指导，并按照安全技术规范的要求办理气瓶使用登记，提出气瓶的定期检验要求。

第三章 特种设备的使用

第二十三条 特种设备使用单位，应当严格执行本条例和有关安全生产的法律、行政法规的规定，保证特种设备的安全使用。

第二十四条 特种设备使用单位应当使用符合安全技术规范要求的特种设备。特种设备投入使用前，使用单位应当核对其是否附有本条例第十五条规定的相关文件。

第二十五条 特种设备在投入使用前或者投入使用后30日内，特种设备使用单位应当向直辖市或者设区的市的特种设备安全监督管理部门登记。登记标志应当置于或者附着于该特种设备的显著位置。

第二十六条 特种设备使用单位应当建立特种设备安全技术档案。安全技术档案应当包括以下内容：

（一）特种设备的设计文件、制造单位、产品质量合格证明、使用维护说明等文件以及安装技术文件和资料；

（二）特种设备的定期检验和定期自行检查的记录；

（三）特种设备的日常使用状况记录；

（四）特种设备及其安全附件、安全保护装置、测量调控装置及有关附属仪器仪表的日常维护保养记录；

（五）特种设备运行故障和事故记录；

（六）高耗能特种设备的能效测试报告、能耗状况记录以及节能改造技术资料。

第二十七条 特种设备使用单位应当对在用特种设备进行经常性日常维护保养，并定期自行检查。

特种设备使用单位对在用特种设备应当至少每月进行一次自行检查，并作出记录。特种设备使用单位在对在用特种设备进行自行检查和日常维护保养时发现异常情况的，应当及时处理。

特种设备使用单位应当对在用特种设备的安全附件、安全保护装置、测量调控装置及有关附属仪器仪表进行定期校验、检修，并作出记录。

锅炉使用单位应当按照安全技术规范的要求进行锅炉水（介）质处理，并接受特种设备检验检测机构实施的水（介）质处理定期检验。

从事锅炉清洗的单位，应当按照安全技术规范的要求进行锅炉清洗，并接受特种设备检验检测机构实施的锅炉清洗过程监督检验。

第二十八条 特种设备使用单位应当按照安全技术规范的定期检验要求，在安全检验合格有效期届满前1个月向特种设备检验检测机构提出定期检验要求。

检验检测机构接到定期检验要求后，应当按照安全技术规范的要求及时进行安全性能检验和能效测试。

未经定期检验或者检验不合格的特种设备，不得继续使用。

第二十九条 特种设备出现故障或者发生异常情况，使用单位应当对其进行全面检查，消除事故隐患后，方可重新投入使用。

特种设备不符合能效指标的，特种设备使用单位应当采取相应措施进行整改。

第三十条 特种设备存在严重事故隐患，无改造、维修价值，或者超过安全技术规范规定使用年限，特种设备使用单位应当及时予以报废，并应当向原登记的特种设备安全监督管理部门办理注销。

第三十一条 电梯的日常维护保养必须由依照本条例取得许可的安装、改造、维修单位或者电梯制造单位进行。

电梯应当至少每15日进行一次清洁、润滑、调整和检查。

第三十二条 电梯的日常维护保养单位应当在维护保养中严格执行国家安全技术规范的要求，保证其维护保养的电梯的安全技术性能，并负责落实现场安全防护措施，保证施工安全。

电梯的日常维护保养单位，应当对其维护保养的电梯的安全性能负责。接到故障通知后，应当立即赶赴现场，并采取必要的应急救援措施。

第三十三条 电梯、客运索道、大型游乐设施等为公众提供服务的特种设备运营使用单位，应当设置特种设备安全管理机构或者配备专职的安全管理人员；其他特种设备使用单位，应当根据情况设置特种设备安全管理机构或者配备专职、兼职的安全管理人员。

特种设备的安全管理人员应当对特种设备使用状况进行经常性检查，发现问题的应当立即处理；情况紧急时，可以决定停止使用特种设备并及时报告本单位有关负责人。

第三十四条 客运索道、大型游乐设施的运营使用单位在客运索道、大型游乐设施每日投入使用前，应当进行试运行和例行安全检查，并对安全装置进行检查确认。

电梯、客运索道、大型游乐设施的运营使用单位应当将电梯、客运索道、大型游乐设施的安全注意事项和警示标志置于易于为乘客注意的显著位置。

第三十五条 客运索道、大型游乐设施的运营使用单位的主要负责人应当熟悉客运索道、大型游乐设施的相关安全知识，并全面负责客运索道、大型游乐设施的安全使用。

客运索道、大型游乐设施的运营使用单位的主要负责人至少应当每月召开一次会议，督促、检查客运索道、大型游乐设施的安全使用工作。

客运索道、大型游乐设施的运营使用单位，应当结合本单位的实际情况，配备相应数量的营救装备和急救物品。

第三十六条 电梯、客运索道、大型游乐设施的乘客应当遵守使用安全注意事项的要求，服从有关工作人员的指挥。

第三十七条 电梯投入使用后，电梯制造单位应当对其制造的电梯的安全运行情况进行跟踪调查和了解，对电梯的日常维护保养单位或者电梯的使用单位在安全运行方面存在的问题，提出改进建议，并提供必要的技术帮助。发现电梯存在严重事故隐患的，应当及时向特种设备安全监督管理部门报告。电梯制造单位对调查和了解的情况，应当做出记录。

第三十八条 锅炉、压力容器、电梯、起重机械、客运索道、大型游乐设施、场（厂）内专用机动车辆的作业人员及其相关管理人员（以下统称特种设备作业人员），应当按照国家有关规定经特种设备安全监督管理部门考核合格，取得国家统一格式的特种作业人员证书，方可从事相应的作业或者管理工作。

第三十九条 特种设备使用单位应当对特种设备作业人员进行特种设备安全、节能教育和培训，保证特种设备作业人员具备必要的特种设备安全、节能知识。

特种设备作业人员在作业中应当严格执行特种设备的操作规程和有关的安全规章制度。

第四十条 特种设备作业人员在作业过程中发现事故隐患或者其他不安全因素，应当立即向现场安全管理人员和单位有关负责人报告。

第四章 检验检测

第四十一条 从事本条例规定的监督检验、定期检验、型式试验以及专门为特种设备生产、使用、检验检测提供无损检测服务的特种设备检验检测机构，应当经国务院特种设备安全监督管理部门核准。

特种设备使用单位设立的特种设备检验检测机构，经国务院特种设备安全监督管理部门核准，负责本单位核准范围内的特种设备定期检验工作。

第四十二条 特种设备检验检测机构，应当具备下列条件：

（一）有与所从事的检验检测工作相适应的检验检测人员；

（二）有与所从事的检验检测工作相适应的检验检测仪器和设备；

（三）有健全的检验检测管理制度、检验检测责任制度。

第四十三条 特种设备的监督检验、定期检验、型式试验和无损检测应当由依照本条例经核准的特种设备检验检测机构进行。

特种设备检验检测工作应当符合安全技术规范的要求。

第四十四条 从事本条例规定的监督检验、定期检验、型式试验和无损检测的特种设备检验检测人员应当经国务院特种设备安全监督管理部门组织考核合格，取得检验检测人员证书，方可从事检验检测工作。

检验检测人员从事检验检测工作，必须在特种设备检验检测机构执业，但不得同时在两个以上检验检测机构中执业。

第四十五条 特种设备检验检测机构和检验检测人员进行特种设备检验检测，应当遵循诚信原则和方便企业的原则，为特种设备生产、使用单位提供可靠、便捷的检验检测服务。

特种设备检验检测机构和检验检测人员对涉及的被检验检测单位的商业秘密，负有保密义务。

第四十六条 特种设备检验检测机构和检验检测人员应当客观、公正、及时地出具检验检测结果、鉴定结论。检验检测结果、鉴定结论经检验检测人员签字后，由检验检测机构负责人签署。

特种设备检验检测机构和检验检测人员对检验检

测结果、鉴定结论负责。

国务院特种设备安全监督管理部门应当组织对特种设备检验检测机构的检验检测结果、鉴定结论进行监督抽查。县以上地方负责特种设备安全监督管理的部门在本行政区域内也可以组织监督抽查，但是要防止重复抽查。监督抽查结果应当向社会公布。

第四十七条 特种设备检验检测机构和检验检测人员不得从事特种设备的生产、销售，不得以其名义推荐或者监制、监销特种设备。

第四十八条 特种设备检验检测机构进行特种设备检验检测，发现严重事故隐患或者能耗严重超标的，应当及时告知特种设备使用单位，并立即向特种设备安全监督管理部门报告。

第四十九条 特种设备检验检测机构和检验检测人员利用检验检测工作故意刁难特种设备生产、使用单位，特种设备生产、使用单位有权向特种设备安全监督管理部门投诉，接到投诉的特种设备安全监督管理部门应当及时进行调查处理。

第五章 监督检查

第五十条 特种设备安全监督管理部门依照本条例规定，对特种设备生产、使用单位和检验检测机构实施安全监察。

对学校、幼儿园以及车站、客运码头、商场、体育场馆、展览馆、公园等公众聚集场所的特种设备，特种设备安全监督管理部门应当实施重点安全监察。

第五十一条 特种设备安全监督管理部门根据举报或者取得的涉嫌违法证据，对涉嫌违反本条例规定的行为进行查处时，可以行使下列职权：

（一）向特种设备生产、使用单位和检验检测机构的法定代表人、主要负责人和其他有关人员调查、了解与涉嫌从事违反本条例的生产、使用、检验检测有关的情况；

（二）查阅、复制特种设备生产、使用单位和检验检测机构的有关合同、发票、账簿以及其他有关资料；

（三）对有证据表明不符合安全技术规范要求的或者有其他严重事故隐患、能耗严重超标的特种设备，予以查封或者扣押。

第五十二条 依照本条例规定实施许可、核准、登记的特种设备安全监督管理部门，应当严格依照本条例规定条件和安全技术规范要求对有关事项进行审查；不符合本条例规定条件和安全技术规范要求的，不得许可、核准、登记；在申请办理许可、核准期间，特种设备安全监督管理部门发现申请人未经许可从事特种设备相应活动或者伪造许可、核准证书的，不予受理或者不予许可、核准，并在1年内不再受理其新的许可、核准申请。

未依法取得许可、核准、登记的单位擅自从事特种设备的生产、使用或者检验检测活动的，特种设备安全监督管理部门应当依法予以处理。

违反本条例规定，被依法撤销许可的，自撤销许可之日起3年内，特种设备安全监督管理部门不予受理其新的许可申请。

第五十三条 特种设备安全监督管理部门在办理本条例规定的有关行政审批事项时，其受理、审查、许可、核准的程序必须公开，并应当自受理申请之日起30日内，作出许可、核准或者不予许可、核准的决定；不予许可、核准的，应当书面向申请人说明理由。

第五十四条 地方各级特种设备安全监督管理部门不得以任何形式进行地方保护和地区封锁，不得对已经依照本条例规定在其他地方取得许可的特种设备生产单位重复进行许可，也不得要求对依照本条例规定在其他地方检验检测合格的特种设备，重复进行检验检测。

第五十五条 特种设备安全监督管理部门的安全监察人员（以下简称特种设备安全监察人员）应当熟悉相关法律、法规、规章和安全技术规范，具有相应的专业知识和工作经验，并经国务院特种设备安全监督管理部门考核，取得特种设备安全监察人员证书。

特种设备安全监察人员应当忠于职守、坚持原则、秉公执法。

第五十六条 特种设备安全监督管理部门对特种设备生产、使用单位和检验检测机构实施安全监察时，应当有两名以上特种设备安全监察人员参加，并出示有效的特种设备安全监察人员证件。

第五十七条 特种设备安全监督管理部门对特种设备生产、使用单位和检验检测机构实施安全监察，应当对每次安全监察的内容、发现的问题及处理情况，作出记录，并由参加安全监察的特种设备安全监察人员和被检查单位的有关负责人签字后归档。被检查单位的有关负责人拒绝签字的，特种设备安全监察人员应当将情况记录在案。

第五十八条 特种设备安全监督管理部门对特种设备生产、使用单位和检验检测机构进行安全监察时，发现有违反本条例规定和安全技术规范要求的行为或者在用的特种设备存在事故隐患、不符合能效指标的，应当以书面形式发出特种设备安全监察指令，责令有关单位及时采取措施，予以改正或者消除事故隐患。紧急情况下需要采取紧急处置措施的，应当随后补发书面通知。

第五十九条 特种设备安全监督管理部门对特种设备生产、使用单位和检验检测机构进行安全监察，发现重大违法行为或者严重事故隐患时，应当在采取必要措施的同时，及时向上级特种设备安全监督管理部门报告。接到报告的特种设备安全监督管理部门应当采取必要措施，及时予以处理。

对违法行为、严重事故隐患或者不符合能效指标的处理需要当地人民政府和有关部门的支持、配合时，特种设备安全监督管理部门应当报告当地人民政府，并通知其他有关部门。当地人民政府和其他有关部门应当采取必要措施，及时予以处理。

第六十条 国务院特种设备安全监督管理部门和省、自治区、直辖市特种设备安全监督管理部门应当定期向社会公布特种设备安全以及能效状况。

公布特种设备安全以及能效状况，应当包括下列内容：

（一）特种设备质量安全状况；

（二）特种设备事故的情况、特点、原因分析、防范对策；

（三）特种设备能效状况；

（四）其他需要公布的情况。

第六章　事故预防和调查处理

第六十一条 有下列情形之一的，为特别重大事故：

（一）特种设备事故造成30人以上死亡，或者100人以上重伤（包括急性工业中毒，下同），或者1亿元以上直接经济损失的；

（二）600兆瓦以上锅炉爆炸的；

（三）压力容器、压力管道有毒介质泄漏，造成15万人以上转移的；

（四）客运索道、大型游乐设施高空滞留100人以上并且时间在48小时以上的。

第六十二条 有下列情形之一的，为重大事故：

（一）特种设备事故造成10人以上30人以下死亡，或者50人以上100人以下重伤，或者5000万元以上1亿元以下直接经济损失的；

（二）600兆瓦以上锅炉因安全故障中断运行240小时以上的；

（三）压力容器、压力管道有毒介质泄漏，造成5万人以上15万人以下转移的；

（四）客运索道、大型游乐设施高空滞留100人以上并且时间在24小时以上48小时以下的。

第六十三条 有下列情形之一的，为较大事故：

（一）特种设备事故造成3人以上10人以下死亡，或者10人以上50人以下重伤，或者1000万元以上5000万元以下直接经济损失的；

（二）锅炉、压力容器、压力管道爆炸的；

（三）压力容器、压力管道有毒介质泄漏，造成1万人以上5万人以下转移的；

（四）起重机械整体倾覆的；

（五）客运索道、大型游乐设施高空滞留人员12小时以上的。

第六十四条 有下列情形之一的，为一般事故：

（一）特种设备事故造成3人以下死亡，或者10人以下重伤，或者1万元以上1000万元以下直接经济损失的；

（二）压力容器、压力管道有毒介质泄漏，造成500人以上1万人以下转移的；

（三）电梯轿厢滞留人员2小时以上的；

（四）起重机械主要受力结构件折断或者起升机构坠落的；

（五）客运索道高空滞留人员3.5小时以上12小时以下的；

（六）大型游乐设施高空滞留人员1小时以上12小时以下的。

除前款规定外，国务院特种设备安全监督管理部门可以对一般事故的其他情形做出补充规定。

第六十五条 特种设备安全监督管理部门应当制定特种设备应急预案。特种设备使用单位应当制定事故应急专项预案，并定期进行事故应急演练。

压力容器、压力管道发生爆炸或者泄漏，在抢险救援时应当区分介质特性，严格按照相关预案规定程序处理，防止二次爆炸。

第六十六条 特种设备事故发生后，事故发生单位应当立即启动事故应急预案，组织抢救，防止事故扩大，减少人员伤亡和财产损失，并及时向事故发生地县以上特种设备安全监督管理部门和有关部门报告。

县以上特种设备安全监督管理部门接到事故报告，应当尽快核实有关情况，立即向所在地人民政府报告，并逐级上报事故情况。必要时，特种设备安全监督管理部门可以越级上报事故情况。对特别重大事故、重大事故，国务院特种设备安全监督管理部门应当立即报告国务院并通报国务院安全生产监督管理部门等有关部门。

第六十七条 特别重大事故由国务院或者国务院

授权有关部门组织事故调查组进行调查。

重大事故由国务院特种设备安全监督管理部门会同有关部门组织事故调查组进行调查。

较大事故由省、自治区、直辖市特种设备安全监督管理部门会同有关部门组织事故调查组进行调查。

一般事故由设区的市的特种设备安全监督管理部门会同有关部门组织事故调查组进行调查。

第六十八条 事故调查报告应当由负责组织事故调查的特种设备安全监督管理部门的所在地人民政府批复，并报上一级特种设备安全监督管理部门备案。

有关机关应当按照批复，依照法律、行政法规规定的权限和程序，对事故责任单位和有关人员进行行政处罚，对负有事故责任的国家工作人员进行处分。

第六十九条 特种设备安全监督管理部门应当在有关地方人民政府的领导下，组织开展特种设备事故调查处理工作。

有关地方人民政府应当支持、配合上级人民政府或者特种设备安全监督管理部门的事故调查处理工作，并提供必要的便利条件。

第七十条 特种设备安全监督管理部门应当对发生事故的原因进行分析，并根据特种设备的管理和技术特点、事故情况对相关安全技术规范进行评估；需要制定或者修订相关安全技术规范的，应当及时制定或者修订。

第七十一条 本章所称的"以上"包括本数，所称的"以下"不包括本数。

第七章　法律责任

第七十二条 未经许可，擅自从事压力容器设计活动的，由特种设备安全监督管理部门予以取缔，处5万元以上20万元以下罚款；有违法所得的，没收违法所得；触犯刑律的，对负有责任的主管人员和其他直接责任人员依照刑法关于非法经营罪或者其他罪的规定，依法追究刑事责任。

第七十三条 锅炉、气瓶、氧舱和客运索道、大型游乐设施以及高耗能特种设备的设计文件，未经国务院特种设备安全监督管理部门核准的检验检测机构鉴定，擅自用于制造的，由特种设备安全监督管理部门责令改正，没收非法制造的产品，处5万元以上20万元以下罚款；触犯刑律的，对负有责任的主管人员和其他直接责任人员依照刑法关于生产、销售伪劣产品罪、非法经营罪或者其他罪的规定，依法追究刑事责任。

第七十四条 按照安全技术规范的要求应当进行型式试验的特种设备产品、部件或者试制特种设备新产品、新部件，未进行整机或者部件型式试验的，由特种设备安全监督管理部门责令限期改正；逾期未改正的，处2万元以上10万元以下罚款。

第七十五条 未经许可，擅自从事锅炉、压力容器、电梯、起重机械、客运索道、大型游乐设施、场（厂）内专用机动车辆及其安全附件、安全保护装置的制造、安装、改造以及压力管道元件的制造活动的，由特种设备安全监督管理部门予以取缔，没收非法制造的产品，已经实施安装、改造的，责令恢复原状或者责令限期由取得许可的单位重新安装、改造，处10万元以上50万元以下罚款；触犯刑律的，对负有责任的主管人员和其他直接责任人员依照刑法关于生产、销售伪劣产品罪、非法经营罪、重大责任事故罪或者其他罪的规定，依法追究刑事责任。

第七十六条 特种设备出厂时，未按照安全技术规范的要求附有设计文件、产品质量合格证明、安装及使用维修说明、监督检验证明等文件的，由特种设备安全监督管理部门责令改正；情节严重的，责令停止生产、销售，处违法生产、销售货值金额30%以下罚款；有违法所得的，没收违法所得。

第七十七条 未经许可，擅自从事锅炉、压力容器、电梯、起重机械、客运索道、大型游乐设施、场（厂）内专用机动车辆的维修或者日常维护保养的，由特种设备安全监督管理部门予以取缔，处1万元以上5万元以下罚款；有违法所得的，没收违法所得；触犯刑律的，对负有责任的主管人员和其他直接责任人员依照刑法关于非法经营罪、重大责任事故罪或者其他罪的规定，依法追究刑事责任。

第七十八条 锅炉、压力容器、电梯、起重机械、客运索道、大型游乐设施的安装、改造、维修的施工单位以及场（厂）内专用机动车辆的改造、维修单位，在施工前未将拟进行的特种设备安装、改造、维修情况书面告知直辖市或者设区的市的特种设备安全监督管理部门即行施工的，或者在验收后30日内未将有关技术资料移交锅炉、压力容器、电梯、起重机械、客运索道、大型游乐设施的使用单位的，由特种设备安全监督管理部门责令限期改正；逾期未改正的，处2000元以上1万元以下罚款。

第七十九条 锅炉、压力容器、压力管道元件、起重机械、大型游乐设施的制造过程和锅炉、压力容器、电梯、起重机械、客运索道、大型游乐设施的安装、改造、重大维修过程，以及锅炉清洗过程，未经国务院特种设备安全监督管理部门核准的检验检测机构按照安全技术规范的要求进行监督检验的，由特种设备安全监督管理部门责令改正，已经出厂的，没收违法生产、销售的产品,已经实施安装、改造、重大维修或者清洗的,责令限期进行监督检验,处 5 万元以上 20 万元以下罚款;有违法所得的,没收违法所得;情节严重的,撤销制造、安装、改造或者维修单位已经取得的许可,并由工商行政管理部门吊销其营业执照;触犯刑律的,对负有责任的主管人员和其他直接责任人员依照刑法关于生产、销售伪劣产品罪或者其他罪的规定,依法追究刑事责任。

第八十条　未经许可,擅自从事移动式压力容器或者气瓶充装活动的,由特种设备安全监督管理部门予以取缔,没收违法充装的气瓶,处 10 万元以上 50 万元以下罚款;有违法所得的,没收违法所得;触犯刑律的,对负有责任的主管人员和其他直接责任人员依照刑法关于非法经营罪或者其他罪的规定,依法追究刑事责任。

移动式压力容器、气瓶充装单位未按照安全技术规范的要求进行充装活动的,由特种设备安全监督管理部门责令改正,处 2 万元以上 10 万元以下罚款;情节严重的,撤销其充装资格。

第八十一条　电梯制造单位有下列情形之一的,由特种设备安全监督管理部门责令限期改正;逾期未改正的,予以通报批评:

(一) 未依照本条例第十九条的规定对电梯进行校验、调试的;

(二) 对电梯的安全运行情况进行跟踪调查和了解时,发现存在严重事故隐患,未及时向特种设备安全监督管理部门报告的。

第八十二条　已经取得许可、核准的特种设备生产单位、检验检测机构有下列行为之一的,由特种设备安全监督管理部门责令改正,处 2 万元以上 10 万元以下罚款;情节严重的,撤销其相应资格:

(一) 未按照安全技术规范的要求办理许可证变更手续的;

(二) 不再符合本条例规定或者安全技术规范要求的条件,继续从事特种设备生产、检验检测的;

(三) 未依照本条例规定或者安全技术规范要求进行特种设备生产、检验检测的;

(四) 伪造、变造、出租、出借、转让许可证书或者监督检验报告的。

第八十三条　特种设备使用单位有下列情形之一的,由特种设备安全监督管理部门责令限期改正;逾期未改正的,处 2000 元以上 2 万元以下罚款;情节严重的,责令停止使用或者停产停业整顿:

(一) 特种设备投入使用前或者投入使用后 30 日内,未向特种设备安全监督管理部门登记,擅自将其投入使用的;

(二) 未依照本条例第二十六条的规定,建立特种设备安全技术档案的;

(三) 未依照本条例第二十七条的规定,对在用特种设备进行经常性日常维护保养和定期自行检查的,或者对在用特种设备的安全附件、安全保护装置、测量调控装置及有关附属仪器仪表进行定期校验、检修,并做出记录的;

(四) 未按照安全技术规范的定期检验要求,在安全检验合格有效期届满前 1 个月向特种设备检验检测机构提出定期检验要求的;

(五) 使用未经定期检验或者检验不合格的特种设备的;

(六) 特种设备出现故障或者发生异常情况,未对其进行全面检查、消除事故隐患,继续投入使用的;

(七) 未制定特种设备事故应急专项预案的;

(八) 未依照本条例第三十一条第二款的规定,对电梯进行清洁、润滑、调整和检查的;

(九) 未按照安全技术规范要求进行锅炉水(介)质处理的;

(十) 特种设备不符合能效指标,未及时采取相应措施进行整改的。

特种设备使用单位使用未取得生产许可的单位生产的特种设备或者将非承压锅炉、非压力容器作为承压锅炉、压力容器使用的,由特种设备安全监督管理部门责令停止使用,予以没收,处 2 万元以上 10 万元以下罚款。

第八十四条　特种设备存在严重事故隐患,无改造、维修价值,或者超过安全技术规范规定的使用年限,特种设备使用单位未予以报废,并向原登记的特种设备安全监督管理部门办理注销的,由特种设备安全监督管理部门责令限期改正;逾期未改正的,处 5 万元以上 20 万元以下罚款。

第八十五条　电梯、客运索道、大型游乐设施的运营使用单位有下列情形之一的,由特种设备安全监督管理部门责令限期改正;逾期未改正的,责令停止使用或者停产停业整顿,处 1 万元以上 5 万元以下罚款:

(一) 客运索道、大型游乐设施每日投入使用前,未进行试运行和例行安全检查,并对安全装置进行检查确认的;

(二) 未将电梯、客运索道、大型游乐设施的安全注意事项和警示标志置于易于为乘客注意的显著位置的。

第八十六条 特种设备使用单位有下列情形之一的，由特种设备安全监督管理部门责令限期改正；逾期未改正的，责令停止使用或者停产停业整顿，处 2000 元以上 2 万元以下罚款：

（一）未依照本条例规定设置特种设备安全管理机构或者配备专职、兼职的安全管理人员的；

（二）从事特种设备作业的人员，未取得相应特种作业人员证书，上岗作业的；

（三）未对特种设备作业人员进行特种设备安全教育和培训的。

第八十七条 发生特种设备事故，有下列情形之一的，对单位，由特种设备安全监督管理部门处 5 万元以上 20 万元以下罚款；对主要负责人，由特种设备安全监督管理部门处 4000 元以上 2 万元以下罚款；属于国家工作人员的，依法给予处分；触犯刑律的，依照刑法关于重大责任事故罪或者其他罪的规定，依法追究刑事责任：

（一）特种设备使用单位的主要负责人在本单位发生特种设备事故时，不立即组织抢救或者在事故调查处理期间擅离职守或者逃匿的；

（二）特种设备使用单位的主要负责人对特种设备事故隐瞒不报、谎报或者拖延不报的。

第八十八条 对事故发生负有责任的单位，由特种设备安全监督管理部门依照下列规定处以罚款：

（一）发生一般事故的，处 10 万元以上 20 万元以下罚款；

（二）发生较大事故的，处 20 万元以上 50 万元以下罚款；

（三）发生重大事故的，处 50 万元以上 200 万元以下罚款。

第八十九条 对事故发生负有责任的单位的主要负责人未依法履行职责，导致事故发生的，由特种设备安全监督管理部门依照下列规定处以罚款；属于国家工作人员的，并依法给予处分；触犯刑律的，依照刑法关于重大责任事故罪或者其他罪的规定，依法追究刑事责任：

（一）发生一般事故的，处上一年年收入 30% 的罚款；

（二）发生较大事故的，处上一年年收入 40% 的罚款；

（三）发生重大事故的，处上一年年收入 60% 的罚款。

第九十条 特种设备作业人员违反特种设备的操作规程和有关的安全规章制度操作，或者在作业过程中发现事故隐患或者其他不安全因素，未立即向现场安全管理人员和单位有关负责人报告的，由特种设备使用单位给予批评教育、处分；情节严重的，撤销特种设备作业人员资格；触犯刑律的，依照刑法关于重大责任事故罪或者其他罪的规定，依法追究刑事责任。

第九十一条 未经核准，擅自从事本条例所规定的监督检验、定期检验、型式试验以及无损检测等检验检测活动的，由特种设备安全监督管理部门予以取缔，处 5 万元以上 20 万元以下罚款；有违法所得的，没收违法所得；触犯刑律的，对负有责任的主管人员和其他直接责任人员依照刑法关于非法经营罪或者其他罪的规定，依法追究刑事责任。

第九十二条 特种设备检验检测机构，有下列情形之一的，由特种设备安全监督管理部门处 2 万元以上 10 万元以下罚款；情节严重的，撤销其检验检测资格：

（一）聘用未经特种设备安全监督管理部门组织考核合格并取得检验检测人员证书的人员，从事相关检验检测工作的；

（二）在进行特种设备检验检测中，发现严重事故隐患或者能耗严重超标，未及时告知特种设备使用单位，并立即向特种设备安全监督管理部门报告的。

第九十三条 特种设备检验检测机构和检验检测人员，出具虚假的检验检测结果、鉴定结论或者检验检测结果、鉴定结论严重失实的，由特种设备安全监督管理部门对检验检测机构没收违法所得，处 5 万元以上 20 万元以下罚款，情节严重的，撤销其检验检测资格；对检验检测人员处 5000 元以上 5 万元以下罚款，情节严重的，撤销其检验检测资格，触犯刑律的，依照刑法关于中介组织人员提供虚假证明文件罪、中介组织人员出具证明文件重大失实罪或者其他罪的规定，依法追究刑事责任。

特种设备检验检测机构和检验检测人员，出具虚假的检验检测结果、鉴定结论或者检验检测结果、鉴定结论严重失实，造成损害的，应当承担赔偿责任。

第九十四条 特种设备检验检测机构或者检验检测人员从事特种设备的生产、销售，或者以其名义推荐或者监制、监销特种设备的，由特种设备安全监督管理部门撤销特种设备检验检测机构和检验检测人员的资格，处 5 万元以上 20 万元以下罚款；有违法所得的，没收违法所得。

第九十五条 特种设备检验检测机构和检验检测人员利用检验检测工作故意刁难特种设备生产、使用单位，由特种设备安全监督管理部门责令改正；拒不改正的，撤销其检验检测资格。

第九十六条 检验检测人员，从事检验检测工作，不在特种设备检验检测机构执业或者同时在两个以上检验检测机构中执业的，由特种设备安全监督管理部门责令改正，情节严重的，给予停止执业6个月以上2年以下的处罚；有违法所得的，没收违法所得。

第九十七条 特种设备安全监督管理部门及其特种设备安全监察人员，有下列违法行为之一的，对直接负责的主管人员和其他直接责任人员，依法给予降级或者撤职的处分；触犯刑律的，依照刑法关于受贿罪、滥用职权罪、玩忽职守罪或者其他罪的规定，依法追究刑事责任：

（一）不按照本条例规定的条件和安全技术规范要求，实施许可、核准、登记的；

（二）发现未经许可、核准、登记擅自从事特种设备的生产、使用或者检验检测活动不予取缔或者不依法予以处理的；

（三）发现特种设备生产、使用单位不再具备本条例规定的条件而不撤销其原许可，或者发现特种设备生产、使用违法行为不予查处的；

（四）发现特种设备检验检测机构不再具备本条例规定的条件而不撤销其原核准，或者对其出具虚假的检验检测结果、鉴定结论或者检验检测结果、鉴定结论严重失实的行为不予查处的；

（五）对依照本条例规定在其他地方取得许可的特种设备生产单位重复进行许可，或者对依照本条例规定在其他地方检验检测合格的特种设备，重复进行检验检测的；

（六）发现有违反本条例和安全技术规范的行为或者在用的特种设备存在严重事故隐患，不立即处理的；

（七）发现重大的违法行为或者严重事故隐患，未及时向上级特种设备安全监督管理部门报告，或者接到报告的特种设备安全监督管理部门不立即处理的；

（八）迟报、漏报、瞒报或者谎报事故的；

（九）妨碍事故救援或者事故调查处理的。

第九十八条 特种设备的生产、使用单位或者检验检测机构，拒不接受特种设备安全监督管理部门依法实施的安全监察的，由特种设备安全监督管理部门责令限期改正；逾期未改正的，责令停产停业整顿，处2万元以上10万元以下罚款；触犯刑律的，依照刑法关于妨害公务罪或者其他罪的规定，依法追究刑事责任。

特种设备生产、使用单位擅自动用、调换、转移、损毁被查封、扣押的特种设备或者其主要部件的，由特种设备安全监督管理部门责令改正，处5万元以上20万元以下罚款；情节严重的，撤销其相应资格。

第八章 附 则

第九十九条 本条例下列用语的含义是：

（一）锅炉，是指利用各种燃料、电或者其他能源，将所盛装的液体加热到一定的参数，并对外输出热能的设备，其范围规定为容积大于或者等于30 L的承压蒸汽锅炉；出口水压大于或者等于0.1 MPa（表压），且额定功率大于或者等于0.1 MW的承压热水锅炉；有机热载体锅炉。

（二）压力容器，是指盛装气体或者液体，承载一定压力的密闭设备，其范围规定为最高工作压力大于或者等于0.1 MPa（表压），且压力与容积的乘积大于或者等于2.5 MPa·L的气体、液化气体和最高工作温度高于或者等于标准沸点的液体的固定式容器和移动式容器；盛装公称工作压力大于或者等于0.2 MPa（表压），且压力与容积的乘积大于或者等于1.0 MPa·L的气体、液化气体和标准沸点等于或者低于60 ℃液体的气瓶；氧舱等。

（三）压力管道，是指利用一定的压力，用于输送气体或者液体的管状设备，其范围规定为最高工作压力大于或者等于0.1 MPa（表压）的气体、液化气体、蒸汽介质或者可燃、易爆、有毒、有腐蚀性、最高工作温度高于或者等于标准沸点的液体介质，且公称直径大于25 mm的管道。

（四）电梯，是指动力驱动，利用沿刚性导轨运行的箱体或者沿固定线路运行的梯级（踏步），进行升降或者平行运送人、货物的机电设备，包括载人（货）电梯、自动扶梯、自动人行道等。

（五）起重机械，是指用于垂直升降或者垂直升降并水平移动重物的机电设备，其范围规定为额定起重量大于或者等于0.5 t的升降机；额定起重量大于或者等于1 t，且提升高度大于或者等于2 m的起重机和承重形式固定的电动葫芦等。

（六）客运索道，是指动力驱动，利用柔性绳索牵引箱体等运载工具运送人员的机电设备，包括客运架空索道、客运缆车、客运拖牵索道等。

（七）大型游乐设施，是指用于经营目的，承载乘客游乐的设施，其范围规定为设计最大运行线速度大于或者等于2 m/s，或者运行高度距地面高于或者等于2 m的载人大型游乐设施。

（八）场（厂）内专用机动车辆，是指除道路交通、农用车辆以外仅在工厂厂区、旅游景区、游乐场所等特定区域使用的专用机动车辆。

特种设备包括其所用的材料、附属的安全附件、安全保护装置和与安全保护装置相关的设施。

第一百条 压力管道设计、安装、使用的安全监督管理办法由国务院另行制定。

第一百零一条 国务院特种设备安全监督管理部门可以授权省、自治区、直辖市特种设备安全监督管理部门负责本条例规定的特种设备行政许可工作，具体办法由国务院特种设备安全监督管理部门制定。

第一百零二条 特种设备行政许可、检验检测，应当按照国家有关规定收取费用。

第一百零三条 本条例自 2003 年 6 月 1 日起施行。1982 年 2 月 6 日国务院发布的《锅炉压力容器安全监察暂行条例》同时废止。

特种设备事故报告和调查处理规定

（2022 年 1 月 20 日国家市场监督管理总局令第 50 号公布 自 2022 年 3 月 1 日起施行）

第一章 总 则

第一条 为了规范特种设备事故报告和调查处理工作，及时准确查清事故原因，明确事故责任，预防和减少事故发生，根据《中华人民共和国特种设备安全法》《特种设备安全监察条例》等有关法律、行政法规的规定，制定本规定。

第二条 本规定所称特种设备事故，是指列入特种设备目录的特种设备因其本体原因及其安全装置或者附件损坏、失效，或者特种设备相关人员违反特种设备法律法规规章、安全技术规范造成的事故。

第三条 以下情形不属于本规定所称特种设备事故：

（一）《中华人民共和国特种设备安全法》第一百条规定的特种设备造成的事故；

（二）自然灾害等不可抗力或者交通事故、火灾事故等外部因素引发的事故；

（三）人为破坏或者利用特种设备实施违法犯罪导致的事故；

（四）特种设备具备使用功能前或者在拆卸、报废、转移等非作业状态下发生的事故；

（五）特种设备作业、检验、检测人员因劳动保护措施不当或者缺失而发生的事故；

（六）场（厂）内专用机动车辆驶出规定的工厂厂区、旅游景区、游乐场所等特定区域发生的事故。

第四条 国家市场监督管理总局负责监督指导全国特种设备事故报告、调查和处理工作。

各级市场监督管理部门在本级人民政府的领导和上级市场监督管理部门指导下，依法开展特种设备事故报告、调查和处理工作。

第五条 特种设备事故报告应当及时、准确、完整，任何单位和个人不得迟报、漏报、谎报或者瞒报。

特种设备事故调查处理应当实事求是、客观公正、尊重科学，及时、准确地查清事故经过、事故原因和事故损失，查明事故性质，认定事故责任，提出处理建议和整改措施。

第六条 任何单位和个人不得阻挠和干涉特种设备事故报告、调查和处理工作。

对特种设备事故报告、调查和处理中的违法行为，任何单位和个人有权向市场监督管理部门和其他有关部门举报，接到举报的部门应当依法及时处理。

第二章 事 故 报 告

第七条 特种设备发生事故后，事故现场有关人员应当立即向事故发生单位负责人报告；事故发生单位的负责人接到报告后，应当于 1 小时内向事故发生地的县级以上市场监督管理部门和有关部门报告。

情况紧急时，事故现场有关人员可以直接向事故发生地的县级以上市场监督管理部门报告。

第八条 市场监督管理部门接到有关特种设备事故报告后，应当立即组织查证核实。属于特种设备事故的，应当向本级人民政府报告，并逐级报告上级市场监督管理部门直至国家市场监督管理总局。每级上报的时间不得超过 2 小时。必要时，可以越级上报事故情况。

对于一般事故、较大事故，接到事故报告的市场监督管理部门应当及时通报同级有关部门。对于重大事故、特别重大事故，国家市场监督管理总局应当立即报告国务院并及时通报国务院有关部门。

事故发生地与事故发生单位所在地不在同一行政区域的，事故发生地市场监督管理部门应当及时通知事故发生单位所在地市场监督管理部门。事故发生单位所在地市场监督管理部门应当配合做好事故调查处理相关工作。

第九条 市场监督管理部门逐级上报事故信息，应当采用快捷便利的通讯方式进行上报，同时通过特种设备事故管理系统进行上报。现场无法通过特种设备事故管理系统上报的，应当在接到事故报告后 24 小时内通过系统进行补报。

第十条 事故报告应当包括以下内容：

（一）事故发生的时间、地点、单位概况以及特种设备种类；

（二）事故发生简要经过、现场破坏情况、已经造成或者可能造成的伤亡和涉险人数、初步估计的直接经济损失；

（三）已经采取的措施；

（四）报告人姓名、联系电话；

（五）其他有必要报告的情况。

第十一条 事故报告后出现新情况的，以及对情况尚未报告清楚的，应当及时逐级续报。

自事故发生之日起 30 日内，事故伤亡人数发生变化的，应当在发生变化的 24 小时内及时续报。

第十二条 事故发生地县级市场监督管理部门接到事故报告后，应当及时派员赶赴事故现场，并按照特种设备应急预案的分工，在当地人民政府的领导下积极组织开展事故应急救援工作。

上级市场监督管理部门认为有必要时，可以派员赶赴事故现场进行指导，事故发生地县级以上市场监督管理部门应当积极配合。

第十三条 各级市场监督管理部门应当依法组织制定特种设备事故应急预案，建立应急值班制度，并向社会公布值班电话，接收特种设备事故报告信息。

第三章 事故调查

第十四条 发生特种设备事故后，事故发生单位及其人员应当妥善保护事故现场以及相关证据，及时收集、整理有关资料，为事故调查做好准备；必要时，应当对设备、场地、资料进行封存，由专人看管。

第十五条 特种设备事故调查依据特种设备安全法律、行政法规的相关规定，实行分级负责。

市场监督管理部门接到事故报告后，经过现场初步判断，因客观原因暂时无法确定是否为特种设备事故的，应当及时报告本级人民政府，并按照本级人民政府的意见开展相关工作。

第十六条 对于跨区域发生、事故调查处理情形复杂、舆论关注和群众反响强烈的特种设备事故等情况，上级市场监督管理部门可以对事故调查进行督办，必要时可以直接进行调查。

自事故发生之日起 30 日内事故等级发生变化，依法应当由上级市场监督管理部门组织事故调查的，上级市场监督管理部门可以会同本级有关部门进行事故调查，也可以经本级人民政府批准，委托下级市场监督管理部门继续组织进行事故调查。

自事故发生之日起超过 30 日，事故造成的伤亡人数或者直接经济损失发生变化的，按照原事故等级组织事故调查。

第十七条 对无重大社会影响、无人员死亡且事故原因明晰的特种设备一般事故和较大事故，负责组织事故调查的市场监督管理部门，报本级人民政府批准后，可以由市场监督管理部门独立开展事故调查工作。必要时，经本级人民政府批准，可以委托下级市场监督管理部门组织事故调查。

第十八条 负责组织事故调查的市场监督管理部门应当报请本级人民政府批准成立事故调查组。

根据事故的具体情况，事故调查组一般应当由市场监督管理部门会同有关部门组成。

事故调查组组长由负责事故调查的市场监督管理部门负责人或者指定的人员担任。

第十九条 事故调查组应当履行下列职责：

（一）查清事故发生前的特种设备状况；

（二）查明事故经过、人员伤亡、特种设备损坏、直接经济损失情况及其它后果；

（三）分析事故原因；

（四）认定事故性质和事故责任；

（五）提出对事故责任单位和责任人员的处理建议；

（六）总结事故教训，提出防范类似事故发生和整改措施的建议；

（七）提交事故调查报告；

（八）整理并移交有关事故调查资料。

第二十条 事故调查组成员应当具有特种设备事故调查工作所需要的知识和专长，与事故发生单位及相关人员不存在直接利害关系。

事故调查组成员应当服从调查组组长领导，在事故调查工作中正确履行职责，诚信公正，遵守事故调查组的纪律，不得泄露有关事故调查信息。

第二十一条 根据事故调查工作需要，事故调查组可以聘请有关专家参与事故调查；所聘请的专家应当具备特种设备安全监督管理、生产、检验检测或者科研教学等相关工作经验。设区的市级以上市场监督管理部门可以根据事故调查工作需要，组建特种设备事故调查专家库。

第二十二条 事故调查组有权向有关单位和个人了解与事故有关的情况，并要求其提供相关文件、资料。有关单位和个人不得拒绝，并对所提供情况和文件、资料的真实性负责。

事故发生单位的负责人和有关人员在事故调查期间不得擅离职守,并应当随时接受事故调查组的询问。

第二十三条 事故调查组应当依法严格开展事故现场保护、勘察、询问及调查取证等相关工作。

事故调查期间未经事故调查组同意,任何单位和个人不得擅自移动事故相关设备,不得隐匿、毁灭有关资料、物品,不得伪造或者故意破坏事故现场。

第二十四条 事故调查中需要进行技术鉴定的,事故调查组应当委托相关单位进行技术鉴定,接受委托的单位应当出具技术鉴定报告,并对其结论负责。

第二十五条 事故调查组认为需要对特种设备事故进行直接经济损失评估的,可以委托依法成立的评估机构进行。接受委托的评估机构应当出具评估报告,并对其结论负责。

第二十六条 事故调查组应当在全面审查证据的基础上查明引发事故的原因,认定事故性质。

第二十七条 事故调查组应当根据事故的主要原因和次要原因,认定事故责任。

事故调查组应当根据责任单位和责任人员行为与特种设备事故发生及其后果之间的因果关系,以及在特种设备事故中的影响程度,认定责任单位和责任人员所负的责任。责任单位和责任人员所负的责任分为全部责任、主要责任和次要责任。

责任单位或者责任人员伪造或者故意破坏事故现场,毁灭、伪造或者隐匿证据,瞒报或者谎报事故等,致使事故责任无法认定的,应当承担全部责任。

第二十八条 事故调查组应当向组织事故调查的市场监督管理部门提交事故调查报告。事故调查报告应当包括下列内容:

(一)事故发生单位情况和发生事故设备情况;

(二)事故发生经过和事故救援情况;

(三)事故造成的人员伤亡、设备损坏程度和直接经济损失;

(四)事故发生的原因和事故性质;

(五)事故责任的认定以及对事故责任单位和责任人员的处理建议;

(六)事故防范和整改措施;

(七)技术鉴定报告等有关证据材料。

事故调查报告应当由事故调查组集体会审,并经事故调查组全体成员签名。事故调查组成员有不同意见的,可以提交个人签名的书面材料,附在事故调查报告内。

第二十九条 组织事故调查的市场监督管理部门应当按照规定程序对事故调查报告以及资料进行完整性审核。必要时,可以向事故调查组提出追加调查的要求。

第三十条 特种设备事故调查应当自事故调查组成立之日起60日内结束。特殊情况下,经组织调查的市场监督管理部门批准,事故调查期限可以适当延长,但延长的期限最长不超过60日。

经济损失评估时间与技术鉴定时间不计入事故调查期限。

因无法进行事故现场勘察的,事故调查期限从具备现场勘察条件之日起计算。

第四章 事 故 处 理

第三十一条 事故调查结束后,组织事故调查的市场监督管理部门应当将事故调查报告报本级人民政府批复,并报上一级市场监督管理部门备案。

第三十二条 组织事故调查的市场监督管理部门应当在接到批复之日起15日内,将事故调查报告及批复意见送达有关地方人民政府及有关部门,并抄送事故发生单位、责任单位和责任人员。

第三十三条 市场监督管理部门及有关部门应当根据批复后的事故调查报告,依照法定权限和程序,对负有事故责任的相关单位和人员实施行政处罚,对负有事故责任的公职人员进行处分。

市场监督管理部门及其工作人员在特种设备事故调查和处理中存在违纪违法行为的,由纪检监察机关依法给予党纪政务处分。

涉嫌犯罪的,依法移送监察机关、司法机关处理。

第三十四条 事故发生单位及事故责任相关单位应当落实事故防范和整改措施。防范和整改措施的落实情况应当接受工会和职工的监督。

事故责任单位应当及时将防范和整改措施的落实情况报事故发生地的市级市场监督管理部门。

第三十五条 事故调查处理情况由组织调查的市场监督管理部门按照《中华人民共和国政府信息公开条例》的有关规定,依法向社会公开。

第三十六条 事故调查的有关资料应当由组织事故调查的市场监督管理部门归档保存。

归档保存的材料包括现场勘察笔录、技术鉴定报告、事故调查报告、事故批复文件等。

第三十七条 组织事故调查的市场监督管理部门应当在接到事故调查报告批复之日起30日内将事故调查报告和批复意见逐级上报至国家市场监督管理总局。

第三十八条 组织事故调查的市场监督管理部门对事故调查中发现的需要制定或者修订的有关法律法

规、安全技术规范和标准，应当及时报告上级市场监督管理部门，提出制定或者修订建议。

第三十九条 各级市场监督管理部门应当定期对本行政区域特种设备事故的情况、特点、原因进行统计分析，根据特种设备的管理和技术特点、事故情况，研究制定有针对性的工作措施，防止和减少类似事故的发生。

第五章 附 则

第四十条 本规定所涉及的事故报告、调查协调、统计分析、报送等具体工作，由负责组织事故调查的市场监督管理部门负责，也可以委托相关特种设备事故调查处理机构承担。

第四十一条 与特种设备相关的其他安全事故，相关人民政府指定由市场监督管理部门组织事故调查的，可以参照本规定进行。

第四十二条 本规定自2022年3月1日起施行。2009年7月3日原国家质量监督检验检疫总局令第115号公布的《特种设备事故报告和调查处理规定》同时废止。

10. 电力安全

电力安全事故应急处置和调查处理条例

（2011年6月15日国务院第159次常务会议通过，2011年7月7日国务院令第599号公布，自2011年9月1日起施行）

第一章 总 则

第一条 为了加强电力安全事故的应急处置工作，规范电力安全事故的调查处理，控制、减轻和消除电力安全事故损害，制定本条例。

第二条 本条例所称电力安全事故，是指电力生产或者电网运行过程中发生的影响电力系统安全稳定运行或者影响电力正常供应的事故（包括热电厂发生的影响热力正常供应的事故）。

第三条 根据电力安全事故（以下简称事故）影响电力系统安全稳定运行或者影响电力（热力）正常供应的程度，事故分为特别重大事故、重大事故、较大事故和一般事故。事故等级划分标准由本条例附表列示。事故等级划分标准的部分项目需要调整的，由国务院电力监管机构提出方案，报国务院批准。

由独立的或者通过单一输电线路与外省连接的省级电网供电的省级人民政府所在地城市，以及由单一输电线路或者单一变电站供电的其他设区的市、县级市，其电网减供负荷或者造成供电用户停电的事故等级划分标准，由国务院电力监管机构另行制定，报国务院批准。

第四条 国务院电力监管机构应当加强电力安全监督管理，依法建立健全事故应急处置和调查处理的各项制度，组织或者参与事故的调查处理。

国务院电力监管机构、国务院能源主管部门和国务院其他有关部门、地方人民政府及有关部门按照国家规定的权限和程序，组织、协调、参与事故的应急处置工作。

第五条 电力企业、电力用户以及其他有关单位和个人，应当遵守电力安全管理规定，落实事故预防措施，防止和避免事故发生。

县级以上地方人民政府有关部门确定的重要电力用户，应当按照国务院电力监管机构的规定配置自备应急电源，并加强安全使用管理。

第六条 事故发生后，电力企业和其他有关单位应当按照规定及时、准确报告事故情况，开展应急处置工作，防止事故扩大，减轻事故损害。电力企业应当尽快恢复电力生产、电网运行和电力（热力）正常供应。

第七条 任何单位和个人不得阻挠和干涉对事故的报告、应急处置和依法调查处理。

第二章 事 故 报 告

第八条 事故发生后，事故现场有关人员应当立即向发电厂、变电站运行值班人员、电力调度机构值班人员或者本企业现场负责人报告。有关人员接到报告后，应当立即向上一级电力调度机构和本企业负责人报告。本企业负责人接到报告后，应当立即向国务院电力监管机构设在当地的派出机构（以下称事故发生地电力监管机构）、县级以上人民政府安全生产监督管理部门报告；热电厂事故影响热力正常供应的，还应当向供热管理部门报告；事故涉及水电厂（站）大坝安全的，还应当同时向有管辖权的水行政主管部门或者流域管理机构报告。

电力企业及其有关人员不得迟报、漏报或者瞒报、谎报事故情况。

第九条 事故发生地电力监管机构接到事故报告后,应当立即核实有关情况,向国务院电力监管机构报告;事故造成供电用户停电的,应当同时通报事故发生地县级以上地方人民政府。

对特别重大事故、重大事故,国务院电力监管机构接到事故报告后应当立即报告国务院,并通报国务院安全生产监督管理部门、国务院能源主管部门等有关部门。

第十条 事故报告应当包括下列内容:

(一)事故发生的时间、地点(区域)以及事故发生单位;

(二)已知的电力设备、设施损坏情况,停运的发电(供热)机组数量、电网减供负荷或者发电厂减少出力的数值、停电(停热)范围;

(三)事故原因的初步判断;

(四)事故发生后采取的措施、电网运行方式、发电机组运行状况以及事故控制情况;

(五)其他应当报告的情况。

事故报告后出现新情况的,应当及时补报。

第十一条 事故发生后,有关单位和人员应当妥善保护事故现场以及工作日志、工作票、操作票等相关材料,及时保存故障录波图、电力调度数据、发电机组运行数据和输变电设备运行数据等相关资料,并在事故调查组成立后将相关材料、资料移交事故调查组。

因抢救人员或者采取恢复电力生产、电网运行和电力供应等紧急措施,需要改变事故现场、移动电力设备的,应当作出标记,绘制现场简图,妥善保存重要痕迹、物证,并作出书面记录。

任何单位和个人不得故意破坏事故现场,不得伪造、隐匿或者毁灭相关证据。

第三章 事故应急处置

第十二条 国务院电力监管机构依照《中华人民共和国突发事件应对法》和《国家突发公共事件总体应急预案》,组织编制国家处置电网大面积停电事件应急预案,报国务院批准。

有关地方人民政府应当依照法律、行政法规和国家处置电网大面积停电事件应急预案,组织制定本行政区域处置电网大面积停电事件应急预案。

处置电网大面积停电事件应急预案应当对应急组织指挥体系及职责,应急处置的各项措施,以及人员、资金、物资、技术等应急保障作出具体规定。

第十三条 电力企业应当按照国家有关规定,制定本企业事故应急预案。

电力监管机构应当指导电力企业加强电力应急救援队伍建设,完善应急物资储备制度。

第十四条 事故发生后,有关电力企业应当立即采取相应的紧急处置措施,控制事故范围,防止发生电网系统性崩溃和瓦解;事故危及人身和设备安全的,发电厂、变电站运行值班人员可以按照有关规定,立即采取停运发电机组和输变电设备等紧急处置措施。

事故造成电力设备、设施损坏的,有关电力企业应当立即组织抢修。

第十五条 根据事故的具体情况,电力调度机构可以发布开启或者关停发电机组、调整发电机组有功和无功负荷、调整电网运行方式、调整供电调度计划等电力调度命令,发电企业、电力用户应当执行。

事故可能导致破坏电力系统稳定和电网大面积停电的,电力调度机构有权决定采取拉限负荷、解列电网、解列发电机组等必要措施。

第十六条 事故造成电网大面积停电的,国务院电力监管机构和国务院其他有关部门、有关地方人民政府、电力企业应当按照国家有关规定,启动相应的应急预案,成立应急指挥机构,尽快恢复电网运行和电力供应,防止各种次生灾害的发生。

第十七条 事故造成电网大面积停电的,有关地方人民政府及有关部门应当立即组织开展下列应急处置工作:

(一)加强对停电地区关系国计民生、国家安全和公共安全的重点单位的安全保卫,防范破坏社会秩序的行为,维护社会稳定;

(二)及时排除因停电发生的各种险情;

(三)事故造成重大人员伤亡或者需要紧急转移、安置受困人员的,及时组织实施救治、转移、安置工作;

(四)加强停电地区道路交通指挥和疏导,做好铁路、民航运输以及通信保障工作;

(五)组织应急物资的紧急生产和调用,保证电网恢复运行所需物资和居民基本生活资料的供给。

第十八条 事故造成重要电力用户供电中断的,重要电力用户应当按照有关技术要求迅速启动自备应急电源;启动自备应急电源无效的,电网企业应当提供必要的支援。

事故造成地铁、机场、高层建筑、商场、影剧院、体育场馆等人员聚集场所停电的,应当迅速启用应急照明，组织人员有序疏散。

第十九条　恢复电网运行和电力供应，应当优先保证重要电厂厂用电源、重要输变电设备、电力主干网架的恢复，优先恢复重要电力用户、重要城市、重点地区的电力供应。

第二十条　事故应急指挥机构或者电力监管机构应当按照有关规定，统一、准确、及时发布有关事故影响范围、处置工作进度、预计恢复供电时间等信息。

第四章　事故调查处理

第二十一条　特别重大事故由国务院或者国务院授权的部门组织事故调查组进行调查。

重大事故由国务院电力监管机构组织事故调查组进行调查。

较大事故、一般事故由事故发生地电力监管机构组织事故调查组进行调查。国务院电力监管机构认为必要的，可以组织事故调查组对较大事故进行调查。

未造成供电用户停电的一般事故，事故发生地电力监管机构也可以委托事故发生单位调查处理。

第二十二条　根据事故的具体情况，事故调查组由电力监管机构、有关地方人民政府、安全生产监督管理部门、负有安全生产监督管理职责的有关部门派人组成；有关人员涉嫌失职、渎职或者涉嫌犯罪的，应当邀请监察机关、公安机关、人民检察院派人参加。

根据事故调查工作的需要，事故调查组可以聘请有关专家协助调查。

事故调查组组长由组织事故调查组的机关指定。

第二十三条　事故调查组应当按照国家有关规定开展事故调查，并在下列期限内向组织事故调查组的机关提交事故调查报告：

（一）特别重大事故和重大事故的调查期限为60日；特殊情况下，经组织事故调查组的机关批准，可以适当延长，但延长的期限不得超过60日。

（二）较大事故和一般事故的调查期限为45日；特殊情况下，经组织事故调查组的机关批准，可以适当延长，但延长的期限不得超过45日。

事故调查期限自事故发生之日起计算。

第二十四条　事故调查报告应当包括下列内容：

（一）事故发生单位概况和事故发生经过；

（二）事故造成的直接经济损失和事故对电网运行、电力（热力）正常供应的影响情况；

（三）事故发生的原因和事故性质；

（四）事故应急处置和恢复电力生产、电网运行的情况；

（五）事故责任认定和对事故责任单位、责任人的处理建议；

（六）事故防范和整改措施。

事故调查报告应当附具有关证据材料和技术分析报告。事故调查组成员应当在事故调查报告上签字。

第二十五条　事故调查报告报经组织事故调查组的机关同意，事故调查工作即告结束；委托事故发生单位调查的一般事故，事故调查报告应当报经事故发生地电力监管机构同意。

有关机关应当依法对事故发生单位和有关人员进行处罚，对负有事故责任的国家工作人员给予处分。

事故发生单位应当对本单位负有事故责任的人员进行处理。

第二十六条　事故发生单位和有关人员应当认真吸取事故教训，落实事故防范和整改措施，防止事故再次发生。

电力监管机构、安全生产监督管理部门和负有安全生产监督管理职责的有关部门应当对事故发生单位和有关人员落实事故防范和整改措施的情况进行监督检查。

第五章　法律责任

第二十七条　发生事故的电力企业主要负责人有下列行为之一的，由电力监管机构处其上一年年收入40%至80%的罚款；属于国家工作人员的，并依法给予处分；构成犯罪的，依法追究刑事责任：

（一）不立即组织事故抢救的；

（二）迟报或者漏报事故的；

（三）在事故调查处理期间擅离职守的。

第二十八条　发生事故的电力企业及其有关人员有下列行为之一的，由电力监管机构对电力企业处100万元以上500万元以下的罚款；对主要负责人、直接负责的主管人员和其他直接责任人员处其上一年年收入60%至100%的罚款，属于国家工作人员的，并依法给予处分；构成违反治安管理行为的，由公安机关依法给予治安管理处罚；构成犯罪的，依法追究刑事责任：

（一）谎报或者瞒报事故的；

（二）伪造或者故意破坏事故现场的；

（三）转移、隐匿资金、财产，或者销毁有关证据、资料的；

（四）拒绝接受调查或者拒绝提供有关情况和资料的；

（五）在事故调查中作伪证或者指使他人作伪

证的；

（六）事故发生后逃匿的。

第二十九条 电力企业对事故发生负有责任的，由电力监管机构依照下列规定处以罚款：

（一）发生一般事故的，处 10 万元以上 20 万元以下的罚款；

（二）发生较大事故的，处 20 万元以上 50 万元以下的罚款；

（三）发生重大事故的，处 50 万元以上 200 万元以下的罚款；

（四）发生特别重大事故的，处 200 万元以上 500 万元以下的罚款。

第三十条 电力企业主要负责人未依法履行安全生产管理职责，导致事故发生的，由电力监管机构依照下列规定处以罚款；属于国家工作人员的，并依法给予处分；构成犯罪的，依法追究刑事责任：

（一）发生一般事故的，处其上一年年收入 30% 的罚款；

（二）发生较大事故的，处其上一年年收入 40% 的罚款；

（三）发生重大事故的，处其上一年年收入 60% 的罚款；

（四）发生特别重大事故的，处其上一年年收入 80% 的罚款。

第三十一条 电力企业主要负责人依照本条例第二十七条、第二十八条、第三十条规定受到撤职处分或者刑事处罚的，自受处分之日或者刑罚执行完毕之日起 5 年内，不得担任任何生产经营单位主要负责人。

第三十二条 电力监管机构、有关地方人民政府以及其他负有安全生产监督管理职责的有关部门有下列行为之一的，对直接负责的主管人员和其他直接责任人员依法给予处分；直接负责的主管人员和其他直接责任人员构成犯罪的，依法追究刑事责任：

（一）不立即组织事故抢救的；

（二）迟报、漏报或者瞒报、谎报事故的；

（三）阻碍、干涉事故调查工作的；

（四）在事故调查中作伪证或者指使他人作伪证的。

第三十三条 参与事故调查的人员在事故调查中有下列行为之一的，依法给予处分；构成犯罪的，依法追究刑事责任：

（一）对事故调查工作不负责任，致使事故调查工作有重大疏漏的；

（二）包庇、袒护负有事故责任的人员或者借机打击报复的。

第六章 附 则

第三十四条 发生本条例规定的事故，同时造成人员伤亡或者直接经济损失，依照本条例确定的事故等级与依照《生产安全事故报告和调查处理条例》确定的事故等级不相同的，按事故等级较高者确定事故等级，依照本条例的规定调查处理；事故造成人员伤亡，构成《生产安全事故报告和调查处理条例》规定的重大事故或者特别重大事故的，依照《生产安全事故报告和调查处理条例》的规定调查处理。

电力生产或者电网运行过程中发生发电设备或者输变电设备损坏，造成直接经济损失的事故，未影响电力系统安全稳定运行以及电力正常供应的，由电力监管机构依照《生产安全事故报告和调查处理条例》的规定组成事故调查组对重大事故、较大事故、一般事故进行调查处理。

第三十五条 本条例对事故报告和调查处理未作规定的，适用《生产安全事故报告和调查处理条例》的规定。

第三十六条 核电厂核事故的应急处置和调查处理，依照《核电厂核事故应急管理条例》的规定执行。

第三十七条 本条例自 2011 年 9 月 1 日起施行。

附

电力安全事故等级划分标准

事故等级 \ 判定项	造成电网减供负荷的比例	造成城市供电用户停电的比例	发电厂或者变电站因安全故障造成全厂（站）对外停电的影响和持续时间	发电机组因安全故障停运的时间和后果	供热机组对外停止供热的时间
特别重大事故	区域性电网减供负荷30%以上 电网负荷20000兆瓦以上的省、自治区电网，减供负荷30%以上 电网负荷5000兆瓦以上20000兆瓦以下的省、自治区电网，减供负荷40%以上 直辖市电网减供负荷50%以上 电网负荷2000兆瓦以上的省、自治区人民政府所在地城市电网减供负荷60%以上	直辖市60%以上供电用户停电 电网负荷2000兆瓦以上的省、自治区人民政府所在地城市70%以上供电用户停电			
重大事故	区域性电网减供负荷10%以上30%以下 电网负荷20000兆瓦以上的省、自治区电网，减供负荷13%以上30%以下 电网负荷5000兆瓦以上20000兆瓦以下的省、自治区电网，减供负荷16%以上40%以下 电网负荷1000兆瓦以上5000兆瓦以下的省、自治区电网，减供负荷50%以上 直辖市电网减供负荷20%以上50%以下 省、自治区人民政府所在地城市电网减供负荷40%以上（电网负荷2000兆瓦以上的，减供负荷40%以上60%以下） 电网负荷600兆瓦以上的其他设区的市电网减供负荷60%以上	直辖市30%以上60%以下供电用户停电 省、自治区人民政府所在地城市50%以上供电用户停电（电网负荷2000兆瓦以上的，50%以上70%以下） 电网负荷600兆瓦以上的其他设区的市70%以上供电用户停电			

(续)

事故等级 \ 判定项	造成电网减供负荷的比例	造成城市供电用户停电的比例	发电厂或者变电站因安全故障造成全厂（站）对外停电的影响和持续时间	发电机组因安全故障停运的时间和后果	供热机组对外停止供热的时间
较大事故	区域性电网减供负荷7%以上10%以下 电网负荷20000兆瓦以上的省、自治区电网，减供负荷10%以上13%以下 电网负荷5000兆瓦以上20000兆瓦以下的省、自治区电网，减供负荷12%以上16%以下 电网负荷1000兆瓦以上5000兆瓦以下的省、自治区电网，减供负荷20%以上50%以下 电网负荷1000兆瓦以下的省、自治区电网，减供负荷40%以上 直辖市电网减供负荷10%以上20%以下 省、自治区人民政府所在地城市电网减供负荷20%以上40%以下 其他设区的市电网减供负荷40%以上（电网负荷600兆瓦以上的，减供负荷40%以上60%以下） 电网负荷150兆瓦以上的县级市电网减供负荷60%以上	直辖市15%以上30%以下供电用户停电 省、自治区人民政府所在地城市30%以上50%以下供电用户停电 其他设区的市50%以上供电用户停电（电网负荷600兆瓦以上的，50%以上70%以下） 电网负荷150兆瓦以上的县级市70%以上供电用户停电	发电厂或者220千伏以上变电站因安全故障造成全厂（站）对外停电，导致周边电压监视控制点电压低于调度机构规定的电压曲线值20%并且持续时间30分钟以上，或者导致周边电压监视控制点电压低于调度机构规定的电压曲线值10%并且持续时间1小时以上	发电机组因安全故障停止运行超过行业标准规定的大修时间两周，并导致电网减供负荷	供热机组装机容量200兆瓦以上的热电厂，在当地人民政府规定的采暖期内同时发生2台以上供热机组因安全故障停止运行，造成全厂对外停止供热并且持续时间48小时以上
一般事故	区域性电网减供负荷4%以上7%以下 电网负荷20000兆瓦以上的省、自治区电网，减供负荷5%以上10%以下 电网负荷5000兆瓦以上20000兆瓦以下的省、自治区电网，减供负荷6%以上12%以下 电网负荷1000兆瓦以上5000兆瓦以下的省、自治区电网，减供负荷10%以上20%以下	直辖市10%以上15%以下供电用户停电 省、自治区人民政府所在地城市15%以上30%以下供电用户停电 其他设区的市30%以上50%以下供电用户停电	发电厂或者220千伏以上变电站因安全故障造成全厂（站）对外停电，导致周边电压监视控制点电压低于调度机构规定的电压曲线值5%以上10%以下并且持续时间2小时以上	发电机组因安全故障停止运行超过行业标准规定的小修时间两周，并导致电网减供负荷	供热机组装机容量200兆瓦以上的热电厂，在当地人民政府规定的采暖期内同时发生2台以上供热机组因安全故障停止运行，造成全厂对外停止供热并且持续时间24小时以上

(续)

事故等级 \ 判定项	造成电网减供负荷的比例	造成城市供电用户停电的比例	发电厂或者变电站因安全故障造成全厂（站）对外停电的影响和持续时间	发电机组因安全故障停运的时间和后果	供热机组对外停止供热的时间
一般事故	电网负荷1000兆瓦以下的省、自治区电网，减供负荷25%以上40%以下 直辖市电网减供负荷5%以上10%以下 省、自治区人民政府所在地城市电网减供负荷10%以上20%以下 其他设区的市电网减供负荷20%以上40%以下 县级市减供负荷40%以上（电网负荷150兆瓦以上的，减供负荷40%以上60%以下）	县级市50%以上供电用户停电（电网负荷150兆瓦以上的，50%以上70%以下）			

注：1. 符合本表所列情形之一的，即构成相应等级的电力安全事故。
2. 本表中所称的"以上"包括本数，"以下"不包括本数。
3. 本表下列用语的含义：
(1) 电网负荷，是指电力调度机构统一调度的电网在事故发生起始时刻的实际负荷；
(2) 电网减供负荷，是指电力调度机构统一调度的电网在事故发生期间的实际负荷最大减少量；
(3) 全厂对外停电，是指发电厂对外有功负荷降到零（虽电网经发电厂母线传送的负荷没有停止，仍视为全厂对外停电）；
(4) 发电机组因安全故障停止运行，是指并网运行的发电机组（包括各种类型的电站锅炉、汽轮机、燃气轮机、水轮机、发电机和主变压器等主要发电设备），在未经电力调度机构允许的情况下，因安全故障需要停止运行的状态。

电力安全生产监督管理办法

（国家发展和改革委员会主任办公会审议通过，2015年2月17日国家发展和改革委员会令第21号公布，自2015年3月1日起施行）

第一章 总 则

第一条 为了有效实施电力安全生产监督管理，预防和减少电力事故，保障电力系统安全稳定运行和电力可靠供应，依据《中华人民共和国安全生产法》《中华人民共和国突发事件应对法》《电力监管条例》《生产安全事故报告和调查处理条例》《电力安全事故应急处置和调查处理条例》等法律法规，制定本办法。

第二条 本办法适用于中华人民共和国境内以发电、输电、供电、电力建设为主营业务并取得相关业务许可或按规定豁免电力业务许可的电力企业。

第三条 国家能源局及其派出机构依照本办法，对电力企业的电力运行安全（不包括核安全）、电力建设施工安全、电力工程质量安全、电力应急、水电站大坝运行安全和电力可靠性工作等方面实施监督管理。

第四条 电力安全生产工作应当坚持"安全第一、预防为主、综合治理"的方针，建立电力企业具体负责、政府监管、行业自律和社会监督的工作机制。

第五条 电力企业是电力安全生产的责任主体，应当遵照国家有关安全生产的法律法规、制度和标准，建立健全电力安全生产责任制，加强电力安全生产管理，完善电力安全生产条件，确保电力安全生产。

第六条 任何单位和个人对违反本办法和国家有关电力安全生产监督管理规定的行为，有权向国家能源局及其派出机构投诉和举报，国家能源局及其派出机构应当依法处理。

第二章 电力企业的安全生产责任

第七条 电力企业的主要负责人对本单位的安全生产工作全面负责。电力企业从业人员应当依法履行安全生产方面的义务。

第八条 电力企业应当履行下列电力安全生产管理基本职责：

（一）依照国家安全生产法律法规、制度和标准，制定并落实本单位电力安全生产管理制度和规程；

（二）建立健全电力安全生产保证体系和监督体系，落实安全生产责任；

（三）按照国家有关法律法规设置安全生产管理机构、配备专职安全管理人员；

（四）按照规定提取和使用电力安全生产费用，专门用于改善安全生产条件；

（五）按照有关规定建立健全电力安全生产隐患排查治理制度和风险预控体系，开展隐患排查及风险辨识、评估和监控工作，并对安全隐患和风险进行治理、管控；

（六）开展电力安全生产标准化建设；

（七）开展电力安全生产培训宣传教育工作，负责以班组长、新工人、农民工为重点的从业人员安全培训；

（八）开展电力可靠性管理工作，建立健全电力可靠性管理工作体系，准确、及时、完整报送电力可靠性信息；

（九）建立电力应急管理体系，健全协调联动机制，制定各级各类应急预案并开展应急演练，建设应急救援队伍，完善应急物资储备制度；

（十）按照规定报告电力事故和电力安全事件信息并及时开展应急处置，对电力安全事件进行调查处理。

第九条 发电企业应当按照规定对水电站大坝进行安全注册，开展大坝安全定期检查和信息化建设工作；对燃煤发电厂贮灰场进行安全备案，开展安全巡查和定期安全评估工作。

第十条 电力建设单位应当对电力建设工程施工安全和工程质量安全负全面管理责任，履行工程组织、协调和监督职责，并按照规定将电力工程项目的安全生产管理情况向当地派出机构备案，向相关电力工程质监机构进行工程项目质量监督注册申请。

第十一条 供电企业应当配合地方政府对电力用户安全用电提供技术指导。

第三章 电力系统安全

第十二条 电力企业应当共同维护电力系统安全稳定运行。在电网互联、发电机组并网过程中应严格履行安全责任，并在双方的联（并）网调度协议中具体明确，不得擅自联（并）网和解网。

第十三条 各级电力调度机构是涉及电力系统安全的电力安全事故（事件）处置的指挥机构，发生电力安全事故（事件）或遇有危及电力系统安全的情况时，电力调度机构有权采取必要的应急处置措施，相关电力企业应当严格执行调度指令。

第十四条 电力调度机构应当加强电力系统安全稳定运行管理，科学合理安排系统运行方式，开展电力系统安全分析评估，统筹协调电网安全和并网运行机组安全。

第十五条 电力企业应当加强发电设备设施和输变配电设备设施安全管理和技术管理，强化电力监控系统（或设备）专业管理，完善电力系统调频、调峰、调压、调相、事故备用等性能，满足电力系统安全稳定运行的需要。

第十六条 发电机组、风电场以及光伏电站等并入电网运行，应当满足相关技术标准，符合电网运行的有关安全要求。

第十七条 电力企业应当根据国家有关规定和标准，制订、完善和落实预防电网大面积停电的安全技术措施、反事故措施和应急预案，建立完善与国家能源局及其派出机构、地方人民政府及电力用户等的应急协调联动机制。

第四章 电力安全生产的监督管理

第十八条 国家能源局依法负责全国电力安全生产监督管理工作。国家能源局派出机构（以下简称"派出机构"）按照属地化管理的原则，负责辖区内电力安全生产监督管理工作。涉及跨区域的电力安全生产监督管理工作，由国家能源局负责或者协调确定具体负责的区域派出机构；同一区域内涉及跨省的电力安全生产监督管理工作，由当地区域派出机构负责或者协调确定具体负责的省级派出机构。50兆瓦以下小水电站的安全生产监督管理工作，按照相关规定执行。50兆瓦以下小水电站的涉网安全由派出机构负责监督管理。

第十九条 国家能源局及其派出机构应当采取多种形式，加强有关安全生产的法律法规、制度和标准的宣传，向电力企业传达国家有关安全生产工作各项要求，提高从业人员的安全生产意识。

第二十条 国家能源局及其派出机构应当建立健全电力行业安全生产工作协调机制，及时协调、解决安全生产监督管理中存在的重大问题。

第二十一条 国家能源局及其派出机构应当依法对电力企业执行有关安全生产法规、标准和规范情况进行监督检查。国家能源局组织开展全国范围的电力安全生产大检查，制定检查工作方案，并对重点地区、重要电力企业、关键环节开展重点督查。派出机构组织开展辖区内的电力安全生产大检查，对部分电力企业进行抽查。

第二十二条 国家能源局及其派出机构对现场检查中发现的安全生产违法、违规行为，应当责令电力企业当场予以纠正或者限期整改。对现场检查中发现的重大安全隐患，应当责令其立即整改；安全隐患危及人身安全时，应当责令其立即从危险区域内撤离人员。

第二十三条 国家能源局及其派出机构应当监督指导电力企业隐患排查治理工作，按照有关规定对重大安全隐患挂牌督办。

第二十四条 国家能源局及其派出机构应当统计分析电力安全生产信息，并定期向社会公布。根据工作需要，可以要求电力企业报送与电力安全生产相关的文件、资料、图纸、音频或视频记录和有关数据。

国家能源局及其派出机构发现电力企业在报送资料中存在弄虚作假及其他违规行为的，应当及时纠正和处理。

第二十五条 国家能源局及其派出机构应当依法组织或参与电力事故调查处理。国家能源局组织或参与重大和特别重大电力事故调查处理；督办有重大社会影响的电力安全事件。派出机构组织或参与较大和一般电力事故调查处理，对电力系统安全稳定运行或对社会造成较大影响的电力安全事件组织专项督查。

第二十六条 国家能源局及其派出机构应当依法组织开展电力应急管理工作。国家能源局负责制定电力应急体系发展规划和国家大面积停电事件专项应急预案，开展重大电力突发安全事件应急处置和分析评估工作。派出机构应当按照规定权限和程序，组织、协调、指导电力突发安全事件应急处置工作。

第二十七条 国家能源局及其派出机构应当组织开展电力安全培训和宣传教育工作。

第二十八条 国家能源局及其派出机构配合地方政府有关部门、相关行业管理部门，对重要电力用户安全用电、供电电源配置、自备应急电源配置和使用实施监督管理。

第二十九条 国家能源局及其派出机构应当建立安全生产举报制度，公开举报电话、信箱和电子邮件地址，受理有关电力安全生产的举报；受理的举报事项经核实后，对违法行为严重的电力企业，应当向社会公告。

第五章 罚　则

第三十条 电力企业造成电力事故的，依照《生产安全事故报告和调查处理条例》和《电力安全事故应急处置和调查处理条例》，承担相应的法律责任。

第三十一条 国家能源局及其派出机构从事电力安全生产监督管理工作的人员滥用职权、玩忽职守或者徇私舞弊的，依法给予行政处分；构成犯罪的，由司法机关依法追究刑事责任。

第三十二条 国家能源局及其派出机构通过现场检查发现电力企业有违反本办法规定的行为时，可以对电力企业主要负责人或安全生产分管负责人进行约谈，情节严重的，依据《安全生产法》第九十条，可以要求其停工整顿，对发电企业要求其暂停并网运行。

第三十三条 电力企业有违反本办法规定的行为时，国家能源局及其派出机构可以对其违规情况向行业进行通报，对影响电力用户安全可靠供电行为的处理情况，向社会公布。

第三十四条 电力企业发生电力安全事件后，存在下列情况之一的，国家能源局及其派出机构可以责令限期改正，逾期不改正的应当将其列入安全生产不良信用记录和安全生产诚信"黑名单"，并处以1万元以下的罚款：

（一）迟报、漏报、谎报、瞒报电力安全事件信息的；

（二）不及时组织应急处置的；

（三）未按规定对电力安全事件进行调查处理的。

第三十五条 电力企业未履行本办法第八条规定的，由国家能源局及其派出机构责令限期整改，逾期不整改的，对电力企业主要负责人予以警告；情节严重的，由国家能源局及其派出机构对电力企业主要负责人处以1万元以下的罚款。

第三十六条 电力企业有下列情形之一的，由国家能源局及其派出机构责令限期改正；逾期不改正的，由国家能源局及其派出机构依据《电力监管条例》第三十四条，对其处以 5 万元以上、50 万元以下的罚款，并将其列入安全生产不良信用记录和安全生产诚信"黑名单"：

（一）拒绝或阻挠国家能源局及其派出机构从事监督管理工作的人员依法履行电力安全生产监督管理职责的；

（二）向国家能源局及其派出机构提供虚假或隐瞒重要事实的文件、资料的。

第六章　附　　则

第三十七条　本办法下列用语的含义：

（一）电力系统，是指由发电、输电、变电、配电以及电力调度等环节组成的电能生产、传输和分配的系统。

（二）电力事故，是指电力生产、建设过程中发生的电力安全事故、电力人身伤亡事故、发电设备或输变电设备设施损坏造成直接经济损失的事故。

（三）电力安全事件，是指未构成电力安全事故，但影响电力（热力）正常供应，或对电力系统安全稳定运行构成威胁，可能引发电力安全事故或造成较大社会影响的事件。

（四）重大安全隐患，是指可能造成一般以上人身伤亡事故、电力安全事故、直接经济损失 100 万元以上的电力设备事故和其他对社会造成较大影响的隐患。

第三十八条　本办法自二〇一五年三月一日起施行。原国家电力监管委员会《电力安全生产监管办法》同时废止。

11. 农业机械安全

农业机械安全监督管理条例

（2009 年 9 月 17 日国务院令第 563 号发布　根据 2016 年 2 月 6 日国务院令第 666 号《国务院关于修改部分行政法规的决定》修订　依据 2019 年 3 月 2 日国务院令第 709 号《国务院关于修改部分行政法规的决定》修订）

第一章　总　　则

第一条　为了加强农业机械安全监督管理，预防和减少农业机械事故，保障人民生命和财产安全，制定本条例。

第二条　在中华人民共和国境内从事农业机械的生产、销售、维修、使用操作以及安全监督管理等活动，应当遵守本条例。

本条例所称农业机械，是指用于农业生产及其产品初加工等相关农事活动的机械、设备。

第三条　农业机械安全监督管理应当遵循以人为本、预防事故、保障安全、促进发展的原则。

第四条　县级以上人民政府应当加强对农业机械安全监督管理工作的领导，完善农业机械安全监督管理体系，增加对农民购买农业机械的补贴，保障农业机械安全的财政投入，建立健全农业机械安全生产责任制。

第五条　国务院有关部门和地方各级人民政府、有关部门应当加强农业机械安全法律、法规、标准和知识的宣传教育。

农业生产经营组织、农业机械所有人应当对农业机械操作人员及相关人员进行农业机械安全使用教育，提高其安全意识。

第六条　国家鼓励和支持开发、生产、推广、应用先进适用、安全可靠、节能环保的农业机械，建立健全农业机械安全技术标准和安全操作规程。

第七条　国家鼓励农业机械操作人员、维修技术人员参加职业技能培训和依法成立安全互助组织，提高农业机械安全操作水平。

第八条　国家建立落后农业机械淘汰制度和危及人身财产安全的农业机械报废制度，并对淘汰和报废的农业机械依法实行回收。

第九条　国务院农业机械化主管部门、工业主管部门、市场监督管理部门等有关部门依照本条例和国务院规定的职责，负责农业机械安全监督管理工作。

县级以上地方人民政府农业机械化主管部门、工业主管部门和市场监督管理部门等有关部门按照各自职责，负责本行政区域的农业机械安全监督管理工作。

第二章　生产、销售和维修

第十条　国务院工业主管部门负责制定并组织实施农业机械工业产业政策和有关规划。

国务院标准化主管部门负责制定发布农业机械安全技术国家标准，并根据实际情况及时修订。农业机械安全技术标准是强制执行的标准。

第十一条 农业机械生产者应当依据农业机械工业产业政策和有关规划，按照农业机械安全技术标准组织生产，并建立健全质量保障控制体系。

对依法实行工业产品生产许可证管理的农业机械，其生产者应当取得相应资质，并按照许可的范围和条件组织生产。

第十二条 农业机械生产者应当按照农业机械安全技术标准对生产的农业机械进行检验；农业机械经检验合格并附具详尽的安全操作说明书和标注安全警示标志后，方可出厂销售；依法必须进行认证的农业机械，在出厂前应当标注认证标志。

上道路行驶的拖拉机，依法必须经过认证的，在出厂前应当标注认证标志，并符合机动车国家安全技术标准。

农业机械生产者应当建立产品出厂记录制度，如实记录农业机械的名称、规格、数量、生产日期、生产批号、检验合格证号、购货者名称及联系方式、销售日期等内容。出厂记录保存期限不得少于3年。

第十三条 进口的农业机械应当符合我国农业机械安全技术标准，并依法由出入境检验检疫机构检验合格。依法必须进行认证的农业机械，还应当由出入境检验检疫机构进行入境验证。

第十四条 农业机械销售者对购进的农业机械应当查验产品合格证明。对依法实行工业产品生产许可证管理、依法必须进行认证的农业机械，还应当验明相应的证明文件或者标志。

农业机械销售者应当建立销售记录制度，如实记录农业机械的名称、规格、生产批号、供货者名称及联系方式、销售流向等内容。销售记录保存期限不得少于3年。

农业机械销售者应当向购买者说明农业机械操作方法和安全注意事项，并依法开具销售发票。

第十五条 农业机械生产者、销售者应当建立健全农业机械销售服务体系，依法承担产品质量责任。

第十六条 农业机械生产者、销售者发现其生产、销售的农业机械存在设计、制造等缺陷，可能对人身财产安全造成损害的，应当立即停止生产、销售，及时报告当地市场监督管理部门，通知农业机械使用者停止使用。农业机械生产者应当及时召回存在设计、制造等缺陷的农业机械。

农业机械生产者、销售者不履行本条第一款义务的，质量监督部门、工商行政管理部门可以责令生产者召回农业机械，责令销售者停止销售农业机械。

第十七条 禁止生产、销售下列农业机械：

（一）不符合农业机械安全技术标准的；

（二）依法实行工业产品生产许可证管理而未取得许可证的；

（三）依法必须进行认证而未经认证的；

（四）利用残旧零配件或者报废农业机械的发动机、方向机、变速器、车架等部件拼装的；

（五）国家明令淘汰的。

第十八条 从事农业机械维修经营，应当有必要的维修场地，有必要的维修设施、设备和检测仪器，有相应的维修技术人员，有安全防护和环境保护措施。

第十九条 农业机械维修经营者应当遵守国家有关维修质量安全技术规范和维修质量保证期的规定，确保维修质量。

从事农业机械维修不得有下列行为：

（一）使用不符合农业机械安全技术标准的零配件；

（二）拼装、改装农业机械整机；

（三）承揽维修已经达到报废条件的农业机械；

（四）法律、法规和国务院农业机械化主管部门规定的其他禁止性行为。

第三章 使用操作

第二十条 农业机械操作人员可以参加农业机械操作人员的技能培训，可以向有关农业机械化主管部门、人力资源和社会保障部门申请职业技能鉴定，获取相应等级的国家职业资格证书。

第二十一条 拖拉机、联合收割机投入使用前，其所有人应当按照国务院农业机械化主管部门的规定，持本人身份证明和机具来源证明，向所在地县级人民政府农业机械化主管部门申请登记。拖拉机、联合收割机经安全检验合格的，农业机械化主管部门应当在2个工作日内予以登记并核发相应的证书和牌照。

拖拉机、联合收割机使用期间登记事项发生变更的，其所有人应当按照国务院农业机械化主管部门的规定申请变更登记。

第二十二条 拖拉机、联合收割机操作人员经过培训后，应当按照国务院农业机械化主管部门的规定，参加县级人民政府农业机械化主管部门组织的考试。考试合格的，农业机械化主管部门应当在2个工作日内核发相应的操作证件。

拖拉机、联合收割机操作证件有效期为6年；有效期满，拖拉机、联合收割机操作人员可以向原发证机关申请续展。未满18周岁不得操作拖拉机、联合收割机。操作人员年满70周岁的，县级人民政府农业机械化主管部门应当注销其操作证件。

第二十三条 拖拉机、联合收割机应当悬挂牌照。拖拉机上道路行驶，联合收割机因转场作业、维修、安全检验等需要转移的，其操作人员应当携带操作证件。

拖拉机、联合收割机操作人员不得有下列行为：

（一）操作与本人操作证件规定不相符的拖拉机、联合收割机；

（二）操作未按照规定登记、检验或者检验不合格、安全设施不全、机件失效的拖拉机、联合收割机；

（三）使用国家管制的精神药品、麻醉品后操作拖拉机、联合收割机；

（四）患有妨碍安全操作的疾病操作拖拉机、联合收割机；

（五）国务院农业机械化主管部门规定的其他禁止行为。

禁止使用拖拉机、联合收割机违反规定载人。

第二十四条 农业机械操作人员作业前，应当对农业机械进行安全查验；作业时，应当遵守国务院农业机械化主管部门和省、自治区、直辖市人民政府农业机械化主管部门制定的安全操作规程。

第四章 事故处理

第二十五条 县级以上地方人民政府农业机械化主管部门负责农业机械事故责任的认定和调解处理。

本条例所称农业机械事故，是指农业机械在作业或者转移等过程中造成人身伤亡、财产损失的事件。

农业机械在道路上发生的交通事故，由公安机关交通管理部门依照道路交通安全法律、法规处理；拖拉机在道路以外通行时发生的事故，公安机关交通管理部门接到报案的，参照道路交通安全法律、法规处理。农业机械事故造成公路及其附属设施损坏的，由交通主管部门依照公路法律、法规处理。

第二十六条 在道路以外发生的农业机械事故，操作人员和现场其他人员应当立即停止作业或者停止农业机械的转移，保护现场，造成人员伤害的，应当向事故发生地农业机械化主管部门报告；造成人员死亡的，还应当向事故发生地公安机关报告。造成人身伤害的，应当立即采取措施，抢救受伤人员。因抢救受伤人员变动现场的，应当标明位置。

接到报告的农业机械化主管部门和公安机关应当立即派人赶赴现场进行勘验、检查，收集证据，组织抢救受伤人员，尽快恢复正常的生产秩序。

第二十七条 对经过现场勘验、检查的农业机械事故，农业机械化主管部门应当在10个工作日内制作完成农业机械事故认定书；需要进行农业机械鉴定的，应当自收到农业机械鉴定机构出具的鉴定结论之日起5个工作日内制作农业机械事故认定书。

农业机械事故认定书应当载明农业机械事故的基本事实、成因和当事人的责任，并在制作完成农业机械事故认定书之日起3个工作日内送达当事人。

第二十八条 当事人对农业机械事故损害赔偿有争议，请求调解的，应当自收到事故认定书之日起10个工作日内向农业机械化主管部门书面提出调解申请。

调解达成协议的，农业机械化主管部门应当制作调解书送交各方当事人。调解书经各方当事人共同签字后生效。调解不能达成协议或者当事人向人民法院提起诉讼的，农业机械化主管部门应当终止调解并书面通知当事人。调解达成协议后当事人反悔的，可以向人民法院提起诉讼。

第二十九条 农业机械化主管部门应当为当事人处理农业机械事故损害赔偿等后续事宜提供帮助和便利。因农业机械产品质量原因导致事故的，农业机械化主管部门应当依法出具有关证明材料。

农业机械化主管部门应当定期将农业机械事故统计情况及说明材料报送上级农业机械化主管部门并抄送同级安全生产监督管理部门。

农业机械事故构成生产安全事故的，应当依照相关法律、行政法规的规定调查处理并追究责任。

第五章 服务与监督

第三十条 县级以上地方人民政府农业机械化主管部门应当定期对危及人身财产安全的农业机械进行免费实地安全检验。但是道路交通安全法律对拖拉机的安全检验另有规定的，从其规定。

拖拉机、联合收割机的安全检验为每年1次。

实施安全技术检验的机构应当对检验结果承担法律责任。

第三十一条 农业机械化主管部门在安全检验中发现农业机械存在事故隐患的，应当告知其所有人停止使用并及时排除隐患。

实施安全检验的农业机械化主管部门应当对安全检验情况进行汇总，建立农业机械安全监督管理档案。

第三十二条 联合收割机跨行政区域作业前，当地县级人民政府农业机械化主管部门应当会同有关部门，对跨行政区域作业的联合收割机进行必要的安全检查，并对操作人员进行安全教育。

第三十三条 国务院农业机械化主管部门应当定期对农业机械安全使用状况进行分析评估，发布相关信息。

第三十四条 国务院工业主管部门应当定期对农业机械生产行业运行态势进行监测和分析，并按照先进适用、安全可靠、节能环保的要求，会同国务院农业机械化主管部门、市场监督管理部门等有关部门制定、公布国家明令淘汰的农业机械产品目录。

第三十五条 危及人身财产安全的农业机械达到报废条件的，应当停止使用，予以报废。农业机械的报废条件由国务院农业机械化主管部门会同国务院市场监督管理部门、工业主管部门规定。

县级人民政府农业机械化主管部门对达到报废条件的危及人身财产安全的农业机械，应当书面告知其所有人。

第三十六条 国家对达到报废条件或者正在使用的国家已经明令淘汰的农业机械实行回收。农业机械回收办法由国务院农业机械化主管部门会同国务院财政部门、商务主管部门制定。

第三十七条 回收的农业机械由县级人民政府农业机械化主管部门监督回收单位进行解体或者销毁。

第三十八条 使用操作过程中发现农业机械存在产品质量、维修质量问题的，当事人可以向县级以上地方人民政府农业机械化主管部门或者市场监督管理部门投诉。接到投诉的部门对属于职责范围内的事项，应当依法及时处理；对不属于职责范围内的事项，应当及时移交有权处理的部门，有权处理的部门应当立即处理，不得推诿。

县级以上地方人民政府农业机械化主管部门和县级以上地方质量监督部门、工商行政管理部门应当定期汇总农业机械产品质量、维修质量投诉情况并逐级上报。

第三十九条 国务院农业机械化主管部门和省、自治区、直辖市人民政府农业机械化主管部门应当根据投诉情况和农业安全生产需要，组织开展在用的特定种类农业机械的安全鉴定和重点检查，并公布结果。

第四十条 农业机械安全监督管理执法人员在农田、场院等场所进行农业机械安全监督检查时，可以采取下列措施：

（一）向有关单位和个人了解情况，查阅、复制有关资料；

（二）查验拖拉机、联合收割机证书、牌照及有关操作证件；

（三）检查危及人身财产安全的农业机械的安全状况，对存在重大事故隐患的农业机械，责令当事人立即停止作业或者停止农业机械的转移，并进行维修；

（四）责令农业机械操作人员改正违规操作行为。

第四十一条 发生农业机械事故后企图逃逸的、拒不停止存在重大事故隐患农业机械的作业或者转移的，县级以上地方人民政府农业机械化主管部门可以扣押有关农业机械及证书、牌照、操作证件。案件处理完毕或者农业机械事故肇事方提供担保的，县级以上地方人民政府农业机械化主管部门应当及时退还被扣押的农业机械及证书、牌照、操作证件。存在重大事故隐患的农业机械，其所有人或者使用人排除隐患前不得继续使用。

第四十二条 农业机械安全监督管理执法人员进行安全监督检查时，应当佩戴统一标志，出示行政执法证件。农业机械安全监督检查、事故勘察车辆应当在车身喷涂统一标识。

第四十三条 农业机械化主管部门不得为农业机械指定维修经营者。

第四十四条 农业机械化主管部门应当定期向同级公安机关交通管理部门通报拖拉机登记、检验以及有关证书、牌照、操作证件发放情况。公安机关交通管理部门应当定期向同级农业机械化主管部门通报农业机械在道路上发生的交通事故及处理情况。

第六章 法律责任

第四十五条 县级以上地方人民政府农业机械化主管部门、工业主管部门、市场监督管理部门及其工作人员有下列行为之一的，对直接负责的主管人员和其他直接责任人员，依法给予处分，构成犯罪的，依法追究刑事责任：

（一）不依法对拖拉机、联合收割机实施安全检验、登记，或者不依法核发拖拉机、联合收割机证书、牌照的；

（二）对未经考试合格者核发拖拉机、联合收割机操作证件，或者对经考试合格者拒不核发拖拉机、联合收割机操作证件的；

（三）不依法处理农业机械事故，或者不依法出具农业机械事故认定书和其他证明材料的；

（四）在农业机械生产、销售等过程中不依法履行监督管理职责的；

（五）其他未依照本条例的规定履行职责的行为。

第四十六条 生产、销售利用残次零配件或者报废农业机械的发动机、方向机、变速器、车架等部件拼装的农业机械的，由县级以上人民政府市场监督管理部门按照职责权限责令停止生产、销售，没收违法所得和违法生产、销售的农业机械，并处违法产品货值金额1倍以上3倍以下罚款；情节严重的，吊销营业执照。

农业机械生产者、销售者违反工业产品生产许可证管理、认证认可管理、安全技术标准管理以及产品质量管理的，依照有关法律、行政法规处罚。

第四十七条 农业机械销售者未依照本条例的规定建立、保存销售记录的，由县级以上人民政府市场监督管理部门责令改正，给予警告；拒不改正的，处1000元以上1万元以下罚款，并责令停业整顿；情节严重的，吊销营业执照。

第四十八条 从事农业机械维修经营不符合本条例第十八条规定的，由县级以上地方人民政府农业机械化主管部门责令改正；拒不改正的，处5000元以上1万元以下罚款。

第四十九条 农业机械维修经营者使用不符合农业机械安全技术标准的配件维修农业机械，或者拼装、改装农业机械整机，或者承揽维修已经达到报废条件的农业机械的，由县级以上地方人民政府农业机械化主管部门责令改正，没收违法所得，并处违法经营额1倍以上2倍以下罚款；拒不改正的，处违法经营额2倍以上5倍以下罚款。

第五十条 未按照规定办理登记手续并取得相应的证书和牌照，擅自将拖拉机、联合收割机投入使用，或者未按照规定办理变更登记手续的，由县级以上地方人民政府农业机械化主管部门责令限期补办相关手续；逾期不补办的，责令停止使用；拒不停止使用的，扣押拖拉机、联合收割机，并处200元以上2000元以下罚款。

当事人补办相关手续的，应当及时退还扣押的拖拉机、联合收割机。

第五十一条 伪造、变造或者使用伪造、变造的拖拉机、联合收割机证书和牌照的，或者使用其他拖拉机、联合收割机的证书和牌照的，由县级以上地方人民政府农业机械化主管部门收缴伪造、变造或者使用的证书和牌照，对违法行为人予以批评教育，并处200元以上2000元以下罚款。

第五十二条 未取得拖拉机、联合收割机操作证件而操作拖拉机、联合收割机的，由县级以上地方人民政府农业机械化主管部门责令改正，处100元以上500元以下罚款。

第五十三条 拖拉机、联合收割机操作人员操作与本人操作证件规定不相符的拖拉机、联合收割机，或者操作未按照规定登记、检验或者检验不合格、安全设施不全、机件失效的拖拉机、联合收割机，或者使用国家管制的精神药品、麻醉品后操作拖拉机、联合收割机，或者患有妨碍安全操作的疾病操作拖拉机、联合收割机的，由县级以上地方人民政府农业机械化主管部门对违法行为人予以批评教育，责令改正；拒不改正的，处100元以上500元以下罚款；情节严重的，吊销有关人员的操作证件。

第五十四条 使用拖拉机、联合收割机违反规定载人的，由县级以上地方人民政府农业机械化主管部门对违法行为人予以批评教育，责令改正；拒不改正的，扣押拖拉机、联合收割机的证书、牌照；情节严重的，吊销有关人员的操作证件。非法从事经营性道路旅客运输的，由交通主管部门依照道路运输管理法律、行政法规处罚。

当事人改正违法行为的，应当及时退还扣押的拖拉机、联合收割机的证书、牌照。

第五十五条 经检验、检查发现农业机械存在事故隐患，经农业机械化主管部门告知拒不排除并继续使用的，由县级以上地方人民政府农业机械化主管部门对违法行为人予以批评教育，责令改正；拒不改正的，责令停止使用；拒不停止使用的，扣押存在事故隐患的农业机械。

事故隐患排除后，应当及时退还扣押的农业机械。

第五十六条 违反本条例规定，造成他人人身伤亡或者财产损失的，依法承担民事责任；构成违反治安管理行为的，依法给予治安管理处罚；构成犯罪的，依法追究刑事责任。

第七章 附 则

第五十七条 本条例所称危及人身财产安全的农业机械，是指对人身财产安全可能造成损害的农业机械，包括拖拉机、联合收割机、机动植保机械、机动脱粒机、饲料粉碎机、插秧机、铡草机等。

第五十八条 本条例规定的农业机械证书、牌照、操作证件，由国务院农业机械化主管部门会同国务院有关部门统一规定式样，由国务院农业机械化主管部门监制。

第五十九条 拖拉机操作证件考试收费、安全技术检验收费和牌证的工本费，应当严格执行国务院价格主管部门核定的收费标准。

第六十条 本条例自2009年11月1日起施行。

农业机械事故处理办法

(2011年1月12日农业部令2011年第2号公布，2022年1月7日农业农村部令2022年第1号修订)

第一章 总 则

第一条 为规范农业机械事故处理工作，维护农业机械安全生产秩序，保护农业机械事故当事人的合法权益，根据《农业机械安全监督管理条例》等法律、法规，制定本办法。

第二条 本办法所称农业机械事故（以下简称农机事故），是指农业机械在作业或转移等过程中造成人身伤亡、财产损失的事件。

农机事故分为特别重大农机事故、重大农机事故、较大农机事故和一般农机事故：

（一）特别重大农机事故，是指造成30人以上死亡，或者100人以上重伤的事故，或者1亿元以上直接经济损失的事故；

（二）重大农机事故，是指造成10人以上30人以下死亡，或者50人以上100人以下重伤的事故，或者5000万元以上1亿元以下直接经济损失的事故；

（三）较大农机事故，是指造成3人以上10人以下死亡，或者10人以上50人以下重伤的事故，或者1000万元以上5000万元以下直接经济损失的事故；

（四）一般农机事故，是指造成3人以下死亡，或者10人以下重伤，或者1000万元以下直接经济损失的事故。

第三条 县级以上地方人民政府农业机械化主管部门负责农业机械事故责任的认定和调解处理。

县级以上地方人民政府农业机械化主管部门所属的农业机械安全监督管理机构（以下简称农机安全监理机构）承担本辖区农机事故处理的具体工作。

法律、行政法规对农机事故的处理部门另有规定的，从其规定。

第四条 对特别重大、重大、较大农机事故，农业农村部、省级人民政府农业机械化主管部门和地（市）级人民政府农业机械化主管部门应当分别派员参与调查处理。

第五条 农机事故处理应当遵循公正、公开、便民、效率的原则。

第六条 农机安全监理机构应当按照农机事故处理规范化建设要求，配备必需的人员和事故勘查车辆、现场勘查设备、警示标志、取像设备、现场标划用具等装备。

县级以上地方人民政府农业机械化主管部门应当将农机事故处理装备建设和工作经费纳入本部门财政预算。

第七条 农机安全监理机构应当建立24小时值班制度，向社会公布值班电话，保持通讯畅通。

第八条 农机安全监理机构应当做好本辖区农机事故的报告工作，将农机事故情况及时、准确、完整地报送同级农业机械化主管部门和上级农机安全监理机构。

农业机械化主管部门应当定期将农业机械事故统计情况及说明材料报送上级农业机械化主管部门，并抄送同级安全生产监督管理部门。

任何单位和个人不得迟报、漏报、谎报或者瞒报农机事故。

第九条 农机安全监理机构应当建立健全农机事故档案管理制度，指定专人负责农机事故档案管理。

第二章 报案和受理

第十条 发生农机事故后，农机操作人员和现场其他人员应当立即停止农业机械作业或转移，保护现场，并向事故发生地县级农机安全监理机构报案；造成人身伤害的，还应当立即采取措施，抢救受伤人员；造成人员死亡的，还应当向事故发生地公安机关报案。因抢救受伤人员变动现场的，应当标明事故发生时机具和人员的位置。

发生农机事故，未造成人身伤亡，当事人对事实及成因无争议的，可以在就有关事项达成协议后即行撤离现场。

第十一条 发生农机事故后当事人逃逸的，农机事故现场目击者和其他知情人应当向事故发生地县级农机安全监理机构或公安机关举报。接到举报的农机安全监理机构应当协助公安机关开展追查工作。

第十二条 农机安全监理机构接到事故报案，应当记录下列内容：

（一）报案方式、报案时间、报案人姓名、联系方式，电话报案的还应当记录报案电话；

（二）农机事故发生的时间、地点；

（三）人员伤亡和财产损失情况；

（四）农业机械类型、号牌号码、装载物品等情况；

（五）是否存在肇事嫌疑人逃逸等情况。

第十三条 接到事故现场报案的，县级农机安全监理机构应当立即派人勘查现场，并自勘查现场之时起24小时内决定是否立案。

当事人未在事故现场报案，事故发生后请求农机安全监理机构处理的，农机安全监理机构应当按照本办法第十二条的规定予以记录，并在3日内作出是否立案的决定。

第十四条 经核查农机事故事实存在且在管辖范围内的，农机安全监理机构应当立案，并告知当事人。经核查无法证明农机事故事实存在，或不在管辖范围内的，不予立案，书面告知当事人并说明理由。

第十五条 农机安全监理机构对农机事故管辖权有争议的，应当报请共同的上级农机安全监理机构指定管辖。上级农机安全监理机构应当在24小时内作出决定，并通知争议各方。

第三章 勘查处理

第十六条 农机事故应当由2名以上农机事故处理员共同处理。农机事故处理员处理农机事故，应当佩戴统一标志，出示行政执法证件。

第十七条 农机事故处理员与事故当事人有利害关系、可能影响案件公正处理的，应当回避。

第十八条 农机事故处理员到达现场后，应当立即开展下列工作：

（一）组织抢救受伤人员；

（二）保护、勘查事故现场，拍摄现场照片，绘制现场图，采集、提取痕迹、物证，并制作现场勘查笔录；

（三）对涉及易燃、易爆、剧毒、易腐蚀等危险物品的农机事故，应当立即报告当地人民政府，并协助做好相关工作；

（四）对造成供电、通讯等设施损毁的农机事故，应当立即通知有关部门处理；

（五）确定农机事故当事人、肇事嫌疑人，查找证人，并制作询问笔录；

（六）登记和保护遗留物品。

第十九条 参加勘查的农机事故处理员、当事人或者见证人应当在现场图、勘查笔录和询问笔录上签名或捺印。当事人拒绝或者无法签名、捺印以及无见证人的，应当记录在案。

当事人应当如实陈述事故发生的经过，不得隐瞒。

第二十条 调查事故过程中，农机安全监理机构发现当事人涉嫌犯罪的，应当依法移送公安机关处理；对事故农业机械可以依照《中华人民共和国行政处罚法》的规定，先行登记保存。

发生农机事故后企图逃逸、拒不停止存在重大事故隐患农业机械的作业或者转移的，县级以上地方人民政府农业机械化主管部门可以依法扣押有关农业机械及证书、牌照、操作证件。

第二十一条 农机安全监理机构可以对事故农业机械进行检验，需要对事故当事人的生理、精神状况、人体损伤和事故农业机械行驶速度、痕迹等进行鉴定的，农机安全监理机构应当自现场勘查结束之日起3日内委托具有资质的鉴定机构进行鉴定。

当事人要求自行检验、鉴定的，农机安全监理机构应当向当事人介绍具有资质的检验、鉴定机构，由当事人自行选择。

第二十二条 农机事故处理员在现场勘查过程中，可以使用呼气式酒精测试仪或者唾液试纸，对农业机械操作人员进行酒精含量检测，检测结果应当在现场勘查笔录中载明。

发现当事人有饮酒或者服用国家管制的精神药品、麻醉药品嫌疑的，应当委托有资质的专门机构对当事人提取血样或者尿样，进行相关检测鉴定。检测鉴定结果应当书面告知当事人。

第二十三条 农机安全监理机构应当与检验、鉴定机构约定检验、鉴定的项目和完成的期限，约定的期限不得超过20日。超过20日的，应当报上一级农机安全监理机构批准，但最长不得超过60日。

第二十四条 农机安全监理机构应当自收到书面鉴定报告之日起2日内，将检验、鉴定报告复印件送达当事人。当事人对检验、鉴定报告有异议的，可以在收到检验、鉴定报告之日起3日内申请重新检验、鉴定。县级农机安全监理机构批准重新检验、鉴定的，应当另行委托检验、鉴定机构或者由原检验、鉴定机构另行指派鉴定人。重新检验、鉴定以一次为限。

第二十五条 发生农机事故，需要抢救治疗受伤人员的，抢救治疗费用由肇事嫌疑人和肇事农业机械所有人先行预付。

投保机动车交通事故责任强制保险的拖拉机发生事故，因抢救受伤人员需要保险公司依法支付抢救费用的，事故发生地农业机械化主管部门应当书面通知保险公司。抢救受伤人员需要道路交通事故社会救助基金垫付费用的，事故发生地农业机械化主管部门应当通知道路交通事故社会救助基金管理机构，并协助救助基金管理机构向事故责任人追偿。

第二十六条 农机事故造成人员死亡的，由急救、医疗机构或者法医出具死亡证明。尸体应当存放在殡葬服务单位或者有停尸条件的医疗机构。

对农机事故死者尸体进行检验的，应当通知死者家属或代理人到场。需解剖鉴定的，应征得死者家属或所在单位的同意。

无法确定死亡人身份的，移交公安机关处理。

第四章 事故认定及复核

第二十七条 农机安全监理机构应当依据以下情况确定当事人的责任：

（一）因一方当事人的过错导致农机事故的，该方当事人承担全部责任；

（二）因两方或者两方以上当事人的过错发生农机事故的，根据其行为对事故发生的作用以及过错的严重程度，分别承担主要责任、同等责任和次要责任；

（三）各方均无导致农机事故的过错，属于意外事故的，各方均无责任；

（四）一方当事人故意造成事故的，他方无责任。

第二十八条 农机安全监理机构在进行事故认定前，应当对证据进行审查：

（一）证据是否是原件、原物，复印件、复制品与原件、原物是否相符；

（二）证据的形式、取证程序是否符合法律规定；

（三）证据的内容是否真实；

（四）证人或者提供证据的人与当事人有无利害关系。

符合规定的证据，可以作为农机事故认定的依据，不符合规定的，不予采信。

第二十九条 农机安全监理机构应当自现场勘查之日起10日内，作出农机事故认定，并制作农机事故认定书。对肇事逃逸案件，应当自查获肇事机械和操作人后10日内制作农机事故认定书。对需要进行鉴定的，应当自收到鉴定结论之日起5日内，制作农机事故认定书。

第三十条 农机事故认定书应当载明以下内容：

（一）事故当事人、农业机械、作业场所的基本情况；

（二）事故发生的基本事实；

（三）事故证据及事故成因分析；

（四）当事人的过错及责任或意外原因；

（五）当事人向农机安全监理机构申请复核、调解和直接向人民法院提起民事诉讼的权利、期限；

（六）作出农机事故认定的农机安全监理机构名称和农机事故认定日期。

农机事故认定书应当由事故处理员签名或盖章，加盖农机事故处理专用章，并在制作完成之日起3日内送达当事人。

第三十一条 逃逸农机事故肇事者未查获，农机事故受害一方当事人要求出具农机事故认定书的，农机安全监理机构应当在接到当事人的书面申请后10日内制作农机事故认定书，并送达当事人。农机事故认定书应当载明农机事故发生的时间、地点、受害人情况及调查得到的事实，有证据证明受害人有过错的，确定受害人的责任；无证据证明受害人有过错的，确定受害人无责任。

第三十二条 农机事故成因无法查清的，农机安全监理机构应当出具农机事故证明，载明农机事故发生的时间、地点、当事人情况及调查得到的事实，分别送达当事人。

第三十三条 当事人对农机事故认定有异议的，可以自农机事故认定书送达之日起3日内，向上一级农机安全监理机构提出书面复核申请。

复核申请应当载明复核请求及其理由和主要证据。

第三十四条 上一级农机安全监理机构应当自收到当事人书面复核申请后5日内，作出是否受理决定。任何一方当事人向人民法院提起诉讼并经法院受理的或案件已进入刑事诉讼程序的，复核申请不予受理，并书面通知当事人。

上一级农机安全监理机构受理复核申请的，应当书面通知各方当事人，并通知原办案单位5日内提交案件材料。

第三十五条 上一级农机安全监理机构自受理复核申请之日起30日内，对下列内容进行审查，并作出复核结论：

（一）农机事故事实是否清楚，证据是否确实充分，适用法律是否正确；

（二）农机事故责任划分是否公正；

（三）农机事故调查及认定程序是否合法。

复核原则上采取书面审查的办法，但是当事人提出要求或者农机安全监理机构认为有必要时，可以召集各方当事人到场听取意见。

复核期间，任何一方当事人就该事故向人民法院提起诉讼并经法院受理或案件已进入刑事诉讼程序的，农机安全监理机构应当终止复核。

第三十六条 上一级农机安全监理机构经复核认为农机事故认定符合规定的，应当作出维持农机事故认定的复核结论；经复核认为不符合规定的，应当作出撤销农机事故认定的复核结论，责令原办案单位重新调查、认定。

复核结论应当自作出之日起 3 日内送达当事人。上一级农机安全监理机构复核以 1 次为限。

第三十七条 上一级农机安全监理机构作出责令重新认定的复核结论后，原办案单位应当在 10 日内依照本办法重新调查，重新制作编号不同的农机事故认定书，送达各方当事人，并报上一级农机安全监理机构备案。

第五章 赔偿调解

第三十八条 当事人对农机事故损害赔偿有争议的，可以在收到农机事故认定书或者上一级农机安全监理机构维持原农机事故认定的复核结论之日起 10 日内，共同向农机安全监理机构提出书面调解申请。

第三十九条 农机安全监理机构应当按照合法、公正、自愿、及时的原则，采取公开方式进行农机事故损害赔偿调解，但当事人一方要求不予公开的除外。

农机安全监理机构调解农机事故损害赔偿的期限为 10 日。对农机事故致死的，调解自办理丧葬事宜结束之日起开始；对农机事故致伤、致残的，调解自治疗终结或者定残之日起开始；对农机事故造成财产损失的，调解从确定损失之日起开始。

调解涉及保险赔偿的，农机安全监理机构应当提前 3 日将调解的时间、地点通报相关保险机构，保险机构可以派员以第三人的身份参加调解。经农机安全监理机构主持达成的调解协议，可以作为保险理赔的依据，被保险人据此申请赔偿保险金的，保险人应当按照法律规定和合同约定进行赔偿。

第四十条 事故调解参加人员包括：
（一）事故当事人及其代理人或损害赔偿的权利人、义务人；
（二）农业机械所有人或者管理人；
（三）农机安全监理机构认为有必要参加的其他人员。

委托代理人应当出具由委托人签名或者盖章的授权委托书。授权委托书应当载明委托事项和权限。

参加调解的当事人一方不得超过 3 人。

第四十一条 调解农机事故损害赔偿争议，按下列程序进行：
（一）告知各方当事人的权利、义务；
（二）听取各方当事人的请求；
（三）根据农机事故认定书的事实以及相关法律法规，调解达成损害赔偿协议。

第四十二条 调解达成协议的，农机安全监理机构应当制作农机事故损害赔偿调解书送达各方当事人，农机事故损害赔偿调解书经各方当事人共同签字后生效。调解达成协议后当事人反悔的，可以依法向人民法院提起民事诉讼。

农机事故损害赔偿调解书应当载明以下内容：
（一）调解的依据；
（二）农机事故简况和损失情况；
（三）各方的损害赔偿责任及比例；
（四）损害赔偿的项目和数额；
（五）当事人自愿协商达成一致的意见；
（六）赔偿方式和期限；
（七）调解终结日期。

赔付款由当事人自行交接，当事人要求农机安全监理机构转交的，农机安全监理机构可以转交，并在农机事故损害赔偿调解书上附记。

第四十三条 调解不能达成协议的，农机安全监理机构应当终止调解，并制作农机事故损害赔偿调解终结书送达各方当事人。农机事故损害赔偿调解终结书应当载明未达成协议的原因。

第四十四条 调解期间，当事人向人民法院提起民事诉讼、无正当理由不参加调解或者放弃调解的，农机安全监理机构应当终结调解。

第四十五条 农机事故损害赔偿费原则上应当一次性结算付清。对不明身份死者的人身损害赔偿，农机安全监理机构应当将赔偿费交付有关部门保存，待损害赔偿权利人确认后，通知有关部门交付损害赔偿权利人。

第六章 事故报告

第四十六条 省级农机安全监理机构应当按照农业机械化管理统计报表制度按月报送农机事故。农机事故月报的内容包括农机事故起数、伤亡情况、直接经济损失和事故发生的原因等情况。

第四十七条 发生较大以上的农机事故，事故发生地农机安全监理机构应当立即向农业机械化主管部门报告，并逐级上报至农业农村部农机监理总站。每级上报时间不得超过 2 小时。必要时，农机安全监理机构可以越级上报事故情况。

农机事故快报应当包括下列内容：
（一）事故发生的时间、地点、天气以及事故现场情况；
（二）操作人姓名、住址、持证等情况；
（三）事故造成的伤亡人数（包括下落不明的人数）及伤亡人员的基本情况、初步估计的直接经济损失；
（四）发生事故的农业机械机型、牌证号、是否载有危险物品及危险物品的种类等；

（五）事故发生的简要经过；
（六）已经采取的措施；
（七）其他应当报告的情况。

农机事故发生之日起7日内，事故造成的伤亡人数发生变化的，应当及时补报。

第四十八条 农机安全监理机构应当每月对农机事故情况进行分析评估，向农业机械化主管部门提交事故情况和分析评估报告。

农业农村部每半年发布一次相关信息，通报典型的较大以上农机事故。省级农业机械化主管部门每季度发布一次相关信息，通报典型农机事故。

第七章 罚 则

第四十九条 农业机械化主管部门及其农机安全监理机构有下列行为之一的，对直接负责的主管人员和其他直接责任人员依法给予行政处分；涉嫌犯罪的，及时将案件移送司法机关，依法追究刑事责任：

（一）不依法处理农机事故或者不依法出具农机事故认定书等有关材料的；
（二）迟报、漏报、谎报或者瞒报事故的；
（三）阻碍、干涉事故调查工作的；
（四）其他依法应当追究责任的行为。

第五十条 农机事故处理员有下列行为之一的，依法给予行政处分；涉嫌犯罪的，及时将案件移送司法机关，依法追究刑事责任：

（一）不立即实施事故抢救的；
（二）在事故调查处理期间擅离职守的；
（三）利用职务之便，非法占有他人财产的；
（四）索取、收受贿赂的；
（五）故意或者过失造成认定事实错误、违反法定程序的；
（六）应当回避而未回避影响事故公正处理的；
（七）其他影响公正处理事故的。

第五十一条 当事人有农机安全违法行为的，农机安全监理机构应当在作出农机事故认定之日起5日内，依照《农业机械安全监督管理条例》作出处罚。

农机事故肇事人构成犯罪的，农机安全监理机构应当在人民法院作出的有罪判决生效后，依法吊销其操作证件；拖拉机驾驶人有逃逸情形的，应当同时依法作出终生不得重新取得拖拉机驾驶证的决定。

第八章 附 则

第五十二条 农机事故处理文书表格格式、农机事故处理专用印章式样由农业农村部统一制定。

第五十三条 涉外农机事故应当按照本办法处理，并通知外事部门派员协助。国家另有规定的，从其规定。

第五十四条 本办法规定的"日"是指工作日，不含法定节假日。

第五十五条 本办法自2011年3月1日起施行。

12. 城镇燃气安全

城镇燃气管理条例

（2010年11月19日国务院令第583号公布 根据2016年2月6日《国务院关于修改部分行政法规的决定》修订）

第一章 总 则

第一条 为了加强城镇燃气管理，保障燃气供应，防止和减少燃气安全事故，保障公民生命、财产安全和公共安全，维护燃气经营者和燃气用户的合法权益，促进燃气事业健康发展，制定本条例。

第二条 城镇燃气发展规划与应急保障、燃气经营与服务、燃气使用、燃气设施保护、燃气安全事故预防与处理及相关管理活动，适用本条例。

天然气、液化石油气的生产和进口，城市门站以外的天然气管道输送，燃气作为工业生产原料的使用，沼气、秸秆气的生产和使用，不适用本条例。

本条例所称燃气，是指作为燃料使用并符合一定要求的气体燃料，包括天然气（含煤层气）、液化石油气和人工煤气等。

第三条 燃气工作应当坚持统筹规划、保障安全、确保供应、规范服务、节能高效的原则。

第四条 县级以上人民政府应当加强对燃气工作的领导，并将燃气工作纳入国民经济和社会发展规划。

第五条 国务院建设主管部门负责全国的燃气管理工作。

县级以上地方人民政府燃气管理部门负责本行政区域内的燃气管理工作。

县级以上人民政府其他有关部门依照本条例和其

他有关法律、法规的规定，在各自职责范围内负责有关燃气管理工作。

第六条　国家鼓励、支持燃气科学技术研究，推广使用安全、节能、高效、环保的燃气新技术、新工艺和新产品。

第七条　县级以上人民政府有关部门应当建立健全燃气安全监督管理制度，宣传普及燃气法律、法规和安全知识，提高全民的燃气安全意识。

第二章　燃气发展规划与应急保障

第八条　国务院建设主管部门应当会同国务院有关部门，依据国民经济和社会发展规划、土地利用总体规划、城乡规划以及能源规划，结合全国燃气资源总量平衡情况，组织编制全国燃气发展规划并组织实施。

县级以上地方人民政府燃气管理部门应当会同有关部门，依据国民经济和社会发展规划、土地利用总体规划、城乡规划、能源规划以及上一级燃气发展规划，组织编制本行政区域的燃气发展规划，报本级人民政府批准后组织实施，并报上一级人民政府燃气管理部门备案。

第九条　燃气发展规划的内容应当包括：燃气气源、燃气种类、燃气供应方式和规模、燃气设施布局和建设时序、燃气设施建设用地、燃气设施保护范围、燃气供应保障措施和安全保障措施等。

第十条　县级以上地方人民政府应当根据燃气发展规划的要求，加大对燃气设施建设的投入，并鼓励社会资金投资建设燃气设施。

第十一条　进行新区建设、旧区改造，应当按照城乡规划和燃气发展规划配套建设燃气设施或者预留燃气设施建设用地。

对燃气发展规划范围内的燃气设施建设工程，城乡规划主管部门在依法核发选址意见书时，应当就燃气设施建设是否符合燃气发展规划征求燃气管理部门的意见；不需要核发选址意见书的，城乡规划主管部门在依法核发建设用地规划许可证或者乡村建设规划许可证时，应当就燃气设施建设是否符合燃气发展规划征求燃气管理部门的意见。

燃气设施建设工程竣工后，建设单位应当依法组织竣工验收，并自竣工验收合格之日起15日内，将竣工验收情况报燃气管理部门备案。

第十二条　县级以上地方人民政府应当建立健全燃气应急储备制度，组织编制燃气应急预案，采取综合措施提高燃气应急保障能力。

燃气应急预案应当明确燃气应急气源和种类、应急供应方式、应急处置程序和应急救援措施等内容。

县级以上地方人民政府燃气管理部门应当会同有关部门对燃气供求状况实施监测、预测和预警。

第十三条　燃气供应严重短缺、供应中断等突发事件发生后，县级以上地方人民政府应当及时采取动用储备、紧急调度等应急措施，燃气经营者以及其他有关单位和个人应当予以配合，承担相关应急任务。

第三章　燃气经营与服务

第十四条　政府投资建设的燃气设施，应当通过招标投标方式选择燃气经营者。

社会资金投资建设的燃气设施，投资方可以自行经营，也可以另行选择燃气经营者。

第十五条　国家对燃气经营实行许可证制度。从事燃气经营活动的企业，应当具备下列条件：

（一）符合燃气发展规划要求；

（二）有符合国家标准的燃气气源和燃气设施；

（三）企业的主要负责人、安全生产管理人员以及运行、维护和抢修人员经专业培训并考核合格；

（四）法律、法规规定的其他条件。

符合前款规定条件的，由县级以上地方人民政府燃气管理部门核发燃气经营许可证。

第十六条　禁止个人从事管道燃气经营活动。

个人从事瓶装燃气经营活动的，应当遵守省、自治区、直辖市的有关规定。

第十七条　燃气经营者应当向燃气用户持续、稳定、安全供应符合国家质量标准的燃气，指导燃气用户安全用气、节约用气，并对燃气设施定期进行安全检查。

燃气经营者应当公示业务流程、服务承诺、收费标准和服务热线等信息，并按照国家燃气服务标准提供服务。

第十八条　燃气经营者不得有下列行为：

（一）拒绝向市政燃气管网覆盖范围内符合用气条件的单位或者个人供气；

（二）倒卖、抵押、出租、出借、转让、涂改燃气经营许可证；

（三）未履行必要告知义务擅自停止供气、调整供气量，或者未经审批擅自停业或者歇业；

（四）向未取得燃气经营许可证的单位或者个人提供用于经营的燃气；

（五）在不具备安全条件的场所储存燃气；

（六）要求燃气用户购买其指定的产品或者接受其提供的服务；

（七）擅自为非自有气瓶充装燃气；

（八）销售未经许可的充装单位充装的瓶装燃气或者销售充装单位擅自为非自有气瓶充装的瓶装燃气；

（九）冒用其他企业名称或者标识从事燃气经营、服务活动。

第十九条 管道燃气经营者对其供气范围内的市政燃气设施、建筑区划内业主专有部分以外的燃气设施，承担运行、维护、抢修和更新改造的责任。

管道燃气经营者应当按照供气、用气合同的约定，对单位燃气用户的燃气设施承担相应的管理责任。

第二十条 管道燃气经营者因施工、检修等原因需要临时调整供气量或者暂停供气的，应当将作业时间和影响区域提前48小时予以公告或者书面通知燃气用户，并按照有关规定及时恢复正常供气；因突发事件影响供气的，应当采取紧急措施并及时通知燃气用户。

燃气经营者停业、歇业的，应当事先对其供气范围内的燃气用户的正常用气作出妥善安排，并在90个工作日前向所在地燃气管理部门报告，经批准方可停业、歇业。

第二十一条 有下列情况之一的，燃气管理部门应当采取措施，保障燃气用户的正常用气：

（一）管道燃气经营者临时调整供气量或者暂停供气未及时恢复正常供气的；

（二）管道燃气经营者因突发事件影响供气未采取紧急措施的；

（三）燃气经营者擅自停业、歇业的；

（四）燃气管理部门依法撤回、撤销、注销、吊销燃气经营许可的。

第二十二条 燃气经营者应当建立健全燃气质量检测制度，确保所供应的燃气质量符合国家标准。

县级以上地方人民政府质量监督、工商行政管理、燃气管理等部门应当按照职责分工，依法加强对燃气质量的监督检查。

第二十三条 燃气销售价格，应当根据购气成本、经营成本和当地经济社会发展水平合理确定并适时调整。县级以上地方人民政府价格主管部门确定和调整管道燃气销售价格，应当征求管道燃气用户、管道燃气经营者和有关方面的意见。

第二十四条 通过道路、水路、铁路运输燃气的，应当遵守法律、行政法规有关危险货物运输安全的规定以及国务院交通运输部门、国务院铁路部门的有关规定；通过道路或者水路运输燃气的，还应当分别依照有关道路运输、水路运输的法律、行政法规的规定，取得危险货物道路运输许可或者危险货物水路运输许可。

第二十五条 燃气经营者应当对其从事瓶装燃气送气服务的人员和车辆加强管理，并承担相应的责任。

从事瓶装燃气充装活动，应当遵守法律、行政法规和国家标准有关气瓶充装的规定。

第二十六条 燃气经营者应当依法经营，诚实守信，接受社会公众的监督。

燃气行业协会应当加强行业自律管理，促进燃气经营者提高服务质量和技术水平。

第四章 燃气使用

第二十七条 燃气用户应当遵守安全用气规则，使用合格的燃气燃烧器具和气瓶，及时更换国家明令淘汰或者使用年限已届满的燃气燃烧器具、连接管等，并按照约定期限支付燃气费用。

单位燃气用户还应当建立健全安全管理制度，加强对操作维护人员燃气安全知识和操作技能的培训。

第二十八条 燃气用户及相关单位和个人不得有下列行为：

（一）擅自操作公用燃气阀门；

（二）将燃气管道作为负重支架或者接地引线；

（三）安装、使用不符合气源要求的燃气燃烧器具；

（四）擅自安装、改装、拆除户内燃气设施和燃气计量装置；

（五）在不具备安全条件的场所使用、储存燃气；

（六）盗用燃气；

（七）改变燃气用途或者转供燃气。

第二十九条 燃气用户有权就燃气收费、服务等事项向燃气经营者进行查询，燃气经营者应当自收到查询申请之日起5个工作日内予以答复。

燃气用户有权就燃气收费、服务等事项向县级以上地方人民政府价格主管部门、燃气管理部门以及其他有关部门进行投诉，有关部门应当自收到投诉之日起15个工作日内予以处理。

第三十条 安装、改装、拆除户内燃气设施的，应当按照国家有关工程建设标准实施作业。

第三十一条 燃气管理部门应当向社会公布本行政区域内的燃气种类和气质成分等信息。

燃气燃烧器具生产单位应当在燃气燃烧器具上明确标识所适应的燃气种类。

第三十二条 燃气燃烧器具生产单位、销售单位应当设立或者委托设立售后服务站点，配备经考核合格的燃气燃烧器具安装、维修人员，负责售后的安装、维修服务。

燃气燃烧器具的安装、维修，应当符合国家有关标准。

第五章　燃气设施保护

第三十三条　县级以上地方人民政府燃气管理部门应当会同城乡规划等有关部门按照国家有关标准和规定划定燃气设施保护范围，并向社会公布。

在燃气设施保护范围内，禁止从事下列危及燃气设施安全的活动：

（一）建设占压地下燃气管线的建筑物、构筑物或者其他设施；

（二）进行爆破、取土等作业或者动用明火；

（三）倾倒、排放腐蚀性物质；

（四）放置易燃易爆危险物品或者种植深根植物；

（五）其他危及燃气设施安全的活动。

第三十四条　在燃气设施保护范围内，有关单位从事敷设管道、打桩、顶进、挖掘、钻探等可能影响燃气设施安全活动的，应当与燃气经营者共同制定燃气设施保护方案，并采取相应的安全保护措施。

第三十五条　燃气经营者应当按照国家有关工程建设标准和安全生产管理的规定，设置燃气设施防腐、绝缘、防雷、降压、隔离等保护装置和安全警示标志，定期进行巡查、检测、维修和维护，确保燃气设施的安全运行。

第三十六条　任何单位和个人不得侵占、毁损、擅自拆除或者移动燃气设施，不得毁损、覆盖、涂改、擅自拆除或者移动燃气设施安全警示标志。

任何单位和个人发现有可能危及燃气设施和安全警示标志的行为，有权予以劝阻、制止；经劝阻、制止无效的，应当立即告知燃气经营者或者向燃气管理部门、安全生产监督管理部门和公安机关报告。

第三十七条　新建、扩建、改建建设工程，不得影响燃气设施安全。

建设单位在开工前，应当查明建设工程施工范围内地下燃气管线的相关情况；燃气管理部门以及其他有关部门和单位应当及时提供相关资料。

建设工程施工范围内有地下燃气管线等重要燃气设施的，建设单位应当会同施工单位与管道燃气经营者共同制定燃气设施保护方案。建设单位、施工单位应当采取相应的安全保护措施，确保燃气设施运行安全；管道燃气经营者应当派专业人员进行现场指导。法律、法规另有规定的，依照有关法律、法规的规定执行。

第三十八条　燃气经营者改动市政燃气设施，应当制定改动方案，报县级以上地方人民政府燃气管理部门批准。

改动方案应当符合燃气发展规划，明确安全施工要求，有安全防护和保障正常用气的措施。

第六章　燃气安全事故预防与处理

第三十九条　燃气管理部门应当会同有关部门制定燃气安全事故应急预案，建立燃气事故统计分析制度，定期通报事故处理结果。

燃气经营者应当制定本单位燃气安全事故应急预案，配备应急人员和必要的应急装备、器材，并定期组织演练。

第四十条　任何单位和个人发现燃气安全事故或者燃气安全事故隐患等情况，应当立即告知燃气经营者，或者向燃气管理部门、公安机关消防机构等有关部门和单位报告。

第四十一条　燃气经营者应当建立健全燃气安全评估和风险管理体系，发现燃气安全事故隐患的，应当及时采取措施消除隐患。

燃气管理部门以及其他有关部门和单位应当根据各自职责，对燃气经营、燃气使用的安全状况等进行监督检查，发现燃气安全事故隐患的，应当通知燃气经营者、燃气用户及时采取措施消除隐患；不及时消除隐患可能严重威胁公共安全的，燃气管理部门以及其他有关部门和单位应当依法采取措施，及时组织消除隐患，有关单位和个人应当予以配合。

第四十二条　燃气安全事故发生后，燃气经营者应当立即启动本单位燃气安全事故应急预案，组织抢险、抢修。

燃气安全事故发生后，燃气管理部门、安全生产监督管理部门和公安机关消防机构等有关部门和单位，应当根据各自职责，立即采取措施防止事故扩大，根据有关情况启动燃气安全事故应急预案。

第四十三条　燃气安全事故经调查确定为责任事故的，应当查明原因、明确责任，并依法予以追究。

对燃气生产安全事故，依照有关生产安全事故报告和调查处理的法律、行政法规的规定报告和调查处理。

第七章　法　律　责　任

第四十四条　违反本条例规定，县级以上地方人民政府及其燃气管理部门和其他有关部门，不依法作出行政许可决定或者办理批准文件的，发现违法行为或者接到对违法行为的举报不予查处的，或者有其他未依照本条例规定履行职责的行为的，对直接负责的主管人员和其他直接责任人员，依法给予处分；直接负责的主管人员和其他直接责任人员的行为构成犯罪的，依法追究刑事责任。

第四十五条 违反本条例规定，未取得燃气经营许可证从事燃气经营活动的，由燃气管理部门责令停止违法行为，处 5 万元以上 50 万元以下罚款；有违法所得的，没收违法所得；构成犯罪的，依法追究刑事责任。

违反本条例规定，燃气经营者不按照燃气经营许可证的规定从事燃气经营活动的，由燃气管理部门责令限期改正，处 3 万元以上 20 万元以下罚款；有违法所得的，没收违法所得；情节严重的，吊销燃气经营许可证；构成犯罪的，依法追究刑事责任。

第四十六条 违反本条例规定，燃气经营者有下列行为之一的，由燃气管理部门责令限期改正，处 1 万元以上 10 万元以下罚款；有违法所得的，没收违法所得；情节严重的，吊销燃气经营许可证；造成损失的，依法承担赔偿责任；构成犯罪的，依法追究刑事责任：

（一）拒绝向市政燃气管网覆盖范围内符合用气条件的单位或者个人供气的；

（二）倒卖、抵押、出租、出借、转让、涂改燃气经营许可证的；

（三）未履行必要告知义务擅自停止供气、调整供气量，或者未经审批擅自停业或者歇业的；

（四）向未取得燃气经营许可证的单位或者个人提供用于经营的燃气的；

（五）在不具备安全条件的场所储存燃气的；

（六）要求燃气用户购买其指定的产品或者接受其提供的服务；

（七）燃气经营者未向燃气用户持续、稳定、安全供应符合国家质量标准的燃气，或者未对燃气用户的燃气设施定期进行安全检查。

第四十七条 违反本条例规定，擅自为非自有气瓶充装燃气或者销售未经许可的充装单位充装的瓶装燃气的，依照国家有关气瓶安全监察的规定进行处罚。

违反本条例规定，销售充装单位擅自为非自有气瓶充装的瓶装燃气的，由燃气管理部门责令改正，可以处 1 万元以下罚款。

违反本条例规定，冒用其他企业名称或者标识从事燃气经营、服务活动，依有关反不正当竞争的法律规定进行处罚。

第四十八条 违反本条例规定，燃气经营者未按照国家有关工程建设标准和安全生产管理的规定，设置燃气设施防腐、绝缘、防雷、降压、隔离等保护装置和安全警示标志的，或者未定期进行巡查、检测、维修和维护的，或者未采取措施及时消除燃气安全事故隐患的，由燃气管理部门责令限期改正，处 1 万元以上 10 万元以下罚款。

第四十九条 违反本条例规定，燃气用户及相关单位和个人有下列行为之一的，由燃气管理部门责令限期改正；逾期不改正的，对单位可以处 10 万元以下罚款，对个人可以处 1000 元以下罚款；造成损失的，依法承担赔偿责任；构成犯罪的，依法追究刑事责任：

（一）擅自操作公用燃气阀门的；

（二）将燃气管道作为负重支架或者接地引线的；

（三）安装、使用不符合气源要求的燃气燃烧器具的；

（四）擅自安装、改装、拆除户内燃气设施和燃气计量装置的；

（五）在不具备安全条件的场所使用、储存燃气的；

（六）改变燃气用途或者转供燃气的；

（七）未设立售后服务站点或者未配备经考核合格的燃气燃烧器具安装、维修人员的；

（八）燃气燃烧器具的安装、维修不符合国家有关标准的。

盗用燃气的，依照有关治安管理处罚的法律规定进行处罚。

第五十条 违反本条例规定，在燃气设施保护范围内从事下列活动之一的，由燃气管理部门责令停止违法行为，限期恢复原状或采取其他补救措施，对单位处 5 万元以上 10 万元以下罚款，对个人处 5000 元以上 5 万元以下罚款；造成损失的，依法承担赔偿责任；构成犯罪的，依法追究刑事责任：

（一）进行爆破、取土等作业或者动用明火的；

（二）倾倒、排放腐蚀性物质的；

（三）放置易燃易爆物品或者种植深根植物的；

（四）未与燃气经营者共同制定燃气设施保护方案，采取相应的安全保护措施，从事敷设管道、打桩、顶进、挖掘、钻探等可能影响燃气设施安全活动的。

违反本条例规定，在燃气设施保护范围内建设占压地下燃气管线的建筑物、构筑物或者其他设施的，依照有关城乡规划的法律、行政法规的规定进行处罚。

第五十一条 违反本条例规定，侵占、毁损、擅自拆除、移动燃气设施或者擅自改动市政燃气设施的，由燃气管理部门责令限期改正，恢复原状或者采取其他补救措施，对单位处 5 万元以上 10 万元以下罚款，对个人处 5000 元以上 5 万元以下罚款；造成损失的，依法承担赔偿责任；构成犯罪的，依法追究刑事责任。

违反本条例规定，毁损、覆盖、涂改、擅自拆除或者移动燃气设施安全警示标志的，由燃气管理部门责令限期改正，恢复原状，可以处 5000 元以下罚款。

第五十二条 违反本条例规定，建设工程施工范围内有地下燃气管线等重要燃气设施，建设单位未会同施工单位与管道燃气经营者共同制定燃气设施保护方案，或者建设单位、施工单位未采取相应的安全保护措施的，由燃气管理部门责令改正，处 1 万元以上 10 万元以下罚款；造成损失的，依法承担赔偿责任；

构成犯罪的，依法追究刑事责任。

第八章 附 则

第五十三条 本条例下列用语的含义：

（一）燃气设施，是指人工煤气生产厂、燃气储配站、门站、气化站、混气站、加气站、灌装站、供应站、调压站、市政燃气管网等的总称，包括市政燃气设施、建筑区划内业主专有部分以外的燃气设施以及户内燃气设施等。

（二）燃气燃烧器具，是指以燃气为燃料的燃烧器具，包括居民家庭和商业用户所使用的燃气灶、热水器、沸水器、采暖器、空调器等器具。

第五十四条 农村的燃气管理参照本条例的规定执行。

第五十五条 本条例自 2011 年 3 月 1 日起施行。

13. 旅游安全

旅游安全管理办法

（2016 年 9 月 27 日国家旅游局令第 41 号公布，自 2016 年 12 月 1 日起施行）

第一章 总 则

第一条 为了加强旅游安全管理，提高应对旅游突发事件的能力，保障旅游者的人身、财产安全，促进旅游业持续健康发展，根据《中华人民共和国旅游法》《中华人民共和国安全生产法》《中华人民共和国突发事件应对法》《旅行社条例》和《生产安全事故报告和调查处理条例》等法律、行政法规，制定本办法。

第二条 旅游经营者的安全生产、旅游主管部门的安全监督管理，以及旅游突发事件的应对，应当遵守有关法律、法规和本办法的规定。

本办法所称旅游经营者，是指旅行社及地方性法规规定旅游主管部门负有行业监管职责的景区和饭店等单位。

第三条 各级旅游主管部门应当在同级人民政府的领导和上级旅游主管部门及有关部门的指导下，在职责范围内，依法对旅游安全工作进行指导、防范、监管、培训、统计分析和应急处理。

第四条 旅游经营者应当承担旅游安全的主体责任，加强安全管理，建立、健全安全管理制度，关注安全风险预警和提示，妥善应对旅游突发事件。

旅游从业人员应当严格遵守本单位的安全管理制度，接受安全生产教育和培训，增强旅游突发事件防范和应急处理能力。

第五条 旅游主管部门、旅游经营者及其从业人员应当依法履行旅游突发事件报告义务。

第二章 经营安全

第六条 旅游经营者应当遵守下列要求：

（一）服务场所、服务项目和设施设备符合有关安全法律、法规和强制性标准的要求；

（二）配备必要的安全和救援人员、设施设备；

（三）建立安全管理制度和责任体系；

（四）保证安全工作的资金投入。

第七条 旅游经营者应当定期检查本单位安全措施的落实情况，及时排除安全隐患；对可能发生的旅游突发事件及采取安全防范措施的情况，应当按照规定及时向所在地人民政府或者人民政府有关部门报告。

第八条 旅游经营者应当对其提供的产品和服务进行风险监测和安全评估，依法履行安全风险提示义务，必要时应当采取暂停服务、调整活动内容等措施。

经营高风险旅游项目或者向老年人、未成年人、残疾人提供旅游服务的，应当根据需要采取相应的安全保护措施。

第九条 旅游经营者应当对从业人员进行安全生

产教育和培训，保证从业人员掌握必要的安全生产知识、规章制度、操作规程、岗位技能和应急处理措施，知悉自身在安全生产方面的权利和义务。

旅游经营者建立安全生产教育和培训档案，如实记录安全生产教育和培训的时间、内容、参加人员以及考核结果等情况。

未经安全生产教育和培训合格的旅游从业人员，不得上岗作业；特种作业人员必须按照国家有关规定经专门的安全作业培训，取得相应资格。

第十条 旅游经营者应当主动询问与旅游活动相关的个人健康信息，要求旅游者按照明示的安全规程，使用旅游设施和接受服务，并要求旅游者对旅游经营者采取的安全防范措施予以配合。

第十一条 旅行社组织和接待旅游者，应当合理安排旅游行程，向合格的供应商订购产品和服务。

旅行社及其从业人员发现履行辅助人提供的服务不符合法律、法规规定或者存在安全隐患的，应当予以制止或者更换。

第十二条 旅行社组织出境旅游，应当制作安全信息卡。

安全信息卡应当包括旅游者姓名、出境证件号码和国籍，以及紧急情况下的联系人、联系方式等信息，使用中文和目的地官方语言（或者英文）填写。

旅行社应当将安全信息卡交由旅游者随身携带，并告知其自行填写血型、过敏药物和重大疾病等信息。

第十三条 旅游经营者应当依法制定旅游突发事件应急预案，与所在地县级以上地方人民政府及其相关部门的应急预案相衔接，并定期组织演练。

第十四条 旅游突发事件发生后，旅游经营者及其现场人员应当采取合理、必要的措施救助受害旅游者，控制事态发展，防止损害扩大。

旅游经营者应当按照履行统一领导职责或者组织处置突发事件的人民政府的要求，配合其采取的应急处置措施，并参加所在地人民政府组织的应急救援和善后处置工作。

旅游突发事件发生在境外的，旅行社及其领队应当在中国驻当地使领馆或者政府派出机构的指导下，全力做好突发事件应对处置工作。

第十五条 旅游突发事件发生后，旅游经营者的现场人员应当立即向本单位负责人报告，单位负责人接到报告后，应当于1小时内向发生地县级旅游主管部门、安全生产监督管理部门和负有安全生产监督管理职责的其他相关部门报告；旅行社负责人应当同时向单位所在地县级以上地方旅游主管部门报告。

情况紧急或者发生重大、特别重大旅游突发事件时，现场有关人员可直接向发生地、旅行社所在地县级以上旅游主管部门、安全生产监督管理部门和负有安全生产监督管理职责的其他相关部门报告。

旅游突发事件发生在境外的，旅游团队的领队应当立即向当地警方、中国驻当地使领馆或者政府派出机构，以及旅行社负责人报告。旅行社负责人应当在接到领队报告后1小时内，向单位所在地县级以上地方旅游主管部门报告。

第三章 风险提示

第十六条 国家建立旅游目的地安全风险（以下简称风险）提示制度。

根据可能对旅游者造成的危害程度、紧急程度和发展态势，风险提示级别分为一级（特别严重）、二级（严重）、三级（较重）和四级（一般），分别用红色、橙色、黄色和蓝色标示。

风险提示级别的划分标准，由国家旅游局会同外交、卫生、公安、国土、交通、气象、地震和海洋等有关部门制定或者确定。

第十七条 风险提示信息，应当包括风险类别、提示级别、可能影响的区域、起始时间、注意事项、应采取的措施和发布机关等内容。

一级、二级风险的结束时间能够与风险提示信息内容同时发布的，应当同时发布；无法同时发布的，待风险消失后通过原渠道补充发布。

三级、四级风险提示可以不发布风险结束时间，待风险消失后自然结束。

第十八条 风险提示发布后，旅行社应当根据风险级别采取下列措施：

（一）四级风险的，加强对旅游者的提示；

（二）三级风险的，采取必要的安全防范措施；

（三）二级风险的，停止组团或者带团前往风险区域；已在风险区域的，调整或者中止行程；

（四）一级风险的，停止组团或者带团前往风险区域，组织已在风险区域的旅游者撤离。

其他旅游经营者应当根据风险提示的级别，加强对旅游者的风险提示，采取相应的安全防范措施，妥善安置旅游者，并根据政府或者有关部门的要求，暂停或者关闭易受风险危害的旅游项目或者场所。

第十九条 风险提示发布后，旅游者应当关注相关风险，加强个人安全防范，并配合国家应对风险暂时限制旅游活动的措施，以及有关部门、机构或者旅游经营者采取的安全防范和应急处置措施。

第二十条 国家旅游局负责发布境外旅游目的地国家（地区），以及风险区域范围覆盖全国或者跨省级行政区域的风险提示。发布一级风险提示的，需经国务院批准；发布境外旅游目的地国家（地区）风险提示的，需经外交部门同意。

地方各级旅游主管部门应当及时转发上级旅游主管部门发布的风险提示，并负责发布前款规定之外涉及本辖区的风险提示。

第二十一条 风险提示信息应当通过官方网站、手机短信及公众易查阅的媒体渠道对外发布。一级、二级风险提示应同时通报有关媒体。

第四章 安全管理

第二十二条 旅游主管部门应当加强下列旅游安全日常管理工作：

（一）督促旅游经营者贯彻执行安全和应急管理的有关法律、法规，并引导其实施相关国家标准、行业标准或者地方标准，提高其安全经营和突发事件应对能力；

（二）指导旅游经营者组织开展从业人员的安全及应急管理培训，并通过新闻媒体等多种渠道，组织开展旅游安全及应急知识的宣传普及活动；

（三）统计分析本行政区域内发生旅游安全事故的情况；

（四）法律、法规规定的其他旅游安全管理工作。

旅游主管部门应当加强对星级饭店和A级景区旅游安全和应急管理工作的指导。

第二十三条 地方各级旅游主管部门应当根据有关法律、法规的规定，制定、修订本地区或者本部门旅游突发事件应急预案，并报上一级旅游主管部门备案，必要时组织应急演练。

第二十四条 地方各级旅游主管部门应当在当地人民政府的领导下，依法对景区符合安全开放条件进行指导，核定或者配合相关景区主管部门核定景区最大承载量，引导景区采取门票预约等方式控制景区流量；在旅游者数量可能达到最大承载量时，配合当地人民政府采取疏导、分流等措施。

第二十五条 旅游突发事件发生后，发生地县级以上旅游主管部门应当根据同级人民政府的要求和有关规定，启动旅游突发事件应急预案，并采取下列一项或者多项措施：

（一）组织或者协同、配合相关部门开展对旅游者的救助及善后处置，防止次生、衍生事件；

（二）协调医疗、救援和保险等机构对旅游者进行救助及善后处置；

（三）按照同级人民政府的要求，统一、准确、及时发布有关事态发展和应急处置工作的信息，并公布咨询电话。

第二十六条 旅游突发事件发生后，发生地县级以上旅游主管部门应当根据同级人民政府的要求和有关规定，参与旅游突发事件的调查，配合相关部门依法对应当承担事件责任的旅游经营者及其责任人进行处理。

第二十七条 各级旅游主管部门应当建立旅游突发事件报告制度。

第二十八条 旅游主管部门在接到旅游经营者依据本办法第十五条规定的报告后，应当向同级人民政府和上级旅游主管部门报告。一般旅游突发事件上报至设区的市级旅游主管部门；较大旅游突发事件逐级上报至省级旅游主管部门；重大和特别重大旅游突发事件逐级上报至国家旅游局。向上级旅游主管部门报告旅游突发事件，应当包括下列内容：

（一）事件发生的时间、地点、信息来源；

（二）简要经过、伤亡人数、影响范围；

（三）事件涉及的旅游经营者、其他有关单位的名称；

（四）事件发生原因及发展趋势的初步判断；

（五）采取的应急措施及处置情况；

（六）需要支持协助的事项；

（七）报告人姓名、单位及联系电话。

前款所列内容暂时无法确定的，应当先报告已知情况；报告后出现新情况的，应当及时补报、续报。

第二十九条 各级旅游主管部门应当建立旅游突发事件信息通报制度。旅游突发事件发生后，旅游主管部门应当及时将有关信息通报相关行业主管部门。

第三十条 旅游突发事件处置结束后，发生地旅游主管部门应当及时查明突发事件的发生经过和原因，总结突发事件应急处置工作的经验教训，制定改进措施，并在30日内按照下列程序提交总结报告：

（一）一般旅游突发事件向设区的市级旅游主管部门提交；

（二）较大旅游突发事件逐级向省级旅游主管部门提交；

（三）重大和特别重大旅游突发事件逐级向国家旅游局提交。

旅游团队在境外遇到突发事件的，由组团社所在地旅游主管部门提交总结报告。

第三十一条 省级旅游主管部门应当于每月5日前，将本地区上月发生的较大旅游突发事件报国家旅游局备案，内容应当包括突发事件发生的时间、地点、原因及事件类型和伤亡人数等。

第三十二条 县级以上地方各级旅游主管部门应

当定期统计分析本行政区域内发生旅游突发事件的情况，并于每年 1 月底前将上一年度相关情况逐级报国家旅游局。

第五章 罚　　则

第三十三条　旅游经营者及其主要负责人、旅游从业人员违反法律、法规有关安全生产和突发事件应对规定的，依照相关法律、法规处理。

第三十四条　旅行社违反本办法第十一条第二款的规定，未制止履行辅助人的非法、不安全服务行为，或者未更换履行辅助人的，由旅游主管部门给予警告，可并处 2000 元以下罚款；情节严重的，处 2000 元以上 10000 元以下罚款。

第三十五条　旅行社违反本办法第十二条的规定，不按要求制作安全信息卡，未将安全信息卡交由旅游者，或者未告知旅游者相关信息的，由旅游主管部门给予警告，可并处 2000 元以下罚款；情节严重的，处 2000 元以上 10000 元以下罚款。

第三十六条　旅行社违反本办法第十八条规定，不采取相应措施的，由旅游主管部门处 2000 元以下罚款；情节严重的，处 2000 元以上 10000 元以下罚款。

第三十七条　按照旅游业国家标准、行业标准评定的旅游经营者违反本办法规定的，由旅游主管部门建议评定组织依据相关标准作出处理。

第三十八条　旅游主管部门及其工作人员违反相关法律、法规及本办法规定，玩忽职守，未履行安全管理职责的，由有关部门责令改正，对直接负责的主管人员和其他直接责任人员依法给予处分。

第六章 附　　则

第三十九条　本办法所称旅游突发事件，是指突然发生，造成或者可能造成旅游者人身伤亡、财产损失，需要采取应急处置措施予以应对的自然灾害、事故灾难、公共卫生事件和社会安全事件。

根据旅游突发事件的性质、危害程度、可控性以及造成或者可能造成的影响，旅游突发事件一般分为特别重大、重大、较大和一般四级。

第四十条　本办法所称特别重大旅游突发事件，是指下列情形：

（一）造成或者可能造成人员死亡（含失踪）30 人以上或者重伤 100 人以上；

（二）旅游者 500 人以上滞留超过 24 小时，并对当地生产生活秩序造成严重影响；

（三）其他在境内外产生特别重大影响，并对旅游者人身、财产安全造成特别重大威胁的事件。

第四十一条　本办法所称重大旅游突发事件，是指下列情形：

（一）造成或者可能造成人员死亡（含失踪）10 人以上、30 人以下或者重伤 50 人以上、100 人以下；

（二）旅游者 200 人以上滞留超过 24 小时，对当地生产生活秩序造成较严重影响；

（三）其他在境内外产生重大影响，并对旅游者人身、财产安全造成重大威胁的事件。

第四十二条　本办法所称较大旅游突发事件，是指下列情形：

（一）造成或者可能造成人员死亡（含失踪）3 人以上 10 人以下或者重伤 10 人以上、50 人以下；

（二）旅游者 50 人以上、200 人以下滞留超过 24 小时，并对当地生产生活秩序造成较大影响；

（三）其他在境内外产生较大影响，并对旅游者人身、财产安全造成较大威胁的事件。

第四十三条　本办法所称一般旅游突发事件，是指下列情形：

（一）造成或者可能造成人员死亡（含失踪）3 人以下或者重伤 10 人以下；

（二）旅游者 50 人以下滞留超过 24 小时，并对当地生产生活秩序造成一定影响；

（三）其他在境内外产生一定影响，并对旅游者人身、财产安全造成一定威胁的事件。

第四十四条　本办法所称的"以上"包括本数；除第三十四条、第三十五条、第三十六条的规定外，所称的"以下"不包括本数。

第四十五条　本办法自 2016 年 12 月 1 日起施行。国家旅游局 1990 年 2 月 20 日发布的《旅游安全管理暂行办法》同时废止。

二、有关国家标准

GB/T 15499—1995 事故伤害损失工作日标准[①]

1 主题内容与适用范围

本标准规定了定量记录人体伤害程度的方法及伤害对应的损失工作日数值。

本标准适用于企业职工伤亡事故造成的身体伤害。

2 引用标准

GB 6441 企业职工伤亡事故分类

GB 7794 职业性急性有机磷农药中毒 诊断标准及处理原则

GB 7799 职业性急性丙烯腈中毒 诊断标准及处理原则

GB 7800 职业性急性氨中毒 诊断标准及处理原则

GB 8781 职业性急性一氧化碳中毒 诊断标准及处理原则

GB 8787 职业性急性光气中毒 诊断标准及处理原则

GB 8789 职业性急性硫化氢中毒 诊断标准及处理原则

GB 11533 标准对数视力表

3 术语

3.1

累积伤害 accumulated injury

同一、同名肢体、或器官、或组织系统的多处伤害。

3.2

共存伤害 coexistant injuty

功能无关的肢体、器官、组织系统的伤害。

3.3

损失工作日 lost workdays

指被伤害者失能的工作时间。

3.4

损伤 injury

受伤害人员心理、生理、功能或解剖组织学上异常或缺失。

4 肢体损伤

4.1 截肢部位损失工作日数换算表

表1

手					
	拇指	食指	中指	无名指	小指
远节指骨	300 (330)	100 (120)	75 (90)	60 (70)	50 (60)
中节指骨	—	200 (240)	150 (180)	120 (140)	100 (120)
近节指骨	600 (660)	400 (440)	300 (330)	240 (280)	200 (240)
掌骨	900 (990)	600 (660)	500 (550)	450 (500)	400 (480)
腕部截肢	3000 (3600)				

[①] 《事故伤害损失工作日标准》（The lost workday standard for injury accidents）由中华人民共和国劳动部提出，由黑龙江省劳动保护科学技术研究所负责起草，1995年3月10日批准，1995年10月1日实施。主要起草人：吴道成、车德仁、王鸿学、岳武、张滨娣、许同瑞、于永娜、王玉林、赵子诚、陈礼明、高长河、张林英、安瑞霓、吕建敏。

为了维护人民群众的利益，使在生产安全事故中受到工伤的人员得到合理的赔偿，结合我国实际情况制定本标准。本标准明确了在生产安全事故的调查处理和统计工作中，事故造成的轻伤、重伤的划分依据，规定了定量记录人体伤害程度的方法及伤害对应的损失工作日数值，对于科学、规范地分析评判企业职工伤亡事故造成的身体伤害、保障职工权益具有重要意义。

表1（续）

脚					
拇趾	二趾	三趾	四趾	小趾	
远节趾骨	150	35	35	35	35
中节趾骨	—	75	75	75	75
近节趾骨	300	150	150	150	150
跖骨、跗骨	600	350	350	350	350
踝部	2400				
上肢					
肘关节以上任一部位（包括肩关节）	4 500 (4 700)				
腕以上任一部位，且在肘关节或低于肘关节	3 600 (3 800)				
下肢					
膝关节以上任一部位（包括髋关节）	4 500				
踝部以上，且在或低于膝关节	3 000				

注：表中括号内数值为利手对应值。

4.2 肢体瘫和丧失功能
4.2.1 肢体瘫与肌力损失换算表

表2

肌力分级	0级	1级	2级	3级	4级	5级
取表1对应数值的	100%	100%	90%	66%	25%	0

4.2.2 单纯骨折损失工作日换算表

表3

骨折部位	损失工作日
4.2.2.1 锁骨	120
4.2.2.2 锁骨（手术治疗）	170
4.2.2.3 肋骨	110
4.2.2.4 肋骨（手术治疗）	160
4.2.2.5 肩甲骨骨折	110
4.2.2.6 肩胛关节盂	110

表3（续）

骨折部位	损失工作日
4.2.2.7 肩胛颈	110
4.2.2.8 肩峰骨折伴骨折移位	150
4.2.2.9 肱骨髁骨折	260
4.2.2.10 肱骨头外科颈	270
4.2.2.11 肱骨颈	270
4.2.2.12 肱骨干骨折	300
4.2.2.13 肱骨髁上中下	260
4.2.2.14 肱骨小头骨折	350
4.2.2.15 尺骨鹰嘴骨折	110
4.2.2.16 尺骨干骨折	130
4.2.2.17 桡骨头骨折	110
4.2.2.18 桡骨下端骨折	140
4.2.2.19 桡骨干骨折	130
4.2.2.20 舟状骨	220
4.2.2.21 月骨	190
4.2.2.22 其他腕骨	170
4.2.2.23 耻骨单支	160
4.2.2.24 髂骨翼	200
4.2.2.25 骶骨骨折	50
4.2.2.26 尾骨	50
4.2.2.27 骨盆前半环移位骨折	250
4.2.2.28 骨盆后半环移位	350
4.2.2.29 股骨颈关节囊内骨折	350
4.2.2.30 股骨颈关节囊外骨折	300
4.2.2.31 股骨头	310
4.2.2.32 臀肌粗隆	200
4.2.2.33 股骨干	300
4.2.2.34 骰骨髁骨折	200
4.2.2.35 髌骨	190
4.2.2.36 胫骨干	160
4.2.2.37 腓骨干	160
4.2.2.38 胫骨粗隆骨折	115
4.2.2.39 胫骨髁骨折	145
4.2.2.40 踝部内踝骨折	175
4.2.2.41 踝部外踝骨折	115
4.2.2.42 距骨	155

表3（续）

骨折部位	损失工作日
4.2.2.43 跟骨	155
4.2.2.44 跟骨骨折波及距跟关节	255
4.2.2.45 舟骨	205
4.2.2.46 胸骨	300
4.2.2.47 胸椎横突	75
4.2.2.48 单纯腰椎关节突	180
4.2.2.49 腰椎压缩骨折	180
4.2.2.50 腰椎横突	170
4.2.2.51 腰椎棘突	170
4.2.2.52 腰椎稳定性骨折	185
4.2.2.53 腰椎非稳定性骨折	480
4.2.2.54 环椎	380
4.2.2.55 颈7椎或胸椎棘突	170
4.2.2.56 颈椎	300
4.2.2.57 鼻骨	30
4.2.2.58 上颌骨	160
4.2.2.59 下颌骨	160
4.2.2.60 颧骨	110

注：开放性骨折按表3数值乘以1.5取值；闭合性裂纹型骨折乘以0.5取值。

4.2.3 手、足单纯骨折损失工作日数换算表

表4

手					
	拇指	食指	中指	无名指	小指
远节指骨	60	50	40	35	30
中节指骨	—	55	40	35	30
近节指骨	60	60	60	50	40
掌骨	70	60	60	60	60
足					
	拇趾	二趾	三趾	四趾	小趾
远节趾骨	50	20	20	20	20
中节趾骨	—	40	40	40	40
近节趾骨	60	55	55	55	55
断骨、跗骨	65	60	60	60	60

4.2.4 肢体功能障碍

表5

功 能 损 伤 与 部 位	损失工作日
4.2.4.1 肩关节强直、畸形	1 000
4.2.4.2 肩关节活动度丧失50%	600
4.2.4.3 肘关节强直	700
4.2.4.4 肘关节活动限制在功能位活动度小于10°或丧失50%	400
4.2.4.5 前臂骨折畸形，愈后强直在旋前位或者旋后位	600
4.2.4.6 腕关节强直、挛缩畸形	1 500
4.2.4.7 腕关节运动活动度丧失50%	1 000
4.2.4.8 一手功能不能对指和握物	600
4.2.4.9 髋关节强直、挛缩畸形	2 000
4.2.4.10 髋关节运动活动度丧失50%	1 000
4.2.4.11 膝关节强直、挛缩畸形	600
4.2.4.12 膝关节运动活动度丧失达50%	1 500

表5（续）

功 能 损 伤 与 部 位	损失工作日
4.2.4.13 开放性踝关节骨折致成踝关节强直、挛缩畸形	3 000
4.2.4.14 股骨或胫腓骨折并发假关节	2 400
4.2.4.15 股骨或胫腓骨折畸形愈合，骨折成角畸形大于150°，下肢缩短4 cm以上	3 000
4.2.4.16 股骨或胫腓骨折畸形愈合，骨折成角畸形大于150°，下肢缩短5 cm以上	3 000
4.2.4.17 股骨或胫腓骨折畸形愈合，骨折成角达到30°或严重旋转畸形	1 000
4.2.4.18 下肢骨折畸形愈合肢体短缩3 cm以上	1 500
4.2.4.19 四肢长管骨骨折并发慢性骨髓炎	1 500
4.2.4.20 长管状骨折形成假关节需手术者	30
4.2.4.21 肩、肘、指、趾关节脱位经手法复位无明显并发症及后遗症者	50
4.2.4.22 指甲脱落在两个及以上	70
4.2.4.23 四肢软组织创口愈合，血肿吸收，功能良好	25
4.2.4.24 四肢软组织损伤，愈后能形成疤痕，有轻度活动受限	70
4.2.4.25 四肢关节附属结构损伤，关节肿胀消退、积液吸收，关节活动不受限，无外伤性关节炎	100
4.2.4.26 四肢关节附属结构损伤，关节肿胀消退、积液吸收，关节活动轻度受限	180
4.2.4.27 四肢关节有脱位，愈合基本复位，关节有痛感，关节活动轻度受限	200
4.2.4.28 一手肌腱损伤愈合，伸屈功能良好	60
4.2.4.29 一手肌腱损伤愈合，伸屈功能轻度障碍但能完成功能活动	300
4.2.4.30 一手皮肤套状撕脱伤	1 000
4.2.4.31 一脚皮肤套状撕脱伤	1 200

5 眼部损伤

表6

功 能 损 伤 与 部 位	损失工作日
5.1 五级盲	6 000A
5.2 四级盲	6 000B
5.3 三级盲	6 000C
5.4 一眼盲，另眼视力正常	1 800
5.5 视野损伤	
5.5.1 双眼视野≤80%（或半径≤50°）	1 200
5.5.2 双眼视野≤64%（或半径≤40°）	1 760
5.5.3 双眼视野≤48%（或半径≤30°）	2 400
5.5.4 双眼视野≤40%（或半径≤25°）	3 200
5.5.5 双眼视野≤32%（或半径≤20°）	4 400
5.5.6 双眼视野≤24%（或半径≤15°）	6 000C
5.5.7 双眼视野≤8%（或半径≤5°）	6 000B

表6（续）

功 能 损 伤 与 部 位	损失工作日
5.6 眼睑损伤	
5.6.1 眼睑血肿	10~14
5.6.2 眼睑裂伤	5~10
5.6.3 眼睑裂伤伴后遗症	50~300
5.6.4 眼睑损伤创口愈合，眼睑闭合不全或外翻	800
5.6.5 眼睑损伤合并提上睑肌损伤，上睑下垂盖及瞳孔三分之一者	1 200
5.7 泪器损伤后溢泪，手术无法改进者	800
5.8 眼外肌损伤致麻痹性斜视	600
5.9 眼眶损伤	
5.9.1 未累及眼球	50
5.9.2 累及眼球并后遗症	600
5.9.3 眶内异物未取出者	50
5.10 结膜损伤	
5.10.1 出血或充血，能自行吸收者	5
5.10.2 后遗睑球粘连伴眼运动障碍	1 200
5.11 角膜损伤	
5.11.1 无后遗症	10~30
5.12 角巩膜损伤	
5.12.1 浅层损伤无后遗症	10~30
5.12.2 深层损伤伴并发症	50~100
5.12.3 深层损伤伴严重后遗症（包括眼内遗物）	500
5.13 虹膜睫状体损伤	
5.13.1 外伤性虹膜炎	50~100
5.13.2 瞳孔永久性散大；虹膜根部离断	600
5.13.3 前房出血	20~30
5.13.4 前房出血致角膜血染	600
5.14 晶状体损伤	
5.14.1 外伤性白内障（Ⅰ~Ⅱ期）	300~600
5.14.2 外伤性白内障（Ⅲ期）	800
5.14.3 无晶状体眼视力可矫正	700
5.14.4 晶体脱位	300
5.15 玻璃体积血	150~600
5.16 眼底损伤	100~600
5.17 外伤性青光眼	1 200
5.18 球内异物未取出者	700
5.19 一侧眼球摘除者	2 400

注：表中6 000损失工作日数值后的A、B、C表示严重程度等级（下文同）。

5.20 视力损失工作日数值换算表

表7

右眼\左眼	1.0~0.9	0.8	0.7	0.6	0.5	0.4	0.3	0.2	0.15	0.1	0.06	0.05	0.02
1.0~0.9	0	0	120	180	240	290	540	720	960	1 200	1 380	1 500	1 620
0.8	0	0	180	240	290	420	600	840	1 080	1 320	1 440	1 560	1 680
0.7	120	180	240	290	360	480	720	960	1 200	1 440	1 560	1 680	1 800
0.6	180	240	290	360	420	600	840	1 140	1 320	1 560	1 740	1 920	2 100
0.5	240	290	360	420	480	720	1 020	1 320	1 500	1 680	1 920	2 160	2 400
0.4	290	420	480	600	720	960	1 200	1 500	1 680	1 860	2 100	2 400	2 700
0.3	540	600	720	840	1 020	1 200	1 500	1 980	2 280	2 520	2 820	3 120	3 600
0.2	720	840	960	1 140	1 320	1 500	1 980	2 820	3 300	3 600	4 020	4 500	4 800
0.15	960	1 080	1 200	1 320	1 500	1 680	2 280	3 300	3 780	4 200	4 680	4 980	5 280
0.1	1 200	1 320	1 440	1 560	1 680	1 860	2 520	3 600	4 200	4 800	5 100	5 400	5 700
0.06	1 380	1 440	1 560	1 740	1 920	2 100	2 820	4 020	4 680	5 100	5 520	5 700	5 880
0.05	1 500	1 560	1 680	1 920	2 160	2 400	3 120	4 500	4 980	5 400	5 700	5 880	6 000
0.02	1 620	1 680	1 800	2 100	2 400	2 700	3 600	4 800	5 280	5 700	5 880	6 000	6 000

6 鼻部损伤

表8

功能损伤与部位	损失工作日
6.1 外鼻挫伤创口愈合，肿胀消退，鼻腔能通畅	30
6.2 鼻骨骨折、鼻部轻度变形	100
6.3 鼻脱落者	2 000
6.4 鼻局部缺损致使嗅觉功能显著障碍者	1 000
6.5 鼻骨粉碎性骨折或鼻骨线形骨折，伴有明显移位者，需手术整复者	300
6.6 单纯性无移位性鼻骨骨折	60
6.7 单侧鼻腔或鼻孔闭锁	400
6.8 鼻中隔穿孔	90

7 耳部损伤

表9

功能损伤与部位	损失工作日
7.1 耳轮开放性损伤轻度血肿，或无缺损的撕裂伤，愈后无明显外形改变	20
7.2 耳轮开放性损伤明显变形	150
7.3 鼓膜充血未穿孔，无明显听力减退	20
7.4 外伤性鼓膜穿孔（鼓膜能形成疤痕与听力损失叠加计算）	

表9（续）

功　能　损　伤　与　部　位	损失工作日
7.4.1　单侧	50
7.4.2　双侧	100
7.5　耳廓缺损	
7.5.1　一耳、两耳缺损三分之二	600
7.5.2　1/5＜一耳、两耳缺损＜1/3	300
7.5.3　1/10＜一耳、两耳缺损≤1/5	200
7.5.4　一耳、两耳缺损≤1/10	100
7.5.5　一耳再造	300
7.5.6　两耳再造	600
7.6　外耳道损伤，愈后外耳道基本畅通	30
7.7　外耳道损伤，愈后外耳道部分狭窄，但不影响听力	90

7.8　听力损伤工作日数值换算表

表10

≥91	≥81	≥71	≥56	≥41	≥31	≥26	正常	左耳 dB / 右耳 dB
1 200	1 000	800	280	220	200	80	0	正常
1 400	1 100	900	400	280	220	200	80	≥26
2 000	1 200	1 100	900	290	280	220	200	≥31
2 200	2 000	1 200	1 100	900	290	280	220	≥41
2 600	2 400	2 000	1 200	1 100	900	400	280	≥56
3 000	2 800	2 400	2 000	1 200	1 000	900	800	≥71
3 400	3 200	2 800	2 400	2 000	1 200	1 100	1 000	≥81
4 400	3 400	3 000	2 600	2 200	2 000	1 400	1 200	≥91

8　口腔颌面部损伤

表11

功　能　损　伤　与　部　位	损失工作日
8.1　上唇或下唇损伤影响发音	300
8.2　上唇或下唇损伤影响发音、美观及进食功能，整形手术不能达到功能恢复者	900
8.3　颌下腺、舌下腺损伤伴有功能障碍	150
8.4　腮腺损伤伴有面神经麻痹及涎瘘	900
8.5　舌体损伤愈后，无功能障碍者	15
8.6　舌缺损，经整复手术只能部分恢复语言功能	1 500
8.7　舌下神经一侧损伤或神经一侧损伤引起舌运动及感觉功能障碍	900
8.8　口腔颌面部损伤，影响语言功能部分丧失或全部丧失	2 000~3 000

表 11（续）

功能损伤与部位	损失工作日
8.9 口腔颌面部损伤，引起吞咽功能（舌腭缺损）丧失不影响面容者	25
8.10 颌面软组织非贯穿性挫裂伤1~2处，创口长度不超过2 cm	25
8.11 面部软组织单个创口长度3.5 cm，或者创口累计长度达5 cm，或小于长度的颌面部穿透创	260
8.12 面部损伤能遗有明显疤痕	
8.12.1 单条长3 cm 或者长度达4 cm	260
8.12.2 单块面积2 cm² 或者累计面积达3 cm²	400
8.12.3 影响面容的色素沉着面积达6 cm²	700
8.13 面部损伤能遗有明显疤痕	
8.13.1 单块面积相当4 cm²，条状疤痕单条长5 cm	800
8.13.2 两块面积相当7 cm²，条状疤痕两条累计长度8 cm	900
8.13.3 三块以上面积相当9 cm²；条状疤痕三条以上累计长度10 cm	1 200
8.14 面部损伤留有散在的细小疤痕，范围达面部30%	1 000
8.15 三叉神经损伤，面感觉障碍	200
8.16 面神经损伤	
8.16.1 不完全性面瘫	300
8.16.2 完全性面瘫，需行吻合手术者	600
8.17 颈部损伤引起一侧颈动脉、椎动脉血栓形成，颈动、静脉瘘或者假性动脉瘤	800

8.18 牙齿脱落损失工作日数值换算表

表 12

脱落、折断或手术矫正牙齿数	1	2	3	4	5	6	7	8	9	10	11	12	13	14
损失工作日数	20	80	180	300	350	400	450	500	550	600	650	700	750	800

8.19 颧骨、上下颌骨骨折、颞下颌关节损伤

表 13

功能损伤与部位	损失工作日
8.19.1 上或下颌骨骨折愈合后，咬合功能良好，轻度影响咀嚼功能	200
8.19.2 上或下颌骨骨折愈合后，有错合畸形，开口受限	
8.19.2.1 Ⅰ度	200
8.19.2.2 Ⅱ度	1 200
8.19.2.3 Ⅲ度	2 400
8.19.3 上下颌骨合并骨折，治愈后有中枢及周围神经症状，影响功能	2 000

9 头皮、颅脑损伤

表14

功 能 损 伤 与 部 位	损失工作日
9.1 头皮损伤	
9.1.1 头皮血肿,不经手术能治愈者	20
9.1.2 头皮血肿,经穿刺抽血和加压包扎后,短期内能吸收自愈者	25
9.1.3 头皮血肿,需手术者	60
9.2 头皮裂伤	
9.2.1 头皮锐器创、挫裂创1~2处,其累计总长度在8 cm以下未损及骨膜	30
9.2.2 锐器创、创口累计长度达8 cm	60
9.2.3 钝器创、创口累计长度达6 cm	60
9.3 头皮撕脱伤	
9.3.1 撕脱面积<20 cm^2	200
9.3.2 撕脱面积=20 cm^2	300
9.3.3 撕脱面积>20 cm^2	400
9.3.4 撕脱面积达头皮面积25%,有失血性休克者	600
9.3.5 撕脱面积达头皮面积50%	1 000
9.3.6 全头皮撕脱	2 000
9.4 头皮缺损	
9.4.1 头皮缺损达10 cm^2	300
9.4.2 头皮缺损达全头皮25%	900
9.4.3 头皮缺损达全头皮25%以上	2 400
9.4.4 头皮大部分缺损	3 000
9.5 颅骨骨折	
9.5.1 颅盖骨单纯线状骨折,创口愈合血肿吸收,不伴有颅神经损伤症状	150
9.5.2 颅盖骨多发性骨折	400
9.5.3 颅盖骨凹陷性骨折	400
9.5.4 颅盖骨凹陷性骨折需手术整复,非功能区超过0.5 cm×20 cm	1 000
9.5.5 颅盖骨凹陷性骨折需手术整复,功能区超过0.5 cm×20 cm	1 500
9.5.6 眶部骨折	
9.5.6.1 单纯闭合骨折	90
9.5.6.2 单纯开放骨折	150
9.5.6.3 遗有眶部轻度变形	250
9.5.6.4 与健侧相比,遗有容貌明显改变	700
9.5.7 颌面软组织及颌骨外伤缺损遗有神经症状影响功能者	680
9.5.8 吞咽、迷走神经损伤、呛咳、误咽、声音嘶哑	2 300
9.5.9 咀嚼、咽下功能能遗有显著障碍者	3 000

表 14（续）

功 能 损 伤 与 部 位	损失工作日
9.5.10 吞咽、迷走神经损伤，遗有吞咽神经痛	3 500
9.6 颅底骨折不伴有颅神经损伤，仅有脑脊液漏者	400
9.7 头部损伤，当时无意识障碍，有主诉症状，但临床神经系统检查无客观体征	60
9.8 轻型颅脑损伤	
9.8.1 头部损伤，有原发性意识障碍，伴有逆行性健忘，无颅骨骨折，无神经定位体征，仅有头痛、头迷等症状	200
9.8.2 头部损伤颅骨骨折，遗有头痛、头迷等症状，神经系统无阳性体征，头颅CT无脑实质损害，脑电图有轻度异常	400
9.9 中型颅脑损伤	
9.9.1 仅有脑挫伤，头颅CT证实有挫伤，神经系统有或无阳性体征，脑电图有中度以上异常改变者	600
9.9.2 脑挫裂伤，伴有蛛网膜下腔出血，腰椎穿刺有血性脑脊液	1 000
9.9.3 脑挫裂伤．蛛网膜下腔出血和颅骨骨折	1 200
9.9.4 脑挫裂伤和凹陷性骨折需手术者	1 500
9.10 重型颅脑损伤	
9.10.1 颅内血肿	
9.10.1.1 硬脑膜外血肿需手术清除者	1 200
9.10.1.2 硬脑膜下血肿需手术清除者	1 500
9.10.1.3 脑内单发血肿需手术清除者	2 000
9.10.1.4 颅内多发性血肿需手术清除者	3 000
9.10.1.5 广泛脑挫裂伤合并小血肿不需手术者	2 000
9.10.2 脑干损伤	
9.10.2.1 轻度	700
9.10.2.2 中度	3 000
9.10.2.3 重度	5 000
9.10.2.4 极重型	6 000
9.11 颅脑损伤合并症	
9.11.1 头皮感染合并颅骨骨髓炎	1 000
9.11.2 化脓性脑膜炎	1 500
9.11.3 外伤性脑脓肿	2 000
9.11.4 颅骨缺损，需行颅骨成形术者	800
9.11.5 颅底骨折伴有脑脊液漏（鼻、耳漏）	
9.11.5.1 不需手术者，有不全面听神经损伤	1 000
9.11.5.2 颅神经损伤，需要手术修复者	2 000
9.11.5.3 不能修复者	2 500
9.11.6 颅底骨折合并嗅神经损伤，单侧	300
9.11.7 颅底骨折合并嗅神经损伤，双侧	800

表 14（续）

功 能 损 伤 与 部 位	损失工作日
9.11.8 颅底骨折合并视神经损伤，单侧	2 000
9.11.9 颅底骨折合并视神经损伤，双侧	3 000
9.11.10 前庭神经损伤、脑晕、平衡障碍或有呕吐者	700
9.12 颅内异物，有功能障碍者	2 000
9.13 脑外伤遗有失语	
9.13.1 不完全失语	2 300
9.13.2 完全运动性失语	4 000
9.13.3 完全感觉性或混合性失语	6 000
9.13.4 不完全性失用、失写、失读、失认等	1 000
9.13.5 完全性失用、失写、失读、失认等	2 300
9.14 脑外伤性癫痫	
9.14.1 用抗癫痫药物能控制者	1 200
9.14.2 每月大发作一次，小发作平均每周一次	2 400
9.14.3 每月大发作二次，小发作二次以上	6 000
9.15 颅脑损伤致其他症与并发症	
9.15.1 外伤性颈内动脉海绵窦瘘	2 000
9.15.2 垂体功能低下综合症	3 500
9.15.3 尿崩症	3 000
9.16 外伤性智力损伤	
9.16.1 轻微适应缺陷	850
9.16.2 轻度适应缺陷	2 300
9.16.3 中度适应缺陷	4 000
9.16.4 重度适应缺陷	6 000C
9.16.5 极重度适应缺陷	6 000A
9.17 精神病症状	
9.17.1 人格改变	1 200
9.17.2 精神病症状影响职业劳动	2 400
9.17.3 精神病症状致使缺乏社交能力	4 400
9.17.4 精神病症状表现为危险或冲动行为	6 000C
9.17.5 精神病症状缺乏生活自理能力	6 000B

10 颈部损伤

表 15

功 能 损 伤 与 部 位	损失工作日
10.1 甲状腺损伤	
10.1.1 伴有喉返神经损伤致使功能严重障碍	1 000

表15（续）

功 能 损 伤 与 部 位	损失工作日
10.1.2　甲状腺功能轻度损伤	1 200
10.1.3　甲状腺功能中度损伤	2 400
10.1.4　甲状腺功能重度损伤	4 400
10.2　甲状旁腺损伤	
10.2.1　甲状旁腺功能轻度损伤	300
10.2.2　甲状旁腺功能中度损伤	1 700
10.2.3　甲状旁腺功能重度损伤	5 000
10.3　胸导管损伤致乳糜胸，保守治疗可痊愈者	150
10.4　胸导管损伤致乳糜胸，需手术治疗	500
10.5　喉损伤，遗有喉狭窄声带轻度麻痹，能基本发音和呼吸	800
10.6　喉损伤，引起喉狭窄影响发音及呼吸者	1 600
10.7　颈部创口1~2处，单创口长度不超过5 cm，无运动功能障碍	25

11　胸部损伤

表16

功 能 损 伤 与 部 位	损失工作日
11.1　胸部严重挤压伤不影响呼吸功能致成胸壁组织缺损或胸壁组织疤痕挛缩	
11.1.1　损伤面积占体表面积1%	60
11.1.2　损伤面积占体表面积2%	120
11.1.3　损伤面积占体表面积3%	300
11.1.4　多发性肋骨骨折出现胸壁浮动，反常呼吸、呼吸困难	800
11.2　胸部外伤致成胸壁组织缺损，或胸壁组织疤痕挛缩其面积占体表面积3%以上者，且影响呼吸功能和胸部活动的	
11.2.1　轻微	600
11.2.2　中度	1 200
11.2.3　重度	1 700
11.3　胸部严重挤压伤	
11.3.1　致使循环、呼吸运动障碍，愈后症状消失，心、肺功能恢复正常	250
11.3.2　致使循环障碍，合并呼吸窘迫综合症（ARDS），愈后心、肺功能不良	2 500
11.3.3　致使颅内出血，肺合并呼吸窘迫综合症（ARDS），肾合并挤压综合症	4 000
11.4　女性乳房损伤，导致一侧乳房部分缺失或乳腺导管损伤	200
11.5　女性一侧乳房缺失，双侧乳房丧失哺乳功能（未婚、育龄女性）	1 200
11.6　闭合性气胸	
11.6.1　小量气胸，有轻度呼吸加快，愈后无不良改变	50
11.6.2　积气多、呼吸困难，呼吸音减弱或消失，愈后无症状	90
11.7　开放性气胸，严重缺氧、紫绀，常伴有休克，并遗有二级呼吸困难	300

表 16（续）

功能损伤与部位	损失工作日
11.8 张力性气胸，愈后症状消失	150
11.9 张力性气胸，愈后遗有呼吸困难二级	300
11.10 外伤性血胸	
11.10.1 小量血胸，无明显症状和体征	150
11.10.2 中等量以上血胸有明显症状和体征，可伴有休克，愈后有轻度胸膜粘连	600
11.10.3 进行性血胸，迟发性血胸，凝固性血胸，呼吸困难，需剖胸手术治疗	1 200
11.10.4 胸壁异物滞留	200~600
11.10.5 血气胸行单纯闭式引流术后，胸膜粘连增厚	500
11.11 胸部外伤致成脓胸	
11.11.1 单纯胸腔闭式引流可治愈，愈后不影响呼吸功能	200
11.11.2 局限性脓胸行部分胸改术	1 800
11.11.3 需胸廓改形术治疗，术后明显影响呼吸功能，呼吸困难在二级以上者	2 300
11.11.4 胸改术后，呼吸困难在三级以上者	4 000
11.11.5 一侧胸改术后，切除六根肋骨以上	6 000C
11.11.6 胸部外伤致成支气管胸膜瘘、脓胸	2 000
11.11.7 胸部外伤致成脓胸治疗后遗有呼吸困难四级	6 000
11.12 胸部外伤致成呼吸窘迫综合症	
11.12.1 纵隔气肿	1 000
11.12.2 纵隔脓肿	2 500
11.12.3 纵隔炎	2 000
11.13 食管损伤	
11.13.1 愈后能进普通饮食者	200
11.13.2 食道狭窄，能进半流食者	1 000
11.13.3 食道狭窄，只能进全流食者	3 500
11.13.4 食管切除术后进食正常者	1 000
11.13.5 食管重建术后并返流食管炎	2 300
11.13.6 食管重建术后吻合口狭窄，仅能进半流食者	2 400
11.13.7 食管重建术后吻合口狭窄，仅能进流食者	4 500
11.13.8 食管闭锁或切除后摄食依赖胃造瘘者	6 000B
11.14 气管、支气管破裂，保守治疗可治愈，愈后功能良好	300
11.15 气管、支气管破裂，需重建呼吸道，术后呼吸通畅，呼吸功能良好	1 000
11.16 肺爆震伤	
11.16.1 轻者：胸痛、胸闷、咳嗽、咳泡沫样血痰，愈后症状消失，肺功能正常	400
11.16.2 重者：烦燥不安、呼吸困难、紫绀，甚至休克	1 000
11.17 肺破裂，肺损伤形成较大的肺内血肿，或间质出血，合并血气胸严重影响呼吸功能	2 000
11.18 长管状骨骨折，致成肺脂肪栓塞综合症	4 000

表 16（续）

功 能 损 伤 与 部 位	损失工作日
11.19　肺损伤	
11.19.1　肺修补术	800
11.19.2　肺内异物滞留或异物摘除术后	900
11.19.3　支气管成形术	800
11.20　肺切除	
11.20.1　肺段切除	1 200
11.20.2　肺段切除，肺功能轻度损害	1 700
11.20.3　肺叶切除，并肺段或楔形切除	2 400
11.20.4　双肺叶切除	4 000
11.20.5　肺叶切除后，并部分胸改术	3 800
11.20.6　一侧全肺切除术后肺功能中度损伤	4 400
11.20.7　一侧全肺切除，并胸廓改形术	6 000C
11.21　心脏、血管损伤	
11.21.1　心脏挫伤，有心律失常；如心房纤颤、室性心动过速	4 500
11.21.2　心包破裂、心包异物，需手术者	800
11.21.3　心脏或大血管损伤并有心包填塞、损伤性动脉瘤	3 000~5 000
11.21.4　心脏修补术	1 190
11.21.5　大血管修补术	800
11.21.6　心脏异物滞留或异物摘除术后	1 100
11.21.7　血管代用品重建血管	1 200
11.21.8　冠状动脉旁路移植术	3 100
11.21.9　瓣膜置换术后	4 000
11.21.10　瓣膜置换术后，心功能不全二级	5 000
11.21.11　瓣膜置换术后，心功能不全三级	6 000B
11.21.12　心脏损伤Ⅲ度房室传导阻滞	6 000C
11.22　创伤性膈肌破裂致成膈疝	1 000
11.23　膈肌修补术	600

12　腹部损伤

表 17

功 能 损 伤 与 部 位	损失工作日
12.1　腹壁损伤	
12.1.1　单纯腹壁损伤，创口愈合，血肿吸收	30
12.1.2　损伤疤痕收缩，活动有疼痛感	100
12.1.3　腹壁缺损 10 cm² 左右	1 200

表 17（续）

功 能 损 伤 与 部 位	损失工作日
12.1.4 腹壁缺损大于腹壁的四分之一	2 400
12.2 腹膜后间隙损伤	
12.2.1 愈后血肿吸收，轻度腹胀	200
12.2.2 神经丛损伤致持久严重腹胀	400
12.3 腹部损伤致使腹腔积血，需剖腹手术探察	400
12.4 实质器官损伤（肝、脾、肾）保守疗法可治愈	350
12.5 实质器官损伤，切口愈合有轻度腹胀	750
12.6 肾损伤	
12.6.1 一侧肾全切除，另一侧肾正常	2 500
12.6.2 一侧肾脏破裂引起出血性休克，肾脏损伤后期伴有肾性高血压、肾功能障碍	3 000
12.6.3 一侧肾切除，对侧肾功能不全代偿期	4 000
12.6.4 一侧肾切除，对侧肾功能不全失代偿期	6 000C
12.6.5 一侧肾切除，对侧肾部分切除后，肾功能不全失代偿期	6 000B
12.6.6 双肾切除，能用透析维持或同种异体肾移植术	6 000A
12.7 脾摘除	
12.7.1 30 岁以上摘除者	1 400
12.7.2 30 岁以下摘除者	2 500
12.8 空腔器官损伤（胃、肠、胆囊）伴有疝，手术修复，影响功能	700
12.9 胃切除	
12.9.1 胃部分切除	500
12.9.2 胃切除二分之一	800
12.9.3 胃切除三分之二	1 200
12.9.4 胃切除四分之三	2 400
12.9.5 胃全切	4 400
12.10 肠损伤	
12.10.1 腹部损伤致使空腔脏器穿孔术后合并腹膜炎	1 000
12.10.2 腹部损伤致使肠梗阻或者肠瘘者发作频繁	2 500
12.10.3 腹部损伤致使肠梗阻或者肠瘘者发作不频繁	1 500
12.11 小肠切除	
12.11.1 小肠切除<1/3	400
12.11.2 小肠切除≥1/3	800
12.11.3 小肠切除三分之一，并回盲部切除	1 200
12.11.4 小肠切除≥1/2	1 800
12.11.5 小肠切除三分之二，保留回盲部	2 400
12.11.6 小肠切除三分之二，回盲部也切除，施行逆蠕动吻合术	3 200

表 17（续）

功 能 损 伤 与 部 位	损失工作日
12.11.7 小肠切除四分之三，施行逆蠕动吻合术	4 400
12.11.8 小肠切除四分之三，未施行逆蠕动吻合术	6 000C
12.11.9 小肠切除>3/4，未施行逆蠕动吻合术	6 000B
12.11.10 小肠切除90%以上	6 000A
12.11.11 结肠部分切除	600
12.11.12 右、左横结肠大部分切除	850
12.11.13 右半结肠切除	1 000
12.11.14 外伤致直肠脱出，治疗后效果不佳	800
12.11.15 左半结肠切除	1 200
12.11.16 乙状结肠或回盲部切除	700
12.11.17 会阴部损伤后，肛门排便轻度障碍	1 700
12.11.18 会阴部损伤后，肛门排便重度障碍	4 000
12.11.19 直肠、肛门、结肠部分切除，结肠造瘘	2 600
12.11.20 全结肠、直肠、肛门切除，回肠造瘘	5 000
12.12 肝损伤	
12.12.1 肝外伤、合并胆瘘	1 500
12.12.2 肝部分切除	790
12.12.3 肝切除二分之一	2 000
12.12.4 肝切除三分之二	3 500
12.12.5 肝切除三分之二，并有常规肝功能轻度损伤	4 500
12.12.6 肝切除三分之二，并有常规肝功能中度损伤	6 000C
12.12.7 肝切除四分之三，并有常规肝功能重度损伤	6 000B
12.12.8 肝外伤后发生门脉高压三联症或发生Budd-chiar氏综合症	6 000B
12.12.9 肝切除后，原位肝移植	6 000A
12.13 胆损伤	
12.13.1 胆肠吻合术后	1 200
12.13.2 致肝功能轻度损伤	2 500
12.13.3 胆道反复感染	2 400
12.13.4 致中度肝功能损伤	4 500
12.13.5 致重度肝功能损伤	6 000B
12.14 胰损伤	
12.14.1 胰部分切除	750
12.14.2 胰切除二分之一	1 300
12.14.3 胰次全切除，胰岛素依赖	3 200
12.15 外力引起腹疝，需简单手术修复	450

表 17（续）

功 能 损 伤 与 部 位	损失工作日
12.16　外力引起腹疝，需复杂手术修复	600
12.17　膀胱损伤	
12.17.1　闭合性膀胱挫伤、镜检血尿在二周内自行消失	30
12.17.2　膀胱破裂，手术修复，无尿道狭窄	450
12.17.3　膀胱破裂，手术修复，有尿道狭窄	900
12.17.4　膀胱破裂，手术修复，尚须改道者	3 000
12.17.5　膀胱损伤，轻度排尿障碍	1 760
12.17.6　神经原性膀胱残余尿≥50 mL	3 200
12.17.7　膀胱部分切除容量＜100 mL	3 500
12.17.8　永久性膀胱造瘘	4 500
12.17.9　重度排尿障碍	4 800
12.17.10　膀胱全切除	6 000C
12.18　尿道瘘不能修复者	2 500
12.19　尿道狭窄需定期行扩张术	4 400
12.20　一侧输尿管狭窄，肾功能不全代偿期	3 500
12.21　永久性输尿管腹壁造瘘	4 500
12.22　双侧输尿管狭窄，肾功能不全失代偿期	6 000C
12.23　腰部软组织损伤	
12.23.1　轻度挫伤占腰部体表面积30%以下	100~200
12.23.2　广泛挫伤占腰部体表面积30%以上	300~400
12.23.3　躯干部创口1~2处，累计长度10 cm以下，仅伤及肌层	25
12.24　会阴部损伤	
12.24.1　阴囊一侧挫伤形成较小血肿，未伤及睾丸，能自行吸收	20
12.24.2　会阴部较小血肿能自行吸收	20

13　骨盆部损伤

表 18

功 能 损 伤 与 部 位	损失工作日
13.1　骨盆不稳定性骨折	2 000
13.2　骨盆稳定性骨折	300
13.3　骨盆骨折合并尿道损伤，遗有尿道狭窄，不需手术修复	1 500
13.4　骨盆骨折合并尿道损伤，完全性尿道断裂，需手术治疗	2 500
13.5　骨盆骨折，遗产道狭窄（未育者）	1 700
13.6　生殖器官损伤	

表 18（续）

功能损伤与部位	损失工作日
13.6.1 已育妇女子宫切除或部分切除	900~1 000
13.6.2 子宫修补术	400
13.6.3 未育妇女子宫切除或部分切除	2 300~2 400
13.6.4 一侧睾丸切除	1 200
13.7 外伤致孕妇早产、流产	600
13.8 外伤致孕妇胎盘早期剥离发生出血性休克	1 000

14 脊柱损伤

表 19

功能损伤与部位	损失工作日
14.1 脊椎骨骨折，造成轻度驼背畸形	600
14.2 脊柱施内固定术，屈伸功能受影响	1 000
14.3 压缩性骨折达椎体三分之一以上	1 000
14.4 压缩性骨折达椎体二分之一以上	1 500
14.5 脊椎骨折伴有神经压迫症状	1 500
14.6 脊柱损伤致脊髓半离断	4 000~6 000
14.7 脊柱损伤致脊髓离断形成截瘫者	6 000
14.8 上胸段、颈段高位截瘫	6 000A

15 其他损伤

表 20

功能损伤与部位	损失工作日
15.1 接触国家规定的工业毒物、有害气体急性中毒	
15.1.1 一氧化碳中毒	
15.1.1.1 轻度中毒	30~50
15.1.1.2 中度中毒	200~400
15.1.1.3 重度中毒	450~1 100
15.1.1.4 严重一氧化碳中毒，急性中毒症状消失，导致脑实质病变或痴呆者	4 400~6 000
15.1.2 有机磷农药中毒	
15.1.2.1 轻度中毒	30~90
15.1.2.2 中度中毒	200~350
15.1.2.3 重度中毒	400~850
15.1.3 硫化氢中毒	
15.1.3.1 轻度中毒	30~50
15.1.3.2 中度中毒	200~350

表 20（续）

功 能 损 伤 与 部 位	损失工作日
15.1.3.3 重度中毒	400~850
15.1.4 氨中毒	
15.1.4.1 轻度中毒	30~50
15.1.4.2 中度中毒	200~350
15.1.4.3 重度中毒	400~850
15.1.4.4 急性中毒严重损伤呼吸道并遗有功能障碍者	2 000
15.1.5 光气中毒	
15.1.5.1 轻度中毒	30~50
15.1.5.2 中度中毒	200~350
15.1.5.3 重度中毒	400~850
15.1.6 丙烯腈中毒	
15.1.6.1 轻度中毒	30~50
15.1.6.2 重度中毒	400~850
15.1.7 接触高浓度有害气体、毒物，急性中毒症状消失后，遗有心肌、肝肾等内脏损伤，且明显影响劳动功能者	2 400~4 400
15.1.8 接触高浓度有害气体、毒物，急性中毒症状消失后，遗有造血功能改变且影响劳动能力者	3 000~3 500
15.1.9 接触高浓度有害气体、毒物，急性中毒症状消失后，遗有明显精神障碍且影响劳动能力者	2 400~4 400
15.1.10 接触国家规定的其他工业毒物、有害气体所致急性中毒	
15.1.10.1 有接触反应、刺激反应，符合观察对象条件者	3~15
15.1.10.2 轻度中毒	30~50
15.1.10.3 中度中毒	200~300
15.1.10.4 重度中毒	400~1 100
15.2 烧伤	
15.2.1 Ⅰ度、浅Ⅱ度烧伤，面积在3%以下	25
15.2.2 深Ⅱ度烧伤、烧伤面积2%	40
15.2.3 浅Ⅱ度烧伤、烧伤面积5%	40
15.2.4 轻度烧伤（较上述严重的轻度烧伤）	110
15.2.5 中度烧伤	
15.2.5.1 烧伤面积二~11%	200
15.2.5.2 烧伤面积注20%	250
15.2.5.3 烧伤面积30%	800
15.2.5.4 Ⅱ度烧伤运10%，Ⅲ度烧伤面积注5%	300
15.2.6 重度烧伤	
15.2.6.1 Ⅲ度烧伤面积≥10%	600
15.2.6.2 Ⅲ度烧伤面积≥15%	1 000

表 20（续）

功 能 损 伤 与 部 位	损失工作日
15.2.6.3　Ⅲ度烧伤面积20%	2 000
15.2.6.4　31%≤烧伤面积<40%	1 100
15.2.6.5　40%≤烧伤面积<50%	1 700
15.2.7　特重度烧伤	
15.2.7.1　Ⅲ度烧伤面积>20%	2 000
15.2.7.2　50%≤烧伤面积<60%	2 200
15.2.7.3　60%≤烧伤面积<70%	3 000
15.2.7.4　70%≤烧伤面积≤80%	5 500
15.2.7.5　Ⅲ度烧伤面积≥50%	5 500
15.2.8　明显的呼吸道烧伤；或休克；或化学中毒	600
15.2.9　特殊部位烧伤	
15.2.9.1　手指端植皮	30
15.2.9.2　手背植皮面积>1/3	500
15.2.9.3　手掌植皮面积>30%	600
15.2.9.4　足背植皮面积>2/3	600
15.2.9.5　头、面、颈、会阴部位Ⅲ度烧伤，面积占人体总面积≥3%	300
15.2.9.6　面部广泛植皮	1 200
15.2.9.7　全颜面植皮	2 400
15.2.9.8　面部轻度毁容	3 200
15.2.9.9　面部中度毁容	4 400
15.2.9.10　面部重度毁容	6 000C
15.3　低温损伤	
15.3.1　冻伤	
15.3.1.1　Ⅰ度冻伤	75
15.3.1.2　Ⅱ度冻伤	90
15.3.1.3　Ⅲ度冻伤	100～300
15.3.1.4　Ⅳ度冻伤	300～800
15.3.2　冻僵	
15.3.2.1　轻度冻僵	100
15.3.2.2　中度冻僵	300
15.3.2.3　重度冻僵	1 000
15.4　损伤引起出血	
15.4.1　失血量占全身总血量3%以下	25
15.4.2　失血量占全身总血量10%	100
15.4.3　失血量占全身总血量20%	200～290

表 20（续）

功 能 损 伤 与 部 位	损失工作日
15.4.4　失血量占全身总血量 30%	300~800
15.5　软组织轻度挫伤占体表面积 3%者	25
15.6　轻微物理性、化学性、生物性损伤，对人体未造成明显影响，无后遗症者	25
15.7　臂丛神经损伤	
15.7.1　感觉运动机能恢复	180
15.7.2　感觉运动机能轻度障碍	1 000
15.7.3　感觉运动机能完全丧失	2 700
15.8　桡神经干损伤	
15.8.1　感觉运动机能恢复	200
15.8.2　感觉运动机能轻度障碍	460
15.8.3　感觉运动机能遗有"垂腕"、拇指伸展及外展力消失、其余四指伸展力消失，肘关节屈曲及前臂施展力软弱，感觉丧失区以手背为主	3 00
15.9　正中神经干损伤	
15.9.1　感觉运动机能恢复	150
15.9.2　感觉运动机能轻度障碍	300
15.9.3　感觉运动机能完全丧失	2 300
15.10　尺神经干损伤	
15.10.1　感觉运动机能恢复	260
15.10.2　感觉运动机能轻度障碍	600
15.10.3　感觉运动机能完全丧失	3 600
15.11　胫神经干损伤	
15.11.1　感觉运动机能恢复	260
15.11.2　感觉运动机能轻度障碍	600
15.11.3　感觉运动机能完全丧失	2 400
15.12　腓神经干损伤	
15.12.1　感觉运动机能恢复	260
15.12.2　感觉运动机能轻度障碍	600
15.12.3　感觉运动机能完全丧失	2 400
15.13　股神经干损伤	
15.13.1　感觉运动机能恢复	150
15.13.2　感觉运动机能轻度障碍	460
15.13.3　感觉运动机能完全丧失	4 500
15.14　坐骨神经干损伤	
15.14.1　感觉运动机能恢复	360
15.14.2　感觉运动机能轻度障碍	2 000

表20（续）

功能损伤与部位	损失工作日
15.14.3 感觉运动机能完全丧失	4 500
15.15 末梢神经损伤	
15.15.1 感觉运动机能恢复	30
15.15.2 感觉运动机能轻度障碍	60

附 录 A
伤情判定依据
（补充件）

A.1 四肢

A.1.1 本标准表1所示数字，是指该截肢部位对应的损失工作日数（参照图1），计算时仅取该数值，其数值与该部位前端各部位所对应的数值无关。比如：无名指近节指骨截肢，应记该部位所示数字——240日，不应按240+120+60进行计算。

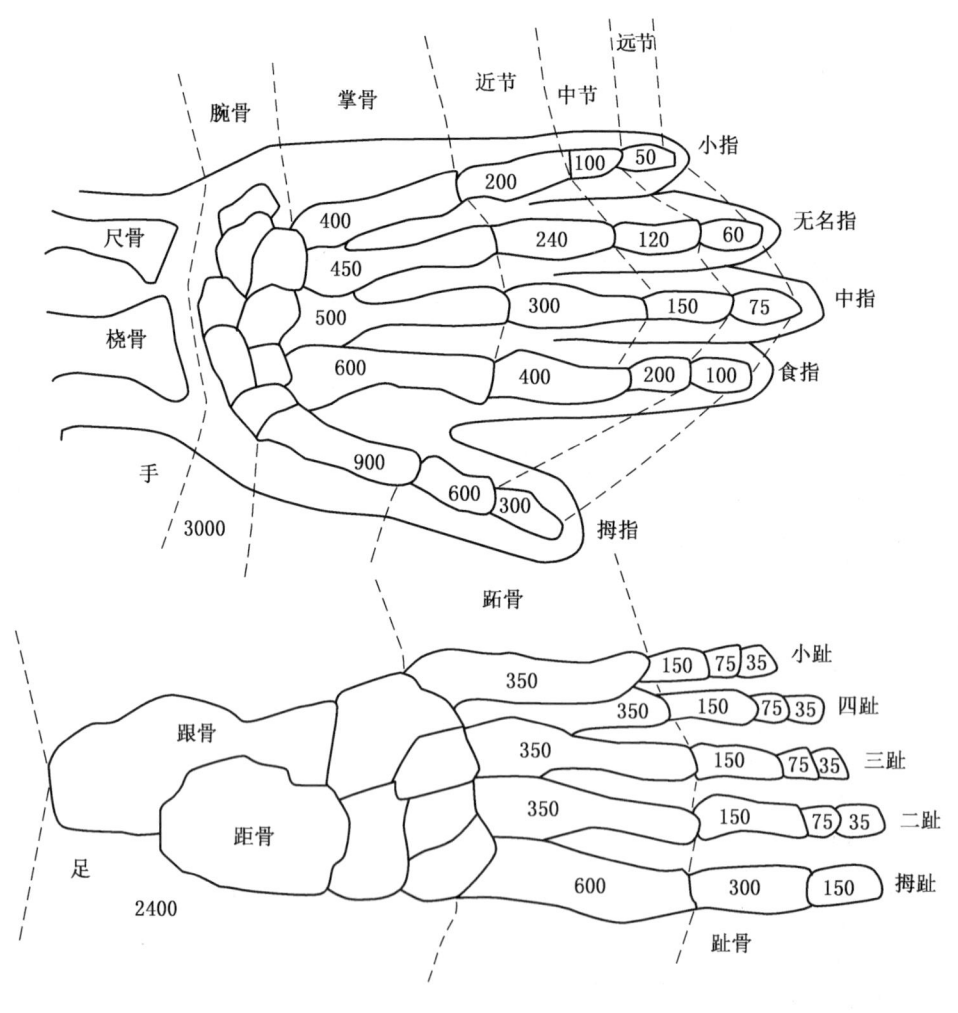

图 A.1

A.1.2 肌力等级标准及判定方法

表 A.1

级别	名称	愈后症状	判定标准（以四头肌为例）
0	全瘫	用力收缩该部位肌肉以期完成动作，但看不到肌肉收缩	无肌肉收缩
1	微弱	用力收缩该部位肌肉以期完成动作，可看到和触到肌肉变紧，肌键活动，但不能产生关节活动	有轻微肌肉收缩，但不能产生动作
2	差	排除肢体重力时，肌肉收缩可使关节主动活动	侧卧位、患肢居上，能主动伸直原先屈曲的膝关节。在地心引力相反方向能完成动作
3	良	能抗肢体重力，关节能主动活动到正常范围，但不能对抗阻力进行活动	坐床边小腿下垂，膝关节能主动伸直，此法可视作能抗肢体重力
4	优	可对抗一定阻力，但较正人低，关节活动到正常范围	患者坐位，检查者以手压住病人小腿时，能对抗相当大阻力完成伸膝动作
5	正常	能对抗较大阻力，完成动作与健侧相同	伸膝力量与健侧相同

A.2 眼部

A.2.1 视力测定按 GB 11533 测定。

A.2.1.1 凡伤眼裸视或矫正视力可达到 0.8 以上者视为正常视力。

A.2.1.2 视力 5 分记录与小数记录换算参考表。

表 A.2

旧法记录	0（无光感）				1/∞（光感）				0.001（手动）			
5 分记录	0				1				2			
旧法记录,cm（手指/cm）	6	8	10	12	15	20	25	30	35	40	45	
5 分记录	2.1	2.2	2.3	2.4	2.5	2.6	2.7	2.8	2.85	2.9	2.95	
走近距离	50 cm	60 cm	80 cm	1 m	1.2 m	1.5 m	2 m	2.5 m	3 m	3.5 m	4 m	4.5 m
小数记录	0.01	0.012	0.015	0.02	0.025	0.03	0.04	0.05	0.06	0.07	0.08	0.09
5 分记录	3.0	3.1	3.2	3.3	3.4	3.5	3.6	3.7	3.8	3.85	3.9	3.95
小数记录	0.1	0.12	0.15	0.2	0.25	0.3	0.4	0.5	0.6	0.7	0.8	0.9
5 分记录	4.0	4.1	4.2	4.3	4.4	4.5	4.6	4.7	4.8	4.85	4.9	4.95
小数记录	1.0	1.2	1.5	2.0	2.5	3.0	4.0	5.0	6.0	8.0	10.0	
5 分记录	5.0	5.1	5.2	5.3	5.4	5.5	5.6	5.7	5.8	5.9	6.0	

A.2.1.3 视野有效值与视野缩小度数（半径）对照表。

表 A.3

视野有效值，%	视野度数（半径）
8	5°
16	10°
24	15°
32	20°
40	25°
48	30°
56	35°
64	40°
72	45°
80	50°
88	55°
96	60°

A.2.1.4 无晶体眼视觉损伤程度参考表。

表 A.4

视力	无晶体眼中心视力有效值，%		
	晶体眼	单眼无晶体	双眼无晶体
1.2	100	50	75
1.0	100	50	75
0.8	95	47	71
0.6	90	45	67
0.5	85	42	64
0.4	75	37	56
0.3	65	32	49
0.25	60	30	45
0.20	50	25	37
0.15	40	20	30
0.12	30	—	22
0.1	20	—	—

A.2.2 低视力与盲分级

表 A.5

类别	级别	矫正视力	
		最高 <	最低 ≥
低视力	1	0.3	0.1
	2	0.1	0.05(3 m 指数)
盲	3	0.05	0.02(1 m 指数)
	4	0.02	光感
	5	无光感	

注：中心视力好，而视野缩小，以注视点为中心，视野半径小于10°而大于5°者为3级盲；如半径小于5°者为4级盲。

A.2.2.1 盲或低视力均指双眼。

A.2.2.2 最佳矫正视力，是指以适当镜片矫正能达到的最高视力（或以针孔镜所测得的视力）。若矫正无效，即以裸眼视力为准。

A.2.2.3 视力测定低至不能认定指数时，则按常规进行暗室检查，以确定有无光感。

A.2.3 在日光下确定视标直径1 cm以八方位的视野角度测定。减退至正常视野的60%以下者，谓之视野变形。暗点应采用绝对暗点为准。单眼检查发现视野明显缩小者，可按常规方法，采用球面视野计测定视野。

A.2.4 眼球显著调节机能障碍是指调节力减退二分之一以上者。向某一方向侧视时发生转动困难，非盲眼且可伴有复视现象。

A.2.5 眼部损伤各条款未提及者，可按视力一项记录鉴定。

A.3 口腔颌面部损伤

A.3.1 开口度按下述方法确定：以被测者手指置入上、下切牙切缘间进行测定；

a. 正常开口度大开口时可将食指中指无名指并列垂直置入；

b. 开口困难Ⅰ度大开口时只能将食指中指并列垂直置入；

c. 开口困难Ⅱ度大开口时只能将食指横径垂直置入；

d. 开口困难Ⅲ度大开口时食指横径不能垂直置入；

e. 不能开口。

A.3.2 面神经损伤评定

本标准所涉及到的面神经损伤主要指外周性（核下性）病变。

一侧完全性面神经损伤系指面神经的五个分支（颞支、颧支、颊支、下颌缘支及颈支）支配的全部颜面肌肉瘫痪，表现：

a. 额纹消失，不能皱眉；
b. 眼睑不能充分闭合，鼻唇沟变浅；
c. 口角下垂、不能示齿、鼓腮、吹口哨、饮食时汤水流逸。

不完全性面神经损伤系指出现部分上述症状和体征及鳄泪、面肌间歇抽搐或在面部运动时出现联动者。

A.3.4 毁容分级

A.3.4.1 重度：面部瘢痕畸形，并有以下六项中四项者：

a. 眉毛缺损；
b. 双睑外翻或缺损；
c. 外耳缺损；
d. 鼻缺损；
e. 上下唇外翻或小口畸形；
f. 颈颏粘连。

A.3.4.2 中度：具有下述六项中三项者：

a. 眉毛部分缺损；
b. 眼睑外翻或部分缺损；
c. 耳廓部分缺损；
d. 鼻翼部分缺损；
e. 唇外翻或小口畸形；
f. 颈部增生性瘢痕畸形。

A.3.4.3 轻度：含中度畸形八项中二项者。

A.4 颅脑损伤

A.4.1 轻型颅脑损伤：即单纯脑震荡，伤后有立即发生一次性意识障碍史，昏迷时间在0.5 h之内，清醒后有"逆行性健忘"，有轻度头痛、头昏、头晕、恶心呕吐、无力等症状，生命体征基本正常。

A.4.2 中型颅脑损伤：即轻度脑挫伤，伴有蛛网膜出血，但无脑受压征，昏迷时间在0.5~12 h内，有较轻神经系统阳性体征。

A.4.3 重型颅脑损伤：深昏迷在12 h（含12 h）以上，有明显神经系统体征。

A.4.4 极重型颅脑损伤：严重脑挫裂伤，伤后立即深昏迷，有去大脑僵直或有晚期脑疝，表现双侧瞳孔扩大，生命体征衰竭或呼吸几近停止等。

A.4.5 智力损伤对照表

表 A.6

适应能力	适应能力行为表现	IQ值（智商）
轻微适应缺陷	记忆力明显减弱，脑力劳动速度减慢，劳动能力轻度下降，不能完成高级复杂的脑力劳动。适应行为低于一般人水平，具有相当的实用技能，如能独立生活，能承担一般的家务劳动或工作，但缺乏技巧和创造性	70~85
轻度适应缺陷	领悟、理解、综合分析困难，反映迟钝，记忆力很差，经指导能适应社会	50~69
中度适应缺陷	适应行为不完全、实用技能不完全，能生活自理，能做简单家务劳动；生活尚需他人帮助。阅读和计算能力差，对周围环境辨别能力差，能以简单方式与别人交往，能掌握日常用语	35~49
重度适应缺陷	适应行为差，生活能力差，即使经过训练也很难达到自理，日常生活需他人照料，语言功能严重受损，不能有效地进行语言交流	20~34
极重度适应缺陷	适应行为极差，面容明显呆滞，终生需他人照料，运动感觉功能差，通过训练，下肢、手及颌的运动有所反应、语言功能丧失	20以下

A.4.6 精神病症状

有下列表现之一者：

a. 突出的妄想；
b. 持久或反复出现的幻觉；
c. 病理性思维联想障碍；
d. 紧张综合症，包括紧张性运动兴奋与紧张性木僵；
e. 情感障碍显著，且妨碍社会功能（包括生活自理、社交功能及职业和角色功能）。

A.4.7 人格改变

由于外伤或职业中毒因素影响大脑所造成的器质性人格异常，称为人格改变。

器质性人格改变，以行为模式和人际关系显著而持久的改变为主要临床表现，至少有下述情况之一：

a. 情绪不稳，有习惯态度和行为方式的改变，如心境由正常突然转变为抑郁，或焦虑，或易激惹；

b. 反复的暴怒发作或攻击行为，与诱发因素显然不相称。对攻击冲动控制能力减弱；

c. 社会责任感减退，工作不负责任，丧失兴趣，与人交往而无信；性欲减退或丧失，情感迟钝、冷漠，或产生欣快症，对周围事物缺乏应有的关心，对人也不能保持正常的人际关系；

d. 本能亢进，伦理道德观念明显受损，缺乏自尊心和羞耻感；自我中心，易于冲动，行为不顾后果；

e. 社会适应能力明显受损。

A.5 癫痫分级

癫痫的诊断：要有企业事故受伤史，有医师或其他目击者叙述或证明，脑电图显示异常。

癫痫的程度分级：

A.5.1 轻度：需系统服药治疗控制和各种类型癫痫发作者。

A.5.2 中度：各种类型的癫痫发作，经系统服药治疗两年后，大发作、精神运动性发作平均每月1次或1次以下，不发作和其他类型发作平均每周1次以下。

A.5.3 重度：各种类型的癫痫发作，经系统服药治疗两年后，大发作、精神运动性发作平均每月1次以上，小发作和其他类型发作平均每周1次以上者。

A.6 护理依赖分级

日常生活能力包括：

a. 端坐；

b. 站立；

c. 行走；

d. 穿衣；

e. 洗嗽；

f. 进食餐；

e. 大小便；

h. 书写（相对失写而言八项）。

日常生活能力是人们维持生命活动的基本活动，能实现一项算1分，实现有困难的算0.5分按其完成程度分为四级。

表 A.7

级别	程度	表现	计分
一级	完全护理依赖	愈后，上述活动即使有适当设备或他人帮助也不能自己完成，全部功能活动需由他人代做	0~2

表 A.7（续）

级别	程度	表现	计分
二级	大部分护理依赖	愈后，上述活动大部需要他人帮助才能完成	3~4
三级	部分护理依赖	愈后，上述活动部分需要他人帮助才能完成	5~6
四级	自理	愈后，独立完成上述活动，有些困难，但无需他人语言和体力上的帮助，基本可以自理	7~8

A.7 烧伤

A.7.1 烧伤面积估算

本标准采用两种方法相结合的方式估算烧伤面积。九分法用于大面积估算，手掌法用于中、小片烧伤面积估算。

a. 九分估算法

成人体表的面积视为100%，将总体表面积划分为11个9%等面积区域，即头颈部占一个9%，双上肢占二个9%，躯干前后及会阴部占三个9%，臀部及双下肢占五个9%+1%（参见表A8）。

表 A.8

部位	面积,%	按九分法面积,%
头	6	(1×9) = 9
颈	3	
前躯	13	(3×9) = 27
后躯	13	
会阴	1	
双上臂	7	(2×9) = 18
双前臂	6	
双手	5	
臀	5	(5×9+1) = 46
双大腿	21	
双小腿	13	
双足	7	
全身合计	100	(11×9+1) = 100

b. 手掌法

受伤者五指并拢，一掌面积为其自身体表面积的1%。

A.7.2 烧伤深度的判定

表 A.9

烧伤深度分类		损伤组织	烧伤部位特点	愈后情况
Ⅰ度		表皮	皮肤红肿，有热、痛感，无水疱，干燥，局部温度稍有增高	不留疤痕
Ⅱ度	浅Ⅱ度	真皮浅层	剧痛，表皮有大而薄的水疱，泡底有组织充血和明显水肿；组织坏死仅限于皮肤的真皮层，局部温度明显增高	不留疤痕
	深Ⅱ度	真皮深层	痛，损伤已达真皮深层，水疱较小，表皮和真皮层大部分凝固和坏死。将已分离的表皮揭去，可见基底微湿，色泽苍白上有红出血点，局部温度较低	可留下疤痕
Ⅲ度		全层皮肤或皮下组织、肌肉、骨骼	不痛，皮肤全层坏死，干燥如皮革样，不起水疱，蜡白或焦黄，碳化，知觉丧失，脂肪层的大静脉全部坏死，局部温度低，发凉	需自体皮肤移植，有疤痕或畸形

A.7.3 烧伤严重程度分类

表 A.10

严重程度	烧伤面积与深度
轻度烧伤	烧伤面积≤10%的Ⅱ度烧伤；＜5%Ⅲ度烧伤
中度烧伤	（1）11%≤烧伤面积≤30%的Ⅱ度烧伤 （2）5%≤烧伤面积≤10%的Ⅲ度烧伤
重度烧伤	（1）31%≤烧伤面积≤50%的Ⅱ度烧伤 （2）11%≤烧伤面积≤20%的Ⅲ度烧伤 （3）烧伤面积接近30%的Ⅱ度烧伤，如有休克、化学中毒、中、重度呼吸道烧伤及吸入性损伤之一者应与14.2.12累计计算
特重度烧伤	（1）烧伤面积≥50%的Ⅱ度烧伤 （2）烧伤面积≥20%的Ⅲ度烧伤

A.8 冻伤

A.8.1 冻伤的分度与鉴别

表 A.11

严重程度		冻伤部位特点
轻度	Ⅰ度	亦称红斑性冻伤，损伤在表皮层。受冻早期皮肤苍白、麻木。复温后局部充血和水肿。出现针刺样疼痛、痒感、灼热感，不出现小泡。冻伤一周内不治自愈，愈后有局部表皮剥脱

表 A.11（续）

严重程度		冻伤部位特点
轻度	Ⅱ度	亦称水泡性冻伤，损伤达真皮层。除充血和水肿外，主要特点：12~24 h出现大量浆液性水泡，泡液多为橙黄色，泡底呈鲜红色，少数呈血性水泡，水泡大而连成片。周内可痊愈
重度	Ⅲ度	损伤达皮肤金层（表皮真皮）并累及皮下组织。皮肤呈青紫、紫红或青蓝色，皮肤温度下降，感觉存在。有明显的水肿和多个水泡，水泡内液体多为血性渗出液，泡底呈暗红色。局部明显疼痛。受冻部位皮肤全层变黑坏死，创面愈后遗留疤痕
	Ⅳ度	损伤除皮肤、皮下组织外，受冻深度达肌肉和骨骼。皮肤呈苍白色、青灰色、蓝紫色甚至紫黑色；指（趾）甲床灰黑色，肿胀常不明显，严重者也可无水泡或有水泡，孤立而分散，水泡液呈暗红色、咖啡色或深紫色，复温后，出现剧痛，而后感觉丧失，皮肤温度低于正常皮肤温度

A.8.2 全身冻伤（冻僵）

用肛门温度计，插入肛门内5~12 cm测定中心体温。

表 A.12

冻僵程度	直肠温度，℃
轻度	34~36
中度	31~33
重度	≤30

A.9 失血量的估算

A.9.1 失血量与人体的反应对照

表 A.13

占全血量,%	机体的反应
10	无明显反应,偶而发生精神紧张性昏厥
20	失血者在安静休息时,一般看不出明显的失血效应,但在运动时则出现心跳加快,轻微的体位性低血压。失血 700 mL 时,可出现口渴、恶心、乏力、眩晕、手足厥冷、脉搏加快、血压降低、站立或轻微活动时可发生昏倒
30	失血者卧倒时出现低血压、心跳加快、颈静脉平坦、缺氧、脉搏微弱、皮肤苍白、湿冷、易死亡

A.9.2 正常血容量的计算公式:

$$V_x = W \times n \quad (A.1)$$

式中:
V_x——血容量,%;
W——体重,kg;
n——系数。

表 A.14

不同类型人	男性	健壮男性	肥胖男性	女性
n	7	7.5	6	6.5

A.10 休克分级

表 A.15

级别	血压(收缩压)kPa	脉搏次/分	全身状况
轻度	12~13.3 (90~100 mmHg)	90~100	尚好
中度	10~12 (75~90 mmHg)	110~130	抑制、苍白、皮肤冷
重度	<10 (<75 mmHg)	120~160	明显抑制
垂危	0	—	呼吸障碍、意识模糊

表 A.15(续)

A.11 听力损伤测定

听力级单位为分贝(dB)。听力损失是指生活语音的听力阈值"语言频率平均听力损失",采用 500、1000、2000 Hz 的平均值。

A.12 关节运动活动度的鉴定

鉴定关节运动活动度应从被检关节的整体功能判定,其活动度值按正常人体关节活动度综合分析做出结论。检查时,应注意关节过去的功能状态,并与健侧关节运动活动度对比。

A.12.1 肩关节活动范围

肩关节上臂下垂为中立位。关节活动度:
a. 前屈:70°~90°。
b. 后伸:40°~50°。
c. 前屈上举:150°~170°。
d. 上举:160°~180°。
e. 外展:80°~90°。
f. 内收:20°~40°。
g. 内旋:70°~90°。
h. 外旋:40°~50°。

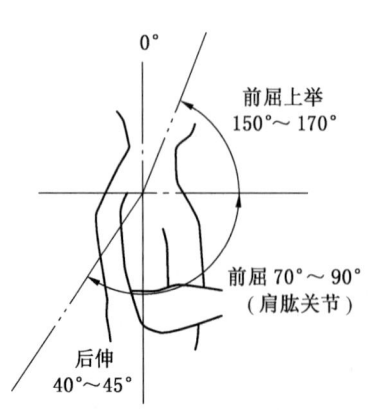

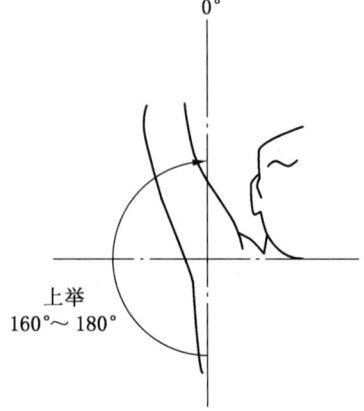

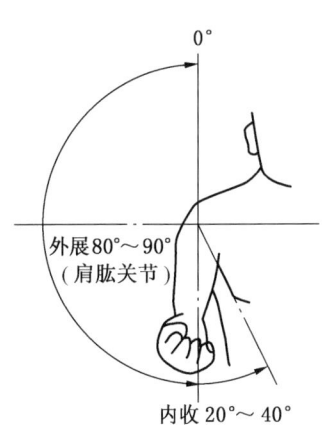
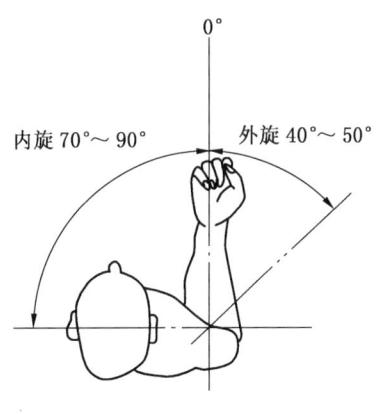

图 A.2

A.12.2 肘关节与尺桡关节活动范围
肘关节中立位为前臂伸直。
a. 屈曲：135°～150°。
b. 过度伸直：10°。
c. 旋前：80°～90°。

d. 旋后：80°～90°。
尺桡关节拇指在上为中立位。
a. 旋前（手掌向下）：80°～90°。
b. 旋后（手掌向上）：80°～90°。

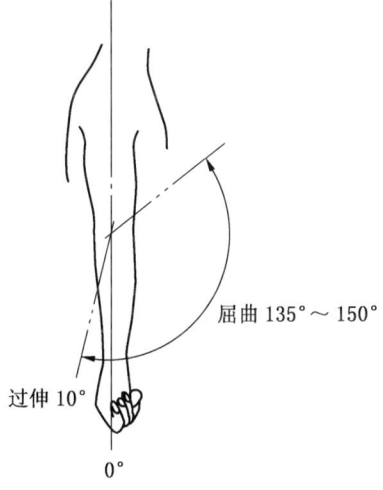
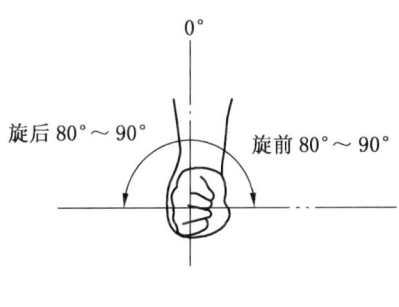

图 A.3

A.12.3 腕关节及手部各关节活动范围
腕关节中立位为手与前臂成直线，手掌向下。
关节活动度：
a. 背伸：30°～60°。
b. 掌屈：50°～60°。
c. 桡侧倾斜：25°～30°。
d. 尺侧倾斜：30°～40°。
拇指：中立位为拇指沿食指方向伸直。
a. 外展：40°。

b. 屈曲：掌拇关节 25°～50°。指间关节可达 90°。
c. 对掌：不易量出度数，注意拇指横越手掌之程度。
d. 内收：伸直位可与食指桡侧并贴。
手指关节中立位为手指伸直。
a. 掌指关节：伸为0°，屈可达60°～90°。
b. 近侧指间关节：伸为0°，屈可达90°。
c. 远侧指间关节：伸为0°，屈可达60°～90°。

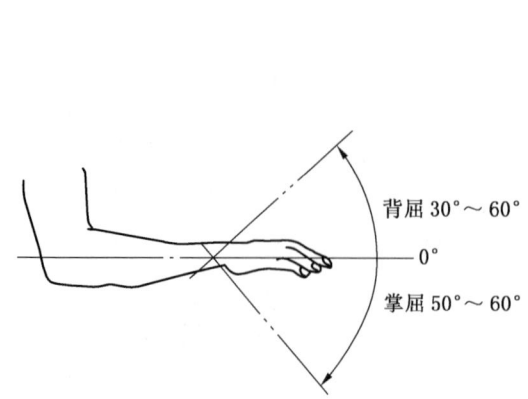
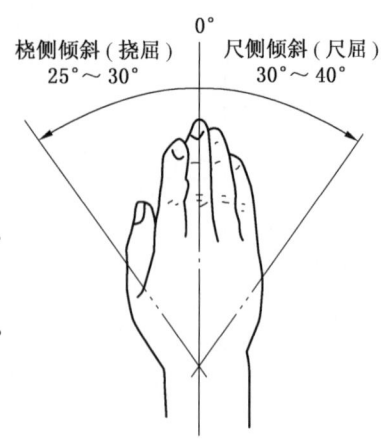

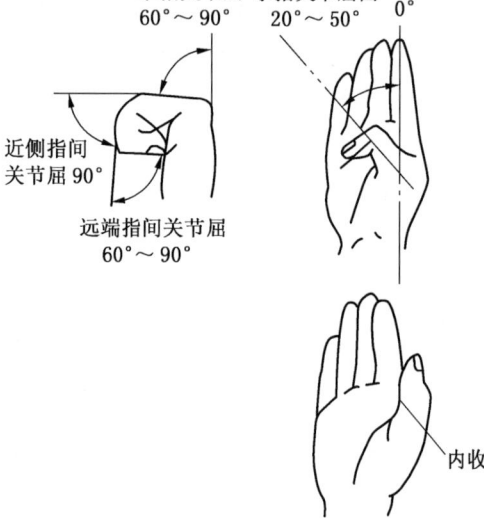
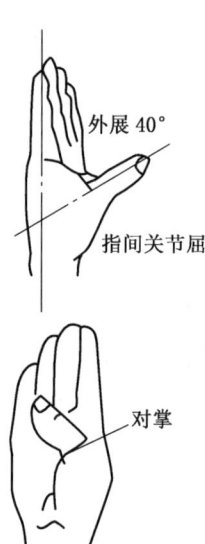

图 A.4

A.12.4 颈椎活动范围
中立位为面向前,眼平视,下颌内收。
a. 前屈:35°~45°。
b. 后伸:35°~45°。
c. 左右侧屈:45°。
d. 左右旋转:各60°~80°。

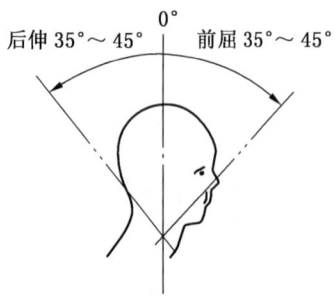
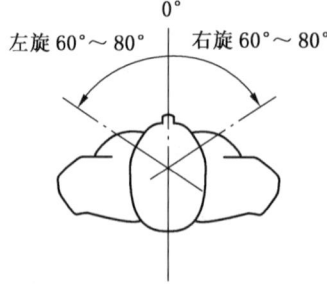
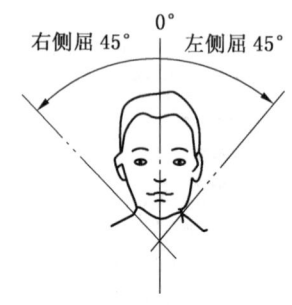

图 A.5

374

A.12.5 腰椎活动范围

腰部中立位不易确定。

a. 前屈：测量数值不易准确，患者直立，向前弯腰，正常时中指尖可达足面，腰椎呈弧形。一般称为 90°。

b. 后伸：30°。

c. 侧屈：左右各 30°。

d. 旋转：固定骨盆后脊柱左右旋转的程度，应依据旋转后两肩连线与骨盆横径所成角度计算。正常为 30°。

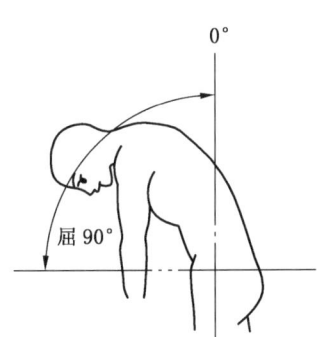

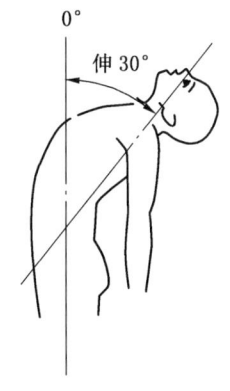

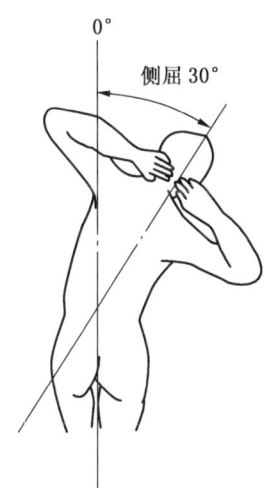

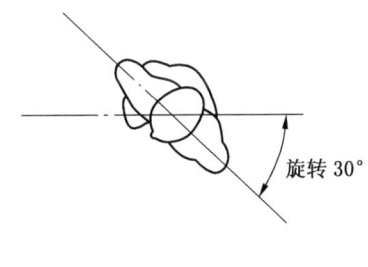

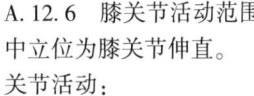

图 A.6

A.12.6 膝关节活动范围

中立位为膝关节伸直。

关节活动：

a. 屈曲：120°~150°。

b. 过伸：5°~10°。

c. 旋转：屈膝时内旋约 10°，外旋 20°。

A.12.7 髋关节活动范围

中立位为髋关节伸直，髌骨向上。

关节活动度：

a. 屈曲：仰卧位，被检查侧大腿屈曲膝关节，髋关节尽量屈曲，正常可达 130°~140°。

b. 后伸：俯卧位，一侧大腿垂于检查台边，髋关节屈曲 90°，被检查侧髋关节后伸，正常可达 10°~15°。

c. 外展：检查者一手按在髂嵴上，固定骨盆，另一手握住踝部，在伸膝位下外展下肢，正常可达 30°~45°。

d. 内收：固定骨盆，被检查的下肢保持伸直位，向对侧下肢前面交叉内收，正常可达 20°~30°。

e. 伸位旋转（内旋或外旋）：俯卧，将膝关节屈曲 90°，正常外旋 30°~40°，内旋 40°~50°。

f. 屈曲位旋转（内旋或外旋）：仰卧，髋、膝关节均屈曲 90°，做髋关节旋转运动，正常时外旋 30°~40°，内旋 40°~50°。

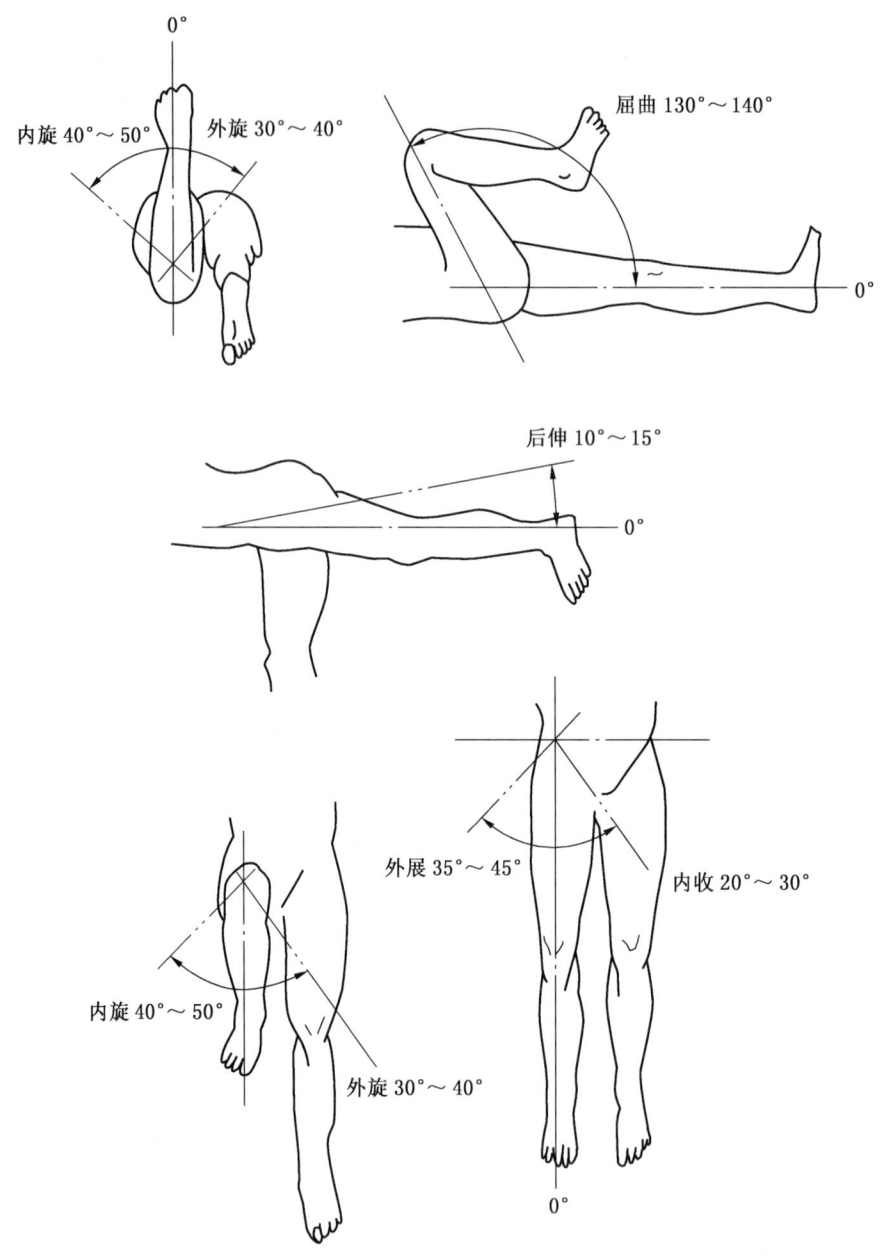

图 A.7

A.12.8 踝关节及足部关节活动范围

踝关节中立位为足与小腿间呈 90°角，而无足内翻或外翻。足之中立位不易确定。

关节活动度：

a. 踝关节背屈：应于屈膝及伸膝位分别测量，以除去小腿后侧肌群紧张的影响。正常 20°~30°。

b. 踝关节跖屈：约 40°~50°。

c. 距下关节之内翻 30°，外翻 30°~45°。

d. 跗骨间关节（足前部外展或内收）之活动度，采用被动活动，跟骨保持中立位。正常各约 25°。

e. 跖趾关节运动：跖屈和背屈活动，尤以拇趾为重要。正常背屈约 45°，跖屈 30°~40°。

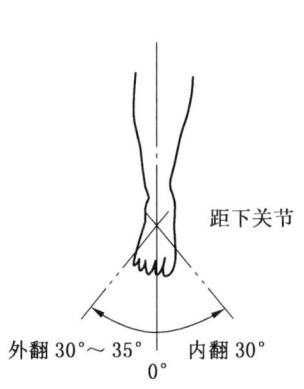
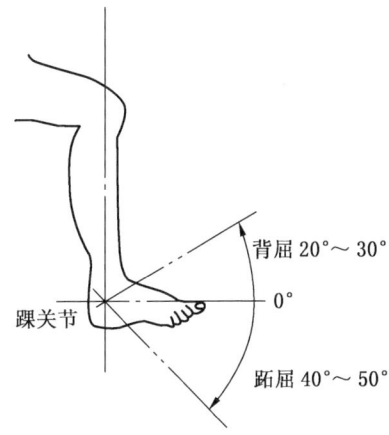
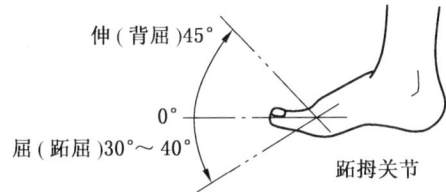

图 A.8

A.13 呼吸困难分级

表 A.16

级别	表现
1级	平地步行无气短，登山或上楼时早气短
2级	平地步行 1 000 m，速度低于正常人无气短，快速步行呈气短，上楼或登山明显气短
3级	平地慢行 100 m 即有气短
4级	静息（稍活动）即有气短

A.14 呼吸衰竭

呼吸频率：30~35 次/分；

PaO_2 急性 < 6.6 kPa（50 mmHg），慢性 < 8 kPa（60 mmHg）；

pH 低于 7.20~7.25；

$PaCO_2$ 急性：在 8~9.3 kPa（60~70 mmHg）以上；

慢性：在 9.3~10.67 kPa（70~80 mmHg）以上。

A.15 血胸

a. 胸腔小量积血 500 mL 以下，可无征状，X 线上仅见肋膈角消失；

b. 胸腔中等量积血 500~1 000 mL 左右，有内出血征，X 线上见上界可达肺门；

c. 胸腔大量积血 1 000~1 500 mL 以上，有严重的呼吸和循环紊乱征，X 线上见上界达胸膜腔顶。

A.16 心功能不全分级

表 A.17

一级	称为代偿期：轻度体力劳动时无不适感。但中度体力劳动则可引起呼吸困难，疲劳和心悸。心脏可轻度扩大，但无脏器淤血的体征
二级	休息时无不适感，轻度体力劳动时即有呼吸困难，疲劳和心悸。心脏中度增大。有轻度脏器淤血的体征。如肺底少许湿性罗音，肝轻度肿大和凹陷性水肿等
三级	休息时即有呼吸困难和心悸，心脏多明显增大。肺底有多数湿性罗音，肝中度以上肿大，有明显的皮下凹陷性浮肿等

A.17 肺功能损害分级

表 A.18

	FVC	FE1$_1$	MVV	FEV$_1$/FVC%
正常	>80	>80	>80	>70
轻度损害	60~79	60~79	60~79	55~69
中度损害	40~59	40~59	40~59	35~54
重度损害	<40	>40	<40	<35

	RV/TLC%	DL$_\infty$	PaO$_2$ kPa	PaCO$_2$ kPa	(A-a)O$_2$ kPa
正常	<35	>80			
轻度损害	36~45	60~79			
中度损害	46~55	40~59			
重度损害	>55	>40	4~8	6~8	9.3

注：FVC、FEV$_1$、MVV、DL$_\infty$为占预计值百分数。

A.18 大小便功能障碍的判定

a. 完全（重度）失禁与部分（轻度）失禁；
b. 大小便不能完全自理，指排便中枢正常而由于肢体伤残使移动困难或不能自行穿着衣裤者。

A.19 肛门失禁分级

A.19.1 重度

a. 大便不能控制；
b. 肛门括约肌收缩力很弱或丧失；
c. 肛门括约肌收缩反射很弱或消失；
d. 直肠内压测定，肛门注水法<20 cmH$_2$O。

A.19.2 轻度

a. 稀便不能控制；
b. 肛门括约肌收缩力较弱；
c. 肛门括约肌收缩反射较弱；
d. 直肠内压测定，肛门注水法 20~30 cmH$_2$O。

A.20 排尿障碍分级

A.20.1 重度：出现真性重度尿失禁或尿潴留残余尿≥50 mL 者。

A.20.2 轻度：出现真性轻度尿失禁或残余尿<50mL 者。

A.21 心功能分级

A.21.1 一级心功能不全：能胜任一般日常劳动，但稍重体力劳动即有心悸、气急等症状。

A.21.2 二级心功能不全：普通日常活动即有心悸、气急等症状，休息时消失。

A.21.3 三级心功能不全：任何活动均可引起明显心悸、气急等症状，甚至卧床休息仍有症状。

A.22 肾功能不全判定

a. 肾功能不全尿毒症期：血尿素氮>21.4 mmol/L（60 mg/dL），常伴有酸中毒，出现严重的尿毒症临床症象。

b. 肾功能不全失代偿期：内生肌酐廓清值低于正常水平的50%，血肌酐水平>177 μmol/L（2 mg/dL），血尿素氮增高，其他各项肾功能进一步损害而出现一些临床症状，包括疲乏、不安、胃肠道症状、搔痒等。

c. 肾功能不全代偿期：内生肌酐廓清值降低至正常的50%，血肌酐水平、血尿素氮水平正常，其他肾功能出现减退。

A.23 甲状旁腺功能低下分级

A.23.1 重度：空腹血钙<6 mg%；
A.23.2 中度：空腹血钙 6~7 mg%；
A.23.3 轻度：空腹血钙 7~8 mg%。
以上分级均需结合临床症状分析。

A.24 甲状腺功能低下分级判定

A.24.1 重度
a. 临床症状严重；
b. B.M.R<-30%；
c. 吸碘率<10%（24 h）；
d. 参考 T$_3$、T$_4$检查和甲状腺同位素扫描。

A.24.2 中度
a. 临床症状较重；
b. B.M.R-30%~-20%；
c. 吸碘率10%~15%（24 h）；
d. 参考 T$_3$、T$_4$检查和甲状腺同位素扫描。

A.24.3 轻度
a. 临床症状较轻；
b. B.M.R-20%~-10%；
c. 吸碘率<15%~20%（24 h）；
d. 参考 T$_3$、T$_4$检查和甲状腺同位素扫描。

A.25 肝功能损害的判定

表 A.19

分级 内容	轻度	中度	重度
中毒症状	轻度	中度	重度
血浆白蛋白	3.0~3.5 g%	2.5~3.0 g%	<2.5 g%
血内胆红质	1.5~10 mg%	10~20 mg%	>20 mg%
腹水	无	无或少量，治疗后消失	顽固性
脑症	无	无或轻度	明显
凝血酶原时间	稍延长（较对照组>3 s）	延长	明显延长
谷丙转氨酶	供参考	供参考	供参考

A.26 中毒性血液病分级

重型再生障碍性贫血——Ⅰ型（急性再障）

临床：发病急，贫血呈进行性加剧，常伴严重感染、内脏出血；

血象：除血红蛋白下降较快外，须具备下列三项中之二项：

a. 网织红细胞<1%，绝对值<15×10^9/L；

b. 白细胞明显减少，中性粒细胞绝对值<0.5×10^9/L；

c. 血小板<20×10^9/L。

骨髓象：

a. 多部位增生减低，三系造血细胞明显减少，非造血细胞增多。如增生活跃须有淋巴细胞增多；

b. 骨髓小粒中非造血细胞及脂肪细胞增多。

A.27 职业性急性一氧化碳中毒分级

A.27.1 接触反应

出现头痛、头昏、心悸、恶心等症状，吸入新鲜空气后症状可消失者。

A.27.2 轻度中毒

具有以下任何一项表现者：

a. 出现剧烈的头痛、头昏、四肢无力、恶心、呕吐；

b. 轻度至中度意识障碍，但无昏迷者。

血液碳氧血红蛋白浓度可高于10%。

A.27.3 中度中毒

除有上述症状外，意识障碍表现为浅至中度昏迷，经抢救后恢复且无明显并发症者。

血液碳氧血红蛋白浓度可高于30%。

A.27.4 重度中毒

意识障碍程度达深昏迷，去大脑皮层状态或患者有意识障碍且并发有下列任何一项表现者：

a. 脑水肿；

b. 休克或严重的心肌损害；

c. 肺水肿；

d. 呼吸衰竭；

e. 上消化道出血；

f. 脑局灶损害如锥体系或锥体外系损害体征。

碳氧血红蛋白浓度可高于50%。

A.27.5 急性一氧化碳中毒迟发脑病（神经精神后发症）

急性一氧化碳中毒意识障碍恢复后，经约2~60天的"假愈期"，又出现下列临床表现之一者：

a. 精神及意识障碍呈痴呆状态，谵妄状态或去大脑皮层状态；

b. 锥体外系神经障碍出现帕金森氏综合征的表现；

c. 锥体系神经损害（如偏瘫、病理反射阳性或小便失禁等）；

d. 大脑皮层局灶性功能障碍如失语、失明等，或出现继发性癫痫。

头部CT检查可发现脑部有病理性密度减低区；脑电图检查可发现中度及高度异常。

A.28 职业性急性硫化氢中毒分级

A.28.1 刺激反应

接触硫化氢后出现流泪、眼刺痛、流涕、咽喉部灼热感等刺激症状，在短时间内恢复者。

A.28.2 轻度中毒

有眼胀痛、畏光、咽干、咳嗽、以及轻度头痛、头晕、乏力、恶心等症状。检查见眼结膜充血，肺部可有干性罗音等体征。

A.28.3 中度中毒

具有下列临床表现之一者：

a. 有明显的头痛、头晕等症状，并出现轻度意识障碍；

b. 有明显的粘膜刺激症状，出现咳嗽、胸闷、视力模糊、眼结膜水肿及角膜溃疡等。肺部闻及干性或湿性罗音，X线胸片显示肺纹理增强或有片状阴影。

A.28.4 重度中毒
具有下列临床表现之一者：
a. 昏迷；
b. 肺水肿；
c. 呼吸循环衰竭。

A.29 职业性急性氨中毒分级

A.29.1 氨气刺激反应
仅有一过性的眼和上呼吸道刺激症状，肺部无明显阳性体征。

A.29.2 轻度中毒
根据以下指标，综合判断，可诊断为轻度中毒：
症状：流泪、咽痛、声音嘶哑、咳嗽、咯痰并伴有轻度头晕、头痛、乏力等；
体征：眼结膜、咽部充血、水肿、肺部有干性罗音；
胸部X线征象：肺纹理增强或伴边缘模糊，符合支气管炎或支气管周围炎；
血气分析：在呼吸空气时，动脉血氧分压可低于预计值 1.33~2.66 kPa（10~20 mmHg）。

A.29.3 中度中毒
根据以下指标，综合判断，可诊断为中度中毒。
症状：声音嘶哑，剧烈咳嗽，有时伴血丝痰，胸闷、呼吸困难，并常有头晕、头痛、恶心、呕吐及乏力等；
体征：呼吸频速，轻度紫绀，肺部有干、湿罗音；
胸部X线征象：肺纹理增强，边缘模糊或呈网状阴影；或肺野透亮度降低；或有边缘模糊的散在性或斑片状阴影，符合肺炎或间质性肺炎的表现。
血气分析：在吸低浓度氧（小于50%氧）时，能维持动脉血氧分压大于8 kPa（60 mmHg）。

A.29.4 重度中毒
具有下列情况之一者：
a. 根据下列指标综合判断
症状：剧烈咳嗽，咯大量粉红色泡沫痰，气急、胸闷、心悸等，并常有烦燥、恶心、呕吐及昏迷等；
体征：呼吸窘迫，明显紫绀，双肺满布干、湿罗音；
胸部X线征象：两肺野有密度较淡、边缘模糊的斑片状、云絮状阴影，可相互融合成大片状或呈蝶状阴影；符合严重的肺炎或肺泡性肺水肿；
血气分析：在吸高浓度氧（大于50%氧）情况下，动脉血氧分压仍低于8 kPa（60 mmHg）。

b. 呼吸系统损害程度符合中度中毒，而伴有严重喉头水肿或支气管粘膜坏死脱落所致窒息；或较重的气胸或纵膈气肿；或较明显的心、肝或肾等脏器的损害者。

A.30 职业性急性光气中毒分级

A.30.1 刺激反应
在吸入光气后48 h内，出现一过性的眼及上呼吸道粘膜刺激症状。肺部无阳性体征，X线胸片无异常改变。

A.30.2 轻度中毒
根据症状、体征、X线表现及必要的血气分析资料，综合判断，可诊断为轻度中毒。
咳嗽、气短、胸闷或胸痛，肺部可有散在干性罗音。
X线胸片表现：肺纹理增强或伴边缘模糊，符合支气管炎或支气管周围炎X线所见。
血气分析：在呼吸空气时，动脉血氧分压正常或低于预计值 1.33~2.66 kPa（10~20 mmHg）。

A.30.3 中度中毒
呛咳、咯少量痰、可有血痰、气短、胸闷或轻度呼吸困难，轻度紫绀，肺部出现干性罗音或局部湿性罗音。
X线胸片表现：两肺纹理增强、边缘模糊，并出现网状或栗粒状阴影；或局部有散在的点片状模糊的阴影。两肺野透亮度减低。符合间质性肺水肿的X线所见。
血气分析：在吸入小于50%浓度氧时，能维持动脉血氧分压大于 8 kPa（60 mmHg）。

A.30.4 重度中毒
出现频繁咳嗽、咯大量白色或粉红色泡沫痰，呼吸窘迫，明显紫绀，两肺有广泛的干、湿性罗音。可出现纵隔及皮下气肿、气胸、急性呼吸或循环功能衰竭，心肌损害、昏迷。
X线胸片表现：两肺弥漫分布大小不等、密度不均和边缘模糊的点片状、云絮状或棉团样阴影，有的相互融合成大片状阴影。符合肺泡性肺水肿的X线所见。
血气分析：在吸入大于50%浓度氧时，动脉血氧分压仍低于 8 kPa（60 mmHg）。

A.31 职业性急性丙烯腈中毒分级

A.31.1 轻度中毒
接触丙烯腈24 h内出现以下临床表现者：
a. 头晕、头痛、乏力、上腹部不适、恶心、呕吐、胸闷、手足麻木等或出现短暂的意识朦胧与口唇紫绀；

b. 眼结膜及鼻、咽部充血；

c. 尿硫氰酸盐含量可增高，病程中血清谷丙转氨酶可增高。

A.31.2 重度中毒

除上述症状较重外，出现以下情况之一者：

a. 四肢阵发性强直性抽搐；

b. 昏迷。

A.32 职业性急性有机磷农药中毒

A.32.1 观察对象

a. 有轻度毒蕈碱样，烟碱样症状或中枢神经系统症状，而全血胆碱酯酶活性不低于70%者；

b. 无明显中毒临床表现，而全血胆碱酯酶活性在70%以下者。

A.32.2 急性轻度中毒

短时间内接触较大量的有机磷农药后，在24 h 内出现头晕、头痛、恶心、呕吐、多汗、胸闷、视力模糊、无力等症状，瞳孔可能缩小，全血胆碱酯酶活性一般在50%～70%。

A.32.3 急性中度中毒

除较重的上述症状外，还有肌束震颤、瞳孔缩小、轻度呼吸困难、流涎、腹痛、腹泻、步态蹒跚、意识清楚或模糊。全血胆碱酯酶活性一般在30%～50%。

A.32.4 急性重度中毒

除上述症状外，并出现下列情况之一者：

a. 肺水肿；

b. 昏迷；

c. 呼吸麻痹；

d. 脑水肿。

全血胆碱酯酶活性一般在30%以下。

A.32.5 迟发性神经病

在急性重度中毒症状消失后2～3周，有的病例可出现感觉、运动型周围神经病，肌电图检查显示神经原性损害。

附 录 B
伤情判定基本原则
（补充件）

B.1 评定伤害程度，以事故现场直接造成的人体伤害为主。其伤害包括受伤时的原发性病变以及与伤害有直接联系的并发症。

B.1.1 根据伤情诊断，能直接对照标准确定损失工作日数值的伤害（如截肢、骨折等）按对应的损失工作日数确定伤害程度。

B.1.2 对于涉及功能损伤的伤害，不能等医疗终结的"愈后症状"结果，必须依据事故发生时至报告期内所有的伤情诊断，按标准中对应损失工作日数确定其伤害程度。

B.1.3 遇有本标准未规定的伤害有争议时，可由发生事故的企业所在地劳动安全监察部门依据报告期内所有的伤情诊断，提出结论性意见；劳动安全监察部门认为有必要时可以组织专家进行会诊，再依据会诊结果提出结论性意见。

B.2 多处伤害，应以较严重伤害为主进行定性。定量时，首先进行累积伤害计算。将每处伤害数值逐项相加，但最后得出的损失工作日数不能大于该器官（肢体、功能系统）完全丧失的损失工作日数。

其次，进行共存伤害计算，其伤害按重轻顺序，最重者取100%，次之取70%，再次之10%，取然后相加，但总值不能大于6000损失工作日。

B.3 本标准未规定的暂时性失能伤害，可按实际歇工天数记录损失工作日，但该天数不能作为划分伤害程度定性的依据。

GB/T 6441—1986 企业职工伤亡事故分类[①]

1 名词、术语

1.1 伤亡事故
指企业职工在生产劳动过程中,发生的人身伤害(以下简称伤害)、急性中毒(以下简称中毒)。

1.2 损失工作日
指被伤害者失能的工作时间。

1.3 暂时性失能伤害
指伤害及中毒者暂时不能从事原岗位工作的伤害。

1.4 永久性部分失能伤害
指伤害及中毒者肢体或某些器官部分功能不可逆的丧失的伤害。

1.5 永久性全失能伤害
指除死亡外,一次事故中,受伤者造成完全残废的伤害。

2 事故类别

见下表。

序　号	事故类别名称
01	物体打击
02	车辆伤害
03	机械伤害
04	起重伤害
05	触　电
06	淹　溺
07	灼　烫
08	火　灾
09	高处坠落

(续)

序　号	事故类别名称
010	坍　塌
011	冒顶片帮
012	透　水
013	放　炮
014	火药爆炸
015	瓦斯爆炸
016	锅炉爆炸
017	容器爆炸
018	其他爆炸
019	中毒和窒息
020	其他伤害

3 伤害分析

3.1 受伤部位
指身体受伤的部位(分类详见附录A表A.1)。

3.2 受伤性质
指人体受伤的类型。确定的原则为:

a. 应以受伤当时的身体情况为主,结合愈后可能产生的后遗障碍全面分析确定;

b. 多处受伤,按最严重的伤害分类,当无法确定时,应鉴定为"多伤害"(分类详见附录A表A.2)。

3.3 起因物
导致事故发生的物体、物质,称为起因物(分类详见附录A表A.3)。

3.4 致害物

[①] 《企业职工伤亡事故分类》(The classification for casual accidents of enterprise staff and workers)由中华人民共和国劳动人事部提出,由黑龙江省劳动保护科学技术研究所负责起草,1986年5月31日发布,1987年2月1日实施。标准主要起草人:吴道成、阎继祥。

为完善我国伤亡事故统计制度,从适合我国劳动保护工作的实际情况出发特制定本标准。本标准规定了企业职工伤亡事故经济损失的统计范围、计算方法和评价指标,明确规定了对伤亡事故进行调查、登记、统计和报告的具体要求,为正确统计和评价评价伤亡事故经济损失及其对企业经济效益的影响提供了科学依据和适用方法。

指直接引起伤害及中毒的物体或物质（分类详见附录 A 表 A.4）。

3.5 伤害方式

指致害物与人体发生接触的方式（分类详见附录 A 表 A.5）。

3.6 不安全状态

指能导致事故发生的物质条件（分类详见附录 A 表 A.6）。

3.7 不安全行为

指能造成事故的人为错误（分类详见附录 A 表 A.7）。

4 伤害程度分类

4.1 轻伤

指损失工作日低于 105 日的失能伤害。

4.2 重伤

指相当于附录 B 表定损失工作日等于和超过 105 日的失能伤害。

4.3 死亡

5 事故严重程度分类

5.1 轻伤事故

指只有轻伤的事故。

5.2 重伤事故

指有重伤无死亡的事故。

5.3 死亡事故

a. 重大伤亡事故

指一次事故死亡 1~2 人的事故。

b. 特大伤亡事故

指一次事故死亡 3 人以上的事故（含 3 人）。

6 伤亡事故的计算方法

适用于企业以及各省、市、县上报伤亡事故时使用的计算方法有：

6.1 千人死亡率

表示某时期内，平均每千名职工中，因伤亡事故造成死亡的人数。按式（1）计算：

$$千人死亡率 = \left(\frac{死亡人数}{平均职工人数}\right) \times 10^3 \quad (1)$$

6.2 千人重伤率

表示某时期内，平均每千名职工因伤亡事故造成的重伤人数。按式（2）计算：

$$千人重伤率 = \left(\frac{重伤人数}{平均职工人数}\right) \times 10^3 \quad (2)$$

适用于行业、企业内部事故统计分析使用的计算方法有：

6.3 伤害频率

表示某时期内，每百万工时，事故造成伤害的人数。伤害人数指轻伤、重伤、死亡人数之和。按式（3）计算：

$$百万工时伤害率(A) = \left(\frac{伤害人数}{实际总工时}\right) \times 10^6 \quad (3)$$

6.4 伤害严重率

表示某时期内，每百万工时，事故造成的损失工作日数。按式（4）计算：

$$伤害严重率(B) = \left(\frac{总损失工作日}{实际总工时}\right) \times 10^6 \quad (4)$$

6.5 伤害平均严重率

表示每人次受伤害的平均损失工作日。按式（5）计算：

$$伤害平均严重率(N) = \frac{B}{A} = \left(\frac{总损失工作日}{伤害人数}\right) \quad (5)$$

适用于以吨、立方米产量为计算单位的行业、企业使用的计算方法有：

6.6 按产品、产量计算的死亡率，用式（6）、式（7）计算：

$$百万吨死亡率 = \frac{死亡人数}{实际产量(t)} \times 10^6 \quad (6)$$

$$万立方米木材死亡率 = \frac{死亡人数}{实际产量(m^3)} \times 10^4 \quad (7)$$

附 录 A
（补充件）

A.1 受伤部位（见表 A.1）

表 A.1

分类号	受伤部位名称	分类号	受伤部位名称
1.01	颅脑	1.12.3	肘部
1.01.1	脑	1.12.4	前臂
1.01.2	颅骨	1.13	腕及手
1.01.3	头皮	1.13.1	腕
1.02	面颌部	1.13.2	掌
1.03	眼部	1.13.3	指
1.04	鼻	1.14	下肢
1.05	耳	1.14.1	髋部
1.06	口	1.14.2	股骨
1.07	颈部	1.14.3	膝部
1.08	胸部	1.14.4	小腿
1.09	腹部	1.15	踝及脚
1.10	腰部	1.15.1	踝部
1.11	脊柱	1.15.2	跟部
1.12	上肢	1.15.3	部（距骨、舟骨、骨）
1.12.1	肩胛部	1.15.4	趾
1.12.2	上臂		

A.2 受伤性质（见表 A.2）

表 A.2

分类号	受伤性质	分类号	受伤性质
2.01	电伤	2.10	切断伤
2.01	挫伤、轧伤、压伤	2.11	冻伤
2.03	倒塌压埋伤	2.12	烧伤
2.04	辐射损伤	2.13	烫伤
2.05	割伤、擦伤、刺伤	2.14	中暑
2.06	骨折	2.15	冲击伤
2.07	化学性灼伤	2.16	生物致伤
2.08	撕脱伤	2.17	多伤害
2.09	扭伤	2.18	中毒

A.3 起因物（见表 A.3）

表 A.3

分类号	起因物名称	分类号	起因物名称
3.01	锅炉	3.15	煤
3.02	压力容器	3.16	石油制品
3.03	电气设备	3.17	水
3.04	起重机械	3.18	可燃性气体
3.05	泵、发动机	3.19	金属矿物
3.06	企业车辆	3.20	非金属矿物
3.07	船舶	3.21	粉尘
3.08	动力传送机械	3.22	梯
3.09	放射性物质及设备	3.23	木材
3.10	非动力手工具	3.24	工作面（人站立面）
3.11	电动手工具	3.25	环境
3.12	其他机械	3.26	动物
3.13	建筑物及构筑物	3.27	其他
3.14	化学品		

A.4 致害物（见表 A.4）

表 A.4

分类号	致害物名称	分类号	致害物名称
4.01	煤、石油产品	4.05	电气设备
4.01.1	煤	4.05.1	母线
4.01.2	焦炭	4.05.2	配电箱
4.01.3	沥青	4.05.3	电气保护装置
4.01.4	其他	4.05.4	电阻箱
4.02	木材	4.05.5	蓄电池
4.02.1	树	4.05.6	照明设备
4.02.2	原木	4.05.7	其他
4.02.3	锯材	4.06	梯
4.02.4	其他	4.07	空气
4.03	水	4.08	工作面（人站立面）
4.04	放射性物质	4.09	矿石

表 A.4（续）

分类号	致害物名称	分类号	致害物名称
4.10	粘土、砂、石	4.14.4	铁路工程机械
4.11	锅炉、压力容器	4.14.5	铁路工程机械
4.11.1	锅炉	4.14.6	铸造机械
4.11.2	压力容器	4.14.7	锻造机械
4.11.3	压力管道	4.14.8	焊接机械
4.11.4	安全阀	4.14.9	粉碎机械
4.11.5	其他	4.14.10	金属切削机床
4.12	大气压力	4.14.11	公路建筑机械
4.12.1	高压（指潜水作业）	4.14.12	矿山机械
4.12.2	低压(指空气稀薄的高原地区)	4.14.13	冲压机
4.13	化学品	4.14.14	印刷机械
4.13.1	酸	4.14.15	压辊机
4.13.2	碱	4.14.16	筛选、分离机
4.13.3	氢	4.14.17	纺织机械
4.13.4	氨	4.14.18	木工刨床
4.13.5	液氧	4.14.19	木工锯机
4.13.6	氯气	4.14.20	其他木工机械
4.13.7	酒精	4.14.21	皮带传送机
4.13.8	乙炔	4.14.22	其他
4.13.9	火药	4.15	金属件
4.13.10	炸药	4.15.1	钢丝绳
4.13.11	芳香烃化合物	4.15.2	铸件
4.13.12	砷化物	4.15.3	铁屑
4.13.13	硫化物	4.15.4	齿轮
4.13.14	二氧化碳	4.15.5	飞轮
4.13.15	一氧化碳	4.15.6	螺栓
4.13.16	含氰物	4.15.7	销
4.13.17	卤化物	4.15.8	丝杠、光杠
4.13.18	金属化合物	4.15.9	绞轮
4.13.19	其他	4.15.10	轴
4.14	机械	4.15.11	其他
4.14.1	搅拌机	4.16	起重机械
4.14.2	送料装置	4.16.1	塔式起重机
4.14.3	农业机械	4.16.2	龙门式起重机

表 A.4（续）

分类号	致害物名称	分类号	致害物名称
4.16.3	梁式起重机	4.16.15	壁上起重机
4.16.4	门座式起重机	4.16.16	铁路起重机
4.16.5	浮游式起重机	4.16.17	千斤顶
4.16.6	甲板式起重机	4.16.18	其他
4.16.7	桥式起重机	4.17	噪声
4.16.8	缆索式起重机	4.18	蒸气
4.16.9	履带式起重机	4.19	手工具（非动力）
4.16.10	叉车	4.20	电动后手工具
4.16.11	电动葫芦	4.21	动物
4.16.12	绞车	4.22	企业车辆
4.16.13	卷扬机	4.23	船舶
4.16.14	桅杆式起重机		

A.5 伤害方式（见表 A.5）

表 A.5

分类号	伤害方式	分类号	伤害方式
5.01	碰撞	5.08	火灾
5.01.1	人撞固定物体	5.09	辐射
5.01.2	运动物体撞人	5.10	爆炸
5.01.3	互撞	5.11	中毒
5.02	撞击	5.11.1	吸入有毒气体
5.02.1	落下物	5.11.2	皮肤吸收有毒物质
5.02.2	飞来物	5.11.3	经口
5.03	坠落	5.12	触电
5.03.1	由高处坠落平地	5.13	接触
5.03.2	由平地坠入井、坑洞	5.13.1	高低温环境
5.04	跌倒	5.13.2	高低温物体
5.05	坍塌	5.14	掩埋
5.06	淹溺	5.15	倾覆
5.07	灼烫		

A.6 不完全状态（见表A.6）

表 A.6

分类号	不安全状态
6.10	防护、保险、信号等装置缺乏或有缺陷
6.01.1	无防护
6.01.1.1	无防护罩
6.01.1.2	无安全保险装置
6.01.1.3	无报警装置
6.01.1.4	无安全标志
6.01.1.5	无护栏、或护栏损坏
6.01.1.6	（电气）未接地
6.01.1.7	绝缘不良
6.01.1.8	局扇无消音系统、噪声大
6.01.1.9	危房内作业
6.01.1.10	未安装防止"跑车"的挡车器或挡车栏
6.01.1.11	其他
6.01.2	防护不当
6.01.2.1	防护罩未在适当位置
6.01.2.2	防护装置调整不当
6.01.2.3	坑道掘进，隧道开凿支撑不当
6.01.2.4	防爆装置不当
6.01.2.5	采伐、集材作业安全距离不够
6.01.2.6	放炮作业隐蔽所有缺陷
6.01.2.7	电气装置带电部分裸露
6.01.2.8	其他
6.02	设备、设施、工具、附件有缺陷
6.02.1	设计不当，结构不合安全要求
6.02.1.1	通道门遮挡视线
6.02.1.2	制动装置有缺陷
6.02.1.3	安全间距不够
6.02.1.4	拦车网有缺陷
6.02.1.5	工件有锋利毛刺、毛边
6.02.1.6	设施上有锋利倒棱

表 A.6（续）

分类号	不安全状态
6.02.1.7	其他
6.02.2	强度不够
6.02.2.1	机械强度不够
6.02.2.2	绝缘强度不够
6.02.2.3	起吊重物的绳索不合安全要求
6.01.2.4	其他
6.02.3	设备在非正常状态下运行
6.02.3.1	设备带"病"运转
6.02.3.2	超负荷运转
6.02.3.3	其他
6.02.4	维修、调整不良
6.02.4.1	设备失修
6.02.4.2	地面不平
6.02.4.3	保养不当、设备失灵
6.02.4.4	其他
6.03	个人防护用品用具——防护服、手套、护目镜及面罩、呼吸器官护具、听力护具、安全带、安全帽、安全鞋等缺少或有缺陷
6.03.1	无个人防护用品、用具
6.03.2	所用防护用品、用具不符合安全要求
6.04	生产（施工）场地环境不良
6.04.1	照明光线不良
6.04.1.1	照度不足
6.04.1.2	作业场地烟雾尘弥漫视物不清
6.04.1.3	光线过强
6.04.2	通风不良
6.04.2.1	无通风
6.04.2.2	通风系统效率低
6.04.2.3	风流短路
6.04.2.4	停电停风时放炮作业
6.04.2.5	瓦斯排放未达到安全浓度放炮作业
6.04.2.6	瓦斯超限
6.04.2.7	其他

表 A.6（续）

分类号	不安全状态
6.04.3	作业场所狭窄
6.04.4	作业场地杂乱
6.04.4.1	工具、制品、材料堆放不安全
6.04.4.2	采伐时，未开"安全道"
6.04.4.3	迎门树、坐殿树、搭挂树未作处理
6.04.4.4	其他
6.04.5	交通线路的配置不安全
6.04.6	操作工序设计或配置不安全
6.04.7	地面滑
6.04.7.1	地面有油或其他液体
6.04.7.2	冰雪覆盖
6.04.7.3	地面有其他易滑物
6.04.8	贮存方法不安全
6.04.9	环境温度、湿度不当

A.7 不安全行为（见表 A.7）

表 A.7

分类号	不安全行为
7.01	操作错误、忽视安全、忽视警告
7.01.1	未经许可开动、关停、移动机器
7.01.2	开动、关停机器时未给信号
7.01.3	开关未锁紧，造成意外转动、通电、或泄漏等
7.01.4	忘记关闭设备
7.01.5	忽视警告标志、警告信号
7.01.6	操作错误（指按钮、阀门、搬手、把柄等的操作）
7.01.7	奔跑作业
7.01.8	供料或送料速度过快
7.01.9	机器超速运转
7.01.10	违章驾驶机动车
7.01.11	酒后作业

表 A.7（续）

分类号	不安全行为
7.01.12	客货混载
7.01.13	冲压机作业时，手伸进冲压模
7.01.14	工件紧固不牢
7.01.15	压缩空气吹铁屑
7.01.16	其他
7.02	造成安全装置失效
7.02.1	拆除了安全装置
7.02.2	安全装置堵塞，失掉了作用
7.02.3	调整的错误造成安全装置失效
7.02.4	其他
7.03	使用不安全设备
7.03.1	临时使用不牢固的设施
7.03.2	使用无安全装置的设备
7.03.3	其他
7.04	用手代替工具操作
7.04.1	用手代替手动工具
7.04.2	用手清除切屑
7.04.3	不用夹具固定，用手拿工件进行机加工
7.05	物体（指成品、半成品、材料、工具、切屑和生产用品等）存放不当
7.06	冒险进入危险场所
7.06.1	冒险进入涵洞
7.06.2	接近漏料处（无安全设施）
7.06.3	采伐、集材、运材、装车时，未离危险区
7.06.4	未经安全监察人员允许进入油罐或井中
7.06.5	未"敲帮问顶"开始作业
7.06.6	冒进信号
7.06.7	调车场超速上下车
7.06.8	易燃易爆场合明火
7.06.9	私自搭乘矿车
7.06.10	在绞车道行走
7.06.11	未及时瞭望

表 A.7（续）

分类号	不安全行为
7.08	攀、坐不安全位置（如平台护栏、汽车挡板、吊车吊钩）
7.09	在起吊物下作业、停留
7.10	机器运转时加油、修理、检查、调整、焊接、清扫等工作
7.11	有分散注意力行为
7.12	在必须使用个人防护用品用具的作业或场合中，忽视其使用
7.12.1	未戴护目镜或面罩
7.12.2	未戴防护手套
7.12.3	未穿安全鞋

表 A.7（续）

分类号	不安全行为
7.12.4	未戴安全帽
7.12.5	未佩戴呼吸护具
7.12.6	未佩戴安全带
7.12.7	未戴工作帽
7.12.8	其他
7.13	不安全装束
7.13.1	在有旋转零部件的设备旁作业穿过肥大服装
7.13.2	操纵带有旋转零部件的设备时戴手套
7.13.3	其他
7.14	对易燃、易爆等危险物品处理错误

附 录 B
损失工作日计算表
（补充件）

B.1 死亡或永久性全失能伤害定 6000 日。

B.2 永久性部分失能伤害按表 B.1、表 B.2、表 B.3 计算。

B.3 表中未规定数值的暂时性失能伤害按歇工天数计算。

B.4 对于永久性失能伤害不管其歇工天数多少，损失工作日均按下列各表中规定的数值计算。

B.5 各伤害部位累计数值超过 6000 日者，仍按 600 日计算。

表 B.1 截肢或完全失动机能部位损失工作日换算表

手					
	姆指	食指	中指	无名指	小指
远端指骨	300	100	75	60	50
中间指骨	—	200	150	120	105
近端指骨	600	400	300	240	200
掌骨	900	600	500	450	400
腕部截肢	3000				

表 B.1（续）

脚					
	姆趾	二趾	中趾	无名趾	小趾
远端趾骨	150	35	35	35	35
中间趾骨	—	75	75	75	75
近端趾骨	300	150	150	150	150
骨（包括舟骨、距骨）	600	350	350	350	350
踝部	2400				
上 肢					
肘部以上任一部位（包括肩关节）	4500				
腕以上任一部位，且在肘关节或低于肘关节	3600				
下 肢					
膝关节以上任一部位（包括髋关节）	4500				
踝部以上，且在膝关节或低于膝关节	3000				

表 B.2 骨折损失工作日换算表

骨折部位	损失工作日
掌、指骨	60
挠骨下端	80

表 B.2（续）

骨折部位	损失工作日
尺、挠骨干	90
肱骨髁上	60
肱骨干	80
科颈	70
锁骨	70
胸骨	105

表 B.2（续）

骨折部位	损失工作日
跗、趾	70
胫、腓	90
股骨干	105
股粗隆间	100
股骨颈	160

表 B.3 功能损伤损失工作日换算表

	功 能 损 伤 部 位	损失工作日
1	包被重要器官的单纯性骨损伤（头颅骨、胸骨、脊椎骨）	105
2	包被重要器官的复杂性骨损伤，内部器官轻度受损，骨损伤治愈后，不遗功能障碍者	500
3	包被重要器官的复杂性骨损伤，伴有内部器官损伤，骨损伤治愈后，遗有轻度功能障碍者	900
4	接触有害气体或毒物，急性中毒症状消失后，不遗有临床症状及后遗症者	200
5	重度失血，经抢救后，未遗有造血功能障碍者	200
6	包被重要器官的复杂性骨折，包被器官受损，骨损伤治愈后，遗有严重的功能障碍者	
a	脑神经损伤导致癫痫者	300
b	脑神经损伤导致痴呆者	500
c	脑挫裂伤，颅内严重血肿，脑干损伤造成无法医治的低能	5000
d	脑外伤致使运动系统严重障碍或失语，且不易恢复者	4000
e	脊柱骨损伤，脊髓离断形成截瘫者	6000
f	脊柱骨损伤，骨髓半离断，影响饮食起居者	6000
g	脊柱骨损伤合并骨髓伤，有功能障碍不影响饮食起居者	4000
h	单纯脊柱骨损伤，包括残留慢性腰背痛者	1000
i	脊柱损伤，遗有脊髓压迫症双下肢功能障碍，二便失禁者	4000
j	脊柱韧带损伤，局部血行障碍影响脊柱活动者	1500
k	胸部骨损伤，伤及心脏，引起明显的节律不正者	4000
l	胸部骨损伤，伤及心脏，遗有代偿功能失调者	4000
m	胸部损伤，胸廓成形术后，明显影响一侧呼吸功能者	2000
n	一侧肺功能丧失者	4000
o	一侧肺并有另侧一个肺叶术后伤残者	5000
p	骨盆骨损伤累及神经，导致下肢运动障碍者	4000
q	骨盆不稳定骨折，并遗留有尿道狭窄和尿路感染	3000
7	腰、背部软组织严重损伤，脊柱活动明显受限者	2000

表 B.3（续）

	功 能 损 伤 部 位	损失工作日
8	四肢软组织损伤治愈后，遗有周围神经损伤，感觉运动机能障碍，影响工作及生活者	1500
9	四肢软组织损伤治愈后，遗有周围神经损伤，运动机能障碍，但生活能自理者	2000
10	四肢软组织损伤，治愈后由于疤瘢弯缩，严重影响运动功能，但生活能自理者	
11	手肌腱受损，伸屈功能严重障碍，影响工作、生活者	1400
12	脚肌腱受损，引起机能障碍，不能自由行走者	1400
13	眼睑断裂导致眼闭合不全	200
14	眼睑损伤导致泪小管、泪腺损伤，导致泪溢，影响工作者	200
15	双目失明	6000
16	一目失明，但另一目视力正常	1800
17	两目视力均有障碍，不易恢复者	1800
18	一目失明，另一目视物不清，或双目视物不清者（仅能见眼前 2 m 以内且短期内不易恢复者）	3000
19	两眼角膜受损，并有眼底出血或溷浊，视力高度障碍者（仅能见 1 m 内之物体）且根本不能恢复者	4000
20	眼球突出不能复位，引起视力障碍者	700
21	眼肌麻痹，造成斜视、复视者	600
22	一耳丧失听力，另一耳听觉正常者	600
23	听力有重大障碍者	300
24	两耳听力丧失	3000
25	鼻损伤，嗅觉功能严重丧失	1000
26	鼻脱落者	1300
27	口腔受损，致使牙齿脱落大部，不能安装假牙，致使咀嚼发生困难者	1800
28	口腔严重受损，咀嚼机能全废	3000
29	喉损伤，引起喉狭窄，影响发音及呼吸者	1000
30	语言障碍，说话不清	300
31	语言全废	3000
32	伤及腹膜，并有单独性的腹腔出血，腹膜炎症者	1000
33	由于损伤进行胃次全切除，或肠管切除三分之一以上者	3000
34	由于损伤进行胃全切，或食道全切，腔肠代替食道，或肠管切除三分之一以上者	
35	一叶肝脏切除者	3000
36	一侧肾脏切除者	3000
37	生殖器官损伤，失去生殖机能者	1800
38	伤及神经、膀胱及直肠，遗有大便、小便失禁，漏尿，漏屎等	2000

表 B.3（续）

功能损伤部位	损失工作日
39 关节结构损伤，关节活动受限，影响运动功能者	1400
40 伤筋伤骨，运动受限，其功能损伤严重于表2者	200
41 接触高浓度有害气体，急性中毒症状消失后，遗有脑实质病变临床症状者	4000
42 各种急性中毒严重损伤呼吸道、食道粘膜，遗有功能障碍者	2000
43 国家规定的工业毒物轻度中毒患者	150
44 国家规定的工业毒物中度中毒患者	700
45 国家规定的工业毒物重度中毒患者	2000

GB/T 6721—1986 企业职工伤亡事故经济损失统计标准[①]

本标准规定了企业职工伤亡事故经济损失的统计范围，计算方法和评价指标。

1 基本定义

1.1 伤亡事故经济损失

指企业职工在劳动生产过程中发生伤亡事故所引起的一切经济损失，包括直接经济损失和间接经济损失。

1.2 直接经济损失

指因事故造成人身伤亡及善后处理支出的费用和毁坏财产的价值。

1.3 间接经济损失

指因事故导致产值减少、资源破坏和受事故影响而造成其他损失的价值。

2 直接经济损失的统计范围

2.1 人身伤亡后所支出的费用
2.1.1 医疗费用（含护理费用）
2.1.2 丧葬及抚恤费用
2.1.3 补助及救济费用
2.1.4 歇工工资
2.2 善后处理费用
2.2.1 处理事故的事务性费用
2.2.2 现场抢救费用
2.2.3 清理现场费用
2.2.4 事故罚款和赔偿费用
2.3 财产损失价值
2.3.1 固定资产损失价值
2.3.2 流动资产损失价值

3 间接经济损失的统计范围

3.1 停产、减产损失价
3.2 工作损失价值
3.3 资源损失价值
3.4 处理环境污染的费用
3.5 补充新职工的培训费用（见附录A）
3.6 其他损失费用

4 计算方法

4.1 经济损失计算见公式（1）：
$$E = E_d + E_i \tag{1}$$
式中：
E——经济损失，万元；
E_d——直接经济损失，万元；
E_i——间接经济损失，万元。

4.2 工作损失价值计算见公式（2）：

[①]《企业职工伤亡事故经济损失统计标准》（Statistical standard of economic losses from injury-fatal accidents of enterprise staff and workers）由中华人民共和国劳动人事部提出，由湖北省劳动人事厅劳动保护科学技术研究所、冶金部安全技术研究所起草，1986年8月22日发布，1987年5月1日实施。标准主要起草人：叶保华、吴康平、阮在毅、黄庆冈。

为提升伤亡事故统计工作的科学化、标准化水平，完善我国企业职工伤亡事故统计制度，特制定本标准。本标准对事故类别、伤害分析、按伤害程度对事故进行分类的方法、按事故严重程度对事故进行分类的方法以及伤亡事故的计算方法均做了明确规定，对于提高我国事故分类方法的科学性、提升企业安全状况分析结果的合理性具有重要意义。

$$V_W = D_L \cdot \frac{M}{S \cdot D} \quad (2)$$

式中：

V_W——工作损失价值，万元；

D_L——一起事故的总损失工作日数，死亡一名职工按6000个工作日计算，受伤职工视按 GB 6441—86《企业职工伤亡事故分类标准》的附表确定，日；

M——企业上年税利（税金加利润），万元。

S——企业上年平均职工人数；

D——企业上年注定工作日数，日。

4.3 固定资产损失价值按下列情况计算：

4.3.1 报废的固定资产，以固定资产净值减去残值计算；

4.3.2 损坏的固定资产，以修复费用计开。

4.4 流动资产损失价值按下列情况计算：

4.4.1 原材料、燃料、辅助材料等均按帐面值减去残值计；

4.4.2 成品、半成品、在制品等均以企业实际成本减去残值计算。

4.5 事故已处理结案而未能结算的医疗费、歇工工资等，采用测算方法计算（见附录A）。

4.6 对分期支付的抚恤、补助等费用，按审定支出的费用，从开始支付日期累计到停发日期，见附录A。

4.7 停产、减产损失，故发生之日起到恢复正常生产水平时止，计的价值。

5 经济损失的评价指标和程度分级

5.1 经济损失评价指标

5.1.1 千人经济损失率

计算按公式（3）：

$$R_s(‰) = \frac{E}{S} \times 1000 \quad (3)$$

式中：

R_s——千人经济损失率；

E——全年内经济损失，万元；

S——企业平均职工人数，人。

5.1.2 百万元产值经济损失率

计算按公式（4）：

$$R_V(\%) = \frac{E}{V} \times 100 \quad (4)$$

式中：

R_v——百万元产值经济损失率；

E——全年内经济损失，万元；

V——企业总产值，万元。

5.2 经济损失程度分级

5.2.1 一般损失事故

经济损失小于1万元的事故。

5.2.2 较大损失事故

经济损失大于1万元（合1万元）但小于10万元的事故。

5.2.3 重大损失事故

经济损失大于10万元（含10万元）但小于100万元

5.2.4 特大损失

经济损失大于100万元（含100万元）的事故。

附 录 A
几种经济损失的测算法
（补充件）

A.1 医疗费按公式（A1）测算：

$$M = M_b + \frac{M_b}{P} \cdot D_c \quad (A1)$$

式中：

M——被伤害职工的医疗费，万元；

M_b——事故结案日前的医疗费，万元；

P——事故发生之日至结案之日的天数，日；

D_c——延续医疗天数，指事故结案后还须继续医治的时间，由企业劳资、安全、工会等按医生诊断意见确定，日。

注：上述公式是测算一名被伤害职工的医疗费，一次事故中多名被伤害职工的医疗费应累计计算。

A.2 歇工工资按公式（A2）测算：

$$L = L_q(D_a + D_k) \quad (A2)$$

式中：

L——被伤害职工的歇工工资，元；

L_q——被伤害职工日工资，元；

D_a——事故结案日前的歇工日，日；

D_k——延续歇工日，指事故结案后被伤害职工还须继续歇工的时间，由企业劳资、安全、工会等与有关单位酌情商定，日。

注：上述公式是测算一名被伤害职王的歇工工资，一次事故中多名被伤害职工的歇工工资应累计计持。

A.3 补充新职工的培训费用

A.3.1 技术工人的培训费用每人按 2000 元计开。

A.3.2 技术人员的培训费用每人按 1 万元计开。

A.3.3 补充其他人员的培训费用，视补充人员情况参照 A.3.1，A.3.2 酌定。

A.4 补助费、抚恤费的停发日期

A.4.1 被伤害职工供养未成年直系亲属抚恤费累计统计到 16 周岁（普通中学在校生累计到 18 周岁）。

A.4.2 被伤害职工及供养成年直系亲属补助费、抚恤费累计统计到我国人口的平均寿命 68 周岁。

第三部分

有关调查报告（节选）

长深高速江苏无锡"9·28"特别重大道路交通事故调查报告①

2019年9月28日7时许,长深高速公路江苏无锡段发生一起大客车碰撞重型半挂汽车列车的特别重大道路交通事故,造成36人死亡、36人受伤,直接经济损失7100余万元。

事故发生后,党中央、国务院高度重视,习近平总书记作出重要指示,要求全力做好受伤人员救治和伤亡者家属安抚等工作,尽快查明事故原因,依法严肃追究责任,各地区和有关部门要深刻吸取事故教训,进一步深入排查各类安全隐患,坚决遏制重特大事故发生。李克强总理作出批示,要求全力抢救受伤人员,最大程度减少伤亡,妥为做好伤亡人员家属安抚等善后工作,有关部门要督促指导各地进一步加强道路交通安全管理,切实排查重点行业领域安全隐患,坚决遏制重特大事故发生。国务院副总理孙春兰、刘鹤,国务委员王勇、赵克志等领导同志也分别作出批示。按照党中央、国务院要求,应急管理部、公安部、交通运输部、全国总工会等单位有关负责同志迅速率领工作组赶赴现场,指导事故应急救援、伤员救治、事故调查和善后处置等工作。

依据有关法律法规,2019年9月29日,国务院批准成立了以应急管理部为组长单位,公安部、交通运输部、全国总工会以及江苏省、河南省人民政府为成员单位的国务院长深高速江苏无锡"9·28"特别重大道路交通事故调查组(以下简称事故调查组),同时聘请有关专家参与事故调查工作。

事故调查组认真贯彻落实中央领导同志重要指示批示精神,坚持"科学严谨、依法依规、实事求是、注重实效"的原则,通过现场勘验、调查取证、检测鉴定、专家论证等,查明了事故经过、原因、人员伤亡和直接经济损失情况,认定了事故性质,查清了事故企业存在的问题及有关地方政府和相关部门在监管方面存在的问题,并针对事故原因及暴露的突出问题,提出了事故防范措施建议。

事故调查组认定,长深高速江苏无锡"9·28"特别重大道路交通事故是一起生产安全责任事故。

一、事故有关情况

(一)事故发生经过

2019年9月28日5时8分,驾驶人李金宝驾驶河南国立旅游汽车客运有限公司(以下简称国立公司)号牌为豫A5072V大型普通客车,核载69人、实载71人(含4名免票儿童,未超员),从浙江省绍兴市柯桥区杨汛桥镇发车,驶往安徽省阜阳市临泉县,行驶途中未上下客,经沪昆高速、杭州绕城高速、长深高速,于6时42分经过长深高速父子岭收费站驶入江苏省境内。7时0分40秒,当该车行驶至长深高速江苏省无锡市宜兴市境内2154公里616米处时(车速约127公里/小时),左前轮爆胎,车辆失控,两次碰撞中央隔离护栏,越过中央隔离带冲入对向车道,在2154公里356米处与对向安继青正常驾驶的徐州三联运输有限公司号牌为苏CF3658/苏C12F1挂重型半挂汽车列车(载2名驾驶员)相撞,两车前部严重变形,造成36人死亡、36人受伤,另有1名儿童未受伤(图3-1)。

图3-1 事故现场情况

(二)事故救援处置情况

事故发生后,无锡市及宜兴市公安、交通运输、应急管理、卫生健康部门、宜兴市120急救中心、蓝天救援队等单位人员赶到现场开展事故处置和救援。7时40分起,公安交警及交通运输部门实施交通分流并及时发布交通管制信息。事故现场共投入80余辆抢险救援车辆,350余名抢险救援人员。至16时,事故现场清理完毕,道路恢复通行。

江苏省立即启动应急响应,省委、省政府相关负责同志带领省直有关部门及高速公路管理企业主要负责人赶到事故现场,指导事故救援处置等各项工作。

---

① 有关调查报告来源有关政府官网,限于篇幅原因,对调查报告有关单位及责任人的处理部分作必要删减。

无锡市、宜兴市相关负责人及有关部门人员赶到现场开展救援工作。江苏省成立由省长任总指挥，无锡市委市政府、宜兴市委市政府主要负责人以及公安、交通运输、应急管理、卫生健康等有关部门负责人参加的现场应急处置指挥部，设置综合协调、伤员救治、交通疏导、安全保障、现场救援、事故调查、舆情导控、善后安置、后勤保障9个工作组有序开展工作。

国家卫生健康委和江苏省、无锡市抽调20名医疗专家、460名医护人员对受伤人员开展"一对一"医疗救治，为每位伤员制定专门救治方案，确保伤员得到妥善治疗，救治过程中无一人死亡。无锡市、宜兴市政府抽调385名工作人员成立善后工作小组，按照"一对一"原则认真做好事故伤亡人员家属接待及安抚工作、遇难者身份确认和赔偿等工作，保持了社会稳定。

（三）事故车辆情况

（1）豫A5072V号宇通牌大型普通客车（以下简称大客车），核载69人（实载71人），行李舱核载550千克（实载1816千克）。该车出厂日期为2011年5月11日，初次登记日期为2011年6月14日，登记所有人为甘肃陇运（集团）快速客运有限公司，行驶证登记的使用性质为"公路客运"。2019年4月24日在兰州军鼎机动车辆服务公司进行安全技术检测，检验有效期至2019年12月31日。2019年5月22日，在兰州新区永承机动车登记服务站办理变更、转出登记业务，变更车辆使用性质为"营转非"。谢勇，男，40岁，住址为安徽省阜阳市临泉县张新镇联合行政村，通过二手车商购得该大客车，并由其介绍登记到国立公司名下，每年缴纳管理费3000元。2019年5月28日，国立公司委托工作人员携带身份证明、公司营业执照、委托书到郑州市公安局交通警察支队车管所办理车辆转入登记业务，登记所有人为国立公司，牌号为豫A5072V，行驶证使用性质依申请登记为"旅游客运"。投保有机动车交通事故责任强制保险和每个座位最高保额100万元的道路客运承运人责任险，均在有效期内。该大客车未取得道路运输证，使用伪造的包车客运标志牌，自2019年6月至事发时往返于安徽省阜阳市临泉县和浙江省绍兴市柯桥区，非法从事道路客运经营活动。

（2）苏CF3658/苏C12F1挂重型半挂汽车列车（以下简称大货车）。初次登记日期为2015年4月24日，登记所有人为徐州三联运输有限公司，登记机关为江苏省徐州市公安局交通巡逻警察支队，行驶证登记的使用性质为"货运"，检验有效期至2020年4月30日。苏CF3658号重型半挂牵引车于2015年4月27日取得道路运输证，证号为苏交运管徐字21504181，经营范围为道路普通货物运输、大型物件运输，发证机构为丰县交通运输管理所，有效期至2020年4月。该车投保有机动车交通事故责任强制保险和机动车第三者责任险。

（四）事故车辆驾驶人情况

（1）李金宝，男，40岁，事故大客车驾驶人（已在事故中死亡）。住址为安徽省阜阳市临泉县张新镇夸营行政村。驾驶证发证机关为安徽省阜阳市公安局交通警察支队，初次领证日期2002年6月28日，准驾车型A1A2，有效期至2024年6月28日，当前状态正常。取得道路运输从业资格证，有效期至2020年8月12日。

（2）马世狼，男，37岁，事故大客车副驾驶人（已在事故中死亡）。住址为安徽省阜阳市临泉县张新镇马寨行政村。驾驶证发证机关为安徽省阜阳市公安局交通警察支队，初次领证日期2002年9月1日，准驾车型A1A2，有效期至2020年9月1日，当前状态正常。取得道路运输从业资格证，有效期至2025年6月26日。

（3）安继青，男，44岁，事故大货车驾驶人（已在事故中死亡）。住址为江苏省徐州市丰县赵庄镇安双楼村。驾驶证发证机关为山东省菏泽市公安局交通警察支队，初次领证日期2004年5月13日，准驾车型A2，有效期至2020年5月13日，当前状态正常。取得道路运输从业资格证，有效期至2020年7月1日。

（4）邢道香，男，38岁，事故大货车副驾驶人（已在事故中死亡）。住址为江苏省丰县师寨镇汪屯村。驾驶证发证机关为江苏省徐州市公安局交通巡逻警察支队，初次领证日期2008年4月22日，准驾车型A2，有效期至2024年4月22日，当前状态正常。取得道路运输从业资格证，有效期至2024年1月31日。

（五）事故企业情况

（1）国立公司，事故大客车所属企业，成立于2015年11月30日，法定代表人王国利，营业执照登记的经营范围为汽车客运。未申请道路运输经营许可。2019年3月20日，在郑州市工商行政管理局专业分局申请变更公司住所及经营范围，变更后经营范围为汽车客运、汽车租赁、汽车维修、销售二手车、汽车配件；住所为郑州市管城回族区城东南路35号新年富港湾4号楼2单元15层136号。2018年1月10日和10月12日，国立公司分别注册成立河南国立旅游汽车客运有限公司沈丘分公司（以下简称国立沈丘分公司）和河南国立旅游汽车客运有限公司扶沟分公司（以下简称国立扶沟分公司）。

国立公司名下登记的大型客车共有68辆，除豫A9888P号大客车于2019年3月15日转入外，其余67辆均在国立公司2019年3月20日变更登记住所后转入。目前国立沈丘分公司和国立扶沟分公司名下各有3辆和2辆大客车。

（2）徐州三联运输有限公司，事故大货车所属企业，成立于2009年7月6日，法定代表人徐振云，注册地址为丰县首羡镇徐老家工业园，营业执照登记的经营范围为普通货运、预包装食品批发及零售、卷烟雪茄烟零售、土石方工程施工。道路运输经营许可证字号为徐320321316567，经营范围为道路普通货物运输、大型物件运输，有效期至2021年7月3日，核发机关为丰县交通运输管理所。

（六）事故道路情况

事故路段为长深高速公路2154公里356米至616米路段，位于江苏省无锡市宜兴市境内，东西走向，双向六车道，设计速度120公里/小时。沥青混凝土路面，圆曲线半径5600米，纵坡0.669%。路基宽度34.5米，中间带4.5米，两侧行车道各3×3.75米，中央分隔带和路侧均采用波形梁护栏。经专业鉴定机构对事故发生路段中央及路侧护栏进行抽检，个别护栏的波形梁板厚、立柱定尺长度、力学性能不符合标准规范，数值上存在细微差距。

经查阅道路设计、交竣工验收文件、检测报告，核查标准规范，通过现场测量和检测试验，事故路段纵坡坡度、坡长、竖曲线半径、路面结构强度指数、路面平整度、路面性能抗滑指数等相关技术参数，以及道路交通标志标线的完整性、可视性等均符合当时设计和建设相关标准规范要求。

事故发生时天气晴，无降水。

二、事故直接原因

经调查认定，事故直接原因是：李金宝驾驶豫A5072V大客车在高速行驶过程中左前轮轮胎发生爆破，导致车辆失控，两次与中央隔离护栏碰撞，冲入对向车道，与对向正常行驶的大货车相撞。

经专业机构检验检测和专家综合分析论证，认为轮胎爆破与轮胎气压过高、车辆高速行驶、车辆重载引起轮胎气密层与内衬层脱层有关。排除大客车左前轮轮胎爆破系碰撞碾压路面异物所致。大客车上大部分乘员未系安全带，在事故发生时脱离座椅，被挤压或甩出车外，加重了事故伤亡后果。

经现场调查、检测鉴定，排除了人为故意以及大客车驾驶人身体疾病、酒驾、毒驾等因素导致大客车失控碰撞的嫌疑。

三、事故暴露的主要问题

（一）企业存在的问题

（1）未申请道路运输经营许可，所属车辆非法从事道路客运经营活动。国立公司在取得营业执照后未按规定①申请道路运输经营许可，公司现有68辆大客车均未取得道路运输证，车辆均由各车主个人出资购买并登记在国立公司名下，非法从事道路客运经营活动。

（2）使用伪造的道路运输经营许可证、道路运输证、包车客运标志牌等相关证件。国立公司所属车辆使用伪造的道路运输经营许可证、道路运输证、包车客运标志牌，非法从事道路客运经营活动，其中部分包车客运标志牌在郑州市管城回族区城南路159号金龙服务站外"小红帽"打印店直接打印。

（3）日常安全管理严重缺失。国立公司挂名管理人员4名，分别为李国富、王艳娜、程伟平、王华东，但实际上由王国利负责，日常主要通过收取挂靠车辆"管理费"、车辆保险返还款等方式谋利。王国利作为企业法定代表人，对挂靠车辆只收费、不管理，"挂而不管"，未建立安全生产管理相关规章制度，企业安全投入、安全管理人员配备、驾驶员安全培训、车辆维修保养、动态监控等日常安全管理关键环节严重缺失。

（二）有关部门存在的问题

（1）阜阳市临泉县张集交管站。未严格按照规定②开展道路运输市场管理、执法检查，履行管理职责不力，未及时发现并查处辖区内包括事故大客车在内多辆大客车长期非法从事客运经营行为，对张新镇

---

① 《道路旅客运输及客运站管理规定》（交通运输部令2016年第82号）第十二条：申请从事道路客运经营的，应当依法向工商行政管理机关办理有关登记手续后，按照下列规定提出申请：（一）从事县级行政区域内客运经营的，向县级道路运输管理机构提出申请；（二）从事省、自治区、直辖市行政区域内跨2个县级以上行政区域客运经营的，向其共同的上一级道路运输管理机构提出申请；（三）从事跨省、自治区、直辖市行政区域客运经营的，向所在地的省、自治区、直辖市道路运输管理机构提出申请。

② 《道路运输条例》（国务院令第709号）第五十八条：道路运输管理机构的工作人员应当重点在道路运输及相关业务经营场所、客货集散地进行监督检查。

长期存在"非法组客点"的问题查处缺位。

（2）阜阳市临泉县公路运输管理所（以下简称临泉运管所）。对辖区内长期存在的大客车非法从事客运经营行为打击不力，未严格按照规定①对摸排出的44辆长期在辖区内非法从事客运经营、违规营运的大客车进行有效处理。未按规定②使用执法文书，自行制作"劝离通知书"用于处理非法违规运营车辆。对已掌握的异地籍非法违规车辆线索，仅抄告车籍所在地运管部门，未依法进行查处。

（3）阜阳市临泉县交通运输局。对临泉运管所道路运输监管工作领导不力，未有效落实联动机制，对辖区内大量大客车长期非法从事道路客运经营等问题失察。

（4）阜阳市道路运输管理局（以下简称阜阳运管局）。未有效指导、监督临泉县道路运输行业行政执法工作；对部署开展的道路客运市场整治行动和执法专项行动检查督导不力。

（5）阜阳市交通运输局。对临泉县交通运输行业行政执法工作指导、监督不力，对阜阳运管局未能有效履行执法指导和监督职能以及基层单位执法程序不规范等问题失察。

（6）阜阳市临泉县交警道路治安巡逻四队（以下简称临泉交警四中队）。未严格按照规定③对事故大客车2019年8月份至事发前18次在G220国道张新镇路口违规停放等交通违法行为进行查处，对辖区内大客车大量违法违规行为查处不力。

（7）阜阳市临泉县公安局交通管理大队。对临泉交警四中队开展道路交通安全管理工作组织领导不力、考核管理不严。

（8）阜阳市临泉县公安局。履行维护交通安全和交通秩序职责不力。

（9）绍兴市柯桥区道路运输管理处道路运政稽查大队（以下简称柯桥运政稽查大队）。未严格按照规定④全面开展道路客运市场专项整治工作，打击大客车非法从事客运经营工作不力。未发现并查处大量大客车在江桥红绿灯路口"非法揽客"行为；未落实有关要求⑤，对辖区内长期存在的"非法组客点"查处不力。

（10）绍兴市柯桥区道路运输管理处（以下简称柯桥运管处）。未严格按照规定⑥组织开展柯桥区道

---

① 《关于切实做好重点时段全市道路运输安保工作的通知》（阜运安〔2019〕70号）中规定："各县市区运管所要部署路面执法队、稽查站等执法力量加强稽查检查，重点时段严查道路运输市场违法违规行为；发现有乡镇组客、异地发车、站外揽客带客的，旅游包车不按核定范围经营的，以及违法从事危险品运输的，要发现一起、查处一起。从严从重从快处罚到位，同时抄送车属地运管部门、车属运输企业，督促停运、停班整改，强化源头管理，保障重点时段的市场安全稳定。"

② 《交通运输行政执法程序规定》（交通运输部令2019年第9号）第三十二条："执法人员应当合法、及时、客观、全面地收集证据材料。"《交通运输行政执法文书制作规范》（交体法发〔2008〕562号）附件：交通行政执法文书样式，列明了36类行政执法文书规范，不包括"劝离通知书"。

③ 《道路交通安全法》第五十六条："机动车应当在规定地点停放。禁止在人行道上停放机动车。"
《临泉县公安局交通管理大队班子成员及内设机构职责》中规定："临泉县交警大队四中队的主要职责有：严厉打击无牌无证、乱停乱放……各类严重交通违法行为，有效预防交通事故等"。《临泉县公安局交管大队"除隐患、防事故、保大庆"交通安全整治攻坚战工作方案》中规定："紧盯'两客一危一货'和农村面包车等重点车辆，严厉打击重点车辆'三超一疲劳'"等严重违法行为。"

④ 《绍兴市柯桥区道路运输管理处关于印发〈柯桥区道路运输行业安全生产百日整治行动方案〉的通知》（绍柯运管〔2019〕44号）中规定："严厉打击非法经营行为，重点对……钱清、杨汛桥等人员流动密集区域加大监管力度和打击力度。"《绍兴市柯桥区道路运输管理处关于开展2019年柯桥区道路客运市场专项整治的通知》（绍柯运管〔2019〕54号）中规定："稽查大队负责加大对……站外组客行为的打击力度，严查……未经许可从事包车客运等违规行为。"

⑤ 《道路运输条例》（国务院令第709号）第五十八条："道路运输管理机构的工作人员应当严格按照职责权限和程序进行监督检查……道路运输管理机构的工作人员应当重点在道路运输及相关业务经营场所、客货集散地进行监督检查。"
《道路旅客运输及客运站管理规定》（交通运输部令2016年第82号）第七十条："道路运输管理机构应当加强对道路客运和客运站经营活动的监督检查。道路运输管理机构工作人员应当严格按照法定职责权限和程序进行监督检查。"
《绍兴市交通运输局办公室关于开展2019年全市道路客运市场专项整治的通知》（绍市交办发〔2019〕57号）中规定："五、整治工作措施（二）具体分工及职责：运管局稽查支队，严厉打击'非法营运'等客运车辆违法违章行为。"《绍兴市柯桥区道路运输管理处关于印发〈柯桥区道路运输行业安全生产百日整治行动方案〉的通知》（绍柯运管〔2019〕44号）中规定："严厉打击非法经营行为，重点对……钱清、杨汛桥等人员流动密集区域加大监管力度和打击力度。"

⑥ 《道路运输条例》（国务院令第709号）第五十八条："道路运输管理机构的工作人员应当严格按照职责权限和程序进行监督检查……道路运输管理机构的工作人员应当重点在道路运输及相关业务经营场所、客货集散地进行监督检查。"

路运输市场秩序整治工作,对柯桥运政稽查大队打击大客车非法从事道路客运经营和"非法组客点"不力的问题失察。

(11)绍兴市柯桥区交通运输局。未严格按照规定①指导督促全区道路客运安全检查和隐患排查治理工作;对柯桥运管处履行道路运输市场秩序的维护、监管和整治职责监督、指导不力。

(12)绍兴市道路运政稽查支队(以下简称绍兴运政稽查支队)。未严格按照规定②组织、指导柯桥运政稽查大队依法履行对道路运输市场秩序整治工作。

(13)绍兴市道路运输管理局(以下简称绍兴运管局)。指导柯桥运管处履行道路运输市场秩序整治工作职责不力;对绍兴运政稽查支队不认真履职的问题失察失管。

(14)绍兴市交通运输局。指导督促全市道路客运安全检查和隐患排查治理工作不力;对绍兴运管局未认真履行道路运输市场秩序的维护、监管和整治职责问题失察失管。

(15)绍兴市公安局柯桥区分局交警大队钱清中队(以下简称钱清交警中队)。对群众投诉举报大客车"违停"问题未有效处置并及时抄告交通运输部门;未严格按照规定③将2019年6月份以来查获的事故大客车9次违停行为通报相关政府职能部门并依法扣留。

(16)绍兴市公安局柯桥区分局交警大队(以下简称柯桥交警大队)。未严格落实道路交通安全管理责任,对钱清交警中队未严格执行"严重交通违法行为常态严管八项措施"的问题失察。

(17)绍兴市公安局柯桥区分局。对柯桥交警大队未严格开展道路交通安全执法工作监督、指导不力。

(18)郑州市交通运输委员会执法处(支队)(以下简称郑州交委执法支队)。未严格按照规定④有效查处非法从事道路客运经营的企业及其车辆;对查获的未取得道路客运经营资质的企业和车辆"以罚代管",未责令停止经营、消除违法状态;对有关部门发来的抄告函,仅发布了提示函、协查通报,没有做到逐函核查。

(19)郑州市道路运输管理局(以下简称郑州运管局)。未严格按照规定⑤全面履行道路运输管理机构违法信息和线索的移交职责,没有将未取得道路客

---

① 《道路运输条例》(国务院令第709号)第五十三条:"县级以上人民政府交通主管部门应当加强对道路运输管理机构实施道路运输管理工作的指导监督。"

② 《道路运输条例》(国务院令第709号)第五十五条:"上级道路运输管理机构应当对下级道路运输管理机构的执法活动进行监督。道路运输管理机构应当建立健全内部监督制度,对其工作人员执法情况进行监督检查。"

③ 《浙江省公安厅关于实施严重交通违法行为常态严管八项措施的通知》(浙公通字〔2017〕59号)中规定:"机动车有5次(含)以上交通违法行为记录,无正当理由不及时接受处理的,定期在新闻媒体公开曝光,一经查获,一律依法扣留机动车……对机动车在城市主干道、非机动车道违法停车,妨碍其他车辆、行人通行,驾驶人不在现场或虽在现场但拒绝立即驶离的,一律依法拖移……对公路客运、旅游客运、危化品运输车辆、工程运输车有交通违法记录逾期未处理的,一律书面通知企业,并通报运输行业协会、相关政府职能部门;路面一经查获,一律依法扣留机动车。"

④ 《道路运输条例》(国务院令第709号)第六十三条:"违反本条例的规定,未取得道路运输经营许可,擅自从事道路运输经营的,由县级以上道路运输管理机构责令停止经营;有违法所得的,没收违法所得,处违法所得2倍以上10倍以下的罚款;没有违法所得或者违法所得不足2万元的,处3万元以上10万元以下的罚款;构成犯罪的,依法追究刑事责任。"

《道路旅客运输及客运站管理规定》(交通运输部令2016年第82号)第七十九条:"违反本规定,有下列行为之一的,由县级以上道路运输管理机构责令停止经营;有违法所得的,没收违法所得,处违法所得2倍以上10倍以下的罚款;没有违法所得或者违法所得不足2万元的,处3万元以上10万元以下的罚款;构成犯罪的,依法追究刑事责任:(一)未取得道路客运经营许可,擅自从事道路客运经营的"。

⑤ 《郑州市交通运输委员会关于交通执法机构有关职责界定及运行机制的通知》(郑交〔2015〕289号)中规定:"道路运输管理机构(含客运出租汽车管理机构)对违规违章的道路运输企业、营运车辆、从业人员及相关信息,应及时抄告执法机构。"

《河南省交通运输厅关于印发河南省交通运输执法机构与道路运输管理机构业务协作办法(试行)的通知》(豫交文〔2016〕242号)第五条:"道路运输管理机构在日常监管和监督检查过程中发现的违法运输行为,应及时制止和纠正,收集(保留)违法证据,依法依规处理。"

《郑州市交通运输委员会关于交通运输执法机构有关职责界定会议纪要》(郑交会纪〔2018〕13号)中要求:"对于未经审批的各类交通运输违法经营行为,管理部门在进行日常巡查中或接投诉举报后,将掌握的线索和现场查看情况及时移交市交通运输委员会执法处(支队),由市交通运输委员会执法处(支队)依法处理。"

运经营许可、涉嫌非法从事客运经营的抄告信息转给郑州交委执法支队；在收到外地运管部门关于国立公司车辆涉嫌非法从事道路客运经营的协查函后，未将相关线索转给郑州交委执法支队。

（20）郑州市交通运输局。未有效利用"部门协同监管平台-河南"加强"先照后证"改革后道路客运市场监管。对郑州市公安局交警支队《关于无营运资质旅游客运车辆涉嫌违法违规经营的抄告函》没有认真组织核查和处理，遗失郑州市公安局交警支队2019年7月16日涉及国立公司及事故车辆涉嫌非法从事道路客运经营的抄告函。对郑州运管局和郑州交委执法支队打击大客车非法从事道路客运经营工作督促指导不力。

（21）郑州市公安局交警支队四大队（以下简称郑州交警四大队）。未严格按照规定①落实重点单位、重点车辆交通安全监管责任，未严格督促国立公司落实《道路安全责任书》和《重点对象GPS监控平台安装使用告知书》要求，安全管理、安全教育、安全检查流于形式。

（22）郑州市公安局交警支队车辆管理所（以下简称郑州车管所）。在事故大客车登记查验过程中，未严格按照规定②对两项必须查验项目进行查验，在机动车查验记录表缺少两项认定意见的情况下，缺项审核通过；在办理机动车转入业务时，未要求申请人补办机动车登记证书并签注；未严格按照规定③对机动车查验工作进行全过程记录。

（23）郑州市公安局交警支队（以下简称郑州交警支队）。未严格按照规定④督促指导郑州交警四大队加强辖区内重点企业、重点车辆安全监管；对郑州车管所开展大客车登记查验业务监督管理不力⑤。

（24）郑州市公安局。未有效督促郑州交警支队加强道路交通安全工作。

（三）有关地方政府存在的问题

（1）安徽省阜阳市临泉县人民政府。未严格按照属地原则⑥加强道路交通安全监管工作的领导，未有效督促指导有关部门依法履行道路运输安全监管职责。

（2）浙江省绍兴市柯桥区人民政府。未严格按照属地原则⑥加强道路交通安全监管工作的领导，未有效督促指导有关部门依法履行道路运输安全监管职责。

（3）河南省郑州市人民政府。未严格按照属地原则⑥加强道路交通安全监管工作的领导，未有效督促有关部门加强沟通协作，形成打击非法道路客运经营工作合力。

四、对事故有关单位及责任人的处理建议

（一）公安机关已采取强制措施人员

略。

---

① 郑州交警支队《关于印发〈交通安全重点对象监管办公室工作职责〉的通知》（郑公交通〔2013〕7号）中规定交警大队交通安全重点对象监管办公室工作职责："认真做好重点单位、重点车辆、重点驾驶人信息采集工作，全面掌握本辖区重点对象基本信息，建立健全基础台账，实行动态管理；巡查公安交通管理综合应用平台，适时监控重点车辆、重点驾驶人的违法信息，及时通知、督促所在单位进行整改；对重点单位GPS监控平台运用情况和各项制度的落实情况进行监管；督促重点单位认真落实交通安全主体责任，对落实不到位的单位依法进行处罚；建立信息共享机制，按规定向安监、交通、教育、农机等部门抄告重点对象违法信息等。"

② 《机动车查验工作规程》（GA 801—2014）5.1.2中规定："对公路客车、旅游客车……查验行驶记录装置""对车长大于等于6 m的客车，查验应急出口和应急锤""对车长大于9 m的公路客车、旅游客车……应查验乘客门数量"。

《机动车登记工作规范》（公交管〔2012〕333号）第十条："登记审核岗审查……机动车查验记录表；……符合规定的，录入登记信息"。第十四条："（一）机动车转出后登记证书丢失、灭失的……办理转入时同时补登记证书"。

《机动车登记规定》（公安部令第124号）第十三条：申请机动车转入的，机动车所有人应当填写申请表，提交身份证明、机动车登记证书、机动车档案，并交验机动车。

③ 《郑州市公安局交警支队执勤执法记录仪规范使用管理规定》（郑公交明发〔2019〕421号）第六条："民警和辅警在从事道路执勤执法、交通违法处理、交通事故处理、机动车驾驶人考试、机动车查验和各类窗口服务等岗位工作时必须佩带、使用执勤执法记录仪进行全程摄录，客观记录执法工作情况和相关证据。"

④ 郑州交警支队《关于印发〈交通安全重点对象监管办公室工作职责〉的通知》（郑公交通〔2013〕7号）中规定交警支队交通安全重点对象监管办公室工作职责："组织指导全市交警系统开展重点单位、重点车辆、重点驾驶人交通安全监管工作等。"

⑤ 《机动车查验工作规程》（GA 801—2014）6.21中规定："设区的市公安机关交通管理部门，应建设完善机动车查验监管系统，严格对查验机动车工作的监督和管理。"

⑥ 《中共中央国务院关于推进安全生产领域改革发展的意见》中规定："及时研究部署安全生产工作，严格落实属地监管责任……督促各部门和下级政府履职尽责。"

（二）有关公职人员

对于在事故调查过程发现的地方政府及有关部门的公职人员履职方面的问题线索及相关材料，已移交中央纪委国家监委。对有关人员的党政纪处分和有关单位的处理意见，由中央纪委国家监委提出；涉嫌刑事犯罪人员，由中央纪委国家监委移交司法机关处理。

（三）对有关企业行政处罚建议

建议河南省有关部门依法①吊销国立公司及其相关分公司营业执照，并处罚款。企业主要负责人终身不得担任道路运输行业生产经营单位的主要负责人。

五、事故防范措施建议

（1）深入贯彻习近平总书记重要指示精神切实提高政治站位。各有关地区党委政府要进一步提高政治站位，深入贯彻习近平总书记关于安全生产重要论述和重要指示精神，增强"四个意识"、做到"两个维护"，充分认识抓好道路交通安全工作的重要性，落实"党政同责、一岗双责"要求，切实承担起"促一方发展、保一方平安"的政治责任。各有关部门要严格落实"管行业必须管安全、管业务必须管安全、管生产经营必须管安全"和"谁主管、谁负责"的要求，守土有责、履职尽责，形成共治合力。各地各有关部门要深刻汲取事故教训，加强道路客运市场管理和安全监管，加大非法营运行为整治力度，坚决清理整顿客运市场"挂而不管"乱象，严禁客运车辆特别是旅游客运车辆挂靠经营，严厉打击客运企业和车辆非法营运行为。要不断完善部门间道路交通安全监管协同联动机制，明确部门职责分工，构建道路交通安全全链条监管体系，坚决堵塞行业领域安全监管漏洞。

（2）有效加强道路客运企业及车辆的源头治理。各有关地区要健全完善公安部门和交通运输部门车辆登记和营运准入联动机制，对机动车行驶证使用性质和道路运输经营资质信息进行核查，从源头上遏制无客运经营资质企业所属车辆登记为营运性质。公安部门要严格办理车辆登记查验，对大客车申请登记为营运性质的，将相关登记信息及时抄告交通运输部门，严防大客车非法开展道路客运经营活动。各有关地区对存量客运车辆要建立登记信息通报制度，对行驶证使用性质为营运类的大中型客车，公安部门要及时通报有关部门，对已达到报废标准的，商务部门监督报废，公安部门注销注册登记；未达到报废标准的，交通运输部门要进行核查比对，对未取得道路运输经营许可，擅自从事道路运输经营的依法进行处罚，并告知当事人及时到公安部门办理使用性质变更。建议公安、交通运输部门共同研究限制大客车登记在个人名下的相关规定。建议市场监管部门会同交通运输部门研究完善道路客运企业登记经营范围和涉企行政许可事项的对应关系，将涉及道路客运经营有关市场主体信息及时、精准推送至交通运输部门，对不符合道路客运许可条件的，由交通运输部门及时反馈市场监管部门建议采取依法变更营业执照有关经营范围等措施。

（3）创新完善道路客运安全管理常态化工作机制。各有关地区要进一步顺应"放管服"改革需求，认真剖析非法营运问题突出的深层次原因，科学施策、精准发力、疏堵结合，充分考虑道路客运市场需求，避免政策简单化、一刀切。要完善道路客运相关信息的沟通共享机制，打通交通运输、公安、市场监管、文化和旅游、商务等部门之间的信息孤岛，实现客运企业、营运客车和驾驶人员的注册登记信息、营运资质信息等联网联通、全国统一、全国可查、精准推送，真正发挥信息化手段辅助监管执法的作用。要充分运用大数据、物联网、人工智能等现代信息技术建立针对非法营运车辆的实时比对核查系统，实现自动报警、精准查处。交通运输等部门要加强营运车辆信息快速查询渠道的宣传普及，进一步简化查询方式，以便乘客快速区分营运和非营运车辆，各相关部门要建立健全道路交通领域举报重大事故隐患和安全生产违法行为的奖励制度，形成乘客选择、社会监督、政府监管的共建共治共享良好局面。

（4）切实加大道路客运执法查处力度。各有关部门要进一步加大道路客运执法查处力度，依法查处各类违法行为。交通运输部门要严查非法从事道路客运经营行为，对发现未取得道路运输经营许可，擅自从事道路客运经营的企业，依法责令停止经营、顶格处罚，纳入"黑名单"管理，构成犯罪的，移交相关部门依法追究刑事责任；对发现名下有大量使用性

---

① 《生产安全事故报告和调查处理条例》（国务院令第493号）第四十条："事故发生单位对事故发生负有责任的，由有关部门依法暂扣或者吊销其有关证照。"
《安全生产法》第一百零九条第四项："（四）发生特别重大事故的，处五百万元以上一千万元以下的罚款；情节特别严重的，处一千万元以上二千万元以下的罚款。"第九十一条第三款："生产经营单位的主要负责人……对重大、特别重大生产安全事故负有责任的，终身不得担任本行业生产经营单位的主要负责人。"

质为营运类车辆、非法营运问题突出、存在重大安全隐患的企业，要提请地方人民政府依法关闭取缔，坚决打击"黑公司"。要督促客运企业切实履行企业安全生产主体责任，配齐安全管理人员，加强车辆日常维护保养，提高车辆技术状况，严格落实24小时动态监控要求，及时发现并纠正营运车辆超速、疲劳驾驶、不按规定线路行驶等行为。公安部门要加大对大客车超速行驶、超员载客等严重交通违法行为查处力度，组织调整升级测速取证设备，强化大客车速度管控。建议最高人民法院研究将非法营运构成非法经营罪的典型案例纳入全国指导性案例，加大对非法营运行为的震慑作用。

（5）进一步提升道路客运本质安全水平。推动加强营运大客车报废研究，建议商务部门牵头，会同发展改革、工业和信息化、公安、生态环境、交通运输、市场监管等部门共同研究调整大客车鼓励淘汰、强制报废、报废回收管理规定，加大达不到安全运行条件的老旧大客车淘汰报废力度，消除大客车"营转非"后非法营运的空间。推动加强爆胎问题研究，建议工业和信息化、公安、交通运输等有关部门推进国家标准有关新生产车长大于9米的客车前轮应装备爆胎应急安全装置规定的实施。建议市场监管部门加强市场流通环节的关键零部件质量抽查，确保影响运行安全的制动、转向、轮胎等关键零部件总成产品质量符合标准要求。建议市场监管、交通运输等有关部门进一步完善大客车座椅强度试验标准，提高客车座椅及其固定件结构强度，提高客车座椅抗冲击能力，提升司乘人员的生命安全保障水平。有关单位要进一步加强对早期建设的高速公路护栏等安全防护设施的检查检测，及时发现问题，结合公路安全运营状况和改扩建工程，参照新的标准规范指南等逐步更新改造，强化安全设施产品质量管控，提升高速公路护栏安全防护能力。

福建省泉州市欣佳酒店"3·7"坍塌事故调查报告

2020年3月7日19时14分,位于福建省泉州市鲤城区的欣佳酒店所在建筑物发生坍塌事故,造成29人死亡、42人受伤,直接经济损失5794万元。事发时,该酒店为泉州市鲤城区新冠肺炎疫情防控外来人员集中隔离健康观察点。

事故发生后,党中央、国务院高度重视。习近平总书记第一时间作出重要指示,要求全力抢救失联者,积极救治伤员;强调当前全国正在复工复产,务必确保安全生产,确保不发生次生灾害。李克强总理立即作出重要批示,要求全力搜救被困人员,及时救治伤员,并做好救援人员自身防护,尽快查明事故原因并依法问责。丁薛祥、孙春兰、刘鹤、王勇、赵克志等领导同志也作出批示,提出明确要求。应急管理部、住房和城乡建设部等有关部门及时派出工作组连夜赶赴现场,指导抢险救援、事故调查和善后处置等工作。国家卫生健康委调派医疗卫生应急专家组,支援当地开展伤员救治等卫生应急处置工作。

这起事故死亡人数虽然不够特别重大事故等级,但性质严重、影响恶劣,依据有关法律法规,经国务院批准,成立了由应急管理部牵头,公安部、自然资源部、住房和城乡建设部、国家卫生健康委、全国总工会和福建省人民政府有关负责同志参加的国务院福建省泉州市欣佳酒店"3·7"坍塌事故调查组(以下简称事故调查组),并分设技术组、管理组、综合组。同时,设立专家组,聘请工程勘察设计、工程建设管理、建设工程质量安全管理、公共安全等方面的专家参与事故调查工作。按照中央纪委国家监委的要求,福建省纪委监委成立责任追究审查调查组,对有关地方党委政府、相关部门和公职人员涉嫌违法违纪及失职渎职问题开展审查调查。

事故调查组认真贯彻落实中央领导同志重要指示批示精神,坚持"科学严谨、依法依规、实事求是、注重实效"的原则,通过现场勘查、取样检测、调查取证、调阅资料、人员问询、专家论证等,查明了事故经过、发生原因、人员伤亡情况和直接经济损失,认定了事故性质以及事故企业、中介机构和相关人员的责任,查明了有关地方党委政府和相关部门在监管方面存在的问题,总结分析了事故主要教训,提出了防范整改的措施建议。

事故调查组认定,福建省泉州市欣佳酒店"3·7"坍塌事故是一起主要因违法违规建设、改建和加固施工导致建筑物坍塌的重大生产安全责任事故。

一、事故有关情况

(一)事故发生和救援情况

事故调查组查明,2020年3月7日17时40分许,欣佳酒店一层大堂门口靠近餐饮店一侧顶部一块玻璃发生炸裂。18时40分许,酒店一层大堂靠近餐饮店一侧的隔墙墙面扣板出现2至3毫米宽的裂缝。19时06分许,酒店大堂与餐饮店之间钢柱外包木板发生开裂。19时09分许,隔墙鼓起5毫米;2至3分钟后,餐饮店传出爆裂声响。19时11分许,建筑物一层东侧车行展厅外墙发出声响,墙板和吊顶开裂,玻璃脱胶。19时14分许,目击者听到幕墙玻璃爆裂巨响。19时14分17秒,欣佳酒店建筑物瞬间坍塌,历时3秒(图3-2)。事发时楼内共有71人被困,其中外来集中隔离人员58人、工作人员3人(1人为鲤城区干部、2人为医务人员)、其他入住人员10人(2人为欣佳酒店服务员、5人为散客、3人为欣佳酒店员工朋友)。

事故发生后,应急管理部和福建省立即启动应急响应。应急管理部、住房和城乡建设部负责同志率领工作组连夜赶赴现场指导救援,福建省和泉州市、鲤城区党委政府主要负责同志及时赶赴现场,应急管理部主要负责同志与现场全程连线,各级政府以及公安、住建等有关部门和单位积极参与,迅速组织综合性消防救援队伍、国家安全生产专业救援队伍、地方专业队伍、社会救援力量、志愿者等共计118支队伍、5176人开展抢险救援。3月7日19时35分,泉州市消防救援支队所属力量首先赶到事故现场,立即开展前期搜救。随后,福建省消防救援总队从福州、厦门、漳州等9个城市及训练战勤保障等10个支队调集重轻型救援队、通信和战勤保障力量共1086名指战员,携带生命探测仪器、搜救犬,以及特种救援装备进行救援处置。国家卫生健康委、福建省卫生健康委调派56名专家赶赴泉州支援伤员救治,并在事故现场设立医疗救治点,调配125名医务人员、20部救护车驻守现场,及时开展现场医疗处置、救治和疫情防控工作。

经过112小时全力救援,至3月12日11时04分,

图 3-2 建筑物坍塌后现场航拍照片（从北往南拍摄）

人员搜救工作结束，搜救出 71 名被困人员，其中 42 人生还，29 人遇难。整个救援过程行动迅速、指挥有力、科学专业，效果明显。救援人员、医务人员无一人伤亡，未发生疫情感染，未发生次生事故。

（二）欣佳酒店建筑物基本情况

欣佳酒店建筑物位于泉州市鲤城区常泰街道上村社区南环路 1688 号，建筑面积约 6693 平方米，实际所有权归泉州市新星机电工贸有限公司，未取得不动产权证书。建筑物东西方向长 48.4 米，南北宽 21.4 米，高 22 米，北侧通过连廊与二层停车楼相连（图 3-3、图 3-4）。该建筑物所在地土地所有权于 2003 年由集体所有转为国有；2007 年 4 月，泉州市国土资源局与泉州鲤城新星加油站①签订土地出让合同后，于 2008 年 2 月颁给其土地使用权证②；2014 年 12 月，土地使用权人变更为泉州市新星机电工贸有限公司③。该公司在未依法履行任何审批程序的情况下，于 2012 年 7 月，在涉事地块新建一座四层钢结构建筑物（一层局部有夹层，实际为五层）；于 2016 年 5 月，在欣佳酒店建筑物内部增加夹层，由四层（局部五层）改建为七层；于 2017 年 7 月，对第四、

五、六层的酒店客房等进行了装修。事发前建筑物各层具体功能布局为：建筑物一层自西向东依次为酒店大堂、正在装修改造的餐饮店（原为沈增华便利店）、华宝汽车展厅和好车汇汽车门店；二层（原北侧夹层部分）为华宝汽车销售公司办公室；三层西侧为小灰餐饮店（欣佳酒店餐厅），东侧为琴悦足浴中心；四层、五层、六层为欣佳酒店客房，每层 22 间，共 66 间；七层为欣佳酒店和华胜车行员工宿舍；建筑物屋顶上另建有约 40 平方米的业主自用办公室、电梯井房、4 个塑料水箱、1 个不锈钢消防水箱。

2019 年 9 月，欣佳酒店建筑物一层原来用于超市经营的两间门店停业，准备装修改做餐饮经营。2020 年 1 月 10 日上午，装修工人在对 1 根钢柱实施板材粘贴作业时，发现钢柱翼缘④和腹板⑤发生严重变形（图 3-5），随即将情况报告给杨金锵。杨金锵检查发现另外 2 根钢柱也发生变形，要求工人不要声张，并决定停止装修，对钢柱进行加固，因受春节假期和疫情影响，未实施加固施工。3 月 1 日，杨金锵组织工人进场进行加固施工时，又发现 3 根钢柱变形。3 月 5 日上午，开始焊接作业。3 月 7 日 17 时 30

---

① 泉州鲤城新星加油站原为集体所有制企业，2001 年杨金泽（杨金锵之弟）出资 50 万元获得全部股权，企业性质变更为个人独资企业。

② 《国有土地使用证》〔泉国用（2008）第 100002 号〕：土地使用权人为泉州鲤城新星加油站，地块位于鲤城区江南街道上村社区，地类（用途）为商业，使用面积为 3363.3 平方米，终止日期为 2047 年 4 月 12 日。

③ 《国有土地使用证》〔泉国用（2014）第 100093 号〕：土地使用权人为泉州市新星机电工贸有限公司，地号为 10/99/31571，地类（用途）为商业（加油站），终止日期为 2047 年 4 月 12 日。

④ 型钢外围的钢零件，也称翼板，H 型钢翼板为两个互相平行钢板。

⑤ 型钢内部的钢零件，H 型腹板为两翼板之间的钢板。

分许，工人下班离场。至此，焊接作业的 6 根钢柱中，5 根焊接基本完成，但未与柱顶楼板顶紧，尚未发挥支撑及加固作用，另 1 根钢柱尚未开始焊接，直至事故发生。

图 3-3　建筑物卫星定位图

图 3-4　事故发生时建筑物及周边环境情况还原图

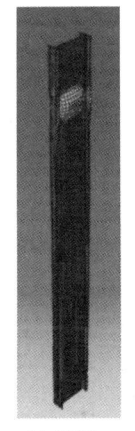 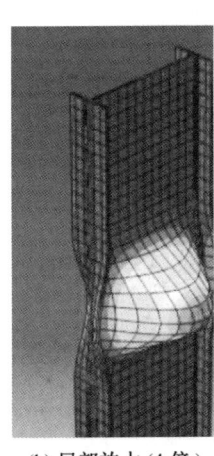  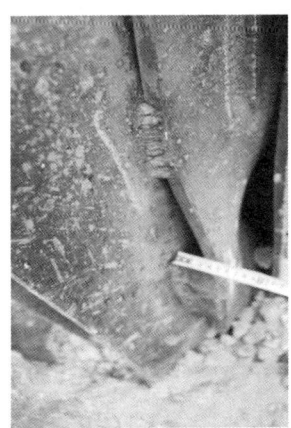

(a) 模型　　(b) 局部放大(4倍)　　(c) 现场照片①　　(d) 现场照片②

图 3-5　钢柱板件局部鼓曲缺陷

（三）事故单位基本情况

泉州市新星机电工贸有限公司成立于2006年2月，法定代表人、执行董事兼总经理杨金锵，公司类型为有限责任公司，统一社会信用代码为913505027845208042，注册资本330万元，注册地址为泉州市鲤城区江南街道上村社区，经营范围包括销售机电设备（不含特种设备）、电子产品、建筑材料（不含危险化学品）、五金、百货，生产、加工机械配件。事发前，公司股东出资情况为杨金锵占60%，杨桂芬、杨桂瑜、杨桂红（三人均系杨金锵女儿）共占40%。

欣佳酒店工商登记名称为鲤城区欣佳旅馆（以下仍称欣佳酒店），成立于2018年3月，类型为个体工商户，统一社会信用代码为92350502MA31KDE31Y，登记的经营者为杨金锵，经营形式为个人经营，经营范围为住宿服务；经营场所原为泉州市鲤城区常泰街道上村社区南环路1688号6楼，2019年8月19日变更为泉州市鲤城区常泰街道上村社区南环路1688号地上一层大厅、四至六层。自2018年6月起，杨金锵将欣佳酒店承包给林木金、林惠珍经营。

（四）欣佳酒店被确定为集中隔离观察点有关情况

为解决湖北籍来泉旅客住宿问题，2020年1月28日，泉州市政府维稳组与欣佳酒店签订协议，1月30日经泉州市疫情防控指挥部确定，租用欣佳酒店第六层为临时住宿场所。同日，常泰街道办事处将其确定为该街道的集中隔离健康观察点。随着疫情防控要求提高，鲤城区疫情防控指挥部要求，自2月18日起由湖北、浙江温州等地来鲤人员，一律由所属街道安排在集中隔离健康观察点观察14天；2月24日，鲤城区决定将欣佳酒店作为区级集中隔离健康观察点，并安排区直机关干部担任"点长"，安排民警和医务人员进驻，实行封闭管理。截至事故发生前，欣佳酒店累计接收集中隔离观察人员91人，累计解除观察33人，事发时尚有集中隔离观察人员58人①。

二、事故直接原因

事故调查组通过深入调查和综合分析，认定事故的直接原因是：事故单位将欣佳酒店建筑物由原四层违法增加夹层改建成七层，达到极限承载能力并处于坍塌临界状态，加之事发前对底层支承钢柱违规加固焊接作业引发钢柱失稳破坏，导致建筑物整体坍塌。

事故调查组通过对事故现场进行勘查、取样、实测，并委托国家建筑工程质量监督检验中心、国家钢结构质量监督检验中心、清华大学等单位进行了检测试验、结构计算分析和破坏形态模拟，逐一排除了人为破坏、地震、气象、地基沉降、火灾等可能导致坍塌的因素，查明了事故发生的直接原因。

增加夹层导致建筑物荷载超限。该建筑物原四层钢结构的竖向极限承载力是52000千牛②，实际竖向荷载31100千牛，达到结构极限承载能力的60%，正常使用情况下不会发生坍塌。增加夹层改建为七层后，建筑物结构的实际竖向荷载增加到52100千牛，已超过其52000千牛的极限承载能力，结构中部分关键柱出现了局部屈曲③和屈服损伤④（图3-6），虽然通过结构自身的内力重分布仍维持平衡状态，但已经达到坍塌临界状态，对结构和构件的扰动都有可能导致结构坍塌。因此，建筑物增加夹层，竖向荷载超限，是导致坍塌的根本原因。

焊接加固作业扰动引发坍塌。在焊接加固作业过程中，因为没有移走钢柱槽内的原有排水管，造成贴焊的位置不对称、不统一，焊缝长度和焊接量大，且未采取卸载等保护措施，热胀冷缩等因素造成高应力状态钢柱内力⑤变化扰动，导致屈曲损伤扩大，钢柱加大弯曲、水平变形增大，荷载重分布引起钢柱失稳破坏⑥，最终打破建筑结构处于临界的平衡态，引发连续坍塌。

通过技术分析及对焊缝冷却时间验证，焊缝冷却至事故发生时温度（20.1摄氏度）约需2小时，此时钢柱水平变形达到最大，与事故当天17时10分许工人停止焊接施工至19时14分建筑物坍塌的间隔时间基本吻合。

---

① 事故中死亡的29名人员中，有21名为集中隔离健康观察人员、3人为区属工作人员、2人为酒店服务员、3人为酒店员工朋友。
② 千牛是力的单位，1吨的物体所受到的重力为9.8千牛。
③ 局部屈曲指结构、构件或板件达到受力临界状态时在其刚度较弱方向产生的一种较大变形。
④ 屈服损伤指钢材屈服后的塑性变形、硬化等损伤，此变形在卸下荷载作用后不会恢复。
⑤ 钢柱轴向压力、弯矩、剪力等，统称内力。
⑥ 受力结构或构件丧失保持稳定平衡而发生的破坏，如轴向受压的细长直杆当压力过大时，可能会突然变弯，失去原来直线形式的平衡状态，而丧失继续承载的能力。

 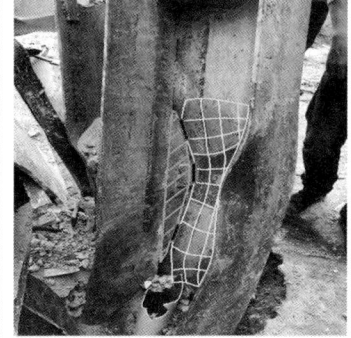

正面　　　　　　　　　　　　背面

图 3-6　C6 钢柱屈曲变形与加固焊接情况

三、事故发生单位及有关企业主要问题

泉州市新星机电工贸有限公司、欣佳酒店及其实际控制人杨金锵无视国家有关城乡规划、建设、安全生产以及行政许可法律法规，违法违规建设施工，弄虚作假骗取行政许可，安全责任长期不落实，是事故发生的主要原因。

（一）泉州市新星机电工贸有限公司

（1）违法违规建设、改建。违反《城乡规划法》第四十条①、《建设工程质量管理条例》第五条、第十一条、第十三条②、《建筑法》第七条③、《房屋建筑和市政基础设施工程竣工验收备案管理办法》第四条④规定，在未取得建设用地规划许可证和建设工程规划许可证，未组织勘察、设计，未将施工图设计文件报送施工图审查机构审查，未办理工程质量监督和安全监督手续，未取得建筑工程施工许可证等情况下，将工程发包给无资质施工人员，开工建设四层（局部五层）钢结构建筑物。为使该违法建设"符合政策"，申报鲤城区特殊情况建房并获批同意，该违法建筑未经竣工验收备案即投入使用。在未依法履行基本建设程序、未依法取得相关许可的情况下，又擅自加盖夹层，组织无资质的施工人员，将原为四层（局部五层）的建筑物改扩建为七层，未经竣工验收及备案投入使用。

（2）伪造材料骗取相关审批和备案。违反《行政许可法》第三十一条⑤规定，伪造施工单位资质证书、公章、法定代表人身份证以及签名等资料，假冒施工单位，使用私刻的资质章、出图章，假冒设计单位，制作《不动产权证书》《建筑工程施工许可证》《建设工程竣工验收报告》等虚假资料，用于向原泉州市公安消防支队申办欣佳酒店建筑物（原四层建筑）消防设计备案⑥、消防竣工验收备案⑦等手续。

（3）违法违规装修施工和焊接加固作业。违反

---

① 《城乡规划法》第四十条：在城市、镇规划区内进行建筑物、构筑物、道路、管线和其他工程建设的，建设单位或者个人应当向城市、县政府城乡规划主管部门或者省、自治区、直辖市政府确定的镇政府申请办理建设工程规划许可证……

② 《建设工程质量管理条例》第五条：从事建设工程活动，必须严格执行基本建设程序，坚持先勘察、后设计、再施工的原则。县级以上政府及其有关部门不得超越权限审批建设项目或者擅自简化基本建设程序。第十一条：施工图设计文件未经审查批准的，不得使用。第十三条：建设单位在开工前，应当按照国家有关规定办理工程质量监督手续，工程质量监督手续可以与施工许可证或者开工报告合并办理。

③ 《建筑法》第七条：建筑工程开工前，建设单位应当按国家有关规定向工程所在地县级以上政府建行政主管部门申请领取施工许可证……

④ 《房屋建筑和市政基础设施工程竣工验收备案管理办法》（建设部令第 78 号，住建部令第 2 号修改）第四条：建设单位应当自工程竣工验收合格之日起 15 日内，依照本办法规定，向工程所在地的县级以上地方政府建设主管部门备案。

⑤ 《行政许可法》第三十一条：申请人申请行政许可，应当如实向行政机关提交有关材料和反映真实情况，并对其申请材料实质内容的真实性负责……

⑥ 泉州市公安消防支队消防设计备案档案（备案号：350000WSJ130009884）。

⑦ 泉州市公安消防支队消防竣工验收备案档案（备案号：350000WYS140002711）。

《建筑法》第四十九条①、《建设工程质量管理条例》第七条②规定，在未依法履行基本建设程序，未组织施工设计，未办理工程质量监督和安全监督手续，未取得建筑工程施工许可证等情况下，组织无资质的施工人员，对欣佳酒店建筑物第四至六层实施装修，完工后未经竣工验收和备案就作为酒店客房投入使用。在发现建筑物钢柱严重变形后，未依法办理加固工程质量监督手续，违法组织无资质的施工人员对钢柱进行焊接加固作业，违规冒险蛮干，直接导致建筑物坍塌。

（4）未依法及时消除事故隐患。违反《安全生产法》第三十八条③、第四十三条④规定，在发现欣佳酒店建筑物钢柱严重变形、存在重大安全隐患情况下，隐瞒情况，未采取人员撤离、停止经营等应急处置措施，未及时向有关部门报告。

（二）欣佳酒店

（1）伪造材料骗取消防审批。违反《建筑工程消防监督管理规定》第八条⑤、《行政许可法》第三十一条⑥规定，在未依法申请消防设计审核和消防验收情况下，擅自开展酒店经营。伪造《不动产权证书》（复印件）⑦、广东弘业建筑设计有限公司公章、资质章、出图章和签名，制作《鲤城区欣佳酒店设计说明书》《消防设计文件》《建设工程竣工验收报告》等相关虚假材料，用于申办欣佳酒店消防设计备案⑧、竣工验收备案⑨和《公众聚集场所投入使用、营业前消防安全检查合格证》。

（2）串通内部人员骗取特种行业许可。违反《行政许可法》第三十一条⑩和公安机关行政许可办理有关规定，串通原泉州市洛江区公安消防大队大队长刘德礼并从其手中取得空白《公众聚集场所投入使用、营业前消防安全检查合格证》并伪造证件信息、编号⑪，串通泉州市公安局鲤城分局治安大队一中队指导员吴家晓，在没有房屋产权证的情况下，用常泰街道办事处出具的房屋产权证明办理特种行业许可证，由福建省建筑工程质量检测中心有限公司违规出具《结构正常使用性鉴定检验报告》⑫作为房屋安全证明文件，用上述虚假或替代材料向鲤城公安分局治安大队申请办理特种行业许可证。经吴家晓等人现

---

① 《建筑法》第四十九条：涉及建筑主体和承重结构变动的装修工程，建设单位应当在施工前委托原设计单位或者具有相应资质条件的设计单位提出设计方案；没有设计方案的，不得施工。

② 《建设工程质量管理条例》第七条：建设单位应当将工程发包给具有相应资质等级的单位。建设单位不得将建设工程肢解发包。

③ 《安全生产法》第三十八条：生产经营单位应当建立健全生产安全事故隐患排查治理制度，采取技术、管理措施，及时发现并消除事故隐患……

④ 《安全生产法》第四十三条：生产经营单位的安全生产管理人员应当根据本单位的生产经营特点，对安全生产状况进行经常性检查；对检查中发现的安全问题，应当立即处理；不能处理的，应当及时报告本单位有关负责人，有关负责人应当及时处理。检查及处理情况应当如实记录在案。生产经营单位的安全生产管理人员在检查中发现重大事故隐患，依照前款规定向本单位有关负责人报告，有关负责人不及时处理的，安全生产管理人员可以向主管的负有安全生产监督管理职责的部门报告，接到报告的部门应当依法及时处理。

⑤ 《建筑工程消防监督管理规定》第八条：依法申请建设工程消防设计审核、消防验收，依法办理消防设计和竣工验收消防备案手续并接受抽查；建设工程内设置的公众聚集场所未经消防安全检查或者经检查不符合消防安全要求的，不得投入使用、营业……

⑥ 《行政许可法》第三十一条：申请人申请行政许可，应当如实向行政机关提交有关材料和反映真实情况，并对其申请材料实质内容的真实性负责……

⑦ 泉州市鲤城区公安消防大队鲤城区欣佳旅馆消防设计备案档案中的《不动产权证书》（闽〔2008〕泉州市不动产第00017128号），经泉州市不动产登记中心查询，该证件系伪造。

⑧ 2018年7月6日，泉州市鲤城区公安消防大队《建设工程消防设计备案审查凭证》（泉鲤公消设备字〔2018〕第00034号）。2018年7月11日，泉州市鲤城区公安消防大队备案号：35004201NSJ180034。

⑨ 2019年1月22日，泉州市鲤城区公安消防大队《建设工程竣工验收备案合格通知书》（泉鲤公消竣查字〔2019〕第0003号）。

⑩ 《行政许可法》第三十一条：申请人申请行政许可，应当如实向行政机关提交有关材料和反映真实情况，并对其申请材料实质内容的真实性负责……

⑪ 杨金锵随意将证件编号定为"泉鲤公消安检字〔2018〕第0035号"。经调查，泉鲤公消安检字〔2018〕第0035号真实场所为：鲤城区味之蜀餐饮店，消防安全责任人郑腾怀。

⑫ 欣佳旅馆《结构正常使用性鉴定检验报告》（报告编号：BG02FEKJ800312）。

场检查验收,取得特种行业许可证①。酒店经营场所由六楼变更为地上一层和四至六层后,吴家晓在没有受理材料、没有现场检查验收、没有审批的情况下,为欣佳酒店办理了特种行业许可证变更手续②。

(3)未依法采取应急处置措施。违反《福建省安全生产条例》规定,在事故发生前发现墙面凸起、玻璃幕墙破碎等重大安全隐患后,未及时通知和引导人员疏散,未采取有效应急处置措施,错失了人员疏散逃生时机。

(三)技术服务机构

(1)福建省建筑工程质量检测中心有限公司。违反《福建省建设工程质量管理条例》第五十三条③规定,在已发现欣佳酒店建筑物钢柱、钢梁构件表面无防火涂层等④情况下,在杨金锵要求下,违反技术标准,作出"该楼上部承重结构所检项目的正常使用性基本符合鉴定标准要求"的结论,违规出具鉴定结果是"鲤城区欣佳旅馆作为旅馆使用功能的结构正常使用性基本满足鉴定标准要求,后续使用年限为 20 年"的检验报告,且检验报告中引为鉴定依据的两部标准均已废止⑤。对公司有关工作人员管理不严,该公司人员林德宏、郑泉洪在明知欣佳酒店建筑物未经专业设计、私自增加夹层改建、房屋承载力不足、存在安全隐患,明知申办旅馆业特种行业许可证需要结构安全性鉴定的情况下,依据杨金锵提供的施工白图开展鉴定,用结构正常使用性鉴定代替结构安全性鉴定,以满足杨金锵办理特种行业许可证的需要。

(2)福建超平建筑设计有限公司。违反《建筑业企业资质管理规定》《房屋建筑和市政基础设施工程施工图设计文件审查管理办法》《福建省房屋建筑和市政基础设施工程施工图设计文件审查管理实施细则》⑥ 有关规定,在未取得欣佳酒店提供的政府有关部门关于该酒店装修工程的批准文件、全套施工图等资料情况下,违规承接欣佳酒店装修工程施工图、消防设计图纸审核业务,并出具《施工图设计文件审查报告》,报告中法定代表人、技术负责人等 5 人签字均由晋江市分公司负责人林燕清冒签。

(3)福建省泰达消防检测有限公司。违反《社会消防技术服务管理规定》第二十七条、第三十四条⑦规定,在欣佳酒店未提供消防施工单位竣工图、设计图纸等资料情况下,组织消防设施检测,出具建筑消防设施检测报告。

(4)福建省亚厦装饰设计有限公司。违反《建设工程勘察设计管理条例》第八条⑧规定,在无相关

---

① 《特种行业许可证》(泉鲤公特 L 字第 18003 号),日期:2018 年 5 月 22 日。
② 《特种行业许可证》(泉鲤公特旅字第 18003 号),日期:2019 年 8 月 23 日。
③ 《福建省建设工程质量管理条例》第五十三条:(一)建设工程质量检测单位出具错误的检测结论的,责令改正,并可处一万元以上五万元以下的罚款;情节严重的,责令停业整顿、撤销部分检测业务或者降低资质等级。(二)建设工程质量检测单位出具虚假的检测结论的,处以五万元以上十万元以下的罚款,吊销资质证书;对具有执业资格的直接责任人员,吊销其资格证书。
④ 检验鉴定结论第 8 条:现场检查表明该楼钢柱、钢梁构件表面有采取涂漆措施但无防火涂层,钢构件防火涂层项目的正常使用性不符合鉴定标准要求……
⑤ 《民用建筑可靠性鉴定标准》(GB 50292—1999)已于 2015 年 12 月 3 日废止,《钢结构设计规范》(GB 50017—2003)已于 2017 年 12 月 12 日废止。
⑥ 《房屋建筑和市政基础设施工程施工图设计文件审查管理办法》(住建部令第 13 号,第 24 号、46 号修改)第十三条:审查机构对施工图进行审查后,应当根据下列情况分别作出处理:(一)审查合格的,审查机构应当向建设单位出具审查合格书,并在全套施工图上加盖审查专用章。审查合格书应当有各专业的审查人员签字,经法定代表人签发,并加盖审查机构公章。审查机构应当在出具审查合格书后 5 个工作日内,将审查情况报工程所在地县级以上地方政府住房城乡建设主管部门备案……;《福建省房屋建筑和市政基础设施工程施工图设计文件审查管理实施细则》(闽建〔2013〕4 号)第十二条:存在以下情形之一的,审查机构应不予受理:(一)建设单位提供虚假资料或未按规定提供资料的……
⑦ 《社会消防技术服务管理规定》(公安部令第 129 号,第 136 号令修订)第二十七条:消防设施维护保养检测机构应当按照国家标准、行业标准规定的工艺、流程开展检测、维修、保养,保证经维修、保养的建筑消防设施、灭火器的质量符合国家标准、行业标准。第三十四条:消防技术服务机构应当对服务情况作出客观、真实、完整记录,按消防技术服务项目建立消防技术服务档案……
⑧ 《建设工程勘察设计管理条例》第八条:建设工程勘察、设计单位应当在其资质等级许可的范围内承揽建设工程勘察、设计业务。禁止建设工程勘察、设计单位超越其资质等级许可的范围或者以其他建设工程勘察、设计单位的名义承揽建设工程勘察、设计业务。禁止建设工程勘察、设计单位允许其他单位或者个人以本单位的名义承揽建设工程勘察、设计业务。

资质情况下，承接欣佳酒店施工图、消防工程设计等图纸修改业务，组织人员绘制相关图纸，并将图框中的设计单位由湖南大学设计研究院修改为广东弘业建筑设计有限公司。

（5）湖南大学设计研究院有限公司。违反《建设工程质量管理条例》第十八条①规定，对其福建分公司疏于管理，明知福建分公司私刻公章并以该院名义从事相关经营活动，未及时制止；明知福建分公司工商营业执照被吊销，但未督促负责人及时注销，未出具解除与福建分公司及其负责人陈熙关系的法律文件。

四、有关部门主要问题

（一）国土规划部门

（1）原泉州市国土资源局。在查处涉事地块被泉州鲤城新星加油站违法占用并作出行政处罚决定②后，就其未执行"退还非法占用土地"行为，未依规③申请人民法院强制执行。违规为超过历史遗留问题清理期限④的建设项目办理供地手续⑤，未依法依规⑥采用招标、拍卖、挂牌方式出让商业性质的国有经营性用地，而是将该宗土地按核减后面积为5696.6 平方米和协议方式有偿出让给泉州鲤城新星加油站，作为成品油零售经营用地。

（2）原泉州市城乡规划局。未依法依规⑦将跨越包括涉事地块和新星加油站所在地块上空的江南变220 千伏高压线走廊纳入城乡规划，导致电力专项规划与泉州市控制性详细规划脱节。

（3）原福建省国土资源厅。对原泉州市国土资源局未采用招标、拍卖、挂牌方式，违规出让土地使用权问题失察；对原泉州市国土资源局作出违法占用土地行政处罚决定后跟踪落实不到位问题失察。

（二）城市管理部门

（1）鲤城区城管局常泰执法中队。未严格依照

---

① 《建设工程质量管理条例》（国务院令第279号，第687、714号修订）第十八条：从事建设工程勘察、设计的单位应当依法取得相应等级的资质证书，并在其资质等级许可的范围内承揽工程。禁止勘察、设计单位超越其资质等级许可的范围或者以其他勘察、设计单位的名义承揽工程。禁止勘察、设计单位允许其他单位或者个人以本单位的名义承揽工程。勘察、设计单位不得转包或者违法分包所承揽的工程。

② 《土地违法案件行政处罚决定书》（泉国土资监罚字〔2004〕91号）：责令退还非法占用的土地6442.4平方米，限于城市建设需要前无偿无条件自行拆除在非法占用土地上的建筑物，恢复土地原状，并处罚款人民币101136元。

③ 《福建省土地监察条例》第二十五条：当事人自接到行政处罚（理）决定后，在法定期限内既不履行，又不申请行政复议，也不提起行政诉讼的，作出处罚（理）决定的土地管理部门，应当依法申请人民法院强制执行。

④ 《关于继续开展经营性土地使用权招标拍卖挂牌出让情况监察工作的通知》（国土资发〔2004〕71号）规定：在2004年8月31日前将历史遗留问题界定并处理完毕。

⑤ 《关于办理鲤城新星加油站建设项目用地手续的审研意见》以及《关于泉州鲤城新星加油站用地情况的核查报告》确定以有偿出让方式提供给泉州鲤城新星加油站作为成品油零售经营用地。

⑥ 《城市房地产管理法》（1994年版）第十二条：土地使用权出让，可以采取拍卖、招标或者双方协议的方式。商业、旅游、娱乐和豪华住宅用地，有条件的，必须采取拍卖、招标方式；没有条件，不能采取拍卖、招标方式的，可以采取双方协议的方式。采取双方协议方式出让土地使用权的出让金不得低于按国家规定所确定的最低价。《福建省实施〈土地管理法〉办法》第三十七条第二款：除经济适用住房用地以外的经营性房地产项目用地，必须采用拍卖、招标方式出让国有土地使用权。采取拍卖、招标方式出让国有土地使用权的，依照省政府的规定办理。《招标拍卖挂牌出让国有土地使用权规定》（国土资源部令第39号）第四条：商业、旅游、娱乐和商品住宅等各类经营性用地，必须以招标、拍卖、挂牌方式出让。《关于继续开展经营性土地使用权招标拍卖挂牌出让情况监察工作的通知》（国土资发〔2004〕71号）规定：商业、旅游、娱乐和商品住宅等经营性用地供应必须严格按规定采用招标拍卖挂牌方式出让。

⑦ 《城乡规划法》（2008年版）第十七条第二项：规划区范围、规划区内建设用地规模、基础设施和公共服务设施用地、水源地和水系、基本农田和绿化用地、环境保护、自然与历史文化遗产保护以及防灾减灾等内容，应当作为城市总体规划、镇总体规划的强制性内容。

《电力设施保护条例》（1998年版）第二十三条：城乡建设规划主管部门应将电力设施的新建、改建或扩建的规划和计划纳入城乡建设规划。《城市规划编制办法》（建设部令第146号）第三十九条：分区规划应包括下列内容：（二）确定绿地系统、河湖水面、供电高压线走廊、对外交通设施用地界线和风景名胜区、文物古迹、历史文化街区的保护范围，提出空间形态的保护要求。

城乡规划有关法律法规①，以及泉州市有关文件②规定，坚决制止和严肃查处欣佳酒店建筑物在新建、增加夹层改建阶段多次违法建设行为；执行鲤城区特殊情况建房领导小组明显违法的决定；日常巡查工作中未发现欣佳酒店建筑物擅自增加夹层改建违法行为；在"两违"综合治理和房屋安全隐患排查整治专项行动，以及城市建成区违法建设专项治理工作五年行动等重大专项行动工作中，明知该建筑为违法建筑，但未按专项行动要求和违法建设认定标准进行整治和拆除③。

（2）鲤城区城管局。未严格依照城乡规划有关法律法规，以及泉州市有关禁止违法建设的文件规定，坚决制止和严肃查处欣佳酒店建筑物在新建、增加夹层改建阶段多次违法建设行为；参与鲤城区特殊情况建房政策制定、申报材料审核等工作，执行鲤城区特殊情况建房领导小组明显违法的决定；对常泰执法中队日常巡查工作不力的问题失管失察；在"两违"综合治理和房屋安全隐患排查整治专项行动，以及城市建成区违法建设专项治理工作五年行动等重大专项行动工作中，明知该建筑为违法建筑，但未按专项行动要求和违法建设认定标准进行整治和拆除④；未按要求在本系统内部署房屋安全隐患排查整治工作⑤，对常泰街道房屋安全隐患排查结论失实、流于形式等问题失管失察；未认真落实泉州市城管局转办群众来访举报欣佳酒店违建问题有关要求，也未反馈案件最终办理情况。

（3）泉州市城管局。履行城市规划管理以及综合指导、监督协调职责不到位，未有效指导督促县（市、区）城管部门严格查处违法建设行为，未督促鲤城区城管局及时改正违法建设处置工作中不依法行政行为。对鲤城区城管局参与鲤城区特殊情况建房相关工作、执行鲤城区特殊情况建房领导小组明显违法决定行为失管失察；对鲤城区城管局在城市建成区违法建设专项治理工作五年行动、"两违"综合治理、房屋安全隐患排查整治专项行动等重大专项行动工作中不认真、不扎实，甚至搞形式、走过场的问题失管失察；将群众来访举报件批转鲤城区城管局办理后，未切实跟踪督办到位。

（三）住房和城乡建设部门

（1）鲤城区住房和城乡建设局。未认真履行建筑市场、建筑活动和工程质量五方责任主体的监管职

---

① 《城乡规划法》第六十四条：未取得建设工程规划许可证或者未按照建设工程规划许可证的规定进行建设的，由县级以上地方政府城乡规划主管部门责令停止建设。第六十八条：城乡规划主管部门作出责令停止建设或者限期拆除的决定后，当事人不停止建设或者逾期不拆除的，建设工程所在地县级以上地方政府可以责成有关部门采取查封施工现场、强制拆除等措施。《福建省实施〈城乡规划法〉办法》第六十七条：未取得建设工程规划许可证进行建设或者未按照建设工程规划许可证的规定进行建设的，由城市、县政府城乡规划主管部门责令停止建设……

② 《泉州市政府关于禁止非法占地、违法建设的实施意见》（泉政〔2010〕5号）规定，凡有以下行为之一的，即认定为违法建设，应予坚决制止并严肃查处：（二）未取得建设工程规划许可证进行建设的；（三）未按照建设工程规划许可证的规定进行建设的……本实施意见施行之日起，非法占地、违法建设一经发现，各有关职能部门必须从重、从严处理。

③ 《泉州市政府关于禁止非法占地、违法建设的实施意见》（泉政〔2015〕5号）规定，凡有下列行为之一的，即认定为违法建设，应予坚决制止并严肃查处：（二）未取得建设工程规划许可证进行建设的；（三）未按照建设工程规划许可证的规定进行建设的……《中共泉州市委办公室泉州市政府办公室关于印发〈泉州市违法占地、违法建设认定及分类处置的指导意见〉等文件的通知》（泉委办发〔2014〕16号）规定，在城市、镇规划范围内具有下列情形之一，认定为严重影响规划实施的违法建设，应当予以拆除：（五）违反城市规划强制性内容规定的……（七）建成后经有关部门确认存在安全隐患的（如因加层、改扩建造成楼房结构、承载不符合安全要求；用于生产存在易燃易爆物品或者"三合一"厂房）……《福建省违法建设处置若干规定》明确，城镇违法建筑有下列情形之一，应当认定为无法采取改正措施消除对规划实施影响的，由违法建设处置部门责令限期拆除：（一）未依法取得建设工程规划许可，且不符合城镇控制性详细规划的强制性内容或者超过规划条件……（四）存在建筑安全隐患、影响相邻建筑安全……

④ 《福建省违法建设处置若干规定》第六条：省政府城乡规划主管部门负责指导、监督全省违法建设处置工作。市、县政府城乡规划主管部门、城市管理综合行政执法部门负责城镇违法建设处置工作。乡（镇）政府负责本行政区域内乡村违法建设处置工作。

⑤ 《泉州市鲤城区政府办公室关于印发鲤城区房屋安全隐患排查整治专项行动实施方案的通知》（泉鲤政办〔2019〕31号）明确：特别是位于城乡结合部、城中村、各类开发区（工业园区）及周边等重点区域，未经审批、未经专业设计施工、用于经营的自建房，要作为本次排查整治的重中之重……区城管局要对近三年来违建住宅、厂房进行全面跟踪、排查，确保拆除工作落到实处……区城管局负责牵头，应急局、农水局、公安分局配合抽查鲤中、开元、金龙和常泰街道。

责①，对既有建筑改扩建、装饰装修和工程加固的监管存有漏洞②。参与鲤城区特殊情况建房政策相关文件制定③，对超越权限审批建设项目没有提出反对意见；执行鲤城区特殊情况建房领导小组明显违法的决定；对欣佳酒店建筑物在新建、增加夹层改建、装修和加固作业中，长期存在的违法违规行为④从未查处，对建设单位未履行基本建设程序、未办理质量安全监督、未申请办理施工许可证、未申请办理施工图设计审查备案、未委托有相应资质单位进行勘察设计、违法发包给个人组织施工，以及未组织竣工验收擅自投入使用的违法违规行为，均没有制止和查处；对未办理质量安全监督手续的工程项目没有组织开展巡查，未严格按照要求⑤组织开展全区建筑施工领域"打非治违"工作；牵头组织⑥全区房屋安全隐患排查整治专项工作不实、不细，未发现常泰街道、上村社区房屋安全隐患排查结论严重失实等问题。

（2）泉州市住房和城乡建设局。未认真履行全市建筑市场、建筑活动和工程质量五方责任主体的监管职责，对既有建筑改扩建、装饰装修和工程加固的监管不到位⑦。指导、管理、监督全市住房和城乡建设行政执法工作不力，对鲤城区住房和城乡建设局参与特殊情况建房政策制定相关工作、执行特殊情况建房领导小组明显违法决定的行为失管失察；对丰泽区存在类似特殊情况建房失管失察；2012年以来，对

---

① 《泉州市鲤城区住房城乡建设局主要职责内设机构和人员编制规定》：（七）承担监督管理全区建筑市场、规范市场各方主体行为的责任。指导和管理全区建筑活动，指导和监督建筑工程发包方、承包方和中介组织的有关行为。（八）承担全区建筑工程和市政公用设施建设质量、安全监管职责。监督建筑工程质量、建设监理，建筑安全生产和竣工验收备案等有关政策规定的执行。

② 《中共中央国务院关于进一步加强城市规划建设管理工作的若干意见》：（九）落实工程质量责任……落实建设单位、勘察单位、设计单位、施工单位和工程监理单位等五方主体质量安全责任。（十）加强建筑安全监管。加强对既有建筑改扩建、装饰装修和工程加固的质量安全监管。《中共福建省委福建省政府关于进一步加强城市规划建设管理工作的实施意见》：（十）健全工程质量管理体系。落实建设、勘察、设计、施工和工程监理单位等五方主体及项目负责人质量安全责任……（十一）完善建筑安全监管制度。全面排查城市老旧建筑安全隐患，建立健全老旧建筑安全排查鉴定与危房治理机制，明确业主、属地政府、相关部门各自职责，落实主体责任，按主体责任确定资金投入方案。

③ 《建设工程质量管理条例》第五条：从事建设工程活动，必须严格执行基本建设程序，坚持先勘察、后设计、再施工的原则。县级以上政府及其有关部门不得超越权限审批建设项目或者擅自简化基本建设程序。

④ 《建设工程质量管理条例》第五十六条：违反本条例规定，建设单位有下列行为之一的，责令改正，处20万元以上50万元以下的罚款：……施工图设计文件未经审查或者审查不合格，擅自施工的；（六）未按照国家规定办理工程质量监督手续的。第五十七条：违反本条例规定，建设单位未取得施工许可证或者开工报告未经批准，擅自施工的，责令停止施工，限期改正，处工程合同价款1%以上2%以下的罚款。第五十八条：违反本条例规定，建设单位有下列行为之一的，责令改正，处工程合同价款百分之二以上百分之四以下的罚款；造成损失的，依法承担赔偿责任；（一）未组织竣工验收，擅自交付使用的……；《福建省建筑市场管理条例》第四十三条第二款：违反本条例规定，有下列行为之一的，由县级以上建设行政主管部门责令其改正……（二）将工程发包给无资质或不具有相应资质等级的单位承包的……

⑤ 《国务院办公厅关于集中开展安全生产领域"打非治违"专项行动的通知》（国办发明电〔2012〕10号）；《关于印发住房和城乡建设部"打非治违"专项行动工作方案的通知》（建安办函〔2012〕10号）；《福建省住房和城乡建设厅关于印发集中开展建筑施工安全生产"打非治违"专项行动实施方案的通知》（闽建〔2012〕14号）第二条：（二）建设工程项目不办理施工许可或开工报告、质量安全监督等法定建设手续，擅自开工的行为。（三）施工、设计、监理单位无相关资质或超越资质范围承揽工程，转包、违法分包和挂靠施工的；施工企业无安全生产许可证，擅自进行施工活动的行为。

⑥ 《泉州市鲤城区政府办公室关于印发鲤城区房屋安全隐患排查整治专项行动实施方案的通知》（泉鲤政办〔2019〕31号）第四条：区住建局要牵头组织做好房屋安全隐患的排查整治工作，加强房屋安全管理和房屋租赁管理。

⑦ 《中共中央国务院关于进一步加强城市规划建设管理工作的若干意见》：（九）落实工程质量责任。完善工程质量安全管理制度，落实建设单位、勘察单位、设计单位、施工单位和工程监理单位等五方主体质量安全责任。（十）加强建筑安全监管。加强对既有建筑改扩建、装饰装修和工程加固的质量安全监管。全面排查城市老旧建筑安全隐患，采取有力措施限期整改，严防发生坍塌等重大事故，保障人民群众生命财产安全。《中共福建省委福建省政府关于进一步加强城市规划建设管理工作的实施意见》：（十）健全工程质量管理体系。落实建设、勘察、设计、施工和工程监理单位等五方主体及项目负责人质量安全责任，推进建筑施工质量安全标准化。加大建筑市场监管力度，严肃查处转包违法分包等行为。（十一）完善建筑安全监管制度。全面排查城市老旧建筑安全隐患，建立健全老旧建筑安全排查鉴定与危房治理机制，明确业主、属地政府、相关部门各自职责，落实主体责任，按主体责任确定资金投入方案。加强对既有建筑改扩建、装饰装修和工程加固的质量安全监管。

未办理质量安全监督手续的工程项目没有组织开展巡查，未严格按照要求①组织开展全市建筑施工领域"打非治违"工作；对鲤城区住房和城乡建设局在欣佳酒店建筑物多次建设施工活动中，长期存在的失查、失处问题监督指导缺失；在对鲤城区房屋安全隐患排查整治专项行动包片督查②中，未按要求③抽查房屋隐患排查进度滞后的常泰街道。

（3）福建省住房和城乡建设厅。组织开展违法建设整治工作不力，对泉州市住建、城管等部门在"两违"综合治理专项行动、城市建成区违法建设专项治理工作五年行动等工作中不落实上级文件要求问题失察，指导城乡规划执法工作不到位，在2019年全省房屋安全隐患排查整治专项行动中，未按要求④将全省整治落实情况呈报福建省委、省政府，未对问题突出的重点区域和进展缓慢的市、县（区）进行挂牌督办；对泉州市部分地区房屋安全隐患排查整治工作存在严重形式主义问题失察。组织开展住房和城乡建设领域"打非治违"工作不力，对建筑市场违法发包、无资质或超越资质承揽工程等违法违规行为监管不严；未指导督促泉州市住房和城乡建设局加强对未办理质量安全监督手续的工程项目巡查和查处；对工程检测机构出具虚假报告等违法违规行为失管失察。

（四）消防机构

（1）原鲤城区公安消防大队。履行消防监督管理和建设工程消防设计审查等工作职责不力。对欣佳酒店装修工程消防设计备案申报材料的审查把关不严，审查工作存在漏洞。在对欣佳酒店装修工程消防设计备案工作中，未发现申报资料中缺少建筑工程施工许可证和有效的建设工程规划许可证明文件；未发现欣佳酒店楼层原平面图上没有加盖规划审批章或城建档案馆原件证明章⑤；在没有见到不动产权证原件的情况下，采信了欣佳酒店提交的所在建筑不动产权证复印件，并以此代替建设工程规划许可文件。

（2）原泉州市公安消防支队。未切实履行对全市消防工作的监督指导职责。在欣佳酒店建筑物新建阶段消防设计备案中，未发现建设工程规划许可证缺失、建筑工程施工许可证过期失效、备案申报表没有按规定⑥填写等问题；在欣佳酒店建筑物新建阶段竣工验收消防备案中，没有发现建设工程消防验收申报表和消防产品质量合格证明文件缺失、竣工验收报告未经勘察和设计单位盖章、建设工程竣工验收消防备案表不符合法律文书⑦要求等问题；消防受理窗口未按规定⑧由具备岗位资格的人员审查消防备案申请材

---

① 《国务院办公厅关于集中开展安全生产领域"打非治违"专项行动的通知》（国办发明电〔2012〕10号）；《关于印发住房和城乡建设部"打非治违"专项行动工作方案的通知》（建安办函〔2012〕10号）；《福建省住房和城乡建设厅关于印发集中开展建筑施工安全生产"打非治违"专项行动实施方案的通知》（闽建〔2012〕14号）第二条：（二）建设工程项目不办理施工许可或开工报告、质量安全监督等法定建设手续，擅自开工的行为。（三）施工、设计、监理单位无相关资质或超越资质范围承揽工程，转包、违法分包和挂靠施工的；施工企业无安全生产许可证，擅自进行施工活动的行为。

② 泉州市政府办公室转发市住建局等七部门《关于全市房屋安全隐患排查整治专项行动实施方案的通知》（泉政办〔2019〕18号）第四条第六项：开展督促检查。专项行动实行包片责任督促制，其中市住建局负责鲤城区、丰泽区、洛江区、台商投资区。

③ 《泉州市房屋安全隐患排查专项行动领导小组关于开展全市房屋安全隐患排查整治督促指导的通知》（泉政办〔2019〕91号）重点了解排查进度滞后乡镇（街道）。

④ 《福建省政府办公厅转发省住建厅等六部门关于全省房屋安全隐患排查整治专项行动方案的通知》（闽政办〔2019〕11号）：（二）强化督促检查。对问题突出的重点区域和进展缓慢的市、县（区）由省、市专项行动领导小组进行挂牌督办，对重点隐患实行清单式管理，限期整改，逐一销号清零。各设区市政府、平潭综合实验区管委会每季度第一个月10日前将本地区上季度整治落实情况报送省专项行动领导小组办公室，由省专项行动领导小组办公室汇总后呈报省委和省政府。

⑤ 《关于明确建设工程消防设计行政审批有关事项的通知》（闽公消〔2018〕30号）附件中的《建设工程消防设计审查申报材料详细说明》规定，4. 建设工程规划许可证明文件：装修工程需提供所在主体建筑楼层平面图（加盖规划审批章或城建档案馆原件证明章），以及所在主体建筑消防验收（备案）法律文书……

⑥ 《关于新版公安消防行政法律文书应用工作的通知》（泉公消〔2012〕256号）：三、防火处、各大队办事窗口人员在受理建设工程项目时，对文书设定栏目（如申报表等）应逐项填写完整、准确，不留空白。

⑦ 《关于印发公安消防行政法律文书（式样）的通知》（公通字〔2012〕47号）明确，《建设工程消防设计备案申报表》、《建设工程竣工验收消防备案申报表》是建设单位申报消防设计备案、竣工验收消防备案时所使用的文书。

⑧ 《关于印发〈福建省建设工程消防监督管理实施细则〉的通知》（闽公消〔2013〕29号）第四十二条：从事建设工程消防监督管理的公安机关消防机构工作人员应当取得消防岗位资格。

料，未按规定①出具备案凭证，受理工作不规范；对欣佳酒店建筑物新建阶段消防设计备案、竣工验收消防备案申请材料审查把关不严；未发现欣佳酒店建筑物增加夹层改建后未进行消防验收、擅自投入使用的问题；对原洛江区公安消防大队公众聚集场所投入使用、营业前消防安全检查合格证等空白证件的管理混乱失管失察。

（五）公安部门

（1）泉州市公安局鲤城分局常泰派出所。对辖区特种行业管理不严不实，2018年6月至2019年7月，在检查发现欣佳酒店第四、五层未取得特种行业许可证对外营业的情况后，没有依法查处。

（2）泉州市公安局鲤城分局。审批旅馆业特种行业许可证工作失职。2018年5月，相关审批人员授意用常泰街道办事处出具的房屋产权证明作为房屋权属证明文件②，同意用福建省建筑工程质量检测中心出具的欣佳酒店检验报告（检验内容：结构正常使用性鉴定）作为房屋建筑质量合格证明文件③，明知没有房产证却签署"有营业执照、消防安全合格证及房产证等"的现场检查验收意见④，违规⑤审批欣佳酒店特种行业许可证。2019年8月，在没有受理材料、没有现场检查验收、没有审批的情况下，违规⑥为欣佳酒店变更特种行业许可证；事故发生后，主要经办人串通相关审批人员补写2019年8月欣佳酒店变更特种行业许可档案，旅馆业特种行业许可证颁发管理混乱。对治安大队管理混乱失察。

（3）泉州市公安局。对鲤城分局旅馆业特种行业许可证颁发管理工作监督指导不力⑦，未发现并纠正鲤城分局违规审批欣佳酒店特种行业许可证问题。

五、地方党委政府主要问题

（一）泉州市鲤城区常泰街道

鲤城区常泰街道党工委、办事处对欣佳酒店建筑物违法建设、违规改建等违法违规行为，未按规定履行"违法占地、违法建设"巡查报告职责⑧，未按职责和要求进行查处，属地管理责任严重缺失；多次违规干预常泰中队正常执法；明知违规却同意上报特殊情况建房申请，助长违法建设行为；对欣佳酒店建筑物新建、增加夹层改建、装修和加固作业中长期存在的违法行为失管失察；违规出具虚假的房屋产权证明材料，被用于办理欣佳酒店特种行业许可；2014年以来未严格落实上级有关文件要求，在城市规划建设管理、城市建成区违法建设专项治理工作五年行动、"两违"综合治理等历次重大专项行动工作中，明知欣佳酒店建筑物为违法建筑，但均未按专项行动要求将欣佳酒店建筑物作为违法建筑列入整治和拆除范围，放任该违法建筑物长期存在；在2019年福建省房屋安全隐患排查整治专项行动中，没有制定具体实施方案，对上村社区弄虚作假、在福建省房屋安全信息管理系统中填报欣佳酒店建筑物"建成后未经改造""暂无安全隐患，不属于重大安全隐患或一般安

---

① 《关于印发公安消防行政法律文书（式样）的通知》（公通字〔2012〕47号）明确，《建设工程消防设计备案凭证》、《建设工程竣工验收消防备案凭证》是公安机关消防机构收到建设单位消防设计、竣工验收消防备案申报后，对备案材料齐全的出具凭证时所使用的文书。

② 《福建省公安厅关于修订印发〈福建省公安机关办理特种行业和娱乐服务场所审批备案工作规范〉的通知》（闽公综〔2017〕第303号）第十二条：申请开设旅馆，应当提交下列材料……（四）营业场所产权证明及复印件，租赁经营的还应提供租赁协议书；（五）房屋建筑质量、消防安全检查合格证明文件及复印件……

③ 福建省公安厅《关于受理住宿旅馆设立申请时查验房屋建筑质量合格证明材料有关事项的批复》（闽公内传发〔2009〕第2525号）规定："房屋建筑质量合格证明"是指"建设工程质量检测机构出具的房屋质量安全的检测报告"。

④ 《公共场所、特种行业、治安安全条件现场检查、验收意见表》（鲤公治验旅馆字第18003号）。

⑤ 《福建省公安厅关于修订印发〈福建省公安机关办理特种行业和娱乐服务场所审批备案工作规范〉的通知》（闽公综〔2017〕第303号）第十二条：申请开设旅馆，应当提交下列材料：……（四）营业场所产权证明及复印件，租赁经营的还应提供租赁协议书；（五）房屋建筑质量、消防安全检查合格证明文件及复印件……

⑥ 《福建省特种行业和公共场所治安管理办法》第十六条：领取许可证的特种行业、公共场所停业或者变更名称、法定代表人、经营范围、经营地点、经营单位或者个人应当在十五日内，向原发证的公安机关办理许可证注销或者变更手续。

⑦ 《福建省公安厅关于修订印发〈福建省公安机关办理特种行业和娱乐服务场所审批备案工作规范〉的通知》（闽公综〔2017〕第303号）第十条：上级公安机关要加强对下级公安机关的监督指导，严禁变相审批，发现其审批备案工作中出现违法违规行为，应当及时责令纠正。

⑧ 《泉州市政府办公室关于印发泉州市深入开展违法建房专项整治工作方案的通知》（泉政办明传〔2012〕96号），《泉州市鲤城区政府办公室关于印发鲤城区深入开展违法建房专项整治工作实施方案的通知》（泉鲤政办明传〔2012〕80号）：整治范围为全市规划建设用地范围内的违法占地和违法建房。

全隐患情形"等严重失实的房屋安全隐患排查信息，不认真核实就予以审核通过，工作不认真不负责，存在明显漏洞和严重的形式主义。常泰街道疫情防控指挥部没有专题研究集中隔离健康观察点设置问题，仓促将欣佳酒店上报作为街道的集中隔离健康观察点。

（二）泉州市鲤城区

鲤城区委、区政府未能正确处理安全和发展的关系，违反有关法律法规规定，研究出台并实施特殊情况建房政策，成立"区特殊情况建房领导小组"，以特殊情况建房领导小组会议意见代替行政许可，违规越权审批建设项目①，违法违规审批同意建设欣佳酒店建筑物等大量违建建设项目。对住建、城管、公安等部门和常泰街道存在的违规行为、履职不力等问题失管失察；未严格履行属地管理责任，组织开展城市建成区违法建设专项治理工作五年行动、"两违"综合治理等历次重大专项行动工作不实不细、不负责任，放任欣佳酒店建筑物等大量违法建筑长期存在；落实地方党政领导干部安全生产责任制规定不到位，在2019年房屋安全隐患排查整治专项行动中，对工作滞后、弄虚作假的常泰街道指导督促不力、失管失察；对住建、城管等部门及其内设机构职责边界不清问题失管失察。鲤城区疫情防控指挥部在设置集中隔离健康观察点时忽视房屋建筑质量安全，草率决策，安排大量人员入住欣佳酒店。

（三）泉州市

落实党中央、国务院关于安全生产工作和打击违法建设决策部署不扎实，落实地方党政领导干部安全生产责任制规定不到位；对2007年至2012年鲤城区委、区政府以"特殊情况建房领导小组"长期违法违规审批行为失管失察，对丰泽区存在类似特殊建房情况失管失察；分管负责人对辖区违规审批大量违法建设项目不了解，工作不深入、不扎实；对住建、城管等有关部门"打非治违"等工作督促指导不力；未严格落实住房和城乡建设部和福建省委、省政府有关要求，组织开展城市建成区违法建设专项治理工作五年行动、"两违"综合治理专项行动等历次重大专项行动工作不实不细、放任辖区大量违法建筑长期存在；在2019年房屋安全隐患排查整治专项行动中，对市住建局包片督查鲤城区工作不力失管失察，对部分地区排查治理工作流于形式不了解、不纠正，对住建、城管部门及其内设机构职责边界不清问题失管

失察，存在严重的形式主义、官僚主义问题。

六、对事故有关单位及责任人的处理建议

（一）公安机关已采取强制措施人员（共23人）略。

（二）有关公职人员

对于在事故调查过程中发现的地方党委政府及有关部门的公职人员履职方面的问题和涉嫌腐败等线索及相关材料，已移交福建省纪委监委泉州"3·7"坍塌事故责任追究审查调查组。对有关人员的党政纪处分和有关单位的处理意见，由福建省纪委监委提出；涉嫌刑事犯罪人员，由福建省纪委监委移交司法机关处理。

（三）事故单位和技术服务机构

1. 泉州市新星机电工贸有限公司

（1）依照《安全生产法》第一百零九条、《生产安全事故报告和调查处理条例》（国务院令第493号）第三十八条、《生产安全事故罚款处罚规定（试行）》（国家安全监管总局令第13号，第42号令、第77号令修订）第十六条、第十八条规定，对泉州市新星机电工贸有限公司予以罚款。

（2）依照《行政许可法》第六十九条、《建设工程消防监督管理规定》（公安部令第106号，第119号令修订）第三十六条规定，依法吊销泉州市新星机电工贸公司的工商营业执照，撤销消防设计备案、消防竣工验收备案。

2. 欣佳酒店

依照《行政许可法》第六十九条、《建设工程消防监督管理规定》（公安部令第106号，第119号令修订）第三十六条规定，吊销欣佳酒店的工商营业执照，特种行业许可证，公众聚集场所投入使用、营业前消防安全检查合格证，卫生许可证等证照，撤销消防设计备案、消防竣工验收备案。

3. 福建省建筑工程质量检测中心有限公司

（1）依照《福建省建设工程质量管理条例》第五十三条规定，对福建省建筑工程质量检测中心有限公司予以罚款，吊销该公司建设工程质量检测机构综合类资质证书。吊销郑泉洪的福建建设工程检测试验人员岗位证书；吊销林德宏的二级建造师资格证书和福建建设工程检测试验人员岗位证书；吊销江道锴的二级建造师资格证书和福建建设工程检测试验人员岗位证书；吊销陈颖的二级建造师资格证书和混凝土结

---

① 《建设工程质量管理条例》第五条：从事建设工程活动，必须严格执行基本建设程序，坚持先勘察、后设计、再施工的原则。县级以上政府及其有关部门不得超越权限审批建设项目或者擅自简化基本建设程序。

构、砌体结构、钢结构、工程振动检测的审批上岗证。

(2) 依照《住房和城乡建设部关于印发建筑市场信用管理暂行办法的通知》（建市〔2017〕241号）第十四条规定，将该公司列入建筑市场主体"黑名单"。

4. 福建超平建筑设计有限公司

(1) 依照《房屋建筑和市政基础设施工程施工图设计文件审查管理办法》（住房和城乡建设部令第13号、第24号令、第46号令修订）第二十四条规定，予以罚款，并记入信用档案。

(2) 依照《住房和城乡建设部关于印发建筑市场信用管理暂行办法的通知》（建市〔2017〕241号）第十四条规定，列入建筑市场主体"黑名单"。

5. 福建省泰达消防检测有限公司

依照《社会消防技术服务管理规定》（公安部令第129号、第136号令修订）第四十八条规定，予以罚款。

6. 福建省亚厦装饰设计有限公司

依照《建设工程勘察设计管理条例》（国务院令第293号、第687号令修订）第三十五条规定，予以罚款。

7. 湖南大学设计研究院有限公司

依照《建设工程质量管理条例》（国务院令第279号、第687号令、第714号令修订）第六十一条规定，建议对该公司及其分公司予以责令停业整顿并降低其工程设计建筑行业（建筑工程）甲级资质等级。

建议对泉州市新星机电工贸有限公司、欣佳酒店和福建省有关技术服务机构的处理由福建省政府负责落实，对湖南大学设计研究院有限公司的处理由住房和城乡建设部负责落实，并将落实情况向国务院安委会办公室报告。

七、事故主要教训

(1) "生命至上、安全第一"的理念没有牢固树立。福建省有关部门和泉州市对违法建筑长期大量存在的重大安全风险认识不足，没有树牢底线思维和红线意识，安全隐患排查治理流于形式。鲤城区片面追求经济发展，通过"特殊情况建房"政策为违法建设开了绿灯后，实际执行过程中背离了"解决辖区内部分群众住房困难"的初衷，口子越开越大，将大量没有审批手续、未经安全审查的建筑由非法转为合法，5年违规批准9批208宗，虽要求加强后续监管，但实际上不管不问，放任违法建设、违规改造等行为长期存在，埋下重大安全隐患。鲤城区、常泰街道在新冠肺炎疫情防控中风险意识严重不足，在未进行任何安全隐患排查的情况下，仓促将欣佳酒店确定为外来人员集中隔离观察点安排大量人员入住，导致事故伤亡扩大。一些地区特别是基层党委政府只顾发展不顾安全、只顾防疫不顾安全的问题仍然突出，没有把"生命至上、安全第一"理念真正落实到行动上，没有守住安全底线，最终酿成惨烈事故。

(2) 依法行政意识淡薄。鲤城区在明知违反国家建设和土地有关法律法规规定的情况下，以不印发文件、不公开发布的形式，违规出台并实施"特殊情况建房"政策，以特殊情况建房领导小组会议意见代替行政审批，越权批准欣佳酒店建筑物等违法建设项目，致使大量未经安全审查、不符合安全条件的建筑披上了"符合政策"的外衣并长期存在。常泰街道明知欣佳酒店建筑物违规，却同意上报为"特殊情况建房"。泉州市对鲤城区存在的"特殊情况建房"问题失察，类似情况在该市的丰泽区、晋江市也同样存在。全面依法治国是治国理政的基本方略，"法无授权不可为"是政府行政的基本准则，任何人、办任何事都不能超越法律权限，但仍有一些地区党委政府依法办事、依法行政意识不强，违规设置、违规行使超越法律的权限，这本身就是违法行为，也必须承担法律责任。

(3) 监管执法严重不负责任。欣佳酒店建筑物在没有取得建设用地规划许可、建设工程规划许可，没有履行基本建设程序的情况下，却"平地起高楼"，泉州市、鲤城区的规划、住建、城管、公安等部门对此长期视而不见，在国家和省市组织开展的多次违法建设专项整治行动、"两违"（违法用地、违法建设）综合治理中，明知该建筑为违法建筑，却未按专项行动要求和违法建设认定标准进行整治和拆除；对欣佳酒店开展日常检查数十次，发现第四、五层未取得特种行业许可证对外营业，但未依法处理。常泰街道明知欣佳酒店新建、改建、装修、加固长期存在违法行为，未采取任何制止和纠正措施。欣佳酒店建筑物在长达8年的时间里，新建、改建、加固一路都是严重违法违规行为，有关部门多次现场查处，但未一盯到底、执行到位，失之于宽、失之于软，实际上纵容了企业的违法行为。

(4) 安全隐患排查治理形式主义问题突出。党中央、国务院多次部署防范化解重大安全风险，国家有关部门和福建省开展过多次房屋安全隐患排查整治专项行动，泉州市、鲤城区、常泰街道虽层层部署，但安全风险隐患排查不认真、不扎实，甚至走形式、走过场，使欣佳酒店建筑物这种存在严重安全隐患的建筑均能顺利过关。2019年2月至3月的房屋安全隐患专项排查中，常泰街道基层检查人员对欣佳酒店建筑物仅抄写门牌号、层数，以及在报表中填写"建成后未改造""暂无风险"等就完成了现场排查，最终在《福建省房屋安全信息管理系统》中录入"暂无安全隐患，不属于重大安全隐患或一般安全隐患情形"的不实结论并层层上报，存在严重的形式主义问题。

（5）相关部门审批把关层层失守。行政审批是确保企业合法合规的重要程序，但有关部门材料形式审查辨不出真假、现场审查发现不了问题，甚至与不法业主沆瀣一气，使不符合要求的项目蒙混过关、长期存在。泉州市、鲤城区消防机构未发现欣佳酒店申报材料中相关证件伪造、缺失、失效等问题，消防设计备案、竣工验收消防备案把关不严。鲤城区公安部门有关审批人员与欣佳酒店不法业主内外勾结，授意用房屋产权证明代替产权证，在明知没有房产证的情况下出具虚假现场检查验收意见，在没有受理材料、没有现场检查验收、没有任何审批的情况下，违规为欣佳酒店变更特种行业许可证，事故发生后又补写相关档案。常泰街道违规为欣佳酒店出具虚假的房屋产权证明材料，为其办理旅馆特种行业许可开了"绿灯"。

（6）企业违法违规肆意妄为。欣佳酒店的不法业主在未取得建设用地规划许可、建设工程规划许可、未履行基本建设程序、未办理施工许可和加固工程质量监督手续，且未组织勘察、设计的情况下，多次违法将工程发包给无资质施工人员，自2012年以来多次通过刻假章、办假证、提交假材料等方式申办行政许可，新建、改建、装修、加固和获取资质等各个环节"步步违法"，在明知楼上有大量人员住宿的情况下违规冒险蛮干，最终导致建筑物坍塌，对法律毫无敬畏之心。一些建筑设计、装修设计、工程质量检测、消防检测等中介服务机构，为了自身利益甘当不法企业的"帮凶"，违规承接业务甚至出具虚假报告。能否保证安全生产，企业最直接最关键，必须综合运用各种手段、采取有力有效措施，倒逼企业切实承担起安全生产主体责任，才能掌握安全生产工作的主动权。

八、事故防范和整改措施建议

（1）切实担负起防范化解安全风险的重大责任。各地党委政府和有关部门特别是福建省、泉州市、鲤城区要深刻吸取事故惨痛教训，牢固树立安全发展理念，在统筹经济社会发展、城乡建设中自觉把人民生命安全和身体健康放在第一位，把防范化解安全风险摆在重要位置，强化底线思维、红线意识，大力推进安全发展、高质量发展。要完善和落实"党政同责、一岗双责、齐抓共管、失职追责"的安全生产责任体系，层层压紧压实党政领导责任、部门监管责任和企业主体责任，及时分析研判安全风险，紧盯薄弱环节采取有力有效防控措施，及时发现问题、解决问题，牢牢守住安全底线。要坚决反对形式主义、官僚主义，依法严厉打击违法违规行为，重大风险隐患一抓到底、彻底解决，严防漏管失控引发事故。

（2）强化法治思维坚持依法行政。各地党委政府和有关部门特别是福建省、泉州市、鲤城区要加强各级领导干部法治教育培训，牢记"法无授权不可为、法定职责必须为"，想问题、作决策、办事情必须严格遵守法律法规，切实提高法治素养和法治能力。认真贯彻落实党中央、国务院关于依法行政的部署要求，制定各级政府和有关部门权力清单并向社会公布，规范依法决策和行政审批工作流程，加强合法性审查，依法保障公众的知情权、参与权、表达权，杜绝以会议纪要或会议讨论等形式代替审批程序，杜绝领导干部违规插手干预规划许可、土地出让、工程建设等行政审批事项。全面分类整治违规审批的9批208宗非法建筑，并严格实施重大行政决策责任终身追究制度及责任倒查机制，及时通报曝光典型案例，对不作为、乱作为导致严重后果的依法依纪严肃处理。

（3）全面提高涉疫场所和各类集中安置场所安全保障水平。有关地区要对辖区所有定点医院、隔离观察场所以及各类灾害事故集中安置场所加强日常安全检查，严格落实建筑安全和消防安全责任制，及时消除安全风险隐患，对建筑质量差、主体结构损坏、失修失养严重、超负荷使用、位于地质灾害易发地等存在安全风险的，立即停止使用，组织人员撤离。住建部门要按照"三个必须""一岗双责"的规定要求和"谁主管谁负责"的原则，严格落实建筑主管部门安全监管责任；会同应急管理、公安、卫健等有关部门，推动相关法律法规修订，明确公共卫生事件集中隔离场所、灾害事故集中安置场所、应急避险场所等房屋、临时建筑、活动板房等安全标准，达不到安全条件的，坚决不允许作为集中安置和应急避险场所使用。地方各级政府要在本地区突发事件应急预案中，进一步明确各类集中安置场所的安全检查机制，对各类安置场所的建设经营合法合规性和房屋质量安全进行核查，确保各类安置场所建筑安全、消防安全。

（4）深化建设施工领域"打非治违"和安全隐患排查治理。各地区特别是福建省、泉州市要认真贯彻落实《中共中央 国务院关于进一步加强城市规划建设管理工作的若干意见》精神，扎实推进城市建成区违法建设专项治理工作五年行动，突出问题导向，深入开展非法占地、违法建设和老旧危房、农村自建房、"住改商"建筑等排查整治行动，对"两违"行为实行"零容忍"，坚决遏制增量，有序化解存量，彻底清除安全隐患。要加强对既有建筑改扩建、装饰装修、工程加固的质量安全监管，对未履行基本建设程序、施工单位超越资质等级范围或者以其他施工单位名义承揽工程、不按设计施工方案组织施工、出具检测鉴定虚假报告等违法行为予以坚决打击，并将违规信息记入信用档案，纳入联合惩戒管理。要深化"两违"源头治理，全面排查城市老旧建筑安全隐患，压实建设方、产权人、使用人安全主体责任，强化部门执法衔接，严防类似垮塌事故发生。

（5）健全部门间信息共享和协同配合工作机制。针对事故暴露出的不法人员使用虚假材料层层通过审批的问题，地方各级政府要进一步加强部门间信息共享和沟通，建立政府审批监管数据共享机制，用好国家企业信用信息公示系统部门协同监管平台，实现部门审批和监管数据自动采集核对、流转交换，堵塞审批材料弄虚作假的漏洞。自然资源、城管、住建部门要及时将发放建设工程规划许可信息、违法建设处置决定及其执行情况抄告市场监管、公安、消防、卫健等部门和单位，有关部门和单位不得为违法建筑办理相关证照，提供水、电、气、热。自然资源、住建、公安等有关部门要大力打击涉嫌办理不动产登记、建设工程规划许可、工程单位资质证书、建设工程施工许可等假证照的违法行为。要扎实推进"放管服"审批制度改革，对涉及公共安全的审批事项、审批环节、申报材料进行取消、下放或者优化时，做好部门相互衔接，层级上下衔接，审批事项和环节前后衔接，严防出现监管盲区。

（6）扎实开展安全生产专项整治三年行动。扎实开展城市建设安全专项整治，将城市安全韧性作为城市体检评估的重要内容，将城市安全发展落实到城市规划建设管理的各个方面和各个环节，根据城市建设安全出现的新情况，明确建筑物所有权人、参建各方的主体责任以及相关部门的监管责任，强化起重机械、高支模、深基坑、城市轨道交通工程安全专项治理，开展城市地下基础设施信息及监测预警管理平台建设，全面提升城市建设本质安全水平，推动城市安全和可持续发展。同时，举一反三，认真组织开展学习宣传贯彻习近平总书记关于安全生产重要论述、落实企业安全生产主体责任专题和危险化学品、煤矿、非煤矿山、消防、道路运输、交通运输、工业园区等功能区、危险废物等其他行业专项整治，完善和落实"从根本上消除事故隐患"的责任链条、制度成果、管理办法、重点工程和工作机制，扎实推进安全生产治理体系和治理能力现代化，全力维护好人民群众生命财产安全。

附件1

事故现场抢险救援情况

2020年3月7日19时14分，福建省泉州市鲤城区南环路欣佳酒店发生楼体坍塌，造成71人受困。接报后，泉州市消防救援支队立即调派全市26个消防救援站力量奔赴现场救援。福建省消防救援总队一次性、成建制、模块化增调全省其他9个消防救援支队的2支重型救援队、7支轻型救援队，以及总队训练与战勤保障支队、应急通信和车辆勤务大队，携带生命探测仪器、搜救犬和破拆、顶撑、起重、洗消等各类型特种救援装备2600余件（套）机动驰援，总计集结1086名指战员投入救援。应急管理部党委书记黄明等部领导通过视频全程指导指挥救援处置工作，并派消防救援局负责同志赶赴现场指挥。在福建省、市、区各级党委政府和有关部门单位的共同努力下，参战消防救援队伍经过112小时全力救援，搜救出全部被困人员，其中42人生还。全体参战指战员无一人伤亡、无一人感染。整个现场救援过程共分四个阶段：

第一阶段。浅（表）层埋压人员救助。7日19时35分，泉州市鲤城区江南消防救援站3车19人到达后，立即通过绳索、梯子施救建筑北侧表层被困者。泉州市消防救援支队先后调派67部消防车、402名指战员陆续投入战斗，按照"由表及里、先易后难"的顺序，先期划分为东、西、南、北四个作业面，组织安全观察、搜寻定位和破拆救援各4个组，采取"表层侦察、洞隙搜索、静默敲击、回声定位、浅易破拆、急速救助"等战术措施，分片区展开立体搜救。截至22时12分,第一阶段共救出浅(表)层被困人员23人。

第二阶段。中(浅)层埋压人员救援。7日22时12分,总队增援力量到场后,将现场划分为"核心作业、器材装备、作战指挥、备勤待命、车辆停靠、人装洗消"等功能区域。快速搭建灾害现场指挥部。根据第二阶段搜救难度增大的实际,前沿指挥部把人员比对定位作为核心要点贯穿始终,立即组织分析研判被困者可能位置,第一时间绘制现场平面图、作战力量部署图、埋压人员预判分布图,并推送至各支队指挥员手机终端,比对"三张图",通过"以房找人、以人找人、以物找人"等方法,逐步缩小范围,确定重点区域。

前沿指挥部将核心作业区调整为6个作业面,挂图作战,组织各搜救分队采取"大洞套小洞层层破拆、多点位打开观察窗口、蛇眼生命探测仪确定位置"的方式,加快救援速度。为解决部分支队专业技术骨干不足、破拆救援进展不快等问题,前沿指挥部抽调经验丰富的战训干部、高级消防员组成专家团,往返各个作业区指导作业,重点对结构复杂、破拆难度大的作业点进行"专家团会诊"。期间,现场指挥部经综合研判后,决定由住建、电力等部门协助调集位移监测、工程机械、凿岩机等装备及操作人员陆续到位配合行动,加快破拆进度。截至8日19时14分"24小时白金救援时间",第二阶段共救出被困人员26名,18人生还。

第三阶段。深层埋压人员抢救。前沿指挥部结合救援进展情况和倒塌建筑安全状况,综合研判后认为:若继续单纯采用人工破拆搜救方式过于耗时费力,被困人员的生还机会将更为渺茫。现场指挥部调派3台配有抓斗、剪切头的特种钩机等装备入场协同作业,慎始处理"人员抢救与疫情防控,动用大型工程机械与不造成被困人员二次伤害,尽快剥离转移构件与尽可能不发生结构性变化"的关系,全程实施精确破拆。在利用吊车、钢索吊装稳固梁柱的前提下,采取"搜救犬和生命探测仪交叉搜寻定位、工程机械逐层剥离表层构件"的战术措施,精心操作、稳扎稳打,发现生命迹象后运用"上下结合、两侧并进"的掘进方法,综合使用"凿岩机破拆、气垫顶撑、液压剪扩"等方式破拆厚重构件,采取"无齿锯及氧炔焰枪切割、破拆锤锤凿击、撬棍扩张"等手段移除轻薄构件,开辟救生通道。

9日7时40分,前沿指挥部将现场重新划分为东、中、西3个作业区、6个作业点,每个作业区由2至3个支队"结对"救援,重型队班组与轻型队班组相互搭配,轮流执行重型构件破拆和救援通道清理任务,工程机械通过"破拆抓取表层构件,提拉转移作业区外,渣土车跟进转运"的方式协同作业,累计打通20余处救援观察窗口,并分别在事发后的52小时、69小时先后成功救出3名幸存者。截至10日19时14分"72小时黄金救援时间",共救出13名被困人员,其中3人生还。

第四阶段。最后被困人员搜救。在利用生命探测仪、搜救犬等反复查找未发现生命迹象的情况下,在核查比对被困人员位置基础上,采取工程机械"1机4人"模式(1名工程机械操作手配1名随车指挥员和2名地面安全员)破拆剥离,配合人工搜救,又陆续发现8名被困遇难者。12日11时04分,救出最后1名被困遇难者,现场救援行动结束。

整个救援行动共救出44名生还者,其中2人在医院不治身亡。

附件2

欣佳酒店建筑物有关情况

一、欣佳酒店建筑物用地审批情况

涉事地块位于泉州市鲤城区常泰街道上村社区南环路1688号,面积3363.3平方米,原为上村村集体所有。1984年,杨金锵承包涉事地块在内的土地用于果树种植,承包期20年。1994年左右,杨金泽(杨金锵弟弟)成立泉州鲤城新星加油站,并占用约6500平方米土地(含涉事地块)建设加油站及相关配套设施。2003年,上村改社区居委会,涉事地块的土地所有权由集体转为国有。

2003年7月8日,泉州市开展建设用地历史遗留问题清理,泉州鲤城新星加油站以此为由逐级上报违法占地自查申报材料;12月22日,原泉州市城乡规划局同意办理用地红线图。2005年4月15日,泉州鲤城新星加油站向泉州市政府申请办理用地审批手续。

经原泉州市国土资源局上报,2006年7月15日,泉州市政府向泉州鲤城新星加油站下达成品油零售经营用地的批复,确定出让面积和出让方式(未采用招标拍卖挂牌方式)。2007年4月13日,泉州市地价委员会召开会议确定涉事地块出让价格,原泉州市国土资源局与泉州鲤城新星加油站签订国有土地使用权出让合同,出让宗地面积5696.6平方米,合同项下出让宗地的用途为商业(加油站),出让价格5041491元,土地使用权出让年限40年。

2007年12月24日,泉州鲤城新星加油站以高压输电线跨越为由向原泉州市国土资源局申请将土地分割为两块,面积总和不变。2008年1月31日,原泉州市国土资源局批准土地分割申请。

2008年2月5日,原泉州市国土资源局向泉州鲤城新星加油站核发两本土地使用权证书,其中涉事地块的使用权面积为3363.3平方米,涉事地块的实际控制人为杨金锵。

2011年3月3日,原泉州市城乡规划局向泉州鲤城新星加油站下达用地规划设计条件,明确用地规模、用地性质、规划经济技术指标等。2014年12月16日,涉事地块使用权人变更为泉州市新星机电工贸有限公司(法定代表人:杨金锵),原泉州市国土资源局换发土地使用权证书。

二、欣佳酒店办理有关行政许可情况

(1) 办理消防审批情况。2018年4月,杨金锵伙同黄志图串通原泉州市洛江区公安消防大队大队长刘德礼非法取得一张空白的公众聚集场所投入使用、营业前消防安全检查合格证,到复印店将欣佳酒店相关信息打印到空白的合格证上,伪造为"泉鲤公消安检字〔2018〕第0035号",在使用该伪造证件到公安机关办理了欣佳酒店特种行业许可证后,被杨金锵自行销毁。

2018年6月,杨金锵伙同黄志图等人,伪造不动产权证书复印件和广东弘业建筑设计有限公司公章、资质章、出图章、签名,假冒该公司为欣佳酒店装修工程设计单位、施工单位,分别委托福建省亚厦装饰设计有限公司法定代表人龚慧真、福建超平建筑设计有限公司和福建省泰达消防检测有限公司进行装修施工设计图纸修改、图纸审查和消防设施检测,制作鲤城区欣佳酒店设计说明书、消防设计文件、建设工程竣工验收报告等虚假材料,用于向原鲤城区公安消防大队申办消防设计备案、竣工验收消防备案和公众聚集场所投入使用、营业前消防安全检查合格证。

2018年7月6日,欣佳酒店向原鲤城区公安消防大队申报装修工程消防设计备案,消防设计范围为欣佳酒店一层大厅和第四、五、六层。7月11日,原鲤城区公安消防大队认定装修工程消防设计备案资料合格,予以备案。

2018年12月17日,欣佳酒店向鲤城区消防大队申报装修工程竣工验收消防备案。鲤城区行政服务中心消防窗口认为申报材料齐备,当场受理,泉州市消防服务大厅备案系统抽中该项目,按规定鲤城区消防大队需现场核查验收。12月21日,鲤城区消防大队现场核查发现欣佳酒店自动消防设施未按要求提供消防设施检测报告,验收结果不合格。现场核查还发现欣佳酒店未通过营业前消防安全检查,擅自营业,依法责令停产停业,并处罚款3.4716万元。2019年1月18日,杨金锵缴清罚款。2019年1月3日、1月17日,经鲤城区消防大队两次现场复查后,装修工程竣工验收合格。

2019年1月23日,欣佳酒店申报投入使用、营业前消防安全检查,鲤城区消防大队现场检查结果符合要求,1月24日核发了欣佳酒店营业前消防安全检查合格证。

(2) 办理特种行业许可证情况。2018年3月,受杨金锵委托,黄志图到泉州市公安局鲤城分局治安大队一中队指导员吴家晓办公室,咨询没有产权证如何办理特种行业许可证,吴家晓告知可以由常泰街道办事处出具房屋产权证明。4月10日,上村社区居委会出具房屋产权证明。次日,常泰街道办事处在证明上加盖公章。

2018年4月,杨金锵委托福建省建筑工程质量检测中心有限公司鉴定欣佳酒店的房屋建筑质量。鉴定报告初稿出来后,黄志图找到吴家晓征求其意见,吴家晓表示只要有房屋可以使用的鉴定结论就可以,并建议鉴定结论的后续使用年限改长一点,黄志图遂建议杨金锵将鉴定报告中的房屋使用年限改成和土地证一致的年限,即20年。经吴家晓确认可以作为申办特种行业许可证的材料后,5月8日,福建省建筑工程质量检测中心有限公司出具了欣佳酒店检验报告(检验内容:结构正常使用性鉴定)。

2018年5月18日,黄志图带着伪造的营业前消防安全检查合格证、常泰街道办事处出具的产权证明及欣佳酒店检验报告(检验内容:结构正常使用性鉴定)等材料到鲤城公安分局治安大队申请办理特种行业许可证。当天,吴家晓等人到现场检查验收,出具了"公共场所、特种行业治安安全条件现场检查、验收意见表",签署"有营业执照、消防安全合格证及房产证等""经现场验收,欣佳酒店基本符合治安安全条件;符合开办旅馆的现场条件,同意报上级领导审批"的意见。5月22日,经鲤城公安分局治安大队副大队长王柳彬审核同意、鲤城公安分局副局长张汉辉审批同意,向欣佳酒店颁发特种行业许可证,经营地址为泉州市鲤城区南环路1688号6楼。

2019年8月,吴家晓等人检查发现欣佳酒店第四、五层也在营业,与特种行业许可证营业范围不一致,即暂扣特种行业许可证。之后,杨金锵变更了欣佳酒店的工商营业执照,经营场所由六层变更为地上一层和四至六层。2019年8月23日,在黄志图陪同下,杨桂红到鲤城公安分局申请变更特种行业许可。经电话请示张汉辉同意后,吴家晓在没有受理材料、没有现场检查验收、没有审批的情况下,要求鲤城公安分局治安大队一中队工作人员打证。杨桂红当日就拿到了变更后的特种行业许可证,经营地址为泉州市鲤城区南环路1688号。事故发生后,吴家晓串通张汉辉、王柳彬等人补签欣佳酒店特种行业许可变更申请、受理通知书、收件清单、送达回执、福建省特种行业许可证变更申请登记表以及特种行业许可证存根。

附件3

泉州市鲤城区特殊情况建房情况

一、特殊情况建房的两个阶段

第一阶段(2007年11月—2011年10月)。2007年11月19日,为解决辖区内部分群众住房困难、社区经济载体建设以及企业改扩建厂房等问题,鲤城区委第32次常委会会议研究出台《鲤城区特殊情况建房处理意见(暂行)》,并成立领导小组,办公地点设在区城市管理局执法大队。领导小组于2009年3月制定了《关于江南新区企业在合法用地范围内改(新)建厂房及配套设施处理意见》,2009年7月制定了《特殊建房监管要求(内部掌握)》。第一阶段鲤城区特殊情况建房领导小组共审批特殊情况建房四个批次。

第二阶段(2011年10月—2012年12月)。2011年10月,鲤城区委第10次常委会会议研究出台修订后的《鲤城区特殊情况建房处理意见》,继续实施特殊情况建房政策,并调整了领导小组成员。

2012年11月,鲤城区委、区政府配套制定了《鲤城区"美丽社区"建设特殊情况建房处理意见》,特殊情况建房领导小组成员再次调整。第二阶段鲤城区特殊情况建房领导小组共审批特殊情况建房五个批次。

上述有关特殊建房的文件均未正式印发。

自2008年1月29日研究第一批特殊情况建房,至2012年12月20日研究最后一批特殊情况建房,两个阶段共审批办理九批235宗特殊情况建房,批准了208宗,其中,个人建房154宗,社区建房31宗,企业建房23宗。在23宗企业建房中第二阶段占18宗。

二、特殊情况建房政策的主要内容

(1)特殊情况:一是有些老旧小区个人私房在拆迁前需要加固、改装等;一些私房因人口增多需要扩建,加层扩容等;一些历史遗留疑难问题等,如华侨遗产捐赠、孤寡老人、病残、特困人群建房等。二是有些社区公益建房,如活动站、养老院等建设。三是一些企业因拆迁置换,按产业政策符合发展方向的新、改、扩建设项目,搞活地方经济的项目需要支持的等等。

上述建设项目均存在一些问题,无法正常履行相关法律程序,依法不具有继续建设的条件、不允许建设和使用。

(2)特殊政策:建设主体按《特殊情况建房管理办法》的程序层层申请,汇总上报特殊情况建房领导小组后,在集体研究、实地勘察的基础上,在设定一些技术指标和管理要求的前提下,批准可以先建设,后补办手续。

按照《特殊情况建房管理办法》要求,鲤城区特殊建房政策适用于辖区内江南、浮桥、金龙、常泰四个街道。申请对象主要为个人建房、社区公益事业和经济载体建设、以及企业在自有用地红线范围内扩建厂房及配套设施三类。

经查,实际上有些项目在获得批准时,就已经违规建成或者正在建设中。如欣佳酒店建筑物,2012年12月4日特殊建房领导小组开会研究时,该建筑物已经基本完工,领导小组及有关部门主要负责人赴现场实地勘察,发现涉事地块已建成4层钢结构房屋,没有提出异议,仍然批准同意。

江苏响水天嘉宜化工有限公司"3·21"特别重大爆炸事故调查报告

2019年3月21日14时48分许，位于江苏省盐城市响水县生态化工园区的天嘉宜化工有限公司（以下简称天嘉宜公司）发生特别重大爆炸事故，造成78人死亡、76人重伤，640人住院治疗，直接经济损失198635.07万元。

事故发生后，党中央、国务院高度重视，正在出访途中的习近平总书记立即作出重要指示，要求全力抢险救援，搜救被困人员，及时救治伤员，做好善后工作，切实维护社会稳定；要加强监测预警，防控发生环境污染，严防发生次生灾害；要尽快查明事故原因，及时发布权威信息，加强舆情引导；要求各地和有关部门深刻吸取教训，加强安全隐患排查，严格落实安全生产责任制，坚决防范重特大事故发生，确保人民群众生命和财产安全。习近平总书记特别指出，安全生产工作在抓落实上仍有很大差距，一定要举一反三、亡羊补牢。李克强总理作出批示，强调要科学有效做好搜救工作，全力以赴救治受伤人员，最大程度减少伤亡，采取有力措施控制危险源，注意防止发生次生事故；要求各地进一步排查并消除危化品等重点行业安全生产隐患，夯实各环节责任。韩正、孙春兰、刘鹤、王勇、肖捷、赵克志等领导同志也作出批示。受党中央、国务院委派，王勇国务委员率领由应急管理部、工业和信息化部、公安部、生态环境部、卫生健康委、全国总工会和中央宣传部等有关部门负责同志组成的工作组赶赴现场，指导抢险救援、伤员救治、事故调查和善后处置等工作。依据有关法律法规，经国务院批准，成立了由应急管理部牵头，工业和信息化部、公安部、生态环境部、全国总工会和江苏省政府有关负责同志参加的国务院江苏盐城"3·21"特别重大爆炸事故调查组（以下简称事故调查组），并分设技术组、管理组、综合组，下设专家组，聘请爆炸、消防、刑侦、化工、环保、国土、住建等方面的专家参与事故调查工作。中央纪委国家监委成立责任追究审查调查组，对有关地方党委政府、相关部门和公职人员涉嫌违法违纪及失职渎职问题开展调查。

事故调查组认真贯彻落实中央领导同志重要指示批示精神，坚持"科学严谨、依法依规、实事求是、注重实效"的原则，通过反复现场勘验、检测鉴定、调查取证、调阅资料、人员问询、模拟实验、专家论证等，查明了事故经过、原因、人员伤亡情况和直接经济损失，认定了事故性质以及事故企业、中介机构和相关人员的责任，查明了有关地方党委政府和相关部门在监管方面存在的问题。围绕贯彻落实习近平总书记重要指示精神和李克强总理等领导同志批示要求，针对事故暴露出的问题，总结分析了事故主要教训，提出了防范整改的措施建议。

事故调查组认定，江苏响水天嘉宜化工有限公司"3·21"特别重大爆炸事故是一起长期违法贮存危险废物导致自燃进而引发爆炸的特别重大生产安全责任事故。

一、事故有关情况

事故调查组经调阅现场视频记录等进行分析认定，2019年3月21日14时45分35秒，天嘉宜公司旧固废库房顶中部冒出淡白烟，随即出现明火且火势迅速扩大，至14时48分44秒发生爆炸。

天嘉宜公司成立于2007年4月5日，主要负责人由其控股公司倪家巷集团委派，重大管理决策需倪家巷集团批准。企业占地面积14.7万平方米，注册资本9000万元，员工195人，主要产品为间苯二胺、邻苯二胺、对苯二胺、间羟基苯甲酸、3,4-二氨基甲苯、对甲苯胺、均三甲基苯胺等，主要用于生产农药、染料、医药等。企业所在的响水县生态化工园区（以下简称生态化工园区）规划面积10平方千米，已开发使用面积7.5平方千米，现有企业67家，其中化工企业56家。2018年4月因环境污染问题被中央电视台《经济半小时》节目曝光，江苏省原环保厅建议响水县政府对整个园区责令停产整治；9月响水县组织11个部门对停产企业进行复产验收，包括天嘉宜公司在内的10家企业通过验收后陆续复产。

事故发生后，在党中央、国务院坚强领导下，江苏省和应急管理部等立即启动应急响应，迅速调集综合性消防救援队伍和危险化学品专业救援队伍开展救援，至3月22日5时许，天嘉宜公司的储罐和其他企业等8处明火被全部扑灭，未发生次生事故；至3月24日24时，失联人员全部找到，救出86人，搜寻到遇难者78人。江苏省和国家卫生健康委全力组织伤员救治，至4月15日，危重伤员、重症伤员经救治全部脱险。生态环境部门对爆炸核心区水体、土壤、大气环境密切监测，实施堵、控、引等措施，未发生次生污染；至 8 月 25 日，除残留在装置内的物料外，生态化工园区内的危险物料全部转运完毕。

二、事故直接原因

事故调查组通过深入调查和综合分析认定，事故直接原因是：天嘉宜公司旧固废库内长期违法贮存的硝化废料持续积热升温导致自燃，燃烧引发硝化废料爆炸。

起火位置为天嘉宜公司旧固废库中部偏北堆放硝化废料部位。经对天嘉宜公司硝化废料取样进行燃烧实验①，表明硝化废料在产生明火之前有白烟出现，燃烧过程中伴有固体颗粒燃烧物溅射，同时产生大量白色和黑色的烟雾，火焰呈黄红色。经与事故现场监控视频比对，事故初始阶段燃烧特征与硝化废料的燃烧特征相吻合（图 3-7、图 3-8、图 3-9），认定最初起火物质为旧固废库内堆放的硝化废料。

图 3-7　硝化废料出现明火之前产生烟雾对比

图 3-8　硝化废料燃烧特征对比

图 3-9　硝化废料固体颗粒燃烧物溅射对比

---

① 在天嘉宜公司硝化车间废水池附近取得两个样品，专家组对两个样品进行了燃烧实验比对。

事故调查组认定贮存在旧固废库内的硝化废料属于固体废物,经委托专业机构鉴定属于危险废物。

起火原因:事故调查组通过调查逐一排除了其他起火原因,认定为硝化废料分解自燃起火。

经对样品进行热安全性分析,硝化废料具有自分解特性,分解时释放热量,且分解速率随温度升高而加快。实验数据表明,绝热条件下,硝化废料的贮存时间越长,越容易发生自燃①。天嘉宜公司旧固废库内贮存的硝化废料,最长贮存时间超过七年。在堆垛紧密、通风不良的情况下,长期堆积的硝化废料内部因热量累积,温度不断升高,当上升至自燃温度时发生自燃,火势迅速蔓延至整个堆垛,堆垛表面快速燃烧,内部温度快速升高,硝化废料剧烈分解发生爆炸,同时殉爆库房内的所有硝化废料,共计约600吨袋(1吨袋可装约1吨货物)。

三、企业主要问题

(一)天嘉宜公司

天嘉宜公司无视国家环境保护和安全生产法律法规,长期违法违规贮存、处置硝化废料,企业管理混乱,是事故发生的主要原因。

(1)刻意瞒报硝化废料。违反《环境保护法》第四十二条第一款②、《环境影响评价法》第二十四条③,擅自改变硝化车间废水处置工艺,通过加装冷却釜冷凝析出废水中的硝化废料,未按规定重新报批环境影响评价文件,也未在项目验收时据实提供情况;违反《固体废物污染环境防治法》第三十二条④,在明知硝化废料具有燃烧、爆炸、毒性等危险特性情况下,始终未向环保(生态环境)部门申报登记,甚至通过在旧固废库内硝化废料堆垛前摆放"硝化半成品"牌子、在硝化废料吨袋上贴"硝化粗品"标签的方式刻意隐瞒欺骗。据天嘉宜公司法定代表人陶在明、总经理张勤岳(企业实际控制人)、负责环保的副总经理杨钢等供述,硝化废料在2018年10月复产之前不贴"硝化粗品"标签,复产后为应付环保检查,张勤岳和杨钢要求贴上"硝化粗品"标签,在旧固废库硝化废料堆垛前摆放"硝化半成品"牌子,"其实还是公司产生的危险废物"。

(2)长期违法贮存硝化废料。天嘉宜公司苯二胺项目硝化工段投产以来,没有按照《国家危险废物名录》⑤《危险废物鉴别标准》(GB 5085.1~GB 5085.6)对硝化废料进行鉴别、认定,没有按危险废物要求进行管理,而是将大量的硝化废料长期存放于不具备贮存条件的煤棚、固废仓库等场所,超时贮存问题严重,最长贮存时间甚至超过7年,严重违反《安全生产法》第三十六条⑥、《固体废物污染环境防治法》第五十八条⑦、原环保部和原卫生部联合下发的《关于进一步加强危险废物和医疗废物监管

---

① 对两个样品进行热安全性分析,达到163.6 ℃能发生自燃。通过热安全性分析实验及理论计算可知:绝热条件下,硝化废料起始温度为39.2 ℃时,因自分解放热,贮存一年后温度会升至自燃点,发生自燃;硝化废料起始温度为26.8 ℃时,三年后会发生自燃;硝化废料起始温度为21.1 ℃时,五年后会发生自燃;硝化废料起始温度为17.3 ℃时,七年后会发生自燃。

② 《环境保护法》第四十二条:排放污染物的企业事业单位和其他生产经营者,应当采取措施,防治在生产建设或者其他活动中产生的废气、废水、废渣、医疗废物、粉尘、恶臭气体、放射性物质以及噪声、振动、光辐射、电磁辐射等对环境的污染和危害。

③ 《环境影响评价法》第二十四条:建设项目的环境影响评价文件经批准后,建设项目的性质、规模、地点、采用的生产工艺或者防治污染、防止生态破坏的措施发生重大变动的,建设单位应当重新报批建设项目的环境影响评价文件。

④ 《固体废物污染环境防治法》第三十二条:国家实行工业固体废物申报登记制度。产生工业固体废物的单位必须按照国务院环境保护行政主管部门的规定,向所在地县级以上地方政府环境保护行政主管部门提供工业固体废物的种类、产生量、流向、贮存、处置等有关资料。前款规定的申报事项有重大改变的,应当及时申报。

⑤ 《国家危险废物名录》(环境保护部令第1号)第八条:对不明确是否具有危险特性的固体废物,应当按照国家规定的危险废物鉴别标准和鉴别方法予以认定。

⑥ 《安全生产法》第三十六条:生产、经营、运输、储存、使用危险物品或者处置废弃危险物品的,由有关主管部门依照有关法律、法规的规定和国家标准或者行业标准审批并实施监督管理。生产经营单位生产、经营、运输、储存、使用危险物品或者处置废弃危险物品,必须执行有关法律法规和国家标准或者行业标准,建立专门的安全管理制度,采取可靠的安全措施,接受有关主管部门依法实施的监督管理。

⑦ 《固体废物污染环境防治法》第五十八条:收集、贮存危险废物,必须按照危险废物特性分类进行。禁止混合收集、贮存、运输、处置性质不相容而未经安全性处置的危险废物。贮存危险废物必须采取符合国家环境保护标准的防护措施,并不得超过一年;确需延长期限的,必须报经原批准经营许可证的环境保护行政主管部门批准;法律、行政法规另有规定的除外。

工作的意见》①关于贮存危险废物不得超过一年的有关规定。

(3) 违法处置固体废物。违反《环境保护法》第四十二条第四款、《固体废物污染环境防治法》第五十八条和《环境影响评价法》第二十七条②，多次违法掩埋、转移固体废物，偷排含硝化废料的废水。2014年以来，8次因违法处置固体废物被响水县环保局累计罚款95万元，其中：2014年10月因违法将固体废物埋入厂区内5处地点，受到行政处罚；2016年7月因将危险废物贮存在其他公司仓库造成环境污染，再次受到行政处罚。曾因非法偷运、偷埋危险废物124.18吨，被追究刑事责任③。

(4) 固废和废液焚烧项目长期违法运行。违反《环境保护法》第四十一条④有关"三同时"的规定、《建设项目竣工环境保护验收管理办法》第十条⑤，2016年8月，固废和废液焚烧项目建成投入使用，未按响水县环保局对该项目环评批复核定的范围，以调试、试生产名义长期违法焚烧硝化废料，每个月焚烧25天以上。至事故发生时固废和废液焚烧项目仍未通过响水县环保局验收。

(5) 安全生产严重违法违规。在实际控制人犯罪判刑不具备担任主要负责人法定资质的情况下，让硝化车间主任挂名法定代表人，严重不诚信。违反《安全生产法》第二十四条、第二十五条⑥，实际负责人未经考核合格，技术团队仅了解硝化废料着火、爆炸的危险特性，对大量硝化废料长期贮存引爆爆炸的严重后果认知不够，不具备相应管理能力。安全生产管理混乱，在2017年因安全生产违法违规，3次受到响水县原安监局行政处罚。违反《安全生产法》第四十三条⑦，公司内部安全检查弄虚作假，未实际检查就提前填写检查结果，3月21日下午爆炸事故已经发生，但重大危险源日常检查表中显示当晚7时30分检查结果为正常。

(6) 违法未批先建问题突出。违反《城乡规划

---

① 《关于进一步加强危险废物和医疗废物监管工作的意见》(环发〔2011〕19号)：(三) 规范产生单位危险废物管理。产生危险废物的单位应当以控制危险废物的环境风险为目标，制定危险废物管理计划和应急预案并报所在地县级以上地方环保部门备案。依据《固体废物鉴别导则》(原国家环保总局、国家发展改革委、商务部、海关总署、国家质检总局公告2006年第11号)、《国家危险废物名录》(环境保护部令第1号) 和《危险废物鉴别标准》(GB 5085)，自行或委托专业机构正确鉴别和分类收集危险废物。对盛装危险废物的容器和包装物，要确保无破损、泄漏和其他缺陷，依据《危险废物贮存污染控制标准》(GB 18597) 规范建设危险废物贮存场所并设置危险废物标识。加强危险废物贮存期间的环境风险管理，危险废物贮存时间不得超过一年。

② 《环境保护法》第四十二条第四款：严禁通过暗管、渗井、渗坑、灌注或者篡改、伪造监测数据，或者不正常运行防治污染设施等逃避监管的方式违法排放污染物。
《固体废物污染环境防治法》第五十八条：收集、贮存危险废物，必须按照危险废物特性分类进行。禁止混合收集、贮存、运输、处置性质不相容而未经安全性处置的危险废物。
《环境影响评价法》第二十七条：在项目建设运行过程中，产生不符合经审批的环境影响评价文件的情形的，建设单位应当组织环境影响的后评价，采取改进措施，并报原环境影响评价文件审批部门和建设项目审批部门备案。

③ 《江苏省江阴市人民法院刑事判决书》(〔2016〕苏0281刑初305号) 认定，天嘉宜公司因2012年底分三次偷运偷埋含有二苯砜、碳酸钡、硫酸钡、亚硫酸钠、废活性炭等化工废物124.18吨，为危险废物，犯污染环境罪，处罚金人民币一百万元，张勤岳犯污染环境罪，判处有期徒刑一年六个月，缓刑两年，并处罚金人民币三十万元。

④ 《环境保护法》第四十一条：建设项目中防治污染的设施，应当与主体工程同时设计、同时施工、同时投产使用。防治污染的设施应当符合经批准的环境影响评价文件的要求，不得擅自拆除或者闲置。

⑤ 《建设项目竣工环境保护验收管理办法》(国家环境保护总局令第13号) 第十条：进行试生产的建设项目，建设单位应当自试生产之日起3个月内，向有审批权的环境保护行政主管部门申请该建设项目竣工环境保护验收。对试生产3个月确不具备环境保护验收条件的建设项目，建设单位应当在试生产的3个月内，向有审批权的环境保护行政主管部门提出该建设项目环境保护延期验收申请，说明延期验收的理由及拟进行验收的时间。经批准后建设单位方可继续进行试生产。试生产的期限最长不超过一年。核试施建设项目试生产的期限最长不超过二年。

⑥ 《安全生产法》第二十四条：生产经营单位的主要负责人和安全生产管理人员必须具备与本单位所从事的生产经营活动相应的安全生产知识和管理能力。第二十五条：生产经营单位应当对从业人员进行安全生产教育和培训，保证从业人员具备必要的安全生产知识，熟悉有关的安全生产规章制度和安全操作规程，掌握本岗位的安全操作技能，了解事故应急处理措施，知悉自身在安全生产方面的权利和义务。未经安全生产教育和培训合格的从业人员，不得上岗作业。

⑦ 《安全生产法》第四十三条：生产经营单位的安全生产管理人员应当根据本单位的生产经营特点，对安全生产状况进行经常性检查；对检查中发现的安全问题，应当立即处理；不能处理的，应当及时报告本单位有关负责人，有关负责人应当及时处理。检查及处理情况应当如实记录在案。

法》第四十条①、《建筑法》第七条②，2010 年至 2017 年，在未取得规划许可、施工许可的情况下，擅自在厂区内开工建设包括固废仓库在内的 6 批工程。

（二）中介机构

中介机构弄虚作假，出具虚假失实文件，导致事故企业硝化废料重大风险和事故隐患未能及时暴露，干扰误导了有关部门的监管工作，是事故发生的重要原因。

1. 环境影响评价机构

（1）苏州科太环境技术有限公司违反《环境影响评价法》第四条③，2017 年 7 月为天嘉宜公司编制的《建设项目变动环境影响分析报告》认为冷却结晶回收混二硝基苯能够达到预期效果，"项目变动后废水处理方式发生变化，回收了部分物料，不属于重大变动"，与天嘉宜公司的实际情况不符，报告内容严重失实。该报告意见是盐城市原环保局通过项目现场验收的依据之一。

（2）江苏省环境科学研究院为江苏省生态环境厅直属事业单位，按照江苏省原环保厅《关于加强建设项目环评文件固废内容编制的通知》（苏环办〔2013〕283 号）要求，2017 年 5 月受天嘉宜公司委托编制《固体废物污染防治专项论证报告》，将此工作转包给盐城市海西环保科技有限公司，但仍以江苏省环境科学研究院的名义出具论证报告。

（3）盐城市海西环保科技有限公司编制《固体废物污染防治专项论证报告》过程中，天嘉宜公司副总经理杨钢和总工程师耿宏提出将硝化废料补充到论证报告中，论证报告编制者盐城市海西环保科技有限公司总工程师李利芳提出增加硝化废料属于重大工艺变更，需要重新进行环评、审查和竣工验收，杨钢、耿宏最终商定硝化废料问题不写入论证报告，论证报告与实际情况严重不符，违反《环境影响评价法》第四条、第二十四条④。此论证报告作为环保部门危险废物管理、执法的基础依据。

（4）江苏省环科院环境科技有限责任公司为江苏省环境科学研究院的全资子公司，2018 年 6 月在为天嘉宜公司编制《环保设施效能评估及复产整治报告》时，未对旧固废库内的危险废物种类、成份、来源及贮存时间进行查验，出具的报告与事实严重不符，导致天嘉宜公司在没有满足环保条件的情况下复产。

（5）盐城市环境监测中心站为盐城市环保局直属事业单位，违反《环境保护法》第十七条⑤、《建设项目环境保护设施竣工验收监测技术要求（试行）》5.4⑥等规定，2015 年、2017 年两次为天嘉宜公司出具的建设项目竣工环境保护验收监测报告，均未对现场固废仓库的危险废物进行查验，未对硝化工段的工艺进行全流程核查，没有发现硝化工段废水处理工艺流程的重大变更。验收监测报告与事实严重不符。

2. 安全评价机构

江苏天工大成安全技术有限公司 2018 年 9 月为天嘉宜公司进行复产综合性安全评价时，安全条件检查不全面、不深入，评价报告与实际情况严重不符，事故隐患整改确认表未签字确认。

3. 设计、施工、监理、设施检测维保等机构

（1）江苏弘盛建设工程集团有限公司规划建筑设计研究院无设计资质，却以其名义出具固废仓库设计图纸。

（2）江苏中建建设研究院绘制的天嘉宜公司固

---

① 《城乡规划法》第四十条：在城市、镇规划区内进行建筑物、构筑物、道路、管线和其他工程建设的，建设单位或者个人应当向城市、县政府城乡规划主管部门或者省、自治区、直辖市政府确定的镇政府申请办理建设工程规划许可证。申请办理建设工程规划许可证，应当提交使用土地的有关证明文件、建设工程设计方案等材料。

② 《建筑法》第七条：建筑工程开工前，建设单位应当按照国家有关规定向工程所在地县级以上政府建设行政主管部门申请领取施工许可证；但是，国务院建设行政主管部门确定的限额以下的小型工程除外。

③ 《环境影响评价法》第四条：环境影响评价必须客观、公开、公正，综合考虑规划或者建设项目实施后对各种环境因素及其所构成的生态系统可能造成的影响，为决策提供科学依据。

④ 《环境影响评价法》第四条：环境影响评价必须客观、公开、公正，综合考虑规划或者建设项目实施后对各种环境因素及其所构成的生态系统可能造成的影响，为决策提供科学依据。第二十四条：建设项目的环境影响评价文件经批准后，建设项目的性质、规模、地点、采用的生产工艺或者防治污染、防止生态破坏的措施发生重大变动的，建设单位应重新报批建设项目的环境影响评价文件。

⑤ 《环境保护法》第十七条：监测机构应当使用符合国家标准的监测设备，遵守监测规范。监测机构及其负责人对监测数据的真实性和准确性负责。

⑥ 《建设项目环境保护设施竣工验收监测技术要求（试行）》（环发〔2000〕38 号，2016 年 7 月 13 日废止，但适用于 2015 年对天嘉宜公司监测时的技术要求）5.4：验收监测的内容：按废水、废气、噪声和固废等分类，全面简要地说明监测因子、频次、断面或点位的布设情况，附示意图；采样、监测分析方法；验收监测的质量控制措施。

废和焚烧技改项目施工图总体布置图与实际不符。

（3）盐城正鼎房屋安全鉴定有限公司在新固废库 D-H 轴梁、柱等结构布置与设计图纸不符的情况下，出具了合格的鉴定报告。

（4）江苏巨安消防工程有限公司违反《消防法》第三十四条①，在未取得消防设施维护保养检测机构资质的情况下，违规开展消防技术服务活动，从业人员不具备执业资格，未按规定建立和保管消防技术服务档案。

（5）盐城大丰市建设工程施工图审查中心出具的固废和废液焚烧项目施工图总图总平面布置图与现场不符，出图手续不齐。

对于设计、施工、监理、设施检测维保机构存在的问题，建议由江苏省政府责成有关主管部门调查处理。

四、有关部门主要问题

（一）应急管理部门

1. 响水县应急管理局

（1）未认真履行监督管理职责。依据《安全生产法》第九条②，履行本级政府安委会办公室和本行政区域内安全生产综合监督管理职责不到位，指导、协调、督促相关部门和生态化工园区管委会全面摸排安全风险隐患不力，对发现的固废库长期大量贮存危险废物问题，没有及时向生态环境部门提出并推动解决。依据《响水县政府有关部门和单位安全生产职责规定》③，监督检查事故隐患排查治理工作不彻底。

（2）日常监管执法不严不实。对天嘉宜公司违反《安全生产法》第二十四条、第二十七条④，总经理张勤岳长达 11 个月未取得安全生产知识和管理能力考核合格证、仪表特种作业人员无证上岗等问题失察。对安全评价机构违规问题失察。

（3）督促企业排查消除重大事故隐患不力。未按《江苏省危险化学品安全综合治理实施方案》等要求建立危险化学品安全风险分布档案。没有按照《安全生产法》第三十八条⑤要求，采取有效措施推动天嘉宜公司健全事故隐患排查制度、及时发现并消除事故隐患。

（4）复产验收把关不严。在响水县复产办组织 11 个部门复产验收过程中，响水县原安监局二分局组织专家于 2018 年 9 月 12 日对天嘉宜公司进行安全生产现场复查，共查出 89 项事故隐患，在部分尚未完成整改的情况下，9 月 13 日就在天嘉宜公司复产审查意见中签字同意复产，违反《安全生产法》第五十九条、第六十二条⑥。

2. 盐城市应急管理局

（1）未认真履行监督管理职责。依据《安全生

---

① 《消防法》第三十四条：消防产品质量认证、消防设施检测、消防安全监测等消防技术服务机构和执业人员，应当依法获得相应的资质、资格；依照法律、行政法规、国家标准、行业标准和执业准则，接受委托提供消防技术服务，并对服务质量负责。

② 《安全生产法》第九条：县级以上地方各级人民政府安全生产监督管理部门依照本法，对本行政区域内安全生产工作实施综合监督管理。

③ 《响水县政府有关部门和单位安全生产职责规定》（响政发〔2017〕45 号）明确：县安监局监督检查重大危险源监控、事故隐患排查治理工作。

④ 《安全生产法》第二十四条：危险物品的生产、经营、储存单位以及矿山、金属冶炼、建筑施工、道路运输单位的主要负责人和安全生产管理人员，应当由主管的负有安全生产监督管理职责的部门对其安全生产知识和管理能力考核合格。第二十七条：生产经营单位的特种作业人员必须按照国家有关规定经专门的安全作业培训，取得相应资格，方可上岗作业。

⑤ 《安全生产法》第三十八条：县级以上地方各级政府负有安全生监督管理职责的部门应当建立重大事故隐患治理督办制度，督促生产经营单位消除重大事故隐患。

⑥ 《安全生产法》第五十九条：县级以上地方各级政府应当根据本行政区域内的安全生产状况，组织有关部门按照职责分工，对本行政区域内容易发生重大生产安全事故的生产经营单位进行严格检查。安全生产监督管理部门应当按照分类分级监督管理的要求，制定安全生产年度监督检查计划，并按照年度监督检查计划进行监督检查，发现事故隐患，应当及时处理。第六十二条：安全生产监督管理部门和其他负有安全生产监督管理职责的部门依法开展安全生产行政执法工作，对生产经营单位执行有关安全生产的法律、法规和国家标准或者行业标准的情况进行监督检查，行使以下职权：（一）进入生产经营单位进行检查，调阅有关资料，向有关单位和人员了解情况；（二）对检查中发现的安全生产违法行为，当场予以纠正或者要求限期改正；对依法应当给予行政处罚的行为，依照本法和其他有关法律、行政法规的规定作出行政处罚决定；（三）对检查中发现的事故隐患，应当责令立即排除；重大事故隐患排除前或者排除过程中无法保证安全的，应当责令从危险区域内撤出作业人员，责令暂时停产停业或者停止使用相关设施、设备；重大事故隐患排除后，经审查同意，方可恢复生产经营和使用；（四）对有根据认为不符合保障安全生产的国家标准或者行业标准的设施、设备、器材以及违法生产、储存、使用、经营、运输的危险物品予以查封或者扣押，对违法生产、储存、使用、经营危险物品的作业场所予以查封，并依法作出处理决定。

产法》第九条①，履行本级政府安委会办公室和本行政区域内安全生产综合监督管理职责不到位，指导、协调、督促相关部门和响水县全面摸排安全风险隐患不力，没有及时督促推动生态环境部门解决固废库长期大量贮存危险废物问题。依据《盐城市政府有关部门和单位安全生产职责规定》②，监督检查事故隐患排查治理工作不彻底。

（2）监管执法存在漏洞。2016年至2018年连续三年未将构成一级重大危险源的天嘉宜公司列入年度执法检查计划，违反《安全生产法》第五十九条③。作为考核发证机关，对天嘉宜公司总经理张勤岳未经安全生产知识和管理能力考核合格的情况失察；依据《盐城市政府有关部门和单位安全生产职责规定》④，对安全评价机构违规问题失察。

（3）督促指导隐患整改不力。没有认真吸取盐城市射阳县、连云港市灌南县等地化工企业重大爆炸事故教训，督促指导响水县和生态化工园区及企业举一反三，全面开展安全风险辨识和评估，隐患排查治理不彻底。

3. 江苏省应急管理厅

依据《安全生产法》第九条⑤，履行本级政府安委会办公室和本行政区域内安全生产综合监督管理职责不到位，指导、协调、督促相关部门和有关地方政府排查治理重大安全风险隐患不全面、不深入、不扎实，没有及时督促推动生态环境部门解决固废库长期大量贮存危险废物问题。吸取昆山"8·2"特别重大爆炸事故教训不深刻，亡羊补牢措施不得力。推进安全生产诚信体系建设不力。对安全评价机构监管不力。没有建立与企业隐患排查治理系统联网的信息平台。没有督促建立企业安全风险管控和隐患治理的过程评价机制，实施动态监控⑥。对盐城市、响水县安全监管部门开展危险化学品监管执法、重大安全风险辨识管控、构建安全风险隐患预防机制工作指导监督不力。

（二）生态环境部门

1. 响水县环境保护局

（1）未认真履行危险废物监管职责。据天嘉宜公司总经理张勤岳供述：因"黄料"⑦在厂区乱堆乱放，被盐城市环保局和响水县环保局处罚过，他们都是进厂检查的，都知道"黄料"的存在。但县环保局对生态化工园区长期大量贮存危险废物，以及天嘉宜公司长期产生、违法大量贮存和处置硝化废料的严重违法行为失察⑧，未按《固体废物污染环境防治法》第三十二条、六十四条⑨，《国家危险废物名录》第八条规定⑩，督促企业对硝化废料进行固体废

---

① 《安全生产法》第九条：县级以上地方各级人民政府安全生产监督管理部门依照本法，对本行政区域内安全生产工作实施综合监督管理。

② 《盐城市政府有关部门和单位安全生产职责规定》（盐政发〔2017〕39号）明确：市安监局监督检查重大危险源监控、事故隐患排查治理工作。

③ 《安全生产法》第五十九条：县级以上地方各级政府应当根据本行政区域内的安全生产状况，组织有关部门按照职责分工，对本行政区域内容易发生重大生产安全事故的生产经营单位进行严格检查。安全生产监督管理部门应当按照分类分级监督管理的要求，制定安全生产年度监督检查计划，并按照年度监督检查计划进行监督检查，发现事故隐患，应当及时处理。

④ 《盐城市政府有关部门和单位安全生产职责规定》（盐政发〔2017〕39号）明确：市安监局对安全评价、安全生产检验检测等安全生产专业服务机构进行监督管理。

⑤ 《安全生产法》第九条：县级以上地方各级人民政府安全生产监督管理部门依照本法，对本行政区域内安全生产工作实施综合监督管理。

⑥ 《江苏省安监局关于进一步加强企业安全风险分级管控和隐患排查治理双重预防建设工作的指导意见》（苏安监〔2017〕60号）建立企业安全风险管控和隐患治理的过程评价机制，实施动态监控；积极探索安全风险分级分类管理方法，建立标准规范，建立统一、规范、高效的安全风险分级管控和隐患排查治理双重预防机制。

⑦ 硝化废料为黄色颗粒状或粉末状固体，天嘉宜公司自称"黄料"。

⑧ 《响水县政府有关部门和单位安全生产工作职责规定》（响政发〔2017〕45号）明确：县环保局依法对废弃危险化学品等危险废物的收集、贮存、处置等进行监督管理。

⑨ 《固体废物污染环境防治法》第三十二条：产生工业固体废物的单位必须按照国务院环境保护行政主管部门的规定，向所在地县级以上地方政府环境保护行政主管部门提供工业固体废物的种类、产生量、流向、贮存、处置等有关资料。第六十四条：在发生或者有证据证明可能发生危险废物严重污染环境、威胁居民生命财产安全时，县级以上地方政府环境保护行政主管部门或者其他固体废物污染环境防治工作的监督管理部门必须立即向本政府和上一级政府有关行政主管部门报告，由政府采取防止或者减轻危害的有效措施。有关政府可以根据需要责令停止导致或者可能导致环境污染事故的作业。

⑩ 《国家危险废物名录》第八条：对不明确是否具有危险特性的固体废物，应当按照国家规定的危险废物鉴别标准和鉴别方法予以认定。

物申报登记、危险废物鉴别，落实威胁居民生命财产安全重大隐患的防范措施。作为环境污染防治的行政主管部门，没有落实"管行业必须管安全、管业务必须管安全、管生产经营必须管安全和谁主管谁负责"的规定要求①，在开展危险废物污染防治过程中，没有同步履行安全生产工作职责。

（2）执法检查不认真不严格。2014年9月，在查处群众举报天嘉宜公司在厂内5处不同地点偷埋固体废物及废包装袋约30吨案件时，对查出的固体废物，委托由天嘉宜公司付费的机构进行检测鉴定，未对危险特性进行全面检测，检测项目有严重漏项，为事故发生埋下重大隐患。2018年4月接到江苏省原环保厅第四专员办交办的天嘉宜公司硝化废料问题后，未严格按程序办理，没有进行检测鉴定，仅以"存储危险废物未采取符合国家环保标准的防护措施"对企业罚款3万元结案，致使十分危险的隐患没有得到及时发现和处置。

（3）对环评机构弄虚作假失察。在苯二胺项目竣工验收整改期间，对苏州科太环境技术有限公司出具的与事实不符的建设项目变动环境影响分析报告未进行认真核实，没有发现硝化工段废水处理工艺重大变动带来的重大事故隐患。

（4）复产验收把关不严。违反《固体废物污染环境防治法》第十四条②、《环境监察办法》第二十二条③、《江苏省沿海化工园区企业复产环保要求》④，在明知天嘉宜公司焚烧炉违法投入使用、大量危险废物没有按要求处理到位的情况下，就在复产审查意见中签字，同意复产复工。

2. 盐城市生态环境局

（1）未认真履行危险废物监管职责。按照《固体废物污染环境防治法》第十二条第二款⑤要求，未依法定期发布固体废物的种类、产生量、处置状况等信息。作为市政府明确的对废弃危险化学品等危险废物的收集、贮存、处置等进行监督管理的部门⑥，没有对辖区企业存在的固体废物违法违规问题进行有效的监督检查，对县环保局履职不到位的问题失察。

（2）对有关项目竣工验收把关不严。违反《建设项目竣工环境保护验收管理办法》第十七条⑦规定，在天嘉宜公司苯二胺项目硝化工段验收工作中，发现其工艺流程变动后，没有认真核查，对环评机构弄虚作假失察，仅凭天嘉宜公司委托苏州科太环境科技有限公司出具的与事实不符的建设项目变动环境影响分析报告结论，就对苯二胺项目硝化工段等出具了验收合格意见，致使不符合规定的项目通过了竣工验收。

（3）督促整改不力。对中央媒体曝光的环境污染问题和中央环保督察组、江苏省委第六巡视组分别反馈的固体废物处理等方面问题没有认真组织排查治理。在复产后对企业督查和跟踪检查工作指导督促不力。按照2014年至2017年盐城市组织开展化工产业及园区转型升级专项行动要求，未于2017年底前完成危险废物安全处置率达到100%的工作任务，致使重大事故隐患没有得到彻底治理。

---

① 《中共江苏省委江苏省人民政府关于推进安全生产领域改革发展的实施意见》（苏发〔2017〕18号）第五条：各级政府部门要按照管行业必须管安全、管业务必须管安全、管生产经营必须管安全和谁主管谁负责的原则，切实履行安全生产和职业健康工作职责。

② 《固体废物污染环境防治法》第十四条：建设项目的环境影响评价文件确定需要配套建设的固体废物污染环境防治设施，必须与主体工程同时设计、同时施工、同时投入使用。固体废物污染环境防治设施必须经原审批环境影响评价文件的环境保护行政主管部门验收合格后，该建设项目方可投入生产或者使用。对固体废物污染环境防治设施的验收应当与对主体工程的验收同时进行。

③ 《环境监察办法》（环境保护部令第21号）第二十二条：违反环境保护法律、法规和规章规定的，环境保护主管部门应当责令违法行为人改正或者限期改正，并依法实施行政处罚。

④ 2018年6月19日，江苏省原环保厅印发的《江苏省沿海化工园区企业复产环保要求》，要求连云港、盐城市环保局落实好化工园区复产的6条要求和企业复产的21条要求，其中明确贮存期超过半年的固废必须清理完毕。

⑤ 《固体废物污染环境防治法》第十二条第二款：大、中城市政府环境保护行政主管部门应当定期发布固体废物的种类、产生量、处置状况等信息。

⑥ 《盐城市政府有关部门和单位安全生产工作职责规定》（盐政发〔2017〕39号）明确：市环保局依法对废弃危险化学品等危险废物的收集、贮存、处置等进行监督管理。

⑦ 《建设项目竣工环境保护验收管理办法》第十七条：对符合验收条件的建设项目，环境保护行政主管部门批准建设项目竣工环境保护验收申请报告、建设项目竣工环境保护验收申请表或建设项目环境保护验收登记卡。对填报建设项目竣工环境保护验收登记卡的建设项目，环境保护行政主管部门经过核查后，可直接在环境保护验收登记卡上签署验收意见，作出批准决定。建设项目竣工环境保护验收申请报告、建设项目竣工环境保护验收申请表或者建设项目竣工环境保护验收登记卡未经批准的建设项目，不得正式投入生产或者使用。

3. 江苏省生态环境厅

未认真履行危险废物监管职责①，对危险废物的收集、贮存、处置等进行监督管理。对市、县环保部门履职不到位的问题失察。对环评机构弄虚作假失管失察。江苏省原环保厅第四专员办在2018年4月发现天嘉宜公司存在硝化废料问题后，仅交响水县环保局查处，未及时跟踪督办。环保整治工作不认真、不扎实，生态化工园区非法排污问题4月18日被中央电视台曝光后，4月26日发函②要求响水县政府对生态化工园区"全面停产整治"，6月19日制定了企业复产的21条要求③，其中明确贮存期超过半年的固体废物必须清理完毕，并"报省环保厅同意后方可恢复生产"。而7月12日又发文④提出"企业复产不再依赖于环保部门的核查、验收等程序，取决于排污者自身整治达标情况；排污者完成整治任务的，应当在15个工作日内将整改任务完成情况和整改信息社会公开情况，报环境保护主管部门备案；限制生产、停产整治决定自排污者报环境保护主管部门备案之日起解除"，导致环保整治走过场，生态化工园区和企业在固体废物没有清理完毕的情况下就复产复工。

（三）工业和信息化部门

1. 响水县工业和信息化局

未按照江苏省和盐城市关于危险化学品安全综合治理有关要求，在2018年底前完成化工园区和涉及危险化学品重大风险功能区建立安全、环保、应急救援一体化管理平台的试点工作。按照响水县"两减六治三提升"⑤专项行动要求，未于2017年底前，建成生态化工园区综合智慧管理平台，基本实现对辖区内化工企业的重点装备、人员、生产、仓储、车辆、物流的实时管控。

2. 盐城市工业和信息化局

贯彻落实江苏省关于危险化学品安全综合治理有关要求，组织推动化工园区和涉及危险化学品重大风险功能区建立安全、环保、应急救援一体化管理平台的试点工作不到位。对化工园区和化工企业的规范化管理指导不够，对化工园区产业规划管理不到位。

3. 江苏省工业和信息化厅

对化工园区入园项目的评估审查以及严格执行产业政策方面缺乏指导和针对性措施，对化工园区和化工企业的规

范化管理未提出明确要求。未按照江苏省有关要求，督促指导市、县（区）级工信部门推进化工园区智能信息平台建设工作力度不够、效果不明显。吸取昆山"8·2"和天津港"8·12"等特别重大事故教训不够，督促全省化工园区及化工企业升级、产业调整不力。

（四）市场监管部门

响水县市场监督管理局在对天嘉宜公司复产验收时，提出"建议压力管道检验合格后复产"，但在400米苯管道和500米导热油管道未提交检验报告的情况下，同意天嘉宜公司复产。在天嘉宜公司复产后，未对存在的问题跟踪督促整改。

（五）规划部门

1. 生态化工园区规划建设局

违反《城乡规划法》第三十六条、第三十七条、第三十八条、第四十条、第四十一条，《国务院办公厅关于清理整顿各类开发区加强建设用地管理的通知》（国办发〔2003〕70号）、《江苏省城乡规划条例》第二十六条⑥等规定，2010年至2017年，为天嘉宜公司6批项目补办的规划许可证未经县规划和城市管理局审批。违反《城乡规划法》《江苏省城乡规划条例》规定⑦，生态化工园区规划与上位规划不

---

① 《江苏省政府有关部门和单位安全生产工作职责规定的通知》（苏政发〔2016〕114号）明确：省环保厅依法对废弃危险化学品等危险废物的收集、贮存、处置等进行监督管理。

② 《关于建议责令江苏响水生态化工园区全面停产整治的函》（苏环函〔2018〕80号）。

③ 《江苏省沿海化工园区企业复产环保要求》（便函）。

④ 《关于依法做好限制生产、停产整治企业复产工作的通知》（苏环办〔2018〕282号）。

⑤ 响水县人民政府办公室《响水县"两减六治三提升"专项行动减少落后化工产能实施方案》（响政办传〔2017〕6号）中"两减"是指减少煤炭消费总量和减少落后化工产能，"六治"是指治理太湖及长江流域水环境、生活垃圾、黑臭水体、畜禽养殖污染、挥发性有机物和环境隐患，"三提升"是指提升生态保护水平、环境经济政策调控水平和环境执法监管水平。

⑥ 《城乡规划法》第三十六条、第三十七条、第三十八条、第四十条、第四十一条：城市、县政府城乡规划主管部门是城乡规划许可主体。《国务院办公厅关于清理整顿各类开发区加强建设用地管理的通知》（国办发〔2003〕70号）规定：加强对开发区建设用地的集中统一管理。违法下放规划管理权的，必须立即纠正，废止有关文件。《江苏省城乡规划条例》第二十六条规定：市辖区、风景名胜区以及各类工业、服务业园区，由所在地城市、县乡规划主管部门依法统一实施规划管理。

⑦ 《城乡规划法》《江苏省城乡规划条例》规定：经批准后的城市总体规划是各类城市规划编制、实施和管理的上位依据。镇的总体规划由镇政府组织编制，报上一级政府审批。

符,天嘉宜公司所在地范围不在响水县城市总体规划建设用地范围内。

2. 响水县规划和城市管理局

对"未批先建"违法行为监督检查不力,2010年至2017年期间,生态化工园区建设管理混乱,违法违规建设失控,对天嘉宜公司6批项目未取得建设工程规划许可擅自施工问题未予查处。在天嘉宜公司复产验收中,向县政府报告了天嘉宜公司用地不在城市总体规划中生态化工园区范围的情况,但在复产审查意见中签字"同意按规划执行"。

(六)住建部门

响水县住建局违反《建设工程质量管理条例》第五十七条①,2010年至2017年,先后为天嘉宜公司补办了6批工程的7次施工许可手续,均是在开工建设后补办(含新旧固废库),且未对有关企业进行处罚。

五、地方党委政府主要问题

(一)生态化工园区

招商引资安全环保把关不严,大量引进其他地区产业结构调整转移的高风险、高污染企业,现有的40家化工生产企业中,涉及氯化、硝化等危险工艺的25家,构成重大危险源的26家。对环保与安全之间的内在联系和转换认识不清,没有认真开展风险隐患排查,对天嘉宜公司长期存在的违法贮存、偷埋硝化废料等"眼皮底下"的重大风险隐患视而不见,未有效督促所属相关职能部门加强日常监管。内部管理混乱,内设机构职责不清、监管措施不落实、规划建设违规审批、危险废物处置能力不足等突出问题长期没有得到解决。停产整治工作严重不落实,没有对园区企业环境严重违法行为等突出问题采取有效整改措施;没有按照贮存半年以上固体废物必须清理完毕的要求督促完成整改,对停产企业复产把关流于形式。没有按规定要求,在2017年底前完成园区内危险废物及时规范处置,安全处置率100%的工作任务。

(二)响水县

未认真落实地方党政领导干部安全生产责任制②,响水县委常委会会议和县政府常务会议2018年全年没有专题研究过安全生产工作,没有建立安全生产巡查工作制度,没有认真落实安全生产考核制度。违规将县级规划许可审批权下放给生态化工园区管委会,导致天嘉宜公司多个项目未批先建。重大风险隐患排查治理不力,安全环保风险意识不强,没有处理好安全与发展的关系,在不具备条件与能力的情况下,盲目发展化工产业,大量引进苏南、浙江等地区产业结构调整转移的高风险、高污染企业,当地乡政府甚至代天嘉宜公司办理立项、审批、营业执照等手续。未认真吸取盐城市射阳县、连云港市灌南县等周边地区化工园区爆炸事故教训,对危险废物长期大量违法贮存问题失察。复产验收把关不严,在只有响水县环保局组织专家现场验收,而其他部门都未审核的情况下,就召开县政府常务会议决定对天嘉宜公司等8家企业进行复产验收,并组织多部门短时间内集中签署意见,有关部门先签字同意后进行检查;在有部门持保留意见,未完成相关隐患整改的情况下,就同意天嘉宜公司可申请复产。

(三)盐城市

落实地方党政领导干部安全生产责任制不到位,在2018年盐城市委领导班子述职报告中未提及安全生产,市委市政府领导干部个人述职报告中,除分管安全生产的市领导外,市委书记、市长和其他班子成员都没有提及安全生产,市委常委会也没有执行定期听取安全生产工作情况汇报的规定。督促落实安全生产责任不力,未建立安全生产巡查工作制度,未认真执行安全生产考核制度,2018年度党政综合考核中安全生产工作权重为零。重大风险排查管控不力,对全市4个化工园区未经科学论证,主要以企业投资额和创税为入园条件,盲目引进高污染、高风险的企业;组织重大风险排查不认真、不彻底。对市生态环境部门和响水县未认真开展生态化工园区全面停产整治及复产验收工作失察。

(四)江苏省

落实地方党政领导干部安全生产责任制不到位,省委、省政府2018年度对各市县党委政府和部门工作综合考核中,没有设立安全生产工作指标和考核权重,对市县党政领导干部落实安全生产责任制推动不力。没有深刻汲取昆山"8·2"、天津港"8·12"等特别重大事故教训,结合本省实际举一反三、亡羊

---

① 《建设工程质量管理条例》第五十七条:违反本条例规定,建设单位未取得施工许可证或者开工报告未经批准,擅自施工的,责令停止施工,限期改正,处工程合同价款百分之一以上百分之二以下的罚款。

② 《江苏省党政领导干部安全生产责任制规定实施细则》第六条(四)规定:县级以上党委常委会每半年不少于1次听取安全生产工作情况汇报,及时研究安全生产重要事项,解决安全生产重大问题。第十五条规定:各级党委组织部门在对党委和政府领导班子及其成员的年度考核中,应当按照"一岗双责"的要求,考核其落实安全生产责任情况,并将履行安全生产工作职责情况列入年度述职报告的一项内容。

补牢不够，对全省化工园区重大安全风险排查治理不全面、不深入、不扎实。

六、对事故有关单位及责任人的处理建议

（一）公安机关已采取强制措施人员 44 人，由江苏省另行公布。

鉴于天嘉宜公司等企业及其相关人员，涉嫌严重刑事犯罪，造成的损失极其重大、后果极其严重、社会影响极为恶劣，建议由司法机关依据《刑法》对相关人员提起诉讼，依法从严从重予以惩处。此外，天嘉宜公司有 3 名责任人在事故中死亡，免于追究刑事责任。

（二）有关公职人员

对于在事故调查过程中发现的地方党委政府及有关部门的公职人员履职方面的问题和涉嫌腐败等线索及相关材料，已移交中央纪委国家监委江苏响水"3·21"特别重大爆炸事故责任追究审查调查组。对有关人员的党政纪处分和有关单位的处理意见，由中央纪委国家监委提出；涉嫌刑事犯罪人员，由中央纪委国家监委移交司法机关处理。

（三）天嘉宜公司和中介机构处理建议

1. 天嘉宜公司

（1）依据《环境影响评价法》《固体废物污染环境防治法》《建设项目环境保护管理条例》①，对天嘉宜公司苯二胺项目工艺变更后，未按照规定重新报批建设项目的环境影响评价文件，未及时申报硝化废料，非法贮存、处置危险废物，固废和废液焚烧项目长期违法运行等违法行为，没收其违法所得并处以罚款，并对直接负责的主管人员和其他责任人员处以罚款。

（2）依据《安全生产法》《生产安全事故报告和调查处理条例》②，吊销天嘉宜公司安全生产许可证等有关证照，并处罚款；天嘉宜公司主要负责人受刑

---

① 《环境影响评价法》第三十一条：建设单位未依法报批建设项目环境影响报告书、报告表，或者未依照本法第二十四条的规定重新报批或者报请重新审核环境影响报告书、报告表，擅自开工建设的，由县级以上生态环境主管部门责令停止建设，根据违法情节和危害后果，处建设项目总投资额百分之一以上百分之五以下的罚款，并可以责令恢复原状；对建设单位直接负责的主管人员和其他直接责任人员，依法给予行政处分。

《固体废物污染环境防治法》第七十五条：违反本法有关危险废物污染环境防治的规定，有下列行为之一的，由县级以上政府环境保护行政主管部门责令停止违法行为，限期改正，处以罚款：（一）不设置危险废物识别标志的；（二）不按照国家规定申报登记危险废物，或者在申报登记时弄虚作假的；（三）擅自关闭、闲置或者拆除危险废物集中处置设施、场所的；（四）不按照国家规定缴纳危险废物排污费的；（五）将危险废物提供或者委托给无经营许可证的单位从事经营活动的；（六）不按照国家规定填写危险废物转移联单或者未经批准擅自转移危险废物的；（七）将危险废物混入非危险废物中贮存的；（八）未经安全性处置，混合收集、贮存、运输、处置具有不相容性质的危险废物的；（九）将危险废物与旅客在同一运输工具上载运的；（十）未经消除污染的处理将收集、贮存、运输、处置危险废物的场所、设施、设备和容器、包装物及其他物品转作他用的；（十一）未采取相应防范措施，造成危险废物扬散、流失、渗漏或者造成其他环境污染的；（十二）在运输过程中沿途丢弃、遗撒危险废物的；（十三）未制定危险废物意外事故防范措施和应急预案的。

有前款第一项、第二项、第七项、第八项、第九项、第十项、第十一项、第十二项、第十三项行为之一的，处一万元以上十万元以下的罚款；有前款第三项、第五项、第六项行为之一的，处二万元以上二十万元以下的罚款；有前款第四项行为的，限期缴纳，逾期不缴纳的，处应缴纳危险废物排污费金额一倍以上三倍以下的罚款。

《建设项目环境保护管理条例》第二十三条：违反本条例规定，需要配套建设的环境保护设施未建成、未经验收或者验收不合格，建设项目即投入生产或者使用，或者在环境保护设施验收中弄虚作假的，由县级以上环境保护行政主管部门责令限期改正，处 20 万元以上 100 万元以下的罚款；逾期不改正的，处 100 万元以上 200 万元以下的罚款；对直接负责的主管人员和其他责任人员，处 5 万元以上 20 万元以下的罚款；造成重大环境污染或者生态破坏的，责令停止生产或者使用，或者报经有批准权的政府批准，责令关闭。

② 《安全生产法》第九十一条：生产经营单位的主要负责人未履行本法规定的安全生产管理职责的，责令限期改正；逾期未改正的，处二万元以上五万元以下的罚款，责令生产经营单位停产停业整顿。生产经营单位的主要负责人有前款违法行为，导致发生生产安全事故的，给予撤职处分；构成犯罪的，依照刑法有关规定追究刑事责任。生产经营单位的主要负责人依照前款规定受刑事处罚或者撤职处分的，自刑罚执行完毕或者受处分之日起，五年内不得担任任何生产经营单位的主要负责人；对重大、特别重大生产安全事故负有责任的，终身不得担任本行业生产经营单位的主要负责人。第一百零九条：发生生产安全事故，对负有责任的生产经营单位除要求其依法承担相应的赔偿等责任外，由安全生产监督管理部门依照下列规定处以罚款：（四）发生特别重大事故的，处五百万元以上一千万元以下的罚款；情节特别严重的，处一千万元以上二千万元以下的罚款。

《生产安全事故报告和调查处理条例》第四十条：事故发生单位对事故发生负有责任的，由有关部门依法暂扣或者吊销其有关证照；对事故发生单位负有事故责任的有关人员，依法暂停或者撤销其与安全生产有关的执业资格、岗位证书；事故发生单位主要负责人受到刑事处罚或者撤职处分的，自刑罚执行完毕或者受处分之日起，5 年内不得担任任何生产经营单位的主要负责人。

事处罚,自刑罚执行完毕起,五年内不得担任任何生产经营单位的主要负责人,终身不得担任化工行业生产经营单位的主要负责人。

2. 中介机构

(1) 苏州科太环境技术有限公司、江苏省环境科学研究院、盐城市海西环保科技有限公司、江苏省环科院环境科技有限责任公司、盐城市环境监测中心站。依据《环境影响评价法》①,没收违法所得,并处违法所得5倍的罚款;禁止从事环境影响报告书、环境影响报告表编制工作;编制主持人和主要编制人员五年内禁止从事环境影响报告书、环境影响报告表编制工作。

(2) 江苏天工大成安全技术有限公司。依据《安全生产法》②,没收违法所得,并处违法所得五倍的罚款,吊销安全评价机构资质,对其直接负责的主管人员和其他责任人员处五万元的罚款。按照国家有关规定,对该机构及其责任人员实行行业禁入,纳入不良记录"黑名单"管理。

对天嘉宜公司、有关中介机构及其相关人员的处理由江苏省政府负责,并向国务院、国家监委报告。

七、事故主要教训

(1) 安全发展理念不牢,红线意识不强。江苏省、盐城市对发展化工产业的安全风险认识不足,对欠发达地区承接淘汰落后产能没有把好安全关。响水县本身不具备发展化工产业条件,却选择化工作为主导产业,盲目建设化工园区,并且没有采取有效的安全保障措施,甚至为了招商引资,违法将县级规划许可审批权下放,导致一批易燃易爆、高毒高危建设项目未批先建。2018年4月,江苏省原环保厅要求响水化工园区停产整顿,响水县政府在风险隐患没有排查治理完毕、没有严格审核把关的情况下,急于复产复工,导致天嘉宜公司等一批企业通过复产验收。这种重发展、轻安全的问题在许多地方仍不同程度存在,一些党政领导干部没有牢固树立新发展理念,片面追求GDP,安全生产说起来重要、做起来不重要,没有守住安全红线。

(2) 地方党政领导干部安全生产责任制落实不到位。江苏省省委省政府2018年度对各市党委政府和部门工作业绩综合考核中,安全生产工作权重为零。盐城市委常委会未按规定每半年听取一次安全生产工作情况汇报,在市委市政府2018年度综合考核中,只是将重特大事故作为一票否决项,市委领导班子述职报告中没有提及安全生产,除分管安全生产工作的市领导外,市委书记、市长和其他领导班子成员对安全生产工作只字未提。2018年响水县委常委会会议和政府常务会议都没有研究过安全生产工作。实行"党政同责、一岗双责、齐抓共管、失职追责"是中央提出的明确要求,健全和严格落实党政领导干部安全生产责任制是做好安全生产工作的关键和保障,如果这一制度形同虚设,重视安全生产也就成为一句空话。

(3) 防范化解重大风险不深入不具体,抓落实有很大差距。党中央多次部署防范化解重大风险,江苏作为化工大省,近年来连续发生重特大事故,教训极为深刻,理应对防范化解化工安全风险更加重视,但在开展危险化学品安全综合治理和化工企业专项整治行动中,缺乏具体标准和政策措施,没有紧紧盯住重点风险、重大隐患采取有针对性的办法,在产业布局、园区管理、企业准入、专业监管等方面下功夫不够,防范化解重大安全风险停留在层层开会发文件

---

① 《环境影响评价法》第三十二条:建设项目环境影响报告书、环境影响报告表存在基础资料明显不实,内容存在重大缺陷、遗漏或者虚假,环境影响评价结论不正确或者不合理等严重质量问题的,由设区的市级以上政府生态环境主管部门对建设单位处五十万元以上二百万元以下的罚款,并对建设单位的法定代表人、主要负责人、直接负责的主管人员和其他直接责任人员,处五万元以上二十万元以下的罚款。接受委托编制建设项目环境影响报告书、环境影响报告表的技术单位违反国家有关环境影响评价标准和技术规范等规定,致使其编制的建设项目环境影响报告书、环境影响报告表存在基础资料明显不实,内容存在重大缺陷、遗漏或者虚假,环境影响评价结论不正确或者不合理等严重质量问题的,由设区的市级以上政府生态环境主管部门对技术单位处所收费用三倍以上五倍以下的罚款;情节严重的,禁止从事环境影响报告书、环境影响报告表编制工作;有违法所得的,没收违法所得。编制单位有本条第一款、第二款规定的违法行为的,编制主持人和主要编制人员五年内禁止从事环境影响报告书、环境影响报告表编制工作;构成犯罪的,依法追究刑事责任,并终身禁止从事环境影响报告书、环境影响报告表编制工作。

② 《安全生产法》第八十九条:承担安全评价、认证、检测、检验工作的机构,出具虚假证明的,没收违法所得;违法所得在十万元以上的,并处违法所得二倍以上五倍以下的罚款;没有违法所得或者违法所得不足十万元的,单处或者并处十万元以上二十万元以下的罚款;对其直接负责的主管人员和其他直接责任人员处二万元以上五万元以下的罚款;给他人造成损害的,与生产经营单位承担连带赔偿责任;构成犯罪的,依照刑法有关规定追究刑事责任。对有前款违法行为的机构,吊销其相应资质。

上,形式主义、官僚主义严重。防范化解重大风险重在落实,各地区都要深入查找本行政区域重大安全风险,坚持问题导向,做到精准治理。

(4) 有关部门落实安全生产职责不到位,造成监管脱节。党中央明确"管行业必须管安全、管业务必须管安全、管生产经营必须管安全",但相关部门对各自的安全监管职责还存在认识不统一的问题。这起事故暴露出监管部门之间统筹协调不够、工作衔接不紧等问题。虽然江苏省、市、县政府已在有关部门安全生产职责中明确了危险废物监督管理职责,但应急管理、生态环境等部门仍按自己理解各管一段,没有主动向前延伸一步,不积极主动、不认真负责,存在监管漏洞。这次事故还反映出相关部门执法信息不共享,联合打击企业违法行为机制不健全,没有形成政府监管合力。

(5) 企业主体责任不落实,诚信缺失和违法违规问题突出。天嘉宜公司主要负责人曾因环境污染罪被判刑,仍然实际操控企业。该企业自2011年投产以来,为节省处置费用,对固体废物基本都以偷埋、焚烧、隐瞒堆积等违法方式自行处理,仅于2018年底请固体废物处置公司处置了两批约480吨硝化废料和污泥,且假冒"萃取物"在环保部门登记备案;企业焚烧炉在2016年8月建成后未经验收,长期违法运行。一些环评和安评中介机构利欲熏心,出具虚假报告,替企业掩盖问题,成为企业违法违规的"帮凶"。对涉及生命安全的重点行业企业和评价机构,不能简单依靠诚信管理,要严格准入标准,严格加强监管,推动主体责任落实。

(6) 对非法违法行为打击不力,监管执法宽松软。响水县环保部门曾对天嘉宜公司固体废物违法处置行为作出8次行政处罚,原安监部门也对该企业的其他违法行为处罚过多次,但都没有一查到底。这种以罚代改、一罚了之的做法,客观上纵容了企业违法行为。目前法律法规对企业严重不诚信、严重违法违规行为处罚偏轻,往往是事故发生后追责,对事前违法行为处罚力度不够,而且行政执法与刑事司法衔接不紧,造成守法成本高、违法成本低,一些企业对长期违法习以为常,对法律几乎没有敬畏。

(7) 化工园区发展无序,安全管理问题突出。江苏省现有化工园区54家,但省市县三级政府均没有制定出台专门的化工园区规划建设安全标准规范,大部分化工园区是市县审批设立,企业入园大多以投资额和创税为条件。涉事化工园区名为生态化工园,实际却引进了大量其他地方淘汰的安全条件差、高毒高污染企业,现有化工生产企业40家,涉及氯化、硝化企业25家,构成重大危险源企业26家,且产业链关联度低,也没有建设配套的危险废物处置设施,"先天不足、后天不补",导致重大安全风险聚集。目前全国共有800余家化工园区(化工集中区),规划布局不合理、配套设施不健全、入园门槛低、安全隐患多、专业监管能力不足等问题比较普遍,已经形成系统性风险。

(8) 安全监管水平不适应化工行业快速发展需要。我国化工行业多年保持高速发展态势,产业规模已居世界第一,但安全管理理念和技术水平还停留在初级阶段,不适应行业快速发展需求,这是导致近年来化工行业事故频繁发生的重要原因。监管执法制度化、标准化、信息化建设进展慢,安全生产法等法律法规亟需加大力度修订完善,化工园区建设等国家标准缺失,危险化学品生产经营信息化监管严重滞后,缺少运用大数据智能化监控企业违法行为的手段。危险化学品安全监管体制不健全、人才保障不足,缺乏有力的专职监管机构和专业执法队伍,专业监管能力不足问题非常突出,加上一些地区贯彻落实中央关于机构改革精神有偏差,简单把安监部门牌子换为应急管理部门,只增职能不增编,从领导班子到干部职工没有大的变化,使原本量少质弱的监管力量进一步削弱。国务院办公厅和江苏省2015年就明文规定到2018年安全生产监管执法专业人员配比达到75%,至今江苏省仅为40.4%,其他一些地区也有较大差距。2016年中共中央、国务院印发了《关于推进安全生产领域改革发展的意见》,提出加强危险化学品安全监管体制改革和力量建设,建立有力的协调联动机制,消除监管空白,但推动落实不够。

八、事故防范措施建议

为深刻汲取事故教训,举一反三,亡羊补牢,有效防范和坚决遏制重特大事故,提出如下建议措施。

(1) 把防控化解危险化学品安全风险作为大事来抓。各地党委政府和相关部门特别是江苏省、盐城市、响水县,要坚决贯彻落实习近平总书记关于安全生产一系列重要指示精神,深刻吸取事故教训,举一反三,切实把防控化解危险化学品系统性的重大安全风险摆在更加突出的位置,坚持底线思维和红线意识,牢固树立新发展理念,紧紧围绕经济高质量发展要求,大力推进绿色发展、安全发展,聚焦危险化学品安全的基础性、源头性、瓶颈性问题,以更严格的措施强化综合治理、精确治理。建议按照《化工园区安全风险排查治理导则(试行)》和《危险化学品企业安全风险隐患排查治理导则》组织全面开展安全风险评估和隐患排查,切实把所有风险隐患逐一查清查实,实行红橙黄蓝分级分类管控和"一园一策""一企一策"治理整顿,扶持做强一批、整改提升一批、淘汰退出一批,整体提升安全水平。

(2) 强化危险废物监管。应急管理部门要切实承担危险化学品综合监督管理兜底责任,生态环境部门要依法对废弃危险化学品等危险废物的收集、贮存、处置等进行监督管理。应急管理和生态环境部门要建立监管协作和联合执法工作机制,密切协调配合,实现信息及时、充分、有效共享,形成工作合力,共同做好危险化学品安全监管各项工作。建议由生态环境部门牵头,发展改革、工业和信息化、住房城乡建设、交通运输、商务、卫生健康、应急管理、海关等部门参加,全面开展危险废物排查,对属性不明的固体废物进行鉴别鉴定,重点整治化工园区、化工企业、危险化学品单位等可能存在的违规堆存、随意倾倒、私自填埋危险废物等问题,确保危险废物的贮存、运输、处置安全。合理规划建设危险废物集中处置设施,消除处置能力瓶颈。对脱硫脱硝、煤改气、挥发性有机物回收、污水处理、粉尘治理等环保设施和项目进行安全评估,消除事故隐患。加强有关部门联动,建立区域协作、重大案件会商督办制度,形成覆盖危险废物产生、贮存、转移、处置全过程的监管体系。各地区特别是江苏等重点地区要抓紧组织开展,强化措施落实。

(3) 强化企业主体责任落实。各地区特别是江苏省要提高危险化学品企业准入门槛,严格主要负责人资质和能力考核,切实落实法定代表人、实际控制人的安全生产第一责任人的责任,企业主要负责人必须在岗履责,明确专业管理技术团队能力和安全环保业绩要求,达不到标准的坚决不准办厂办企。加强风险辨识,严格落实隐患排查治理制度和安全环保"三同时"制度。大力推进安全生产标准化建设,依靠科技进步提升企业本质安全水平。推动危险化学品重点市建设化工职业院校,加强专业人才培养。新招从业人员必须具有高中以上学历或具有化工职业技能教育背景,经培训合格后方能上岗。加大事前追责力度,建议通过刑法修订或司法解释,对于故意隐瞒重大安全环保隐患等严重违法行为,依法追究刑事责任。对重特大事故负有责任,或因未履行安全生产职责受刑事处罚或撤职处分的,终身不得担任本行业企业的主要负责人。完善落实职工及家属和社会公众对安全和环保隐患举报奖励制度。严格环评和安评等中介机构监管,强化中介机构诚信建设,严厉惩处违法违规行为。

(4) 推动化工行业转型升级。建议由工业和信息化部门牵头,发展改革、应急管理、生态环境等有关部门参加,进一步完善推动落实化工行业转型升级的政策措施,统筹布局化工产业高质量发展。适时修订发布国家产业结构调整指导目录和淘汰落后安全技术装备目录,细化制定化工行业技术规范,对不符合要求的坚决关闭退出,并实行全国"一盘棋"管理,严防落后产能异地落户、风险转移。新建化工园区由省级人民政府核准,涉及"两重点一重大"(重点监管的危险化工工艺、重点监管的危险化学品和危险化学品重大危险源)的危险化学品建设项目,由设区的市以上人民政府有关部门联合核准。加快推进城镇人口密集区危险化学品生产企业搬迁工作。实行化工、危险化学品装置设计安全终身负责制。2020年底前实现涉及"两重点一重大"的化工装置或储运设施自动化控制系统装备和使用率、重大危险源在线监测监控率均达到100%。交通运输、公安部门要加强危险货物运输安全监管,严格行业准入,严禁挂靠经营,加快全国危险货物道路运输监控平台建设,强化运输企业储存、停车场管理和隧道、港区风险管控。各地区特别是江苏等重点地区要切实加大工作推进力度。

(5) 加快制修订相关法律法规和标准。建议相关部门抓紧梳理现行安全生产法律法规,推进依法治理。加快修改刑法有关条款,将生产经营过程中极易导致重大生产安全事故的主观故意违法行为列入刑法调整范围;推进制定化学品安全法,修订安全生产法、安全生产许可证条例,提高处罚标准,强化法治措施。修订安全生产违法行为行政处罚办法,严格执行执法公示制度、执法全过程记录制度和重大执法决定法制审核制度。制定化工园区建设标准、认定条件和管理办法。整合化工、石化安全生产标准,建立健全危险化学品安全生产标准体系。加快制定废弃危险化学品等危险废物贮存安全技术和环境保护标准、化工过程安全管理导则和精细化工反应安全风险评估等技术规范,强制实施。各地区特别是江苏省要加强地方立法立标工作,健全危险化学品安全法规标准体系,依法严格查处违法违规行为。

(6) 提升危险化学品安全监管能力。按照"管行业必须管安全,管业务必须管安全,管生产经营必须管安全"和"谁主管谁负责"的原则,将各级安委会成员单位安全生产职责写入部门"三定"规定,清晰界定并严格落实有关部门危险化学品安全监管职责。各地区特别是江苏省应急管理部门要通过指导协调、监督检查、巡查考核等方式,推动有关部门严格落实危险化学品各环节安全生产监管责任。加强专业监管力量建设,健全省、市、县三级安全生产执法体系,在危险化学品重点县建立危险化学品安全专职执法队伍;开发区、工业园区等功能区设置或派驻安全生产和环保执法队伍。通过公务员聘任制方式选聘专业人才,提高具有安全生产相关专业学历和实践经验的执法人员比例。明确并严格限定高危事项审批权限,防止监管执法放松失控。建议整合有效资源,改革完善国家危险化学品安全生产监督管理体制,强化国家危险化学品安全研究支撑。研究建立危险化学品全生命周期监管信息共享平台,综合利用电子标签、大数据、人工智能等高新技术,对危险化学品各环节进行全过程信息化管理和监控,实现来源可循、去向可溯、状态可控。统筹加强国家综合性消防救援队伍和危险化学品专业救援力量建设。

附件1

事 故 基 本 情 况

一、事故经过

事故调查组调取了2019年3月21日现场有关视频,发现有5处视频记录了事故发生过程。

(1)"6号罐区"视频监控显示:14时45分35秒,旧固废库房顶中部冒出淡白烟(图3-10)。

图3-10 旧固废库房顶中部冒出淡白烟

(2)"新固废库外南"视频监控显示:14时45分56秒,有烟气从旧固废库南门内由东向西向外扩散,并逐渐蔓延扩大(图3-11)。

图3-11 烟气从旧固废库南门内由东向西向外扩散

(3)"新固废库内南"视频监控显示:14时46分57秒,新固废库内作业人员发现火情,手提两个灭火器从仓库北门向南门跑去试图灭火(图3-12)。

图3-12 新固废库内作业人员试图灭火

(4)"6号罐区"视频监控显示:14时47分03秒,旧固废库房顶南侧冒出较浓的黑烟(图3-13)。

(5)"6号罐区"视频监控显示:14时47分11秒,旧固废库房顶中部被烧穿有明火出现,火势迅速扩大。14时48分44秒视频中断,判断为发生爆炸(图3-14)。

图3-13 旧固废库房顶南侧冒出较浓的黑烟

图3-14 旧固废库房顶中部被烧穿有明火出现

从旧固废库房顶中部冒出淡白烟至发生爆炸历时3分9秒。

二、事故现场破坏情况

根据现场破坏情况,将事故现场划分为事故中心区和爆炸波及区。

事故中心区北至纬一路,南至大和路,西至江苏之江化工有限公司,东至301县道,面积约为0.5平方千米(图3-15)。爆炸形成了直径120米积水覆盖的圆形坑。排水后发现,爆炸形成以天嘉宜公司旧固废库硝化废料堆垛区为中心基准点,直径75米、深1.7米爆坑(图3-16、图3-17)。

爆炸中心300米范围内的绝大多数化工生产装置、建构筑物被摧毁,造成重大人员伤亡。事故引发周边8处起火,包括天嘉宜公司储罐区3处,江苏华旭药业有限公司、响水富梅化工有限公司、响水县鲲鹏化工有限公司、江苏之江化工有限公司、盐城德力化工有限公司(以下分别简称华旭药业、富梅化工、鲲鹏化工、之江化工、德力化工)各1处起火,周边15家企业受损严重(图3-18、图3-19)。

爆炸冲击波造成周边建筑、门窗及玻璃不同程度受损，其中严重受损（建筑结构受损）区域面积约为14平方千米，中度受损（建筑外墙及门窗受损）区域面积约为48平方千米（图3-20）。由于爆炸冲击波作用，造成建筑物门窗玻璃受损，向东最远达14.7千米（响水县大有镇康庄村），向西最远达11.4千米（连云港市灌南县田楼镇佑心村），向南最远达10.5千米（响水县南河镇安宁村），向北最远达8.8千米（响水县陈家港镇蟒牛村、灌南县化工园区）。响水县、灌南县133家生产企业、2700多家商户受到波及，约4.4万户居民房屋门窗、玻璃等不同程度受损。

图3-15 事故中心区示意

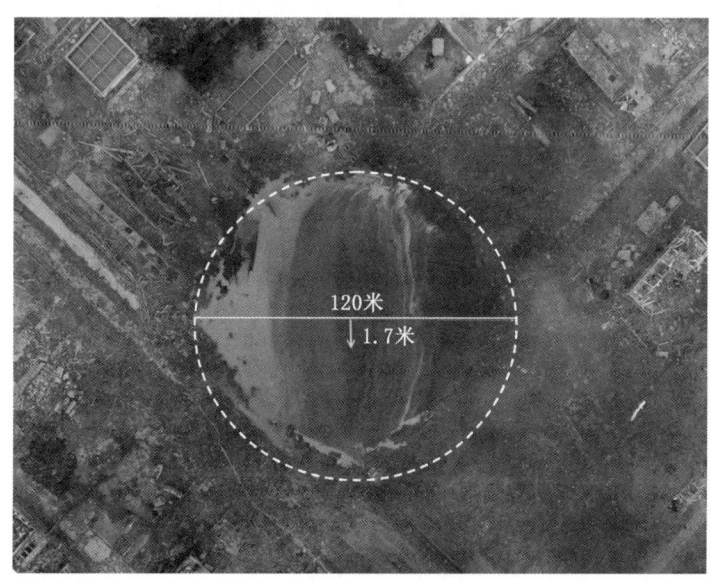

图3-16 爆炸后积水坑示意

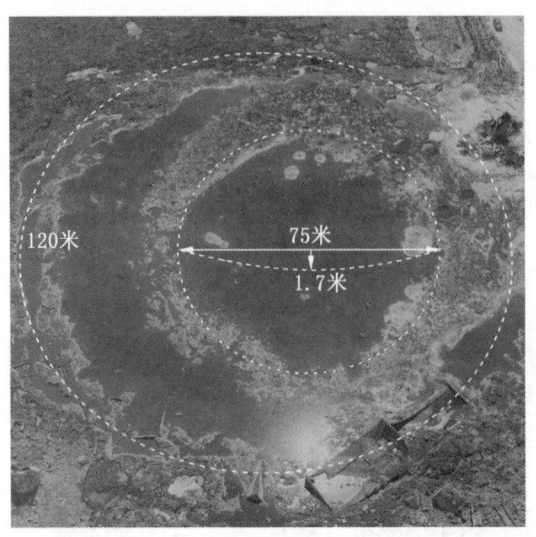

图 3-17 排水后积水坑与爆坑航拍示意

图 3-18 周边企业受损严重

图 3-19 天嘉宜公司受爆炸冲击起火燃烧后的苯和甲醇储罐

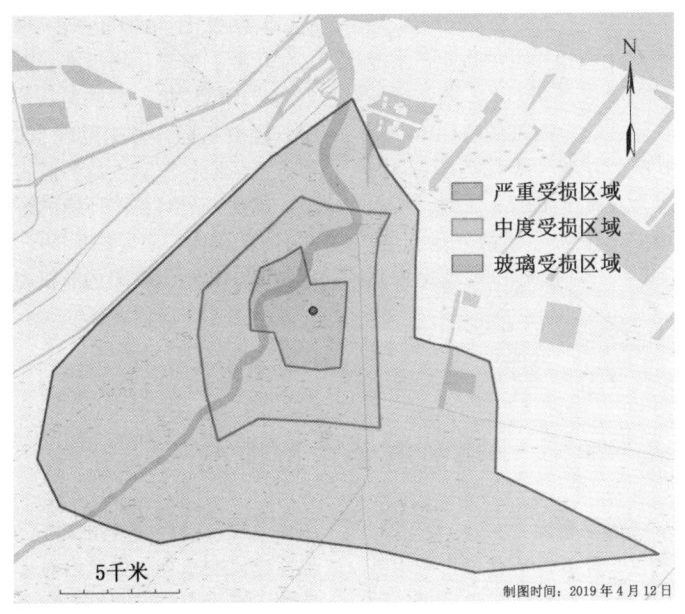

图 3-20　爆炸冲击波波及区域示意

中国地震台网测得此次爆炸引发 2.2 级地震。经测算①，此次事故爆炸总能量约为 260 吨 TNT 当量。

事故共造成 78 人遇难（图 3-21），其中天嘉宜公司 29 人、之江化工 16 人、华旭药业 10 人、园区其他单位 10 人、周边群众 7 人、外地人员 6 人②。事故还造成 76 人重伤，640 人住院治疗。

依据《企业职工伤亡事故经济损失统计标准》（GB 6721—1986）等标准和规定统计，核定直接经济损失 198635.07 万元。

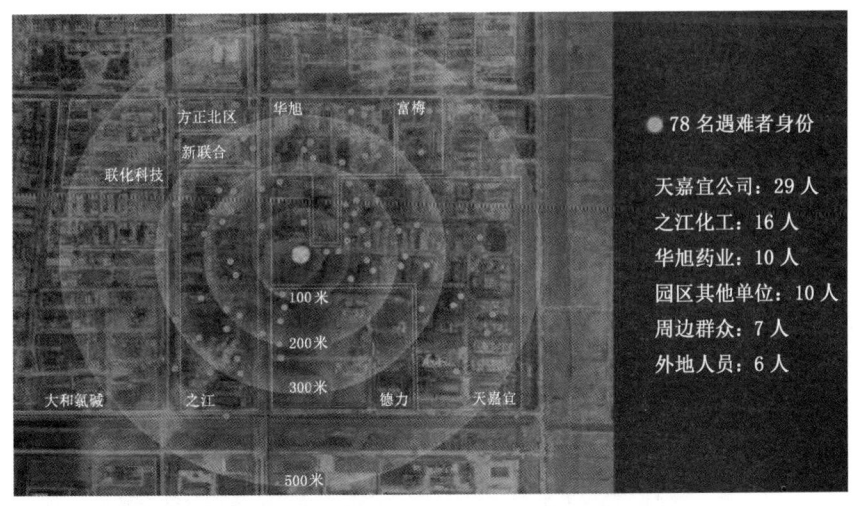

图 3-21　遇难者位置分布及身份示意

---

① 由爆炸科学与技术国家重点实验室（北京理工大学）和中国兵器工业集团第二一七研究所采用经验公式和数值模拟的方法，对爆炸能量进行分析计算。

② 1 名淮安涟水豪威物流公司驾驶员、1 名盐城射阳昶驰汽车运输公司驾驶员、1 名江苏省环科院工作人员、1 名盐城射阳宝硕化工公司工作人员、1 名江苏孝通建设公司工作人员、1 名外来临时务工人员。

三、环境污染情况

事故受污染水体主要集中在爆炸点周边 4 千米范围内，三排河受污染水体约 1.3 万立方米，苯胺类超标 641 倍，氨氮超标 103 倍，化学需氧量超标 14 倍；新丰河受污染水体约 5 万立方米，苯胺类超标 103 倍，氨氮超标 84 倍，化学需氧量超标 8.3 倍；新农河受到轻微污染；地下水未受污染。事故发生初期，爆炸区域下风向大气环境中二氧化硫和氮氧化物超标。3 月 21 日 20 时 45 分，爆炸点下风向 4.3 千米处二氧化硫、氮氧化物浓度分别超标 0.2 倍和 5 倍，根据初步模型模拟，影响范围小于 10 千米；甲苯、二甲苯轻微超标，影响范围小于 1 千米。22 日起，爆炸点下风向各监测点位各监测指标均已达标。

本次事故对土壤环境的影响主要集中在爆炸中心 300 米范围内，主要超标因子为半挥发性有机物（沸点在 240 ℃ 至 400 ℃ 的有机物）。

附件 2

事故有关单位情况

一、江苏响水生态化工园区概况

江苏响水生态化工园区位于江苏省盐城市响水县陈家港镇，2002 年 6 月经盐城市政府同意设立，原名陈家港化学工业园，2006 年 11 月，响水县委同意成立陈家港化工集中区，2010 年 2 月响水县机构编制委员会发文将其更名为江苏响水生态化工园区。园区规划面积 10 平方千米，已开发使用面积 7.5 平方千米。现有企业 67 家，其中化工企业 56 家，主要从事农药、染料、医药、橡塑助剂等精细化工产品生产。事故发生时，园区有 7 家化工企业正在生产经营，其余处于停产状态。园区设有管委会，管委会、党工委和开发公司三块牌子一套班子，负责园区日常管理工作，隶属于响水县政府，负责人由响水县委任命，行政级别为正科级。

2018 年 4 月，生态化工园区因环境污染问题被中央电视台《经济半小时》节目曝光，江苏省原环保厅建议响水县人民政府对天嘉宜公司在内的整个生态化工园区责令停产整治；同年 9 月，响水县复产办组织环保、安监、发改、经信、国土、住建、规划、市场监管、电力、消防、园区管委会等 11 个部门机构对停产企业进行复产验收，包括天嘉宜公司在内的 10 家企业通过验收后陆续复产，其中天嘉宜公司 10 月 15 日复产。

二、天嘉宜公司有关情况

（一）天嘉宜公司基本情况

天嘉宜公司成立于 2007 年 4 月 5 日，位于生态化工园区东南部，东临 301 县道，南靠大和路，西南侧为德力化工，西临经三路，隔路与之江化工相对，北侧自西向东依次与华旭药业、富梅化工、鲲鹏化工和江苏神龙经达物流有限公司相邻（图 3-22）。

图 3-22 天嘉宜公司及相邻企业分布

天嘉宜公司法定代表人为陶在明（公司副总经理兼硝化车间主任），实际控制人为总经理张勤岳（2017年1月24日因污染环境罪被判处有期徒刑一年六个月、缓刑两年）。天嘉宜公司占地面积14.7万平方米，注册资本9000万元，员工195人。其主要产品为间苯二胺（17000吨/年）、邻苯二胺（2500吨/年）、对苯二胺（500吨/年）、间羟基苯甲酸（500吨/年）、3,4-二氨基甲苯（300吨/年）、对甲苯胺（500吨/年）、均三甲基苯胺（500吨/年）等，主要用于生产农药、染料、医药等。

天嘉宜公司分设安全科和固废焚烧中心、污水处理中心，负责企业安全生产和环保相关工作。安全科由副总经理陶在明分管；固废焚烧中心、污水处理中心由副总经理杨钢分管，固体废物由固废焚烧中心负责管理。

（二）天嘉宜公司出资人情况

天嘉宜公司股东为江苏倪家巷集团有限公司（以下简称倪家巷集团）和连云港博昌贸易有限公司，分别占70%和30%的股份。其中，倪家巷集团成立于1987年1月23日，注册地为江阴市周庄镇倪家巷村倪家巷，注册资本2.508亿元，现任董事长兼法定代表人倪成良，主要生产经营范围包括精毛纺织、涤纶短纤、发泡性聚苯乙烯、棉布印染、精梳棉纺、精细化工、纺织机械、新型建材、商贸等。连云港博昌贸易有限公司成立于2011年4月7日，注册地为灌云县临港产业区海滨新城，注册资本500万元，董事长王海民，法定代表人王海峰，主要经营范围包括化工产品、矿产品、机械设备销售。天嘉宜公司主要负责人由倪家巷集团委派，重大管理决策需倪家巷集团批准。

三、天嘉宜公司设立及行政许可有关情况

（一）天嘉宜公司设立简要经过

2006年10月，响水县六套乡政府获悉，江苏倪家巷某化工厂有一个投资项目，经协调，12月5日与陈家港化工集中区管委会（生态化工园区管委会前身）、倪家巷集团签订了三方合作协议书，开办天嘉宜公司，并由六套乡政府代办立项、审批、营业执照等手续。2007年4月5日，盐城市响水工商行政管理局为天嘉宜公司办理了工商营业执照，法定代表人为张勤岳，2015年9月15日法定代表人变更为倪良，2016年6月13日变更为倪红卫，2017年3月26日变更为陶在明。

2007年9月29日，盐城市发展和改革委员会对天嘉宜公司投资项目予以备案（盐发改审〔2007〕280号）；2007年11月至2015年11月，盐城市经济贸易委员会先后6次对其投资项目予以备案。

（二）天嘉宜公司环保行政审批情况

天嘉宜公司自成立以来，共8次申请建设项目环评审批（含3次变更），其中涉及产生硝化废料的17000吨/年间苯二胺、2500吨/年邻苯二胺、500吨/年对苯二胺建设项目（以下简称苯二胺项目）4次（含2次变更），均取得盐城市或响水县环保局的环评审批①。苯二胺项目4次验收中，有3次盐城市环保局出具了验收合格意见，固废和废液焚烧项目虽已取得环评审批，但因固废台账不完善、危险废物标志不规范、焚烧炉配料间脏乱差，未通过响水县环保局验收②。此外，2017年5月江苏省环境科学研究院和盐城海西环保科技有限公司为天嘉宜公司编制的《固体废物污染防治专项论证报告》，2018年6月江苏省环科院环境科技有限责任公司为天嘉宜公司编制的《环保设施

---

① 2009年7月7日，苯二胺项目取得盐城市环保局的环评审批（盐环审〔2009〕41号）。2011年3月3日，苯二胺项目设备变更及工艺变更取得盐城市环保局的环评审批（盐环表复〔2011〕26号）。2015年1月23日，苯二胺项目废酸浓缩工段装置、废气污染防治措施及平面布置变更取得盐城市环保局的环评审批（盐环表复〔2015〕9号）。2015年11月23日，固废和废液焚烧项目（4500吨/年）取得响水县环保局的环评审批（响水管〔2015〕037号），该项目由公用和辅助工程（含两个固废堆场，其中一个位于厂区西侧、面积1190.4平方米的固废堆场即发生爆炸的旧固废库，另一个位于厂区东北侧、面积313.2平方米）、焚烧装置、环保工程、贮运工程等4类装置设备组成。

② 2012年8月6日，盐城市环保局对苯二胺项目一期3000吨/年间苯二胺、500立方米/小时氢气项目出具了验收合格意见（盐环验〔2012〕16号）。
2015年3月23日，盐城市环保局对苯二胺项目二、三期14000吨/年间苯二胺、2500吨/年邻苯二胺、500吨/年对苯二胺项目出具了验收合格意见（盐环验〔2015〕16号）。
盐城市环保局依据2016年12月盐城市环境监测中心站出具的《苯二胺项目硝化工段项目竣工环境保护验收监测报告》、2017年7月苏州科太环境技术有限公司编制的《建设项目变动环境影响分析报告》等文件，于2017年9月5日对苯二胺项目硝化工段等出具了验收合格意见（盐环验〔2017〕24号）。
2016年8月，固废和废液焚烧项目建成并试生产。天嘉宜公司向响水县环保局申请竣工验收，2019年2月7日响水县环保组织现场验收，但因固废台账不完善、危险废物标志不规范、焚烧炉配料间脏乱差，项目未通过验收。

效能评估及复产整治报告》也涉及苯二胺项目。

（三）天嘉宜公司安全生产行政审批情况

天嘉宜公司于2010年4月20日首次领取了危险化学品生产企业安全生产许可证（苏WH安许证字〔J00397〕），许可范围包括苯二胺产品①。其后有两次延期：第一次延期有效期为2013年5月7日至2016年5月6日；第二次延期有效期为2016年5月23日至2019年5月22日（2013年4月19日至5月6日，响水县安监局下达了停产指令，2016年5月7日至5月23日，天嘉宜公司处于自行停产状态）。

（四）天嘉宜公司土地、规划、建设行政审批情况

1. 土地审批情况

天嘉宜公司先后4次办理了土地手续，用地总面积为154399.92平方米（231.6亩）。

2. 规划、建设审批情况

2010—2017年，天嘉宜公司先后办理了6批工程（与苯二胺项目和新旧固废库有关的有精馏车间、还原车间、制氧车间、硝化车间、油炉房、苯甲醚车间、焚烧炉车间、生产辅助用房、库房3、库房4、固废仓库等）的7次规划许可手续，均是在开工建设后补办。其中，固废仓库项目分别于2016年5月17日、2017年8月15日2次补办规划手续。

3. 施工许可情况

2010—2017年，天嘉宜公司先后办理了6批工程的7次施工许可手续，均是在开工建设后补办。其中，固废仓库项目分别于2016年10月17日、2017年8月31日2次补办施工许可。

（五）天嘉宜公司消防行政审批情况

天嘉宜公司厂区内共有建筑50栋，其中32栋通过消防审核验收，7栋办理消防备案（包括新固废库）；11栋建筑面积小于300平方米，依法无需办理许可备案②。

附件3

硝化废料性质和固废库情况

一、硝化废料产生过程

天嘉宜公司苯二胺产品的生产工艺为：苯与硝酸、硫酸的混合酸经两次硝化反应，生成混二硝基苯粗品，精制除去副反应产物硝基苯酚等后，经加氢反应生成产品混苯二胺，再经精馏分离，生成最终产品邻苯二胺、间苯二胺、对苯二胺。

混二硝基苯在精制过程中产生硝化废料（混二硝基苯生产及废水处理工艺流程如图3-23所示），为黄色颗粒状或粉末状固体，事故企业自称"黄料"，每天产生600~700千克；污水处理单元的废水池每半年左右也会清理出一批硝化废料，所有硝化废料均以吨袋（可装1吨货物的包装袋）形式包装（图3-24）。此外，生产过程中还产生焦油、污泥以及废催化剂等其他废料。

事故企业对硝化废料的收集、贮存情况为：2011年硝化装置投用初期，硝化废料随工艺废水通过企业污水处理中心直接外排处理，同时部分硝化废料在污水池中析出后捞出存放；2012年对废水处理工艺进行了改造，在硝化车间加设废水地槽、搅拌冷却釜、过滤槽和车间废水池等设施，硝化废水直接冷却析出硝化废料（图3-25）。自2011年9月硝化车间开工至事故发生前，天嘉宜公司先后将硝化废料暂存在污水处理车间、硝化车间、煤堆场、新固废库、旧固废库等处。

事故企业对硝化废料的处置情况为：2016年5月以前，天嘉宜公司曾在厂内私自填埋。2016年5月，焚烧炉车间建成后，部分硝化废料开始运送至焚烧炉车间，与污泥、焦油、木屑混合后焚烧处置。2018年11月、12月，天嘉宜公司曾分两批将部分硝化废料和污泥约480吨，假冒"萃取物"（国家危险废物名录编号HW009类900-007-09）名义在江苏省原环保厅危险废物动态管理系统上登记备案，并运送至江苏省宜兴市凌霞固废处置公司处置。

---

① 苏WH安许证字〔J00397〕许可范围为：间二硝基苯（30400吨/年）、1-硝基丙烷（94.64吨/年）、盐酸（1164.23吨/年）、氢（2275.6吨/年）、硝基苯（23274吨/年）、硫酸（3090.15吨/年）、煤焦油（120吨/年）、间苯二胺（17000吨/年）、邻苯二胺（2500吨/年）、对苯二胺（500吨/年）、4-甲基苯胺（500吨/年）、2,5-二甲基苯胺（100吨/年）。

② 《建筑工程施工许可管理办法》第二条第二款：工程投资额在30万元以下或者建筑面积在300平方米以下的建筑工程，可以不申请办理施工许可证。《建设工程消防监督管理规定》第二十四条第三款：依法不需要取得施工许可的建设工程，可以不进行消防设计、竣工验收消防备案。

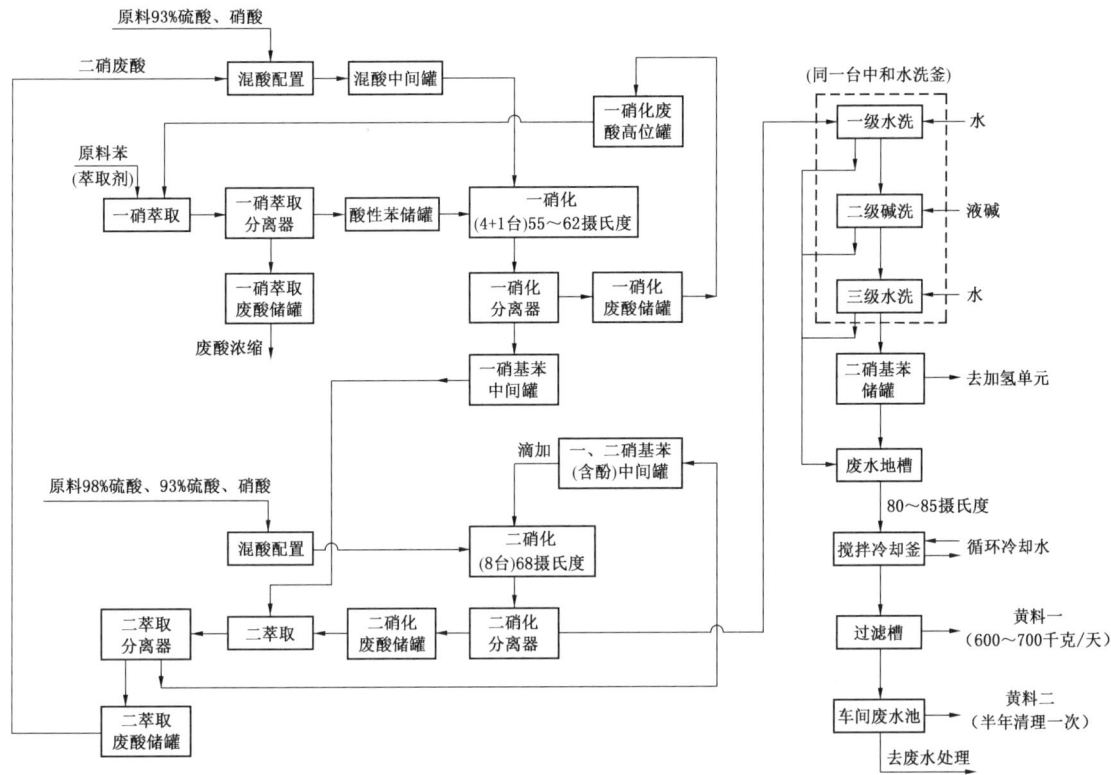

图 3-23 混二硝基苯生产及废水处理工艺流程

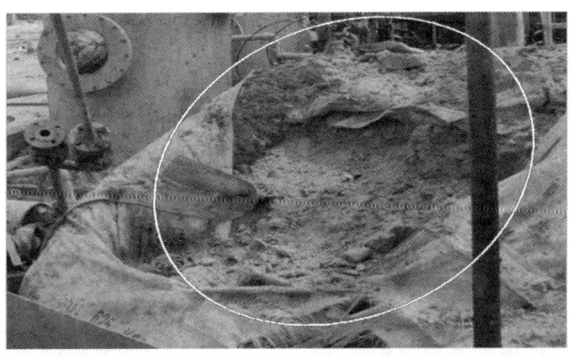

图 3-24 事故现场发现的硝化废料

图 3-25 硝化车间废水处理设施

445

二、硝化废料性质鉴别鉴定

固体废物的认定。事故调查组委托权威机构北京市理化分析测试中心①对废水池附近取得的样品进行了检测,硝化废料主要成分是三硝基二酚(48.4%)、间二硝基苯(26.2%)、水(18.5%)、三硝基一酚(3.6%)、未检出物(1.5%)、少量钙盐和钠盐(0.6%)等。因目前难以分离回收,天嘉宜公司从未进行再利用,一直作为废料进行处理。按照《固体废物环境污染防治法》第八十八条和《固体废物鉴别标准通则》3.1,硝化废料属于固体废物,但天嘉宜公司始终未履行固体废物申报登记程序。

危险特性的鉴别。根据《国家危险废物名录》第八条②规定,事故调查组及公安部门委托国家民用爆破器材质量监督检验中心、上海化工院检测有限公司、南京大学环境规划设计研究院股份公司司法鉴定所③、公安部物证鉴定中心等鉴定机构,依据GB 5085.1~GB 5085.6等相关标准进行了鉴定,确认硝化废料含有硝基苯系物,符合腐蚀性、毒害性和反应性(爆炸性)3个指标,具有危险特性。

南京大学环境规划设计研究院股份公司司法鉴定所在前期出具危险特性司法鉴定意见的基础上,又进一步向公安部门作了说明(公安部门转交事故调查组),指出"若送检样品确实拟进行焚烧和填埋处理,则可判定该送检样品属于危险废物"。鉴于天嘉宜公司焚烧和填埋硝化废料的事实,事故调查组认定硝化废料为危险废物。

三、固废仓库有关情况

(一)固废仓库概况

2014年3月前,天嘉宜公司原有一处位于厂区西南侧的固废堆场(为简易棚库,面积1190.4平方米),后改造为固废仓库(旧固废库)。旧固废库长48米、宽24.8米、总高约4.5米,仅南面设有一出入通道(宽3.5米、高3.0米),供物料进出,未安装大门,四周2米以上均安装有采光板,库内在东、西、北三侧地面设排水沟,均汇入库内东、西两侧中部的集水坑。库内无动力、照明电源及机械通风设施,依托出入通道和彩钢板缝隙自然通风。

2016年8月,借用旧固废库西侧墙壁新建一座固废仓库(新固废库),长58米、宽18.2米、总高8.4米。除东面外,其余三面1.1米以下均为砖砌墙体,1.1米以上采用钢结构和压型钢板,库顶为彩钢板结构。南、北各设宽5米、高5.5米的大门。库内东、西两侧设排水沟和集水坑,装有2吨天车一台。库内设有照明设施和两个视频监控探头。库外南北两侧分别设一个配电箱。

旧固废库和新固废库总建筑面积2292平方米,均为单层建筑。两库之间无通道,用高约2米的砖墙和钢结构及彩钢板分隔。旧固废库南北外墙比新固废库南北外墙分别缩进6米和4米(图3-26)。

(二)旧固废库和新固废库存储情况

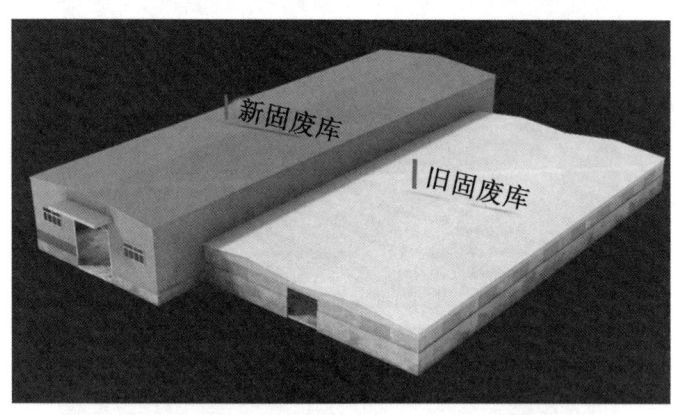

图3-26 旧固废库和新固废库外观模型

---

① 依据国家认证认可监督管理委员会检验检测机构资质认定证书(证书编号:150100340026)、中国合格评定国家认可委员会实验室认可证书(注册号:CNASL0066)等资质证书,北京市理化分析测试中心可以开展危险废物检测业务。

② 《国家危险废物名录》第八条:对不明确是否具有危险特性的固体废物,应当按照国家规定的危险废物鉴别标准和鉴别方法予以认定。

③ 南京大学环境规划设计研究院股份公司司法鉴定所司法鉴定机构许可证号:91320116598034087A,业务范围包含危险废物鉴定。

经公安询问笔录证实，2018年5月前，新固废库、旧固废库均存有硝化废料。新固废库硝化废料堆垛4层以上，共400余吨，吨袋标识为萃取废料。2018年5月后，新固废库内硝化废料全部处理完毕。

事故发生前，新固废库内主要存放有精馏焦油、污泥、废保温棉、废催化剂铁桶和空焦油渣槽等。旧固废库内主要存放有硝化废料、空吨桶和废空铁桶。共贮存硝化废料600吨袋左右，吨袋包装无内衬。其中约550吨袋（事故企业自称"老料"）为2018年5—6月由煤堆场转运至旧固废库，堆放在库内北半部，大部分堆高3层，堆垛与墙体间留有约2米的通道；另外50吨袋左右（事故企业自称"新料"）为2018年10月复产后产生的废料，堆放在库内靠近门口西南侧，堆高两层（图3-27）。

（三）旧固废库和新固废库审批情况

2015年11月23日，旧固废库作为固废和废液焚烧项目组成内容，通过响水县环保局的环评审批。2019年2月7日响水县环保局现场验收时未能通过①。2016年5月17日，补办取得响水县生态化工园区规划建设局颁发的固废仓库《建设工程规划许可证》(项目名称：天嘉宜固废仓库，编号：响生化2016-006)，规模2292平方米，规划用地涵盖新、旧固废库。2017年8月15日，再次向响水县生态化工园区规划建设局申请办理了固废仓库《建设工程规划许可证》(项目名称：天嘉宜固废仓库，编号：响生化2017-017)②，规模1078.37平方米，规划用地不再包括旧固废库。

2016年10月17日，补办取得响水县住建局颁发的《建筑工程施工许可证》(项目名称：天嘉宜固废仓库，编号：2016065补办)，规模2292平方米。2017年8月31日，再次向响水县住建局申请办理了《建筑工程施工许可证》(项目名称：天嘉宜固废仓库，编号仍为2016065补办)，规模变为1078.37平方米，不包括旧固废库。

旧固废库在规划建设新固废库之前建成，为简易搭建，相关消防法律法规对此没有消防设计要求；因未取得规划、施工许可，根据《建设工程消防监督管理规定》③，不在建设工程消防监督管理范围内，不需要办理消防审批手续。新固废库消防行政审批情况如下：

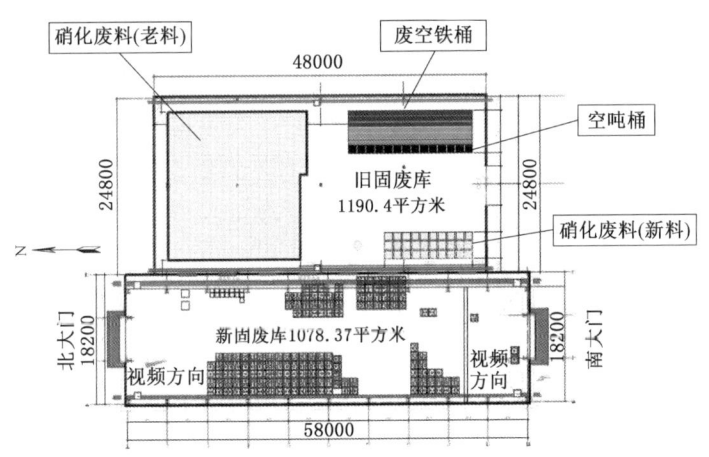

图3-27 旧固废库和新固废库内平面布置示意

---

① 2016年8月，天嘉宜公司固废和废液焚烧项目建成，2016年12月10日向响水县环保局提交了竣工验收申请未通过，天嘉宜公司2018年3月重新进行了竣工公示，2018年7—12月进行了调试，2019年1月自行组织了竣工验收，2019年2月7日，响水县环保局未通过验收。

② 《建设工程规划许可证》(编号为响生化2016-006)用地是一个面积2292平方米的固废库，但天嘉宜公司未拆除旧固废库，只是在旧固废库旁新建一个1078.37平方米的新固废库，与规划不符，不能通过相关消防审批。于是，天嘉宜公司针对新固废库再次申请补办规划许可。

③ 《建设工程消防监督管理规定》第十五条第二款规定，建设单位申请消防设计审核，依法需要办理建设工程规划许可的，应当提供建设工程规划许可证明文件。

（1）天嘉宜公司补办规划（建筑面积2292平方米）、施工许可后，于2016年11月1日向响水县消防大队申报消防设计备案。通过网上备案系统自动抽取，项目未抽中①，企业自动取得备案手续（备案编号：32009227NSJ160040）。

（2）2017年9月5日，天嘉宜公司取得变更规划（原2292平方米、变更为1078.37平方米）和变更施工许可后，向响水县消防大队申报消防设计备案变更，项目被抽中。经响水县消防大队对该变更后的消防设计备案进行审查，9月15日天嘉宜公司取得消防设计备案抽查合格意见书（响公消设字〔2017〕第0008号）。

（3）2018年9月20日，天嘉宜公司向响水县消防大队申报新固废库竣工验收消防备案。通过网上备案系统自动抽取，项目被抽中，经响水县消防大队现场抽查，9月29日天嘉宜公司取得竣工验收消防备案检查合格意见书（响公消竣字〔2018〕第0010号）。

附件4

有关术语解释

危险化学品：《危险化学品安全管理条例》第三条第一款规定，本条例所称危险化学品，是指具有毒害、腐蚀、爆炸、燃烧、助燃等性质，对人体、设施、环境、具有危害的剧毒化学品和其他化学品。

危险废物：《固体废物污染环境防治法》第八十八条第四款规定，危险废物，是指列入《国家危险废物名录》或者根据国家规定的危险废物鉴别标准和鉴别方法认定的具有危险特性的固体废物。《国家危险废物名录》第四条规定，列入《危险化学品目录》的化学品废弃后属于危险废物。

固体废物：《固体废物污染环境防治法》第八十八条第一款规定，固体废物，是指在生产、生活和其他活动中产生的丧失原有利用价值或者虽未丧失利用价值但被抛弃或者放弃的固态、半固态和置于容器中的气态的物品、物质以及法律、行政法规规定纳入固体废物管理的物品、物质。

---

① 《建设工程消防监督管理规定》第二十九条：建设工程消防设计与竣工验收消防备案的抽查比例由省级公安机关消防机构结合辖区内施工图审查机构的审查质量、消防设计和施工质量情况确定并向社会公告。根据江苏省消防总队公告：设有人员密集场所的建设工程，消防设计备案及竣工验收消防备案抽查比例为50%；其他建设工程的抽查比例为5%。

陕西安康京昆高速"8·10"特别重大道路交通事故调查报告

2017年8月10日，陕西省安康市境内京昆高速公路秦岭1号隧道南口处发生一起大客车碰撞隧道洞口端墙的特别重大道路交通事故，造成36人死亡、13人受伤，直接经济损失3533余万元。事故发生后，党中央、国务院高度重视，国务院总理李克强，国务院副总理刘延东、马凯，国务委员杨晶、郭声琨、王勇等领导同志作出重要批示，要求全力救治受伤人员，最大程度减少伤亡，妥为做好善后工作。立即成立国务院事故调查组，尽快查明事故原因，依法依规严肃问责。

依据《安全生产法》和《生产安全事故报告和调查处理条例》（国务院令第493号）等有关法律法规，经国务院批准，成立了由国家安全监管总局、公安部、监察部、交通运输部、全国总工会以及陕西省、河南省、四川省人民政府相关负责同志和专家组成的国务院陕西安康京昆高速"8·10"特别重大道路交通事故调查组（以下简称事故调查组）。同时，邀请最高人民检察院派员参加。事故调查组按照"四不放过"和"科学严谨、依法依规、实事求是、注重实效"原则，通过现场勘验、调查取证、检测鉴定、模拟试验、专家论证等，查明了事故发生的经过、原因、人员伤亡和直接经济损失情况，认定了事故性质和责任，提出了对有关责任人员、责任单位的处理建议和改进工作的措施建议。

一、事故发生经过及应急处置情况

2017年8月10日14时01分，驾驶人冯公浩驾驶河南省洛阳交通运输集团有限公司（以下简称洛阳交运集团）号牌为豫C88858的大型普通客车，从四川省成都市城北客运中心出发前往河南省洛阳市。出站时，车内共有41人（2名驾驶人、1名乘务员以及38名乘客）。行驶途中，先后在京昆高速公路成都市新都北收费站外停车上客2人，在德阳市金山收费站外停车上客4人，在绵阳市金家岭收费站外停车上客3人。20时28分，车辆从陕西省汉中市南郑出口下高速公路至客车服务站用餐，在此期间下客1人。21时01分，车辆更换驾驶人，由王百明驾驶车辆从汉中南郑口驶入京昆高速公路，此时车上实载49人。23时30分，当该车行驶至陕西省安康市境内京昆高速公路秦岭1号隧道南口1164公里867米处时，正面冲撞隧道洞口端墙，导致车辆前部严重损毁变形、座椅脱落挤压，造成36人死亡、13人受伤。

接到事故报告后，安康市、西安市相关负责同志陆续赶到现场开展救援工作。安康市迅速成立由市公安、消防、交通、卫生、安监等部门同志以及宁陕县有关负责同志组成的事故现场应急救援处置指挥部，下设7个工作组分头开展工作。陕西省委、省政府相关负责同志带领省直机关有关部门人员赶往现场，指导救援处置各项工作。国家安全监管总局、公安部、交通运输部领导率工作组立即赶赴事故现场，指导事故处置和伤亡人员救治、善后等工作。11日凌晨6时20分，事故现场清理完毕。9时40分，事故道路恢复通行。

二、事故相关情况

（一）事故车辆情况

（1）豫C88858号宇通牌大型普通客车（以下简称大客车），核载51人，事发时实载49人，车辆出厂日期为2011年12月19日，初次登记日期为2012年1月5日，登记所有人为洛阳交运集团，登记机关为河南省洛阳市公安局交通警察支队车辆管理所（以下简称洛阳市公安局交警支队车管所），注册登记时车辆技术指标和安全设施、安全状况均符合国家相关标准要求，检验有效期至2018年1月31日，投保有机动车交通事故责任强制保险和每个座位最高保额50万元的道路客运承运人责任险。该车于2016年8月2日取得道路运输证，道路运输证号为豫交运管洛字410300010281号，经营范围为省际班车客运、县际包车客运、市际包车客运、省际包车客运，核发机关为洛阳市道路运输管理局，固定班线为洛阳—太原。

经查，该车由聂电周、崔乐民等10人合伙出资购买，以洛阳交运集团的名义办理车辆登记手续和营运资质并进行统一管理，实际由聂电周与洛阳交运集团通过签订承包合同的方式经营。

（2）洛阳至成都客运班线全长约为1100余公里，途经路线是连霍高速公路、京昆高速公路，班车类别为直达，中间无停靠站点，完成来回一个趟次的运输任务大约需要2天时间。事发前，经营该客运班线的车辆有两辆，一辆为四川省汽车运输成都公司（以下简称四川汽运成都公司）所属的川AE0611号大型卧铺客车，另一辆为洛阳交运集团所属的豫C91863号大型卧铺客车，两车均由聂电周、崔乐民等人承包经营。

经查，8月9日，川 AE0611 号卧铺客车因故障停在洛阳不能继续出行，由豫 C88858 号大客车临时顶替发往成都并从成都返回。

（二）事故车辆驾驶人情况

（1）王百明，男，51岁，事发时事故车辆驾驶人（已在事故中死亡），住址为河南省宜阳县韩城镇官东村，驾驶证发证机关为洛阳市车管所，初次领证日期为1995年6月14日，准驾车型为A1A2，有效期至2024年6月14日。2014年3月17日，取得道路旅客运输驾驶员从业资格证，有效期至2020年3月16日，为洛阳交运集团客运总公司八分公司（以下简称洛阳交运集团客运八公司）和四川省汽车运输成都公司四分公司（以下简称四川汽运成都四公司）备案驾驶人。

（2）冯公浩，男，53岁，事发时事故车辆副驾驶人（已在事故中死亡），住址为河南省新安县正村乡十万村，驾驶证发证机关为洛阳市车管所，初次领证日期为1987年12月22日，准驾车型为A1A2，有效期至2024年12月22日。2002年9月27日，取得道路旅客运输驾驶员从业资格证，有效期至2019年9月26日，为洛阳交运集团八公司备案驾驶人。

经查，驾驶人王百明、冯公浩驾驶培训、考试符合程序，驾驶证状态显示正常，无违法未处理信息。

（三）事故道路情况

事发路段位于西（西安）汉（汉中）高速公路，属于京（北京）昆（昆明）高速公路在陕西省境内的一段。该路段于2002年9月开工，2007年9月建成通车。

本次事故现场在京昆高速公路1164公里867米处，位于秦岭1、2号特长隧道之间下行线（汉中至西安方向）一侧，道路右侧为秦岭服务区，大车限速60公里/小时，小车限速80公里/小时。事发地点位于高架桥梁和秦岭1号隧道的相接处，南北走向，道路线形顺直，纵坡2.54%，横坡2%，沥青路面，抗滑性能指数（SRI）89.9，优良率100%。其中，隧道部分净宽为10.5米，隧道入口洞门两侧设置有立面标记；桥梁部分为15.25米等宽设计，两侧采用混凝土护栏，直接连至隧道洞门端墙处，隧道入口右侧检修道内边缘距桥梁护栏内侧5.13米，道路横断面组成为客车道、货车道、从服务区驶入主线的加速车道以及硬路肩四部分，宽度分别为3.75米、3.75米、3.75米、2.85米，加速车道全长198.8米，在隧道入口前11.5米处汇入行车道。从秦岭服务区至隧道入口设置有5个间距为30米的单臂路灯。隧道入口右侧端墙上设置有警告标志，警告标志正下方设置有黄色闪烁警示灯。

经查，事故路段施工图设计时间为2000年12月至2002年10月，事故路段的桥隧衔接方式、道路线形、平纵横指标、交通标志及照明设施设置等均符合当时的相关标准规范要求。事发时，桥梁路面与隧道之间没有设置过渡衔接设施。

事故发生时天气晴，无降水。事发路段、事发桥面航拍图分别如图3-28、图3-29所示。

图 3-28 事发路段航拍图

图 3-29 事发桥面航拍图

（四）事故车辆冲撞情况

经现场勘查，事故车辆头北尾南停于秦岭1号隧道口外右侧长11.5米、宽5.13米的长方形区域，车头与隧道洞口右侧端墙碰撞，车头至前轮之间的车身发生塑性变形，前轮之后车身基本完好。车头左前上部撞击在端墙上的警告标牌中上位置，警告标牌下方的黄色闪烁警示灯被撞坏，现场路面未见制动和侧滑印痕。车辆碰撞隧道口情况如图3-30所示。

图 3-30 车辆碰撞隧道口情况

(五）事故单位情况

（1）洛阳交运集团①为豫 C88858 号大客车的所属单位，2011 年 6 月由原洛阳第一汽车运输集团有限责任公司（以下简称原洛阳一运）、原洛阳市第二汽车运输公司和原洛阳市汽车运输公司合并组建成立，注册资本 1.5 亿元，现有员工 3000 余名，各类营运车辆 4700 余辆。该公司采用三级架构管理模式，即集团公司、二级专业总公司和三级基层分公司。其中，客运总公司为洛阳交运集团所属的二级专业总公司，未在工商行政管理部门注册登记，主要是洛阳交运集团为便于管理三级基层分公司而成立的内部机构，其班子成员由洛阳交运集团任命，具体负责洛阳交运集团所属的客运分公司及客运车站的日常管理。

（2）洛阳交运集团客运总公司六分公司②（以下简称洛阳交运集团客运六公司）为具体负责豫 C88858 号客车日常管理的公司，属于洛阳交运集团的分公司，现有客运车辆 70 余辆。

（3）洛阳交运集团客运八公司③为豫 C88858 号客车驾驶人王百明和冯公浩所在的公司，具体负责经营洛阳—成都的客运班线，属于洛阳交运集团的分公司，现有客运车辆 120 余辆。

（六）相关企业情况

（1）锦远客运汽车站④（以下简称锦远汽车站）为豫 C88858 号大客车 8 月 9 日从河南省洛阳市发车的车站，由原洛阳一运于 2005 年 8 月出资成立，为洛阳长运站务有限公司⑤的分公司，实际由洛阳交运集团托管经营并负责日常各项安全工作。该车站为二级站，占地面积 12000 平方米，现有进站车辆 400 余辆、客运线路 80 余条，日均发车 400 余班次、日均客流 5000 余人次。

（2）四川省汽车运输成都公司⑥（以下简称四川汽运成都公司）为被事故车辆顶班的川 AE0611 号客车所属单位，于 1987 年 12 月 29 日成立，注册资本 15415.08 万元，现有各类营运车辆 1000 余辆。具体负责川 AE0611 号客车日常管理的公司为四川汽运成都四公司⑦，属于四川汽运成都公司的分公司，现有客运车辆 150 余辆。

（3）四川富临运业集团成都股份有限公司⑧（以下简称富临运业成都公司）为豫 C88858 号大客车 8 月 10 日从四川省成都市发车的车站城北客运中心的上级公司，于 1984 年 4 月 16 日成立，注册资本 1293 万元，现有客运车辆 150 余辆。城北客运中心⑨于 1988 年 4 月 25 日成立，为一级站，占地面积 2 万余平方米，现有进站车辆 600 余辆、客运线路 100 余条，日均发车 500 余班次、日均运送旅客 8000 余人次。

（4）陕西省高速公路建设集团公司⑩（以下简称陕西高速集团）为事故高速公路的运营企业，由原陕西省高等级公路管理局于 1996 年 9 月 24 日登记注册成立，注册资本 20 亿元，由陕西省人民政府授权陕西省国资委履行出资人职责，为国有独资企业。该集团公司在建高速公路规模 300 余公里，养管里程

---

① 营业执照统一社会信用代码：91410300171079753F，营业期限自 1998 年 4 月 1 日至长期，法定代表人李佑生，具有公路客运资质，道路运输经营许可证号为 410300000175，有效期至 2020 年 7 月 4 日。

② 营业执照统一社会信用代码：91410300755167386A，营业期限自 1995 年 4 月 3 日至 2048 年 3 月 31 日，公司负责人李海涛，具有公路客运资质，道路运输经营许可证号为洛字 410300000175-6 号，有效期至 2020 年 7 月 4 日。

③ 营业执照统一社会信用代码：914103000533696371，营业期限自 2012 年 8 月 6 日至长期，公司负责人冯涛，道路运输经营许可证号为洛字 410300000175-15 号，有效期至 2020 年 7 月 4 日。

④ 营业执照统一社会信用代码：914103003961149861，营业期限自 2005 年 8 月 18 日至 2035 年 8 月 17 日，公司负责人张斌。

⑤ 工商注册号：410300110049960，营业期限自 2005 年 8 月 18 日至 2035 年 8 月 17 日，法定代表人高燕。该公司由洛阳交通建设投资有限公司控股 51%，洛阳交运集团参股 49%，公司性质为国有控股有限责任公司。

⑥ 营业执照统一社会信用代码：9151010020192201XB，营业期限自 1985 年 12 月 9 日至长期，法定代表人卓彬，道路运输经营许可证号为川交运管许可省字 510000000002 号，有效期至 2018 年 4 月 8 日。

⑦ 营业执照统一社会信用代码：9151010090190244X5，营业期限自 1987 年 12 月 29 日至长期，公司负责人周波，道路运输经营许可证号为川交运管许可省字 510000000002-4 号，有效期至 2018 年 4 月 8 日。

⑧ 营业执照统一社会信用代码：915101002019050926，营业期限自 1984 年 4 月 16 日至长期，法定代表人蒲仕勇，道路运输经营许可证为川交运管许可省字 510000000080 号，有效期至 2019 年 12 月 8 日。

⑨ 营业执照统一社会信用代码：9151010090190658XU，营业期限自 1988 年 4 月 25 日至长期，公司负责人蒲仕勇，道路运输经营许可证号为川交运管许可省字 510000000080-05 号，有效期至 2019 年 12 月 8 日。

⑩ 营业执照统一社会信用代码：916100006231102222Q，营业期限自 1996 年 9 月 24 日至长期，法定代表人靳宏利。

2000 余公里，企业资产总额逾 1900 亿元，员工 1.37 万名。陕西高速集团西汉分公司①（以下简称陕西高速西汉公司）是具体负责事故路段运营管理的企业，属于陕西高速集团的分公司，于 2009 年 2 月 20 日成立，承担着西汉高速公路西安—洋县金水段的运营管理工作。

（5）西安公路研究院②为 2014 年西汉高速公路养护中修工程施工图的设计单位。该院原名西安公路研究所，始建于 1960 年，隶属于陕西省交通运输厅，2000 年底转制为国有科技型企业，是一家集科研、勘察设计、试验检测、软件开发、监理、机电设计施工、仪器研发生产、路用材料开发销售、技术咨询为一体的科研机构，现有员工 300 余名。

（七）其他有关情况

1. 四川汽运成都四公司驾驶人派车情况

2017 年 8 月 8 日，川 AE0611 号卧铺客车由成都城北客运中心发车前往洛阳市，出站时该车驾驶人为王百明和冯公浩。

经查，四川汽运成都四公司 2017 年 8 月 8 日填写的川 AE0611 号卧铺客车《四川省超长线路客运派车通知单》上显示，该车驾驶人为王百明和秦喜伟，与实际出站的驾驶人不符。

2. 事故车辆申请临时客运标志牌情况

2017 年 8 月 9 日，川 AE0611 号卧铺客车到达洛阳后因故障需要维修，不能继续发车。当日 8 时许，聂电周在未将相关情况报告给四川汽运成都四公司和洛阳交运集团客运八公司的情况下，私自找到洛阳交运集团客运六公司经理助理兼经营科长高水立，申请将自己承包的豫 C88858 号大客车顶班发车，填写了临时客运标志牌申请表并提供了相关证件材料③，明确顶班驾驶人为聂电周、张海波、董双全。高水立在未与全部 3 名驾驶人见面的情况下，直接提供了一张有洛阳交运集团客运六公司经理李海涛签名的空白驾驶人安全责任书并加盖六公司公章，3 名驾驶人均未在责任书上签字。此后，张海波携带申请材料，前往洛阳交运集团客运总公司客运处盖章，之后再提供给洛阳市道路运输管理局驻锦远汽车站监督员雪继锋，为豫 C88858 号大客车办理了临时客运标志牌。

3. 事故车辆顶班发车情况

2017 年 8 月 9 日 10 时许，张海波携带临时客运标志牌、缺少 3 名驾驶员签名的安全责任书以及相关证件到锦远汽车站办理了报班发车手续。8 月 9 日 12 时，豫 C88858 号大客车在锦远汽车站发车。经查，该车出站时仅有王百明和秦喜伟两名驾驶人的签名，秦喜伟签名系伪造。

8 月 10 日 8 时 46 分，王百明驾驶豫 C88858 号大客车到达成都市城北客运中心。此后，王百明在没有进行车辆例检的情况下办理了报班发车手续。当日 14 时 01 分，该车由冯公浩驾驶从城北客运中心出发。出站时，城北客运中心出站安检员秦波上车进行了检查，但没有严格检查相关证件、没有认真核对出站乘客人数，驾驶人冯公浩、王百明也没有在出站登记表上签字确认。该车出站时实际为 41 人，其中 19 人未购票上车。

经查，四川汽运成都四公司 8 月 10 日上午发现川 AE0611 号卧铺客车因故障坏在洛阳，但没有就车辆顶班事宜与线路对开公司洛阳交运集团客运八公司及城北客运中心进行沟通协调。

4. 车辆动态监控系统使用管理情况

洛阳交运集团设客运总公司动态监控中心和分公司动态监控中心，同时承担对车辆违法违规行为的监控、提醒职责。

经查，洛阳交运集团动态监控平台未设置分段限速报警阈值，高速公路超速报警阈值统一设置为 90 公里/小时，动态监控记录显示该车事故前有多次超速报警提示。此外，8 月 10 日 18 时 04 分至 20 时 44 分期间（车辆由冯公浩驾驶），动态监控平台共收到豫 C88858 号大客车疲劳驾驶报警 16 次，处理方式为平台自动向车辆发送短信提示。

5. 事故路段重大安全隐患排查治理情况

2015 年 2 月 10 日，京昆高速公路 1153 公里至 1172 公里路段（包含本次事故地点 1164 公里 867 米处）被公安部列为 2014 年度"全国十大高危路段"。对此，陕西省公路局于 2015 年 3 月 20 日下发通知，要求陕西高速集团尽快委托具有相应资质的咨询单位，对高速公路事故多发路段认真分析原因，提出切实有效措施消除安全隐患。

经查，陕西高速西汉公司于 2015 年底完成了安

---

① 营业执照统一社会信用代码：91610000684763307A，营业期限自 2009 年 2 月 20 日至长期，法定代表人严钊。
② 营业执照统一社会信用代码：916100004352018564，营业期限自 2001 年 1 月 11 日至长期，法定代表人舒森。
③ 根据洛阳交运集团内部规定，顶班需申请办理临时客运标志牌，填写临时客运标志牌申请表，提交驾驶证、从业资格证、车辆行驶证、道路运证、道路客运班线经营许可证、车辆保险单等相关证件，签订驾驶人安全责任书，并对车辆进行安全例检。

全隐患整治工作，但未在事故地点采取治理措施。

三、事故原因及性质

（一）直接原因

经调查认定，事故直接原因是：事故车辆驾驶人王百明行经事故地点时超速行驶、疲劳驾驶，致使车辆向道路右侧偏离，正面冲撞秦岭1号隧道洞口端墙。具体分析如下：

一是驾驶人疲劳驾驶。经查，自8月9日12时至事故发生时，王百明没有落地休息，事故前已在夜间连续驾车达2小时29分①。且7月3日至8月9日的38天时间里，王百明只休息了一个趟次（2天），其余时间均在执行川AE0611号卧铺客车成都往返洛阳的长途班线运输任务，长期跟车出行导致休息不充分。此外，发生碰撞前驾驶人未采取转向、制动等任何安全措施，显示王百明处于严重疲劳状态。

二是事故车辆超速行驶。经鉴定，事故发生前车速约为80公里/小时至86公里/小时，高于事故路段限速（大车为60公里/小时），超过限定车速33%至43%。

另经技术鉴定，排除了驾驶人身体疾病、酒驾、毒驾、车辆故障以及其他车辆干扰等因素导致大客车失控碰撞的嫌疑。

（二）间接原因

一是事故现场路面视认效果不良。经查，事故当晚事故地点所在桥梁右侧的5个单臂路灯均未开启，加速车道与货车道之间分界线局部磨损（约40米），宽度不满足要求②（实际宽度为20厘米）。在夜间车辆高速运行的情况下，驾驶人对现场路面的视认情况受到一定影响。

二是车辆座椅受冲击脱落。经对同型号车辆座椅强度进行静态加载试验表明，当拉力超过7000牛顿时（等效车速约为50公里/小时）③，座椅即会整体脱落。此次事故中大客车冲撞时速超过80公里/小时，导致车内座椅除最后一排外全部脱落并叠加在一起，乘客基本被挤压在座椅中间。

三是有关企业安全生产主体责任不落实。洛阳交运集团和四川汽运成都公司道路客运源头安全生产管理缺失，没有严格执行顶班车管理、驾驶人休息、车辆动态监控等制度，违法违规问题突出；洛阳锦远汽车站和成都城北客运中心在车辆例检、报班发车、出站检查等环节把关不严，导致事故车辆违规发车运营。陕西高速集团未认真组织开展事故路段的道路养护和安全隐患排查整治工作。

四是地方交通运输、公安交管等部门安全监管不到位。洛阳市、成都市交通运输部门未严格加强道路客运企业及客运站的安全监督检查，对相关企业存在的安全隐患问题督促整改不力；洛阳市公安交管部门对运输企业动态监控系统记录的交通违法信息未及时全面查处；事故车辆沿途相关交通运输部门对站外上客等违法行为查处不力，公安交管部门对超速违法行为查处不力；陕西省公路部门对事故路段安全隐患排查整改不到位的问题审核把关不严。

五是洛阳市人民政府落实道路运输安全领导责任不到位，没有有效督促指导洛阳市交通运输部门依法履行道路运输安全监管职责。

（三）有关责任单位存在的主要问题

河 南 省

1. 洛阳交运集团及相关分公司

（1）锦远汽车站未严格落实车辆报班发车制度，在驾驶人未全部到场、相关证件材料不全的情况下，违规④为豫C88858号大客车办理了报班手续；违反规定⑤，没有对出站检查人员进行培训；违规

---

① 《国务院关于加强道路交通安全工作的意见》（国发〔2012〕30号）第（五）条以及《道路运输车辆动态监督管理办法》（交通运输部令2016年第55号）第二十五条中规定："夜间连续驾驶不超过2小时，每次停车休息时间不少于20分钟"。

② 《道路交通标志和标线 第3部分：道路交通标线》（GB 5768.3—2009）4.11.2对应的出入口标线大样图要求，道路出入口标线宽度应为45厘米。

③ 符合《客车座椅及其车辆固定件的强度》（GB 13057—2014）中30~32公里/小时的标准要求。

④ 锦远汽车站《车辆报班制度》第一条：所有进站车辆驾驶员必须本人凭营运证、从业资格证、安全例保合格证、报班卡经过指纹、酒精测试合格后报班。

⑤ 《安全生产法》第二十五条第一款："生产经营单位应当对从业人员进行安全生产教育和培训，保证从业人员具备必要的安全生产知识，熟悉有关的安全生产规章制度和安全操作规程，掌握本岗位的安全操作技能，了解事故应急处理措施，知悉自身在安全生产方面的权利和义务。未经安全生产教育和培训合格的从业人员，不得上岗作业。"

定①，出站检查人员未认真核对豫C88858号大客车驾驶人信息，出站登记表记录存在代签字问题。

（2）洛阳交运集团客运总公司及其分公司违反规定②，未组织监控人员开展岗位培训，相关人员未经考核即上岗工作；动态监控平台未按规定③设立超速行驶限值，对动态监控系统发现的客运车辆多次超速、长时间疲劳驾驶等报警信息未及时按规定④纠正并报告公安机关交通管理部门；对顶班车辆申请材料审核把关不严格，在豫C88858号大客车办理顶班手续过程中未按规定⑤与四川汽运成都四公司及锦远汽车站进行沟通；驾驶员日常安全教育流于形式，安全责任和意识不强。

（3）洛阳交运集团未有效组织下属单位开展安全隐患排查整治工作；该公司2017年发生福建三明福银高速"2·8"较大道路交通事故⑥后，未深刻汲取事故教训并切实落实整改措施。

2. 洛阳市道路运输管理局

未严格按有关规定⑦加强对客运企业的安全监督检查，对洛阳交运集团长期存在的车辆出站检查流于形式、承包经营车辆"以包代管"，锦远汽车站不按规定进行出站检查等问题检查和督促整改不力。未按有关规定⑧对客运企业动态监控工作进行监督，对洛阳交运集团未按规定设置卫星定位监控报警值，不按规定纠正并查处GPS监控发现的大量车辆超速行驶、疲劳驾驶等问题督促整改不力。对临时线路牌审核发放工作不够重视，相关管理制度不健全。

3. 洛阳市交通运输局

未严格按照有关规定⑨指导督促检查全市道路客运安全检查和隐患排查治理工作；未有效履行公路运输市场监督管理职责，在组织的客运市场安全检查抽查中未发现洛阳交运集团违规处理动态监控信息、承包经营车辆"以包代管"等问题。

4. 洛阳市公安局交警支队

未严格按照有关规定⑩开展车辆动态监控系统执

---

① 《交通运输部关于印发汽车客运站营运客车安全例行检查及出站检查工作规范的通知》（交运发〔2012〕762号）中《汽车客运站营运客车出站检查工作规范》第十条："出站检查工作人员应当对每一辆出站客车进行检查，检查合格并经出站检查人员与受检驾驶员签字确认后才准予出站。"第十一条第一款："出站检查主要包括以下主要内容：1. 检查出站客车报班手续是否完备，确保客车出站前《安全例检合格通知单》、行驶证、道路运证、客运标志牌等单证经过车站查验且合格。2. 核验每一名当班驾驶员持有的从业资格证、机动车驾驶证，确保受检驾驶员与报班的驾驶员一致。3. 清点客车载客人数，确保客车不超载出站。如发现客车有超载行为，应当立即制止，并采取相应措施安排旅客改乘。4. 检查装有安全带的客车乘客安全带系扣情况，确保客车出站时所有乘客系好安全带。"

② 《道路运输车辆动态监督管理办法》（交通运输部令2016年第55号）第二十二条第二款："监控人员应当掌握国家相关法规和政策，经运输企业培训、考试合格后上岗。"

③ 《道路运输车辆动态监督管理办法》（交通运输部令2016年第55号）第二十五条第一款："道路运输企业应当根据法律法规的相关规定以及车辆行驶道路的实际情况，按照规定设置监控超速行驶和疲劳驾驶的限值，以及核定运营线路、区域及夜间行驶时间等，在所属车辆运行期间对车辆和驾驶员进行实时监控和管理。"

④ 《道路运输车辆动态监督管理办法》（交通运输部令2016年第55号）第二十六条第一款："监控人员应当实时分析、处理车辆行驶动态信息，及时提醒驾驶员纠正超速行驶、疲劳驾驶等违法行为，并记录存档至动态监控台账；对经提醒仍然继续违法驾驶的驾驶员，应当及时向企业安全管理机构报告，安全管理机构应当立即采取措施制止；对拒不执行制止措施仍然继续违法驾驶的，道路运输企业应当及时报告公安机关交通管理部门，并在事后解聘驾驶员。"

⑤ 《道路旅客运输及客运站管理规定》（交通运输部令2016年第82号）第六十四条第二款："进站客运经营者因故不能发班的，应当提前1日告知客运站经营者，双方要协商调度车辆顶班。"

⑥ 2017年2月8日1时55分许，洛阳交运集团客运总公司九分公司一辆号牌为豫CF5179号的大客车在福建省三明市将乐县境内的福银高速278公里100米处发生一起较大道路交通事故，造成4人死亡、1人重伤。根据事故调查报告，事故的直接原因主要有三方面：一是驾驶人疲劳驾驶，在事发前连续驾车近五个小时未停车休息；二是大客车轮胎胎冠花纹存在部分磨光现象；三是大客车超速行驶，事发前行驶速度为119.68公里/小时（限速80公里/小时），超速49.6%。

⑦ 《道路旅客运输及客运站管理规定》（交通运输部令2016年第82号）第七十条第一款："道路运输管理机构应当加强对道路客运和客运站经营活动的监督检查。"

⑧ 《道路运输车辆动态监督管理办法》（交通运输部令2016年第55号）第三十条中规定："道路运输管理机构应当充分发挥监控平台的作用，定期对道路运输企业动态监控工作的情况进行监督考核。"

⑨ 《中华人民共和国道路运输条例》（国务院令第666号）第五十三条："县级以上人民政府交通主管部门应当加强对道路运输管理机构实施道路运输管理工作的指导监督。"

⑩ 《道路运输车辆动态监督管理办法》（交通运输部令2016年第55号）第三十一条："公安机关交通管理部门可以将道路运输车辆动态监控系统记录的交通违法信息作为执法依据，依法查处。"

法工作，未及时查处车辆动态监控系统发现的洛阳交运集团车辆多次超速、疲劳驾驶等违法行为并督促企业整改。对驾驶员安全培训教育工作不力。

5. 洛阳市人民政府

未严格按照有关规定①加强对道路运输安全工作的领导，未有效督促指导洛阳市交通运输部门依法履行道路运输安全监管职责。

陕 西 省

6. 陕西高速集团及下属单位

（1）秦岭管理所未按照要求②开展日常巡查工作，在没有经过专项论证的情况下，凭经验长期关闭事发路段引道照明灯。

（2）陕西高速西汉公司对秦岭管理所未开启事发路段引道照明灯的问题失察；2014年西汉高速公路养护中修工程施工图设计审查中，未发现事发路段加速车道与货车道分界线宽度不符合标准要求的问题；在高危路段治理中未全面排查整治京昆高速陕西安康境内1153公里至1172公里路段安全隐患，未按照标准③在隧道入口与桥梁连接部位增设防护导流设施。

（3）陕西高速集团未认真贯彻落实有关规定④，未严格执行技术标准，对2014年西汉高速公路养护中修工程施工图设计审查中事发路段加速车道与货车道分界线宽度不符合标准的问题失察。对陕西高速西汉公司在高危路段治理中未全面排查整治道路安全隐患的问题失察。

7. 西安公路研究院

在2014年西汉高速公路养护中修工程施工图设计时，未按标准设计事发路段加速车道与货车道分界线宽度，没有对事发路段加速车道与货车道分界线宽度是否符合标准开展符合性核查。

8. 陕西省公路局

未认真贯彻落实有关规定⑤，对陕西高速集团在高危路段治理中未全面排查整改京昆高速陕西安康境内1153公里至1172公里路段安全隐患的问题审核把关不严。

9. 安康市公安局交通警察支队高速公路交通警察大队（以下简称安康市公安局交警支队高速大队）

违反有关规定⑥，未及时维护更新测速设备，导致2015年底以来京昆高速安康段无正常使用的测速设备，无法有效查处超速违法行为。对所属秦宁中队违反有关规定⑦和上级通知⑧、暂停夜间联勤联动巡

---

① 《安全生产法》第八条第二款中规定："国务院和县级以上地方各级人民政府应当加强对安全生产工作的领导，支持督促各有关部门依法履行安全生产监督管理职责"。

② 《公路隧道养护技术规范》（GTJ H12—2015）表5.5.1照明设施经常检修、定期检修主要项目及其检修频率规定，针对洞外路灯灯体有两项检查项：一是有无损坏，亮度目测是否正常；二是防护等级检查，经常检修的频次1次/1~3月。

③ 《公路交通安全设施设计规范》（JTG D81—2006）4.4.4规定："护栏在设置的起讫点、交通分流处三角地带、中央分隔带开口以及隧道入、出口处等位置，应进行便于失控车辆安全导向的端头处理。不同型式的路基护栏之间或路基护栏与桥梁护栏之间应进行过渡处理"。

④ 《国务院关于加强道路交通安全工作的意见》（国发〔2012〕30号）第（十四）条中规定："加强道路交通安全设施建设。在保证国省干线公路网等项目建设资金的基础上，加大车辆购置税等资金对公路安保工程的投入力度，进一步加强国省干线公路安全防护设施建设，特别是临水临崖、连续下坡、急弯陡坡等事故易发路段要严格按标准安装隔离栅、防护栏、防撞墙等安全设施，设置标志标线"。第（十五）条中规定："深入开展隐患排查治理。有关部门要强化交通事故统计分析，排查确定事故多发点段和存在安全隐患路段，全面梳理桥涵隧道、客货运场站等风险点，设立管理台账，明确治理责任单位和时限，强化对整治情况的全过程监督"。

⑤ 《国务院关于加强道路交通安全工作的意见》（国发〔2012〕30号）第（十五）条中规定："深入开展隐患排查治理。有关部门要强化交通事故统计分析，排查确定事故多发点段和存在安全隐患路段，全面梳理桥涵隧道、客货运场站等风险点，设立管理台账，明确治理责任单位和时限，强化对整治情况的全过程监督"。

⑥ 《交通警察道路执勤执法工作规范〈查处超速行驶操作规程〉》（公通字〔2008〕58号）第五条："在高速公路查处超速违法行为，应当通过固定电子监控设备或者装有测速设备的制式警车进行流动测速"。
《国务院关于加强道路交通安全工作的意见》（国发〔2012〕30号）第（十九）条中规定："推进高速公路全程监控等智能交通管理系统建设，强化科技装备和信息化技术在道路交通执法中的应用，提高道路交通安全管控能力"。

⑦ 《国务院关于加强道路交通安全工作的意见》（国发〔2012〕30号）第（十八）条中规定："严厉整治道路交通违法行为。加强公路巡逻管控，加大客运、旅游包车、危险品运输车等重点车辆检查力度，严厉打击和整治超速超员超载、疲劳驾驶、酒后驾驶、吸毒后驾驶、货车违法占道行驶、不按规定使用安全带等各类交通违法行为，严禁三轮汽车、低速货车和拖拉机违法载人"。

⑧ 《安康市公安局交警支队高速公路交警大队关于印发〈全市高速公路"道路运输平安年"活动实施方案〉的通知》（安公交高〔2017〕114号）第5项中规定："严查客车夜间违规运行。……加大道路检查力度，切实提高夜间巡逻频次"。

查的问题失察，对京昆高速安康段夜间巡逻管控力度不足。

四川省

10. 富临运业成都公司及相关分公司

（1）城北客运中心未按规定①对进站发班客车进行车辆安全例检；未严格执行车辆顶班制度，为非本站发车的豫 C88858 号大客车录入车辆信息并允许其顶替川 AE0611 号卧铺客车报班发车；没有认真对进站乘车旅客的身份进行查验，允许未购票乘客进入发车区；出站口门检人员未按规定查验驾驶人身份，未认真清点乘客人数，驾驶人出站签字存在代签等问题。

（2）富临运业成都公司违反规定②，将城北客运中心安全管理机构与富临运业成都公司的安全管理机构进行精简合并，导致城北客运中心无安全管理机构、无专职安全管理人员，车辆报班、安全例检、进站验票等关键岗位人员配备不足、设置不合理。

11. 四川汽运成都公司及相关分公司

（1）四川汽运成都四公司对公司所属的超长班线客车包而不管，没有按规定③与驾驶人签订劳动合同，未按规定④认真组织开展出车前安全告诫，对车辆承包人使用非本公司驾驶员的问题失管，未合理安排运输任务防止客运驾驶人疲劳驾驶。

（2）四川汽运成都公司对安全生产工作重视程度不足，对超长班线客车和驾驶人的安全管理缺失，对四分公司存在的安全隐患问题失管。

12. 成都市道路运输管理处城北管理所

未严格执行有关规定⑤，未认真落实对城北客运中心的安全监督检查职责，对城北客运中心长期存在的安全管理问题未采取有效措施督促整改。违反规定，未按职责收集并向成都市道路运输管理处上报城北客运中心长期允许未经安全检查车辆发车、旅客进站验票不规范等需要给予行政处罚的违法问题。

13. 成都市道路运输管理处

未严格执行有关规定⑥，在组织开展全市道路运输市场监管过程中，没有及时发现城北客运中心管理混乱、存在重大安全隐患的问题。未按规定责令城北客运中心限期改正长期存在的安全管理环节漏洞。对四川汽车运输成都公司及其四分公司存在的安全隐患问题失察。对所属客运管理科、成都市道路运输管理处城北管理所日常监督检查流于形式的问题失察。

14. 成都市交通运输委员会

未严格执行有关规定⑦，未按职责监督成都市道

---

① 《道路旅客运输及客运站管理规定》（交通运输部令 2016 年第 82 号）第六十一条第二款："客运站经营者应当对出站客车进行安全检查，采取措施防止危险品进站上车，按照车辆核定载客限额售票，严禁超载车辆或者未经安全检查的车辆出站，保证安全生产。"

② 《汽车客运站安全生产规范》（交公路发〔2008〕2 号）第十三条："汽车客运站应当依法设置安全生产管理机构或者安全生产管理岗位，组织落实汽车客运站各项安全生产管理制度，督促相关人员切实履行安全生产管理职责。"第十四条中规定："汽车客运站应当配备安全生产管理人员，并保持安全生产管理人员的相对稳定。三级以上汽车客运站应当配备专职安全生产管理人员，四级以下汽车客运站配备专职或者兼职安全生产管理人员。专职和兼职安全生产管理人员数量应当适应工作需要"。

③ 《道路旅客运输企业安全管理规范（试行）》（交运发〔2012〕33 号）第十九条中规定："道路旅客运输企业应当建立客运驾驶人聘用制度。依照劳动合同法，严格客运驾驶人录用条件，统一录用程序。"

④ 《道路旅客运输企业安全管理规范（试行）》（交运发〔2012〕33 号）第二十五条："道路旅客运输企业应当建立客运驾驶人安全告诫制度。安全管理人员对客运驾驶人出车前进行问询、告知，督促客运驾驶人做好对车辆的日常维护和检查，防止客运驾驶人酒后、带病或者带不良情绪上岗。"第二十六条："道路旅客运输企业应当建立防止客运驾驶人疲劳驾驶制度。关心客运驾驶人的身心健康，定期组织客运驾驶人进行体检，为客运驾驶人创造良好的工作环境，合理安排运输任务，防止客运驾驶人疲劳驾驶。"

⑤ 《道路旅客运输及客运站管理规定》（交通运输部令 2016 年第 82 号）第三十七条中规定："省际、市际客运班线的经营者或者其委托的售票单位、起讫点和中途停靠站点客运站，应当实行客票实名售票和实名查验"。第八十八条中规定："客运站经营者有下列情形之一的，由县级以上道路运输管理机构责令改正，处 1 万元以上 3 万元以下的罚款：（三）允许未经安全检查或者安全检查不合格的车辆发车的"。

⑥ 《道路旅客运输及客运站管理规定》（交通运输部令 2016 年第 82 号）第七十条第一款："道路运输管理机构应当加强对道路客运和客运站经营活动的监督检查。"

⑦ 《道路旅客运输及客运站管理规定》（交通运输部令 2016 年第 82 号）第三十七条中规定："省际、市际客运班线的经营者或者其委托的售票单位、起讫点和中途停靠站点客运站，应当实行客票实名售票和实名查验"。第八十八条中规定："客运站经营者有下列情形之一的，由县级以上道路运输管理机构责令改正，处 1 万元以上 3 万元以下的罚款：（三）允许未经安全检查或者安全检查不合格的车辆发车的"。

路运输管理处依法履行对道路客运企业和场站的监管职责，未认真督促成都市道路运输管理处向成都交通执法总队移交城北客运中心站内需要给予处罚的证据材料，对成都市道路运输管理处日常安全监督检查过程中未认真履职造成安全隐患的问题失察。

15. 成都市新都区交通运输行政执法大队

违反规定①，对辖区内长期存在的高速公路过境客车不按批准站点停靠、不按规定线路行驶等违法行为查处不力。

16. 德阳市罗江县交通运输局道路运输管理所

违反规定①，对辖区内长期存在的高速公路过境客车不按批准站点停靠、不按规定线路行驶等违法行为查处不力。

17. 绵阳市涪城区交通运输局公路运输管理所

违反规定①，对辖区内长期存在的高速公路过境客车不按批准站点停靠、不按规定线路行驶等违法行为查处不力。

（四）事故性质

调查认定，陕西安康京昆高速"8·10"特别重大道路交通事故是一起生产安全责任事故。

四、对有关责任人员和单位的处理意见

根据事故原因调查和事故责任认定，依据有关法律法规和党纪政纪规定，对事故有关责任人员和责任单位提出处理意见：

事故发生以来，司法机关已对28人立案侦查。其中，公安机关以涉嫌重大责任事故罪立案侦查15人，检察机关以涉嫌玩忽职守罪立案侦查13人。对检察和公安机关已立案侦查的中共党员或行政监察对象，具备条件的及时按照管理权限作出党纪政纪处分决定；暂不具备作出党纪处分条件且已被依法逮捕的中共党员，由有管辖权限的党组织及时中止其表决权、选举权和被选举权等党员权利。

根据调查事实，依据《中国共产党纪律处分条例》第二十九条②、三十八条③，《行政机关公务员处分条例》第二十条④，《事业单位工作人员处分暂行规定》第十七条⑤等规定，建议对14个涉责单位的32名责任人员（河南省13人、陕西省10人、四川省9人）给予党政纪处分。在32名责任人员中，建议给行政记过处分9人，记过处分4人，行政记大过处分9人；行政降级处分6人，降低岗位等级处分1人，均同时给予党内严重警告处分；行政撤职处分1人，撤职处分1人，均同时给予撤销党内职务处分；党内严重警告处分1人。事故调查组建议对事故有关企业及主要负责人的违法违规行为给予行政处罚，并对相关企业责任人员给予内部问责处理。

事故调查组建议责成河南省、陕西省人民政府向国务院作出深刻检查。

（一）免于追责人员（3人）

略。

（二）移交司法机关人员（28人）

略。

（三）建议给予党政纪处分人员（32人）

略。

（四）建议给予行政处罚单位和人员

建议河南省、四川省安全监管部门对洛阳交运集

---

① 《中华人民共和国道路运输条例》（国务院令第666号）第六十九条中规定，"客运经营者、货运经营者有下列情形之一的，由县级以上道路运输管理机构责令改正，处1000元以上3000元以下的罚款；情节严重的，由原许可机关吊销道路运输经营许可证：（一）不按批准的客运站点停靠或者不按规定的线路、公布的班次行驶的"。

② 《中国共产党纪律处分条例》第二十九条："党组织在纪律审查中发现党员有其他违法行为，影响党的形象，损害党、国家和人民利益的，应当视情节轻重给予党纪处分"。

③ 《中国共产党纪律处分条例》第三十八条第一款："违纪行为有关责任人员的区分：（一）直接责任者，是指在其职责范围内，不履行或者不正确履行自己的职责，对造成的损失或者后果起决定性作用的党员或者党员领导干部。（二）主要领导责任者，是指在其职责范围内，对直接主管的工作不履行或者不正确履行职责，对造成的损失或者后果负直接领导责任的党员领导干部。（三）重要领导责任者，是指在其职责范围内，对应管的工作或者参与决定的工作不履行或者不正确履行职责，对造成的损失或者后果负次要领导责任的党员领导干部。"

④ 《行政机关公务员处分条例》第二十条中规定："有下列行为之一的，给予记过、记大过处分；情节较重的，给予降级或者撤职处分；情节严重的，给予开除处分：（一）不依法履行职责，致使可以避免的爆炸、火灾、传染病传播流行、严重环境污染、严重人员伤亡等重大事故或者群体性事件发生的"。

⑤ 《事业单位工作人员处分暂行规定》第十七条中规定："有下列行为之一的，给予警告或者记过处分；情节较重的，给予降低岗位等级或者撤职处分；情节严重的，给予开除处分：（二）破坏正常工作秩序，给国家或者公共利益造成损失的；（三）违章指挥、违规操作，致使人民生命财产遭受损失的"。

团、富临运业成都公司和四川汽运成都公司处以罚款①，对洛阳交运集团客运总公司以及长运站务公司、洛阳交运集团客运八公司、城北客运中心、四川汽运成都四公司主要负责人李爱科、冯涛、蒲仕勇、周波处以罚款②，终身不得担任本行业生产经营单位的主要负责人③。

建议河南省、四川省交通运输部门依法④责令洛阳交运集团客运六公司、八公司、城北客运中心以及四川汽运成都四公司停业整顿，客运企业3年内不得新增客运班线；经停业整顿仍不具备安全生产条件的，按规定予以关闭。企业已被司法机关采取刑事强制措施的人员中，经司法机关审理免于刑罚的，依法给予相应行政处罚。

（五）建议由企业给予内部问责处理的人员
……

此外，建议河南省、四川省交通运输部门督促相关道路运输企业按照内部管理规定，对企业其他有关责任人员给予问责处理。

（六）其他建议

鉴于河南省对事故发生负有主要责任，陕西省境内5年发生3起特别重大道路交通事故，责成河南省、陕西省人民政府向国务院作出深刻检查，认真总结事故教训，进一步加强和改进安全生产工作。

五、吸取事故教训建议

地方各级人民政府要深入贯彻落实党的十九大精神和《国务院关于加强道路交通安全工作的意见》（国发〔2012〕30号），牢固树立安全发展理念，弘扬生命至上、安全第一的思想，健全公共安全体系，完善安全生产责任制，坚决遏制重特大安全事故。

（一）进一步推动道路客运企业全面落实安全生产主体责任。要进一步督促道路客运企业建立健全安全生产管理机构，完善安全生产管理制度，严格执行安全生产制度、规范和技术标准。要积极推动道路客运企业落实安全风险管控和隐患排查治理双重预防机制，进一步认真梳理客运车辆报班发车、安全例检、出站检查、顶班加班、包车牌办理等关键环节的安全风险，及时排查整改安全隐患问题。要依托社会信用信息共享交换平台，优先推动将道路客运企业的违法违规和生产安全事故信息进行共享交换，强化失信联合惩戒和守信联合激励，增强企业落实安全生产主体责任的内生动力。要进一步严格执行道路客运企业退出制度，对安全管理混乱、存在重大安全隐患的企业依法责令停业整顿后仍不达标的一律按规定取消其相应资质，对发生重特大安全生产责任事故的道路客运企业主要负责人一律终身职业禁入。

（二）进一步完善营运客车防疲劳驾驶的制度措施。要充分借鉴国外在防止驾驶人疲劳驾驶方面的经验和做法，进一步研究修订完善道路交通相关法律法规，对营运客车驾驶人的驾驶时间、工作时间、休息时间等作出明确具体的规定。要督促道路客运企业加强对所属车辆和驾驶人的日常安全监管，合理安排长途客车驾驶人的出车时间，保障长途客运驾驶人的落地休息时间，严禁驾驶人疲劳驾驶。道路客运企业要积极建立防止客运驾驶人疲劳驾驶的制度，通过各种内部激励措施督促驾驶人养成良好的工作休息习惯。出车前，企业安全管理人员要对客运驾驶人进行安全告诫，观察驾驶人精神状态并提示注意安全驾驶，发现身体疲劳不适宜驾驶的，要及时进行调换。

（三）进一步加大道路交通路面执法管控力度。要继续强化路面交通秩序管控，依法严惩一批违法违规行为，有效加大对各类危害道路交通安全行为的震慑力度。公安交管部门要对山区高速公路重点交通违法行为的特点进行专项研判，科学优化路面执勤警力部署，重点加大缉查布控等非现场执法系统建设应

---

① 《安全生产法》第一百零九条："发生生产安全事故，对负有责任的生产经营单位除要求其依法承担相应的赔偿等责任外，由安全生产监督管理部门依照下列规定处以罚款：……（四）发生特别重大事故的，处五百万元以上一千万元以下的罚款；情节特别严重的，处一千万元以上二千万元以下的罚款。"

② 《安全生产法》第九十二条："生产经营单位的主要负责人未履行本法规定的安全生产管理职责，导致发生生产安全事故的，由安全生产监督管理部门依照下列规定处以罚款：……（四）发生特别重大事故的，处上一年年收入百分之八十的罚款。"

③ 《安全生产法》第九十一条第三款："生产经营单位的主要负责人……对重大、特别重大生产安全事故负有责任的，终身不得担任本行业生产经营单位的主要负责人。"

④ 《国务院关于加强道路交通安全工作的意见》（国发〔2012〕30号）第（二十五）条中规定："对发生重大及以上或者6个月内发生两起较大及以上责任事故的道路运输企业，依法责令停业整顿；停业整顿后符合安全生产条件的，准予恢复运营，但客运企业3年内不得新增客运班线，旅游企业3年内不得新增旅游车辆；停业整顿仍不具备安全生产条件的，取消相应许可或吊销其道路运输经营许可证，并责令其办理变更、注销登记直至依法吊销营业执照。"

《生产安全事故报告和调查处理条例》（国务院令第493号）第四十条中规定："事故发生单位对事故发生负有责任的，由有关部门依法暂扣或者吊销其有关证照。"

用,有效查处超速、违反规定时间和车道行驶等违法行为,提升路面执法管控工作成效。交通运输部门要科学分析辖区内客流集散区域的分布和规律,有针对性地加大执法检查频次,严厉查处违规站外揽客、不按规定路线行驶等违规行为。公安交管、交通运输等部门要进一步健全联合执法机制,依托交警执法站、公路超限检测站等,严把出站、出城、上高速、过境"四关",提高路面见警率和现场查处率,营造严管严查的执法氛围。要严格执行《刑法修正案(九)》的规定,对从事校车或者旅客运输业务严重超过额定乘员载客或者严重超过规定时速行驶的严格依法查处。

(四)进一步深化道路交通安全隐患排查治理。要依据标准规范深入开展公路隧道、长大下坡、急弯陡坡、连续采用设计极限值组合等重点路段的安全隐患排查工作,对发现的安全隐患要积极采取措施及时进行整改,有效提高道路安全水平。要严格落实交通安全设施与道路建设主体工程同时设计、同时施工、同时投入使用的"三同时"制度,进一步健全公路建设运营全过程的安全评价和风险评估制度,特别是地方各级交通运输部门要会同公安交管部门定期组织开展道路安全综合分析,系统全面地梳理道路存在的安全风险点及其危害程度,对于交通事故量较少但存在较大潜在安全风险的道路点段,也要纳入整治计划进行有步骤地改造,切实提高公路安全隐患排查治理工作的科学性和前瞻性。

(五)进一步推进重点营运车辆动态监控联网联控工作。要进一步加大日常监督检查力度,大力推动道路运输企业不断深化重点营运车辆动态监控联网联控工作。要督促道路运输企业及动态监控系统运营服务商加快完善动态监控系统功能,根据道路实际情况科学设置分段限速值,不断拓展系统的大数据统计分析能力,深入优化系统对疲劳驾驶、不按规定路线行驶、违规站外揽客等违法违规行为的自动识别报警功能,有效提高系统的精准化、科学化、智能化水平。各级交通运输、公安、安全监管部门要严格按照《道路运输车辆动态监督管理办法》要求,加强道路运输车辆动态管理,并将企业动态监控工作开展情况纳入企业质量信誉考核和安全评估的内容,作为道路运输企业线路招标和新增运力等业务管理的重要依据。公安交管部门要充分利用动态监控系统共享信息,对于满足非现场处罚标准要求的疲劳驾驶、违反规定时间和路线行驶等动态监控报警信息,要切实加大执法处罚力度。

(六)进一步提升营运客车安全技术性能。研究提升客车座椅与车辆固定件强度,对《客车座椅及其车辆固定件的强度》(GB 13057—2014)中静态试验和动态试验的技术指标进行修订,提高客车座椅抗冲击能力。要积极借鉴当前客运车辆主被动安全技术的最新成果,不断完善客运车辆安全设施配置,有效提升客运车辆本质安全水平。要严格执行国家和交通行业有关车辆安全技术标准要求,加快营运客车安全辅助驾驶技术的应用,确保新增加车辆全部按标准配备电子稳定性控制系统(ESP)、自动紧急制动系统(AEBS)和车道偏离预警系统(LDWS)等安全装置,同时积极鼓励在用车辆自主进行加装升级,对于无法加装的在用车辆要鼓励所属运输企业加速淘汰报废,进一步提升营运客车的安全准入门槛。要探索建立在用营运客车安全性评估机制,对于重特大道路交通事故中暴露出的车辆安全技术性能不足等问题,要组织专家开展深入调查论证,确实存在安全隐患的要予以召回整改,切实提高在用车辆安全水平。

重庆市永川区金山沟煤业有限责任公司"10·31"特别重大瓦斯爆炸事故调查报告

2016年10月31日,重庆市永川区金山沟煤业有限责任公司(以下简称金山沟煤矿)发生特别重大瓦斯爆炸事故。党中央、国务院高度重视,国务院总理李克强,国务院副总理刘延东、马凯,国务委员兼国务院秘书长杨晶,国务委员郭声琨、王勇等领导同志作出重要批示,要求千方百计搜救被困人员,科学制定施救方案,严防次生灾害,同时尽快查明事故原因,及时准确发布信息,依法依规严肃追责,督促地方切实加强煤矿安全各项工作,严防重特大事故发生。

依据《安全生产法》和《生产安全事故报告和调查处理条例》(国务院令第493号)等有关法律法规,经国务院批准,成立了国务院重庆市永川区金山沟煤矿"10·31"特别重大瓦斯爆炸事故调查组(以下简称事故调查组),由安全监管总局、监察部、全国总工会、国家煤矿安监局、国家能源局以及重庆市人民政府派员参加,全面负责事故调查工作。同时,邀请最高人民检察院派员参加。事故调查组下设技术、管理、责任追究和综合组,并聘请有关专家参与事故调查工作。

事故调查组坚持"科学严谨、依法依规、实事求是、注重实效"的原则,通过现场勘查、调查取证、专家论证,查明了事故发生的经过、原因、人员伤亡和直接经济损失,认定了事故性质和责任,提出了对有关责任人员和责任单位的处理建议,指出了事故暴露出的突出问题和教训,提出了加强和改进工作的措施建议。

调查认定,重庆市永川区金山沟煤矿"10·31"特别重大瓦斯爆炸事故是一起生产安全责任事故。

一、事故基本情况

(一)事故区域

金山沟煤矿位于重庆市永川区来苏镇石牛寺村,行政隶属永川区五间镇。该矿属低瓦斯矿井,采矿许可证载明开采煤层为大石炭煤层和二连子煤层,有主、副、回风三个平硐,主平硐口标高+375米,副平硐口标高+320米,回风平硐口标高+380米。该矿井下有两套生产系统,一套布置在大石炭煤层,是合法生产系统,2014年12月之后停止采掘活动;另一套布置在超层越界开采的K13煤层(位于大石炭煤层下部),是违法生产系统。

事故发生在违法生产系统。该系统采用平硐、斜井开拓,由+375米主平硐、+375米~+93米提升下山(由+375米主平硐施工至+93米标高的提升下山)、+93米下部车场、+93米南一运输平巷、+93米北一运输平巷、+93米~+80米提升下山、+80米南二运输平巷、+93米~+80米回风下山、+80米~+67米提升下山、+320米~+67米提升下山(由+320米副平硐施工至+67米标高的提升下山)、+320米副平硐、+380米回风平硐及相应的煤层巷道构成(图3-31)。

金山沟煤矿在K13煤层分别从+93米南一运输平巷和+93米北一运输平巷沿煤层走向方向布置采煤眼,采用国家明令禁止使用的"巷道式采煤"①(图3-32)工艺进行采煤作业。至事故发生前,+93米南一运输平巷距+93米下部车场约30米处,往南沿煤层走向方向每隔12米布置一个采煤眼,其中,1号~7号采煤眼已停止开采,8号~11号采煤眼正在开采;+93米北一运输平巷距+93米下部车场约91米处,往北沿煤层走向方向每隔12米布置一个采煤眼,其中,1号~6号、10号采煤眼正在开采,7号~9号、11号、12号采煤眼作开采准备。采煤眼为宽约2米、高约1.2米的矩形断面,采煤眼和采煤工作面均采用木点柱支护。每个采煤眼口以里,沿倾斜方向利用矸石堆垛保护采煤眼,回采过程中采用爆破落煤,自制小矿车运输,局部通风机通风。

(二)事故经过

2016年10月31日7时30分,金山沟煤矿常务副矿长邹世海组织安全副矿长曾德均、生产副矿长谢祥友、机电副矿长周厚均、掘进队长章世明、采煤队长凌风权召开煤矿管理人员井下作业会。约8时,曾德均和谢祥友组织召开早班人员班前会,安排布置井

---

① 《国家安全监管总局国家煤矿安监局关于发布〈禁止井工煤矿使用的设备及工艺目录(第二批)〉的通知》(安监总煤装〔2008〕49号,2008年3月11日发布)附件第21条:巷道式采煤(系指不能形成全风压通风,没有两个安全出口,以掘代采的采煤方式。发布之日起禁止使用)。

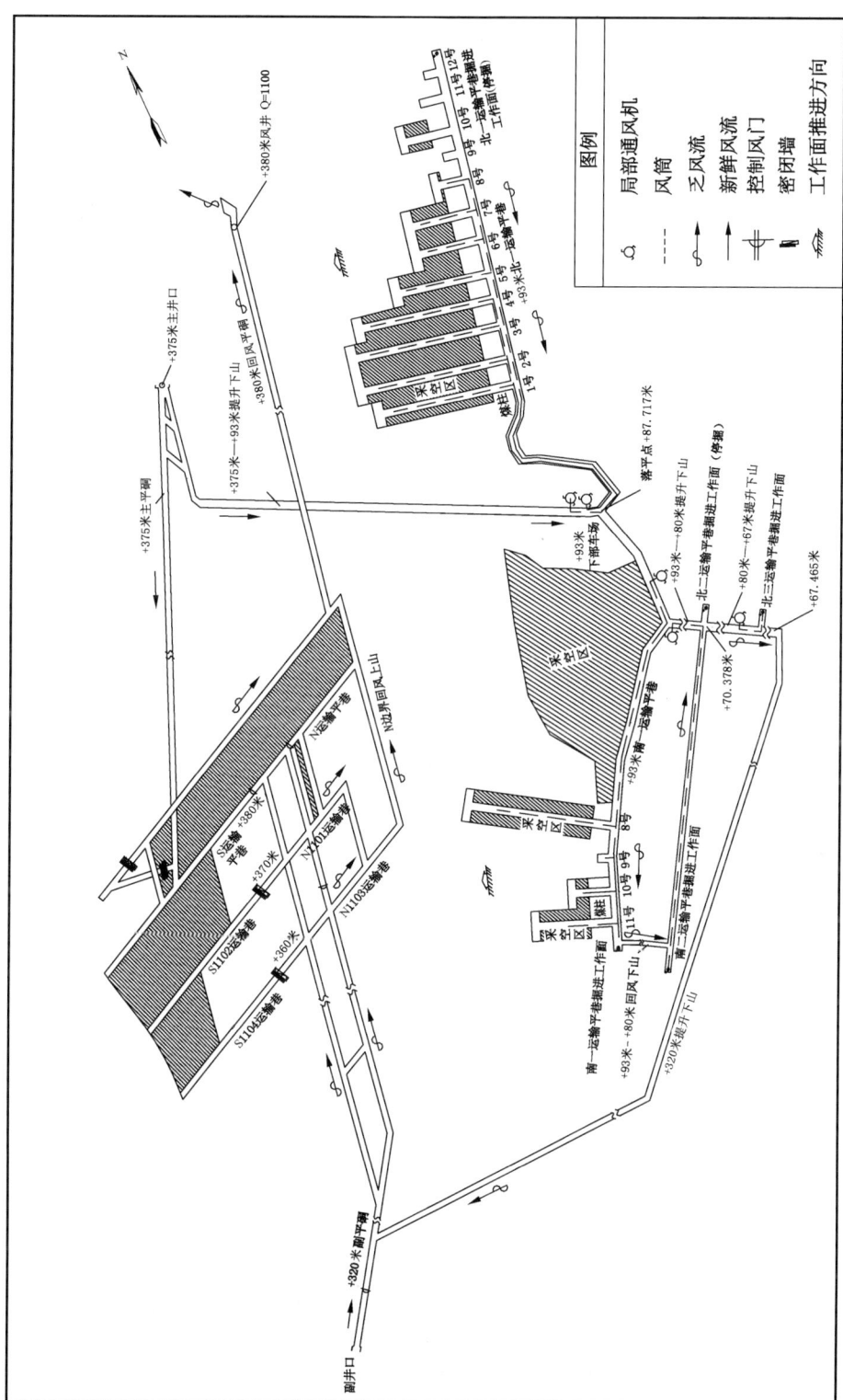

图 3-31 金山沟煤矿通风系统示意图

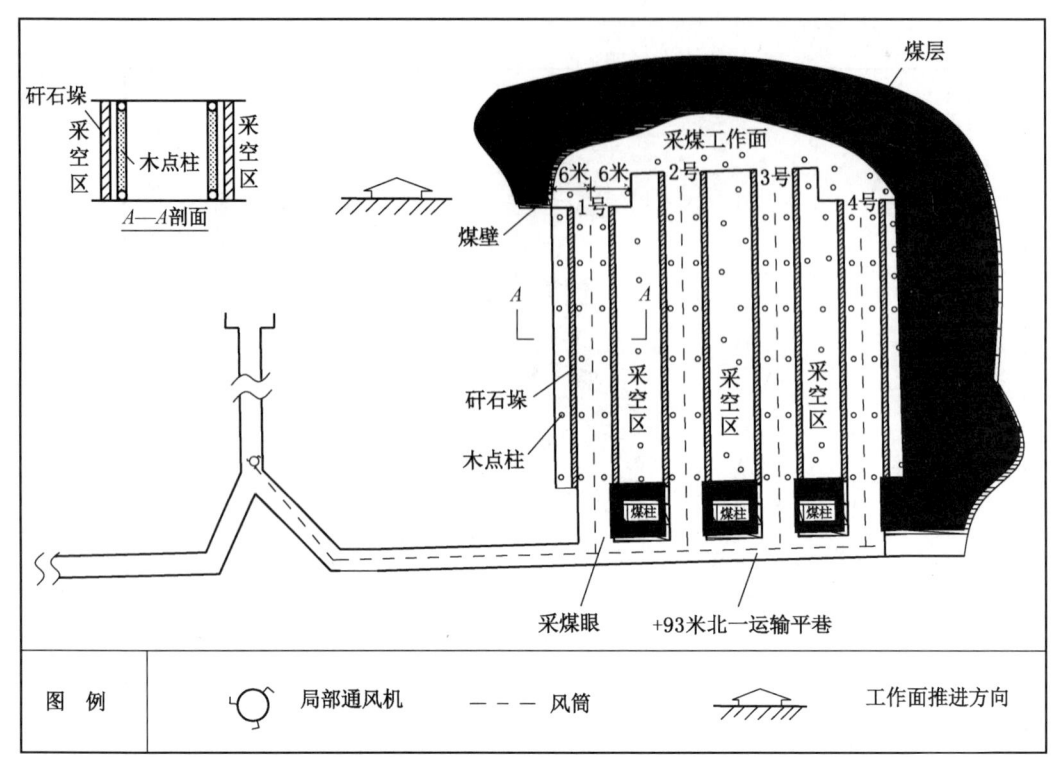

图 3-32 金山沟煤矿 K13 煤层"巷道式采煤"工艺示意图

下当班工作。

事故当班出勤 38 人，其中，33 人在超层越界开采的 K13 煤层区域作业（其中，采煤和掘进工 28 人，分别在+93 米南一运输平巷掘进工作面、+80 米南二运输平巷掘进工作面、+93 米南一运输平巷 8 号~11 号采煤工作面、+93 米北一运输平巷 1 号~6 号和 10 号采煤工作面作业，辅助工 3 人，曾德均和谢祥友 2 人带班）；邹世海和电工王光荣在主平硐巡查；运输工杨长柱和魏清刚负责+375 米主平硐上部车场至地面的平巷运输；绞车司机刘福秀负责在井口开绞车。

11 时 24 分，+93 米北一运输平巷 1 号采煤工作面在实施爆破落煤时，发生爆炸。监控视频显示，位于+375 米主平硐口的配电柜被冲击波冲倒。刘福秀被冲击波冲出井口外 4~5 米远；邹世海和王光荣未受伤，出井后安排人员将受伤的刘福秀送往医院救治；杨长柱、魏清刚未受伤。井下其余 33 名作业人员被困。

（三）事故现场

事故波及范围为布置在 K13 煤层中的违法生产系统：包括+375 米主平硐口、+375 米~+93 米提升下山、+93 米下部车场、+93 米南北运输平巷及采掘工作面、+93 米~+80 米回风下山、+80 米南北运输平巷、+93 米~+80 米提升下山、+80 米~+67 米提升下山。

经现场勘查：

+375 米主平硐往+375 米~+93 米提升下山入口侧 2 台绞车控制柜被冲击波冲倒；+93 米北一运输平巷 4 号、5 号采煤眼口平台被冲垮，矿车被冲翻；+93 米南一运输平巷有 20 辆矿车被冲翻，两台局部通风机开关被冲歪，+93 米南一运输平巷 8 号采煤眼口台阶被摧毁，10 号采煤眼口顶板冒落；+93 米~+80 米提升下山入口处堆积有 4 辆破坏严重的矿车，距入口约 30 米处巷道垮塌严重；+93 米~+80 米回风下山口巷道垮塌严重。

+93 米下部车场、+93 米南北运输平巷及采掘工作面、+93 米~+80 米提升下山堵塞段上部风筒全部被烧焦。

在+93 米北一运输平巷 1 号采煤眼口发现发爆器和钥匙，专用爆破母线线头悬挂于发爆器上方；1 号采煤工作面堆积有爆破落下的煤炭。

+93 米北一运输平巷 1 号采煤工作面朝采煤眼口方向木点柱北侧表面煤尘结焦，2 号和 3 号采煤工作面木点柱和顶板大面积煤尘结焦，朝采煤眼口方向延伸5~6米，4号采煤工作面木点柱北侧表面煤尘结焦。

（四）人员伤亡和直接经济损失

事故共造成33人死亡，1人受伤。依据《企业职工伤亡事故经济损失统计标准》（GB 6721—1986）和有关规定统计，事故直接经济损失3682.22万元。

二、事故应急救援情况

（一）事故信息报告及响应

10月31日12时01分，永川区煤炭工业管理局（以下简称永川区煤管局）调度中心接到邹世海的事故报告后，立即分别向永川区安委会、永川区人民政府、永川区委汇报。

12时24分，永川区人民政府启动应急响应，迅速调度永川区相关部门和周边乡镇力量赶赴现场开展抢险救援。永川区委、区人民政府主要负责人带领区有关部门负责同志赶赴事故现场后，成立了事故救援临时指挥部，立即开展应急处置工作。

12时41分，重庆市人民政府总值班室接到市安全监管局、永川区人民政府有关事故情况的汇报后，市人民政府立即启动应急响应，迅速调度市相关部门人员赶赴事故现场，会同永川区人民政府开展抢险救援工作。

13时05分，重庆市人民政府总值班室电话向国务院总值班室报告事故情况。13时39分，重庆市人民政府总值班室书面向国务院总值班室报告事故情况。

15时00分，重庆市人民政府成立了现场应急处置指挥部（以下简称指挥部），时任市长黄奇帆任总指挥，副市长沐华平，永川区委、区人民政府主要负责人等任副指挥，指挥部下设抢险救援、医疗救治、善后处理等8个工作组。

12时55分接到事故报告后，安全监管总局、国家煤矿安监局主要负责人率工作组紧急赶赴事故现场，指导事故救援和善后处理等工作。

（二）事故现场应急处置

指挥部调集永荣矿业公司、天府矿业公司、中梁山矿业公司、松藻煤电公司、南桐矿业公司救护队先后赶到事故现场，多批次开展现场勘查。在专家指导下，救护队完成了矿井全面勘查任务，摸清了井下巷道布置、有毒有害气体、遇难人员分布等情况。

救援过程中，出动5支矿山救护队共108人、公安干警400余人、消防队员200人、电力应急保障人员30人、永川区煤矿职工60人、救援装备736台（件），确保了现场抢险救援工作高效开展。

10月31日14时45分至11月2日2时20分，救援人员陆续搜寻到33名遇难人员。11月2日4时04分，将遇难人员遗体全部运送至地面，抢险救援工作结束。

（三）事故善后处理

指挥部成立了专门的善后处理组，分成33个工作小组，开展遇难人员家属安抚工作。此外，指挥部召开了2次新闻发布会，第一时间通报事故现场救援工作进展情况。

事故调查组认为，重庆市委、市人民政府和永川区委、区人民政府按照党中央、国务院领导同志重要批示要求，迅速组织协调各方面力量开展应急处置，现场救援措施科学合理，在事故救援过程中没有发生次生事故，信息发布及时，善后工作有序，没有引发社会不稳定事件。

三、事故直接原因

事故直接原因是：金山沟煤矿在超层越界违法开采区域采用国家明令禁止的"巷道式采煤"工艺，不能形成全风压通风系统，使用一台局部通风机违规同时向多个作业地点供风①，风量不足，造成瓦斯积聚②；违章"裸眼"爆破③产生的火焰引爆瓦斯，煤尘参与了爆炸。

（一）事故类别

经调查分析，认定这起事故为瓦斯爆炸事故，煤尘参与了爆炸。主要依据如下：

（1）现场勘查表明，事故产生的冲击波造成了设备设施破坏，说明发生了爆炸。

（2）爆炸产生了大量一氧化碳和高温火焰。依据《重庆市永川区金山沟煤业有限责任公司"10·31"特别重大瓦斯爆炸事故施救报告》，事故发生后约4小时，+93米北一运输平巷一氧化碳浓度为$16200×10^{-6}$。经现场勘查，+93米水平北翼运输平巷采掘工作面风筒全部被烧焦。依据重庆市公安局物证鉴定中心《金山沟煤矿"10·31"特别重大瓦斯爆炸事故

---

① 《煤矿安全规程》（国家安全监管总局令第87号）第一百六十四条第九项："不得使用1台局部通风机同时向2个及以上作业的掘进工作面供风。"

② 《煤矿安全规程》第一百七十五条第一款："矿井必须从设计和采掘生产管理上采取措施，防止瓦斯积聚。"

③ 《煤矿安全规程》第三百五十八条："炮眼封泥必须使用水炮泥，水炮泥外剩余的炮眼部分应当用黏土炮泥或者用不燃性、可塑性松散材料制成的炮泥封实……无封泥、封泥不足或者不实的炮眼，严禁爆破。"

遇难人员检验报告》，33名遇难人员中，气体爆炸高温热作用导致5人死亡、气体爆炸高温热作用合并一氧化碳中毒导致22人死亡、气体爆炸高温热作用合并颅脑损伤导致6人死亡。所有死亡人员都有高温热作用特征，其中有一氧化碳中毒特征的占66.67%。结合本次爆炸产生的大量一氧化碳、高温火焰及其影响范围，判断本起事故可能为瓦斯爆炸、煤尘爆炸或瓦斯煤尘爆炸。

（3）+93米北一运输平巷1号~4号采煤工作面发现煤尘结焦（图3-33、图3-34）。结合中煤科工集团重庆研究院有限公司出具的金山沟煤矿北一运输平巷采煤工作面1号~4号眼支柱结焦《煤质分析检验报告》结论①，认定煤尘参与了爆炸。

（4）排除煤尘为唯一爆炸物。事故发生前，+93米北一运输平巷1号采煤工作面作业主要是堆矸石垛、钻孔、装药、爆破。钻孔和爆破可能产生煤尘、释放出瓦斯，爆破还可以产生火焰，具备火源、瓦斯、煤尘条件。但要在爆破产生火焰的延续时间内，因爆破扬起的煤尘达到爆炸浓度的可能性比较小，更大可能是爆破前瓦斯和煤尘浓度均比较高，空气中瓦斯的存在会降低煤尘的爆炸浓度下限，煤尘的存在也会降低瓦斯的爆炸浓度下限，爆破火焰使瓦斯爆炸并扬起更多的煤尘参与爆炸。因此，排除煤尘为唯一爆炸物的可能。

（二）最初的爆炸点

经调查分析，认定事故最初的爆炸点为K13煤层+93米北一运输平巷1号采煤工作面。主要依据如下：

（1）经现场勘查，爆炸后产生的冲击波是从+93米北一运输平巷1号~4号采煤工作面，经+93米南北运输平巷传至其他巷道。

（2）经现场勘查，+93米北一运输平巷1号采煤眼至+93米下部车场段的巷道顶板锚杆托板有过火痕迹（图3-35）。+93米北翼运输平巷采掘工作面风筒全部被烧焦，其他区域风筒烧焦程度逐渐减弱。说明爆炸产生的高温火焰中心区域在+93米北一运输平巷1号采煤眼附近巷道。

（3）班前会安排+93米北一运输平巷1号采煤工作面进行采煤作业。在+93米北一运输平巷1号采煤眼口发现发爆器和钥匙（图3-36），1号采煤工作面堆积有爆破落下的煤炭。

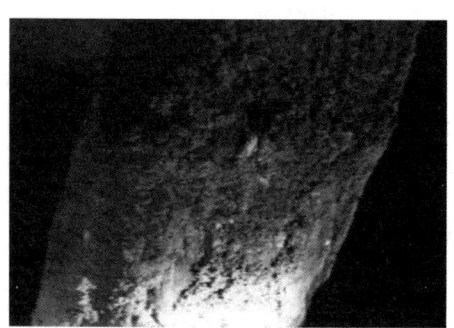

图3-33 木点柱上的煤尘结焦

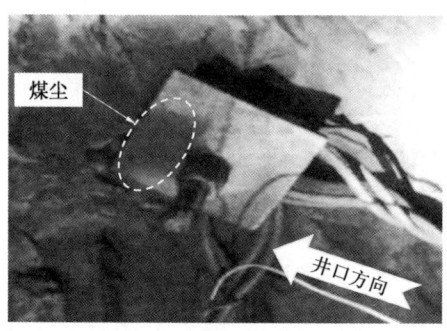

图3-35 北一运输平巷1号采煤眼至+93米下部车场段的巷道顶板锚杆

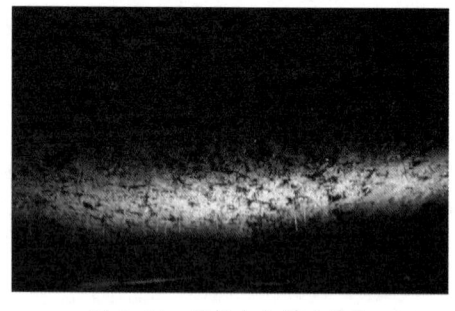

图3-34 顶板上的煤尘结焦

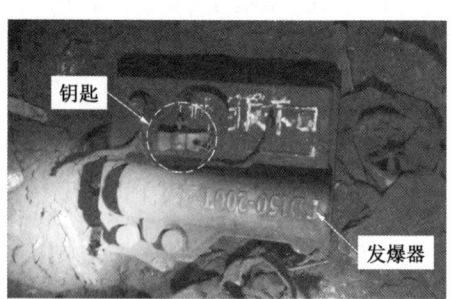

图3-36 发爆器及钥匙

---

① 北一运输平巷1号~4号采煤眼支柱上煤尘结焦的灰分为36.05%、挥发分为12.03%。结焦成分与原煤成分对比，灰分增加了103.7%，挥发分降低了62.7%。

（三）瓦斯爆炸原因及相关因素

1. 瓦斯积聚的原因

经调查分析，认定瓦斯积聚原因为：越界区域煤层瓦斯含量高；采用"巷道式采煤"工艺，不能形成全风压通风系统，一台局部通风机同时向多个作业地点供风，风量不足；事故发生前瓦斯释放量增加。主要依据如下：

（1）K13煤层瓦斯含量高。金山沟煤矿越界开采的K13煤层相关瓦斯参数缺失。与金山沟煤矿邻近的箕山煤矿K13煤层原始瓦斯含量7.96~11.46立方米/吨，属高瓦斯矿井；邻近的石马门煤矿K13煤层瓦斯鉴定资料中绝对瓦斯涌出量17.09立方米/分钟，相对瓦斯涌出量65.99立方米/吨，属高瓦斯矿井。

（2）不能形成全风压通风系统，且风量不足。由于采用"巷道式采煤"工艺，不能形成全风压通风系统，产生的瓦斯不能得到稀释并排出井外。+93米北一运输平巷采用1台功率为2×5.5千瓦的对旋局部通风机向1号~4号采煤工作面供风，风机额定风量为160~240立方米/分钟，考虑漏风系数和通风距离的影响，每个采煤眼风量为30~45立方米/分钟，风速为0.03~0.05米/秒，风量不足。为增大作业地点的风量，该矿有时将邻近不安排人员作业的采煤眼风筒截断，将风引到正在作业的采煤眼。事故当班，+93米北一运输平巷1号~4号采煤工作面均安排人员作业，采煤工作面风量不足；在实施爆破前撤掉了工作面两节风筒，使工作面风量减少。以上分析表明，1号采煤工作面爆破作业前具备瓦斯积聚达到爆炸浓度的条件。

（3）事故发生前瓦斯释放量增加。该矿2016年10月出煤3000多吨，每日产量为100至140车（每车约0.8吨），事故前随着开采强度的加大，每日产量达到150至160车，增加了瓦斯释放量。

2. 爆炸火源

经调查分析，认定导致瓦斯爆炸的火源为爆破产生的火焰。主要依据如下：

（1）在爆源点+93米北一运输平巷1号采煤眼口发现发爆器和钥匙，专用爆破母线线头悬挂于发爆器上方；1号采煤工作面堆积有爆破落下的煤炭。

（2）日常采煤工作面进行爆破作业时间为9—10时，如果作业人员上班后先堆矸石垛，则要在11时后进行爆破作业。按照工序时间推算，事故发生前采煤工作面正在进行爆破落煤作业可能性大。

（3）根据对相关人员的询问笔录，作业人员爆破装药不使用封孔材料；现场勘查也未发现黄泥、水炮泥等封孔材料，可以认定为"裸眼"爆破。

（4）该矿日常安排采煤工作面爆破作业前，仅相邻2个采煤作业人员撤出到采煤眼口，其他采煤眼人员不撤出。依据《重庆市永川区金山沟煤业有限责任公司"10·31"特别重大瓦斯爆炸事故施救报告》，+93米北一运输平巷1号、2号采煤眼作业人员均在采煤眼口附近遇难，3号~6号、10号采煤眼作业人员均在采煤眼内遇难。说明本次事故发生时，1号和2号采煤眼作业人员撤出到采煤眼口，其他人员未撤出，符合当时正在进行爆破作业的情形。

（5）排除其他火源。

经现场勘查，+93米北一运输平巷1号~4号采煤眼采空区遗煤很少，不具备煤炭自燃的条件；事故发生后未发现明火、因采空区燃烧而遗留的煤渣等煤炭自燃痕迹，由此排除煤炭自燃因素。

+93米北一运输平巷及1号~4号采煤眼现场煤电钻、电气开关、综合保护装置、电缆等设备设施未见电弧痕迹，由此排除电气火源。

据重庆市公安局物证鉴定中心《金山沟煤矿"10·31"特别重大瓦斯爆炸事故遇难人员检验报告》，遇难人员衣物上没有发现打火机、火柴等，遇难人员死亡原因分别为气体爆炸高温热作用、气体爆炸高温热作用合并一氧化碳中毒（其体表损伤符合气体爆炸高温热作用特征）、气体爆炸高温热作用合并颅脑损伤（其体表损伤符合气体爆炸高温热作用及爆炸投射物作用特征），由此排除工人自带火源入井和化纤衣物引爆的可能性。

3. 氧气条件

事故发生前，+93米北一运输平巷1号采煤工作面有局部通风机供风，具备瓦斯爆炸所需的氧气浓度为12%以上的条件。

四、事故企业相关情况

（一）企业基本情况

金山沟煤矿始建于1979年，1981年投产，设计生产能力1万吨/年，2006年核定生产能力3万吨/年，2014年通过永川区煤管局验收，完成扩建，生产能力为6万吨/年。该矿采矿许可证、安全生产许可证、工商营业执照均在有效期内。

该矿业主为蒋文革，2015年11月，国家电网重庆市电力公司永川供电分公司职工邓吉投资240万元入股金山沟煤矿，并与蒋文革签订了股权转让协议，总股份1200万元，蒋文革占80%股份，邓吉占20%股份。事故发生时，还未到工商部门进行股权变更登记。

金山沟煤矿组织机构情况为：业主、法定代表人蒋文革,全面负责煤矿生产经营管理;原矿长邹世海于2016年8月9日辞职后,任常务副矿长,负责井下安全生产工作,矿长职位空缺;副矿长谢祥友,负责全矿生产工作;副矿长曾德均,负责井下安全工作;副矿长周厚均,负责机电管理工作;技术负责人蒋周利,负责技术管理和"一通三防"工作,2016年9月25日请假离矿,未办离职手续,至事故发生未回矿上班,离矿期间该矿无技术负责人。该矿未设通风安全、生产技术等职能机构,只设了采煤队、掘进队,凌风权为采煤队长、章世明为掘进队长。

(二)机械化升级改造情况

2015年10月9日,永川区煤管局批复①同意金山沟煤矿实施年生产能力由6万吨机械化升级改造为15万吨的相关资料准备工作。

2015年12月31日,永川区煤管局批复②同意金山沟煤矿机械化升级改造设计,但批复文件印发日期造假,印发日期为2015年10月9日。

2016年1月中旬后,永川区煤管局分别批复金山沟煤矿机械化升级改造联合试运转方案备案③和金山沟煤矿通过15万吨/年机械化升级改造工程竣工验收④。但两个批复文件印发日期造假,分别为2015年11月27日和12月28日。

金山沟煤矿在此次机械化升级改造中,井下未施工相关工程,只是按有关程序履行了手续,属于假技改。该矿机械化升级改造验收后,生产能力核定最终未经重庆市煤炭工业管理局(以下简称重庆市煤管局,与重庆煤矿安监局合署办公)审查和确认⑤,实际上金山沟煤矿生产能力仍为6万吨/年。

(三)超层越界违法开采情况

1. K13煤层地质勘查、设计情况

2013年初,蒋文革与曾德均等人商议后,决定开采不在金山沟煤矿采矿许可证许可范围内的K13煤层。之后,蒋文革委托时任四川中晟建设集团有限公司重庆分公司(民营企业)负责施工管理工作的李联灿个人和私人钻井队经营业主周洪成等人勘查K13煤层赋存状况。

2014年上半年,蒋文革安排金山沟煤矿外聘的技术服务人员蒋世伟(重庆市能源投资集团永荣矿业公司中心桥煤矿地质副总工程师)绘制了K13煤层开采设计方案图,设计采用平硐、斜井开拓,分别从+375米主平硐和+320米副平硐新掘提升下山等巷道,构成生产系统。

2. K13煤层巷道施工及开采情况

2013年12月开始,金山沟煤矿分别从+375米主平硐和+320米副平硐先后施工提升下山。2014年12月,从+320米副平硐施工的提升下山掘进710米至+67米标高揭露K13煤层。2015年11月,从+375米主平硐施工的提升下山掘进770米至+93米标高揭露K13煤层,之后在+93米标高地点布置下部车场,沿煤层走向分南北两翼掘进布置一区段运输平巷。之后,继续沿煤层倾向向下掘进,为南北两翼二区段开采作准备。

2016年春节以后,该矿从+93米南一运输平巷沿煤层走向布置1号~7号采煤眼,采用国家明令禁止使用的"巷道式采煤"工艺进行采煤作业。因1号~7号采煤工作面煤层倾角变化大,于2016年5月前先后停止开采。

在此期间,蒋世伟为+375米~+93米提升下山、+320米~+67米提升下山掘进提供了技术指导。2016年5月,该矿+375米~+93米提升下山和+320米~+67米提升下山间的煤层巷道在+70米标高位置贯通。之后,逐渐加大K13煤层开采强度,先后布置+93米南一运输平巷8号~11号采煤眼和+93米北一运输平巷1号~12号采煤眼。

事故发生前,+93米南一运输平巷和北一运输平巷已分别掘进了约200米和210米。+80米南二运输平巷正在掘进并已经与+93米南一运输平巷贯通,+80米北二运输平巷暂停掘进。正在进行采煤作业的有:+93米南一运输平巷8号~11号采煤工作面和+93米北一运输平巷1号~6号、10号采煤工作面。+93米北一运输平巷7号~9号、11号、12号采煤眼作开采准备。

3. 超层越界违法开采查处情况

蒋周利任金山沟煤矿技术负责人期间,按照蒋文

---

① 《关于同意重庆市永川区金山沟煤业有限责任公司规划生产能力的批复》(永煤管〔2015〕70号)。
② 《关于同意重庆市永川区金山沟煤业有限责任公司机械化升级改造设计的批复》(永煤管〔2015〕106号)。
③ 《关于重庆市永川区金山沟煤业有限责任公司15万吨/年机械化升级改造工程联合试运转备案的批复》(永煤管〔2015〕113号)。
④ 《关于重庆市永川区金山沟煤业有限责任公司机械化升级改造竣工验收的批复》(永煤管〔2015〕114号)。
⑤ 《重庆市煤炭工业管理局关于实施煤矿机械化升级改造有关事项的通知》(渝煤行管〔2014〕143号)第三条:市煤管局负责煤矿生产能力的审查及确认、登记及公告。

革安排，向永川区煤管局报备的图纸、资料均未标注违法开采区域。

按照重庆市国土资源和房屋管理局（以下简称重庆市国土房管局）《关于进一步规范采矿权实地核查及储量动态检测工作制度的通知》（渝国土房管〔2013〕861号）规定要求，中介机构在实测和资料分析的基础上，完成采矿权实地核查半年报、实地核查及储量动态检测年报的编制等工作。2015年1月10日，重庆市地质矿产勘查开发局205地质队①（以下简称205地质队）向永川区国土资源和房屋管理局（以下简称永川区国土房管局）提交了《重庆市永川区金山沟煤业有限责任公司矿山实地核查及储量动态检测报告（2014年度）》。该报告称，本次核查时，金山沟煤矿新井筒联络巷未通风，因此无法测量，下方巷道分布情况不明，疑似越界；老平硐联络巷未通风，因此无法测量，下方巷道分布情况不明，疑似越界。

2015年5月22日，205地质队对金山沟煤矿进行实地核查，并向永川区国土房管局提交了《重庆市永川区金山沟煤业有限责任公司矿山实地核查报告（2015上半年度）》。该报告称，金山沟煤矿+320米~+67米提升下山越界布置巷道1700米，+375米~+93米提升下山越界布置巷道132米。

根据205地质队实地核查的越界情况，2015年6月，永川区国土房管局查处了金山沟煤矿越界开采行为，责令其"退回本矿区范围内开采、密闭越界布置的巷道"。8月11日，永川区国土房管局地矿科和执法队、205地质队、五间镇安监办等对该矿密闭进行了现场验收。验收后当天，该矿即拆除+375米~+93米提升下山和+320米~+67米提升下山两处密闭，继续违法开采。

受永川区国土房管局委托，2016年8月，重庆一三六地质队②编制了《金山沟煤业有限责任公司矿山实地核查及储量动态检测报告（2016年上半年）》。该报告称，金山沟煤矿已对越界巷道进行了密闭，2016年上半年该矿未动用煤炭资源。重庆一三六地质队在金山沟煤矿开展实地核查及储量动态检测工作

时，工作严重不负责任，在井下只核查了合法区域一条巷道，未到超层越界区域进行核查。

4. 超层越界违法开采范围及煤量

事故发生后，按照事故调查组要求，受重庆市国土房管局委托，2016年11月4日，重庆一三六地质队进行了井下测量并出具了《重庆市永川区金山沟煤业有限责任公司井下越界巷道测量报告》。该报告称，金山沟煤矿+207米以下巷道属越界巷道，开采的K13煤层属超层越界开采煤层，全矿累计越界巷道2679.36米，累计越界开采面积7399.73平方米，动用煤炭资源储量17580吨。销售违法开采煤炭价值5640489元。

（四）民用爆炸物品管理和爆破作业管理情况

1. 民用爆炸物品购买情况

金山沟煤矿购买民用爆炸物品前，由民用爆炸物品保管员黄冬梅用手持机打好申请单，由采购员交给蒋文革签字盖章后，到永川区行政服务大厅办理，由公安部门办理准运证和审批同意购买炸药、雷管数量，到永川区民爆公司办理缴费相关手续，由民用爆炸物品运输公司负责将炸药、雷管运到该矿，由黄冬梅负责验收入库。

2014年1月1日至2016年春节放假前，金山沟煤矿以生产名义购买炸药26次、89688千克，雷管19次、99000发。2016年春节后该矿未通过复工复产验收，2月29日金山沟煤矿以井下隐患整改名义，向永川区煤管局书面申请购买民用爆炸物品，3月1日，永川区煤管局在该申请上签署同意并加盖公章后，金山沟煤矿购买炸药2次、4032千克，雷管1次、6000发；8月4日，永川区煤管局致函③永川区公安局，称"金山沟煤矿因井下隐患整改需要火工产品，请按程序审批供应和启封库存民用爆炸物品"。之后，金山沟煤矿购买炸药3次、8064千克，雷管3次、15000发。2014年1月1日至2016年10月31日，金山沟煤矿共购买炸药31次、101784千克，雷管23次、120000发，用于煤矿违法建设和生产。

2. 民用爆炸物品发放、领取、清退及储存情况

金山沟煤矿《爆破作业单位许可证》申请表填

---

① 事业单位，统一社会信用代码12500000450641059Q，有效期2015年10月14日至2020年10月14日，开办资金2738万元，法定代表人龙盛军。业务范围：为国家建设提供地质矿产勘查服务。工程地质勘查；矿产勘探；灾害地质勘察与治理等。

② 事业单位，统一社会信用代码12500000742871331P，有效期2016年4月27日至2021年4月27日，开办资金1309万元，法定代表人母泽森。业务范围：为国家建设提供地质矿产勘查服务。矿产、水文、测绘、工程地质勘查；地质灾害防治工程勘察、设计、施工、监理等。

③ 《关于恢复审批供应和启封部分煤矿企业库存民爆物品的函》（永煤管函〔2016〕23号）。

写的爆破员、安全员中，除爆破员黄文在册但未从事爆破工作外，其他人员均不在该矿工作，实际上无技术负责人、爆破员、安全员。

该矿领用井下民用爆炸物品时，由当班采掘工人自行领取，根据当班采掘工人提出的炸药、雷管数量和类型，黄冬梅在无爆破员、安全员在场的情况下，在发放民用爆炸物品的手持机上一人操作，发放领取民用爆炸物品。黄冬梅负责填写《爆炸物品专人使用领料单》并交矿长签字，除少数几次是由矿长按程序先签字后发放民用爆炸物品外，其余都是先发放民用爆炸物品后将《爆炸物品专人使用领料单》交矿长补签字。

2016年1月1日至10月31日，黄冬梅发放炸药14112千克、雷管21000发。其中，事故当天黄冬梅发放炸药72千克、雷管150发。

永川区泸永桥煤矿"8·14"民用爆炸物品案件①后，蒋文革担心民用爆炸物品被停止使用，要求邹世海把地面库房的炸药、雷管转移并藏匿。2016年9月7日，邹世海安排人员转移炸药480千克、雷管500发到+375米主平硐，存放在自制的炸药箱和雷管箱；9月25日，邹世海安排人员转移炸药480千克到+375米主平硐，存放在自制的炸药箱，转移雷管500发存放到管理人员更衣室；9月27日，邹世海再次安排人员转移炸药480千克到+375米主平硐存放。

3. 爆破作业情况

金山沟煤矿没有执行爆破作业相关规定，未编制爆破作业说明书，对采掘工作面炮眼布置、数量、装药、爆破和安全措施等没有规定，由实施爆破作业的人员自主决定。

采煤工作面爆破作业时，采用煤电钻打8~9个炮眼，炮眼深度2米左右，装药两卷，未使用水炮泥和炮泥封孔，爆破由当班队长实施，队长不在现场就由采掘人员实施爆破。爆破作业时未执行"一炮三检"和"三人连锁爆破"制度。

半煤岩巷掘进作业时，采用风钻打眼，先在煤层打5个掏槽眼，后在岩层打6个炮眼，炮眼深度2.2米左右。由当班工人放炮，未执行"一炮三检"和"三人连锁爆破"制度。

各采掘作业点民用爆炸物品由工人自领自用，当班未用的民用爆炸物品不清退，各自存放于井下自制木箱内，木箱内设小木箱，小木箱放雷管，与炸药同放于一个木箱。爆破材料实际消耗费用（炸药11.50元/千克、雷管2.50元/发）从职工计件工资中扣除。

（五）复工复产情况

2016年春节期间，金山沟煤矿停产。3月份该矿按程序向五间镇安监办提出复工复产申请，同时在超层越界区域进行采煤作业（至事故发生前，该矿长期违法组织生产，仅于6月下旬和9月下旬2次停止生产作业，每次不超过10天）。5月份，五间镇安监办主任苟怀郎未下井检查，即在验收合格确认表上签字，但永川区煤管局未同意。

8月，该矿又提出了复工复产申请，8月5日苟怀郎到金山沟煤矿后，仅对地面进行了检查，即签字同意复工复产。8月26日，永川区煤管局到金山沟煤矿进行安全检查后，责令金山沟煤矿继续停产整改，要求经验收合格后方能恢复生产。

10月11日，重庆煤矿安监局渝中监察分局（以下简称重庆煤矿安监局渝中分局）在对该矿开展定期监察后，下达了责令继续停止井下一切采掘作业的指令，并明确由永川区煤管局负责督促隐患整改和复查，要求经验收合格、完善复工复产相关手续后方能恢复掘进作业。

10月13日，永川区煤管局执法大队大队长龙衣辉和执法大队监管二组组长戴传波在未审查金山沟煤矿复工复产材料要件（复产验收表、隐患复查意见书）的情况下，分别在金山沟煤矿复工复产确认表上签字同意该矿复工复产，10月14日至24日，永川区煤管局副局长张富强、局长刘光华，永川区人民政府副区长李军分别签字同意。

五、有关责任单位存在的主要问题

（一）事故企业

金山沟煤矿是事故主体责任单位。

（1）长期超层越界违法开采。金山沟煤矿未取得探矿权，2013年5月以来，擅自组织K13煤层钻井地质勘查工作，且在超过采矿许可证许可范围的K13煤层长期超层越界违法开采，违反《中华人民共和国矿产资源法》第三条②规定；与未取得相应地质勘查资质的个人签订钻井地质勘查合同，违反《地

---

① 泸永桥煤矿一职工利用协助爆破作业之便，窃取井下民用爆炸物品，拿到地面炸死自己亲人，共导致2死1伤。

② 《矿产资源法》第三条第三款："勘查、开采矿产资源，必须依法分别申请、经批准取得探矿权、采矿权，并办理登记；但是，已经依法申请取得采矿权的矿山企业在划定的矿区范围内为本企业的生产而进行的勘查除外。"

质勘查资质管理条例》(国务院令第520号)第二条①规定;钻井柱状图上的签名与事实不符;掘进、采煤作业均未编制施工组织设计和作业规程,违反《煤矿安全规程》(国家安全监管总局令第87号)第三十八条②的规定;采用国家明令禁止使用的"巷道式采煤"工艺,违反《煤矿安全规程》第九十七条③的规定;采煤工作面未实现全风压通风,采用局部通风机供风,采煤工作面之间串联通风,违反《煤矿安全规程》第一百五十三条、第一百五十条④的规定;未实现双回路供电(无备用电源),违反《煤矿安全规程》第四百三十六条⑤的规定;未按要求装备安全监控系统、人员位置监测系统、消防防尘供水系统,违反《煤矿安全规程》第四百八十七条、第六百四十四条⑥的规定;未执行瓦斯检查和监控报表审签制,无瓦斯检查、安全监控日报表,违反《煤矿安全规程》第一百八十条⑦的规定。

(2)违规使用民用爆炸物品。金山沟煤矿未组织爆破作业人员进行专业技术培训,实施爆破作业的人员未取得爆破作业人员许可证,违反《民用爆炸物品安全管理条例》(国务院令第466号)第三十三条⑧的规定;未如实记载爆炸物品领取、发放情况,且井下使用剩余的雷管、炸药存放在井下各采掘作业地点,未清退回库,违反《民用爆炸物品安全管理条例》第三十七条⑨的规定;未执行"一炮三检"和"三人连锁爆破"制度,未使用水炮泥和炮泥封堵炮眼,违反《煤矿安全规程》第三百四十七条、第三百五十八条⑩的规定。

(3)安全管理规定和制度不落实。金山沟煤矿安全管理机构不健全,未配备矿长及专职安全生产管理人员,技术负责人空岗,违反《中华人民共和国安全生产法》第二十一条⑪、《煤矿安全规程》第五条⑫的规定;未执行入井检身、测风、瓦斯检查等安

---

① 《地质勘查资质管理条例》(国务院令第520号)第二条:"从事地质勘查活动的单位,应当依照本条例的规定,取得地质勘查资质证书。"

② 《煤矿安全规程》(国家安全监管总局令第87号)第三十八条:"单项工程、单位工程开工前,必须编制施工组织设计和作业规程,并组织相关人员学习。"

③ 《煤矿安全规程》第九十七条第三款:"采煤工作面必须正规开采,严禁采用国家明令禁止的采煤方法。"

④ 《煤矿安全规程》第一百五十三条第一款:"采煤工作面必须采用矿井全风压通风,禁止采用局部通风机稀释瓦斯。"第一百五十条第一款、第二款:"采、掘工作面应当实行独立通风,严禁2个采煤工作面之间串联通风。同一采区内1个采煤工作面与其相连接的1个掘进工作面、相邻的2个掘进工作面,布置独立通风有困难时,在制定措施后,可采用串联通风,但串联通风的次数不得超过1次。"

⑤ 《煤矿安全规程》第四百三十六条第一款:"矿井应当有两回路电源线路(即来自两个不同变电站或者来自不同电源进线的同一变电站的两段母线)……"

⑥ 《煤矿安全规程》第四百八十七条:"所有矿井必须装备安全监控系统、人员位置监测系统、有线调度通信系统。"第六百四十四条:"矿井必须建立消防防尘供水系统……"

⑦ 《煤矿安全规程》第一百八十条:"矿井必须建立甲烷、二氧化碳和其他有害气体检查制度,并遵守下列规定:……(五)瓦斯检查工必须执行瓦斯巡回检查制度和请示报告制度,并认真填写瓦斯检查班报。每次检查结果必须记入瓦斯检查班报手册和检查地点的记录牌上,并通知现场工作人员。甲烷浓度超过本规程规定时,瓦斯检查工有权责令现场人员停止工作,并撤到安全地点。"

⑧ 《民用爆炸物品安全管理条例》(国务院令第466号)第三十三条:"爆破作业单位应当对本单位的爆破作业人员、安全管理人员、仓库管理人员进行专业技术培训。爆破作业人员应当经设区的市级人民政府公安机关考核合格,取得《爆破作业人员许可证》后,方可从事爆破作业。"

⑨ 《民用爆炸物品安全管理条例》(国务院令第466号)第三十七条第一款:"爆破作业单位应当如实记载领取、发放民用爆炸物品的品种、数量、编号以及领取、发放人员姓名。领取民用爆炸物品的数量不得超过当班用量,作业后剩余的民用爆炸物品必须当班清退回库。"

⑩ 《煤矿安全规程》第三百四十七条:"……爆破作业必须执行'一炮三检'和'三人连锁爆破'制度,并在起爆前检查起爆地点的甲烷浓度。"第三百五十八条第一款:"炮眼封泥必须使用水炮泥,水炮泥外剩余的炮眼部分应用黏土炮泥或者不燃性、可塑性松散材料制成的炮泥封实……"

⑪ 《安全生产法》第二十一条第一款:"矿山、金属冶炼、建筑施工、道路运输单位和危险物品的生产、经营、储存单位,应当设置安全生产管理机构或者配备专职安全生产管理人员。"

⑫ 《煤矿安全规程》第五条:"煤矿企业必须设置专门机构负责煤矿安全生产与职业病危害防治管理工作,配备满足工作需要的人员及装备"。

全管理制度，违反《煤矿安全规程》第十三条、第一百四十条、第三百四十七条①等规定；井下爆破员、机车司机、绞车司机等特种作业人员未经培训、无证上岗，且井下没有专职安全检查、瓦斯检查人员，未组织职工参加安全教育培训，违反《中华人民共和国安全生产法》第二十五条②、《煤矿安全规程》第九条③的规定。

（4）拒不执行安全监管监察指令。金山沟煤矿向安全监管监察等部门提供的资料、图纸不全面、不真实，隐瞒了超层越界区域情况。拒不执行国土资源管理部门要求退出越界区域的指令，擅自启封已经验收的封闭墙，继续违法施工、生产；拒不执行煤矿安全监管部门下达的停产整改、煤矿安全监察机构下达的停止一切采掘作业等指令，违反《中华人民共和国安全生产法》第六十七条④的规定。

（二）重庆市、永川区有关部门

（1）国土资源管理部门未认真组织开展取缔非法采矿、超层越界开采行为，未认真履行采矿许可证年检职责，对煤炭资源开采利用与保护缺乏有效监督管理。

①永川区国土房管局五间管理所⑤未按规定⑥对金山沟煤矿进行巡查，未发现该矿2015年被查处超层越界行为后继续长期超层越界开采的违法行为。未按规定履行审查职责，在金山沟煤矿采矿许可证年检时，未审查即出具同意上报的审查意见。

②永川区国土房管局⑦未依法履行煤炭资源日常巡查和动态监管职责，未落实煤炭资源领域"打非治违"等工作要求。在2015年6月查处金山沟煤矿超层越界行为后，未按规定⑧抄告同级相关部门，也未开展后续跟踪监管工作，未依法有效查处金山沟煤矿超层越界违法开采行为。违规⑨通过金山沟煤矿采矿许可证年检，在2015年6月开展2014年度采矿许可证年检材料报备时，金山沟煤矿提交的年检材料《重庆市永川区金山沟煤业有限公司矿山实地核查及

---

① 《煤矿安全规程》第十三条第二款："煤矿必须建立入井检身制度和出入井人员清点制度；必须掌握井下人员数量、位置等实时信息。"第一百四十条第一款："矿井必须建立测风制度，每10天至少进行1次全面测风。"第一百八十条："矿井必须建立甲烷、二氧化碳和其他有害气体检查制度……"第三百四十七条："……爆破作业必须执行'一炮三检'和'三人连锁爆破'制度，并在起爆前检查起爆地点的甲烷浓度。"

② 《安全生产法》第二十五条第一款、第四款："生产经营单位应当对从业人员进行安全生产教育和培训，保证从业人员具备必要的安全生产知识，熟悉有关的安全生产规章制度和安全操作规程，掌握本岗位的安全操作技能，了解事故应急处理措施，知悉自身在安全生产方面的权利和义务。未经安全生产教育和培训合格的从业人员，不得上岗作业。""生产经营单位应当建立安全生产教育和培训档案，如实记录安全生产教育和培训的时间、内容、参加人员以及考核结果等情况。"

③ 《煤矿安全规程》第九条第二款："主要负责人和安全生产管理人员必须具备煤矿安全生产知识和管理能力，并经考核合格。特种作业人员必须按国家有关规定培训合格，取得资格证书，方可上岗作业。"

④ 《安全生产法》第六十七条第一款："负有安全生产监督管理职责的部门依法对存在重大事故隐患的生产经营单位作出停产停业、停止施工、停止使用相关设施或者设备的决定，生产经营单位应当依法执行，及时消除事故隐患……"

⑤ 《重庆市永川区机构编制委员会关于对区国土房管局事业单位清理规范方案的批复》（永编委〔2015〕37号）基层管理所具体任务：矿产资源开发利用巡查；出具采矿许可证年检初审意见。

⑥ 《永川区国土房管局关于进一步加强国土资源和房屋执法监察工作的通知》（永国房〔2011〕445号）：各基层管理所负责本辖区的日常巡查工作，认真落实执法监察动态巡查制度。

⑦ 《重庆市永川区国土资源和房屋管理局主要职责内设机构和人员编制规定》（永川府办〔2015〕18号）：承担规范国土资源市场秩序的责任。组织对矿业权人勘查、开采活动进行监督管理，规范和监管国土资源相关市场中介组织，依法查处国土资源领域的违法行为。负责法律法规授权范围内的矿产资源开发利用项目的采矿权的审查和报批，负责组织和管理矿产资源储量评审、登记、统计工作；组织实施矿山储量动态监督管理工作。《重庆市永川区机构编制委员会关于对区国土房管局事业单位清理规范方案的批复》（永编委〔2015〕37号）执法队具体任务：加大对土地、矿山和房屋违法行为的监督检查，建立健全巡查制度；地质地震监测站具体任务：对辖区内的矿山企业进行实时巡查。

⑧ 《重庆市国土房管局关于进一步规范采矿权实地核查及储量动态检测工作制度的通知》（渝国土房管〔2013〕861号）：各区县（自治县）国土资源主管部门要及时、认真审读实地核查报告及图件，对核查发现矿山存在超层越界开采等重大安全生产隐患和行为的，要立即依法查处；涉及有关职能部门的，应书面抄告相关部门责令停产整顿并依法查处。

⑨ 《国土资源部关于进一步完善矿产开发利用年度检查工作的通知》（国土资发〔2012〕64号）：四、年检结果的确定及处理（一）年检实施机关审查采矿权人报送的年检材料和进行必要的实地核查后，对符合要求的，应当作出年检合格的决定，并在采矿许可证副本上加盖年检合格专用章。（二）年检实施机关在年检中发现采矿权人有下列情形之一的，应当责令其改正。采矿权人在限期内未完成整改，或经复查仍不合格，年检确定为不合格，并移交有处罚权的国土资源主管部门依法进行处罚：2.提交的年检资料不齐全、不符合规定或弄虚作假的。

储量动态检测报告（2014年度）》已作出了"疑似越界"的结论，在没有对该结论核查清楚的情况下①，就进行了年检信息报备。在2016年4月进行2015年度采矿许可证年检时，有关人员未到现场实地检查，就在"实地核查情况"一栏中签署了"经国土所实地检查，未发现有违法采矿行为，所填数据符合要求"的意见。对中介机构监督管理②缺失，对重庆一三六地质队提交的《金山沟煤业有限责任公司矿山实地核查及储量动态检测报告（2016年上半年）》未认真审读核查，对报告不能够真实全面反映金山沟煤矿开采现状等问题失察。

③重庆市国土房管局③未正确履行矿产资源监督管理职责④，未按规定⑤配齐地方矿产督察员并安排参加采矿许可证年检工作。组织开展矿产资源领域"打非治违"工作不深入，对辖区煤矿存在的超层越界违法开采问题失察。疏于管理，对永川区国土房管局存在的未对煤矿进行日常巡查、查处金山沟煤矿超层越界后未抄告相关职能部门、违规进行采矿许可证年检等问题失察。

（2）煤炭行业管理、煤矿安全监管部门未认真履行行业管理和安全监管职责，未认真开展煤矿"打非治违"、隐患排查治理监督检查、复产验收、机械化升级改造和煤矿安全质量标准化考评等工作。

①永川区煤管局⑥未按照年度监督检查计划开展监督检查工作，且未对执法计划落实情况进行监督和考核⑦。2015年计划检查金山沟煤矿12次，实际3次；2016年1至10月计划检查金山沟煤矿8次，实际2次。对金山沟煤矿单回路供电且无备用电源、安全监控系统长期不能正常运行等重大事故隐患，未按照规定⑧责令整改；未按规定⑨开展金山沟煤矿机械

---

① 《重庆市国土房管局关于进一步规范采矿权实地核查及储量动态检测工作制度的通知》（渝国土房管〔2013〕861号）附件《重庆市采矿权实地核查及储量动态检测工作指南（试行）》5.6.1：《采矿权实地核查及储量动态检测报告》必须对矿山企业是否存在超层越界、不按规定生产、资源储量有无增减变化等得出明确的结论。

② 《重庆市国土房管局关于进一步规范采矿权实地核查及储量动态检测工作制度的通知》（渝国土房管〔2013〕861号）：矿业权实地核查及储量动态检测报告是核实矿山开采有无违反矿产资源法律法规行为，是否履行了法定义务的重要资料之一，中介机构对矿山实地核查和抽查报告的真实性负责。各区县国土资源主管部门要加强对中介机构的监督管理，加大对矿山实地核查工作情况的督促检查力度，确保如实及时全面反映矿山开采现状，按时提交成果报告，严禁弄虚作假。

③ 《重庆市人民政府办公厅关于印发重庆市国土资源和房屋管理局主要职责内设机构和人员编制规定的通知》（渝办发〔2009〕260号）：承担规范国土资源管理秩序、优化配置国土资源的责任……指导区县（自治县）国土资源和房屋管理工作；承担规范国土资源市场秩序的责任规范和监管矿业权市场，组织对矿业权人勘查、开采活动进行监督管理，规范和监管国土资源相关市场中介组织、依法查处国土资源领域的违法行为等。

④ 《重庆市人民政府关于进一步明确安全生产监督管理职责的决定》（渝府发〔2009〕80号）：市国土房管局负责颁发勘查许可证、采矿许可证，对矿产资源勘查、开采利用与保护进行监督管理，依法取缔非法采矿、越层越界开采、破坏、浪费矿产资源等违法行为并承担相应的监管责任。

⑤ 国土资源部《关于进一步加强矿产督察员管理工作的通知》（国土资发〔2007〕144号）：要积极创造条件，结合本地区的实际情况，抓紧开展地方级矿产督察员的聘任工作……人数可根据本行政区国家级督察员与地方级督察员1∶3的比例聘任。各地方级矿产督察员的聘任工作，要在年内完成，并将地方级矿产督察员聘任名单年底前报部备案。但实际上，重庆市国土资源和房屋管理局2016年初才完成地方级督察员聘任工作，且地方级督察员人数比例不符合要求（国家级27名，市级督察员30名）。

⑥ 《重庆市永川区机构编制委员会关于对区煤管局主要职责内设机构和人员编制方案的批复》（永编委〔2015〕23号）：指导煤炭行业发展；监管煤矿安全；负责煤矿技术指导、技改项目监管和科技进步工作；管理煤炭行业安全培训等。

⑦ 《安全生产法》第五十九条第二款："安全生产监督管理部门应当按照分类分级监督管理的要求，制定安全生产年度监督检查计划，并按照年度监督检查计划进行监督检查，发现事故隐患，应当及时处理。"《关于印发永川区2015年煤矿安全监管工作计划的通知》（永煤管〔2015〕8号）；《关于印发永川区2016年煤矿安全监管工作计划的通知》（永煤管〔2016〕4号）。

⑧ 《关于预防煤矿生产安全事故的特别规定》（国务院令第446号）第八条："煤矿有下列重大安全生产隐患和行为的，应当立即停止生产，排除隐患……（四）瓦斯监控体统不能正常运行的；（五）年产6万吨以上的煤矿没有双回路供电系统的。"《安全生产事故隐患排查治理暂行规定》（国家安全监管总局令第16号）第二十条第一款："……对检查过程中发现的重大事故隐患，应当当下达整改指令书，并建立信息管理台账……"

⑨ 《重庆市煤炭工业管理局关于实施煤矿机械化升级改造有关事项的通知》（渝煤行管〔2014〕143号）：机械化升级改造所采用的工艺、设备，必须符合国家现行标准，凡采用国家明令禁止使用和淘汰的煤矿设备和工艺的改造煤矿，一律不予改造升级审查和验收。

化升级改造工作,在金山沟煤矿 6 万吨/年改 15 万吨/年机械化升级改造工程联合试运转验收时,相关人员均未到井下监督检查。未按规定①开展金山沟煤矿安全质量标准化考评工作,2015 年 11 月,对金山沟煤矿进行安全质量标准化验收考评过程中,验收人员未到井下现场考核,违规使金山沟煤矿通过三级安全质量标准化验收考评。在金山沟煤矿停产期间,未按规定②对其实施巡查,在未核实隐患整改具体内容的情况下,同意给该矿整改作业供应民用爆炸物品。违规使金山沟煤矿通过复工复产验收③,且事故发生后有关人员伪造复工复产材料要件。

② 重庆市煤管局④未严格按规定履行煤矿安全监管和煤炭行业管理职责,对永川区煤管局在履行煤矿安全监管、行业管理职责方面存在的问题失察。

(3)民用爆炸物品管理部门未认真履行民用爆炸物品监管职责。

① 永川区公安局来苏派出所未按规定⑤履行民用爆炸物品监管职责,未认真落实永川区公安局有关民用爆炸物品监管的部署和要求⑥,未发现金山沟煤矿涉爆注册人员不在岗、非涉爆人员违规领用民用爆炸物品等问题,未按照要求⑦对金山沟煤矿民用爆炸物品予以清理封存,未发现金山沟煤矿违规使用民用爆炸物品的问题。

② 永川区公安局⑧未按规定⑨履行对金山沟煤矿

---

① 《国家煤矿安全监察局关于印发〈煤矿安全质量标准化考核评级办法(试行)〉和〈煤矿安全质量标准化基本要求及评分方法(试行)〉的通知》(煤安监管〔2013〕1 号)附件《煤矿安全质量标准化考核评级办法(试行)》:煤矿安全质量标准化考评,按照企业申报、现场考核、等级认定、公示发布、颁发证书的程序进行。《煤矿安全质量标准化基本要求及评分方法(试行)》:井工煤矿安全质量标准化体系包括以下 11 个部分:(1)通风(包括:瓦斯检查工应持证上岗,瓦斯检查做到井下记录牌、瓦检手册、瓦斯调度台账'三统一'等内容);(2)地测防治水;(3)采煤;(4)掘进;(5)机电;(6)运输等 11 个部分。

② 《重庆煤矿安全监察局重庆市煤炭工业管理局关于进一步加强全市煤矿停产停工和复产复工工作的指导意见》(渝煤发〔2016〕21 号):煤矿停产停工前要制定停产停工方案,明确停产停工时限、安全技术措施等内容,确保安全并将方案报产煤区县煤矿安全监管部门。产煤区县煤矿安全监管部门要掌握辖区煤矿停产停工动态,建立登记台账,制定、实施巡查检查计划,严禁煤矿未经验收或未经审批擅自复产复工,防治煤矿弄虚作假、明停暗采。

③ 《重庆煤矿安全监察局重庆市煤炭工业管理局关于进一步加强全市煤矿停产停工和复产复工工作的指导意见》(渝煤发〔2016〕21 号);"严格按企业自查—复产申请—复产验收—企业整改—整改复查—逐级审签程序执行""产煤区县煤矿安全监管部门和重庆能源集团及所属矿业公司要逐级建立健全严格的复产复工验收责任制度,严格执行'谁组织、谁检查、谁验收、谁签字、谁负责'的检查验收工作制度,落实领导和验收责任,确保职责清晰、任务明确、责任到人、工作到位""煤矿复产复工必须达到安全标准,凡达不到安全标准,特别是存在以下情形的煤矿不得复产复工:图件资料不真实、不齐全或未按规定报送备案的"。

④ 《重庆市人民政府办公厅关于印发重庆市煤炭工业管理局主要职责内设机构和人员编制规定的通知》(渝办发〔2009〕298 号):监督落实煤矿安全生产责任制;负责煤矿新建、改建、扩建项目安全工作的监督检查;负责组织煤矿安全专项整治,监督煤矿企业事故隐患的整改并组织复查;指导区县(自治县)煤矿安全监管和煤炭行业管理工作等。

⑤ 《民用爆炸物品安全管理条例》(国务院令第 466 号)第四条第二款:公安机关负责民用爆炸物品公共安全管理和民用爆炸物品购买、运输、爆破作业的安全监督管理,监控民用爆炸物品流向。

《重庆市民用爆炸物品安全管理办法》(重庆市人民政府令第 274 号)第四条第四款:区县(自治县)公安机关对本行政区域内民用爆炸物品的购买、运输以及爆破作业环节实施日常安全监督管理,并负责民用爆炸物品购买、运输行政许可。

⑥ 《重庆市永川区公安局关于印发开展民用爆炸物品专项整治工作方案的通知》(永公安〔2016〕124 号):整治重点:涉爆单位爆破工程师、爆破员、安全员、库管员在民爆物品储存、使用中的履职情况。

⑦ 《关于春节期间停止使用民爆物品的通知》(2016 年 1 月 31 日永川区公安局治安支队通过内网发出):各派出所停止审批、供应并查封炸药库房。《关于清理煤矿民爆库房的紧急通知》(2016 年 7 月 1 日永川区公安局治安支队通过内网发出):各派出所立即对辖区煤矿单位民爆库房内的民用爆炸物品进行清理,并在领用登记本上签字确认。

⑧ 《重庆市永川区人民政府办公室关于印发重庆市永川区公安局主要职责内设机构和人员编制规定的通知》(永川府办〔2009〕158 号):参与依法查处危害社会治安秩序行为,依法管理社会治安、户籍、居民身份证、枪支弹药、危险物品和特种行业等工作。

⑨ 《民用爆炸物品安全管理条例》(国务院令第 466 号)第二十一条第一款:民用爆炸物品使用单位申请购买民用爆炸物品的,应当向所在地县级人民政府公安机关提出购买申请,并提交下列有关材料:……(四)购买的品种、数量和用途说明。第二款:受理申请的公安机关应当自受理申请之日起 5 日内对提交的有关材料进行审查,对符合条件的,核发《民用爆炸物品购买许可证》;对不符合条件的,不予核发《民用爆炸物品购买许可证》,书面向申请人说明理由。

购买民用爆炸物品的审查职责，2016年5月3日至2016年7月1日期间违规向金山沟煤矿审批民用爆炸物品共3次。未发现金山沟煤矿涉爆人员不在岗、非涉爆人员违规领用民用爆炸物品等问题，未认真落实民用爆炸物品流向监控管理工作。

（4）安全生产监督管理部门未认真履行安全监管职责。

① 永川区五间镇安监办①未认真履行安全监管职责，未严格执行安全监管执法计划。2015年计划检查12次、实际检查4次；2016年计划每个月检查2次，1—10月共计检查3次。在未下井检查的情况下，即在金山沟煤矿验收合格确认表上签字同意复工复产。对金山沟煤矿长期存在违法生产的行为未制止、未汇报。

② 永川区安全生产监督管理局②（以下简称永川区安全监管局）在2016年前三季度安全生产监督检查中，未严格检查和考核③永川区煤管局和五间镇人民政府开展煤矿安全生产工作情况。未按规定对永川区煤管局、五间镇人民政府等相关单位建立"打非治违"长效机制④的情况实施综合监管。

（三）驻地煤矿安监机构

（1）重庆煤矿安监局渝中分局⑤对金山沟煤矿开展监察执法工作不认真，未严格按照监察执法计划⑥对金山沟煤矿开展定期监察工作，未按要求开展煤矿图纸备案工作⑦；对永川区煤矿安全监管工作检查指导不够，对永川区有关部门在安全监管执法、"打非治违"、复工复产等工作中存在的问题失察。

（2）重庆煤矿安监局⑧未认真履行煤矿安全监察职责，未有效督促重庆煤矿安监局渝中分局开展监察执法工作。

（四）重庆市人民政府及永川区和五间镇党委、镇人民政府

---

① 《重庆市永川区机构编制委员会办公室重庆市永川区煤炭工业管理局关于完善街镇煤炭监管体系建设的通知》（永煤管〔2011〕81号）：镇（街道）原则上统一归口由社会治安综合治理委员会办公室（安全生产监督管理办公室）负责履行煤炭行业监管职能，经济发展办公室原则上不再履行煤炭监管职能。

② 《重庆市永川区人民政府办公室关于印发重庆市永川区安全生产监督管理局主要职责内设机构和人员编制规定的通知》（永川府办〔2015〕25号）：负责全区安全生产综合监督管理，指导协调、监督检查区级有关部门和镇人民政府、街道办事处、开发区（管委会）安全生产工作，考核和通报安全生产控制指标实施情况，督促行业主管部门依法推进所属行业生产经营单位安全标准化建设。

③ 2016年1—10月，永川区安全监管局先后组织实施2016年前三季度全区安全生产督查工作，督查按100分制考核并通报，前三季度督查内容中均包括"2016年度安全检查计划制定与实施情况"。永川区煤管局前三季度考核均为98分，五间镇人民政府前三季度考核均为99分，督查通报和督查工作记录表均表明永川区煤管局、五间镇人民政府完成了2016年1—10月对企业的安全检查计划。但实际上2016年1—10月，永川区煤管局完成到金山沟煤矿检查实际次数仅占计划次数25%；五间镇安监办计划到金山沟煤矿检查实际次数仅占计划次数15%。

④ 永川区安委办《关于开展重庆市永川区矿产资源勘查开采打非治违专项行动的通知》（永川府安办〔2012〕39号）：建立健全长效机制。

⑤ 国家安全生产监督管理总局《关于印发重庆煤矿安全监察局主要职责内设机构和人员编制规定的通知》（安监总厅字〔2005〕97号）：渝中监察分局负责合川、江津、永川市、渝北、北碚、南岸、双桥、长寿区、璧山、铜梁、大足、荣昌及黔江区，石柱、彭水、秀山、酉阳县行政区域内各类煤矿安全监察执法工作。

⑥ 《重庆煤矿安全监察局渝中监察分局关于印发2016年度安全监察执法计划的通知》（渝煤监渝中办发〔2016〕11号）：关于三项监察工作日的要求中定期监察每矿次按9个工作日计。2016年10月11日分局对金山沟煤矿开展定期监察，监察工作日为6个（3名监察员×2天）。《重庆煤矿安全监察局关于2016年度执法计划的批复》（渝煤监安监〔2016〕23号）：批复同意渝中监察分局《2016年度煤矿安全监察执法计划》。

⑦ 《重庆煤矿安全监察局重庆市煤炭工业管理局关于转发国家安全监管总局国家煤矿安监局关于进一步加强和规范煤矿图纸管理和监管监察工作通知的通知》（渝煤监办〔2014〕186号）……二、各产煤区县煤矿安全监管部门、各监察分局要按职责和有关规定加强煤矿图纸的定期报备管理工作，对辖区内所有煤矿三种图纸进行定期备案，制定图纸定期报备管理制度和随机抽查制度。三、加强监察监管执法，加大对煤矿图纸管理方面存在违规行为的处罚力度，对未在每一季度第一个月上旬报备图纸的煤矿依法实施行政处罚。

⑧ 国家安全生产监督管理总局《关于印发重庆煤矿安全监察局主要职责内设机构和人员编制规定的通知》（安监总厅字〔2005〕97号）：检查指导地方煤矿安全监督管理工作，对地方贯彻落实煤矿安全生产法律法规、标准，关闭不具备安全生产条件的矿井等情况进行监督检查等。

（1）五间镇党委、镇人民政府未认真落实上级党委、政府关于煤矿安全生产工作的部署和要求①，未明确镇安委会职能职责和督促安委会认真履职；五间镇党委未认真督促镇人民政府开展煤矿安全生产监管工作，对安全监管人员没有依法履职的问题失察。五间镇人民政府未认真落实煤矿隐患排查治理和"打非治违"工作，对金山沟煤矿的安全监管流于形式；未认真督促金山沟煤矿落实安全生产主体责任，对该矿复工复产审查把关不严；未正确履行煤矿安全监管职责，对金山沟煤矿长期超层越界违法生产等问题失察。

（2）永川区委、区人民政府未认真落实重庆市委、市人民政府关于煤矿安全生产工作的部署和要求，推进小煤矿关闭退出工作进展缓慢，未认真组织开展"打非治违"工作，未认真督促永川区国土房管局、煤管局、公安局、安全监管局及五间镇党委、镇人民政府依法履行煤矿安全生产相关职责。

（3）重庆市人民政府未切实加强对煤矿安全生产工作的领导；未有效督促重庆市国土房管局、煤管局依法履行监管职责；未有效督促永川区人民政府推进全区煤矿关闭退出工作。

（五）中介机构及有关个人

重庆一三六地质队相关人员2016年7月在金山沟煤矿开展实地核查及储量动态检测工作时，在井下只核查了合法区域一条巷道，未到超层越界区域进行核查②，编制的《金山沟煤业有限责任公司实地核查及储量动态检测报告（2016年上半年）》没有真实全面反映金山沟煤矿开采现状。

李联灿未取得相应的地质勘查资质，与金山沟煤矿签订钻井工程承包合同，并与未取得相应资质钻井队签订转包合同书，在金山沟煤矿未取得探矿权的情况下，违法组织钻井地质勘查，并收取费用，违反《地质勘查资质管理条例》（国务院令第520号）第二条的规定③。

私人经营钻井队业主周洪成未取得相应的地质勘查资质，与李联灿和金山沟煤矿签订钻井工程承包合同，在金山沟煤矿未取得探矿权的情况下，违法组织钻井地质勘查，并收取费用，违反《地质勘查资质管理条例》第二条的规定④，且存在造假行为。

六、责任分析及处理意见

根据事故原因调查和事故责任认定，依据有关法律法规和党纪政纪规定，对事故有关责任人员和责任单位提出处理意见。

司法机关已对23人采取刑事强制措施。其中，公安机关对相关企业和中介机构等14名人员分别以涉嫌重大责任事故罪、非法储存爆炸物罪、非法采矿罪、出具证明文件重大失实罪依法采取刑事强制措施，检察机关对9名涉嫌职务犯罪人员分别以涉嫌滥用职权罪、玩忽职守罪立案侦查或采取刑事强制措施。涉嫌犯罪人员待司法机关作出处理后，属中共党员或行政监察对象的，由当地纪检监察机关或负有管辖权的单位及时给予相应的党纪政纪处分。

事故调查组根据《中国共产党纪律处分条例》

---

① 永川区委、区政府《关于安全生产"党政同责、一岗双责"的实施意见》（永川委发〔2015〕2号）：镇（街道、园区）党政领导班子及主要负责人安全生产职责。认真贯彻执行区委、区政府有关安全生产的规定和要求，把安全生产工作纳入本级党政工作重要议事议程，定期或不定期主持召开党政联席会议（每季度至少一次）和本级安委会会议，听取安全工作汇报，研究部署安全工作重大事项、安全生产检查执法、专项整治、隐患治理等重点工作；健全和落实安全生产责任制，把安全生产工作纳入绩效考核的重要内容，严格进行安全生产目标考核、奖惩；按照"谁主管、谁负责"的原则，督促、支持党政班子成员抓好分管行业（领域）的安全生产工作；每月至少开展一次安全生产检查，督促企业落实安全生产主体责任。

② 《重庆市国土房管局关于进一步规范采矿权实地核查及储量动态检测工作制度的通知》（渝国土房管〔2013〕861号）中附件《重庆市采矿权实地核查及储量动态检测工作指南（试行）》第6条：采矿权实地核查工作主要查清矿山井巷工程、采矿、采空区的展布情况及与采矿许可证载明矿区范围的空间关系，核实有无超层越界开采或布置井巷的行为。

③ 《地质勘查资质管理条例》（国务院令第520号）第二条：从事地质勘查活动的单位，应当依照本条例的规定，取得地质勘查资质证书。

④ 《地质勘查资质管理条例》第二条：从事地质勘查活动的单位，应当依照本条例的规定，取得地质勘查资质证书。

第三十八条、第一百一十三条①,《中国共产党问责条例》第六条、第七条②,《行政机关公务员处分条例》(国务院令第495号)第六条、第二十条③,《事业单位工作人员处分暂行规定》(人力资源社会保障部、监察部令第18号)第五条、第十七条④,提出对28名责任人员给予党纪、政纪处分或诫勉、通报等问责建议,其中,省部级1人、厅局级7人、县处级12人、县处级以下3人,事业编制5人。

此外,1名责任人员在事故调查处理期间因病去世,对其问题作出书面结论,不再给予处分。

(一)事故企业及入股人员(10人)

略。

(二)重庆市相关职能部门及驻地煤矿安监机构(30人)

略。

(三)地方党委、政府(8人)

略。

(四)重庆一三六地质队(4人)

略。

(五)建议给予行政处罚的单位和人员

(1)事故单位。

对金山沟煤矿处1300万元的罚款⑤;依法吊销其相关证照,由重庆市永川区人民政府对其依法决定并实施关闭⑥,企业主要负责人终身不得担任本行业生产经营单位的主要负责人⑦。没收金山沟煤矿越界

---

① 《中国共产党纪律处分条例》第三十八条:违纪行为有关责任人员的区分:(一)直接责任者,是指在其职责范围内,不履行或者不正确履行自己的职责,对造成的损失或者后果起决定性作用的党员或者党员领导干部。(二)主要领导责任者,是指在其职责范围内,对直接主管的工作不履行或者不正确履行职责,对造成的损失或者后果负直接领导责任的党员领导干部。(三)重要领导责任者,是指在其职责范围内,对应管的工作或者参与决定的工作不履行或者不正确履行职责,对造成的损失或者后果负次要领导责任的党员领导干部。本条例所称领导责任者,包括主要领导责任者和重要领导责任者。第一百一十三条:党组织负责人在工作中不负责任或者疏于管理,有下列情形之一,给党、国家和人民利益以及公共财产造成较大损失的,对直接责任者和领导责任者,给予警告或者严重警告处分;造成重大损失的,给予撤销党内职务、留党察看或者开除党籍处分:(一)不传达贯彻、不检查督促落实党和国家的方针政策以及决策部署,或者作出违背党和国家方针政策以及决策部署的错误决策的。

② 《中国共产党问责条例》第六条:党组织和党的领导干部违反党章和其他党内法规,不履行或者不正确履行职责,有下列情形之一的,应当予以问责:(一)党的领导弱化,党的理论和路线方针政策、党中央的决策部署没有得到有效贯彻落实,在推进经济建设、政治建设、文化建设、社会建设、生态文明建设中,或者在处置本地区本部门本单位发生的重大问题中领导不力,出现重大失误,给党的事业和人民利益造成严重损失,产生恶劣影响的……第七条:对党的领导干部的问责方式包括:(一)通报。对履行职责不力的,应当严肃批评,依规整改,并在一定范围内通报。(二)诫勉。对失职失责、情节较轻的,应当以谈话或者书面方式进行诫勉。(三)组织调整或者组织处理。对失职失责、情节较重,不适宜担任现职的,应当根据情况采取停职检查、调整职务、责令辞职、降职、免职等措施。(四)纪律处分。对失职失责应当给予纪律处分的,依照《中国共产党纪律处分条例》追究纪律责任。上述问责方式,可以单独使用,也可以合并使用。

③ 《行政机关公务员处分条例》(国务院令第495号)第六条:行政机关公务员处分的种类为:(一)警告;(二)记过;(三)记大过;(四)降级;(五)撤职;(六)开除。第二十条:有下列行为之一,给予记过、记大过处分;情节较重的,给予降级或者撤职处分;情节严重的,给予开除处分:(一)不依法履行职责,致使可以避免的爆炸、火灾、传染病传播流行、严重环境污染、严重人员伤亡等重大事故或者群体性事件发生的;……(四)其他玩忽职守、贻误工作的行为。

④ 《事业单位工作人员处分暂行规定》(人力资源和社会保障部、监察部令第18号)第五条:处分的种类为:(一)警告;(二)记过;(三)降低岗位等级或者撤职;(四)开除。其中,撤职处分适用于行政机关任命的事业单位工作人员。第十七条第三、第五、第九项:有下列行为之一的,给予警告或者记过处分;情节较重的,给予降低岗位等级或者撤职处分;情节严重的,给予开除处分……(三)违章指挥、违规操作,致使人民生命财产遭受损失的;(五)在项目评估评审、产品认证、设备检测检验等工作中徇私舞弊,或者违反规定造成不良影响的;(九)其他违反工作纪律失职渎职的行为。

⑤ 《安全生产法》第一百零九条第四项:(四)发生特别重大事故的,处五百万元以上一千万元以下的罚款;情节特别严重的,处一千万元以上二千万元以下的罚款。

⑥ 《国务院办公厅关于进一步加强煤矿安全生产工作的意见》(国办发〔2013〕99号)第一条第一项:坚决关闭发生较大以及以上责任事故的9万吨/年及以下的煤矿。

⑦ 《安全生产法》第九十一条:生产经营单位的主要负责人……对重大、特别重大生产安全事故负有责任的,终身不得担任本行业生产经营单位的主要负责人。

开采的矿产品和违法所得，并处罚款①。

（2）中介机构。

对重庆一三六地质队处 15 万元的罚款②。

（3）有关个人。

对李联灿处 10 万元的罚款，没收违法所得；对周洪成处 18 万元的罚款，没收违法所得③。

以上行政处罚，均由重庆市人民政府负责组织有关部门依法实施。

（六）其他建议

重庆市人民政府向国务院作出深刻检查，永川区委、区人民政府向重庆市委、市人民政府作出深刻检查，认真总结和汲取事故教训，进一步改进和加强煤矿安全生产工作。将永川区煤管局文件造假的问题移送当地纪检监察机关办理。

七、事故主要教训

（一）事故企业严重违法违规

金山沟煤矿违反《矿产资源法》《安全生产法》和《煤矿安全规程》等法律法规和规章，长期超层越界违法建设、生产，在超层越界区域现场管理、技术管理混乱，缺乏基本的安全生产条件。同时，该矿安全生产主体责任不落实，未设置安全生产机构、配备矿长和安全技术人员，安全管理制度形同虚设，利用假图纸、假资料逃避安全监管。

（二）地方政府对煤矿安全工作领导不力

尽管永川区人民政府明确了各部门的安全生产监管职责，但对其真实履职情况检查督促不到位。各相关部门之间缺乏有效沟通协调，对煤矿企业的安全监管和执法检查信息未共享，未形成安全生产工作合力，执法效果差。

（三）相关部门执法不严

地方政府监管责任未能有效落实，监管力度层层衰减，这次事故涉及的基层煤炭资源管理、民用爆炸物品管理、煤矿安全监管部门均未严格履职履责，存在工作走过场、不作为、乱作为现象；煤炭资源管理部门对该矿超层越界违法开采行为查处不彻底，致使该矿超层越界违法开采行为长期存在。

（四）中介机构工作严重不负责任

相关中介机构在对金山沟煤矿进行煤炭资源实地核查及储量动态检测时，未按照有关规定和要求以及行业规范提供技术服务，工作不认真，敷衍了事，作出的结论与真实情况严重不符。

八、事故防范措施及建议

（一）严格落实煤矿企业主体责任

煤矿企业必须依法办矿、依法生产、依法管理，要严格按照国家法律法规及行业标准组织生产建设，健全安全管理机构，配足安全技术管理人员，完善相关制度，加强安全生产管理；加大安全投入，确保安全生产系统、技术、设备符合安全生产法律法规和《煤矿安全规程》等要求；按规定开展职工安全培训教育，落实煤矿企业"三项岗位人员"考核的规定，注重提高从业人员的安全素质。要强化煤矿安全生产监管监察工作，切实督促企业落实主体责任，并加大对技改矿井未按时开工和竣工行为的查处；对存在重大生产安全事故隐患的，要坚决责令停产整顿。要按照《国家安全监管总局国家煤矿安监局关于开展煤矿全面安全"体检"专项工作的通知》（安监总煤监〔2017〕11号）要求，认真开展煤矿全面安全"体检"专项工作，确保不走形式，不走过场。完善煤矿安全生产举报奖励制度，重奖举报人，让违法行为无处藏身。

（二）严厉打击煤矿违法违规行为

地方各级政府要进一步加强对煤炭资源监管工作的领导，强化煤炭资源的源头管理，明确煤炭资源监管部门对煤矿超层越界的监管职责；要加强对打击煤矿超层越界行为的联合执法，进一步明晰煤炭资源监管、公安、电力、煤炭行业管理、煤矿安全监管、驻地煤矿安全监察以及税务等部门职责，明确由煤炭资源监管部门牵头，建立完善定期例会、联合办公、联合执法、统一决策、重大问题通报等制度，形成工作合力；地方政府和煤炭资源监管、煤矿安全监管、公

---

① 《矿产资源法》第四十条：超越批准的矿区范围采矿的，责令退回本矿区范围内开采、赔偿损失，没收越界开采的矿产品和违法所得，可以并处罚款；拒不退回本矿区范围内开采，造成矿产资源破坏的，吊销采矿许可证，依照刑法第一百五十六条的规定对直接责任人员追究刑事责任。

② 《地质勘查资质管理条例》（国务院令第520号）第二十九条第二项：地质勘查单位有下列行为之一的，由县级以上人民政府国土资源主管部门责令限期改正，处5万元以上20万元以下的罚款；有违法所得的，没收违法所得；逾期不改正的，由原审批机关吊销地质勘查资质证书……（二）出具虚假地质勘查报告的。

③ 《地质勘查资质管理条例》（国务院令第520号）第二十七条：未取得地质勘查资质证书，擅自从事地质勘查活动，或者地质勘查资质证书有效期届满，未依照本条例的规定办理延续手续，继续从事地质勘查活动的，由县级以上人民政府国土资源主管部门责令限期改正，处5万元以上20万元以下的罚款；有违法所得的，没收违法所得。

安等部门要重点打击煤矿超层越界、明停暗开、日停夜开、借整改之名进行生产和违规使用民用爆炸物品等违法违规行为，按照"四个一律"要求严肃查处，并及时予以曝光，涉嫌犯罪的，移送司法机关追究刑事责任；对超层越界查处的整改落实情况，煤炭资源监管部门应会同有关部门深入井下现场进行复查，严格验收程序，防止走过场。要研究完善对停产煤矿限制供电、停止供应民用爆炸物品的规定；进一步明确相关程序、标准和部门责任，完善煤矿民用爆炸物品审批数量、程序等规章制度，落实煤矿民用爆炸物品采购、运输、存储、使用等各个环节的监管责任。要改进现场检查方式方法，相关执法部门要在加强日常执法的基础上，利用突击检查、明查暗访，并采用查产量、查用电量、查民用爆炸物品消耗量、查劳动用工等手段，多渠道发现违法线索。

（三）切实增强各有关部门依法行政意识

各地区、各部门要坚持依法行政，进一步提高运用法治思维和法治方式解决问题的能力。一是要严格按照国家法律法规要求和有关工作程序开展相关许可和执法等工作，严禁弄虚作假行为。二是要强化行政执法监督工作，切实规范执法行为，促进执法公开、公平、公正。要切实加强安全执法考核，明确考核的内容、时间、方式，并加强对考核过程的监督。三是要强化廉洁行政意识，增强工作透明度。四是要利用科技手段，创新监管方式，加大信息共享，使安全监管工作更具针对性和有效性。同时，要进一步加强对中介机构技术服务工作的监督，加大失职失信惩戒力度，中介机构工作不能代替监管部门履行职责；要规范国有企业在职和离退休职工参与小煤矿管理及设计等方面工作的行为，对参与小煤矿违法违规勘查、开采设计或施工的，有关部门和单位应严肃查处追责。

（四）进一步规范煤矿复工复产验收工作

认真落实《国务院关于预防煤矿生产安全事故的特别规定》（国务院令第446号）和《国务院办公厅关于进一步加强煤矿安全生产工作的意见》（国办发〔2013〕99号）要求，深刻汲取这次事故反映出的复工复产验收走过场的教训。一是要进一步细化和明确相关部门参与验收的人员数量、专业和程序，复工复产验收必须深入井下现场检查，严禁走过场，确保工作质量。二是严格煤矿验收程序、标准和审批签字制度，坚持"谁验收、谁签字、谁负责"，市属煤矿由市级煤矿安全监管部门组织验收、主要负责人签字，其他煤矿由区（县）煤矿安全监管部门组织验收、区（县）人民政府主要负责人签字，应由本级人民政府及其部门负责的，不得交由下级地方政府及其部门验收和签字。验收结果要及时通知驻地煤矿安监机构等相关职能部门。

（五）加大淘汰落后产能力度

坚定不移地落实《国务院关于煤炭行业化解过剩产能实现脱困发展的意见》（国发〔2016〕7号），对辖区内应列入淘汰而没有淘汰的煤矿进行梳理。一是对于发生较大以上事故的小煤矿以及采用国家明令禁止使用的采煤方法、工艺且不能实施技术改造的煤矿，要坚决淘汰，严防以技改名义逃避关闭。二是加快灾害严重、资源枯竭、赋存条件差、非机械化开采和产能为9万吨/年及以下煤矿的退出进度。三是对列入去产能计划的煤矿，要立即停产停工，制定回撤设备计划和安全技术措施，安全监管部门要派专人严盯死守，严防其违法违规生产；对决定关闭的煤矿，一律不得留设"回撤期"。四是对长期停产停工煤矿，要鼓励其按国家规定有序退出。

内蒙古自治区赤峰宝马矿业有限责任公司"12·3"特别重大瓦斯爆炸事故调查报告

2016年12月3日,内蒙古自治区赤峰宝马矿业有限责任公司(以下简称宝马煤矿)发生特别重大瓦斯爆炸事故。党中央、国务院高度重视,国务院总理李克强,国务院副总理刘延东、马凯,国务委员兼国务院秘书长杨晶,国务委员郭声琨、王勇等领导同志立即作出重要批示,要求千方百计搜救被困人员,做好伤员救治和遇难矿工家属安抚,查明事故原因并严肃问责,深刻吸取事故教训,进一步加强安全排查治理和监管,决不能有丝毫松懈和侥幸心理,决不放过任何安全隐患。

依据《安全生产法》和《生产安全事故报告和调查处理条例》(国务院令第493号)等有关法律法规,经国务院批准,成立了国务院内蒙古自治区赤峰宝马煤矿"12·3"特别重大瓦斯爆炸事故调查组(以下简称事故调查组),由安全监管总局副局长、国家煤矿安监局局长黄玉治任组长,安全监管总局、监察部、全国总工会、国家能源局、国家煤矿安监局以及内蒙古自治区人民政府派员参加,全面负责事故调查工作。同时,邀请最高人民检察院派员参加,并聘请了煤矿通风、瓦斯、机电等方面专家参与事故调查工作。

事故调查组坚持"科学严谨、依法依规、实事求是、注重实效"的原则,通过现场勘查、调查取证、检测鉴定、模拟分析、专家论证,查明了事故发生经过、原因、人员伤亡和直接经济损失情况,查清了宝马煤矿越界违法开采等情况,认定了事故性质和责任,提出了对有关责任人员和责任单位的处理建议,指出了事故暴露出的突出问题和教训,提出了加强和改进工作的措施建议。

调查认定,内蒙古自治区赤峰宝马煤矿"12·3"特别重大瓦斯爆炸事故是一起生产安全责任事故。

一、事故基本情况

(一)事故区域

宝马煤矿位于内蒙古自治区赤峰市元宝山区元宝山镇南荒村,井田面积2.82平方千米,地面井口标高+485米,开采深度由+450米至±0米,矿井核定生产能力45万吨/年。采用立井多水平集中上下山开拓方式,有一对立井,主井担负矿井提煤、运人任务,兼作回风井;副井担负全矿井辅助提升任务,兼作进风井。

宝马煤矿属低瓦斯矿井,绝对瓦斯涌出量为0.61立方米/分钟,相对瓦斯涌出量为1.05立方米/吨。主采6号煤层,煤层自燃倾向性为自燃,自然发火期为1.5至3个月,煤尘有爆炸性。

宝马煤矿井下布置有合法生产和越界违法生产两个生产区域(图3-37)。事故发生在越界违法生产区域,该区域瓦斯涌出量等相关参数没有测定。

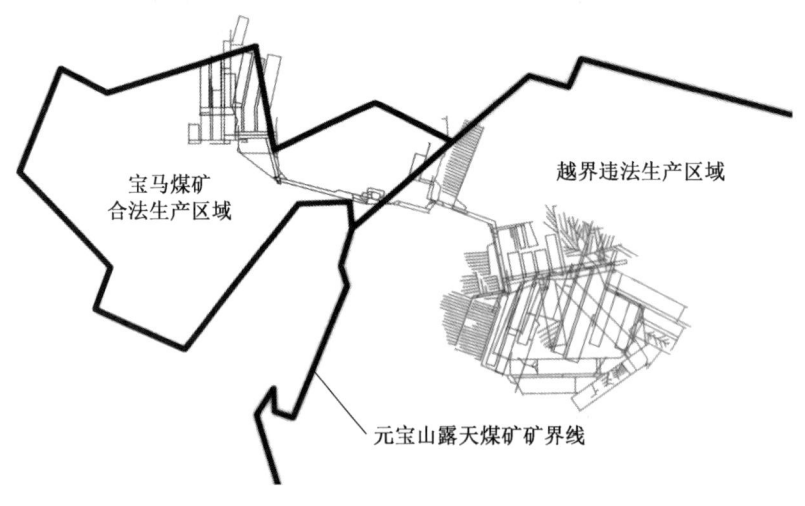

图3-37 宝马煤矿生产区域平面示意图

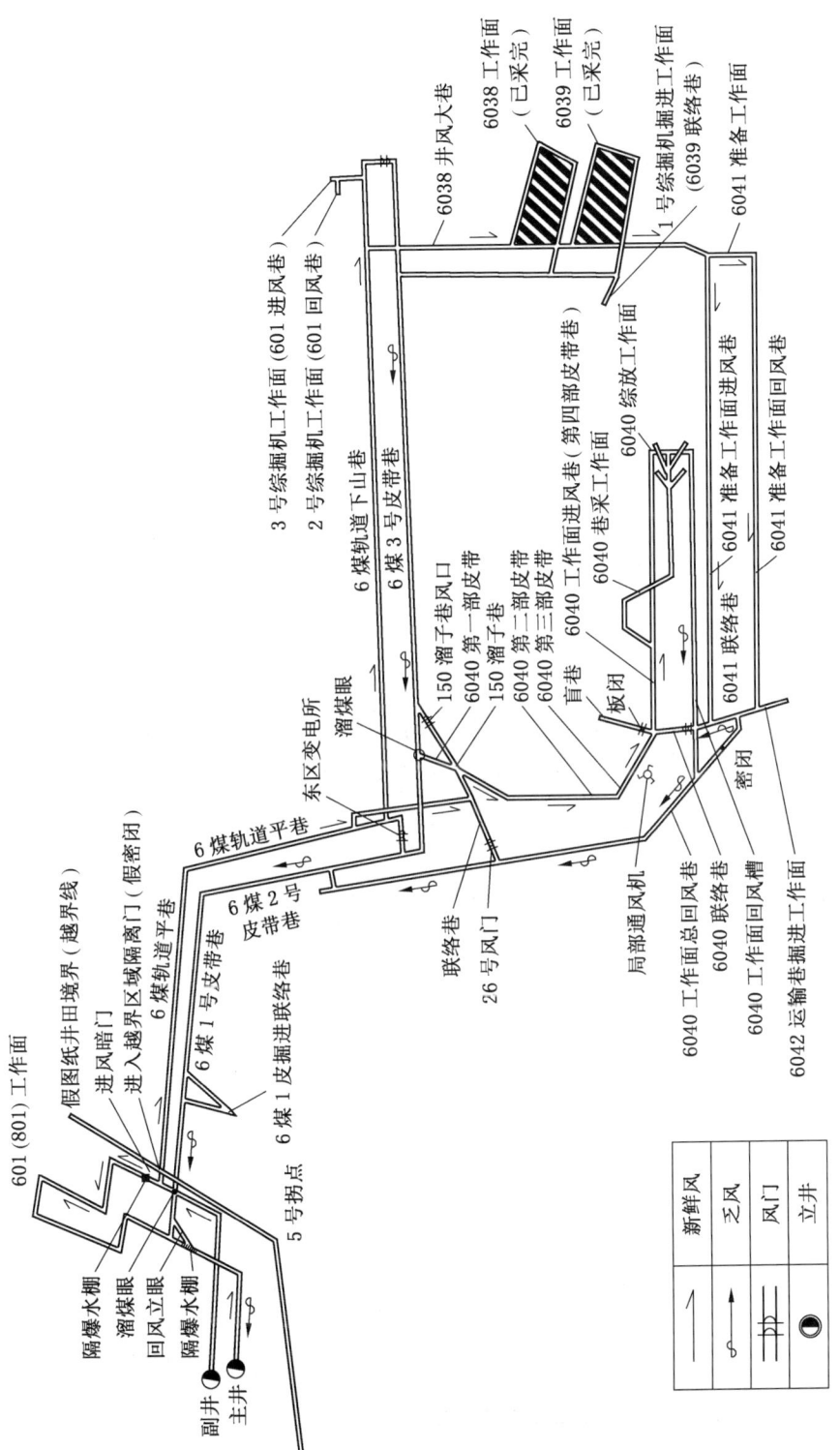

图3-33 宝马煤矿事故发生时越界违法生产区域采掘工程示意图

事故发生之前，合法生产区域布置3个采掘工作面，分别为642采煤工作面、601（又称801）采煤工作面和643运输巷掘进工作面，事故当班安排12人进行维护，没有进行生产作业。

事故发生之前，越界违法生产区域布置有8个采掘工作面，包括：6040综采放顶煤工作面（以下简称6040综放工作面）、6040卸压巷以掘代采工作面（以下简称6040巷采工作面）、6041准备工作面等3个采煤工作面，6039联络巷等5个掘进工作面（图3-38），事故当班安排167人进行生产作业。

自2008年3月开始，宝马煤矿从井田东部边界越界进入中国国电内蒙古平庄煤业（集团）有限责任公司元宝山露天煤矿（以下简称元宝山露天煤矿）井田内，违法盗采煤炭资源。进入越界违法生产区域的电缆、管线均隐蔽铺设在有盖板的电缆沟内，盖板表面撒上浮煤伪装。巷道内建有一道经过伪装的假密闭（图3-39），假密闭外铺设3米长可快速拆卸的轨道，并备有用于封堵巷道的物料和木栅栏。在政府有关部门检查时，该矿可在20分钟内拆除轨道、关闭假密闭并在假密闭外设置好木栅栏，而检查人员从入井到假密闭需约40分钟。在进入假密闭前的东区进、回风大巷内建有通向越界违法生产区域的进风暗道口和回风立眼口，担负越界违法生产区域的通风任务，并用隔爆水棚进行遮挡。

事故发生在6040综放工作面和6040巷采工作面区域（图3-40）。

6040综放工作面走向长542米、倾斜长100米，煤厚28米，采高2.2米，放煤高度3米至5米。2016年5月中旬开始回采，至事故发生时已经推进372米。

图3-39 井下通往越界违法生产区域的假密闭

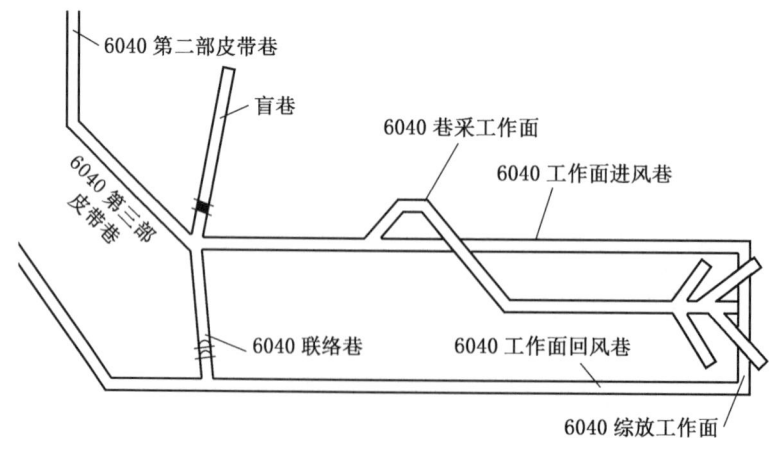

图3-40 事故区域采掘工程示意图

6040巷采工作面在6040工作面进风巷（又称6040第四部皮带巷）向工作面方向50米处开口布置，掘进方式为炮掘，以35°坡度向上掘进15米后，变平掘进，多头布置，呈"鱼刺"型，巷道断面宽2.5米、高2.2米，总长度204米。该工作面位于6040综放工作面正上方，垂直距离约为6米。

在6040工作面进风巷第四部皮带机头两帮分别布置6040联络巷和长48.5米的盲巷。

（二）事故经过

12月3日7时30分，宝马煤矿矿长吕国友主持召开矿调度会，由生产副矿长董国青安排井下当班生产任务。当班入井179人，其中合法生产区域12人，主要进行系统维护；越界违法生产区域167人，主要进行生产作业。越界违法生产区域中，6040巷采工作面16人，6040综放工作面42人，6040第一部至第三部皮带巷区域（含轨道巷）27人，6041准备工作面36人，清理皮带巷浮煤7人，其他区域39人。

8时30分左右，16人到达6040巷采工作面开始作业；42人到达6040综放工作面，开启刮板输送机运出工作面落煤，随后进行检修采煤机、打护帮锚杆、缩皮带等作业。10时左右，6040巷采工作面准备爆破时，局部通风机停电停风，6040巷采工作面所有人员撤至盲巷口休息、吃饭。

11时左右，恢复供电后，电工顾亚学（事故中遇难）启动局部通风机，恢复6040巷采工作面通风。此时，6040综放工作面打眼工张利明、李雪光在第7号综放支架附近的煤壁打工作面护帮眼，打眼监护工闫才在第8号综放支架处面向打眼工监护顶板，电焊工张然然和杨章利（均在事故中遇难）在第12号综放支架处使用电焊维修支架，电工张国庆在回风端头处向减速机注油，瓦检员刘子军在工作面巡检（图3-41）。

11时7分左右，闫才看到正在打护帮眼的张利明、李雪光突然向6040工作面回风巷方向奔跑，同时听到"噗"的一声，回头看到一团火球从张然然和杨章利的位置窜过来，闫才烧伤昏迷。张国庆正在回风端头支架下作业，一股强风吹掉了安全帽，头发烧焦。正在回风巷与联络巷交叉口处的液压泵工王良，被从联络巷风门方向冲过来的强风冲倒受伤。刘子军在第3号综放支架处，感觉到头顶像有一团火，喘不上气来、受伤。爆破员张玉宝正从进风端头准备进入工作面，看到前面一片火光，随即被强风冲倒、受伤昏迷。打眼工谢连生在进风端头处，看到一道火光从工作面出来，被冲倒、受伤昏迷。在盲巷板闭前休息、吃饭的工人郭凤林、宗玉军，听到"轰"的一声响，被风吹倒，并看到巷道顶部火苗乱窜。

11时10分左右，运输队副队长马艳臣在6040第二部皮带机头处听到爆炸声，看到煤尘扬起，急忙通知运输队人员撤出，11时30分向矿调度室电话报告。技术科副科长刘海清在东区变电所附近听到爆炸声后，赶到东区变电所，11时30分左右向调度室电话报告。

（三）事故现场

现场勘查认定，事故发生在6040综放工作面区

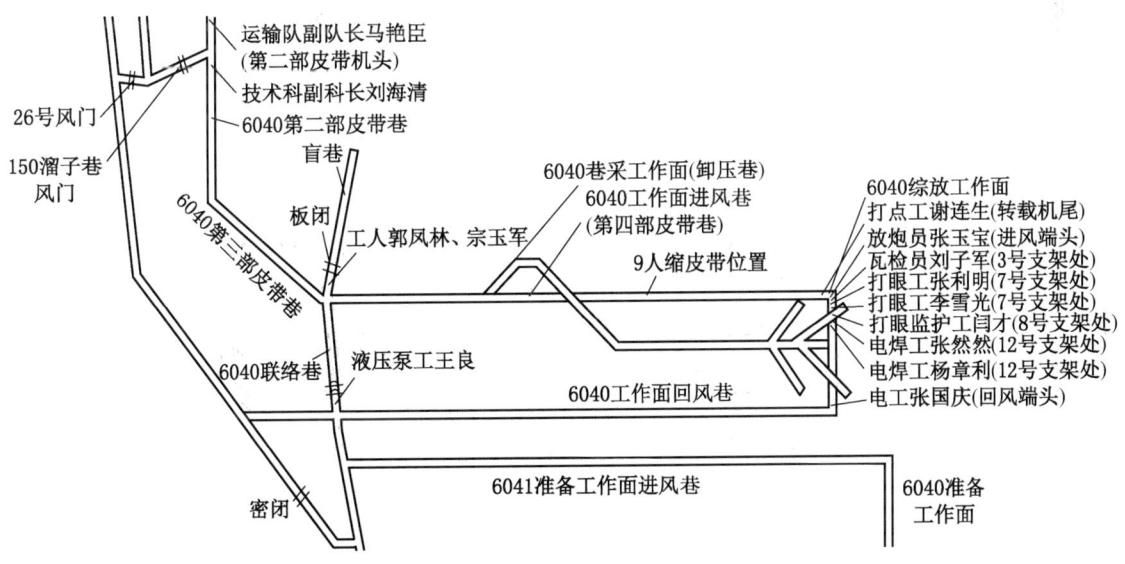

图3-41 事故发生前事故区域作业人员分布示意图

域，波及范围主要为6号煤层生产系统，即150溜子巷（风门）、联络巷（26号风门）、6040第一至第三部皮带巷、盲巷、6040联络巷、6040巷采工作面、6040综放工作面及6040工作面进、回风巷和6041准备工作面运输巷等（图3-42）。

(1) 盲巷口及周边巷道。

盲巷口及周边巷道内被冲击波破坏物体倾倒或移动分别向6040第三部皮带巷、盲巷里部、6040工作面进风巷和6040联络巷等四个方向（图3-43）。

6040第三部皮带巷的顶板塑料锚网有烧化挂丝现象，过火特征十分明显（图3-44）。

(2) 6040工作面进风顺槽。

6040巷采工作面口往6040综放工作面方向6040工作面进风巷25米至67米区域内被冲击波破坏的物体倒向凌乱，区域外分别向两侧方向明显（图3-45）。

6040巷采工作面口处转载平台和单体液压支柱全部被摧垮，向进风侧位移（图3-46）。

6040巷采工作面口处的木支柱向6040巷采工作面内倾倒，风筒被摧毁，巷口两帮和顶煤垮落，破坏严重。6040巷采工作面里面的巷道和风筒完好。

6040工作面进风巷从6040巷采工作面口向6040综放工作面方向25米巷道内，皮带架子与支柱倒向进风侧。

6040工作面进风巷从6040巷采工作面口向6040综放工作面67米处至工作面进风端头区域，巷道内皮带架子被摧垮，倒向工作面方向。巷道帮上部撕开的锚网里有向工作面方向插入的手机、木板片、电缆钩等（图3-47）。

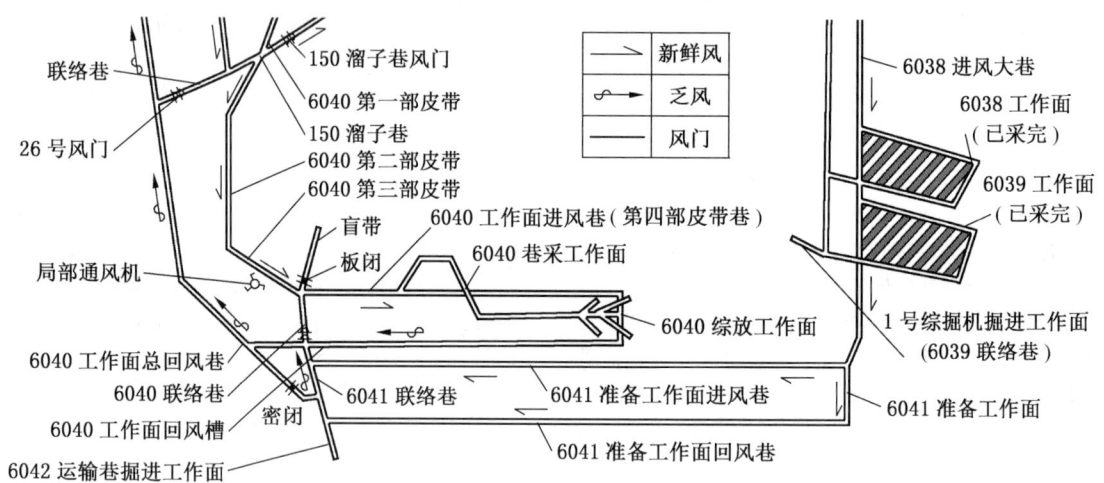

图3-42 事故波及范围示意图

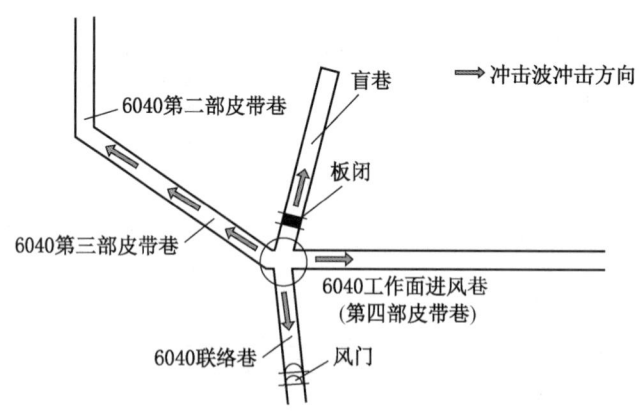

图3-43 盲巷口爆炸冲击波方向示意图

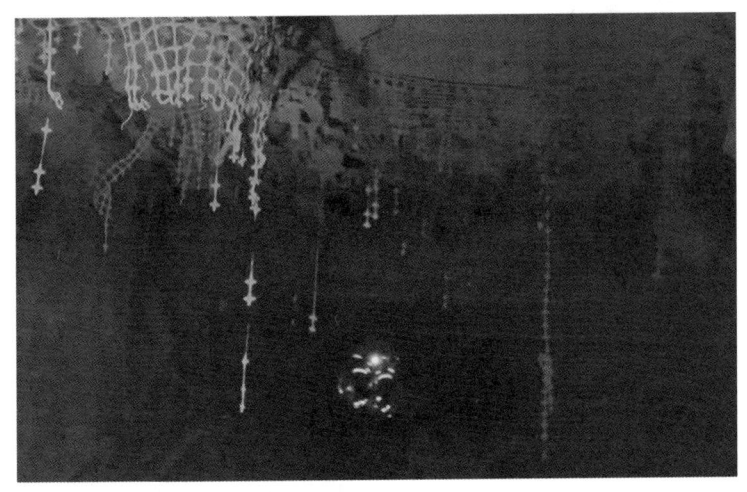

图 3-44 6040 第三部皮带巷顶板塑料锚网烧化挂丝

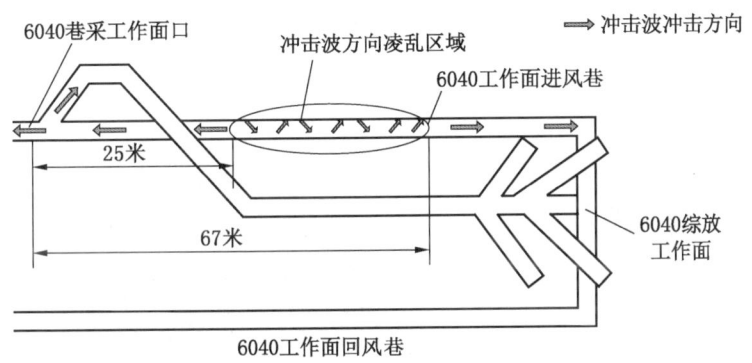

图 3-45 6040 工作面进风巷冲击波方向示意图

图 3-46 6040 巷采工作面口处转载平台被完全摧毁

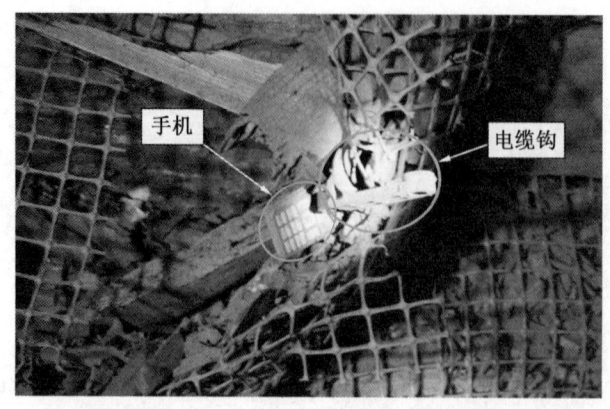

图 3-47　6040 工作面进风巷内斜插到锚网里的手机等物品

（3）6040 工作面回风巷。

6040 工作面回风巷至总回风巷完好，没有过火和冲击波破坏现象。

（4）6040 综放工作面。

6040 综放工作面第 12 号综放支架处 1 台电焊机开关处于送电状态（图 3-48），焊枪上夹着的焊条有使用、熔融痕迹（图 3-49）。

（四）人员伤亡和直接经济损失

事故共造成 32 人死亡、20 人受伤。依据《企业职工伤亡事故经济损失统计标准》（GB 6721—1986）等标准和有关规定统计，事故直接经济损失 4399 万元。

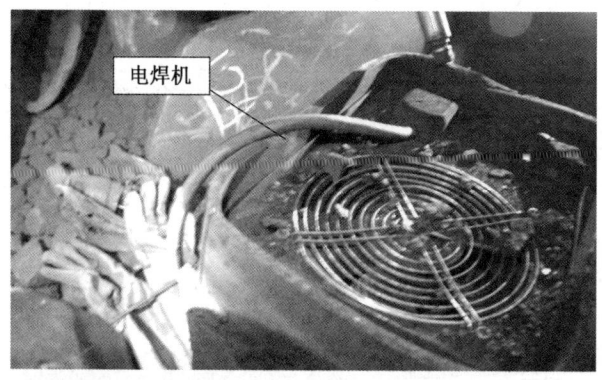

图 3-48　6040 综放工作面第 12 号支架处的电焊机

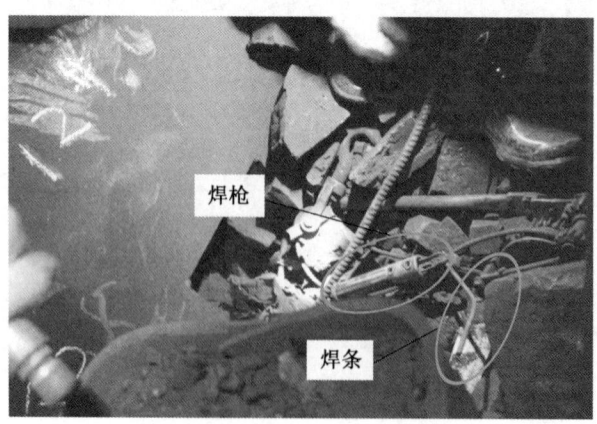

图 3-49　6040 综放工作面第 12 号支架处的焊枪及焊条

二、事故应急救援情况

（一）事故信息报告及响应

12月3日11时30分，宝马煤矿调度室接到井下事故报告电话后，向矿总工程师刘杰和安全副矿长张洪峰报告，并通知井下作业人员立即升井。11时40分，该矿向赤峰宝马煤炭物资有限责任公司（宝马煤矿上级公司，以下简称宝马煤炭物资公司）报告。11时45分，刘杰带领通风科3名工人下井，修复被冲击破坏的风门。12时10分，该矿切断了灾区的全部电源①。井下矿工组织自救和互救，成功救出15名受伤矿工。

宝马煤矿分别于12时23分、12时27分、12时55分，向元宝山区安全监管局、平庄煤业（集团）有限责任公司救护大队和内蒙古煤矿安监局赤峰监察分局报告了事故。

13时00分，赤峰市人民政府应急办接到元宝山区人民政府应急办事故报告。14时02分，内蒙古自治区人民政府接到赤峰市人民政府应急办电话报告事故信息，立即启动事故应急响应，成立应急处置指挥部。内蒙古自治区、赤峰市及元宝山区党委政府及有关部门负责人陆续到达事故现场，全力组织事故抢险救援。

15时02分，接到事故报告后，安全监管总局、国家煤矿安监局主要负责人率工作组紧急赶赴事故现场，指导事故救援和善后处理等工作。

15时35分，内蒙古自治区人民政府应急办向国务院总值班室报告事故信息。

（二）事故现场应急处置

平庄煤业（集团）有限责任公司救护大队接到宝马煤矿救援电话后，先后派出6个小队共76名救护队员参加抢险救援。

12时45分，救护队员入井进行灾区侦查搜救，至14时35分，相继发现17名遇难矿工和2名伤员。至19时25分，又相继发现12名遇难矿工和3名伤员。23时40分，发现最后3名遇难矿工。至此，灾区所有巷道侦查搜救完毕，共发现32名遇难矿工、抢救出5名伤员。

12月4日9时30分，32名遇难矿工遗体全部升井，抢险救援工作结束。至此，事故共造成32人遇难、20人受伤。

（三）善后处理和伤员救治

应急处置指挥部成立了善后处置组，分32个工作小组，开展遇难人员家属安抚工作。至12月11日，32名遇难人员家属全部签定了补偿协议，遇难人员遗体全部火化，善后处理工作结束。截至2017年6月14日，20名伤员中，已有16人康复出院，4人仍在医院治疗、伤情平稳。

三、事故直接原因

事故直接原因：宝马煤矿借回撤越界区域内设备名义违法组织生产，6040巷采工作面因停电停风，造成瓦斯积聚；1小时后恢复供电通风，积聚的高浓度瓦斯排入与之串联通风的6040综放工作面，遇到正在违规焊接支架的电焊火花引起瓦斯燃烧，产生的火焰传导至6040工作面进风巷，引起瓦斯爆炸。

（一）事故类别

经调查认定，这起事故是瓦斯爆炸事故。主要依据如下：

（1）有强烈的冲击波。大多数幸存者听到爆炸声，现场勘查，井下风门、皮带架子等设备设施被冲倒、破坏严重。

（2）过火特征明显。部分巷道顶板塑料锚网烧化挂丝；20名伤员中，有11人严重烧伤。

（3）事故区域未见煤尘结焦，煤尘未参与爆炸。

（二）瓦斯爆炸点

经调查认定，瓦斯爆炸发生在6040工作面进风巷内，有两个爆炸点，第一爆炸点是6040巷采工作面口往6040综放工作面方向的6040工作面进风巷25米至67米区域，第二爆炸点是盲巷口（图3-50）。

（三）瓦斯爆炸原因及相关因素

（1）火源。6040综放工作面电焊作业产生的火花引起瓦斯燃烧，燃烧的火焰传导至6040工作面进风巷引起瓦斯爆燃。主要依据如下：

① 瓦斯燃烧火源是电焊火花。在6040综放工作面作业的刘子军、闫才等人证实，事故发生时电焊工正在使用电焊机对综放支架进行维修作业，并看到火球从电焊作业处的第12号综放支架向6040工作面进风顺槽端头窜过来。现场勘查发现第12号综放支架处电焊机焊枪上夹着的焊条有使用、熔融痕迹。

② 瓦斯爆炸火源是来自于6040综放工作面瓦斯燃烧传导火焰。爆破工张玉宝、打点工谢连生在工作面进风端头处，看到火苗从6040综放工作面方向出来并传导至6040工作面进风巷。

---

① 《煤矿安全规程》第七百一十四条第一项：处理瓦斯（煤尘）爆炸事故时，应当遵守下列规定：（一）立即切断灾区电源。

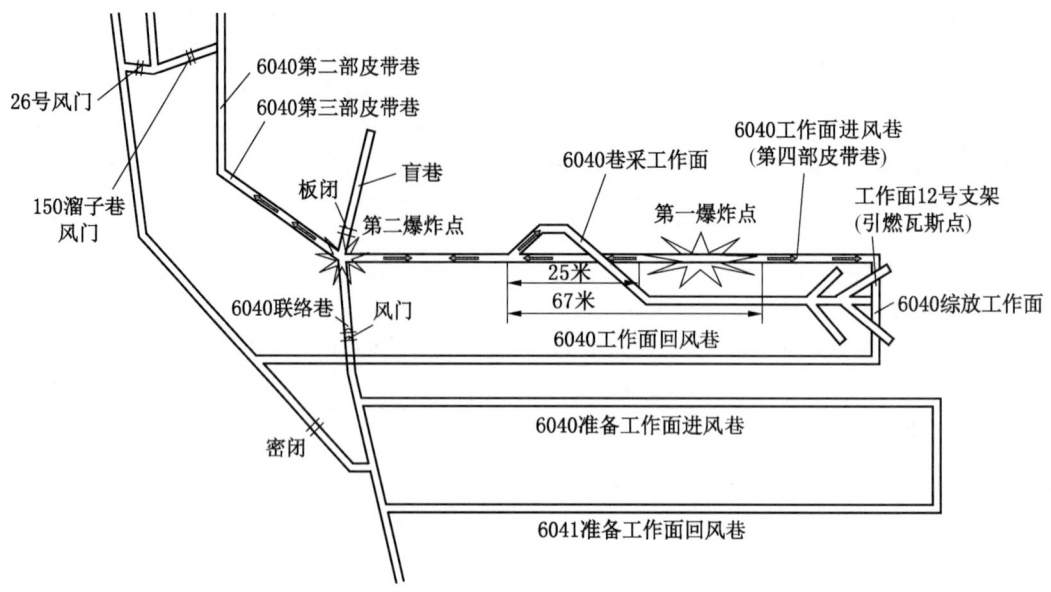

图 3-50 瓦斯爆炸点示意图

（2）瓦斯源。6040 巷采工作面停风造成大量瓦斯积聚。未按规定①排放瓦斯，直接开启局部通风机"一风吹"，6040 巷采工作面高浓度瓦斯排入 6040 综放工作面。主要依据如下：

① 6040 巷采工作面局部通风机停风 1 小时，造成瓦斯积聚。救护队员分别于 3 日 23 时 40 分和 4 日 2 时 00 分，在 6040 巷采工作面口测得瓦斯浓度为 14.8%、20%。专家组按照瓦斯浓度 14.8%推算，事故前 6040 巷采工作面停风 1 小时，瓦斯积聚量达到 105 立方米。

② 专家组通过数值模拟实验，局部通风机开启 7.7 分钟后，6040 巷采工作面内的积聚瓦斯已基本排完，6040 巷采工作面口向工作面方向 32 米、62 米处，瓦斯浓度分别为 5.48%、5.29%，均达到爆炸浓度，与现场勘查认定的第一爆炸点位置一致。

③ 盲巷为长 48.5 米的煤巷，2016 年 3 月停止掘进并封闭，积存了大量的瓦斯。

（3）氧气条件。事故发生前，6040 综放工作面正常通风，有人员作业，风流中的氧气浓度满足瓦斯爆炸供氧条件（氧气浓度大于 12%）。

（四）爆炸过程

6040 巷采工作面排放的瓦斯进入 6040 综放工作面，遇到正在违规焊接支架的电焊火花引起燃烧，逆风向 6040 工作面进风巷迅速传导，引起 6040 巷采工作面口往工作面方向 25 米至 67 米的区域达到爆炸浓度范围内的瓦斯发生第一次爆炸。爆炸冲击波将盲巷板闭摧毁，盲巷内积存的瓦斯涌出发生第二次爆炸。

四、事故企业相关情况

（一）宝马煤矿上级公司情况

宝马煤矿是宝马煤炭物资公司的全资子公司。宝马煤炭物资公司成立于 2000 年 10 月 24 日，为股份制民营企业，共有三名股东，分别为董事长邱则田（原内蒙古自治区人大代表），占股 66%；董事会监事长刘凤鹤（元宝山区人民法院公职人员），占股 26%（股份由其侄女刘艳军代持）；股东刘海军（宁城县水利局公职人员），占股 8%。邱则田是公司实际控制人，法定代表人、总经理张晓东负责公司日常工作，副总经理牛清瑞分管矿管部和安全工作。

（二）宝马煤矿基本情况

（1）矿井历史沿革情况。宝马煤矿前身为昌盛煤矿。昌盛煤矿始建于 1989 年，为南荒村集体所有制企业。2002 年 10 月，宝马煤炭物资公司承包了昌盛煤矿经营权，2007 年 10 月 8 日收购了该矿全部资产和债务，11 月 3 日成立了宝马煤矿。2008 年 12

---

① 《煤矿安全规程》第一百七十六条第一款：局部通风机因故停止运转，在恢复通风前，必须首先检查瓦斯，只有停风区中最高甲烷浓度不超过 1.0%和最高二氧化碳浓度不超过 1.5%，且局部通风机及其开关附近 10 m 以内风流中的甲烷浓度都不超过 0.5%时，方可人工开启局部通风机，恢复正常通风。

月，宝马煤矿通过了赤峰市安全监管局组织的45万吨/年技术改造工程竣工验收。该矿采矿许可证、安全生产许可证、工商营业执照均在有效期内。

（2）相邻矿井情况。宝马煤矿井田东南部与元宝山露天煤矿相邻，东北部与建昌营煤业有限责任公司（煤矿）、内蒙古平庄煤业（集团）有限责任公司老公营子煤矿相邻，西南部与元宝山镇四合村煤矿相邻。

（3）管理机构情况。宝马煤矿法定代表人刘海军，全面负责宝马煤矿的生产经营和管理，矿长吕国友全面负责安全生产工作，总工程师刘杰分管技术、通风和调度工作，副矿长董国青分管生产工作，副矿长张洪峰分管安全工作，副矿长李俊分管机电工作，副矿长宋奎树分管经营工作。

宝马煤矿下设调度室、技术科、通风科、采煤队、掘进队（兼安装队）、运输队、机电队。

（三）越界违法开采情况

自2008年3月开始，宝马煤矿先后有4任矿长组织实施越界违法开采（2008年2月至2012年12月高启柱任矿长，2013年1月至2014年11月鞠爽任矿长，2014年12月至2015年12月马玉财任矿长，2016年3月至事故发生吕国友任矿长）。越界区域先后共布置了29个综采、炮采和巷采工作面进行盗采。事故发生时，在越界区域共有综采设备2套，综掘设备3套。

事故发生后，事故调查组委托内蒙古自治区煤田地质局104勘探队对宝马煤矿越界开采情况进行了调查，2016年12月16日该勘探队出具了《内蒙古自治区赤峰宝马矿业有限公司越界开采情况调查报告》。内蒙古自治区国土资源厅组织专家组对该报告进行审查后，2017年2月9日内蒙古自治区国土资源厅非法采矿、破坏性采矿造成矿产资源破坏价值鉴定委员会认定该矿越界区域采出煤炭总量为407.9万吨。

（四）越界违法开采查处情况

（1）驻地煤矿安监机构查处情况。2016年1月11日，内蒙古煤矿安监局接到国家煤矿安监局办公室《关于核查内蒙古赤峰宝马矿业有限责任公司非法生产问题的函》。1月12日，内蒙古煤矿安监局时任局长杨泽余立即对核查工作作出安排。内蒙古煤矿安监局核查组1月13日到宝马煤矿对该矿图纸资料进行分析梳理，1月14日对该矿井下进行全面检查时，发现了可疑的假密闭，对该矿管理人员调查取证后，该矿承认了越界开采行为。随后，由赤峰监察分局对该矿下达了《现场处理决定书》，责令立即停止越界开采，封闭所有越界开采区域。为进一步查清越界开采事实，内蒙古煤矿安监局核查组1月25日调动平庄煤业（集团）有限责任公司救护队启封通往越界区域的假密闭，对越界区域违法生产情况进行了现场取证。

2月25日，内蒙古煤矿安监局约谈了宝马煤炭物资公司董事长邱则田、法定代表人张晓东、宝马煤矿法定代表人刘海军和元宝山区人民政府及有关部门负责人，再次明确责令宝马煤矿停止越界开采行为，责令元宝山区人民政府及相关部门监督落实。2月28日，内蒙古煤矿安监局依据《国务院关于预防煤矿生产安全事故的特别规定》（国务院令第446号），下达了《行政处罚决定书》，给予该矿罚款199.0万元，给予刘海军罚款14.9万元。3月9日，内蒙古煤矿安监局向元宝山区人民政府送达了《加强和改善安全管理建议书》，提出加强和改善煤矿安全管理的如下监察意见："1. 监督落实赤峰宝马矿业有限责任公司（煤矿）立即退回井田边界内，采取可靠措施封闭越界开采区域，消除生产安全隐患。2. 加强煤矿安全生产监管工作，严厉打击煤矿超层越界开采等非法违法行为，避免可能的生产安全事故发生。3. 请将处理意见2016年3月31日前函告我局。"

（2）地方政府及安全监管部门查处情况。2016年1月14日，内蒙古自治区安全监管局接到安全监管总局转来的举报宝马煤矿非法生产的信件。1月15日，内蒙古自治区安全监管局事故调查处处长钢巴特尔向总工程师张耀汇报，张耀直接批转至赤峰市人民政府调查处理。

1月19日，赤峰市人民政府办公厅收到内蒙古自治区安全监管局转来的调查处理交办单。1月26日，赤峰市安全监管局收到赤峰市人民政府副市长杨远新批示。1月28日，赤峰市安全监管局煤炭管理科科长王占才带队去宝马煤矿调查核实。2月1日，赤峰市安全监管局向赤峰市人民政府上报了核查报告，确认宝马煤矿越界开采属实，已由相关部门处理。2月5日，杨远新签字同意向内蒙古自治区安全监管局上报了核查情况。

2月23日，内蒙古自治区安全监管局办公室收到赤峰市人民政府的核查报告。2月29日钢巴特尔收到核查报告后，认为该件已终结，未向局领导汇报，存档封存。

（3）地方政府及相关部门落实驻地煤矿安监机构监察意见情况。收到内蒙古煤矿安监局3月9日送达的《加强和改善安全管理建议书》后，元宝山区人民政府时任分管副区长黄勇于3月10日主持会议，专题研究宝马煤矿越界开采有关事宜，并于3月14

日形成会议纪要（赤峰市元宝山区人民政府区长办公会议纪要〔2016〕6号），明确要求：由元宝山区安全监管局、赤峰市国土资源局元宝山区分局、元宝山镇人民政府成立针对宝马煤矿越界开采行为的联合工作组，并由区安全监管局牵头，责令宝马煤矿立即停止越界开采行为，退回开采范围，封闭越界开采区域并消除事故隐患；元宝山镇人民政府负责对宝马煤矿退出回撤执行情况进行监督；宝马煤矿要在3月31日前作出退出回撤设备计划和安全实施方案报工作组；工作组要在全区开展煤矿超层越界专项整治活动，严厉查处超层越界开采行为。

3月17日，赤峰市国土资源局元宝山区分局执法监察局局长刘国利带领人员对宝马煤矿越界情况进行了调查，认定该矿"越界巷道为：岩石巷道400米，煤巷1000米，平行巷道一条，长度同上；没有采煤工作面。掘进巷道生产工程煤10000吨，煤炭销售价格145.0元/吨。"4月20日，赤峰市国土资源局元宝山区分局针对宝马煤矿越界违法开采行为，下达了行政处罚决定书，责令该矿退回矿区范围，没收违法所得145.0万元。8月1日，刘国利带队到宝马煤矿落实行政处罚，未下井实地查看该矿退出越界区域情况。9月5日，宝马煤矿不服赤峰市国土资源局元宝山区分局作出的上述行政处罚，向元宝山区人民法院提起了行政诉讼。元宝山区人民法院于10月22日开庭审理，至事故发生时尚未宣判。

5月17日，元宝山区安全监管局局长马有廷带领副总工程师王海生、煤矿监察中队长韩春儒和队员潘振华，赤峰市国土资源局元宝山区分局执法监察局局长刘国利、矿管股副股长刘焱鑫，元宝山镇人民政府副镇长耿树田，元宝山镇安全监管站站长刘晓芳、监察员荆利，在宝马煤矿召开会议，研究落实元宝山区人民政府区长办公会议纪要相关要求。6月3日，宝马煤矿按照元宝山区人民政府区长办公会议纪要及相关部门的要求，向元宝山区安全监管局报送了《赤峰宝马矿业东区6038—6039联络巷掘进、轨道运输巷断面刷扩及6.4-4回撤设备存放巷道掘进申请》（宝马矿业字〔2016〕39号）。元宝山区安全监管局接到该矿的申请后，未组织井下现场核查，于6月8日下达了《关于〈赤峰宝马矿业有限责任公司东区轨道运输巷断面刷扩及6.4-4回撤设备存放巷道掘进申请〉的批复》（元安监管字〔2016〕35号），原则同意该矿的申请，并提出了相关要求：宝马煤矿每月月底将工程进展情况（文字和图纸）及时向赤峰市国土资源局元宝山区分局、元宝山镇人民政府和区安全监管局进行汇报，以便及时掌握施工和回撤进度情况；此施工作业项目施工完毕，下一项施工作业项目开工前必须编制施工作业安全技术措施，并逐级上报，在未经审批同意之前不得擅自施工作业；施工作业的日常安全管理工作由元宝山镇人民政府负责监督实施，东采区不得从事任何其他采掘作业活动。6月16日，元宝山区安全监管局副总工程师王海生带队对宝马煤矿进行现场监督。9月17日，该矿向元宝山区安全监管局报送了《赤峰宝马矿业东区设备回撤运输轨道下山巷道断面刷扩、设备存放巷道掘进变更为重新掘进设备回撤运输巷道申请》（宝马矿业字〔2016〕55号），元宝山区安全监管局未予以批复。10月20日，王海生再次带队对宝马煤矿进行现场监督，但未对越界区域进行全面检查，未发现宝马煤矿继续在越界区域开采的真实情况。

（4）宝马煤矿落实监管监察指令情况。宝马煤矿自越界违法行为被查处以来，并未停止越界违法开采行为，也未真正实施回撤作业。2016年3月底，矿长吕国友组织安全副矿长张洪峰、生产副矿长董国青、总工程师刘杰商议决定，继续实施越界违法开采。

五、有关责任单位存在的主要问题

（一）宝马煤矿及宝马煤炭物资公司

（1）长时间、长距离、大范围、大规模疯狂进行越界违法开采。宝马煤矿违反《中华人民共和国矿产资源法》第十九条的规定①，从2008年开始超越采矿许可证规定的采矿范围，最长越界直线距离近2千米，越界区域面积约1.45平方千米。违反《煤矿安全规程》第九十五条的规定②，事故发生前，越界区域布置2个综采放顶煤工作面、1个巷采工作面、3个综合机械化掘进工作面和2个炮掘工作面。

2016年1月14日越界开采行为被查处后，不执行"责令该矿立即停止越界开采，封闭所有越界开采区域"的指令，3月底开始以回撤设备的名义，继续在越界区域违法组织生产。

---

① 《矿产资源法》第十九条第二款：禁止任何单位和个人进入他人依法设立的国有矿山企业和其他矿山企业矿区范围内采矿。

② 《煤矿安全规程》（国家安全监管总局令第87号）第九十五条第二款：一个采（盘）区内同一煤层的一翼最多只能布置1个采煤工作面和2个煤（半煤岩）巷掘进工作面同时作业。

(2) 弄虚作假,掩盖越界区域,销毁证据,蓄意逃避监管。宝马煤矿采用假密闭、假图纸①、假数据、假回撤等手段隐蔽越界区域,蓄意逃避监管。该矿在通往越界区域的巷道内建有经过伪装的假密闭,越界区域内未安设安全监控系统和人员位置监测系统,并隐匿各类图纸、资料、台账、数据。事故发生后,该矿违反《安全生产法》第八十条②的规定,隐匿监控设备硬盘,销毁越界区域的测风记录等资料。

(3) 越界区域内管理混乱,冒险蛮干。长期采用国家明令禁止的"巷道式采煤"工艺③。

通风瓦斯管理制度不落实。违反《煤矿安全规程》第一百五十条④的规定,6040 巷采工作面与 6040 综放工作面串联通风;违反《煤矿安全规程》第一百七十六条⑤的规定,6040 巷采工作面采用"一风吹"的方式违规排放瓦斯时,未检查甲烷浓度、未停电撤人;违反《煤矿安全规程》一百八十条⑥的规定,管理人员未配备便携式甲烷检测报警仪;违反《煤矿安全规程》第一百六十四条⑦的规定,6040 巷采工作面使用 1 台局部通风机同时向 2 个采掘作业地点供风,且局部通风机无"三专两闭锁";违反《煤矿安全规程》第一百五十五条⑧的规定,6040 联络巷风门等通风设施漏风严重;违反《煤矿安全规程》第一百四十条⑨的规定,越界区域经常不测风,即使测风后也不记录、不上报。

电气设备管理制度不落实。违反《煤矿安全规程》第二百五十四条⑩的规定,违规使用电焊,仅 2016 年 11 月 11 日至 27 日,有 14 天在 6040 综放工作面使用电焊;违反《煤矿安全规程》第四百八十一条⑪的规定,不执行停送电报告、审批制度,随意停送电;违反《煤矿安全规程》第四百八十二条⑫的

---

① 《煤矿安全规程》第十四条第三项、第四项:井工煤矿必须按规定填绘反映实际情况的下列图纸:(三)巷道布置图。(四)采掘工程平面图。

② 《安全生产法》第八十条第二款:单位负责人接到事故报告后,……不得故意破坏事故现场、毁灭有关证据。

③ 《国家安全监管总局国家煤矿安监局关于发布〈禁止井工煤矿使用的设备及工艺目录(第二批)〉的通知》(安监总煤装〔2008〕49 号)附件第二十一条:"巷道式采煤(系指不能形成全风压通风,没有两个安全出口,以掘代采的采煤方式。发布之日起禁止使用)。"

④ 《煤矿安全规程》第一百五十条第一款:"采、掘工作面应当实行独立通风,严禁 2 个采煤工作面之间串联通风。"

⑤ 《煤矿安全规程》第一百七十六条第一款:"局部通风机因故停止运转,在恢复通风前,必须首先检查瓦斯,只有停风区中最高甲烷浓度不超过 1.0% 和最高二氧化碳浓度不超过 1.5%,且局部通风机及其开关附近 10 m 以内风流中的甲烷浓度都不超过 0.5% 时,方可人工开启局部通风机,恢复正常通风。"第四款:"在排放瓦斯过程中,排出的瓦斯与全风压风流混合处的甲烷和二氧化碳浓度均不得超过 1.5%,且混合风流经过的所有巷道内必须停电撤人,其他地点的停电撤人范围应当在措施中明确规定……"

⑥ 《煤矿安全规程》第一百八十条第一项:"矿井必须建立甲烷、二氧化碳和其他有害气体检查制度,并遵守下列规定:(一)矿长、矿总工程师、爆破工、采掘区队长、通风区队长、工程技术人员、班长、流动电钳工等下井时,必须携带便携式甲烷检测报警仪。瓦斯检查工必须携带便携式光学甲烷检测仪和便携式甲烷检测报警仪。安全监测工必须携带便携式甲烷检测报警仪。"

⑦ 《煤矿安全规程》第一百六十四条第三项、第七项、第九项:"(三)……正常工作的局部通风机必须采用三专(专用开关、专用电缆、专用变压器)供电,……备用局部通风机电源必须取自同时带电的另一电源,当正常工作的局部通风机故障时,备用局部通风机能自动启动,保持掘进工作面正常通风;(七)使用局部通风机供风的地点必须实行风电闭锁和甲烷电闭锁,保证当正常工作的局部通风机停止运转或者停风后能切断停风区内全部非本质安全型电气设备的电源……;(九)……不得使用 1 台局部通风机同时向 2 个及以上作业的掘进工作面供风。"

⑧ 《煤矿安全规程》第一百五十五条第一款:"控制风流的风门、风桥、风墙、风窗等设施必须可靠。"

⑨ 《煤矿安全规程》第一百四十条第一款:"矿井必须建立测风制度,每 10 天至少进行 1 次全面测风。"

⑩ 《煤矿安全规程》第二百五十四条第一款:"井下和井口房内不得进行电焊、气焊和喷灯焊接等作业。如果必须在井下主要硐室、主要进风井巷和井口房内进行电焊、气焊和喷灯焊接等工作,每次必须制定安全措施,由矿长批准并遵守下列规定……"第二款:"煤层中未采用砌碹或者喷浆封闭的主要硐室和主要进风大巷中,不得进行电焊、气焊和喷灯焊接等工作。"

⑪ 《煤矿安全规程》第四百八十一条第二款:"高压停、送电的操作,可以根据书面申请或者其他联系方式,得到批准后,由专责电工执行。"

⑫ 《煤矿安全规程》第四百八十二条:"井下防爆电气设备的运行、维护和修理,必须符合防爆性能的各项技术要求。防爆性能遭受破坏的电气设备,必须立即处理或者更换,严禁继续使用。"

规定，电缆、开关等电气设备失爆现象严重；违反《煤矿安全规程》第十四条①的规定，越界区域无供配电系统图和电气设备布置图，随意布置电气设备。

强令工人冒险作业，"要钱不要命"。违反《煤矿安全规程》第一百三十五条②的规定，回撤已回采完毕的 6039 工作面设备时，一氧化碳浓度最高达 0.05%（500 ppm），工人不同程度出现头疼、恶心等症状，不仅未立即停止作业、排除隐患，而是让工人服用脑立清、葡萄糖、氨酚待因③等药物，继续组织工人冒险作业。

（二）内蒙古自治区、赤峰市、元宝山区相关部门

内蒙古自治区、赤峰市、元宝山区相关部门履职不到位，未发现宝马煤矿长期存在的越界违法开采问题。在 2016 年查实宝马煤矿越界开采行为后，监督检查不到位，未能有效制止宝马煤矿越界违法开采行为。

1. 国土资源管理部门

（1）赤峰市国土资源局元宝山区分局④未认真履行对煤矿开采活动进行监督管理的职责，对宝马煤矿长达 8 年越界违法开采行为和地质勘查中介机构出具的虚假报告失察。在得知宝马煤矿存在越界违法开采行为后，对宝马煤矿越界违法开采行为进行查处时，执法不到位、程序不规范。赤峰市国土资源局元宝山区分局执法监察局于 2016 年 3 月 16 日至 17 日在查处宝马煤矿越界违法开采案件时，对越界的时间、范围、规模等问题未深入调查；未按规定⑤对违法开采煤炭数量和价值进行认定，仅凭矿方口头提供的违法开采煤炭数量和价值，实施没收违法所得 145 万元的行政处罚；未按规定⑥将此案件向赤峰市国土资源局报告。6 月 16 日、8 月 1 日、10 月 20 日先后 3 次到宝马煤矿进行检查，未发现宝马煤矿以回撤设备的名义继续越界违法开采行为。在查实宝马煤矿越界违法开采行为后，2016 年 4 月 8 日在未对宝马煤矿越界违法开采整改情况进行复查⑦的情况下，作出该矿采矿许可证 2015 年度年检合格的结论。

（2）赤峰市国土资源局⑧未认真履行对煤矿开采活动进行监督管理的职责，对煤矿超层越界开采问题的监督管理工作缺失。对赤峰市国土资源局元宝山区分局履职不力、未能有效制止宝马煤矿以回撤设备的

---

① 《煤矿安全规程》第十四条第十项："井工煤矿必须按规定填绘反映实际情况的下列图纸：（十）井上、下配电系统图和井下电气设备布置图。"

② 《煤矿安全规程》第一百三十五条：井下空气一氧化碳最高允许浓度 0.0024%。

③ "脑立清"主要用于治疗头痛脑胀，眩晕耳鸣；"葡萄糖"主要功能为供给能量，补充血糖，强心利尿，解毒等；"氨酚待因"主要功能为镇痛、解热。

④ 《赤峰市元宝山区人民政府办公室关于印发区国土资源局主要职责内设机构和人员编制规定的通知》(元政办发〔2010〕43 号)：元宝山区国土资源局负责监督检查矿产资源法律法规的贯彻执行情况；调查处理国土资源违法案件；规范和监管矿业权市场，组织对矿业权人开采活动进行监督管理；规范和监管与国土资源相关的社会中介组织和行为，依法查处违法违规行为；负责元宝山区矿产资源开发的管理，依法管理权限内矿业权的审批登记发证等。

⑤ 《国土资源违法行为查处工作规程》9.2.5 规定："违法开采的矿产品数量认定，可以采取计重或者测算体积等方式得出。对于找不到现场堆放的矿产品的，可以通过从测量采空区计算或者通过查阅违法当事人销售矿产品的相关台账计算。违法开采矿产品的价值认定，可以根据违法当事人违法开采的矿产品数量，结合违法行为发生时当地的矿产品价格计算，也可以通过查阅违法当事人销售矿产品的相关台账计算。"

⑥ 《国土资源部关于健全完善矿产资源勘查开采监督管理和执法监察长效机制的通知》(国土资发〔2009〕148 号)："县（市）、市（地）国土资源行政主管部门对本部门立案查处的重大典型违法案件特别是无证开采、越界开采、非法转让矿业权、违法审批发证等案件，逐级上报省（区、市）国土资源行政主管部门。"

⑦ 《国土资源部关于进一步完善矿产资源开发利用年度检查工作的通知》(国土资发〔2012〕64 号)：年检实施机关在年检中发现采矿权人有下列情形之一（其中，10. 对上一年度年检和日常监督、检查、督查发现问题整改不到位的；11. 违反矿产资源法律法规的其他情况）的，应当责令其改正。采矿权人在期限内完成整改并通过复查验收的，确定为年检合格。

⑧ 《赤峰市人民政府办公厅关于印发赤峰市国土资源局主要职责内设机构和人员编制规定的通知》(赤政办发〔2010〕56 号)：赤峰市国土资源局负责监督检查矿产资源法律法规的贯彻执行情况以及矿产资源规划的执行情况；监督指导旗县区国土资源行政主管部门行政执法工作，调查处理国土资源重大违法案件；组织和实施国家矿产资源等管理的技术标准、规程、规范和办法；规范和监管矿业权市场，组织对矿业权人勘查、开采活动进行监督管理；规范和监管与国土资源相关的社会中介组织和行为，依法查处违法违规行为；负责全市矿产资源开发的管理，依法管理权限内矿业权的审批登记发证和转让审批登记；对旗县区国土资源行政主管部门实行业务领导。

名义继续越界违法开采行为和违规通过宝马煤矿采矿许可证年检等问题失察。未按规定①为赤峰市国土资源执法监察支队配备专业技术人员。对国土资源相关社会中介机构监管不到位，对中介机构出具虚假报告情况失察。

（3）内蒙古自治区国土资源厅②未认真贯彻落实矿产资源开发利用有关法律法规。未认真落实监督指导下级国土资源部门履行行政执法工作职责。对赤峰市国土资源局和赤峰市国土资源局元宝山区分局长期未组织开展煤矿开采活动的监督检查工作等问题失察。对赤峰市国土资源局和赤峰市国土资源局元宝山区分局执法监察人员不足、专业技术力量薄弱、执法监察人员长期被挪用等问题未及时督促整改。

2. 煤矿安全监管部门（煤炭行业管理部门）

（1）元宝山镇安全监管站③未发现宝马煤矿存在的长期越界违法开采的重大隐患，特别是2016年初至事故发生，到宝马煤矿现场检查21次，未发现该矿在越界区域内继续生产行为。在宝马煤矿回撤设备期间，未按照元宝山区人民政府区长办公会议纪要的要求，对该矿退出回撤执行情况进行监督。

（2）元宝山区安全监管局④在重庆市永川区金山沟煤业有限责任公司"10·31"特别重大瓦斯爆炸事故后，未认真贯彻落实《国家安全监管总局国家煤矿安监局关于深化煤矿安全生产大检查的通知》（安监总煤监〔2016〕115号）等文件精神。未针对宝马煤矿开展超层越界等"八查"⑤为重点内容的安全大检查。未严格执行内蒙古煤矿安监局向元宝山区人民政府送达的《加强和改善安全管理建议书》。参加元宝山区人民政府区长办公会议时，未对宝马煤矿回撤越界区域设备的提议提出反对意见。在未对现场情况进行核实的情况下，就批复同意宝马煤矿越界区域回撤设备的巷道准备工程。2016年4月14日至事故发生时，赤峰市煤矿安全监控中心视频监控北片工业视频工控机（Ⅱ）（含宝马煤矿视频监控）系统长时间出现故障，未进行处理。2016年6月16日、10月20日，两次组织元宝山区相关部门对宝马煤矿进行现场检查时，未对越界区域进行全面检查，对宝马煤矿以回撤设备的名义继续越界违法开采的行为失察。

---

① 《赤峰市机构编制委员会关于赤峰市国土资源局所属事业单位调整规范方案的批复》（赤机编发〔2013〕49号）：核定赤峰市国土资源执法监察支队事业编制52名，其中：管理人员编制7名、专业技术人员编制45名；核定班子领导职数3名（正科1名、副科2名，班子领导实行高配）；内设机构副科级领导职数4名。

② 内蒙古自治区人民政府办公厅《关于印发自治区国土资源局厅主要职责内设机构和人员编制规定的通知》（内政办发〔2009〕80号）：内蒙古自治区国土资源厅承担保护与合理利用矿产资源的责任，监督检查矿产资源法律法规的贯彻执行情况；监督指导盟市国土资源行政主管部门行政执法工作。调查处理国土资源重大违法案件。规范和监管矿业权市场，组织对矿业权人勘查、开采活动进行监督管理，规范和监管国土资源相关社会中介组织和行为，依法查处违法违规行为。负责全区矿产资源开发的管理。依法管理权限内矿业权的审批登记发证和转让审批登记。承办自治区人民政府交办的其他事项等。

③ 《关于调整区安全生产监管机构的通知》（元机编发〔2015〕7号）：受区安全生产监督管理局委托，依法对辖区煤矿、非煤矿山、危险化工品、烟花爆竹和"八大行业"生产经营单位的以下情况行使安全生产监督管理职责，依法查处不具备安全生产基本条件的生产经营单位；贯彻执行安全生产法律法规情况；作业场所职业卫生情况；重大危险源的监控和安全生产隐患的整改情况；生产条件和有关设备（特种设备除外）、劳动防护用品安全管理情况；新建、改建、扩建建设工程项目安全设施与主体同时设计、同时施工、同时投入使用情况等。

④ 《赤峰市元宝山区人民政府关于印发〈元宝山区有关部门和单位安全生产工作职责规定〉的通知》（元政字〔2016〕162号）：区安全生产监督管理部门依法对全区安全生产工作实施综合监督管理，宣传贯彻执行安全生产方针政策、法律法规及规章规程，认真研究解决安全生产工作中存在的重大问题；指导、监督本行业领域生产经营单位落实安全生产主体责任，依法查处非法违法、违规违章生产经营建设行为。《赤峰市元宝山区人民政府办公室关于印发区安全生产监督管理局职能配置内设机构和人员编制规定的通知》（元政办发〔2004〕23号）：区安全生产监督管理局监督指导、协调、监督有关部门、行业承担的专项安全监察、监督工作；监督检查生产经营单位贯彻执行安全生产法律、法规和有关规章、规程及技术标准情况，依法查处其违法违规行为；负责全区煤炭行业管理工作。

⑤ 《国家安全监管总局国家煤矿安监局关于深化煤矿安全生产大检查的通知》（安监总煤监〔2016〕115号）："八查"是查煤矿超层越界、查煤矿复产复工验收、查淘汰退出情况、查"六大系统"、查采煤工艺和方法、查超能力生产等情况、查通风系统、查安全生产投入。

(3）赤峰市安全监管局①对宝马煤矿存在的越界违法开采重大隐患未按规定进行挂牌督办②。在重庆市永川区金山沟煤业有限责任公司"10·31"特别重大瓦斯爆炸事故后，落实《国家安全监管总局国家煤矿安监局关于深化煤矿安全生产大检查的通知》（安监总煤监〔2016〕115号）文件精神不力，未针对煤矿超层越界等重点内容深入开展安全检查。对赤峰市人民政府交办的宝马煤矿越界违法开采举报件，未下井实地调查核实，便形成报告上报，也未对此问题监督指导元宝山区安全监管局整改落实并挂牌督办。未对元宝山区安全监管局处理宝马煤矿越界违法开采问题进行监督指导。未按规定制定地方煤矿年度监督检查计划③，对地方煤矿疏于监管。

（4）内蒙古自治区煤炭工业局④对赤峰市安全监管局落实《国务院安委会办公室关于深入开展安全生产大检查切实加强岁末年初安全生产工作的通知》（安委办明电〔2016〕13号）、《国家安全监管总局国家煤矿安监局关于深化煤矿安全生产大检查的通知》（安监总煤监〔2016〕115号）等文件精神指导监督不力。未按照有关规定制定2016年度煤矿监督检查计划。

（三）内蒙古自治区人民政府，赤峰市、元宝山区和元宝山镇党委政府

（1）元宝山镇党委政府⑤未督促落实煤矿隐患排查治理、专项整治和"打非治违"等工作，对相关部门履行职责情况督促检查不力，对宝马煤矿长期存在越界违法开采问题失察。特别是在内蒙古煤矿安监局查处宝马煤矿越界违法开采后，未落实赤峰市元宝山区人民政府区长办公会议纪要相关要求。对宝马煤矿退出回撤执行情况缺乏有效监督，未制止宝马煤矿继续越界违法开采行为。

（2）元宝山区党委政府⑥未认真贯彻落实国家有

---

① 《赤峰市人民政府办公厅关于印发〈赤峰市安全生产监督管理局职能配置、内设机构和人员编制规定〉的通知》（赤政办发〔2004〕25号）和《赤峰市人民政府关于印发〈赤峰市有关部门和单位安全生产工作职责规定〉的通知》（赤政发〔2016〕32号）：负责安全生产综合监督管理，依法对各旗县区人民政府及市有关部门和单位的安全生产工作实施宏观指导、综合协调和监督检查，协调解决安全生产重大问题；负责非煤矿山、危险化学品生产经营和储存、烟花爆竹、金属冶炼、建材、轻工、纺织、机械等生产经营单位的安全生产监督管理；负责煤炭行业的安全生产监督管理；组织、指导和协调生产安全事故应急救援工作；承担市安全生产委员会办公室的职责。

② 《安全生产事故隐患排查治理暂行规定》（国家安全监管总局令第16号）第二十条："安全监管监察部门应当建立事故隐患排查治理监督检查制度，定期组织对生产经营单位事故隐患排查治理情况开展监督检查；应当加强对重点单位的事故隐患排查治理情况的监督检查。对检查过程中发现的重大事故隐患，应当下达整改指令书，并建立信息管理台账。必要时，报请同级人民政府并对重大事故隐患实行挂牌督办。"

③ 《安全生产法》第五十九条第二款："安全生产监督管理部门应当按照分类分级监督管理的要求，制定安全生产年度监督检查计划，并按照年度监督检查计划进行监督检查，发现事故隐患，应当及时处理。"

④ 《内蒙古自治区人民政府办公厅关于印发〈内蒙古自治区煤炭工业局主要职责内设机构和人员编制规定〉的通知》（内政办发〔2014〕83号）：承担全区煤矿安全生产、煤炭经营监管工作。负责全区煤矿安全质量标准化达标考评、动态监管工作；负责煤矿生产能力核定和管理、淘汰落后产能工作；承担全区煤矿重大危险源监控、隐患排查和瓦斯等级鉴定及抽采利用工作。

⑤ 《安全生产法》第八条第三款："乡、镇人民政府以及街道办事处、开发区管理机构等地方人民政府的派出机关应当按照职责，加强对本行政区域内生产经营单位安全生产状况的监督检查，协助上级人民政府有关部门依法履行安全生产监督管理职责。"中共赤峰市元宝山区委、赤峰市元宝山区人民政府《关于印发〈元宝山区安全生产"党政同责、一岗双责"实施办法〉的通知》（元党发〔2016〕16号）：各镇乡街党（工）委和各镇乡街政府（办事处）的安全生产工作职责是：贯彻落实党中央、国务院关于加强安全生产工作的方针政策和上级党委、政府关于加强安全生产工作的部署要求；定期听取安全生产工作汇报；贯彻执行安全生产法律法规；按照属地管理原则，将安全生产纳入政府重要议事日程，研究部署涉及安全生产工作的重要措施；建立健全安全生产监督管理制度，组织、督促有关部门依法履行安全生产监督管理职责，严格落实安全生产目标管理责任制；组织有关部门监督企业开展安全生产隐患排查治理，配合监管部门严厉打击和查处各类非法违法生产经营建设行为。

⑥ 《中共赤峰市委办公厅赤峰市人民政府办公厅关于印发〈赤峰市安全生产"党政同责、一岗双责"实施办法〉的通知》（赤党办发〔2016〕28号）：各旗县区级党委政府的安全生产工作职责是：贯彻落实党中央、国务院关于加强安全生产的方针政策和上级党委、政府关于加强安全生产工作的部署要求；定期听取安全生产工作汇报；贯彻执行安全生产法律法规；将安全生产纳入年度计划和政府常务会议重要议事日程，研究部署涉及安全生产工作的重要措施；建立健全安全生产监督管理制度，组织、督促有关部门依法履行安全生产监督管理职责，严格落实安全生产目标管理责任制和行政责任追究制；组织有关部门监督企业开展安全生产隐患排查治理，严厉打击和查处各类非法违法生产经营建设行为。

关矿产资源管理和安全生产法律法规、《国务院安委会办公室关于深入开展安全生产大检查切实加强岁末年初安全生产工作的通知》(安委办明电〔2016〕13号)、2016年11月27日国务院安委会召开的全国安全生产电视电话会议等一系列文件会议精神。未认真贯彻落实内蒙古自治区及赤峰市关于煤矿安全生产工作的部署和要求。未有效监督检查元宝山区人民政府有关部门、元宝山镇党委政府认真履行矿产资源管理、安全生产监管职责。未认真落实内蒙古煤矿安监局向元宝山区人民政府送达的《加强和改善安全管理建议书》。未有效制止宝马煤矿越界违法开采行为,对宝马煤矿以回撤设备的名义继续越界违法开采的行为失察。

(3) 赤峰市党委政府①未认真贯彻落实国家有关矿产资源管理和安全生产法律法规、《国务院安委会办公室关于深入开展安全生产大检查切实加强岁末年初安全生产工作的通知》(安委办明电〔2016〕13号)、2016年11月27日国务院安委会召开的全国安全生产电视电话会议等一系列文件会议精神。未认真落实安全生产"党政同责、一岗双责、齐抓共管、失职追责"的要求。未有效督促指导赤峰市人民政府有关部门及元宝山区委政府认真履行职责。对有关部门未发现宝马煤矿长期存在越界违法开采问题、越界违法开采查实后未采取有效措施制止宝马煤矿以回撤设备名义继续越界违法开采的问题失察。

(4) 内蒙古自治区人民政府②未切实加强对煤矿安全生产工作的领导。未有效督促自治区国土资源厅、自治区煤炭工业局依法履行监管职责。未有效督促赤峰市人民政府认真履行煤矿安全生产相关职责。

(四) 内蒙古煤矿安监局及赤峰监察分局

(1) 内蒙古煤矿安监局赤峰监察分局③未认真贯彻上级有关煤矿安全监察工作的安排部署。在宝马煤矿越界违法开采重大隐患查处后,对内蒙古煤矿安监局向元宝山区人民政府下达的《加强和改善安全管理建议书》跟踪督促不力。未认真指导元宝山区安全监管局开展煤矿安全监察执法工作。

(2) 内蒙古煤矿安监局④未认真做好对赤峰监察分局的监督、检查和指导工作。对宝马煤矿越界违法开采重大隐患下达《加强和改善安全管理建议书》后,未及时跟踪元宝山区人民政府落实"将处理意见2016年3月31日前函告我局"的要求。

(五) 中介机构

(1) 内蒙古天信地质勘查开发有限责任公司⑤未按照有关规定⑥对宝马煤矿井下实际开采情况进行实

---

① 《内蒙古自治区党委办公厅自治区人民政府办公厅关于印发〈内蒙古自治区安全生产"党政同责、一岗双责"暂行办法〉的通知》(内党办发〔2014〕42号):市委和市人民政府的安全生产工作职责是:贯彻落实党中央、国务院关于加强安全生产工作的方针政策和上级党委、政府关于加强安全生产工作的部署要求;定期听取安全生产工作汇报;贯彻执行安全生产法律法规;将安全生产纳入年度计划和政府常务会议重要议事日程,研究部署涉及安全生产工作的重要措施;建立健全安全生产监督管理制度,组织、督促有关部门依法履行安全生产监督管理职责,严格落实安全生产目标管理责任制和行政责任追究制;组织有关部门监督企业开展安全生产隐患排查治理,严厉打击和查处各类非法违法生产经营建设行为。

② 《安全生产法》第八条第二款:"国务院和县级以上地方各级人民政府应当加强对安全生产工作的领导,支持、督促各有关部门依法履行安全生产监督管理职责,建立健全安全生产工作协调机制,及时协调、解决安全生产监督管理中存在的重大问题。"

③ 内蒙古煤矿安全监察局派出机构,工作职责参照内蒙古煤矿安全监察局工作职责执行。

④ 国家安全生产监督管理总局办公厅《关于印发内蒙古煤矿安全监察局主要职责内设机构和人员编制规定的通知》(安监总厅〔2006〕9号):贯彻落实国家关于煤矿安全生产工作的方针政策、法律法规、规章规程;研究分析煤矿安全生产形势,提出煤矿安全生产发展规划和目标的建议。依法监察煤矿企业贯彻执行安全生产法律法规、规章规程、标准和安全生产条件、设备设施安全及作业场所职业卫生等情况;对煤矿安全实施重点监察、专项监察和定期监察;对煤矿安全生产违法行为作出现场处理决定或实施行政处罚,对不符合安全生产标准的煤矿企业进行查处。检查指导地方煤矿安全监督管理工作。对地方贯彻落实煤矿安全生产法律法规、标准,关闭不具备安全生产条件的矿井,煤矿安全监督检查执法,煤矿安全专项整治、事故隐患整改及复查,煤矿事故责任人责任追究的落实等情况进行监督检查,并向有关地方人民政府及其有关部门提出意见和建议。

⑤ 成立于2005年,资质为固体矿产勘查甲级资质,有效期限为2011年4月21日至2016年4月20日。事故发生前正在向内蒙古自治区国土资源厅申请办理固体矿产勘查乙级资质。公司法定代表人、董事长、总经理张仁柱,公司总工程师田秋芳。

⑥ 《内蒙古自治区国土资源厅关于印发〈矿山矿产资源储量年度检测报告技术要求及编写指南〉的通知》(内国土资字〔2013〕657号):"准确测定采矿权范围,并反映在各类图件中;及时准确测定各类、各项采、掘、探工程位置;准确控制矿体(层)位置、厚度、产状及矿石质量,测制、编录相关图件;详细圈定矿区范围内以往资源储量估算范围、以往采空区,准确测定当年采空区和保安矿柱,标定下年度拟采区,测制相关图件。"

测,仅凭矿方提供的虚假资料编制了2014年度矿产资源储量检测报告,报告内容与实际情况严重不符。

(2)赤峰宏远地质勘查有限公司①未按照有关规定对宝马煤矿井下实际开采情况进行实测,仅凭矿方提供的虚假资料编制了2015年度矿产资源储量检测报告,报告内容与实际情况严重不符。

六、对有关责任人员和单位的处理意见

根据事故原因调查和事故责任认定,依据有关法律法规和党纪政纪规定,对事故有关责任人员和责任单位提出处理意见:

司法机关已对34人采取刑事强制措施。其中,公安机关对事故企业和中介机构等24名人员分别以涉嫌重大责任事故罪、非法采矿罪、帮助毁灭证据罪、出具证明文件重大失实罪依法采取刑事强制措施,检察机关对10名涉嫌职务犯罪人员分别以涉嫌玩忽职守罪、受贿罪采取刑事强制措施。上述涉嫌犯罪人员属中共党员或行政监察对象的,由相关纪检监察机关或单位加强与司法机关的沟通协调,在具备作出党纪政纪处分条件后,及时对上述人员作出党纪政纪处理。对暂不具备作出党纪政纪处分条件且已被依法逮捕的责任人中属中共党员的,由有关党组织按照管理权限及时中止其表决权、选举权和被选举权等党员权利。

事故调查组根据《中国共产党纪律处分条例》第二十九条、第三十四条②、《中国共产党问责条例》第六条、第七条③、《行政机关公务员处分条例》(国务院令第495号)第二十条④、《事业单位工作人员处分暂行规定》(人力资源社会保障部、监察部令第18号)第十七条⑤等规定,提出对38名责任人员给予党纪、政纪处分和通报建议,其中,省部级1人、厅局级8人、县处级15人、乡科级及以下人员14人。

事故调查组建议对事故企业、2家中介机构的违法行为给予行政处罚。

事故调查组建议责成内蒙古自治区人民政府和赤峰市委、市人民政府作出深刻检查。

(一)事故企业(22人)

略。

(二)内蒙古自治区相关职能部门及驻地煤矿安监机构(34人)

略。

(三)地方党委政府(14人)

略。

(四)中介机构人员(2人)

(1)田秋芳,群众,内蒙古天信地质勘查开发有限责任公司总工程师。因涉嫌出具证明文件重大失

---

① 成立于2009年,2010年该公司在整合赤峰方圆测绘有限责任公司(法定代表人李书会)、赤峰富源地质勘查有限公司(法定代表人刘英)的技术力量和专业设备的基础上,取得固体矿产勘查乙级资质(有效期限为2010年12月22日至2015年12月21日,2016年1月25日至2021年1月24日)。公司法定代表人、总经理张广孝,总工程师李书会。2015年12月,李书会代表赤峰方圆测绘有限责任公司与赤峰宝马矿业有限公司(煤矿)签订编制2015年度矿产资源储量检测报告合同,并以赤峰宏远地质勘查有限公司名义出具年度储量检测报告。

② 《中国共产党纪律处分条例》(2016年)第二十九条:"党组织在纪律审查中发现党员有其他违法行为,影响党的形象,损害党、国家和人民利益的,应当视情节轻重给予党纪处分。"第三十四条:"党员依法受到刑事责任追究的,党组织应当根据司法机关的生效判决、裁定、决定及其认定的事实、性质和情节,依照本条例规定给予党纪处分或者组织处理。党员依法受到行政处罚、行政处分,应当追究党纪责任的,党组织可以根据生效的行政处罚、行政处分决定认定的事实、性质和情节,经核实后依照本条例规定给予党纪处分或者组织处理。党员违反国家法律法规,违反企事业单位或者其他社会组织的规章制度受到其他纪律处分,应当追究党纪责任的,党组织在对有关方面认定的事实、性质和情节进行核实后,依照本条例规定给予党纪处分或者组织处理。党组织作出党纪处分或者组织处理决定后,司法机关、行政机关等依法改变原生效判决、裁定、决定等,对原党纪处分或者组织处理决定产生影响的,党组织应当根据改变后的生效判决、裁定、决定等重新作出相应处理。"

③ 《中国共产党问责条例》第六条第六项:"党组织和党的领导干部违反党章和其他党内法规,不履行或者不正确履行职责,有下列情形之一的,应当予以问责:(六)其他应当问责的失职失责情形。"第七条:"对党的领导干部的问责方式包括:(一)通报。对履行职责不力的,应当严肃批评,依规整改,并在一定范围内通报。"

④ 《行政机关公务员处分条例》第二十条第一项、第四项:"有下列行为之一的,给予记过、记大过处分;情节较重的,给予降级或者撤职处分;情节严重的,给予开除处分:(一)不依法履行职责,致使可以避免的爆炸、火灾、传染病传播流行、严重环境污染、严重人员伤亡等重大事故或者群体性事件发生的;(四)其他玩忽职守、贻误工作的行为。"

⑤ 《事业单位工作人员处分暂行规定》第十七条第三项、第九项:"有下列行为之一的,给予警告或者记过处分;情节较重的,给予降低岗位等级或者撤职处分;情节严重的,给予开除处分:(三)违章指挥、违规操作,致使人民生命财产遭受损失的;(九)其他违反工作纪律失职渎职的行为。"

实罪，2017年1月16日被检察机关批准逮捕。

（2）李书会，中共党员，赤峰宏远地质勘查有限公司总工程师。因涉嫌出具证明文件重大失实罪，2017年1月7日被检察机关批准逮捕。

（五）建议给予行政处罚的单位

1. 宝马煤矿

（1）宝马煤矿越界违法开采，发生特别重大事故，情节特别严重，建议处以罚款1999万元①；相关发证机关依法吊销相关证照，由内蒙古自治区人民政府督促依法予以关闭②。宝马煤炭物资公司和宝马煤矿主要负责人终身不得担任本行业生产经营单位的主要负责人③。

（2）对宝马煤矿超越批准的矿区范围采矿的违法行为，由内蒙古自治区国土资源管理部门依据《矿产资源法》④的相关规定，没收违法所得并处罚款。

2. 中介机构

（1）赤峰宏远地质勘查有限公司为宝马煤矿出具虚假的《2015年矿产资源储量检测报告》，没有真实反映宝马煤矿开采的实际情况，致使宝马煤矿越界违法开采行为没有被及时发现，对事故的发生负有责任。由国土资源管理部门依据《地质勘查资质管理条例》⑤的相关规定，没收违法所得并处罚款。

（2）内蒙古天信地质勘查开发有限责任公司为宝马煤矿出具虚假的《2014年矿产资源储量检测报告》，没有真实反映宝马煤矿开采的实际情况，致使宝马煤矿越界违法开采行为没有被及时发现，对事故的发生负有责任。由国土资源管理部门依据《地质勘查资质管理条例》的相关规定，没收违法所得并处罚款。

以上行政处罚，除特别标明的以外，均由内蒙古自治区人民政府负责组织有关部门落实。

（六）其他建议

内蒙古自治区人民政府向国务院作出深刻检查，赤峰市委、市人民政府向内蒙古自治区党委、自治区人民政府作出深刻检查，认真总结和吸取事故教训，进一步加强和改进煤矿安全生产工作。

七、事故主要教训

（一）事故企业知法犯法、肆无忌惮、冒险蛮干

宝马煤炭物资公司的3名股东，其中，1人是内蒙古自治区人大代表，1人是元宝山区人民法院公职人员，1人是宁城县水利局公职人员，本应遵纪守法，却利欲熏心，为一己私利，知法犯法，长期大范围大规模越界盗采国家资源，特别是在越界违法行为被查处后，拒不整改，继续违法盗采。无视国家有关安全生产法律法规，在越界区域内严重违反《煤矿安全规程》，无视矿工生命安全，违章指挥，冒险蛮干，管理极其混乱，不具备安全生产基本条件。

（二）国土资源管理部门日常监管缺失、履职不力

国土资源管理部门对煤矿超层越界违法行为的监督检查工作长期缺失。对已经查实的超层越界行为制止不力、处罚不力。对煤矿企业的日常监管和审查审批工作重形式，轻现场检查。对地质勘查中介机构缺乏监管。对煤矿的矿产资源开发专项整治行动和安全生产大检查流于形式。对煤矿超越批准采矿范围的重大违法案件查处不到位。未执行越界开采的煤炭数量和价值认定及案件上报等相关制度。

---

① 《安全生产法》第一百零九条第四项："发生生产安全事故，对负有责任的生产经营单位除要求其依法承担相应的赔偿等责任外，由安全生产监督管理部门依照下列规定处以罚款：（四）发生特别重大事故的，处五百万元以上一千万元以下的罚款；情节特别严重的，处一千万元以上二千万元以下的罚款。"

② 《国务院关于煤炭行业化解过剩产能实现脱困发展的意见》（国发〔2016〕7号）："（五）加快淘汰落后产能和其他不符合产业政策的产能。安全监管总局等部门确定的13类落后小煤矿，……要尽快依法关闭退出。"《国家安全监管总局等十二部门关于加快落后小煤矿关闭退出工作的通知》（安监总煤监〔2014〕44号）："按照《意见》及有关法律法规规定，对下列13类小煤矿依法实施关闭或淘汰退出：（三）超层越界拒不退回的生产或建设煤矿。"

③ 《安全生产法》第九十一条第三款："生产经营单位的主要负责人依照前款规定受刑事处罚或者撤职处分的，自刑罚执行完毕或者受处分之日起，五年内不得担任任何生产经营单位的主要负责人；对重大、特别重大生产安全事故负有责任的，终身不得担任本行业生产经营单位的主要负责人。"

④ 《矿产资源法》第四十条："超越批准的矿区范围采矿的，责令退回本矿区范围内开采、赔偿损失，没收越界开采的矿产品和违法所得，可以并处罚款；拒不退回本矿区范围内开采，造成矿产资源破坏的，吊销采矿许可证，依照刑法有关规定对直接责任人员追究刑事责任。"

⑤ 《地质勘查资质管理条例》（国务院令第520号）第二十九条第二项："地质勘查单位有下列行为之一的，由县级以上人民政府国土资源主管部门责令限期改正，处5万元以上20万元以下的罚款；有违法所得的，没收违法所得；逾期不改正的，由原审批机关吊销地质勘查资质证书：（二）出具虚假地质勘查报告的。"

（三）地方政府安全发展理念不牢、安全生产大检查不认真、查处违法行为态度不坚决

赤峰市人民政府未摆正安全与发展的关系，没有牢固树立红线意识和安全发展理念，落实国务院安委会及其办公室一系列关于安全生产大检查的文件、会议精神仍然停留在口头、文件和会议上，流于形式、不严不实、措施缺乏针对性，各职能部门打击煤矿超层越界执法联动机制缺失。对下级人民政府及相关职能部门履行矿产资源管理、安全生产监管职责情况督促检查不到位。

元宝山区和元宝山镇人民政府在处置宝马煤矿越界违法开采行为时，态度不坚决，措施搞变通，监督落实走形式，实质上纵容了事故煤矿的违法违规行为。贯彻落实国务院安委会及其办公室一系列文件、会议精神缺乏针对性、实效性，安全检查重形式、走过场。对相关职能部门履行矿产资源管理、安全生产监管职责情况检查督促不到位。

（四）煤矿安全监管（行业管理）部门安全检查不力、煤矿安全监察机构跟踪落实不力

地方煤矿安全监管（行业管理）部门对查处煤矿越界开采重大隐患认识不足、重视不够，对宝马煤矿回撤设备监督管理不严，特别是在《国家安全监管总局国家煤矿安监局关于深化煤矿安全生产大检查的通知》（安监总煤监〔2016〕115号）印发后，明确要求查处煤矿超层越界等重大隐患的情况下，执法检查缺乏针对性，对宝马煤矿越界开采重大隐患查处不力。

驻地煤矿安监机构在查处宝马煤矿越界开采重大隐患并向元宝山区人民政府送达《加强和改善安全管理建议书》后，对元宝山区人民政府落实情况疏于跟踪，对宝马煤矿越界开采重大隐患整改情况跟踪督促不到位。

（五）中介机构无视法律、唯利是图、弄虚作假

内蒙古天信地质勘查开发有限责任公司和赤峰宏远地质勘查有限公司在明知宝马煤矿提供虚假资料情况下，为牟取几万元的蝇头小利，置国家法律法规及行业规范于不顾，不遵守职业道德，未到现场实测核查，为宝马煤矿编造虚假的年度矿产资源储量检测报告。

八、事故防范措施及建议

（一）牢固树立安全发展理念并加强安全生产工作

内蒙古自治区各级党委政府要牢固树立安全发展理念，坚守发展决不能以牺牲安全为代价这条红线，切实维护人民群众生命财产安全。深化全区安全生产领域改革创新，全面加强和改进安全生产工作。制定落实《中共中央国务院关于推进安全生产领域改革发展的意见》实施细则。进一步加强对下级人民政府及有关部门落实安全生产工作职责的领导和监督，提高安全生产工作的严肃性、针对性、实效性。扎实认真开展安全大检查，既要有部署，也要有检查督促。严格落实《国务院关于煤炭行业化解过剩产能实现脱困发展的意见》（国发〔2016〕7号）等文件要求，推进化解过剩产能工作，督促引导180处产能小于60万吨/年的煤矿有序退出，加快淘汰52处产能小于30万吨/年的煤矿。

（二）开展专项行动并严厉查处违法违规行为

内蒙古自治区人民政府要举一反三，在全区范围内开展一次以打击煤矿超层越界为主要内容的专项整治行动，对超层越界开采的煤矿企业和盗采煤炭资源的犯罪分子，要依法严惩，并研究建立长效机制，严防出现监管"真空"。在全区煤矿企业开展一次"遵法守法"专题警示教育活动，以宝马煤炭物资公司和宝马煤矿负责人知法犯法为反面教材，集中对煤矿企业、特别是小煤矿企业主要负责人进行法律培训教育，提高守法意识。

（三）国土资源管理部门要提高履职能力并切实加强矿产资源监管

内蒙古自治区各级国土资源管理部门要提高认识，认真履行煤矿开采活动监督管理、查处违法违规行为职责，切实加强对矿产资源开采的监督管理工作。加强执法监察队伍建设，充实专业技术人员，加强业务培训，进一步提高执法监察能力。将煤矿企业列入矿产资源监管执法重点，定期进行现场检查。加强煤矿采矿权动态监管工作，开展审查审批及年检工作时，应重视对煤矿井下现场的监督检查。

（四）从严从细落实安全监管监察执法工作职责、研究制定一套检查"五假"的方法并切实盯住重大事故隐患整改

内蒙古自治区各级安全监管监察部门要认真履行安全监管监察执法工作职责，严格贯彻落实国家有关会议和文件精神，以新发展理念为指导，创新监管监察方式，严格规范执法，确保执法到位。在组织安全生产大检查时要实，在谋划部署上要实，针对性要强，要求要具体，措施要管用。对煤矿违法生产中采用假密闭、假图纸、假数据、假报告和假整改等"五假"手段蓄意逃避监管检查的情况，认真研究对策，制定一套切实可行的检查"五假"的方法，通过多种方法、多种渠道、多种手段查找"五假"等违法违规问题。要敢于碰硬，不避实就轻。对煤矿重

大隐患，要紧盯不放，跟踪到位，依法监督煤矿企业落实整改。要按照《国家安全监管总局国家煤矿安监局关于开展煤矿全面安全体检专项工作的通知》（安监总煤监〔2017〕11号）要求，认真开展煤矿全面安全"体检"专项工作，查找薄弱环节和突出问题，提高执法工作的针对性和有效性。

（五）强化中介机构监管并完善中介服务信用体系

地质勘查资质颁发部门要进一步完善中介机构的管理制度，要强化对中介机构经营活动的监管和查处，开展一次中介机构教育清查活动，严厉打击不诚信、不守信、弄虚作假等违反行业规范和道德的行为，查处情况要向社会公开。

（六）加大举报奖励力度并用好群众举报这个有力手段

内蒙古自治区各级人民政府及有关部门要建立完善信访举报平台，畅通群众举报渠道，进一步加大群众举报违法违规生产经营建设行为的奖励力度和宣传力度，有效防止明退暗开、偷挖盗采等违法行为，使暗藏的非法违法活动无藏身之地。

广东深圳光明新区渣土受纳场"12·20"特别重大滑坡事故调查报告

2015年12月20日，广东省深圳市光明新区红坳渣土受纳场发生特别重大滑坡事故。党中央、国务院高度重视，习近平总书记立即作出重要指示，要求广东省、深圳市迅速组织力量开展抢险救援，第一时间抢救被困人员，尽全力减少人员伤亡，做好伤员救治、伤亡人员家属安抚等善后工作。12月24日，习近平总书记在中央政治局常委会会议上再次强调，血的教训警示我们，公共安全绝非小事，必须坚定不移保障安全发展，狠抓安全生产责任制落实。李克强总理在事故发生当天3次作出重要批示，要求抓紧核实情况，全力组织搜救，全力救治受伤人员，尽最大努力减少伤亡；全面排查周边事故隐患，防止发生二次灾害；查清灾害原因，做好善后处置。张高丽、刘延东、马凯副总理和杨晶、郭声琨、王勇国务委员等领导同志先后作出批示指示，要求有关部门认真做好事故救援相关工作。12月21日，王勇国务委员受习近平总书记、李克强总理委派，率有关部门负责同志紧急赶赴现场指导应急救援、善后处理和事故调查工作，并代表党中央、国务院看望慰问伤员和抢险救援人员。

2015年12月25日，在国务院深圳光明新区"12·20"滑坡灾害调查组排除山体滑坡、认定不属于自然地质灾害的基础上，依据《安全生产法》和《生产安全事故报告和调查处理条例》（国务院令第493号）等有关法律法规，国务院批准成立了国务院广东深圳光明新区渣土受纳场"12·20"特别重大滑坡事故调查组（以下简称事故调查组），由国家安全监管总局局长杨焕宁任组长，国家安全监管总局、公安部、监察部、国土资源部、住房城乡建设部、全国总工会和广东省人民政府派员参加，全面负责事故调查工作。同时，邀请最高人民检察院派员并聘请规划设计、环境监测、岩土力学、固体废弃物和法律等方面专家参与事故调查工作。

事故调查组坚持"科学严谨、依法依规、实事求是、注重实效"的原则，深入开展事故调查工作。通过现场勘验、调查取证、模拟计算、专家论证，查明了事故发生经过、原因、人员伤亡和直接经济损失，认定了事故性质和责任，提出了对有关责任人员和责任单位的处理建议，分析了事故暴露出的突出问题和教训，提出了加强和改进工作的措施建议。

调查认定，广东深圳光明新区渣土受纳场"12·20"滑坡事故是一起特别重大生产安全责任事故。

一、事故基本情况

（一）红坳受纳场地理位置及场地条件

红坳渣土受纳场（以下简称红坳受纳场）位于深圳市光明新区光明街道红坳村南侧的大眼山北坡。大眼山山顶高程306.8米，地势南高北低，北面下游为河谷平原地形，最低高程34.0米。红坳受纳场地理范围：东经113°55′50″~113°56′10″、北纬22°42′30″~22°42′55″，距德吉程工业园厂房实际最小距离300米，距中石油天气东输西二线广深支干线深圳段天然气管道实际最小距离70米（图3-51）。

红坳受纳场所处位置原为采石场，经多年开采形成"凹坑"并存有积水约9万立方米（图3-52）。该"凹坑"东、西、南三面环山封闭，北面有高于"凹坑"底部约17米的东西向坝形凸起基岩，且基岩凸起处地形变窄，并由此向北地势逐渐下降，坡度达22°。红坳受纳场四周出露和北面凸起的基岩既有岩体结构被部分破坏的强、中风化花岗岩，也有基本未变的微风化花岗岩，出露新鲜基岩具有较高的力学强度和抗变形能力。

事故发生前红坳受纳场渣土堆填体由北至南、由低至高呈台阶状布置，共有9级台阶（图3-53）。其中，1~6级台阶已经成型，斜坡已复绿；上部7~9级台阶正在进行堆填、碾压，已见初型。0级台阶高程56.9米，堆填体实际最高高程160.0米。滑坡前红坳受纳场总堆填量约583万立方米，主要由建设工程渣土组成，掺有生活垃圾约0.73万立方米，占0.12%。

（二）事故发生经过

2015年12月20日6时许，红坳受纳场顶部作业平台出现裂缝，宽约40厘米，长几十米，第3级台阶与第4级台阶之间也出现鼓胀开裂变形。现场作业人员向顶部裂缝中充填干土。9时许，裂缝越来越大，遂停止填土。11时28分29秒（深圳市公安局提供的德吉程厂路口监控视频显示），渣土开始滑动，自第3级台阶和第4级台阶之间、"凹坑"北面坝形凸起基岩处（滑出口）滑出后，呈扇形状继续向前滑移，滑移700多米后停止并形成堆积。滑坡体停止滑动的时间约为11时41分。滑坡体推倒并掩埋了其途经的红坳村柳溪、德吉程工业园内33栋建筑物，造成重大人员伤亡。

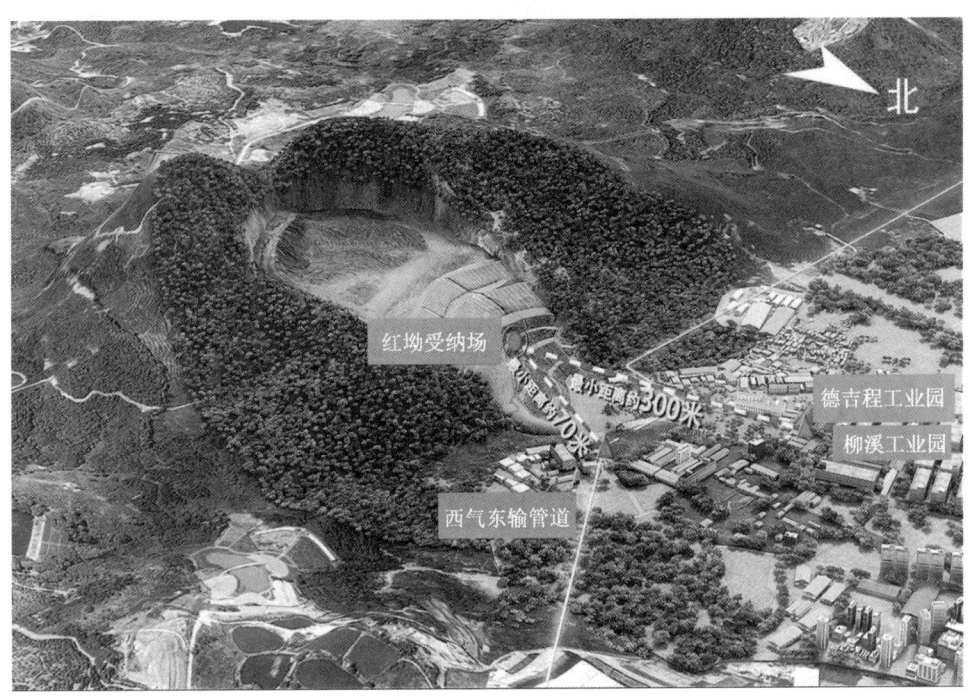

图 3-51 红坳受纳场地理位置示意图

图 3-52 停用的红坳采石场卫星遥感图（2013年）

499

图 3-53 事故发生前红坳受纳场各级台阶分布示意图

（三）事故现场情况

事故直接影响范围约 38 万平方米，南北长 1100 米，东西最宽处 630 米（前缘），最窄处宽 150 米（中部）。事故影响范围平面图（图 3-54），事故影响范围纵剖面图（图 3-55）。

事故影响范围自南向北分 3 个区段：南段为红坳受纳场滑坡物源区，即处于第 3 级与第 4 级台阶之间滑出口以南的渣土堆填段，南北最长 374 米，东西最宽 400 米，面积约 11.6 万平方米；中段为流通区，介于滑出口与渣土堆填体原第 1 级台阶底部，南北最长 118 米，东西最窄处宽 150 米，面积约 1.8 万平方米；北段为滑坡堆积区，介于渣土堆填体原第 1 级台阶向北至外侧堆积边界线，南北最长 608 米，东西最宽 630 米，厚度 2~10 米，面积约 24.6 万平方米。滑坡物源区与滑坡堆积区最大高程差 126 米，最大堆积厚度约为 28 米。

（四）人员伤亡和直接经济损失情况

事故共造成 73 人死亡，4 人下落不明，17 人受伤（重伤 3 人，轻伤 14 人，目前均已出院）。事故还造成 33 栋建筑物（厂房 24 栋，宿舍楼 3 栋，私宅 6 栋）被损毁、掩埋，导致 90 家企业生产受影响，涉及员工 4630 人。

事故调查组依据《企业职工伤亡事故经济损失统计标准》（GB 6721—1986），核定事故造成直接经济损失 88112.23 万元。其中：人身伤亡后支出的费用 16166.58 万元，救援和善后处理费用 20802.83 万元，财产损失价值 51142.82 万元。

二、事故直接原因

事故直接原因是：红坳受纳场没有建设有效的导排水系统，受纳场内积水未能导出排泄，致使堆填的渣土含水过饱和，形成底部软弱滑动带；严重超量超高堆填加载，下滑推力逐渐增大、稳定性降低，导致渣土失稳滑出，体积庞大的高势能滑坡体形成了巨大的冲击力，加之事前险情处置错误，造成重大人员伤亡和财产损失。

（一）堆填体含水情况

调查发现，红坳受纳场没有建设有效的导排水系统，仅在渣土堆填体第 3 至第 4 级台阶铺设了盲沟排水设施，但没有起到作用，未建设场外坡顶截洪沟；未将基底原采石坑约 9 万立方米积水（图 3-56）排出就堆填渣土，加之持续流入场内的地表水流、裂隙水、雨水和堆填渣土中的水分，导致堆填的渣土内部含水过饱和，在底部形成软弱滑动带。

在滑坡物源区前缘，即渣土堆填体第 3 至第 4 级台阶附近向南，现场勘查发现 3 段被破坏的盲沟排水设施（图 3-57），排水盲沟采用花管填埋碎石方法铺设（图 3-58）。花管及上敷碎石中未见排水痕迹。

红坳受纳场堆填体后缘西侧山坡有一处小溪（图 3-59），常年流水（事故发生后，实测流量为 6 立方米/天，在雨季流量更大）。加之红坳受纳场没有按要求建设场外坡顶截洪沟，致使山坡地表水汇集并直接渗入受纳场。

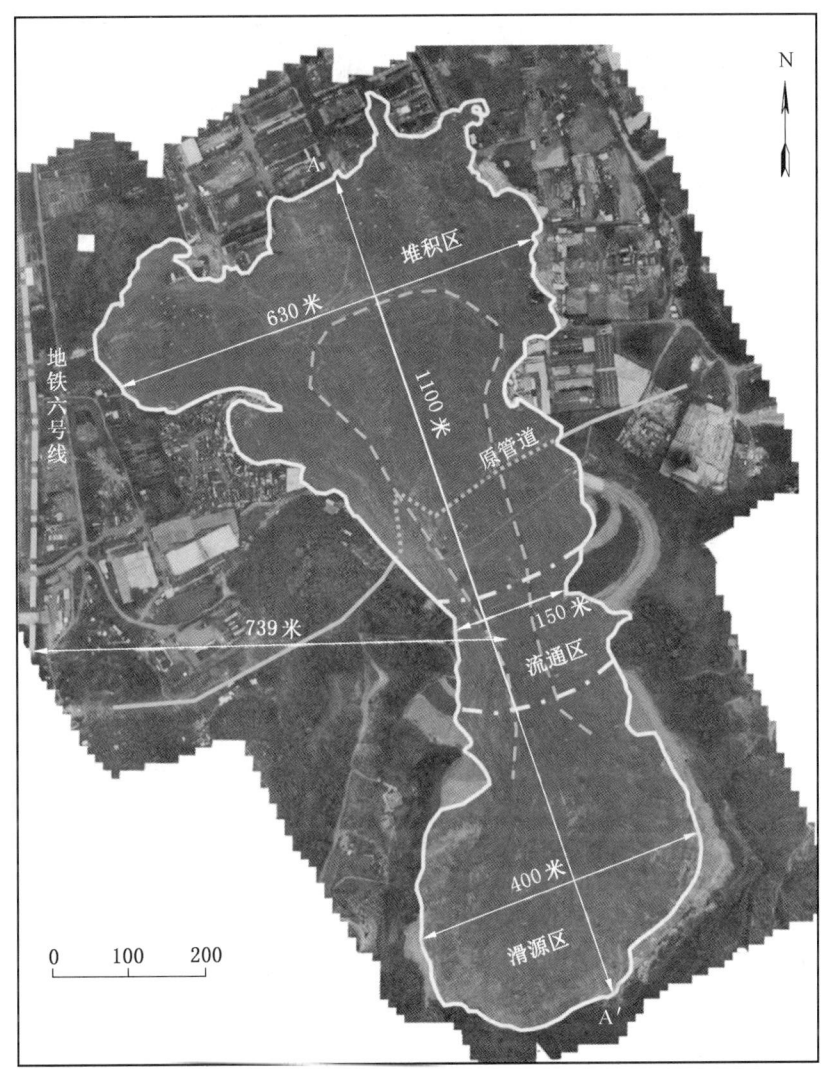

图 3-54 事故影响范围平面图

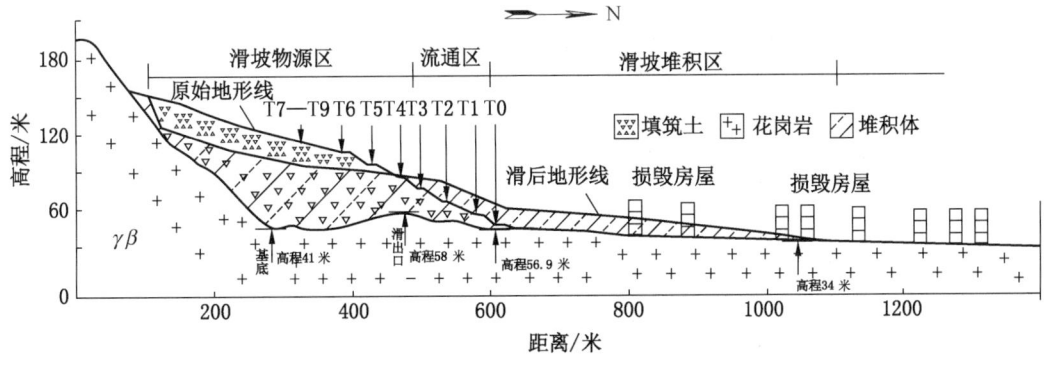

图 3-55 事故影响范围纵剖面图

图 3-56 受纳前坑内积水情况图

图 3-58 盲沟中的花管铺设情况图

图 3-57 被破坏的盲沟排水设施情况图

图 3-59 受纳场后缘西侧山坡水流情况图

红坳受纳场在受纳过程中,对含水量高的渣土没有采取晾晒或者混合干土填埋碾压等措施,便直接填入场内。

以上因素导致红坳受纳场堆填体含水率高,在堆填体底部形成软弱滑动带。事故发生后,现场57个位置的639个监测点监测分析结果显示:砂性土含水率在14%~19%,饱和度69%~69.4%;粘性土含水率在23%~28%,饱和度45.9%~47.4%;淤泥质土含水率在40%~48%,饱和度85.4%~94.5%。同时,在现场开展的5处断面原位余泥渣土体静力触探试验过程中,4处钻孔内有反喷的水流出现,涌水量1.47毫升/分钟/36毫米孔,说明渣土堆积体底部存在承压水头。

模拟计算表明,随着堆填体底部含水量逐渐升高,堆填体抗滑稳定安全系数相应下降。2015年11月21日,堆填体抗滑稳定安全系数为1.10,处于欠稳定状态;在堆填体整体滑动前30天内,地下水作用促使稳定性进一步降低;12月20日,堆填体抗滑稳定安全系数降低至0.93,发生滑动①。参与红坳受纳场第三方监管工作的深圳市建星项目管理顾问有限公司②(以下简称建星公司)监管记录显示,11月1日上午,受纳场出现大量细小裂缝;11月13日,第4级排水沟、截洪沟出现局部下沉;

11月26日,第3级和第4级台阶平台边坡外侧有裂缝出现。经查,建星公司已按合同要求及时向委托方光明新区城市管理局报告,但没有引起重视并采取措施。

(二)堆填数量和高度情况

根据《深圳市余泥渣土受纳场专项规划(2011—2020)》,红坳受纳场规划库容400万立方米,封场标高95米。经查,事故发生时实际堆填量已达583万立方米,堆填体后缘实际标高已达160

---

① 《碾压式土石坝设计规范》(SL 274—2001) 8.3.10规定:坝坡抗滑的最小稳定安全系数根据坝的等级和工况条件,不得小于1.10~1.50。

② 营业执照注册号:440301103956068,营业期限自1998年4月17日起至2048年4月17日止,法定代表人赵阳,具有房屋建筑工程、市政公用工程监理甲级资质(有效期至2019年6月23日)。

米,严重超库容、超高堆填。

红坳受纳场所处位置为前期采石场开采残留的"凹坑",地势南高北低,滑坡物源区与滑坡堆积区最大高差达126米。特殊的地形条件为体积庞大的滑坡体能量聚集和运动加速创造了条件。模拟计算结果表明,滑坡体运动速度最高达23.8米/秒,滑坡体最大动能约180万千焦。

（三）事发前险情处置情况

调查认定,事故企业在事故发生前对险情处置错误。

12月20日6时许,现场作业人员发现受纳场渣土堆填体多处出现裂缝、鼓胀开裂变形后,错误采用顶部填土方式进行处理,使已经开始失稳的堆填体后缘增加了下滑推力;9时许,裂缝越来越大,遂停止填土;11时20分许,渣土堆填体第4级台阶发生鼓包且鼓包不断移动,现场作业人员撤离受纳场作业平台。在此过程中,事故企业人员始终没有发出事故警示、未向当地政府和有关部门报告,贻误了下游工业园区和社区人员紧急疏散撤离的时机。

（四）人为等其他因素排除

（1）排除人为破坏因素。通过事故现场勘查、问询和视频资料分析,未发现人为破坏因素导致滑坡的证据。

（2）排除突发降雨及地震因素。距红坳受纳场约2千米的塘家雨量站日降雨量数据显示,滑坡发生前5日无降雨,事故发生当日降雨量为1毫米。深圳市地震监测网显示,事故发生前期无有影响的地震事件记录,事故发生时段当地没有发生地震。

（3）排除天然气管道爆裂因素。调查认定,管道爆裂发生于滑动破坏失稳之后,因滑坡冲击影响发生破裂泄漏,管线破裂造成的天然气喷射未对事故扩大造成影响。中石油西气东输管道公司西二线广深支干线深圳段管道位于红坳受纳场以北,最小距离70米。经查,2015年12月20日11时33分50秒,西气东输管道公司上海调度中心SCADA系统记录到西二线管道广深支干线16号~17号阀室（红坳受纳场附近的管道两端阀室）光缆中断报警,11时35分58秒记录到该段管道低压报警、压降速率报警。此前,广深支干线设备与监控设施运行正常,站控系统及上海调度中心数据记录正常;事故发生前15分钟,线路管理员对事故发生区域徒步巡检未发现异常;现场勘查取证发现,断裂的天然气管道呈拉伸撕裂状,未见燃烧爆炸痕迹;视频资料显示,先发生堆填体边坡滑动,后出现管道泄漏喷射;模拟计算表明,管线破裂后,天然气喷射不会对滑坡扩大造成影响。

（4）排除地铁施工因素。深圳地铁6号线大眼山隧道与红坳受纳场南北方向平行,两者水平距离739米。隧道于2015年12月2日正式进洞,采用人工配合挖掘机开挖作业方式,洞内外监控、量测各项指标正常;事故发生当天,地铁施工工地因停电而停止施工。

（5）排除生活垃圾腐化因素。经查,红坳受纳场堆填的生活垃圾主要来自红坳村（常住人口7678人）,已堆填的生活垃圾约0.73万立方米,占红坳受纳场总堆填量583万立方米的0.12%,对红坳受纳场渣土堆填体整体力学性质未构成影响。

三、事故应急救援处置情况

（一）事故信息接报及响应情况

12月20日11时35分54秒,深圳市公安局110指挥中心接到群众报告称"在光明新区长圳红坳村看见山坡垮塌,导致煤气站爆炸,多人被困",立即向辖区光明分局南风派出所下达出警指令,要求核实处理并及时反馈。深圳市公安消防支队指挥中心同时获知相关信息,立即指令光明公安消防大队迅速组织车辆及指战员赶赴事故现场。

11时48分,光明办事处接到光明公安消防大队事故报告,立即报告办事处值班负责人;12时30分,在凤凰社区红坳工业园管理处组建临时现场指挥部,开展先期应急救援工作。

11时49分,光明新区管委会总值班室接到光明公安分局报告;12时13分,光明新区向深圳市政府总值班室报告"发生山体滑坡,导致煤气站围墙倒塌以及厂房、楼房倒塌,正在核实相关情况";12时50分,光明新区值班领导到达现场,立即组织成立新区救援现场临时指挥部,开展应急救援工作。

13时15分,深圳市政府总值班室电话报告国务院总值班室、广东省政府应急办和省安全监管局"发生一起滑坡,目前已造成十几栋厂房倒塌、1人受伤,其他信息正在核查";14时20分,深圳市委办公厅分别向中共中央办公厅信息综合室、国务院总值班室、省委值班室、省委办公厅信息综合室书面报告事故信息。

14时30分,深圳市政府成立了光明新区滑坡救援现场指挥部（以下简称指挥部）,下设现场搜救、医疗保障、新闻发布等12个工作组,总指挥暂由常务副市长担任;19时许,深圳市委书记、市长从北京紧急返回深圳,总指挥转由市委书记担任。21日15时,广东省委省政府成立滑坡事故救援工作领导小组,省长任领导小组组长,省委副书记、深圳市委书记任领导小组副组长。

（二）事故现场应急处置情况

指挥部第一时间将事故现场分成35个网格，打通6条救援通道，组织力量24小时连续开展现场救援，利用生命探测仪、搜救犬开展9次地毯式排查，调集飞艇现场测绘，并结合光学雷达、地质雷达、高密度电法等高科技手段探测，对被埋区域建筑物进行定位开展救援。

21日，指挥部在滑坡现场确定3个重点搜救点，采取机械加人工网格式搜救方式开展搜救。22日，挖出3栋不同构造的建筑物。23日，指挥部在原3个重点搜救点基础上新增4个点，加快现场作业效率，多栋建筑物实现"露头"，并于当日6时40分在东二作业区成功救出一名幸存者。24日，就近征集土地开辟临时弃土受纳场，增加外运泥土汽车单车载重，就地利用砖石渣土铺通道路，改善现场东侧作业条件，提高泥土外运效率。此后，现场救援除对掩埋者重点位置实施定点挖掘外，主要是调配抓筋机、挖掘机、推土机等大型设备，开展大规模的推土、翻土、运土作业，同时安排近400名观察员24小时坚守现场，辅助救援人员进行作业观察，尽最大努力找人救人和搜寻遇难者遗体。截至2016年1月14日16时，累计外运土方278万立方米，现场见底验收面积18.4万平方米。高峰时期，参加救援的各方力量达10681人，投入大型机械设备达2628台。

在组织开展现场搜救工作的同时，指挥部还协调国家和省市岩土、燃气、地质等领域200多名专家对现场进行分析，评估再次发生灾害的可能性，对滑坡事故现场山体进行实时监测，严密防范二次滑坡。组织专业力量对现场各类危化品进行彻底核查、登记并进行妥善处理。安排中石油抢修队对现场受损的"西气东输"管道进行抢修，铺设临时管道350米，于2016年1月8日恢复向香港支线供气。同时，针对滑坡区域"残留体"出现裂缝现象，开展"削坡"作业，加强实时监测，防止发生二次滑坡。

（三）医疗救治和善后情况

指挥部成立了专门的医疗保障组，采取"一对一"专家、医护人员编组，针对受伤人员情况制定治疗方案，全力医治受伤人员，并做好心理疏导。同时，在事故现场建立了救治点，安排医护人员24小时现场值守。及时开展了事故现场防疫工作，累计环境消毒面积311.5万平方米、杀虫灭鼠面积371万平方米，出动防疫人员10641人次，派发口罩19.8万个。

指挥部成立了善后处置组，配备心理咨询、法律服务、社工志愿者等专业人员，采取"一家一组、一组一策"的方式，开展遇难和失联人员家属安抚工作。制定了受影响企业员工及周边群众安置工作规范，对事故影响的90家企业、4630名员工，进行了妥善安置。对事故救援征用菜地涉及的468户菜农、2100人，全部进行了补偿安置。制定了"三个一批"方案（一批企业春节后原地复工、一批企业异地复工、一批企业春节前复工），帮助受影响、受损失企业恢复生产，并积极研究制定扶持补偿及鼓励政策。另外，指挥部第一时间启动了突发事件新闻应急机制，召开了10场新闻发布会和1次情况通报会，通报救援工作进展情况。

调查认为，广东省委、省政府和深圳市委、市政府坚决贯彻落实党中央、国务院决策部署和指示要求，迅速组织协调国家有关部委、解放军、武警和公安消防等方面力量开展应急处置，现场救援处置措施得当，信息发布及时，善后工作有序，受灾人员及企业及时得到安抚安置，在事故应急处置中无次生灾害、无衍生事故、无疫情暴发。

四、事故责任主体和红坳受纳场建设运营情况

（一）事故责任主体情况

深圳市绿威物业管理有限公司①（以下简称绿威公司）为红坳受纳场运营服务项目的中标企业，违法将全部运营服务项目整体转包给深圳市益相龙投资发展有限公司②（以下简称益相龙公司）。益相龙公司为红坳受纳场实际建设运营单位，与益相龙公司有债务关系的林敏武、王明斌等人通过以债权换股权的形式实际参与红坳受纳场项目运营③。

---

① 企业类型：有限责任公司。营业执照注册号：440306103447710，营业期限自2001年8月24日起至2021年8月24日止，认缴注册资本总额1001万元，法定代表人张菊如，具有物业服务企业二级资质（编号：粤物管证字0200221，有效期至2017年6月24日）。

② 企业类型：有限责任公司。营业执照注册号：440301103230865，营业期限自2003年8月28日起至2023年8月28日止，认缴注册资本总额1000万元，法定代表人龙华美，经营项目包括余泥、渣土及建筑垃圾受纳场、纯土受纳场的管理。

③ 在前期合作竞标深圳市部九窝二期余泥渣土受纳场工程时，益相龙公司欠林敏武、王明斌等人共5680万元，林、王等人通过以债权换股权的形式参与红坳受纳场的实际运营。

（二）审批许可情况

红坳受纳场主要功能是受纳建设工程产生的余泥渣土，属于市政基础设施中城市垃圾处理设施①。

2012年5月19日，深圳市政府办公会议②通过《深圳市余泥渣土受纳场专项规划（2011—2020）》，同意建设红坳受纳场，规划库容400万立方米，封场标高95米。

2012年6月5日，深圳市规划和国土资源委员会光明管理局出具《关于红坳、盲婆坑余泥渣土受纳场用地核查意见书的函》（深规土光函〔2012〕220号），提出该项目未立项，且项目用地与5个方面有冲突③，属于限制建设和禁止建设区。

2012年12月14日，《深圳市人民政府2012年行政审批制度改革事项目录》将原由深圳市城市管理局实施的余泥渣土临时受纳场地设立许可权下放区政府。

2013年3月14日，深圳市政府办公会议研究决定④，深圳市城市管理局统筹协调受纳场建设工作，各区政府（新区管委会）统筹加快推进项目建设，并将受纳场项目建设及运营管理工作纳入政府绩效考核内容。同时提出，为加快建设，可采取灵活措施解决用地问题。

2013年6月7日，深圳市规划和国土资源委员会光明管理局出具《市规划国土委光明管理局关于余泥渣土受纳场相关情况的复函》（深规土光函〔2013〕312号），提出红坳受纳场项目与公明调蓄工程输水涵洞有冲突⑤。

2013年6月9日，按照市长办公会议督办要求，深圳市规划和国土资源委员会光明管理局放弃了2012年6月5日和2013年6月7日提出的意见，出具红坳受纳场选址意见书⑥，项目建设用地面积为65143.50平方米，并提出应采取工程措施对公明输水涵洞予以保护。

2013年7月23日，深圳市光明新区城市管理局公开招标红坳受纳场运营服务项目。当日，绿威公司与益相龙公司签订"合作协议"，约定绿威公司中标后将经营权转让给益相龙公司。

2013年8月7日，光明新区管委会与宝安区政府有关部门签订行政执法委托补充协议书，受宝安区政府委托在光明新区范围内行使有关行政管理权，其中包括余泥渣土临时受纳场地设立许可权（跨区设立

---

① 《房屋建筑和市政基础设施工程施工招标投标管理办法》（建设部令第89号）第二条：市政基础设施工程，是指城市道路、公共交通、供水、排水、燃气、热力、园林、环卫、污水处理、垃圾处理、防洪、地下公共设施及附属设施的土建、管道、设备安装工程。

② 《关于研究余泥渣土受纳场专项规划有关问题的会议纪要》（2012年147号）。

③ 《关于红坳、盲婆坑余泥渣土受纳场用地核查意见书的函》（深规土光函〔2012〕220号）："一、由于上述项目均未立项，建议你局在取得立项批复后再来办理选用地手续。二、红坳余泥渣土受纳场项目用地核查情况为：1. 根据《深圳市余泥渣土受纳场专项规划》（2009—2030），红坳受纳场用地面积约79294平方米，其中75675平方米位于光明新区辖区内（分别位于长圳和凤凰两个社区），3619平方米位于光明新区辖区外（位于宝安区石岩街道）。2. 红坳受纳场无法定图则覆盖，经核《光明新区规划》及相关规划，该地块规划用地性质为公共交通用地和林地，该地块与科发路规划红线冲突，与河道蓝线冲突，与公明供水调蓄工程规划（深规选HQ-2008-0175号）冲突，与市政橙线（危险品输送管道）冲突，与原水管蓝线（北线引水工程：鹅颈水库—石岩水库）冲突，该地块未发现与已签订合同或已办理产权登记的宗地冲突。3. 经核《深圳市土地利用总体规划》，该地块位于限制建设区和禁止建设区。4. 根据2010年土地变更调查数据，该地块地类统计情况为：农用地328平方米（林地328平方米），建设用地78966平方米；该地块不占用基本农田；该地块整体位于基本生态控制线范围内。5. 该地块全部未征转（收）为国有。"

④ 《关于研究余泥渣土受纳场规划建设有关问题的会议纪要》（2013年109号）。

⑤ 《市规划国土委光明管理局关于余泥渣土受纳场相关情况的复函》（深规土光函〔2013〕312号）其中红坳受纳场具体情况为："选址地块用地总面积79128.64平方米，未与已签订土地使用权合同或已发建设用地方案图用地冲突，未占用基本农田，全部位于基本生态控制线以内，但与蓝线规划中公明调蓄工程输水涵洞有冲突。"

⑥ 《深圳市建设项目选址意见书》（深规土选GM-2013-0013号）："本项目用地选址符合城市规划要求，准予办理有关手续""建设用地面积：65143.50平方米。"备注："该选址与蓝线规划中公明调蓄工程的输水涵洞有冲突，应采取工程措施对公明调蓄工程输水涵洞予以保护。"重要提示："本选址意见书不作为土地所有权、使用权等权利的凭证，仅供申请单位办理建设项目审批前期工作使用；本选址意见书自发证之日起有效期一年。"

的除外)①。光明新区城市管理局作为行业主管部门履行临时受纳场地审批职责。

2013年8月8日，绿威公司中标红坳受纳场运营服务项目。

2013年8月16日，绿威公司与益相龙公司签订《光明新区红坳余泥渣土受纳场市场化运营分包合同》②，收取75万元合作管理费后将全部运营服务项目"整体转包"给益相龙公司。2013年11月21日，深圳市政府《关于吕锐锋同志调研余泥渣土受纳场建设和运营管理工作的会议纪要》对有关单位加快包括红坳在内的受纳场选址和建设进度提出具体要求③。

2013年12月4日，光明新区管委会余泥渣土场建设工作会议同意受纳场建设运营可采取三种模式④，明确规划国土管理部门复函可替代用地许可手续。

2013年12月9日，绿威公司向光明新区城市管理局提出临时受纳场地设立申请。

2014年2月21日，光明新区城市管理局向绿威公司核发《临时受纳场地证》，有效期限至2015年2月21日。红坳受纳场开始建设运营。

2014年3月1日，监理人员刘向阳⑤盗用深圳科宇工程顾问有限公司⑥（以下简称科宇公司）公章与益相龙公司签订监理合同。

（三）隐患举报查处等情况

红坳受纳场在没有正规施工图纸设计和未办理用地（后补办⑦）、建设、环境影响评价、水土保持等审批许可的情况下即违法违规建设运营⑧。在建设运

---

① 《深圳市光明新区管理暂行规定》（深圳市人民政府令第171号，2007年8月29日起施行）第九条：市政府设立新区管理委员会，新区管委会是市政府的派出机构，在新区范围内行使市政府决定由区级政府行使的职责，主要职责是……（十）根据市政府有关规定或者有关行政机关的委托负责新区的有关行政和社会事务管理工作……第十三条：未在新区设立派出机构的市政府有关部门可以根据新区管理的需要，将其行使的行政审批、行政处罚等行政管理权依法委托新区管委会在新区范围内行使。但是依据法律、法规规定由县（区）级政府或者其有关部门行使的行政审批等行政管理权，由宝安区政府统一组织委托新区管委会在新区范围内行使。

② 该《分包合同》所涉"服务内容"与"红坳余泥渣土临时受纳场运营服务"项目《招标公告》中载明的服务内容基本一致，仅是编排顺序、标号发生变化，个别较为细化的内容未列入其中。经调查认定，名为分包，实为整体转包。

③ 《关于吕锐锋同志调研余泥渣土受纳场建设和运营管理工作的会议纪要》（2013年405号）：会议要求，应确定受纳场建设运营原则，简化用地手续、合理确定投资建设运营主体等。其中简化用地手续明确提出，土地权属复杂、近期无法解决征转地问题且规模较小的受纳场，可暂时不办理征转地手续，由各方协商建设临时受纳场，规划国土部门采取灵活措施办理临时建设用地规划许可批复或复函。

注：吕锐锋同志为时任深圳市人民政府常务副市长。

④ 《光明新区余泥渣土场建设工作会议纪要》（2013年271号）：受纳场建设主体及运营管理三种模式：一是政府为建设及运营主体；二是企业为建设及运营主体，国有土地上选址的临时受纳场，政府负责职能监管，通过市场公开招选建设与运营主体，社会资金投资建设及运营管理，自行解决土地遗留问题经济利益关系，企业自负盈亏，社会工程受纳土方市场定价；三是社区居委会为建设及运营主体。会议明确以规划国土部门复函替代用地许可手续，新区有关主管部门依据规划国土部门复函受理建设、环评和水保审批手续。

⑤ 刘向阳，注册监理工程师，注册证书号0051331，注册单位深圳市华建工程项目管理有限公司。

⑥ 营业执照统一社会信用代码：914403001923491180，营业期限自1995年6月13日起至2025年6月13日止，法定代表人王苏夏，具有房屋建筑工程、市政公用工程监理甲级资质（有效期至2019年9月12日）。

⑦ 2014年11月3日，深圳市规划和国土资源委员会光明管理局向光明新区城市管理局出具《关于明确新区余泥渣土临时受纳场临时用地的函》（深规土光函〔2014〕758号），明确"根据市、新区关于余泥渣土受纳场相关会议精神，经研究，原则同意红坳受纳场作为余泥渣土临时受纳场……此复函与我局《关于余泥渣土受纳场相关情况的复函》（深规土光函〔2013〕312号）同时使用。"

⑧ 《光明新区余泥渣土临时受纳管理办法（试行）》（2013年1月16日施行，依据《深圳经济特区余泥渣土管理办法》）第六条规定：光明新区城市管理局在审批临时受纳场地许可时需征求深圳市规土委光明管理局意见并取得其书面复函；《深圳市建筑废弃物运输和处置管理办法》（深圳市人民政府令第260号，2014年1月1日施行，同时废止《深圳经济特区余泥渣土管理办法》）第二十五条规定：城市管理部门核发建筑废弃物受纳许可证时，应取得规划国土、建设、环境保护、水务等部门的批准文件。

营过程中，红坳受纳场超出规划区域堆填①，没有按照有关规定排出底部原有积水、修建有效的导排水系统并落实堆填碾压和密实度检测，现场作业管理混乱，事故隐患长期存在。

2014年10月，广东省信访局分别收到深圳市光明新区红坳村部分村民致省委、省政府主要负责同志的信，举报红坳受纳场存在重大事故隐患。11月12日，广东省信访局将该信访件报送深圳市委主要负责同志阅批。11月21日至12月2日，深圳市、光明新区两级党委、政府有关负责同志分别作出了批示，要求光明新区城市管理局关注群众反映的安全问题，做好隐患整改工作。

2014年12月1日，光明新区城市管理局向绿威公司下发停业整改通知②，称自2014年3月以来多次要求其尽快办理受纳场建设的环境影响评价、水土保持方案，一直未落实；要求红坳受纳场从12月2日起停止受纳土方，待完善环境影响评价、水土保持方案手续，检查验收后方可运营。

2014年12月2日，光明新区城市建设局对红坳受纳场进行现场督查并核查该项目建设档案及现场工况条件，责令立即停工，尽快补办水土保持和环境影响评价手续。同日致函③光明新区城市管理局，称红坳受纳场项目未向其申报过水土保持方案审批及环境影响评价审批手续，同时，"经现场检查，发现该项目已受纳土方量约为120万方，大量弃土堆放无序，场地局部堆土高差将近8米，坡面松散裸露，侵蚀沟明显，水土流失侵蚀量高……在堆土边坡区未修筑边坡截排水沟……"，要求光明新区城市管理局立即停止红坳受纳场土方受纳，积极协调相关单位尽快申报水土保持、环境影响评价手续。

2014年12月12日，光明新区城市管理局就有关事故隐患整改情况函复④信访人，称红坳受纳场地形条件适合作为受纳场，并且"该场施工单位深圳市益相龙投资发展有限公司，委托了有专业设计资质的设计单位设计了施工图纸，深圳市瀚润达生态环境技术有限公司负责办理水土保持方案，并安排监理单位监督施工。我局将严格要求该公司按照设计图纸规范施工……确保施工作业安全，防止水土流失、泥石流等灾害发生。"回函所附益相龙公司提供的材料中对余泥渣土堆填方法、施工工艺进行了详细说明，对堆土含水量、堆土摊铺厚度、碾压次数、碾压密实度等关键施工参数均进行了详细说明。同日，光明新区城市管理局函复⑤光明新区城市建设局，称已"下发停业整改通知，要求红坳受纳场从12月2日开始停止对外受纳土方，并于12月3日组织相关单位召开受纳场建设办理环评、水土保持工作协调会议，协调深圳市瀚润达生态环境技术有限公司负责办理水土保持方案审批手续，深圳市宗兴环保科技有限公司负责办理环评审批手续，并明确环评、水保审批手续完善后方可运营"，并建议光明新区城市建设局落实市政府会议纪要精神，加快受纳场建设环境影响评价、水土保持方案等手续的审批。

2014年12月15日，光明新区管委会在深圳市信访信息系统上回复称"就信访人提出的疑虑，光明新区城市管理局书面回复了信访人，告知该受纳场的选址经过科学论证，打消了信访人的疑虑，并加强了对该受纳场的监管"。同日，该信访件在深圳市信访信息系统上办结。

2015年1月12日，深圳市宗兴环保科技有限公司⑥（以下简称宗兴公司）提交了由其编制的《光明新区红坳余泥渣土受纳场建设项目环境影响报告表》。2月27日，光明新区城市建设局对红坳受纳场项目环境影响评价报告审查并批复同意（深光环批〔2015〕200139号）。

2015年2月15日，光明新区城市管理局向深圳

---

① 红坳受纳场规划选址用地边界与经过规划审批的工业区厂房距离725.1米，与西气东输西二线规划路由最小距离219.0米，与周边建筑、设施距离符合《深圳市城市规划标准与准则》（2014年版）第7.7.4.8条第二项"余泥渣土受纳场距离居民区不宜小于150米"和《石油天然气管道保护法》第三十条"在管道线路中心线两侧各五米地域范围内，禁止下列危害管道安全的行为……（三）挖塘、修渠、修晒场、修建水产养殖场、建温室、建家畜棚圈、建房以及修建其他建筑物、构筑物"的要求。
② 《深圳市光明新区城市管理局关于责令红坳、玉律余泥渣土受纳场停业整改的通知》（深光城市管理〔2014〕429号）。
③ 《光明新区城市建设局关于红坳弃土受纳场投诉件涉及有关情况的函》（深光城市建设函〔2014〕1006号）。
④ 《深圳市光明新区城市管理局关于红坳余泥渣土临时受纳场有关情况的复函》（深光城市管理函〔2014〕504号）。
⑤ 《深圳市光明新区城市管理局关于红坳受纳场投诉件涉及有关情况的复函》（深光城市管理函〔2014〕505号）。
⑥ 营业执照注册号：440307102969969，营业期限自2004年2月18日起至2024年2月18日止，法定代表人刘秀兰，具有建设项目环境影响评价资质证书乙级（有效期至2018年11月3日）。

市水务局报送由深圳市瀚润达生态环境技术有限公司①（以下简称瀚润达公司）编制的《光明新区红坳余泥渣土受纳场水土保持方案（设计）报告书》。2月16日，深圳市水务局出具准予行政许可决定书（深水许准予〔2015〕332号）。

2015年3月17日，绿威公司向光明新区城市管理局提出临时受纳场地续期申请；3月20日，光明新区城市管理局续发临时受纳场地证，有效期限至2016年4月1日。

2015年8月6日，光明新区城市管理局通过公开招标的方式委托建星公司对红坳、玉律受纳场进行第三方监管。

2015年9月30日，深圳市华玺建筑设计有限公司②（以下简称华玺公司）将益相龙公司自行提供的《深圳市红坳余泥渣土受纳场工程设计图》套改成华玺公司的施工设计图纸，并把出图时间伪造为2013年12月。

调查认定，深圳市、光明新区及其有关部门对群众举报的事故隐患问题未认真核查、整改，错失消除事故隐患、避免事故发生的机会。虽然光明新区城市建设局查实并向负责牵头处理事故隐患的光明新区城市管理局函告了存在的事故隐患，但光明新区城市管理局弄虚作假答复举报人和上级机关，在仅补办水土保持和环境影响评价手续、未补办建设审批等手续的情况下，再次为红坳受纳场核发《临时受纳场地证》，使群众举报的事故隐患持续存在并继续加重，最终酿成事故。

红坳受纳场建设运营情况见红坳受纳场建设运营关系图（附件1），审批许可和隐患举报查处情况见红坳受纳场审批许可和隐患举报查处情况图（附件2）。

五、有关责任单位存在的主要问题

（一）事故企业

益相龙公司、绿威公司是事故主体责任单位，林敏武、王明斌等人实际参与红坳受纳场的建设运营。

（1）未经正规勘察和设计，违法违规组织红坳受纳场建设施工。益相龙公司作为红坳受纳场的建设、施工单位，违反《建设工程勘察设计管理条例》（国务院令第293号）第四条、第十七条③和《广东省建设工程勘察设计管理条例》第七条④规定，未按工程建设程序委托勘察设计，未委托有资质的单位进行施工图设计；违反《建设工程质量管理条例》（国务院令第279号）第十一条、第二十五条⑤和《深圳市建设工程质量管理条例》第五条、第三十条规定⑥，按照无效图纸组织施工，无资质施工。

（2）现场作业管理混乱，违法违规开展红坳受纳场运营。益相龙公司作为红坳受纳场的实际运营企业，违反《深圳市建筑废弃物受纳场运行管理办法》（深城管〔2012〕35号）第十六条、第十七条、第二

---

① 营业执照统一社会信用代码：91440300662666936D，营业期限自2007年4月27日起至2027年4月27日止，法定代表人张强，具有水土保持方案编制乙级资质（有效期至2017年6月19日）。

② 营业执照注册号：441400000002540，营业期限为永续经营，法定代表人胡静，具有工程设计资质证书建筑行业（建筑工程）甲级（有效期至2020年2月12日）和市政行业专业设计乙级资质（有效期至2016年4月6日）。

③ 《建设工程勘察设计管理条例》（国务院令第293号）第四条："从事建设工程勘察、设计活动，应当坚持先勘察、后设计、再施工的原则。"第十七条："发包方不得将建设工程勘察、设计业务发包给不具有相应勘察、设计资质等级的建设工程勘察、设计单位。"

④ 《广东省建设工程勘察设计管理条例》第七条："建设单位应当将建设工程勘察、设计业务依法发包给具有相应勘察、设计资质等级和业务范围的建设工程勘察、设计单位。建设单位必须向勘察、设计单位提供与建设工程有关的真实、准确、齐全的资料。"

⑤ 《建设工程质量管理条例》（国务院令第279号）第十一条："建设单位应当将施工图设计文件报县级以上人民政府建设行政主管部门或者其他有关部门审查。施工图设计文件审查的具体办法，由国务院建设行政主管部门会同国务院其他有关部门制定。施工图设计文件未经审查批准的，不得使用。"第二十五条："施工单位应当依法取得相应等级的资质证书，并在其资质等级许可的范围内承揽工程。禁止施工单位超越本单位资质等级许可的业务范围或者以其他施工单位的名义承揽工程。禁止施工单位允许其他单位或者个人以本单位的名义承揽工程。施工单位不得转包或者违法分包工程。"

⑥ 《深圳市建设工程质量管理条例》第五条："勘察、设计、施工、监理、检测单位应当依法取得资质证书，并在资质证书核定的范围内承接工程业务。"第三十条："施工单位应当按经审查批准的施工图设计文件和工程建设强制性标准进行施工，不得偷工减料，不得以次充好，不得擅自修改设计文件。"

十一条第一项的规定①,未在坡顶场外修建截洪沟等有效的拦、导、排水系统,未排除受纳场原有的大量积水;严重超量超高堆填加载,堆填体碾压不实、密实度低;未进行边坡监测和堆填区密实度检测;安全生产主体责任不落实,违反《安全生产法》第二十五条、第三十八条②规定,未开展安全生产教育和培训工作,未按规定开展日常检查、事故隐患排查。

(3)无视受纳场安全风险,对事故征兆和险情应急处置错误。益相龙公司无视堆填体含水量高对受纳场安全稳定的影响,不顾超量超高堆填作业可能造成的危害,盲目追求经济效益;违反《安全生产法》第四十三条第二款、第八十条③和《深圳市建筑废弃物受纳场运行管理办法》(深城管〔2012〕35号)第十五条、第二十四条④要求,未配备应急作业单元,未开展应急演练;未重视并整改事故发生前1个多月即出现的事故征兆。事发当日险情处置错误,未及时发出事故警示,未向当地政府和有关部门报告,贻误了下游工业园区和社区人员紧急疏散撤离时机。

(4)违法转包红坳受纳场建设运营项目。绿威公司作为红坳受纳场建设运营服务的中标公司,违反《招标投标法》第四十八条第一款⑤规定,在红坳受纳场运营项目中标后,整体转让中标项目,名为分包,实为整体转包,属于违法转包运营服务项目;违反《安全生产法》第四十六条第二款⑥规定,在将红坳受纳场运营服务项目转包给益相龙公司后,未与其签订专门的安全生产管理协议,没有对其进行安全检查。

(二)深圳市和光明新区有关部门

1. 深圳市城市管理部门违法违规审批许可,未按规定履行日常监管职责,日常监督检查严重缺失

(1)光明新区城市管理局⑦违规审批许可,在红坳受纳场未取得规划国土、建设、环境保护、水务等部门批准文件的情况下,违规⑧向绿威公司发放临时

---

① 《深圳市建筑废弃物受纳场运行管理办法》(深城管〔2012〕35号)第十六条:"填入填埋区的建筑废弃物应当及时进行推平、碾压等处理。建筑废弃物推平后,填埋厚度每达到1米应当碾压1次,并符合施工设计的密实度要求。"第十七条:"填埋作业区填埋高度不得高于设计标高,边坡坡度应当符合设计要求,在必要的区域应当设置标高指示杆。"第二十一条:"收纳单位应当在受纳场配备如下设施:(一)进场道路、冲洗槽、截洪沟、排水沟、沉砂池等基础设施……"

② 《安全生产法》第二十五条:"生产经营单位应当对从业人员进行安全生产教育和培训,保证从业人员具备必要的安全生产知识,熟悉有关的安全生产规章制度和安全操作规程,掌握本岗位的安全操作技能,了解事故应急处理措施,知悉自身在安全生产方面的权利和义务。未经安全生产教育和培训合格的从业人员,不得上岗作业……生产经营单位应当建立安全生产教育和培训档案,如实记录安全生产教育和培训的时间、内容、参加人员以及考核结果等情况。"第三十八条:"生产经营单位应当建立健全生产安全事故隐患排查治理制度,采取技术、管理措施,及时发现并消除事故隐患。事故隐患排查治理情况应当如实记录,并向从业人员通报。"

③ 《安全生产法》第四十三条第二款:"生产经营单位的安全生产管理人员在检查中发现重大事故隐患,依照前款规定向本单位有关负责人报告,有关负责人不及时处理的,安全生产管理人员可以向主管的负有安全生产监督管理职责的部门报告,接到报告的部门应当依法及时处理。"第八十条:"生产经营单位发生生产安全事故后,事故现场有关人员应当立即报告本单位负责人。单位负责人接到事故报告后,应当迅速采取有效措施,组织抢救,防止事故扩大,减少人员伤亡和财产损失,并按照国家有关规定立即如实报告当地负有安全生产监督管理职责的部门,不得隐瞒不报、谎报或者迟报,不得故意破坏事故现场、毁灭有关证据。"

④ 《深圳市建筑废弃物受纳场运行管理办法》(深城管〔2012〕35号)第十五条:"填埋区作业单元应当控制在较小的面积范围,减少扬尘污染,并配置必要的应急作业单元。"第二十四条:"受纳单位应当制定安全事故应急处理预案,并定期组织员工教育培训和安全演习。场区发生安全事故时,应当立即启动应急处理预案。"

⑤ 《招标投标法》第四十八条第一款:"中标人应当按照合同约定履行义务,完成中标项目。中标人不得向他人转让中标项目,也不得将中标项目肢解后分别向他人转让。"

⑥ 《安全生产法》第四十六条第二款:"生产经营项目、场所发包或者出租给其他单位的,生产经营单位应当与承包单位、承租单位签订专门的安全生产管理协议,或者在承包合同、租赁合同中约定各自的安全生产管理职责;生产经营单位对承包单位、承租单位的安全生产工作统一协调、管理,定期进行安全检查,发现安全问题的,应当及时督促整改。"

⑦ 《光明新区机构编制委员会关于印发〈深圳市光明新区城市管理局〈城市管理监督指挥中心〉职能配置、内设机构和人员编制规定〉的通知》(深光编〔2014〕54号):负责光明新区余泥渣土排放管理、垃圾处理管理等。负责按权限对城市管理审批项目进行审批监管。负责指导协调、监督检查和落实城市管理综合执法工作;负责组织对办事处执法队的业务培训和考评。

⑧ 《光明新区余泥渣土临时受纳管理办法(试行)》(2013年1月16日施行)第六条规定:光明新区城市管理局审批临时受纳场地许可时需征求深圳市规土委光明管理局意见并取得其书面复函。《深圳市建筑废弃物运输和处置管理办法》(深圳市人民政府令第260号)第二十五条规定:城市管理部门核发建筑废弃物受纳许可证时应取得规划国土、建设、环境保护、水务等部门的批准文件。

受纳场许可证。未纠正和查处绿威公司违法违规①将红坳受纳场转包给益相龙公司建设和经营的问题。日常监督检查中，未对红坳受纳场压实作业、坡度控制等重要内容进行检查，未发现受纳场存在超容量受纳、缺乏有效的导排水系统等问题。未对光明办事处执法队履行渣土受纳场综合执法职责进行监督检查，未按规定开展渣土受纳场监管业务培训和考评工作②。

在牵头处理群众举报的事故隐患过程中，弄虚作假回复举报人和上级机关，在事故隐患未消除的情况下，违法③恢复红坳受纳场运营。

（2）深圳市城市管理局④未按法定职责组织开展监督检查工作，在两次对红坳受纳场年度巡查中，均未发现其违法违规转包和存在超高堆填等重大安全隐患的问题；未按职责监督检查、指导光明新区城市管理局余泥渣土临时受纳场日常监管工作。

2. 深圳市建设、环保、水务部门未按规定履行建设、环保、水务行政审批许可和日常监管等职责

（1）光明新区城市建设局⑤未按规定⑥跟踪和督促红坳受纳场依法⑦办理建设工程施工许可证，未按职责指导光明办事处查违办开展违规建设项目查处工作。

---

① 《招标投标法》第四十八条："中标人不得向他人转让中标项目，也不得将中标项目肢解后分别向他人转让。"《合同法》第二百七十二条："承包人不得将其承包的全部建设工程转包给第三人或者将其承包的全部建设工程肢解以后以分包的名义分别转包给第三人。建设工程主体结构的施工必须由承包人自行完成。"《房屋建筑和市政基础设施工程施工分包管理办法》(建设部令第124号，2004年4月1日起施行）第十三条："禁止将承包的工程进行转包。不履行合同约定，将其承包的全部工程发包给他人，或者将其承包的全部工程肢解后以分包的名义分别发包给他人的，属于转包行为。分包工程发包人将工程分包后，未在施工现场设立项目管理机构和派驻相应人员，并未对该工程的施工活动进行组织管理的，视同转包行为。"

② 《光明新区城市管理局关于印发〈光明新区余泥渣土受纳场运营监管考核方案（试行）〉的通知》及其附件《光明新区余泥渣土受纳场运营监管考核评分标准》(深光城市管理〔2014〕221号，2014年5月26日施行）："三、受纳场运营质量考评方案（一）考评方式……检查监管工作每天进行，发现问题立即取证……"

③ 《安全生产法》第六十二条第三项："对检查中发现的事故隐患，应当责令立即排除；重大事故隐患排除前或者排除过程中无法保证安全的，应当责令从危险区域内撤出作业人员，责令暂时停产停业或者停止使用相关设施、设备；重大事故隐患排除后，经审查同意，方可恢复生产经营和使用。"

④ 《关于印发市政府工作部门主要职责内设机构和人员编制规定的通知》(深府办〔2009〕100号）：贯彻执行国家、省、市有关环境卫生和城市管理行政执法等方面的法律、法规和政策；起草相关地方性法规、规章和政策，经批准后组织实施；负责环境卫生等的行业管理，承担安全监管责任；综合协调和监督检查城市管理行政执法工作，组织业务培训及业务考核。

⑤ 《关于印发深圳市光明新区城市建设局职能配置、内设机构和人员编制规定的通知》(深光编〔2014〕53号）：负责建设工程施工质量、安全生产和施工现场的监督管理，协助查处建设工程的违法违规行为，参与建设工程施工质量、安全生产和施工现场的监督管理；负责分级审批建设项目（含土石方工程）水土保持方案并监督实施，承担生产建设项目水土保持方案的审批、监督实施及水土保持设施的验收工作；负责建设项目的环境影响评价报告表的审批和日常监管。

⑥ 《深圳市建筑废弃物运输和处置管理办法》(深圳市人民政府令第260号）第三条："建设行政主管部门（以下简称建设部门）负责建筑废弃物的减排与回收利用管理，向建设单位发放建筑废弃物管理联单并对其遵守联单制度的情况进行监管，规范建设项目建筑废弃物运输业务的发包行为，监管建设工程施工现场并督促施工单位文明施工，依法追究建设、施工等相关单位违法处置建筑废弃物行为的法律责任。"第三十条："建设部门应当会同交通、公安交警、城市管理、环境保护等部门建立建筑废弃物处置管理综合信息平台及相关管理制度，实现以下管理信息互联互通、即时共享：（一）建设项目、建设单位、施工单位基本情况及建筑废弃物减排、处理方案；（二）运输单位资质及运输车辆情况；（三）受纳场所地点、最大容量和实际容量等情况……（九）建筑废弃物受纳场、综合利用场所相关信息；（十）其他必要的监管信息。"第三十一条："受纳单位应当将夹杂在建筑废弃物中的零星生活垃圾和其他废弃物进行分拣，运送至指定场所处置。"

⑦ 《建设工程质量管理条例》(国务院令第279号）第十一条："建设单位应当将施工图设计文件报县级以上人民政府建设行政主管部门或者其他有关部门审查。施工图设计文件审查的具体办法，由国务院建设行政主管部门会同国务院其他有关部门制定。施工图设计文件未经审查批准的，不得使用。"第十三条："建设单位在领取施工许可证或者开工报告前，应当按照国家有关规定办理工程质量监督手续。"《建筑工程施工许可管理办法》(住房和城乡建设部令第18号）第二条第一款："在中华人民共和国境内从事各类房屋建筑及其附属设施的建造、装修装饰和与其配套的线路、管道、设备的安装，以及城镇市政基础设施工程的施工，建设单位在开工前应当依照本办法的规定，向工程所在地的县级以上地方人民政府住房城乡建设主管部门（以下简称发证机关）申请领取施工许可证。"第十一条："发证机关应当建立颁发施工许可证后的监督检查制度，对取得施工许可证后条件发生变化、延期开工、中止施工等行为进行监督检查，发现违法违规行为及时处理。"

未按规定①开展执法检查工作,在红坳受纳场水土保持方案审批前,未及时依法处置受纳场违规建设运营问题;在审批后,未督促红坳受纳场落实水土保持方案要求报送水土保持监测报告。

开展环保执法检查和审批工作过程中,未发现和查处红坳受纳场未经环境影响审批进行违法②建设的问题。未严格执行审批程序,违规为红坳受纳场办理环境影响报告审批。未对红坳受纳场按照环境影响评估报告落实水土流失防治措施进行后续监管。

对群众举报的红坳受纳场事故隐患未认真研究查处,未督促红坳受纳场整改隐患并办理建设审批手续,也未按照规定③对其实施重点监督检查。

(2) 深圳市住房和建设局④未按规定履行建设执法监督指导职责,未有效监督指导建设执法受委托单位光明新区管委会依法查处红坳受纳场无建设工程施工许可证违规建设问题。

(3) 深圳市水务局⑤未依法⑥履行审批后的监督管理和水土保持设施验收职责,未监督纠正红坳受纳场未依法⑦提交水土保持监测报告、度汛方案、申请水土保持设施专项验收等问题。未按规定⑧就移交给光明新区城市建设局的反映红坳受纳场的问题及时跟踪督办。未按规定指导协调、监督检查光明新区城市建设局依法履行监管职责。

(4) 深圳市人居环境委员会⑨未按规定履行监督指导职责,未有效督促指导光明新区城市建设局依法查处违反环保规定的建设项目、严格依程序进行行政审批、落实环境影响审批后的监管职责。

3. 深圳市规划国土部门违法违规实施用地许可,对违法用地行为未依法查处

(1) 深圳市规划和国土资源委员会光明管理局⑩违规审批,在无可行性研究报告、环境影响评价报告等有关文件资料的情况下违规⑪核发红坳受纳场选址

---

① 《深圳经济特区水土保持条例》第五条:"深圳市人民政府水务行政主管部门主管全市水土保持的监督管理工作,各区人民政府水务行政主管部门负责本辖区水土保持的监督管理工作。"

② 《深圳市建筑废弃物运输和处置管理办法》(深圳市人民政府令第260号)第七条第二款:"建设单位未依法提交建设项目环境影响评价文件或者环境影响评价文件未经批准,擅自开工建设的,由负有环境保护监督管理职责的部门责令停止建设,处以罚款,并可以责令恢复原状。"

③ 《广东省安全生产条例》第三十四条:"县级以上人民政府安全生产监督管理部门和其他监管部门应当依照各自职责,对以下生产经营单位和场所进行重点检查……(三)有安全生产不良记录和被举报、投诉的生产经营单位。"

④ 《关于印发市政府工作部门主要职责内设机构和人员编制规定的通知》(深府办〔2009〕100号):负责建设工程质量、建筑安全生产和文明施工的监督管理;负责工程的施工许可管理;负责对工程质量监督、施工安全监督和工程质量检测机构进行业务指导和监督管理;承担推进建筑节能减排责任;负责建筑废弃物减排与综合利用管理。

⑤ 《中共深圳市委 深圳市人民政府关于印发〈深圳市人民政府机构改革方案〉的通知》(深发〔2009〕9号):负责承担水务工程的建设管理及其质量和安全的监督管理责任;按照分级管理原则,负责全市水库、河道、堤防、河口滩涂、滞洪区及其他水务设施的监督管理;组织协调水土流失的综合防治、监测预报并定期公告;负责审批并监督实施建设项目水土保持方案。

⑥ 《水土保持法》第二十九条:"县级以上人民政府水行政主管部门、流域管理机构,应当对生产建设项目水土保持方案的实施情况进行跟踪检查,发现问题及时处理。"第四十三条:"县级以上人民政府水行政主管部门负责对水土保持情况进行监督检查。流域管理机构在其管辖范围内可以行使国务院水行政主管部门的监督检查职权。"

⑦ 《水土保持法》第二十七条:"依法应当编制水土保持方案的生产建设项目中的水土保持设施,应当与主体工程同时设计、同时施工、同时投产使用;生产建设项目竣工验收,应当验收水土保持设施;水土保持设施未经验收或者验收不合格的,生产建设项目不得投产使用。"第四十一条:"对可能造成严重水土流失的大中型生产建设项目,生产建设单位应当自行或者委托具备水土保持监测资质的机构,对生产建设活动造成的水土流失进行监测,并将监测情况定期上报当地水行政主管部门。"

⑧ 《行政处罚法》第十八条第二款:"委托行政机关对受委托的组织实施行政处罚的行为应当负责监督,并对该行为的后果承担法律责任。"

⑨ 《关于印发市政府工作部门主要职责内设机构和人员编制规定的通知》(深府办〔2009〕100号):承担贯彻执行国家、省、市有关人居环境建设与保护的法律、法规和政策,指导监督各区环保部门开展环境影响评价报告表的审批和日常监管。

⑩ 《市规划国土委关于实施"大科室"综合试点改革的通知》(深规土〔2014〕365号):负责辖区土地储备和临时用地许可行政管理工作;受理辖区建设用地申请,出具建设项目选址意见书、用地预审意见,核发建设用地批准文件和建设用地规划许可证;承担辖区建设工程项目规划管理工作;承担辖区建设项目规划核实……

⑪ 《深圳市城市规划条例》第四十一条:"发放《建设项目选址意见书》的程序为:(一)建设单位填报《建设项目选址申请表》,并按规定附送可行性研究报告、环境影响评价报告及有关文件、图纸等资料……"

意见书。违反规划土地法律法规①，以出具复函的形式代替行政许可同意红坳受纳场作为余泥渣土临时受纳场。

（2）光明新区规划土地监察大队②开展执法检查工作过程中，未及时发现和查处红坳受纳场未取得用地规划许可证、建设工程规划许可证违规建设的问题，未按规定督促指导光明办事处查违办开展查违工作。在卫星遥感监测土地执法工作中，开展审核工作不认真，未发现光明办事处上报的红坳受纳场图斑为"合法图斑"系虚假信息，并将该虚假信息上报深圳市规划土地监察支队。

（3）深圳市规划和国土资源委员会③对市规划和国土资源委员会光明管理局违规为红坳受纳场核发选址意见书、用地规划许可问题失察。组织开展查违过程中，未及时发现和查处红坳受纳场未取得用地规划许可证、建设工程规划许可证违规建设的问题。未按规定督促指导光明新区规划土地监察大队开展查违工作。

（三）深圳市和光明新区党委政府

（1）光明新区光明党工委、办事处未认真落实安全生产责任，对渣土受纳场安全风险认识不足，未按法定职责组织开展查处违规建设工作，未依法及时查处红坳受纳场未取得用地规划许可证、建设工程规划许可证、施工许可证违规建设的问题。开展对红坳受纳场的日常检查流于形式，未发现和纠正红坳受纳场存在的违规转让许可证、超容量受纳、缺乏有效的导排水系统等问题。

（2）光明新区党工委、管委会未认真贯彻执行党和国家有关安全生产方针政策和法律法规，未按国家和省市部署的安全大检查、隐患排查治理规定要求履行属地监管责任，对渣土受纳场安全风险认识不足，未按规定进行监督管理。对有关职能部门违规审批和未依法进行执法检查问题失察，未组织有关部门有效整治和排除群众反映的红坳受纳场存在的安全隐患，未认真督促有关部门加强对渣土受纳场的安全监管工作。

（3）深圳市委未认真贯彻落实党的安全生产方针政策和安全生产"党政同责、一岗双责、齐抓共管"的要求，未有效督促深圳市政府及有关部门履行安全生产职责。深圳市人民政府没有牢固树立安全发展理念，未能正确处理城市建设与安全发展的关系，为解决建设工程渣土的排放问题，在红坳受纳场项目与有关规划冲突的情况下，仍违法违规强行推动渣土受纳场建设。对受纳场安全生产工作不重视，对安全风险认识不足，未按规定进行监督管理，未督促光明新区管委会整治和排除群众反映的红坳受纳场存在的安全隐患。对有关职能部门违规为红坳受纳场审批的问题失察，未有效督促指导有关职能部门和光明新区管委会落实对渣土受纳场的安全监管职责。

（四）中介服务机构

广东华玺建筑设计有限公司违反《广东省建设工程勘察设计管理条例》第九条④规定，于红坳受纳场投入运营19个月后，在未经任何设计、计算和校审的情况下，以华玺公司设计具名、出具施工设计图纸并伪造出图时间提供给益相龙公司，从中获利3.18万元。

六、对有关责任人员和单位的处理意见

根据事故原因调查和事故责任认定，依据有关法律法规和党纪政纪规定，对事故有关责任人员和责任单位提出处理意见：

---

① 《深圳市城市规划条例》第四十八条："临时建设必须依法取得《临时建设用地规划许可证》，建设单位应与市土地管理部门签订《临时土地使用合同》，并严格按照批准的用途使用。《临时建设用地规划许可证》发放程序与《建设用地规划许可证》相同。"

② 《深圳市光明新区规划土地监察大队职能配置、内设机构和人员编制规定》（深光编〔2010〕33号）：负责辖区规划土地违法行为的日常查处，对本辖区内依法应当拆除的违法建筑组织强制拆除，组织开展辖区内重大及跨办事处的查处专项执法行动；负责辖区内规划土地违法案件的调查取证、认定和作出行政处罚决定并依法实施；指导协调、监督检查办事处规划土地监察中队的工作；受理有关查违工作的检举、控告，并移交相关办事处规划土地监察中队查处或移交新区纪检监察部门查处。

③ 《关于印发市政府工作部门主要职责内设机构和人员编制规定的通知》（深府办〔2009〕100号）：负责建设用地的使用管理；核发《建设项目选址意见书》《建设用地规划许可证》《建设工程规划许可证》及建设用地方案图；负责建设项目的规划核实；对开发利用土地和执行规划行为进行监督管理；负责查处违法建筑、建设用地行为；查处未取得建设工程规划许可或者违反建设工程规划许可证规定进行建设等违法行为。

④ 《广东省建设工程勘察设计管理条例》第九条："建设工程勘察、设计单位不得有下列行为：（一）超越资质等级许可范围承揽业务；（二）伪造、买卖、出租或者以其他形式转让证书或者图章；（三）以其他建设工程勘察、设计单位的名义承揽业务；（四）允许其他单位或者个人以本单位名义从事勘察、设计活动……"

司法机关已对 53 人采取刑事强制措施。其中，公安机关对 34 名相关企业和中介机构人员依法立案侦查并采取刑事强制措施；检察机关对 19 名涉嫌职务犯罪人员立案侦查并采取刑事强制措施。对事故调查过程中发现的腐败行为和其他犯罪事实，司法机关仍在全力侦查。涉嫌犯罪人员待司法机关作出处理后，属中共党员或行政监察对象的，由当地纪检监察机关或负有管辖权的单位及时给予相应的党纪政纪处分。

事故调查组依据 2003 年《中国共产党纪律处分条例》第一百三十三条、《行政机关公务员处分条例》第二十条和《事业单位工作人员处分暂行规定》第十七条等规定，另对 57 名责任人员提出了处理意见。建议对 49 名责任人员（厅局级 11 人、县处级 27 人、科级及以下 11 人）给予党纪政纪处分（撤职和撤销党内职务 10 人、降级 13 人、降低岗位等级 2 人、记大过及以下处分 21 人、单独给予党内严重警告 3 人）；对 2 名责任人员进行通报批评；对其他 6 名责任人员由纪律检查机关进行诫勉谈话。

此外，1 名责任人员在事故调查处理期间坠楼自杀身亡，建议不再追究其责任。

事故调查组建议对 2 家事故企业和 1 家中介技术服务机构的违法违规行为分别给予行政处罚，对其他 4 家中介技术服务机构存在的问题由深圳市政府负责处理。

事故调查组建议责成广东省政府和深圳市委、市政府作出深刻检查。

（一）事故企业（32 人）
略。

（二）深圳市相关职能部门
略。

（三）深圳市光明新区光明党工委、办事处（11 人）
略。

（四）地方党委、政府（共 11 人）
略。

（五）华玺建筑设计公司（2 人）
略。

（六）建议给予行政处罚的单位（3 个）

1. 事故企业

1）深圳市益相龙投资发展有限公司

依法吊销深圳市益相龙投资发展有限公司营业执照①，处罚款 2000 万元②，企业主要负责人终身不得担任本行业生产经营单位的主要负责人③。

2）深圳市绿威物业管理有限公司

依法吊销深圳市绿威物业管理有限公司营业执照并没收违法所得 75 万元④，处罚款 500 万元②。

2. 中介和技术服务机构

依法吊销广东华玺建筑设计有限公司市政行业专业设计乙级资质证书（广东省住房和建设厅负责），没收违法所得 3.18 万元并处 6.36 万元罚款⑤。

以上行政处罚，除特别标明的以外，均由深圳市政府负责组织有关部门实施。

行政处罚落实情况由负责单位报国务院事故调查组备案。

（七）其他建议

（1）广东省政府向国务院作出深刻检查，深圳市委、市政府向广东省委、省政府作出深刻检查，认

---

① 《生产安全事故报告和调查处理条例》（国务院令第 493 号）第四十条第一款："事故发生单位对事故发生负有责任的，由有关部门依法暂扣或者吊销其有关证照；对事故发生单位负有事故责任的有关人员，依法暂停或者撤销其与安全生产有关的职业资格、岗位证书……"

② 《安全生产法》第一百零九条第四项："发生生产安全事故……由安全生产监督管理部门依照下列规定处以罚款……（四）发生特别重大事故的，处五百万元以上一千万元以下的罚款；情节特别严重的，处一千万元以上二千万元以下的罚款。"

③ 《安全生产法》第九十一条："生产经营单位的主要负责人……对重大、特别重大生产安全事故负有责任的，终身不得担任本行业生产经营单位的主要负责人。"

④ 《招标投标法》第五十八条："中标人将中标项目转让给他人的，将中标项目肢解后分别转让给他人的，违反本法规定将中标项目的部分主体、关键性工作分包给他人的，或者分包人再次分包的，转让、分包无效，处转让、分包项目金额千分之五以上千分之十以下的罚款；有违法所得的，并处没收违法所得；可以责令停业整顿；情节严重的，由工商行政管理机关吊销营业执照。"

⑤ 《广东省建设工程勘察设计管理条例》第九条第二项规定："建设工程勘察设计单位不得有以下行为：……（二）伪造、买卖、出租或者以其他形式转让证书或者图章。"第三十一条规定："建设工程勘察、设计单位违反本条例第九条第（一）（二）（三）（四）项规定的，责令改正，没收违法所得，并处违法所得一倍至两倍罚款；可以责令停业整顿，降低资质等级；情节严重的，吊销资质证书。"

真总结和吸取事故教训，进一步加强和改进安全生产工作。

（2）科宇公司存在公章管理混乱的问题，瀚润达公司、宗兴公司和建星公司存在项目管理不严的问题，建议由深圳市有关行政主管部门加强监管并对其提出要求、规范管理。

七、事故主要教训

（一）涉事企业无视法律法规，建设运营管理极其混乱

绿威公司在中标红坳受纳场运营项目后，明知益相龙公司不具备渣土受纳场运营资质，仍将红坳受纳场违法转包给后者。益相龙公司又私自将实际运营权转包给同样不具备渣土受纳场运营资质的林敏武、王明斌等人，以项目顶替债务，违规层层转包，造成责任主体缺失；受纳场建设运营过程中没有按照有关规定进行规划、建设和运营管理；没有设置有效导排水系统，没有排除受纳场原有积水，违规作业，严重超量超高堆填加载。

涉事企业一味追求经济效益，无视安全风险，安全管理极其混乱。没有对员工开展必要的安全生产教育培训，没有设立专兼职安全生产管理机构和配备相应安全管理人员，没有编制应急预案并开展应急处置演练。事发当日，现场管理人员发现的受纳场堆积体多处裂缝后，违章指挥员工采用填土方式错误处理。情况危急后，未及时报警或报告有关部门，致使受纳场下游企业和附近人员错失了紧急避险时机。

（二）地方政府未依法行政，安全发展理念不牢固

深圳作为一座快速发展起来的特大型城市，人财物大量聚集、高速流动，城市公共安全和安全生产矛盾突出，社会管理工作与经济发展不相适应，尤其是在城市管理、安全生产管理中没有建立完善的风险辨识和防控机制，对城市建设中出现的安全风险认识不足。深圳市政府在推进城市建设过程中，没有牢固树立"发展绝不能以牺牲人的生命为代价"的理念，缺乏依法行政的意识，未能正确处理安全与发展、改革与法治的关系，注重规模效率，忽视法治安全，在前期深圳市规划和国土资源委员会光明管理局提出不同意见的情况下，仍在市长办公会议纪要中强调特事特办，违法违规推动余泥渣土受纳场建设，教训深刻。

光明新区党工委、管委会违法违规实施余泥渣土临时受纳管理和推动红坳受纳场建设运营，在深圳市《建筑废弃物运输和处置管理办法》施行后仍执行与之相冲突的《光明新区余泥渣土临时受纳管理办法（试行）》；对所属部门未依法依规开展渣土受纳场建设审批许可和日常监管的问题失察失管。对群众举报的事故隐患未认真核查并督促整改，对所属部门查办群众举报的事故隐患工作中存在的问题失察失处，致使红坳受纳场的重大事故隐患得以长期存在并继续加重，最终酿成事故。

（三）有关部门违法违规审批，日常监管缺失

深圳市光明新区城市管理局在红坳受纳场建设项目未依法取得有关部门批准的情况下核发临时受纳许可，明知该受纳场层层转包、违法经营，没有依法履行监管职能。光明新区城市建设局未按规定督促红坳受纳场依法办理建设工程施工许可证、水土保持方案和环境影响评价审批手续，未查处其未批先建的行为。深圳市城市管理局未发现并查处红坳受纳场超量超高受纳的问题。深圳市住房和建设局未按规定履行建设执法监督指导职责，未有效监督指导光明新区管委会依法查处红坳受纳场无建设工程施工许可证违规建设问题。深圳市规划国土部门违法违规实施用地许可，对违法用地行为未依法查处。深圳市水务局未对红坳受纳场落实水土保持方案情况进行有效监管。

以上政府部门，未严格履行审批、监管的法定职责，未认真落实"管行业必须管安全"的要求，有法不依、执法不严、违规许可、监管缺失。一些国家工作人员滥用职权、玩忽职守，甚至权钱交易、贪赃枉法，致使红坳受纳场得以长期违法违规建设运营。

（四）建筑垃圾处理需进一步规范，中介服务机构违法违规

随着我国城镇化快速发展，建筑垃圾大量产生。一些城市通过回填、调配使用，基本实现建筑垃圾产生和消纳总体平衡，但在一些建设速度快、地下工程多的城市，消纳场地匮乏，建筑垃圾围城的问题逐步显现，现行的管理制度和标准规范难以适应管理需求，尤其是对于安全风险相对较高的余泥渣土受纳场缺乏具体要求。

华玺公司在明知红坳受纳场已经建设运营的情况下，未经任何设计、计算、校核，直接套改益相龙公司提供的图纸并伪造出图时间，从中牟利。瀚润达公司明知红坳受纳场未批已建，仍依据事故企业提供的无效设计图纸为其编制水土保持方案。

（五）漠视隐患查处举报，整改情况弄虚作假

红坳受纳场存在的重大事故隐患被举报后，负责查处的光明新区城市管理局等部门，对现场核实的事故隐患问题未督促整改，仅要求暂时停工，并协调有关部门为事故企业补办水土保持和环境评价手续。弄虚作假回复举报群众和上级部门，谎称事故企业

"手续齐全,施工规范",谎报"打消了信访人的疑虑,加强了对该受纳场的监管"。深圳市、光明新区政府对群众举报的事故隐患重视不够,对负责查处部门存在的问题失察失管。事故企业没有落实隐患排查治理的主体责任,没有整改受纳场存在的事故隐患。

在红坳受纳场疑似违法建设图斑被发现并要求核查后,光明新区光明办事处规划国土监察中队弄虚作假,谎报卫星遥感监测图片为"伪变化"图斑,没有及时查处红坳受纳场的违法违规问题。红坳受纳场事故隐患错失整改机会,酿成大祸。

八、事故防范措施建议

为全面贯彻落实习近平总书记、李克强总理等中央领导同志的重要指示批示精神,切实保护人民群众生命财产安全,深刻吸取事故教训,加强安全生产和城市公共安全工作,提出以下建议:

(1) 牢固树立安全发展理念,建立健全安全生产责任体系。深圳市各级党委、政府要牢固树立红线意识和安全发展理念,把安全生产工作摆在更加突出的位置,切实维护人民群众生命财产安全。要健全并落实"党政同责、一岗双责、失职追责"安全生产责任制,确保企业安全生产主体责任到位、党委政府的领导责任到位、有关部门的监管责任到位。要加强对余泥渣土受纳场等建设项目的安全风险辨识、分析和评估,把好规划、建设、运营等关口,从源头上杜绝和防范安全风险。要全面开展城市风险点、危险源的普查工作,整合各类信息资源,健全完善城市隐患、风险数据库,为城市安全决策提供可靠的信息支持。

(2) 严格落实安全生产主体责任,夯实安全生产基础。生产经营单位必须严格遵守国家法律法规,把保护职工的生命安全与健康放在首位,决不能以牺牲职工的生命和健康为代价换取经济效益。要严格落实安全生产主体责任,建立健全安全生产责任制和安全生产规章制度,加大安全生产投入,加强从业人员安全生产、应急处置培训教育。要切实加强作业场所安全管理,提高从业人员现场应急处置能力和自救互救能力。要完善落实隐患排查治理制度,建立隐患排查治理自查自报自改机制,认真开展作业场所危险因素分析,加强安全风险等级防控。

(3) 加强城市安全管理,强化风险管控意识。各级政府要准确把握安全与发展、改革与法治的关系,始终把城市安全放在城市治理的首要位置。要理顺城市公共安全和安全生产监管职责,健全完善城市安全监管工作机制,处理好综合监管与行业监管、属地监管的关系,不断提升城市安全监管水平。要从源头上杜绝事故隐患,完善工程质量安全管理制度,落实建设单位、勘察单位、设计单位、施工单位和工程监理单位五方主体质量安全责任,加强建设项目安全监管。要建立风险等级防控工作机制,加强事中事后监管,及时发现安全风险和隐患,不断完善风险跟踪、监测、预警、处置工作机制,防止"想不到"的问题引发的安全风险,切实维护人民群众生命和财产安全。

(4) 增强依法行政意识,不断提高城市管理水平。各地区、各部门要坚持依法行政,进一步提高运用法治思维和法治方式解决问题的能力。改革必须于法有据,法律法规必须执行。要依法规范城市建设中的市场行为,切实营造规范有序、公平竞争的市场环境。要完善依法决策机制,提高城市建设管理中重大行政决策法治化水平。强化行政执法监督,切实规范执法行为,促进执法公开、公平、公正。要强化廉洁行政意识,在城市开发建设中,推进行政行为的公开透明和清正廉洁,增强城市建设管理的透明度。

(5) 加强城市建筑垃圾受纳场管理,建立健全标准规范和管理制度。有关部门要针对此次滑坡事故成因机理,梳理现行建筑垃圾建设运营标准规范,建立健全渣土受纳场相关技术标准体系,完善建筑垃圾全过程管理制度,指导规范渣土受纳场规划、设计、建设和运营等工作;保证用地供给,加快建筑垃圾处理设施建设;制定激励政策,大力推进再生产品利用,促进建筑垃圾减量。各级地方政府有关部门要组织编制建筑垃圾填埋场规划、建设、运营地方标准,规范安全监管,落实"管行业必须管安全"的原则。深圳市政府及其有关部门要深刻吸取事故教训,完善相配套的渣土受纳场规划、建设和运营管理的规章制度,做到审查有依据、建设有标准、执法有遵循、应急有准备和管控有保障,确保渣土受纳场安全运行。

(6) 加强应急管理工作,全面提升应急管理能力。各级政府要加强应急救援工作,健全统一指挥、反应迅速、协调有序、运作高效的应急处置机制,科学施救,最大限度减少人员伤亡和财产损失。要完善应急预案,加强应急演练,提高应急准备的针对性、协同性和实效性,推动事故应对工作由"救灾响应型"向"防灾准备型"转变。要综合运用现代信息技术,加强对各类垃圾填埋场表面水平位移监测、深层水平位移监测、堆积体沉降监测、堆积体内水位监测等实时监测工作,实现事故风险感知、分析、服务、指挥、监察"五位一体",做到早发现、早报告、早研判、早处置、早解决。要加强重特大事故舆情应对工作,建立健全重大事故新闻报道快速反应、舆情收集和分析制度,特别是加强网络舆论疏导,防止恶意炒作。

(7) 加强中介服务机构监管,规范中介技术服务行为。负责勘察、设计、监理、环境影响评价、水土保持等中介机构资质管理的职能部门应尽快完善相关管理制度,实现中介服务机构管理的法制化和规范化。要加强对中介服务机构经营活动的监督检查,纠偏惩过,建立完善中介服务机构信用体系和考核评价机制,定期向社会公示相关信用状况和考评结果,督促中介服务机构建立良好的信誉。要加快环境影响评价、水土保持等中介服务机构与政府职能部门的改制脱钩,遵循市场竞争,培育多元化的中介服务市场主体,建立正常的退出淘汰机制。

(8) 加强事故隐患排查治理和举报查处工作,切实做到全过程闭环管理。要完善各类信访举报平台,开通举报电话、电子信箱、举报微信等方式,畅通群众举报渠道,鼓励群众举报安全生产问题。要建立完善举报信息查处工作机制,实施全过程"留痕"制度,做到谁签字、谁负责,谁监管、谁落实,实现对举报信息的受理、查处、结案、验收、公示等环节的闭合管理,特别是要切实落实隐患整改的验收和公示,确保隐患整改效果并接受社会监督。

附件1

红坳受纳场建设运营关系图

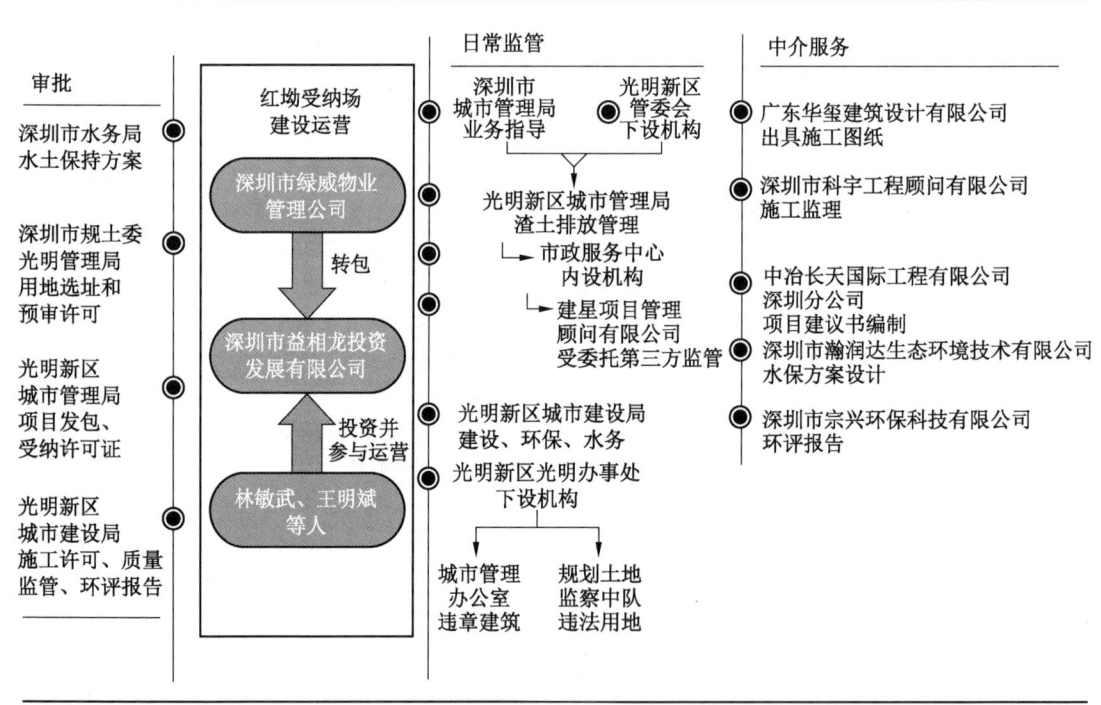

附件 2

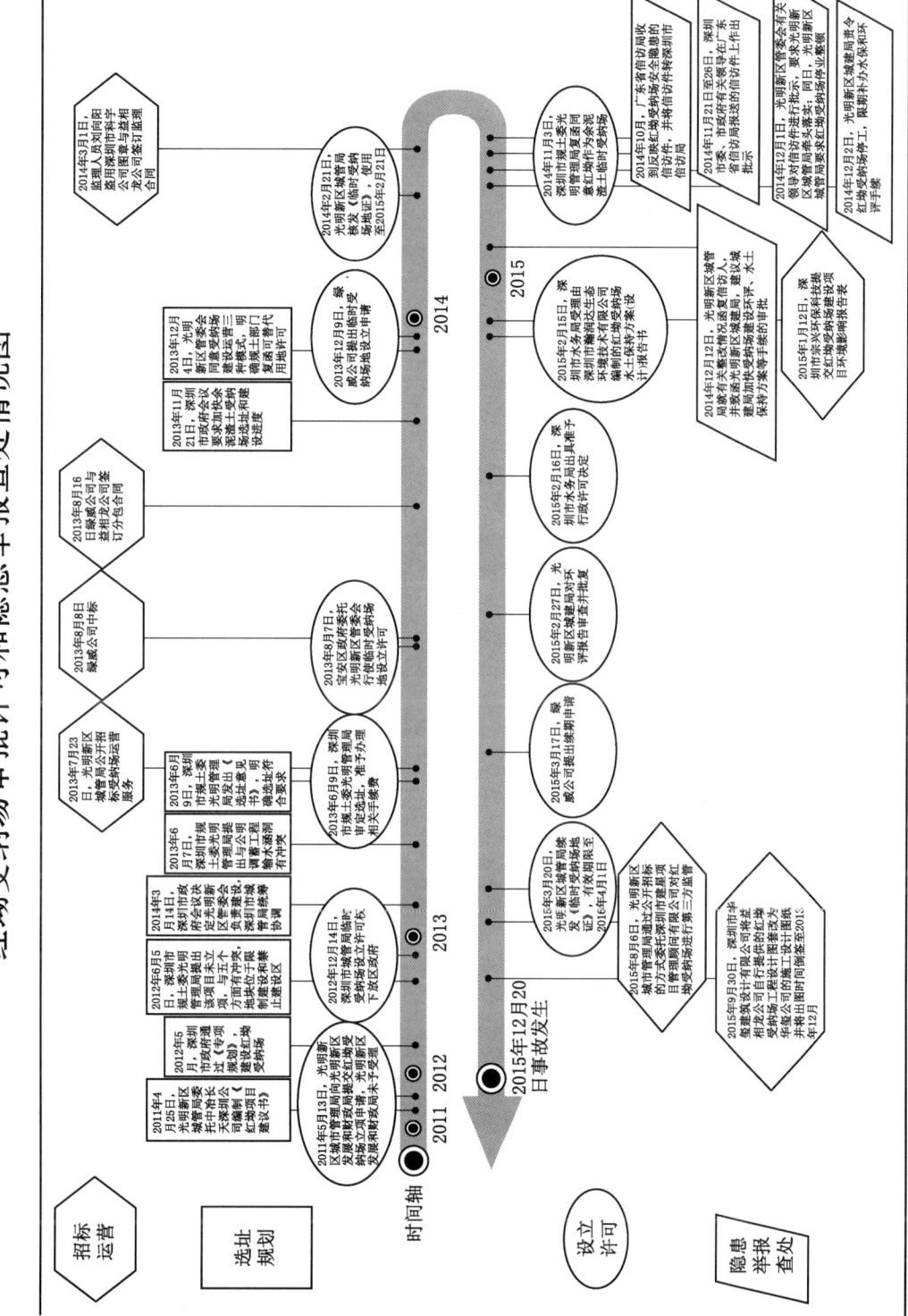

天津港"8·12"瑞海公司危险品仓库特别重大火灾爆炸事故调查报告

2015年8月12日，位于天津市滨海新区天津港的瑞海国际物流有限公司（以下简称瑞海公司）危险品仓库发生特别重大火灾爆炸事故。党中央、国务院高度重视，习近平总书记两次作出重要批示，并主持召开中央政治局常委会会议，专题听取事故抢险救援和应急处置情况汇报，要求全力搜救人员，千方百计救治伤员，有序进行现场清理，加强环境监测，做好善后处置工作，彻查事故原因并严肃追责，坚决落实安全生产责任制，有效化解各类安全生产风险，保障人民群众生命财产安全。李克强总理多次作出重要批示，并率马凯副总理、杨晶国务委员亲临事故现场指导救援处置工作，主持召开国务院常务会议进行研究部署，听取国务院事故调查组工作进展情况汇报，要求对现场进行深入搜救，全力救治受伤人员，注意做好科学施救，防止发生次生事故，依法依纪严肃追究事故责任，健全完善安全生产长效机制，切实防范各类重大事故发生。根据习近平总书记、李克强总理的指示，张高丽、马凯副总理和王勇国务委员7次与天津一线指挥部视频联线，指导事故抢险救援及防范发生次生事故灾害等工作，并多次作出重要指示批示。刘延东副总理专门到天津看望慰问受伤人员及其家属，指导伤员救治工作。孟建柱、栗战书等中央领导同志也多次对事故救援处置工作作出重要指示批示。受党中央、国务院委托，8月13日凌晨至19日，郭声琨国务委员率国务院工作组赶赴事故现场，协调指导应急处置工作。

8月18日，依据《安全生产法》《危险化学品安全管理条例》和《生产安全事故报告和调查处理条例》等有关法律法规，经国务院批准，成立国务院天津港"8·12"瑞海公司危险品仓库特别重大火灾爆炸事故调查组（以下简称事故调查组），事故调查组由杨焕宁同志（时任公安部常务副部长，现任安全监管总局局长）任组长，公安部、安全监管总局、监察部、交通运输部、环境保护部、全国总工会和天津市人民政府为成员单位，全面负责事故调查工作。同时，邀请最高人民检察院派员参加，并聘请爆炸、消防、刑侦、化工、环保等方面的专家参与事故调查工作。

事故调查组坚决贯彻落实中央政治局常委会会议、国务院常务会议、国务院专题会议和习近平总书记、李克强总理等中央领导同志一系列重要指示批示精神，按照彻查深究、一查到底、给社会一个负责任的交代的要求，坚持"科学严谨、实事求是、依法依规、安全高质"的原则，深入开展各项调查工作。通过反复的现场勘验、检测鉴定、调查取证、模拟实验、专家论证，查明了事故经过、原因、人员伤亡和直接经济损失，认定了事故性质和责任，提出了对有关责任人员和责任单位的处理建议，分析了事故暴露出的突出问题和教训，提出了加强和改进工作的意见建议。

调查认定，天津港"8·12"瑞海公司危险品仓库火灾爆炸事故是一起特别重大生产安全责任事故。

一、事故基本情况

（一）事故发生的时间和地点

2015年8月12日22时51分46秒，位于天津市滨海新区吉运二道95号的瑞海公司危险品仓库（北纬39°02′22.98″，东经117°44′11.64″。地理方位示意图如图3-60所示）运抵区（"待申报装船出口货物运抵区"的简称，属于海关监管场所，用金属栅栏与外界隔离。由经营企业申请设立，海关批准，主要用于出口集装箱货物的运抵和报关监管）最先起火，23时34分6秒发生第一次爆炸，23时34分37秒发生第二次更剧烈的爆炸。事故现场形成6处大火点及数十个小火点，8月14日16时40分，现场明火被扑灭。

（二）事故现场情况

事故现场按受损程度，分为事故中心区（航拍图如图3-61所示、示意图如图3-62所示）、爆炸冲击波波及区（示意图如图3-63所示）。事故中心区为此次事故中受损最严重区域，该区域东至跃进路、西至海滨高速、南至顺安仓储有限公司、北至吉运三道，面积约为54万平方米。两次爆炸分别形成一个直径15米、深1.1米的月牙形小爆坑和一个直径97米、深2.7米的圆形大爆坑。以大爆坑为爆炸中心，150米范围内的建筑被摧毁，东侧的瑞海公司综合楼和南侧的中联建通公司办公楼只剩下钢筋混凝土框架；堆场内大量普通集装箱和罐式集装箱被掀翻、解体、炸飞，形成由南至北的3座巨大堆垛，一个罐式集装箱被抛进中联建通公司办公楼4层房间内，多个集装箱被抛到该建筑楼顶；参与救援的消防车、警车和位于爆炸中心南侧的吉运一道和北侧吉运三道附近的顺安仓储有限公司、安邦国际贸易有限公司储存的7641辆商品汽车和现场灭火的30辆消防车在事故中全部损毁,邻近中心区的贵龙实业、新东物流、港湾物流等公司的4787辆汽车受损。

爆炸冲击波波及区分为严重受损区、中度受损区。严重受损区是指建筑结构、外墙、吊顶受损的区域,受损建筑部分主体承重构件(柱、梁、楼板)的钢筋外露,失去承重能力,不再满足安全使用条件。中度受损区是指建筑幕墙及门、窗受损的区域,受损建筑局部幕墙及部分门、窗变形、破裂。

严重受损区在不同方向距爆炸中心最远距离为:东3千米(亚实履带天津有限公司),西3.6千米(联通公司办公楼),南2.5千米(天津振华国际货运有限公司),北2.8千米(天津丰田通商钢业公司)。中度受损区在不同方向距爆炸中心最远距离为:东3.42千米(国际物流验放中心二场),西5.4千米(中国检验检疫集团办公楼),南5千米(天津港物流大厦),北5.4千米(天津海运职业学院)。受地形地貌、建筑位置和结构等因素影响,同等距离范围内的建筑受损程度并不一致。

图 3-60 瑞海公司地理方位示意图

图 3-61 事故中心区航拍图

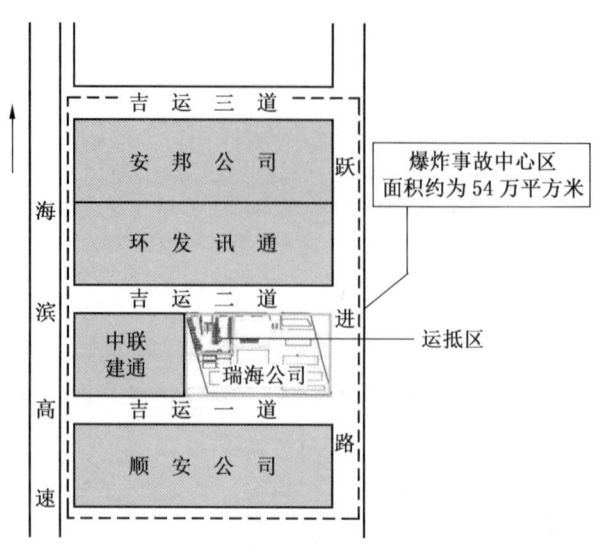

图 3-62 事故中心区示意图

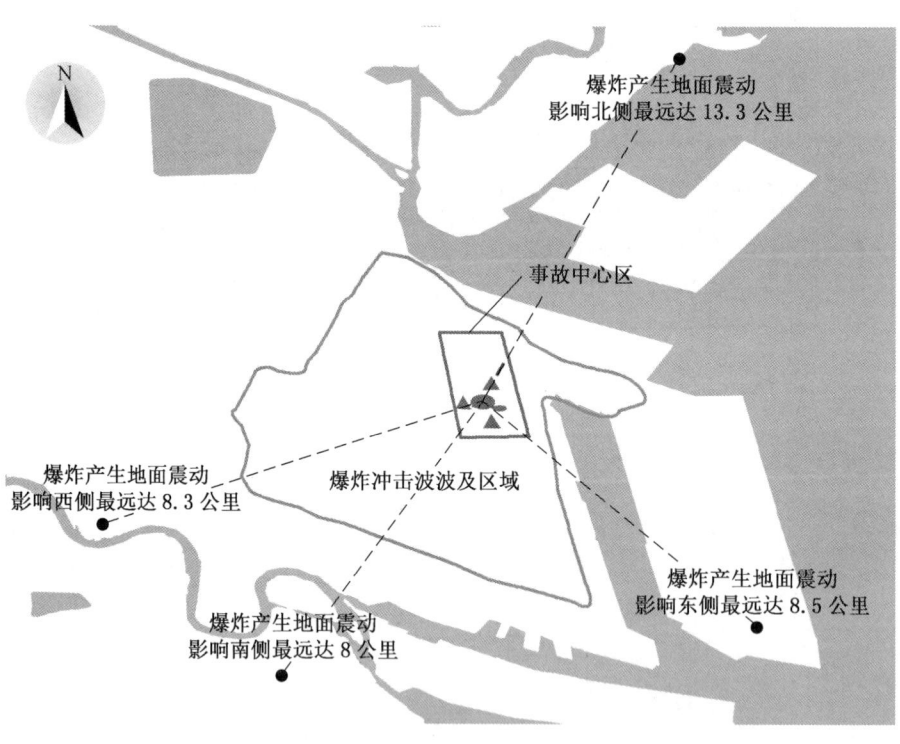

图 3-63 爆炸冲击波波及区示意图

爆炸冲击波波及区以外的部分建筑，虽没有受到爆炸冲击波直接作用，但由于爆炸产生地面震动，造成建筑物接近地面部位的门、窗玻璃受损，东侧最远达 8.5 千米（东疆港宾馆），西侧最远达 8.3 千米（正德里居民楼），南侧最远达 8 千米（和丽苑居民小区），北侧最远达 13.3 千米（海滨大道永定新河收费站）。

（三）人员伤亡和财产损失情况

事故造成 165 人遇难（参与救援处置的公安现役消防人员 24 人、天津港消防人员 75 人、公安民警 11 人，事故企业、周边企业员工和周边居民 55 人），8 人失踪（天津港消防人员 5 人，周边企业员工、天津港消防人员家属3人），798人受伤住院治疗（伤情重及较重的伤员58人、轻伤员740人）；304幢建筑物（其中办公楼宇、厂房及仓库等单位建筑73幢，居民1类住宅91幢、2类住宅129幢、居民公寓11幢）、12428辆商品汽车、7533个集装箱受损。

截至2015年12月10日，事故调查组依据《企业职工伤亡事故经济损失统计标准》（GB 6721—1986）等标准和规定统计，已核定直接经济损失68.66亿元人民币，其他损失尚需最终核定。

（四）环境污染情况

通过分析事发时瑞海公司储存的111种危险货物的化学组分，确定至少有129种化学物质发生爆炸燃烧或泄漏扩散，其中，氢氧化钠、硝酸钾、硝酸铵、氰化钠、金属镁和硫化钠这6种物质的重量占到总重量的50%。同时，爆炸还引燃了周边建筑物以及大量汽车、焦炭等普通货物。本次事故残留的化学品与产生的二次污染物逾百种，对局部区域的大气环境、水环境和土壤环境造成了不同程度的污染。

1. 大气环境污染情况

事故发生3小时后，环保部门开始在事故中心区外距爆炸中心3~5千米范围内开展大气环境监测。8月20日以后，在事故中心区外距爆炸中心0.25~3千米范围内增设了流动监测点。经现场检测与专家研判确定，本次事故关注的大气环境特征污染物为氰化氢、硫化氢、氨气和三氯甲烷、甲苯等挥发性有机物。

监测分析表明，本次事故对事故中心区大气环境造成较严重的污染。事故发生后至9月12日之前，事故中心区检出的二氧化硫、氰化氢、硫化氢、氨气超过《工作场所有害因素职业接触限值》（GBZ 2—2007）中规定的标准值1~4倍；9月12日以后，检出的特征污染物达到相关标准要求。

事故中心区外检出的污染物主要包括氰化氢、硫化氢、氨气、三氯甲烷、苯、甲苯等，污染物浓度超过《大气污染物综合排放标准》（GB 16297—1996）和《天津市恶臭污染物排放标准》（DB 12/059—1995）等规定的标准值0.5~4倍，最远的污染物超标点出现在距爆炸中心5千米处。8月25日以后，大气中的特征污染物稳定达标，9月4日以后达到事故发生前环境背景值水平。

大气扩散轨迹模型、气象场模型与烟团扩散数值模型叠加的空气质量模型模拟表明，事故发生后，在事故中心区上空约500米处形成污染烟团，烟团在爆炸动力与浮力抬升效应以及西南和正西主导风向的作用下向渤海方向漂移，13~18小时后逐步消散。这一模拟结果与卫星云图显示的污染烟团在时间和空间上的变化吻合。对天津主城区和可能受事故污染烟团影响的地区（北京、河北唐山、辽宁葫芦岛、山东滨州等区域）事故发生后3天内6项大气常规污染物（二氧化硫、二氧化氮、一氧化碳、臭氧、PM_{10}、$PM_{2.5}$）的监测数据进行分析，并模拟了事故发生后18小时内污染烟团扩散对上述区域近地面大气环境的影响，均显示污染烟团基本未对上述区域的大气环境造成影响。

本次事故对事故中心区外近地面大气环境污染较快消散的主要原因是：事故发生地位于渤海湾天津市东疆港东岸线的西南侧，与海岸线直线距离仅6.1千米；在事故发生后污染烟团扩散的24小时内，91.2%的时间为西南和正西风向，在以后的9天内，71.3%的时间为西南和正西风向。事故发生地的地理位置和当时的气象条件有利于污染物快速飘散。

2. 水环境污染情况

本次事故主要对距爆炸中心周边约2.3千米范围内的水体（东侧北段起吉运东路、中段起北港东三路、南段起北港路南段，西至海滨高速，南起京门大道、北港路、新港六号路一线，北至东排明渠北段）造成污染，主要污染物为氰化物。事故现场两个爆坑内的积水严重污染；散落的化学品和爆炸产生的二次污染物随消防用水、洗消水和雨水形成的地表径流汇至地表积水区，大部分进入周边地下管网，对相关水体形成污染；爆炸溅落的化学品造成部分明渠河段和毗邻小区内积水坑存水污染。8月17日对爆坑积水的检测结果表明，呈强碱性，氰化物浓度高达421毫克/升。

天津市及有关部门对受污染水体采取了有效的控制和处置措施，经处理达标后通过天津港北港池排入渤海湾。截至10月31日，已排放处理达标污水76.6万吨，削减氰化物64.2~68.4吨，折合121~129吨氰化钠。目前，由于雨雪水和地下水的补给，爆坑内仍有少量污水，正在采用抽取外运及工程隔离措施开展处置。

由于海水容量大，事故处置过程中采取的措施得当，并从严执行排放标准，本次事故对天津渤海湾海洋环境基本未造成影响。在临近事故现场的天津港北港池海域、天津东疆港区外海、北塘口海域约30千米范围内开展的海洋环境应急监测结果显示，海水中氰化物平均浓度为0.00086毫克/升，远低于海水水质Ⅰ类标准值0.005毫克/升。此外，与历史同期监测数据相比，挥发酚、有机碳、多环芳烃等污染物浓度未见异常，浮游生物的种类、密度与生物量未见变化。

事故发生后，在事故中心区外 5 千米范围内新建了 27 口地下水监测井，监测结果显示：24 口监测井氰化物浓度满足地下水Ⅲ类水质标准；3 口监测井（2 口位于爆炸中心北侧 753 米处，1 口位于爆炸中心南侧 964 米处）氰化物超过地下水Ⅲ类水质标准，同时检出硫酸盐、三氯甲烷、苯等本次事故的相关污染物。近期超标地下水监测井的监测结果表明，污染浓度有逐步下降的趋势。初步分析，事故中心区外局部 30 米以上地下水受到污染，地表污染水体下渗、地下管网优势通道渗流是地下水受污染的主要原因。事故中心区及其附近地下水的污染范围与成因仍在进一步勘查确认中。

3. 土壤环境污染情况

本次事故对事故中心区土壤造成污染，部分点位氰化物和砷浓度分别超过《场地土壤环境风险评价筛选值》（DB11/T 798—2011）中公园与绿地筛选值的 0.01~31.0 倍和 0.05~23.5 倍，苯酚、多环芳烃、二甲基亚砜、氯甲基硫氰酸酯等有检出，目前仍在对事故中心区的土壤进行监测。事故对事故中心区外土壤环境影响较小，事故发生一周后，有部分点位检出氰化物。一个月后，未再检出氰化物和挥发性、半挥发性有机物，虽检出重金属，但未超过《场地土壤环境风险评价筛选值》中公园与绿地的筛选值；下风向东北区域检测结果表明，二噁英类毒性当量低于美国环保局推荐的居住用地二噁英类致癌风险筛选值，苯并［a］芘浓度低于《场地土壤环境风险评价筛选值》中公园与绿地的筛选值。

4. 特征污染物的环境影响

事故造成 320.6 吨氰化钠未得到回收。经测算，约 39% 在水体中得到有效处置或降解，58% 在爆炸中分解或在大气、土壤环境中气化、氧化分解、降解。事故发生后，现场喷洒大量双氧水等氧化剂，极大地促进了氰化钠的快速氧化分解。但是，截至 10 月 31 日，事故中心区土壤中仍残留约 3% 不同形态的氰化钠，以及少量不易降解、具有生物蓄积性和慢性毒性的化学品与二次污染物。

5. 事故对人的健康影响

本次事故未见因环境污染导致的人员中毒与死亡的情况，住院病例中虽有 17 人出现因吸入粉尘和污染物引起的吸入性肺炎症状，但无实质损伤，预后良好；距爆炸中心周边约 3 千米范围外的人群，短时间暴露于大气环境污染造成不可逆或严重健康影响的风险极低；未采取完善防护措施进入事故中心区的暴露人群健康可能会受到影响。

6. 需要开展中长期环境风险评估

由于事故残留的化学品与产生的污染物复杂多样，需要继续开展事故中心区环境调查与区域环境风险评估，制定、实施不同区域、不同环境介质的风险管控目标，以及相应的污染防控与环境修复方案和措施。同时，开展长期环境健康风险调查与研究，重点对事故中心区工作人员与住院人员开展健康体检和疾病筛查，监测、判断本次事故对人群健康的潜在风险与损害。

二、事故直接原因

（一）最初起火部位认定

通过调查询问事发当晚现场作业员工、调取分析位于瑞海公司北侧的环发讯通公司的监控视频、提取对比现场痕迹物证、分析集装箱毁坏和位移特征，认定事故最初起火部位为瑞海公司危险品仓库运抵区南侧集装箱区的中部。

（二）起火原因分析认定

1. 排除人为破坏因素、雷击因素和来自集装箱外部引火源

公安部派员指导天津市公安机关对全市重点人员和各种矛盾的情况以及瑞海公司员工、外协单位人员情况进行了全面排查，对事发时在现场的所有人员逐人定时定位，结合事故现场勘查和相关视频资料分析等工作，可以排除恐怖犯罪、刑事犯罪等人为破坏因素。

现场勘验表明，起火部位无电气设备，电缆为直埋敷设且完好，附近的灯塔、视频监控设施在起火时还正常工作，可以排除电气线路及设备因素引发火灾的可能。

同时，运抵区为物理隔离的封闭区域，起火当天气象资料显示无雷电天气，监控视频及证人证言证实起火时运抵区内无车辆作业，可以排除遗留火种、雷击、车辆起火等外部因素。

2. 筛查最初着火物质

事故调查组通过调取天津海关 H2010 通关管理系统数据等，查明事发当日瑞海公司危险品仓库运抵区储存的危险货物包括第 2、3、4、5、6、8 类及无危险性分类数据的物质，共 72 种。对上述物质采用理化性质分析、实验验证、视频比对、现场物证分析等方法，逐类逐种进行了筛查：第 2 类气体 2 种，均为不燃气体；第 3 类易燃液体 10 种，均无自燃或自热特性，且其中着火可能性最高的一甲基三氯硅烷燃烧时火焰较小，与监控视频中猛烈燃烧的特征不符；第 5 类氧化性物质 5 种，均无自燃或自热特性；第 6 类毒性物质 12 种、第 8 类腐蚀性物质 8 种、无危险

性分类数据物质27种，均无自燃或自热特性；第4类易燃固体、易于自燃的物质、遇水放出易燃气体的物质8种，除硝化棉外，均不自燃或自热。实验表明，在硝化棉燃烧过程中伴有固体颗粒燃烧物飘落，同时产生大量气体，形成向上的热浮力。经与事故现场监控视频比对，事故最初的燃烧火焰特征与硝化棉的燃烧火焰特征相吻合（图3-64、图3-65）。同时查明，事发当天运抵区内共有硝化棉及硝基漆片32.97吨。因此，认定最初着火物质为硝化棉。

3. 认定起火原因

硝化棉（$C_{12}H_{16}N_4O_{18}$）为白色或微黄色棉絮状物，易燃且具有爆炸性，化学稳定性较差，常温下能缓慢分解并放热，超过40℃时会加速分解，放出的热量如不能及时散失，会造成硝化棉温升加剧，达到180℃时能发生自燃。硝化棉通常加乙醇或水作湿润剂，一旦湿润剂散失，极易引发火灾。

实验表明，去除湿润剂的干硝化棉在40℃时发生放热反应，达到174℃时发生剧烈失控反应及质量损失，自燃并释放大量热量。如果在绝热条件下进行实验，去除湿润剂的硝化棉在35℃时即发生放热反应，达到150℃时即发生剧烈的分解燃烧。

经对向瑞海公司供应硝化棉的河北三木纤维素有限公司、衡水新东方化工有限公司调查，企业采取的工艺为：先制成硝化棉水棉（含水30%）作为半成品库存，再根据客户的需要，将湿润剂改为乙醇，制成硝化棉酒棉，之后采用人工包装的方式，将硝化棉装入塑料袋内，塑料袋不采用热塑封口，用包装绳扎口后装入纸筒内。据瑞海公司员工反映，在装卸作业中存在野蛮操作问题，在硝化棉装箱过程中曾出现包装破损、硝化棉散落的情况。

对样品硝化棉酒棉湿润剂挥发性进行的分析测试表明：如果包装密封性不好，在一定温度下湿润剂会挥发散失，且随着温度升高而加快；如果包装破损，在50℃下2小时乙醇湿润剂会全部挥发散失。

事发当天最高气温达36℃，实验证实，在气温为35℃时集装箱内温度可达65℃以上。

以上几种因素耦合作用引起硝化棉湿润剂散失，出现局部干燥，在高温环境作用下，加速分解反应，产生大量热量，由于集装箱散热条件差，致使热量不断积聚，硝化棉温度持续升高，达到其自燃温度，发

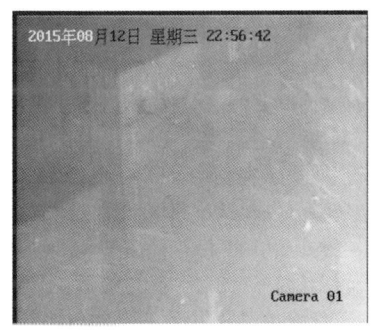
瑞海1号监控视频

40千克桶装硝化棉燃烧实验

图3-64 硝化棉燃烧产生固体颗粒燃烧物对比

环发4号监控视频

40千克桶装硝化棉燃烧实验

图3-65 硝化棉燃烧产生大量气体形成热浮力对比

生自燃。

（三）爆炸过程分析

集装箱内硝化棉局部自燃后，引起周围硝化棉燃烧，放出大量气体，箱内温度、压力升高，致使集装箱破损，大量硝化棉散落到箱外，形成大面积燃烧，其他集装箱（罐）内的精萘、硫化钠、糠醇、三氯氢硅、一甲基三氯硅烷、甲酸等多种危险化学品相继被引燃并介入燃烧，火焰蔓延到邻近的硝酸铵（在常温下稳定，但在高温、高压和有还原剂存在的情况下会发生爆炸；在110 ℃开始分解，230 ℃以上时分解加速，400 ℃以上时剧烈分解、发生爆炸）集装箱。随着温度持续升高，硝酸铵分解速度不断加快，达到其爆炸温度（实验证明，硝化棉燃烧半小时后达到1000 ℃以上，大大超过硝酸铵的分解温度）。23时34分06秒，发生了第一次爆炸。

距第一次爆炸点西北方向约20米处，有多个装有硝酸铵、硝酸钾、硝酸钙、甲醇钠、金属镁、金属钙、硅钙、硫化钠等氧化剂、易燃固体和腐蚀品的集装箱。受到南侧集装箱火焰蔓延作用以及第一次爆炸冲击波影响，23时34分37秒发生了第二次更剧烈的爆炸。

据爆炸和地震专家分析，在大火持续燃烧和两次剧烈爆炸的作用下，现场危险化学品爆炸的次数可能是多次，但造成现实危害后果的主要是两次大的爆炸。经爆炸科学与技术国家重点实验室模拟计算得出，第一次爆炸的能量约为15吨TNT当量，第二次爆炸的能量约为430吨TNT当量。考虑期间还发生多次小规模的爆炸，确定本次事故中爆炸总能量约为450吨TNT当量。

最终认定事故直接原因是：瑞海公司危险品仓库运抵区南侧集装箱内的硝化棉由于湿润剂散失出现局部干燥，在高温（天气）等因素的作用下加速分解放热，积热自燃，引起相邻集装箱内的硝化棉和其他危险化学品长时间大面积燃烧，导致堆放于运抵区的硝酸铵等危险化学品发生爆炸。

三、事故应急救援处置情况

（一）爆炸前灭火救援处置情况

8月12日22时52分，天津市公安局110指挥中心接到瑞海公司火灾报警，立即转警给天津港公安局消防支队。与此同时，天津市公安消防总队119指挥中心也接到群众报警。接警后，天津港公安局消防支队立即调派与瑞海公司仅一路之隔的消防四大队紧急赶赴现场，天津市公安消防总队也快速调派开发区公安消防支队三大街中队赶赴增援。

22时56分，天津港公安局消防四大队首先到场，指挥员侦查发现瑞海公司运抵区南侧一垛集装箱火势猛烈，且通道被集装箱堵塞，消防车无法靠近灭火。指挥员向瑞海公司现场工作人员询问具体起火物质，但现场工作人员均不知情。随后，组织现场吊车清理被集装箱占用的消防通道，以便消防车靠近灭火，但未果。在这种情况下，为阻止火势蔓延，消防员利用水枪、车载炮冷却保护毗邻集装箱堆垛。后因现场火势猛烈、辐射热太高，指挥员命令所有消防车和人员立即撤出运抵区，在外围利用车载炮射水控制火势蔓延，根据现场情况，指挥员又向天津港公安局消防支队请求增援，天津港公安局消防支队立即调派五大队、一大队赶赴现场。

与此同时，天津市公安消防总队119指挥中心根据报警量激增的情况，立即增派开发区公安消防支队全勤指挥部及其所属特勤队、八大街中队，保税区公安消防支队天保大道中队，滨海新区公安消防支队响螺湾中队、新北路中队前往增援。其间，连续3次向天津港公安局消防支队119指挥中心询问灾情，并告知力量增援情况。至此，天津港公安局消防支队和天津市公安消防总队共向现场调派了3个大队、6个中队、36辆消防车、200人参与灭火救援。

23时8分，天津市开发区公安消防支队八大街中队到场，指挥员立即开展火情侦查，并组织在瑞海公司东门外侧建立供水线路，利用车载炮对集装箱进行泡沫覆盖保护。23时13分许，天津市开发区公安消防支队特勤中队、三大街中队等增援力量陆续到场，分别在跃进路、吉运二道建立供水线路，在运抵区外围利用车载炮对集装箱堆垛进行射水冷却和泡沫覆盖保护。同时，组织疏散瑞海公司和相邻企业在场工作人员以及附近群众100余人。

（二）爆炸后现场救援处置情况

这次事故涉及危险化学品种类多、数量大，现场散落大量氰化钠和多种易燃易爆危险化学品，不确定危险因素众多，加之现场道路全部阻断，有毒有害气体造成巨大威胁，救援处置工作面临巨大挑战。国务院工作组在郭声琨同志的带领下，不惧危险，靠前指挥，科学决策，始终坚持生命至上，千方百计搜救失踪人员，全面组织做好伤员救治、现场清理、环境监测、善后处置和调查处理等各项工作。一是认真贯彻落实党中央、国务院决策部署，及时传达习近平总书记、李克强总理等中央领导同志重要指示批示精神，先后召开十余次会议，研究部署应对处置工作，协调解决困难和问题。二是协调调集防化部队、医疗卫生、环境监测等专业救援力量，及时组织制定工作方案，明确各方职责，建立紧密高效的合作机制，完善协同高效的指挥系统。三是深入现场了解实际情况，及时调整优化救援处置方案，全力搜救、核查现场遇险失联人员，千方百计救治受伤人员，科学有序进行现场清理，严密监测现场及周边环境，有效防范次生事故发生。四是统筹做好善后安抚和舆论引导工作，及时协调有关方面配合地方政府做好3万余名受影响群众安抚工作，开展社会舆论引导工作。五是科学严谨组织开展事故调查，本着实事求是的原则，深入细致开展现场勘验、调查取证、科学试验等工作，尽快查明事故原因，给党和人民一个负责任的交代。

天津市委、市政府迅速成立事故救援处置总指挥部，由市委代理书记、市长黄兴国任总指挥，确定"确保安全、先易后难、分区推进、科学处置、注重实效"的原则，把全力搜救人员作为首要任务，以灭火、防爆、防化、防疫、防污染为重点，统筹组织协调解放军、武警、公安以及安监、卫生、环保、气象等相关部门力量，积极稳妥推进救援处置工作。共动员现场救援处置的人员达1.6万多人，动用装备、车辆2000多台，其中解放军2207人339台装备，武警部队2368人181台装备，公安消防部队1728人195部消防车，公安其他警种2307人，安全监管部门危险化学品处置专业人员243人，天津市和其他省区市防爆、防化、防疫、灭火、医疗、环保等方面专家938人，以及其他方面的救援力量和装备。公安部先后调集河北、北京、辽宁、山东、山西、江苏、湖北、上海8省市公安消防部队的化工抢险、核生化侦检等专业人员和特种设备参与救援处置。公安消防部队会同解放军（北京军区卫戍区防化团、解放军舟桥部队、预备役力量）、武警部队等组成多个搜救小组，反复侦检、深入搜救，针对现场存放的各类危险化学品的不同理化性质，利用泡沫、干沙、干粉进行分类防控灭火。

事故现场指挥部组织各方面力量，有力有序、科学有效推进现场清理工作。按照排查、检测、洗消、清运、登记、回炉等程序，科学慎重清理危险化学品，逐箱甄别确定危险化学品种类和数量，做到一品一策、安全处置，并对进出中心现场的人员、车辆进行全面洗消；对事故中心区的污水，第一时间采取"前堵后封、中间处理"的措施，在事故中心区周围构筑1米高围堰，封堵4处排海口、3处地表水沟渠和12处雨污排水管道，把污水封闭在事故中心区内。同时，对事故中心区及周边大气、水、土壤、海洋环境实行24小时不间断监测，采取针对性防范处置措施，防止环境污染扩大。9月13日，现场处置清理任务全部完成，累计搜救出有生命迹象人员17人，搜寻出遇难者遗体157具，清运危险化学品1176吨、汽车7641辆、集装箱13834个、货物14000吨。

（三）医疗救治和善后处理情况

国家卫计委和天津市政府组织医疗专家，抽调9000多名医务人员，全力做好伤员救治工作，努力提高抢救成功率，降低死亡率和致残率。由国家级、市级专家组成4个专家救治组和5个专家巡视组，逐一摸排伤员伤情，共同制定诊疗方案；将伤员从最初的45所医院集中到15所三级综合医院和三甲专科医院，实行个性化救治；组建两支重症医学护理应急队，精心护理危重症伤员；抽调59名专家组建7支队伍，对所有伤员进行筛查，跟进康复治疗；实施出院伤员与基层医疗机构无缝衔接，按辖区属地管理原则，由社区医疗机构免费提供基本医疗；实施心理危机干预与医疗救治无缝衔接，做好伤员、牺牲遇难人员家属、救援人员等人群心理干预工作；同步做好卫生防疫工作，加强居民安置点疾病防控，安置点未发生传染病疫情。民政部将牺牲的消防员全部追认为烈士，就高标准进行抚恤；天津市政府在依法依规的前提下，给予遇难、失联人员家属和住院的伤残人员救助补偿；组织1025名机关干部和街道社区工作人员，组成205个服务工作组，对遇难、失联和重伤人员家属进行面对面接待安抚，倾听诉求，解决实际困难。

总的看，在党中央、国务院坚强领导下，国务院工作组团结带领各有关方面，勇挑重担、迎难而上、连续奋战，现场处置工作有力有序有效，没有发生次生事故灾害，没有发生新的人员伤亡，没有引发重大社会不稳定事件。爆炸发生前，天津港公安局消防支队及天津市公安消防总队初期响应和人员出动迅速，指挥员、战斗员及时采取措施冷却控制火势、疏散在场群众；爆炸发生后，面对复杂的危险化学品事故现场，天津市委、市政府快速反应、果断决策，迅速协调组织各方面力量科学施救，稳妥处置，全力做好人员搜救、伤员救治、隐患排查、环境监测、现场清理、善后安抚等工作。但是，事故救援处置过程中也存在不少问题：天津市政府应对如此严重复杂的危险化学品火灾爆炸事故思想准备、工作准备、能力准备明显不足；事故发生后在信息公开、舆论应对等方面不够及时有效，造成一些负面影响；消防力量对事故企业存储的危险化学品底数不清、情况不明，致使先期处置的一些措施针对性、有效性不强。

四、事故企业相关情况及主要问题

（一）企业基本情况

瑞海公司成立于2012年11月28日，为民营企业，事发前法定代表人、总经理为只峰，实际控制人为于学伟和董社轩，员工72人（含实习员工）。除董社轩外，该公司人员的亲属中无担任领导职务的公务人员。

（二）经营资质许可情况

2013年1月24日，瑞海公司取得天津市交通运输和港口管理局发放的"港口经营许可证"，该证准予瑞海公司"在港区从事仓储业务经营"（危险货物经营除外），有效期至2013年7月24日。在此期间，该公司未开展普通货物经营。

2013年4月8日，天津市交通运输和港口管理局批复同意瑞海公司关于"开展8、9类危险货物作业"的申请，有效期至2013年7月24日。5月18日，瑞海公司首次开展8、9类危险货物经营和作业。7月11日，天津市交通运输和港口管理局批复同意瑞海公司"从事2、3、4、5、6类危险货物装箱及运抵业务，暂不得从事储存及拆箱业务"，有效期至2013年10月16日。但是，瑞海公司在当年6月4日即开始2、3、4、5、6类危险货物经营和作业。两项批复到期后，天津市交通运输和港口管理局分别于2013年7月、10月同意瑞海公司危险货物作业延期至2014年1月11日。到期后，瑞海公司未申请延期，但仍继续从事危险货物经营业务。

2013年5月7日，天津海关批准瑞海公司设立运抵区，12月13日批准瑞海公司运抵区面积由3150平方米增加至5838平方米。

2014年1月12日至2014年4月15日，瑞海公司无许可证、无批复从事危险货物仓储业务经营。

2014年4月16日，天津市交通运输和港口管理局出具审批表，同意瑞海公司危险货物堆场自2014年4月16日至10月16日试运行。2014年5月4日，天津市交通运输和港口管理局批复同意瑞海公司"在试运行期间从事港口仓储业务经营"，储存2、3、4、5、6、8、9类危险货物，有效期自2014年4月16日至2014年10月16日。到期后，瑞海公司未申请延期，但继续从事危险货物仓储业务经营。

2014年10月17日至2015年6月22日，瑞海公司在无许可证、无批复的情况下，从事危险货物仓储业务经营。

2015年5月27日，天津市交通运输委员会对瑞海公司危险货物堆场改造工程进行竣工验收，验收合格。

2015年6月23日，瑞海公司取得了天津市交通运输委员会核发的"港口经营许可证"及"港口危险货物作业附证"。

至此，瑞海公司正式取得在港口从事危险货物仓储业务经营和作业的合法资质（资质审批过程见附件1）。

其间，瑞海公司先后办理过4次工商营业执照变更登记：

2013年1月24日，经营范围由"仓储业务经营（危化品除外、港区内除外）"变更为"在港区内从事仓储业务经营（危化品除外）"。变更后，瑞海公司可在港区内从事危险化学品以外的普通货物仓储业务。

2014年5月8日，经营范围由"在港区内从事仓储业务经营（危化品除外）"变更为"在港区内从事仓储业务经营（以津交港发〔2014〕59号批复第二项批准内容为准，有效期2014年10月16日）"；由"装卸搬运（港区内除外）"变更为"装卸搬运"。变更后，瑞海公司可在港区内从事2、3、4、5、6、8、9类危险货物仓储业务以及装卸搬运业务。

2015年1月29日，法定代表人由李亮变更为只峰，注册资本由5000万元增至1亿元。

2015年6月29日，经营范围由"在港区内从事仓储业务经营（以津交港发〔2014〕59号批复第二项批准内容为准，有效期限至2014年10月16日）"变更为"在港区内从事装卸、仓储业务经营〔以中华人民共和国港口经营许可证（津）港经证（ZC-543-03）号为准〕"。

（三）瑞海公司危险品仓库存放危险货物情况

瑞海公司危险品仓库东至跃进路，西至中联建通物流公司，南至吉运一道，北至吉运二道，占地面积46226平方米，其中运抵区面积5838平方米，设在堆场的西北侧。

经调查，事故发生前，瑞海公司危险品仓库内共储存危险货物7大类、111种，共计11383.79吨，包括硝酸铵800吨，氰化钠680.5吨，硝化棉、硝化棉溶液及硝基漆片229.37吨。其中，运抵区内共储存危险货物72种、4840.42吨，包括硝酸铵800吨，氰化钠360吨，硝化棉、硝化棉溶液及硝基漆片48.17吨（危险品仓库和运抵区内危险货物具体种类及数量见附件2、3）。

（四）存在的主要问题

瑞海公司违法违规经营和储存危险货物，安全管理极其混乱，未履行安全生产主体责任，致使大量安全隐患长期存在。

1. 严重违反天津市城市总体规划和滨海新区控制性详细规划，未批先建、边建边经营危险货物堆场

2013年3月16日，瑞海公司违反《城乡规划法》第9条和第40条①、《安全生产法》第25条②、《港口法》第15条③、《环境影响评价法》第25条④、《消防法》第11条⑤、《建设工程质量管理条例》(国务院令第279号)第11条⑥、《国务院关于投资体制改革的决定》(国发〔2004〕20号)第2条第3项⑦、《港口危险货物安全管理规定》(交通运输部令2012年第9号)第5条⑧等法律法规的有关规定，违反《天津市城市总体规划》、2009年10月《滨海新区西片区、北塘分区等区域控制性详细规划》(津滨管字〔2009〕115号)和2010年4月《滨海新区北片区、核心区、南片区控制性详细规划》(津滨政函〔2010〕26号)关于事发区域为现代物流和普通仓库区域的有关规定，在未取得立项备案、规划许可、消防设计审核、安全评价审批、环境影响评价审批、施工许可等必需的手续的情况下，在现代物流和普通仓储区域违法违规自行开工建设危险货物堆场改造项目，并于当年8月底完工。8月中旬，当堆场改造项目即将完工时，瑞海公司才向有关部门申请立项备案、规划许可等手续。2013年8月13日，天津市发改委才对这一堆场改造工程予以立项。而且，该公司自2013年5月18日起就开展了危险货物经营和作业，属于边建设边经营。

2. 无证违法经营

按照有关法律法规，在港区内从事危险货物仓储业务经营的企业，必须同时取得"港口经营许可证"和"港口危险货物作业附证"，但瑞海公司在2015年6月23日取得上述两证前实际从事危险货物仓储业务经营的两年多时间里，除2013年4月8日至2014年1月11日、2014年4月16日至10月16日期间依天津市交通运输和港口管理局的相关批复经营外，2014年1月12日至4月15日、2014年10月17日至2015年6月22日共11个月的时间里既没有批复，也没有许可证，违法从事港口危险货物仓储经营业务。

3. 以不正当手段获得经营危险货物批复

瑞海公司实际控制人于学伟在港口危险货物物流企业从业多年，很清楚在港口经营危险货物物流企业需要行政许可，但正规的行政许可程序需要经过多个部门审批，费时较长。为了达到让企业快速运营、尽快盈利的目的，于学伟通过送钱、送购物卡(券)和出资邀请打高尔夫、请客吃饭等不正当手段，拉拢原天津市交通运输和港口管理局副局长李志刚和天津市交通运输委员会港口管理处处长冯刚，要求在行政审批过程中给瑞海公司提供便利。李志刚滥用职权，违规给瑞海公司先后5次出具相关批复，而这种批复除瑞海公司外从未对其他企业用过。同时，瑞海公司另一实际控制人董社轩也利用其父亲曾任天津港公安局局长的关系，在港口审批、监管方面打通关节，对瑞海公司得以无证违法经营也起了很大作用。

4. 违规存放硝酸铵

瑞海公司违反《集装箱港口装卸作业安全规程》(GB 11602—2007)第4.4条⑨和《危险货物集装箱

---

① 《城乡规划法》第9条规定：任何单位和个人都应当遵守经依法批准并公布的城乡规划，服从规划管理……第40条规定：在城市、镇规划区内进行建筑物、构筑物、道路、管线和其他工程建设的，建设单位或者个人应当向城市、县人民政府城乡规划主管部门或者省、自治区、直辖市人民政府确定的镇人民政府申请办理建设工程规划许可证。

② 《安全生产法》第25条规定：矿山建设项目和用于生产、储存危险物品的建设项目，应当分别按照国家有关规定进行安全条件论证和安全评价。

③ 《港口法》第15条规定：建设港口工程项目，应当依法进行环境影响评价。

④ 《环境影响评价法》第25条规定：建设项目的环境影响评价文件未经法律规定的审批部门审查或者审查后未予批准的，该项目审批部门不得批准其建设，建设单位不得开工建设。

⑤ 《消防法》第11条规定：国务院公安部门规定的大型人员密集场所和其他特殊建设工程，建设单位应当将消防设计文件报送公安机关消防机构审核。

⑥ 《建设工程质量管理条例》第11条规定：建设单位应当将施工图设计文件报县级以上人民政府建设行政主管部门或者其他有关部门审查。施工图设计文件审查的具体办法，由国务院建设行政主管部门会同国务院其他有关部门制定。施工图设计文件未经审查批准的，不得使用。

⑦ 《国务院关于投资体制改革的决定》第2条第3项规定：对于《政府核准的投资项目目录》以外的企业投资项目，实行备案制，除国家另有规定外，由企业按照属地原则向地方政府投资主管部门备案。

⑧ 《港口危险货物安全管理规定》第5条规定：新建、改建、扩建从事港口危险货物作业的建设项目由港口行政管理部门进行安全条件审查。未经安全条件审查通过，港口建设项目不得开工建设。

⑨ 《集装箱港口装卸作业安全规程》第4.4条：危险货物集装箱应按JT 397和其他有关危险货物运输、保管等规则进行装卸和储存。

港口作业安全规程》（JT 397—2007）第5.3.1条的规定①，在运抵区多次违规存放硝酸铵，事发当日在运抵区违规存放硝酸铵高达800吨。

5. 严重超负荷经营、超量存储

瑞海公司2015年月周转货物约6万吨，是批准月周转量②的14倍多。多种危险货物严重超量储存，事发时硝酸钾存储量1342.8吨，超设计最大存储53.7倍；硫化钠存储量484吨，超设计最大存储量19.4倍；氰化钠存储量680.5吨，超设计最大储存量42.5倍。

6. 违规混存、超高堆码危险货物

瑞海公司违反《港口危险货物安全管理规定》（交通运输部令2012年第9号）第35条第2款③、《危险货物集装箱港口作业安全规程》（JT 397—2007）第5.3.4条④和《集装箱港口装卸作业安全规程》（GB 11602—2007）第8.3条⑤的规定，不仅将不同类别的危险货物混存，间距严重不足，而且违规超高堆码现象普遍，4层甚至5层的集装箱堆垛大量存在。

7. 违规开展拆箱、搬运、装卸等作业

瑞海公司违反《危险货物集装箱港口作业安全规程》（JT 397—2007）第6.1.4条⑥的规定，在拆装易燃易爆危险货物集装箱时，没有安排专人现场监护，使用普通非防爆叉车；对委托外包的运输、装卸作业安全管理严重缺失，在硝化棉等易燃易爆危险货物的装箱、搬运过程中存在用叉车倾倒货桶、装卸工滚桶码放等野蛮装卸行为。

8. 未按要求进行重大危险源登记备案

瑞海公司没有按照《危险化学品安全管理条例》（国务院令第591号）第25条第2款⑦、《港口危险货物安全管理规定》（交通运输部令2012年第9号）第36条第2款⑧和第38条⑨、《港口危险货物重大危险源监督管理办法》（交水发〔2013〕274号）第2条第1款和第11条第1款⑩等有关规定，对本单位的港口危险货物存储场所进行重大危险源辨识评估，也没有将重大危险源向天津市交通运输部门进行登记备案。

9. 安全生产教育培训严重缺失

瑞海公司违反《危险化学品安全管理条例》（国务院令第591号）第44条⑪和《港口危险货物安全

---

① 《危险货物集装箱港口作业安全规程》第5.3.1条：危险货物集装箱应在专门区域内存放。其中1.1、1.2项爆炸品和硝酸铵类物质的危险货物集装箱，应实行直装直取，不准在港内存放。

② 天津市滨海新区行政审批局津滨审批批准〔2014〕753号批复：瑞海公司设计危险品年周转量5万吨左右。

③ 《港口危险货物安全管理规定》第35条第2款：危险货物的储存方式、方法以及储存数量应当符合国家标准或者国家有关规定。

④ 《危险货物集装箱港口作业安全规程》第5.3.4条：易燃易爆危险货物集装箱，最高只许堆码两层，其他危险货物集装箱不超过三层，并根据不同性质的危险货物，做好有效隔离。

⑤ 《集装箱港口装卸作业安全规程》第8.3条：货场内应设置冷藏集装箱和危险货物集装箱用箱区。危险货物集装箱区应与其他箱区隔离，箱内货物性质与救灾互抵的危险货物集装箱应分类和分隔堆放。

⑥ 《危险货物集装箱港口作业安全规程》第6.1.4条：拆、装易燃易爆危险货物集装箱，应使用防爆型电器设备和不会摩擦产生火花的工具，并有专人负责现场监护。

⑦ 《危险化学品安全管理条例》第25条第2款：对剧毒化学品以及储存数量构成重大危险源的其他危化品，储存单位应当将其储存数量、储存地点以及管理人员的情况，报所在地县级人民政府安全监督管理部门（在港区储存的，报港口行政管理部门）和公安机关备案。

⑧ 《港口危险货物安全管理规定》第36条第2款：对剧毒化学品以及储存数量构成重大危险源的其他危险货物，危险货物港口经营人应当将其储存数量、储存地点以及管理措施、管理人员等情况，报所在地港口行政管理部门备案。

⑨ 《港口危险货物安全管理规定》第38条：危险货物港口经营人应当根据有关规定，进行重大危险源辨识，确定重大危险源级别，进行分级管理，对本单位的重大危险源登记建档，并报送所在地港口行政管理部门备案。对涉及船舶航行、作业安全的重大危险源信息，港口行政管理部门应当及时通报海事管理机构。

⑩ 《港口危险货物重大危险源监督管理办法（试行）》第2条第1款：港口危险货物重大危险源的辨识评估、登记建档、备案核销及其监督管理等，适用本办法。第11条第1款：港口经营人在对港口重大危险源进行辨识、分级，并完成港口重大危险源安全评估报告后，应将港口重大危险源备案申请表和第10条规定的档案材料（其中第五项规定的文字资料只需提供清单），向所在地港口行政管理部门备案。对涉及船舶航行、作业安全的重大危险源信息，港口行政管理部门应当及时通报海事管理机构。

⑪ 《危险化学品安全管理条例》第44条：危险化学品道路运输企业、水路运输企业的驾驶人员、船员、装卸管理人员、押运人员、申报人员、集装箱装箱现场检查员应当经交通运输主管部门考核合格，取得从业资格。具体办法由国务院交通运输主管部门制定。

管理规定》(交通运输部令2012年第9号)第17条第3款①的有关规定,部分装卸管理人员没有取得港口相关部门颁发的从业资格证书,无证上岗。该公司部分叉车司机没有取得危险货物岸上作业资格证书,没有经过相关危险货物作业安全知识培训,对危险品防护知识的了解仅限于现场不准吸烟、车辆要带防火帽等,对各类危险物质的隔离要求、防静电要求、事故应急处置方法等均不了解。

10. 未按规定制定应急预案并组织演练

瑞海公司未按《机关、团体、企业、事业单位消防安全管理规定》(公安部令第61号)第40条②的规定,针对理化性质各异、处置方法不同的危险货物制定针对性的应急处置预案,组织员工进行应急演练;未履行与周边企业的安全告知书和安全互保协议。事故发生后,没有立即通知周边企业采取安全撤离等应对措施,使得周边企业的员工不能第一时间疏散,导致人员伤亡情况加重。

五、有关地方政府及部门和中介机构存在的主要问题

(一) 天津市交通运输委员会(原天津市交通运输和港口管理局)滥用职权,违法违规实施行政许可和项目审批;玩忽职守,日常监管严重缺失

1. 违法违规审批许可

违反《港口法》第24条③、《港口经营管理规定》(交通运输部令2009年第13号)第12条第1款④、《港口危险货物安全管理规定》(交通运输部令2009年第9号)第18条第4项⑤和第19条第2款⑥的规定,在明知瑞海公司未取得安全评价审批、环境影响评价审批、安全设施专项验收等法定审批许可手续,不具备港口危险货物作业条件的情况下,以批复形式违法批准瑞海公司从事港口危险货物经营;违反《关于做好〈港口经营管理规定〉实施工作的通知》(交水发〔2010〕46号)第2条第5项⑦的规定,于2014年5月4日以批复的形式批准瑞海公司港口危险货物经营试运营资质,没有同时核发"港口经营许可证"和"港口危险货物作业附证",且试运营时间提前至同年4月16日;在瑞海公司2014年10月17日至2015年6月22日试运营资质到期、处于无证违法经营状态的情况下,违反《港口法》第22条第1款⑧和《港口危险货物安全管理规定》第20条第2款⑨的规定,以换证方式代替新证审批,于2015年6月23日向瑞海公司颁发"港口经营许可证"和"港口危险货物作业附证";对给瑞海公司核发"港口经营许可证"、"港口危险货物作业附证"和给予瑞海公司危险货物经营资质批复的信息,未按照《港口法》第22条第2款⑩、《政府信息公开条例》(国务院令第492号)第9条第1项⑪和《港口经营管理规定》第12条第1款⑫的规定向社会公开。

---

① 《港口危险货物安全管理规定》第17条第3款:从事港口危险货物作业的港口经营人,企业主要负责人,危险货物装卸管理人员、申报人员、集装箱装箱现场检查员以及其他从业人员应当按照相关法律法规的规定取得相应的从业资格证书。

② 《机关、团体、企业、事业单位消防安全管理规定》第40条:消防安全重点单位应当按照灭火和应急疏散预案,至少每半年进行一次演练,并结合实际,不断完善预案。

③ 《港口法》第24条:予以许可的,颁发港口经营许可证;不予许可的,应当书面通知申请人并告知理由。

④ 《港口经营管理规定》第12条第1款:符合资质条件的,由港口行政管理部门发给《港口经营许可证》,并通过信息网络或者报刊公布;不符合条件的,不予行政许可,并应当将不予许可的决定及理由书面通知申请人。

⑤ 《港口危险货物安全管理规定》第18条第4项:申请危险货物港口经营人资质,除按《港口经营管理规定》的要求提交相关文件和材料外,还应当提交安全设施专项验收合格证明。

⑥ 《港口危险货物安全管理规定》第19条第2款:符合许可条件的,应当颁发《港口经营许可证》,并对每个具体的危险货物作业场所配发《港口危险货物作业附证》。

⑦ 《关于做好〈港口经营管理规定〉实施工作的通知》第2条第5项:港口设施需要试运行的,港口工程项目法人应依法办理试运行备案手续,港口行政管理部门凭试运行备案证明文件核发一次性有效期不超过12个月的《港口经营许可证》,并在证书上注明"仅适用于试运行期间"。

⑧ 《港口法》第22条第1款:从事港口经营,应当向港口行政管理部门书面申请取得港口经营许可,并依法办理工商登记。

⑨ 《港口危险货物安全管理规定》第20条第2款:危险货物港口经营人应当在《港口经营许可证》有效期届满之日30日以前,向《港口经营许可证》发证机关申请办理延续手续。

⑩ 《港口法》第22条第2款:港口行政管理部门实施港口经营许可,应当遵循公开、公正、公平的原则。

⑪ 《政府信息公开条例》第9条第1项:行政机关对涉及公民、法人或者其他组织切身利益的政府信息应当主动公开。

⑫ 《港口经营管理规定》第12条第1款:符合资质条件的,由港口行政管理部门发给《港口经营许可证》,并通过信息网络或者报刊公布。

2. 违法违规审查项目

明知瑞海公司危险货物堆场改造项目未批先建,没有按照《港口法》第46条①、《危险化学品安全管理条例》第76条第2款②、《港口危险货物安全管理规定》第52条③的规定,对瑞海公司的违法违规行为进行查处,未及时制止并督促整改;对中滨海盛安全评价公司、天津市化工设计院等机构出具的不符合法律法规、标准且与实际不符的安全评价报告、安全设施设计专篇、初步设计以及天津水运安全评审中心组织的评审结果,没有严格依据有关法律法规和技术标准进行审查把关,致使瑞海公司未批先建和违反有关法律法规及技术标准的危险货物堆场改造项目得以验收通过。

3. 日常监管严重缺失

没有严格履行监管职责,没有依据《港口法》第48条第1款第1项④、《港口经营管理规定》第36条第1款第1项⑤、《港口危险货物安全管理规定》第54条⑥的规定对瑞海公司无证经营危险货物的行为予以查处;没有严格依照《危险化学品安全管理条例》第25条第2款⑦、《港口危险货物安全管理规定》第36条第2款⑧的规定落实港口重大危险源管理制度,建立重大危险源管理台账,督促瑞海公司按照有关规定进行重大危险源备案;疏于安全监督检查,未按照《港口危险货物安全管理规定》第48条第1款⑨的规定实施监督检查,没有发现瑞海公司违反《港口危险货物安全管理规定》第35条第2款⑩、《危险货物集装箱港口作业安全规程》(JT 397—2007)第5.3.4条⑪、《集装箱港口装卸作业安全规程》(GB 11602—2007)第8.3条⑫的规定,超高码放、超量存放危险货物集装箱,以及危险货物集装箱间距不足、货品混放等问题,尤其没有发现瑞海公司违反国家标准《集装箱港口装卸作业安全规程》(GB 11602—

---

① 《港口法》第46条,未经依法批准,在港口建设危险货物作业场所的,由港口行政管理部门责令停止建设或者使用,限期改正,可以处五万元以下罚款。

② 《危险化学品安全管理条例》第76条第2款:未经安全条件审查,新建、改建、扩建储存、装卸危险化学品的港口建设项目的,由港口行政管理部门依照前款规定予以处罚。

③ 《港口危险货物安全管理规定》第52条:未经安全条件审查,新建、改建、扩建港口危险货物建设项目的,由所在地港口行政管理部门责令停止建设,限期改正;逾期不改正的,处五十万元以上一百万元以下的罚款;构成犯罪的,依法追究刑事责任。

④ 《港口法》第48条第1款第1项:未依法取得港口经营许可证,从事港口经营的,由港口行政管理部门责令停止违法经营,没收违法所得;违法所得十万元以上的,并处违法所得二倍以上五倍以下罚款;违法所得不足十万元的,处五万元以上二十万元以下罚款。

⑤ 《港口经营管理规定》第36条第1款第1项:未依法取得港口经营许可证,从事港口经营的,由港口行政管理部门责令停止违法经营,没收违法所得;违法所得十万元以上的,并处违法所得二倍以上五倍以下罚款;违法所得不足十万元的,处五万元以上二十万元以下罚款。

⑥ 《港口危险货物安全管理规定》第54条:未依法取得相应的港口经营许可证,从事港口危险货物经营的,由所在地港口行政管理部门责令停止违法经营,没收违法所得;违法所得十万元以上的,并处违法所得二倍以上五倍以下罚款;违法所得不足十万元的,处五万元以上二十万元以下罚款。

⑦ 《危险化学品安全管理条例》第25条第2款:对剧毒化学品以及储存数量构成重大危险源的其他危险化学品,储存单位应当将其储存数量、储存地点以及管理人员的情况,报所在地县级人民政府安全监督管理部门(在港区储存的,报港口行政管理部门)和公安机关备案。

⑧ 《港口危险货物安全管理规定》第36条第2款:对剧毒化学品以及储存数量构成重大危险源的其他危险货物,危险货物港口经营人应当将其储存数量、储存地点以及管理措施、管理人员等情况,报所在地港口行政管理部门备案。

⑨ 《港口危险货物安全管理规定》第48条第1款:所在地港口行政管理部门应当依法对港口危险货物作业实施监督检查,对危险货物装卸、储存区域进行重点巡查。

⑩ 《港口危险货物安全管理规定》第35条第2款:危险货物的储存方式、方法以及储存数量应当符合国家标准或者国家有关规定。

⑪ 《危险货物集装箱港口作业安全规程》第5.3.4条:易燃易爆危险货物集装箱,最高只许堆码两层,其他危险货物集装箱不超过三层,并根据不同性质的危险货物,做好有效隔离。

⑫ 《集装箱港口装卸作业安全规程》第8.3条:货场内应设置冷藏集装箱和危险货物集装箱用箱区。危险货物集装箱区应与其他箱区隔离,箱内货物性质与施救互抵的危险货物集装箱应分类和分隔堆放。

2007）第4.4条①和行业标准《危险货物集装箱港口作业安全规程》（JT 397—2007）第5.3.1条②有关爆炸品和硝酸铵类危险货物集装箱应直装直取、不准在港内存放的规定，在港区堆场内存放大量硝酸铵类货物的问题，未及时查处和督促整改，导致事故损失和影响扩大。

（二）天津港（集团）有限公司在履行监督管理职责方面玩忽职守，个别部门和单位弄虚作假、违规审批，对港区危险品仓库监管缺失

天津港（集团）有限公司未履行港区安全生产管理职责，未统筹协调港区企业的危险货物安全管理工作；对天津港公安局及其消防支队防火工作督促指导不力；违反天津市城市总体规划和滨海新区控制性详细规划，对其下属的天津港建设公司帮助瑞海公司骗取规划许可、集团规划建设部规划许可初审把关不严格，对质量监督站违规办理工程质量监督手续问题失察；港区内长期违反直装直取规定堆存硝酸铵类货物，导致事故危害扩大。天津港建设公司弄虚作假，将瑞海公司规划许可申请材料中拟建项目"危品库"修改为"仓库"，却保留申请材料所附平面图中"危品库"标注，帮助瑞海公司以欺骗手段取得规划许可。天津港（集团）有限公司规划建设部违反《天津市规划建设项目审批业务管理指导手册》③的规定，发现瑞海公司危险货物堆场改造项目规划设计方案、规划许可申报表与所附平面图在拟建项目这一关键信息上表述不一致（规划许可证中建设项目为"仓库一"、"仓库二"，许可证所附平面图中却标注为"危品库一"、"危品库二"）时，仍出具同意的初审意见。天津港建设工程质量安全监督站对瑞海公司未进行施工招标投标且未取得施工许可建设危险货物堆场的行为，没有予以制止④；违反原建设部《建设工程质量监督机构监督工作指南》（建建质〔2000〕38号）第1条⑤的规定，违法进行建设工程质量安全监督。天津港公安局对所属消防支队疏于防火监督检查、未按规定对港区危险品仓库实施监管失察失管；对港区危险货物储存底数不清，未按规定实施消防监督检查；未对辖区内危险品仓库的火灾预防工作进行专题研究部署。天津港公安局消防支队在瑞海公司未提供建设工程规划许可的情况下，违反《建设工程消防监督管理规定》（公安部令第119号）第15条第2款⑥的规定，错误地依据天津市规划局文件⑦，出具消防设计审核意见书，进行消防设计验收时未查验消防设计审核意见书中提及的危品库一（甲类）有关防爆措施情况；未按规定实施日常消防监督检查，虽多次到瑞海公司，但从未进入危险货物堆场中的海关监管区，也未发现并纠正集装箱阻塞消防通道问题。

（三）天津海关系统违法违规审批许可，玩忽职

---

① 《集装箱港口装卸作业安全规程》第4.4条：危险货物集装箱应按JT3 97和其他有关危险货物运输、保管等规则进行装卸和储存。

② 《危险货物集装箱港口作业安全规程》第5.3.1条：危险货物集装箱应在专门区域内存放。其中1.1、1.2项爆炸品和硝酸铵类物质的危险货物集装箱，应实行直装直取，不准在港内存放。

③ 《天津市规划建设项目审批业务管理指导手册》："拟建项目指标"栏中的填写内容应与所报送的设计图纸相一致，具体要求如下：拟建项目与总平面标注的拟建项目名称及编号相一致。在核发《建设工程规划许可证》时，《建设工程规划许可证》附件和附图应与《建设工程规划许可证》一致。

④ 《港口法》第46条规定，"未经依法批准，在港口建设危险货物作业场所的，由港口行政管理部门责令停止建设或者使用，限期改正，可处5万元以下罚款"。2006年6月3日，天津市交委《关于对关于申请对天津港水运建筑市场管理授权委托的请示的批复》（津交委规〔2006〕118号）规定，"授权天津港集团公司管理其公司范围内的港口工程招投标备案、合同管理和施工许可证管理，负责全市水运工程安全质量监督管理。天津港建设工程质量安全监督站按照内部分工，负责全市水运工程安全质量监督管理。"根据上述批复，天津港集团公司明确天津港建设工程质量安全监督站负责全市水运工程安全质量监督管理。

⑤ 《建设工程质量监督机构监督工作指南》第1条：凡新建、改建、扩建的建设工程，在工程项目施工招标投标工作完成后，建设单位申请领取施工许可之前，应携有关资料到所在地建设工程质量监督机构办理工程质量监督登记手续。

⑥ 《建设工程消防监督管理规定》第15条第2款：建设单位申请消防设计审核，依法需要办理建设工程规划许可的，应当提供建设工程规划许可证明文件。

⑦ 2010年12月6日，天津市规划局《关于进一步加强规划建设项目消防审核工作的通知》（规建字〔2010〕689号）规定，各级城乡规划部门应复核公安消防部门出具的《建设工程消防设计审核意见书》或《建设工程消防设计备案通知书》后方可核发《建设工程规划许可证》。该规定与2009年5月1日施行的《建设工程消防监督管理规定》（公安部令第106号）第15条第3项规定不一致。2013年11月6日，天津市规划局下发关于《进一步简化审批要件提高审批效率的通知》（规业字〔2013〕352号），取消将消防设计审核意见作为建设工程规划许可申报要件的规定。

守,未按规定开展日常监管

1. 违法违规审批许可

在审批瑞海公司设立海关监管场所和变更监管场所面积申请时,没有根据《海关实施中华人民共和国行政许可法办法》(海关总署令第117号)第28条第1款和第2款①、《海关监管场所管理办法》(海关总署令第171号)第7条第1款第1项、第2项②和第11条③的规定,审查瑞海公司的工商营业执照的经营范围,未发现瑞海公司超出工商营业执照经营范围申请从事危险货物经营业务的问题;违反《海关监管场所管理办法》第9条第1款④的规定,在未作出批准设立海关监管场所决定之前已经进行了单项验收;违反《海关监管场所管理办法》第9条第2款⑤的规定,在未颁发"注册登记证书"的情况下,违规提前给瑞海公司开通发送运抵报告权限,允许其提前经营危险货物。

2. 未按规定开展日常监管

没有根据《海关实施中华人民共和国行政许可法办法》第57条第1款第4项⑥的规定,及时查处瑞海公司在无证期间违法从事危险货物报关申报业务的行为,未撤销其海关监管场所注册登记;对瑞海公司违规发送危险货物运抵报告的行为,未按照天津海关2011年第6号公告第3条第3款⑦的规定,责令瑞海公司自查整顿,继续在系统或业务流程上接受瑞海公司运抵报告传输,放纵其违法违规经营;未对瑞海公司违反《海关监管场所管理办法》第17条第2款⑧的规定堆放危险货物的行为进行纠正;未执行《海关行业标准管理办法(试行)》(海关总署令第140号)第5条第2款⑨的规定,没有监督检查和制止瑞海公司海关监管场所内存放大量应直装直取的危险货物及危险货物堆场作业和货场堆码、间隔存放不符合国家强制性标准《集装箱港口装卸作业安全规程》(GB 11602—2007)第4.4条⑩、第8.3条⑪和《危险货物集装箱港口作业安全规程》(JT 397—2007)第5.3.1条⑫的行为。

(四)天津市安全监管部门玩忽职守,未按规定对瑞海公司开展日常监督管理和执法检查,也未对安全评价机构进行日常监管

---

① 《海关实施中华人民共和国行政许可法办法》第28条第1款和第2款:海关受理海关行政许可申请后,应当对申请人提交的申请材料进行审查。根据法律、行政法规、海关总署规章规定的条件和程序,需要对申请材料的实质内容进行核实,或者需要申请人是否具备准予海关行政许可的其他条件进行实际核查的,海关可以就有关内容进一步进行核查。

② 《海关监管场所管理办法》第7条第1款第1项、第2项:申请企业应当向直属海关提交以下书面材料:(一)《中华人民共和国海关监管场所注册登记申请表》;(二)企业法人营业执照复印件。

③ 《海关监管场所管理办法》第11条:经营企业需要变更企业业务范围、监管场所面积等的,应当填写《中华人民共和国海关监管场所变更申请书》,向直属海关提出申请,并提交有关材料。

④ 《海关监管场所管理办法》第9条第1款:申请企业应当自海关制发《批准设立决定书》之日起1年内向直属海关申请验收,直属海关根据《设置标准》规定的条件对监管场所进行验收。

⑤ 《海关监管场所管理办法》第9条第2款:监管场所验收合格,经直属海关注册登记并制发《中华人民共和国海关监管场所注册登记证书》后,可以投入运营。

⑥ 《海关实施中华人民共和国行政许可法办法》第57条第1款第4项:有下列情形之一的,作出海关行政许可决定的海关或者其上级海关,根据利害关系人的请求或者依据职权,可以撤销海关行政许可……(四)对不具备申请资格或者不符合法定条件的申请人准予海关行政许可的。

⑦ 天津海关2011年第6号公告第3条第3款:海关对准予发送运抵报告数据的监管场所实行动态管理,如发现企业发送运抵报告有异常情况的,责令相关企业进行自查、整顿,自查、整顿期间海关不接受其运抵报告传输;凡经海关查实,属于违规或走私行为的,根据海关相关规定予以处理。

⑧ 《海关监管场所管理办法》第17条第2款:监管场所内液/气体化工品、易燃易爆危险品、有毒及放射性货物应当带有明显标识,并不得与其他类货物一起存放。

⑨ 《海关行业标准管理办法(试行)》第5条第2款:海关执行强制性国家标准并积极采用相应的国际标准和推荐性国家标准。

⑩ 《集装箱港口装卸作业安全规程》第4.4条:危险货物集装箱应按JT 397和其他有关危险货物运输、保管等规则进行装卸和储存。

⑪ 《集装箱港口装卸作业安全规程》第8.3条:货场内应设置冷藏集装箱和危险货物集装箱用箱区。危险货物集装箱区应与其他箱区隔离,箱内货物性质与施救互抵的危险货物集装箱应分类和分隔堆放。

⑫ 《危险货物集装箱港口作业安全规程》第5.3.1条:危险货物集装箱应在专门区域内存放。其中1.1、1.2项爆炸品和硝酸铵类物质的危险货物集装箱,应实行直装直取,不准在港内存放。

天津市安全监管局①未认真履行危险化学品综合监管职责，未指导协调督促相关部门共同开展港区危险化学品监管工作；未按职责对安全评价机构中滨海盛安全评价公司监督管理。

滨海新区安全监管局②未认真履行危险化学品综合监管和属地监管职责，未按规定对下属第一分局和派出机构安监站进行督促检查；组织开展专项整治行动和安全生产检查工作不力，对瑞海公司长期违法储存危险化学品的安全隐患失察。

滨海新区安全监管局第一分局③未对瑞海公司进行安全生产检查，明知该公司从事危险化学品存储业务，仍作为一般工贸行业生产经营单位进行监管。

天津港集装箱物流园区安全生产监督检查站④作为天津市滨海新区安监局的派出机构，日常检查发现瑞海公司从事危险化学品存储业务后，未查验瑞海公司危险化学品经营资质和相关证照，也未对危险化学品作业现场进行安全检查。

（五）天津市规划和国土资源管理部门玩忽职守，在行政许可中存在多处违法违规行为

天津市规划局对滨海新区规划和国土资源管理局建设项目规划许可工作中存在的违法违规问题失察；对滨海新区规划和国土资源管理局违反《行政许可法》第24条⑤的规定委托天津港（集团）有限公司对港区内建设项目进行规划许可初审的行为未予制止；未纠正滨海新区违反天津市城市总体规划问题；未纠正滨海新区控制性详细规划中按照工业用地标准⑥将仓储用地容积率由上限控制调整为下限控制的问题。

滨海新区规划和国土资源管理局严重违反天津市总体规划和滨海新区控制性详细规划⑦，违反《天津市规划建设项目审批业务管理指导手册》⑧的规定，在给瑞海公司危险品堆场改造项目发放的建设项目规划许可证和所附平面图中对建设项目关键信息表述不一致⑨，导致瑞海公司在非危险品物流用地⑩中早已建成的危险品仓库最终取得规划许可并通过规划竣工验收；违反《行政许可法》第24条⑪的规定，违法

---

① 根据《安全生产法》《危险化学品安全管理条例》、国家安全监管总局2013年第23号公告以及2009年、2014年天津市机构改革实施方案，天津市安全监管局具有对全市安全生产工作综合监管和指导协调职责，并负责从事安全评价、检测、检验等社会中介组织的资质管理和监督检查工作。

② 根据《安全生产法》《危险化学品安全管理条例》《滨海新区安全监管局主要职责内设机构和人员编制规定》（津滨党办发〔2010〕40号）以及《滨海新区安全监管局主要职责内设机构和人员编制规定》（滨党法〔2015〕17号），滨海新区安全监管局从综合监督管理全区安全生产工作的角度指导、协调和监督消防、交通等有专门安全生产主管部门的行业和领域的安全生产监督管理工作。

③ 根据《安全生产法》《危险化学品安全管理条例》以及滨海新区安全监管局《关于对塘汉大地区中央和市属重点企业进行直接或综合监管的通知》（津滨安监〔2014〕125号），滨海新区安全监管第一分局对瑞海公司具有直接监管职责（瑞海公司在该港区内）。另外，《滨海新区安全监管局2015年度行政执法监察工作计划》中，将事故企业瑞海公司作为工贸行业执法监察的对象。

④ 根据《安全生产法》《危险化学品安全管理条例》以及滨海新区安全监管局印发的《关于成立天津港集装箱物流园区安全生产检查站的通知》（津滨安监〔2014〕44号）规定，天津港集装箱物流园区安全生产监督检查站以滨海新区安全监管局的名义，直接负责天津港集装箱物流园区安全生产监督检查工作，对瑞海公司具有直接监管职责。

⑤ 《行政许可法》第24条：行政机关在其法定职责范围内，依照法律、法规、规章的规定，可以委托其他行政机关实施行政许可。

⑥ 国土资源部《关于发布和实施〈工业项目建设用地控制指标〉的通知》（国土资发〔2008〕24号）第4条规定，容积率控制指标应当符合表2的规定，表2中工业用地的容积率指标为下限（≥）控制。就上述通知是否适用于仓储用地的问题，事故调查组专门发函征求了国土资源部的意见。他们认为，上述通知不适用于仓储用地。

⑦ 《城乡规划法》第60条要求，不得超越职权或者对不符合法定条件的申请人核发规划许可。

⑧ 《天津市规划建设项目审批业务管理指导手册》："拟建项目指标"栏中的填写内容应与所报送的设计图纸相一致，具体要求如下：拟建项目与总平面标注的拟建项目名称及编号相一致。核发《建设工程规划许可证》时，《建设工程规划许可证》附件和附图应与《建设工程规划许可证》一致。

⑨ 建设项目规划许可证中建设项目为"仓库一"、"仓库二"，许可证所附平面图中却标注为"危品库一"、"危品库二"。

⑩ 2009年1月13日颁布的《天津市城市规划管理技术规定》（天津市政府令第16号）将大类W（仓储用地）分为：W1（普通仓库）、W2（危险品仓库）、W3（堆场用地）、W4（物流用地）。天津市滨海新区控制性详细规划中瑞海公司危险品堆场改造项目所在地块属于物流用地（W4）。

⑪ 《行政许可法》第24条：行政机关在其法定职责范围内，依照法律、法规、规章的规定，可以委托其他行政机关实施行政许可。

委托天津港（集团）有限公司对港区内建设项目进行规划许可初审；未按照住房和城乡建设部《建设用地容积率管理办法》（建规〔2012〕22号）第9条①的规定，违反程序调整瑞海公司危险货物堆场改造项目所在地块的规划条件，按照工业用地标准将滨海新区控制性详细规划中仓储用地容积率由上限控制调整为下限控制。

在审批瑞海公司危险货物堆场改造项目规划许可时，未按照《危险化学品经营企业开业条件和技术要求》（GB 18265—2000）第6.1.1条②的规定对危险品仓库与周边居民区、交通干线的安全距离进行审查；未按照天津市规划局、滨海新区规划和国土资源管理局对外公布的相关工作规范要求③进行现场踏勘，未发现瑞海公司危险货物堆场改造项目在申请规划许可时已经建成并投入运营的问题④。

对《城乡规划法》第64条⑤和《天津市规划局关于加强天津市城乡规划监督检查工作的通知》（规监字〔2012〕454号）⑥规定的日常区域巡查职责落实不到位，未发现瑞海公司危险品堆场改造项目未批先建的问题。

（六）天津市市场和质量监督部门对瑞海公司日常监管缺失

天津市市场和质量监督管理委员会未按照《特种设备安全法》第57条第1款⑦和《特种设备安全监察条例》（国务院令第549号）第4条⑧的规定，对天津港区内特种设备使用单位进行监督检查，致使天津港区内作业的特种设备长期未按规定在特种设备安全监督管理部门登记并接受日常监管。未按职责对滨海新区市场和质量监督管理局工作指导检查，对其存在的问题失察。

滨海新区市场和质量监督管理局未按照《特种设备安全法》第57条第1款⑨和《特种设备安全监

---

① 《建设用地容积率管理办法》第9条：国有土地使用权划拨或出让后，拟调整的容积率符合划拨或出让地块控制性详细规划要求的，应当符合以下程序要求：（一）建设单位或个人向城市、县城乡规划主管部门提出书面申请报告；（二）城乡规划主管部门应就是否需要收回国有土地使用权征求有关部门意见，并组织技术人员、相关部门、专家对容积率修改的必要性进行专题论证；（三）城乡规划主管部门应当通过本地主要媒体和现场进行公示等方式征求规划地段内利害关系人的意见，必要时应进行走访、座谈或组织听证；（四）城乡规划主管部门依法提出修改或不修改建议并附有关部门意见、论证、公示等情况报城市、县人民政府批准；（五）经城市、县人民政府批准后，城乡规划主管部门方可办理后续的规划审批，并及时将变更后的容积率抄告土地主管部门。

② 《危险化学品经营企业开业条件和技术要求》第6.1.1条：大中型危险化学品仓库应选址在远离市区和居民区的当地主导风向的下风向和河流下游的地域；大中型危险化学品仓库应与周围公共建筑物、交通干线（公路、铁路、水路）、工矿企业等距离至少保持1000 m。

③ 在滨海新区规划和国土资源管理局政府网站对外公开的办事指南中，规定了申请修建性详细规划、建设工程设计方案、建设工程规划许可证时，需要现场踏勘。

④ 《城乡规划法》第64条：未取得建设工程规划许可证或者未按照建设工程规划许可证的规定进行建设的，由县级以上地方人民政府城乡规划主管部门责令停止建设；尚可采取改正措施消除对规划实施的影响的，限期改正，处建设工程造价百分之五以上百分之十以下的罚款；无法采取改正措施消除影响的，限期拆除；不能拆除的，没收实物或者违法收入，可以并处建设工程造价百分之十以下的罚款。

⑤ 《城乡规划法》第64条：未取得建设工程规划许可证或者未按照建设工程规划许可证的规定进行建设的，由县级以上地方人民政府城乡规划主管部门责令停止建设；尚可采取改正措施消除对规划实施的影响的，限期改正，处建设工程造价百分之五以上百分之十以下的罚款；无法采取改正措施消除影响的，限期拆除；不能拆除的，没收实物或者违法收入，可以并处建设工程造价百分之十以下的罚款。

⑥ 《天津市规划局关于加强天津市城乡规划监督检查工作的通知》的附件《天津市城乡规划监督检查工作方案》第3条第2款规定：建立市级巡查、滨海新区及区县巡查、功能区及乡镇巡查的市、区县、功能区及乡镇三级区域网格化巡查体系，实现对全市范围内的全部覆盖……滨海新区及区县区域巡查由滨海新区规划和国土资源管理局、区县规划主管部门负责组织开展辖区内巡查工作，重点对市级、区级重点区域进行区域巡查。

⑦ 《特种设备安全法》第57条第1款：负责特种设备安全监督管理的部门依照本法规定，对特种设备生产、经营、使用单位和检验、检测机构实施监督检查。

⑧ 《特种设备安全监察条例》第4条：国务院特种设备安全监督管理部门负责全国特种设备的安全监察工作，县以上地方负责特种设备安全监督管理的部门对本行政区域内特种设备实施安全监察。

⑨ 《特种设备安全法》第57条第1款：负责特种设备安全监督管理的部门依照本法规定，对特种设备生产、经营、使用单位和检验、检测机构实施监督检查。

察条例》(国务院令第549号)第4条①的规定,对瑞海公司进行特种设备的安全监督检查,未及时发现并依法处理瑞海公司使用的部分叉车和集装箱正面吊未依法办理使用登记,特种设备及其操作人员、管理人员处于管理空白状态,存在无证上岗的问题。未严格履行本部门"三定方案"中的"市场主体的登记注册工作并监督管理,承担依法查处取缔无照经营的责任"的职责,未严格执行《公司登记管理条例》(国务院令第451号)第20条第2款第8项②、《公司法》第10条③的规定,在瑞海公司工商登记注册时未发现登记住所不具备企业开展经营活动的条件和住所证明材料无日期等不符合法定要求的问题;对瑞海公司的日常监管缺失,未及时发现并处理瑞海公司异地无照经营的违法行为。

(七)天津海事部门培训考核不规范,玩忽职守,未按规定对危险货物集装箱现场开箱检查进行日常监管

天津海事局在组织"船载危险货物申报员"和"集装箱装箱现场检查员"培训考核工作中,存在培训签到表代签、考核试卷无评分标准、判分随意的问题。未按规定对所属北疆海事局和东疆海事局工作督促指导,对相关人员开箱检查瑞海公司船载危险货物集装箱工作不规范等问题失察。

北疆海事局、东疆海事局未按规定对瑞海公司船载危险货物集装箱开箱检查,存在现场检查记录表中执法文书号、箱号等要件记录不全,一张表填写多个集装箱检查结果等问题。

(八)天津市公安部门未认真贯彻落实有关法律法规,未按规定开展消防监督指导检查

天津市公安局未认真贯彻落实国家消防法律法规,未对天津港公安消防工作实施业务监督指导。

天津市公安局消防局未认真贯彻国家消防法律法规,未正确执行《铁路、交通、民航系统消防监督职责范围协调会议纪要》[(89)公消发字第292号]第6条规定④,未对天津港公安局消防支队的消防安全工作进行业务指导。

天津市滨海新区公安局未按照《消防法》和《天津市消防条例》的规定落实属地管辖,未研究落实《铁路、交通、民航系统消防监督职责范围协调会议纪要》[(89)公消发字第292号]第6条的规定,未对天津港公安局的消防安全工作进行业务指导。

(九)天津市滨海新区环境保护局未按规定审核项目,未按职责开展环境保护日常执法监管

对天津市环境工程评估中心未依据《建设项目环境影响技术评估导则》(HJ 616—2011)第4条⑤、第5.1.2条⑥、第6.14条⑦的规定进行现场考察、未核实环境影响报告书中的公众参与意见以及环境影响报告书是否全面落实专家评审意见等情况进行审查,即审批通过瑞海公司危险货物堆场改造项目环境影响报告书。未严格执行《环境保护法》第36条⑧、《环境影响评价法》第三十一条⑨的规定,疏于日常环

---

① 《特种设备安全监察条例》第4条:国务院特种设备安全监督管理部门负责全国特种设备的安全监察工作,县以上地方负责特种设备安全监督管理的部门对本行政区域内特种设备实施安全监察。
② 《公司登记管理条例》第20条第2款第8项:申请设立有限责任公司,应当向公司登记机关提交住所证明。
③ 《公司法》第10条:公司以其主要办事机构所在地为住所。
④ 《铁路、交通、民航系统消防监督职责范围协调会议纪要》第6条:各地铁路、交通、民航公安消防监督机构受当地公安消防监督机构业务指导。
⑤ 《建设项目环境影响技术评估导则》第4条:环境影响技术评估工作程序:接受委托,对环境影响评价文件进行初步审核,现场考察建设项目选址及周围环境、建设情况等,召开专家评估会,组织专家论证提出评审意见,提出技术评估报告的工作流程,提交技术评估报告。
⑥ 《建设项目环境影响技术评估导则》第5.1.2条:环境影响技术评估结论必须实事求是、客观、公正。
⑦ 《建设项目环境影响技术评估导则》第6.14条:对公众参与中的工作程序、信息公开、信息交流和公众意见处理四个部分进行把关,判断环境影响评价文件中公众参与部分形式与内容的合法性。分析建设单位对有关单位、专家和公众意见采纳或者不采纳的说明的合理性。
⑧ 《环境保护法》第36条:建设项目的防治污染设施没有建成或者没有达到国家规定的要求,投入生产或者使用的,由批准该建设项目的环境影响报告书的环境保护行政主管部门责令停止生产或者使用,可以并处罚款。
⑨ 《环境影响评价法》第三十一条:建设单位未依法报批建设项目环境影响评价文件,或者未依照本法第二十四条的规定重新报批或者报请重新审核环境影响评价文件,擅自开工建设的,由有权审批该项目环境影响评价文件的环境保护行政主管部门责令停止建设,限期补办手续;逾期不补办手续的,可以处五万元以上二十万元以下的罚款,对建设单位直接负责的主管人员和其他直接责任人员,依法给予行政处分。

保护执法监管，未发现并处罚瑞海公司未申请环境影响评价即开工建设的问题。

(十) 天津市滨海新区行政审批局未严格执行项目竣工验收规定

未严格执行《建设项目竣工环境保护验收管理办法》(国家环境保护总局令第 13 号) 第十五条第三款①、第十六条第二项②、第十七条第一款③的规定，在设计单位、施工单位、环境保护验收监测报告编制单位未参与的情况下，对瑞海公司危险货物堆场改造项目组织竣工环境保护验收，并在事故应急池容量批建不符的情况下，通过验收。

(十一) 天津市委、天津市人民政府和滨海新区党委、政府未全面贯彻落实有关法律法规，对有关部门和单位安全生产工作存在的问题失察失管

天津市委、天津市人民政府未全面认真贯彻落实安全生产责任制以及党的安全生产方针政策和国家安全生产、港口管理、公安消防等法规政策，对天津港危险化学品安全管理统筹协调不到位，对天津港 (集团) 有限公司履行政府管理职能的问题负有责任，对天津市交通运输委员会等部门和滨海新区党委、政府安全生产工作督促指导不力，对有关部门、单位违反天津市城市总体规划行为失察失管，对城市规划执行、交通运输、公安消防、安全生产工作等方面存在的问题失察失管。

滨海新区党委、政府未认真贯彻落实国家安全生产、规划、交通等法规政策，未认真组织开展天津港港口危险化学品安全隐患排查治理工作，对滨海新区规划和国土资源管理局等所属部门违反市、区域规划行为失察失管，对城市规划执行、安全生产工作等方面存在的问题失察失管。

(十二) 交通运输部未认真开展港口危险货物安全管理督促检查，对天津交通运输系统工作指导不到位

交通运输部未依照法定职责认真组织开展港口危险货物安全管理督促检查，对天津市交通运输委员会港口管理工作和天津港公安局消防工作指导不到位。

(十三) 海关总署未认真组织落实海关监管场所规章制度，督促指导天津海关工作不到位

海关总署组织实施海关监管场所规章制度不到位，对天津海关监管场所审批及日常监管工作的指导和督促检查不到位。

(十四) 中介及技术服务机构弄虚作假，违法违规进行安全审查、评价和验收等

天津中滨海盛科技发展有限公司与天津中滨海盛卫生安全评价监测有限公司作为同一法人单位，违反《安全评价机构管理规定》(国家安全生产监督管理总局令第 22 号) 第二十一条第三款④、第二十三条第四项⑤的规定，同时承接瑞海公司的安全预评价和安全验收评价，且安全预评价报告和安全验收评价报告弄虚作假，故意隐瞒不符合安全条件的关键问题，出具了"基本符合国家有关法律法规和标准规范要求"的结论。

天津水运安全评审中心在对瑞海公司危险货物堆场改造项目安全条件、安全设施设计专篇、安全设施验收审查活动中，审核把关不严，致使不具备安全生产条件的瑞海公司堆场改造项目通过审查。特别是在安全设施验收审查环节中，采取打招呼、更换专家等手段，干预专家审查工作。

天津市化工设计院在瑞海公司危险货物堆场改造项目设计中，违反天津市城市总体规划和滨海新区控制性详细规划，违反《建设工程勘察设计管理条例》(国务院令第 293 号) 第二十五条第一款⑥的规定，

---

① 《建设项目竣工环境保护验收管理办法》第十五条第三款：建设项目的建设单位、设计单位、施工单位、环境影响报告书 (表) 编制单位、环境保护验收监测 (调查) 报告 (表) 的编制单位应当参与验收。

② 《建设项目竣工环境保护验收管理办法》第十六条第二项：建设项目竣工环境保护验收条件是：环境保护设施及其他措施等已按批准的环境影响报告书 (表) 或者环境影响登记表和设计文件的要求建成或者落实，环境保护设施经负荷试车检测合格，其防治污染能力适应主体工程的需要。

③ 《建设项目竣工环境保护验收管理办法》第十七条第一款：对符合第十六条规定的验收条件的建设项目，环境保护行政主管部门批准建设项目竣工环境保护验收申请报告、建设项目竣工环境保护验收申请表或建设项目竣工环境保护验收登记卡。

④ 《安全评价机构管理规定》第二十一条第三款：建设项目的安全预评价和安全验收评价不得委托同一个安全评价机构。

⑤ 《安全评价机构管理规定》第二十三条第四项：安全评价机构及其从业人员在从事安全评价活动中，不得出具虚假或者严重失实的安全评价报告。

⑥ 《建设工程勘察设计管理条例》第二十五条第一款：编制建设工程勘察、设计文件，应当以下列规定为依据：(一) 项目批准文件；(二) 城乡规划；(三) 工程建设强制性标准；(四) 国家规定的建设工程勘察、设计深度要求。

在瑞海公司没有提供项目批准文件和规划许可文件的情况下，违规提供施工设计图文件；违反《集装箱港口装卸作业安全规程》(GB 11602—2007) 4.4①和《危险货物集装箱港口作业安全规程》(JT 397—2007) 5.3.1②以及《危险化学品安全管理条例》第二十四条③的规定，在《安全设施设计专篇》和总平面图中，错误设计在重箱区露天堆放第五类氧化物质硝酸铵和第六类毒性物质氰化钠。火灾爆炸事故发生后，该院组织有关人员违规修改原设计图纸。

天津市交通建筑设计院管理制度不完善，审核审查程序不严，违规向天津港建设公司出借规划编制资质。

天津市环境工程评估中心在评估瑞海公司危险货物堆场改造项目的环境影响评价报告过程中，未按照《建设项目环境影响技术评估导则》(HJ 616—2011) 第4章④、5.1.2⑤、6.14⑥的规定进行现场考察，未发现瑞海公司危险货物堆场改造项目未批先建问题；未对环境影响评价报告中的公众参与意见进行核实，未发现瑞海公司提供虚假公众参与意见问题；未认真审核环境影响评价报告书，未发现环境影响评价报告没有全面采纳专家评审会合理意见问题。

天津博维永诚科技有限公司在对瑞海公司危险货物堆场改造项目放线测量、墨线复核、竣工测量过程中，违反《天津市城乡规划条例》第四十五条⑦和第五十六条第二款⑧、《天津市建设工程规划许可证后管理规定》(规法字〔2011〕302号) 第十三条⑨、《天津市建筑工程规划测量成果编制标准》(规监字〔2012〕423号) 2.3.2⑩和2.3.3⑪、《关于取消规划验线审批事项调整规划放线流程有关问题的通知》(规业字〔2010〕109号)⑫的相关规定，在瑞海公司未取得堆场改造规划许可的情况下进行放线测量；在墨线复核中弄虚作假，未去现场实测，竣工验收后采用倒推数据的方式补作墨线复核实测报告。

此外，事故调查组对事故现场存放的硝化棉的生产和运输企业进行了调查取证，查明了河北衡水新东方化工有限公司、河北三木纤维素有限公司、河北新河县汇通货运有限公司和天津大川国际货运代理有限公司以及涉及到的衡水市工商、交通运管、衡水市新区公安，新河县工商、交通运管、安全监管，天津市西青区交通运管等部门存在的主要问题。有关问题移交河北省政府和天津市政府进行处理，并要求将处理结果报事故调查组。

---

① 《集装箱港口装卸作业安全规程》4.4：危险货物集装箱应按JT 397和其他有关危险货物运输、保管等规则进行装卸和储存。

② 《危险货物集装箱港口作业安全规程》5.3.1：危险货物集装箱应在专门区域内存放。其中1.1项、1.2项爆炸品和硝酸铵类物质的危险货物集装箱，应实行直装直取，不准在港内存放。

③ 《危险化学品安全管理条例》第二十四条：剧毒化学品以及储存数量构成重大危险源的其他危险化学品，应当在专用仓库内单独存放，并实行双人收发、双人保管制度。

④ 《建设项目环境影响技术评估导则》第4章：环境影响技术评估工作程序：接受委托，对环境影响评价文件进行初步审核，现场考察建设项目选址及周围环境、建设情况等，召开专家评估会，组织专家论证并提出评审意见，提出技术评估报告的工作流程，提交技术评估报告。

⑤ 《建设项目环境影响技术评估导则》5.1.2：环境影响技术评估结论必须实事求是、客观、公正。

⑥ 《建设项目环境影响技术评估导则》6.14：对公众参与中的工作程序、信息公开、信息交流和公众意见处理四个部分进行把关，判断环境影响评价文件中公众参与部分形式与内容的合法性。分析建设单位对有关单位、专家和公众意见采纳或者不采纳的说明的合理性。

⑦ 《天津市城乡规划条例》第四十五条：建设单位应当委托具有相应资质的测绘单位根据城乡规划主管部门的要求绘制核定用地图。核定用地图经城乡规划主管部门审定后，作为规划条件、建设用地规划许可证的组成部分。

⑧ 《天津市城乡规划条例》第五十六条第二款：设计、施工和测绘单位不得为违法建设项目进行设计、施工和测绘。

⑨ 《天津市建设工程规划许可证后管理规定》第十三条：建设工程规划竣工测量应当严格按照实际建成情况进行实测。

⑩ 《天津市建筑工程规划测量成果编制标准》2.3.2：建筑工程施工至墨线时，测量单位对建设项目进行现场实测，制作墨线成果数值对比表。表中应填写项目长宽尺寸的实测数据，并与《建设工程规划许可证》证载数据对照。

⑪ 《天津市建筑工程规划测量成果编制标准》2.3.3：建筑工程施工至墨线时，测量单位对建设项目进行现场实测，制作墨线相关间距对比表，表中应载明实测的建（构）筑物与相关建（构）筑物、规划控制线的间距，并与《建设工程规划许可证》证载数据对照。

⑫ 《关于取消规划验线审批事项调整规划放线流程有关问题的通知》：建设单位在施工图设计完成后，《建设工程规划许可证》申报前，到规划和国土资源管理局申请办理放线业务。

相关单位责任情况见附件4。

六、对事故有关责任人员和责任单位的处理意见

根据事故原因调查和事故责任认定,依据有关法律法规和党纪政纪规定,对事故有关责任人员和责任单位提出处理意见:

公安机关对24名相关企业人员依法立案侦查并采取刑事强制措施(瑞海公司13人、中介和技术服务机构11人)。

检察机关对25名行政监察对象依法立案侦查并采取刑事强制措施(正厅级2人、副厅级7人、处级16人;交通运输部门9人、海关系统5人、天津港(集团)有限公司5人、安全监管部门4人、规划部门2人)。

事故调查组另对123名责任人员提出了处理意见。建议对74名责任人员(省部级5人、厅局级22人、县处级22人、科级及以下25人)给予党纪政纪处分(撤职处分21人、降级处分①23人、记大过及以下处分30人);对其他48名责任人员,建议由天津市纪委及相关部门予以诫勉谈话或批评教育;1名责任人员在事故调查处理期间病故,建议不再给予其处分。

事故调查组建议对事故企业和有关中介及技术服务机构等5家单位分别给予行政处罚。

事故调查组建议对天津市委、市政府通报批评,并责成天津市委、市政府向党中央、国务院作出深刻检查;建议责成交通运输部向国务院作出深刻检查。

(一)瑞海公司(13人)

略。

(二)天津港(集团)有限公司(22人)

略。

(三)天津市相关职能部门

略。

(四)中介评估机构和设计单位(24人)

略。

(五)地方党委、政府(7人)

略。

(六)国务院相关部委(6人)

略。

(七)建议给予行政处罚的单位(5个)

1. 事故企业

依据《安全生产法》吊销瑞海国际物流有限公司有关证照②并处罚款③,企业相关主要负责人终身不得担任本行业生产经营单位的主要负责人④(天津市人民政府负责)。

2. 中介和技术服务机构

1)中滨海盛安全评价公司

依法没收中滨海盛安全评价公司瑞海项目评价的

---

① 降级处分是指降低公务员的一个行政"级别",而非降低其职务层次,该处分在"警告""记过""记大过""降级""撤职""开除"6种处分中由轻到重居第四位。

② 《安全生产法》第一百零八条:生产经营单位不具备本法和其他有关法律、行政法规和国家标准或者行业标准规定的安全生产条件,经停产停业整顿仍不具备安全生产条件的,予以关闭;有关部门应当依法吊销其有关证照。

③ 《安全生产法》第一百零九条:发生生产安全事故,对负有责任的生产经营单位除要求其依法承担相应的赔偿等责任外,由安全生产监督管理部门依照下列规定处以罚款:(一)发生一般事故的,处二十万元以上五十万元以下的罚款;(二)发生较大事故的,处五十万元以上一百万元以下的罚款;(三)发生重大事故的,处一百万元以上五百万元以下的罚款;(四)发生特别重大事故的,处五百万元以上一千万元以下的罚款;情节特别严重的,处一千万元以上二千万元以下的罚款。

④ 《安全生产法》第九十一条:生产经营单位的主要负责人未履行本法规定的安全生产管理职责的,责令限期改正;逾期未改正的,处二万元以上五万元以下的罚款,责令生产经营单位停产停业整顿。

生产经营单位的主要负责人有前款违法行为,导致发生生产安全事故的,给予撤职处分;构成犯罪的,依照刑法有关规定追究刑事责任。

生产经营单位的主要负责人依照前款规定受刑事处罚或者撤职处分的,自刑罚执行完毕或者受处分之日起,五年内不得担任任何生产经营单位的主要负责人;对重大、特别重大生产安全事故负有责任的,终身不得担任本行业生产经营单位的主要负责人。

违法所得,并处违法所得5倍的罚款①(天津市人民政府负责);撤销中滨海盛安全评价公司的甲级安全评价资质,依法吊销中滨海盛安全评价公司参与瑞海项目预评价、验收评价有关人员的安全评价执业资格②(国家安全监管总局负责)。

2)天津市化工设计院

依法吊销天津市化工设计院的化工石化医药行业工程设计资质③(住房城乡建设部负责)。

3)天津市交通建筑设计院

依法处天津市交通建筑设计院3万元罚款④(天津市人民政府负责)。

4)天津博维永诚科技有限公司

没收天津博维永诚科技有限公司在瑞海项目违法测绘所得,并处标准测绘费百分之一百的罚款⑤(天津市人民政府负责)。

(八)其他建议

(1)建议责成天津市分管建设规划的副市长尹海林、天津市市长助理、天津市公安局党委书记、局长赵飞向天津市人民政府作出深刻检查。

(2)建议责成国家安全监管总局深刻总结教训,改进工作。

(3)对司法机关已立案侦查人员中属中共党员或行政监察对象的,待司法机关作出处理后,由当地纪检监察机关或负有管辖权的单位及时给予相应的党纪政纪处分。

七、事故主要教训

(1)事故企业严重违法违规经营。瑞海公司无视安全生产主体责任,置国家法律法规、标准于不顾,只顾经济利益、不顾生命安全,不择手段变更及扩展经营范围,长期违法违规经营危险货物,安全管理混乱,安全责任不落实,安全教育培训流于形式,企业负责人、管理人员及操作工、装卸工都不知道运抵区储存的危险货物种类、数量及理化性质,冒险蛮干问题十分突出,特别是违规大量储存硝酸铵等易爆危险品,直接造成此次特别重大火灾爆炸事故的发生。

(2)有关地方政府安全发展意识不强。瑞海公司长时间违法违规经营,有关政府部门在瑞海公司经营问题上一再违法违规审批、监管失职,最终导致天津港"8·12"事故的发生,造成严重的生命财产损失和恶劣的社会影响。事故的发生,暴露出天津市及滨海新区政府贯彻国家安全生产法律法规和有关决策部署不到位,对安全生产工作重视不足、摆位不够,对安全生产领导责任落实不力、抓得不实,存在着"重发展、轻安全"的问题,致使重大安全隐患以及政府部门职责失守的问题未能被及时发现、及时

---

① 《安全生产法》第八十九条:承担安全评价、认证、检测、检测工作的机构,出具虚假证明的,没收违法所得;违法所得在十万元以上的,并处违法所得二倍以上五倍以下的罚款;没有违法所得或者违法所得不足十万元的,单处或者并处十万元以上二十万元以下的罚款……

对有前款违法行为的机构,吊销其相应资质。

《安全评价机构管理规定》(国家安全监管总局令第22号)第五章第三十七条规定:安全评价机构出具虚假证明或者虚假评价报告……

对有前款违法行为的,撤销其相应的资质。

《生产安全事故报告和调查处理条例》(国务院令第493号)第五章第四十条第二款规定:为发生事故的单位提供虚假证明的中介机构,由有关部门依法暂扣或者吊销其有关证照及其相关人员的执业资格;构成犯罪的,依法追究刑事责任。

② 《安全评价机构管理规定》(国家安全监管总局令第22号)第五章第三十九条规定:本规定所规定的行政处罚,由省级以上安全生产监督管理部门、煤矿安全监察机构决定。对甲级资质评价机构的处罚,国家安全生产监督管理总局可以委托省级安全生产监督管理部门、省级煤矿安全监察机构实施。

撤销资质证书的行政处罚由原资质审批机关决定。

③ 《建设工程勘察设计管理条例》(国务院令第662号)第四十条规定:违反本条例规定,勘察、设计单位未依据项目批准文件,城乡规划及专业规划,国家规定的建设工程勘察、设计深度要求编制建设工程勘察、设计文件的,责令限期改正;逾期不改正的,处10万元以上30万元以下的罚款;造成工程质量事故或者环境污染和生态破坏的,责令停业整顿,降低资质等级;情节严重的,吊销资质证书;造成损失的,依法承担赔偿责任。

④ 《城乡规划编制单位资质管理规定》(住房城乡建设部令第12号)第五章第三十八条规定:涂改、倒卖、出租、出借或者以其他形式非法转让资质证书的,由县级以上地方人民政府城乡规划主管部门给予警告,责令限期改正,并处3万元罚款;造成损失的,依法承担赔偿责任;构成犯罪的,依法追究刑事责任。

⑤ 《天津市城乡规划条例》第五章第八十四条规定:未按照测绘规范和有关规定进行测绘的,或者为违法建设项目测绘的,由城乡规划主管部门责令停止测绘,没收违法所得,并处以标准测绘费百分之二十以上百分之一百以下的罚款;拒不停止测绘的,由测绘主管部门决定停止其两年以内在本市参与测绘投标。

整改。

（3）有关地方和部门违反法定城市规划。天津市政府和滨海新区政府严格执行城市规划法规意识不强，对违反规划的行为失察。天津市规划、国土资源管理部门和天津港（集团）有限公司严重不负责任、玩忽职守，违法通过瑞海公司危险品仓库和易燃易爆堆场的行政审批，致使瑞海公司与周边居民住宅小区、天津港公安局消防支队办公楼等重要公共建筑物以及高速公路和轻轨车站等交通设施的距离均不满足标准规定的安全距离要求，导致事故伤亡和财产损失扩大。

（4）有关职能部门有法不依、执法不严，有的人员甚至贪赃枉法。天津市涉及瑞海公司行政许可审批的交通运输等部门，没有严格执行国家和地方的法律法规、工作规定，没有严格履行职责，甚至与企业相互串通，以批复的形式代替许可，行政许可形同虚设。一些职能部门的负责人和工作人员在人情、关系和利益诱惑面前，存在失职渎职、玩忽职守以及权钱交易、暗箱操作的腐败行为，为瑞海公司规避法定的审批、监管出主意，呼应配合，致使该公司长期违法违规经营。天津市交通运输委员会没有履行法律赋予的监管职责，没有落实"管行业必须管安全"的要求，对瑞海公司的日常监管严重缺失；天津市环保部门把关不严，违规审批瑞海公司危险品仓库；天津港公安局消防支队平时对辖区疏于检查，对瑞海公司储存的危险货物情况不熟悉、不掌握，没有针对不同性质的危险货物制定相应的消防灭火预案、准备相应的灭火救援装备和物资；海关等部门对港口危险货物尤其是瑞海公司的监管不到位；安全监管部门没有对瑞海公司进行监督检查；天津港物流园区安监站政企不分且未认真履行监管职责，对"眼皮底下"的瑞海公司严重违法行为未发现、未制止。上述有关部门不依法履行职责，致使相关法律法规形同虚设。

（5）港口管理体制不顺、安全管理不到位。天津港已移交天津市管理，但是天津港公安局及消防支队仍以交通运输部公安局管理为主。同时，天津市交通运输委员会、天津市建设管理委员会、滨海新区规划和国土资源管理局违法将多项行政职能委托天津港集团公司行使，客观上造成交通运输部、天津市政府以及天津港集团公司对港区管理职责交叉、责任不明，天津港集团公司政企不分，安全监管工作同企业经营形成内在关系，难以发挥应有的监管作用。另外，港口海关监管区（运抵区）安全监管职责不明，致使瑞海公司违法违规行为长期得不到有效纠正。

（6）危险化学品安全监管体制不顺、机制不完善。目前，危险化学品生产、储存、使用、经营、运输和进出口等环节涉及部门多，地区之间、部门之间的相关行政审批、资质管理、行政处罚等未形成完整的监管"链条"。同时，全国缺乏统一的危险化学品信息管理平台，部门之间没有做到互联互通，信息不能共享，不能实时掌握危险化学品的去向和情况，难以实现对危险化学品全时段、全流程、全覆盖的安全监管。

（7）危险化学品安全管理法律法规标准不健全。国家缺乏统一的危险化学品安全管理、环境风险防控的专门法律；《危险化学品安全管理条例》对危险化学品流通、使用等环节要求不明确、不具体，特别是针对物流企业危险化学品安全管理的规定空白点更多；现行有关法规对危险化学品安全管理违法行为处罚偏轻，单位和个人违法成本很低，不足以起到惩戒和震慑作用。与欧美发达国家和部分发展中国家相比，我国危险化学品缺乏完备的准入、安全管理、风险评价制度。危险货物大多涉及危险化学品，危险化学品安全管理涉及监管环节多、部门多、法规标准多，各管理部门立法出发点不同，对危险化学品安全要求不一致，造成当前危险化学品安全监管乏力以及企业安全管理要求模糊不清、标准不一、无所适从的现状。

（8）危险化学品事故应急处置能力不足。瑞海公司没有开展风险评估和危险源辨识评估工作，应急预案流于形式，应急处置力量、装备严重缺乏，不具备初起火灾的扑救能力。天津港公安局消防支队没有针对不同性质的危险化学品准备相应的预案、灭火救援装备和物资，消防员队缺乏专业训练演练，危险化学品事故处置能力不强；天津市公安消防部队也缺乏处置重大危险化学品事故的预案以及相应的装备；天津市政府在应急处置中的信息发布工作一度安排不周，应对不妥。从全国范围来看，专业危险化学品应急救援队伍和装备不足，无法满足处置种类众多、危险特性各异的危险化学品事故的需要。

八、事故防范措施和建议

（1）把安全生产工作摆在更加突出的位置。各级党委和政府要牢固树立科学发展、安全发展理念，坚决守住"发展决不能以牺牲人的生命为代价"的红线，进一步加强领导、落实责任、明确要求，建立健全与现代化大生产和社会主义市场经济体制相适应的安全监管体系，大力推进"党政同责、一岗双责、失职追责"的安全生产责任体系的建立健全与落实，积极推动安全生产的文化建设、法治建设、制度建设、机制建设、技术建设和力量建设，对安全生产特别是对公共安全存在潜在危害的危险品的生产、经营、储存、使用等环节实行严格规范的监管，切实加强源头治理，大力解决突出问题，努力提高我国安全生产工作的整体水平。

（2）推动生产经营单位切实落实安全生产主体责任。充分运用市场机制，建立完善生产经营单位强制保险和"黑名单"制度，将企业的违法违规信息与项目核准、用地审批、证券融资、银行贷款挂钩，促进企业提高安全生产的自觉性，建立"安全自查、隐患自除、责任自负"的企业自我管理机制，并通过调整税收、保险费用、信用等级等经济措施，引导经营单位自觉加大安全投入，加强安全措施，淘汰落后的生产工艺、设备，培养高素质高技能的产业工人队伍。严格落实属地政府和行业主管部门的安全监管责任，深化企业安全生产标准化创建活动，推动企业建立完善风险管控、隐患排查机制，实行重大危险源信息向社会公布制度，并自觉接受社会舆论监督。

（3）进一步理顺港口安全管理体制。认真落实港口政企分离要求，明确港口行政管理职能机构和编制，进一步强化交通、海关、公安、质检等部门安全监管职责，加强信息共享和部门联动配合；按照深化司法体制改革的要求，将港口公安、消防以及其他相关行政监管职能交由地方政府主管部门承担。在港口设置危险货物仓储物流功能区，根据危险货物的性质分类储存，严格限定危险货物周转总量。进一步明确港区海关运抵区安全监管职责，加强对港区海关运抵区安全监督，严防失控漏管。其他领域存在的类似问题，尤其是行政区、功能区行业管理职责不明的问题，都应抓紧解决。

（4）着力提高危险化学品安全监管法治化水平。针对当前危险化学品生产经营活动快速发展及其对公共安全带来的诸多重大问题，要将相关立法、修法工作置于优先地位，切实增强相关法律法规的权威性、统一性、系统性、有效性。建议立法机关在已有相关条例的基础上，抓紧制定、修订危险化学品管理、安全生产应急管理、民用爆炸物品安全管理、危险货物安全管理等相关法律、行政法规；以法律的形式明确硝化棉等危险化学品的物流、包装、运输等安全管理要求，建立易燃易爆、剧毒危险化学品专营制度，限定生产规模，严禁个人经营硝酸铵、氰化钠等易爆、剧毒物。国务院及相关部门抓紧制定配套规章标准，进一步完善国家强制性标准的制定程序和原则，提高标准的科学性、合理性、适用性和统一性。同时，进一步加强法律法规和国家强制性标准执行的监督检查和宣传培训工作，确保法律法规标准的有效执行。

（5）建立健全危险化学品安全监管体制机制。建议国务院明确一个部门及系统承担对危险化学品安全工作的综合监管职能，并进一步明确、细化其他相关部门的职责，消除监管盲区。强化现行危险化学品安全生产监管部际联席会议制度，增补海关总署为成员单位，建立更有力的统筹协调机制，推动落实部门监管职责。全面加强涉及危险化学品的危险货物安全管理，强化口岸边防、海事、海关、商检等检验机构的联合监督、统一查验机制，综合保障外贸进出口危险货物的安全、便捷、高效运行。

（6）建立全国统一的危险化学品监管信息平台。利用大数据、物联网等信息技术手段，对危险化学品生产、经营、运输、储存、使用、废弃处置进行全过程、全链条的信息化管理，实现危险化学品来源可循、去向可溯、状态可控，实现企业、监管部门、公安消防部队及专业应急救援队伍之间信息共享。升级改造面向全国的化学品安全公共咨询服务电话，为社会公众、各单位和各级政府提供化学品安全咨询以及应急处置技术支持服务。

（7）科学规划合理布局，严格安全准入条件。修订《城乡规划法》，建立城乡总体规划、控制性详细规划编制的安全评价制度，提高城市本质安全水平；进一步细化编制、调整总体规划、控制性详细规划的规范和要求，切实提高总体规划、控制性详细规划的稳定性、科学性和执行刚性。建立完善高危行业建设项目安全与环境风险评估制度，推行环境影响评价、安全生产评价、职业卫生评价与消防安全评价联合评审制度，提高产业规划与城市安全的协调性。对涉及危险化学品的建设项目，实施住建、规划、发改、国土、工信、公安消防、环保、卫生、安监等部门联合审批制度，严把安全许可审批关，严格落实规划区域功能。科学规划危险化学品区域，严格控制与人口密集区、公共建筑物、交通干线和饮用水源地等环境敏感点之间的距离。

（8）加强生产安全事故应急处置能力建设。合理布局、大力加强生产安全事故应急救援力量建设，推动高危行业企业建立专兼职应急救援队伍，整合共享全国应急救援资源，提高应急协调指挥的信息化水平。危险化学品集中区的地方政府，可依托公安消防部队组建专业队伍，加强特殊装备器材的研发与配备，强化应急处置技战术训练演练，满足复杂危险化学品事故应急处置需要。各级政府要切实吸取天津港"8·12"事故的教训，对应急处置危险化学品事故的预案开展一次检查清理，该修订的修订，该细化的细化，该补充的补充，进一步明确处置、指挥的程序、战术以及舆论引导、善后维稳等工作要求，切实提高应急处置能力，最大限度减少应急处置中的人员伤亡。采取多种形式和渠道，向群众大力普及危险化学品应急处置知识和技能，提高自救互救能力。

（9）严格安全评价、环境影响评价等中介机构的监管。相关行业部门要加强相关中介机构的资质审查审批、日常监管，提高准入门槛，严格规范其从事安全评价、环境影响评价、工程设计、施工管理、工程质量监理等行为。切断中介服务利益关联，杜绝"红顶中介"现象，审批部门所属事业单位、主管的社会组织及其所办的企业，不得开展与本部门行政审批相关的中介服务。相关部门每年要对相关中介机构开展专项检查，对发现的问题严肃处理。建立"黑名单"制度和举报制度，完善中介机构信用体系和考核评价机制。

（10）集中开展危险化学品安全专项整治行动。在全国范围内对涉及危险化学品生产、储存、经营、使用等的单位、场所普遍开展一次彻底的摸底清查，切实掌握危险化学品经营单位重大危险源和安全隐患情况，对发现掌握的重大危险源和安全隐患情况，分地区逐一登记并明确整治的责任单位和时限；对严重威胁人民群众生命安全的问题，采取改造、搬迁、停产、停用等措施坚决整改；对违反规划未批先建、批小建大、擅自扩大许可经营范围等违法行为，坚决依法纠正，从严从重查处。

此外，建议天津市和有关方面继续做好天津港"8·12"事故的各项善后处理工作，进一步强化环境监测、污染防治以及遇难、失踪、重伤人员家属救助安抚等措施，有效控制事故影响。

附件1　瑞海公司危险货物资质审批示意图
附件2　瑞海公司危险品仓库危险货物种类及数量表
附件3　瑞海公司运抵区危险货物种类及数量表
附件4　相关单位责任示意图
附件5　有关危险品术语解释

附件 1 瑞海公司危险货物资质审批示意图

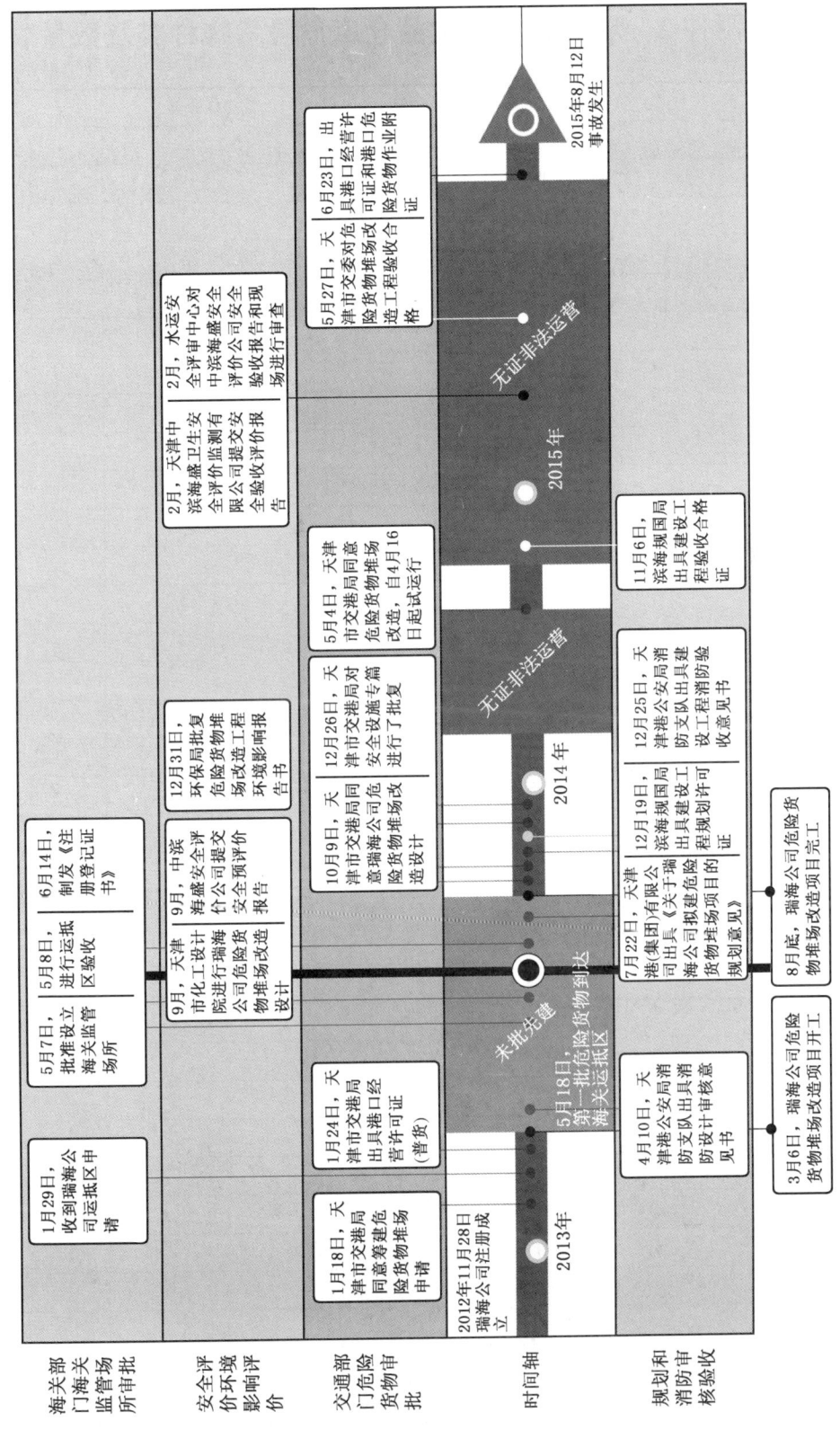

543

附件2 瑞海公司危险品仓库危险货物种类及数量表

序号	货物正确运输名称	危险性分类	总量/吨
1	氪氮混合气	2.2	2.4
2	氩气（液态）	2.2	144.6
3	三氟化氮	2.2	9.4
4	六氟化硫	2.2	1.5
5	甲基氯硅烷	2.3	279.5
6	油漆类	3	37.2
7	刹车系统清洗剂	3	76.1
8	丁酸乙酯	3	0.7
9	丁酮	3	315.8
10	二甲二硫	3	20.0
11	六甲基二硅氮烷	3	6.9
12	碳酸二甲酯	3	121.0
13	碳酸二乙酯	3	39.0
14	亚磷酸三甲酯	3	20.0
15	乙酸乙烯酯	3	132.0
16	异丙胺70%	3	27.4
17	一甲基三氯硅烷	3	76.3
18	乙酰丙酮	3	16.0
19	金属镁	4.1	495.5
20	二甲苯麝香	4.1	12.0
21	硝化棉类	4.1	207.5
22	固体甲醇钠	4.2	33.8
23	硫氢化钠	4.2	44.4
24	三氯氢硅	4.3	25.7
25	金属钙	4.3	152.2
26	钙铝合金	4.3	22.8
27	硅钙	4.3	170.4
28	金属锶	4.3	40.7
29	金属钠	4.3	179.0
30	氢化钠	4.3	11.1
31	硅钙钡铁合金	4.3	20.0
32	硝酸铵	5.1	800.0
33	超氧化钾	5.1	3.5
34	次氯酸钙	5.1	45.4

（续）

序号	货物正确运输名称	危险性分类	总量/吨
35	过硫酸钾	5.1	22.2
36	过氧化钙	5.1	16.1
37	氯酸钠	5.1	150.5
38	三氯异氰脲酸	5.1	121.6
39	硝酸钙	5.1	195.8
40	硝酸钾	5.1	1342.8
41	亚硝酸钙	5.1	76.2
42	过氧化氢残液	5.2	20.0
43	喹啉	6.1	24.5
44	间苯二胺	6.1	6.08
45	2,4-二甲基苯胺	6.1	22.0
46	4,6-二硝基邻仲丁基苯酚	6.1	69.0
47	对苯二胺	6.1	80.6
48	对氯氰苄	6.1	18.0
49	二甲基苯胺	6.1	70.2
50	二氯甲烷	6.1	208.1
51	二水氯化钡	6.1	25.1
52	甲基环戊二烯三羰基锰	6.1	99.4
53	糠醇	6.1	96.6
54	氯化苄	6.1	21.1
55	氰化钠	6.1	680.5
56	三氯乙烯	6.1	86.6
57	四氯化钛	6.1	40.0
58	无水咖啡因	6.1	119.8
59	重铬酸钾	6.1	43.4
60	杂酚油	6.1	22.0
61	百草枯二氯盐母药	6.1	271.9
62	环己胺	8	98.5
63	氨基磺酸	8	25.1
64	固态氢氧化钾	8	114.5
65	甲酸	8	307.9
66	硫化钠（含水不低于30%）	8	484.0
67	马来酐（顺丁烯二酸酐）	8	40.2
68	羟基乙酸	8	51.5
69	氢氧化钾溶液	8	49.8

(续)

序号	货物正确运输名称	危险性分类	总量/吨
70	氢氧化钠	8	1885.7
71	氰乙酸	8	24.8
72	十二烷基苯磺酸	8	6.3
73	四甲基氢氧化铵	8	67.6
74	乙酸	8	40.0
75	氢氧化钡	8	25.5
76	氢碘酸	8	5.87
77	椰油烷基苄基二甲基氯化铵溶液	—	16.7
78	环氧苯乙烷	—	36.0
79	乙酸苯乙酯	—	1.4
80	苯乙醇	—	8.2
81	乙酸二甲基苄基原酯	—	0.72
82	浓度为50%佳乐麝香	—	11.7
83	佳乐50	—	10.72
84	佳乐原液	—	2.4
85	环己基戊醇	—	0.34
86	丁酸二甲基苄基原酯	—	3.6
87	二甲基苯乙基原醇	—	0.72
88	苄基丙酮	—	0.6
89	乙酸环己基乙酯	—	0.19
90	芴	—	6.0
91	二甲基硅氧烷混合环体	—	51.3
92	纺织助剂	—	1.2
93	磺化脂肪衍生物	—	1.2
94	异戊氧基丙酸丙酯	—	3.33
95	新癸酸乙烯酯	—	14.4
96	硝基漆片	—	21.87
97	2-萘酚	—	11.0
98	对叔丁基苯甲酸	—	18.0
99	N-乙基-N-羟乙基-间甲基-对苯二胺硫酸盐	—	0.1
100	苏合香醇	—	0.1
101	香豆素	—	3.15

(续)

序号	货物正确运输名称		危险性分类	总量/吨
102	氰乙酸乙酯		—	9.0
103	溴氯海因		—	13.5
104	福隆亮黄 RD-E		—	0.1
105	3-二乙氨基酚		—	22.0
106	异丙基化磷酸三苯酯		—	20.0
107	欧思德		—	1.3
108	液体乙二胺四乙酸四钠		—	73.5
109	丙二酸		—	1.8
110	硫氰酸铵		—	10
111	杂类		9	240.5
	总计			11383.79

注：1. 数据来自天津市港口危险货物管理信息系统、天津海事局海事业务网上电子申报系统、天津海关 H2010 通关管理系统、证人证言以及生产企业（截至 9 月 2 日）。
2. 表中部分物质无危险性分类数据。

附件3　瑞海公司运抵区危险货物种类及数量表

序号	货物正确运输名称		危险性分类	运抵区量/吨
1	氩气（液态）		2.2	39
2	六氟化硫		2.2	1.5
3	油漆类		3	33.4
4	刹车系统清洗剂		3	76.1
5	丁酮		3	26.4
6	二甲二硫		3	20.0
7	六甲基二硅氮烷		3	6.0
8	碳酸二甲酯		3	121.0
9	碳酸二乙酯		3	39.0
10	亚磷酸三甲酯		3	20.0
11	一甲基三氯硅烷		3	76.3
12	乙酰丙酮		3	16.0
13	金属镁		4.1	238.8
14	二甲苯麝香		4.1	10.02
15	硝化棉类	硝化棉溶液	4.1	15.2
		硝化纤维素	4.1	11.1
16	三氯氢硅		4.3	21

（续）

序号	货物正确运输名称	危险性分类	运抵区量/吨
17	金属钙	4.3	56.0
18	钙铝合金	4.3	22.8
19	硅钙	4.3	146.0
20	硅钙钡铁合金	4.3	20.0
21	超氧化钾	5.1	3.0
22	氯酸钠	5.1	80.0
23	硝酸钙	5.1	129.0
24	硝酸钾	5.1	1046
25	硝酸铵	5.1	800
26	喹啉	6.1	24.5
27	间苯二胺	6.1	6.08
28	2,4-二甲基苯胺	6.1	22.0
29	对苯二胺	6.1	40.0
30	二水氯化钡	6.1	25
31	甲基环戊二烯三羰基锰	6.1	90.8
32	氰化钠	6.1	360.0
33	三氯乙烯	6.1	20.88
34	四氯化钛	6.1	40.0
35	无水咖啡因	6.1	81.0
36	杂酚油	6.1	22.0
37	糠醇	6.1	50
38	固态氢氧化钾	8	85.0
39	甲酸	8	48
40	硫化钠（含水不低于30%）	8	211.25
41	羟基乙酸	8	10.0
42	氢氧化钠	8	345.0
43	氰乙酸	8	4.75
44	氢氧化钡	8	25.5
45	丙二酸	8	1.8
46	环氧苯乙烷	—	36.0
47	乙酸苯乙酯	—	1.4
48	苯乙醇	—	8.2
49	乙酸二甲基苄基原酯	—	0.72
50	浓度为50%佳乐麝香	—	11.7
51	佳乐50	—	10.72

(续)

序号	货物正确运输名称	危险性分类	运抵区量/吨
52	佳乐原液	—	2.4
53	环己基戊醇	—	0.34
54	丁酸二甲基苄基原酯	—	3.6
55	二甲基苯乙基原醇	—	0.72
56	苄基丙酮	—	0.6
57	乙酸环己基乙酯	—	0.19
58	芴	—	6.0
59	二甲基硅氧烷混合环体	—	51.3
60	纺织助剂	—	1.2
61	磺化脂肪衍生物	—	1.2
62	异戊氧基丙酸丙酯	—	3.33
63	新癸酸乙烯酯	—	14.4
64	硝基漆片	—	21.87
65	2-萘酚	—	11.0
66	对叔丁基苯甲酸	—	18.0
67	苏合香醇	—	0.1
68	香豆素	—	3.15
69	氰乙酸乙酯	—	9.0
70	溴氯海因	—	13.5
71	福隆亮黄 RD-E	—	0.1
72	液体乙二胺四乙酸四钠	—	22.5
	总计		4840.42

注：1. 以上数据主要来自天津海关 H2010 通关管理系统截止 8 月 12 日 16:00 的数据。
2. 表中有关硝酸铵、糠醇的数据根据公安机关对相关人员的询问笔录确定。
3. 表中部分物质无危险性分类数据。

附件4 相关单位责任示意图

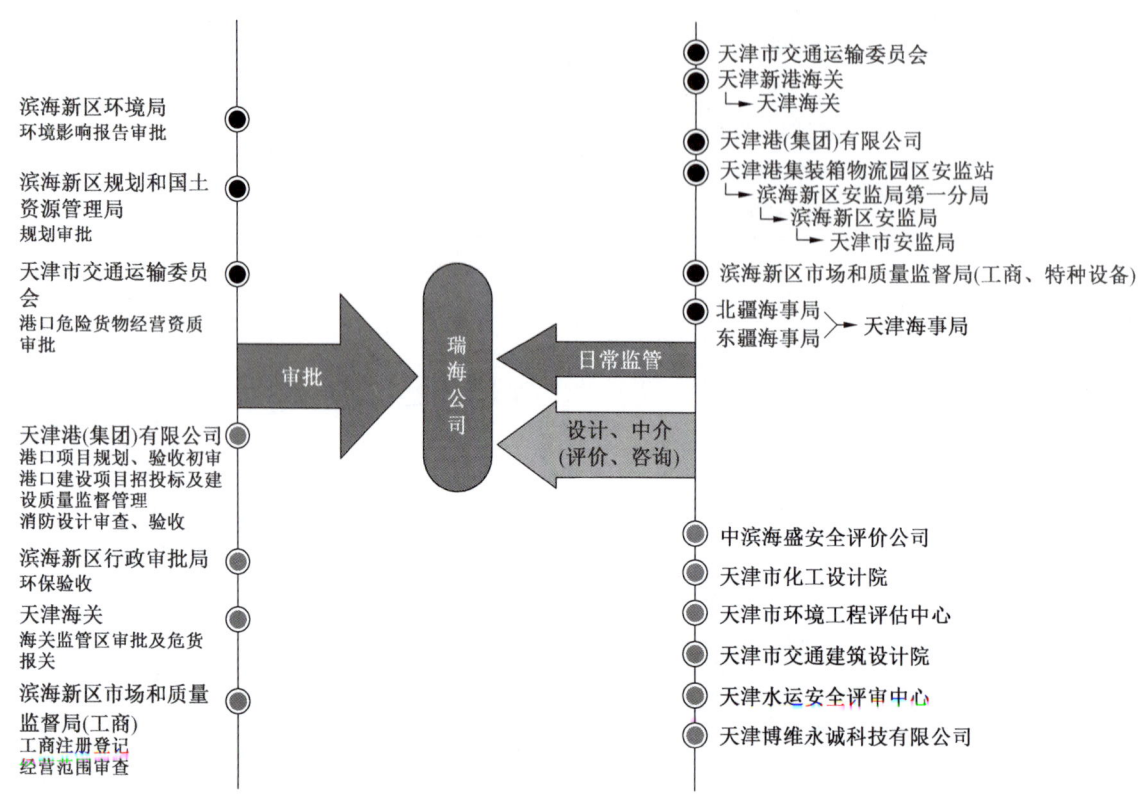

附件5 有关危险品术语解释

一、化学品：指各种化学元素和化合物以及混合物，无论其是天然的，还是人工合成的（摘自：国际劳工组织《关于作业场所安全使用化学品公约》）。据美国化学文摘统计，全世界已有化学品多达700万种，其中已作为商品上市的有10万余种，经常使用的有7万多种，每年全世界新出现化学品1000多种。

二、危险化学品：指具有毒害、腐蚀、爆炸、燃烧、助燃等性质，对人体、设施、环境具有危害的剧毒化学品和其他化学品（摘自：《危险化学品安全管理条例》）。我国危险化学品的分类采用联合国《全球化学品统一分类和标签制度》（GHS）的分类方法。2015年2月，国家安全监管总局会同相关部门联合发布了《危险化学品目录（2015版）》。现行的《危险化学品目录（2015版）》收录危险化学品2828种（包括剧毒化学品），剧毒化学品148种。

三、危险物品：安全生产领域的专门术语，是指易燃易爆物品、危险化学品、放射性物品等能够危及人身安全和财产安全的物品（摘自：《安全生产法》）。

四、危险货物：运输行业的专门术语，是指具有爆炸、易燃、毒害、感染、腐蚀、放射性等危险特性，在运输、储存、生产、经营、使用和处置中，容易造成人身伤亡、财产损毁或环境污染而需要特别防护的物质和物品［摘自：《危险货物分类和品名编号》（GB 6944—2012）］。道路运输危险货物具体以列入《危险货物品名表》（GB 12268—2012）为准，铁路运输危险货物具体以列入《铁路危险货物品名表（铁运〔2009〕130号）》为准，水路运输危险货物具体以列入《水路危险货物运输规则》中附件一"各类引言和危险货物明细表"为准。我国危险货物的分类采用联合国《关于危险货物运输的建议书规章范本》的分类方法。

危险货物根据《危险货物分类和品名编号》(GB 6944—2012) 分为 9 大类:

第 1 类　爆炸品
第 2 类　气体
第 3 类　易燃液体
第 4 类　易燃固体、易于自燃的物质、遇水放出易燃气体的物质
第 5 类　氧化性物质和有机过氧化物
第 6 类　毒性物质和感染性物质
第 7 类　放射性物质
第 8 类　腐蚀性物质
第 9 类　杂项危险物质和物品

五、易制爆危险化学品：社会公共安全领域的专门术语，是指国务院公安部门规定的可用于制造爆炸物品的危险化学品，具体以列入《易制爆危险化学品名录（2011 年版）》为准。

河南平顶山"5·25"特别重大火灾事故调查报告

2015年5月25日19时30分许，河南省平顶山市鲁山县康乐园老年公寓发生特别重大火灾事故，造成39人死亡、6人受伤，过火面积745.8平方米，直接经济损失2064.5万元。

事故发生后，党中央、国务院高度重视，习近平总书记、李克强总理立即作出重要指示批示，要求全力救治受伤人员，妥善做好遇难者善后和家属安抚工作，并查明事故原因，依法追究事故责任，全面排查各方面的安全隐患，坚决避免类似事故再次发生。张高丽、马凯副总理，杨晶、郭声琨、王勇国务委员也都作出重要批示。公安部、安全监管总局等立即派出工作组赶赴现场，传达贯彻落实党中央和国务院领导同志重要指示批示精神，指导地方做好事故救援和善后处理等工作。

依据《安全生产法》和《生产安全事故报告和调查处理条例》等有关法律法规，经国务院批准，5月27日，成立由安全监管总局副局长孙华山任组长，安全监管总局、公安部、监察部、民政部、全国总工会、河南省人民政府有关负责同志等参加的国务院河南平顶山"5.25"特别重大火灾事故调查组（以下简称事故调查组）开展事故调查工作，并邀请最高人民检察院派员参加。事故调查组聘请公安部火灾事故调查专家组、公安部天津消防研究所、公安部沈阳消防研究所和中国安全生产科学研究院等单位的8位专家参与调查工作。

事故调查组按照"四不放过"和"科学严谨、依法依规、实事求是、注重实效"的原则，通过现场勘验、查阅资料、调查取证、实验测试、检测鉴定和专家分析论证，查明了事故发生的经过、原因、人员伤亡和直接经济损失等情况，认定了事故性质和责任，提出了对有关责任人员和责任单位的处理建议，并针对事故原因及暴露出的问题，提出了事故防范措施。现将有关情况报告如下：

一、基本情况

（一）事故单位情况

1. 单位概况

康乐园老年公寓位于河南省平顶山市鲁山县琴台街道办事处贾王庄村三里河转盘西南、紧邻南北向鲁平大道，法定代表人范花枝（鲁山县人，女，50岁）。该老年公寓注册资金50万元，为民办养老机构（组织机构代码：06000763-4）。事故发生前有常住老人130人左右、工作人员25人（管理人员7人、护工14人、其他人员4人）。火灾发生时，不能自理区共住有52名老人、4名护工。

2. 资质情况

康乐园老年公寓于2010年12月14日取得平顶山市民政局核发的《社会福利机构设置批准证书》（福机证字第4104230002号），有效期限至2013年12月14日。业务范围主业为养老、托老，兼业为康复、医疗。

2012年11月20日取得鲁山县民政局核发的《民办非企业单位登记证书》（鲁民证字第07001号）。

2014年1月1日取得鲁山县民政局核发的《养老机构设立许可证》（证书编号13410407001），有效期限至2019年3月1日。服务范围为老年人生活照料、康复护理、精神慰藉、文化娱乐等。

（二）主要建筑情况

1. 公寓整体布局

康乐园老年公寓占地面积40亩，建筑物总面积2272平方米，设有不能自理区1个（东西向单排建筑），半自理区1个、自理区2个（南北向建筑），另有办公室、厨房、餐厅等附属设施。不能自理区建筑为聚苯乙烯夹芯彩钢板房，其他区域建筑均为砖墙、夹芯彩钢板屋顶。所有建筑均为单层。

2. 起火建筑

起火建筑长56.5米、宽13.2米，建筑面积745.8平方米，2013年2月建设，当年7月份安排不能自理老人入住。

（1）建筑内功能分区。建筑内设有1.9米宽东西向走廊和3.6米宽南北向走廊将建筑内部分为四个区域。共有13间各自相对隔离的房间，其中8间分女部（西侧4间）、男部（东侧4间），其余为3间库房、1间监控室、1间更衣间。

起火建筑设有4个安全出口，其中东西向走廊两端各设一个，南北向走廊两端各设一个，均可直通室外。

（2）建筑结构。该建筑主体结构为钢架结构，柱为截面是10.0厘米×10.0厘米的空心方型钢；墙体为内外白镀锌板中间夹7.0厘米厚聚苯乙烯泡沫板（依现场取样，材料燃烧性能经鉴定，氧指数

19.0%，属易燃材料），内、外镀锌板厚度均为 0.3 毫米；人字形屋顶面板为外蓝内白镀锌板中间夹 7.5 厘米厚聚苯乙烯泡沫板，外镀锌板厚 0.4 毫米，内镀锌板厚 0.3 毫米；建筑内设有吊顶，吊顶棚面材质为白色塑料扣板（依现场取样，材料燃烧性能经鉴定，氧指数为 33.8%，属难燃材料），吊顶骨架为截面是 3.0 厘米×3.0 厘米的木条。吊顶上方至屋顶空间整体贯通。

（3）电路敷设。起火建筑内共设 4 个回路。主线由东至西沿东西向走廊的吊顶上方敷设，分南、北区各 2 个回路，分别供照明、插座、排气扇、冷暖风机和电视机插座。每个房间内均设有照明和电源插座。照明主线线径 6.0 平方毫米，下灯线线径 4.0 平方毫米，开关线线径 2.5 平方毫米，均为铜芯线。

建筑南北外墙各敷设一条 4 股线径 10.0 平方毫米的铝芯电线用作空调专用线。

（4）建设施工。起火建筑由鲁山县通达卷闸门彩钢瓦门店个体老板冯春杰承包施工，并提供夹芯彩钢板材料。经调查，冯春杰及鲁山县通达卷闸门彩钢瓦门店均未取得任何相关工程施工资质。

二、事故发生经过及应急救援情况

（一）事故发生经过

5 月 25 日 19 时 30 分许，康乐园老年公寓不能自理区女护工赵红霞、龚改新在起火建筑西门口外聊天，突然听到西北角屋内传出异常声响，两人迅速进屋，发现建筑内西墙处的立式空调以上墙面及顶棚区域已经着火燃烧。赵红霞立即大声呼喊救火并进入房间拉起西墙侧轮椅上的两位老人往室外跑，再次返回救人时，火势已大，自己被烧伤，龚改新向外呼喊求助。由于大火燃烧迅猛，并产生大量有毒有害烟雾，老人不能自主行动，无法快速自救，导致重大人员伤亡，不能自理区全部烧毁。

（二）单位组织初起火灾扑救和疏散人员情况

不能自理区男护工石胜利、常玉卿、马金德（范花枝的丈夫）、消防主管孔繁阳和半自理区女护工石莉等听到呼喊求救后，先后到场施救，从起火建筑内救出 13 名老人，范花枝组织其他区域人员疏散。在此期间，范花枝、孔繁阳发现起火后先后拨打 119 电话报警。

（三）消防队接警出动、灭火救援及搜救情况

19 时 34 分 04 秒，鲁山县消防大队接到报警后，迅速调集大队 5 辆消防车、20 名官兵赶赴现场，19 时 45 分消防车到达现场，起火建筑已处于猛烈燃烧状态，并发生部分坍塌。消防大队指挥员及时通知辖区两个企业专职消防队 2 辆水罐消防车、14 名队员到达火灾现场协助救援。现场成立 4 个灭火组压制火势、控制蔓延、掩护救人，2 个搜救组搜救被困人员。20 时 10 分现场火势得到控制，同时指挥员向平顶山市消防支队指挥中心报告火灾情况。20 时 20 分明火被扑灭。截至 5 月 26 日 6 时 10 分，指挥部先后组织 7 次对现场细致搜救，在确认搜救到人数与有关部门提供现场被困人数相吻合的情况下，结束现场救援。

（四）当地政府应急处置情况

火灾发生后，鲁山县委、县政府立即启动应急响应，组织公安、消防、民政、安全监管、医疗卫生等部门人员全力展开灭火、搜救、善后及维稳工作。医疗卫生部门共调派 27 辆救护车、14 个医疗单位，出动医务人员 81 人次。

河南省及平顶山市政府接到火灾事故报告后，立即启动应急预案。省委书记郭庚茂、省长谢伏瞻接到报告后，立即作出批示。省长谢伏瞻，副省长李亚、张维宁，平顶山市委、市政府主要负责同志等带领省、市有关部门负责同志赶赴事故现场，成立现场指挥部，组织开展应急救援和伤员救治工作。

（五）医疗救治和善后处理情况

地方党委、政府认真稳妥做好医疗救治、事故伤亡人员家属接待及安抚、遇难者身份确认和赔偿等工作。按照医疗救治、善后安抚两个"一对一"的要求，对遇难者家属、受伤人员及其家属分步骤进行心理疏导，全力开展善后工作，保持社会稳定。

三、事故原因和性质

（一）直接原因

老年公寓不能自理区西北角房间西墙及其对应吊顶内，给电视机供电的电器线路接触不良发热，高温引燃周围的电线绝缘层、聚苯乙烯泡沫、吊顶木龙骨等易燃可燃材料，造成火灾。

造成火势迅速蔓延和重大人员伤亡的主要原因是建筑物大量使用聚苯乙烯夹芯彩钢板（聚苯乙烯夹芯材料燃烧的滴落物具有引燃性），且吊顶空间整体贯通，加剧火势迅速蔓延并猛烈燃烧，导致整体建筑短时间内垮塌损毁；不能自理区老人无自主活动能力，无法及时自救造成重大人员伤亡。

（二）间接原因

1. 康乐园老年公寓违规建设运营，管理不规范，安全隐患长期存在

（1）违法违规建设、运营。康乐园老年公寓发生火灾建筑没有经过规划、立项、设计、审批、验收，使用无资质施工队；违规使用聚苯乙烯夹芯彩钢板、不合格电器电线；未按照国家强制性行业标准

《老年人建筑设计规范》（JGJ 122—99）要求在床头设置呼叫对讲系统，不能自理区配置护工不足。

（2）日常管理不规范，消防安全防范意识淡薄。康乐园老年公寓日常管理不规范，没有建立相应的消防安全组织和消防制度，没有制定消防应急预案，没有组织员工进行应急演练和消防安全培训教育；员工对消防法律法规不熟悉、不掌握，消防安全知识匮乏。

2. 地方民政部门违规审批许可，行业监管不到位

（1）鲁山县民政局日常监管不到位，违规审批许可。一是日常安全监管不到位。鲁山县民政局每半年对康乐园老年公寓检查一次，从未发现其使用违规彩钢板扩建经营、安全组织管理缺失等问题。二是违规审批许可。2010年11月，鲁山县民政局在康乐园老年公寓未提供建设、消防、卫生防疫等部门的验收报告和审查意见书原件的情况下，不严格履行审批程序，违规通过了康乐园老年公寓审查，并将该审查材料报送平顶山市民政局。2013年12月，鲁山县民政局未按照相关审批程序和安全排查规定，违规给康乐园老年公寓换发了许可证。

（2）平顶山市民政局违规批准康乐园老年公寓设置，贯彻落实法规政策不到位。一是违规批准康乐园老年公寓设置。2010年12月，未按照审批程序审查康乐园老年公寓证照原件，违规向其颁发批准证书。二是安全监管工作指导督促不到位。2013年以来组织开展的多次社会福利机构及养老机构安全检查中，重部署通知，轻检查落实，指导督促不到位，没有发现康乐园老年公寓存在的安全隐患并督促其整改。

（3）河南省民政厅督促落实法规政策不到位，指导下级安全管理工作不到位。河南省民政厅对平顶山市、鲁山县民政部门长期存在的贯彻落实法规政策不到位、违规批准康乐园老年公寓设置等问题疏于监管。《河南省社会办养老机构管理暂行办法》（豫民文〔2012〕1号）废止后，未及时出台养老机构护工人员比例要求，未及时落实《民政部关于贯彻落实〈养老机构设立许可办法〉和〈养老机构管理办法〉的通知》（民函〔2013〕222号）提出的"各地要在养老机构人员配比等方面提出细化、量化和具体可行的要求"。《河南省养老机构设立许可管理办法》（豫民〔2013〕7号）施行后，没有及时有效组织指导下级开展养老机构设立许可工作。

3. 地方公安消防部门落实消防法规政策不到位，消防监管不力

（1）鲁山县公安局董周派出所落实消防法规政策不到位，消防日常监管不力。没有认真贯彻执行消防安全重点单位界定标准要求，未准确上报康乐园老年公寓相关信息，导致鲁山县公安消防大队将应定为二级消防安全重点单位管理的康乐园老年公寓错定为三级管理。没有认真履行消防日常监管职责，没有扎实开展针对养老院的消防安全专项整治活动，未能及时发现和纠正康乐园老年公寓违规彩钢板建筑物的消防安全隐患。

（2）鲁山县公安消防大队执行消防法规政策不严格，日常监管有漏洞。一是未严格执行《平顶山市消防安全重点单位界定标准》，错将二级消防安全重点管理单位康乐园老年公寓列为三级管理；对鲁山县公安局董周派出所日常消防监督检查、培训指导不到位。二是对康乐园老年公寓消防监督检查缺失。自康乐园老年公寓注册以来，鲁山县公安消防大队从未对其进行过检查，对康乐园老年公寓的有关信息掌握不准，底数不清。三是消防安全专项治理行动不扎实，没有及时排查出康乐园老年公寓存在的重大消防安全隐患。

（3）鲁山县公安局对鲁山县公安消防大队和董周派出所消防安全工作指导督促不到位。一是对辖区内针对养老院开展的消防安全专项治理工作督导不力，流于形式。二是对鲁山县公安消防大队错误划定康乐园老年公寓的消防安全重点单位等级未能及时发现。三是对董周派出所消防安全监管工作疏于指导督促。

（4）平顶山市公安消防支队指导下级开展工作、督促工作落实不到位。一是未能及时发现并予以纠正鲁山县公安消防大队对康乐园老年公寓监管缺失以及错误划定康乐园老年公寓的消防安全重点单位等级的问题。二是消防监管工作重部署、轻落实。平顶山市消防安全重点单位界定工作，虽下发了《平顶山市消防安全重点单位界定标准》，但对如何申报、怎样界定消防安全重点单位等级以及消防安全重点单位界定登记工作中，没有明确市公安消防支队与派出所、县公安消防大队之间如何无缝对接等要求。2013年以来多次开展的养老院消防安全专项整治活动目标不具体、检查不彻底。

（5）平顶山市公安局开展消防安全专项行动不力，指导检查消防工作不实。一是对鲁山县公安局开展的针对养老院火灾隐患排查治理工作，指导督促不得力。二是对消防安全重点单位界定工作指导不力。三是对鲁山县公安局及其消防大队开展的消防安全监管工作疏于监督检查。

（6）河南省公安消防总队对下级落实有关消防安全法律法规督促落实不到位。对平顶山市公安消防支队的消防监管工作指导不力，落实公安部《关于进一步加强彩钢板建筑消防安全监督管理的通知》（公消〔2012〕303号）、"九九"消防平安行动、重大火灾隐患专项整治、清剿火患战役等消防专项检查工作督促落实不到位。

4. 地方国土、规划、建设部门执法监督工作不力，履行职责不到位

（1）鲁山县国土资源局监督执法不彻底。琴台国土资源所为鲁山县国土资源局垂直管理机构，2013年，琴台国土资源所巡查发现康乐园老年公寓未经批准违法占用耕地1066平方米用于建设彩钢板房，除行政处罚10660元的决定得到落实执行外，没有依法采取有效措施继续对非法占地行为予以纠正，导致非法占地建筑最终建成投入使用。鲁山县国土资源局对该所执法监督不到位的问题失察。

（2）鲁山县城乡规划局落实法规政策不实，督促指导执法监察大队工作不到位。起火建筑自2013年开工建设至事故发生，鲁山县城乡规划局执法监察大队未检查并发现其违法建设行为。鲁山县城乡规划局作为执法监察大队的管理部门，对其日常巡查不力、监督不到位的问题未能及时发现和整改，导致规划区内该违法建筑长期存在。

（3）鲁山县住房和城乡建设局执法检查不到位。起火建筑于2013年建设期间，城建监察大队从未发现其违法建设行为，查处违法建设工作有漏洞，检查不到位。鲁山县住房和城乡建设局作为城建监察大队的管理部门，未能及时发现和整改下属单位工作不力的问题。

5. 地方政府安全生产属地责任落实不到位

（1）鲁山县琴台街道办事处贯彻落实国家有关法规政策不到位，属地监管不力。对康乐园老年公寓的属地监管职责推诿扯皮、失控漏管，没有履行属地监管职责。琴台街道办事处民政所贯彻落实国家有关法律法规不到位，未落实县民政部门对养老机构认真开展安全检查的工作要求。

（2）鲁山县委、县政府贯彻落实国家民政、公安消防等法规政策不到位，履行安全生产属地监管职责不到位。对养老机构等安全监管工作不重视，未能有效督促指导民政、公安、消防、国土、规划、住建等部门严格履行有关职责，对相关部门执法监督检查不到位、违规行政审批等情况未能及时检查发现并予以纠正，消防安全专项治理工作不深入彻底，对康乐园老年公寓长期存在的事故隐患和安全管理混乱未及时发现并督促整改等问题失察。

（3）平顶山市政府督促指导下级政府和有关部门贯彻落实国家及河南省民政、公安消防等法规政策不到位，督促指导安全工作不力。在落实国家和河南省民政、公安消防专项检查、工作部署方面不扎实，督促检查不到位，对监管部门专项检查流于形式的问题失察。对养老机构等安全监督管理工作不重视。

（三）事故性质

经调查认定，河南平顶山"5·25"特别重大火灾事故是一起生产安全责任事故。

四、对事故有关责任人员及责任单位的处理建议

（一）司法机关已采取措施人员（31人）

略。

（二）建议给予党纪、政纪处分的人员（27人）

略。

（三）其他建议

（1）河南省政府向国务院作出深刻检查，认真总结和吸取事故教训，进一步加强和改进安全生产工作。

（2）平顶山市委向河南省委作出深刻检查，由河南省纪委对平顶山市委主要负责同志进行诫勉谈话，要求其从"5·25"特别重大事故中吸取深刻教训，在安全生产中落实"党政同责、一岗双责、齐抓共管"的要求，进一步做好相关工作。

（3）河南省政府主要负责同志约谈平顶山市政府主要负责同志，要求其从"5·25"特别重大事故中吸取深刻教训，进一步做好安全生产工作。

（4）对检察机关已立案侦查人员中的中共党员和行政监察对象，建议河南省纪委监察厅跟进掌握情况，待司法机关作出处理后，按照管理权限由有关单位给予相应党纪、政纪处分（含检察机关决定免予起诉人员）。

五、防范措施

（一）落实企业主体责任和政府部门安全监管责任

河南省和平顶山市要深刻吸取事故教训，牢固树立安全发展理念，始终坚守"发展决不能以牺牲人的生命为代价"这条红线，建立健全"党政同责、一岗双责、齐抓共管"的安全生产责任体系，落实属地监管，实现责任体系"五级五覆盖"。

要规范行业管理部门的安全监管职责，特别是涉及多个部门监管的行业领域，按照"管行业必须管安全"的要求，明确、细化安全监管职责分工，消除责任死角和盲区。

要督促企业落实安全生产主体责任，做到安全责

任到位、安全投入到位、安全培训到位、安全管理到位、应急救援到位。

（二）加强养老机构安全管理

河南省各级民政部门要落实《老年人权益保障法》等法律法规要求，指导养老机构建立健全安全、消防等规章制度，做好老年人安全保障工作。要按照实施许可权限，建立养老机构评估制度，加强对养老机构的监督检查，及时纠正养老机构管理中的违法违规行为。民政部门支配的福彩公益金补助民政服务机构建设项目，要优先支持安全设施建设。养老机构因变更或终止等原因暂停、终止服务的，民政部门应当督促养老机构制定实施老年人安置方案，并及时为其妥善安置老年人提供帮助。

（三）加大对民办养老机构的政策扶持

河南省要针对社会养老需求及现状，加强对民办养老服务业发展状况的调查研究，完善养老机构管理法规，保障养老机构健康发展、安全发展。针对制约民办养老机构发展的用地难、融资难、税费减免难、用工难、医养结合难及安全管理薄弱等突出问题，要认真研究，制定切实可行的政策制度，规范民办养老机构安全管理标准化建设、提升安全管理水平。加强养老机构设立许可办法和管理办法等法规的宣传培训，督促指导民办等各类养老机构依法依规建设、管理。

（四）加强消防安全日常监督检查

河南省各级公安消防部门要依法履行对消防重点单位日常监督检查职责，切实加强日常监督检查工作，尤其对幼儿园、学校、养老院等人员密集场所的消防安全隐患排查，要严格做到全覆盖、零容忍。严肃查处消防设计审核、消防验收和消防安全检查不合格的单位，提请政府坚决拆除违规易燃建筑，推动消防安全主体责任严格落实。

县级公安机关要加强对消防大队和公安派出所的组织领导和统筹协调，确保消防安全工作无缝衔接。加强对派出所等一线民警消防法规和业务知识的培训，切实提高发现隐患、消除隐患的能力和水平。

（五）严格养老机构等人员密集场所的消防安全整治

河南省各地区要定期组织开展对养老机构等人员密集场所的安全隐患排查，对违规使用聚苯乙烯、聚氨酯等保温隔热材料、建筑达不到耐火等级要求的，要严格按照《建筑设计防火规范》（GB 50016—2014）、《养老设施建筑设计规范》（GB 50867—2013）等国家标准，限期整改，确保建筑符合防火安全规定；对防火、用电等管理制度不健全、不符合规范的，无应急预案、应急演练不落实的，许可审批手续不全的，要坚决予以整改。各类养老机构等人员密集场所要强化法律意识，制定突发事件应急预案，切实落实安全管理主体责任。

（六）进一步加大对违法违规经营和失职渎职行为的查处力度

各地区要认真贯彻落实《国务院办公厅关于加强安全生产监管执法的通知》（国办发〔2015〕20号）的相关要求，建立安全生产监管执法机构与公安机关和检察机关安全生产案情通报机制，建立事故整改措施落实情况评估制度，认真组织评估工作，依法从严查处违法违规经营和失职渎职行为，落实"事故原因未查清不放过，事故责任人未受到处理不放过，事故责任人和相关人员没有受到教育不放过，未采取防范措施不放过"，切实吸取事故教训，筑牢安全防线。

山东省青岛市"11·22"中石化东黄输油管道泄漏爆炸特别重大事故调查报告

2013年11月22日10时25分,位于山东省青岛经济技术开发区的中国石油化工股份有限公司管道储运分公司东黄输油管道泄漏原油进入市政排水暗渠,在形成密闭空间的暗渠内油气积聚遇火花发生爆炸,造成62人死亡、136人受伤,直接经济损失75172万元。

事故发生后,党中央、国务院高度重视,习近平总书记作出重要指示,要求组织力量,及时排除险情,千方百计搜救失踪、受伤人员,并查明事故原因,总结事故教训,落实安全生产责任,强化安全生产措施,坚决杜绝此类事故。11月24日习近平总书记到山东考察经济社会发展工作,下午专程来到青岛看望、慰问伤员和遇难者家属,听取汇报,并发表重要讲话。李克强总理作出重要批示,要求全力搜救失踪、受伤人员,深入排查控制危险源,妥善做好各项善后工作,加强检查督查,严格落实安全责任。刘云山、张高丽、马凯、孟建柱、郭声琨、王勇等党中央、国务院领导同志也都作出了重要批示。受习近平总书记、李克强总理委托,11月22日下午,王勇国务委员带领相关部门负责同志赶赴现场,组织指挥抢险救援。

根据党中央、国务院领导同志的重要批示指示要求,依据《安全生产法》和《生产安全事故报告和调查处理条例》(国务院令第493号)等有关法律法规,经国务院批准,11月25日,成立了由国家安全监管总局局长任组长,国家安全监管总局、监察部、公安部、环境保护部、国务院国资委、全国总工会、山东省人民政府有关负责同志等参加的国务院山东省青岛市"11·22"中石化东黄输油管道泄漏爆炸特别重大事故调查组(以下简称事故调查组),开展事故调查工作。事故调查组邀请最高人民检察院派员参加,并聘请了国内管道设计和运行、市政工程、消防、爆炸、金属材料、防腐、环保等方面的专家参加事故调查工作。

事故调查组按照"四不放过"和"科学严谨、依法依规、实事求是、注重实效"的原则,通过现场勘验、调查取证、检测鉴定和专家论证,查明了事故发生的经过、原因、人员伤亡和直接经济损失情况,认定了事故性质和责任,提出了对有关责任人和责任单位的处理建议,并针对事故原因及暴露出的突出问题,提出了事故防范措施建议。现将有关情况报告如下。

一、基本情况

(一)事故单位情况

(1)中国石油化工集团公司(以下简称中石化集团公司),是经国务院批准于1998年7月在原中国石油化工总公司基础上重组成立的特大型石油石化企业集团,是国家独资设立的国有公司,注册资本2316亿元。

(2)中国石油化工股份有限公司(以下简称中石化股份公司),是中石化集团公司以独家发起方式于2000年2月设立的股份制企业,主要从事油气勘探与生产、油品炼制与销售、化工生产与销售等业务。

(3)中石化股份公司管道储运分公司(以下简称中石化管道分公司),是中石化股份公司下属的从事原油储运的专业化公司,位于江苏省徐州市,下设13个输油生产单位,管辖途经14个省(区、市)的37条、6505千米输油管道和101个输油站(库)。

(4)中石化管道分公司潍坊输油处(以下简称潍坊输油处),是中石化管道分公司下属的输油生产单位,位于山东省潍坊市,负责管理东黄输油管道等5条、872千米管道。

(5)中石化管道分公司黄岛油库(以下简称黄岛油库),是中石化管道分公司下属的输油生产单位,位于山东省青岛经济技术开发区,负责港口原油接收及转输业务。黄岛油库油罐总容量210万立方米(其中,5万立方米油罐34座,10万立方米油罐4座)。

(6)潍坊输油处青岛输油站(以下简称青岛站),是潍坊输油处下属的管道运行维护单位,位于山东省青岛市胶州市,负责管理东黄输油管道胶州、高密界至黄岛油库的94千米管道。

(二)青岛经济技术开发区情况

青岛经济技术开发区(以下简称开发区)是经国务院批准于1984年10月成立的。目前管理区域总面积478平方千米,有黄岛、薛家岛等7个街道办事处和1个镇,322个村(居),常住人口近80万人。2012年,完成地区生产总值1365亿元。

(三)东黄输油管道相关情况

东黄输油管道于1985年建设,1986年7月投入运行,起自山东省东营市东营首站,止于开发区黄岛油库。设计输油能力2000万吨/年,设计压力6.27兆帕。管道全长248.5千米,管径711毫米,材料为API5LX-60直缝焊接钢管。管道外壁采用石油沥青布防腐,外加电流阴极保护。1998年10月改由黄岛油库至东营首站反向输送,输油能力1000万吨/年。

事故发生段管道沿开发区秦皇岛路东西走向,采用地埋方式敷设。北侧为青岛丽东化工有限公司厂区,南侧有青岛益和电器集团公司、青岛信泰物流有限公司等企业。

事故发生时,东黄输油管道输送埃斯坡、罕戈1∶1混合原油,密度0.86吨/立方米,饱和蒸汽压13.1千帕,蒸汽爆炸极限1.76%~8.55%,闭杯闪点-16摄氏度。油品属轻质原油。原油出站温度27.8摄氏度,满负荷运行出站压力4.67兆帕。

(四)排水暗渠相关情况

事故主要涉及刘公岛路(秦皇岛路以南并与秦皇岛路平行)至入海口的排水暗渠,全长约1945米,南北走向,通过桥涵穿过秦皇岛路。秦皇岛路以南排水暗渠(上游)沿斋堂岛街西侧修建,最南端位于斋堂岛街与刘公岛路交汇的十字路口西北侧,长度约为557米;秦皇岛路以北排水暗渠(下游)穿过青岛丽东化工有限公司厂区,并向北延伸至入海口,长度约为1388米。斋堂岛街东侧建有青岛益和电器设备有限公司、开发区第二中学等单位;斋堂岛街西侧建有青岛信泰物流有限公司、华欧北海花园、华欧水湾花园等企业及居民小区。

排水暗渠分段、分期建设。1995年、1997年先后建成秦皇岛路桥涵南、北半幅(南半幅长30米、宽18米、高3.29米,北半幅长25米、宽18米、高2.87米)。秦皇岛路桥涵以南沿斋堂岛街的排水明渠于1996年建设完成;1998年、2002年、2008年经过3次加设盖板改造,成为排水暗渠(暗渠宽8米、高2.5米)。秦皇岛路桥涵以北的排水暗渠于2004年、2009年分两期建设完成(暗渠宽13米、高2.0~2.5米不等)。排水暗渠底部为钢筋混凝土,墙体为浆砌石,顶部为预制钢筋混凝土盖板。

(五)东黄输油管道与排水暗渠交叉情况

输油管道在秦皇岛路桥涵南半幅顶板下架空穿过,与排水暗渠交叉。桥涵内设3座支墩,管道通过支墩洞孔穿越暗渠,顶部距桥涵顶板110厘米,底部距渠底148厘米,管道穿过桥涵两侧壁部位采用细石混凝土进行封堵。管道泄漏点位于秦皇岛路桥涵东侧墙体外15厘米,处于管道正下部位置。

二、事故发生经过及应急处置情况

(一)原油泄漏处置情况

1. 企业处置情况

11月22日2时12分,潍坊输油处调度中心通过数据采集与监视控制系统发现东黄输油管道黄岛油库出站压力从4.56兆帕降至4.52兆帕,两次电话确认黄岛油库无操作因素后,判断管道泄漏;2时25分,东黄输油管道紧急停泵停输。

2时35分,潍坊输油处调度中心通知青岛站关闭洋河阀室截断阀(洋河阀室距黄岛油库24.5千米,为下游距泄漏点最近的阀室);3时20分左右,截断阀关闭。

2时50分,潍坊输油处调度中心向处运销科报告东黄输油管道发生泄漏;2时57分,通知处抢维修中心安排人员赴现场抢修。

3时40分左右,青岛站人员到达泄漏事故现场,确认管道泄漏位置距黄岛油库出站口约1.5千米,位于秦皇岛路与斋堂岛街交叉口处。组织人员清理路面泄漏原油,并请求潍坊输油处调用抢险救灾物资。

4时左右,青岛站组织开挖泄漏点、抢修管道,安排人员拉运物资清理海上溢油。

4时47分,运销科向潍坊输油处处长报告泄漏事故现场情况。

5时07分,运销科向中石化管道分公司调度中心报告原油泄漏事故总体情况。

5时30分左右,潍坊输油处处长安排副处长赴现场指挥原油泄漏处置和入海原油围控。

6时左右,潍坊输油处、黄岛油库等现场人员开展海上溢油清理。

7时左右,潍坊输油处组织泄漏现场抢修,使用挖掘机实施开挖作业;7时40分,在管道泄漏处路面挖出2米×2米×1.5米作业坑,管道露出;8时20分左右,找到管道泄漏点,并向中石化管道分公司报告。

9时15分,中石化管道分公司通知现场人员按照预案成立现场指挥部,做好抢修工作;9时30分左右,潍坊输油处副处长报告中石化管道分公司,潍坊输油处无法独立完成管道抢修工作,请求中石化管道分公司抢维修中心支援。

10时25分,现场作业时发生爆炸,排水暗渠和海上泄漏原油燃烧,现场人员向中石化管道分公司报告事故现场发生爆炸燃烧。

2. 政府及相关部门处置情况

11月22日2时31分,开发区公安分局110指挥中心接警,称青岛丽东化工有限公司南门附近有泄漏原油，黄岛派出所出警。

3时10分，110指挥中心向开发区总值班室报告现场情况。至4时17分，开发区应急办、市政局、安全监管局、环保分局、黄岛街道办事处等单位人员分别收到事故报告。4时51分、7时46分、7时48分，开发区管委会副主任、主任、党工委书记分别收到事故报告。

4时10分至5时左右，开发区应急办、安全监管局、环保分局、市政局及开发区安全监管局石化区分局、黄岛街道办事处有关人员先后到达原油泄漏事故现场，开展海上溢油清理。

7时49分，开发区应急办副主任将泄漏事故现场及处置情况报告青岛市政府总值班室。

8时18分至27分，青岛市政府总值班室电话调度青岛市环保局、青岛海事局、青岛市安全监管局，要求进一步核实信息。

8时34分至40分，青岛市政府总值班室将泄漏事故基本情况通过短信报告市政府秘书长、副秘书长、应急办副主任。

8时53分，青岛市政府副秘书长将泄漏事故基本情况短信转发市经济和信息化委员会副主任，并电话通知其立即赶赴事故现场。

9时01分至06分，青岛市政府副秘书长、市政府总值班室将泄漏事故基本情况分别通过短信报告市长及4位副市长。

9时55分，青岛市经济和信息化委员会副主任等到达泄漏事故现场；10时21分，向市政府副秘书长报告海面污染情况；10时27分，向市政府副秘书长报告事故现场发生爆炸燃烧。

(二) 爆炸情况

为处理泄漏的管道，现场决定打开暗渠盖板。现场动用挖掘机，采用液压破碎锤进行打孔破碎作业，作业期间发生爆炸。爆炸时间为2013年11月22日10时25分。

爆炸造成秦皇岛路桥涵以北至入海口、以南沿斋堂岛街至刘公岛路排水暗渠的预制混凝土盖板大部分被炸开，与刘公岛路排水暗渠西南端相连接的长兴岛街、唐岛路、舟山岛街排水暗渠的现浇混凝土盖板拱起、开裂和局部炸开，全长波及5000余米。爆炸产生的冲击波及飞溅物造成现场抢修人员、过往行人、周边单位和社区人员，以及青岛丽东化工有限公司厂区内排水暗渠上方临时工棚及附近作业人员，共62人死亡、136人受伤。爆炸还造成周边多处建筑物不同程度损坏，多台车辆及设备损毁，供水、供电、供暖、供气多条管线受损。泄漏原油通过排水暗渠进入附近海域，造成胶州湾局部污染。

(三) 爆炸后应急处置及善后情况

爆炸发生后，山东省委书记姜异康、省长郭树清迅速率领有关部门负责同志赶赴事故现场，指导事故现场处置工作。青岛市委、市政府主要领导同志立即赶赴现场，成立应急指挥部，组织抢险救援。中石化集团公司董事长傅成玉立即率工作组赶赴现场，中石化管道分公司调集专业力量、中石化集团公司调集山东省境内石化企业抢险救援力量赴赴现场。王勇国务委员在事故现场听取山东省、青岛市主要领导同志的工作汇报后，指示成立了以省政府主要领导同志为总指挥的现场指挥部，下设8个工作组，开展人员搜救、抢险救援、医疗救治及善后处理等工作。当地驻军也投入力量积极参与抢险救援。

现场指挥部组织2000余名武警及消防官兵、专业救援人员，调集100余台（套）大型设备和生命探测仪及搜救犬，紧急开展人员搜救等工作。截至12月2日，62名遇难人员身份全部确认并向社会公布。遇难者善后工作基本结束。136名受伤人员得到妥善救治。

青岛市对事故区域受灾居民进行妥善安置，调集有关力量，全力修复市政公共设施，恢复供水、供电、供暖、供气，清理陆上和海上油污。当地社会秩序稳定。

三、事故原因和性质

(一) 直接原因

输油管道与排水暗渠交汇处管道腐蚀减薄、管道破裂、原油泄漏，流入排水暗渠及反冲到路面。原油泄漏后，现场处置人员采用液压破碎锤在暗渠盖板上打孔破碎，产生撞击火花，引发暗渠内油气爆炸。

原因分析：

通过现场勘验、物证检测、调查询问、查阅资料，并经综合分析认定：由于与排水暗渠交叉段的输油管道所处区域土壤盐碱和地下水氯化物含量高，同时排水暗渠内随着潮汐变化海水倒灌，输油管道长期处于干湿交替的海水及盐雾腐蚀环境，加之管道受到道路承重和振动等因素影响，导致管道加速腐蚀减薄、破裂，造成原油泄漏。泄漏点位于秦皇岛路桥涵东侧墙体外15厘米，处于管道正下部位置。经计算、认定，原油泄漏量约2000吨。

泄漏原油部分反冲出路面，大部分从穿越处直接进入排水暗渠。泄漏原油挥发的油气与排水暗渠空间内的空气形成易燃易爆的混合气体，并在相对密闭的排水暗渠内积聚。由于原油泄漏到发生爆炸达8个多小时，受海水倒灌影响，泄漏原油及其混合气体在排水暗渠内蔓延、扩散、积聚，最终造成大范围连续爆炸。

(二) 间接原因

1. 中石化集团公司及下属企业安全生产主体责任不落实，隐患排查治理不彻底，现场应急处置措施不当

（1）中石化集团公司和中石化股份公司安全生产责任落实不到位。安全生产责任体系不健全，相关部门的管道保护和安全生产职责划分不清、责任不明；对下属企业隐患排查治理和应急预案执行工作督促指导不力，对管道安全运行跟踪分析不到位；安全生产大检查存在死角、盲区，特别是在全国集中开展的安全生产大检查中，隐患排查工作不深入、不细致，未发现事故段管道安全隐患，也未对事故段管道采取任何保护措施。

（2）中石化管道分公司对潍坊输油处、青岛站安全生产工作疏于管理。组织东黄输油管道隐患排查治理不到位，未对事故段管道防腐层大修等问题及时跟进，也未采取其他措施及时消除安全隐患；对一线员工安全和应急教育不够，培训针对性不强；对应急救援处置工作重视不够，未督促指导潍坊输油处、青岛站按照预案要求开展应急处置工作。

（3）潍坊输油处对管道隐患排查整治不彻底，未能及时消除重大安全隐患。2009年、2011年、2013年先后3次对东黄输油管道外防腐层及局部管体进行检测，均未能发现事故段管道严重腐蚀等重大隐患，导致隐患得不到及时、彻底整改；从2011年起安排实施东黄输油管道外防腐层大修，截至2013年10月仍未对包括事故泄漏点所在的15千米管道进行大修；对管道泄漏突发事件的应急预案缺乏演练，应急救援人员对自己的职责和应对措施不熟悉。

（4）青岛站对管道疏于管理，管道保护工作不力。制定的管道抢维修制度、安全操作规程针对性、操作性不强，部分员工缺乏安全操作技能培训；管道巡护制度不健全，巡线人员专业知识不够；没有对开发区在事故段管道先后进行排水明渠和桥涵、明渠加盖板、道路拓宽和翻修等建设工程提出管道保护的要求，没有根据管道所处环境变化提出保护措施。

（5）事故应急救援不力，现场处置措施不当。青岛站、潍坊输油处、中石化管道分公司对泄漏原油数量未按应急预案要求进行研判，对事故风险评估出现严重错误，没有及时下达启动应急预案的指令；未按要求及时全面报告泄漏量、泄漏油品等信息，存在漏报问题；现场处置人员没有对泄漏区域实施有效警戒和围挡；抢修现场未进行可燃气体检测，盲目动用非防爆设备进行作业，严重违规违章。

2. 青岛市人民政府及开发区管委会贯彻落实国家安全生产法律法规不力

（1）督促指导青岛市、开发区两级管道保护工作主管部门和安全监管部门履行管道保护职责和安全生产监管职责不到位，对长期存在的重大安全隐患排查整改不力。

（2）组织开展安全生产大检查不彻底，没有把输油管道作为监督检查的重点，没有按照"全覆盖、零容忍、严执法、重实效"的要求，对事故涉及企业深入检查。

（3）黄岛街道办事处对青岛丽东化工有限公司长期在厂区内排水暗渠上违章搭建临时工棚问题失察，导致事故伤亡扩大。

3. 管道保护工作主管部门履行职责不力，安全隐患排查治理不深入

（1）山东省油区工作办公室已经认识到东黄输油管道存在安全隐患，但督促企业治理不力，督促落实应急预案不到位；组织安全生产大检查不到位，督促青岛市油区工作办公室开展监督检查工作不力。

（2）青岛市经济和信息化委员会、油区工作办公室对管道保护的监督检查不彻底、有盲区，2013年开展了6次管道保护的专项整治检查，但都没有发现秦皇岛路道路施工对管道安全的影响；对管道改建计划跟踪督促不力，督促企业落实应急预案不到位。

（3）开发区安全监管局作为管道保护工作的牵头部门，组织有关部门开展管道保护工作不力，督促企业整治东黄输油管道安全隐患不力；安全生产大检查走过场，未发现秦皇岛路道路施工对管道安全的影响。

4. 开发区规划、市政部门履行职责不到位，事故发生地段规划建设混乱

（1）开发区控制性规划不合理，规划审批工作把关不严。开发区规划分局对青岛信泰物流有限公司项目规划方案审批把关不严，未对市政排水设施纳入该项目规划建设及明渠改为暗渠等问题进行认真核实，导致市政排水设施继续划入厂区规划，明渠改暗渠工程未能作为单独市政工程进行报批。事故发生区域危险化学品企业、油气管道与居民区、学校等近距离或交叉布置，造成严重安全隐患。

（2）管道与排水暗渠交叉工程设计不合理。管道在排水暗渠内悬空架设，存在原油泄漏进入排水暗渠的风险，且不利于日常维护和抢维修；管道处于海水倒灌能够到达的区域，腐蚀加剧。

（3）开发区行政执法局（市政公用局）对青岛信泰物流有限公司厂区明渠改暗渠审批把关不严，以"绿化方案审批"形式违规同意设置盖板，将明渠改为暗渠；实施的秦皇岛路综合整治工程，未与管道企业沟通协商，未按要求计算对管道安全的影响，未对管道采取保护措施，加剧管体腐蚀、损坏；未发现青岛丽东化工有限公司长期在厂区内排水暗渠上违章搭建临时工棚的问题。

5. 青岛市及开发区管委会相关部门对事故风险研判失误，导致应急响应不力

（1）青岛市经济和信息化委员会、油区工作办公室对原油泄漏事故发展趋势研判不足，指挥协调现场应急救援不力。

（2）开发区管委会未能充分认识原油泄漏的严重程度，根据企业报告情况将事故级别定为一般突发事件，导致现场指挥协调和应急救援不力，对原油泄漏的发展趋势研判不足；未及时提升应急预案响应级别，未及时采取警戒和封路措施，未及时通知和疏散群众，也未能发现和制止企业现场应急处置人员违规违章操作等问题。

（3）开发区应急办未严格执行生产安全事故报告制度，压制、拖延事故信息报告，谎报开发区分管领导参与事故现场救援指挥等信息。

（4）开发区安全监管局未及时将青岛丽东化工有限公司报告的厂区内明渠发现原油等情况向政府和有关部门通报，也未采取有效措施。

（三）事故性质。

经调查认定，山东省青岛市"11·22"中石化东黄输油管道泄漏爆炸特别重大事故是一起生产安全责任事故。

四、对事故有关责任人员及责任单位的处理建议

（一）司法机关已采取措施人员

略。

（二）建议给予党纪、政纪处分人员

略。

（三）相关行政处罚及问责建议

（1）依据《安全生产法》《生产安全事故报告和调查处理条例》等有关法律法规的规定，责成山东省安全监管局对中石化管道分公司处以规定上限的罚款，对中石化管道分公司党委书记田以民、总经理钱建华各处以2012年度收入80%的罚款。

（2）建议责成山东省人民政府、中石化集团公司向国务院作出深刻检查，并抄送国家安全监管总局和监察部；责成青岛市人民政府向山东省人民政府作出深刻检查。

五、事故防范措施建议

（1）坚持科学发展安全发展，牢牢坚守安全生产红线。中石化集团公司和山东省、青岛市人民政府及其有关部门要深刻吸取山东省青岛市"11·22"中石化东黄输油管道泄漏爆炸特别重大事故的沉痛教训，牢固树立科学发展、安全发展理念，牢牢坚守"发展决不能以牺牲人的生命为代价"这条红线。要把安全生产纳入经济社会发展总体规划，建立健全"党政同责、一岗双责、齐抓共管"的安全生产责任体系，坚持管行业必须管安全、管业务必须管安全、管生产经营必须管安全的原则，把安全责任落实到领导、部门和岗位，谁踩红线谁就要承担后果和责任。在发展地方经济、加快城乡建设、推进企业改革发展的过程中，要始终坚持安全生产的高标准、严要求，各级各类开发区招商引资、上项目不能降低安全环保等标准，不能不按相关审批程序搞特事特办，不能违规"一路绿灯"。政府规划、企业生产与安全发生矛盾时，必须服从安全需要；所有工程设计必须满足安全规定和条件。要坚决纠正单纯以经济增长速度评定政绩的倾向，科学合理设定安全生产指标体系，加大安全生产指标考核权重，实行安全生产和重特大事故"一票否决"。中央企业不管在什么地方，必须接受地方的属地监管；地方政府要严格落实属地管理责任，依法依规，严管严抓。

（2）切实落实企业主体责任，深入开展隐患排查治理。中石化集团公司及各油气管道运营企业要认真履行安全生产主体责任，加大人力物力投入，加强油气管道日常巡护，保证设备设施完好，确保安全稳定运行。要建立健全隐患排查治理制度，落实企业主要负责人的隐患排查治理第一责任，实行谁检查、谁签字、谁负责，做到不打折扣、不留死角、不走过场。要按照《国务院安委会关于开展油气输送管线等安全专项排查整治的紧急通知》（安委〔2013〕9号）要求，认真开展在役油气管道，特别是老旧油气管道检测检验与隐患治理，对与居民区、工厂、学校等人员密集区和铁路、公路、隧道、市政地下管网及设施安全距离不足，或穿（跨）越安全防护措施不符合国家法律法规、标准规范要求的，要落实整改措施、责任、资金、时限和预案，限期更新、改造或者停止使用。国务院安委会将于2014年3月组织抽查，对不认真开展自查自纠，存在严重隐患的企业，要依法依规严肃查处问责。

（3）加大政府监督管理力度，保障油气管道安全运行。山东省、青岛市各级人民政府及相关部门要严格执行《石油天然气管道保护法》《城镇燃气管理

条例》(国务院令第583号)等法律法规,认真履行油气管道保护的相关职责。各级人民政府要加强本行政区域油气管道保护工作的领导,督促、检查有关部门依法履行油气管道保护职责,组织排查油气管道的重大外部安全隐患。市政管理部门在市政设施建设中,对可能影响油气管道保护的,要与油气管道企业沟通会商,制定并落实油气管道保护的具体措施。油气管道保护工作主管部门要加大监管力度,对打孔盗油、违章施工作业等危害油气管道安全的行为要依法严肃处理;要按照后建服从先建的原则,加大油气管道占压清理力度。安全监管部门要配备专业人员,加强监管力量;要充分发挥安委会办公室的组织协调作用,督促有关部门采取不发通知、不打招呼、不听汇报、不用陪同和接待,直奔基层、直插现场的方式,对油气管道、城市管网开展暗查暗访,深查隐蔽致灾隐患及其整改情况,对不符合安全环保要求的立即进行整治,对工作不到位的地区要进行通报,对自查自纠等不落实的企业要列入"黑名单"并向社会公开曝光。对瞒报、谎报、迟报生产安全事故的,要按有关规定从严从重查处。

(4) 科学规划合理调整布局,提升城市安全保障能力。随着经济高速发展及城市快速扩张,开发区危险化学品企业与居民区毗邻、交错,功能布局不合理,对该区域的安全和环境造成一定影响,也不利于城市的长远发展。青岛市人民政府要对该区域的安全、环境状况进行整体评估、评价,通过科学论证,对产业结构和区域功能进行合理规划、调整,对不符合安全生产和环境保护要求的,要立即制定整治方案,尽快组织实施。各级人民政府要加强本行政区域油气管道规划建设工作的领导,油气管道规划建设必须符合油气管道保护要求,并与土地利用整体规划、城乡规划相协调,与城市地下管网、地下轨道交通等各类地下空间和设施相衔接,不符合相关要求的不得开工建设。

(5) 完善油气管道应急管理,全面提高应急处置水平。中石化集团公司和山东省、青岛市各级人民政府及其有关部门要高度重视油气管道应急管理工作。各级领导干部要带头熟悉、掌握应急预案内容和现场救援指挥的必备知识,提高应急指挥能力;接到事故报告后,基层领导干部必须第一时间赶到事故现场,不得以短信形式代替电话报告事故信息。油气管道企业要根据输送介质的危险特性及管道状况,制定有针对性的专项应急预案和现场处置方案,并定期组织演练,检验预案的实用性、可操作性,不能"一定了之""一发了之";要加强应急队伍建设,提高人员专业素质,配套完善安全检测及管道泄漏封堵、油品回收等应急装备;对于原油泄漏要提高应急响应级别,在事故处置中要对现场油气浓度进行检测,对危害和风险进行辨识和评估,做到准确研判,杜绝盲目处置,防止油气爆炸。地方各级人民政府要紧密结合实际,制定包括油气管道在内的各类生产安全事故专项应急预案,建立政府与企业沟通协调机制,开展应急预案联合演练,提高应急响应能力;要根据事故现场情况及救援需要及时划定警戒区域,疏散周边人员,维持现场秩序,确保救援工作安全有序。

(6) 加快安全保障技术研究,健全完善安全标准规范。要组织力量加快开展油气管道普查工作,摸清底数,建立管道信息系统和事故数据库,深入研究油气管道可能发生事故的成因机理,尽快解决油气管道规划、设计、建设、运行面临的安全技术和管理难题。要吸取国外好的经验和做法,开展油气管道安全法规标准、监管体制机制对比研究,完善油气管道安全法规,制定油气管道穿跨越城区安全布局规划设计、检测频次、风险评价、环境应急等标准规范。要开展油气管道长周期运行、泄漏检测报警、泄漏处置和应急技术研究,提高油气管道安全保障能力。